מחזור
השלם
ליום הכפורים

כפי הנהוג אצל החסידים המתפללים בסידור
האריז"ל נוסח רבינו הקדוש כ"ק אדמו"ר
מליאדי נ"ע זיע"א בעל התניא והשו"ע.

כל תפלה ותפלה באה על מקומה בשלמות, מבלי
שיצטרך המתפלל לחפש הדפים בשעת תפלתו.

•

עם תרגום אנגלי
והוראות שימוש מפורטות

הוצאת

המרכז לעניני חנוך

770 איסטערן פֿאַרקוויי
ברוקלין, נ.י.

שנת חמשת אלפים שבע מאות שבעים ושמונה לבריאה

MACHZOR FOR YOM KIPPUR
WITH ENGLISH TRANSLATION
ANNOTATED EDITION
Copyright © 2004
Second Printing—July 2005
Third Printing—May 2006
Fourth Printing—May 2007
Fifth Printing—June 2008
Sixth Printing—May 2009
Seventh Printing—May 2010
Eighth Printing—April 2011
Ninth Printing—July 2012
Tenth Printing— May 2013
Eleventh Printing— July 2014
Twelfth Printing—July 2015
Thirteenth Printing—July 2016
Fourteenth Printing—July 2017
Fifteenth Printing—June 2018
by
MERKOS L'INYONEI CHINUCH
770 Eastern Parkway / Brooklyn, New York 11213
(718) 774-4000 / FAX (718) 774-2718
editor@kehot.com

ORDERS DEPARTMENT
291 Kingston Avenue / Brooklyn, New York 11213
(718) 778-0226 / FAX (718) 778-4148
www.kehot.com

ISBN 978-0-8266-0161-2

Printed in the United States of America

Machzor

FOR YOM KIPPUR

Annotated Edition

•

According to the custom of those
who pray Nusach Ha-Ari Zal
as arranged by

Rabbi Shneur Zalman of Liadi

⸱⸱⸺◉⊂⸺⸱⸱

Emended Hebrew Edition
With an English Translation
by
Rabbi Nissen Mangel

Published and Copyrighted by
Merkos L'Inyonei Chinuch
770 Eastern Parkway / Brooklyn, New York 11213
5778 • 2018

TABLE OF CONTENTS

PREFACE

We are pleased to present the latest addition to our much heralded *Annotated Edition Series*, the new Hebrew/English Annotated Edition of the Yom Kippur Machzor.

The first English translation of the Yom Kippur Machzor, which follows the Nusach of the Arizal as arranged by Rabbi Schneur Zalman of Liadi, was published by Merkos L'Inyonei Chinuch in 1982. Rabbi Nissen Mangel's new and innovative translation was soon received to much acclaim, and has since been reprinted fourteen times.

With the explosive growth in the number of Chabad-Lubavitch centers around the world, and with the number of Jews who have been reintroduced to their heritage, the need has been born for a more "user-friendly" Machzor, one that would guide the worshipper smoothly through the many—and often-times complicated—High Holiday prayers.

This edition of the Machzor aims to satisfy that need. Specifically, we have enhanced clarity in the following ways:

- Clear and detailed instructions on the mechanics of the prayers (when to sit, when to stand, etc.) and on their laws and customs have been added, either in the text or in footnotes. (These instructions have been inserted into both the facing Hebrew and English pages, for the benefit of those praying in either language.)

- Identifying headings have been added before the major sections of the prayer, to help orient the reader.

- The Hebrew text has been completely reset in large and clear type, replacing the broken letters and too-small type of the older editions, and has been carefully

corrected on the basis of thorough study and
comparison with earlier editions of the Siddur and
Machzor.

*   Additions for Shabbat have been set off from the text in
    shaded areas.

*   A detailed presentation of the laws relating to the
    prayers has been added as an appendix, entitled
    "Selected Laws and Customs." (The reader should note,
    however, that this compendium—as well as the various
    laws and instructions mentioned throughout the
    Machzor—should not be viewed as a substitute for the
    Shulchan Aruch. Since these laws and customs have
    been woven together from a variety of sources and are
    presented here with brevity and succinctness in mind,
    they are not meant as a basis for determining *halacha*.)

*   A section of "Selected Transliterations" has been
    included at the end of the Machzor, containing
    transliteration of the major prayers. Transliteration of
    responsive prayers generally recited in Hebrew (such as
    Barchu, the Blessings over the Torah, Mourner's
    Kaddish, etc.) are printed where the English translation
    normally appears, facing the Hebrew text. The English
    translation appears instead at the bottom of the page. A
    "Transliteration Key" appears on page 437.

In keeping with the previous editions of the Machzor, those
sections of "Rulings of the Alter Rebbe on the Siddur" that
appeared throughout the Machzor have been collected and are
printed in a special section at the end of the present edition.[1]

*   *   *

---

1. In addition, the portions of *Shaar Hakolel* (explaining selected Yom Kippur
prayers), *Derech Hachayim U'Netiv Hachayim* (detailing certain laws pertaining to
the holiday), *Likutei Minhagim* (selected customs) and the *maamarim* of the Alter
Rebbe, which appeared in the previous editions of the Machzor have been printed
here as an appendix.

In some segments of the repetition of the Amidah, there are words with alternate versions. As the Chabad custom is to recite both versions, the alternate word appears within the main text, in parentheses.

This, however, should not be confused with the additions/substitutions for Shabbat which appear in slightly smaller type and in parentheses.

* * *

We wish to thank the following individuals for their efforts in preparing the Machzor for publication:

Rabbis Levi Friedman, Ari Sollish and Avraham D. Vaisfiche for writing the laws and instructions and for compiling the laws section; Rabbi Yosef Marcus for editing the laws section; Rabbi Alexander Heppenheimer for proofreading the text; Mr. Naftali Cisner for the illustrations; and Mr. Daniel Weissman for his meticulous typesetting and design of the text.

We would also like to thank Rabbi Levi Raskin, for his devoted Rabbinic and editorial assistance, and Rabbi Yisroel Rosenfeld, for reviewing portions of the text.

Special thanks to Rabbi Yosef B. Friedman of the Kehot Publication Society, who supervised the project, for his editorial guidance.

* * *

May all those who use this Machzor find true inspiration in its words. And may our prayers, along with the prayers of all of Israel, ascend the heavens before our King, who will inscribe us for a good and sweet year.

Merkos L'Inyonei Chinuch

Brooklyn, New York
3 Tammuz, 5764

ᘒᕬᕬᕬᕬᕬᘒ

EREV YOM KIPPUR

KAPPAROT

It is the custom on Erev Yom Kippur to ritually slaughter a white rooster during the morning "watch" after Selichot,[1] for then a thread of divine grace prevails in the world. We slaughter it to subdue the supernal severities, and take out its blood to "sweeten" the severities. It is called Kapparah (expiation), as was the scapegoat.[2] Each member of the household should have a Kapparah—a rooster for each male and a hen for each female. A pregnant woman should have three fowls: a hen for herself, and a rooster and a hen for the unknown gender of the child. See Laws, page 426.

The following two paragraphs (בְּנֵי אָדָם through וּלְשָׁלוֹם) are recited three times. While saying each of the words marked ° in the second paragraph, turn the chicken around your head (for a total of nine rotations).

בְּנֵי אָדָם, יֹשְׁבֵי חֹשֶׁךְ וְצַלְמָוֶת, אֲסִירֵי עֳנִי וּבַרְזֶל.
יוֹצִיאֵם מֵחֹשֶׁךְ וְצַלְמָוֶת, וּמוֹסְרוֹתֵיהֶם יְנַתֵּק.
אֱוִלִים מִדֶּרֶךְ פִּשְׁעָם, וּמֵעֲוֹנֹתֵיהֶם יִתְעַנּוּ. כָּל אֹכֶל
תְּתַעֵב נַפְשָׁם, וַיַּגִּיעוּ עַד שַׁעֲרֵי מָוֶת. וַיִּזְעֲקוּ אֶל יְיָ
בַּצַּר לָהֶם, מִמְּצֻקוֹתֵיהֶם יוֹשִׁיעֵם. יִשְׁלַח דְּבָרוֹ
וְיִרְפָּאֵם, וִימַלֵּט מִשְּׁחִיתוֹתָם. יוֹדוּ לַייָ חַסְדּוֹ,
וְנִפְלְאוֹתָיו לִבְנֵי אָדָם.[3] אִם יֵשׁ עָלָיו מַלְאָךְ מֵלִיץ
אֶחָד מִנִּי אָלֶף, לְהַגִּיד לְאָדָם יָשְׁרוֹ. וַיְחֻנֶּנּוּ וַיֹּאמֶר:
פְּדָעֵהוּ מֵרֶדֶת שָׁחַת, מָצָאתִי כֹפֶר:[4]

Males continue:	Females continue:
°זֶה חֲלִיפָתִי, °זֶה	°זֹאת חֲלִיפָתִי, °זֹאת
תְּמוּרָתִי, °זֶה כַּפָּרָתִי, זֶה	תְּמוּרָתִי, °זֹאת כַּפָּרָתִי,
הַתַּרְנְגוֹל יֵלֵךְ לְמִיתָה,	זֹאת הַתַּרְנְגֹלֶת תֵּלֵךְ
וַאֲנִי אֵלֵךְ לְחַיִּים טוֹבִים	לְמִיתָה, וַאֲנִי אֵלֵךְ לְחַיִּים
אֲרוּכִים וּלְשָׁלוֹם:	טוֹבִים אֲרוּכִים וּלְשָׁלוֹם:

For additional laws pertaining to Erev Yom Kippur, see page 426.

---

1. It is not the Chabad custom to recite Selichot on Erev Yom Kippur. **2.** V. Leviticus 16:5-22. **3.** Psalms 107:10, 14, 17-21. **4.** Job 33:23-24.

ເບ𝒢≈𝒮𝒢ໝ

EREV YOM KIPPUR
KAPPAROT

It is the custom on Erev Yom Kippur to ritually slaughter a white rooster during the morning "watch" after Selichot,[1] for then a thread of divine grace prevails in the world. We slaughter it to subdue the supernal severities, and take out its blood to "sweeten" the severities. It is called Kapparah (expiation), as was the scapegoat.[2] Each member of the household should have a Kapparah—a rooster for each male and a hen for each female. A pregnant woman should have three fowls: a hen for herself, and a rooster and a hen for the unknown gender of the child. See Laws, page 426.

The following two paragraphs (*Children* through *peace*) are recited three times. While saying each of the words marked * in the second paragraph, turn the chicken around your head (for a total of nine rotations).

בני Children of man who sit in darkness and the shadow of death, bound in misery and chains of iron—He will bring them out of darkness and the shadow of death, and will sunder their bonds. Foolish sinners, afflicted because of their sinful ways and their wrongdoings; their soul loathes all food and they reach the gates of death—they cry out to the Lord in their distress; He saves them from their afflictions. He sends forth His word and heals them; He delivers them from their graves. Let them thank the Lord for His kindness, and [proclaim] His wonders to the children of man.[3] If there be for a man [even] one interceding angel out of a thousand [accusers], to speak of his uprightness in his behalf, then He will be gracious to him and say: Redeem him from going down to the grave; I have found expiation [for him].[4]

Males continue:	Females continue:
זה *This is my exchange, *this is my substitute, *this is my expiation. This rooster shall go to its death and I shall proceed to a good, long life and peace.	זאת *This is my exchange, *this is my substitute, *this is my expiation. This hen shall go to its death and I shall proceed to a good, long life and peace.

For additional laws pertaining to Erev Yom Kippur, see page 426.

ﬧﬧﬧ

MINCHAH PRAYER FOR EREV YOM KIPPUR

On Friday, begin here. On all other days, begin with *Korbanot*, page 7.

הֹדוּ לַיְיָ כִּי טוֹב, כִּי לְעוֹלָם חַסְדּוֹ: יֹאמְרוּ גְּאוּלֵי יְיָ,
אֲשֶׁר גְּאָלָם מִיַּד צָר: וּמֵאֲרָצוֹת קִבְּצָם, מִמִּזְרָח
וּמִמַּעֲרָב מִצָּפוֹן וּמִיָּם: תָּעוּ בַמִּדְבָּר בִּישִׁימוֹן דָּרֶךְ,
עִיר מוֹשָׁב לֹא מָצָאוּ: רְעֵבִים גַּם צְמֵאִים, נַפְשָׁם בָּהֶם
תִּתְעַטָּף: וַיִּצְעֲקוּ אֶל יְיָ בַּצַּר לָהֶם, מִמְּצוּקוֹתֵיהֶם
יַצִּילֵם: וַיַּדְרִיכֵם בְּדֶרֶךְ יְשָׁרָה, לָלֶכֶת אֶל עִיר מוֹשָׁב:
יוֹדוּ לַיְיָ חַסְדּוֹ, וְנִפְלְאוֹתָיו לִבְנֵי אָדָם: כִּי הִשְׂבִּיעַ נֶפֶשׁ
שֹׁקֵקָה, וְנֶפֶשׁ רְעֵבָה מִלֵּא טוֹב: יֹשְׁבֵי חֹשֶׁךְ וְצַלְמָוֶת,
אֲסִירֵי עֳנִי וּבַרְזֶל: כִּי הִמְרוּ אִמְרֵי אֵל, וַעֲצַת עֶלְיוֹן
נָאָצוּ: וַיַּכְנַע בֶּעָמָל לִבָּם, כָּשְׁלוּ וְאֵין עֹזֵר: וַיִּזְעֲקוּ אֶל
יְיָ בַּצַּר לָהֶם, מִמְּצוּקוֹתֵיהֶם יוֹשִׁיעֵם: יוֹצִיאֵם מֵחֹשֶׁךְ
וְצַלְמָוֶת, וּמוֹסְרוֹתֵיהֶם יְנַתֵּק: יוֹדוּ לַיְיָ חַסְדּוֹ,
וְנִפְלְאוֹתָיו לִבְנֵי אָדָם: כִּי שִׁבַּר דַּלְתוֹת נְחֹשֶׁת, וּבְרִיחֵי
בַרְזֶל גִּדֵּעַ: אֱוִלִים מִדֶּרֶךְ פִּשְׁעָם, וּמֵעֲוֹנֹתֵיהֶם יִתְעַנּוּ:
כָּל אֹכֶל תְּתַעֵב נַפְשָׁם, וַיַּגִּיעוּ עַד שַׁעֲרֵי מָוֶת: וַיִּזְעֲקוּ
אֶל יְיָ בַּצַּר לָהֶם, מִמְּצֻקוֹתֵיהֶם יוֹשִׁיעֵם: יִשְׁלַח דְּבָרוֹ
וְיִרְפָּאֵם, וִימַלֵּט מִשְּׁחִיתוֹתָם: יוֹדוּ לַיְיָ חַסְדּוֹ,
וְנִפְלְאוֹתָיו לִבְנֵי אָדָם: וְיִזְבְּחוּ זִבְחֵי תוֹדָה, וִיסַפְּרוּ
מַעֲשָׂיו בְּרִנָּה: יוֹרְדֵי הַיָּם בָּאֳנִיּוֹת, עֹשֵׂי מְלָאכָה בְּמַיִם
רַבִּים: הֵמָּה רָאוּ מַעֲשֵׂי יְיָ, וְנִפְלְאוֹתָיו בִּמְצוּלָה:
וַיֹּאמֶר וַיַּעֲמֵד רוּחַ סְעָרָה, וַתְּרוֹמֵם גַּלָּיו: יַעֲלוּ שָׁמַיִם

༄༅༅

MINCHAH PRAYER FOR EREV YOM KIPPUR

On Friday, begin here. On all other days, begin with *Korbanot*, page 7.

הדו Give thanks to the Lord for He is good, for His kindness is everlasting. So shall say those redeemed by the Lord, those whom He redeemed from the hand of the oppressor. He gathered them from the lands—from east and from west, from north and from the sea. They lost their way in the wilderness, in the wasteland; they found no inhabited city. Both hungry and thirsty, their soul languished within them. They cried out to the Lord in their distress; He delivered them from their afflictions. He guided them in the right path to reach an inhabited city. Let them give thanks to the Lord for his kindness, and [proclaim] His wonders to the children of man, for He has satiated a thirsting soul, and filled a hungry soul with goodness. Those who sit in darkness and the shadow of death, bound in misery and chains of iron, for they defied the words of God and spurned the counsel of the Most High—He humbled their heart through suffering; they stumbled and there was none to help. They cried out to the Lord in their distress; He saved them from their afflictions. He brought them out of darkness and the shadow of death, and sundered their bonds. Let them give thanks to the Lord for His kindness, and [proclaim] His wonders to the children of man, for He broke the brass gates and smashed the iron bars. Foolish sinners are afflicted because of their sinful ways and their wrongdoings. Their soul loathes all food, and they reach the gates of death. They cried out to the Lord in their distress; He saved them from their afflictions. He sent forth His command and healed them; He delivered them from their graves. Let them give thanks to the Lord for His kindness, and [proclaim] His wonders to the children of man. Let them offer sacrifices of thanksgiving, and joyfully recount His deeds. Those who go down to the sea in ships, who perform tasks in mighty waters, they saw the works of the Lord and His wonders in the deep. He spoke and caused the stormy wind to rise, and it lifted up the waves. They rise to the sky, plunge to the depths; their soul

יֵרְדוּ תְהוֹמוֹת, נַפְשָׁם בְּרָעָה תִתְמוֹגָג: יָחוֹגוּ וְיָנוּעוּ
כַּשִּׁכּוֹר, וְכָל חָכְמָתָם תִּתְבַּלָּע: וַיִּצְעֲקוּ אֶל יְיָ בַּצַּר
לָהֶם, וּמִמְּצוּקוֹתֵיהֶם יוֹצִיאֵם: יָקֵם סְעָרָה לִדְמָמָה,
וַיֶּחֱשׁוּ גַּלֵּיהֶם: וַיִּשְׂמְחוּ כִי יִשְׁתְּקוּ, וַיַּנְחֵם אֶל מְחוֹז
חֶפְצָם: יוֹדוּ לַיְיָ חַסְדּוֹ, וְנִפְלְאוֹתָיו לִבְנֵי אָדָם:
וִירוֹמְמוּהוּ בִּקְהַל עָם, וּבְמוֹשַׁב זְקֵנִים יְהַלְלוּהוּ: יָשֵׂם
נְהָרוֹת לְמִדְבָּר, וּמֹצָאֵי מַיִם לְצִמָּאוֹן: אֶרֶץ פְּרִי לִמְלֵחָה,
מֵרָעַת יוֹשְׁבֵי בָהּ: יָשֵׂם מִדְבָּר לַאֲגַם מַיִם, וְאֶרֶץ צִיָּה
לְמֹצָאֵי מָיִם: וַיּוֹשֶׁב שָׁם רְעֵבִים, וַיְכוֹנְנוּ עִיר מוֹשָׁב:
וַיִּזְרְעוּ שָׂדוֹת וַיִּטְּעוּ כְרָמִים, וַיַּעֲשׂוּ פְּרִי תְבוּאָה:
וַיְבָרְכֵם וַיִּרְבּוּ מְאֹד, וּבְהֶמְתָּם לֹא יַמְעִיט: וַיִּמְעֲטוּ
וַיָּשֹׁחוּ, מֵעֹצֶר רָעָה וְיָגוֹן: שֹׁפֵךְ בּוּז עַל נְדִיבִים, וַיַּתְעֵם
בְּתֹהוּ לֹא דָרֶךְ: וַיְשַׂגֵּב אֶבְיוֹן מֵעוֹנִי, וַיָּשֶׂם כַּצֹּאן
מִשְׁפָּחוֹת: יִרְאוּ יְשָׁרִים וְיִשְׂמָחוּ, וְכָל עַוְלָה קָפְצָה פִּיהָ:
מִי חָכָם וְיִשְׁמָר אֵלֶּה, וְיִתְבּוֹנְנוּ חַסְדֵי יְיָ:¹

פָּתַח אֵלִיָּהוּ וְאָמַר:² רִבּוֹן עָלְמִין, דְּאַנְתְּ הוּא חָד וְלָא
בְחֻשְׁבָּן, אַנְתְּ הוּא עִלָּאָה עַל כָּל עִלָּאִין, סְתִימָא
עַל כָּל סְתִימִין, לֵית מַחֲשָׁבָה תְּפִיסָא בָךְ כְּלָל: אַנְתְּ הוּא
דְּאַפִּיקַת עֲשַׂר תִּקּוּנִין, וְקָרִינָן לְהוֹן עֲשַׂר סְפִירָן, לְאַנְהָגָא
בְהוֹן עָלְמִין סְתִימִין דְּלָא אִתְגַּלְיָן, וְעָלְמִין דְּאִתְגַּלְיָן, וּבְהוֹן
אִתְכַּסִּיאַת מִבְּנֵי נָשָׁא, וְאַנְתְּ הוּא דְּקָשִׁיר לוֹן וּמְיַחֵד לוֹן,
וּבְגִין דְּאַנְתְּ מִלְּגָו, כָּל מָאן דְּאַפְרִישׁ חַד מֵחַבְרֵיהּ מֵאִלֵּין
עֲשַׂר סְפִירָן, אִתְחֲשֵׁב לֵיהּ כְּאִלוּ אַפְרֵשׁ בָּךְ: וְאִלֵּין עֲשַׂר

---
1. Psalm 107. 2. For a comprehensive exposition of this discourse, which contains many major Kabbalistic concepts, see R. Moshe Cordovero, Pardes Harimonim, Shaar 4, chs. 5-6.

melts in distress. They reel and stagger like a drunkard; all their skill is to no avail. They cried out to the Lord in their distress, and He brought them out from their calamity. He transformed the storm into stillness, and the waves were quieted. They rejoiced when they were silenced, and He led them to their destination. Let them give thanks to the Lord for His kindness, and [proclaim] His wonders to the children of man. Let them exalt Him in the congregation of the people, and praise Him in the assembly of the elders. He turns rivers into desert, springs of water into parched land, a fruitful land into a salt-marsh, because of the wickedness of those who inhabit it. He turns a desert into a lake, arid land into springs of water. He settles the hungry there, and they establish a city of habitation. They sow fields and plant vineyards which yield fruit and wheat. He blesses them and they multiply greatly, and He does not decrease their cattle. [If they sin] they are diminished and cast down through oppression, misery and sorrow. He pours contempt upon distinguished men, and causes them to stray in a pathless wilderness. He raises the needy from distress, and makes their families as numerous as flocks. The upright observe this and rejoice, and all the wicked close their mouth. Let him who is wise bear these in mind, and then the benevolent acts of the Lord will be understood.[1]

פתח Elijah opened [his discourse] and said:[2] Master of the worlds, You are One but not in the numerical sense. You are exalted above all the exalted ones, hidden from all the hidden ones; no thought can grasp You at all. You are He who has brought forth ten "garments," and we call them ten *sefirot*, through which to direct hidden worlds which are not revealed and revealed worlds; and through them You conceal Yourself from man. You are He who binds them together and unites them; and inasmuch as You are within them, whoever separates one from another of these ten *sefirot*, it is considered as if he had effected a separation in You. These ten *sefirot* proceed according to their order: one

סְפִירָן אִנּוּן אָזְלִין כְּסִדְרָן, חַד אֲרִיךְ וְחַד קָצִיר וְחַד בֵּינוּנִי:
וְאַנְתְּ הוּא דְאַנְהִיג לוֹן, וְלֵית מָאן דְּאַנְהִיג לָךְ, לָא לְעֵלָּא
וְלָא לְתַתָּא וְלָא מִכָּל סִטְרָא: לְבוּשִׁין תְּקִינַת לוֹן, דְּמִנַּיְהוּ
פָּרְחִין נִשְׁמָתִין לִבְנֵי נָשָׁא: וְכַמָּה גוּפִין תְּקִינַת לוֹן,
דְּאִתְקְרִיאוּ גוּפִין לְגַבֵּי לְבוּשִׁין דִּמְכַסְּיָן עֲלֵיהוֹן, וְאִתְקְרִיאוּ
בְּתִקּוּנָא דָא: חֶסֶד דְּרוֹעָא יְמִינָא: גְּבוּרָה דְּרוֹעָא
שְׂמָאלָא: תִּפְאֶרֶת גּוּפָא: נֶצַח וְהוֹד תְּרֵין שׁוֹקִין: יְסוֹד
סִיּוּמָא דְגוּפָא אוֹת בְּרִית קֹדֶשׁ: מַלְכוּת פֶּה, תּוֹרָה שֶׁבְּעַל
פֶּה קָרִינָן לָהּ: חָכְמָה מוֹחָא אִיהִי מַחֲשָׁבָה מִלְּגָו: בִּינָה
לִבָּא וּבָהּ הַלֵּב מֵבִין, וְעַל אִלֵּין תְּרֵין כְּתִיב הַנִּסְתָּרֹת לַיְיָ
אֱלֹהֵינוּ:[1] כֶּתֶר עֶלְיוֹן אִיהוּ כֶּתֶר מַלְכוּת, וַעֲלֵיהּ אִתְמַר
מַגִּיד מֵרֵאשִׁית אַחֲרִית[2], וְאִיהוּ קַרְקַפְתָּא דִתְפִלִּין, מִלְּגָו
אִיהוּ שֵׁם מַ"ה (כזה: יו"ד ה"א וא"ו ה"א) דְּאִיהוּ אֹרַח
אֲצִילוּת, וְאִיהוּ שַׁקְיוּ דְאִילָנָא בִּדְרוֹעוֹי וְעַנְפּוֹי, כְּמַיָּא
דְאַשְׁקֵי לְאִילָנָא וְאִתְרַבֵּי בְּהַהוּא שַׁקְיוּ: רִבּוֹן עָלְמִין, אַנְתְּ
הוּא עִלַּת הָעִלּוֹת וְסִבַּת הַסִּבּוֹת, דְּאַשְׁקֵי לְאִילָנָא בְּהַהוּא
נְבִיעוּ: וְהַהוּא נְבִיעוּ אִיהוּ כְּנִשְׁמָתָא לְגוּפָא, דְּאִיהִי[3] חַיִּים
לְגוּפָא: וּבָךְ לֵית דִּמְיוֹן וְדִיּוּקְנָא מִכָּל מַה דִּלְגָו וּלְבַר:
וּבְרֵאתָ שְׁמַיָּא וְאַרְעָא, וְאַפִּיקַת מִנְּהוֹן שִׁמְשָׁא וְסִיהֲרָא
וְכוֹכְבַיָּא וּמַזָּלַיָּא: וּבְאַרְעָא, אִילָנִין וְדִשְׁאִין וְגִנְתָא דְעֵדֶן
וְעִשְׂבִּין וְחֵיוָן וּבְעִירִין וְעוֹפִין וְנוּנִין וּבְנֵי נָשָׁא,
לְאִשְׁתְּמוֹדְעָא בְהוֹן עִלָּאִין, וְאֵיךְ יִתְנַהֲגוּן עִלָּאִין וְתַתָּאִין,
וְאֵיךְ אִשְׁתְּמוֹדְעָן עִלָּאֵי מִתַּתָּאֵי, וְלֵית דְּיָדַע בָּךְ כְּלָל: וּבַר
מִנָּךְ לֵית יִחוּדָא בְּעִלָּאֵי וְתַתָּאֵי, וְאַנְתְּ אִשְׁתְּמוֹדַע

---

1. Deuteronomy 29:28.   2. Isaiah 46:10.   3. Another version: דְּאִיהוּ.

long, one short, and one intermediate. You are He who
directs them, but there is no one who directs You—neither
above, nor below, nor from any side. You have made
garments for them, from which souls issue forth to man.
You have made for them a number of bodies which are
called "bodies" in comparison with the garments which
cover them, and they are described [anthropomorphically]
in the following manner: *chesed* (kindness)—the right arm;
gevurah (severity, power)—the left arm; *tiferet* (beauty)—
the torso; *netzach* (eternity, victory) and *hod* (splendor)—
the two thighs; *yesod* (foundation)—the end of the torso,
the sign of the Holy Covenant; *malchut* (kingship)—the
mouth, which we call the Oral Torah; *chochmah*
(wisdom)—the brain, that is, the thought within; *binah*
(understanding)—the heart, by means of which the heart
understands; and concerning the latter two [*sefirot*] it is
written, "The secrets belong to the Lord our God";[1] super-
nal *keter* (crown) is the crown of kingship, concerning
which it is said, "He declares the end from the beginning,"[2]
and it is the skull [upon which the] *tefillin* [are placed].
Within them is the Name [whose numerical value is]
forty-five (spelled thus: א"ה ו"או ה"א ד"וי) which is the path
of *atzilut* (emanation) and the watering of the Tree [of the
sefirot] with its arms and branches, just as water irrigates a
tree and it grows by that irrigation. Master of the worlds,
You are the cause of causes and producer of effects, who
waters the Tree through that fountain; and that fountain is
as the soul to the body, which is the life of the body. In
You, however, there is no similitude or likeness to anything
within or without. You have created heaven and earth and
brought forth from them the sun, the moon, the stars and
the planets; and on earth—the trees, the green herbage, the
Garden of Eden, the grasses, the beasts, the cattle, the fowl,
the fish, and mankind; in order to make known through
them the Supernal Realms, how the higher and lower worlds
are conducted, and how the higher worlds may be known
from the lower. However, there is none who can know You
at all. Without You there is no unity in the higher or lower

עָלַת עַל כֹּלָּא וְאָדוֹן עַל כֹּלָּא: וְכָל סְפִירָא אִית לָהּ שֵׁם
יְדִיעָא, וּבְהוֹן אִתְקְרִיאוּ מַלְאָכַיָּא: וְאַנְתְּ לֵית לָךְ שֵׁם
יְדִיעָא, דְּאַנְתְּ הוּא מְמַלֵּא כָל שְׁמָהָן: וְאַנְתְּ הוּא שְׁלִימוּ
דְּכֻלְּהוּ: וְכַד אַנְתְּ תִּסְתַּלַּק מִנַּיְהוּ, אִשְׁתָּאֲרוּ כֻּלְּהוּ שְׁמָהָן
כְּגוּפָא בְּלָא נִשְׁמָתָא: אַנְתְּ הוּא חַכִּים וְלָא בְּחָכְמָה
יְדִיעָא, אַנְתְּ הוּא מֵבִין וְלָא בְּבִינָה יְדִיעָא: לֵית לָךְ אֲתַר
יְדִיעָא: אֶלָּא לְאִשְׁתְּמוֹדְעָא תּוּקְפָךְ וְחֵילָךְ לִבְנֵי נָשָׁא,
וּלְאַחֲזָאָה לוֹן אֵיךְ מִתְנַהֵג עָלְמָא בְּדִינָא וּבְרַחֲמֵי, דְּאִית
צֶדֶק וּמִשְׁפָּט כְּפוּם עוֹבְדֵיהוֹן דִּבְנֵי נָשָׁא: דִּין אִיהוּ גְּבוּרָה,
מִשְׁפָּט עַמּוּדָא דְּאֶמְצָעִיתָא, צֶדֶק מַלְכוּתָא קַדִּישָׁא,
מֹאזְנֵי צֶדֶק תְּרֵין סַמְכֵי קְשׁוֹט, הִין צֶדֶק אוֹת בְּרִית קֹדֶשׁ,
כֹּלָּא לְאַחֲזָאָה אֵיךְ מִתְנַהֵג עָלְמָא, אֲבָל לַאו דְּאִית לָךְ
צֶדֶק יְדִיעָא דְּאִיהוּ דִין, וְלָא מִשְׁפָּט יְדִיעָא דְּאִיהוּ רַחֲמֵי,
וְלָא מִכָּל אִלֵּין מִדּוֹת כְּלָל: בָּרוּךְ יְיָ לְעוֹלָם אָמֵן וְאָמֵן:[2]

יְ דִיד נֶפֶשׁ אָב הָרַחֲמָן, מְשׁוֹךְ עַבְדְּךָ אֶל רְצוֹנֶךָ, יָרוּץ
עַבְדְּךָ כְּמוֹ אַיָּל, יִשְׁתַּחֲוֶה אֶל מוּל הֲדָרֶךָ, יֶעֱרַב לוֹ
יְדִידוֹתֶיךָ, מִנֹּפֶת צוּף וְכָל טָעַם:

הָ דוּר נָאֶה זִיו הָעוֹלָם, נַפְשִׁי חוֹלַת אַהֲבָתֶךָ, אָנָּא אֵל
נָא רְפָא נָא לָהּ, בְּהַרְאוֹת לָהּ נֹעַם זִיוֶךָ, אָז תִּתְחַזֵּק
וְתִתְרַפֵּא, וְהָיְתָה לָהּ שִׂמְחַת עוֹלָם:

וָ תִיק יֶהֱמוּ רַחֲמֶיךָ, וְחוּסָה נָא עַל בֵּן אֲהוּבֶךָ, כִּי זֶה
כַּמָּה נִכְסוֹף נִכְסַפְתִּי לִרְאוֹת בְּתִפְאֶרֶת עֻזֶּךָ, אֵלֶּה
חָמְדָה לִבִּי, וְחוּסָה נָא וְאַל תִּתְעַלָּם:

הִ גָּלֵה נָא וּפְרוֹס חֲבִיבִי עָלַי אֶת סֻכַּת שְׁלוֹמֶךָ, תָּאִיר
אֶרֶץ מִכְּבוֹדֶךָ, נָגִילָה וְנִשְׂמְחָה בָּךְ, מַהֵר אָהוּב כִּי בָא
מוֹעֵד, וְחָנֵּנוּ כִּימֵי עוֹלָם:

realms, and You are known as the Cause of all and the Master of all. Each *sefirah* has a specific Name by which the angels are also designated. You, however, have no specific Name, for You permeate all the Names, and You are the perfection of them all. When You remove Yourself from them, all the Names remain as a body without a soul. You are wise, but not with a knowable attribute of wisdom; You understand, but not with a knowable attribute of understanding; You have no specific place. [You clothed Yourself in the *sefirot*] only to make known to mankind Your power and strength and to show them how the world is conducted through law and mercy—for there is righteousness and justice which are dispensed according to the deeds of man. Law is *gevurah* (severity, power); justice is the middle column; righteousness is the holy *malchut* (kingship); the scales of righteousness are the two supports of truth; *hin* (measure) of righteousness is the sign of the Holy Covenant. All these are to show how the world is conducted, but not that You possess a knowable righteousness—which is law, nor a knowable justice—which is mercy, nor any of these attributes at all. Blessed[1] is the Lord forever, Amen and Amen.[2]

Transliteration, page 437.

יְדִיד Beloved of [my] soul, merciful Father, draw Your servant to Your will. [Then] Your servant will run as swiftly as a deer; he will bow before Your splendor; Your acts of affection will be sweeter than honeycomb and every pleasant taste.

הָדוּר Glorious, resplendent One, Light of the world, my soul is lovesick for You; I beseech You, O God, pray heal it by showing it the sweetness of Your splendor. Then it will be strengthened and healed and will experience everlasting joy.

וָתִיק O pious One, may Your mercy be aroused and have compassion upon Your beloved child. For it is long that I have been yearning to behold the glory of Your majesty. These my heart desires, so have pity and do not conceal Yourself.

הִגָּלֵה Reveal Yourself, my Beloved, and spread over me the shelter of Your peace. Let the earth be illuminated by Your glory; we will rejoice and exult in You. Hasten, Beloved, for the time has come; and be gracious unto us as in days of yore.

---

1. Psalms 89:53. **2.** Tikkunei Zohar, Introduction II.

KORBANOT – OFFERINGS

Korbanot and *Ketoret* are recited before beginning אַשְׁרֵי (page 9).

וַיְדַבֵּר יְיָ אֶל מֹשֶׁה לֵּאמֹר: צַו אֶת בְּנֵי יִשְׂרָאֵל וְאָמַרְתָּ אֲלֵהֶם,
אֶת קָרְבָּנִי לַחְמִי לְאִשַּׁי, רֵיחַ נִיחֹחִי תִּשְׁמְרוּ לְהַקְרִיב לִי
בְּמוֹעֲדוֹ: וְאָמַרְתָּ לָהֶם, זֶה הָאִשֶּׁה אֲשֶׁר תַּקְרִיבוּ לַיְיָ, כְּבָשִׂים בְּנֵי
שָׁנָה תְמִימִם, שְׁנַיִם לַיּוֹם, עֹלָה תָמִיד: אֶת הַכֶּבֶשׂ אֶחָד תַּעֲשֶׂה
בַבֹּקֶר, וְאֵת הַכֶּבֶשׂ הַשֵּׁנִי תַּעֲשֶׂה בֵּין הָעַרְבָּיִם: וַעֲשִׂירִית הָאֵיפָה
סֹלֶת לְמִנְחָה, בְּלוּלָה בְּשֶׁמֶן כָּתִית רְבִיעַת הַהִין: עֹלַת תָּמִיד,
הָעֲשֻׂיָה בְּהַר סִינַי לְרֵיחַ נִיחֹחַ אִשֶּׁה לַיְיָ: וְנִסְכּוֹ רְבִיעִת הַהִין לַכֶּבֶשׂ
הָאֶחָד, בַּקֹּדֶשׁ הַסֵּךְ נֶסֶךְ שֵׁכָר לַיְיָ: וְאֵת הַכֶּבֶשׂ הַשֵּׁנִי תַּעֲשֶׂה בֵּין
הָעַרְבָּיִם, כְּמִנְחַת הַבֹּקֶר וּכְנִסְכּוֹ תַּעֲשֶׂה, אִשֵּׁה רֵיחַ נִיחֹחַ לַיְיָ:[1]

וְשָׁחַט אֹתוֹ עַל יֶרֶךְ הַמִּזְבֵּחַ צָפֹנָה לִפְנֵי יְיָ, וְזָרְקוּ בְּנֵי אַהֲרֹן
הַכֹּהֲנִים אֶת דָּמוֹ עַל הַמִּזְבֵּחַ סָבִיב:[2]

KETORET – INCENSE

אַתָּה הוּא יְיָ אֱלֹהֵינוּ וֵאלֹהֵי אֲבוֹתֵינוּ, שֶׁהִקְטִירוּ אֲבוֹתֵינוּ לְפָנֶיךָ אֶת
קְטֹרֶת הַסַּמִּים בִּזְמַן שֶׁבֵּית הַמִּקְדָּשׁ קַיָּם, כַּאֲשֶׁר צִוִּיתָ אוֹתָם
עַל יַד מֹשֶׁה נְבִיאֶךָ, כַּכָּתוּב בְּתוֹרָתֶךָ:

וַיֹּאמֶר יְיָ אֶל מֹשֶׁה, קַח לְךָ סַמִּים, נָטָף, וּשְׁחֵלֶת, וְחֶלְבְּנָה, סַמִּים,
וּלְבֹנָה זַכָּה, בַּד בְּבַד יִהְיֶה: וְעָשִׂיתָ אֹתָה קְטֹרֶת, רֹקַח
מַעֲשֵׂה רוֹקֵחַ, מְמֻלָּח טָהוֹר קֹדֶשׁ: וְשָׁחַקְתָּ מִמֶּנָּה הָדֵק, וְנָתַתָּה
מִמֶּנָּה לִפְנֵי הָעֵדֻת בְּאֹהֶל מוֹעֵד, אֲשֶׁר אִוָּעֵד לְךָ שָׁמָּה, קֹדֶשׁ
קָדָשִׁים תִּהְיֶה לָכֶם:[3] וְנֶאֱמַר: וְהִקְטִיר עָלָיו אַהֲרֹן קְטֹרֶת סַמִּים,
בַּבֹּקֶר בַּבֹּקֶר בְּהֵיטִיבוֹ אֶת הַנֵּרֹת יַקְטִירֶנָּה: וּבְהַעֲלֹת אַהֲרֹן אֶת
הַנֵּרֹת בֵּין הָעַרְבַּיִם יַקְטִירֶנָּה, קְטֹרֶת תָּמִיד לִפְנֵי יְיָ לְדֹרֹתֵיכֶם:[4]

תָּנוּ רַבָּנָן,[5] פִּטּוּם הַקְּטֹרֶת כֵּיצַד: שְׁלֹשׁ מֵאוֹת וְשִׁשִּׁים וּשְׁמוֹנָה
מָנִים הָיוּ בָהּ. שְׁלֹשׁ מֵאוֹת וְשִׁשִּׁים וַחֲמִשָּׁה כְּמִנְיַן יְמוֹת

---

1. Numbers 28:1-8.   2. Leviticus 1:11.   3. Exodus 30:34-36.   4. Ibid. 30:7-8.   5. V. Keritot
6a-b; Yerushalmi, Yoma 4:5.

KORBANOT – OFFERINGS

Korbanot and *Ketoret* are recited before beginning *Ashrei* (page 9).

וַיְדַבֵּר And the Lord spoke to Moses, saying: Command the children of Israel and say to them: My offering, My food-offering consumed by fire, a pleasing odor to Me, you shall be careful to offer Me at its appointed time. And you shall say to them: This is the fire-offering which you shall offer to the Lord—two yearling male lambs without blemish, every day, as a daily burnt-offering. You shall offer one lamb in the morning, and the other lamb toward evening; and a tenth of an *ephah* of fine flour mixed with a fourth of a *hin* of oil of crushed olives as a meal-offering. This is a daily burnt-offering, as it was made at Mount Sinai, for a pleasing odor, a fire-offering to the Lord. And its wine-offering shall be a fourth of a *hin* for the one lamb; in the Sanctuary you shall pour out a wine-offering of strong wine to the Lord. And you shall offer the other lamb toward evening, with the same meal-offering and the same wine-offering as in the morning, to be a fire-offering of pleasing odor to the Lord.[1]

וְשָׁחַט He shall slaughter it on the north side of the altar before the Lord; and Aaron's sons, the Kohanim, shall sprinkle its blood all around the altar.[2]

KETORET – INCENSE

אַתָּה You are the Lord our God and God of our fathers before whom our ancestors burned the offering of incense when the Bet Hamikdash stood, as You have commanded them through Moses Your prophet, as it is written in Your Torah:

וַיֹּאמֶר The Lord said to Moses: Take fragrant spices, stacte, onycha, and galbanum, fragrant spices, and pure frankincense; there shall be an equal weight of each. And you shall make it into incense, a compound expertly blended, well-mingled, pure and holy. You shall grind some of it very fine, and put some of it before the Ark in the Tabernacle, where I will meet with you; most holy shall it be to you.[3] And it is written: Aaron shall burn upon the altar the incense of fragrant spices; every morning when he cleans the lamps [of the menorah], he shall burn it. And toward evening, when Aaron lights the menorah, he shall burn it; this is a continual incense-offering before the Lord throughout your generations.[4]

תָּנוּ The Rabbis have taught:[5] How was the incense prepared? It weighed 368 *manim*: 365 corresponding to the number of days in the

הַחַמָּה, מָנֶה לְכָל יוֹם פְּרָס בְּשַׁחֲרִית וּפְרָס בֵּין הָעַרְבַּיִם, וּשְׁלֹשָׁה
מָנִים יְתֵרִים, שֶׁמֵּהֶם מַכְנִיס כֹּהֵן גָּדוֹל מְלֹא חָפְנָיו בְּיוֹם הַכִּפֻּרִים,
וּמַחֲזִירָן לְמַכְתֶּשֶׁת בְּעֶרֶב יוֹם הַכִּפֻּרִים, וְשׁוֹחֲקָן יָפֶה יָפֶה כְּדֵי
שֶׁתְּהֵא דַקָּה מִן הַדַּקָּה. וְאֶחָד עָשָׂר סַמְמָנִים הָיוּ בָהּ. וְאֵלּוּ הֵן:
1) הַצֳּרִי (2 וְהַצִּפֹּרֶן (3 הַחֶלְבְּנָה (4 וְהַלְּבוֹנָה מִשְׁקַל שִׁבְעִים שִׁבְעִים
מָנֶה, (5 מוֹר (6 וּקְצִיעָה (7 שִׁבֹּלֶת נֵרְדְּ (8 וְכַרְכֹּם מִשְׁקַל שִׁשָּׁה
עָשָׂר שִׁשָּׁה עָשָׂר מָנֶה, (9 הַקֹּשְׁטְ שְׁנֵים עָשָׂר, (10 קִלּוּפָה שְׁלֹשָׁה,
11) קִנָּמוֹן תִּשְׁעָה. בֹּרִית כַּרְשִׁינָה תִּשְׁעָה קַבִּין, יֵין קַפְרִיסִין סְאִין
תְּלָתָא וְקַבִּין תְּלָתָא, וְאִם אֵין לוֹ יֵין קַפְרִיסִין מֵבִיא חֲמַר חִוַּרְיָן
עַתִּיק. מֶלַח סְדוֹמִית רֹבַע, מַעֲלֶה עָשָׁן כָּל שֶׁהוּא. רַבִּי נָתָן הַבַּבְלִי
אוֹמֵר: אַף כִּפַּת הַיַּרְדֵּן כָּל שֶׁהִיא, וְאִם נָתַן בָּהּ דְּבַשׁ פְּסָלָהּ, וְאִם
חִסַּר אֶחָד מִכָּל סַמְמָנֶיהָ חַיָּב מִיתָה:

רַבָּן שִׁמְעוֹן בֶּן גַּמְלִיאֵל אוֹמֵר: הַצֳּרִי אֵינוֹ אֶלָּא שְׂרָף הַנּוֹטֵף
מֵעֲצֵי הַקְּטָף, בֹּרִית כַּרְשִׁינָה שֶׁשָּׁפִין בָּהּ אֶת הַצִּפֹּרֶן, כְּדֵי
שֶׁתְּהֵא נָאָה; יֵין קַפְרִיסִין שֶׁשּׁוֹרִין בּוֹ אֶת הַצִּפֹּרֶן כְּדֵי שֶׁתְּהֵא
עַזָּה. וַהֲלֹא מֵי רַגְלַיִם יָפִין לָהּ, אֶלָּא שֶׁאֵין מַכְנִיסִין מֵי רַגְלַיִם
בַּמִּקְדָּשׁ מִפְּנֵי הַכָּבוֹד:

תַּנְיָא רַבִּי נָתָן אוֹמֵר: כְּשֶׁהוּא שׁוֹחֵק אוֹמֵר: הָדֵק הֵיטֵב, הֵיטֵב
הָדֵק, מִפְּנֵי שֶׁהַקּוֹל יָפֶה לַבְּשָׂמִים. פִּטְּמָהּ לַחֲצָאִין כְּשֵׁרָה,
לִשְׁלִישׁ וְלִרְבִיעַ, לֹא שָׁמַעְנוּ. אָמַר רַבִּי יְהוּדָה, זֶה הַכְּלָל: אִם
כְּמִדָּתָהּ כְּשֵׁרָה לַחֲצָאִין. וְאִם חִסַּר אֶחָד מִכָּל סַמְמָנֶיהָ חַיָּב מִיתָה:

תַּנְיָא בַּר קַפָּרָא אוֹמֵר: אַחַת לְשִׁשִּׁים אוֹ לְשִׁבְעִים שָׁנָה הָיְתָה
בָאָה שֶׁל שִׁירַיִם לַחֲצָאִין. וְעוֹד תָּנֵי בַּר קַפָּרָא, אִלּוּ הָיָה
נוֹתֵן בָּהּ קוֹרְטוֹב שֶׁל דְּבַשׁ, אֵין אָדָם יָכוֹל לַעֲמוֹד מִפְּנֵי רֵיחָהּ,
וְלָמָּה אֵין מְעָרְבִין בָּהּ דְּבַשׁ, מִפְּנֵי שֶׁהַתּוֹרָה אָמְרָה, כִּי כָל שְׂאֹר
וְכָל דְּבַשׁ לֹא תַקְטִירוּ מִמֶּנּוּ אִשֶּׁה לַיְיָ:[1]

---

1. Leviticus 2:11.

solar year, one *maneh* for each day—half a *maneh* to be offered in the morning and half toward evening; and the other three *manim* from which the Kohen Gadol took two handfuls [into the Holy of Holies] on Yom Kippur. These [three *manim*] were put back into the mortar on the day before Yom Kippur and ground again very thoroughly so as to make the incense extremely fine. The incense contained the following eleven kinds of spices: 1) balm, 2) onycha, 3) galbanum, 4) frankincense—each one weighing seventy *maneh*; 5) myrrh, 6) cassia, 7) spikenard, 8) saffron—each weighing sixteen *maneh*; 9) costus, twelve *maneh*; 10) aromatic bark, three [*maneh*]; 11) cinnamon, nine [*maneh*]. [Also used in the preparation of the incense were:] lye of Carshinah, nine *kabin*; Cyprus wine, three *se'in* and three *kabin*—if Cyprus wine was not available, strong white wine might be used instead; salt of Sodom, a fourth of a *kab*; and a minute quantity of a smoke-raising herb. Rabbi Nathan the Babylonian says: A minute quantity of Jordan amber was also added. If, however, honey were added, the incense became unfit; while if one left out any one of the ingredients, he was liable to the penalty of death.

רבן Rabban Shimon ben Gamliel says: The balm is no other than a resin which exudes from the balsam trees. The lye of Carshinah was used for rubbing on the onycha to refine its appearance. The Cyprus wine was used in which to steep the onycha to make its odor more pungent. Though the water of Raglayim might have served that purpose well, it would be disrespectful to bring it into the Bet Hamikdash.

תניא It has been taught, Rabbi Nathan says: While the Kohen was grinding the incense, the overseer would say, "Grind it fine, grind it fine," because the [rhythmic] sound is good for the compounding of the spices. If only half the yearly required quantity of incense was prepared, it was fit for use; but we have not heard if it was permissible to prepare only a third or a fourth of it. Rabbi Yehudah said: The general rule is that if the incense was compounded in its correct proportions, it was fit for use even if only half the annually required quantity was prepared; if, however, one left out any one of its ingredients, he was liable to the penalty of death.

תניא It has been taught, Bar Kappara says: Once in sixty or seventy years, half of the required yearly quantity of incense came from the accumulated surpluses [from the three *maneh* out of which the High Priest took two handfuls on Yom Kippur]. Bar Kappara also taught: Had a minute quantity of honey been mixed into the incense, no one could have resisted the scent. Why then was no honey mixed with it? Because the Torah said: You shall present no leaven nor honey as an offering by fire to the Lord.[1]

יְיָ צְבָאוֹת עִמָּנוּ, מִשְׂגָּב לָנוּ אֱלֹהֵי יַעֲקֹב סֶלָה:¹ —Say three times

יְיָ צְבָאוֹת, אַשְׁרֵי אָדָם בֹּטֵחַ בָּךְ:² —Say three times

יְיָ הוֹשִׁיעָה, הַמֶּלֶךְ יַעֲנֵנוּ בְיוֹם קָרְאֵנוּ:³ —Say three times

וְעָרְבָה לַיָי מִנְחַת יְהוּדָה וִירוּשָׁלָיִם, כִּימֵי עוֹלָם וּכְשָׁנִים קַדְמֹנִיּוֹת:⁴

When reciting אָנָּא בְּכֹחַ, look at—or visualize—the Divine Names formed by the acronyms of the words (as they appear in the left column), but do not say them.

אב״ג ית״ץ	אָנָּא, בְּכֹחַ גְּדֻלַּת יְמִינְךָ, תַּתִּיר צְרוּרָה.
קר״ע שט״ן	קַבֵּל רִנַּת עַמְּךָ, שַׂגְּבֵנוּ, טַהֲרֵנוּ, נוֹרָא.
נג״ד יכ״ש	נָא גִבּוֹר, דּוֹרְשֵׁי יִחוּדְךָ, כְּבָבַת שָׁמְרֵם.
בט״ר צת״ג	בָּרְכֵם, טַהֲרֵם, רַחֲמֵי צִדְקָתְךָ תָּמִיד גָּמְלֵם.
חק״ב טנ״ע	חֲסִין קָדוֹשׁ, בְּרוֹב טוּבְךָ נַהֵל עֲדָתֶךָ.
יג״ל פז״ק	יָחִיד, גֵּאֶה, לְעַמְּךָ פְּנֵה, זוֹכְרֵי קְדֻשָּׁתֶךָ.
שק״ו צי״ת	שַׁוְעָתֵנוּ קַבֵּל, וּשְׁמַע צַעֲקָתֵנוּ, יוֹדֵעַ תַּעֲלוּמוֹת.

בָּרוּךְ שֵׁם כְּבוֹד מַלְכוּתוֹ לְעוֹלָם וָעֶד:

ASHREI

אַשְׁרֵי יוֹשְׁבֵי בֵיתֶךָ, עוֹד יְהַלְלוּךָ סֶּלָה:⁵ אַשְׁרֵי הָעָם
שֶׁכָּכָה לּוֹ, אַשְׁרֵי הָעָם שֶׁיְיָ אֱלֹהָיו:⁶ תְּהִלָּה
לְדָוִד, אֲרוֹמִמְךָ אֱלוֹהַי הַמֶּלֶךְ, וַאֲבָרְכָה שִׁמְךָ לְעוֹלָם
וָעֶד: בְּכָל יוֹם אֲבָרְכֶךָ, וַאֲהַלְלָה שִׁמְךָ לְעוֹלָם וָעֶד:
גָּדוֹל יְיָ וּמְהֻלָּל מְאֹד, וְלִגְדֻלָּתוֹ אֵין חֵקֶר: דּוֹר לְדוֹר
יְשַׁבַּח מַעֲשֶׂיךָ, וּגְבוּרֹתֶיךָ יַגִּידוּ: הֲדַר כְּבוֹד הוֹדֶךָ,
וְדִבְרֵי נִפְלְאֹתֶיךָ אָשִׂיחָה: וֶעֱזוּז נוֹרְאֹתֶיךָ יֹאמֵרוּ,
וּגְדֻלָּתְךָ אֲסַפְּרֶנָּה: זֵכֶר רַב טוּבְךָ יַבִּיעוּ, וְצִדְקָתְךָ יְרַנֵּנוּ:
חַנּוּן וְרַחוּם יְיָ, אֶרֶךְ אַפַּיִם וּגְדָל חָסֶד: טוֹב יְיָ לַכֹּל,

---

1. Psalms 46:8.   2. Ibid. 84:13.   3. Ibid. 20:10.   4. Malachi 3:4.   5. Psalms 84:5.   6. Ibid.
144:15.

Say three
times: יי The Lord of hosts is with us; the God of Jacob is our stronghold forever.[1]

Say three
times: יי Lord of hosts, happy is the man who trusts in You.[2]

Say three
times: יי Lord, deliver us; may the King answer us on the day we call.[3]

וערבה Then shall the offering of Judah and Jerusalem be pleasing to the Lord, as in the days of old and as in bygone years.[4]

אנא We implore You, by the great power of Your right hand, release the captive. Accept the prayer of Your people; strengthen us, purify us, Awesome One. Mighty One, we beseech You, guard as the apple of the eye those who seek Your Oneness. Bless them, cleanse them; bestow upon them forever Your merciful righteousness. Powerful, Holy One, in Your abounding goodness, guide Your congregation. Only and Exalted One, turn to Your people who are mindful of Your holiness. Accept our supplication and hear our cry, You who knows secret thoughts. Blessed be the name of the glory of His kingdom forever and ever.

ASHREI

Transliteration, page 437.

אשרי Happy are those who dwell in Your House; they will yet praise You forever.[5] Happy is the people whose lot is thus; happy is the people whose God is the Lord.[6] A psalm of praise by David: I will exalt You, my God the King, and bless Your Name forever. Every day I will bless You, and extol Your Name forever. The Lord is great and exceedingly exalted, and there is no limit to His greatness. One generation to another will laud Your works, and tell of Your mighty acts. I will speak of the splendor of Your glorious majesty and of Your wondrous deeds. They will proclaim the might of Your awesome acts, and I will recount Your greatness. They will express the remembrance of Your abounding goodness, and sing of Your righteousness. The Lord is gracious and compassionate, slow to anger and of great kindness. The Lord is good to all, and His mercies extend

וְרַחֲמָיו עַל כָּל מַעֲשָׂיו: יוֹדוּךָ יְיָ כָּל מַעֲשֶׂיךָ, וַחֲסִידֶיךָ

יְבָרְכוּכָה: כְּבוֹד מַלְכוּתְךָ יֹאמֵרוּ, וּגְבוּרָתְךָ יְדַבֵּרוּ:

לְהוֹדִיעַ לִבְנֵי הָאָדָם גְּבוּרֹתָיו, וּכְבוֹד הֲדַר מַלְכוּתוֹ:

מַלְכוּתְךָ מַלְכוּת כָּל עֹלָמִים, וּמֶמְשַׁלְתְּךָ בְּכָל דּוֹר

וָדֹר: סוֹמֵךְ יְיָ לְכָל הַנֹּפְלִים, וְזוֹקֵף לְכָל הַכְּפוּפִים: עֵינֵי

כֹל אֵלֶיךָ יְשַׂבֵּרוּ, וְאַתָּה נוֹתֵן לָהֶם אֶת אָכְלָם בְּעִתּוֹ:

פּוֹתֵחַ אֶת יָדֶךָ, וּמַשְׂבִּיעַ לְכָל חַי רָצוֹן: צַדִּיק יְיָ בְּכָל

דְּרָכָיו, וְחָסִיד בְּכָל מַעֲשָׂיו: קָרוֹב יְיָ לְכָל קֹרְאָיו, לְכֹל

אֲשֶׁר יִקְרָאֻהוּ בֶאֱמֶת: רְצוֹן יְרֵאָיו יַעֲשֶׂה, וְאֶת שַׁוְעָתָם

יִשְׁמַע וְיוֹשִׁיעֵם: שׁוֹמֵר יְיָ אֶת כָּל אֹהֲבָיו, וְאֵת כָּל

הָרְשָׁעִים יַשְׁמִיד: תְּהִלַּת יְיָ יְדַבֶּר פִּי, וִיבָרֵךְ כָּל בָּשָׂר

שֵׁם קָדְשׁוֹ לְעוֹלָם וָעֶד:¹ וַאֲנַחְנוּ נְבָרֵךְ יָהּ, מֵעַתָּה וְעַד

עוֹלָם, הַלְלוּיָהּ:²

Chazzan recites Half Kaddish. Congregation responds אָמֵן as indicated.

יִתְגַּדַּל וְיִתְקַדַּשׁ שְׁמֵהּ רַבָּא. (.Cong— אָמֵן) בְּעָלְמָא דִּי

בְרָא כִרְעוּתֵהּ וְיַמְלִיךְ מַלְכוּתֵהּ, וְיַצְמַח פּוּרְקָנֵהּ

וִיקָרֵב מְשִׁיחֵהּ. (.Cong— אָמֵן) בְּחַיֵּיכוֹן וּבְיוֹמֵיכוֹן וּבְחַיֵּי דְכָל

בֵּית יִשְׂרָאֵל, בַּעֲגָלָא וּבִזְמַן קָרִיב וְאִמְרוּ אָמֵן:

(.Cong— אָמֵן. יְהֵא שְׁמֵהּ רַבָּא מְבָרַךְ לְעָלַם וּלְעָלְמֵי עָלְמַיָּא, יִתְבָּרַךְ.)

יְהֵא שְׁמֵהּ רַבָּא מְבָרַךְ לְעָלַם וּלְעָלְמֵי עָלְמַיָּא, יִתְבָּרַךְ,

וְיִשְׁתַּבַּח, וְיִתְפָּאַר, וְיִתְרוֹמַם, וְיִתְנַשֵּׂא, וְיִתְהַדָּר, וְיִתְעַלֶּה,

וְיִתְהַלָּל, שְׁמֵהּ דְּקוּדְשָׁא בְּרִיךְ הוּא. (.Cong— אָמֵן) לְעֵלָּא

מִן כָּל בִּרְכָתָא וְשִׁירָתָא, תֻּשְׁבְּחָתָא וְנֶחֱמָתָא, דַּאֲמִירָן

בְּעָלְמָא, וְאִמְרוּ אָמֵן: (.Cong— אָמֵן)

---

1. Psalm 145. **2.** Ibid. 115:18.

over all His works. Lord, all Your works will give thanks to You, and Your pious ones will bless You. They will declare the glory of Your kingdom, and tell of Your strength. To make known to men His mighty acts, and the glorious majesty of His kingdom. Your kingship is a kingship over all worlds, and Your dominion is throughout all generations. The Lord supports all who fall, and makes erect all who are bent. The eyes of all look expectantly to You, and You give them their food at the proper time. You open Your hand and satisfy the desire of every living thing. The Lord is righteous in all His ways, and benevolent in all His deeds. The Lord is close to all who call upon Him, to all who call upon Him in truth. He fulfills the desire of those who fear Him, hears their cry, and delivers them. The Lord watches over all who love Him, and will destroy all the wicked. My mouth will utter the praise of the Lord, and let all flesh bless His holy Name forever.[1] And we will bless the Lord from now to eternity. Praise the Lord.[2]

Chazzan recites Half Kaddish. Congregation responds Amen as indicated.

יִתְגַּדַּל Exalted and hallowed be His great Name (Cong: Amen) throughout the world which He has created according to His will. May He establish His kingship, bring forth His redemption and hasten the coming of His Mashiach (Cong: Amen) in your lifetime and in your days and in the lifetime of the entire House of Israel, speedily and soon, and say, Amen.

(Cong: Amen. May His great Name be blessed forever and to all eternity. Blessed.)

May His great Name be blessed forever and to all eternity. Blessed and praised, glorified, exalted and extolled, honored, adored and lauded be the Name of the Holy One, blessed be He, (Cong: Amen) beyond all the blessings, hymns, praises and consolations that are uttered in the world; and say, Amen. (Cong: Amen)

THE AMIDAH

While praying, concentrate on the meaning of the words. Remember that you stand before the Divine Presence. Remove any distracting thoughts, allowing the mind to remain focused on prayer. Before beginning the Amidah, take three steps back, then three steps forward. Recite the Amidah quietly—but audibly—while standing with feet together. Throughout the Amidah, ending on page 21, interruptions of any form are forbidden.

אֲדֹנָי, שְׂפָתַי תִּפְתָּח וּפִי יַגִּיד תְּהִלָּתֶךָ:[1]

Bend knees at בָּרוּךְ; bow at אַתָּה; straighten up at יְיָ.

בָּרוּךְ אַתָּה יְיָ, אֱלֹהֵינוּ וֵאלֹהֵי אֲבוֹתֵינוּ, אֱלֹהֵי אַבְרָהָם, אֱלֹהֵי יִצְחָק, וֵאלֹהֵי יַעֲקֹב, הָאֵל הַגָּדוֹל הַגִּבּוֹר וְהַנּוֹרָא, אֵל עֶלְיוֹן, גּוֹמֵל חֲסָדִים טוֹבִים, קוֹנֵה הַכֹּל, וְזוֹכֵר חַסְדֵי אָבוֹת, וּמֵבִיא גוֹאֵל לִבְנֵי בְנֵיהֶם, לְמַעַן שְׁמוֹ בְּאַהֲבָה:

זָכְרֵנוּ לְחַיִּים, מֶלֶךְ חָפֵץ בַּחַיִּים, וְכָתְבֵנוּ בְּסֵפֶר הַחַיִּים, לְמַעַנְךָ אֱלֹהִים חַיִּים:

Bend knees at בָּרוּךְ; bow at אַתָּה; straighten up at יְיָ.

מֶלֶךְ עוֹזֵר וּמוֹשִׁיעַ וּמָגֵן. בָּרוּךְ אַתָּה יְיָ, מָגֵן אַבְרָהָם:

אַתָּה גִּבּוֹר לְעוֹלָם אֲדֹנָי, מְחַיֶּה מֵתִים אַתָּה, רַב לְהוֹשִׁיעַ. מוֹרִיד הַטָּל.

מְכַלְכֵּל חַיִּים בְּחֶסֶד, מְחַיֶּה מֵתִים בְּרַחֲמִים רַבִּים, סוֹמֵךְ נוֹפְלִים, וְרוֹפֵא חוֹלִים, וּמַתִּיר אֲסוּרִים, וּמְקַיֵּם אֱמוּנָתוֹ לִישֵׁנֵי עָפָר. מִי כָמוֹךָ בַּעַל גְּבוּרוֹת, וּמִי דּוֹמֶה לָּךְ, מֶלֶךְ מֵמִית וּמְחַיֶּה וּמַצְמִיחַ יְשׁוּעָה:

מִי כָמוֹךָ אַב הָרַחֲמָן, זוֹכֵר יְצוּרָיו לְחַיִּים בְּרַחֲמִים:

---

1. Psalms 51:17.

ೲಀೱ಄ಀ಄

THE AMIDAH

While praying, concentrate on the meaning of the words. Remember that you stand before the Divine Presence. Remove any distracting thoughts, allowing the mind to remain focused on prayer. Before beginning the Amidah, take three steps back, then three steps forward. Recite the Amidah quietly—but audibly—while standing with feet together. Throughout the Amidah, ending on page 21, interruptions of any form are forbidden.

אדני My Lord, open my lips, and my mouth shall declare Your praise.[1]

Bend knees at Blessed; bow at You; straighten up at Lord.

ברוך Blessed are You, Lord our God and God of our fathers, God of Abraham, God of Isaac and God of Jacob, the great, mighty and awesome God, exalted God, who bestows bountiful kindness, who creates all things, who remembers the piety of the Patriarchs, and who, in love, brings a redeemer to their children's children, for the sake of His Name.

זכרנו Remember us for life, King who desires life; inscribe us in the Book of Life, for Your sake, O living God.

Bend knees at Blessed; bow at You; straighten up at Lord.

מלך O King, [You are] a helper, a savior and a shield. Blessed are You, Lord, Shield of Abraham.

אתה You are mighty forever, my Lord; You resurrect the dead; You are powerful to save. He causes the dew to descend.

מכלכל He sustains the living with lovingkindness, resurrects the dead with great mercy, supports the falling, heals the sick, releases the bound, and fulfills His trust to those who sleep in the dust. Who is like You, mighty One! And who can be compared to You, King, who brings death and restores life, and causes deliverance to spring forth!

מי Who is like You, merciful Father, who in compassion remembers His creatures for life.

וְנֶאֱמָן אַתָּה לְהַחֲיוֹת מֵתִים. בָּרוּךְ אַתָּה יְיָ, מְחַיֵּה הַמֵּתִים:

KEDUSHAH

During the chazzan's repetition of the Amidah, Kedushah is recited. Stand with feet together, and avoid any interruption. Rise on the toes at the words קָדוֹשׁ, קָדוֹשׁ, קָדוֹשׁ; בָּרוּךְ; and יִמְלֹךְ.

— Cong. then chazzan
נַקְדִּישָׁךְ וְנַעֲרִיצָךְ כְּנֹעַם שִׂיחַ סוֹד שַׂרְפֵי קֹדֶשׁ הַמְשַׁלְּשִׁים לְךָ קְדֻשָּׁה, כַּכָּתוּב עַל יַד נְבִיאֶךָ, וְקָרָא זֶה אֶל זֶה וְאָמַר:

— Cong. then chazzan
קָדוֹשׁ, קָדוֹשׁ, קָדוֹשׁ יְיָ צְבָאוֹת, מְלֹא כָל הָאָרֶץ כְּבוֹדוֹ:¹

— Chazzan
לְעֻמָּתָם מְשַׁבְּחִים וְאוֹמְרִים:

— Cong. then chazzan
בָּרוּךְ כְּבוֹד יְיָ מִמְּקוֹמוֹ:²

— Chazzan
וּבְדִבְרֵי קָדְשְׁךָ כָּתוּב לֵאמֹר:

— Cong. then chazzan
יִמְלֹךְ יְיָ לְעוֹלָם, אֱלֹהַיִךְ צִיּוֹן לְדֹר וָדֹר, הַלְלוּיָהּ:³

Remain standing with feet together until the chazzan concludes the following blessing.

אַתָּה קָדוֹשׁ וְשִׁמְךָ קָדוֹשׁ, וּקְדוֹשִׁים בְּכָל יוֹם יְהַלְלוּךְ סֶּלָה. בָּרוּךְ אַתָּה יְיָ, הַמֶּלֶךְ הַקָּדוֹשׁ:

אַתָּה חוֹנֵן לְאָדָם דַּעַת, וּמְלַמֵּד לֶאֱנוֹשׁ בִּינָה. חָנֵּנוּ מֵאִתְּךָ חָכְמָה בִּינָה וָדָעַת. בָּרוּךְ אַתָּה יְיָ, חוֹנֵן הַדָּעַת:

הֲשִׁיבֵנוּ אָבִינוּ לְתוֹרָתֶךָ, וְקָרְבֵנוּ מַלְכֵּנוּ לַעֲבוֹדָתֶךָ, וְהַחֲזִירֵנוּ בִּתְשׁוּבָה שְׁלֵמָה לְפָנֶיךָ. בָּרוּךְ אַתָּה יְיָ, הָרוֹצֶה בִּתְשׁוּבָה:

1. Isaiah 6:3. 2. Ezekiel 3:12. 3. Psalms 146:10.

of the Lord from its place." יִמְלֹךְ The Lord shall reign forever; your God, O Zion, throughout all generations. Praise the Lord.

ונאמן You are trustworthy to revive the dead. Blessed are You, Lord, who revives the dead.

KEDUSHAH

During the chazzan's repetition of the Amidah, Kedushah is recited. Stand with feet together, and avoid any interruption. Rise on the toes at the words *Ködosh, ködosh, ködosh; Böruch;* and *Yimloch.*

Cong. then chazzan: נקדישך *Nak-dishöch v'na-aritzöch k'no-am si-ach sod sar'fay kodesh ha-m'shal'shim l'chö k'dushö, ka-kösuv al yad n'vi-echö v'körö ze el ze v'ömar,*

Cong. then chazzan: קדוש *Ködosh, ködosh, ködosh, adonöy tz'vö-os, m'lo chöl hö-öretz k'vodo.*[1]

Chazzan: Those facing them offer praise and say,

Cong. then chazzan: ברוך *Böruch k'vod adonöy mi-m'komo.*[2]

Chazzan: And in Your holy Scriptures it is written thus:

Cong. then chazzan: ימלך *Yimloch adonöy l'olöm eloha-yich tziyon l'dor vö-dor ha-l'luyöh.*[3]

Remain standing with feet together until the chazzan concludes the following blessing.

אתה You are holy and Your Name is holy, and holy beings praise You daily for all eternity. Blessed are You, Lord, the holy King.

אתה You graciously bestow knowledge upon man, and teach mortals understanding. Graciously bestow upon us from You wisdom, understanding, and knowledge. Blessed are You, Lord, who graciously bestows knowledge.

השיבנו Cause us to return, our Father, to Your Torah; draw us near, our King, to Your service; and bring us back to You in wholehearted repentance. Blessed are You, Lord, who desires penitence.

נקדישך We will hallow and adore You as the sweet words of the assembly of the holy Seraphim who thrice repeat "holy" unto You, as it is written by Your prophet: And they call one to another and say, קדוש "Holy, holy, holy is the Lord of hosts; the whole earth is full of His glory." ברוך "Blessed be the glory

סְלַח לָנוּ אָבִינוּ, כִּי חָטָאנוּ, מְחוֹל לָנוּ מַלְכֵּנוּ, כִּי
פָשָׁעְנוּ, כִּי אֵל טוֹב וְסַלָּח אָתָּה. בָּרוּךְ אַתָּה יְיָ,
חַנּוּן, הַמַּרְבֶּה לִסְלְחַ:

רְאֵה נָא בְעָנְיֵנוּ וְרִיבָה רִיבֵנוּ, וּגְאָלֵנוּ מְהֵרָה לְמַעַן
שְׁמֶךָ, כִּי אֵל גּוֹאֵל חָזָק אָתָּה. בָּרוּךְ אַתָּה יְיָ,
גּוֹאֵל יִשְׂרָאֵל:

רְפָאֵנוּ יְיָ וְנֵרָפֵא, הוֹשִׁיעֵנוּ וְנִוָּשֵׁעָה, כִּי תְהִלָּתֵנוּ אָתָּה,[1]
וְהַעֲלֵה אֲרוּכָה וּרְפוּאָה שְׁלֵמָה לְכָל מַכּוֹתֵינוּ,
כִּי אֵל מֶלֶךְ רוֹפֵא נֶאֱמָן וְרַחֲמָן אָתָּה. בָּרוּךְ אַתָּה יְיָ,
רוֹפֵא חוֹלֵי עַמּוֹ יִשְׂרָאֵל:

בָּרֵךְ עָלֵינוּ יְיָ אֱלֹהֵינוּ אֶת הַשָּׁנָה הַזֹּאת, וְאֶת כָּל מִינֵי
תְבוּאָתָהּ[2] לְטוֹבָה, וְתֵן בְּרָכָה עַל פְּנֵי הָאֲדָמָה,
וְשַׂבְּעֵנוּ מִטּוּבֶךָ, וּבָרֵךְ שְׁנָתֵנוּ כַּשָּׁנִים הַטּוֹבוֹת לִבְרָכָה,
כִּי אֵל טוֹב וּמֵטִיב אַתָּה וּמְבָרֵךְ הַשָּׁנִים. בָּרוּךְ אַתָּה יְיָ,
מְבָרֵךְ הַשָּׁנִים:

תְּקַע בְּשׁוֹפָר גָּדוֹל לְחֵרוּתֵנוּ, וְשָׂא נֵס לְקַבֵּץ גָּלֻיּוֹתֵינוּ,
וְקַבְּצֵנוּ יַחַד מֵאַרְבַּע כַּנְפוֹת הָאָרֶץ לְאַרְצֵנוּ. בָּרוּךְ
אַתָּה יְיָ, מְקַבֵּץ נִדְחֵי עַמּוֹ יִשְׂרָאֵל:

הָשִׁיבָה שׁוֹפְטֵינוּ כְּבָרִאשׁוֹנָה, וְיוֹעֲצֵינוּ כְּבַתְּחִלָּה,[3]
וְהָסֵר מִמֶּנּוּ יָגוֹן וַאֲנָחָה, וּמְלוֹךְ עָלֵינוּ אַתָּה
יְיָ לְבַדְּךָ בְּחֶסֶד וּבְרַחֲמִים, בְּצֶדֶק וּבְמִשְׁפָּט. בָּרוּךְ אַתָּה
יְיָ, הַמֶּלֶךְ הַמִּשְׁפָּט:

---

1. Cf. Jeremiah 17:14.   **2.** One should have in mind wheat for *matzah,* the *etrog,* and wine for Kiddush.   **3.** Cf. Isaiah 1:26.

סלח Pardon us, our Father, for we have sinned; forgive us, our King, for we have transgressed; for You are a good and forgiving God. Blessed are You, Lord, gracious One who pardons abundantly.

ראה Behold our affliction and wage our battle; redeem us speedily for the sake of Your Name, for You, God, are the mighty redeemer. Blessed are You, Lord, Redeemer of Israel.

רפאנו Heal us, O Lord, and we will be healed; help us and we will be saved, for You are our praise.[1] Grant complete cure and healing to all our wounds, for You, Almighty King, are a faithful and merciful healer. Blessed are You, Lord, who heals the sick of His people Israel.

ברך Bless for us, Lord our God, this year and all the varieties of its produce[2] for good; and bestow blessing upon the face of the earth. Satisfy us from Your bounty and bless our year like other good years, for blessing; for You are a generous God who bestows goodness and blesses the years. Blessed are You, Lord, who blesses the years.

תקע Sound the great shofar for our freedom, raise a banner to gather our exiles, and bring us together from the four corners of the earth into our land. Blessed are You, Lord, who gathers the dispersed of His people Israel.

השיבה Restore our judges as in former times, and our counselors as of yore;[3] remove from us sorrow and sighing; and reign over us, You alone, O Lord, with kindness and compassion, with righteousness and justice. Blessed are You, Lord, the King of Judgment.

וְלַמַּלְשִׁינִים אַל תְּהִי תִקְוָה, וְכָל הַמִּינִים וְכָל הַזֵּדִים כְּרֶגַע יֹאבֵדוּ, וְכָל אֹיְבֵי עַמְּךָ מְהֵרָה יִכָּרֵתוּ, וּמַלְכוּת הָרִשְׁעָה מְהֵרָה תְעַקֵּר וּתְשַׁבֵּר וּתְמַגֵּר, וְתַכְנִיעַ בִּמְהֵרָה בְיָמֵינוּ. בָּרוּךְ אַתָּה יְיָ, שֹׁבֵר אֹיְבִים וּמַכְנִיעַ זֵדִים:

עַל הַצַּדִּיקִים וְעַל הַחֲסִידִים, וְעַל זִקְנֵי עַמְּךָ בֵּית יִשְׂרָאֵל, וְעַל פְּלֵיטַת בֵּית סוֹפְרֵיהֶם, וְעַל גֵּרֵי הַצֶּדֶק וְעָלֵינוּ, יֶהֱמוּ נָא רַחֲמֶיךָ יְיָ אֱלֹהֵינוּ, וְתֵן שָׂכָר טוֹב לְכָל הַבּוֹטְחִים בְּשִׁמְךָ בֶּאֱמֶת, וְשִׂים חֶלְקֵנוּ עִמָּהֶם, וּלְעוֹלָם לֹא נֵבוֹשׁ כִּי בְךָ בָּטָחְנוּ. בָּרוּךְ אַתָּה יְיָ, מִשְׁעָן וּמִבְטָח לַצַּדִּיקִים:

וְלִירוּשָׁלַיִם עִירְךָ בְּרַחֲמִים תָּשׁוּב, וְתִשְׁכּוֹן בְּתוֹכָהּ כַּאֲשֶׁר דִּבַּרְתָּ, וְכִסֵּא דָוִד עַבְדְּךָ מְהֵרָה בְּתוֹכָהּ תָּכִין, וּבְנֵה אוֹתָהּ בְּקָרוֹב בְּיָמֵינוּ בִּנְיַן עוֹלָם. בָּרוּךְ אַתָּה יְיָ, בּוֹנֵה יְרוּשָׁלָיִם:

אֶת צֶמַח דָּוִד עַבְדְּךָ מְהֵרָה תַצְמִיחַ, וְקַרְנוֹ תָּרוּם בִּישׁוּעָתֶךָ, כִּי לִישׁוּעָתְךָ קִוִּינוּ כָּל הַיּוֹם. בָּרוּךְ אַתָּה יְיָ, מַצְמִיחַ קֶרֶן יְשׁוּעָה:

שְׁמַע קוֹלֵנוּ יְיָ אֱלֹהֵינוּ, אָב הָרַחֲמָן רַחֵם עָלֵינוּ, וְקַבֵּל בְּרַחֲמִים וּבְרָצוֹן אֶת תְּפִלָּתֵנוּ, כִּי אֵל שׁוֹמֵעַ תְּפִלּוֹת וְתַחֲנוּנִים אָתָּה, וּמִלְּפָנֶיךָ מַלְכֵּנוּ רֵיקָם אַל תְּשִׁיבֵנוּ. כִּי אַתָּה שׁוֹמֵעַ תְּפִלַּת כָּל פֶּה. בָּרוּךְ אַתָּה יְיָ, שׁוֹמֵעַ תְּפִלָּה:

ולמלשינים Let there be no hope for informers, and may all the heretics and all the wicked instantly perish; may all the enemies of Your people be speedily extirpated; and may You swiftly uproot, break, crush and subdue the reign of wickedness speedily in our days. Blessed are You, Lord, who crushes enemies and subdues the wicked.

על May Your mercies be aroused, Lord our God, upon the righteous, upon the pious, upon the elders of Your people the House of Israel, upon the remnant of their sages, upon the righteous proselytes and upon us. Grant ample reward to all who truly trust in Your Name, and place our lot among them; may we never be disgraced, for we have put our trust in You. Blessed are You, Lord, the support and security of the righteous.

ולירושלים Return in mercy to Jerusalem Your city, and dwell therein as You have promised; speedily establish therein the throne of David Your servant; and rebuild it, soon in our days, as an everlasting edifice. Blessed are You, Lord, who rebuilds Jerusalem.

את Speedily cause the scion of David Your servant to flourish, and increase his power by Your salvation, for we hope for Your salvation all day. Blessed are You, Lord, who causes the power of salvation to flourish.

שמע Hear our voice, Lord our God; merciful Father, have compassion upon us and accept our prayers in mercy and favor, for You are God who hears prayers and supplications; do not turn us away empty-handed from You, our King, for You hear the prayer of everyone. Blessed are You, Lord, who hears prayer.

רְצֵה יְיָ אֱלֹהֵינוּ בְּעַמְּךָ יִשְׂרָאֵל וְלִתְפִלָּתָם שְׁעֵה, וְהָשֵׁב הָעֲבוֹדָה לִדְבִיר בֵּיתֶךָ, וְאִשֵּׁי יִשְׂרָאֵל וּתְפִלָּתָם בְּאַהֲבָה תְקַבֵּל בְּרָצוֹן, וּתְהִי לְרָצוֹן תָּמִיד עֲבוֹדַת יִשְׂרָאֵל עַמֶּךָ:

וְתֶחֱזֶינָה עֵינֵינוּ בְּשׁוּבְךָ לְצִיּוֹן בְּרַחֲמִים. בָּרוּךְ אַתָּה יְיָ, הַמַּחֲזִיר שְׁכִינָתוֹ לְצִיּוֹן:

Bow at מוֹדִים; straighten up at יְיָ.

מוֹדִים אֲנַחְנוּ לָךְ, שָׁאַתָּה הוּא יְיָ אֱלֹהֵינוּ וֵאלֹהֵי אֲבוֹתֵינוּ לְעוֹלָם וָעֶד, צוּר חַיֵּינוּ, מָגֵן יִשְׁעֵנוּ, אַתָּה הוּא לְדוֹר וָדוֹר, נוֹדֶה לְּךָ וּנְסַפֵּר תְּהִלָּתֶךָ, עַל חַיֵּינוּ הַמְּסוּרִים בְּיָדֶךָ, וְעַל נִשְׁמוֹתֵינוּ הַפְּקוּדוֹת לָךְ, וְעַל נִסֶּיךָ שֶׁבְּכָל יוֹם עִמָּנוּ, וְעַל נִפְלְאוֹתֶיךָ וְטוֹבוֹתֶיךָ שֶׁבְּכָל עֵת, עֶרֶב וָבֹקֶר וְצָהֳרָיִם, הַטּוֹב, כִּי לֹא כָלוּ רַחֲמֶיךָ, הַמְרַחֵם, כִּי לֹא תַמּוּ חֲסָדֶיךָ, כִּי מֵעוֹלָם קִוִּינוּ לָךְ:

MODIM D'RABBANAN

During the repetition of the Amidah, while the chazzan recites מוֹדִים, the congregation recites the following, while bowing:

מוֹדִים אֲנַחְנוּ לָךְ, שָׁאַתָּה הוּא יְיָ אֱלֹהֵינוּ וֵאלֹהֵי אֲבוֹתֵינוּ, אֱלֹהֵי כָל בָּשָׂר, יוֹצְרֵנוּ, יוֹצֵר בְּרֵאשִׁית, בְּרָכוֹת וְהוֹדָאוֹת לְשִׁמְךָ הַגָּדוֹל וְהַקָּדוֹשׁ, עַל שֶׁהֶחֱיִיתָנוּ וְקִיַּמְתָּנוּ, כֵּן תְּחַיֵּינוּ וּתְקַיְּמֵנוּ, וְתֶאֱסוֹף גָּלֻיּוֹתֵינוּ לְחַצְרוֹת קָדְשֶׁךָ, וְנָשׁוּב אֵלֶיךָ לִשְׁמוֹר חֻקֶּיךָ, וְלַעֲשׂוֹת רְצוֹנֶךָ, וּלְעָבְדְּךָ בְּלֵבָב שָׁלֵם, עַל שֶׁאָנוּ מוֹדִים לָךְ, בָּרוּךְ אֵל הַהוֹדָאוֹת:

וְעַל כֻּלָּם יִתְבָּרַךְ וְיִתְרוֹמַם וְיִתְנַשֵּׂא שִׁמְךָ מַלְכֵּנוּ תָּמִיד לְעוֹלָם וָעֶד:

רצה Look with favor, Lord our God, on Your people Israel, and pay heed to their prayer; restore the service to Your Sanctuary, and accept with love and favor Israel's fire-offerings and prayer; and may the service of Your people Israel always find favor.

ותחזינה May our eyes behold Your return to Zion in mercy. Blessed are You, Lord, who restores His Divine Presence to Zion.

Bow at We thankfully acknowledge; straighten up at Lord.

מודים We thankfully acknowledge that You are the Lord our God and God of our fathers forever. You are the strength of our life, the shield of our salvation in every generation. We will give thanks to You and recount Your praise, evening, morning and noon, for our lives which are committed into Your hand, for our souls which are entrusted to You, for Your miracles which are with us daily, and for Your continual wonders and beneficences. You are the Beneficent One, for Your mercies never cease; the Merciful One, for Your kindnesses never end; for we always place our hope in You.

MODIM D'RABBANAN

During the repetition of the Amidah, while the chazzan recites *Modim*, the congregation recites the following, while bowing:

Transliteration, page 438.

מודים We thankfully acknowledge that You are the Lord our God and God of our fathers, the God of all flesh, our Creator and the Creator of all existence. We offer blessings and thanks to Your great and holy Name, for You have given us life and sustained us; so may You continue to grant us life and sustain us—gather our dispersed to the courtyards of Your Sanctuary, and we shall return to You to keep Your Laws, to do Your will, and to serve You with a perfect heart—for we thankfully acknowledge You. Blessed is God, who is worthy of thanks.

ועל And for all these, may Your Name, our King, be continually blessed, exalted, and extolled forever and all time.

During the repetition of the Amidah, the chazzan pauses for the congregation to say the following line, and then repeats it:

וּכְתוֹב לְחַיִּים טוֹבִים כָּל בְּנֵי בְרִיתֶךָ:

וְכֹל הַחַיִּים יוֹדְוּךָ סֶּלָה, וִיהַלְלוּ שִׁמְךָ הַגָּדוֹל לְעוֹלָם כִּי טוֹב, הָאֵל יְשׁוּעָתֵנוּ וְעֶזְרָתֵנוּ סֶּלָה, הָאֵל הַטּוֹב.

Bend knees at בָּרוּךְ; bow at אַתָּה; straighten up at יְיָ.

בָּרוּךְ אַתָּה יְיָ, הַטּוֹב שִׁמְךָ וּלְךָ נָאֶה לְהוֹדוֹת:

שִׂים שָׁלוֹם, טוֹבָה וּבְרָכָה, חַיִּים חֵן וָחֶסֶד וְרַחֲמִים, עָלֵינוּ וְעַל כָּל יִשְׂרָאֵל עַמֶּךָ. בָּרְכֵנוּ אָבִינוּ כֻּלָּנוּ כְּאֶחָד בְּאוֹר פָּנֶיךָ, כִּי בְאוֹר פָּנֶיךָ נָתַתָּ לָנוּ יְיָ אֱלֹהֵינוּ תּוֹרַת חַיִּים וְאַהֲבַת חֶסֶד, וּצְדָקָה וּבְרָכָה וְרַחֲמִים וְחַיִּים וְשָׁלוֹם, וְטוֹב בְּעֵינֶיךָ לְבָרֵךְ אֶת עַמְּךָ יִשְׂרָאֵל בְּכָל עֵת וּבְכָל שָׁעָה בִּשְׁלוֹמֶךָ.

During the repetition of the Amidah, the chazzan pauses for the congregation to say the following paragraph, and then repeats it:

וּבְסֵפֶר חַיִּים בְּרָכָה וְשָׁלוֹם וּפַרְנָסָה טוֹבָה, יְשׁוּעָה וְנֶחָמָה וּגְזֵרוֹת טוֹבוֹת, נִזָּכֵר וְנִכָּתֵב לְפָנֶיךָ, אֲנַחְנוּ וְכָל עַמְּךָ בֵּית יִשְׂרָאֵל, לְחַיִּים טוֹבִים וּלְשָׁלוֹם.

בָּרוּךְ אַתָּה יְיָ, הַמְבָרֵךְ אֶת עַמּוֹ יִשְׂרָאֵל בַּשָּׁלוֹם:

[During the repetition of the Amidah, the chazzan recites the following verse silently.]

יִהְיוּ לְרָצוֹן אִמְרֵי פִי וְהֶגְיוֹן לִבִּי לְפָנֶיךָ, יְיָ צוּרִי וְגוֹאֲלִי:

[The chazzan's repetition of the Amidah ends here. Continue with Complete Kaddish, page 22.]

אֱלֹהֵינוּ וֵאלֹהֵי אֲבוֹתֵינוּ, תָּבֹא לְפָנֶיךָ תְּפִלָּתֵנוּ, וְאַל תִּתְעַלַּם מִתְּחִנָּתֵנוּ, שֶׁאֵין אָנוּ עַזֵּי פָנִים וּקְשֵׁי עֹרֶף, לוֹמַר לְפָנֶיךָ יְיָ אֱלֹהֵינוּ וֵאלֹהֵי אֲבוֹתֵינוּ, צַדִּיקִים אֲנַחְנוּ וְלֹא חָטָאנוּ, אֲבָל אֲנַחְנוּ וַאֲבוֹתֵינוּ חָטָאנוּ:

1. Psalms 19:15.

During the repetition of the Amidah, the chazzan pauses for the congregation to say the following line, and then repeats it:

וכתוב Inscribe all the children of Your Covenant for a good life.

וכל And all living things shall forever thank You, and praise Your great Name eternally, for You are good. God, You are our everlasting salvation and help, O benevolent God.

Bend knees at Blessed; bow at You; straighten up at Lord.

Blessed are You, Lord, Beneficent is Your Name, and to You it is fitting to offer thanks.

שים Bestow peace, goodness, and blessing, life, graciousness, kindness, and mercy, upon us and upon all Your people Israel. Bless us, our Father, all of us as one, with the light of Your countenance, for by the light of Your countenance You gave us, Lord our God, the Torah of life and loving-kindness, righteousness, blessing, mercy, life and peace. May it be favorable in Your eyes to bless Your people Israel, at all times and at every moment, with Your peace.

During the repetition of the Amidah, the chazzan pauses for the congregation to say the following paragraph, and then repeats it:

ובספר And in the book of life, blessing, peace, and prosperity, deliverance, consolation, and favorable decrees, may we and all Your people the House of Israel be remembered and inscribed before You for a happy life and for peace.

Blessed are You, Lord, who blesses His people Israel with peace.

[During the repetition of the Amidah, the chazzan recites the following verse silently.]

יהיו May the words of my mouth and the meditation of my heart be acceptable before You, Lord, my Strength and my Redeemer.[1]

[The chazzan's repetition of the Amidah ends here. Continue with Complete Kaddish, page 22.]

אלהינו Our God and God of our fathers, may our prayers come before You, and do not turn away from our supplication, for we are not so impudent and obdurate as to declare before You, Lord our God and God of our fathers, that we are righteous and have not sinned. Indeed, we and our fathers have sinned.

While mentioning a transgression, gently strike the left side of your chest (over the heart) with a closed fist.

אָשַׁמְנוּ. בָּגַדְנוּ. גָּזַלְנוּ. דִּבַּרְנוּ דֹפִי: הֶעֱוִינוּ. וְהִרְשַׁעְנוּ. זַדְנוּ. חָמַסְנוּ. טָפַלְנוּ שֶׁקֶר: יָעַצְנוּ רָע. כִּזַּבְנוּ. לַצְנוּ. מָרַדְנוּ. נִאַצְנוּ. סָרַרְנוּ. עָוִינוּ. פָּשַׁעְנוּ. צָרַרְנוּ. קִשִּׁינוּ עֹרֶף: רָשַׁעְנוּ. שִׁחַתְנוּ. תִּעַבְנוּ. תָּעִינוּ. תִּעְתָּעְנוּ:

סַרְנוּ מִמִּצְוֹתֶיךָ וּמִמִּשְׁפָּטֶיךָ הַטּוֹבִים וְלֹא שָׁוָה לָנוּ: וְאַתָּה צַדִּיק עַל כָּל הַבָּא עָלֵינוּ, כִּי אֱמֶת עָשִׂיתָ וַאֲנַחְנוּ הִרְשָׁעְנוּ:[1]

מַה נֹּאמַר לְפָנֶיךָ יוֹשֵׁב מָרוֹם, וּמַה נְּסַפֵּר לְפָנֶיךָ שׁוֹכֵן שְׁחָקִים, הֲלֹא כָּל הַנִּסְתָּרוֹת וְהַנִּגְלוֹת אַתָּה יוֹדֵעַ:

אַתָּה יוֹדֵעַ רָזֵי עוֹלָם, וְתַעֲלוּמוֹת סִתְרֵי כָּל חָי. אַתָּה חֹפֵשׂ כָּל חַדְרֵי בָטֶן וּבֹחֵן כְּלָיוֹת וָלֵב, אֵין דָּבָר נֶעְלָם מִמֶּךָ, וְאֵין נִסְתָּר מִנֶּגֶד עֵינֶיךָ. וּבְכֵן יְהִי רָצוֹן מִלְּפָנֶיךָ, יי אֱלֹהֵינוּ וֵאלֹהֵי אֲבוֹתֵינוּ, שֶׁתְּרַחֵם עָלֵינוּ וְתִמְחוֹל לָנוּ עַל כָּל חַטֹּאתֵינוּ, וּתְכַפֶּר לָנוּ עַל כָּל עֲוֹנוֹתֵינוּ, וְתִמְחוֹל וְתִסְלַח לָנוּ עַל כָּל פְּשָׁעֵינוּ:

Gently strike the left side of your chest (over the heart) with a closed fist when saying the word שֶׁחָטָאנוּ.

עַל חֵטְא שֶׁחָטָאנוּ לְפָנֶיךָ, בְּאֹנֶס וּבְרָצוֹן:

וְעַל חֵטְא שֶׁחָטָאנוּ לְפָנֶיךָ, בְּאִמּוּץ הַלֵּב:

עַל חֵטְא שֶׁחָטָאנוּ לְפָנֶיךָ, בִּבְלִי דָעַת:

וְעַל חֵטְא שֶׁחָטָאנוּ לְפָנֶיךָ, בְּבִטּוּי שְׂפָתָיִם:

עַל חֵטְא שֶׁחָטָאנוּ לְפָנֶיךָ, בְּגִלּוּי עֲרָיוֹת:

וְעַל חֵטְא שֶׁחָטָאנוּ לְפָנֶיךָ, בְּגָלוּי וּבַסֵּתֶר:

---

1. Nehemiah 9:33.

While mentioning a transgression, gently strike the left side of your chest (over the heart) with a closed fist.

אשמנו We have transgressed, we have acted perfidiously, we have robbed, we have slandered. We have acted perversely and wickedly, we have willfully sinned, we have done violence, we have imputed falsely. We have given evil counsel, we have lied, we have scoffed, we have rebelled, we have provoked, we have been disobedient, we have committed iniquity, we have wantonly transgressed, we have oppressed, we have been obstinate. We have committed evil, we have acted perniciously, we have acted abominably, we have gone astray, we have led others astray.

סרנו We have strayed from Your good precepts and ordinances, and it has not profited us. Indeed, You are just in all that has come upon us, for You have acted truthfully, and it is we who have acted wickedly.[1]

מה What shall we say to You who dwells on high; what shall we relate to You who abides in the heavens? You surely know all the hidden and the revealed things.

אתה You know the mysteries of the universe and the hidden secrets of every living being. You search all [our] innermost thoughts, and probe [our] mind and heart; nothing is hidden from You, nothing is concealed from Your sight. And so, may it be Your will, Lord our God and God of our fathers, to have mercy on us and forgive us all our sins, grant us atonement for all our iniquities, and forgive and pardon us for all our transgressions.

Gently strike the left side of your chest (over the heart) with a closed fist when saying the word *committed*.

על חטא For the sin which we have committed before You under duress or willingly.

And for the sin which we have committed before You by hard-heartedness.

For the sin which we have committed before You inadvertently.

And for the sin which we have committed before You with an utterance of the lips.

For the sin which we have committed before You with immorality.

And for the sin which we have committed before You openly or secretly.

עַל חֵטְא שֶׁחָטָאנוּ לְפָנֶיךָ, בְּדַעַת וּבְמִרְמָה:
וְעַל חֵטְא שֶׁחָטָאנוּ לְפָנֶיךָ, בְּדִבּוּר פֶּה:

עַל חֵטְא שֶׁחָטָאנוּ לְפָנֶיךָ, בְּהוֹנָאַת רֵעַ:
וְעַל חֵטְא שֶׁחָטָאנוּ לְפָנֶיךָ, בְּהִרְהוּר הַלֵּב:

עַל חֵטְא שֶׁחָטָאנוּ לְפָנֶיךָ, בִּוְעִידַת זְנוּת:
וְעַל חֵטְא שֶׁחָטָאנוּ לְפָנֶיךָ, בְּוִדּוּי פֶּה:

עַל חֵטְא שֶׁחָטָאנוּ לְפָנֶיךָ, בְּזִלְזוּל הוֹרִים וּמוֹרִים:
וְעַל חֵטְא שֶׁחָטָאנוּ לְפָנֶיךָ, בְּזָדוֹן וּבִשְׁגָגָה:

עַל חֵטְא שֶׁחָטָאנוּ לְפָנֶיךָ, בְּחֹזֶק יָד:
וְעַל חֵטְא שֶׁחָטָאנוּ לְפָנֶיךָ, בְּחִלּוּל הַשֵּׁם:

עַל חֵטְא שֶׁחָטָאנוּ לְפָנֶיךָ, בְּטֻמְאַת שְׂפָתַיִם:
וְעַל חֵטְא שֶׁחָטָאנוּ לְפָנֶיךָ, בְּטִפְשׁוּת פֶּה:

עַל חֵטְא שֶׁחָטָאנוּ לְפָנֶיךָ, בְּיֵצֶר הָרָע:
וְעַל חֵטְא שֶׁחָטָאנוּ לְפָנֶיךָ, בְּיוֹדְעִים וּבְלֹא יוֹדְעִים:

Gently strike the left side of your chest (over the heart) with a closed fist when saying the words סְלַח, מְחַל, כַּפֶּר.

וְעַל כֻּלָּם, אֱלוֹהַ סְלִיחוֹת, סְלַח לָנוּ, מְחַל לָנוּ, כַּפֶּר לָנוּ:

Gently strike the left side of your chest (over the heart) with a closed fist when saying the word שֶׁחָטָאנוּ.

עַל חֵטְא שֶׁחָטָאנוּ לְפָנֶיךָ, בְּכַחַשׁ וּבְכָזָב:
וְעַל חֵטְא שֶׁחָטָאנוּ לְפָנֶיךָ, בְּכַפַּת שֹׁחַד:

For the sin which we have committed before You with knowledge and with deceit.

And for the sin which we have committed before You through speech.

For the sin which we have committed before You by deceiving a fellowman.

And for the sin which we have committed before You by improper thoughts.

For the sin which we have committed before You by a gathering of lewdness.

And for the sin which we have committed before You by verbal [insincere] confession.

For the sin which we have committed before You by disrespect for parents and teachers.

And for the sin which we have committed before You intentionally or unintentionally.

For the sin which we have committed before You by using coercion.

And for the sin which we have committed before You by desecrating the Divine Name.

For the sin which we have committed before You by impurity of speech.

And for the sin which we have committed before You by foolish talk.

For the sin which we have committed before You with the evil inclination.

And for the sin which we have committed before You knowingly or unknowingly.

Gently strike the left side of your chest (over the heart) with a closed fist when saying the words *pardon, forgive, atone.*

וְעַל כֻּלָּם For all these, God of pardon, pardon us, forgive us, atone for us.

Gently strike the left side of your chest (over the heart) with a closed fist when saying the word *committed.*

For the sin which we have committed before You by false denial and lying.

And for the sin which we have committed before You by a bribe-taking or a bribe-giving hand.

עַל חֵטְא שֶׁחָטָאנוּ לְפָנֶיךָ, בְּלָצוֹן:

וְעַל חֵטְא שֶׁחָטָאנוּ לְפָנֶיךָ, בְּלָשׁוֹן הָרָע:

עַל חֵטְא שֶׁחָטָאנוּ לְפָנֶיךָ, בְּמַשָּׂא וּבְמַתָּן:

וְעַל חֵטְא שֶׁחָטָאנוּ לְפָנֶיךָ, בְּמַאֲכָל וּבְמִשְׁתֶּה:

עַל חֵטְא שֶׁחָטָאנוּ לְפָנֶיךָ, בְּנֶשֶׁךְ וּבְמַרְבִּית:

וְעַל חֵטְא שֶׁחָטָאנוּ לְפָנֶיךָ, בִּנְטִיַּת גָּרוֹן:

עַל חֵטְא שֶׁחָטָאנוּ לְפָנֶיךָ, בְּשִׂיחַ שִׂפְתוֹתֵינוּ:

וְעַל חֵטְא שֶׁחָטָאנוּ לְפָנֶיךָ, בְּסִקּוּר עָיִן:

עַל חֵטְא שֶׁחָטָאנוּ לְפָנֶיךָ, בְּעֵינַיִם רָמוֹת:

וְעַל חֵטְא שֶׁחָטָאנוּ לְפָנֶיךָ, בְּעַזּוּת מֶצַח:

Gently strike the left side of your chest (over the heart) with a closed fist when saying the words סְלַח, מְחַל, כַּפֵּר.

וְעַל כֻּלָּם, אֱלוֹהַּ סְלִיחוֹת, סְלַח לָנוּ, מְחַל לָנוּ, כַּפֵּר לָנוּ:

Gently strike the left side of your chest (over the heart) with a closed fist when saying the word שֶׁחָטָאנוּ.

עַל חֵטְא שֶׁחָטָאנוּ לְפָנֶיךָ, בִּפְרִיקַת עֹל:

וְעַל חֵטְא שֶׁחָטָאנוּ לְפָנֶיךָ, בִּפְלִילוּת:

עַל חֵטְא שֶׁחָטָאנוּ לְפָנֶיךָ, בִּצְדִיַּת רֵעַ:

וְעַל חֵטְא שֶׁחָטָאנוּ לְפָנֶיךָ, בְּצָרוּת עָיִן:

עַל חֵטְא שֶׁחָטָאנוּ לְפָנֶיךָ, בְּקַלּוּת רֹאשׁ:

וְעַל חֵטְא שֶׁחָטָאנוּ לְפָנֶיךָ, בְּקַשְׁיוּת עֹרֶף:

עַל חֵטְא שֶׁחָטָאנוּ לְפָנֶיךָ, בְּרִיצַת רַגְלַיִם לְהָרַע:

וְעַל חֵטְא שֶׁחָטָאנוּ לְפָנֶיךָ, בִּרְכִילוּת:

For the sin which we have committed before You by scoffing.

And for the sin which we have committed before You by evil talk [about another].

For the sin which we have committed before You in business dealings.

And for the sin which we have committed before You by eating and drinking.

For the sin which we have committed before You by [taking or giving] interest and by usury.

And for the sin which we have committed before You by a haughty demeanor.

For the sin which we have committed before You by the prattle of our lips.

And for the sin which we have committed before You by a glance of the eye.

For the sin which we have committed before You with proud looks.

And for the sin which we have committed before You with impudence.

Gently strike the left side of your chest (over the heart) with a closed fist when saying the words *pardon, forgive, atone.*

וְעַל כֻּלָם For all these, God of pardon, pardon us, forgive us, atone for us.

Gently strike the left side of your chest (over the heart) with a closed fist when saying the word *committed.*

For the sin which we have committed before You by casting off the yoke [of Heaven].

And for the sin which we have committed before You in passing judgment.

For the sin which we have committed before You by scheming against a fellowman.

And for the sin which we have committed before You by a begrudging eye.

For the sin which we have committed before You by frivolity.

And for the sin which we have committed before You by obduracy.

For the sin which we have committed before You by running to do evil.

And for the sin which we have committed before You by tale-bearing.

עַל חֵטְא שֶׁחָטָאנוּ לְפָנֶיךָ, בִּשְׁבוּעַת שָׁוְא:

וְעַל חֵטְא שֶׁחָטָאנוּ לְפָנֶיךָ, בְּשִׂנְאַת חִנָּם:

עַל חֵטְא שֶׁחָטָאנוּ לְפָנֶיךָ, בִּתְשׂוּמֶת יָד:

וְעַל חֵטְא שֶׁחָטָאנוּ לְפָנֶיךָ, בְּתִמְהוֹן לֵבָב:

Gently strike the left side of your chest (over the heart) with a closed fist when saying the words סְלַח, מְחַל, כַּפֵּר.

וְעַל כֻּלָּם, אֱלוֹהַּ סְלִיחוֹת, סְלַח לָנוּ, מְחַל לָנוּ, כַּפֶּר לָנוּ:

Gently strike the left side of your chest (over the heart) with a closed fist when saying the words שֶׁאָנוּ חַיָּבִים.

וְעַל חֲטָאִים שֶׁאָנוּ חַיָּבִים עֲלֵיהֶם: עוֹלָה:

וְעַל חֲטָאִים שֶׁאָנוּ חַיָּבִים עֲלֵיהֶם: חַטָּאת:

וְעַל חֲטָאִים שֶׁאָנוּ חַיָּבִים עֲלֵיהֶם: קָרְבָּן עוֹלֶה וְיוֹרֵד:

וְעַל חֲטָאִים שֶׁאָנוּ חַיָּבִים עֲלֵיהֶם: אָשָׁם וַדַּאי וְתָלוּי:

וְעַל חֲטָאִים שֶׁאָנוּ חַיָּבִים עֲלֵיהֶם: מַכַּת מַרְדּוּת:

וְעַל חֲטָאִים שֶׁאָנוּ חַיָּבִים עֲלֵיהֶם: מַלְקוּת אַרְבָּעִים:

וְעַל חֲטָאִים שֶׁאָנוּ חַיָּבִים עֲלֵיהֶם: מִיתָה בִּידֵי שָׁמָיִם:

וְעַל חֲטָאִים שֶׁאָנוּ חַיָּבִים עֲלֵיהֶם: כָּרֵת וַעֲרִירִי:

וְעַל חֲטָאִים שֶׁאָנוּ חַיָּבִים עֲלֵיהֶם: אַרְבַּע מִיתוֹת בֵּית דִּין:

סְקִילָה, שְׂרֵפָה, הֶרֶג, וְחֶנֶק:

עַל מִצְוֹת עֲשֵׂה, וְעַל מִצְוֹת לֹא תַעֲשֶׂה, בֵּין שֶׁיֵּשׁ בָּהֶן קוּם עֲשֵׂה,[1] וּבֵין שֶׁאֵין בָּהֶן קוּם עֲשֵׂה, אֶת הַגְּלוּיִם לָנוּ, וְאֶת שֶׁאֵינָם גְּלוּיִם לָנוּ. אֶת הַגְּלוּיִם לָנוּ, כְּבָר אֲמַרְנוּם לְפָנֶיךָ, וְהוֹדִינוּ לְךָ עֲלֵיהֶם, וְאֶת שֶׁאֵינָם גְּלוּיִם לָנוּ, לְפָנֶיךָ הֵם גְּלוּיִם וִידוּעִים, כַּדָּבָר שֶׁנֶּאֱמַר: הַנִּסְתָּרֹת לַיְיָ אֱלֹהֵינוּ, וְהַנִּגְלֹת לָנוּ

---

1. E.g., to return what one has stolen.

For the sin which we have committed before You by swearing in vain.

And for the sin which we have committed before You by causeless hatred.

For the sin which we have committed before You by embezzlement.

And for the sin which we have committed before You by a confused heart.

Gently strike the left side of your chest (over the heart) with a closed fist when saying the words *pardon, forgive, atone.*

וְעַל כֻּלָּם For all these, God of pardon, pardon us, forgive us, atone for us.

Gently strike the left side of your chest (over the heart) with a closed fist when saying the words *we are obligated.*

And for the sins for which we are obligated to bring a burnt-offering.

And for the sins for which we are obligated to bring a sin-offering.

And for the sins for which we are obligated to bring a varying offering [according to one's means].

And for the sins for which we are obligated to bring a guilt-offering for a certain or doubtful trespass.

And for the sins for which we incur the penalty of lashing for rebelliousness.

And for the sins for which we incur the penalty of forty lashes.

And for the sins for which we incur the penalty of death by the hand of Heaven.

And for the sins for which we incur the penalty of excision and childlessness.

And for the sins for which we incur the penalty of the four forms of capital punishment executed by the Court: stoning, burning, decapitation and strangulation.

עַל For [transgressing] positive and prohibitory *mitzvot,* whether [the prohibitions] can be rectified by a specifically prescribed act[1] or not, those of which we are aware and those of which we are not aware; those of which we are aware, we have already declared them before You and confessed them to You, and those of which we are not aware—before You they are revealed and known, as it is stated: The hidden things belong to the Lord our God, but the revealed things are for us

וּלְבָנֵינוּ עַד עוֹלָם, לַעֲשׂוֹת אֶת כָּל דִּבְרֵי הַתּוֹרָה הַזֹּאת.¹ כִּי
אַתָּה סָלְחָן לְיִשְׂרָאֵל, וּמָחֳלָן לְשִׁבְטֵי יְשֻׁרוּן² בְּכָל דּוֹר וָדוֹר,
וּמִבַּלְעָדֶיךָ אֵין לָנוּ מֶלֶךְ מוֹחֵל וְסוֹלֵחַ:

אֱלֹהַי, עַד שֶׁלֹּא נוֹצַרְתִּי אֵינִי כְדַאי, וְעַכְשָׁו שֶׁנּוֹצַרְתִּי,
כְּאִלּוּ לֹא נוֹצַרְתִּי. עָפָר אֲנִי בְּחַיַּי, קַל וָחֹמֶר
בְּמִיתָתִי, הֲרֵי אֲנִי לְפָנֶיךָ כִּכְלִי מָלֵא בוּשָׁה וּכְלִמָּה. יְהִי רָצוֹן
מִלְּפָנֶיךָ, יְיָ אֱלֹהַי וֵאלֹהֵי אֲבוֹתַי, שֶׁלֹּא אֶחֱטָא עוֹד, וּמַה
שֶּׁחָטָאתִי לְפָנֶיךָ, מְחוֹק בְּרַחֲמֶיךָ הָרַבִּים, אֲבָל לֹא עַל יְדֵי
יִסּוּרִים וָחֳלָיִם רָעִים:

אֱלֹהַי, נְצֹר לְשׁוֹנִי מֵרָע, וּשְׂפָתַי מִדַּבֵּר מִרְמָה,³ וְלִמְקַלְלַי
נַפְשִׁי תִדּוֹם, וְנַפְשִׁי כֶּעָפָר לַכֹּל תִּהְיֶה. פְּתַח לִבִּי
בְּתוֹרָתֶךָ, וּבְמִצְוֹתֶיךָ תִּרְדּוֹף נַפְשִׁי, וְכָל הַחוֹשְׁבִים עָלַי
רָעָה, מְהֵרָה הָפֵר עֲצָתָם וְקַלְקֵל מַחֲשַׁבְתָּם. יִהְיוּ כְּמֹץ לִפְנֵי
רוּחַ וּמַלְאַךְ יְיָ דֹּחֶה.⁴ לְמַעַן יֵחָלְצוּן יְדִידֶיךָ, הוֹשִׁיעָה יְמִינְךָ
וַעֲנֵנִי.⁵ עֲשֵׂה לְמַעַן שְׁמֶךָ, עֲשֵׂה לְמַעַן יְמִינֶךָ, עֲשֵׂה לְמַעַן
תּוֹרָתֶךָ, עֲשֵׂה לְמַעַן קְדֻשָּׁתֶךָ.⁶ יִהְיוּ לְרָצוֹן אִמְרֵי פִי וְהֶגְיוֹן
לִבִּי לְפָנֶיךָ, יְיָ צוּרִי וְגוֹאֲלִי:⁷

Take three steps back, then bow left saying עֹשֶׂה הַשָּׁלוֹם בִּמְרוֹמָיו, bow forward saying הוּא,
bow right saying יַעֲשֶׂה שָׁלוֹם עָלֵינוּ, and bow forward saying וְעַל כָּל יִשְׂרָאֵל, וְאִמְרוּ אָמֵן.

עֹשֶׂה הַשָּׁלוֹם בִּמְרוֹמָיו, הוּא יַעֲשֶׂה שָׁלוֹם עָלֵינוּ וְעַל כָּל
יִשְׂרָאֵל, וְאִמְרוּ אָמֵן:

יְהִי רָצוֹן מִלְּפָנֶיךָ, יְיָ אֱלֹהֵינוּ וֵאלֹהֵי אֲבוֹתֵינוּ, שֶׁיִּבָּנֶה בֵּית
הַמִּקְדָּשׁ בִּמְהֵרָה בְיָמֵינוּ, וְתֵן חֶלְקֵנוּ בְּתוֹרָתֶךָ:⁸

The individual's Amidah ends here.
The chazzan repeats the Amidah, starting on page 11; the congregation responds אָמֵן after
each blessing.

---

1. Deuteronomy 29:28. **2.** V. Isaiah 44:2; Deuteronomy 33:5, 26; Ramban, Deuteronomy 7:12.
3. Cf. Psalms 34:14. **4.** Psalms 35:5. **5.** Ibid. 60:7, 108:7. **6.** It is customary to recite a verse
in which the first and last letters correspond to the first and last letters of one's own Hebrew name.
For a list of verses, see page 422. **7.** Psalms 19:15. **8.** Avot 5:20.

and for our children forever, that we may carry out all the words of this Torah.[1] For You are the Pardoner of Israel and the Forgiver of the tribes of Yeshurun[2] in every generation, and aside from You we have no King who forgives and pardons.

אלהי My God, before I was created I was not worthy [to be created], and now that I have been created it is as if I had not been created. I am dust in my life, how much more so in my death. Indeed, before You I am like a vessel filled with shame and disgrace. May it be Your will, Lord my God and God of my fathers, that I shall sin no more, and the sins which I have committed before You, erase them in Your abounding mercies, but not through suffering or severe illness.

אלהי My God, guard my tongue from evil, and my lips from speaking deceitfully.[3] Let my soul be silent to those who curse me; let my soul be as dust to all. Open my heart to Your Torah, and let my soul eagerly pursue Your commandments. As for all those who plot evil against me, hasten to annul their counsel and frustrate their design. Let them be as chaff before the wind; let the angel of the Lord thrust them away.[4] That Your beloved ones may be delivered, help with Your right hand and answer me.[5] Do it for the sake of Your Name; do it for the sake of Your right hand; do it for the sake of Your Torah; do it for the sake of Your holiness.[6] May the words of my mouth and the meditation of my heart be acceptable before You, Lord, my Strength and my Redeemer.[7]

Take three steps back, then bow left saying *He who makes the peace in His Heavens*, bow forward saying *may He*, bow right saying *make peace for us*, and bow forward saying *and for all Israel; and say, Amen.*

עשה He who makes the peace in His heavens, may He make peace for us and for all Israel; and say, Amen.

יהי May it be Your will, Lord our God and God of our fathers, that the Bet Hamikdash be speedily rebuilt in our days, and grant us our portion in Your Torah.[8]

The individual's Amidah ends here.
The chazzan repeats the Amidah, starting on page 11; the congregation responds Amen after each blessing.

Chazzan recites Complete Kaddish. Congregation responds אָמֵן as indicated.

יִתְגַּדַּל וְיִתְקַדַּשׁ שְׁמֵהּ רַבָּא. (אָמֵן —.Cong) בְּעָלְמָא דִי בְרָא כִרְעוּתֵהּ וְיַמְלִיךְ מַלְכוּתֵהּ, וְיַצְמַח פּוּרְקָנֵהּ וִיקָרֵב מְשִׁיחֵהּ. (אָמֵן —.Cong) בְּחַיֵּיכוֹן וּבְיוֹמֵיכוֹן וּבְחַיֵּי דְכָל בֵּית יִשְׂרָאֵל, בַּעֲגָלָא וּבִזְמַן קָרִיב וְאִמְרוּ אָמֵן:

(אָמֵן. יְהֵא שְׁמֵהּ רַבָּא מְבָרַךְ לְעָלַם וּלְעָלְמֵי עָלְמַיָּא, יִתְבָּרַךְ —.Cong)

יְהֵא שְׁמֵהּ רַבָּא מְבָרַךְ לְעָלַם וּלְעָלְמֵי עָלְמַיָּא, יִתְבָּרַךְ, וְיִשְׁתַּבַּח, וְיִתְפָּאַר, וְיִתְרוֹמַם, וְיִתְנַשֵּׂא, וְיִתְהַדָּר וְיִתְעַלֶּה, וְיִתְהַלָּל, שְׁמֵהּ דְּקוּדְשָׁא בְּרִיךְ הוּא. (אָמֵן —.Cong) לְעֵלָּא מִן כָּל בִּרְכָתָא וְשִׁירָתָא, תֻּשְׁבְּחָתָא וְנֶחֱמָתָא, דַּאֲמִירָן בְּעָלְמָא, וְאִמְרוּ אָמֵן: (אָמֵן —.Cong)

תִּתְקַבֵּל צְלוֹתְהוֹן וּבָעוּתְהוֹן דְּכָל בֵּית יִשְׂרָאֵל, קֳדָם אֲבוּהוֹן דִּי בִשְׁמַיָּא, וְאִמְרוּ אָמֵן: (אָמֵן —.Cong) יְהֵא שְׁלָמָא רַבָּא מִן שְׁמַיָּא וְחַיִּים טוֹבִים עָלֵינוּ וְעַל כָּל יִשְׂרָאֵל, וְאִמְרוּ אָמֵן: (אָמֵן —.Cong)

Take three steps back, then bow right saying עֹשֶׂה הַשָּׁלוֹם בִּמְרוֹמָיו, bow forward saying הוּא, bow left saying וְעַל כָּל יַעֲשֶׂה שָׁלוֹם עָלֵינוּ, and bow forward saying יִשְׂרָאֵל, וְאִמְרוּ אָמֵן.

עֹשֶׂה הַשָּׁלוֹם בִּמְרוֹמָיו, הוּא יַעֲשֶׂה שָׁלוֹם עָלֵינוּ וְעַל כָּל יִשְׂרָאֵל, וְאִמְרוּ אָמֵן: (אָמֵן —.Cong)

לְדָוִד, יְיָ אוֹרִי וְיִשְׁעִי מִמִּי אִירָא, יְיָ מָעוֹז חַיַּי מִמִּי אֶפְחָד: בִּקְרֹב עָלַי מְרֵעִים לֶאֱכֹל אֶת בְּשָׂרִי, צָרַי וְאֹיְבַי לִי, הֵמָּה כָּשְׁלוּ וְנָפָלוּ: אִם תַּחֲנֶה עָלַי מַחֲנֶה לֹא יִירָא לִבִּי, אִם תָּקוּם עָלַי מִלְחָמָה, בְּזֹאת¹ אֲנִי בוֹטֵחַ: אַחַת שָׁאַלְתִּי מֵאֵת יְיָ, אוֹתָהּ אֲבַקֵּשׁ, שִׁבְתִּי בְּבֵית יְיָ כָּל יְמֵי חַיַּי, לַחֲזוֹת בְּנֹעַם יְיָ וּלְבַקֵּר בְּהֵיכָלוֹ: כִּי יִצְפְּנֵנִי בְּסֻכֹּה בְּיוֹם רָעָה, יַסְתִּירֵנִי בְּסֵתֶר

---

1. I.e., that "the Lord is my light and my salvation," etc.

Chazzan recites Complete Kaddish. Congregation responds Amen as indicated.

יִתְגַּדַּל Exalted and hallowed be His great Name (Cong: Amen) throughout the world which He has created according to His will. May He establish His kingship, bring forth His redemption and hasten the coming of His Mashiach (Cong: Amen) in your lifetime and in your days and in the lifetime of the entire House of Israel, speedily and soon, and say, Amen.

(Cong: Amen. May His great Name be blessed forever and to all eternity. Blessed.)

May His great Name be blessed forever and to all eternity. Blessed and praised, glorified, exalted and extolled, honored, adored and lauded be the Name of the Holy One, blessed be He, (Cong: Amen) beyond all the blessings, hymns, praises and consolations that are uttered in the world; and say, Amen. (Cong: Amen)

May the prayers and supplications of the entire House of Israel be accepted before their Father in heaven; and say, Amen. (Cong: Amen) May there be abundant peace from heaven, and a good life for us and for all Israel; and say, Amen. (Cong: Amen)

Take three steps back, then bow right saying *He who makes the peace in His Heavens*, bow forward saying *may He*, bow left saying *make peace for us*, and bow forward saying *and for all Israel; and say, Amen.*

He who makes the peace in His heavens, may He make peace for us and for all Israel; and say, Amen. (Cong: Amen)

לְדָוִד By David. The Lord is my light and my salvation—whom shall I fear? The Lord is the strength of my life—whom shall I dread? When evildoers approached me to devour my flesh, my oppressors and my foes, they stumbled and fell. If an army were to beleaguer me, my heart would not fear; if war were to arise against me, in this[1] I trust. One thing I have asked of the Lord, this I seek: that I may dwell in the House of the Lord all the days of my life, to behold the pleasantness of the Lord and to visit in His Sanctuary. For He will hide me in His tabernacle on a day of adversity; He will conceal me

אָהֱלוֹ, בְּצוּר יְרוֹמְמֵנִי: וְעַתָּה יָרוּם רֹאשִׁי עַל אֹיְבַי סְבִיבוֹתַי,
וְאֶזְבְּחָה בְאָהֱלוֹ זִבְחֵי תְרוּעָה, אָשִׁירָה וַאֲזַמְּרָה לַיָי: שְׁמַע יְיָ
קוֹלִי אֶקְרָא, וְחָנֵּנִי וַעֲנֵנִי: לְךָ אָמַר לִבִּי בַּקְּשׁוּ פָנָי, אֶת פָּנֶיךָ יְיָ
אֲבַקֵּשׁ: אַל תַּסְתֵּר פָּנֶיךָ מִמֶּנִּי, אַל תַּט בְּאַף עַבְדֶּךָ, עֶזְרָתִי
הָיִיתָ, אַל תִּטְּשֵׁנִי וְאַל תַּעַזְבֵנִי אֱלֹהֵי יִשְׁעִי: כִּי אָבִי וְאִמִּי
עֲזָבוּנִי, וַיָי יַאַסְפֵנִי: הוֹרֵנִי יְיָ דַּרְכֶּךָ, וּנְחֵנִי בְּאֹרַח מִישׁוֹר, לְמַעַן
שׁוֹרְרָי: אַל תִּתְּנֵנִי בְּנֶפֶשׁ צָרָי, כִּי קָמוּ בִי עֵדֵי שֶׁקֶר וִיפֵחַ חָמָס:
לוּלֵא הֶאֱמַנְתִּי לִרְאוֹת בְּטוּב יְיָ בְּאֶרֶץ חַיִּים: קַוֵּה אֶל יְיָ, חֲזַק
וְיַאֲמֵץ לִבֶּךָ, וְקַוֵּה אֶל יְיָ:

Stand while reciting עָלֵינוּ.

עָלֵינוּ לְשַׁבֵּחַ לַאֲדוֹן הַכֹּל, לָתֵת גְּדֻלָּה לְיוֹצֵר בְּרֵאשִׁית,
שֶׁלֹּא עָשָׂנוּ כְּגוֹיֵי הָאֲרָצוֹת, וְלֹא שָׂמָנוּ כְּמִשְׁפְּחוֹת
הָאֲדָמָה, שֶׁלֹּא שָׂם חֶלְקֵנוּ כָּהֶם, וְגוֹרָלֵנוּ כְּכָל הֲמוֹנָם,
שֶׁהֵם מִשְׁתַּחֲוִים לְהֶבֶל וָלָרִיק. וַאֲנַחְנוּ כּוֹרְעִים וּמִשְׁתַּחֲוִים
וּמוֹדִים לִפְנֵי מֶלֶךְ מַלְכֵי הַמְּלָכִים, הַקָּדוֹשׁ בָּרוּךְ הוּא.
שֶׁהוּא נוֹטֶה שָׁמַיִם וְיוֹסֵד אָרֶץ, וּמוֹשַׁב יְקָרוֹ בַּשָּׁמַיִם
מִמַּעַל, וּשְׁכִינַת עֻזּוֹ בְּגָבְהֵי מְרוֹמִים. הוּא אֱלֹהֵינוּ אֵין עוֹד,
אֱמֶת מַלְכֵּנוּ, אֶפֶס זוּלָתוֹ, כַּכָּתוּב בְּתוֹרָתוֹ: וְיָדַעְתָּ הַיּוֹם
וַהֲשֵׁבֹתָ אֶל לְבָבֶךָ, כִּי יְיָ הוּא הָאֱלֹהִים, בַּשָּׁמַיִם מִמַּעַל
וְעַל הָאָרֶץ מִתָּחַת, אֵין עוֹד:

וְעַל כֵּן נְקַוֶּה לְּךָ יְיָ אֱלֹהֵינוּ, לִרְאוֹת מְהֵרָה בְּתִפְאֶרֶת
עֻזֶּךָ, לְהַעֲבִיר גִּלּוּלִים מִן הָאָרֶץ, וְהָאֱלִילִים כָּרוֹת
יִכָּרֵתוּן, לְתַקֵּן עוֹלָם בְּמַלְכוּת שַׁדַּי, וְכָל בְּנֵי בָשָׂר יִקְרְאוּ
בִשְׁמֶךָ, לְהַפְנוֹת אֵלֶיךָ כָּל רִשְׁעֵי אָרֶץ. יַכִּירוּ וְיֵדְעוּ כָּל
יוֹשְׁבֵי תֵבֵל, כִּי לְךָ תִּכְרַע כָּל בֶּרֶךְ, תִּשָּׁבַע כָּל לָשׁוֹן.

1. Psalm 27. **2.** Deuteronomy 4:39. **3.** For further elucidation, see Tanya, part II, ch. 6.

in the hidden places of His tent; He will lift me upon a rock. And then my head will be raised above my enemies around me, and I will offer in His tabernacle sacrifices of jubilation; I will sing and chant to the Lord. Lord, hear my voice as I call; be gracious to me and answer me. In Your behalf my heart says, "Seek My countenance"; Your countenance, Lord, I seek. Do not conceal Your countenance from me, do not cast aside Your servant in wrath; You have been my help; do not abandon me nor forsake me, God of my deliverance. Though my father and mother have forsaken me, the Lord has taken me in. Lord, teach me Your way and lead me in the path of righteousness because of my watchful enemies. Do not give me over to the will of my oppressors, for there have risen against me false witnesses and they speak evil. [They would have crushed me] had I not believed that I would see the goodness of the Lord in the land of the living. Hope in the Lord, be strong and let your heart be valiant, and hope in the Lord.[1]

Stand while reciting *Aleinu*.
Transliteration, page 438.

עָלֵינוּ It is incumbent upon us to praise the Master of all things, to exalt the Creator of all existence, that He has not made us like the nations of the world, nor caused us to be like the families of the earth; that He has not assigned us a portion like theirs, nor a lot like that of all their multitudes, for they bow to vanity and nothingness. But we bend the knee, bow down, and offer praise before the supreme King of kings, the Holy One, blessed be He, who stretches forth the heavens and establishes the earth, the seat of whose glory is in the heavens above and the abode of whose majesty is in the loftiest heights. He is our God; there is none else. Truly, He is our King; there is nothing besides Him, as it is written in His Torah:[2] Know this day and take unto your heart that the Lord is God; in the heavens above and upon the earth below there is nothing else.[3]

וְעַל And therefore we hope to You, Lord our God, that we may speedily behold the splendor of Your might, to banish idolatry from the earth—and false gods will be utterly destroyed; to perfect the world under the sovereignty of the Almighty. All mankind shall invoke Your Name, to turn to You all the wicked of the earth. Then all the inhabitants of the world will recognize and know that every knee should bend to You, every tongue should swear [by Your Name]. Before You,

לְפָנֶיךָ יְיָ אֱלֹהֵינוּ יִכְרְעוּ וְיִפֹּלוּ, וְלִכְבוֹד שִׁמְךָ יְקָר יִתֵּנוּ.
וִיקַבְּלוּ כֻלָּם אֶת עוֹל מַלְכוּתֶךָ, וְתִמְלוֹךְ עֲלֵיהֶם
מְהֵרָה לְעוֹלָם וָעֶד. כִּי הַמַּלְכוּת שֶׁלְּךָ הִיא, וּלְעוֹלְמֵי עַד
תִּמְלוֹךְ בְּכָבוֹד, כַּכָּתוּב בְּתוֹרָתֶךָ: יְיָ יִמְלֹךְ לְעֹלָם וָעֶד:[1]
וְנֶאֱמַר: וְהָיָה יְיָ לְמֶלֶךְ עַל כָּל הָאָרֶץ, בַּיּוֹם הַהוּא יִהְיֶה יְיָ
אֶחָד וּשְׁמוֹ אֶחָד:[2]

MOURNER'S KADDISH
Mourners recite the following Kaddish.
Congregation responds אָמֵן as indicated.

יִתְגַּדַּל וְיִתְקַדַּשׁ שְׁמֵהּ רַבָּא. (.Cong—אָמֵן) בְּעָלְמָא דִי בְרָא
כִרְעוּתֵהּ וְיַמְלִיךְ מַלְכוּתֵהּ, וְיַצְמַח פּוּרְקָנֵהּ וִיקָרֵב
מְשִׁיחֵהּ. (.Cong—אָמֵן) בְּחַיֵּיכוֹן וּבְיוֹמֵיכוֹן וּבְחַיֵּי דְכָל בֵּית
יִשְׂרָאֵל, בַּעֲגָלָא וּבִזְמַן קָרִיב וְאִמְרוּ אָמֵן:

(.Cong—אָמֵן. יְהֵא שְׁמֵהּ רַבָּא מְבָרַךְ לְעָלַם וּלְעָלְמֵי עָלְמַיָּא, יִתְבָּרַךְ.)

יְהֵא שְׁמֵהּ רַבָּא מְבָרַךְ לְעָלַם וּלְעָלְמֵי עָלְמַיָּא, יִתְבָּרַךְ,
וְיִשְׁתַּבַּח, וְיִתְפָּאַר, וְיִתְרוֹמַם, וְיִתְנַשֵּׂא, וְיִתְהַדָּר, וְיִתְעַלֶּה,
וְיִתְהַלָּל, שְׁמֵהּ דְּקוּדְשָׁא בְּרִיךְ הוּא. (.Cong—אָמֵן) לְעֵלָּא מִן כָּל
בִּרְכָתָא וְשִׁירָתָא, תֻּשְׁבְּחָתָא וְנֶחֱמָתָא, דַּאֲמִירָן בְּעָלְמָא,
וְאִמְרוּ אָמֵן: (.Cong—אָמֵן) יְהֵא שְׁלָמָא רַבָּא מִן שְׁמַיָּא וְחַיִּים
טוֹבִים עָלֵינוּ וְעַל כָּל יִשְׂרָאֵל, וְאִמְרוּ אָמֵן: (.Cong—אָמֵן)

Take three steps back, then bow right saying עֹשֶׂה הַשָּׁלוֹם בִּמְרוֹמָיו, bow forward saying הוּא,
bow left saying וְעַל כָּל יִשְׂרָאֵל, וְאִמְרוּ אָמֵן, and bow forward saying יַעֲשֶׂה שָׁלוֹם עָלֵינוּ.

עֹשֶׂה הַשָּׁלוֹם בִּמְרוֹמָיו, הוּא יַעֲשֶׂה שָׁלוֹם עָלֵינוּ וְעַל כָּל
יִשְׂרָאֵל, וְאִמְרוּ אָמֵן: (.Cong—אָמֵן)

אַל תִּירָא מִפַּחַד פִּתְאֹם, וּמִשֹּׁאַת רְשָׁעִים כִּי תָבֹא:[3] עֻצוּ
עֵצָה וְתֻפָר, דַּבְּרוּ דָבָר וְלֹא יָקוּם, כִּי עִמָּנוּ אֵל:[4]

---

1. Exodus 15:18. **2.** Zechariah 14:9. **3.** Proverbs 3:25. **4.** Isaiah 8:10.

Lord our God, they will bow and prostrate themselves, and give honor to the glory of Your Name; and they will all take upon themselves the yoke of Your kingdom. May You soon reign over them forever and ever, for Kingship is Yours, and to all eternity You will reign in glory, as it is written in Your Torah: The Lord will reign forever and ever.[1] And it is said: The Lord shall be King over the entire earth; on that day the Lord shall be One and His Name One.[2]

MOURNER'S KADDISH

Mourners recite the following Kaddish (translation on page 480).
Congregation responds Amen as indicated.

יִתְגַּדַּל *Yis-gadal v'yis-kadash sh'mayh rabö.* (Cong: *Ömayn*)

B'öl'mö di v'rö chir'u-sayh v'yamlich mal'chusayh, v'yatzmach pur-könayh vikörayv m'shi-chayh. (Cong: *Ömayn*)

B'cha-yay-chon u-v'yomaychon u-v'cha-yay d'chöl bays yisrö-ayl, ba-agölö u-viz'man köriv v'im'ru ömayn.

(Cong: *Ömayn. Y'hay sh'mayh rabö m'vörach l'ölam u-l'öl'may öl'ma-yö, yisböraych.*)

Y'hay sh'mayh rabö m'vörach l'ölam u-l'öl'may öl'ma-yö. Yisböraych, v'yishtabach, v'yispö-ayr, v'yisromöm, v'yis-nasay, v'yis-hadör, v'yis-aleh, v'yis-halöl, sh'mayh d'kudshö b'rich hu. (Cong: *Ömayn*)

L'aylö min köl bir-chösö v'shirösö, tush-b'chösö v'neche-mösö, da-amirön b'öl'mö, v'im'ru ömayn. (Cong: *Ömayn*)

Y'hay sh'lömö rabö min sh'ma-yö, v'cha-yim tovim ölaynu v'al köl yisrö-ayl v'im'ru ömayn. (Cong: *Ömayn*)

Take three steps back, then bow right saying *Oseh ha-shölom bim'romöv,* bow forward saying *hu,* bow left saying *ya-aseh shölom ölaynu,* and bow forward saying *v'al köl yisrö-ayl, v'im'ru ömayn.*

Oseh ha-shölom bim'romöv, hu ya-a-seh shölom ölaynu v'al köl yisrö-ayl, v'im'ru ömayn. (Cong: *Ömayn*)

אַל Do not fear sudden terror, nor the destruction of the wicked when it comes.[3] Contrive a scheme, but it will be foiled; conspire a plot, but it will not materialize, for God is with us.[4] To your old age I am [with you]; to your hoary

וְעַד זִקְנָה אֲנִי הוּא, וְעַד שֵׂיבָה אֲנִי אֶסְבֹּל; אֲנִי עָשִׂיתִי
וַאֲנִי אֶשָּׂא וַאֲנִי אֶסְבֹּל וַאֲמַלֵּט:[1]

אַךְ צַדִּיקִים יוֹדוּ לִשְׁמֶךָ, יֵשְׁבוּ יְשָׁרִים אֶת פָּנֶיךָ:[2]

Mourners recite Kaddish D'Rabbanan after Mishnayot, page 413.

For laws regarding the second pre-fast meal, see page 426.
It is customary for parents to bless their children, see Laws, page 428.

BLESSINGS FOR CANDLE LIGHTING

The festival lights are kindled at least eighteen minutes before sunset. Married women light two candles and many add an additional candle for each child; girls light one candle. After lighting the candle(s) draw the hands three times around the lights and towards the face, then place them over the eyes and recite the appropriate blessing.

If one forgot to light candles before sunset, they should not be lit at all.

On Friday evening, add the words in shaded parentheses:

בָּרוּךְ אַתָּה יְיָ, אֱלֹהֵינוּ מֶלֶךְ הָעוֹלָם, אֲשֶׁר קִדְּשָׁנוּ
בְּמִצְוֹתָיו, וְצִוָּנוּ לְהַדְלִיק נֵר שֶׁל (שַׁבָּת וְשֶׁל) יוֹם
הַכִּפֻּרִים:

בָּרוּךְ אַתָּה יְיָ, אֱלֹהֵינוּ מֶלֶךְ הָעוֹלָם, שֶׁהֶחֱיָנוּ וְקִיְּמָנוּ
וְהִגִּיעָנוּ לִזְמַן הַזֶּה:

ORDER OF THE EVENING OF YOM KIPPUR

The order of putting on the *tallit* is on page 101. The *tallit* is donned before sunset. One who puts on the *tallit* after sunset should not recite the blessing.

It is customary to recite the confessional prayers (אֱלֹהֵינוּ, page 16 through לֹא עַל יְדֵי יִסּוּרִים
וַחֲלָיִם רָעִים, page 21) before beginning Tehillim, while standing.

---

1. Isaiah 46:4. **2.** Psalms 140:14.

years I will sustain you; I have made you, and I will carry you; I will sustain you and deliver you.[1]

אַף Indeed, the righteous will extol Your Name; the upright will dwell in Your presence.[2]

Mourners recite Kaddish D'Rabbanan after Mishnayot, page 413.

For laws regarding the second pre-fast meal, see page 426.
It is customary for parents to bless their children, see Laws, page 428.

BLESSINGS FOR CANDLE LIGHTING

The festival lights are kindled at least eighteen minutes before sunset. Married women light two candles and many add an additional candle for each child; girls light one candle. After lighting the candle(s) draw the hands three times around the lights and towards the face, then place them over the eyes and recite the appropriate blessing.

If one forgot to light candles before sunset, they should not be lit at all.

Transliteration, page 439.

On Friday evening, add the words in shaded parentheses:

בָּרוּךְ Blessed are You, Lord our God, King of the universe, who has sanctified us with His commandments, and commanded us to kindle the light of (Shabbat and) Yom Kippur.

בָּרוּךְ Blessed are You, Lord our God, King of the universe, who has granted us life, sustained us and enabled us to reach this occasion.

ORDER OF THE EVENING OF YOM KIPPUR

The order of putting on the *tallit* is on page 101. The *tallit* is donned before sunset. One who puts on the *tallit* after sunset should not recite the blessing.

It is customary to recite the confessional prayers (*Our God*, page 16 through *not through suffering or severe illness*, page 21) before beginning Tehillim, while standing.

TEHILLIM

Rabbi Yosef Yitzchak Schneersohn of Lubavitch instituted the custom of reciting thirty-six chapters of Tehillim on Yom Kippur: nine before כָּל נִדְרֵי, nine before retiring at night, nine after Musaf, and nine after Neilah. This custom was passed down from Rebbe to Rebbe—originating with the Baal Shem Tov, who received it from his famed mentor Achiyah Hashiloni.

קטו לֹא לָנוּ יְיָ, לֹא לָנוּ, כִּי לְשִׁמְךָ תֵּן כָּבוֹד, עַל חַסְדְּךָ עַל אֲמִתֶּךָ: לָמָּה יֹאמְרוּ הַגּוֹיִם, אַיֵּה נָא אֱלֹהֵיהֶם: וֵאלֹהֵינוּ בַשָּׁמָיִם, כֹּל אֲשֶׁר חָפֵץ עָשָׂה: עֲצַבֵּיהֶם כֶּסֶף וְזָהָב, מַעֲשֵׂה יְדֵי אָדָם: פֶּה לָהֶם וְלֹא יְדַבֵּרוּ, עֵינַיִם לָהֶם וְלֹא יִרְאוּ: אָזְנַיִם לָהֶם וְלֹא יִשְׁמָעוּ, אַף לָהֶם וְלֹא יְרִיחוּן: יְדֵיהֶם וְלֹא יְמִישׁוּן, רַגְלֵיהֶם וְלֹא יְהַלֵּכוּ, לֹא יֶהְגּוּ בִּגְרוֹנָם: כְּמוֹהֶם יִהְיוּ עֹשֵׂיהֶם, כֹּל אֲשֶׁר בֹּטֵחַ בָּהֶם: יִשְׂרָאֵל בְּטַח בַּיְיָ, עֶזְרָם וּמָגִנָּם הוּא: בֵּית אַהֲרֹן בִּטְחוּ בַיְיָ, עֶזְרָם וּמָגִנָּם הוּא: יִרְאֵי יְיָ בִּטְחוּ בַיְיָ, עֶזְרָם וּמָגִנָּם הוּא: יְיָ זְכָרָנוּ יְבָרֵךְ, יְבָרֵךְ אֶת בֵּית יִשְׂרָאֵל, יְבָרֵךְ אֶת בֵּית אַהֲרֹן: יְבָרֵךְ יִרְאֵי יְיָ, הַקְּטַנִּים עִם הַגְּדֹלִים: יֹסֵף יְיָ עֲלֵיכֶם, עֲלֵיכֶם וְעַל בְּנֵיכֶם: בְּרוּכִים אַתֶּם לַיְיָ, עֹשֵׂה שָׁמַיִם וָאָרֶץ: הַשָּׁמַיִם שָׁמַיִם לַיְיָ, וְהָאָרֶץ נָתַן לִבְנֵי אָדָם: לֹא הַמֵּתִים יְהַלְלוּ יָהּ, וְלֹא כָּל יֹרְדֵי דוּמָה: וַאֲנַחְנוּ נְבָרֵךְ יָהּ, מֵעַתָּה וְעַד עוֹלָם, הַלְלוּיָהּ:

קטז אָהַבְתִּי, כִּי יִשְׁמַע יְיָ אֶת קוֹלִי תַּחֲנוּנָי: כִּי הִטָּה אָזְנוֹ לִי, וּבְיָמַי אֶקְרָא: אֲפָפוּנִי חֶבְלֵי מָוֶת, וּמְצָרֵי שְׁאוֹל מְצָאוּנִי, צָרָה וְיָגוֹן אֶמְצָא: וּבְשֵׁם יְיָ אֶקְרָא, אָנָּה יְיָ מַלְּטָה נַפְשִׁי: חַנּוּן יְיָ וְצַדִּיק, וֵאלֹהֵינוּ מְרַחֵם:

ℰᏻᏱᏋ

TEHILLIM

Rabbi Yosef Yitzchak Schneersohn of Lubavitch instituted the custom of reciting thirty-six chapters of Tehillim on Yom Kippur: nine before *Kol Nidrei*, nine before retiring at night, nine after Musaf, and nine after Neilah. This custom was passed down from Rebbe to Rebbe—originating with the Baal Shem Tov, who received it from his famed mentor Achiyah Hashiloni.

115. לֹא Not for our sake, Lord, not for our sake, but for the sake of Your Name bestow glory, because of Your kindness and Your truth. Why should the nations say, "Where, now, is their God?" Indeed, our God is in heaven; whatever He desires, He does. Their idols are of silver and gold, the product of human hands. They have a mouth, but cannot speak; they have eyes, but cannot see; they have ears, but cannot hear; they have a nose, but cannot smell; their hands cannot touch; their feet cannot walk; they can make no sound in their throat. Those who make them will become like them—all who put their trust in them. Israel, trust in the Lord; He is their help and their shield. House of Aaron, trust in the Lord; He is their help and their shield. You who fear the Lord, trust in the Lord; He is their help and their shield. The Lord who is ever mindful of us, may He bless: May He bless the House of Israel; may He bless the House of Aaron; may He bless those who fear the Lord, the small with the great. May the Lord increase [blessing] upon you, upon you and upon your children. You are blessed by the Lord, the Maker of heaven and earth. The heavens are the Lord's heavens, but the earth He gave to the children of man. The dead cannot praise the Lord, nor any who descend into the silence [of the grave]. But we will bless the Lord from now to eternity. Praise the Lord!

116. אָהַבְתִּי I would love if the Lord would listen to my voice, to my supplications; if He would turn His ear to me on the days when I call. The pangs of death encompassed me and the misery of the grave came upon me; I encounter trouble and sorrow. I invoke the Name of the Lord, "Lord, I implore you, deliver my soul!" The Lord is gracious and righteous; our God is compassionate.

שֹׁמֵר פְּתָאיִם יְיָ, דַּלֹּתִי וְלִי יְהוֹשִׁיעַ: שׁוּבִי נַפְשִׁי
לִמְנוּחָיְכִי, כִּי יְיָ גָּמַל עָלָיְכִי: כִּי חִלַּצְתָּ נַפְשִׁי מִמָּוֶת, אֶת
עֵינִי מִן דִּמְעָה, אֶת רַגְלִי מִדֶּחִי: אֶתְהַלֵּךְ לִפְנֵי יְיָ,
בְּאַרְצוֹת הַחַיִּים: הֶאֱמַנְתִּי כִּי אֲדַבֵּר, אֲנִי עָנִיתִי מְאֹד:
אֲנִי אָמַרְתִּי בְחָפְזִי, כָּל הָאָדָם כֹּזֵב: מָה אָשִׁיב לַיְיָ, כָּל
תַּגְמוּלוֹהִי עָלָי: כּוֹס יְשׁוּעוֹת אֶשָּׂא, וּבְשֵׁם יְיָ אֶקְרָא:
נְדָרַי לַיְיָ אֲשַׁלֵּם, נֶגְדָה נָּא לְכָל עַמּוֹ: יָקָר בְּעֵינֵי יְיָ,
הַמָּוְתָה לַחֲסִידָיו: אָנָּה יְיָ כִּי אֲנִי עַבְדֶּךָ, אֲנִי עַבְדְּךָ בֶּן
אֲמָתֶךָ, פִּתַּחְתָּ לְמוֹסֵרָי: לְךָ אֶזְבַּח זֶבַח תּוֹדָה, וּבְשֵׁם יְיָ
אֶקְרָא: נְדָרַי לַיְיָ אֲשַׁלֵּם, נֶגְדָה נָּא לְכָל עַמּוֹ: בְּחַצְרוֹת
בֵּית יְיָ, בְּתוֹכֵכִי יְרוּשָׁלָיִם, הַלְלוּיָהּ:

קיז   הַלְלוּ אֶת יְיָ כָּל גּוֹיִם, שַׁבְּחוּהוּ כָּל הָאֻמִּים: כִּי
גָבַר עָלֵינוּ חַסְדּוֹ, וֶאֱמֶת יְיָ לְעוֹלָם, הַלְלוּיָהּ:

קיח   הוֹדוּ לַיְיָ כִּי טוֹב, כִּי לְעוֹלָם חַסְדּוֹ: יֹאמַר נָא
יִשְׂרָאֵל, כִּי לְעוֹלָם חַסְדּוֹ: יֹאמְרוּ נָא בֵית אַהֲרֹן,
כִּי לְעוֹלָם חַסְדּוֹ: יֹאמְרוּ נָא יִרְאֵי יְיָ, כִּי לְעוֹלָם חַסְדּוֹ:
מִן הַמֵּצַר קָרָאתִי יָּהּ, עָנָנִי בַמֶּרְחָב יָהּ: יְיָ לִי לֹא אִירָא,
מַה יַּעֲשֶׂה לִי אָדָם: יְיָ לִי בְּעֹזְרָי, וַאֲנִי אֶרְאֶה בְשֹׂנְאָי:
טוֹב לַחֲסוֹת בַּיְיָ, מִבְּטֹחַ בָּאָדָם: טוֹב לַחֲסוֹת בַּיְיָ,
מִבְּטֹחַ בִּנְדִיבִים: כָּל גּוֹיִם סְבָבוּנִי, בְּשֵׁם יְיָ כִּי אֲמִילַם:
סַבּוּנִי גַם סְבָבוּנִי, בְּשֵׁם יְיָ כִּי אֲמִילַם: סַבּוּנִי כִדְבֹרִים
דֹּעֲכוּ כְּאֵשׁ קוֹצִים, בְּשֵׁם יְיָ כִּי אֲמִילַם: דָּחֹה דְחִיתַנִי
לִנְפֹּל, וַיְיָ עֲזָרָנִי: עָזִּי וְזִמְרָת יָהּ, וַיְהִי לִי לִישׁוּעָה:

The Lord watches over the simpletons; I was brought low, and He saved me. Return, my soul, to your tranquility, for the Lord has bestowed goodness upon you. For You have delivered my soul from death, my eyes from tears, my feet from stumbling. I shall walk before the Lord in the lands of the living. I had faith even when I declared, "I am greatly afflicted"; [even when] I said in my haste, "All men are deceitful." How can I repay the Lord for all His beneficences to me? I will raise the cup of deliverance and proclaim the Name of the Lord. I will pay my vows to the Lord, now, in the presence of all His people. Grievous in the eyes of the Lord is the death of His pious ones. I thank you, Lord, that since I am Your servant, I am Your servant the son of Your maidservant, You have loosened my bonds. To You I will bring an offering of thanksgiving, and proclaim the Name of the Lord. I will pay my vows to the Lord, now, in the presence of all His people, in the courtyards of the House of the Lord, in the midst of Jerusalem. Praise the Lord!

117. הללו Praise the Lord, all you nations; extol Him, all you peoples. For His kindness was mighty over us, and the truth of the Lord is everlasting. Praise the Lord!

118. הודו Offer praise to the Lord for He is good, for His kindness is everlasting. Let Israel declare that His kindness is everlasting. Let the House of Aaron declare that His kindness is everlasting. Let those who fear the Lord declare that His kindness is everlasting. From out of distress I called to God; with abounding relief, God answered me. The Lord is with me, I do not fear—what can man do to me? The Lord is with me among my helpers, and I will see [the downfall of] my enemies. It is better to rely on the Lord than to trust in man. It is better to rely on the Lord than to trust in nobles. All the nations surrounded me, but in the Name of the Lord I will cut them down. They surrounded me, they encompassed me, but in the Name of the Lord I will cut them down. They surrounded me like bees, yet they shall be extinguished like fiery thorns; in the Name of the Lord I will cut them down. You [my foes] repeatedly pushed me to fall, but the Lord helped me. God is my strength and song, and He has been a help to me.

קוֹל רִנָּה וִישׁוּעָה בְּאָהֳלֵי צַדִּיקִים, יְמִין יְיָ עֹשָׂה חָיִל:
יְמִין יְיָ רוֹמֵמָה, יְמִין יְיָ עֹשָׂה חָיִל: לֹא אָמוּת כִּי אֶחְיֶה,
וַאֲסַפֵּר מַעֲשֵׂי יָהּ: יַסֹּר יִסְּרַנִּי יָּהּ, וְלַמָּוֶת לֹא נְתָנָנִי:
פִּתְחוּ לִי שַׁעֲרֵי צֶדֶק, אָבֹא בָם אוֹדֶה יָהּ: זֶה הַשַּׁעַר
לַיְיָ, צַדִּיקִים יָבֹאוּ בוֹ: אוֹדְךָ כִּי עֲנִיתָנִי, וַתְּהִי לִי
לִישׁוּעָה: אֶבֶן מָאֲסוּ הַבּוֹנִים, הָיְתָה לְרֹאשׁ פִּנָּה: מֵאֵת
יְיָ הָיְתָה זֹּאת, הִיא נִפְלָאת בְּעֵינֵינוּ: זֶה הַיּוֹם עָשָׂה
יְיָ, נָגִילָה וְנִשְׂמְחָה בוֹ: אָנָּא יְיָ הוֹשִׁיעָה נָּא, אָנָּא יְיָ
הַצְלִיחָה נָּא: בָּרוּךְ הַבָּא בְּשֵׁם יְיָ, בֵּרַכְנוּכֶם מִבֵּית יְיָ:
אֵל יְיָ וַיָּאֶר לָנוּ, אִסְרוּ חַג בַּעֲבֹתִים, עַד קַרְנוֹת
הַמִּזְבֵּחַ: אֵלִי אַתָּה וְאוֹדֶךָּ, אֱלֹהַי אֲרוֹמְמֶךָּ: הוֹדוּ לַיְיָ
כִּי טוֹב, כִּי לְעוֹלָם חַסְדּוֹ:

קיט אַשְׁרֵי תְמִימֵי דָרֶךְ, הַהֹלְכִים בְּתוֹרַת יְיָ: אַשְׁרֵי
נֹצְרֵי עֵדֹתָיו, בְּכָל לֵב יִדְרְשׁוּהוּ: אַף לֹא פָעֲלוּ
עַוְלָה, בִּדְרָכָיו הָלָכוּ: אַתָּה צִוִּיתָה פִקֻּדֶיךָ, לִשְׁמֹר מְאֹד:
אַחֲלַי יִכֹּנוּ דְרָכָי, לִשְׁמֹר חֻקֶּיךָ: אָז לֹא אֵבוֹשׁ, בְּהַבִּיטִי
אֶל כָּל מִצְוֹתֶיךָ: אוֹדְךָ בְּיֹשֶׁר לֵבָב, בְּלָמְדִי מִשְׁפְּטֵי
צִדְקֶךָ: אֶת חֻקֶּיךָ אֶשְׁמֹר, אַל תַּעַזְבֵנִי עַד מְאֹד: בַּמֶּה
יְזַכֶּה נַּעַר אֶת אָרְחוֹ, לִשְׁמֹר כִּדְבָרֶךָ: בְּכָל לִבִּי דְרַשְׁתִּיךָ,
אַל תַּשְׁגֵּנִי מִמִּצְוֹתֶיךָ: בְּלִבִּי צָפַנְתִּי אִמְרָתֶךָ, לְמַעַן לֹא
אֶחֱטָא לָךְ: בָּרוּךְ אַתָּה יְיָ, לַמְּדֵנִי חֻקֶּיךָ: בִּשְׂפָתַי סִפַּרְתִּי,
כֹּל מִשְׁפְּטֵי פִיךָ: בְּדֶרֶךְ עֵדְוֹתֶיךָ שָׂשְׂתִּי, כְּעַל כָּל הוֹן:
בְּפִקֻּדֶיךָ אָשִׂיחָה, וְאַבִּיטָה אֹרְחֹתֶיךָ: בְּחֻקֹּתֶיךָ
אֶשְׁתַּעֲשָׁע, לֹא אֶשְׁכַּח דְּבָרֶךָ: גְּמֹל עַל עַבְדְּךָ אֶחְיֶה,

The sound of rejoicing and deliverance reverberates in the tents of the righteous, "The right hand of the Lord performs deeds of valor. The right hand of the Lord is exalted; the right hand of the Lord performs deeds of valor!" I shall not die, but I shall live and recount the deeds of God. God has indeed chastised me, but He did not give me up to death. Open for me the gates of righteousness; I will enter them and praise God. This is the gate of the Lord, the righteous will enter it. I offer thanks to You, for You have answered me, and You have been my deliverance. The stone which the builders scorned has become the chief cornerstone. From the Lord has this come about; it is wondrous in our eyes. This is the day which the Lord has made; let us be glad and rejoice on it. We implore You, Lord, deliver us now. We implore You, Lord, grant us success now. Blessed is he who comes in the Name of the Lord; we bless you from the House of the Lord. The Lord is a benevolent God and He has given us light; bind the festival offering with cords until [you bring it to] the horns of the altar. You are my God and I will praise You, my God—and I will exalt You. Praise the Lord for He is good, for His kindness is everlasting.

119. אַשְׁרֵי Fortunate are those whose way is artless, who walk with the Torah of the Lord. Fortunate are those who keep His testimonies, who seek Him with all their hearts. Indeed, they have not done iniquity; they walk in His ways. You have commanded Your precepts to be observed diligently. My wish is that my ways be directed to keep Your statutes. Then I will not be ashamed, when I behold all Your commandments. I will give thanks to You with uprightness of heart, when I learn Your righteous judgments. I will keep Your statutes; do not utterly forsake me. How can a young man keep his way pure? By observing Your word. With all my heart I have sought You; do not let me stray from Your commandments. I have harbored Your word in my heart, that I might not sin against You. Blessed are You, O Lord; teach me Your statutes. With my lips I have declared all the judgments of Your mouth. I have rejoiced in the way of Your testimonies, as I would with all riches. I will speak of Your precepts, and gaze upon Your ways. I will delight in Your statutes; I will not forget Your word. Deal kindly with Your servant, that I may live

וְאֶשְׁמְרָה דְבָרֶךָ: גַּל עֵינַי, וְאַבִּיטָה נִפְלָאוֹת מִתּוֹרָתֶךָ: גֵּר
אָנֹכִי בָאָרֶץ, אַל תַּסְתֵּר מִמֶּנִּי מִצְוֹתֶיךָ: גָּרְסָה נַפְשִׁי
לְתַאֲבָה, אֶל מִשְׁפָּטֶיךָ בְכָל עֵת: גָּעַרְתָּ זֵדִים אֲרוּרִים,
הַשֹּׁגִים מִמִּצְוֹתֶיךָ: גַּל מֵעָלַי חֶרְפָּה וָבוּז, כִּי עֵדֹתֶיךָ
נָצָרְתִּי: גַּם יָשְׁבוּ שָׂרִים בִּי נִדְבָּרוּ, עַבְדְּךָ יָשִׂיחַ בְּחֻקֶּיךָ:
גַּם עֵדֹתֶיךָ שַׁעֲשֻׁעָי, אַנְשֵׁי עֲצָתִי: דָּבְקָה לֶעָפָר נַפְשִׁי,
חַיֵּנִי כִּדְבָרֶךָ: דְּרָכַי סִפַּרְתִּי וַתַּעֲנֵנִי, לַמְּדֵנִי חֻקֶּיךָ: דֶּרֶךְ
פִּקּוּדֶיךָ הֲבִינֵנִי, וְאָשִׂיחָה בְּנִפְלְאוֹתֶיךָ: דָּלְפָה נַפְשִׁי
מִתּוּגָה, קַיְּמֵנִי כִּדְבָרֶךָ: דֶּרֶךְ שֶׁקֶר הָסֵר מִמֶּנִּי, וְתוֹרָתְךָ
חָנֵּנִי: דֶּרֶךְ אֱמוּנָה בָחָרְתִּי, מִשְׁפָּטֶיךָ שִׁוִּיתִי: דָּבַקְתִּי
בְעֵדְוֹתֶיךָ, יְיָ אַל תְּבִישֵׁנִי: דֶּרֶךְ מִצְוֹתֶיךָ אָרוּץ, כִּי תַרְחִיב
לִבִּי: הוֹרֵנִי יְיָ דֶּרֶךְ חֻקֶּיךָ, וְאֶצְּרֶנָּה עֵקֶב: הֲבִינֵנִי וְאֶצְּרָה
תוֹרָתֶךָ, וְאֶשְׁמְרֶנָּה בְכָל לֵב: הַדְרִיכֵנִי בִּנְתִיב מִצְוֹתֶיךָ,
כִּי בוֹ חָפָצְתִּי: הַט לִבִּי אֶל עֵדְוֹתֶיךָ, וְאַל אֶל בָּצַע:
הַעֲבֵר עֵינַי מֵרְאוֹת שָׁוְא, בִּדְרָכֶךָ חַיֵּנִי: הָקֵם לְעַבְדְּךָ
אִמְרָתֶךָ, אֲשֶׁר לְיִרְאָתֶךָ: הַעֲבֵר חֶרְפָּתִי אֲשֶׁר יָגֹרְתִּי, כִּי
מִשְׁפָּטֶיךָ טוֹבִים: הִנֵּה תָּאַבְתִּי לְפִקֻּדֶיךָ, בְּצִדְקָתְךָ חַיֵּנִי:
וִיבֹאֻנִי חֲסָדֶךָ יְיָ, תְּשׁוּעָתְךָ כְּאִמְרָתֶךָ: וְאֶעֱנֶה חֹרְפִי דָבָר,
כִּי בָטַחְתִּי בִּדְבָרֶךָ: וְאַל תַּצֵּל מִפִּי דְבַר אֱמֶת עַד מְאֹד,
כִּי לְמִשְׁפָּטֶךָ יִחָלְתִּי: וְאֶשְׁמְרָה תוֹרָתְךָ תָמִיד, לְעוֹלָם
וָעֶד: וְאֶתְהַלְּכָה בָרְחָבָה, כִּי פִקֻּדֶיךָ דָרָשְׁתִּי: וַאֲדַבְּרָה
בְעֵדֹתֶיךָ נֶגֶד מְלָכִים, וְלֹא אֵבוֹשׁ: וְאֶשְׁתַּעֲשַׁע בְּמִצְוֹתֶיךָ,
אֲשֶׁר אָהָבְתִּי: וְאֶשָּׂא כַפַּי אֶל מִצְוֹתֶיךָ אֲשֶׁר אָהָבְתִּי,
וְאָשִׂיחָה בְחֻקֶּיךָ: זְכֹר דָּבָר לְעַבְדֶּךָ, עַל אֲשֶׁר יִחַלְתָּנִי:

to keep Your word. Unveil my eyes, that I may behold wonders from Your Torah. I am a sojourner on earth; do not hide Your commandments from me. My soul is crushed with a longing for Your judgments every moment. You have rebuked the accursed scoffers, those who stray from Your commandments. Remove insult and contempt from me, for I have kept Your testimonies. Though princes sat and spoke against me, Your servant speaks of Your statutes. Indeed, Your testimonies are my delight; they are my counselors. My soul cleaves to the dust; revive me in accordance with Your word. I have spoken of my ways, and You answered me; teach me Your statutes. Make me understand the way of Your precepts, and I will speak of Your wonders. My soul drips away out of grief; sustain me according to Your word. Remove from me the way of falsehood, and graciously endow me with Your Torah. I have chosen the way of faith; Your judgments have I laid before me. I held fast to Your testimonies, O Lord; put me not to shame. I will run on the path of Your commandments, for You will broaden my heart. Teach me, O Lord, the way of Your statutes, and I will keep it to the last. Grant me understanding and I will keep Your Torah; I will observe it with all my heart. Direct me in the path of Your commandments, for that is my desire. Incline my heart to Your testimonies, and not to greed. Avert my eyes from seeing vanity; by Your ways give me life. Fulfill for Your servant Your promise, which brings to the fear of You. Remove my shame which I fear, for Your judgments are good. Behold, I have longed for Your precepts; give me life in Your righteousness. And let Your kindness come to fruition for me, O Lord, Your salvation as You promised. I will offer a retort to those who taunt me, for I trust in Your word. Do not at all remove the word of truth from my mouth, for I hope [to fulfill] Your judgments. I will keep Your Torah continually, for ever and ever. And I will walk in spacious paths, for I seek Your precepts. I will speak of Your testimonies before kings, and I will not be ashamed. And I will delight in Your commandments, which I love. I will lift up my hands to Your commandments, which I love, and I will speak of Your statutes. Remember the word [promised] to Your servant, by which You gave me hope.

זֹאת נֶחָמָתִי בְעָנְיִי, כִּי אִמְרָתְךָ חִיָּתְנִי: זֵדִים הֱלִיצֻנִי עַד
מְאֹד, מִתּוֹרָתְךָ לֹא נָטִיתִי: זָכַרְתִּי מִשְׁפָּטֶיךָ מֵעוֹלָם | יְיָ,
וָאֶתְנֶחָם: זַלְעָפָה אֲחָזַתְנִי מֵרְשָׁעִים, עֹזְבֵי תּוֹרָתֶךָ: זְמִרוֹת
הָיוּ לִי חֻקֶּיךָ, בְּבֵית מְגוּרָי: זָכַרְתִּי בַלַּיְלָה שִׁמְךָ יְיָ,
וָאֶשְׁמְרָה תּוֹרָתֶךָ: זֹאת הָיְתָה לִי, כִּי פִקֻּדֶיךָ נָצָרְתִּי:
חֶלְקִי יְיָ אָמַרְתִּי, לִשְׁמֹר דְּבָרֶיךָ: חִלִּיתִי פָנֶיךָ בְכָל לֵב,
חָנֵּנִי כְּאִמְרָתֶךָ: חִשַּׁבְתִּי דְרָכָי, וָאָשִׁיבָה רַגְלַי אֶל
עֵדֹתֶיךָ: חַשְׁתִּי וְלֹא הִתְמַהְמָהְתִּי, לִשְׁמֹר מִצְוֹתֶיךָ: חֶבְלֵי
רְשָׁעִים עִוְּדֻנִי, תּוֹרָתְךָ לֹא שָׁכָחְתִּי: חֲצוֹת לַיְלָה אָקוּם
לְהוֹדוֹת לָךְ, עַל מִשְׁפְּטֵי צִדְקֶךָ: חָבֵר אָנִי לְכָל אֲשֶׁר
יְרֵאוּךָ, וּלְשֹׁמְרֵי פִּקּוּדֶיךָ: חַסְדְּךָ יְיָ מָלְאָה הָאָרֶץ, חֻקֶּיךָ
לַמְּדֵנִי: טוֹב עָשִׂיתָ עִם עַבְדְּךָ, יְיָ כִּדְבָרֶךָ: טוּב טַעַם
וָדַעַת לַמְּדֵנִי, כִּי בְמִצְוֹתֶיךָ הֶאֱמָנְתִּי: טֶרֶם אֶעֱנֶה אֲנִי
שֹׁגֵג, וְעַתָּה אִמְרָתְךָ שָׁמָרְתִּי: טוֹב אַתָּה וּמֵטִיב, לַמְּדֵנִי
חֻקֶּיךָ: טָפְלוּ עָלַי שֶׁקֶר זֵדִים, אֲנִי בְּכָל לֵב אֶצֹּר פִּקּוּדֶיךָ:
טָפַשׁ כַּחֵלֶב לִבָּם, אֲנִי תּוֹרָתְךָ שִׁעֲשָׁעְתִּי: טוֹב לִי כִי
עֻנֵּיתִי, לְמַעַן אֶלְמַד חֻקֶּיךָ: טוֹב לִי תוֹרַת פִּיךָ, מֵאַלְפֵי
זָהָב וָכָסֶף: יָדֶיךָ עָשׂוּנִי וַיְכוֹנְנוּנִי, הֲבִינֵנִי וְאֶלְמְדָה
מִצְוֹתֶיךָ: יְרֵאֶיךָ יִרְאוּנִי וְיִשְׂמָחוּ, כִּי לִדְבָרְךָ יִחָלְתִּי:
יָדַעְתִּי יְיָ כִּי צֶדֶק מִשְׁפָּטֶיךָ, וֶאֱמוּנָה עִנִּיתָנִי: יְהִי נָא
חַסְדְּךָ לְנַחֲמֵנִי, כְּאִמְרָתְךָ לְעַבְדֶּךָ: יְבֹאוּנִי רַחֲמֶיךָ וְאֶחְיֶה,
כִּי תוֹרָתְךָ שַׁעֲשֻׁעָי: יֵבֹשׁוּ זֵדִים כִּי שֶׁקֶר עִוְּתוּנִי, אֲנִי
אָשִׂיחַ בְּפִקּוּדֶיךָ: יָשׁוּבוּ לִי יְרֵאֶיךָ, וְיֹדְעֵי עֵדֹתֶיךָ: יְהִי לִבִּי
תָמִים בְּחֻקֶּיךָ, לְמַעַן לֹא אֵבוֹשׁ: כָּלְתָה לִתְשׁוּעָתְךָ נַפְשִׁי,

This is my comfort in my affliction, for Your word has given me life. [Though] the wicked ridicule me severely, I have not strayed from Your Torah. When I remember Your judgments of old, O Lord, I take comfort. Trembling seized me because of the wicked, those who forsake Your Torah. Your statutes have been my songs in the house of my wanderings. At night I remembered Your Name, O Lord, and I kept Your Torah. All this came to me because I kept Your precepts. The Lord is my portion; I pledged to keep Your words. I pleaded before You with all my heart: have compassion upon me according to Your word. I contemplated my ways, and returned my feet to Your testimonies. I hurried and did not delay to keep Your commandments. Bands of wicked men plundered me, [but] I did not forget Your Torah. At midnight, I rise to thank You for Your righteous judgments. I am a friend to all who fear You, and to those who keep Your precepts. Your kindness, O Lord, fills the earth; teach me Your statutes. You have dealt goodness to Your servant, O Lord, in accord with Your promise. Teach me the goodness and wisdom of the [Torah's] reasons, for I believe in Your commandments. Before I afflicted myself, I would blunder; but now I observe Your word. You are good and benevolent; teach me Your statutes. The wicked have smeared me with lies, [when in truth] I keep Your precepts with all my heart. Their hearts grew thick as fat; but as for me, Your Torah is my delight. It is for my good that I was afflicted, so that I might learn Your statutes. The Torah of Your mouth is better for me than thousands in gold and silver. Your hands have made me and prepared me; grant me understanding, that I may learn Your commandments. Those who fear You will see me and rejoice, because I hoped in Your word. I know, O Lord, that Your judgments are just; righteously have You afflicted me. Let Your kindness be my comfort, as You promised to Your servant. Let Your mercies come upon me, that I may live, for Your Torah is my delight. Let the scoffers be shamed, for they have maligned me with falsehood; but I will meditate upon Your precepts. May those who fear You return to me, and those who know Your testimonies. May my heart be perfect in Your statutes, so that I not be shamed. My soul longs for Your salvation;

לְדָבָרְךָ יִחָלְתִּי: כָּלוּ עֵינַי לְאִמְרָתֶךָ, לֵאמֹר מָתַי תְּנַחֲמֵנִי:

כִּי הָיִיתִי כְּנֹאד בְּקִיטוֹר, חֻקֶּיךָ לֹא שָׁכָחְתִּי: כַּמָּה יְמֵי

עַבְדֶּךָ, מָתַי תַּעֲשֶׂה בְרֹדְפַי מִשְׁפָּט: כָּרוּ לִי זֵדִים שִׁיחוֹת,

אֲשֶׁר לֹא כְתוֹרָתֶךָ: כָּל מִצְוֹתֶיךָ אֱמוּנָה, שֶׁקֶר רְדָפוּנִי

עָזְרֵנִי: כִּמְעַט כִּלּוּנִי בָאָרֶץ, וַאֲנִי לֹא עָזַבְתִּי פִקּוּדֶיךָ:

כְּחַסְדְּךָ חַיֵּנִי, וְאֶשְׁמְרָה עֵדוּת פִּיךָ: לְעוֹלָם יְיָ, דְּבָרְךָ נִצָּב

בַּשָּׁמָיִם: לְדֹר וָדֹר אֱמוּנָתֶךָ, כּוֹנַנְתָּ אֶרֶץ וַתַּעֲמֹד:

לְמִשְׁפָּטֶיךָ עָמְדוּ הַיּוֹם, כִּי הַכֹּל עֲבָדֶיךָ: לוּלֵי תוֹרָתְךָ

שַׁעֲשֻׁעָי, אָז אָבַדְתִּי בְעָנְיִי: לְעוֹלָם לֹא אֶשְׁכַּח פִּקּוּדֶיךָ,

כִּי בָם חִיִּיתָנִי: לְךָ אֲנִי הוֹשִׁיעֵנִי, כִּי פִקּוּדֶיךָ דָרָשְׁתִּי: לִי

קִוּוּ רְשָׁעִים לְאַבְּדֵנִי, עֵדֹתֶיךָ אֶתְבּוֹנָן: לְכָל תִּכְלָה רָאִיתִי

קֵץ, רְחָבָה מִצְוָתְךָ מְאֹד: מָה אָהַבְתִּי תוֹרָתֶךָ, כָּל הַיּוֹם

הִיא שִׂיחָתִי: מֵאֹיְבַי תְּחַכְּמֵנִי מִצְוֹתֶךָ, כִּי לְעוֹלָם הִיא

לִי: מִכָּל מְלַמְּדַי הִשְׂכַּלְתִּי, כִּי עֵדְוֹתֶיךָ שִׂיחָה לִי: מִזְּקֵנִים

אֶתְבּוֹנָן, כִּי פִקּוּדֶיךָ נָצָרְתִּי: מִכָּל אֹרַח רָע כָּלִאתִי רַגְלָי,

לְמַעַן אֶשְׁמֹר דְּבָרֶךָ: מִמִּשְׁפָּטֶיךָ לֹא סָרְתִּי, כִּי אַתָּה

הוֹרֵתָנִי: מַה נִּמְלְצוּ לְחִכִּי אִמְרָתֶךָ, מִדְּבַשׁ לְפִי:

מִפִּקּוּדֶיךָ אֶתְבּוֹנָן, עַל כֵּן שָׂנֵאתִי כָּל אֹרַח שָׁקֶר: נֵר

לְרַגְלִי דְבָרֶךָ, וְאוֹר לִנְתִיבָתִי: נִשְׁבַּעְתִּי וָאֲקַיֵּמָה, לִשְׁמֹר

מִשְׁפְּטֵי צִדְקֶךָ: נַעֲנֵיתִי עַד מְאֹד, יְיָ חַיֵּנִי כִדְבָרֶךָ: נִדְבוֹת

פִּי רְצֵה נָא יְיָ, וּמִשְׁפָּטֶיךָ לַמְּדֵנִי: נַפְשִׁי בְכַפִּי תָמִיד,

וְתוֹרָתְךָ לֹא שָׁכָחְתִּי: נָתְנוּ רְשָׁעִים פַּח לִי, וּמִפִּקּוּדֶיךָ לֹא

תָעִיתִי: נָחַלְתִּי עֵדְוֹתֶיךָ לְעוֹלָם, כִּי שְׂשׂוֹן לִבִּי הֵמָּה:

נָטִיתִי לִבִּי לַעֲשׂוֹת חֻקֶּיךָ לְעוֹלָם עֵקֶב: סֵעֲפִים שָׂנֵאתִי,

I hope for Your word. My eyes long for Your promise, saying, "When will You comfort me?" Though I became [dried out] like a wineskin in smoke, I did not forget Your statutes. How many are the days of Your servant? When will You execute judgment upon my pursuers? The wicked have dug pits for me, in violation of Your Torah. All Your commandments teach truth, [yet] they pursue me with lies, help me! They nearly consumed me upon the earth, but I did not forsake Your precepts. As befits Your kindness, grant me life, and I will keep the testimony of Your mouth. Forever, O Lord, Your word stands firm in the heavens. Your faithfulness persists for all generations; You established the earth, and it stands. They stand ready today [to execute] Your judgments, for all are Your servants. Had Your Torah not been my delight, I would have perished in my affliction. Never will I forget Your precepts, for through them You have sustained me. I am Yours; save me, for I have sought Your precepts. The wicked hope to destroy me, but I meditate upon Your testimonies. To every goal I have seen a limit, but Your commandment is immensely broad. O how I love Your Torah! All day it is my discussion. Your commandments make me wiser than my enemies, for they are ever with me. From all my teachers I have gained wisdom, for Your testimonies are my discussion. I will be more perceptive than elders, because I have guarded Your precepts. I have restrained my feet from every evil path, that I might keep Your word. I have not turned away from Your judgments, for You have instructed me. How sweet are Your words to my palate, [sweeter] than honey to my mouth! From Your precepts I gain understanding, therefore I hate every path of falsehood. Your word is a lamp to my feet and a light to my path. I have sworn—and I will fulfill it—to keep Your righteous judgments. I am afflicted to the extreme; grant me life, O Lord, according to Your promise. Accept with favor, O Lord, the offerings of my lips, and teach me Your laws. My soul is in danger always, yet I have not forgotten Your Torah. The wicked laid a snare for me, yet I have not strayed from Your precepts. I have taken Your testimonies as an eternal heritage, for they are the joy of my heart. I have inclined my heart to perform Your statutes, forever, to the last. I despise vain thoughts,

וְתוֹרָתְךָ אָהַבְתִּי: סִתְרִי וּמָגִנִּי אָתָּה, לִדְבָרְךָ יִחָלְתִּי:
סוּרוּ מִמֶּנִּי מְרֵעִים, וְאֶצְּרָה מִצְוֹת אֱלֹהָי: סָמְכֵנִי
כְאִמְרָתְךָ וְאֶחְיֶה, וְאַל תְּבִישֵׁנִי מִשִּׂבְרִי: סְעָדֵנִי וְאִוָּשֵׁעָה,
וְאֶשְׁעָה בְחֻקֶּיךָ תָמִיד: סָלִיתָ כָּל שׁוֹגִים מֵחֻקֶּיךָ, כִּי שֶׁקֶר
תַּרְמִיתָם: סִגִים הִשְׁבַּתָּ כָל רִשְׁעֵי אָרֶץ, לָכֵן אָהַבְתִּי
עֵדֹתֶיךָ: סָמַר מִפַּחְדְּךָ בְשָׂרִי, וּמִמִּשְׁפָּטֶיךָ יָרֵאתִי: עָשִׂיתִי
מִשְׁפָּט וָצֶדֶק, בַּל תַּנִּיחֵנִי לְעֹשְׁקָי: עֲרֹב עַבְדְּךָ לְטוֹב, אַל
יַעַשְׁקֻנִי זֵדִים: עֵינַי כָּלוּ לִישׁוּעָתֶךָ, וּלְאִמְרַת צִדְקֶךָ: עֲשֵׂה
עִם עַבְדְּךָ כְחַסְדֶּךָ, וְחֻקֶּיךָ לַמְּדֵנִי: עַבְדְּךָ אָנִי הֲבִינֵנִי,
וְאֵדְעָה עֵדֹתֶיךָ: עֵת לַעֲשׂוֹת לַיָי, הֵפֵרוּ תּוֹרָתֶךָ: עַל כֵּן
אָהַבְתִּי מִצְוֹתֶיךָ, מִזָּהָב וּמִפָּז: עַל כֵּן כָּל פִּקּוּדֵי כֹל
יִשָּׁרְתִּי, כָּל אֹרַח שֶׁקֶר שָׂנֵאתִי: פְּלָאוֹת עֵדְוֹתֶיךָ, עַל כֵּן
נְצָרָתַם נַפְשִׁי: פֵּתַח דְּבָרֶיךָ יָאִיר, מֵבִין פְּתָיִים: פִּי
פָעַרְתִּי וָאֶשְׁאָפָה, כִּי לְמִצְוֹתֶיךָ יָאָבְתִּי: פְּנֵה אֵלַי וְחָנֵּנִי,
כְּמִשְׁפָּט לְאֹהֲבֵי שְׁמֶךָ: פְּעָמַי הָכֵן בְּאִמְרָתֶךָ, וְאַל תַּשְׁלֶט
בִּי כָל אָוֶן: פְּדֵנִי מֵעֹשֶׁק אָדָם, וְאֶשְׁמְרָה פִּקּוּדֶיךָ: פָּנֶיךָ
הָאֵר בְּעַבְדֶּךָ, וְלַמְּדֵנִי אֶת חֻקֶּיךָ: פַּלְגֵי מַיִם יָרְדוּ עֵינָי,
עַל לֹא שָׁמְרוּ תוֹרָתֶךָ: צַדִּיק אַתָּה יְיָ, וְיָשָׁר מִשְׁפָּטֶיךָ:
צִוִּיתָ צֶדֶק עֵדֹתֶיךָ, וֶאֱמוּנָה מְאֹד: צִמְּתַתְנִי קִנְאָתִי, כִּי
שָׁכְחוּ דְבָרֶיךָ צָרָי: צְרוּפָה אִמְרָתְךָ מְאֹד, וְעַבְדְּךָ אֲהֵבָהּ:
צָעִיר אָנֹכִי וְנִבְזֶה, פִּקֻּדֶיךָ לֹא שָׁכָחְתִּי: צִדְקָתְךָ צֶדֶק
לְעוֹלָם, וְתוֹרָתְךָ אֱמֶת: צַר וּמָצוֹק מְצָאוּנִי, מִצְוֹתֶיךָ
שַׁעֲשֻׁעָי: צֶדֶק עֵדְוֹתֶיךָ לְעוֹלָם, הֲבִינֵנִי וְאֶחְיֶה: קָרָאתִי
בְכָל לֵב עֲנֵנִי יְיָ, חֻקֶּיךָ אֶצֹּרָה: קְרָאתִיךָ הוֹשִׁיעֵנִי,

but I love Your Torah. You are my refuge and my shield; I place hope in Your promise. Turn away from me, you evildoers, and I will keep the commandments of my God. Support me according to Your promise, and I will live; let me not be shamed because of my hope. Sustain me, and I will be saved, and I will be engrossed in Your statutes always. You trample all who stray from Your statutes, for their ploy is a lie. You have purged all the wicked of the earth like dross, therefore I love Your testimonies. My flesh bristles from fear of You, and I am in awe of Your judgments. I practiced justice and righteousness; leave me not to my oppressors. Guarantee Your servant goodness; let not the wicked exploit me. My eyes long for Your salvation, and for the word of Your righteousness. Treat Your servant according to Your kindness, and teach me Your statutes. I am Your servant; grant me understanding, that I may know Your testimonies. It is time to act for the Lord; they have abrogated Your Torah. Therefore I love Your commandments more than gold, even fine gold. Therefore I affirmed all Your precepts; I have hated every path of falsehood. Your testimonies are wondrous, therefore does my soul guard them. Your opening words illuminate, enlightening the simple. I opened my mouth and swallowed, because I craved Your commandments. Turn to me and favor me, as is [Your] law for those who love Your Name. Set my steps in Your word, and let no iniquity rule over me. Deliver me from the oppression of man, and I will keep Your precepts. Let Your face shine upon Your servant, and teach me Your statutes. My eyes shed streams of water, because they do not keep Your Torah. Righteous are you, O Lord, and Your judgments are upright. You commanded Your testimonies in righteousness and great faithfulness. My zeal consumes me, because my enemies have forgotten Your words. Your word is very pure, and Your servant cherishes it. I am young and despised, yet I do not forget Your precepts. Your righteousness is an everlasting righteousness, and Your Torah is truth. Trouble and anguish have taken hold of me, yet Your commandments are my delight. Your testimonies are righteous forever; give me understanding, that I may live. I call out with all my heart; answer me, O Lord; I will keep Your statutes. I call out to You; save me, and

וָאֲשַׁמְּרָה עֵדֹתֶיךָ: קִדַּמְתִּי בַנֶּשֶׁף וָאֲשַׁוֵּעָה, לִדְבָרְךָ
יִחָלְתִּי: קִדְּמוּ עֵינַי אַשְׁמֻרוֹת, לָשִׂיחַ בְּאִמְרָתֶךָ: קוֹלִי
שִׁמְעָה כְחַסְדֶּךָ, יְיָ כְּמִשְׁפָּטֶךָ חַיֵּנִי: קָרְבוּ רֹדְפֵי זִמָּה,
מִתּוֹרָתְךָ רָחָקוּ: קָרוֹב אַתָּה יְיָ, וְכָל מִצְוֹתֶיךָ אֱמֶת: קֶדֶם
יָדַעְתִּי מֵעֵדֹתֶיךָ, כִּי לְעוֹלָם יְסַדְתָּם: רְאֵה עָנְיִי וְחַלְּצֵנִי,
כִּי תוֹרָתְךָ לֹא שָׁכָחְתִּי: רִיבָה רִיבִי וּגְאָלֵנִי, לְאִמְרָתְךָ
חַיֵּנִי: רָחוֹק מֵרְשָׁעִים יְשׁוּעָה, כִּי חֻקֶּיךָ לֹא דָרָשׁוּ:
רַחֲמֶיךָ רַבִּים | יְיָ, כְּמִשְׁפָּטֶיךָ חַיֵּנִי: רַבִּים רֹדְפַי וְצָרָי,
מֵעֵדְוֹתֶיךָ לֹא נָטִיתִי: רָאִיתִי בֹגְדִים וָאֶתְקוֹטָטָה, אֲשֶׁר
אִמְרָתְךָ לֹא שָׁמָרוּ: רְאֵה כִּי פִקּוּדֶיךָ אָהָבְתִּי, יְיָ כְּחַסְדְּךָ
חַיֵּנִי: רֹאשׁ דְּבָרְךָ אֱמֶת, וּלְעוֹלָם כָּל מִשְׁפַּט צִדְקֶךָ:
שָׂרִים רְדָפוּנִי חִנָּם, וּמִדְּבָרְךָ פָּחַד לִבִּי: שָׂשׂ אָנֹכִי עַל
אִמְרָתֶךָ, כְּמוֹצֵא שָׁלָל רָב: שֶׁקֶר שָׂנֵאתִי וַאֲתַעֵבָה,
תּוֹרָתְךָ אָהָבְתִּי: שֶׁבַע בַּיּוֹם הִלַּלְתִּיךָ, עַל מִשְׁפְּטֵי צִדְקֶךָ:
שָׁלוֹם רָב לְאֹהֲבֵי תוֹרָתֶךָ, וְאֵין לָמוֹ מִכְשׁוֹל: שִׂבַּרְתִּי
לִישׁוּעָתְךָ יְיָ, וּמִצְוֹתֶיךָ עָשִׂיתִי: שָׁמְרָה נַפְשִׁי עֵדֹתֶיךָ,
וָאֹהֲבֵם מְאֹד: שָׁמַרְתִּי פִקּוּדֶיךָ וְעֵדֹתֶיךָ, כִּי כָל דְּרָכַי
נֶגְדֶּךָ: תִּקְרַב רִנָּתִי לְפָנֶיךָ יְיָ, כִּדְבָרְךָ הֲבִינֵנִי: תָּבוֹא
תְחִנָּתִי לְפָנֶיךָ, כְּאִמְרָתְךָ הַצִּילֵנִי: תַּבַּעְנָה שְׂפָתַי תְּהִלָּה,
כִּי תְלַמְּדֵנִי חֻקֶּיךָ: תַּעַן לְשׁוֹנִי אִמְרָתֶךָ, כִּי כָל מִצְוֹתֶיךָ
צֶּדֶק: תְּהִי יָדְךָ לְעָזְרֵנִי, כִּי פִקּוּדֶיךָ בָחָרְתִּי: תָּאַבְתִּי
לִישׁוּעָתְךָ יְיָ, וְתוֹרָתְךָ שַׁעֲשֻׁעָי: תְּחִי נַפְשִׁי וּתְהַלְלֶךָּ,
וּמִשְׁפָּטֶךָ יַעְזְרֻנִי: תָּעִיתִי כְּשֶׂה אֹבֵד, בַּקֵּשׁ עַבְדֶּךָ, כִּי
מִצְוֹתֶיךָ לֹא שָׁכָחְתִּי:

I will observe Your testimonies. I rose before dawn and cried out; my hope is in Your word. My eyes preceded the night watches, that I may discuss Your word. Hear my voice in keeping with Your kindness; O Lord, grant me life as is Your practice. Those who pursue mischief draw near; they are far from Your Torah. You are near, O Lord, and all Your commandments are truth. From the beginning I discerned from Your testimonies that You had established them forever. Behold my affliction and deliver me, for I have not forgotten Your Torah. Wage my battle and redeem me; grant me life for the sake of Your word. Salvation is far from the wicked, for they seek not Your statutes. Your mercies are great, O Lord; grant me life as is Your practice. My pursuers and my enemies are many, yet I did not turn away from Your testimonies. I saw traitors and I quarreled with them, because they do not keep Your words. Behold how I love Your precepts; grant me life, O Lord, according to Your kindness. The beginning of Your word is truth, and forever are all Your righteous judgments. Princes have pursued me without cause, but it is Your word my heart fears. I rejoice at Your word, like one who finds abundant spoil. I hate falsehood and abhor it, but Your Torah I love. Seven times a day I praise You, because of Your righteous judgments. There is abundant peace for those who love Your Torah, and there is no stumbling for them. I hoped for Your salvation, O Lord, and I performed Your commandments. My soul has kept Your testimonies, and I love them intensely. I have kept Your precepts and Your testimonies, for all my ways are before You. Let my prayer approach Your presence, O Lord; grant me understanding according to Your word. Let my supplication come before You; save me according to Your promise. My lips will utter praise, for You have taught me Your statutes. My tongue will echo Your word, for all Your commandments are just. Let Your hand be ready to help me, for I have chosen Your precepts. I long for Your salvation, O Lord, and Your Torah is my delight. Let my soul live, and it will praise You, and let Your judgment help me. I have gone astray like a lost sheep; seek out Your servant, for I have not forgotten Your commandments.

קכ שִׁיר הַמַּעֲלוֹת, אֶל יְיָ בַּצָּרָתָה לִּי, קָרָאתִי וַיַּעֲנֵנִי: יְיָ, הַצִּילָה נַפְשִׁי מִשְּׂפַת שֶׁקֶר, מִלָּשׁוֹן רְמִיָּה: מַה יִּתֵּן לְךָ וּמַה יֹּסִיף לָךְ, לָשׁוֹן רְמִיָּה: חִצֵּי גִבּוֹר שְׁנוּנִים, עִם גַּחֲלֵי רְתָמִים: אוֹיָה לִי כִּי גַרְתִּי מֶשֶׁךְ, שָׁכַנְתִּי עִם אָהֳלֵי קֵדָר: רַבַּת שָׁכְנָה לָּהּ נַפְשִׁי, עִם שׂוֹנֵא שָׁלוֹם: אֲנִי שָׁלוֹם וְכִי אֲדַבֵּר, הֵמָּה לַמִּלְחָמָה:

קכא שִׁיר לַמַּעֲלוֹת, אֶשָּׂא עֵינַי אֶל הֶהָרִים, מֵאַיִן יָבֹא עֶזְרִי: עֶזְרִי מֵעִם יְיָ, עֹשֵׂה שָׁמַיִם וָאָרֶץ: אַל יִתֵּן לַמּוֹט רַגְלֶךָ, אַל יָנוּם שֹׁמְרֶךָ: הִנֵּה לֹא יָנוּם וְלֹא יִישָׁן, שׁוֹמֵר יִשְׂרָאֵל: יְיָ שֹׁמְרֶךָ, יְיָ צִלְּךָ עַל יַד יְמִינֶךָ: יוֹמָם הַשֶּׁמֶשׁ לֹא יַכֶּכָּה, וְיָרֵחַ בַּלָּיְלָה: יְיָ יִשְׁמָרְךָ מִכָּל רָע, יִשְׁמֹר אֶת נַפְשֶׁךָ: יְיָ יִשְׁמָר צֵאתְךָ וּבוֹאֶךָ, מֵעַתָּה וְעַד עוֹלָם:

קכב שִׁיר הַמַּעֲלוֹת לְדָוִד, שָׂמַחְתִּי בְּאֹמְרִים לִי, בֵּית יְיָ נֵלֵךְ: עֹמְדוֹת הָיוּ רַגְלֵינוּ, בִּשְׁעָרַיִךְ יְרוּשָׁלָ͏ִם: יְרוּשָׁלַ͏ִם הַבְּנוּיָה, כְּעִיר שֶׁחֻבְּרָה לָּהּ יַחְדָּו: שֶׁשָּׁם עָלוּ שְׁבָטִים שִׁבְטֵי יָהּ, עֵדוּת לְיִשְׂרָאֵל, לְהֹדוֹת לְשֵׁם יְיָ: כִּי שָׁמָּה יָשְׁבוּ כִסְאוֹת לְמִשְׁפָּט, כִּסְאוֹת לְבֵית דָּוִד: שַׁאֲלוּ שְׁלוֹם יְרוּשָׁלָ͏ִם, יִשְׁלָיוּ אֹהֲבָיִךְ: יְהִי שָׁלוֹם בְּחֵילֵךְ, שַׁלְוָה בְּאַרְמְנוֹתָיִךְ: לְמַעַן אַחַי וְרֵעָי, אֲדַבְּרָה נָּא שָׁלוֹם בָּךְ: לְמַעַן בֵּית יְיָ אֱלֹהֵינוּ, אֲבַקְשָׁה טוֹב לָךְ:

קכג שִׁיר הַמַּעֲלוֹת, אֵלֶיךָ נָשָׂאתִי אֶת עֵינַי, הַיֹּשְׁבִי בַּשָּׁמָיִם: הִנֵּה כְעֵינֵי עֲבָדִים אֶל יַד אֲדוֹנֵיהֶם, כְּעֵינֵי שִׁפְחָה אֶל יַד גְּבִרְתָּהּ, כֵּן עֵינֵינוּ אֶל יְיָ אֱלֹהֵינוּ, עַד שֶׁיְּחָנֵּנוּ: חָנֵּנוּ יְיָ חָנֵּנוּ, כִּי רַב שָׂבַעְנוּ בוּז: רַבַּת שָׂבְעָה לָּהּ נַפְשֵׁנוּ, הַלַּעַג הַשַּׁאֲנַנִּים, הַבּוּז לִגְאֵי יוֹנִים:

120. שִׁיר A song of ascents. I have called out to the Lord in my distress, and He answered me. O Lord, rescue my soul from the lips of falsehood, from a deceitful tongue. What can He give you, and what [further restraint] can He add to you, O deceitful tongue? [You resemble] the sharp arrows of a mighty one, and the coals of broom wood. Woe unto me that I sojourned among Meshech, that I dwelt beside the tents of Kedar. Too long has my soul dwelt among those who hate peace. I am for peace, but when I speak, they are for war.

121. שִׁיר A song of ascents. I lift my eyes to the mountains— from where will my help come? My help will come from the Lord, Maker of heaven and earth. He will not let your foot falter; your guardian does not slumber. Indeed, the Guardian of Israel neither slumbers nor sleeps. The Lord is your guardian; the Lord is your protective shade at your right hand. The sun will not harm you by day, nor the moon by night. The Lord will guard you from all evil; He will guard your soul. The Lord will guard your going and your coming from now and for all time.

122. שִׁיר A song of ascents by David. I rejoiced when they said to me, "Let us go to the House of the Lord." Our feet were standing within your gates, O Jerusalem; Jerusalem that is built like a city in which [all Israel] is united together. For there the tribes went up, the tribes of God—as enjoined upon Israel—to offer praise to the Name of the Lord. For there stood the seats of justice, the thrones of the house of David. Pray for the peace of Jerusalem; may those who love you have peace. May there be peace within your walls, serenity within your mansions. For the sake of my brethren and friends, I ask that there be peace within you. For the sake of the House of the Lord our God, I seek your well-being.

123. שִׁיר A song of ascents. To You have I lifted my eyes, You Who are enthroned in heaven. Indeed, as the eyes of servants are turned to the hand of their masters, as the eyes of a maid to the hand of her mistress, so are our eyes turned to the Lord our God, until He will be gracious to us. Be gracious to us, Lord, be gracious to us, for we have been surfeited with humiliation. Our soul has been overfilled with the derision of the complacent, with the scorn of the arrogant.

❧❦❧

KOL NIDREI

It is a great mitzvah to buy the honor of holding the first of the Torah scrolls taken from the Ark before *Kol Nidrei*.

Stand from this point until the Ark is closed, next page.

THE ARK IS OPENED.

Three Torah scrolls are removed and held on either side of the chazzan, and the following is recited:

יְיָ מָלָךְ תָּגֵל הָאָרֶץ, יִשְׂמְחוּ אִיִּים רַבִּים: עָנָן וַעֲרָפֶל
סְבִיבָיו, צֶדֶק וּמִשְׁפָּט מְכוֹן כִּסְאוֹ: אֵשׁ לְפָנָיו
תֵּלֵךְ, וּתְלַהֵט סָבִיב צָרָיו: הֵאִירוּ בְרָקָיו תֵּבֵל, רָאֲתָה
וַתָּחֵל הָאָרֶץ: הָרִים כַּדּוֹנַג נָמַסּוּ מִלִּפְנֵי יְיָ, מִלִּפְנֵי אֲדוֹן
כָּל הָאָרֶץ: הִגִּידוּ הַשָּׁמַיִם צִדְקוֹ, וְרָאוּ כָל הָעַמִּים כְּבוֹדוֹ:
יֵבֹשׁוּ כָּל עֹבְדֵי פֶסֶל הַמִּתְהַלְלִים בָּאֱלִילִים, הִשְׁתַּחֲווּ לוֹ
כָּל אֱלֹהִים: שָׁמְעָה וַתִּשְׂמַח צִיּוֹן, וַתָּגֵלְנָה בְּנוֹת יְהוּדָה,
לְמַעַן מִשְׁפָּטֶיךָ יְיָ: כִּי אַתָּה יְיָ עֶלְיוֹן עַל כָּל הָאָרֶץ, מְאֹד
נַעֲלֵיתָ עַל כָּל אֱלֹהִים: אֹהֲבֵי יְיָ שִׂנְאוּ רָע, שֹׁמֵר נַפְשׁוֹת
חֲסִידָיו, מִיַּד רְשָׁעִים יַצִּילֵם:

The following verses are recited once in a loud voice.

סוֹפֵי תֵיבוֹת קר''ע   סוֹפֵי תֵיבוֹת בְּגִמַטְרִיָּא טוֹב

אוֹר זָרֻעַ לַצַּדִּיק,   וּלְיִשְׁרֵי לֵב שִׂמְחָה:

שִׂמְחוּ צַדִּיקִים בַּייָ, וְהוֹדוּ לְזֵכֶר קָדְשׁוֹ:¹

The following is recited three times by the chazzan, in a tone loud enough for the people standing beside him to hear.

עַל דַּעַת הַמָּקוֹם וְעַל דַּעַת הַקָּהָל, בִּישִׁיבָה שֶׁל מַעֲלָה
וּבִישִׁיבָה שֶׁל מַטָּה, אָנוּ מַתִּירִין לְהִתְפַּלֵּל עִם
הָעֲבַרְיָנִים:

---

1. Psalm 97.

ೞ๛ೱೲ

KOL NIDREI

It is a great mitzvah to buy the honor of holding the first of the Torah scrolls taken from the Ark before *Kol Nidrei*.

Stand from this point until the Ark is closed, next page.

THE ARK IS OPENED.

Three Torah scrolls are removed and held on either side of the chazzan, and the following is recited:

Transliteration, page 439.

יי מֶלֶךְ When the Lord will reveal His kingship, the earth will exult; the multitudes of islands will rejoice. Clouds and dense darkness will surround Him; justice and mercy will be the foundation of His throne. Fire will go before Him and consume His foes all around. His lightnings will illuminate the world; the earth will see and tremble. The mountains will melt like wax before the Lord, before the Master of all the earth. The heavens will declare His justice, and all the nations will behold His glory. All who worship graven images, who take pride in idols, will be ashamed; all idol worshippers will prostrate themselves before Him. Zion will hear and rejoice, the towns of Judah will exult, because of Your judgments, O Lord. For You, Lord, transcend all the earth; You are exceedingly exalted above all the supernal beings. You who love the Lord, hate evil; He watches over the souls of His pious ones, He saves them from the hand of the wicked.

The following verses are recited once in a loud voice.

אוֹר Light is sown for the righteous, and joy for the upright in heart.

שִׂמְחוּ Rejoice in the Lord, you righteous, and extol His holy Name.[1]

The following is recited three times by the chazzan, in a tone loud enough for the people standing beside him to hear.

עַל With the sanction of the Omnipresent and with the sanction of the congregation, by the authority of the heavenly tribunal and by the authority of the earthly tribunal, we hereby grant permission to pray with those who have transgressed.

The following is recited three times by the chazzan while the congregation follows along in an undertone:

כָּל נִדְרֵי. וֶאֱסָרֵי. וּשְׁבוּעֵי וַחֲרָמֵי. וְקוֹנָמֵי. וְקִנּוּסֵי.
וְכִנּוּיֵי. דְּאִנְדַּרְנָא. וּדְאִשְׁתַּבַּעְנָא וּדְאַחֲרִימְנָא.
וּדְאָסַרְנָא עַל נַפְשָׁתָנָא. מִיּוֹם כִּפּוּרִים זֶה. עַד יוֹם
כִּפּוּרִים הַבָּא עָלֵינוּ לְטוֹבָה: בְּכֻלְּהוֹן אִחֲרַטְנָא בְהוֹן.
כֻּלְּהוֹן יְהוֹן שָׁרָן. שְׁבִיקִין. שְׁבִיתִין. בְּטֵלִין וּמְבֻטָּלִין.
לָא שְׁרִירִין. וְלָא קַיָּמִין: נִדְרָנָא לָא נִדְרֵי. וֶאֱסָרָנָא
לָא אֱסָרֵי. וּשְׁבוּעָתָנָא לָא שְׁבוּעוֹת:

The following is recited three times by the chazzan and subsequently by the congregation:

וְנִסְלַח לְכָל עֲדַת בְּנֵי יִשְׂרָאֵל, וְלַגֵּר הַגָּר בְּתוֹכָם, כִּי
לְכָל הָעָם בִּשְׁגָגָה:¹

Chazzan:

סְלַח נָא לַעֲוֹן הָעָם הַזֶּה כְּגֹדֶל חַסְדֶּךָ, וְכַאֲשֶׁר נָשָׂאתָה
לָעָם הַזֶּה מִמִּצְרַיִם וְעַד הֵנָּה.² וְשָׁם נֶאֱמַר:

The following is recited three times by the congregation and subsequently by the chazzan:

וַיֹּאמֶר יְיָ סָלַחְתִּי כִּדְבָרֶךָ:³

The chazzan recites the following blessing aloud.

It is appropriate that each person say the following blessing in an undertone, taking care to conclude it before the chazzan, in order to be able to respond אָמֵן. One who has already recited it when lighting the candles should not recite the blessing.

בָּרוּךְ אַתָּה יְיָ אֱלֹהֵינוּ מֶלֶךְ הָעוֹלָם שֶׁהֶחֱיָנוּ וְקִיְּמָנוּ
וְהִגִּיעָנוּ לַזְּמַן הַזֶּה: (Cong.—אָמֵן)

The Torah scrolls are returned to the Ark.

THE ARK IS CLOSED.

---

1. Numbers 15:26.   2. Ibid. 14:19.   3. Ibid. 14:20.

The following is recited three times by the chazzan while the congregation follows along in an undertone:

נדרי כל All vows, [self-imposed] prohibitions, oaths, consecrations, restrictions, interdictions, or [any other] equivalent expressions of vows, which I may vow, swear, dedicate [for sacred use], or which I may proscribe for myself or for others, from this Yom Kippur until the next Yom Kippur which comes to us for good, [from now] we regret them all; all shall be hereby absolved, remitted, cancelled, declared null and void, not in force or in effect. Let our vows not be considered vows; let our [self-imposed] prohibitions not be considered prohibitions; and let our oaths not be considered oaths.

The following is recited three times by the chazzan and subsequently by the congregation:

ונסלח And may the entire congregation of the children of Israel, as well as the proselyte who dwells among them, be forgiven, for all the people acted unwittingly.[1]

Chazzan:

סלח Pardon, I beseech You, the wrongdoing of this people, in keeping with the greatness of Your kindness and as You have forgiven this people from Egypt until now.[2] And there it is stated:

The following is recited three times by the congregation and subsequently by the chazzan:

ויאמר And the Lord said: I have pardoned in accordance with your words.[3]

The chazzan recites the following blessing aloud.

It is appropriate that each person say the following blessing in an undertone, taking care to conclude it before the chazzan, in order to be able to respond Amen. One who has already recited it when lighting the candles should not recite the blessing.

ברוך Blessed are You, Lord our God, King of the universe, who has granted us life, sustained us and enabled us to reach this occasion. (Cong: Amen)

The Torah scrolls are returned to the Ark.

THE ARK IS CLOSED.

෯෬෯

PRAYER FOR WELCOMING THE SHABBAT

When Yom Kippur occurs on Friday night, begin here.
ON ALL OTHER NIGHTS, BEGIN WITH שִׁיר הַמַּעֲלוֹת, PAGE 42.

Stand from this point.

מִזְמוֹר לְדָוִד, הָבוּ לַיָי בְּנֵי אֵלִים, הָבוּ לַיָי כָּבוֹד וָעֹז:
הָבוּ לַיָי כְּבוֹד שְׁמוֹ, הִשְׁתַּחֲווּ לַיָי בְּהַדְרַת
קֹדֶשׁ: קוֹל יְיָ עַל הַמָּיִם, אֵל הַכָּבוֹד הִרְעִים, יְיָ עַל
מַיִם רַבִּים: קוֹל יְיָ בַּכֹּחַ, קוֹל יְיָ בֶּהָדָר: קוֹל יְיָ שֹׁבֵר
אֲרָזִים, וַיְשַׁבֵּר יְיָ אֶת אַרְזֵי הַלְּבָנוֹן: וַיַּרְקִידֵם כְּמוֹ עֵגֶל,
לְבָנוֹן וְשִׂרְיוֹן כְּמוֹ בֶן רְאֵמִים: קוֹל יְיָ חֹצֵב לַהֲבוֹת אֵשׁ:
קוֹל יְיָ יָחִיל מִדְבָּר, יָחִיל יְיָ מִדְבַּר קָדֵשׁ: קוֹל יְיָ יְחוֹלֵל
אַיָּלוֹת וַיֶּחֱשֹׂף יְעָרוֹת, וּבְהֵיכָלוֹ כֻּלּוֹ אֹמֵר כָּבוֹד: יְיָ
לַמַּבּוּל יָשָׁב, וַיֵּשֶׁב יְיָ מֶלֶךְ לְעוֹלָם: יְיָ עֹז לְעַמּוֹ יִתֵּן,
יְיָ יְבָרֵךְ אֶת עַמּוֹ בַשָּׁלוֹם:¹

The following is said in an undertone.
When reciting אָנָּא בְּכֹחַ, look at—or visualize—the Divine Names formed by the acronyms
of the words (as they appear in the left column), but do not say them.

אב"ג ית"ץ	**אָנָּא,** בְּכֹחַ גְּדֻלַּת יְמִינְךָ, תַּתִּיר צְרוּרָה.
קר"ע שט"ן	קַבֵּל רִנַּת עַמְּךָ, שַׂגְּבֵנוּ, טַהֲרֵנוּ, נוֹרָא.
נג"ד יכ"ש	נָא גִבּוֹר, דּוֹרְשֵׁי יִחוּדְךָ, כְּבָבַת שָׁמְרֵם.
בט"ר צת"ג	בָּרְכֵם, טַהֲרֵם, רַחֲמֵי צִדְקָתְךָ תָּמִיד גָּמְלֵם.
חק"ב טנ"ע	חֲסִין קָדוֹשׁ, בְּרוֹב טוּבְךָ נַהֵל עֲדָתֶךָ.
יג"ל פז"ק	יָחִיד, גֵּאֶה, לְעַמְּךָ פְּנֵה, זוֹכְרֵי קְדֻשָּׁתֶךָ.
שק"ו צי"ת	שַׁוְעָתֵנוּ קַבֵּל, וּשְׁמַע צַעֲקָתֵנוּ, יוֹדֵעַ תַּעֲלוּמוֹת.

בָּרוּךְ שֵׁם כְּבוֹד מַלְכוּתוֹ לְעוֹלָם וָעֶד:

---

1. Psalm 29.

ೞ೬ೌ⊷ఈ

PRAYER FOR WELCOMING THE SHABBAT

When Yom Kippur occurs on Friday night, begin here.
ON ALL OTHER NIGHTS, BEGIN WITH *A song of ascents*, PAGE 42.

Stand from this point.

מזמור A Psalm by David. Render to the Lord, children of the mighty, render to the Lord honor and strength. Render to the Lord the honor due to His Name; bow down to the Lord in resplendent holiness. The voice of the Lord is over the waters, the God of glory thunders; the Lord is over mighty waters. The voice of the Lord resounds with might; the voice of the Lord resounds with majesty. The voice of the Lord breaks cedars; the Lord shatters the cedars of Lebanon. He makes them leap like a calf; Lebanon and Sirion like a young wild ox. The voice of the Lord strikes flames of fire. The voice of the Lord makes the desert tremble; the Lord causes the desert of Kadesh to tremble. The voice of the Lord causes the does to calve, and strips the forests bare; and in His Sanctuary all proclaim His glory. The Lord sat [as King] at the Flood; the Lord will sit as King forever. The Lord will give strength to His people; the Lord will bless His people with peace.[1]

The following is said in an undertone.

אנא We implore You, by the great power of Your right hand, release the captive. Accept the prayer of Your people; strengthen us, purify us, Awesome One. Mighty One, we beseech You, guard as the apple of the eye those who seek Your Oneness. Bless them, cleanse them; bestow upon them forever Your merciful righteousness. Powerful, Holy One, in Your abounding goodness, guide Your congregation. Only and Exalted One, turn to Your people who are mindful of Your holiness. Accept our supplication and hear our cry, You who knows secret thoughts. Blessed be the name of the glory of His kingdom forever and ever.

The following is recited responsively. Many congregations sing it in unison.

לְכָה דוֹדִי לִקְרַאת כַּלָּה, פְּנֵי שַׁבָּת נְקַבְּלָה:

לְכָה דוֹדִי לִקְרַאת כַּלָּה, פְּנֵי שַׁבָּת נְקַבְּלָה:

שָׁמוֹר וְזָכוֹר בְּדִבּוּר אֶחָד, הִשְׁמִיעָנוּ אֵל הַמְיֻחָד, יְיָ
אֶחָד וּשְׁמוֹ אֶחָד, לְשֵׁם וּלְתִפְאֶרֶת וְלִתְהִלָּה:

לְכָה דוֹדִי לִקְרַאת כַּלָּה, פְּנֵי שַׁבָּת נְקַבְּלָה:

לִקְרַאת שַׁבָּת לְכוּ וְנֵלְכָה, כִּי הִיא מְקוֹר הַבְּרָכָה,
מֵראשׁ מִקֶּדֶם נְסוּכָה, סוֹף מַעֲשֶׂה בְּמַחֲשָׁבָה תְּחִלָּה:

לְכָה דוֹדִי לִקְרַאת כַּלָּה, פְּנֵי שַׁבָּת נְקַבְּלָה:

מִקְדַּשׁ מֶלֶךְ עִיר מְלוּכָה, קוּמִי צְאִי מִתּוֹךְ הַהֲפֵכָה, רַב
לָךְ שֶׁבֶת בְּעֵמֶק הַבָּכָא, וְהוּא יַחֲמוֹל עָלַיִךְ חֶמְלָה:

לְכָה דוֹדִי לִקְרַאת כַּלָּה, פְּנֵי שַׁבָּת נְקַבְּלָה:

הִתְנַעֲרִי מֵעָפָר קוּמִי, לִבְשִׁי בִּגְדֵי תִפְאַרְתֵּךְ עַמִּי, עַל
יַד בֶּן יִשַׁי בֵּית הַלַּחְמִי,[1] קָרְבָה אֶל נַפְשִׁי גְאָלָהּ:

לְכָה דוֹדִי לִקְרַאת כַּלָּה, פְּנֵי שַׁבָּת נְקַבְּלָה:

הִתְעוֹרְרִי הִתְעוֹרְרִי, כִּי בָא אוֹרֵךְ קוּמִי אוֹרִי, עוּרִי עוּרִי
שִׁיר דַּבֵּרִי, כְּבוֹד יְיָ עָלַיִךְ נִגְלָה:

לְכָה דוֹדִי לִקְרַאת כַּלָּה, פְּנֵי שַׁבָּת נְקַבְּלָה:

לֹא תֵבוֹשִׁי וְלֹא תִכָּלְמִי, מַה תִּשְׁתּוֹחֲחִי וּמַה תֶּהֱמִי, בָּךְ
יֶחֱסוּ עֲנִיֵּי עַמִּי, וְנִבְנְתָה הָעִיר עַל תִּלָּהּ:

לְכָה דוֹדִי לִקְרַאת כַּלָּה, פְּנֵי שַׁבָּת נְקַבְּלָה:

וְהָיוּ לִמְשִׁסָּה שֹׁאסָיִךְ, וְרָחֲקוּ כָּל מְבַלְּעָיִךְ, יָשִׂישׂ עָלַיִךְ
אֱלֹהָיִךְ, כִּמְשׂוֹשׂ חָתָן עַל כַּלָּה:

לְכָה דוֹדִי לִקְרַאת כַּלָּה, פְּנֵי שַׁבָּת נְקַבְּלָה:

---

1. I.e., Mashiach, a descendant of David the son of Yishai, who is from Bet Lechem—v. I Samuel 16:18.

The following is recited responsively. Many congregations sing it in unison.
Transliteration, page 440.

לְכָה Come, my Beloved, to meet the Bride; let us welcome the Shabbat.

לכה Come my Beloved, to meet the Bride; let us welcome the Shabbat.

שָׁמוֹר "Observe" and "Remember," the one and only God caused us to hear in a single utterance; the Lord is One and His Name is One, for renown, for glory and for praise.

לכה Come my Beloved, to meet the Bride; let us welcome the Shabbat.

לִקְרַאת Come, let us go to welcome the Shabbat, for it is the source of blessing; from the beginning, from aforetime, it was chosen; last in creation, first in [God's] thought.

לכה Come my Beloved, to meet the Bride; let us welcome the Shabbat.

מִקְדַּשׁ Sanctuary of the King, royal city, arise, go forth from the ruins; too long have you dwelt in the vale of tears; He will show you abounding mercy.

לכה Come my Beloved, to meet the Bride; let us welcome the Shabbat.

הִתְנַעֲרִי Shake the dust off yourself, arise, don your glorious garments—my people. Through the son of Yishai of Bet Lechem,[1] draw near to my soul and redeem it.

לכה Come my Beloved, to meet the Bride; let us welcome the Shabbat.

הִתְעוֹרְרִי Arouse yourself, arouse yourself, for your light has come; arise, shine. Awake, awake, utter a song; the glory of the Lord is revealed upon you.

לכה Come my Beloved, to meet the Bride; let us welcome the Shabbat.

לֹא Do not be ashamed nor confounded; why are you downcast and why are you agitated? The afflicted of my people will find refuge in you; the city will be rebuilt on its former site.

לכה Come my Beloved, to meet the Bride; let us welcome the Shabbat.

וְהָיוּ Those who despoil you will be despoiled, and all who would destroy you will be far away. Your God will rejoice over you as a bridegroom rejoices over his bride.

לכה Come my Beloved, to meet the Bride; let us welcome the Shabbat.

יָּמִין וּשְׂמֹאל תִּפְרֹוצִי, וְאֶת יְיָ תַּעֲרִיצִי, עַל יַד אִישׁ בֶּן פַּרְצִי,' וְנִשְׂמְחָה וְנָגִילָה:

לְכָה דוֹדִי לִקְרַאת כַּלָּה, פְּנֵי שַׁבָּת נְקַבְּלָה:

Turn to your left until you face west. In the following paragraph, bow right saying בּוֹאִי כַלָּה, bow left saying בּוֹאִי כַלָּה, continue turning to your left until facing east, and bow, saying in an undertone בּוֹאִי כַלָּה שַׁבָּת מַלְכְּתָא.

בּוֹאִי בְשָׁלוֹם עֲטֶרֶת בַּעְלָהּ, גַּם בְּרִנָּה וּבְצָהֳלָה, תּוֹךְ אֱמוּנֵי עַם סְגֻלָּה, בּוֹאִי כַלָּה, בּוֹאִי כַלָּה, בּוֹאִי כַלָּה שַׁבָּת מַלְכְּתָא:

לְכָה דוֹדִי לִקְרַאת כַּלָּה, פְּנֵי שַׁבָּת נְקַבְּלָה:

מִזְמוֹר שִׁיר לְיוֹם הַשַּׁבָּת: טוֹב לְהֹדוֹת לַיְיָ, וּלְזַמֵּר לְשִׁמְךָ עֶלְיוֹן: לְהַגִּיד בַּבֹּקֶר חַסְדֶּךָ, וֶאֱמוּנָתְךָ בַּלֵּילוֹת: עֲלֵי עָשׂוֹר וַעֲלֵי נָבֶל, עֲלֵי הִגָּיוֹן בְּכִנּוֹר: כִּי שִׂמַּחְתַּנִי יְיָ בְּפָעֳלֶךָ, בְּמַעֲשֵׂי יָדֶיךָ אֲרַנֵּן: מַה גָּדְלוּ מַעֲשֶׂיךָ יְיָ, מְאֹד עָמְקוּ מַחְשְׁבֹתֶיךָ: אִישׁ בַּעַר לֹא יֵדָע, וּכְסִיל לֹא יָבִין אֶת זֹאת: בִּפְרֹחַ רְשָׁעִים כְּמוֹ עֵשֶׂב, וַיָּצִיצוּ כָּל פֹּעֲלֵי אָוֶן, לְהִשָּׁמְדָם עֲדֵי עַד: וְאַתָּה מָרוֹם לְעֹלָם יְיָ: כִּי הִנֵּה אֹיְבֶיךָ | יְיָ, כִּי הִנֵּה אֹיְבֶיךָ יֹאבֵדוּ, יִתְפָּרְדוּ כָּל פֹּעֲלֵי אָוֶן: וַתָּרֶם כִּרְאֵים קַרְנִי, בַּלֹּתִי בְּשֶׁמֶן רַעֲנָן: וַתַּבֵּט עֵינִי בְּשׁוּרָי, בַּקָּמִים עָלַי מְרֵעִים, תִּשְׁמַעְנָה אָזְנָי: צַדִּיק כַּתָּמָר יִפְרָח, כְּאֶרֶז בַּלְּבָנוֹן יִשְׂגֶּה: שְׁתוּלִים בְּבֵית יְיָ, בְּחַצְרוֹת אֱלֹהֵינוּ יַפְרִיחוּ: עוֹד יְנוּבוּן בְּשֵׂיבָה, דְּשֵׁנִים וְרַעֲנַנִּים יִהְיוּ: לְהַגִּיד כִּי יָשָׁר יְיָ, צוּרִי וְלֹא עַוְלָתָה בּוֹ:²

---

1. I.e., Mashiach, an offspring of David, who is a descendant of Peretz—v. Ruth 4:18-22.
2. Psalm 92.

ימִין To the right and to the left you shall spread out, and the Lord you shall extol. And we shall rejoice and exult, through the man who is a descendant of Peretz.[1]

לְכָה Come my Beloved, to meet the Bride; let us welcome the Shabbat.

Turn to your left until you face west. In the following paragraph, bow right saying, *Come O bride*, bow left saying, *Come O bride*, continue turning to your left until facing east, and bow, saying in an undertone, *Come O bride, O Shabbat Queen.*

בּוֹאִי Come in peace, O crown of her Husband, both with songs and gladness; among the faithful, the beloved people, come, O Bride, come, O Bride, come, O Bride, O Shabbat Queen.

לְכָה Come my Beloved, to meet the Bride; let us welcome the Shabbat.

מִזְמוֹר A Psalm, a song for the Shabbat day. It is good to praise the Lord, and to sing to Your Name, O Most High; to proclaim Your kindness in the morning, and Your faithfulness in the nights, with a ten-stringed instrument and lyre, to the melody of a harp. For You, Lord, have gladdened me with Your deeds; I sing for joy at the works of Your hand. How great are Your works, O Lord; how very profound Your thoughts! A brutish man cannot know, a fool cannot comprehend this: when the wicked thrive like grass, and all evildoers flourish—it is in order that they may be destroyed forever. But You, Lord, are exalted forever. Indeed, Your enemies, O Lord, indeed Your enemies shall perish; all evildoers shall be scattered. But You have increased my might like that of a wild ox; I am anointed with fresh oil. My eyes have seen [the downfall of] my watchful enemies; my ears have heard [the doom of] the wicked who rise against me. The righteous will flourish like a palm tree, grow tall like a cedar in Lebanon. Planted in the House of the Lord, they shall blossom in the courtyards of our God. They shall be fruitful even in old age; they shall be full of sap and freshness. That is to say that the Lord is just; He is my Strength, and there is no injustice in Him.[2]

יְיָ מָלָךְ גֵּאוּת לָבֵשׁ, לָבֵשׁ יְיָ עֹז הִתְאַזָּר, אַף תִּכּוֹן תֵּבֵל בַּל תִּמּוֹט: נָכוֹן כִּסְאֲךָ מֵאָז, מֵעוֹלָם אָתָּה:

נָשְׂאוּ נְהָרוֹת יְיָ, נָשְׂאוּ נְהָרוֹת קוֹלָם, יִשְׂאוּ נְהָרוֹת דָּכְיָם:

מִקֹּלוֹת מַיִם רַבִּים אַדִּירִים מִשְׁבְּרֵי יָם, אַדִּיר בַּמָּרוֹם יְיָ:

עֵדֹתֶיךָ נֶאֶמְנוּ מְאֹד, לְבֵיתְךָ נָאֲוָה' קֹדֶשׁ, יְיָ לְאֹרֶךְ יָמִים:²

Mourners³ recite Kaddish.
Congregation responds אָמֵן as indicated.

יִתְגַּדַּל וְיִתְקַדַּשׁ שְׁמֵהּ רַבָּא. (וְ—Cong.)—אָמֵן) בְּעָלְמָא דִּי בְרָא כִרְעוּתֵהּ וְיַמְלִיךְ מַלְכוּתֵהּ, וְיַצְמַח פּוּרְקָנֵהּ וִיקָרֵב מְשִׁיחֵהּ. (וְ—Cong.)—אָמֵן) בְּחַיֵּיכוֹן וּבְיוֹמֵיכוֹן וּבְחַיֵּי דְכָל בֵּית יִשְׂרָאֵל, בַּעֲגָלָא וּבִזְמַן קָרִיב וְאִמְרוּ אָמֵן:

(וְ—Cong.)—אָמֵן. יְהֵא שְׁמֵהּ רַבָּא מְבָרַךְ לְעָלַם וּלְעָלְמֵי עָלְמַיָּא, יִתְבָּרַךְ.)

יְהֵא שְׁמֵהּ רַבָּא מְבָרַךְ לְעָלַם וּלְעָלְמֵי עָלְמַיָּא, יִתְבָּרַךְ, וְיִשְׁתַּבַּח, וְיִתְפָּאַר, וְיִתְרוֹמָם, וְיִתְנַשֵּׂא, וְיִתְהַדָּר, וְיִתְעַלֶּה, וְיִתְהַלָּל, שְׁמֵהּ דְּקוּדְשָׁא בְּרִיךְ הוּא. (וְ—Cong.)—אָמֵן) לְעֵלָּא מִן כָּל בִּרְכָתָא וְשִׁירָתָא, תֻּשְׁבְּחָתָא וְנֶחֱמָתָא, דַּאֲמִירָן בְּעָלְמָא, וְאִמְרוּ אָמֵן: (וְ—Cong.)—אָמֵן) יְהֵא שְׁלָמָא רַבָּא מִן שְׁמַיָּא וְחַיִּים טוֹבִים עָלֵינוּ וְעַל כָּל יִשְׂרָאֵל, וְאִמְרוּ אָמֵן: (וְ—Cong.)—אָמֵן)

Take three steps back, then bow right saying עֹשֶׂה הַשָּׁלוֹם בִּמְרוֹמָיו, bow forward saying הוּא,
bow left saying עָלֵינוּ שָׁלוֹם יַעֲשֶׂה, and bow forward saying וְעַל כָּל יִשְׂרָאֵל, וְאִמְרוּ אָמֵן.

עֹשֶׂה הַשָּׁלוֹם בִּמְרוֹמָיו, הוּא יַעֲשֶׂה שָׁלוֹם עָלֵינוּ וְעַל כָּל יִשְׂרָאֵל, וְאִמְרוּ אָמֵן: (וְ—Cong.)—אָמֵן)

---

1. Another version: נָאֲוָה. **2.** Psalm 93. **3.** Both one who observed a *yahrzeit* on Friday and one observing a *yahrzeit* on Shabbat recite this Kaddish.

יי מֶלֶךְ The Lord is King; He has garbed Himself with grandeur; the Lord has robed Himself, He has girded Himself with strength; He has also established the world firmly that it shall not falter. Your throne stands firm from of old; You have existed forever. The rivers have raised, O Lord, the rivers have raised their voice; the rivers raise their raging waves. More than the sound of many waters, than the mighty breakers of the sea, is the Lord mighty on High. Your testimonies are most trustworthy; Your House will be resplendent in holiness, O Lord, forever.[2]

Mourners[3] recite Kaddish (translation on page 480).
Congregation responds Amen as indicated.

יתגדל *Yis-gadal v'yis-kadash sh'mayh rabö.* (Cong: *Ömayn*)

B'öl'mö di v'rö chir'u-sayh v'yamlich mal'chusayh, v'yatzmach pur-könayh vikörayv m'shi-chayh. (Cong: *Ömayn*)

B'cha-yay-chon u-v'yomaychon u-v'cha-yay d'chöl bays yisrö-ayl, ba-agölö u-viz'man köriv v'im'ru ömayn.

(Cong: *Ömayn. Y'hay sh'mayh rabö m'vörach l'ölam u-l'öl'may öl'ma-yö, yisböraych.*)

Y'hay sh'mayh rabö m'vörach l'ölam u-l'öl'may öl'ma-yö. Yisböraych,   v'yishtabach,   v'yispö-ayr,   v'yisromöm, v'yis-nasay,   v'yis-hadör,   v'yis-aleh,   v'yis-halöl,   sh'mayh d'kudshö b'rich hu. (Cong: *Ömayn*)

L'aylö   min   köl   bir-chösö   v'shirösö,   tush-b'chösö v'neche-mösö, da-amirön b'öl'mö, v'im'ru ömayn. (Cong: *Ömayn)*

Y'hay sh'lömö rabö min sh'ma-yö, v'cha-yim tovim ölaynu v'al köl yisrö-ayl v'im'ru ömayn. (Cong: *Ömayn*)

Take three steps back, then bow right saying *Oseh ha-shölom bim'romöv,* bow forward saying *hu,* bow left saying *ya-aseh shölom ölaynu,* and bow forward saying *v'al köl yisrö-ayl, v'im'ru ömayn.*

Oseh ha-shölom bim'romöv, hu ya-a-seh shölom ölaynu v'al köl yisrö-ayl, v'im'ru ömayn. (Cong: *Ömuyn*)

כְּגַוְנָא' דְּאִנּוּן מִתְיַחֲדִין לְעֵלָּא בְּאֶחָד אוּף הָכִי אִיהִי אִתְיַחֲדַת לְתַתָּא בְּרָזָא דְּאֶחָד לְמֶהֱוֵי עִמְּהוֹן לְעֵלָּא חַד לָקֳבֵל חַד. קוּדְשָׁא בְּרִיךְ הוּא אֶחָד לְעֵלָּא, לָא יָתִיב עַל כּוּרְסַיָּא דִּיקָרֵהּ עַד דְּאִתְעֲבִידַת אִיהִי בְּרָזָא דְּאֶחָד כְּגַוְנָא דִּילֵהּ לְמֶהֱוֵי אֶחָד בְּאֶחָד. וְהָא אוּקִימְנָא² רָזָא דַּיְיָ אֶחָד וּשְׁמוֹ אֶחָד.³

רָזָא דְשַׁבָּת אִיהִי שַׁבָּת דְּאִתְאַחֲדַת בְּרָזָא דְּאֶחָד לְמִשְׁרֵי עֲלָהּ רָזָא דְּאֶחָד. צְלוֹתָא דְמַעֲלֵי שַׁבַּתָּא דְּהָא אִתְאַחֲדַת כּוּרְסַיָּא יַקִּירָא קַדִּישָׁא בְּרָזָא דְּאֶחָד, וְאִתְתַּקְּנַת לְמִשְׁרֵי עֲלָהּ מַלְכָּא קַדִּישָׁא עִלָּאָה. כַּד עָיֵל שַׁבַּתָּא אִיהִי אִתְיַחֲדַת וְאִתְפָּרְשַׁת מִסִּטְרָא אָחֳרָא. וְכָל דִּינִין מִתְעַבְּרִין מִנָּהּ וְאִיהִי אִשְׁתְּאָרַת בְּיִחוּדָא דִּנְהִירוּ קַדִּישָׁא וְאִתְעַטְּרַת בְּכַמָּה עִטְרִין לְגַבֵּי מַלְכָּא קַדִּישָׁא. וְכָל שׁוּלְטָנֵי רוּגְזִין וּמָארֵי דְּדִינָא כֻּלְּהוּ עַרְקִין וְאִתְעַבָּרוּ מִנָּהּ. וְלֵית שׁוּלְטָנָא אָחֳרָא בְּכֻלְּהוּ עָלְמִין וְאַנְפָּהָא נְהִירִין בִּנְהִירוּ עִלָּאָה וְאִתְעַטְּרַת לְתַתָּא בְּעַמָּא קַדִּישָׁא. וְכֻלְּהוּ מִתְעַטְּרִין בְּנִשְׁמָתִין חֲדַתִּין. כְּדֵין שֵׁירוּתָא דִּצְלוֹתָא לְבָרְכָא לָהּ בְּחֶדְוָה בִּנְהִירוּ דְאַנְפִּין:⁴

When praying without a *minyan*, recite the following while standing:

וְלוֹמַר בָּרְכוּ אֶת יְיָ הַמְבֹרָךְ, אֶת דַּיְקָא דָּא שַׁבָּת דְּמַעֲלֵי שַׁבַּתָּא: בָּרוּךְ יְיָ הַמְבֹרָךְ דָּא אֲפִיקוּ דְּבִרְכָּאן מִמְּקוֹרָא דְחַיֵּי וַאֲתַר דְּנָפִיק מִנֵּהּ כָּל שְׁקִיוּ לְאַשְׁקָאָה לְכֹלָּא. וּבְגִין דְּאִיהוּ מְקוֹרָא בְּרָזָא דְּאָת קַיָּמָא קָרִינָן לֵיהּ הַמְבֹרָךְ אִיהוּ מַבּוּעָא דְבֵירָא וְכֵיוָן דִּמְטָאָן הָתָם הָא כֻּלְּהוּ לְעוֹלָם וָעֶד. וְדָא אִיהוּ בָּרוּךְ יְיָ הַמְבֹרָךְ לְעוֹלָם וָעֶד:⁵

---

1. For a comprehensive explanation of this Zoharic passage, see the Siddur with Chasidic commentary by Rabbi Schneur Zalman of Liadi. 2. Zohar II, 134a. 3. Zechariah 14:9. 4. Zohar II, 135a-b. 5. Ibid. 135b.

כגוונא Just[1] as they [the six *sefirot* (divine attributes)] unite above into oneness, so she [*malchut* (kingship)] unites below into the mystery of oneness, so as to be with them above— unity paralleling unity. The Holy One, blessed be He, who is One above, does not take His seat upon His Throne of Glory until she enters into the mystery of oneness, similar to His, to be oneness corresponding to Oneness. This, as we have stated,[2] is the esoteric meaning of the words: "The Lord is One, and His Name is One."[3]

רזא The mystery of Shabbat: She [*malchut*] is on Shabbat united within the mystery of Oneness so that the [supernal] mystery of Oneness may rest upon her. [This takes place during] the *Maariv* Prayer of Shabbat eve, for then the holy Throne of Glory merges into the mystery of Oneness, and is ready for the holy transcendent King to rest upon it. As Shabbat arrives, she merges into Oneness, and is separated from the "other side," and all strict judgments are severed from her. And she remains in unity with the holy light, and crowns herself with many crowns for the holy King. Then all powers of wrath and all adversaries flee from her and vanish, and no other power reigns in any of the worlds. Her countenance is irradiated with a supernal light, and she crowns herself here below with the holy people, all of whom are crowned with new souls. Then the commencement of the prayer is to bless her with joy and radiant countenance.[4]

When praying without a *minyan*, recite the following while standing:

ולומר And say: Bless the Lord who is blessed. The word את (the) refers to Shabbat eve. "Blessed be the Lord who is blessed" is that which elicits the blessings from the source of life and the place from whence issue all streams to irrigate all things. And because it is the source, the mystery of the "sign," it is called "the blessed." It is the stream of the wellspring. And since they [the blessings] reach there, they all [flow] for all eternity. And this is [the meaning of]: Blessed be the Lord who is blessed for all eternity.

On Friday night, continue with Half Kaddish below.

ৎৡৼৡৢৎ

MAARIV PRAYER FOR YOM KIPPUR

When Yom Kippur occurs on a weeknight, begin here.

שִׁיר הַמַּעֲלוֹת, הִנֵּה בָּרְכוּ אֶת יְיָ כָּל עַבְדֵי יְיָ, הָעֹמְדִים
בְּבֵית יְיָ בַּלֵּילוֹת: שְׂאוּ יְדֶכֶם קֹדֶשׁ, וּבָרְכוּ אֶת יְיָ:
יְבָרֶכְךָ יְיָ מִצִּיּוֹן, עֹשֵׂה שָׁמַיִם וָאָרֶץ:¹ יוֹמָם יְצַוֶּה יְיָ חַסְדּוֹ,
וּבַלַּיְלָה שִׁירֹה עִמִּי, תְּפִלָּה לְאֵל חַיָּי:² וּתְשׁוּעַת צַדִּיקִים מֵיְיָ,
מָעוּזָם בְּעֵת צָרָה: וַיַּעְזְרֵם יְיָ וַיְפַלְּטֵם, יְפַלְּטֵם מֵרְשָׁעִים
וְיוֹשִׁיעֵם, כִּי חָסוּ בוֹ:³

—Say three times   יְיָ צְבָאוֹת עִמָּנוּ, מִשְׂגָּב לָנוּ אֱלֹהֵי יַעֲקֹב סֶלָה:⁴

—Say three times   יְיָ צְבָאוֹת, אַשְׁרֵי אָדָם בֹּטֵחַ בָּךְ:⁵

—Say three times   יְיָ הוֹשִׁיעָה, הַמֶּלֶךְ יַעֲנֵנוּ בְיוֹם קָרְאֵנוּ:⁶

Chazzan recites Half Kaddish.
Congregation responds אָמֵן as indicated.

יִתְגַּדַּל וְיִתְקַדַּשׁ שְׁמֵהּ רַבָּא. (.Cong—אָמֵן) בְּעָלְמָא דִּי
בְרָא כִרְעוּתֵהּ וְיַמְלִיךְ מַלְכוּתֵהּ, וְיַצְמַח
פּוּרְקָנֵהּ וִיקָרֵב מְשִׁיחֵהּ. (.Cong—אָמֵן) בְּחַיֵּיכוֹן וּבְיוֹמֵיכוֹן
וּבְחַיֵּי דְכָל בֵּית יִשְׂרָאֵל, בַּעֲגָלָא וּבִזְמַן קָרִיב וְאִמְרוּ
אָמֵן:

(.Cong—אָמֵן. יְהֵא שְׁמֵהּ רַבָּא מְבָרַךְ לְעָלַם וּלְעָלְמֵי עָלְמַיָּא, יִתְבָּרֵךְ.)

יְהֵא שְׁמֵהּ רַבָּא מְבָרַךְ לְעָלַם וּלְעָלְמֵי עָלְמַיָּא, יִתְבָּרֵךְ,
וְיִשְׁתַּבַּח, וְיִתְפָּאֵר, וְיִתְרוֹמַם, וְיִתְנַשֵּׂא, וְיִתְהַדָּר,
וְיִתְעַלֶּה, וְיִתְהַלָּל, שְׁמֵהּ דְּקוּדְשָׁא בְּרִיךְ הוּא.
(.Cong—אָמֵן) לְעֵלָּא מִן כָּל בִּרְכָתָא וְשִׁירָתָא, תֻּשְׁבְּחָתָא
וְנֶחֱמָתָא, דַּאֲמִירָן בְּעָלְמָא, וְאִמְרוּ אָמֵן: (.Cong—אָמֵן)

---

1. Psalm 134.   2. Ibid. 42:9.   3. Ibid. 37:39-40.   4. Ibid. 46:8.   5. Ibid. 84:13.   6. Ibid. 20:10.

On Friday night, continue with Half Kaddish below.

❧❧

MAARIV PRAYER FOR YOM KIPPUR

When Yom Kippur occurs on a weeknight, begin here.

שִׁיר A song of ascents. Behold, bless the Lord, all servants of the Lord who stand in the house of the Lord at night. Raise your hands in holiness and bless the Lord. May the Lord, Maker of heaven and earth, bless you from Zion.[1] By day the Lord ordains His kindness, and at night His song is with me, a prayer to the God of my life.[2] The deliverance of the righteous is from the Lord; He is their strength in time of distress. The Lord helps them and delivers them; He delivers them from the wicked and saves them, because they have put their trust in Him.[3]

Say three times: ⁓ The Lord of hosts is with us; the God of Jacob is our stronghold forever.[4]

Say three times: ⁓ Lord of hosts, happy is the man who trusts in You.[5]

Say three times: ⁓ Lord, deliver us; may the King answer us on the day we call.[6]

Chazzan recites Half Kaddish.
Congregation responds Amen as indicated.

יִתְגַּדַּל Exalted and hallowed be His great Name (Cong: Amen) throughout the world which He has created according to His will. May He establish His kingship, bring forth His redemption and hasten the coming of His Mashiach (Cong: Amen) in your lifetime and in your days and in the lifetime of the entire House of Israel, speedily and soon, and say, Amen.

(Cong: Amen. May His great Name be blessed forever and to all eternity. Blessed.)

May His great Name be blessed forever and to all eternity. Blessed and praised, glorified, exalted and extolled, honored, adored and lauded be the Name of the Holy One, blessed be He, (Cong: Amen) beyond all the blessings, hymns, praises and consolations that are uttered in the world; and say, Amen. (Cong: Amen)

Uttering any words—other than prayer—is prohibited from this point until after the Amidah on page 57.

Stand for בָּרְכוּ.

Congregation and chazzan bow as chazzan says:

בָּרְכוּ אֶת יְיָ הַמְבֹרָךְ:

Congregation and chazzan. Bow at בָּרוּךְ, straighten up at יְיָ:

בָּרוּךְ יְיָ הַמְבֹרָךְ לְעוֹלָם וָעֶד:

Do not respond אָמֵן.

You may be seated.

בָּרוּךְ אַתָּה יְיָ אֱלֹהֵינוּ מֶלֶךְ הָעוֹלָם, אֲשֶׁר בִּדְבָרוֹ מַעֲרִיב עֲרָבִים, בְּחָכְמָה פּוֹתֵחַ שְׁעָרִים, וּבִתְבוּנָה מְשַׁנֶּה עִתִּים, וּמַחֲלִיף אֶת הַזְּמַנִּים, וּמְסַדֵּר אֶת הַכּוֹכָבִים, בְּמִשְׁמְרוֹתֵיהֶם בָּרָקִיעַ, כִּרְצוֹנוֹ. בּוֹרֵא יוֹם וָלַיְלָה, גּוֹלֵל אוֹר מִפְּנֵי חֹשֶׁךְ, וְחֹשֶׁךְ מִפְּנֵי אוֹר, וּמַעֲבִיר יוֹם וּמֵבִיא לַיְלָה, וּמַבְדִּיל בֵּין יוֹם וּבֵין לַיְלָה, יְיָ צְבָאוֹת שְׁמוֹ. בָּרוּךְ אַתָּה יְיָ, הַמַּעֲרִיב עֲרָבִים: (אָמֵן — Cong.)

אַהֲבַת עוֹלָם בֵּית יִשְׂרָאֵל עַמְּךָ אָהָבְתָּ, תּוֹרָה וּמִצְוֹת, חֻקִּים וּמִשְׁפָּטִים אוֹתָנוּ לִמַּדְתָּ. עַל כֵּן יְיָ אֱלֹהֵינוּ, בְּשָׁכְבֵּנוּ וּבְקוּמֵנוּ נָשִׂיחַ בְּחֻקֶּיךָ, וְנִשְׂמַח בְּדִבְרֵי תוֹרָתֶךָ וּבְמִצְוֹתֶיךָ לְעוֹלָם וָעֶד. כִּי הֵם חַיֵּינוּ וְאֹרֶךְ יָמֵינוּ, וּבָהֶם נֶהְגֶּה יוֹמָם וָלַיְלָה, וְאַהֲבָתְךָ לֹא תָסוּר¹ מִמֶּנּוּ לְעוֹלָמִים. בָּרוּךְ אַתָּה יְיָ, אוֹהֵב עַמּוֹ יִשְׂרָאֵל:

The chazzan concludes this blessing silently.

---

1. Another version: אַל תָּסִיר (May You never remove Your love from us).

Uttering any words—other than prayer—is prohibited from this point until after the Amidah on page 57.

Stand for *Borchu.*

Congregation and chazzan bow as chazzan says:

בָּרְכוּ *Bö-r'chu es adonöy ha-m'voröch.*

Congregation and chazzan. Bow at *Böruch,* straighten up at *adonöy:*

בָּרוּך *Böruch adonöy ha-m'voröch l'olöm vö-ed.*
Do not respond Amen.

You may be seated.

בָּרוּך Blessed are You, Lord our God, King of the universe, who by His word causes the evenings to become dark. With wisdom He opens the [heavenly] gates; with understanding He changes the periods [of the day], varies the times, and arranges the stars in their positions in the sky according to His will. He creates day and night; He rolls away light before darkness and darkness before light; He causes the day to pass and brings on the night, and separates between day and night; the Lord of hosts is His Name. Blessed are You, Lord, who causes the evenings to become dark. (Cong: Amen)

אַהֲבַת With everlasting love have You loved the House of Israel Your people. You have taught us Torah and *mitzvot,* decrees and Laws. Therefore, Lord our God, when we lie down and when we rise, we will speak of Your statutes and rejoice in the words of Your Torah and in Your *mitzvot* forever. For they are our life and the length of our days, and we will meditate on them day and night. May Your love never depart from us.[1] Blessed are You, Lord, who loves His people Israel.

The chazzan concludes this blessing silently.

בָּרְכוּ Bless the Lord who is blessed. בָּרוּך Blessed be the Lord who is blessed for all eternity.

THE SHEMA

The Shema should be recited with intense concentration, especially the first two verses in which we accept the sovereignty of God. Recite the first verse aloud, with your right hand covering your eyes.

Do not slur over the ח, but draw it out slightly for the length of time that it takes to affirm God's sovereignty in the seven heavens and on earth—equal to eight, the numerical value of ח. The ד (whose numerical value is four) should be drawn out for the length of time that it takes to reflect that God is alone in His world and that he rules in all four corners of the universe. While reciting the Shema, pause at the commas to convey the following meaning: Hear O Israel (pause), the Lord who is our God (pause) is the one God. For additional laws, see page 430.

שְׁמַע יִשְׂרָאֵל, יְיָ אֱלֹהֵינוּ, יְיָ | אֶחָד: [1]

Recite the following verse in a loud voice:

בָּרוּךְ שֵׁם כְּבוֹד מַלְכוּתוֹ לְעוֹלָם וָעֶד: [2]

וְאָהַבְתָּ אֵת יְיָ אֱלֹהֶיךָ, בְּכָל | לְבָבְךָ, וּבְכָל נַפְשְׁךָ, וּבְכָל מְאֹדֶךָ: וְהָיוּ הַדְּבָרִים הָאֵלֶּה אֲשֶׁר אָנֹכִי מְצַוְּךָ הַיּוֹם, עַל | לְבָבֶךָ: וְשִׁנַּנְתָּם לְבָנֶיךָ וְדִבַּרְתָּ בָּם, בְּשִׁבְתְּךָ בְּבֵיתֶךָ, וּבְלֶכְתְּךָ בַדֶּרֶךְ, וּבְשָׁכְבְּךָ, וּבְקוּמֶךָ: וּקְשַׁרְתָּם לְאוֹת עַל יָדֶךָ, וְהָיוּ לְטֹטָפֹת בֵּין עֵינֶיךָ: וּכְתַבְתָּם עַל מְזֻזוֹת בֵּיתֶךָ, וּבִשְׁעָרֶיךָ: [3]

וְהָיָה אִם שָׁמֹעַ תִּשְׁמְעוּ אֶל מִצְוֹתַי אֲשֶׁר אָנֹכִי מְצַוֶּה אֶתְכֶם הַיּוֹם, לְאַהֲבָה אֶת יְיָ אֱלֹהֵיכֶם וּלְעָבְדוֹ, בְּכָל | לְבַבְכֶם וּבְכָל נַפְשְׁכֶם: וְנָתַתִּי מְטַר אַרְצְכֶם בְּעִתּוֹ יוֹרֶה וּמַלְקוֹשׁ, וְאָסַפְתָּ דְגָנֶךָ וְתִירֹשְׁךָ וְיִצְהָרֶךָ: וְנָתַתִּי עֵשֶׂב | בְּשָׂדְךָ לִבְהֶמְתֶּךָ, וְאָכַלְתָּ וְשָׂבָעְתָּ: הִשָּׁמְרוּ לָכֶם פֶּן יִפְתֶּה לְבַבְכֶם, וְסַרְתֶּם וַעֲבַדְתֶּם אֱלֹהִים אֲחֵרִים וְהִשְׁתַּחֲוִיתֶם לָהֶם: וְחָרָה | אַף יְיָ בָּכֶם וְעָצַר אֶת הַשָּׁמַיִם וְלֹא יִהְיֶה מָטָר וְהָאֲדָמָה לֹא תִתֵּן אֶת יְבוּלָהּ, וַאֲבַדְתֶּם | מְהֵרָה מֵעַל הָאָרֶץ הַטֹּבָה אֲשֶׁר יְיָ נֹתֵן לָכֶם: וְשַׂמְתֶּם | אֶת דְּבָרַי אֵלֶּה עַל | לְבַבְכֶם וְעַל נַפְשְׁכֶם,

---

1. Deuteronomy 6:4.   2. Pesachim 56a; Deuteronomy Rabbah 2:31, 35, 36.   3. Deuteronomy 6:5-9.

THE SHEMA

The Shema should be recited with intense concentration, especially the first two verses in which we accept the sovereignty of God. Recite the first verse aloud, with your right hand covering your eyes.

Do not slur over the ח, but draw it out slightly for the length of time that it takes to affirm God's sovereignty in the seven heavens and on earth—equal to eight, the numerical value of ח. The ד (whose numerical value is four) should be drawn out for the length of time that it takes to reflect that God is alone in His world and that he rules in all four corners of the universe. While reciting the Shema, pause at the commas to convey the following meaning: Hear O Israel (pause), the Lord who is our God (pause) is the one God. For additional laws, see page 430.

Transliteration, page 441.

שְׁמַע Hear, O Israel, the Lord is our God, the Lord is One.[1]

Recite the following verse in a loud voice:

בָּרוּךְ Blessed be the name of the glory of His kingdom for ever and ever.[2]

וְאָהַבְתָּ You shall love the Lord your God with all your heart, with all your soul, and with all your might. And these words which I command you today, shall be upon your heart. You shall teach them thoroughly to your children, and you shall speak of them when you sit in your house and when you walk on the road, when you lie down and when you rise. You shall bind them as a sign upon your hand, and they shall be for a reminder between your eyes. And you shall write them upon the doorposts of your house and upon your gates.[3]

וְהָיָה And it will be, if you will diligently obey My commandments which I enjoin upon you this day, to love the Lord your God and to serve Him with all your heart and with all your soul: I will give rain for your land at the proper time, the early rain and the late rain, and you will gather in your grain, your wine and your oil. And I will give grass in your fields for your cattle, and you will eat and be sated. Take care lest your heart be lured away, and you turn astray and worship alien gods and bow down to them. For then the Lord's wrath will flare up against you, and He will close the heavens so that there will be no rain and the earth will not yield its produce, and you will swiftly perish from the good land which the Lord gives you. Therefore, place these words

וּקְשַׁרְתָּם ׀ אֹתָם לְאוֹת עַל יֶדְכֶם וְהָיוּ לְטוֹטָפֹת בֵּין
עֵינֵיכֶם: וְלִמַּדְתֶּם ׀ אֹתָם ׀ אֶת בְּנֵיכֶם לְדַבֵּר בָּם,
בְּשִׁבְתְּךָ בְּבֵיתֶךָ וּבְלֶכְתְּךָ בַדֶּרֶךְ וּבְשָׁכְבְּךָ וּבְקוּמֶךָ:
וּכְתַבְתָּם עַל מְזוּזוֹת בֵּיתֶךָ וּבִשְׁעָרֶיךָ: לְמַעַן יִרְבּוּ יְמֵיכֶם
וִימֵי בְנֵיכֶם עַל הָאֲדָמָה אֲשֶׁר נִשְׁבַּע יְיָ לַאֲבֹתֵיכֶם לָתֵת
לָהֶם, כִּימֵי הַשָּׁמַיִם עַל הָאָרֶץ:

וַיֹּאמֶר יְיָ אֶל מֹשֶׁה לֵּאמֹר: דַּבֵּר אֶל בְּנֵי יִשְׂרָאֵל וְאָמַרְתָּ
אֲלֵהֶם וְעָשׂוּ לָהֶם צִיצִת עַל כַּנְפֵי בִגְדֵיהֶם
לְדֹרֹתָם, וְנָתְנוּ עַל צִיצִת הַכָּנָף ׀ פְּתִיל תְּכֵלֶת: וְהָיָה לָכֶם
לְצִיצִת, וּרְאִיתֶם ׀ אֹתוֹ ׀ וּזְכַרְתֶּם ׀ אֶת כָּל מִצְוֹת יְיָ,
וַעֲשִׂיתֶם ׀ אֹתָם, וְלֹא תָתוּרוּ אַחֲרֵי לְבַבְכֶם וְאַחֲרֵי עֵינֵיכֶם
אֲשֶׁר אַתֶּם זֹנִים אַחֲרֵיהֶם: לְמַעַן תִּזְכְּרוּ וַעֲשִׂיתֶם ׀ אֶת
כָּל מִצְוֹתָי, וִהְיִיתֶם קְדֹשִׁים לֵאלֹהֵיכֶם: אֲנִי יְיָ אֱלֹהֵיכֶם
אֲשֶׁר הוֹצֵאתִי אֶתְכֶם ׀ מֵאֶרֶץ מִצְרַיִם לִהְיוֹת לָכֶם
לֵאלֹהִים, אֲנִי יְיָ אֱלֹהֵיכֶם²

Although the word אֱמֶת belongs to the next paragraph, do not pause between אֱלֹהֵיכֶם and
אֱמֶת. When praying without a *minyan*, repeat אֲנִי יְיָ אֱלֹהֵיכֶם and conclude אֱמֶת.

Chazzan concludes silently: אֲנִי יְיָ אֱלֹהֵיכֶם אֱמֶת, and repeats aloud יְיָ אֱלֹהֵיכֶם אֱמֶת.

אֱמֶת וֶאֱמוּנָה כָּל זֹאת,³ וְקַיָּם עָלֵינוּ, כִּי הוּא יְיָ אֱלֹהֵינוּ
וְאֵין זוּלָתוֹ, וַאֲנַחְנוּ יִשְׂרָאֵל עַמּוֹ, הַפּוֹדֵנוּ מִיַּד
מְלָכִים, מַלְכֵּנוּ הַגּוֹאֲלֵנוּ מִכַּף כָּל הֶעָרִיצִים. הָאֵל הַנִּפְרָע
לָנוּ מִצָּרֵינוּ, וְהַמְשַׁלֵּם גְּמוּל לְכָל אֹיְבֵי נַפְשֵׁנוּ, הָעֹשֶׂה
גְדֹלוֹת עַד אֵין חֵקֶר, וְנִפְלָאוֹת עַד אֵין מִסְפָּר.⁴ הַשָּׂם
נַפְשֵׁנוּ בַּחַיִּים, וְלֹא נָתַן לַמּוֹט רַגְלֵנוּ.⁵ הַמַּדְרִיכֵנוּ עַל
בָּמוֹת אוֹיְבֵינוּ, וַיָּרֶם קַרְנֵנוּ עַל כָּל שׂנְאֵינוּ. הָאֵל הָעֹשֶׂה

---

1. Deuteronomy 11:13-21. **2.** Numbers 15:37-41. **3.** That which we have affirmed in the Shema. **4.** Job 9:10. **5.** Psalms 66:9.

of Mine upon your heart and upon your soul, and bind them for a sign on your hand, and they shall be for a reminder between your eyes. You shall teach them to your children, to speak of them when you sit in your house and when you walk on the road, when you lie down and when you rise. And you shall inscribe them on the doorposts of your house and on your gates—so that your days and the days of your children may be prolonged on the land which the Lord swore to your fathers to give to them for as long as the heavens are above the earth.[1]

ויאמר The Lord spoke to Moses, saying: Speak to the children of Israel and tell them to make for themselves fringes on the corners of their garments throughout their generations, and to attach a thread of blue on the fringe of each corner. They shall be to you as *tzitzit*, and you shall look upon them and remember all the commandments of the Lord and fulfill them, and you will not follow after your heart and after your eyes by which you go astray—so that you may remember and fulfill all My commandments, and be holy to your God. I am the Lord your God who brought you out of the land of Egypt to be your God; I, the Lord, am your God.[2]

Although the word *Truth* belongs to the next paragraph, do not pause between *your God* and *Truth.*

אמת Truth and belief is all this;[3] it is established with us that He is the Lord our God, there is no other, and that we Israel are His people. It is He who redeems us from the hand of kings; our King, who delivers us from the grip of all the tyrants; the benevolent God, who avenges us against our persecutors, and brings retribution on all our mortal ene-mics. He does great things beyond limit, and wonders be-yond number.[4] He has kept us alive, and did not allow our feet to falter.[5] He led us upon the high places of our foes, and increased our strength over all our adversaries. He is the benevolent God who, in our behalf, brought retribution

לָנוּ נְקָמָה בְּפַרְעֹה, וְאוֹתוֹת וּמוֹפְתִים בְּאַדְמַת בְּנֵי חָם.
הַמַּכֶּה בְעֶבְרָתוֹ כָּל בְּכוֹרֵי מִצְרָיִם, וַיּוֹצֵא אֶת עַמּוֹ
יִשְׂרָאֵל מִתּוֹכָם לְחֵרוּת עוֹלָם. הַמַּעֲבִיר בָּנָיו בֵּין גִּזְרֵי יַם
סוּף, וְאֶת רוֹדְפֵיהֶם וְאֶת שׂוֹנְאֵיהֶם בִּתְהוֹמוֹת טִבַּע,
וְרָאוּ בָנָיו גְּבוּרָתוֹ, שִׁבְּחוּ וְהוֹדוּ לִשְׁמוֹ. וּמַלְכוּתוֹ בְרָצוֹן
קִבְּלוּ עֲלֵיהֶם, מֹשֶׁה וּבְנֵי יִשְׂרָאֵל לְךָ עָנוּ שִׁירָה בְּשִׂמְחָה
רַבָּה, וְאָמְרוּ כֻלָּם:

מִי כָמֹכָה בָּאֵלִם יְיָ, מִי כָּמֹכָה נֶאְדָּר בַּקֹּדֶשׁ, נוֹרָא
תְהִלֹּת עֹשֵׂה פֶלֶא:¹ מַלְכוּתְךָ רָאוּ בָנֶיךָ, בּוֹקֵעַ יָם
לִפְנֵי מֹשֶׁה, זֶה אֵלִי² עָנוּ וְאָמְרוּ:

יְיָ יִמְלֹךְ לְעֹלָם וָעֶד.³ וְנֶאֱמַר: כִּי פָדָה יְיָ אֶת יַעֲקֹב,
וּגְאָלוֹ מִיַּד חָזָק מִמֶּנּוּ.⁴ בָּרוּךְ אַתָּה יְיָ, גָּאַל יִשְׂרָאֵל:

(אָמֵן — Cong.)

הַשְׁכִּיבֵנוּ אָבִינוּ לְשָׁלוֹם, וְהַעֲמִידֵנוּ מַלְכֵּנוּ לְחַיִּים
טוֹבִים וּלְשָׁלוֹם, וְתַקְּנֵנוּ בְּעֵצָה טוֹבָה
מִלְּפָנֶיךָ, וְהוֹשִׁיעֵנוּ מְהֵרָה לְמַעַן שְׁמֶךָ, וּפְרוֹשׂ עָלֵינוּ
סֻכַּת שְׁלוֹמֶךָ. בָּרוּךְ אַתָּה יְיָ, הַפּוֹרֵשׂ סֻכַּת שָׁלוֹם עָלֵינוּ
וְעַל כָּל עַמּוֹ יִשְׂרָאֵל וְעַל יְרוּשָׁלָיִם:

(אָמֵן — Cong.)

While many recite the following paragraphs, the Chabad custom is not to recite them, for
they might be considered an interruption in prayer.

For Shabbat:

וְשָׁמְרוּ בני ישראל את השבת לעשות את השבת לדרתם ברית
עולם. ביני ובין בני ישראל אות היא לעולם, כי ששת ימים
עשה יי את השמים ואת הארץ וביום השביעי שבת וינפש:⁵

For Yom Kippur:

כִּי ביום הזה יכפר עליכם לטהר אתכם, מכל חטאתיכם לפני יי
תטהרו:⁶

---

1. Exodus 15:11. 2. Ibid. 15:2. 3. Ibid. 15:18. 4. Jeremiah 31:10. 5. Exodus 31:16-17.
6. Leviticus 16:30.

upon Pharaoh, and signs and miracles in the land of the Hamites; who, in His wrath, struck all the firstborn of Egypt, and brought out His people Israel from their midst to everlasting freedom; who led His children through the divided parts of the Sea of Reeds, and drowned their pursuers and their enemies in the depths. As His children beheld His might, they extolled and offered praise to His Name, and willingly accepted His sovereignty; Moses and the children of Israel with great joy raised their voices in song to You, and they all proclaimed:

מי Who is like You among the supernal beings, O Lord! Who is like You, resplendent in holiness, awesome in praise, performing wonders![1] Your children beheld Your sovereignty as You split the sea before Moses. "This is my God!"[2] they exclaimed, and declared,

"The Lord shall reign forever and ever."[3] And it is said: For the Lord has redeemed Jacob, and delivered him from a power mightier than he.[4] Blessed are You, Lord, who has delivered Israel. (Cong: Amen)

השכיבנו Our Father, let us lie down in peace; our King, raise us up to a good life and peace. Improve us with Your good counsel, help us speedily for the sake of Your Name, and spread over us the shelter of Your peace. Blessed are You, Lord, who spreads the shelter of peace over us, over His entire people Israel, and over Jerusalem. (Cong: Amen)

While many recite the following paragraphs, the Chabad custom is not to recite them, for they might be considered an interruption in prayer.

For Shabbat:

ושמרו And the Children of Israel shall observe the Shabbat, establishing the Shabbat throughout their generations as an everlasting covenant. It is a sign between Me and the children of Israel for all time, for in six days the Lord made the heavens and the earth, and on the seventh day He ceased from work and rested.[5]

For Yom Kippur:

כי For on this day, atonement shall be made for you, to purify you; you shall be cleansed of all your sins before the Lord.[6]

Chazzan recites Half Kaddish.
Congregation responds אָמֵן as indicated.

יִתְגַּדַּל וְיִתְקַדַּשׁ שְׁמֵהּ רַבָּא. (אָמֵן —.Cong) בְּעָלְמָא
דִּי בְרָא כִרְעוּתֵהּ וְיַמְלִיךְ מַלְכוּתֵהּ, וְיַצְמַח
פּוּרְקָנֵהּ וִיקָרֵב מְשִׁיחֵהּ. (אָמֵן —.Cong) בְּחַיֵּיכוֹן וּבְיוֹמֵיכוֹן
וּבְחַיֵּי דְכָל בֵּית יִשְׂרָאֵל, בַּעֲגָלָא וּבִזְמַן קָרִיב וְאִמְרוּ
אָמֵן:

(.Cong — אָמֵן. יְהֵא שְׁמֵהּ רַבָּא מְבָרַךְ לְעָלַם וּלְעָלְמֵי עָלְמַיָּא, יִתְבָּרֵךְ.)

יְהֵא שְׁמֵהּ רַבָּא מְבָרַךְ לְעָלַם וּלְעָלְמֵי עָלְמַיָּא, יִתְבָּרֵךְ,
וְיִשְׁתַּבַּח, וְיִתְפָּאֵר, וְיִתְרוֹמַם, וְיִתְנַשֵּׂא, וְיִתְהַדָּר,
וְיִתְעַלֶּה, וְיִתְהַלָּל, שְׁמֵהּ דְּקוּדְשָׁא בְּרִיךְ הוּא.
(אָמֵן —.Cong) לְעֵלָּא מִן כָּל בִּרְכָתָא וְשִׁירָתָא,
תֻּשְׁבְּחָתָא וְנֶחֱמָתָא, דַּאֲמִירָן בְּעָלְמָא, וְאִמְרוּ אָמֵן:

(אָמֵן —.Cong)

❧❦❧

MAARIV AMIDAH FOR YOM KIPPUR

While praying, concentrate on the meaning of the words. Remember that you stand before
the Divine Presence. Remove any distracting thoughts, allowing the mind to remain focused
on prayer. Before beginning the Amidah, take three steps back, then three steps forward.
Recite the Amidah quietly—but audibly—while standing with feet together. Throughout the
Amidah, ending on page 57, interruptions of any form are forbidden.

אֲדֹנָי, שְׂפָתַי תִּפְתָּח וּפִי יַגִּיד תְּהִלָּתֶךָ:[1]

Bend knees at בָּרוּךְ; bow at אַתָּה; straighten up at יְיָ.

בָּרוּךְ אַתָּה יְיָ, אֱלֹהֵינוּ וֵאלֹהֵי אֲבוֹתֵינוּ, אֱלֹהֵי אַבְרָהָם,
אֱלֹהֵי יִצְחָק, וֵאלֹהֵי יַעֲקֹב, הָאֵל הַגָּדוֹל הַגִּבּוֹר
וְהַנּוֹרָא, אֵל עֶלְיוֹן, גּוֹמֵל חֲסָדִים טוֹבִים, קוֹנֵה הַכֹּל,
וְזוֹכֵר חַסְדֵי אָבוֹת, וּמֵבִיא גוֹאֵל לִבְנֵי בְנֵיהֶם, לְמַעַן
שְׁמוֹ בְּאַהֲבָה:

---
1. Psalms 51:17.

Chazzan recites Half Kaddish.
Congregation responds Amen as indicated.

יתגדל Exalted and hallowed be His great Name (Cong: Amen) throughout the world which He has created according to His will. May He establish His kingship, bring forth His redemption and hasten the coming of His Mashiach (Cong: Amen) in your lifetime and in your days and in the lifetime of the entire House of Israel, speedily and soon, and say, Amen.

(Cong: Amen. May His great Name be blessed forever and to all eternity. Blessed.)

May His great Name be blessed forever and to all eternity. Blessed and praised, glorified, exalted and extolled, honored, adored and lauded be the Name of the Holy One, blessed be He, (Cong: Amen) beyond all the blessings, hymns, praises and consolations that are uttered in the world; and say, Amen. (Cong: Amen)

ঙ৶৴৵

MAARIV AMIDAH FOR YOM KIPPUR

While praying, concentrate on the meaning of the words. Remember that you stand before the Divine Presence. Remove any distracting thoughts, allowing the mind to remain focused on prayer. Before beginning the Amidah, take three steps back, then three steps forward. Recite the Amidah quietly—but audibly—while standing with feet together. Throughout the Amidah, ending on page 57, interruptions of any form are forbidden.

אדני My Lord, open my lips, and my mouth shall declare Your praise.[1]

Bend knees at Blessed; bow at You; straighten up at Lord.

ברוך Blessed are You, Lord our God and God of our fathers, God of Abraham, God of Isaac and God of Jacob, the great, mighty and awesome God, exalted God, who bestows bountiful kindness, who creates all things, who remembers the piety of the Patriarchs, and who, in love, brings a redeemer to their children's children, for the sake of His Name.

זָכְרֵנוּ לְחַיִּים, מֶלֶךְ חָפֵץ בַּחַיִּים, וְכָתְבֵנוּ בְּסֵפֶר הַחַיִּים, לְמַעַנְךָ אֱלֹהִים חַיִּים:

Bend knees at בָּרוּךְ; bow at אַתָּה; straighten up at יְיָ.

מֶלֶךְ עוֹזֵר וּמוֹשִׁיעַ וּמָגֵן. בָּרוּךְ אַתָּה יְיָ, מָגֵן אַבְרָהָם:

אַתָּה גִּבּוֹר לְעוֹלָם אֲדֹנָי, מְחַיֶּה מֵתִים אַתָּה, רַב לְהוֹשִׁיעַ. מוֹרִיד הַטָּל.

מְכַלְכֵּל חַיִּים בְּחֶסֶד, מְחַיֶּה מֵתִים בְּרַחֲמִים רַבִּים, סוֹמֵךְ נוֹפְלִים, וְרוֹפֵא חוֹלִים, וּמַתִּיר אֲסוּרִים, וּמְקַיֵּם אֱמוּנָתוֹ לִישֵׁנֵי עָפָר. מִי כָמוֹךָ בַּעַל גְּבוּרוֹת, וּמִי דּוֹמֶה לָּךְ, מֶלֶךְ מֵמִית וּמְחַיֶּה וּמַצְמִיחַ יְשׁוּעָה:

מִי כָמוֹךָ אָב הָרַחֲמָן, זוֹכֵר יְצוּרָיו לְחַיִּים בְּרַחֲמִים:

וְנֶאֱמָן אַתָּה לְהַחֲיוֹת מֵתִים. בָּרוּךְ אַתָּה יְיָ, מְחַיֶּה הַמֵּתִים:

אַתָּה קָדוֹשׁ וְשִׁמְךָ קָדוֹשׁ, וּקְדוֹשִׁים בְּכָל יוֹם יְהַלְלוּךָ סֶּלָה.

לְדוֹר וָדוֹר הַמְלִיכוּ לָאֵל, כִּי הוּא לְבַדּוֹ מָרוֹם וְקָדוֹשׁ:

וּבְכֵן יִתְקַדֵּשׁ שִׁמְךָ יְיָ אֱלֹהֵינוּ עַל יִשְׂרָאֵל עַמֶּךָ, וְעַל יְרוּשָׁלַיִם עִירֶךָ, וְעַל צִיּוֹן מִשְׁכַּן כְּבוֹדֶךָ, וְעַל מַלְכוּת בֵּית דָּוִד מְשִׁיחֶךָ, וְעַל מְכוֹנְךָ וְהֵיכָלֶךָ:

וּבְכֵן תֵּן פַּחְדְּךָ יְיָ אֱלֹהֵינוּ עַל כָּל מַעֲשֶׂיךָ, וְאֵימָתְךָ עַל כָּל מַה שֶּׁבָּרָאתָ, וְיִירָאוּךָ כָּל הַמַּעֲשִׂים, וְיִשְׁתַּחֲווּ לְפָנֶיךָ כָּל הַבְּרוּאִים, וְיֵעָשׂוּ כֻלָּם אֲגֻדָּה אֶחָת לַעֲשׂוֹת רְצוֹנְךָ בְּלֵבָב שָׁלֵם. שֶׁיָּדַעְנוּ יְיָ אֱלֹהֵינוּ שֶׁהַשָּׁלְטָן לְפָנֶיךָ, עֹז בְּיָדְךָ וּגְבוּרָה בִּימִינֶךָ, וְשִׁמְךָ נוֹרָא עַל כֹּל מַה שֶּׁבָּרָאתָ:

זכרנו Remember us for life, King who desires life; inscribe us in the Book of Life, for Your sake, O living God.

Bend knees at Blessed; bow at You; straighten up at Lord.

מלך O King, [You are] a helper, a savior and a shield. Blessed are You, Lord, Shield of Abraham.

אתה You are mighty forever, my Lord; You resurrect the dead; You are powerful to save. He causes the dew to descend.

מכלכל He sustains the living with lovingkindness, resurrects the dead with great mercy, supports the falling, heals the sick, releases the bound, and fulfills His trust to those who sleep in the dust. Who is like You, mighty One! And who can be compared to You, King, who brings death and restores life, and causes deliverance to spring forth!

מי Who is like You, merciful Father, who in compassion remembers His creatures for life.

ונאמן You are trustworthy to revive the dead. Blessed are You, Lord, who revives the dead.

אתה You are holy and Your Name is holy, and holy beings praise You daily for all eternity.

לדור Through all generations proclaim the kingship of God, for He alone is exalted and holy.

ובכן And thus shall Your Name, Lord our God, be sanctified upon Israel Your people, upon Jerusalem Your city, upon Zion the abode of Your glory, upon the kingship of the house of David Your anointed, and upon Your dwelling-place and Your sanctuary.

ובכן And so, Lord our God, instill fear of You upon all that You have made, and dread of You upon all that You have created; and [then] all works will be in awe of You, all the created beings will prostrate themselves before You, and they all will form a single band to carry out Your will with a perfect heart. For we know, Lord our God, that rulership is Yours, strength is in Your [left] hand, might is in Your right hand, and Your Name is awesome over all that You have created.

וּבְכֵן תֵּן כָּבוֹד יְיָ לְעַמֶּךָ, תְּהִלָּה לִירֵאֶיךָ, וְתִקְוָה טוֹבָה לְדוֹרְשֶׁיךָ, וּפִתְחוֹן פֶּה לַמְיַחֲלִים לָךְ, שִׂמְחָה לְאַרְצֶךָ, וְשָׂשׂוֹן לְעִירֶךָ, וּצְמִיחַת קֶרֶן לְדָוִד עַבְדֶּךָ, וַעֲרִיכַת נֵר לְבֶן יִשַׁי מְשִׁיחֶךָ, בִּמְהֵרָה בְיָמֵינוּ:

וּבְכֵן צַדִּיקִים יִרְאוּ וְיִשְׂמָחוּ, וִישָׁרִים יַעֲלֹזוּ, וַחֲסִידִים בְּרִנָּה יָגִילוּ, וְעוֹלָתָה תִּקְפָּץ פִּיהָ, וְהָרִשְׁעָה כֻלָּהּ בְּעָשָׁן תִּכְלֶה, כִּי תַעֲבִיר מֶמְשֶׁלֶת זָדוֹן מִן הָאָרֶץ:

וְתִמְלוֹךְ אַתָּה הוּא יְיָ אֱלֹהֵינוּ לְבַדֶּךָ עַל כָּל מַעֲשֶׂיךָ, בְּהַר צִיּוֹן מִשְׁכַּן כְּבוֹדֶךָ, וּבִירוּשָׁלַיִם עִיר קָדְשֶׁךָ, כַּכָּתוּב בְּדִבְרֵי קָדְשֶׁךָ: יִמְלֹךְ יְיָ לְעוֹלָם, אֱלֹהַיִךְ צִיּוֹן לְדֹר וָדֹר, הַלְלוּיָהּ:[1]

קָדוֹשׁ אַתָּה וְנוֹרָא שְׁמֶךָ, וְאֵין אֱלוֹהַּ מִבַּלְעָדֶיךָ, כַּכָּתוּב: וַיִּגְבַּהּ יְיָ צְבָאוֹת בַּמִּשְׁפָּט, וְהָאֵל הַקָּדוֹשׁ נִקְדַּשׁ בִּצְדָקָה.[2] בָּרוּךְ אַתָּה יְיָ, הַמֶּלֶךְ הַקָּדוֹשׁ:

אַתָּה בְחַרְתָּנוּ מִכָּל הָעַמִּים, אָהַבְתָּ אוֹתָנוּ וְרָצִיתָ בָּנוּ, וְרוֹמַמְתָּנוּ מִכָּל הַלְּשׁוֹנוֹת, וְקִדַּשְׁתָּנוּ בְּמִצְוֹתֶיךָ, וְקֵרַבְתָּנוּ מַלְכֵּנוּ לַעֲבֹדָתֶךָ, וְשִׁמְךָ הַגָּדוֹל וְהַקָּדוֹשׁ עָלֵינוּ קָרָאתָ:

On Shabbat, add the words in shaded parentheses.

וַתִּתֶּן לָנוּ יְיָ אֱלֹהֵינוּ בְּאַהֲבָה אֶת יוֹם (הַשַּׁבָּת הַזֶּה וְאֶת יוֹם) הַכִּפּוּרִים הַזֶּה, אֶת יוֹם סְלִיחַת הֶעָוֹן הַזֶּה, אֶת יוֹם מִקְרָא קֹדֶשׁ הַזֶּה, (לִקְדֻשָׁה וְלִמְנוּחָה) לִמְחִילָה וְלִסְלִיחָה וּלְכַפָּרָה, וְלִמְחָל בּוֹ אֶת כָּל עֲווֹנוֹתֵינוּ, (בְּאַהֲבָה) מִקְרָא קֹדֶשׁ, זֵכֶר לִיצִיאַת מִצְרָיִם:

---
1. Psalms 146:10.   **2.** Isaiah 5:16.

ובכן And so, Lord, grant honor to Your people, glory to those who fear You, good hope to those who seek You, confident speech to those who yearn for You, joy to Your land, gladness to Your city, a flourishing of strength to David Your servant, and a setting up of light to the son of Yishai Your anointed, speedily in our days.

ובכן And then the righteous will see and be glad, the upright will rejoice, and the pious will exult in song; injustice will shut its mouth and all wickedness will go up in smoke, when You will remove the rule of evil from the earth.

ותמלוך Lord our God, You are He who alone will reign over all Your works, in Mount Zion the abode of Your glory, in Jerusalem Your holy city, as it is written in Your holy Scriptures: The Lord shall reign forever; your God, O Zion, throughout all generations; praise the Lord.[1]

קדוש Holy are You, awesome is Your Name, and aside from You there is no God, as it is written: The Lord of hosts is exalted in justice and the holy God is sanctified in righteous-ness.[2] Blessed are You, Lord, the holy King.

אתה You have chosen us from among all the nations; You have loved us and found favor with us. You have raised us above all tongues and made us holy through Your com-mandments. You, our King, have drawn us near to Your service and proclaimed Your great and holy Name upon us.

On Shabbat, add the words in shaded parentheses.

ותתן And You, Lord our God, have given us in love (this Shabbat day and) this Day of Atonements, this day of pardoning of sin, this day of holy assembly (for sanctity and tranquility) for forgiveness, pardon, and atonement, to for-give thereon all our wrongdoings, (in love,) a holy assembly, commemorating the Exodus from Egypt.

On Shabbat, add the words in shaded parentheses.

אֱלֹהֵינוּ וֵאלֹהֵי אֲבוֹתֵינוּ, יַעֲלֶה וְיָבוֹא וְיַגִּיעַ וְיֵרָאֶה וְיֵרָצֶה
וְיִשָּׁמַע וְיִפָּקֵד וְיִזָּכֵר זִכְרוֹנֵנוּ וּפִקְדוֹנֵנוּ וְזִכְרוֹן
אֲבוֹתֵינוּ, וְזִכְרוֹן מָשִׁיחַ בֶּן דָּוִד עַבְדֶּךָ, וְזִכְרוֹן יְרוּשָׁלַיִם עִיר
קָדְשֶׁךָ, וְזִכְרוֹן כָּל עַמְּךָ בֵּית יִשְׂרָאֵל לְפָנֶיךָ, לִפְלֵיטָה
לְטוֹבָה לְחֵן וּלְחֶסֶד וּלְרַחֲמִים וּלְחַיִּים טוֹבִים וּלְשָׁלוֹם,
בְּיוֹם (הַשַּׁבָּת הַזֶּה וּבְיוֹם) הַכִּפּוּרִים הַזֶּה, בְּיוֹם סְלִיחַת
הֶעָוֹן הַזֶּה, בְּיוֹם מִקְרָא קֹדֶשׁ הַזֶּה. זָכְרֵנוּ יְיָ אֱלֹהֵינוּ בּוֹ
לְטוֹבָה, וּפָקְדֵנוּ בוֹ לִבְרָכָה, וְהוֹשִׁיעֵנוּ בוֹ לְחַיִּים טוֹבִים.
וּבִדְבַר יְשׁוּעָה וְרַחֲמִים חוּס וְחָנֵּנוּ, וְרַחֵם עָלֵינוּ וְהוֹשִׁיעֵנוּ,
כִּי אֵלֶיךָ עֵינֵינוּ, כִּי אֵל מֶלֶךְ חַנּוּן וְרַחוּם אָתָּה:

On Shabbat, add the words in shaded parentheses.

אֱלֹהֵינוּ וֵאלֹהֵי אֲבוֹתֵינוּ, מְחַל לַעֲוֹנוֹתֵינוּ בְּיוֹם (הַשַּׁבָּת
הַזֶּה וּבְיוֹם) הַכִּפּוּרִים הַזֶּה, בְּיוֹם סְלִיחַת הֶעָוֹן
הַזֶּה, בְּיוֹם מִקְרָא קֹדֶשׁ הַזֶּה, מְחֵה וְהַעֲבֵר פְּשָׁעֵינוּ
וְחַטֹּאתֵינוּ מִנֶּגֶד עֵינֶיךָ, כָּאָמוּר: אָנֹכִי אָנֹכִי הוּא מֹחֶה
פְשָׁעֶיךָ לְמַעֲנִי, וְחַטֹּאתֶיךָ לֹא אֶזְכֹּר.[1] וְנֶאֱמַר: מָחִיתִי כָעָב
פְּשָׁעֶיךָ וְכֶעָנָן חַטֹּאתֶיךָ, שׁוּבָה אֵלַי כִּי גְאַלְתִּיךָ.[2] וְנֶאֱמַר:
כִּי בַיּוֹם הַזֶּה יְכַפֵּר עֲלֵיכֶם לְטַהֵר אֶתְכֶם, מִכֹּל חַטֹּאתֵיכֶם
לִפְנֵי יְיָ תִּטְהָרוּ.[3] (אֱלֹהֵינוּ וֵאלֹהֵי אֲבוֹתֵינוּ, רְצֵה נָא
בִמְנוּחָתֵנוּ) קַדְּשֵׁנוּ בְּמִצְוֹתֶיךָ וְתֵן חֶלְקֵנוּ בְּתוֹרָתֶךָ, שַׂבְּעֵנוּ
מִטּוּבֶךָ וְשַׂמֵּחַ נַפְשֵׁנוּ בִּישׁוּעָתֶךָ, (וְהַנְחִילֵנוּ יְיָ אֱלֹהֵינוּ
בְּאַהֲבָה וּבְרָצוֹן שַׁבַּת קָדְשֶׁךָ, וְיָנוּחוּ בָהּ כָּל יִשְׂרָאֵל מְקַדְּשֵׁי
שְׁמֶךָ,) וְטַהֵר לִבֵּנוּ לְעָבְדְּךָ בֶּאֱמֶת. כִּי אַתָּה סָלְחָן לְיִשְׂרָאֵל
וּמְחֲלָן לְשִׁבְטֵי יְשֻׁרוּן[4] בְּכָל דּוֹר וָדוֹר, וּמִבַּלְעָדֶיךָ אֵין לָנוּ

1. Isaiah 43:25. 2. Ibid. 44:22. 3. Leviticus 16:30. 4. V. Isaiah 44:2; Deuteronomy 33:5, 26; Ramban, Deuteronomy 7:12.

On Shabbat, add the words in shaded parentheses.

אֱלֹהֵינוּ Our God and God of our fathers, may there ascend, come, and reach, be seen, accepted, and heard, recalled and remembered before You our remembrance and recollection, the remembrance of our fathers, the remembrance of Mashiach the son of David Your servant, the remembrance of Jerusalem Your holy city, and the remembrance of all Your people the House of Israel, for deliverance, well-being, grace, kindness, mercy, good life and peace, on this (Shabbat day and this) Day of Atonements, on this day of pardoning of sin, on this day of holy assembly. Remember us on this [day], Lord our God, for good; be mindful of us on this [day] for blessing; help us on this [day] for good life. With the promise of deliverance and compassion, spare us and be gracious to us; have mercy upon us and deliver us; for our eyes are directed to You, for You, God, are a gracious and merciful King.

On Shabbat, add the words in shaded parentheses.

אֱלֹהֵינוּ Our God and God of our fathers, forgive our wrongdoings on this (Shabbat day and on this) Day of Atonements, on this day of pardoning of sin, on this day of holy assembly; wipe away and remove our transgressions and sins from before Your eyes, as it is stated: I, I [alone,] am He who wipes away your transgressions, for My sake; your sins I will not recall.[1] And it is stated: I have wiped away your transgressions like a thick cloud, your sins like a cloud; return to Me, for I have redeemed you.[2] And it is stated: For on this day atonement shall be made for you, to purify you; you shall be cleansed of all your sins before the Lord.[3] (Our God and God of our fathers, please find favor in our rest.) Make us holy with Your commandments and grant us our portion in Your Torah; satiate us with Your goodness and gladden our soul with Your salvation. (Lord our God, grant as our heritage, in love and goodwill, Your holy Shabbat, and may all Israel who sanctify Your Name rest thereon.) Make our heart pure to serve You in truth, for You are the Pardoner of Israel and the Forgiver of the tribes of Yeshurun[4] in every generation,

מֶלֶךְ מוֹחֵל וְסוֹלֵחַ. בָּרוּךְ אַתָּה יְיָ, מֶלֶךְ מוֹחֵל וְסוֹלֵחַ
לַעֲוֹנוֹתֵינוּ וְלַעֲוֹנוֹת עַמּוֹ בֵּית יִשְׂרָאֵל, וּמַעֲבִיר
אַשְׁמוֹתֵינוּ בְּכָל שָׁנָה וְשָׁנָה, מֶלֶךְ עַל כָּל הָאָרֶץ,
מְקַדֵּשׁ (הַשַּׁבָּת וְ)יִשְׂרָאֵל וְיוֹם הַכִּפּוּרִים:

רְצֵה יְיָ אֱלֹהֵינוּ בְּעַמְּךָ יִשְׂרָאֵל וְלִתְפִלָּתָם שְׁעֵה, וְהָשֵׁב
הָעֲבוֹדָה לִדְבִיר בֵּיתֶךָ, וְאִשֵּׁי יִשְׂרָאֵל וּתְפִלָּתָם
בְּאַהֲבָה תְקַבֵּל בְּרָצוֹן, וּתְהִי לְרָצוֹן תָּמִיד עֲבוֹדַת
יִשְׂרָאֵל עַמֶּךָ:

וְתֶחֱזֶינָה עֵינֵינוּ בְּשׁוּבְךָ לְצִיּוֹן בְּרַחֲמִים. בָּרוּךְ אַתָּה
יְיָ, הַמַּחֲזִיר שְׁכִינָתוֹ לְצִיּוֹן:

Bow at מוֹדִים; straighten up at יְיָ.

מוֹדִים אֲנַחְנוּ לָךְ, שָׁאַתָּה הוּא יְיָ אֱלֹהֵינוּ וֵאלֹהֵי
אֲבוֹתֵינוּ לְעוֹלָם וָעֶד, צוּר חַיֵּינוּ, מָגֵן יִשְׁעֵנוּ,
אַתָּה הוּא לְדוֹר וָדוֹר, נוֹדֶה לְּךָ וּנְסַפֵּר תְּהִלָּתֶךָ, עַל
חַיֵּינוּ הַמְּסוּרִים בְּיָדֶךָ, וְעַל נִשְׁמוֹתֵינוּ הַפְּקוּדוֹת לָךְ, וְעַל
נִסֶּיךָ שֶׁבְּכָל יוֹם עִמָּנוּ, וְעַל נִפְלְאוֹתֶיךָ וְטוֹבוֹתֶיךָ שֶׁבְּכָל
עֵת, עֶרֶב וָבֹקֶר וְצָהֳרָיִם, הַטּוֹב, כִּי לֹא כָלוּ רַחֲמֶיךָ,
וְהַמְרַחֵם, כִּי לֹא תַמּוּ חֲסָדֶיךָ, כִּי מֵעוֹלָם קִוִּינוּ לָךְ:

וְעַל כֻּלָּם יִתְבָּרַךְ וְיִתְרוֹמַם וְיִתְנַשֵּׂא שִׁמְךָ מַלְכֵּנוּ תָּמִיד
לְעוֹלָם וָעֶד:

וּכְתוֹב לְחַיִּים טוֹבִים כָּל בְּנֵי בְרִיתֶךָ:

וְכֹל הַחַיִּים יוֹדוּךָ סֶּלָה, וִיהַלְלוּ שִׁמְךָ הַגָּדוֹל לְעוֹלָם כִּי
טוֹב, הָאֵל יְשׁוּעָתֵנוּ וְעֶזְרָתֵנוּ סֶלָה, הָאֵל הַטּוֹב.

Bend knees at בָּרוּךְ; bow at אַתָּה; straighten up at יְיָ.

בָּרוּךְ אַתָּה יְיָ, הַטּוֹב שִׁמְךָ וּלְךָ נָאֶה לְהוֹדוֹת:

and aside from You we have no King who forgives and pardons. Blessed are You, Lord, King who forgives and pardons our sins and the sins of His people, the House of Israel, and removes our trespasses each and every year; King over the whole earth, who sanctifies (the Shabbat and) Israel and the Day of Atonements.

רצה Look with favor, Lord our God, on Your people Israel, and pay heed to their prayer; restore the service to Your Sanctuary, and accept with love and favor Israel's fire-offerings and prayer; and may the service of Your people Israel always find favor.

ותחזינה May our eyes behold Your return to Zion in mercy. Blessed are You, Lord, who restores His Divine Presence to Zion.

Bow at We thankfully acknowledge; *straighten up at* Lord.

מודים We thankfully acknowledge that You are the Lord our God and God of our fathers forever. You are the strength of our life, the shield of our salvation in every generation. We will give thanks to You and recount Your praise, evening, morning and noon, for our lives which are committed into Your hand, for our souls which are entrusted to You, for Your miracles which are with us daily, and for Your continual wonders and beneficences. You are the Beneficent One, for Your mercies never cease; and the Merciful One, for Your kindnesses never end; for we always place our hope in You.

ועל And for all these, may Your Name, our King, be continually blessed, exalted, and extolled forever and all time.

וכתוב Inscribe all the children of Your Covenant for a good life.

וכל And all living things shall forever thank You, and praise Your great Name eternally, for You are good. God, You are our everlasting salvation and help, O benevolent God.

Bend knees at Blessed; *bow at* You; *straighten up at* Lord.

Blessed are You, Lord, Beneficent is Your Name, and to You it is fitting to offer thanks.

שִׂים שָׁלוֹם, טוֹבָה וּבְרָכָה, חַיִּים חֵן וָחֶסֶד וְרַחֲמִים,
עָלֵינוּ וְעַל כָּל יִשְׂרָאֵל עַמֶּךָ. בָּרְכֵנוּ אָבִינוּ כֻּלָּנוּ
כְּאֶחָד בְּאוֹר פָּנֶיךָ, כִּי בְאוֹר פָּנֶיךָ נָתַתָּ לָּנוּ יְיָ אֱלֹהֵינוּ
תּוֹרַת חַיִּים וְאַהֲבַת חֶסֶד, וּצְדָקָה וּבְרָכָה וְרַחֲמִים וְחַיִּים
וְשָׁלוֹם, וְטוֹב בְּעֵינֶיךָ לְבָרֵךְ אֶת עַמְּךָ יִשְׂרָאֵל בְּכָל עֵת
וּבְכָל שָׁעָה בִּשְׁלוֹמֶךָ.

וּבְסֵפֶר חַיִּים בְּרָכָה וְשָׁלוֹם וּפַרְנָסָה טוֹבָה, יְשׁוּעָה
וְנֶחָמָה וּגְזֵרוֹת טוֹבוֹת, נִזָּכֵר וְנִכָּתֵב לְפָנֶיךָ,
אֲנַחְנוּ וְכָל עַמְּךָ בֵּית יִשְׂרָאֵל, לְחַיִּים טוֹבִים וּלְשָׁלוֹם.
בָּרוּךְ אַתָּה יְיָ, הַמְבָרֵךְ אֶת עַמּוֹ יִשְׂרָאֵל בַּשָּׁלוֹם:

יִהְיוּ לְרָצוֹן אִמְרֵי פִי וְהֶגְיוֹן לִבִּי לְפָנֶיךָ, יְיָ צוּרִי וְגוֹאֲלִי:[1]

אֱלֹהֵינוּ וֵאלֹהֵי אֲבוֹתֵינוּ, תָּבֹא לְפָנֶיךָ תְּפִלָּתֵנוּ, וְאַל
תִּתְעַלַּם מִתְּחִנָּתֵנוּ, שֶׁאֵין אָנוּ עַזֵּי פָנִים וּקְשֵׁי
עֹרֶף, לוֹמַר לְפָנֶיךָ יְיָ אֱלֹהֵינוּ וֵאלֹהֵי אֲבוֹתֵינוּ, צַדִּיקִים
אֲנַחְנוּ וְלֹא חָטָאנוּ, אֲבָל אֲנַחְנוּ וַאֲבוֹתֵינוּ חָטָאנוּ:

While mentioning a transgression, gently strike the left side of your chest (over the heart) with a closed fist.

אָשַׁמְנוּ. בָּגַדְנוּ. גָּזַלְנוּ. דִּבַּרְנוּ דֹּפִי: הֶעֱוִינוּ. וְהִרְשַׁעְנוּ.
זַדְנוּ. חָמַסְנוּ. טָפַלְנוּ שֶׁקֶר: יָעַצְנוּ רָע. כִּזַּבְנוּ.
לַצְנוּ. מָרַדְנוּ. נִאַצְנוּ. סָרַרְנוּ. עָוִינוּ. פָּשַׁעְנוּ. צָרַרְנוּ. קִשִּׁינוּ
עֹרֶף: רָשַׁעְנוּ. שִׁחַתְנוּ. תִּעַבְנוּ. תָּעִינוּ. תִּעְתָּעְנוּ:

סַרְנוּ מִמִּצְוֹתֶיךָ וּמִמִּשְׁפָּטֶיךָ הַטּוֹבִים וְלֹא שָׁוָה לָּנוּ:
וְאַתָּה צַדִּיק עַל כָּל הַבָּא עָלֵינוּ, כִּי אֱמֶת עָשִׂיתָ
וַאֲנַחְנוּ הִרְשָׁעְנוּ:[2]

---

1. Psalms 19:15. **2.** Nehemiah 9:33.

שׁים Bestow peace, goodness, and blessing, life, graciousness, kindness, and mercy, upon us and upon all Your people Israel. Bless us, our Father, all of us as one, with the light of Your countenance, for by the light of Your countenance You gave us, Lord our God, the Torah of life and loving-kindness, righteousness, blessing, mercy, life and peace. May it be favorable in Your eyes to bless Your people Israel, at all times and at every moment, with Your peace.

ובספר And in the book of life, blessing, peace, and prosperity, deliverance, consolation, and favorable decrees, may we and all Your people the House of Israel be remembered and inscribed before You for a happy life and for peace. Blessed are You, Lord, who blesses His people Israel with peace.

יהיו May the words of my mouth and the meditation of my heart be acceptable before You, Lord, my Strength and my Redeemer.[1]

אלהינו Our God and God of our fathers, may our prayers come before You, and do not turn away from our supplication, for we are not so impudent and obdurate as to declare before You, Lord our God and God of our fathers, that we are righteous and have not sinned. Indeed, we and our fathers have sinned.

While mentioning a transgression, gently strike the left side of your chest (over the heart) with a closed fist.

אשמנו We have transgressed, we have acted perfidiously, we have robbed, we have slandered. We have acted perversely and wickedly, we have willfully sinned, we have done violence, we have imputed falsely. We have given evil counsel, we have lied, we have scoffed, we have rebelled, we have provoked, we have been disobedient, we have committed iniquity, we have wantonly transgressed, we have oppressed, we have been obstinate. We have committed evil, we have acted perniciously, we have acted abominably, we have gone astray, we have led others astray.

סרנו We have strayed from Your good precepts and ordinances, and it has not profited us. Indeed, You are just in all that has come upon us, for You have acted truthfully, and it is we who have acted wickedly.[2]

מַה נֹּאמַר לְפָנֶיךָ יוֹשֵׁב מָרוֹם, וּמַה נְּסַפֵּר לְפָנֶיךָ שׁוֹכֵן שְׁחָקִים, הֲלֹא כָּל הַנִּסְתָּרוֹת וְהַנִּגְלוֹת אַתָּה יוֹדֵעַ:

אַתָּה יוֹדֵעַ רָזֵי עוֹלָם, וְתַעֲלוּמוֹת סִתְרֵי כָּל חָי. אַתָּה חֹפֵשׂ כָּל חַדְרֵי בָטֶן וּבֹחֵן כְּלָיוֹת וָלֵב, אֵין דָּבָר נֶעְלָם מִמֶּךָּ, וְאֵין נִסְתָּר מִנֶּגֶד עֵינֶיךָ. וּבְכֵן יְהִי רָצוֹן מִלְּפָנֶיךָ, יְיָ אֱלֹהֵינוּ וֵאלֹהֵי אֲבוֹתֵינוּ, שֶׁתְּרַחֵם עָלֵינוּ וְתִמְחוֹל לָנוּ עַל כָּל חַטֹּאתֵינוּ, וּתְכַפֶּר לָנוּ עַל כָּל עֲווֹנֹתֵינוּ, וְתִמְחוֹל וְתִסְלַח לָנוּ עַל כָּל פְּשָׁעֵינוּ:

Gently strike the left side of your chest (over the heart) with a closed fist when saying the word שֶׁחָטָאנוּ.

עַל חֵטְא שֶׁחָטָאנוּ לְפָנֶיךָ, בְּאֹנֶס וּבְרָצוֹן:
וְעַל חֵטְא שֶׁחָטָאנוּ לְפָנֶיךָ, בְּאִמּוּץ הַלֵּב:

עַל חֵטְא שֶׁחָטָאנוּ לְפָנֶיךָ, בִּבְלִי דָעַת:
וְעַל חֵטְא שֶׁחָטָאנוּ לְפָנֶיךָ, בְּבִטּוּי שְׂפָתָיִם:

עַל חֵטְא שֶׁחָטָאנוּ לְפָנֶיךָ, בְּגִלּוּי עֲרָיוֹת:
וְעַל חֵטְא שֶׁחָטָאנוּ לְפָנֶיךָ, בְּגִלּוּי וּבַסָּתֶר:

עַל חֵטְא שֶׁחָטָאנוּ לְפָנֶיךָ, בְּדַעַת וּבְמִרְמָה:
וְעַל חֵטְא שֶׁחָטָאנוּ לְפָנֶיךָ, בְּדִבּוּר פֶּה:

עַל חֵטְא שֶׁחָטָאנוּ לְפָנֶיךָ, בְּהוֹנָאַת רֵעַ:
וְעַל חֵטְא שֶׁחָטָאנוּ לְפָנֶיךָ, בְּהִרְהוּר הַלֵּב:

עַל חֵטְא שֶׁחָטָאנוּ לְפָנֶיךָ, בִּוְעִידַת זְנוּת:
וְעַל חֵטְא שֶׁחָטָאנוּ לְפָנֶיךָ, בְּוִדּוּי פֶּה:

עַל חֵטְא שֶׁחָטָאנוּ לְפָנֶיךָ, בְּזִלְזוּל הוֹרִים וּמוֹרִים:
וְעַל חֵטְא שֶׁחָטָאנוּ לְפָנֶיךָ, בְּזָדוֹן וּבִשְׁגָגָה:

מה What shall we say to You who dwells on high; what shall we relate to You who abides in the heavens? You surely know all the hidden and the revealed things.

אתה You know the mysteries of the universe and the hidden secrets of every living being. You search all [our] innermost thoughts, and probe [our] mind and heart; nothing is hidden from You, nothing is concealed from Your sight. And so, may it be Your will, Lord our God and God of our fathers, to have mercy on us and forgive us all our sins, grant us atonement for all our iniquities, and forgive and pardon us for all our transgressions.

Gently strike the left side of your chest (over the heart) with a closed fist when saying the word *committed*.

על חטא For the sin which we have committed before You under duress or willingly.

And for the sin which we have committed before You by hard-heartedness.

For the sin which we have committed before You inadvertently.

And for the sin which we have committed before You with an utterance of the lips.

For the sin which we have committed before You with immorality.

And for the sin which we have committed before You openly or secretly.

For the sin which we have committed before You with knowledge and with deceit.

And for the sin which we have committed before You through speech.

For the sin which we have committed before You by deceiving a fellowman.

And for the sin which we have committed before You by improper thoughts.

For the sin which we have committed before You by a gathering of lewdness.

And for the sin which we have committed before You by verbal [insincere] confession.

For the sin which we have committed before You by disrespect for parents and teachers.

And for the sin which we have committed before You intentionally or unintentionally.

עַל חֵטְא שֶׁחָטָאנוּ לְפָנֶיךָ, בְּחֹזֶק יָד:
וְעַל חֵטְא שֶׁחָטָאנוּ לְפָנֶיךָ, בְּחִלוּל הַשֵּׁם:

עַל חֵטְא שֶׁחָטָאנוּ לְפָנֶיךָ, בְּטֻמְאַת שְׂפָתָיִם:
וְעַל חֵטְא שֶׁחָטָאנוּ לְפָנֶיךָ, בְּטִפְשׁוּת פֶּה:

עַל חֵטְא שֶׁחָטָאנוּ לְפָנֶיךָ, בְּיֵצֶר הָרָע:
וְעַל חֵטְא שֶׁחָטָאנוּ לְפָנֶיךָ, בְּיוֹדְעִים וּבְלֹא יוֹדְעִים:

Gently strike the left side of your chest (over the heart) with a closed fist when saying the
words סְלַח, מְחַל, כַּפֵּר.

וְעַל כֻּלָּם, אֱלוֹהַ סְלִיחוֹת, סְלַח לָנוּ, מְחַל
לָנוּ, כַּפֶּר לָנוּ:

Gently strike the left side of your chest (over the heart) with a closed fist when saying the
word שֶׁחָטָאנוּ.

עַל חֵטְא שֶׁחָטָאנוּ לְפָנֶיךָ, בְּכַחַשׁ וּבְכָזָב:
וְעַל חֵטְא שֶׁחָטָאנוּ לְפָנֶיךָ, בְּכַפַּת שֹׁחַד:

עַל חֵטְא שֶׁחָטָאנוּ לְפָנֶיךָ, בְּלָצוֹן:
וְעַל חֵטְא שֶׁחָטָאנוּ לְפָנֶיךָ, בְּלָשׁוֹן הָרָע:

עַל חֵטְא שֶׁחָטָאנוּ לְפָנֶיךָ, בְּמַשָּׂא וּבְמַתָּן:
וְעַל חֵטְא שֶׁחָטָאנוּ לְפָנֶיךָ, בְּמַאֲכָל וּבְמִשְׁתֶּה:

עַל חֵטְא שֶׁחָטָאנוּ לְפָנֶיךָ, בְּנֶשֶׁךְ וּבְמַרְבִּית:
וְעַל חֵטְא שֶׁחָטָאנוּ לְפָנֶיךָ, בִּנְטִיַּת גָּרוֹן:

עַל חֵטְא שֶׁחָטָאנוּ לְפָנֶיךָ, בְּשִׂיחַ שִׂפְתוֹתֵינוּ:
וְעַל חֵטְא שֶׁחָטָאנוּ לְפָנֶיךָ, בְּסִקּוּר עָיִן:

For the sin which we have committed before You by using coercion.

And for the sin which we have committed before You by desecrating the Divine Name.

For the sin which we have committed before You by impurity of speech.

And for the sin which we have committed before You by foolish talk.

For the sin which we have committed before You with the evil inclination.

And for the sin which we have committed before You knowingly or unknowingly.

Gently strike the left side of your chest (over the heart) with a closed fist when saying the words *pardon, forgive, atone.*

וְעַל כֻּלָּם For all these, God of pardon, pardon us, forgive us, atone for us.

Gently strike the left side of your chest (over the heart) with a closed fist when saying the word *committed.*

For the sin which we have committed before You by false denial and lying.

And for the sin which we have committed before You by a bribe-taking or a bribe-giving hand.

For the sin which we have committed before You by scoffing.

And for the sin which we have committed before You by evil talk [about another].

For the sin which we have committed before You in business dealings.

And for the sin which we have committed before You by eating and drinking.

For the sin which we have committed before You by [taking or giving] interest and by usury.

And for the sin which we have committed before You by a haughty demeanor.

For the sin which we have committed before You by the prattle of our lips.

And for the sin which we have committed before You by a glance of the eye.

עַל חֵטְא שֶׁחָטָאנוּ לְפָנֶיךָ, בְּעֵינַיִם רָמוֹת:

וְעַל חֵטְא שֶׁחָטָאנוּ לְפָנֶיךָ, בְּעַזּוּת מֶצַח:

Gently strike the left side of your chest (over the heart) with a closed fist when saying the
words סְלַח, מְחַל, כַּפֵּר.

וְעַל כֻּלָּם, אֱלוֹהַּ סְלִיחוֹת, סְלַח לָנוּ, מְחַל
לָנוּ, כַּפֶּר לָנוּ:

Gently strike the left side of your chest (over the heart) with a closed fist when saying the
word שֶׁחָטָאנוּ.

עַל חֵטְא שֶׁחָטָאנוּ לְפָנֶיךָ, בִּפְרִיקַת עֹל:

וְעַל חֵטְא שֶׁחָטָאנוּ לְפָנֶיךָ, בִּפְלִילוּת:

עַל חֵטְא שֶׁחָטָאנוּ לְפָנֶיךָ, בִּצְדִיַּת רֵעַ:

וְעַל חֵטְא שֶׁחָטָאנוּ לְפָנֶיךָ, בְּצָרוּת עָיִן:

עַל חֵטְא שֶׁחָטָאנוּ לְפָנֶיךָ, בְּקַלּוּת רֹאשׁ:

וְעַל חֵטְא שֶׁחָטָאנוּ לְפָנֶיךָ, בְּקַשְׁיוּת עֹרֶף:

עַל חֵטְא שֶׁחָטָאנוּ לְפָנֶיךָ, בְּרִיצַת רַגְלַיִם לְהָרַע:

וְעַל חֵטְא שֶׁחָטָאנוּ לְפָנֶיךָ, בִּרְכִילוּת:

עַל חֵטְא שֶׁחָטָאנוּ לְפָנֶיךָ, בִּשְׁבוּעַת שָׁוְא:

וְעַל חֵטְא שֶׁחָטָאנוּ לְפָנֶיךָ, בְּשִׂנְאַת חִנָּם:

עַל חֵטְא שֶׁחָטָאנוּ לְפָנֶיךָ, בִּתְשׂוּמֶת יָד:

וְעַל חֵטְא שֶׁחָטָאנוּ לְפָנֶיךָ, בְּתִמָּהוֹן לֵבָב:

Gently strike the left side of your chest (over the heart) with a closed fist when saying the
words סְלַח, מְחַל, כַּפֵּר.

וְעַל כֻּלָּם, אֱלוֹהַּ סְלִיחוֹת, סְלַח לָנוּ, מְחַל
לָנוּ, כַּפֶּר לָנוּ:

For the sin which we have committed before You with proud looks.

And for the sin which we have committed before You with impudence.

Gently strike the left side of your chest (over the heart) with a closed fist when saying the words pardon, forgive, atone.

וְעַל כֻּלָּם For all these, God of pardon, pardon us, forgive us, atone for us.

Gently strike the left side of your chest (over the heart) with a closed fist when saying the word committed.

For the sin which we have committed before You by casting off the yoke [of Heaven].

And for the sin which we have committed before You in passing judgment.

For the sin which we have committed before You by scheming against a fellowman.

And for the sin which we have committed before You by a begrudging eye.

For the sin which we have committed before You by frivolity.

And for the sin which we have committed before You by obduracy.

For the sin which we have committed before You by running to do evil.

And for the sin which we have committed before You by tale-bearing.

For the sin which we have committed before You by swearing in vain.

And for the sin which we have committed before You by causeless hatred.

For the sin which we have committed before You by embezzlement.

And for the sin which we have committed before You by a confused heart.

Gently strike the left side of your chest (over the heart) with a closed fist when saying the words pardon, forgive, atone.

וְעַל כֻּלָּם For all these, God of pardon, pardon us, forgive us, atone for us.

Gently strike the left side of your chest (over the heart) with a closed fist when saying the words שֶׁאָנוּ חַיָּבִים.

וְעַל חֲטָאִים שֶׁאָנוּ חַיָּבִים עֲלֵיהֶם: עוֹלָה:

וְעַל חֲטָאִים שֶׁאָנוּ חַיָּבִים עֲלֵיהֶם: חַטָּאת:

וְעַל חֲטָאִים שֶׁאָנוּ חַיָּבִים עֲלֵיהֶם: קָרְבָּן עוֹלֶה וְיוֹרֵד:

וְעַל חֲטָאִים שֶׁאָנוּ חַיָּבִים עֲלֵיהֶם: אָשָׁם וַדַּאי וְתָלוּי:

וְעַל חֲטָאִים שֶׁאָנוּ חַיָּבִים עֲלֵיהֶם: מַכַּת מַרְדּוּת:

וְעַל חֲטָאִים שֶׁאָנוּ חַיָּבִים עֲלֵיהֶם: מַלְקוּת אַרְבָּעִים:

וְעַל חֲטָאִים שֶׁאָנוּ חַיָּבִים עֲלֵיהֶם: מִיתָה בִּידֵי שָׁמָיִם:

וְעַל חֲטָאִים שֶׁאָנוּ חַיָּבִים עֲלֵיהֶם: כָּרֵת וַעֲרִירִי:

וְעַל חֲטָאִים שֶׁאָנוּ חַיָּבִים עֲלֵיהֶם: אַרְבַּע מִיתוֹת בֵּית דִּין: סְקִילָה, שְׂרֵפָה, הֶרֶג, וְחֶנֶק:

עַל מִצְוֹת עֲשֵׂה, וְעַל מִצְוֹת לֹא תַעֲשֶׂה, בֵּין שֶׁיֵּשׁ בָּהֶן קוּם עֲשֵׂה,[1] וּבֵין שֶׁאֵין בָּהֶן קוּם עֲשֵׂה, אֶת הַגְּלוּיִים לָנוּ, וְאֶת שֶׁאֵינָם גְּלוּיִים לָנוּ. אֶת הַגְּלוּיִים לָנוּ, כְּבָר אֲמַרְנוּם לְפָנֶיךָ, וְהוֹדִינוּ לְךָ עֲלֵיהֶם, וְאֶת שֶׁאֵינָם גְּלוּיִים לָנוּ, לְפָנֶיךָ הֵם גְּלוּיִים וִידוּעִים, כַּדָּבָר שֶׁנֶּאֱמַר: הַנִּסְתָּרֹת לַיָי אֱלֹהֵינוּ, וְהַנִּגְלֹת לָנוּ וּלְבָנֵינוּ עַד עוֹלָם, לַעֲשׂוֹת אֶת כָּל דִּבְרֵי הַתּוֹרָה הַזֹּאת.[2] כִּי אַתָּה סָלְחָן לְיִשְׂרָאֵל, וּמָחֳלָן לְשִׁבְטֵי יְשֻׁרוּן[3] בְּכָל דּוֹר וָדוֹר, וּמִבַּלְעָדֶיךָ אֵין לָנוּ מֶלֶךְ מוֹחֵל וְסוֹלֵחַ:

אֱלֹהַי, עַד שֶׁלֹּא נוֹצַרְתִּי אֵינִי כְדַאי, וְעַכְשָׁו שֶׁנּוֹצַרְתִּי, כְּאִלּוּ לֹא נוֹצַרְתִּי. עָפָר אֲנִי בְּחַיַּי, קַל וָחֹמֶר בְּמִיתָתִי, הֲרֵי אֲנִי לְפָנֶיךָ כִּכְלִי מָלֵא בוּשָׁה וּכְלִמָּה. יְהִי רָצוֹן מִלְּפָנֶיךָ, יְיָ אֱלֹהַי וֵאלֹהֵי אֲבוֹתַי, שֶׁלֹּא אֶחֱטָא עוֹד, וּמַה שֶּׁחָטָאתִי לְפָנֶיךָ, מְחוֹק בְּרַחֲמֶיךָ הָרַבִּים, אֲבָל לֹא עַל יְדֵי יִסּוּרִים וָחֳלָיִם רָעִים:

---

1. E.g., to return what one has stolen.   2. Deuteronomy 29:28.   3. V. Isaiah 44:2; Deuteronomy 33:5, 26; Ramban, Deuteronomy 7:12.

Gently strike the left side of your chest (over the heart) with a closed fist when saying the
words *we are obligated.*

And for the sins for which we are obligated to bring a
burnt-offering.

And for the sins for which we are obligated to bring a
sin-offering.

And for the sins for which we are obligated to bring a varying
offering [according to one's means].

And for the sins for which we are obligated to bring a
guilt-offering for a certain or doubtful trespass.

And for the sins for which we incur the penalty of lashing for
rebelliousness.

And for the sins for which we incur the penalty of forty lashes.

And for the sins for which we incur the penalty of death by the
hand of Heaven.

And for the sins for which we incur the penalty of excision and
childlessness.

And for the sins for which we incur the penalty of the four
forms of capital punishment executed by the Court: stoning,
burning, decapitation and strangulation.

עַל For [transgressing] positive and prohibitory *mitzvot*,
whether [the prohibitions] can be rectified by a specifically
prescribed act[1] or not, those of which we are aware and those
of which we are not aware; those of which we are aware, we
have already declared them before You and confessed them to
You, and those of which we are not aware—before You they
are revealed and known, as it is stated: The hidden things
belong to the Lord our God, but the revealed things are for us
and for our children forever, that we may carry out all the
words of this Torah.[2] For You are the Pardoner of Israel and
the Forgiver of the tribes of Yeshurun[3] in every generation, and
aside from You we have no King who forgives and pardons.

אֱלֹהַי My God, before I was created I was not worthy [to be
created], and now that I have been created it is as if I had not
been created. I am dust in my life, how much more so in my
death. Indeed, before You I am like a vessel filled with shame
and disgrace. May it be Your will, Lord my God and God of
my fathers, that I shall sin no more, and the sins which I have
committed before You, erase them in Your abounding mercies,
but not through suffering or severe illness.

אֱלֹהַי, נְצֹר לְשׁוֹנִי מֵרָע, וּשְׂפָתַי מִדַּבֵּר מִרְמָה, וְלִמְקַלְלַי¹ נַפְשִׁי תִדּוֹם, וְנַפְשִׁי כֶּעָפָר לַכֹּל תִּהְיֶה. פְּתַח לִבִּי בְּתוֹרָתֶךָ, וּבְמִצְוֹתֶיךָ תִּרְדּוֹף נַפְשִׁי, וְכָל הַחוֹשְׁבִים עָלַי רָעָה, מְהֵרָה הָפֵר עֲצָתָם וְקַלְקֵל מַחֲשַׁבְתָּם. יִהְיוּ כְּמֹץ לִפְנֵי רוּחַ וּמַלְאַךְ יְיָ דֹּחֶה.² לְמַעַן יֵחָלְצוּן יְדִידֶיךָ, הוֹשִׁיעָה יְמִינְךָ וַעֲנֵנִי.³ עֲשֵׂה לְמַעַן שְׁמֶךָ, עֲשֵׂה לְמַעַן יְמִינֶךָ, עֲשֵׂה לְמַעַן תּוֹרָתֶךָ, עֲשֵׂה לְמַעַן קְדֻשָּׁתֶךָ.⁴ יִהְיוּ לְרָצוֹן אִמְרֵי פִי וְהֶגְיוֹן לִבִּי לְפָנֶיךָ, יְיָ צוּרִי וְגֹאֲלִי:⁵

Take three steps back, then bow left saying עֹשֶׂה הַשָּׁלוֹם בִּמְרוֹמָיו, bow forward saying הוּא, bow right saying יַעֲשֶׂה שָׁלוֹם עָלֵינוּ, and bow forward saying וְעַל כָּל יִשְׂרָאֵל, וְאִמְרוּ אָמֵן.

עֹשֶׂה הַשָּׁלוֹם בִּמְרוֹמָיו, הוּא יַעֲשֶׂה שָׁלוֹם עָלֵינוּ וְעַל כָּל יִשְׂרָאֵל, וְאִמְרוּ אָמֵן:

יְהִי רָצוֹן מִלְּפָנֶיךָ, יְיָ אֱלֹהֵינוּ וֵאלֹהֵי אֲבוֹתֵינוּ, שֶׁיִּבָּנֶה בֵּית הַמִּקְדָּשׁ בִּמְהֵרָה בְיָמֵינוּ, וְתֵן חֶלְקֵנוּ בְּתוֹרָתֶךָ:⁶

When Yom Kippur occurs on a weekday, continue with יַעֲלֶה, next page.

When Yom Kippur occurs on Shabbat, add the following:

וַיְכֻלּוּ הַשָּׁמַיִם וְהָאָרֶץ וְכָל צְבָאָם: וַיְכַל אֱלֹהִים בַּיּוֹם הַשְּׁבִיעִי מְלַאכְתּוֹ אֲשֶׁר עָשָׂה, וַיִּשְׁבֹּת בַּיּוֹם הַשְּׁבִיעִי מִכָּל מְלַאכְתּוֹ אֲשֶׁר עָשָׂה: וַיְבָרֶךְ אֱלֹהִים אֶת יוֹם הַשְּׁבִיעִי וַיְקַדֵּשׁ אֹתוֹ, כִּי בוֹ שָׁבַת מִכָּל מְלַאכְתּוֹ אֲשֶׁר בָּרָא אֱלֹהִים לַעֲשׂוֹת:⁷

Chazzan:

בָּרוּךְ אַתָּה יְיָ, אֱלֹהֵינוּ וֵאלֹהֵי אֲבוֹתֵינוּ, אֱלֹהֵי אַבְרָהָם, אֱלֹהֵי יִצְחָק, וֵאלֹהֵי יַעֲקֹב, הָאֵל הַגָּדוֹל הַגִּבּוֹר וְהַנּוֹרָא, אֵל עֶלְיוֹן, קוֹנֵה שָׁמַיִם וָאָרֶץ:

---

1. Cf. Psalms 34:14.   2. Ibid. 35:5.   3. Ibid. 60:7, 108:7.   4. It is customary to recite a verse in which the first and last letters correspond to the first and last letters of one's own Hebrew name. For a list of verses, see page 422.   5. Psalms 19:15.   6. Avot 5:20.   7. Genesis 2:1-3.

אֱלֹהַי My God, guard my tongue from evil, and my lips from speaking deceitfully.[1] Let my soul be silent to those who curse me; let my soul be as dust to all. Open my heart to Your Torah, and let my soul eagerly pursue Your commandments. As for all those who plot evil against me, hasten to annul their counsel and frustrate their design. Let them be as chaff before the wind; let the angel of the Lord thrust them away.[2] That Your beloved ones may be delivered, help with Your right hand and answer me.[3] Do it for the sake of Your Name; do it for the sake of Your right hand; do it for the sake of Your Torah; do it for the sake of Your holiness.[4] May the words of my mouth and the meditation of my heart be acceptable before You, Lord, my Strength and my Redeemer.[5]

Take three steps back, then bow left saying *He who makes the peace in His Heavens*, bow forward saying *may He*, bow right saying *make peace for us*, and bow forward saying *and for all Israel; and say, Amen.*

עֹשֶׂה He who makes the peace in His heavens, may He make peace for us and for all Israel; and say, Amen.

יְהִי May it be Your will, Lord our God and God of our fathers, that the Bet Hamikdash be speedily rebuilt in our days, and grant us our portion in Your Torah.[6]

When Yom Kippur occurs on a weekday, continue with *May our...*, next page.

When Yom Kippur occurs on Shabbat, add the following:

וַיְכֻלּוּ The heavens and the earth and all their hosts were completed. And God finished by the Seventh Day His work which He had done, and He rested on the Seventh Day from all His work which He had done. And God blessed the Seventh Day and made it holy, for on it He rested from all His work which God created to function.[7]

Chazzan:

בָּרוּךְ Blessed are You, Lord our God and God of our fathers, God of Abraham, God of Isaac and God of Jacob, the great, mighty and awesome God, exalted God, Creator of heaven and earth.

Congregation and chazzan:

מָגֵן אָבוֹת בִּדְבָרוֹ, מְחַיֶּה מֵתִים בְּמַאֲמָרוֹ, הַמֶּלֶךְ הַקָּדוֹשׁ
שֶׁאֵין כָּמוֹהוּ, הַמֵּנִיחַ לְעַמּוֹ בְּיוֹם שַׁבַּת קָדְשׁוֹ, כִּי בָם
רָצָה לְהָנִיחַ לָהֶם, לְפָנָיו נַעֲבוֹד בְּיִרְאָה וָפַחַד וְנוֹדֶה לִשְׁמוֹ
בְּכָל יוֹם תָּמִיד, מֵעֵין הַבְּרָכוֹת, אֵל הַהוֹדָאוֹת אֲדוֹן הַשָּׁלוֹם,
מְקַדֵּשׁ הַשַּׁבָּת וּמְבָרֵךְ שְׁבִיעִי, וּמֵנִיחַ בִּקְדֻשָּׁה, לְעַם מְדֻשְּׁנֵי
עֹנֶג, זֵכֶר לְמַעֲשֵׂה בְרֵאשִׁית:

Chazzan continues:

אֱלֹהֵינוּ וֵאלֹהֵי אֲבוֹתֵינוּ, רְצֵה נָא בִמְנוּחָתֵנוּ, קַדְּשֵׁנוּ
בְּמִצְוֹתֶיךָ וְתֵן חֶלְקֵנוּ בְּתוֹרָתֶךָ, שַׂבְּעֵנוּ מִטּוּבֶךָ
וְשַׂמַּח נַפְשֵׁנוּ בִּישׁוּעָתֶךָ, וְטַהֵר לִבֵּנוּ לְעָבְדְּךָ בֶּאֱמֶת,
וְהַנְחִילֵנוּ יְיָ אֱלֹהֵינוּ בְּאַהֲבָה וּבְרָצוֹן שַׁבַּת קָדְשֶׁךָ, וְיָנוּחוּ בָהּ
כָּל יִשְׂרָאֵל מְקַדְּשֵׁי שְׁמֶךָ. בָּרוּךְ אַתָּה יְיָ, מְקַדֵּשׁ הַשַּׁבָּת:

(אָמֵן —Cong.)

SELICHOT

THE ARK IS OPENED.

The following sections until Kaddish, page 83, are recited by the chazzan and congregation.
The Ark is opened at various times throughout the prayer. While it is preferable to stand when
the Ark is open, one who finds this to be difficult may sit, except where indicated.

יַעֲלֶה תַּחֲנוּנֵנוּ מֵעֶרֶב, וְיָבוֹא שַׁוְעָתֵנוּ מִבֹּקֶר, וְיֵרָאֶה
רִנּוּנֵנוּ עַד עָרֶב:

יַעֲלֶה קוֹלֵנוּ מֵעֶרֶב, וְיָבוֹא צִדְקָתֵנוּ מִבֹּקֶר, וְיֵרָאֶה
פִדְיוֹנֵנוּ עַד עָרֶב:

יַעֲלֶה עִנּוּיֵנוּ מֵעֶרֶב, וְיָבוֹא סְלִיחָתֵנוּ מִבֹּקֶר, וְיֵרָאֶה
נַאֲקָתֵנוּ עַד עָרֶב:

יַעֲלֶה מְנוּסֵנוּ מֵעֶרֶב, וְיָבוֹא לְמַעֲנוֹ מִבֹּקֶר, וְיֵרָאֶה
כִפּוּרֵנוּ עַד עָרֶב:

Transliteration, page 441.
Congregation and chazzan:

מָגֵן He was a shield to our fathers with His word; He resurrects the dead by His utterance; He is the holy King like whom there is none. He gives rest to His people on His holy Shabbat day, for to them He desired to give rest. We will serve Him with awe and fear, and offer thanks to His Name every day, continually, in accordance with the blessings [of that day]. He is the God worthy of thanks, the Master of peace, who sanctifies the Shabbat and blesses the Seventh Day and brings rest with holiness to a people satiated with delight—in remembrance of the work of Creation.

Chazzan continues:

אֱלֹהֵינוּ Our God and God of our fathers, please find favor in our rest, make us holy with Your commandments and grant us our portion in Your Torah; satiate us with Your goodness, gladden our soul with Your salvation, and make our heart pure to serve You in truth; and, Lord our God, grant as our heritage, in love and goodwill, Your holy Shabbat, and may all Israel who sanctify Your Name rest thereon. Blessed are You, Lord, who sanctifies the Shabbat. (Cong: Amen)

SELICHOT

THE ARK IS OPENED.

> The following sections until Kaddish, page 83, are recited by the chazzan and congregation. The Ark is opened at various times throughout the prayer. While it is preferable to stand when the Ark is open, one who finds this to be difficult may sit, except where indicated.

Transliteration, page 441.

יַעֲלֶה May our supplications ascend at eventide; our pleas come [before You] in the morning; and our prayer be favorably accepted until evening.

May our voice ascend at eventide; our righteousness come [before You] in the morning; and our [prayer for] redemption be favorably accepted until evening.

May our affliction ascend at eventide; our pardon come forth in the morning; and our cry be favorably accepted until evening.

May [the merit of] our trust ascend at eventide; come [before Him] for His sake, in the morning; and our [petition for] atonement be favorably accepted until evening.

יַעֲלֶה יִשְׁעֵנוּ מֵעֶרֶב, וְיָבוֹא טַהֲרֵנוּ מִבֹּקֶר, וְיֵרָאֶה חִנּוּנֵנוּ עַד עָרֶב:

יַעֲלֶה זִכְרוֹנֵנוּ מֵעֶרֶב, וְיָבוֹא וְעוּדֵנוּ מִבֹּקֶר, וְיֵרָאֶה הַדְרָתֵנוּ עַד עָרֶב:

יַעֲלֶה דָפְקֵנוּ מֵעֶרֶב, וְיָבוֹא גִילֵנוּ מִבֹּקֶר, וְיֵרָאֶה בַּקָשָׁתֵנוּ עַד עָרֶב:

יַעֲלֶה אַנְקָתֵנוּ מֵעֶרֶב, וְיָבוֹא אֵלֶיךָ מִבֹּקֶר, וְיֵרָאֶה אֵלֵינוּ עַד עָרֶב:

THE ARK IS CLOSED.

Chazzan concludes the paragraph aloud, as indicated.

שֹׁמֵעַ תְּפִלָּה, עָדֶיךָ כָּל בָּשָׂר יָבֹאוּ:[1] יָבוֹא כָל בָּשָׂר לְהִשְׁתַּחֲוֹת לְפָנֶיךָ יְיָ:[2] יָבוֹאוּ וְיִשְׁתַּחֲווּ לְפָנֶיךָ אֲדֹנָי, וִיכַבְּדוּ לִשְׁמֶךָ:[3] בָּאוּ נִשְׁתַּחֲוֶה וְנִכְרָעָה, נִבְרְכָה לִפְנֵי יְיָ עֹשֵׂנוּ:[4] בֹּאוּ שְׁעָרָיו בְּתוֹדָה חֲצֵרֹתָיו בִּתְהִלָּה, הוֹדוּ לוֹ בָּרְכוּ שְׁמוֹ:[5] הִנֵּה בָּרְכוּ אֶת יְיָ כָּל עַבְדֵי יְיָ, הָעֹמְדִים בְּבֵית יְיָ בַּלֵּילוֹת: שְׂאוּ יְדֵכֶם קֹדֶשׁ, וּבָרְכוּ אֶת יְיָ:[6] נָבוֹאָה לְמִשְׁכְּנוֹתָיו, נִשְׁתַּחֲוֶה לַהֲדֹם רַגְלָיו:[7] רוֹמְמוּ יְיָ אֱלֹהֵינוּ וְהִשְׁתַּחֲווּ לַהֲדֹם רַגְלָיו, קָדוֹשׁ הוּא:[8] רוֹמְמוּ יְיָ אֱלֹהֵינוּ וְהִשְׁתַּחֲווּ לְהַר קָדְשׁוֹ, כִּי קָדוֹשׁ יְיָ אֱלֹהֵינוּ:[9] הִשְׁתַּחֲווּ לַיְיָ בְּהַדְרַת קֹדֶשׁ, חִילוּ מִפָּנָיו כָּל הָאָרֶץ:[10] וַאֲנַחְנוּ בְּרֹב חַסְדְּךָ נָבוֹא בֵיתֶךָ, נִשְׁתַּחֲוֶה אֶל הֵיכַל קָדְשְׁךָ בְּיִרְאָתֶךָ:[11] נִשְׁתַּחֲוֶה אֶל הֵיכַל קָדְשֶׁךָ וְנוֹדֶה אֶת שְׁמֶךָ עַל חַסְדְּךָ וְעַל אֲמִתֶּךָ, כִּי הִגְדַּלְתָּ עַל כָּל שִׁמְךָ

1. Psalm 65:3.   2. Cf. Isaiah 66:23.   3. Psalms 86:9.   4. Ibid. 95:6.   5. Ibid. 100:4.   6. Ibid. 134:1-2.   7. Ibid. 132:7.   8. Ibid. 99:5.   9. Ibid. 99:9.   10. Ibid. 96:9.   11. Cf. Ibid. 5:8.

May our salvation ascend at eventide; our purity come [before You] in the morning; and our entreaty be favorably accepted until evening.

May our remembrance ascend at eventide; our assemblage come [before You] in the morning; and our glorification [of God] be favorably accepted until evening.

May our knocking [at the gates of repentance and prayer] ascend at eventide; our rejoicing come [before You] in the morning; and our request be favorably accepted until evening.

May our cry ascend at eventide; may it come before You in the morning; and may it be favorably accepted for us until evening.

THE ARK IS CLOSED.

Chazzan concludes the paragraph aloud, as indicated.

שומע You who hearkens to prayers, to You all flesh will come.[1] All flesh shall come to bow down before You, O Lord.[2] They will come and bow down before You, O my Lord, and pay homage to Your Name.[3] Come, let us prostrate ourselves and bow down; let us bend the knee before the Lord our Maker.[4] Enter His gates with gratitude, His courtyards with praise; give thanks to Him, bless His Name.[5] Behold: bless the Lord, all servants of the Lord who stand in the house of the Lord at night. Raise your hands in holiness and bless the Lord.[6] Let us enter His abode, bow down at His footstool.[7] Exalt the Lord our God and bow down at His footstool; holy is He.[8] Exalt the Lord our God and bow down at His holy mountain, for the Lord our God is holy.[9] Bow down to the Lord in resplendent holiness; tremble before Him all the earth.[10] And we, through Your abundant kindness, come into Your house; we bow toward Your holy sanctuary in awe of You.[11] We bow toward Your holy sanctuary and praise Your Name for Your kindness and for Your truth, for You have exalted Your word above all

אֲמָרָתֶךָ:' יְיָ אֱלֹהֵי צְבָאוֹת מִי כָמְוֹךָ חֲסִין | יָהּ, וֶאֱמוּנָתְךָ
סְבִיבוֹתֶיךָ:' כִּי מִי בַשַּׁחַק יַעֲרֹךְ לַיְיָ, יִדְמֶה לַיְיָ בִּבְנֵי
אֵלִים:³ כִּי גָדוֹל אַתָּה וְעֹשֵׂה נִפְלָאוֹת, אַתָּה אֱלֹהִים
לְבַדֶּךָ:⁴ כִּי גָדוֹל מֵעַל שָׁמַיִם חַסְדֶּךָ, וְעַד שְׁחָקִים
אֲמִתֶּךָ:⁵ גָּדוֹל יְיָ וּמְהֻלָּל מְאֹד, וְלִגְדֻלָּתוֹ אֵין חֵקֶר:⁶ כִּי
גָדוֹל יְיָ וּמְהֻלָּל מְאֹד, נוֹרָא הוּא עַל כָּל אֱלֹהִים:⁷ כִּי אֵל
גָּדוֹל יְיָ, וּמֶלֶךְ גָּדוֹל עַל כָּל אֱלֹהִים:⁸ אֲשֶׁר מִי אֵל
בַּשָּׁמַיִם וּבָאָרֶץ אֲשֶׁר יַעֲשֶׂה כְמַעֲשֶׂיךָ וְכִגְבוּרֹתֶךָ:⁹ מִי לֹא
יִרָאֲךָ מֶלֶךְ הַגּוֹיִם כִּי לְךָ יָאָתָה, כִּי בְכָל חַכְמֵי הַגּוֹיִם
וּבְכָל מַלְכוּתָם מֵאֵין כָּמְוֹךָ:¹⁰ מֵאֵין כָּמְוֹךָ יְיָ, גָּדוֹל אַתָּה
וְגָדוֹל שִׁמְךָ בִּגְבוּרָה:¹¹ לְךָ זְרוֹעַ עִם גְּבוּרָה, תָּעֹז יָדְךָ
תָּרוּם יְמִינֶךָ:¹² לְךָ יוֹם אַף לְךָ לָיְלָה, אַתָּה הֲכִינוֹתָ מָאוֹר
וָשָׁמֶשׁ:¹³ אֲשֶׁר בְּיָדוֹ מֶחְקְרֵי אָרֶץ, וְתוֹעֲפוֹת הָרִים לוֹ:¹⁴
מִי יְמַלֵּל גְּבוּרוֹת יְיָ, יַשְׁמִיעַ כָּל תְּהִלָּתוֹ:¹⁵ לְךָ יְיָ הַגְּדֻלָּה
וְהַגְּבוּרָה וְהַתִּפְאֶרֶת וְהַנֵּצַח וְהַהוֹד, כִּי כֹל בַּשָּׁמַיִם
וּבָאָרֶץ, לְךָ יְיָ הַמַּמְלָכָה וְהַמִּתְנַשֵּׂא לְכֹל לְרֹאשׁ:¹⁶ לְךָ
שָׁמַיִם אַף לְךָ אָרֶץ, תֵּבֵל וּמְלֹאָהּ אַתָּה יְסַדְתָּם:¹⁷ אַתָּה
הִצַּבְתָּ כָּל גְּבוּלוֹת אָרֶץ, קַיִץ וָחֹרֶף אַתָּה יְצַרְתָּם:¹⁸ אַתָּה
רִצַּצְתָּ רָאשֵׁי לִוְיָתָן, תִּתְּנֶנּוּ מַאֲכָל לְעָם לְצִיִּים:¹⁹ אַתָּה
בָקַעְתָּ מַעְיָן וָנָחַל, אַתָּה הוֹבַשְׁתָּ נַהֲרוֹת אֵיתָן:²⁰ אַתָּה
פוֹרַרְתָּ בְעָזְּךָ יָם, שִׁבַּרְתָּ רָאשֵׁי תַנִּינִים עַל הַמָּיִם:²¹ אַתָּה
מוֹשֵׁל בְּגֵאוּת הַיָּם, בְּשׂוֹא גַלָּיו אַתָּה תְשַׁבְּחֵם:²² גָּדוֹל יְיָ
וּמְהֻלָּל מְאֹד, בְּעִיר אֱלֹהֵינוּ הַר קָדְשׁוֹ:²³ יְיָ אֱלֹהֵי יִשְׂרָאֵל

---

1. Psalms 138:2.   **2.** Ibid. 89:9.   **3.** Ibid. 89:7.   **4.** Ibid. 86:10.   **5.** Ibid. 108:5.   **6.** Ibid. 145:3.
7. Ibid. 96:4.   **8.** Ibid. 95:3.   **9.** Deuteronomy 3:24.   **10.** Jeremiah 10:7.   **11.** Ibid. 10:6.
12. Psalms 89:14.   **13.** Ibid. 74:16.   **14.** Ibid. 95:4.   **15.** Ibid. 106:2.   **16.** I Chronicles 29:11.
17. Psalms 89:12.   **18.** Ibid. 74:17.   **19.** Ibid. 74:14.   **20.** Ibid. 74:15.   **21.** Ibid. 74:13.
22. Ibid. 89:10.   **23.** Ibid. 48:2.

Your Names.[1] O Lord, God of hosts, who is mighty like You,
O God? Your faithfulness surrounds You.[2] Indeed, who in
heaven can be compared to the Lord, who among the
supernal beings can be likened to the Lord?[3] Indeed, You are
great and perform wonders; You alone, O God.[4] Indeed, Your
kindness is great above the heavens; Your truth reaches to the
sky.[5] The Lord is great and exceedingly exalted, and there is
no limit to His greatness.[6] For the Lord is great and highly
praised; He is awesome above all gods.[7] Indeed, the Lord is a
great God, and a great King over all supernal beings.[8] What
mighty power is there in heaven or on earth who can
perform deeds and mighty acts like Yours?[9] Who would not
fear You, O King of nations? For it is fitting for You; for
among all the wise of the nations and in all their dominions,
there is none like You.[10] There is none like You, O Lord; You
are great and Your Name is great in might.[11] Yours is the arm
which has the might; strengthen Your hand; raise high Your
right hand.[12] Yours is the day, the night is also Yours; You
established the moon and the sun.[13] In His hands are the
depths of the earth, and the heights of the mountains are
His.[14] Who can recount the mighty acts of the Lord, proclaim
all His praises.[15] Lord, Yours is the greatness, the power, the
glory, the victory, and the majesty; for all in heaven and on
earth [is Yours]. Lord, Yours is the kingship and You are
exalted, supreme over all rulers.[16] Yours are the heavens, the
earth is also Yours; the world and all therein— You estab-
lished them.[17] You set all the boundaries of the earth; sum-
mer and winter—You created them.[18] You crushed the heads
of the Leviathan [Pharaoh and his chieftains], leaving him as
food for the nation wandering in the wilderness.[19] You split
[the rock, bringing forth] fountain and brook; You dried up
mighty streams.[20] In Your might, You divided the sea; You
shattered the heads of the sea-monsters on the waters.[21] You
rule the vastness of the sea; when its waves surge, You still
them.[22] The Lord is great and exceedingly exalted in the city
of our God, His holy mountain.[23] O Lord, God of Israel,

יֹשֵׁב הַכְּרֻבִים, אַתָּה הוּא הָאֱלֹהִים לְבַדְּךָ:[1] אֶל נַעֲרָץ
בְּסוֹד קְדוֹשִׁים רַבָּה, וְנוֹרָא עַל כָּל סְבִיבָיו:[2] וְיוֹדוּ שָׁמַיִם
פִּלְאֲךָ יְיָ, אַף אֱמוּנָתְךָ בִּקְהַל קְדוֹשִׁים:[3] לְכוּ נְרַנְּנָה לַיְיָ,
נָרִיעָה לְצוּר יִשְׁעֵנוּ: נְקַדְּמָה פָנָיו בְּתוֹדָה, בִּזְמִרוֹת נָרִיעַ
לוֹ:[4] צֶדֶק וּמִשְׁפָּט מְכוֹן כִּסְאֶךָ, חֶסֶד וֶאֱמֶת יְקַדְּמוּ פָנֶיךָ:[5]
אֲשֶׁר יַחְדָּו נַמְתִּיק סוֹד, בְּבֵית אֱלֹהִים נְהַלֵּךְ בְּרָגֶשׁ:[6] אֲשֶׁר
לוֹ הַיָּם וְהוּא עָשָׂהוּ, וְיַבֶּשֶׁת יָדָיו יָצָרוּ:[7] אֲשֶׁר בְּיָדוֹ נֶפֶשׁ
כָּל חָי, וְרוּחַ כָּל בְּשַׂר אִישׁ:[8] Chazzan—הַנְּשָׁמָה לָךְ וְהַגּוּף
פָּעֳלָךְ, חוּסָה עַל עֲמָלָךְ: הַנְּשָׁמָה לָךְ וְהַגּוּף שֶׁלָּךְ, יְיָ עֲשֵׂה
לְמַעַן שְׁמֶךָ: אָתָאנוּ עַל שִׁמְךָ יְיָ, עֲשֵׂה לְמַעַן שְׁמֶךָ:
בַּעֲבוּר כְּבוֹד שְׁמֶךָ, כִּי אֵל חַנּוּן וְרַחוּם שְׁמֶךָ: לְמַעַן שְׁמֶךָ
יְיָ, וְסָלַחְתָּ לַעֲוֹנֵנוּ כִּי רַב הוּא:[9]

דַּרְכְּךָ אֱלֹהֵינוּ, לְהַאֲרִיךְ אַפֶּךָ, לָרָעִים וְלַטּוֹבִים,
וְהִיא תְהִלָּתֶךָ:

לְמַעַנְךָ אֱלֹהֵינוּ עֲשֵׂה, וְלֹא לָנוּ, רְאֵה עֲמִידָתֵנוּ,
דַּלִּים וְרֵקִים:

תַּעֲלֶה אֲרוּכָה לְעָלֶה נִדָּף, תְּנַחֵם עַל עָפָר וָאֵפֶר, תַּשְׁלִיךְ
חֲטָאֵינוּ וְתָחוֹן בְּמַעֲשֶׂיךָ, תֵּרֶא כִּי אֵין אִישׁ, עֲשֵׂה
עִמָּנוּ צְדָקָה:

דַּרְכְּךָ אֱלֹהֵינוּ, לְהַאֲרִיךְ אַפֶּךָ, לָרָעִים וְלַטּוֹבִים,
וְהִיא תְהִלָּתֶךָ:

לְמַעַנְךָ אֱלֹהֵינוּ עֲשֵׂה, וְלֹא לָנוּ, רְאֵה עֲמִידָתֵנוּ,
דַּלִּים וְרֵקִים:

---

1. II Kings 19:15.   **2.** Psalms 89:8.   **3.** Ibid. 89:6.   **4.** Ibid. 95:1-2.   **5.** Ibid. 89:15.   **6.** Ibid.
55:15.   **7.** Ibid. 95:5.   **8.** Job 12:10.   **9.** Cf. Psalms 25:11.

enthroned upon the *Keruvim,* You alone are God.[1] The Almighty is revered in the great assembly of the holy ones, awe-inspiring to all who surround Him.[2] The heavens praise Your wonders, O Lord; Your faithfulness, too, in the congregation of the holy ones.[3] Come, let us sing to the Lord; let us raise our voices in jubilation to the Rock of our deliverance. Let us approach Him with thanksgiving; let us raise our voices to Him in song.[4] Righteousness and justice are the foundations of Your throne; lovingkindness and truth go before Your countenance.[5] Let us take sweet counsel together; let us walk with the throng to the house of God.[6] Indeed, the sea is His, for He made it; His hands formed the dry land.[7] In His hand is the soul of every living being and the spirit of all mankind.[8] Chazzan: The soul belongs to You, the body is Your handiwork; have compassion on Your labor. The soul belongs to You and the body is Yours; O Lord, act for the sake of Your Name. We have come [relying] on Your Name; O Lord, act for the sake of Your Name, for the sake of the glory of Your Name, for Merciful, Compassionate God is Your Name. For the sake of Your Name, O Lord, pardon our iniquity, for it is great.[9]

Transliteration, page 441.

דרכך It is Your way, our God, to be forbearing toward the wicked and toward the good; and that is Your praise.

למענך Our God, act for Your own sake, not ours; behold how we stand before You, poor and empty [of good deeds].

תעלה Restore to health [Israel, who in exile is fearful even of] a rustling leaf; renounce [the punishment of those] who are but dust and ashes. Cast away our sins and have mercy on Your handiwork. See, there is none [to intercede for us]; deal charitably with us.

דרכך It is Your way, our God, to be forbearing toward the wicked and toward the good; and that is Your praise.

למענך Our God, act for Your own sake, not ours; behold how we stand before You, poor and empty [of good deeds].

Stand for the following three paragraphs.
Chazzan concludes the paragraph aloud, as indicated.

אֵל מֶלֶךְ יוֹשֵׁב עַל כִּסֵּא רַחֲמִים, וּמִתְנַהֵג בַּחֲסִידוּת,
מוֹחֵל עֲוֹנוֹת עַמּוֹ, מַעֲבִיר רִאשׁוֹן רִאשׁוֹן, מַרְבֶּה
מְחִילָה לְחַטָּאִים וּסְלִיחָה לְפוֹשְׁעִים, עֹשֶׂה צְדָקוֹת עִם
כָּל בָּשָׂר וָרוּחַ, לֹא כְרָעָתָם תִּגְמוֹל, Chazzan—אֵל הוֹרֵיתָ
לָּנוּ לוֹמַר שְׁלֹשׁ עֶשְׂרֵה, זְכָר לָנוּ הַיּוֹם בְּרִית שְׁלֹשׁ
עֶשְׂרֵה, כְּהוֹדַעְתָּ לֶעָנָו מִקֶּדֶם, כְּמוֹ שֶׁכָּתוּב: וַיֵּרֶד יְיָ בֶּעָנָן
וַיִּתְיַצֵּב עִמּוֹ שָׁם, וַיִּקְרָא בְשֵׁם יְיָ:[1]

וַיַּעֲבֹר יְיָ עַל פָּנָיו וַיִּקְרָא:

יְיָ יְיָ אֵל רַחוּם וְחַנּוּן, אֶרֶךְ אַפַּיִם וְרַב חֶסֶד וֶאֱמֶת:
נֹצֵר חֶסֶד לָאֲלָפִים, נֹשֵׂא עָוֹן וָפֶשַׁע וְחַטָּאָה,
וְנַקֵּה:[2] וְסָלַחְתָּ לַעֲוֹנֵנוּ וּלְחַטָּאתֵנוּ וּנְחַלְתָּנוּ:[3]

סְלַח לָנוּ אָבִינוּ כִּי חָטָאנוּ, מְחַל לָנוּ מַלְכֵּנוּ כִּי פָשָׁעְנוּ:
כִּי אַתָּה יְיָ טוֹב וְסַלָּח, וְרַב חֶסֶד לְכָל קֹרְאֶיךָ:[4]

הַאֲזִינָה יְיָ תְּפִלָּתֵנוּ, וְהַקְשִׁיבָה בְּקוֹל תַּחֲנוּנֵינוּ:[5] הַקְשִׁיבָה
לְקוֹל שַׁוְעָתֵנוּ, מַלְכֵּנוּ וֵאלֹהֵינוּ, כִּי אֵלֶיךָ
נִתְפַּלָּל:[6] תְּהִי נָא אָזְנְךָ קַשֶּׁבֶת וְעֵינֶיךָ פְתוּחוֹת אֶל תְּפִלַּת
עֲבָדֶיךָ עַמְּךָ יִשְׂרָאֵל:[7] וְשָׁמַעְתָּ הַשָּׁמַיִם מְכוֹן שִׁבְתְּךָ אֶת
תְּפִלָּתָם וְאֶת תְּחִנָּתָם, וְעָשִׂיתָ מִשְׁפָּטָם: וְסָלַחְתָּ לְעַמְּךָ
אֲשֶׁר חָטְאוּ לָךְ:[8]

בְּרַחֵם אָב עַל בָּנִים, כֵּן תְּרַחֵם יְיָ עָלֵינוּ: לַיְיָ הַיְשׁוּעָה,
עַל עַמְּךָ בִרְכָתֶךָ סֶּלָה:[9] יְיָ צְבָאוֹת עִמָּנוּ, מִשְׂגָּב
לָנוּ אֱלֹהֵי יַעֲקֹב סֶלָה:[10] יְיָ צְבָאוֹת, אַשְׁרֵי אָדָם בֹּטֵחַ בָּךְ:[11]

---

1. Exodus 34:5. **2.** Ibid. 34:6-7. **3.** Ibid. 34:9. **4.** Psalms 86:5. **5.** Cf. Ibid. 86:6. **6.** Cf. Ibid. 5:3. **7.** Cf. Nehemiah 1:6. **8.** I Kings 8:49-50. **9.** Psalms 3:9. **10.** Ibid. 46:8. **11.** Ibid. 84:13.

Stand for the following three paragraphs.
Chazzan concludes the paragraph aloud, as indicated.

אל Almighty King, who sits on the throne of mercy, who acts with benevolence, forgiving the wrongdoings of His people, removing every first sin, many times granting forgiveness to inadvertent sinners and pardon to willful transgressors; He deals charitably with each living being, not requiting them according to their wickedness. Chazzan: Almighty One, You have taught us to recite the Thirteen [Attributes of Mercy]; remember this day in our behalf, the Covenant of the Thirteen [Attributes], as You have made known to [Moses] the humble one in days gone by, as it is written: And the Lord descended in the cloud and stood with him there, and he invoked the Name of the Lord.[1]

ויעבר And the Lord passed before him and proclaimed:

יי יי Lord, Lord, benevolent God, compassionate and gracious, slow to anger and abounding in kindness and truth; He preserves kindness for two thousand generations, forgiving iniquity, transgression and sin, and He cleanses.[2] Pardon our wrongdoings and our sins, and take us as Your own possession.[3]

סלח Pardon us, our Father, for we have sinned; forgive us, our King, for we have transgressed. For You, my Lord, are good and forgiving, and exceedingly kind to all who call upon You.[4]

האזינה Lord, hear our prayer and listen to the voice of our supplications.[5] Hearken to the sound of our cry, our King, our God, for to You do we pray.[6] Let Your ear be attentive and Your eyes open to the prayer of Your servants, Your people Israel.[7] And hear from heaven, the place of Your abode, their prayer and their supplication, and uphold their cause; pardon Your people who have sinned against You.[8]

כרחם As a father has compassion on his children, so, Lord have compassion on us. Deliverance is the Lord's; may Your blessing be upon Your people forever.[9] The Lord of hosts is with us; the God of Jacob is our everlasting stronghold.[10] Lord of hosts, happy is the man who trusts in You.[11]

יְיָ הוֹשִׁיעָה, הַמֶּלֶךְ יַעֲנֵנוּ בְיוֹם קָרְאֵנוּ:' סְלַח נָא לַעֲוֹן הָעָם
הַזֶּה כְּגֹדֶל חַסְדֶּךָ, וְכַאֲשֶׁר נָשָׂאתָה לָעָם הַזֶּה מִמִּצְרַיִם
וְעַד הֵנָּה:² וְשָׁם נֶאֱמַר: וַיֹּאמֶר יְיָ סָלַחְתִּי כִּדְבָרֶךָ:³ הַטֵּה
אֱלֹהַי אָזְנְךָ וּשְׁמָע, פְּקַח עֵינֶיךָ וּרְאֵה שֹׁמְמֹתֵינוּ, וְהָעִיר
אֲשֶׁר נִקְרָא שִׁמְךָ עָלֶיהָ, כִּי לֹא עַל צִדְקֹתֵינוּ אֲנַחְנוּ
מַפִּילִים תַּחֲנוּנֵינוּ לְפָנֶיךָ, כִּי עַל רַחֲמֶיךָ הָרַבִּים: אֲדֹנָי
שְׁמָעָה, אֲדֹנָי סְלָחָה, אֲדֹנָי הַקְשִׁיבָה, וַעֲשֵׂה אַל תְּאַחַר,
לְמַעַנְךָ אֱלֹהַי, כִּי שִׁמְךָ נִקְרָא עַל עִירְךָ וְעַל עַמֶּךָ:⁴

THE ARK IS OPENED.

אֱלֹהֵינוּ וֵאלֹהֵי אֲבוֹתֵינוּ:

סְלַח נָא אֲשָׁמוֹת וּפִשְׁעֵי לְאֻמֶּךָ. לַעֲוֹן בָּנֶיךָ בַּל יֶחֱרָה
זַעְמֶךָ:

סְלַח נָא גְּעוֹלָם וְיִחְיוּ מִמְּקוֹר עֻמֶּךָ. לַעֲוֹן דְּגָלֶיךָ שָׂא
וְתִנָּחֵם כְּנֻאֲמֶךָ:

סְלַח נָא הַכֹּל מוֹדִים וְעוֹזְבִים כִּרְשׁוּמֶךָ. לַעֲוֹן וָפֶשַׁע
מְחַל לְמַעַן שְׁמֶךָ:

סְלַח נָא זְדוֹנוֹת וּשְׁגָגוֹת לִבְרוּאֵי לִשְׁמֶךָ. לַעֲוֹן חֲטָאֵימוֹ
חֲטָא בִּנְדִיבַת גִּשְׁמֶךָ:

סְלַח נָא טֶפֶשׁ טִפְלוּת רִשְׁעֵי עַמֶּךָ. לַעֲוֹן יְדִידֶיךָ יְבַקֵּשׁ
וְאֵינֶנּוּ, כְּנֻאֲמֶךָ:

סְלַח נָא כַּחֲשׁ כּוֹרְעִים וּמִשְׁתַּחֲוִים לְעֻמֶּךָ. לַעֲוֹן
לְקוּחֶיךָ כַּפֵּר בְּטוּב טַעֲמֶךָ:

---

1. Psalms 20:10.   **2.** Numbers 14:19.   **3.** Ibid. 14:20.   **4.** Daniel 9:18-19.

Lord, deliver us; may the King answer us on the day we call.[1] Pardon, I beseech You, the wrongdoing of this people in keeping with the greatness of Your kindness, and as You have forgiven this people from Egypt until now.[2] And there it is stated: And the Lord said: I have pardoned in accordance with your words.[3] Give ear, my God, and hear; open Your eyes and behold our desolate places and the city upon which Your Name is proclaimed, for it is not on account of our own righteousness that we offer our supplications before You, but because of Your abounding mercies. My Lord, hear; my Lord, pardon; my Lord, hearken and take action, do not delay, for Your own sake, my God, for Your Name is proclaimed over Your city and Your people.[4]

THE ARK IS OPENED.

Transliteration, page 442.

Our God and God of our fathers:

סלח Pardon the wrongdoings and transgressions of Your people; let not Your anger burn because of the iniquity of Your children.

Pardon their acts of abomination so that they may receive life from the Source [of Life]—which is with You; forgive the iniquity [of Israel] who go under Your banner and relent in accordance with Your word.

Pardon [Israel] who confess and forsake all [their sins], as You have written; forgive iniquity and transgression for the sake of Your Name.

Pardon the willful sins and inadvertent errors of those created for [the glory of] Your Name; cleanse the iniquity of their wrongdoing with purifying rain.

Pardon the folly that cleaves to the evildoers of Your people; let the iniquity of Your beloved ones be sought and not be found, in accordance with Your word.

Pardon the guile of those who bend the knee and bow before You; atone for the iniquity of those chosen by You, in accordance with Your generous promise.

סְלַח נָא מֶרִי מְיַחֲלֶיךָ וּמְיַחֲדֶיךָ בְּעוֹלָמֶךָ. לַעֲוֹן נִדָּחִים
מְחֵה, וּבְנֵה אוּלָמֶךָ:

סְלַח נָא סִלוּפָם וְגוֹנְנֵם בְּסֻכַּת שְׁלוֹמֶךָ. לַעֲוֹן עֲבָדֶיךָ
עֲלֵם וּכְבוֹשׁ בְּעוֹלוּמֶךָ:

סְלַח נָא פֶּן יֵעָנְשׁוּ מִמְּרוֹמֶךָ. לַעֲוֹן צֹאנְךָ שַׁכַּח, וְהִיא
תְהִלָּתֶךָ וְרוֹמֶמֶךָ:

סְלַח נָא קְלוֹנָם וַחֲמוֹל עָלֵימוֹ מִמְּרוֹמֶךָ. לַעֲוֹן רְחוּמֶיךָ
תִשָּׂא מִלְצוּדָם בְּחֶרְמֶךָ:

סְלַח נָא שֶׁמֶץ תַּעְתּוּעַ תֵּעוּב רְחוּמֶיךָ. לַעֲוֹן תְּמִימֶיךָ
הַעֲבֵר כְּגֹדֶל רַחֲמֶיךָ:

אֱלֹהֵינוּ וֵאלֹהֵי אֲבוֹתֵינוּ:

אָמְנָם כֵּן, יֵצֶר סוֹכֵן בָּנוּ. בְּךָ לְהַצְדִּיק רַב צֶדֶק,
וַעֲנֵנוּ, סָלַחְתִּי:

גְּעוֹל מְרֻגָּל, וְגַם פִּגֵּל סִפְרוֹ. דָּוִד שׁוֹאֵג בְּקוֹל יִתֵּן
קוֹל דְּבָרוֹ, סָלַחְתִּי:

הֵם קַטֵּגוֹר, וְקַח סַנֵּגוֹר מְקוֹמוֹ. וִיהִי יְיָ לְמִשְׁעָן לוֹ,
לְמַעַן נוֹאֲמוֹ, סָלַחְתִּי:

זְכוּת אֶזְרָח גַּם יִפְרַח לְשׁוֹשַׁנָּה. חֵטְא הַעֲבֵר, וְקוֹל
הַגֶּבֶר מִמְּעוֹנָה, סָלַחְתִּי:

טוֹב וְסַלָּח, מְחַל וּסְלַח אֲשָׁמִים. יָהּ הַקְשֵׁב, וְגַם
הָשֵׁב מִמְּרוֹמִים, סָלַחְתִּי:

כְּאֵב תַּחֲבוֹשׁ, וּבְצוּל תִּכְבּוֹשׁ עֲוֹנִי. לְךָ תְהִלָּה, אֱמוֹר
מִלָּה לְמַעֲנִי, סָלַחְתִּי:

מְחֵה פֶּשַׁע וְגַם רֶשַׁע בְּנֵי בְרִית. נְהוֹג חַסְדְּךָ, כֵּן
הוֹדֶךָ לִשְׁאֵרִית, סָלַחְתִּי:

Pardon the rebelliousness of those who hope in You and proclaim Your Oneness in Your world; erase the iniquity of the banished ones and build Your Sanctuary.

Pardon their perverseness and shelter them in the tabernacle of Your peace; conceal the iniquity of Your servants and suppress it in Your secret place.

Pardon, lest they be punished from Your heaven; forget the iniquity of Your flock, and that is Your praise and Your grandeur.

Pardon their disgrace and have compassion on them from Your heaven; forgive the iniquity of Your beloved ones, lest they be caught in Your snare.

Pardon the blemish of the errors and abominations of those dear to You; remove the iniquity of Your sincere ones, in keeping with the greatness of Your mercy.

Transliteration, page 442.

Our God and God of our fathers:

אמנם Indeed, it is true that the evil inclination prevails over us; it is up to You to vindicate us, O You who abounds in righteousness; so answer us: I have pardoned.

Abhor the slanderer [Satan] and disqualify his tale-bearing; Beloved One who roars aloud, let His word resound: I have pardoned.

Silence the Accuser and let the Advocate take his place; may the Lord be his support, in order that He may declare: I have pardoned.

May the merit of Abraham burst forth on behalf of [Israel] the rose; remove sin and raise a mighty voice from heaven: I have pardoned.

O benevolent and forgiving One, pardon and forgive wrong-doing. O God, hearken and reply from the heavens: I have pardoned.

Bind the wound and conceal my iniquity in the depths; it is Your praise to say the word in my behalf: I have pardoned.

Erase transgressions as well as evil from the children of the Covenant; exercise Your kindness, indeed, it is Your glory [to declare] to the remnant of Israel: I have pardoned.

סֻכּוֹת רַחֲשִׁי, וְגַם לַחֲשִׁי תִּרְצֶה. עָוֹן נוֹשֵׂא, לְמַעַנְךָ
עֲשֵׂה וְתִפְצֶה,   סָלַחְתִּי:

פְּנֵה לְעֶלְבּוֹן, מְקוֹם עָוֹן לְהָשִׂים. צַחַן הָסֵר, וְגַם
תְּבַשֵּׂר לְבָךְ חוֹסִים,   סָלַחְתִּי:

קוֹלִי שְׁמַע, וּרְאֵה דְּמַע עֵינִי. רִיב רִיבִי, שְׁעֵה נִיבִי
וַהֲשִׁיבֵנִי,   סָלַחְתִּי:

שֵׁמֶץ טַהֵר כְּעָב מַהֵר, תִּמְחֶה פֶּשַׁע לְעַם
נוֹשֵׁעַ, וְתֹאמַר,   סָלַחְתִּי:

THE ARK IS CLOSED.

Stand for the following three paragraphs.
Chazzan concludes the paragraph aloud, as indicated.

אֵל מֶלֶךְ יוֹשֵׁב עַל כִּסֵּא רַחֲמִים, וּמִתְנַהֵג בַּחֲסִידוּת,
מוֹחֵל עֲוֹנוֹת עַמּוֹ, מַעֲבִיר רִאשׁוֹן רִאשׁוֹן, מַרְבֶּה
מְחִילָה לַחַטָּאִים וּסְלִיחָה לַפּוֹשְׁעִים, עֹשֶׂה צְדָקוֹת עִם
כָּל בָּשָׂר וְרוּחַ, לֹא כְרָעָתָם תִּגְמוֹל, —Chazzan אֵל הוֹרֵיתָ
לָנוּ לוֹמַר שְׁלֹשׁ עֶשְׂרֵה, זְכָר לָנוּ הַיּוֹם בְּרִית שְׁלֹשׁ
עֶשְׂרֵה, כְּהוֹדַעְתָּ לֶעָנָו מִקֶּדֶם, כְּמוֹ שֶׁכָּתוּב: וַיֵּרֶד יְיָ בֶּעָנָן
וַיִּתְיַצֵּב עִמּוֹ שָׁם, וַיִּקְרָא בְשֵׁם יְיָ:

וַיַּעֲבֹר יְיָ עַל פָּנָיו וַיִּקְרָא:

יְיָ יְיָ אֵל רַחוּם וְחַנּוּן, אֶרֶךְ אַפַּיִם וְרַב חֶסֶד וֶאֱמֶת:
נֹצֵר חֶסֶד לָאֲלָפִים, נֹשֵׂא עָוֹן וָפֶשַׁע וְחַטָּאָה,
וְנַקֵּה:[2] וְסָלַחְתָּ לַעֲוֹנֵנוּ וּלְחַטָּאתֵנוּ וּנְחַלְתָּנוּ:[3]

סְלַח לָנוּ אָבִינוּ כִּי חָטָאנוּ, מְחַל לָנוּ מַלְכֵּנוּ כִּי פָשָׁעְנוּ:
כִּי אַתָּה יְיָ טוֹב וְסַלָּח, וְרַב חֶסֶד לְכָל קֹרְאֶיךָ:[4]

1. Exodus 34:5.   2. Ibid. 34:6-7.   3. Ibid. 34:9.   4. Psalms 86:5.

Hear my prayer and find favor also with my whispered plea; O You who forgives iniquity, do it for Your sake and say: I have pardoned.

Consider our humiliation and regard it in place of our iniquity; remove sin and inform those who trust in You: I have pardoned.

Hear my voice and behold the tears of my eye; plead my cause, heed my words, and answer me: I have pardoned.

Cleanse the stain of our sin [as speedily] as a fleeting cloud, as it has been said; erase transgression for the people helped by You, and say: I have pardoned.

THE ARK IS CLOSED.

Stand for the following three paragraphs.

Chazzan concludes the paragraph aloud, as indicated.

אֵל Almighty King, who sits on the throne of mercy, who acts with benevolence, forgiving the wrongdoings of His people, removing every first sin, many times granting forgiveness to inadvertent sinners and pardon to willful transgressors; He deals charitably with each living being, not requiting them according to their wickedness. Chazzan: Almighty One, You have taught us to recite the Thirteen [Attributes of Mercy]; remember this day in our behalf, the Covenant of the Thirteen [Attributes], as You have made known to [Moses] the humble one in days gone by, as it is written: And the Lord descended in the cloud and stood with him there, and he invoked the Name of the Lord.[1]

וַיַּעֲבֹר And the Lord passed before him and proclaimed:

יי יי Lord, Lord, benevolent God, compassionate and gracious, slow to anger and abounding in kindness and truth; He preserves kindness for two thousand generations, forgiving iniquity, transgression and sin, and He cleanses.[2] Pardon our wrongdoings and our sins, and take us as Your own possession.[3]

סְלַח Pardon us, our Father, for we have sinned; forgive us, our King, for we have transgressed. For You, my Lord, are good and forgiving, and exceedingly kind to all who call upon You.[4]

THE ARK IS OPENED.

כִּי הִנֵּה כַחֹמֶר בְּיַד הַיּוֹצֵר, בִּרְצוֹתוֹ מַרְחִיב וּבִרְצוֹתוֹ
מְקַצֵּר, כֵּן אֲנַחְנוּ בְיָדְךָ חֶסֶד נוֹצֵר.
לַבְּרִית הַבֵּט וְאַל תֵּפֶן לַיֵּצֶר:

כִּי הִנֵּה כָאֶבֶן בְּיַד הַמְסַתֵּת, בִּרְצוֹתוֹ אוֹחֵז וּבִרְצוֹתוֹ
מְכַתֵּת, כֵּן אֲנַחְנוּ בְיָדְךָ מְחַיֶּה וּמְמוֹתֵת.
לַבְּרִית הַבֵּט וְאַל תֵּפֶן לַיֵּצֶר:

כִּי הִנֵּה כַגַּרְזֶן בְּיַד הֶחָרָשׁ, בִּרְצוֹתוֹ דִּבֵּק לָאוּר וּבִרְצוֹתוֹ
פֵּרַשׁ, כֵּן אֲנַחְנוּ בְיָדְךָ תּוֹמֵךְ עָנִי וָרָשׁ.
לַבְּרִית הַבֵּט וְאַל תֵּפֶן לַיֵּצֶר:

כִּי הִנֵּה כַהֶגֶה בְּיַד הַמַּלָּח, בִּרְצוֹתוֹ אוֹחֵז וּבִרְצוֹתוֹ
שִׁלַּח, כֵּן אֲנַחְנוּ בְיָדְךָ אֵל טוֹב וְסַלָּח.
לַבְּרִית הַבֵּט וְאַל תֵּפֶן לַיֵּצֶר:

כִּי הִנֵּה כִזְכוּכִית בְּיַד הַמְזַגֵּג, בִּרְצוֹתוֹ חוֹגֵג וּבִרְצוֹתוֹ
מְמוֹגֵג, כֵּן אֲנַחְנוּ בְיָדְךָ מַעֲבִיר זָדוֹן וְשׁוֹגֵג.
לַבְּרִית הַבֵּט וְאַל תֵּפֶן לַיֵּצֶר:

כִּי הִנֵּה כַיְרִיעָה בְּיַד הָרוֹקֵם, בִּרְצוֹתוֹ מְיַשֵּׁר וּבִרְצוֹתוֹ
מְעַקֵּם, כֵּן אֲנַחְנוּ בְיָדְךָ אֵל קַנָּא וְנוֹקֵם.
לַבְּרִית הַבֵּט וְאַל תֵּפֶן לַיֵּצֶר:

כִּי הִנֵּה כַכֶּסֶף בְּיַד הַצּוֹרֵף, בִּרְצוֹתוֹ מְסַגְסֵג וּבִרְצוֹתוֹ
מְצָרֵף, כֵּן אֲנַחְנוּ בְיָדְךָ מַמְצִיא לְמָזוֹר תֶּרֶף.
לַבְּרִית הַבֵּט וְאַל תֵּפֶן לַיֵּצֶר:

THE ARK IS CLOSED.

THE ARK IS OPENED.

Transliteration, page 443.

כִּי Indeed, as the clay in the hand of the molder, who, when he wishes expands it and when he wishes contracts it, so are we in Your hand, O You who remembers deeds of lovingkindness;
Look to the covenant and do not regard our evil inclination.

Indeed, as the stone in the hand of the mason, who, when he wishes retains it and when he wishes smashes it, so are we in Your hand, O You who gives life and brings death;
Look to the covenant and do not regard our evil inclination.

Indeed, as iron in the hand of the smith, who, when he wishes thrusts it into fire and when he wishes draws it out, so are we in Your hand, O You who supports the poor and the destitute;
Look to the covenant and do not regard our evil inclination.

Indeed, as the anchor in the hand of the seaman, who, when he wishes holds it back and when he wishes throws it forth, so are we in Your hand, benevolent and forgiving God;
Look to the covenant and do not regard our evil inclination.

Indeed, as the glass in the hand of the glass-blower, who, when he wishes forms it and when he wishes melts it, so are we in Your hand, O You who forgives willful sins and inadvertent errors;
Look to the covenant and do not regard our evil inclination.

Indeed, as the tapestry in the hand of the weaver, who, when he wishes works it straight and when he wishes twists it, so are we in Your hand, O You who are a stern God of retribution;
Look to the covenant and do not regard our evil inclination.

Indeed, as the silver in the hand of the silversmith, who, when he wishes adulterates it and when he wishes refines it, so are we in Your hand, O You who provides a cure for our wound;
Look to the covenant and do not regard our evil inclination.

THE ARK IS CLOSED.

Stand for the following three paragraphs.
Chazzan concludes the paragraph aloud, as indicated.

אֵל מֶלֶךְ יוֹשֵׁב עַל כִּסֵּא רַחֲמִים, וּמִתְנַהֵג בַּחֲסִידוּת,
מוֹחֵל עֲוֹנוֹת עַמּוֹ, מַעֲבִיר רִאשׁוֹן רִאשׁוֹן, מַרְבֶּה
מְחִילָה לַחַטָּאִים וּסְלִיחָה לַפּוֹשְׁעִים, עֹשֶׂה צְדָקוֹת עִם
כָּל בָּשָׂר וָרְוּחַ, לֹא כְרָעָתָם תִּגְמוֹל, Chazzan—אֵל הוֹרֵיתָ
לָּנוּ לוֹמַר שְׁלֹשׁ עֶשְׂרֵה, זְכָר לָנוּ הַיּוֹם בְּרִית שְׁלֹשׁ
עֶשְׂרֵה, כְּהוֹדַעְתָּ לֶעָנָו מִקֶּדֶם, כְּמוֹ שֶׁכָּתוּב: וַיֵּרֶד יְיָ בֶּעָנָן
וַיִּתְיַצֵּב עִמּוֹ שָׁם, וַיִּקְרָא בְשֵׁם יְיָ:[1]

וַיַּעֲבֹר יְיָ עַל פָּנָיו וַיִּקְרָא:

יְיָ יְיָ אֵל רַחוּם וְחַנּוּן, אֶרֶךְ אַפַּיִם וְרַב חֶסֶד וֶאֱמֶת:
נֹצֵר חֶסֶד לָאֲלָפִים, נֹשֵׂא עָוֹן וָפֶשַׁע וְחַטָּאָה,
וְנַקֵּה:[2] וְסָלַחְתָּ לַעֲוֹנֵנוּ וּלְחַטָּאתֵנוּ וּנְחַלְתָּנוּ:[3]

סְלַח לָנוּ אָבִינוּ כִּי חָטָאנוּ, מְחַל לָנוּ מַלְכֵּנוּ כִּי פָשָׁעְנוּ:
כִּי אַתָּה יְיָ טוֹב וְסַלָּח, וְרַב חֶסֶד לְכָל קֹרְאֶיךָ:[4]

זְכֹר רַחֲמֶיךָ יְיָ וַחֲסָדֶיךָ, כִּי מֵעוֹלָם הֵמָּה:[5] אַל תִּזְכָּר לָנוּ
עֲוֹנוֹת רִאשׁוֹנִים, מַהֵר יְקַדְּמוּנוּ רַחֲמֶיךָ, כִּי דַלּוֹנוּ
מְאֹד:[6] זְכְרֵנוּ יְיָ בִּרְצוֹן עַמֶּךָ, פָּקְדֵנוּ בִּישׁוּעָתֶךָ:[7] זְכוֹר
עֲדָתְךָ קָנִיתָ קֶּדֶם, גָּאַלְתָּ שֵׁבֶט נַחֲלָתֶךָ, הַר צִיּוֹן זֶה שָׁכַנְתָּ
בּוֹ:[8] זְכוֹר יְיָ חִבַּת יְרוּשָׁלָיִם, אַהֲבַת צִיּוֹן אַל תִּשְׁכַּח לָנֶצַח:
אַתָּה תָקוּם תְּרַחֵם צִיּוֹן, כִּי עֵת לְחֶנְנָהּ כִּי בָא מוֹעֵד:[9]
זְכוֹר יְיָ לִבְנֵי אֱדוֹם אֵת יוֹם יְרוּשָׁלַיִם, הָאוֹמְרִים עָרוּ עָרוּ
עַד הַיְסוֹד בָּהּ:[10] זְכֹר לְאַבְרָהָם לְיִצְחָק וּלְיִשְׂרָאֵל עֲבָדֶיךָ

---

1. Exodus 34:5.　2. Ibid. 34:6-7.　3. Ibid. 34:9.　4. Psalms 86:5.　5. Ibid. 25:6.　6. Ibid. 79:8.
7. Cf. Ibid. 106:4.　8. Ibid. 74:2.　9. Ibid. 102:14.　10. Ibid. 137:7.

Stand for the following three paragraphs.
Chazzan concludes the paragraph aloud, as indicated.

אֵל Almighty King, who sits on the throne of mercy, who acts with benevolence, forgiving the wrongdoings of His people, removing every first sin, many times granting forgiveness to inadvertent sinners and pardon to willful transgressors; He deals charitably with each living being, not requiting them according to their wickedness. Chazzan: Almighty One, You have taught us to recite the Thirteen [Attributes of Mercy]; remember this day in our behalf, the Covenant of the Thirteen [Attributes], as You have made known to [Moses] the humble one in days gone by, as it is written: And the Lord descended in the cloud and stood with him there, and he invoked the Name of the Lord.[1]

ויעבר **And the Lord passed before him and proclaimed:**

יי יי **Lord, Lord, benevolent God, compassionate and gracious, slow to anger and abounding in kindness and truth; He preserves kindness for two thousand generations, forgiving iniquity, transgression and sin, and He cleanses.[2] Pardon our wrongdoings and our sins, and take us as Your own possession.[3]**

סלח Pardon us, our Father, for we have sinned; forgive us, our King, for we have transgressed. For You, my Lord, are good and forgiving, and exceedingly kind to all who call upon You.[4]

זכור Lord, remember Your mercies and Your kindnesses, for they have existed for all time.[5] Do not bring to mind our former wrongdoings; let Your mercies come swiftly toward us, for we have been brought very low.[6] Remember us, Lord, when You find favor with Your people; be mindful of us with Your deliverance.[7] Remember Your congregation which You have acquired of old, the tribe of Your heritage which You have redeemed, Mount Zion wherein You have dwelt.[8] Lord, remember the love for Jerusalem; do not forget the love for Zion forever. Arise and have mercy on Zion, for it is time to be gracious to her; the appointed time has come.[9] Remember, Lord, against the Edomites the day of the destruction of Jerusalem, when they said: Raze it, raze it to its very foundation![10] Remember Abraham, Isaac and Israel Your servants, to whom

אֲשֶׁר נִשְׁבַּעְתָּ לָהֶם בָּךְ, וַתְּדַבֵּר אֲלֵהֶם אַרְבֶּה אֶת זַרְעֲכֶם
כְּכוֹכְבֵי הַשָּׁמָיִם, וְכָל הָאָרֶץ הַזֹּאת אֲשֶׁר אָמַרְתִּי אֶתֵּן
לְזַרְעֲכֶם וְנָחֲלוּ לְעוֹלָם:' זְכֹר לַעֲבָדֶיךָ לְאַבְרָהָם לְיִצְחָק
וּלְיַעֲקֹב, אַל תֵּפֶן אֶל קְשִׁי הָעָם הַזֶּה וְאֶל רִשְׁעוֹ וְאֶל
חַטָּאתוֹ:²

אַל נָא תָשֵׁת עָלֵינוּ חַטָּאת, אֲשֶׁר נוֹאַלְנוּ וַאֲשֶׁר חָטָאנוּ:³

Gently strike the left side of your chest (over the heart) with a closed fist when saying the word חָטָאנוּ.

חָטָאנוּ צוּרֵנוּ, סְלַח לָנוּ יוֹצְרֵנוּ: —Cong. then chazzan

הֵן יַעֲבִיר זָדוֹן לִמְשׁוּגָה, כִּי לְכָל הָעָם בִּשְׁגָגָה:

חָטָאנוּ צוּרֵנוּ, סְלַח לָנוּ יוֹצְרֵנוּ: —Cong. then chazzan

Chazzan concludes the paragraph aloud, as indicated:

זְכוֹר לָנוּ בְּרִית אָבוֹת כַּאֲשֶׁר אָמַרְתָּ: וְזָכַרְתִּי אֶת בְּרִיתִי
יַעֲקוֹב, וְאַף אֶת בְּרִיתִי יִצְחָק, וְאַף אֶת בְּרִיתִי
אַבְרָהָם אֶזְכֹּר, וְהָאָרֶץ אֶזְכֹּר:⁴ זְכוֹר לָנוּ בְּרִית רִאשׁוֹנִים
כַּאֲשֶׁר אָמַרְתָּ: וְזָכַרְתִּי לָהֶם בְּרִית רִאשֹׁנִים, אֲשֶׁר הוֹצֵאתִי
אֹתָם מֵאֶרֶץ מִצְרַיִם לְעֵינֵי הַגּוֹיִם לִהְיוֹת לָהֶם לֵאלֹהִים,
אֲנִי יְיָ:⁵ עֲשֵׂה עִמָּנוּ כְּמוֹ שֶׁהִבְטַחְתָּנוּ: וְאַף גַּם זֹאת
בִּהְיוֹתָם בְּאֶרֶץ אֹיְבֵיהֶם, לֹא מְאַסְתִּים וְלֹא גְעַלְתִּים
לְכַלֹּתָם לְהָפֵר בְּרִיתִי אִתָּם, כִּי אֲנִי יְיָ אֱלֹהֵיהֶם:⁶ הָשֵׁב
שְׁבוּתֵנוּ וְרַחֲמֵנוּ כְּמָה שֶׁכָּתוּב: וְשָׁב יְיָ אֱלֹהֶיךָ אֶת שְׁבוּתְךָ
וְרִחֲמֶךָ, וְשָׁב וְקִבֶּצְךָ מִכָּל הָעַמִּים אֲשֶׁר הֱפִיצְךָ יְיָ אֱלֹהֶיךָ
שָׁמָּה:⁷ קַבֵּץ נִדָּחֵינוּ כְּמָה שֶׁכָּתוּב: אִם יִהְיֶה נִדַּחֲךָ בִּקְצֵה
הַשָּׁמָיִם, מִשָּׁם יְקַבֶּצְךָ יְיָ אֱלֹהֶיךָ וּמִשָּׁם יִקָּחֶךָ:⁸ מֵחֶה

1. Exodus 32:13.　**2.** Deuteronomy 9:27.　**3.** Numbers 12:11.　**4.** Leviticus 26:42.　**5.** Ibid.
26:45.　**6.** Ibid. 26:44.　**7.** Deuteronomy 30:3.　**8.** Ibid. 30:4.

You swore by Your Self and said to them: I will make your descendants as numerous as the stars of heaven and all this land which I promised, I will give to your descendants and they will inherit [it] forever.[1] Remember Your servants, Abraham, Isaac and Jacob; pay no heed to the obstinacy of this people, to its wickedness, or to its sinfulness.[2]

אל Do not, we beseech You, reckon for us as a sin that which we have committed in our folly and that which we have sinned.[3]

Gently strike the left side of your chest (over the heart) with a closed fist when saying the word *sinned*.

Cong. then chazzan: חטאנו **We have sinned, our Rock; pardon us, our Creator.**

הן He will change willful sin to inadvertent error, for all the people have acted in error.

Cong. then chazzan: חטאנו **We have sinned, our Rock; pardon us, our Creator.**

Chazzan concludes the paragraph aloud, as indicated:

זכור Remember in our behalf the covenant with the Patriarchs, as You have said: I will remember My covenant with Jacob; also My covenant with Isaac, and also My covenant with Abraham will I remember, and I will remember the land.[4] Remember in our behalf the covenant with our ancestors, as You have said: I will remember in their behalf the covenant with their ancestors, whom I took out of Egypt before the eyes of the nations, to be their God; I am the Lord.[5] Act toward us as You have promised: Yet, even then, when they are in the land of their enemies, I will not abhor them nor spurn them so as to destroy them and annul My covenant with them; for I am the Lord their God.[6] Bring back our exiles and have mercy upon us, as it is written: The Lord your God will return your exiles and have mercy upon you, and will again gather you from all the nations where the Lord your God has scattered you.[7] Gather our dispersed, as it is written: Even if your dispersed will be at the furthermost parts of the world, from there the Lord your God will gather you, and from there He will fetch you.[8] Wipe

פְּשָׁעֵינוּ כָּעָב וְכֶעָנָן כְּמָה שֶׁכָּתוּב: מָחִיתִי כָעָב פְּשָׁעֶיךָ
וְכֶעָנָן חַטֹּאתֶיךָ, שׁוּבָה אֵלַי כִּי גְאַלְתִּיךָ:[1] מְחֵה פְּשָׁעֵינוּ
לְמַעַנְךָ כַּאֲשֶׁר אָמַרְתָּ: אָנֹכִי אָנֹכִי הוּא מֹחֶה פְשָׁעֶיךָ
לְמַעֲנִי, וְחַטֹּאתֶיךָ לֹא אֶזְכֹּר:[2] הַלְבֵּן חֲטָאֵינוּ כַּשֶּׁלֶג
וְכַצֶּמֶר כְּמָה שֶׁכָּתוּב: לְכוּ נָא וְנִוָּכְחָה, יֹאמַר יְיָ, אִם יִהְיוּ
חֲטָאֵיכֶם כַּשָּׁנִים כַּשֶּׁלֶג יַלְבִּינוּ, אִם יַאְדִּימוּ כַתּוֹלָע
כַּצֶּמֶר יִהְיוּ:[3] זְרוֹק עָלֵינוּ מַיִם טְהוֹרִים וְטַהֲרֵנוּ כְּמָה
שֶׁכָּתוּב: וְזָרַקְתִּי עֲלֵיכֶם מַיִם טְהוֹרִים וּטְהַרְתֶּם, מִכֹּל
טֻמְאֹתֵיכֶם וּמִכָּל גִּלּוּלֵיכֶם אֲטַהֵר אֶתְכֶם:[4] רַחֵם עָלֵינוּ
וְאַל תַּשְׁחִיתֵנוּ כְּמָה שֶׁכָּתוּב: כִּי אֵל רַחוּם יְיָ אֱלֹהֶיךָ,
לֹא יַרְפְּךָ וְלֹא יַשְׁחִיתֶךָ, וְלֹא יִשְׁכַּח אֶת בְּרִית אֲבֹתֶיךָ
אֲשֶׁר נִשְׁבַּע לָהֶם:[5] מוֹל אֶת לְבָבֵנוּ לְאַהֲבָה אֶת שְׁמֶךָ
כְּמָה שֶׁכָּתוּב: וּמָל יְיָ אֱלֹהֶיךָ אֶת לְבָבְךָ וְאֶת לְבַב זַרְעֶךָ,
לְאַהֲבָה אֶת יְיָ אֱלֹהֶיךָ בְּכָל לְבָבְךָ וּבְכָל נַפְשְׁךָ לְמַעַן
חַיֶּיךָ:[7] הִמָּצֵא לָנוּ בְּבַקָּשָׁתֵנוּ כְּמָה שֶׁכָּתוּב: וּבִקַּשְׁתֶּם
מִשָּׁם אֶת יְיָ אֱלֹהֶיךָ וּמָצָאתָ, כִּי תִדְרְשֶׁנּוּ בְּכָל לְבָבְךָ
וּבְכָל נַפְשֶׁךָ:[8] כַּפֵּר חֲטָאֵינוּ בַּיּוֹם הַזֶּה וְטַהֲרֵנוּ כְּמָה
שֶׁכָּתוּב: כִּי בַיּוֹם הַזֶּה יְכַפֵּר עֲלֵיכֶם לְטַהֵר אֶתְכֶם, מִכֹּל
חַטֹּאתֵיכֶם לִפְנֵי יְיָ תִּטְהָרוּ:[9] —Chazzan תְּבִיאֵנוּ אֶל הַר
קָדְשֶׁךָ וְשַׂמְּחֵנוּ בְּבֵית תְּפִלָּתֶךָ כְּמָה שֶׁכָּתוּב: וַהֲבִיאוֹתִים
אֶל הַר קָדְשִׁי וְשִׂמַּחְתִּים בְּבֵית תְּפִלָּתִי, עוֹלֹתֵיהֶם
וְזִבְחֵיהֶם לְרָצוֹן עַל מִזְבְּחִי, כִּי בֵיתִי בֵּית תְּפִלָּה יִקָּרֵא
לְכָל הָעַמִּים:[10]

---

1. Isaiah 44:22.   **2.** Ibid. 43:25.   **3.** Ibid. 1:18.   **4.** Ezekiel 36:25.   **5.** Deuteronomy 4:31.
6. Lit., circumcise.   **7.** Deuteronomy 30:6.   **8.** Ibid. 4:29.   **9.** Leviticus 16:30.   **10.** Isaiah 56:7.

away our transgressions like a thick cloud and like a mist, as it is written: I have wiped away your transgressions like a thick cloud, your sins like a mist; return to Me, for I have redeemed you.[1] Wipe away our transgressions for Your sake, as You have said: I, I [alone,] am He who wipes away your transgressions, for My sake; your sins I will not recall.[2] Make our sins white as snow and wool, as it is written: Come now, let us reason together—says the Lord—even if your sins will be as scarlet, they will become white as snow; even if they will be red as crimson, they will become [white] as wool.[3] Sprinkle purifying waters upon us and purify us, as it is written: And I will sprinkle purifying waters upon you, and you shall be pure; from all your defilements and from all your idolatries I will purify you.[4] Have compassion on us and do not destroy us, as it is written: For the Lord your God is a compassionate God; He will not forsake you, nor will He destroy you, nor will He forget the covenant with your fathers which He swore to them.[5] Open[6] our hearts to love Your Name, as it is written: And the Lord your God will open[6] your heart and the hearts of your offspring, to love the Lord your God with all your heart and with all your soul, that you may live.[7] Be accessible to us when we seek You, as it is written: And from there [from exile] you will seek the Lord your God, and you will find Him, for you will seek Him with all your heart and with all your soul.[8] Grant atonement for our sins and purify us, as it is written: For on this day atonement shall be made for you, to purify you; you shall be cleansed of all your sins before the Lord.[9] Chazzan: Bring us to Your holy mountain and make us rejoice in Your house of prayer, as it is written: I will bring them to My holy mountain and make them rejoice in My house of prayer; their burnt-offerings and their sacrifices shall be favorably accepted upon My altar, for My house shall be called a house of prayer for all the nations.[10]

THE ARK IS OPENED.

Stand for the following section.

—Chazzan then cong. שְׁמַע קוֹלֵנוּ יְיָ אֱלֹהֵינוּ, חוּס וְרַחֵם עָלֵינוּ,
וְקַבֵּל בְּרַחֲמִים וּבְרָצוֹן אֶת תְּפִלָּתֵנוּ:

—Chazzan then cong. הֲשִׁיבֵנוּ יְיָ אֵלֶיךָ וְנָשׁוּבָה, חַדֵּשׁ יָמֵינוּ
כְּקֶדֶם:[1]

—Chazzan then cong. אַל תַּשְׁלִיכֵנוּ מִלְּפָנֶיךָ, וְרוּחַ קָדְשְׁךָ אַל תִּקַּח
מִמֶּנּוּ:[2]

—Chazzan then cong. אַל תַּשְׁלִיכֵנוּ לְעֵת זִקְנָה, כִּכְלוֹת כֹּחֵנוּ אַל
תַּעַזְבֵנוּ:[3]

אַל תַּעַזְבֵנוּ יְיָ אֱלֹהֵינוּ, אַל תִּרְחַק מִמֶּנּוּ:[4] עֲשֵׂה עִמָּנוּ אוֹת
לְטוֹבָה וְיִרְאוּ שֹׂנְאֵינוּ וְיֵבֹשׁוּ, כִּי אַתָּה יְיָ עֲזַרְתָּנוּ
וְנִחַמְתָּנוּ:[5] אֲמָרֵינוּ הַאֲזִינָה יְיָ, בִּינָה הֲגִיגֵנוּ:[6] יִהְיוּ לְרָצוֹן
אִמְרֵי פִינוּ וְהֶגְיוֹן לִבֵּנוּ לְפָנֶיךָ, יְיָ צוּרֵנוּ וְגוֹאֲלֵנוּ:[7] כִּי לְךָ
יְיָ הוֹחַלְנוּ, אַתָּה תַעֲנֶה אֲדֹנָי אֱלֹהֵינוּ:[8]

THE ARK IS CLOSED.

אֱלֹהֵינוּ וֵאלֹהֵי אֲבוֹתֵינוּ, אַל תַּעַזְבֵנוּ וְאַל תִּטְּשֵׁנוּ וְאַל
תַּכְלִימֵנוּ, וְאַל תָּפֵר בְּרִיתְךָ אִתָּנוּ. קָרְבֵנוּ
לְתוֹרָתֶךָ, לַמְּדֵנוּ מִצְוֹתֶיךָ, הוֹרֵנוּ דְּרָכֶיךָ, הַט לִבֵּנוּ לְיִרְאָה
אֶת שְׁמֶךָ, וּמוֹל אֶת לְבָבֵנוּ לְאַהֲבָתֶךָ, וְנָשׁוּב אֵלֶיךָ
בֶּאֱמֶת וּבְלֵב שָׁלֵם. וּלְמַעַן שִׁמְךָ הַגָּדוֹל תִּמְחוֹל וְתִסְלַח
לַעֲוֹנֵינוּ, כַּכָּתוּב בְּדִבְרֵי קָדְשֶׁךָ: לְמַעַן שִׁמְךָ יְיָ וְסָלַחְתָּ
לַעֲוֹנִי כִּי רַב הוּא:[10]

---

1. Lamentations 5:21. **2.** Cf. Psalms 51:13. **3.** Cf. Ibid. 71:9. **4.** Cf. Ibid. 38:22. **5.** Cf. Ibid. 86:17. **6.** Cf. Ibid. 5:2. **7.** Cf. Ibid. 19:15. **8.** Cf. Ibid. 38:16. **9.** Lit., circumcise. **10.** Psalms 25:11.

THE ARK IS OPENED.

Stand for the following section.
Transliteration, page 443.

Chazzan then cong: שְׁמַע Hear our voice, Lord our God, have pity and compassion upon us, and accept our prayer with mercy and favor.

Chazzan then cong: Bring us back to You, Lord, and we will return; renew our days as of old.[1]

Chazzan then cong: Do not cast us out of Your presence, and do not take Your Spirit of Holiness away from us.[2]

Chazzan then cong: Do not cast us aside in old age; do not forsake us when our strength fails.[3]

אַל Do not abandon us, Lord our God; do not keep far from us.[4] Show us a sign of favor, that our foes may see and be shamed, because You, Lord, have given us aid and consoled us.[5] Hearken to our words, Lord; consider our thoughts.[6] May the words of our mouth and the meditation of our heart be acceptable before You, Lord, our Strength and our Redeemer.[7] For it is for You, Lord, that we have been waiting; answer us, Lord our God.[8]

THE ARK IS CLOSED.

אֱלֹהֵינוּ Our God and God of our fathers, do not forsake us, do not abandon us, do not put us to shame, and do not nullify Your covenant with us. Bring us near to Your Torah, teach us Your precepts, instruct us in Your ways, incline our heart to revere Your Name, open[9] our hearts to the love of You, and we will return to You in truth, with a perfect heart. And for the sake of Your great Name, forgive and pardon our iniquity, as it is written in Your holy Scriptures: For the sake of Your Name, Lord, pardon my iniquity, for it is great.[10]

אֱלֹהֵינוּ וֵאלֹהֵי אֲבוֹתֵינוּ, סְלַח לָנוּ, מְחַל לָנוּ,
כַּפֶּר לָנוּ. כִּי אָנוּ עַמֶּךָ וְאַתָּה אֱלֹהֵינוּ,
אָנוּ בָנֶיךָ וְאַתָּה אָבִינוּ, אָנוּ עֲבָדֶיךָ וְאַתָּה אֲדוֹנֵנוּ,
אָנוּ קְהָלֶךָ וְאַתָּה חֶלְקֵנוּ, אָנוּ נַחֲלָתֶךָ וְאַתָּה גוֹרָלֵנוּ,
אָנוּ צֹאנֶךָ וְאַתָּה רוֹעֵנוּ, אָנוּ כַרְמֶךָ וְאַתָּה נוֹטְרֵנוּ,
אָנוּ פְעֻלָּתֶךָ וְאַתָּה יוֹצְרֵנוּ, אָנוּ רַעְיָתֶךָ וְאַתָּה דוֹדֵנוּ,
אָנוּ סְגֻלָּתֶךָ וְאַתָּה אֱלֹהֵינוּ, אָנוּ עַמֶּךָ וְאַתָּה מַלְכֵּנוּ,
אָנוּ מַאֲמִירֶיךָ וְאַתָּה מַאֲמִירֵנוּ. אָנוּ עַזֵּי פָנִים וְאַתָּה
רַחוּם וְחַנּוּן, אָנוּ קְשֵׁי עֹרֶף וְאַתָּה אֶרֶךְ אַפַּיִם, אָנוּ
מְלֵאֵי עָוֺן וְאַתָּה מָלֵא רַחֲמִים, אָנוּ יָמֵינוּ כְּצֵל עוֹבֵר
וְאַתָּה הוּא וּשְׁנוֹתֶיךָ לֹא יִתָּמּוּ:

Stand for the following four paragraphs.

אֱלֹהֵינוּ וֵאלֹהֵי אֲבוֹתֵינוּ, תָּבֹא לְפָנֶיךָ תְּפִלָּתֵנוּ, וְאַל
תִּתְעַלַּם מִתְּחִנָּתֵנוּ, שֶׁאֵין אָנוּ עַזֵּי פָנִים וּקְשֵׁי
עֹרֶף, לוֹמַר לְפָנֶיךָ יְיָ אֱלֹהֵינוּ וֵאלֹהֵי אֲבוֹתֵינוּ, צַדִּיקִים
אֲנַחְנוּ וְלֹא חָטָאנוּ, אֲבָל אֲנַחְנוּ וַאֲבוֹתֵינוּ חָטָאנוּ:

While mentioning a transgression, gently strike the left side of your chest (over the heart) with a closed fist.

אָשַׁמְנוּ. בָּגַדְנוּ. גָּזַלְנוּ. דִּבַּרְנוּ דֹּפִי: הֶעֱוִינוּ. וְהִרְשַׁעְנוּ.
זַדְנוּ. חָמַסְנוּ. טָפַלְנוּ שֶׁקֶר: יָעַצְנוּ רָע. כִּזַּבְנוּ.
לַצְנוּ. מָרַדְנוּ. נִאַצְנוּ. סָרַרְנוּ. עָוִינוּ. פָּשַׁעְנוּ. צָרַרְנוּ. קִשִּׁינוּ
עֹרֶף: רָשַׁעְנוּ. שִׁחַתְנוּ. תִּעַבְנוּ. תָּעִינוּ. תִּעְתָּעְנוּ:

סַרְנוּ מִמִּצְוֺתֶיךָ וּמִמִּשְׁפָּטֶיךָ הַטּוֹבִים וְלֹא שָׁוָה לָנוּ:
וְאַתָּה צַדִּיק עַל כָּל הַבָּא עָלֵינוּ, כִּי אֱמֶת עָשִׂיתָ
וַאֲנַחְנוּ הִרְשָׁעְנוּ:[1]

1. Nehemiah 9:33.

Transliteration, page 443.

אֱלֹהֵינוּ Our God and God of our fathers, pardon us, forgive us, grant us atonement—for we are Your people and You are our God; we are Your children and You are our Father; we are Your servants and You are our Master; we are Your congregation and You are our portion; we are Your inheritance and You are our lot; we are Your flock and You are our Shepherd; we are Your vineyard and You are our Watchman; we are Your handiwork and You are our Creator; we are Your beloved ones and You are our Beloved; we are Your treasure and You are our God; we are Your people and You are our King; we are Your chosen people and You are our acknowledged God; we are impudent but You are merciful and gracious; we are obdurate but You are slow to anger; we are full of iniquity but You are full of compassion; our days are like a passing shadow but You are eternal, Your years are without end.

Stand for the following four paragraphs.

אֱלֹהֵינוּ Our God and God of our fathers, may our prayers come before You, and do not turn away from our supplication, for we are not so impudent and obdurate as to declare before You, Lord our God and God of our fathers, that we are righteous and have not sinned. Indeed, we and our fathers have sinned.

While mentioning a transgression, gently strike the left side of your chest (over the heart) with a closed fist.

Transliteration, page 444.

אָשַׁמְנוּ We have transgressed, we have acted perfidiously, we have robbed, we have slandered. We have acted perversely and wickedly, we have willfully sinned, we have done violence, we have imputed falsely. We have given evil counsel, we have lied, we have scoffed, we have rebelled, we have provoked, we have been disobedient, we have committed iniquity, we have wantonly transgressed, we have oppressed, we have been obstinate. We have committed evil, we have acted perniciously, we have acted abominably, we have gone astray, we have led others astray.

סַרְנוּ We have strayed from Your good precepts and ordinances, and it has not profited us. Indeed, You are just in all that has come upon us, for You have acted truthfully, and it is we who have acted wickedly.[1]

הִרְשַׁעְנוּ וּפָשַׁעְנוּ, לָכֵן לֹא נוֹשָׁעְנוּ, וְתֵן בְּלִבֵּנוּ לַעֲזֹוב דֶּרֶךְ רֶשַׁע, וְחִישׁ לָנוּ יֶשַׁע, כַּכָּתוּב עַל יַד נְבִיאֶךָ: יַעֲזֹב רָשָׁע דַּרְכּוֹ וְאִישׁ אָוֶן מַחְשְׁבֹתָיו, וְיָשֹׁב אֶל יְיָ וִירַחֲמֵהוּ, וְאֶל אֱלֹהֵינוּ כִּי יַרְבֶּה לִסְלֹוחַ:¹

On Shabbat, add the words in shaded parentheses.

אֱלֹהֵינוּ וֵאלֹהֵי אֲבֹותֵינוּ, סְלַח וּמְחַל לַעֲוֹנֹותֵינוּ בְּיֹום (הַשַּׁבָּת הַזֶּה וּבְיֹום) הַכִּפּוּרִים הַזֶּה, בְּיֹום סְלִיחַת הֶעָוֹן הַזֶּה, בְּיֹום מִקְרָא קֹדֶשׁ הַזֶּה. מְחֵה וְהַעֲבֵר פְּשָׁעֵינוּ וְחַטֹּאתֵינוּ מִנֶּגֶד עֵינֶיךָ, וְכֹוף אֶת יִצְרֵנוּ לְהִשְׁתַּעְבֶּד לָךְ, וְהַכְנַע אֶת עָרְפֵּנוּ לָשׁוּב אֵלֶיךָ בֶּאֱמֶת, וְחַדֵּשׁ כִּלְיֹותֵינוּ לִשְׁמֹר פִּקּוּדֶיךָ, וּמֹול אֶת לְבָבֵנוּ לְאַהֲבָה וּלְיִרְאָה אֶת שְׁמֶךָ, כַּכָּתוּב בְּתוֹרָתֶךָ: וּמָל יְיָ אֱלֹהֶיךָ אֶת לְבָבְךָ וְאֶת לְבַב זַרְעֶךָ, לְאַהֲבָה אֶת יְיָ אֱלֹהֶיךָ בְּכָל לְבָבְךָ וּבְכָל נַפְשְׁךָ לְמַעַן חַיֶּיךָ:³ הַזְּדֹונֹות וְהַשְּׁגָגֹות אַתָּה מַכִּיר, הָרָצֹון וְהָאֹנֶם הַגְּלוּיִם וְהַנִּסְתָּרִים, לְפָנֶיךָ הֵם גְּלוּיִם וִידוּעִים. מָה אָנוּ, מֶה חַיֵּינוּ, מֶה חַסְדֵּנוּ, מַה צִּדְקֵנוּ, מַה כֹּחֵנוּ, מַה גְּבוּרָתֵנוּ, מַה נֹּאמַר לְפָנֶיךָ יְיָ אֱלֹהֵינוּ וֵאלֹהֵי אֲבֹותֵינוּ, הֲלֹא כָּל הַגִּבֹּורִים כְּאַיִן לְפָנֶיךָ, וְאַנְשֵׁי הַשֵּׁם כְּלֹא הָיוּ, וַחֲכָמִים כִּבְלִי מַדָּע, וּנְבֹונִים כִּבְלִי הַשְׂכֵּל, כִּי רֹב מַעֲשֵׂיהֶם תֹּהוּ, וִימֵי חַיֵּיהֶם הֶבֶל לְפָנֶיךָ, וּמֹותַר הָאָדָם מִן הַבְּהֵמָה אָיִן, כִּי הַכֹּל הָבֶל:⁴ מַה נֹּאמַר לְפָנֶיךָ יֹושֵׁב מָרֹום, וּמַה נְּסַפֵּר לְפָנֶיךָ שֹׁוכֵן שְׁחָקִים, הֲלֹא כָּל הַנִּסְתָּרֹות וְהַנִּגְלֹות אַתָּה יֹודֵעַ:

---

1. Isaiah 55:7. **2.** Lit., circumcise. **3.** Deuteronomy 30:6. **4.** Ecclesiastes 3:19.

הרשענו We have acted wickedly and transgressed, therefore we have not been delivered. Inspire our hearts to abandon the evil way, and hasten our deliverance, as it is written by Your prophet: Let the wicked abandon his way and the man of iniquity his thoughts; let him return to the Lord and He will have compassion upon him, and to our God, for He will abundantly pardon.[1]

On Shabbat, add the words in shaded parentheses.

אלהינו Our God and God of our fathers, pardon and forgive our wrongdoings on this (Shabbat day and on this) Day of Atonements, on this day of pardoning of sin, on this day of holy assembly; wipe away and remove our transgressions and sins from before Your eyes; compel our inclination to be subservient to You; subdue our obduracy that we may return to You in truth; renew our minds to observe Your commandments; open[2] our hearts to love and revere Your Name, as it is written in Your Torah: And the Lord Your God will open[2] your hearts and the hearts of your offspring, to love the Lord your God with all your heart and with all your soul, that you may live.[3] You recognize deliberate sin or inadvertent error, [transgressions committed] willfully or under duress, openly or secretly—before You they are revealed and known. What are we? What is our life? What is our kindness? What is our righteousness? What is our strength? What is our might? What can we say to You, Lord our God and God of our fathers? Are not all the mighty men as nothing before You, the men of renown as though they had never been, the wise as if without knowledge, and the men of understanding as if devoid of intelligence? For most of their deeds are naught, and the days of their lives are vanity before You. The pre-eminence of man over beast is naught, for all is vanity.[4] What shall we say to You who dwells on high; what shall we relate to You who abides in the heavens? You surely know all the hidden and revealed things.

שֵׁמְךָ מֵעוֹלָם עוֹבֵר עַל פֶּשַׁע, שַׁוְעָתֵנוּ תַאֲזִין בְּעָמְדֵנוּ
לְפָנֶיךָ בִּתְפִלָּה, תַּעֲבוֹר עַל פֶּשַׁע לְעַם שָׁבֵי פֶּשַׁע,
תִּמְחֶה פְּשָׁעֵינוּ מִנֶּגֶד עֵינֶיךָ:

Stand for the confessional prayers.

אַתָּה יוֹדֵעַ רָזֵי עוֹלָם, וְתַעֲלוּמוֹת סִתְרֵי כָּל חָי. אַתָּה
חֹפֵשׂ כָּל חַדְרֵי בָטֶן וּבֹחֵן כְּלָיוֹת וָלֵב, אֵין דָּבָר
נֶעְלָם מִמֶּךָ, וְאֵין נִסְתָּר מִנֶּגֶד עֵינֶיךָ. וּבְכֵן יְהִי רָצוֹן
מִלְּפָנֶיךָ, יְיָ אֱלֹהֵינוּ וֵאלֹהֵי אֲבוֹתֵינוּ, שֶׁתְּרַחֵם עָלֵינוּ
וְתִמְחוֹל לָנוּ עַל כָּל חַטֹּאתֵינוּ, וּתְכַפֶּר לָנוּ עַל כָּל
עֲוֹנוֹתֵינוּ, וְתִמְחוֹל וְתִסְלַח לָנוּ עַל כָּל פְּשָׁעֵינוּ:

Gently strike the left side of your chest (over the heart) with a closed fist when saying the
word שֶׁחָטָאנוּ.

עַל חֵטְא שֶׁחָטָאנוּ לְפָנֶיךָ, בְּאֹנֶס וּבְרָצוֹן:

וְעַל חֵטְא שֶׁחָטָאנוּ לְפָנֶיךָ, בְּאִמּוּץ הַלֵּב:

עַל חֵטְא שֶׁחָטָאנוּ לְפָנֶיךָ, בִּבְלִי דָעַת:

וְעַל חֵטְא שֶׁחָטָאנוּ לְפָנֶיךָ, בְּבִטּוּי שְׂפָתָיִם:

עַל חֵטְא שֶׁחָטָאנוּ לְפָנֶיךָ, בְּגִלּוּי עֲרָיוֹת:

וְעַל חֵטְא שֶׁחָטָאנוּ לְפָנֶיךָ, בְּגָלוּי וּבַסָּתֶר:

עַל חֵטְא שֶׁחָטָאנוּ לְפָנֶיךָ, בְּדַעַת וּבְמִרְמָה:

וְעַל חֵטְא שֶׁחָטָאנוּ לְפָנֶיךָ, בְּדִבּוּר פֶּה:

עַל חֵטְא שֶׁחָטָאנוּ לְפָנֶיךָ, בְּהוֹנָאַת רֵעַ:

וְעַל חֵטְא שֶׁחָטָאנוּ לְפָנֶיךָ, בְּהַרְהוּר הַלֵּב:

עַל חֵטְא שֶׁחָטָאנוּ לְפָנֶיךָ, בִּוְעִידַת זְנוּת:

וְעַל חֵטְא שֶׁחָטָאנוּ לְפָנֶיךָ, בְּוִדּוּי פֶּה:

עַל חֵטְא שֶׁחָטָאנוּ לְפָנֶיךָ, בְּזִלְזוּל הוֹרִים וּמוֹרִים:

וְעַל חֵטְא שֶׁחָטָאנוּ לְפָנֶיךָ, בְּזָדוֹן וּבִשְׁגָגָה:

שִׁמְךָ Your Name from of old is Forgiver of Transgression; hearken to our supplication as we stand before You in prayer. Forgive transgression for the people who repent of transgression. Erase our transgressions from before Your eyes.

Stand for the confessional prayers.

אַתָּה You know the mysteries of the universe and the hidden secrets of every living being. You search all [our] innermost thoughts, and probe [our] mind and heart; nothing is hidden from You, nothing is concealed from Your sight. And so, may it be Your will, Lord our God and God of our fathers, to have mercy on us and forgive us all our sins, grant us atonement for all our iniquities, and forgive and pardon us for all our transgressions.

Gently strike the left side of your chest (over the heart) with a closed fist when saying the word *committed*.

עַל חֵטְא For the sin which we have committed before You under duress or willingly.

And for the sin which we have committed before You by hard-heartedness.

For the sin which we have committed before You inadvertently.

And for the sin which we have committed before You with an utterance of the lips.

For the sin which we have committed before You with immorality.

And for the sin which we have committed before You openly or secretly.

For the sin which we have committed before You with knowledge and with deceit.

And for the sin which we have committed before You through speech.

For the sin which we have committed before You by deceiving a fellowman.

And for the sin which we have committed before You by improper thoughts.

For the sin which we have committed before You by a gathering of lewdness.

And for the sin which we have committed before You by verbal [insincere] confession.

For the sin which we have committed before You by disrespect for parents and teachers.

And for the sin which we have committed before You intentionally or unintentionally.

עַל חֵטְא שֶׁחָטָאנוּ לְפָנֶיךָ, בְּחֹזֶק יָד:

וְעַל חֵטְא שֶׁחָטָאנוּ לְפָנֶיךָ, בְּחִלּוּל הַשֵּׁם:

עַל חֵטְא שֶׁחָטָאנוּ לְפָנֶיךָ, בְּטֻמְאַת שְׂפָתָיִם:

וְעַל חֵטְא שֶׁחָטָאנוּ לְפָנֶיךָ, בְּטִפְשׁוּת פֶּה:

עַל חֵטְא שֶׁחָטָאנוּ לְפָנֶיךָ, בְּיֵצֶר הָרָע:

וְעַל חֵטְא שֶׁחָטָאנוּ לְפָנֶיךָ, בְּיוֹדְעִים וּבְלֹא יוֹדְעִים:

Gently strike the left side of your chest (over the heart) with a closed fist when saying the words סְלַח, מְחַל, כַּפֶּר.

Congregation then chazzan:

וְעַל כֻּלָּם, אֱלוֹהַּ סְלִיחוֹת, סְלַח לָנוּ, מְחַל לָנוּ, כַּפֶּר לָנוּ:

Gently strike the left side of your chest (over the heart) with a closed fist when saying the word שֶׁחָטָאנוּ.

עַל חֵטְא שֶׁחָטָאנוּ לְפָנֶיךָ, בְּכַחַשׁ וּבְכָזָב:

וְעַל חֵטְא שֶׁחָטָאנוּ לְפָנֶיךָ, בְּכַפַּת שֹׁחַד:

עַל חֵטְא שֶׁחָטָאנוּ לְפָנֶיךָ, בְּלָצוֹן:

וְעַל חֵטְא שֶׁחָטָאנוּ לְפָנֶיךָ, בְּלָשׁוֹן הָרָע:

עַל חֵטְא שֶׁחָטָאנוּ לְפָנֶיךָ, בְּמַשָּׂא וּבְמַתָּן:

וְעַל חֵטְא שֶׁחָטָאנוּ לְפָנֶיךָ, בְּמַאֲכָל וּבְמִשְׁתֶּה:

עַל חֵטְא שֶׁחָטָאנוּ לְפָנֶיךָ, בְּנֶשֶׁךְ וּבְמַרְבִּית:

וְעַל חֵטְא שֶׁחָטָאנוּ לְפָנֶיךָ, בִּנְטִיַּת גָּרוֹן:

עַל חֵטְא שֶׁחָטָאנוּ לְפָנֶיךָ, בְּשִׂיחַ שִׂפְתוֹתֵינוּ:

וְעַל חֵטְא שֶׁחָטָאנוּ לְפָנֶיךָ, בְּסִקּוּר עָיִן:

For the sin which we have committed before You by using coercion.

And for the sin which we have committed before You by desecrating the Divine Name.

For the sin which we have committed before You by impurity of speech.

And for the sin which we have committed before You by foolish talk.

For the sin which we have committed before You with the evil inclination.

And for the sin which we have committed before You knowingly or unknowingly.

Gently strike the left side of your chest (over the heart) with a closed fist when saying the words *pardon, forgive, atone.*

Congregation then chazzan:

Transliteration, page 444.

וְעַל כֻּלָּם For all these, God of pardon, pardon us, forgive us, atone for us.

Gently strike the left side of your chest (over the heart) with a closed fist when saying the word *committed.*

For the sin which we have committed before You by false denial and lying.

And for the sin which we have committed before You by a bribe-taking or a bribe-giving hand.

For the sin which we have committed before You by scoffing.

And for the sin which we have committed before You by evil talk [about another].

For the sin which we have committed before You in business dealings.

And for the sin which we have committed before You by eating and drinking.

For the sin which we have committed before You by [taking or giving] interest and by usury.

And for the sin which we have committed before You by a haughty demeanor.

For the sin which we have committed before You by the prattle of our lips.

And for the sin which we have committed before You by a glance of the eye.

עַל חֵטְא שֶׁחָטָאנוּ לְפָנֶיךָ, בְּעֵינַיִם רָמוֹת:
וְעַל חֵטְא שֶׁחָטָאנוּ לְפָנֶיךָ, בְּעַזּוּת מֶצַח:

Gently strike the left side of your chest (over the heart) with a closed fist when saying the words סְלַח, מְחַל, כַּפֵּר.
Congregation then chazzan:

וְעַל כֻּלָּם, אֱלוֹהַּ סְלִיחוֹת, סְלַח לָנוּ, מְחַל לָנוּ, כַּפֶּר לָנוּ:

Gently strike the left side of your chest (over the heart) with a closed fist when saying the word שֶׁחָטָאנוּ.

עַל חֵטְא שֶׁחָטָאנוּ לְפָנֶיךָ, בִּפְרִיקַת עֹל:
וְעַל חֵטְא שֶׁחָטָאנוּ לְפָנֶיךָ, בִּפְלִילוּת:

עַל חֵטְא שֶׁחָטָאנוּ לְפָנֶיךָ, בִּצְדִיַּת רֵעַ:
וְעַל חֵטְא שֶׁחָטָאנוּ לְפָנֶיךָ, בְּצָרוּת עָיִן:

עַל חֵטְא שֶׁחָטָאנוּ לְפָנֶיךָ, בְּקַלּוּת רֹאשׁ:
וְעַל חֵטְא שֶׁחָטָאנוּ לְפָנֶיךָ, בְּקַשְׁיוּת עֹרֶף:

עַל חֵטְא שֶׁחָטָאנוּ לְפָנֶיךָ, בְּרִיצַת רַגְלַיִם לְהָרַע:
וְעַל חֵטְא שֶׁחָטָאנוּ לְפָנֶיךָ, בִּרְכִילוּת:

עַל חֵטְא שֶׁחָטָאנוּ לְפָנֶיךָ, בִּשְׁבוּעַת שָׁוְא:
וְעַל חֵטְא שֶׁחָטָאנוּ לְפָנֶיךָ, בְּשִׂנְאַת חִנָּם:

עַל חֵטְא שֶׁחָטָאנוּ לְפָנֶיךָ, בִּתְשׂוּמֶת יָד:
וְעַל חֵטְא שֶׁחָטָאנוּ לְפָנֶיךָ, בְּתִמְהוֹן לֵבָב:

Gently strike the left side of your chest (over the heart) with a closed fist when saying the words סְלַח, מְחַל, כַּפֵּר.
Congregation then chazzan:

וְעַל כֻּלָּם, אֱלוֹהַּ סְלִיחוֹת, סְלַח לָנוּ, מְחַל לָנוּ, כַּפֶּר לָנוּ:

For the sin which we have committed before You with proud looks.

And for the sin which we have committed before You with impudence.

Gently strike the left side of your chest (over the heart) with a closed fist when saying the words pardon, forgive, atone.

Congregation then chazzan:

וְעַל כֻּלָּם For all these, God of pardon, pardon us, forgive us, atone for us.

Gently strike the left side of your chest (over the heart) with a closed fist when saying the word committed.

For the sin which we have committed before You by casting off the yoke [of Heaven].

And for the sin which we have committed before You in passing judgment.

For the sin which we have committed before You by scheming against a fellowman.

And for the sin which we have committed before You by a begrudging eye.

For the sin which we have committed before You by frivolity.

And for the sin which we have committed before You by obduracy.

For the sin which we have committed before You by running to do evil.

And for the sin which we have committed before You by talebearing.

For the sin which we have committed before You by swearing in vain.

And for the sin which we have committed before You by causeless hatred.

For the sin which we have committed before You by embezzlement.

And for the sin which we have committed before You by a confused heart.

Gently strike the left side of your chest (over the heart) with a closed fist when saying the words pardon, forgive, atone.

Congregation then chazzan:

וְעַל כֻּלָּם For all these, God of pardon, pardon us, forgive us, atone for us.

Gently strike the left side of your chest (over the heart) with a closed fist when saying the words שֶׁאָנוּ חַיָּבִים.

וְעַל חֲטָאִים שֶׁאָנוּ חַיָּבִים עֲלֵיהֶם: עוֹלָה:

וְעַל חֲטָאִים שֶׁאָנוּ חַיָּבִים עֲלֵיהֶם: חַטָּאת:

וְעַל חֲטָאִים שֶׁאָנוּ חַיָּבִים עֲלֵיהֶם: קָרְבָּן עוֹלֶה וְיוֹרֵד:

וְעַל חֲטָאִים שֶׁאָנוּ חַיָּבִים עֲלֵיהֶם: אָשָׁם וַדַּאי וְתָלוּי:

וְעַל חֲטָאִים שֶׁאָנוּ חַיָּבִים עֲלֵיהֶם: מַכַּת מַרְדּוּת:

וְעַל חֲטָאִים שֶׁאָנוּ חַיָּבִים עֲלֵיהֶם: מַלְקוּת אַרְבָּעִים:

וְעַל חֲטָאִים שֶׁאָנוּ חַיָּבִים עֲלֵיהֶם: מִיתָה בִּידֵי שָׁמָיִם:

וְעַל חֲטָאִים שֶׁאָנוּ חַיָּבִים עֲלֵיהֶם: כָּרֵת וַעֲרִירִי:

וְעַל חֲטָאִים שֶׁאָנוּ חַיָּבִים עֲלֵיהֶם: אַרְבַּע מִיתוֹת בֵּית דִּין:
סְקִילָה, שְׂרֵפָה, הֶרֶג, וְחֶנֶק:

עַל מִצְוֹת עֲשֵׂה, וְעַל מִצְוֹת לֹא תַעֲשֶׂה, בֵּין שֶׁיֵּשׁ בָּהֶן
קוּם עֲשֵׂה,[1] וּבֵין שֶׁאֵין בָּהֶן קוּם עֲשֵׂה, אֶת הַגְּלוּיִים
לָנוּ, וְאֶת שֶׁאֵינָם גְּלוּיִים לָנוּ. אֶת הַגְּלוּיִים לָנוּ, כְּבָר
אֲמַרְנוּם לְפָנֶיךָ, וְהוֹדִינוּ לְךָ עֲלֵיהֶם, וְאֶת שֶׁאֵינָם גְּלוּיִים
לָנוּ, לְפָנֶיךָ הֵם גְּלוּיִים וִידוּעִים, כַּדָּבָר שֶׁנֶּאֱמַר: הַנִּסְתָּרֹת
לַיי אֱלֹהֵינוּ, וְהַנִּגְלֹת לָנוּ וּלְבָנֵינוּ עַד עוֹלָם, לַעֲשׂוֹת אֶת
כָּל דִּבְרֵי הַתּוֹרָה הַזֹּאת:[2]

וְדָוִד עַבְדְּךָ אָמַר לְפָנֶיךָ: שְׁגִיאוֹת מִי יָבִין, מִנִּסְתָּרוֹת
נַקֵּנִי.[3] נַקֵּנוּ יְיָ אֱלֹהֵינוּ מִכָּל פְּשָׁעֵינוּ, וְטַהֲרֵנוּ מִכָּל
טֻמְאוֹתֵינוּ, וּזְרוֹק עָלֵינוּ מַיִם טְהוֹרִים וְטַהֲרֵנוּ, כַּכָּתוּב עַל
יַד נְבִיאֶךָ: וְזָרַקְתִּי עֲלֵיכֶם מַיִם טְהוֹרִים וּטְהַרְתֶּם, מִכֹּל
טֻמְאוֹתֵיכֶם וּמִכָּל גִּלּוּלֵיכֶם אֲטַהֵר אֶתְכֶם:[4]

---
1. E.g., to return what one has stolen.   2. Deuteronomy 29:28.   3. Psalms 19:13.   4. Ezekiel 36:25.

Gently strike the left side of your chest (over the heart) with a closed fist when saying the words we are obligated.

And for the sins for which we are obligated to bring a burnt-offering.

And for the sins for which we are obligated to bring a sin-offering.

And for the sins for which we are obligated to bring a varying offering [according to one's means].

And for the sins for which we are obligated to bring a guilt-offering for a certain or doubtful trespass.

And for the sins for which we incur the penalty of lashing for rebelliousness.

And for the sins for which we incur the penalty of forty lashes.

And for the sins for which we incur the penalty of death by the hand of Heaven.

And for the sins for which we incur the penalty of excision and childlessness.

And for the sins for which we incur the penalty of the four forms of capital punishment executed by the Court: stoning, burning, decapitation and strangulation.

עַל For [transgressing] positive and prohibitory *mitzvot,* whether [the prohibitions] can be rectified by a specifically prescribed act[1] or not, those of which we are aware and those of which we are not aware; those of which we are aware, we have already declared them before You and confessed them to You, and those of which we are not aware—before You they are revealed and known, as it is stated: The hidden things belong to the Lord our God, but the revealed things are for us and for our children forever, that we may carry out all the words of this Torah.[2]

וְדוִד David, Your servant, declared before You: Who can discern inadvertent wrongs? Purge me of hidden sins.[3] Purge us, Lord our God, of all our transgressions, cleanse us of all our defilements, and sprinkle purifying waters upon us and purify us, as it is written by Your prophet: And I will sprinkle purifying waters upon you, and you shall be pure; from all your defilements and from all your idolatries I will purify you.[4]

מִיכָה עַבְדְּךָ אָמַר לְפָנֶיךָ: מִי אֵל כָּמוֹךָ נֹשֵׂא עָוֹן וְעוֹבֵר
עַל פֶּשַׁע לִשְׁאֵרִית נַחֲלָתוֹ, לֹא הֶחֱזִיק לָעַד אַפּוֹ,
כִּי חָפֵץ חֶסֶד הוּא: יָשׁוּב יְרַחֲמֵנוּ, יִכְבֹּשׁ עֲוֹנֹתֵינוּ, וְתַשְׁלִיךְ
בִּמְצֻלוֹת יָם כָּל חַטֹּאתָם:[1] וְכָל חַטֹּאת עַמְּךָ בֵּית יִשְׂרָאֵל
תַּשְׁלִיךְ בִּמְקוֹם אֲשֶׁר לֹא יִזָּכְרוּ וְלֹא יִפָּקְדוּ וְלֹא יַעֲלוּ עַל
לֵב לְעוֹלָם: וְנֶאֱמַר: תִּתֵּן אֱמֶת לְיַעֲקֹב, חֶסֶד לְאַבְרָהָם,
אֲשֶׁר נִשְׁבַּעְתָּ לַאֲבוֹתֵינוּ מִימֵי קֶדֶם:[2]

דָּנִיֵּאל אִישׁ חֲמוּדוֹת שִׁוַּע לְפָנֶיךָ: הַטֵּה אֱלֹהַי אָזְנְךָ
וּשֲׁמָע, פְּקַח עֵינֶיךָ וּרְאֵה שֹׁמְמוֹתֵינוּ, וְהָעִיר
אֲשֶׁר נִקְרָא שִׁמְךָ עָלֶיהָ, כִּי לֹא עַל צִדְקֹתֵינוּ אֲנַחְנוּ
מַפִּילִים תַּחֲנוּנֵינוּ לְפָנֶיךָ, כִּי עַל רַחֲמֶיךָ הָרַבִּים: אֲדֹנָי
שְׁמָעָה, אֲדֹנָי סְלָחָה אֲדֹנָי הַקְשִׁיבָה, וַעֲשֵׂה אַל תְּאַחַר,
לְמַעַנְךָ אֱלֹהַי, כִּי שִׁמְךָ נִקְרָא עַל עִירְךָ וְעַל עַמֶּךָ:[3]

עֶזְרָא הַסּוֹפֵר אָמַר לְפָנֶיךָ: אֱלֹהַי בֹּשְׁתִּי וְנִכְלַמְתִּי לְהָרִים
אֱלֹהַי פָּנַי אֵלֶיךָ, כִּי עֲוֹנֹתֵינוּ רָבוּ לְמַעְלָה רֹאשׁ
וְאַשְׁמָתֵנוּ גָדְלָה עַד לַשָּׁמָיִם:[4] וְאַתָּה אֱלוֹהַּ סְלִיחוֹת, חַנּוּן
וְרַחוּם אֶרֶךְ אַפַּיִם וְרַב חֶסֶד, וְלֹא עֲזַבְתָּם:[5] אַל תַּעַזְבֵנוּ
אָבִינוּ וְאַל תִּטְּשֵׁנוּ בּוֹרְאֵנוּ וְאַל תַּזְנִיחֵנוּ יוֹצְרֵנוּ וְאַל תַּעַשׂ
עִמָּנוּ כָלָה כְּחַטֹּאתֵינוּ. וְקַיֵּם לָנוּ יְיָ אֱלֹהֵינוּ אֶת הַדָּבָר
שֶׁהִבְטַחְתָּנוּ בְּקַבָּלָה עַל יְדֵי יִרְמְיָהוּ חוֹזָךְ, כָּאָמוּר: בַּיָּמִים
הָהֵם וּבָעֵת הַהִיא, נְאֻם יְיָ, יְבֻקַּשׁ אֶת עֲוֹן יִשְׂרָאֵל וְאֵינֶנּוּ
וְאֶת חַטֹּאת יְהוּדָה וְלֹא תִמָּצֶאינָה, כִּי אֶסְלַח לַאֲשֶׁר
אַשְׁאִיר:[6] עַמְּךָ וְנַחֲלָתְךָ רְעֵבֵי טוּבְךָ צְמֵאֵי חַסְדֶּךָ תְּאֵבֵי
יִשְׁעֶךָ, יַכִּירוּ וְיֵדְעוּ כִּי לַיְיָ אֱלֹהֵינוּ הָרַחֲמִים וְהַסְּלִיחוֹת:

---

1. Micah 7:18-19. **2.** Ibid. 7:20. **3.** Daniel 9:18-19. **4.** Ezra 9:6. **5.** Nehemiah 9:17.
6. Jeremiah 50:20.

מיכה Micah, Your servant, declared before You: Who is a God like You, who pardons iniquity and forgives transgression for the remnant of His heritage? He does not maintain His wrath forever, for He desires [to do] kindness. He will again show us mercy, He will suppress our iniquities; and You will cast all their sins into the depths of the sea.[1] And You will cast all the sins of Your people, the House of Israel, into a place where they shall never be remembered nor recalled nor brought to mind. And it is said: You will grant truth to Jacob, kindness to Abraham, as You have sworn to our fathers from the days of yore.[2]

דניאל Daniel, the amiable one, cried out to You: Give ear, my God, and hear; open Your eyes and behold our desolate places and the city upon which Your Name is proclaimed, for it is not on account of our own righteousness that we offer our supplications before You, but because of Your abounding mercies. My Lord, hear; my Lord, forgive; my Lord, hearken and take action, do not delay, for Your own sake, my God, for Your Name is proclaimed over Your city and Your people.[3]

עזרא Ezra the Scribe declared before You: My God, I am embarrassed, I am ashamed to lift my face to You, for our iniquities have increased over [our] head and our guilt has grown up to the heavens.[4] But You are a God of forgiveness, gracious and compassionate, slow to anger and abounding in kindness, and You have not forsaken them.[5] Do not forsake us, our Father; do not abandon us, our Creator; do not desert us, our Maker; do not destroy us because of our sins; and fulfill for us, Lord our God, the promise that which You have made to us in Scripture through Jeremiah the prophet, as it is said: In those days, at the time, says the Lord, the iniquity of Israel will be sought but there will be none, and the sins of Judah, but they will not be found; for I will pardon those whom I will leave as a remnant.[6] Your people and Your heritage who hunger for Your goodness, thirst for Your kindness, yearn for Your deliverance, let them recognize and know that mercy and pardon belong to the Lord our God.

אֵל רַחוּם שְׁמֶךָ, אֵל חַנּוּן שְׁמֶךָ, בְּנוּ נִקְרָא שְׁמֶךָ, יְיָ עֲשֵׂה
לְמַעַן שְׁמֶךָ: עֲשֵׂה לְמַעַן אֲמִתֶּךָ, עֲשֵׂה לְמַעַן בְּרִיתֶךָ,
עֲשֵׂה לְמַעַן גָּדְלְךָ וְתִפְאַרְתֶּךָ, עֲשֵׂה לְמַעַן דָּתֶךָ, עֲשֵׂה
לְמַעַן הוֹדֶךָ, עֲשֵׂה לְמַעַן וְעוּדֶךָ, עֲשֵׂה לְמַעַן זִכְרֶךָ, עֲשֵׂה
לְמַעַן חַסְדֶּךָ, עֲשֵׂה לְמַעַן טוּבֶךָ, עֲשֵׂה לְמַעַן יִחוּדֶךָ, עֲשֵׂה
לְמַעַן כְּבוֹדֶךָ, עֲשֵׂה לְמַעַן לִמּוּדֶךָ, עֲשֵׂה לְמַעַן מַלְכוּתֶךָ,
עֲשֵׂה לְמַעַן נִצְחֶךָ, עֲשֵׂה לְמַעַן סוֹדֶךָ, עֲשֵׂה לְמַעַן עֻזֶּךָ,
עֲשֵׂה לְמַעַן פְּאֵרֶךָ, עֲשֵׂה לְמַעַן צִדְקָתֶךָ, עֲשֵׂה לְמַעַן
קְדֻשָּׁתֶךָ, עֲשֵׂה לְמַעַן רַחֲמֶיךָ הָרַבִּים, עֲשֵׂה לְמַעַן
שְׁכִינָתֶךָ, עֲשֵׂה לְמַעַן תְּהִלָּתֶךָ, עֲשֵׂה לְמַעַן אוֹהֲבֶיךָ שֹׁכְנֵי
עָפָר, עֲשֵׂה לְמַעַן אַבְרָהָם יִצְחָק וְיַעֲקֹב, עֲשֵׂה לְמַעַן מֹשֶׁה
וְאַהֲרֹן, עֲשֵׂה לְמַעַן דָּוִד וּשְׁלֹמֹה, עֲשֵׂה לְמַעַן יְרוּשָׁלַיִם
עִיר קָדְשֶׁךָ, עֲשֵׂה לְמַעַן צִיּוֹן מִשְׁכַּן כְּבוֹדֶךָ, עֲשֵׂה לְמַעַן
שִׁמְמוֹת הֵיכָלֶךָ, עֲשֵׂה לְמַעַן הֲרִיסוּת מִזְבְּחֶךָ, עֲשֵׂה לְמַעַן
הֲרוּגִים עַל שֵׁם קָדְשֶׁךָ, עֲשֵׂה לְמַעַן טְבוּחִים עַל יִחוּדֶךָ,
עֲשֵׂה לְמַעַן בָּאֵי בָאֵשׁ וּבַמַּיִם עַל קִדּוּשׁ שְׁמֶךָ, עֲשֵׂה לְמַעַן
יוֹנְקֵי שָׁדַיִם שֶׁלֹּא חָטָאוּ, עֲשֵׂה לְמַעַן גְּמוּלֵי חָלָב שֶׁלֹּא
פָשָׁעוּ, עֲשֵׂה לְמַעַן תִּינוֹקוֹת שֶׁל בֵּית רַבָּן, עֲשֵׂה לְמַעַנְךָ
אִם לֹא לְמַעֲנֵנוּ, עֲשֵׂה לְמַעַנְךָ וְהוֹשִׁיעֵנוּ:

עֲנֵנוּ יְיָ עֲנֵנוּ, עֲנֵנוּ אֱלֹהֵינוּ עֲנֵנוּ, עֲנֵנוּ אָבִינוּ עֲנֵנוּ, עֲנֵנוּ
בּוֹרְאֵנוּ עֲנֵנוּ, עֲנֵנוּ גֹּאֲלֵנוּ עֲנֵנוּ, עֲנֵנוּ דוֹרְשֵׁנוּ עֲנֵנוּ,
עֲנֵנוּ הָאֵל הַנֶּאֱמָן עֲנֵנוּ:

עֲנֵנוּ וָתִיק וְחָסִיד עֲנֵנוּ, עֲנֵנוּ זַךְ וְיָשָׁר עֲנֵנוּ, עֲנֵנוּ חַי
וְקַיָּם עֲנֵנוּ:

אל רחום Merciful God is Your Name; gracious God is Your Name; Your Name is called upon us; Lord, act for the sake of Your Name; act for the sake of Your truth; act for the sake of Your covenant; act for the sake of Your greatness and glory, act for the sake of Your Torah; act for the sake of Your majesty; act for the sake of Your Temple; act for the sake of Your remembrance; act for the sake of Your kindness; act for the sake of Your goodness; act for the sake of Your Oneness; act for the sake of Your honor; act for the sake of Your teaching; act for the sake of Your kingship; act for the sake of Your eternity; act for the sake of Your esoteric lore; act for the sake of Your might; act for the sake of Your magnificence; act for the sake of Your righteousness; act for the sake of Your holiness; act for the sake of Your abounding mercies; act for the sake of Your Divine Presence; act for the sake of Your praise; act for the sake of Your beloved who rest in the dust; act for the sake of Abraham, Isaac and Jacob; act for the sake of Moses and Aaron; act for the sake of David and Solomon; act for the sake of Jerusalem, Your holy city; act for the sake of Zion, the abode of Your glory; act for the sake of Your Sanctuary which is in ruins; act for the sake of Your altar which is destroyed; act for the sake of those who were slain for Your holy Name; act for the sake of those who where slaughtered for Your Oneness; act for the sake of those who went through fire and water for the sanctification of Your Name; act for the sake of the sucklings who have not sinned; act for the sake of babes who have not transgressed; act for the sake of school-children; act for Your own sake, if not for ours; act for Your own sake and deliver us.

עננו Answer us, Lord, answer us; answer us, our God, answer us; answer us, our Father, answer us; answer us, our Creator, answer us; answer us, our Deliverer, answer us; answer us, You who seeks us, answer us; answer us, faithful God, answer us.

Answer us, mighty and kind One, answer us; answer us, pure and upright One, answer us; answer us, living and eternal One, answer us.

עֲנֵנוּ טוֹב וּמֵטִיב עֲנֵנוּ, עֲנֵנוּ יוֹדֵעַ יֵצֶר עֲנֵנוּ, עֲנֵנוּ כּוֹבֵשׁ
כְּעָסִים עֲנֵנוּ, עֲנֵנוּ לוֹבֵשׁ צְדָקוֹת עֲנֵנוּ, עֲנֵנוּ מֶלֶךְ מַלְכֵי
הַמְּלָכִים עֲנֵנוּ:

עֲנֵנוּ נוֹרָא וְנִשְׂגָּב עֲנֵנוּ, עֲנֵנוּ סוֹלֵחַ וּמוֹחֵל עֲנֵנוּ, עֲנֵנוּ עוֹנֶה
בְּעֵת צָרָה עֲנֵנוּ, עֲנֵנוּ פּוֹדֶה וּמַצִּיל עֲנֵנוּ, עֲנֵנוּ צַדִּיק וְיָשָׁר
עֲנֵנוּ:

עֲנֵנוּ קָרוֹב לְקוֹרְאָיו עֲנֵנוּ, עֲנֵנוּ קָשֶׁה לִכְעוֹס עֲנֵנוּ, עֲנֵנוּ
רַךְ לִרְצוֹת עֲנֵנוּ, עֲנֵנוּ רַחוּם וְחַנּוּן עֲנֵנוּ:

עֲנֵנוּ שׁוֹמֵעַ אֶל אֶבְיוֹנִים עֲנֵנוּ, עֲנֵנוּ תּוֹמֵךְ תְּמִימִים עֲנֵנוּ,
עֲנֵנוּ אֱלֹהֵי אֲבוֹתֵינוּ עֲנֵנוּ, עֲנֵנוּ אֱלֹהֵי אַבְרָהָם עֲנֵנוּ, עֲנֵנוּ
פַחַד יִצְחָק[1] עֲנֵנוּ, עֲנֵנוּ אֲבִיר יַעֲקֹב עֲנֵנוּ, עֲנֵנוּ עֶזְרַת
הַשְּׁבָטִים עֲנֵנוּ, עֲנֵנוּ מִשְׂגָּב אִמָּהוֹת עֲנֵנוּ, עֲנֵנוּ עוֹנֶה בְּעֵת
רָצוֹן עֲנֵנוּ, עֲנֵנוּ אֲבִי יְתוֹמִים עֲנֵנוּ, עֲנֵנוּ דַּיַּן אַלְמָנוֹת עֲנֵנוּ:

Chazzan concludes the paragraph aloud, as indicated.

מִי שֶׁעָנָה לְאַבְרָהָם אָבִינוּ בְּהַר הַמּוֹרִיָּה הוּא יַעֲנֵנוּ, מִי
שֶׁעָנָה לְיִצְחָק בְּנוֹ כְּשֶׁנֶּעֱקַד עַל גַּבֵּי הַמִּזְבֵּחַ הוּא
יַעֲנֵנוּ, מִי שֶׁעָנָה לְיַעֲקֹב בְּבֵית אֵל הוּא יַעֲנֵנוּ, מִי שֶׁעָנָה
לְיוֹסֵף בְּבֵית הָאֲסוּרִים הוּא יַעֲנֵנוּ, מִי שֶׁעָנָה לַאֲבוֹתֵינוּ
עַל יַם סוּף הוּא יַעֲנֵנוּ, מִי שֶׁעָנָה לְמֹשֶׁה בְּחוֹרֵב הוּא
יַעֲנֵנוּ, מִי שֶׁעָנָה לְאַהֲרֹן בַּמַּחְתָּה הוּא יַעֲנֵנוּ, מִי שֶׁעָנָה
לְפִינְחָס בְּקוּמוֹ מִתּוֹךְ הָעֵדָה הוּא יַעֲנֵנוּ, מִי שֶׁעָנָה
לִיהוֹשֻׁעַ בַּגִּלְגָּל הוּא יַעֲנֵנוּ, מִי שֶׁעָנָה לִשְׁמוּאֵל בַּמִּצְפָּה
הוּא יַעֲנֵנוּ, מִי שֶׁעָנָה לְדָוִד וּשְׁלֹמֹה בְנוֹ בִּירוּשָׁלַיִם הוּא
יַעֲנֵנוּ, מִי שֶׁעָנָה לְאֵלִיָּהוּ בְּהַר הַכַּרְמֶל הוּא יַעֲנֵנוּ, מִי

---

1. V. Genesis 31:42, 53.

Answer us, You who are good and does good, answer us;
answer us, You who knows our nature, answer us; answer us,
You who suppresses anger, answer us; answer us, You who are
garbed in righteousness, answer us; answer us, supreme King
of kings, answer us.

Answer us, awesome and exalted One, answer us; answer us,
You who pardons and forgives, answer us; answer us, You who
responds in time of distress, answer us; answer us, You who
redeems and saves, answer us; answer us, You who are right-
eous and upright, answer us.

Answer us, You who are close to those who call upon You,
answer us; answer us, You who are hard to anger, answer us;
answer us, You who are easy to placate, answer us; answer us,
You who are merciful and gracious, answer us.

Answer us, You who hearkens to the destitute, answer us;
answer us, You who supports the sincere ones, answer us;
answer us, God of our fathers, answer us; answer us, God of
Abraham, answer us; answer us, You who are the Fear of
Isaac,[1] answer us; answer us, Mighty One of Jacob, answer us;
answer us, You who aided the Tribes, answer us; answer us,
strength of our Matriarchs, answer us; answer us, You who
responds in a propitious time, answer us; answer us, Father
of orphans, answer us; answer us, judge of widows, answer us.

Chazzan concludes the paragraph aloud, as indicated.

מִי May He who answered our father Abraham on Mount
Moriah answer us. May He who answered Isaac his son when
he was bound on the altar answer us. May He who answered
Jacob in Bethel answer us. May He who answered Joseph in
prison answer us. May He who answered our fathers at the Sea
of Reeds answer us. May He who answered Moses at Chorev
answer us. May He who answered Aaron with the censer
answer us. May He who answered Pinchas when he rose from
the midst of the congregation answer us. May He who
answered Joshua in Gilgal answer us. May He who answered
Samuel in Mitzpah answer us. May He who answered David
and Solomon his son in Jerusalem answer us. May He who
answered Elijah on Mount Carmel answer us. May He who

שֶׁעָנָה לֶאֱלִישָׁע בִּירִיחוֹ הוּא יַעֲנֵנוּ, מִי שֶׁעָנָה לְיוֹנָה
בִּמְעֵי הַדָּגָה הוּא יַעֲנֵנוּ, מִי שֶׁעָנָה לְחִזְקִיָּהוּ מֶלֶךְ יְהוּדָה
בְּחָלְיוֹ הוּא יַעֲנֵנוּ, מִי שֶׁעָנָה לַחֲנַנְיָה מִישָׁאֵל וַעֲזַרְיָה
בְּתוֹךְ כִּבְשַׁן הָאֵשׁ הוּא יַעֲנֵנוּ, מִי שֶׁעָנָה לְדָנִיֵּאל בְּגוֹב
אֲרָיוֹת הוּא יַעֲנֵנוּ, מִי שֶׁעָנָה לְמָרְדְּכַי וְאֶסְתֵּר בְּשׁוּשַׁן
הַבִּירָה הוּא יַעֲנֵנוּ, מִי שֶׁעָנָה לְעֶזְרָא בַּגּוֹלָה הוּא יַעֲנֵנוּ,
Chazzan — מִי שֶׁעָנָה לְכָל הַצַּדִּיקִים וְהַחֲסִידִים וְהַתְּמִימִים
וְהַיְשָׁרִים הוּא יַעֲנֵנוּ:

רַחֲמָנָא דְעָנֵי לַעֲנִיֵּי עֲנֵינָא, רַחֲמָנָא דְעָנֵי לִתְבִירֵי לִבָּא
עֲנֵינָא, רַחֲמָנָא דְעָנֵי לְמַכִּיכֵי רוּחָא עֲנֵינָא,
רַחֲמָנָא עֲנֵינָא, רַחֲמָנָא חוּס, רַחֲמָנָא פְּרוֹק, רַחֲמָנָא שְׁזִיב,
רַחֲמָנָא רַחֵם עֲלָן, הַשְׁתָּא בַּעֲגָלָא וּבִזְמַן קָרִיב:

༄༅

AVINU MALKEINU

When Yom Kippur occurs on Shabbat אָבִינוּ מַלְכֵּנוּ is not said.

The following is said standing.

THE ARK IS OPENED.

אָבִינוּ מַלְכֵּנוּ חָטָאנוּ לְפָנֶיךָ:
אָבִינוּ מַלְכֵּנוּ אֵין לָנוּ מֶלֶךְ אֶלָּא אָתָּה:
אָבִינוּ מַלְכֵּנוּ עֲשֵׂה עִמָּנוּ לְמַעַן שְׁמֶךָ:
אָבִינוּ מַלְכֵּנוּ חַדֵּשׁ עָלֵינוּ שָׁנָה טוֹבָה:
אָבִינוּ מַלְכֵּנוּ בַּטֵּל מֵעָלֵינוּ כָּל גְּזֵרוֹת קָשׁוֹת:
אָבִינוּ מַלְכֵּנוּ בַּטֵּל מַחְשְׁבוֹת שׂוֹנְאֵינוּ:
אָבִינוּ מַלְכֵּנוּ הָפֵר עֲצַת אוֹיְבֵינוּ:
אָבִינוּ מַלְכֵּנוּ כַּלֵּה כָּל צַר וּמַסְטִין מֵעָלֵינוּ:
אָבִינוּ מַלְכֵּנוּ סְתוֹם פִּיּוֹת מַסְטִינֵינוּ וּמְקַטְרִיגֵינוּ:

answered Elisha in Jericho answer us. May He who answered Jonah in the bowels of the fish answer us. May He who answered Hezekiah King of Judah, in his illness answer us. May He who answered Chananyah, Mishael and Azariah in the fiery furnace answer us. May He who answered Daniel in the lion's den answer us. May He who answered Mordechai and Esther in Shushan the capital answer us. May He who answered Ezra in exile [in Babylonia] answer us. Chazzan: May He who answered all the righteous, pious, sincere and upright answer us.

רחמנא May the Merciful One who answers the poor answer us. May the Merciful One who answers the broken-hearted answer us. May the Merciful One who answers the humble of spirit answer us. Merciful One, answer; Merciful One, have pity; Merciful One, redeem; Merciful One, deliver; Merciful One, have compassion on us, now, speedily and very soon.

ᏇᎶ᷍Ꮽ᷍ᏽᎤ

AVINU MALKEINU

When Yom Kippur occurs on Shabbat *Avinu Malkeinu* is not said.

The following is said standing.

THE ARK IS OPENED.

אבינו Our Father, our King, we have sinned before You.

Our Father, our King, we have no King but You.

Our Father, our King, act [benevolently] with us for the sake of Your Name.

Our Father, our King, renew for us a good year.

Our Father, our King, remove from us all harsh decrees.

Our Father, our King, annul the intentions of our enemies.

Our Father, our King, foil the plans of our foes.

Our Father, our King, wipe out every oppressor and adversary from against us.

Our Father, our King, close the mouths of our adversaries and accusers.

אָבִינוּ מַלְכֵּנוּ כַּלֵּה דֶּבֶר וְחֶרֶב וְרָעָב וּשְׁבִי וּמַשְׁחִית מִבְּנֵי בְרִיתֶךָ:

אָבִינוּ מַלְכֵּנוּ מְנַע מַגֵּפָה מִנַּחֲלָתֶךָ:

אָבִינוּ מַלְכֵּנוּ סְלַח וּמְחוֹל לְכָל עֲוֹנוֹתֵינוּ:

אָבִינוּ מַלְכֵּנוּ מְחֵה וְהַעֲבֵר פְּשָׁעֵינוּ מִנֶּגֶד עֵינֶיךָ:

אָבִינוּ מַלְכֵּנוּ מְחוֹק בְּרַחֲמֶיךָ הָרַבִּים כָּל שִׁטְרֵי חוֹבוֹתֵינוּ:

אָבִינוּ מַלְכֵּנוּ הַחֲזִירֵנוּ בִּתְשׁוּבָה שְׁלֵמָה לְפָנֶיךָ:

אָבִינוּ מַלְכֵּנוּ שְׁלַח רְפוּאָה שְׁלֵמָה לְחוֹלֵי עַמֶּךָ:

אָבִינוּ מַלְכֵּנוּ קְרַע רוֹעַ גְּזַר דִּינֵנוּ:

אָבִינוּ מַלְכֵּנוּ זָכְרֵנוּ בְּזִכָּרוֹן טוֹב לְפָנֶיךָ:

אָבִינוּ מַלְכֵּנוּ כָּתְבֵנוּ בְּסֵפֶר חַיִּים טוֹבִים:

אָבִינוּ מַלְכֵּנוּ כָּתְבֵנוּ בְּסֵפֶר גְּאֻלָּה וִישׁוּעָה:

אָבִינוּ מַלְכֵּנוּ כָּתְבֵנוּ בְּסֵפֶר פַּרְנָסָה וְכַלְכָּלָה:

אָבִינוּ מַלְכֵּנוּ כָּתְבֵנוּ בְּסֵפֶר זְכִיּוֹת:

אָבִינוּ מַלְכֵּנוּ כָּתְבֵנוּ בְּסֵפֶר סְלִיחָה וּמְחִילָה:

אָבִינוּ מַלְכֵּנוּ הַצְמַח לָנוּ יְשׁוּעָה בְּקָרוֹב:

אָבִינוּ מַלְכֵּנוּ הָרֵם קֶרֶן יִשְׂרָאֵל עַמֶּךָ:

אָבִינוּ מַלְכֵּנוּ הָרֵם קֶרֶן מְשִׁיחֶךָ:

אָבִינוּ מַלְכֵּנוּ מַלֵּא יָדֵינוּ מִבִּרְכוֹתֶיךָ:

אָבִינוּ מַלְכֵּנוּ מַלֵּא אֲסָמֵינוּ שָׂבָע:

אָבִינוּ מַלְכֵּנוּ שְׁמַע קוֹלֵנוּ חוּס וְרַחֵם עָלֵינוּ:

אָבִינוּ מַלְכֵּנוּ קַבֵּל בְּרַחֲמִים וּבְרָצוֹן אֶת תְּפִלָּתֵנוּ:

Our Father, our King, remove pestilence, sword, famine, captivity, and destruction from the members of Your covenant.

Our Father, our King, withhold the plague from Your inheritance.

Our Father, our King, pardon and forgive all our iniquities.

Our Father, our King, blot out and remove our transgressions from before Your eyes.

Our Father, our King, erase in Your abounding mercies all the records of our debts [sins].

Our Father, our King, bring us back to You in wholehearted repentance.

Our Father, our King, send a complete healing to the sick of Your people.

Our Father, our King, rend the evil [aspect] of the verdict decreed against us.

Our Father, our King, remember us with a favorable remembrance before You.

Our Father, our King, inscribe us in the book of good life.

Our Father, our King, inscribe us in the book of redemption and deliverance.

Our Father, our King, inscribe us in the book of livelihood and sustenance.

Our Father, our King, inscribe us in the book of merits.

Our Father, our King, inscribe us in the book of pardon and forgiveness.

Our Father, our King, cause deliverance to flourish for us soon.

Our Father, our King, exalt the glory of Israel Your people.

Our Father, our King, exalt the glory of Your anointed one.

Our Father, our King, fill our hands with Your blessings.

Our Father, our King, fill our storehouses with plenty.

Our Father, our King, hear our voice, have pity and compassion upon us.

Our Father, our King, accept our prayer with mercy and with favor.

אָבִינוּ מַלְכֵּנוּ פְּתַח שַׁעֲרֵי שָׁמַיִם לִתְפִלָּתֵנוּ:

אָבִינוּ מַלְכֵּנוּ זְכוֹר כִּי עָפָר אֲנָחְנוּ:

אָבִינוּ מַלְכֵּנוּ נָא אַל תְּשִׁיבֵנוּ רֵיקָם מִלְּפָנֶיךָ:

אָבִינוּ מַלְכֵּנוּ תְּהֵא הַשָּׁעָה הַזֹּאת שְׁעַת רַחֲמִים וְעֵת
רָצוֹן מִלְּפָנֶיךָ:

אָבִינוּ מַלְכֵּנוּ חֲמוֹל עָלֵינוּ וְעַל עוֹלָלֵינוּ וְטַפֵּנוּ:

אָבִינוּ מַלְכֵּנוּ עֲשֵׂה לְמַעַן הֲרוּגִים עַל שֵׁם קָדְשֶׁךָ:

אָבִינוּ מַלְכֵּנוּ עֲשֵׂה לְמַעַן טְבוּחִים עַל יִחוּדֶךָ:

אָבִינוּ מַלְכֵּנוּ עֲשֵׂה לְמַעַן בָּאֵי בָאֵשׁ וּבַמַּיִם עַל קִדּוּשׁ
שְׁמֶךָ:

אָבִינוּ מַלְכֵּנוּ נְקוֹם נִקְמַת דַּם עֲבָדֶיךָ הַשָּׁפוּךְ:

אָבִינוּ מַלְכֵּנוּ עֲשֵׂה לְמַעַנְךָ אִם לֹא לְמַעֲנֵנוּ:

אָבִינוּ מַלְכֵּנוּ עֲשֵׂה לְמַעַנְךָ וְהוֹשִׁיעֵנוּ:

אָבִינוּ מַלְכֵּנוּ עֲשֵׂה לְמַעַן רַחֲמֶיךָ הָרַבִּים:

אָבִינוּ מַלְכֵּנוּ עֲשֵׂה לְמַעַן שִׁמְךָ הַגָּדוֹל הַגִּבּוֹר וְהַנּוֹרָא
שֶׁנִּקְרָא עָלֵינוּ:

אָבִינוּ מַלְכֵּנוּ חָנֵּנוּ וַעֲנֵנוּ כִּי אֵין בָּנוּ מַעֲשִׂים עֲשֵׂה עִמָּנוּ
צְדָקָה וָחֶסֶד וְהוֹשִׁיעֵנוּ:

THE ARK IS CLOSED.

לְדָוִד מִזְמוֹר, לַיְיָ הָאָרֶץ וּמְלוֹאָהּ, תֵּבֵל וְיֹשְׁבֵי בָהּ: כִּי
הוּא עַל יַמִּים יְסָדָהּ, וְעַל נְהָרוֹת יְכוֹנְנֶהָ: מִי יַעֲלֶה
בְהַר יְיָ, וּמִי יָקוּם בִּמְקוֹם קָדְשׁוֹ: נְקִי כַפַּיִם וּבַר לֵבָב, אֲשֶׁר
לֹא נָשָׂא לַשָּׁוְא נַפְשִׁי, וְלֹא נִשְׁבַּע לְמִרְמָה: יִשָּׂא בְרָכָה
מֵאֵת יְיָ, וּצְדָקָה מֵאֱלֹהֵי יִשְׁעוֹ: זֶה דּוֹר דֹּרְשָׁיו, מְבַקְשֵׁי

Our Father, our King, open the gates of heaven to our prayer.

Our Father, our King, let it be remembered that we are but dust.

Our Father, our King, we beseech You, do not turn us away from You empty-handed.

Our Father, our King, may this hour be an hour of mercy and a time of favor before You.

Our Father, our King, have compassion upon us, and upon our infants and children.

Our Father, our King, do it for the sake of those who were slain for Your holy Name.

Our Father, our King, do it for the sake of those who were slaughtered for Your Oneness.

Our Father, our King, do it for the sake of those who went through fire and water for the sanctification of Your Name.

Our Father, our King, avenge the spilled blood of Your servants.

Our Father, our King, do it for Your sake, if not for ours.

Our Father, our King, do it for Your sake, and deliver us.

Our Father, our King, do it for the sake of Your abounding mercies.

Our Father, our King, do it for the sake of Your great, mighty and awesome Name which is proclaimed over us.

Our Father, our King, be gracious to us and answer us, for we have no meritorious deeds; deal charitably and kindly with us and deliver us.

THE ARK IS CLOSED.

Transliteration, page 444.

לְדָוִד By David, a Psalm. The earth and all therein is the Lord's, the world and its inhabitants. For He has founded it upon the seas, and established it upon the rivers. Who may ascend the mountain of the Lord, and who may stand in His holy place? He who has clean hands and a pure heart, who has not used My Name in vain or sworn falsely. He shall receive a blessing from the Lord, and kindness from God, his deliverer. Such is the generation of those who search for Him, [the

פָּנֶיךָ יַעֲקֹב סֶלָה: שְׂאוּ שְׁעָרִים רָאשֵׁיכֶם, וְהִנָּשְׂאוּ פִּתְחֵי
עוֹלָם, וְיָבוֹא מֶלֶךְ הַכָּבוֹד: מִי זֶה מֶלֶךְ הַכָּבוֹד, יְיָ עִזּוּז
וְגִבּוֹר, יְיָ גִּבּוֹר מִלְחָמָה: שְׂאוּ שְׁעָרִים רָאשֵׁיכֶם, וּשְׂאוּ
פִּתְחֵי עוֹלָם, וְיָבֹא מֶלֶךְ הַכָּבוֹד: מִי הוּא זֶה מֶלֶךְ הַכָּבוֹד,
יְיָ צְבָאוֹת הוּא מֶלֶךְ הַכָּבוֹד סֶלָה:¹

Chazzan recites Complete Kaddish. Congregation responds אָמֵן as indicated.

יִתְגַּדַּל וְיִתְקַדַּשׁ שְׁמֵהּ רַבָּא. (אָמֵן —Cong.) בְּעָלְמָא דִי
בְרָא כִרְעוּתֵהּ וְיַמְלִיךְ מַלְכוּתֵהּ, וְיַצְמַח
פּוּרְקָנֵהּ וִיקָרֵב מְשִׁיחֵהּ. (אָמֵן —Cong.) בְּחַיֵּיכוֹן וּבְיוֹמֵיכוֹן
וּבְחַיֵּי דְכָל בֵּית יִשְׂרָאֵל, בַּעֲגָלָא וּבִזְמַן קָרִיב וְאִמְרוּ
אָמֵן:

(Cong.— אָמֵן. יְהֵא שְׁמֵהּ רַבָּא מְבָרַךְ לְעָלַם וּלְעָלְמֵי עָלְמַיָּא, יִתְבָּרַךְ.)

יְהֵא שְׁמֵהּ רַבָּא מְבָרַךְ לְעָלַם וּלְעָלְמֵי עָלְמַיָּא, יִתְבָּרַךְ,
וְיִשְׁתַּבַּח, וְיִתְפָּאַר, וְיִתְרוֹמַם, וְיִתְנַשֵּׂא, וְיִתְהַדָּר וְיִתְעַלֶּה,
וְיִתְהַלָּל, שְׁמֵהּ דְּקוּדְשָׁא בְּרִיךְ הוּא. (אָמֵן —Cong.) לְעֵלָּא
מִן כָּל בִּרְכָתָא וְשִׁירָתָא, תֻּשְׁבְּחָתָא וְנֶחֱמָתָא, דַּאֲמִירָן
בְּעָלְמָא, וְאִמְרוּ אָמֵן: (אָמֵן —Cong.)

תִּתְקַבֵּל צְלוֹתְהוֹן וּבָעוּתְהוֹן דְּכָל בֵּית יִשְׂרָאֵל, קֳדָם
אֲבוּהוֹן דִּי בִשְׁמַיָּא, וְאִמְרוּ אָמֵן: (אָמֵן —Cong.) יְהֵא
שְׁלָמָא רַבָּא מִן שְׁמַיָּא וְחַיִּים טוֹבִים עָלֵינוּ וְעַל כָּל
יִשְׂרָאֵל, וְאִמְרוּ אָמֵן: (אָמֵן —Cong.)

Take three steps back, then bow right saying עֹשֶׂה הַשָּׁלוֹם בִּמְרוֹמָיו, bow forward
saying הוּא, bow left saying יַעֲשֶׂה שָׁלוֹם עָלֵינוּ, and bow forward saying וְעַל כָּל
יִשְׂרָאֵל, וְאִמְרוּ אָמֵן.

עֹשֶׂה הַשָּׁלוֹם בִּמְרוֹמָיו, הוּא יַעֲשֶׂה שָׁלוֹם עָלֵינוּ וְעַל
כָּל יִשְׂרָאֵל, וְאִמְרוּ אָמֵן: (אָמֵן —Cong.)

---
1. Psalm 24.

children of] Jacob who seek Your countenance forever. Lift up your heads, O gates, and be lifted up, eternal doors, so the glorious King may enter. Who is the glorious King? The Lord, strong and mighty; the Lord, mighty in battle. Lift up your heads, O gates; lift them up, eternal doors, so the glorious King may enter. Who is the glorious King? The Lord of hosts, He is the glorious King for all eternity.[1]

Chazzan recites Complete Kaddish. Congregation responds Amen as indicated.

יִתְגַּדַּל Exalted and hallowed be His great Name (Cong: Amen) throughout the world which He has created according to His will. May He establish His kingship, bring forth His redemption and hasten the coming of His Mashiach (Cong: Amen) in your lifetime and in your days and in the lifetime of the entire House of Israel, speedily and soon, and say, Amen.

(Cong: Amen. May His great Name be blessed forever and to all eternity. Blessed.)

May His great Name be blessed forever and to all eternity. Blessed and praised, glorified, exalted and extolled, honored, adored and lauded be the Name of the Holy One, blessed be He, (Cong: Amen) beyond all the blessings, hymns, praises and consolations that are uttered in the world; and say, Amen. (Cong: Amen)

May the prayers and supplications of the entire House of Israel be accepted before their Father in heaven; and say, Amen. (Cong: Amen) May there be abundant peace from heaven, and a good life for us and for all Israel; and say, Amen. (Cong: Amen)

Take three steps back, then bow right saying *He who makes the peace in His Heavens*, bow forward saying *may He*, bow left saying *make peace for us*, and bow forward saying *and for all Israel; and say, Amen.*

He who makes the peace in His heavens, may He make peace for us and for all Israel; and say, Amen. (Cong: Amen)

On a weeknight, continue with עָלֵינוּ, next page.

On Friday night, add the following:

מִזְמוֹר לְדָוִד, יְיָ רֹעִי לֹא אֶחְסָר: בִּנְאוֹת דֶּשֶׁא יַרְבִּיצֵנִי, עַל
מֵי מְנֻחוֹת יְנַהֲלֵנִי: נַפְשִׁי יְשׁוֹבֵב, יַנְחֵנִי בְמַעְגְּלֵי
צֶדֶק לְמַעַן שְׁמוֹ: גַּם כִּי אֵלֵךְ בְּגֵיא צַלְמָוֶת לֹא אִירָא רָע,
כִּי אַתָּה עִמָּדִי, שִׁבְטְךָ וּמִשְׁעַנְתֶּךָ הֵמָּה יְנַחֲמֻנִי: תַּעֲרֹךְ לְפָנַי
שֻׁלְחָן נֶגֶד צֹרְרָי, דִּשַּׁנְתָּ בַשֶּׁמֶן רֹאשִׁי, כּוֹסִי רְוָיָה: אַךְ טוֹב
וָחֶסֶד יִרְדְּפוּנִי כָּל יְמֵי חַיָּי, וְשַׁבְתִּי בְּבֵית יְיָ לְאֹרֶךְ יָמִים:[1]

Chazzan recites Half Kaddish. Congregation responds אָמֵן as indicated.

יִתְגַּדַּל וְיִתְקַדַּשׁ שְׁמֵהּ רַבָּא. (Cong.—אָמֵן) בְּעָלְמָא דִּי
בְרָא כִרְעוּתֵהּ וְיַמְלִיךְ מַלְכוּתֵהּ, וְיַצְמַח
פּוּרְקָנֵהּ וִיקָרֵב מְשִׁיחֵהּ. (Cong.—אָמֵן) בְּחַיֵּיכוֹן וּבְיוֹמֵיכוֹן
וּבְחַיֵּי דְכָל בֵּית יִשְׂרָאֵל, בַּעֲגָלָא וּבִזְמַן קָרִיב וְאִמְרוּ
אָמֵן:

(Cong.—אָמֵן. יְהֵא שְׁמֵהּ רַבָּא מְבָרַךְ לְעָלַם וּלְעָלְמֵי עָלְמַיָּא, יִתְבָּרַךְ.)

יְהֵא שְׁמֵהּ רַבָּא מְבָרַךְ לְעָלַם וּלְעָלְמֵי עָלְמַיָּא, יִתְבָּרַךְ,
וְיִשְׁתַּבַּח, וְיִתְפָּאַר, וְיִתְרוֹמַם, וְיִתְנַשֵּׂא, וְיִתְהַדָּר, וְיִתְעַלֶּה,
וְיִתְהַלָּל, שְׁמֵהּ דְּקוּדְשָׁא בְּרִיךְ הוּא. (Cong.—אָמֵן) לְעֵלָּא
מִן כָּל בִּרְכָתָא וְשִׁירָתָא, תֻּשְׁבְּחָתָא וְנֶחֱמָתָא, דַּאֲמִירָן
בְּעָלְמָא, וְאִמְרוּ אָמֵן: (Cong.—אָמֵן)

Congregation and chazzan bow as chazzan says:

בָּרְכוּ אֶת יְיָ הַמְבֹרָךְ:

Congregation and chazzan. Bow at בָּרוּךְ, straighten up at יְיָ:

בָּרוּךְ יְיָ הַמְבֹרָךְ לְעוֹלָם וָעֶד:

Do not respond אָמֵן.

---

1. Psalm 23.

On a weeknight, continue with *Aleinu*, next page.

On Friday night, add the following:

מזמור A Psalm by David. The Lord is my shepherd, I shall lack nothing. He makes me lie down in green pastures; He leads me beside still waters. He revives my soul; He directs me in paths of righteousness for the sake of His Name. Even if I will walk in the valley of the shadow of death, I will fear no evil, for You are with me; Your rod and Your staff—they will comfort me. You will prepare a table for me before my enemies; You have anointed my head with oil; my cup is full. Only goodness and kindness shall follow me all the days of my life, and I shall dwell in the House of the Lord for many long years.[1]

Chazzan recites Half Kaddish. Congregation responds Amen as indicated.

יתגדל Exalted and hallowed be His great Name (Cong: Amen) throughout the world which He has created according to His will. May He establish His kingship, bring forth His redemption and hasten the coming of His Mashiach (Cong: Amen) in your lifetime and in your days and in the lifetime of the entire House of Israel, speedily and soon, and say, Amen.

(Cong: Amen. May His great Name be blessed forever and to all eternity. Blessed.)

May His great Name be blessed forever and to all eternity. Blessed and praised, glorified, exalted and extolled, honored, adored and lauded be the Name of the Holy One, blessed be He, (Cong: Amen) beyond all the blessings, hymns, praises and consolations that are uttered in the world; and say, Amen. (Cong: Amen)

Congregation and chazzan bow as chazzan says:

ברכו *Bö-r'chu es adonöy ha-m'voröch.*

Congregation and chazzan. Bow at *Böruch*, straighten up at *adonöy*:

ברוך *Böruch adonöy ha-m'voröch l'olöm vö-ed.*

Do not respond Amen.

ברכו Bless the Lord who is blessed. ברוך Blessed be the Lord who is blessed for all eternity.

Stand while reciting עָלֵינוּ.

עָלֵינוּ לְשַׁבֵּחַ לַאֲדוֹן הַכֹּל, לָתֵת גְּדֻלָּה לְיוֹצֵר בְּרֵאשִׁית, שֶׁלֹּא עָשָׂנוּ כְּגוֹיֵי הָאֲרָצוֹת, וְלֹא שָׂמָנוּ כְּמִשְׁפְּחוֹת הָאֲדָמָה, שֶׁלֹּא שָׂם חֶלְקֵנוּ כָּהֶם, וְגוֹרָלֵנוּ כְּכָל הֲמוֹנָם, שֶׁהֵם מִשְׁתַּחֲוִים לְהֶבֶל וְלָרִיק. וַאֲנַחְנוּ כּוֹרְעִים וּמִשְׁתַּחֲוִים וּמוֹדִים לִפְנֵי מֶלֶךְ מַלְכֵי הַמְּלָכִים, הַקָּדוֹשׁ בָּרוּךְ הוּא. שֶׁהוּא נוֹטֶה שָׁמַיִם וְיוֹסֵד אָרֶץ, וּמוֹשַׁב יְקָרוֹ בַּשָּׁמַיִם מִמַּעַל, וּשְׁכִינַת עֻזּוֹ בְּגָבְהֵי מְרוֹמִים. הוּא אֱלֹהֵינוּ אֵין עוֹד, אֱמֶת מַלְכֵּנוּ, אֶפֶס זוּלָתוֹ, כַּכָּתוּב בְּתוֹרָתוֹ:¹ וְיָדַעְתָּ הַיּוֹם וַהֲשֵׁבֹתָ אֶל לְבָבֶךָ, כִּי יְיָ הוּא הָאֱלֹהִים, בַּשָּׁמַיִם מִמַּעַל וְעַל הָאָרֶץ מִתָּחַת, אֵין עוֹד:²

וְעַל כֵּן נְקַוֶּה לְּךָ יְיָ אֱלֹהֵינוּ, לִרְאוֹת מְהֵרָה בְּתִפְאֶרֶת עֻזֶּךָ, לְהַעֲבִיר גִּלּוּלִים מִן הָאָרֶץ, וְהָאֱלִילִים כָּרוֹת יִכָּרֵתוּן, לְתַקֵּן עוֹלָם בְּמַלְכוּת שַׁדַּי, וְכָל בְּנֵי בָשָׂר יִקְרְאוּ בִשְׁמֶךָ, לְהַפְנוֹת אֵלֶיךָ כָּל רִשְׁעֵי אָרֶץ. יַכִּירוּ וְיֵדְעוּ כָּל יוֹשְׁבֵי תֵבֵל, כִּי לְךָ תִּכְרַע כָּל בֶּרֶךְ, תִּשָּׁבַע כָּל לָשׁוֹן. לְפָנֶיךָ יְיָ אֱלֹהֵינוּ יִכְרְעוּ וְיִפֹּלוּ, וְלִכְבוֹד שִׁמְךָ יְקָר יִתֵּנוּ. וִיקַבְּלוּ כֻלָּם אֶת עוֹל מַלְכוּתֶךָ, וְתִמְלוֹךְ עֲלֵיהֶם מְהֵרָה לְעוֹלָם וָעֶד. כִּי הַמַּלְכוּת שֶׁלְּךָ הִיא, וּלְעוֹלְמֵי עַד תִּמְלוֹךְ בְּכָבוֹד, כַּכָּתוּב בְּתוֹרָתֶךָ: יְיָ יִמְלֹךְ לְעוֹלָם וָעֶד:³ וְנֶאֱמַר: וְהָיָה יְיָ לְמֶלֶךְ עַל כָּל הָאָרֶץ, בַּיּוֹם הַהוּא יִהְיֶה יְיָ אֶחָד וּשְׁמוֹ אֶחָד:⁴

---

1. Deuteronomy 4:39. 2. For further elucidation, see Tanya, part II, ch. 6. 3. Exodus 15:18.
4. Zechariah 14:9.

Stand while reciting *Aleinu*.
Transliteration, page 438.

עָלֵינוּ It is incumbent upon us to praise the Master of all things, to exalt the Creator of all existence, that He has not made us like the nations of the world, nor caused us to be like the families of the earth; that He has not assigned us a portion like theirs, nor a lot like that of all their multitudes, for they bow to vanity and nothingness. But we bend the knee, bow down, and offer praise before the supreme King of kings, the Holy One, blessed be He, who stretches forth the heavens and establishes the earth, the seat of whose glory is in the heavens above and the abode of whose majesty is in the loftiest heights. He is our God; there is none else. Truly, He is our King; there is nothing besides Him, as it is written in His Torah:[1] Know this day and take unto your heart that the Lord is God; in the heavens above and upon the earth below there is nothing else.[2]

וְעַל And therefore we hope to You, Lord our God, that we may speedily behold the splendor of Your might, to banish idolatry from the earth—and false gods will be utterly destroyed; to perfect the world under the sovereignty of the Almighty. All mankind shall invoke Your Name, to turn to You all the wicked of the earth. Then all the inhabitants of the world will recognize and know that every knee should bend to You, every tongue should swear [by Your Name]. Before You, Lord our God, they will bow and prostrate themselves, and give honor to the glory of Your Name; and they will all take upon themselves the yoke of Your kingdom. May You soon reign over them forever and ever, for Kingship is Yours, and to all eternity You will reign in glory, as it is written in Your Torah: The Lord will reign forever and ever.[3] And it is said: The Lord shall be King over the entire earth; on that day the Lord shall be One and His Name One.[4]

MOURNER'S KADDISH

Mourners recite the following Kaddish.
Congregation responds אָמֵן as indicated.

יִתְגַּדַּל וְיִתְקַדַּשׁ שְׁמֵהּ רַבָּא. (אָמֵן —.Cong) בְּעָלְמָא דִּי בְרָא
כִרְעוּתֵהּ וְיַמְלִיךְ מַלְכוּתֵהּ, וְיַצְמַח פּוּרְקָנֵהּ וִיקָרֵב
מְשִׁיחֵהּ. (אָמֵן —.Cong) בְּחַיֵּיכוֹן וּבְיוֹמֵיכוֹן וּבְחַיֵּי דְכָל בֵּית
יִשְׂרָאֵל, בַּעֲגָלָא וּבִזְמַן קָרִיב וְאִמְרוּ אָמֵן:

(אָמֵן. יְהֵא שְׁמֵהּ רַבָּא מְבָרַךְ לְעָלַם וּלְעָלְמֵי עָלְמַיָּא, יִתְבָּרַךְ. —.Cong)

יְהֵא שְׁמֵהּ רַבָּא מְבָרַךְ לְעָלַם וּלְעָלְמֵי עָלְמַיָּא, יִתְבָּרַךְ,
וְיִשְׁתַּבַּח, וְיִתְפָּאַר, וְיִתְרוֹמַם, וְיִתְנַשֵּׂא, וְיִתְהַדָּר, וְיִתְעַלֶּה,
וְיִתְהַלָּל, שְׁמֵהּ דְּקוּדְשָׁא בְּרִיךְ הוּא. (אָמֵן —.Cong)

לְעֵלָּא מִן כָּל בִּרְכָתָא וְשִׁירָתָא, תֻּשְׁבְּחָתָא וְנֶחֱמָתָא,
דַּאֲמִירָן בְּעָלְמָא, וְאִמְרוּ אָמֵן: (אָמֵן —.Cong) יְהֵא שְׁלָמָא
רַבָּא מִן שְׁמַיָּא וְחַיִּים טוֹבִים עָלֵינוּ וְעַל כָּל יִשְׂרָאֵל, וְאִמְרוּ
אָמֵן: (אָמֵן —.Cong)

Take three steps back, then bow right saying עֹשֶׂה הַשָּׁלוֹם בִּמְרוֹמָיו, bow forward saying הוּא,
bow left saying עָלֵינוּ שָׁלוֹם יַעֲשֶׂה, and bow forward saying וְעַל כָּל יִשְׂרָאֵל, וְאִמְרוּ אָמֵן.

עֹשֶׂה הַשָּׁלוֹם בִּמְרוֹמָיו, הוּא יַעֲשֶׂה שָׁלוֹם עָלֵינוּ וְעַל כָּל
יִשְׂרָאֵל, וְאִמְרוּ אָמֵן: (אָמֵן —.Cong)

אַל תִּירָא מִפַּחַד פִּתְאֹם, וּמִשֹּׁאַת רְשָׁעִים כִּי תָבֹא:¹
עֻצוּ עֵצָה וְתֻפָר, דַּבְּרוּ דָבָר וְלֹא יָקוּם, כִּי עִמָּנוּ
אֵל:² וְעַד זִקְנָה אֲנִי הוּא, וְעַד שֵׂיבָה אֲנִי אֶסְבֹּל; אֲנִי
עָשִׂיתִי וַאֲנִי אֶשָּׂא וַאֲנִי אֶסְבֹּל וַאֲמַלֵּט:³
אַךְ צַדִּיקִים יוֹדוּ לִשְׁמֶךָ, יֵשְׁבוּ יְשָׁרִים אֶת פָּנֶיךָ:⁴

---
1. Proverbs 3:25. **2.** Isaiah 8:10. **3.** Ibid. 46:4. **4.** Psalms 140:14.

Mourners recite the following Kaddish (translation on page 480).
Congregation responds Amen as indicated.

יִתְגַדַּל *Yis-gadal v'yis-kadash sh'mayh rabö.* (Cong: *Ömayn*)

B'öl'mö di v'rö chir'u-sayh v'yamlich mal'chusayh, v'yatzmach pur-könayh viközrayv m'shi-chayh. (Cong: *Ömayn*)

B'cha-yay-chon u-v'yomaychon u-v'cha-yay d'chöl bays yisrö-ayl, ba-agölö u-viz'man köriv v'im'ru ömayn.

(Cong: *Ömayn. Y'hay sh'mayh rabö m'vörach l'ölam u-l'öl'may öl'ma-yö, yisböraych.*)

Y'hay sh'mayh rabö m'vörach l'ölam u-l'öl'may öl'ma-yö. Yisböraych, v'yishtabach, v'yispö-ayr, v'yisromöm, v'yis-nasay, v'yis-hadör, v'yis-aleh, v'yis-halöl, sh'mayh d'kudshö b'rich hu. (Cong: *Ömayn*)

L'aylö min köl bir-chösö v'shirösö, tush-b'chösö v'neche-mösö, da-amirön b'öl'mö, v'im'ru ömayn. (Cong: *Ömayn*)

Y'hay sh'lömö rabö min sh'ma-yö, v'cha-yim tovim ölaynu v'al köl yisrö-ayl v'im'ru ömayn. (Cong: *Ömayn*)

Take three steps back, then bow right saying *Oseh ha-shölom bim'romöv,* bow forward saying *hu,* bow left saying *ya-aseh shölom ölaynu,* and bow forward saying *v'al köl yisrö-ayl, v'im'ru ömayn.*

Oseh ha-shölom bim'romöv, hu ya-a-seh shölom ölaynu v'al köl yisrö-ayl, v'im'ru ömayn. (Cong: *Ömayn*)

אַל Do not fear sudden terror, nor the destruction of the wicked when it comes.[1] Contrive a scheme, but it will be foiled; conspire a plot, but it will not materialize, for God is with us.[2] To your old age I am [with you]; to your hoary years I will sustain you; I have made you, and I will carry you; I will sustain you and deliver you.[3]

אַךְ Indeed, the righteous will extol Your Name; the upright will dwell in Your presence.[4]

It is proper to spend the night of Yom Kippur studying Torah.

After Maariv, one should recite the first four chapters of Tehillim, for they contain 310 words—the numerical value of the word קרי (impurity). The first and last letters of these chapters equal 131—the numerical value of the word סמא״ל. This is done to avoid impurity.

The Tetragrammaton is recited in the usual manner; however, have in mind the vocalization of it in Hebrew, which corresponds to the word בְּבְרִית.

א אַשְׁרֵי הָאִישׁ אֲשֶׁר לֹא הָלַךְ בַּעֲצַת רְשָׁעִים, וּבְדֶרֶךְ חַטָּאִים לֹא עָמָד, וּבְמוֹשַׁב לֵצִים לֹא יָשָׁב: כִּי אִם בְּתוֹרַת יְהוָה חֶפְצוֹ, וּבְתוֹרָתוֹ יֶהְגֶּה יוֹמָם וָלָיְלָה: וְהָיָה כְּעֵץ שָׁתוּל עַל פַּלְגֵי מָיִם, אֲשֶׁר פִּרְיוֹ יִתֵּן בְּעִתּוֹ וְעָלֵהוּ לֹא יִבּוֹל, וְכֹל אֲשֶׁר יַעֲשֶׂה יַצְלִיחַ: לֹא כֵן הָרְשָׁעִים, כִּי אִם כַּמֹּץ אֲשֶׁר תִּדְּפֶנּוּ רוּחַ: עַל כֵּן לֹא יָקֻמוּ רְשָׁעִים בַּמִּשְׁפָּט, וְחַטָּאִים בַּעֲדַת צַדִּיקִים: כִּי יוֹדֵעַ יְהוָה דֶּרֶךְ צַדִּיקִים, וְדֶרֶךְ רְשָׁעִים תֹּאבֵד:

ב לָמָּה רָגְשׁוּ גוֹיִם, וּלְאֻמִּים יֶהְגּוּ רִיק: יִתְיַצְּבוּ מַלְכֵי אֶרֶץ וְרוֹזְנִים נוֹסְדוּ יָחַד, עַל יְהוָה וְעַל מְשִׁיחוֹ: נְנַתְּקָה אֶת מוֹסְרוֹתֵימוֹ, וְנַשְׁלִיכָה מִמֶּנּוּ עֲבֹתֵימוֹ: יוֹשֵׁב בַּשָּׁמַיִם יִשְׂחָק, אֲדֹנָי יִלְעַג לָמוֹ: אָז יְדַבֵּר אֵלֵימוֹ בְאַפּוֹ, וּבַחֲרוֹנוֹ יְבַהֲלֵמוֹ: וַאֲנִי נָסַכְתִּי מַלְכִּי, עַל צִיּוֹן הַר קָדְשִׁי: אֲסַפְּרָה אֶל חֹק, יְהוָה אָמַר אֵלַי בְּנִי אַתָּה, אֲנִי הַיּוֹם יְלִדְתִּיךָ: שְׁאַל מִמֶּנִּי וְאֶתְּנָה גוֹיִם נַחֲלָתֶךָ, וַאֲחֻזָּתְךָ אַפְסֵי אָרֶץ: תְּרֹעֵם בְּשֵׁבֶט בַּרְזֶל, כִּכְלִי יוֹצֵר תְּנַפְּצֵם: וְעַתָּה מְלָכִים הַשְׂכִּילוּ, הִוָּסְרוּ שֹׁפְטֵי אָרֶץ: עִבְדוּ אֶת יְהוָה בְּיִרְאָה, וְגִילוּ בִּרְעָדָה: נַשְּׁקוּ בַר פֶּן יֶאֱנַף וְתֹאבְדוּ דֶרֶךְ כִּי יִבְעַר כִּמְעַט אַפּוֹ, אַשְׁרֵי כָּל חוֹסֵי בוֹ:

ג מִזְמוֹר לְדָוִד, בְּבָרְחוֹ מִפְּנֵי אַבְשָׁלוֹם בְּנוֹ: יְהוָה | מָה רַבּוּ צָרָי, רַבִּים קָמִים עָלָי: רַבִּים אֹמְרִים לְנַפְשִׁי, אֵין

It is proper to spend the night of Yom Kippur studying Torah.

After Maariv, one should recite the first four chapters of Tehillim, for they contain 310 words—the numerical value of the word *keri* (impurity). The first and last letters of these chapters equal 131—the numerical value of the word *sma'el*. This is done to avoid impurity. The Tetragrammaton is recited in the usual manner; however, have in mind the vocalization of it in Hebrew, which corresponds to the word *bivrit*.

1. אשרי Happy is the man who has not walked in the counsel of the wicked, nor stood in the path of sinners, nor sat in the company of scoffers. But rather his desire is in the Torah of the Lord, and in his Torah he meditates day and night. He will be like a tree planted near streams of water that yields its fruit in its proper season and whose leaf does not wither; and everything he does will succeed. Not so the wicked! They are like the chaff that the wind drives away. Therefore the wicked will not stand up in judgment, nor shall the sinner [be included] in the assembly of the righteous. For the Lord knows the way of the righteous, but the way of the wicked shall perish.

2. למה Why do nations gather in rage, and peoples scheme in vain! [Why do] the kings of the earth rise up, and rulers assemble together against the Lord and against His anointed, [saying:] "Let us remove their cords and cast off from us their ropes." He who sits in Heaven laughs; my Master mocks them. Then He speaks to them in His wrath, and terrifies them in His rage, [saying:] "It is I who have anointed My king, on Zion, My holy mountain!" It is incumbent upon me to declare: The Lord said to me, "You are My son, I have begotten you this day. Ask of Me, and I will make the nations your inheritance, and your possessions will extend to the furthermost corners of the earth. You will crush them with an iron rod, shatter them like a potter's vessel." And now, O kings, be wise; draw a lesson, you rulers of the earth! Serve the Lord in awe and rejoice with trembling. Hasten to purify [your heart] lest He be angered and you perish on the way, even if His wrath will blaze for a brief moment. Happy are all who put their trust in Him.

3. מזמור A Psalm by David when he fled from his son Avshalom. O Lord, how numerous are my adversaries; many rise up against me! Many say of my soul, "There is no salvation

יְשׁוּעָתָה לּוֹ בֵאלֹהִים סֶלָה: וְאַתָּה יהוה מָגֵן בַּעֲדִי,
כְּבוֹדִי וּמֵרִים רֹאשִׁי: קוֹלִי אֶל יהוה אֶקְרָא, וַיַּעֲנֵנִי מֵהַר
קָדְשׁוֹ סֶלָה: אֲנִי שָׁכַבְתִּי וָאִישָׁנָה, הֱקִיצוֹתִי כִּי יהוה
יִסְמְכֵנִי: לֹא אִירָא מֵרִבְבוֹת עָם, אֲשֶׁר סָבִיב שָׁתוּ עָלָי:
קוּמָה יהוה הוֹשִׁיעֵנִי אֱלֹהַי, כִּי הִכִּיתָ אֶת כָּל אֹיְבַי לֶחִי,
שִׁנֵּי רְשָׁעִים שִׁבַּרְתָּ: לַיהוה הַיְשׁוּעָה, עַל עַמְּךָ בִרְכָתֶךָ
סֶּלָה:

דּ לַמְנַצֵּחַ בִּנְגִינוֹת מִזְמוֹר לְדָוִד: בְּקָרְאִי עֲנֵנִי אֱלֹהֵי
צִדְקִי, בַּצָּר הִרְחַבְתָּ לִּי, חָנֵּנִי וּשְׁמַע תְּפִלָּתִי: בְּנֵי
אִישׁ, עַד מֶה כְבוֹדִי לִכְלִמָּה תֶּאֱהָבוּן רִיק, תְּבַקְשׁוּ כָזָב
סֶלָה: וּדְעוּ כִּי הִפְלָה יהוה חָסִיד לוֹ, יהוה יִשְׁמַע בְּקָרְאִי
אֵלָיו: רִגְזוּ וְאַל תֶּחֱטָאוּ, אִמְרוּ בִלְבַבְכֶם עַל מִשְׁכַּבְכֶם
וְדֹמּוּ סֶלָה: זִבְחוּ זִבְחֵי צֶדֶק, וּבִטְחוּ אֶל יהוה: רַבִּים
אֹמְרִים מִי יַרְאֵנוּ טוֹב, נְסָה עָלֵינוּ אוֹר פָּנֶיךָ יהוה:
נָתַתָּה שִׂמְחָה בְלִבִּי, מֵעֵת דְּגָנָם וְתִירוֹשָׁם רָבּוּ: בְּשָׁלוֹם
יַחְדָּו אֶשְׁכְּבָה וְאִישָׁן, כִּי אַתָּה יהוה לְבָדָד לָבֶטַח
תּוֹשִׁיבֵנִי:

Mourners recite Kaddish, page 412, followed by Mishnayot and Kaddish D'Rabbanan, page 413.

☙✣❧

PRAYER BEFORE RETIRING AT NIGHT

הַשְׁכִּיבֵנוּ אָבִינוּ לְשָׁלוֹם, וְהַעֲמִידֵנוּ מַלְכֵּנוּ לְחַיִּים
טוֹבִים וּלְשָׁלוֹם, וְתַקְּנֵנוּ בְּעֵצָה טוֹבָה
מִלְּפָנֶיךָ, וְהוֹשִׁיעֵנוּ מְהֵרָה לְמַעַן שְׁמֶךָ, וּפְרוֹשׂ עָלֵינוּ
סֻכַּת שְׁלוֹמֶךָ:

for him from God—ever!" But You, Lord, are a shield for me, my glory, and the One who raises my head. With my voice I call out to the Lord, and He answers me from His holy mountain forever. I lie down and sleep [peacefully]; I awake [in tranquility], for the Lord sustains me. I do not fear the myriads of people who have aligned themselves all around me. Arise, O Lord; deliver me, my God, for You have struck all my foes on the cheek; You have smashed the teeth of the wicked. Deliverance is the Lord's; may Your blessing be upon Your people forever.

4. למנצח For the Choirmaster, with instrumental music, a Psalm by David. Answer me when I call, O God [who knows] my righteousness; in distress You granted me abounding relief; be gracious to me and hear my prayer. O sons of men, how long will you put my honor to shame, will you love vanity, [and] always seek falsehood? Know that the Lord sets apart the pious for Himself; the Lord will hear when I call to Him. Tremble and do not sin; reflect in your hearts upon your bed, and be silent forever. Offer sacrifices in righteousness and put your trust in the Lord. Many say, "Who will show us good?" Lift up the light of Your countenance upon us, O Lord. You put joy in my heart when their grain and wine are in abundance. I will both lie down and sleep in peace, for You, Lord, will make me dwell alone, in security.

Mourners recite Kaddish, page 412, followed by Mishnayot and Kaddish D'Rabbanan, page 413.

ಲ⁊ಲ⅋⅊ೈ೦

PRAYER BEFORE RETIRING AT NIGHT

השכיבנו Our Father, let us lie down in peace; our King, raise us up to a good life and peace. Improve us with Your good counsel, help us speedily for the sake of Your Name, and spread over us the shelter of Your peace.

The Shema should be recited with intense concentration, especially the first two verses in which we accept the sovereignty of God. Recite the first verse aloud, with your right hand covering your eyes.

Do not slur over the ח, but draw it out slightly for the length of time that it takes to affirm God's sovereignty in the seven heavens and on earth—equal to eight, the numerical value of ח. The ד (whose numerical value is four) should be drawn out for the length of time that it takes to reflect that God is alone in His world and that he rules in all four corners of the universe. While reciting the Shema, pause at the commas to convey the following meaning: Hear O Israel (pause), the Lord who is our God (pause) is the one God. See additional laws on page 430.

שְׁמַע יִשְׂרָאֵל, יְיָ אֱלֹהֵינוּ, יְיָ | אֶחָד:¹

Recite the following verse in a loud voice:

בָּרוּךְ שֵׁם כְּבוֹד מַלְכוּתוֹ לְעוֹלָם וָעֶד:²

וְאָהַבְתָּ אֵת יְיָ אֱלֹהֶיךָ, בְּכָל | לְבָבְךָ, וּבְכָל נַפְשְׁךָ, וּבְכָל מְאֹדֶךָ: וְהָיוּ הַדְּבָרִים הָאֵלֶּה אֲשֶׁר אָנֹכִי מְצַוְּךָ הַיּוֹם, עַל | לְבָבֶךָ: וְשִׁנַּנְתָּם לְבָנֶיךָ וְדִבַּרְתָּ בָּם, בְּשִׁבְתְּךָ בְּבֵיתֶךָ, וּבְלֶכְתְּךָ בַדֶּרֶךְ, וּבְשָׁכְבְּךָ, וּבְקוּמֶךָ: וּקְשַׁרְתָּם לְאוֹת עַל יָדֶךָ, וְהָיוּ לְטֹטָפֹת בֵּין עֵינֶיךָ: וּכְתַבְתָּם עַל מְזֻזוֹת בֵּיתֶךָ, וּבִשְׁעָרֶיךָ:³

וְהָיָה אִם שָׁמֹעַ תִּשְׁמְעוּ אֶל מִצְוֹתַי אֲשֶׁר אָנֹכִי מְצַוֶּה אֶתְכֶם הַיּוֹם, לְאַהֲבָה אֶת יְיָ אֱלֹהֵיכֶם וּלְעָבְדוֹ, בְּכָל | לְבַבְכֶם וּבְכָל נַפְשְׁכֶם: וְנָתַתִּי מְטַר אַרְצְכֶם | בְּעִתּוֹ יוֹרֶה וּמַלְקוֹשׁ, וְאָסַפְתָּ דְגָנֶךָ וְתִירֹשְׁךָ וְיִצְהָרֶךָ: וְנָתַתִּי עֵשֶׂב | בְּשָׂדְךָ לִבְהֶמְתֶּךָ, וְאָכַלְתָּ וְשָׂבָעְתָּ: הִשָּׁמְרוּ לָכֶם פֶּן יִפְתֶּה לְבַבְכֶם, וְסַרְתֶּם וַעֲבַדְתֶּם אֱלֹהִים אֲחֵרִים וְהִשְׁתַּחֲוִיתֶם לָהֶם: וְחָרָה | אַף יְיָ בָּכֶם וְעָצַר אֶת הַשָּׁמַיִם וְלֹא יִהְיֶה מָטָר וְהָאֲדָמָה לֹא תִתֵּן אֶת יְבוּלָהּ, וַאֲבַדְתֶּם מְהֵרָה מֵעַל הָאָרֶץ הַטֹּבָה אֲשֶׁר יְיָ נֹתֵן לָכֶם: וְשַׂמְתֶּם אֶת דְּבָרַי אֵלֶּה עַל | לְבַבְכֶם וְעַל נַפְשְׁכֶם, וּקְשַׁרְתֶּם | אֹתָם

---

1. Deuteronomy 6:4.   2. Pesachim 56a; Deuteronomy Rabbah 2:31, 35, 36.   3. Deuteronomy 6:5-9.

The Shema should be recited with intense concentration, especially the first two verses in which we accept the sovereignty of God. Recite the first verse aloud, with your right hand covering your eyes.

Do not slur over the ח, but draw it out slightly for the length of time that it takes to affirm God's sovereignty in the seven heavens and on earth—equal to eight, the numerical value of ח. The ד (whose numerical value is four) should be drawn out for the length of time that it takes to reflect that God is alone in His world and that he rules in all four corners of the universe. While reciting the Shema, pause at the commas to convey the following meaning: Hear O Israel (pause), the Lord who is our God (pause) is the one God. See additional laws on page 430.

Transliteration, page 441.

שְׁמַע Hear, O Israel, the Lord is our God, the Lord is One.[1]

Recite the following verse in a loud voice:

בָּרוּךְ Blessed be the name of the glory of His kingdom for ever and ever.[2]

וְאָהַבְתָּ You shall love the Lord your God with all your heart, with all your soul, and with all your might. And these words which I command you today, shall be upon your heart. You shall teach them thoroughly to your children, and you shall speak of them when you sit in your house and when you walk on the road, when you lie down and when you rise. You shall bind them as a sign upon your hand, and they shall be for a reminder between your eyes. And you shall write them upon the doorposts of your house and upon your gates.[3]

וְהָיָה And it will be, if you will diligently obey My commandments which I enjoin upon you this day, to love the Lord your God and to serve Him with all your heart and with all your soul: I will give rain for your land at the proper time, the early rain and the late rain, and you will gather in your grain, your wine and your oil. And I will give grass in your fields for your cattle, and you will eat and be sated. Take care lest your heart be lured away, and you turn astray and worship alien gods and bow down to them. For then the Lord's wrath will flare up against you, and He will close the heavens so that there will be no rain and the earth will not yield its produce, and you will swiftly perish from the good land which the Lord gives you. Therefore, place these words of Mine upon your heart and upon your soul, and bind them

לְאוֹת עַל יֶדְכֶם וְהָיוּ לְטוֹטָפֹת בֵּין עֵינֵיכֶם: וְלִמַּדְתֶּם אֹתָם
אֶת בְּנֵיכֶם לְדַבֵּר בָּם, בְּשִׁבְתְּךָ בְּבֵיתֶךָ וּבְלֶכְתְּךָ בַדֶּרֶךְ
וּבְשָׁכְבְּךָ וּבְקוּמֶךָ: וּכְתַבְתָּם עַל מְזוּזוֹת בֵּיתֶךָ וּבִשְׁעָרֶיךָ:
לְמַעַן יִרְבּוּ יְמֵיכֶם וִימֵי בְנֵיכֶם עַל הָאֲדָמָה אֲשֶׁר נִשְׁבַּע
יְיָ לַאֲבֹתֵיכֶם לָתֵת לָהֶם, כִּימֵי הַשָּׁמַיִם עַל הָאָרֶץ:[1]

וַיֹּאמֶר יְיָ אֶל מֹשֶׁה לֵּאמֹר: דַּבֵּר אֶל בְּנֵי יִשְׂרָאֵל וְאָמַרְתָּ
אֲלֵהֶם וְעָשׂוּ לָהֶם צִיצִת עַל כַּנְפֵי בִגְדֵיהֶם
לְדֹרֹתָם, וְנָתְנוּ עַל צִיצִת הַכָּנָף | פְּתִיל תְּכֵלֶת: וְהָיָה לָכֶם
לְצִיצִת, וּרְאִיתֶם | אֹתוֹ, וּזְכַרְתֶּם | אֶת כָּל מִצְוֹת יְיָ,
וַעֲשִׂיתֶם | אֹתָם, וְלֹא תָתוּרוּ אַחֲרֵי לְבַבְכֶם וְאַחֲרֵי עֵינֵיכֶם
אֲשֶׁר אַתֶּם זֹנִים אַחֲרֵיהֶם: לְמַעַן תִּזְכְּרוּ וַעֲשִׂיתֶם | אֶת כָּל
מִצְוֹתָי, וִהְיִיתֶם קְדֹשִׁים לֵאלֹהֵיכֶם: אֲנִי יְיָ אֱלֹהֵיכֶם אֲשֶׁר
הוֹצֵאתִי אֶתְכֶם | מֵאֶרֶץ מִצְרַיִם לִהְיוֹת לָכֶם לֵאלֹהִים, אֲנִי
יְיָ אֱלֹהֵיכֶם[2] אֲנִי יְיָ אֱלֹהֵיכֶם אֱמֶת

יַעְלְזוּ חֲסִידִים בְּכָבוֹד, יְרַנְּנוּ עַל מִשְׁכְּבוֹתָם: רוֹמְמוֹת אֵל
בִּגְרוֹנָם, וְחֶרֶב פִּיפִיּוֹת בְּיָדָם:[3]

הִנֵּה מִטָּתוֹ שֶׁלִּשְׁלֹמֹה, שִׁשִּׁים גִּבֹּרִים סָבִיב לָהּ
—Say three times
מִגִּבֹּרֵי יִשְׂרָאֵל: כֻּלָּם אֲחֻזֵי חֶרֶב מְלֻמְּדֵי
מִלְחָמָה, אִישׁ חַרְבּוֹ עַל יְרֵכוֹ מִפַּחַד בַּלֵּילוֹת:[4]

יְבָרֶכְךָ יְיָ וְיִשְׁמְרֶךָ: יָאֵר יְיָ פָּנָיו אֵלֶיךָ וִיחֻנֶּךָּ: יִשָּׂא
—Say three times
יְיָ פָּנָיו אֵלֶיךָ וְיָשֵׂם לְךָ שָׁלוֹם:[5]

יֹשֵׁב בְּסֵתֶר עֶלְיוֹן, בְּצֵל שַׁדַּי יִתְלוֹנָן: אֹמַר לַיְיָ מַחְסִי
וּמְצוּדָתִי, אֱלֹהַי אֶבְטַח בּוֹ: כִּי הוּא יַצִּילְךָ מִפַּח יָקוּשׁ,
מִדֶּבֶר הַוּוֹת: בְּאֶבְרָתוֹ יָסֶךְ לָךְ, וְתַחַת כְּנָפָיו תֶּחְסֶה, צִנָּה

1. Deuteronomy 11:13-21. **2.** Numbers 15:37-41. **3.** Psalms 149:5-6. **4.** Song of Songs 3:7-8. **5.** Numbers 6:24-26.

for a sign on your hand, and they shall be for a reminder between your eyes. You shall teach them to your children, to speak of them when you sit in your house and when you walk on the road, when you lie down and when you rise. And you shall inscribe them on the doorposts of your house and on your gates—so that your days and the days of your children may be prolonged on the land which the Lord swore to your fathers to give to them for as long as the heavens are above the earth.[1]

ויאמר The Lord spoke to Moses, saying: Speak to the children of Israel and tell them to make for themselves fringes on the corners of their garments throughout their generations, and to attach a thread of blue on the fringe of each corner. They shall be to you as *tzitzit*, and you shall look upon them and remember all the commandments of the Lord and fulfill them, and you will not follow after your heart and after your eyes by which you go astray—so that you may remember and fulfill all My commandments, and be holy to your God. I am the Lord your God who brought you out of the land of Egypt to be your God; I, the Lord, am your God.[2] True.

יעלזו The pious will exult in glory; they will sing upon their beds. The exaltation of God is in their throat, and a double-edged sword in their hand.[3]

Say three times: הנה Behold, around the bed of Solomon are sixty mighty men, of the valiant of Israel. All are armed with swords, trained in war, each with his sword upon his thigh, because of the fear of the night.[4]

Say three times: יברכך The Lord bless you and guard you. The Lord make His countenance shine upon you and be gracious to you. The Lord turn His countenance toward you and grant you peace.[5]

ישב You who dwells in the shelter of the Most High, who abides in the shadow of the Omnipotent, I say [to you] of the Lord who is my refuge and my stronghold, my God in whom I trust, that He will save you from the ensnaring trap, from the destructive pestilence. He will cover you with His pinions, and you will find

וְסֹחֵרָה אֲמִתּוֹ: לֹא תִירָא מִפַּחַד לָיְלָה, מֵחֵץ יָעוּף יוֹמָם:
מִדֶּבֶר בָּאֹפֶל יַהֲלֹךְ, מִקֶּטֶב יָשׁוּד צָהֳרָיִם: יִפֹּל מִצִּדְּךָ אֶלֶף
וּרְבָבָה מִימִינֶךָ, אֵלֶיךָ לֹא יִגָּשׁ: רַק בְּעֵינֶיךָ תַבִּיט, וְשִׁלֻּמַת
רְשָׁעִים תִּרְאֶה: כִּי אַתָּה יְיָ מַחְסִי, עֶלְיוֹן שַׂמְתָּ מְעוֹנֶךָ:[1]

When reciting אָנָּא בְּכֹחַ, look at—or visualize—the Divine Names formed by the acronyms of the words (as they appear in the left column), but do not say them.

אב"ג ית"ץ	אָנָּא, בְּכֹחַ גְּדֻלַּת יְמִינְךָ, תַּתִּיר צְרוּרָה.
קר"ע שט"ן	קַבֵּל רִנַּת עַמְּךָ, שַׂגְּבֵנוּ, טַהֲרֵנוּ, נוֹרָא.
נג"ד יכ"ש	נָא גִבּוֹר, דּוֹרְשֵׁי יִחוּדְךָ, כְּבָבַת שָׁמְרֵם.
בט"ר צת"ג	בָּרְכֵם, טַהֲרֵם, רַחֲמֵי צִדְקָתְךָ תָּמִיד גָּמְלֵם.
חק"ב טנ"ע	חֲסִין קָדוֹשׁ, בְּרוֹב טוּבְךָ נַהֵל עֲדָתֶךָ.
יג"ל פז"ק	יָחִיד, גֵּאֶה, לְעַמְּךָ פְּנֵה, זוֹכְרֵי קְדֻשָּׁתֶךָ.
שק"ו צי"ת	שַׁוְעָתֵנוּ קַבֵּל, וּשְׁמַע צַעֲקָתֵנוּ, יוֹדֵעַ תַּעֲלוּמוֹת.

בָּרוּךְ שֵׁם כְּבוֹד מַלְכוּתוֹ לְעוֹלָם וָעֶד:

שִׁיר לַמַּעֲלוֹת, אֶשָּׂא עֵינַי אֶל הֶהָרִים, מֵאַיִן יָבֹא עֶזְרִי: עֶזְרִי
מֵעִם יְיָ, עֹשֵׂה שָׁמַיִם וָאָרֶץ: אַל יִתֵּן לַמּוֹט רַגְלֶךָ, אַל
יָנוּם שֹׁמְרֶךָ: הִנֵּה לֹא יָנוּם וְלֹא יִישָׁן, שׁוֹמֵר יִשְׂרָאֵל: יְיָ שֹׁמְרֶךָ,
יְיָ צִלְּךָ עַל יַד יְמִינֶךָ: יוֹמָם הַשֶּׁמֶשׁ לֹא יַכֶּכָּה, וְיָרֵחַ בַּלָּיְלָה: יְיָ
יִשְׁמָרְךָ מִכָּל רָע, יִשְׁמֹר אֶת נַפְשֶׁךָ: יְיָ יִשְׁמָר צֵאתְךָ וּבוֹאֶךָ,
מֵעַתָּה וְעַד עוֹלָם:[2]

גָּד גְּדוּד יְגוּדֶנּוּ, וְהוּא יָגֻד עָקֵב:[3] עָקֵב יָגֻד וְהוּא —Say three times
יְגוּדֶנּוּ גְּדוּד גָּד:

אִם תִּשְׁכַּב לֹא תִפְחָד, וְשָׁכַבְתָּ וְעָרְבָה שְׁנָתֶךָ:[4] —Say three times

בְּטוֹב אָלִין אָקִיץ בְּרַחֲמִים: —Say three times

לִישׁוּעָתְךָ קִוִּיתִי יְיָ:[5] —Say three times

אַתָּה סֵתֶר לִי מִצַּר תִּצְּרֵנִי רָנֵּי פַלֵּט תְּסוֹבְבֵנִי סֶלָה:[6] —Say three times

תּוֹדִיעֵנִי אֹרַח חַיִּים שֹׂבַע שְׂמָחוֹת אֶת פָּנֶיךָ נְעִמוֹת —Say three times
בִּימִינְךָ נֶצַח:[7]

---

1. Psalms 91:1-9.   2. Ibid. 121.   3. Genesis 49:19.   4. Proverbs 3:24.   5. Genesis 49:18.
6. Psalms 32:7.   7. Ibid. 16:11.

refuge under His wings; His truth is a shield and an armor. You will not fear the terror of the night, nor the arrow that flies by day; the pestilence that prowls in the darkness, nor the destruction that ravages at noon. A thousand may fall at your [left] side, and ten thousand at your right, but it shall not reach you. You need only look with your eyes, and you will see the retribution of the wicked. Because you [have said,] "The Lord is my shelter," and you have made the Most High your haven.[1]

אנא We implore You, by the great power of Your right hand, release the captive. Accept the prayer of Your people; strengthen us, purify us, Awesome One. Mighty One, we beseech You, guard as the apple of the eye those who seek Your Oneness. Bless them, cleanse them; bestow upon them forever Your merciful righteousness. Powerful, Holy One, in Your abounding goodness, guide Your congregation. Only and Exalted One, turn to Your people who are mindful of Your holiness. Accept our supplication and hear our cry, You who knows secret thoughts. Blessed be the name of the glory of His kingdom forever and ever.

שיר A song of ascents. I lift my eyes to the mountains—from where will my help come? My help will come from the Lord, Maker of heaven and earth. He will not let your foot falter; your guardian does not slumber. Indeed, the Guardian of Israel neither slumbers nor sleeps. The Lord is your guardian; the Lord is your protective shade at your right hand. The sun will not harm you by day, nor the moon by night. The Lord will guard you from all evil; He will guard your soul. The Lord will guard your going and your coming from now and for all time.[2]

Say three times: גד Gad will be surrounded by troops, but he will turn them back on their heels.[3] On their heels he will turn them back, the troops that will surround Gad.

Say three times: When you lie down, you will not be afraid; you will lie down, and your sleep will be sweet.[4]

Say three times: May I sleep well; may I awake in mercy.

Say three times: For Your salvation I hope, O Lord.[5]

Say three times: You are a refuge for me; protect me from distress; surround me with songs of deliverance forever.[6]

Say three times: Make known to me the path of life, that I may be satiated with the joy of Your presence, with the bliss of Your right hand forever.[7]

אַתָּה תָקוּם תְּרַחֵם צִיּוֹן, כִּי עֵת לְחֶנְנָהּ כִּי בָא מוֹעֵד:

כִּדְנָה תֵּאמְרוּן לְהוֹם: אֱלָהַיָּא דִּי שְׁמַיָּא וְאַרְקָא לָא

עֲבַדוּ יֵאבַדוּ מֵאַרְעָא וּמִן תְּחוֹת שְׁמַיָּא אֵלֶּה:² בְּיָדְךָ אַפְקִיד

רוּחִי, פָּדִיתָה אוֹתִי יְיָ אֵל אֱמֶת:³

רִבּוֹן הָעוֹלָמִים אַתָּה בָרָאתָ עוֹלָמְךָ בִּרְצוֹנְךָ הַטּוֹב כְּפִי מַה שֶּׁעָלָה

בְּמַחֲשַׁבְתְּךָ הַקְּדוּמָה וּבָרָאתָ הַשָּׁמַיִם וְכָל צְבָאָם וְהָאָרֶץ וְכָל

אֲשֶׁר עָלֶיהָ וְאָדָם עָלֶיהָ בָרָאתָ וְנָפַחְתָּ בְּאַפּוֹ נִשְׁמַת חַיִּים לְמַעַן יַכִּיר

גָּדְלְךָ וְתִפְאַרְתֶּךָ וְאַתָּה מְחַיֶּה אֶת כֻּלָּם כִּי אַתָּה נְשָׁמָה לְכָל הַנְּשָׁמוֹת

וְחַיּוּת לְכָל חַי. וְאַתָּה הוּא (יהוה אלהי) הִנֵּה אַפְקִיד נַפְשִׁי וְרוּחִי

וְנִשְׁמָתִי בְּיָדְךָ הַטְּהוֹרָה וְהַנֶּאֱמָנָה, וְאַתָּה הוּא (יהוה אלהי) תְּטַהֵר

אוֹתָם מִכָּל טֻמְאָה וְחֶלְאָה שֶׁנִּדְבַּק בָּהֶם עַל יְדֵי מַעֲשֵׂי הָרָעִים

וְתַחֲזִירֵם לִי בְּנַחַת וְהַשְׁקֵט וּבְבֶטַח (ועשה יהו״ה אלה״י שיעיר אותי בחצות הלילה

ממש לקום על משמרתי להתפלל לפניך יהו״ה אלה״י וללמוד תורתך כי אתה הוא יהו״ה אלה״י

סייעני וחזקני במצוה הזאת שאקום בכל לילה בחצות ממש ואל יארע לי שום חולי ראש ושום

צער ונזק מזה) כִּי אַתָּה שׁוֹמֵעַ תְּפִלַּת עַמְּךָ יִשְׂרָאֵל בְּרַחֲמִים. בָּרוּךְ שׁוֹמֵעַ

תְּפִלָּה: עוּרָה כְבוֹדִי עוּרָה הַנֵּבֶל וְכִנּוֹר אָעִירָה שָּׁחַר:⁴ תּוֹרָה צִוָּה

לָנוּ מֹשֶׁה מוֹרָשָׁה קְהִלַּת יַעֲקֹב:⁵

Rabbi Yosef Yitzchak Schneersohn of Lubavitch instituted the custom of reciting thirty-six
chapters of Tehillim on Yom Kippur: nine before כָּל נִדְרֵי, nine before retiring at night, nine
after Musaf, and nine after Neilah. This custom was passed down from Rebbe to
Rebbe—originating with the Baal Shem Tov, who received it from his famed mentor
Achiyah Hashiloni.

קכד שִׁיר הַמַּעֲלוֹת לְדָוִד, לוּלֵי יְיָ שֶׁהָיָה לָנוּ, יֹאמַר

נָא יִשְׂרָאֵל: לוּלֵי יְיָ שֶׁהָיָה לָנוּ, בְּקוּם עָלֵינוּ

אָדָם: אֲזַי חַיִּים בְּלָעוּנוּ, בַּחֲרוֹת אַפָּם בָּנוּ: אֲזַי הַמַּיִם

שְׁטָפוּנוּ, נַחְלָה עָבַר עַל נַפְשֵׁנוּ: אֲזַי עָבַר עַל נַפְשֵׁנוּ,

הַמַּיִם הַזֵּידוֹנִים: בָּרוּךְ יְיָ, שֶׁלֹּא נְתָנָנוּ טֶרֶף לְשִׁנֵּיהֶם:

נַפְשֵׁנוּ כְּצִפּוֹר נִמְלְטָה מִפַּח יוֹקְשִׁים, הַפַּח נִשְׁבָּר וַאֲנַחְנוּ

נִמְלָטְנוּ: עֶזְרֵנוּ בְּשֵׁם יְיָ, עֹשֵׂה שָׁמַיִם וָאָרֶץ:

---

1. Psalms 102:14.   2. Jeremiah 10:11.   3. Psalms 31:6.   4. Ibid. 57:9.   5. Deuteronomy 33:4.

אתה Arise and have mercy on Zion, for it is time to be gracious to her; the appointed time has come.[1] Thus shall you say to them: The gods that have not made the heavens and the earth shall perish from the earth and from under these heavens.[2] I entrust my spirit into Your hand; You will redeem me, Lord, God of truth.[3]

רבון Master of the worlds! You have created Your world in Your good will, as it has arisen in Your primordial thought, and You have created the heavens and all their hosts, and the earth and everything that is on it; You have created man upon it, and have blown into his nostrils a living soul, so that he may recognize Your greatness and glory; and You give life to them all, for You are the Soul of all souls and the Life-force of all living things. And You, Lord my God—I entrust my *nefesh*, *ruach* and *neshamah* into Your pure and faithful hand; and You, Lord my God, will cleanse them of every impurity and malady that has become attached to them through my wrong-doings, and return them to me in peace, tranquility and security... for You hear the prayer of Your people Israel in mercy. Blessed is He who hears prayer. Awake, O my soul! Awaken [me], O harp and lyre! I will wake the dawn.[4] The Torah which Moses commanded us is the heritage of the congregation of Jacob.[5]

Rabbi Yosef Yitzchak Schneersohn of Lubavitch instituted the custom of reciting thirty-six chapters of Tehillim on Yom Kippur: nine before *Kol Nidrei*, nine before retiring at night, nine after Musaf, and nine after Neilah. This custom was passed down from Rebbe to Rebbe—originating with the Baal Shem Tov, who received it from his famed mentor Achiyah Hashiloni.

124. שיר A song of ascents by David. Were it not for the Lord Who was with us—let Israel declare—were it not for the Lord Who was with us when men rose up against us, then they would have swallowed us alive in their burning rage against us. Then the waters would have inundated us, the torrent would have swept over our soul; then the raging waters would have surged over our soul. Blessed is the Lord, Who did not permit us to be prey for their teeth. Our soul is like a bird which has escaped from the fowler's snare; the snare broke and we escaped. Our help is in the Name of the Lord, the Maker of heaven and earth.

קכה שִׁיר הַמַּעֲלוֹת, הַבֹּטְחִים בַּיָי כְּהַר צִיּוֹן לֹא יִמּוֹט, לְעוֹלָם יֵשֵׁב: יְרוּשָׁלַם הָרִים סָבִיב לָה, וַיָי סָבִיב לְעַמּוֹ מֵעַתָּה וְעַד עוֹלָם: כִּי לֹא יָנוּחַ שֵׁבֶט הָרֶשַׁע עַל גּוֹרַל הַצַּדִּיקִים, לְמַעַן לֹא יִשְׁלְחוּ הַצַּדִּיקִים בְּעַוְלָתָה יְדֵיהֶם: הֵיטִיבָה יְיָ לַטּוֹבִים וְלִישָׁרִים בְּלִבּוֹתָם: וְהַמַּטִּים עֲקַלְקַלּוֹתָם, יוֹלִיכֵם יְיָ אֶת פֹּעֲלֵי הָאָוֶן, שָׁלוֹם עַל יִשְׂרָאֵל:

קכו שִׁיר הַמַּעֲלוֹת, בְּשׁוּב יְיָ אֶת שִׁיבַת צִיּוֹן, הָיִינוּ כְּחֹלְמִים: אָז יִמָּלֵא שְׂחוֹק פִּינוּ וּלְשׁוֹנֵנוּ רִנָּה, אָז יֹאמְרוּ בַגּוֹיִם, הִגְדִּיל יְיָ לַעֲשׂוֹת עִם אֵלֶּה: הִגְדִּיל יְיָ לַעֲשׂוֹת עִמָּנוּ, הָיִינוּ שְׂמֵחִים: שׁוּבָה יְיָ אֶת שְׁבִיתֵנוּ, כַּאֲפִיקִים בַּנֶּגֶב: הַזֹּרְעִים בְּדִמְעָה, בְּרִנָּה יִקְצֹרוּ: הָלוֹךְ יֵלֵךְ וּבָכֹה נֹשֵׂא מֶשֶׁךְ הַזָּרַע, בֹּא יָבֹא בְרִנָּה נֹשֵׂא אֲלֻמֹּתָיו:

קכז שִׁיר הַמַּעֲלוֹת לִשְׁלֹמֹה, אִם יְיָ לֹא יִבְנֶה בַיִת, שָׁוְא עָמְלוּ בוֹנָיו בּוֹ, אִם יְיָ לֹא יִשְׁמָר עִיר, שָׁוְא שָׁקַד שׁוֹמֵר: שָׁוְא לָכֶם מַשְׁכִּימֵי קוּם מְאַחֲרֵי שֶׁבֶת, אֹכְלֵי לֶחֶם הָעֲצָבִים, כֵּן יִתֵּן לִידִידוֹ שֵׁנָא: הִנֵּה נַחֲלַת יְיָ בָּנִים, שָׂכָר פְּרִי הַבָּטֶן: כְּחִצִּים בְּיַד גִּבּוֹר, כֵּן בְּנֵי הַנְּעוּרִים: אַשְׁרֵי הַגֶּבֶר אֲשֶׁר מִלֵּא אֶת אַשְׁפָּתוֹ מֵהֶם, לֹא יֵבֹשׁוּ כִּי יְדַבְּרוּ אֶת אוֹיְבִים בַּשָּׁעַר:

קכח שִׁיר הַמַּעֲלוֹת, אַשְׁרֵי כָּל יְרֵא יְיָ, הַהֹלֵךְ בִּדְרָכָיו: יְגִיעַ כַּפֶּיךָ כִּי תֹאכֵל, אַשְׁרֶיךָ וְטוֹב לָךְ: אֶשְׁתְּךָ כְּגֶפֶן פֹּרִיָּה בְּיַרְכְּתֵי בֵיתֶךָ, בָּנֶיךָ כִּשְׁתִלֵי זֵיתִים סָבִיב

125. שיר A song of ascents. Those who trust in the Lord are as Mount Zion which never falters, but abides forever. Mountains surround Jerusalem, and the Lord surrounds His people from this time and forever. For the rod of wickedness will never come to rest upon the lot of the righteous; therefore the righteous need not stretch their hand to iniquity. Be beneficent, O Lord, to the good and to those who are upright in their hearts. But as for those that turn to their perverseness, may the Lord lead them with the workers of iniquity. Peace be upon Israel.

126. שיר A song of ascents. When the Lord will return the exiles of Zion, we will have been like dreamers. Then our mouth will be filled with laughter, and our tongue with songs of joy; then will they say among the nations, "The Lord has done great things for these." The Lord has done great things for us; we were joyful. Lord, return our exiles as streams to arid soil. Those who sow in tears will reap with songs of joy. He goes along weeping, carrying the bag of seed; he will surely return with songs of joy, carrying his sheaves.

127. שיר A song of ascents for Solomon. If the Lord does not build a house, then its builders labor upon it in vain. If the Lord will not guard a city, the vigilance of its watchman is in vain. It is in vain for you, you who rise early, who sit up late, and who eat the bread of tension, for in fact He gives His loved ones sleep. Behold, the heritage of the Lord is children; the fruit of the womb is a reward. As arrows in the hand of a mighty man, so are the children of youth. Fortunate is the man who has his quiver full of them; they will not find themselves shamed when they speak with enemies in public places.

128. שיר A song of ascents. Fortunate is every man who fears the Lord, who walks in His ways. When you eat of the labor of your hands, you will be happy, and you will have goodness. Your wife will be like a fruitful vine in the inner chambers of your house; your children will be like olive saplings around

לְשַׁלְחָנֶךְ: הִנֵּה כִי כֵן יְבֹרַךְ גָּבֶר יְרֵא יְיָ: יְבָרֶכְךָ יְיָ מִצִּיּוֹן, וּרְאֵה בְּטוּב יְרוּשָׁלָֽםִ, כֹּל יְמֵי חַיֶּֽיךָ: וּרְאֵה בָנִים לְבָנֶֽיךָ, שָׁלוֹם עַל יִשְׂרָאֵל:

קכט שִׁיר הַמַּעֲלוֹת, רַבַּת צְרָרֽוּנִי מִנְּעוּרַי, יֹֽאמַר נָא יִשְׂרָאֵל: רַבַּת צְרָרֽוּנִי מִנְּעוּרָי, גַּם לֹא יָכְלוּ לִי: עַל גַּבִּי חָרְשׁוּ חֹרְשִׁים, הֶאֱרִֽיכוּ לְמַעֲנִיתָם: יְיָ צַדִּיק, קִצֵּץ עֲבוֹת רְשָׁעִים: יֵבֽשׁוּ וְיִסֹּֽגוּ אָחוֹר, כֹּל שֹׂנְאֵי צִיּוֹן: יִהְיוּ כַּחֲצִיר גַּגּוֹת, שֶׁקַּדְמַת שָׁלַף יָבֵשׁ: שֶׁלֹּא מִלֵּא כַפּוֹ קוֹצֵר, וְחִצְנוֹ מְעַמֵּר: וְלֹא אָמְרוּ הָעֹבְרִים, בִּרְכַּת יְיָ אֲלֵיכֶם, בֵּרַֽכְנוּ אֶתְכֶם בְּשֵׁם יְיָ:

קל שִׁיר הַמַּעֲלוֹת, מִמַּעֲמַקִּים קְרָאתִֽיךָ יְיָ: אֲדֹנָי שִׁמְעָה בְקוֹלִי, תִּהְיֶֽינָה אָזְנֶֽיךָ קַשֻּׁבוֹת לְקוֹל תַּחֲנוּנָי: אִם עֲוֹנוֹת תִּשְׁמָר יָהּ, אֲדֹנָי מִי יַעֲמֹד: כִּי עִמְּךָ הַסְּלִיחָה, לְמַֽעַן תִּוָּרֵא: קִוִּֽיתִי יְיָ קִוְּתָה נַפְשִׁי, וְלִדְבָרוֹ הוֹחָֽלְתִּי: נַפְשִׁי לַאדֹנָי, מִשֹּׁמְרִים לַבֹּֽקֶר שֹׁמְרִים לַבֹּֽקֶר: יַחֵל יִשְׂרָאֵל אֶל יְיָ, כִּי עִם יְיָ הַחֶֽסֶד, וְהַרְבֵּה עִמּוֹ פְדוּת: וְהוּא יִפְדֶּה אֶת יִשְׂרָאֵל מִכֹּל עֲוֹנֹתָיו:

קלא שִׁיר הַמַּעֲלוֹת לְדָוִד, יְיָ לֹא גָבַהּ לִבִּי, וְלֹא רָמוּ עֵינַי, וְלֹא הִלַּֽכְתִּי בִּגְדֹלוֹת וּבְנִפְלָאוֹת מִמֶּֽנִּי: אִם לֹא שִׁוִּֽיתִי וְדוֹמַֽמְתִּי נַפְשִׁי כְּגָמֻל עֲלֵי אִמּוֹ, כַּגָּמֻל עָלַי נַפְשִׁי: יַחֵל יִשְׂרָאֵל אֶל יְיָ, מֵעַתָּה וְעַד עוֹלָם:

קלב שִׁיר הַמַּעֲלוֹת, זְכוֹר יְיָ לְדָוִד אֵת כָּל עֻנּוֹתוֹ: אֲשֶׁר נִשְׁבַּע לַייָ, נָדַר לַאֲבִיר יַעֲקֹב: אִם אָבֹא בְּאֹֽהֶל בֵּיתִי, אִם אֶעֱלֶה עַל עֶֽרֶשׂ יְצוּעָי: אִם אֶתֵּן שְׁנַת

your table. Behold, so will be blessed the man who fears the Lord. May the Lord bless you out of Zion, and may you see the goodness of Jerusalem all the days of your life. And may you see children [born] to your children; peace upon Israel.

129. שיר A song of ascents. Much have they persecuted me from my youth on. Let Israel declare it now—"Much have they persecuted me from my youth on, [but] they have not prevailed against me." The plowmen plowed upon my back; they wished to make their furrow long. But the Lord is just; He cut the cords of the lawless. They will be humiliated and will be turned back, all the haters of Zion. They will be as grass upon the rooftops that withers before one plucks it, wherewith the reaper has never filled his hand, nor the sheaf-binder his arm; and of which the passers-by never have said: "The blessing of the Lord be upon you; we bless you in the name of the Lord."

130. שיר A song of ascents. Out of the depths I call to You, O Lord. My Lord, hearken to my voice; let Your ears be attentive to the sound of my pleas. God, if You were to preserve iniquities, my Lord, who could survive? But forgiveness is with You, that You may be feared. I hope in the Lord; my soul hopes, and I long for His word. My soul yearns for the Lord more than [night] watchmen [waiting] for the morning, wait for the morning. Israel, put your hope in the Lord, for with the Lord there is kindness; with Him there is abounding deliverance. And He will redeem Israel from all its iniquities.

131. שיר A song of ascents, by David. O Lord, my heart was not proud, nor were my eyes haughty; I did not seek matters that were too great and too wondrous for me. Surely I put my soul at peace and soothed it like a weaned child with his mother; my soul was like a weaned child. Let Israel hope in the Lord from this time forth and forever.

132. שיר A song of ascents. O Lord, remember unto David all his suffering, how he swore to the Lord, and vowed to the Mighty Power of Jacob: "I will not enter into the tent of my house; I will not go up into the bed that is spread for me; I will

לְעֵינָי, לְעַפְעַפַּי תְּנוּמָה: עַד אֶמְצָא מָקוֹם לַיָי, מִשְׁכָּנוֹת
לַאֲבִיר יַעֲקֹב: הִנֵּה שְׁמַעֲנוּהָ בְאֶפְרָתָה, מְצָאנוּהָ בִּשְׂדֵי
יָעַר: נָבוֹאָה לְמִשְׁכְּנוֹתָיו, נִשְׁתַּחֲוֶה לַהֲדֹם רַגְלָיו: קוּמָה
יְיָ לִמְנוּחָתֶךָ, אַתָּה וַאֲרוֹן עֻזֶּךָ: כֹּהֲנֶיךָ יִלְבְּשׁוּ צֶדֶק,
וַחֲסִידֶיךָ יְרַנֵּנוּ: בַּעֲבוּר דָּוִד עַבְדֶּךָ, אַל תָּשֵׁב פְּנֵי
מְשִׁיחֶךָ: נִשְׁבַּע יְיָ לְדָוִד אֱמֶת לֹא יָשׁוּב מִמֶּנָּה, מִפְּרִי
בִטְנְךָ אָשִׁית לְכִסֵּא לָךְ: אִם יִשְׁמְרוּ בָנֶיךָ בְּרִיתִי וְעֵדֹתִי
זוֹ אֲלַמְּדֵם, גַּם בְּנֵיהֶם עֲדֵי עַד יֵשְׁבוּ לְכִסֵּא לָךְ: כִּי בָחַר
יְיָ בְּצִיּוֹן, אִוָּהּ לְמוֹשָׁב לוֹ: זֹאת מְנוּחָתִי עֲדֵי עַד, פֹּה
אֵשֵׁב כִּי אִוִּתִיהָ: צֵידָהּ בָּרֵךְ אֲבָרֵךְ, אֶבְיוֹנֶיהָ אַשְׂבִּיעַ
לָחֶם: וְכֹהֲנֶיהָ אַלְבִּישׁ יֶשַׁע, וַחֲסִידֶיהָ רַנֵּן יְרַנֵּנוּ: שָׁם
אַצְמִיחַ קֶרֶן לְדָוִד, עָרַכְתִּי נֵר לִמְשִׁיחִי: אוֹיְבָיו אַלְבִּישׁ
בֹּשֶׁת, וְעָלָיו יָצִיץ נִזְרוֹ:

The following blessing should be recited right before one sleeps. One should not talk after
concluding it.

בָּרוּךְ אַתָּה יְיָ, אֱלֹהֵינוּ מֶלֶךְ הָעוֹלָם, הַמַּפִּיל חֶבְלֵי שֵׁנָה
עַל עֵינַי, וּתְנוּמָה עַל עַפְעַפָּי, וּמֵאִיר לְאִישׁוֹן בַּת
עָיִן. וִיהִי רָצוֹן מִלְּפָנֶיךָ יְיָ אֱלֹהַי וֵאלֹהֵי אֲבוֹתַי,
שֶׁתַּשְׁכִּיבֵנִי לְשָׁלוֹם, וְתַעֲמִידֵנִי לְחַיִּים טוֹבִים וּלְשָׁלוֹם,
וְאַל יְבַהֲלוּנִי רַעְיוֹנַי וַחֲלוֹמוֹת רָעִים וְהִרְהוּרִים רָעִים,
וּתְהֵא מִטָּתִי שְׁלֵמָה¹ לְפָנֶיךָ, וְהָאֵר עֵינַי פֶּן אִישַׁן הַמָּוֶת.
בָּרוּךְ אַתָּה יְיָ, הַמֵּאִיר לְעוֹלָם כֻּלּוֹ בִּכְבוֹדוֹ:

---

1. For an understanding of this expression, see Rashi to Berachot 60b and Genesis 47:31; Siddur
Otzar Hatefillot, Vol. 1, p. 563; Siddur R. Yaakov Emden, p. 131a.

not give sleep to my eyes, nor slumber to my eyelids;—until I will have found a place for the Lord, a resting place for the Mighty Power of Jacob." Lo, we heard of it in Ephrath; we found it in the field of the forest. We will come to His resting places; we will prostrate ourselves at His footstool. Ascend, O Lord, to Your resting place, You and the Ark of Your might. May Your priests clothe themselves in righteousness, and may Your pious ones sing joyous songs. For the sake of David Your servant, turn not away the face of Your anointed. For the Lord has sworn to David a truth from which He will never retreat: "From the fruit of your womb will I set for you upon the throne. If your sons will keep My covenant and this testimony of mine which I will teach them, then their sons, too, will sit on the throne for you until the end of time. For the Lord has chosen Zion; He has desired it for His habitation. This is My resting place to the end of time. Here will I dwell, for I have desired it. I will abundantly bless her sustenance; I will satisfy her needy with bread. I will clothe her priests with salvation, and her pious ones will sing joyous songs. There I will cause David's power to flourish; there I have prepared a lamp for My anointed. His enemies will I clothe with shame, but upon him, his crown will blossom."

The following blessing should be recited right before one sleeps. One should not talk after concluding it.

ברוך Blessed are You, Lord our God, King of the universe, who causes the bonds of sleep to fall upon my eyes and slumber upon my eyelids, and who gives light to the apple of the eye. May it be Your will, Lord my God and God of my fathers, to let me lie down in peace and to raise me up to a good life and peace. Let my thoughts not trouble me, nor bad dreams, nor sinful fancies, and may my bed be perfect[1] before You. Give light to my eyes, lest I sleep the sleep of death. Blessed are You, Lord, who in His glory gives light to the whole world.

ややや

UPON ARISING

Immediately upon awaking, one must be conscious of God, Master of the universe. One would not remain lying in bed in the presence of a human king, and surely not in the presence of God. Therefore, one should say מוֹדֶה אֲנִי immediately upon awaking, for one will thereby be made aware of God's presence and will rise quickly.

מוֹדֶה אֲנִי לְפָנֶיךָ מֶלֶךְ חַי וְקַיָּם, שֶׁהֶחֱזַרְתָּ בִּי
נִשְׁמָתִי בְּחֶמְלָה. רַבָּה אֱמוּנָתֶךָ:

ややや

MORNING BLESSINGS

It is forbidden to mention God's name in a blessing, or to utter words of Torah, before ritually washing the hands. מוֹדֶה אֲנִי, however, may be recited even before washing one's hands, since the text does not contain any of the Divine names.

ORDER OF WASHING THE HANDS

Take a cup of water in the right hand, pass it to the left hand, and pour water over the fingers of the right hand until the knuckles. Take the cup in the right hand and pour over the fingers of the left hand. Wash twice more, so that each hand has been washed three times in alternating sequence. Dry the hands.

Stand while reciting the Morning Blessings.

בָּרוּךְ אַתָּה יְיָ, אֱלֹהֵינוּ מֶלֶךְ הָעוֹלָם, אֲשֶׁר קִדְּשָׁנוּ
בְּמִצְוֹתָיו, וְצִוָּנוּ עַל נְטִילַת יָדָיִם:

בָּרוּךְ אַתָּה יְיָ, אֱלֹהֵינוּ מֶלֶךְ הָעוֹלָם, אֲשֶׁר יָצַר אֶת
הָאָדָם בְּחָכְמָה, וּבָרָא בוֹ נְקָבִים נְקָבִים, חֲלוּלִים
חֲלוּלִים, גָּלוּי וְיָדוּעַ לִפְנֵי כִסֵּא כְבוֹדֶךָ, שֶׁאִם יִפָּתֵחַ אֶחָד
מֵהֶם, אוֹ אִם יִפָּתֵחַ אֶחָד מֵהֶם, אִי אֶפְשַׁר לְהִתְקַיֵּם
אֲפִילוּ שָׁעָה אֶחָת. בָּרוּךְ אַתָּה יְיָ, רוֹפֵא כָל בָּשָׂר
וּמַפְלִיא לַעֲשׂוֹת:

אֱלֹהַי, נְשָׁמָה שֶׁנָּתַתָּ בִּי טְהוֹרָה הִיא, אַתָּה בְרָאתָהּ,
אַתָּה יְצַרְתָּהּ, אַתָּה נְפַחְתָּהּ בִּי, וְאַתָּה
מְשַׁמְּרָהּ בְּקִרְבִּי, וְאַתָּה עָתִיד לִטְּלָהּ מִמֶּנִּי, וּלְהַחֲזִירָהּ בִּי

 birds

UPON ARISING

Immediately upon awaking, one must be conscious of God, Master of the universe. One would not remain lying in bed in the presence of a human king, and surely not in the presence of God. Therefore, one should say *I offer thanks* immediately upon awaking, for one will thereby be made aware of God's presence, and will rise quickly.

Transliteration, page 444.

מודה I offer thanks to You, living and eternal King, for You have mercifully restored my soul within me; Your faithfulness is great.

birds

MORNING BLESSINGS

It is forbidden to mention God's name in a blessing, or to utter words of Torah, before ritually washing the hands. *I offer thanks,* however, may be recited even before washing one's hands, since the text does not contain any of the Divine names.

ORDER OF WASHING THE HANDS

Take a cup of water in the right hand, pass it to the left hand, and pour water over the fingers of the right hand until the knuckles. Take the cup in the right hand and pour over the fingers of the left hand. Wash twice more, so that each hand has been washed three times in alternating sequence. Dry the hands.

Stand while reciting the Morning Blessings.

ברוך Blessed are You, Lord our God, King of the universe, who has sanctified us with His commandments, and commanded us concerning the washing of the hands.

ברוך Blessed are You, Lord our God, King of the universe, who has formed man in wisdom, and created within him numerous orifices and cavities. It is revealed and known before the Throne of Your Glory that if but one of them were to be blocked, or one of them were to be opened, it would be impossible to exist even for a short while. Blessed are You, Lord, who heals all flesh and performs wonders.

אלהי My God, the soul which You have given within me is pure. You have created it, You have formed it, You have breathed it into me, and You preserve it within me. You will eventually take it from me, and restore it within me in the

לְעָתִיד לָבֹא. כָּל זְמַן שֶׁהַנְּשָׁמָה בְקִרְבִּי, מוֹדֶה אֲנִי לְפָנֶיךָ
יְיָ אֱלֹהַי וֵאלֹהֵי אֲבוֹתַי, רִבּוֹן כָּל הַמַּעֲשִׂים, אֲדוֹן כָּל
הַנְּשָׁמוֹת. בָּרוּךְ אַתָּה יְיָ, הַמַּחֲזִיר נְשָׁמוֹת לִפְגָרִים מֵתִים:

בָּרוּךְ אַתָּה יְיָ, אֱלֹהֵינוּ מֶלֶךְ הָעוֹלָם,
הַנּוֹתֵן לַשֶּׂכְוִי בִינָה לְהַבְחִין בֵּין
יוֹם וּבֵין לָיְלָה:

בָּרוּךְ אַתָּה יְיָ, אֱלֹהֵינוּ מֶלֶךְ הָעוֹלָם,
פּוֹקֵחַ עִוְרִים:[1]

בָּרוּךְ אַתָּה יְיָ, אֱלֹהֵינוּ מֶלֶךְ הָעוֹלָם,
מַתִּיר אֲסוּרִים:[2]

בָּרוּךְ אַתָּה יְיָ, אֱלֹהֵינוּ מֶלֶךְ הָעוֹלָם,
זוֹקֵף כְּפוּפִים:[3]

בָּרוּךְ אַתָּה יְיָ, אֱלֹהֵינוּ מֶלֶךְ הָעוֹלָם,
מַלְבִּישׁ עֲרֻמִּים:

בָּרוּךְ אַתָּה יְיָ, אֱלֹהֵינוּ מֶלֶךְ הָעוֹלָם,
הַנּוֹתֵן לַיָּעֵף כֹּחַ:[4]

בָּרוּךְ אַתָּה יְיָ, אֱלֹהֵינוּ מֶלֶךְ הָעוֹלָם,
רוֹקַע הָאָרֶץ עַל הַמָּיִם:[5]

בָּרוּךְ אַתָּה יְיָ, אֱלֹהֵינוּ מֶלֶךְ הָעוֹלָם,
הַמֵּכִין מִצְעֲדֵי גָבֶר:

1. Cf. Psalms 146:8. 2. Cf. Ibid. 146:7. 3. Cf. Ibid. 146:8. 4. Cf. Isaiah 40:29. 5. Cf. Psalms 136:6.

Time to Come. So long as the soul is within me, I offer thanks to You, Lord my God and God of my fathers, Master of all works, Lord of all souls. Blessed are You, Lord, who restores souls to dead bodies.

> Recite the following Morning Blessings whether or not they apply—as for example, if one was awake all night and did not remove his clothes and put on others. However, if awake all night, recite them only after dawn. • If one slept during the night, all of these blessings (including those on the preceding page) may be said upon arising, provided it is after midnight. • One should not attend to any matters, even Torah study, before reciting all the Morning Blessings.

ברוך Blessed are You, Lord our God, King of the universe, who gives the rooster understanding to distinguish between day and night.

ברוך Blessed are You, Lord our God, King of the universe, who opens the eyes of the blind.[1]

ברוך Blessed are You, Lord our God, King of the universe, who releases the bound.[2]

ברוך Blessed are You, Lord our God, King of the universe, who straightens the bowed.[3]

ברוך Blessed are You, Lord our God, King of the universe, who clothes the naked.

ברוך Blessed are You, Lord our God, King of the universe, who gives strength to the weary.[4]

ברוך Blessed are You, Lord our God, King of the universe, who spreads forth the earth above the waters.[5]

ברוך Blessed are You, Lord our God, King of the universe, who directs the steps of man.

בָּרוּךְ אַתָּה יְיָ, אֱלֹהֵינוּ מֶלֶךְ הָעוֹלָם,
אוֹזֵר יִשְׂרָאֵל בִּגְבוּרָה:

בָּרוּךְ אַתָּה יְיָ, אֱלֹהֵינוּ מֶלֶךְ הָעוֹלָם,
עוֹטֵר יִשְׂרָאֵל בְּתִפְאָרָה:

בָּרוּךְ אַתָּה יְיָ, אֱלֹהֵינוּ מֶלֶךְ הָעוֹלָם,
שֶׁלֹּא עָשַׂנִי גּוֹי:

בָּרוּךְ אַתָּה יְיָ, אֱלֹהֵינוּ מֶלֶךְ הָעוֹלָם,
שֶׁלֹּא עָשַׂנִי עָבֶד:

Males recite the following blessing:

בָּרוּךְ אַתָּה יְיָ, אֱלֹהֵינוּ מֶלֶךְ הָעוֹלָם,
שֶׁלֹּא עָשַׂנִי אִשָּׁה:

בָּרוּךְ אַתָּה יְיָ, אֱלֹהֵינוּ מֶלֶךְ הָעוֹלָם, הַמַּעֲבִיר שֵׁנָה
מֵעֵינָי וּתְנוּמָה מֵעַפְעַפָּי: אָמֵן. Do not respond

וִיהִי רָצוֹן מִלְּפָנֶיךָ יְיָ אֱלֹהֵינוּ וֵאלֹהֵי אֲבוֹתֵינוּ, שֶׁתַּרְגִּילֵנוּ
בְּתוֹרָתֶךָ, וְתַדְבִּיקֵנוּ בְּמִצְוֹתֶיךָ, וְאַל תְּבִיאֵנוּ לֹא
לִידֵי חֵטְא וְלֹא לִידֵי עֲבֵרָה וְעָוֹן, וְלֹא לִידֵי נִסָּיוֹן וְלֹא
לִידֵי בִזָּיוֹן, וְאַל יִשְׁלוֹט בָּנוּ יֵצֶר הָרָע, וְהַרְחִיקֵנוּ מֵאָדָם
רָע, וּמֵחָבֵר רָע, וְדַבְּקֵנוּ בְּיֵצֶר טוֹב וּבְמַעֲשִׂים טוֹבִים,
וְכוֹף אֶת יִצְרֵנוּ לְהִשְׁתַּעְבֶּד לָךְ, וּתְנֵנוּ הַיּוֹם וּבְכָל יוֹם
לְחֵן וּלְחֶסֶד וּלְרַחֲמִים בְּעֵינֶיךָ וּבְעֵינֵי כָל רוֹאֵינוּ, וְתִגְמְלֵנוּ
חֲסָדִים טוֹבִים. בָּרוּךְ אַתָּה יְיָ, הַגּוֹמֵל חֲסָדִים טוֹבִים
לְעַמּוֹ יִשְׂרָאֵל:

ברוך Blessed are You, Lord our God, King of the universe, who girds [the people of] Israel with might.

ברוך Blessed are You, Lord our God, King of the universe, who crowns [the people of] Israel with glory.

ברוך Blessed are You, Lord our God, King of the universe, who has not made me a gentile.

ברוך Blessed are You, Lord our God, King of the universe, who has not made me a slave.

Males recite the following blessing:

ברוך Blessed are You, Lord our God, King of the universe, who has not made me a woman.

ברוך Blessed are You, Lord our God, King of the universe, who removes sleep from my eyes and slumber from my eyelids. Do not respond Amen.

ויהי And may it be Your will, Lord our God and God of our fathers, to accustom us to [study] Your Torah, and to make us cleave to Your commandments. Do not bring us into sin, nor into transgression or iniquity, nor into temptation or scorn; and may the evil inclination not have mastery over us. Keep us far from an evil person and an evil companion. Make us cleave to the good inclination and to good deeds, and compel our inclination to be subservient to You. Grant us this day, and every day, grace, kindness, and mercy in Your eyes and in the eyes of all who behold us; and bestow bountiful kindness upon us. Blessed are You, Lord, who bestows bountiful kindness upon His people Israel.

יְהִי רָצוֹן מִלְּפָנֶיךָ יְיָ אֱלֹהַי וֵאלֹהֵי אֲבוֹתַי, שֶׁתַּצִּילֵנִי
הַיּוֹם וּבְכָל יוֹם מֵעַזֵּי פָנִים, וּמֵעַזּוּת פָּנִים, מֵאָדָם
רָע, וּמֵחָבֵר רָע, וּמִשָּׁכֵן רָע, וּמִפֶּגַע רָע, מֵעַיִן הָרָע,
מִלָּשׁוֹן הָרָע, מִמַּלְשִׁינוּת, מֵעֵדוּת שֶׁקֶר, מִשִּׂנְאַת
הַבְּרִיּוֹת, מֵעֲלִילָה, מִמִּיתָה מְשֻׁנָּה, מֵחֳלָיִם רָעִים,
וּמִמִּקְרִים רָעִים, וּמִשָּׂטָן הַמַּשְׁחִית, מִדִּין קָשֶׁה, וּמִבַּעַל
דִּין קָשֶׁה, בֵּין שֶׁהוּא בֶן בְּרִית, וּבֵין שֶׁאֵינוֹ בֶן בְּרִית,
וּמִדִּינָה שֶׁל גֵּיהִנֹּם:

> One must be extremely scrupulous concerning the Blessings of the Torah. It is forbidden to utter any words of Torah before these blessings are recited.

בָּרוּךְ אַתָּה יְיָ, אֱלֹהֵינוּ מֶלֶךְ הָעוֹלָם, אֲשֶׁר קִדְּשָׁנוּ
בְּמִצְוֹתָיו, וְצִוָּנוּ עַל דִּבְרֵי תוֹרָה:

וְהַעֲרֶב נָא יְיָ אֱלֹהֵינוּ אֶת דִּבְרֵי תוֹרָתְךָ בְּפִינוּ, וּבְפִי
כָל עַמְּךָ בֵּית יִשְׂרָאֵל, וְנִהְיֶה אֲנַחְנוּ
וְצֶאֱצָאֵינוּ, וְצֶאֱצָאֵי כָל עַמְּךָ בֵּית יִשְׂרָאֵל, כֻּלָּנוּ יוֹדְעֵי
שְׁמֶךָ וְלוֹמְדֵי תוֹרָתְךָ לִשְׁמָהּ. בָּרוּךְ אַתָּה יְיָ, הַמְלַמֵּד
תּוֹרָה לְעַמּוֹ יִשְׂרָאֵל:

בָּרוּךְ אַתָּה יְיָ, אֱלֹהֵינוּ מֶלֶךְ הָעוֹלָם, אֲשֶׁר בָּחַר בָּנוּ
מִכָּל הָעַמִּים וְנָתַן לָנוּ אֶת תּוֹרָתוֹ. בָּרוּךְ אַתָּה
יְיָ, נוֹתֵן הַתּוֹרָה:

וַיְדַבֵּר יְיָ אֶל מֹשֶׁה לֵּאמֹר: דַּבֵּר אֶל אַהֲרֹן וְאֶל בָּנָיו
לֵאמֹר, כֹּה תְבָרֲכוּ אֶת בְּנֵי יִשְׂרָאֵל, אָמוֹר לָהֶם:

יהי May it be Your will, Lord my God and God of my fathers, to protect me this day, and every day, from insolent men and from impudence; from a wicked man, from an evil companion, from an evil neighbor, and from an evil occurrence; from an evil eye, from a malicious tongue, from slander, from false testimony, from men's hate, from calumnious charges, from unnatural death, from harsh diseases, and from misfortune; from the destructive adversary and from a harsh judgment; from an implacable opponent, whether or not he is a member of the Covenant; and from the retribution of *gehinnom.*

> One must be extremely scrupulous concerning the Blessings of the Torah. It is forbidden to utter any words of Torah before these blessings are recited.

ברוך Blessed are You, Lord our God, King of the universe, who has sanctified us with His commandments, and commanded us concerning the words of the Torah.

והערב Lord our God, make the teachings of Your Torah pleasant in our mouths, and in the mouths of Your entire people, the House of Israel; and may we, our children, and the children of Your entire people the House of Israel, all be knowers of Your Name and students of Your Torah for its own sake. Blessed are You, Lord, who teaches the Torah to His people Israel.

ברוך Blessed are You, Lord our God, King of the universe, who has chosen us from among all the nations and given us His Torah. Blessed are You, Lord, who gives the Torah.

וידבר And the Lord spoke to Moses, saying: Speak to Aaron and to his sons, saying, thus shall you bless the children of Israel. Say to them:

יְבָרֶכְךָ יְיָ וְיִשְׁמְרֶךָ: יָאֵר יְיָ | פָּנָיו אֵלֶיךָ, וִיחֻנֶּךָּ:
יִשָּׂא יְיָ | פָּנָיו אֵלֶיךָ, וְיָשֵׂם לְךָ שָׁלוֹם:

וְשָׂמוּ אֶת שְׁמִי עַל בְּנֵי יִשְׂרָאֵל, וַאֲנִי אֲבָרְכֵם:[1]

אֵלּוּ דְבָרִים שֶׁאֵין לָהֶם שָׁעוּר: הַפֵּאָה, וְהַבִּכּוּרִים,
וְהָרְאָיוֹן, וּגְמִילוּת חֲסָדִים, וְתַלְמוּד תּוֹרָה:[2]
אֵלּוּ דְבָרִים שֶׁאָדָם אוֹכֵל פֵּרוֹתֵיהֶם בָּעוֹלָם הַזֶּה
וְהַקֶּרֶן קַיֶּמֶת לָעוֹלָם הַבָּא, וְאֵלּוּ הֵן: כִּבּוּד אָב וָאֵם,
וּגְמִילוּת חֲסָדִים, וְהַשְׁכָּמַת בֵּית הַמִּדְרָשׁ שַׁחֲרִית
וְעַרְבִית, וְהַכְנָסַת אוֹרְחִים, וּבִקּוּר חוֹלִים, וְהַכְנָסַת
כַּלָּה, וְהַלְוָיַת הַמֵּת, וְעִיּוּן תְּפִלָּה, וַהֲבָאַת שָׁלוֹם
שֶׁבֵּין אָדָם לַחֲבֵרוֹ, וּבֵין אִישׁ לְאִשְׁתּוֹ, וְתַלְמוּד תּוֹרָה
כְּנֶגֶד כֻּלָּם:[3]

BLESSING ON THE TZITZIT

Every day while dressing, before putting on the *tallit katan* (the small, fringed garment worn by males), examine the *tzitzit* (fringes) to make sure they are not torn, especially the parts lying on the corners and the coils. • One who wears a *tallit gadol* (large *tallit*) for the morning prayer should not recite a blessing over the *tallit katan*.

Stand and hold the *tzitzit* in the right hand (a left-handed person holds the *tzitzit* in the left hand), recite the following blessing, and then kiss the *tzitzit* before releasing them.

בָּרוּךְ אַתָּה יְיָ, אֱלֹהֵינוּ מֶלֶךְ הָעוֹלָם, אֲשֶׁר קִדְּשָׁנוּ
בְּמִצְוֹתָיו, וְצִוָּנוּ עַל מִצְוַת צִיצִת:

---

1. Numbers 6:22-27.   **2.** Peah 1:1.   **3.** Shabbat 127a.

יְבָרֶכְךָ The Lord bless you and guard you. The Lord make His countenance shine upon you and be gracious to you. The Lord turn His countenance toward you and grant you peace.

וְשָׂמוּ And they shall set My name upon the children of Israel, and I shall bless them.[1]

אֵלּוּ These are the precepts for which no fixed measure is prescribed: leaving the crops of the edge of the field for the poor, the gift of the first fruits, the pilgrimage offerings brought when appearing before the Lord on the Three Festivals, deeds of kindness, and the study of Torah.[2] These are the precepts, the fruits of which man enjoys in this world, while the principal [reward] remains in the World to Come: honoring one's father and mother, performing deeds of kindness, early attendance at the House of Study morning and evening, hospitality to strangers, visiting the sick, dowering the bride, escorting the dead, concentration in prayer, bringing peace between man and his fellow-man and between husband and wife. And the study of Torah is equivalent to them all.[3]

ജ്ഞ

BLESSING ON THE TZITZIT

> Every day while dressing, before putting on the *tallit katan* (the small, fringed garment worn by males), examine the *tzitzit* (fringes) to make sure they are not torn, especially the parts lying on the corners and the coils. • One who wears a *tallit gadol* (large *tallit*) for the morning prayer should not recite a blessing over the *tallit katan*.

Stand and hold the *tzitzit* in the right hand (a left-handed person holds the *tzitzit* in the left hand), recite the following blessing, and then kiss the *tzitzit* before releasing them.

בָּרוּךְ Blessed are You, Lord our God, King of the universe, who has sanctified us with His commandments, and commanded us concerning the mitzvah of *tzitzit*.

ତ୭ର୍ବ୍ଚ୬

ORDER OF PUTTING ON THE TALLIT

It is the Chabad custom to don the *tallit* before אֵיזֶהוּ מְקוֹמָן, page 110.

Stand with the folded *tallit* on the right shoulder with the four *tzitzit* in front. Examine the *tzitzit* to make sure they are not torn, while reciting the following:

בָּרְכִי נַפְשִׁי אֶת יְיָ, יְיָ אֱלֹהַי גָּדַלְתָּ מְּאֹד, הוֹד וְהָדָר לָבָשְׁתָּ: עֹטֶה אוֹר כַּשַּׂלְמָה, נוֹטֶה שָׁמַיִם כַּיְרִיעָה:¹

Unfold the *tallit* and open it wide, kiss its upper edge, and swing it around from the position in which it is held in front of you until it is hanging behind you. At this point, begin the blessing.

While reciting the blessing, place the *tallit* over the head and upper body, and bear in mind that God commanded us to enwrap ourselves in it, to remind us to perform all His commandments.

בָּרוּךְ אַתָּה יְיָ, אֱלֹהֵינוּ מֶלֶךְ הָעוֹלָם, אֲשֶׁר קִדְּשָׁנוּ בְּמִצְוֹתָיו, וְצִוָּנוּ לְהִתְעַטֵּף בְּצִיצִת:

While concluding the blessing, gather the two right corners of the *tallit*, raise them up, and place them over the left shoulder; gather the two left corners and bring them to the front. Thus all four *tzitzit* are on the left side, two in front and two behind. See illustrations, page 452. It is the Chabad custom to cover one's face—with the upper part of the *tallit*—only down to the eyes, not down to the mouth.

Remain enwrapped after the blessing, as long as it takes to walk four cubits (i.e., approximately three seconds), and recite the following:

מַה יָּקָר חַסְדְּךָ אֱלֹהִים, וּבְנֵי אָדָם בְּצֵל כְּנָפֶיךָ יֶחֱסָיוּן: יִרְוְיֻן מִדֶּשֶׁן בֵּיתֶךָ, וְנַחַל עֲדָנֶיךָ תַשְׁקֵם: כִּי עִמְּךָ מְקוֹר חַיִּים, בְּאוֹרְךָ נִרְאֶה אוֹר: מְשֹׁךְ חַסְדְּךָ לְיֹדְעֶיךָ, וְצִדְקָתְךָ לְיִשְׁרֵי לֵב:²

Drape the *tallit* over the head, shoulders, and back during the entire time of prayer.

---

1. Psalms 104:1-2. **2.** Ibid. 36:8-11.

❧☙❧☙

ORDER OF PUTTING ON THE TALLIT

It is the Chabad custom to don the *tallit* before *Where...*, page 110.
Stand with the folded *tallit* on the right shoulder with the four *tzitzit* in front. Examine the *tzitzit* to make sure they are not torn, while reciting the following:

ברכי My soul, bless the Lord! Lord my God, You are greatly exalted; You have garbed Yourself with majesty and splendor. You enwrap [Yourself] with light as with a garment; You spread the heavens as a curtain.[1]

Unfold the *tallit* and open it wide, kiss its upper edge, and swing it around from the position in which it is held in front of you until it is hanging behind you. At this point, begin the blessing.
While reciting the blessing, place the *tallit* over the head and upper body, and bear in mind that God commanded us to enwrap ourselves in it, to remind us to perform all His commandments.

ברוך *Böruch atö adonöy elohay-nu melech hö-olöm, asher ki-d'shönu b'mitzvosöv, v'tzivönu l'his-atayf b'tzitzis.*

While concluding the blessing, gather the two right corners of the *tallit*, raise them up, and place them over the left shoulder; gather the two left corners and bring them to the front. Thus all four *tzitzit* are on the left side, two in front and two behind. See illustrations, page 452. It is the Chabad custom to cover one's face—with the upper part of the *tallit*—only down to the eyes, not down to the mouth.
Remain enwrapped after the blessing, as long as it takes to walk four cubits (i.e., approximately three seconds), and recite the following:

מה How precious is Your kindness, O God! The children of men take refuge in the shadow of Your wings. They shall be satiated with the delight of Your House, and You will give them to drink from the river of Your bliss. For with You is the source of life; in Your light we see light. Bestow Your kindness upon those who know You, and Your righteousness on the upright in heart.[2]

Drape the *tallit* over the head, shoulders, and back during the entire time of prayer.

ברוך Blessed are You, Lord our God, King of the universe, who has sanctified us with His commandments, and commanded us to enwrap ourselves with *tzitzit*.

ഏഩ

MORNING PRAYER

You may be seated.

It is proper to recite the following line before prayer:

הֲרֵינִי מְקַבֵּל עָלַי מִצְוַת עֲשֵׂה שֶׁל וְאָהַבְתָּ לְרֵעֲךָ כָּמְוֹךָ:¹

מַה טֹּבוּ אֹהָלֶיךָ יַעֲקֹב, מִשְׁכְּנֹתֶיךָ יִשְׂרָאֵל:² וַאֲנִי בְּרֹב
חַסְדְּךָ אָבֹא בֵיתֶךָ, אֶשְׁתַּחֲוֶה אֶל הֵיכַל קָדְשְׁךָ
בְּיִרְאָתֶךָ:³ וַאֲנִי תְפִלָּתִי לְךָ יְיָ עֵת רָצוֹן, אֱלֹהִים בְּרָב
חַסְדֶּךָ, עֲנֵנִי בֶּאֱמֶת יִשְׁעֶךָ:⁴

אֲדוֹן עוֹלָם אֲשֶׁר מָלַךְ, בְּטֶרֶם כָּל יְצוּר נִבְרָא. לְעֵת
נַעֲשָׂה בְחֶפְצוֹ כֹּל, אֲזַי מֶלֶךְ שְׁמוֹ נִקְרָא. וְאַחֲרֵי
כִּכְלוֹת הַכֹּל, לְבַדּוֹ יִמְלֹךְ נוֹרָא. וְהוּא הָיָה וְהוּא הֹוֶה,
וְהוּא יִהְיֶה בְּתִפְאָרָה. וְהוּא אֶחָד וְאֵין שֵׁנִי, לְהַמְשִׁיל לוֹ
לְהַחְבִּירָה. בְּלִי רֵאשִׁית בְּלִי תַכְלִית, וְלוֹ הָעֹז וְהַמִּשְׂרָה.
וְהוּא אֵלִי וְחַי גֹּאֲלִי, וְצוּר חֶבְלִי בְּעֵת צָרָה. וְהוּא נִסִּי
וּמָנוֹס לִי, מְנָת כּוֹסִי בְּיוֹם אֶקְרָא. בְּיָדוֹ אַפְקִיד רוּחִי,
בְּעֵת אִישָׁן וְאָעִירָה. וְעִם רוּחִי גְוִיָּתִי, יְיָ לִי וְלֹא אִירָא:

THE AKEDAH—THE BINDING OF ISAAC

וַיְהִי אַחַר הַדְּבָרִים הָאֵלֶּה, וְהָאֱלֹהִים נִסָּה אֶת אַבְרָהָם,
וַיֹּאמֶר אֵלָיו, אַבְרָהָם, וַיֹּאמֶר הִנֵּנִי: וַיֹּאמֶר, קַח נָא
אֶת בִּנְךָ אֶת יְחִידְךָ אֲשֶׁר אָהַבְתָּ אֶת יִצְחָק, וְלֶךְ לְךָ אֶל
אֶרֶץ הַמֹּרִיָּה, וְהַעֲלֵהוּ שָׁם לְעֹלָה עַל אַחַד הֶהָרִים, אֲשֶׁר
אֹמַר אֵלֶיךָ: וַיַּשְׁכֵּם אַבְרָהָם בַּבֹּקֶר, וַיַּחֲבֹשׁ אֶת חֲמֹרוֹ
וַיִּקַּח אֶת שְׁנֵי נְעָרָיו אִתּוֹ וְאֵת יִצְחָק בְּנוֹ, וַיְבַקַּע עֲצֵי

---

1. Leviticus 19:18.   2. Numbers 24:5.   3. Psalms 5:8.   4. Ibid. 69:14.

ↂↂↂↂↂ

MORNING PRAYER

You may be seated.

It is proper to recite the following paragraph before prayer:
Transliteration, page 444.

הריני I hereby take upon myself the mitzvah, "Love your fellowman as yourself."[1]

מה How goodly are your tents, O Jacob; your dwelling places, O Israel![2] And I, through Your abundant kindness, come into your house; I bow toward Your holy sanctuary in awe of You.[3] May my prayer to You, Lord, be at a propitious time; God, in Your abounding kindness, answer me with Your true deliverance.[4]

Transliteration, page 445.

אדון Lord of the universe, who reigned before anything was created—at the time when by His will all things were made, then was His name proclaimed King. And after all things shall cease to be, the Awesome One will reign alone. He was, He is, and He shall be in glory. He is one, and there is no other to compare to Him, to consort with Him. Without beginning, without end, power and dominion belong to Him. He is my God and my ever-living Redeemer, the strength of my lot in time of distress. He is my banner and my refuge, my portion on the day I call. Into His hand I entrust my spirit when I sleep and when I wake. And with my soul, my body too, the Lord is with me, I shall not fear.

THE AKEDAH – THE BINDING OF ISAAC

ויהי And it was after these events that God tested Abraham, and said to him, "Abraham," and he answered, "Here I am." And He said, "Take your son, your only son, whom you love, Isaac, and go to the land of Moriah, and offer him there as a burnt-offering on one of the mountains which I will tell you." Abraham rose early in the morning, saddled his donkey, and took with him his two attendants and Isaac his son; he chopped wood for the

עָלָה וַיָּקָם וַיֵּלֶךְ אֶל הַמָּקוֹם אֲשֶׁר אָמַר לוֹ הָאֱלֹהִים:
בַּיּוֹם הַשְּׁלִישִׁי וַיִּשָּׂא אַבְרָהָם אֶת עֵינָיו, וַיַּרְא אֶת הַמָּקוֹם
מֵרָחֹק: וַיֹּאמֶר אַבְרָהָם אֶל נְעָרָיו שְׁבוּ לָכֶם פֹּה עִם
הַחֲמוֹר, וַאֲנִי וְהַנַּעַר נֵלְכָה עַד כֹּה, וְנִשְׁתַּחֲוֶה וְנָשׁוּבָה
אֲלֵיכֶם: וַיִּקַּח אַבְרָהָם אֶת עֲצֵי הָעֹלָה וַיָּשֶׂם עַל יִצְחָק
בְּנוֹ וַיִּקַּח בְּיָדוֹ אֶת הָאֵשׁ וְאֶת הַמַּאֲכֶלֶת, וַיֵּלְכוּ שְׁנֵיהֶם
יַחְדָּו: וַיֹּאמֶר יִצְחָק אֶל אַבְרָהָם אָבִיו וַיֹּאמֶר אָבִי, וַיֹּאמֶר
הִנֶּנִּי בְנִי, וַיֹּאמֶר, הִנֵּה הָאֵשׁ וְהָעֵצִים וְאַיֵּה הַשֶּׂה לְעֹלָה:
וַיֹּאמֶר אַבְרָהָם, אֱלֹהִים יִרְאֶה לּוֹ הַשֶּׂה לְעֹלָה בְּנִי, וַיֵּלְכוּ
שְׁנֵיהֶם יַחְדָּו: וַיָּבֹאוּ אֶל הַמָּקוֹם אֲשֶׁר אָמַר לוֹ הָאֱלֹהִים,
וַיִּבֶן שָׁם אַבְרָהָם אֶת הַמִּזְבֵּחַ, וַיַּעֲרֹךְ אֶת הָעֵצִים, וַיַּעֲקֹד
אֶת יִצְחָק בְּנוֹ, וַיָּשֶׂם אֹתוֹ עַל הַמִּזְבֵּחַ מִמַּעַל לָעֵצִים:
וַיִּשְׁלַח אַבְרָהָם אֶת יָדוֹ וַיִּקַּח אֶת הַמַּאֲכֶלֶת, לִשְׁחֹט אֶת
בְּנוֹ: וַיִּקְרָא אֵלָיו מַלְאַךְ יְיָ מִן הַשָּׁמַיִם וַיֹּאמֶר אַבְרָהָם
אַבְרָהָם, וַיֹּאמֶר הִנֵּנִי: וַיֹּאמֶר, אַל תִּשְׁלַח יָדְךָ אֶל הַנַּעַר,
וְאַל תַּעַשׂ לוֹ מְאוּמָה, כִּי עַתָּה יָדַעְתִּי, כִּי יְרֵא אֱלֹהִים
אַתָּה, וְלֹא חָשַׂכְתָּ אֶת בִּנְךָ אֶת יְחִידְךָ מִמֶּנִּי: וַיִּשָּׂא
אַבְרָהָם אֶת עֵינָיו וַיַּרְא וְהִנֵּה אַיִל, אַחַר נֶאֱחַז בַּסְּבַךְ
בְּקַרְנָיו, וַיֵּלֶךְ אַבְרָהָם וַיִּקַּח אֶת הָאַיִל, וַיַּעֲלֵהוּ לְעֹלָה
תַּחַת בְּנוֹ: וַיִּקְרָא אַבְרָהָם שֵׁם הַמָּקוֹם הַהוּא, יְיָ יִרְאֶה,
אֲשֶׁר יֵאָמֵר הַיּוֹם, בְּהַר יְיָ יֵרָאֶה: וַיִּקְרָא מַלְאַךְ יְיָ אֶל
אַבְרָהָם שֵׁנִית מִן הַשָּׁמַיִם: וַיֹּאמֶר, בִּי נִשְׁבַּעְתִּי נְאֻם יְיָ,
כִּי יַעַן אֲשֶׁר עָשִׂיתָ אֶת הַדָּבָר הַזֶּה, וְלֹא חָשַׂכְתָּ אֶת
בִּנְךָ אֶת יְחִידֶךָ: כִּי בָרֵךְ אֲבָרֶכְךָ, וְהַרְבָּה אַרְבֶּה אֶת
זַרְעֲךָ כְּכוֹכְבֵי הַשָּׁמַיִם וְכַחוֹל אֲשֶׁר עַל שְׂפַת הַיָּם, וְיִרַשׁ

offering, and set out for the place of which God had told him. On the third day, Abraham looked up and saw the place from afar. Abraham said to his attendants, "You stay here with the donkey, and I and the lad will go yonder; we will prostrate ourselves [before God], and then return to you." Abraham took the wood for the offering and put it on Isaac his son, and he took in his hand the fire and the knife; and the two walked on together. Then Isaac spoke to Abraham his father and said, "My father"; and he answered, "Here I am, my son." And he said, "Here are the fire and the wood, but where is the lamb for the burnt-offering?" Abraham answered, "God will provide for Himself the lamb for the burnt-offering, my son," and the two walked on together. They reached the place of which God had told him, and Abraham built an altar there, arranged the wood, bound Isaac his son, and placed him on the altar upon the wood. Then Abraham stretched forth his hand, and took the knife to slaughter his son. But an angel of the Lord called to him from heaven and said, "Abraham! Abraham!" And he answered, "Here I am." And he said, "Do not lay your hand upon the lad, nor do anything to him; for now I know that you are a God-fearing man, since you have not withheld your son, your only son, from Me." Thereafter, Abraham looked up and saw a ram caught in the thicket by its horns; and Abraham went and took the ram and offered it as a burnt-offering instead of his son. Abraham called the name of the place "The Lord Will See," as it is referred to this day, "On the mount where the Lord shall reveal Himself." An angel of the Lord called to Abraham a second time from heaven, and said, "By Myself have I sworn, says the Lord, because you have done this and have not withheld your son, your only son: I will greatly bless you and make your descendants as numerous as the stars in heaven and as the sand

זַרְעֲךָ אֶת שַׁעַר אֹיְבָיו: וְהִתְבָּרְכוּ בְזַרְעֲךָ כֹּל גּוֹיֵי הָאָרֶץ,
עֵקֶב אֲשֶׁר שָׁמַעְתָּ בְּקֹלִי: וַיָּשָׁב אַבְרָהָם אֶל נְעָרָיו, וַיָּקֻמוּ
וַיֵּלְכוּ יַחְדָּו אֶל בְּאֵר שָׁבַע, וַיֵּשֶׁב אַבְרָהָם בִּבְאֵר שָׁבַע:¹

לְעוֹלָם יְהֵא אָדָם יְרֵא שָׁמַיִם בַּסֵּתֶר, וּמוֹדֶה עַל
הָאֱמֶת, וְדוֹבֵר אֱמֶת בִּלְבָבוֹ, וְיַשְׁכֵּם וְיֹאמַר:

רִבּוֹן כָּל הָעוֹלָמִים, לֹא עַל צִדְקוֹתֵינוּ אֲנַחְנוּ מַפִּילִים
תַּחֲנוּנֵינוּ לְפָנֶיךָ, כִּי עַל רַחֲמֶיךָ הָרַבִּים. מָה אָנוּ,
מֶה חַיֵּינוּ, מֶה חַסְדֵּנוּ, מַה צִּדְקֵנוּ, מַה כֹּחֵנוּ, מַה
גְּבוּרָתֵנוּ. מַה נֹּאמַר לְפָנֶיךָ יְיָ אֱלֹהֵינוּ וֵאלֹהֵי אֲבוֹתֵינוּ,
הֲלֹא כָּל הַגִּבּוֹרִים כְּאַיִן לְפָנֶיךָ, וְאַנְשֵׁי הַשֵּׁם כְּלֹא הָיוּ,
וַחֲכָמִים כִּבְלִי מַדָּע, וּנְבוֹנִים כִּבְלִי הַשְׂכֵּל, כִּי רֹב
מַעֲשֵׂיהֶם תֹּהוּ, וִימֵי חַיֵּיהֶם הֶבֶל לְפָנֶיךָ, וּמוֹתַר הָאָדָם
מִן הַבְּהֵמָה אָיִן, כִּי הַכֹּל הָבֶל:² לְבַד הַנְּשָׁמָה הַטְּהוֹרָה
שֶׁהִיא עֲתִידָה לִתֵּן דִּין וְחֶשְׁבּוֹן לִפְנֵי כִסֵּא כְבוֹדֶךָ, וְכָל
הַגּוֹיִם כְּאַיִן נֶגְדֶּךָ, שֶׁנֶּאֱמַר: הֵן גּוֹיִם כְּמַר מִדְּלִי וּכְשַׁחַק
מֹאזְנַיִם נֶחְשָׁבוּ, הֵן אִיִּים כַּדַּק יִטּוֹל:³

אֲבָל אֲנַחְנוּ עַמְּךָ בְּנֵי בְרִיתֶךָ, בְּנֵי אַבְרָהָם אֹהַבְךָ,
שֶׁנִּשְׁבַּעְתָּ לּוֹ בְּהַר הַמּוֹרִיָּה;⁴ זֶרַע יִצְחָק יְחִידוֹ,
שֶׁנֶּעֱקַד עַל גַּבֵּי הַמִּזְבֵּחַ;⁵ עֲדַת יַעֲקֹב בִּנְךָ בְּכוֹרֶךָ,⁶
שֶׁמֵּאַהֲבָתְךָ שֶׁאָהַבְתָּ אוֹתוֹ, וּמִשִּׂמְחָתְךָ שֶׁשָּׂמַחְתָּ בּוֹ,
קָרָאתָ אֶת שְׁמוֹ יִשְׂרָאֵל⁷ וִישֻׁרוּן:⁸

לְפִיכָךְ אֲנַחְנוּ חַיָּבִים לְהוֹדוֹת לְךָ, וּלְשַׁבֵּחֲךָ וּלְפָאֶרְךָ
וּלְבָרֶךְ וּלְקַדֵּשׁ וְלִתֵּן שֶׁבַח וְהוֹדָיָה לִשְׁמֶךָ:

1. Genesis 22:1-19.   2. Ecclesiastes 3:19.   3. Isaiah 40:15.   4. V. Genesis 22:16-18.   5. V. ibid. 22:1-13.   6. V. Exodus 4:22; Genesis Rabbah 63:8; Rashi, Genesis 25:26.   7. V. Genesis 35:10.   8. V. Isaiah 44:2; Deuteronomy 33:5, 26; Ramban, Deuteronomy 7:12.

on the seashore; and your descendants shall inherit the gates of their enemies. And all the nations of the earth shall bless themselves by your descendants, because you have obeyed My voice." Abraham then returned to his attendants, and they rose and went together to Beer-Sheva; and Abraham lived in Beer-Sheva.[1]

לעולם A man should forever be God-fearing in the innermost recesses of his heart, acknowledge the truth, and speak the truth in his heart. Let him rise early and say:

רבון Master of all worlds! It is not because of our own righteousness that we present our supplications before You, but because of Your abounding mercies. What are we? What is our life? What is our kindness? What is our righteousness? What is our strength? What is our might? What can we say to You, Lord our God and God of our fathers? Are not all the mighty men as nothing before You, the men of renown as though they had never been, the wise as if without knowledge, and the men of understanding as if devoid of intelligence? For most of their deeds are naught, and the days of their lives are vanity before You. The pre-eminence of man over beast is naught, for all is vanity[2]—except the pure soul which is destined to give an accounting before the Throne of Your Glory. All the nations are as nothing before You, as it is written: The nations are as a drop from a bucket; considered no more than dust upon the scales! Behold, the isles are like the flying dust.[3]

אבל But we are Your nation, the people of Your Covenant: the children of Abraham Your beloved, to whom You swore on Mount Moriah;[4] the descendants of Isaac, his only son who was bound upon the altar;[5] the community of Jacob, Your firstborn,[6] whose name You called Israel[7] and Yeshurun[8] because of Your love for him and Your delight in him.

לפיכך Therefore, it is incumbent upon us to thank, praise, and glorify You, to bless, to sanctify, and to offer praise and

אַשְׁרֵינוּ, מַה טּוֹב חֶלְקֵנוּ, וּמַה נָּעִים גּוֹרָלֵנוּ, וּמַה יָּפָה
יְרֻשָּׁתֵנוּ; אַשְׁרֵינוּ, שֶׁאָנוּ מַשְׁכִּימִים וּמַעֲרִיבִים עֶרֶב וָבֹקֶר
וְאוֹמְרִים פַּעֲמַיִם בְּכָל יוֹם:

שְׁמַע יִשְׂרָאֵל, יְיָ אֱלֹהֵינוּ, יְיָ | אֶחָד:[1]

Recite the following verse in a loud voice:
בָּרוּךְ שֵׁם כְּבוֹד מַלְכוּתוֹ לְעוֹלָם וָעֶד:[2]

וְאָהַבְתָּ אֵת יְיָ אֱלֹהֶיךָ, בְּכָל | לְבָבְךָ, וּבְכָל נַפְשְׁךָ,
וּבְכָל מְאֹדֶךָ: וְהָיוּ הַדְּבָרִים הָאֵלֶּה אֲשֶׁר
אָנֹכִי מְצַוְּךָ הַיּוֹם, עַל | לְבָבֶךָ: וְשִׁנַּנְתָּם לְבָנֶיךָ וְדִבַּרְתָּ
בָּם, בְּשִׁבְתְּךָ בְּבֵיתֶךָ, וּבְלֶכְתְּךָ בַדֶּרֶךְ, וּבְשָׁכְבְּךָ,
וּבְקוּמֶךָ: וּקְשַׁרְתָּם לְאוֹת עַל יָדֶךָ, וְהָיוּ לְטֹטָפֹת בֵּין
עֵינֶיךָ: וּכְתַבְתָּם עַל מְזֻזוֹת בֵּיתֶךָ, וּבִשְׁעָרֶיךָ:[3]

אַתָּה הוּא עַד שֶׁלֹּא נִבְרָא הָעוֹלָם, אַתָּה הוּא
מִשֶּׁנִּבְרָא הָעוֹלָם, אַתָּה הוּא בָּעוֹלָם הַזֶּה,
וְאַתָּה הוּא לָעוֹלָם הַבָּא. קַדֵּשׁ אֶת שִׁמְךָ בְּעוֹלָמֶךָ עַל
עַם מַקְדִּישֵׁי שְׁמֶךָ, וּבִישׁוּעָתְךָ מַלְכֵּנוּ תָּרוּם וְתַגְבִּיהַּ
קַרְנֵנוּ, וְהוֹשִׁיעֵנוּ בְּקָרוֹב לְמַעַן שְׁמֶךָ. בָּרוּךְ הַמְקַדֵּשׁ
שְׁמוֹ בָּרַבִּים:

אַתָּה הוּא יְיָ הָאֱלֹהִים בַּשָּׁמַיִם וּבָאָרֶץ, וּבִשְׁמֵי הַשָּׁמַיִם
הָעֶלְיוֹנִים. אֱמֶת אַתָּה הוּא רִאשׁוֹן, וְאַתָּה הוּא
אַחֲרוֹן, וּמִבַּלְעָדֶיךָ אֵין אֱלֹהִים. קַבֵּץ נְפוּצוֹת קֹוֶיךָ
מֵאַרְבַּע כַּנְפוֹת הָאָרֶץ, יַכִּירוּ וְיֵדְעוּ כָּל בָּאֵי עוֹלָם, כִּי

---

1. Deuteronomy 6:4. 2. Pesachim 56a; Deuteronomy Rabbah 2:31, 35, 36. 3. Deuteronomy 6:5-9.

thanksgiving to Your Name. Fortunate are we! How good is our portion, how pleasant our lot, and how beautiful our heritage! Fortunate are we who, early in the morning and in the evening, twice each day, declare:

Transliteration, page 441.

שמע Hear, O Israel, the Lord is our God, the Lord is One.[1]

Recite the following verse in a loud voice:

ברוך Blessed be the name of the glory of His kingdom for ever and ever.[2]

ואהבת You shall love the Lord your God with all your heart, with all your soul, and with all your might. And these words which I command you today, shall be upon your heart. You shall teach them thoroughly to your children, and you shall speak of them when you sit in your house and when you walk on the road, when you lie down and when you rise. You shall bind them as a sign upon your hand, and they shall be for a reminder between your eyes. And you shall write them upon the doorposts of your house and upon your gates.[3]

אתה You were [the same] before the world was created; You are [the same] since the world has been created. You are the same in this world; You are the same in the World to Come. Sanctify Your Name in Your world upon the people who hallow Your Name. Through Your salvation, our King, raise and exalt our strength, and deliver us speedily for the sake of Your Name. Blessed is He who sanctifies His Name among the multitudes.

אתה You are the Lord God in heaven and on earth, and in the most lofty heavens of heavens. Truly, You are the first and You are the last, and besides You there is no God. Gather the dispersed who long for You from the four corners of the earth. Let all mankind recognize and know

אַתָּה הוּא הָאֱלֹהִים לְבַדְּךָ לְכֹל מַמְלְכוֹת הָאָרֶץ. אַתָּה
עָשִׂיתָ אֶת הַשָּׁמַיִם וְאֶת הָאָרֶץ, אֶת הַיָּם וְאֶת כָּל אֲשֶׁר
בָּם, וּמִי בְּכָל מַעֲשֵׂה יָדֶיךָ בָּעֶלְיוֹנִים וּבַתַּחְתּוֹנִים,
שֶׁיֹּאמַר לְךָ מַה תַּעֲשֶׂה, וּמַה תִּפְעָל. אָבִינוּ שֶׁבַּשָּׁמַיִם,
חַי וְקַיָּם, עֲשֵׂה עִמָּנוּ צְדָקָה וָחֶסֶד בַּעֲבוּר שִׁמְךָ הַגָּדוֹל
הַגִּבּוֹר וְהַנּוֹרָא שֶׁנִּקְרָא עָלֵינוּ, וְקַיֶּם לָנוּ יְיָ אֱלֹהֵינוּ אֶת
הַדָּבָר שֶׁהִבְטַחְתָּנוּ עַל יְדֵי צְפַנְיָה חוֹזָךְ כָּאָמוּר: בָּעֵת
הַהִיא אָבִיא אֶתְכֶם, וּבָעֵת קַבְּצִי אֶתְכֶם, כִּי אֶתֵּן אֶתְכֶם
לְשֵׁם וְלִתְהִלָּה בְּכֹל עַמֵּי הָאָרֶץ, בְּשׁוּבִי אֶת שְׁבוּתֵיכֶם
לְעֵינֵיכֶם, אָמַר יְיָ:[1]

KORBANOT—OFFERINGS

וַיְדַבֵּר יְיָ אֶל מֹשֶׁה לֵּאמֹר: צַו אֶת אַהֲרֹן וְאֶת בָּנָיו
לֵאמֹר, זֹאת תּוֹרַת הָעֹלָה, הִוא הָעֹלָה עַל
מוֹקְדָה עַל הַמִּזְבֵּחַ כָּל הַלַּיְלָה עַד הַבֹּקֶר וְאֵשׁ הַמִּזְבֵּחַ
תּוּקַד בּוֹ: וְלָבַשׁ הַכֹּהֵן מִדּוֹ בַד וּמִכְנְסֵי בַד יִלְבַּשׁ עַל
בְּשָׂרוֹ, וְהֵרִים אֶת הַדֶּשֶׁן אֲשֶׁר תֹּאכַל הָאֵשׁ אֶת הָעֹלָה
עַל הַמִּזְבֵּחַ, וְשָׂמוֹ אֵצֶל הַמִּזְבֵּחַ: וּפָשַׁט אֶת בְּגָדָיו וְלָבַשׁ
בְּגָדִים אֲחֵרִים, וְהוֹצִיא אֶת הַדֶּשֶׁן אֶל מִחוּץ לַמַּחֲנֶה אֶל
מָקוֹם טָהוֹר: וְהָאֵשׁ עַל הַמִּזְבֵּחַ תּוּקַד בּוֹ לֹא תִכְבֶּה
וּבִעֵר עָלֶיהָ הַכֹּהֵן עֵצִים בַּבֹּקֶר בַּבֹּקֶר, וְעָרַךְ עָלֶיהָ הָעֹלָה
וְהִקְטִיר עָלֶיהָ חֶלְבֵי הַשְּׁלָמִים: אֵשׁ תָּמִיד תּוּקַד עַל
הַמִּזְבֵּחַ לֹא תִכְבֶּה:[2]

---

1. Zephaniah 3:20. 2. Leviticus 6:1-6.

that You alone are God over all the kingdoms of the earth. You have made the heavens, the earth, the sea, and all therein. Who among all the works of Your hands, celestial or terrestrial, can say to You, "What are You doing? What are You making?" Our living and eternal Father in heaven, deal graciously and kindly with us for the sake of Your great, mighty, and awe-inspiring Name which is conferred upon us. Fulfill for us, Lord our God, the promise which You have made to us through Zephaniah Your prophet, as it is written: At that time I will bring you back, and at that time I will gather you; for I will make you renowned and glorified among all the peoples of the earth, when I bring back your captivity before your eyes, said the Lord.[1]

KORBANOT – OFFERINGS

וידבר The Lord spoke to Moses, saying: Command Aaron and his sons, saying: This is the law of the burnt-offering: The burnt-offering shall remain on the firewood on the altar all night until morning, and the fire of the altar shall be kept burning on it. The Kohen shall put on his linen raiment, and put linen breeches upon his body; he shall remove the ashes which the fire has made by consuming the burnt-offering on the altar, and place them beside the altar. Then he shall take off his garments and put on other garments, and carry the ashes to a clean place outside the camp. The fire on the altar shall be kept burning, it must not go out; and the Kohen shall burn wood on it every morning, and arrange the burnt-offering upon it, and burn the fat of the peace-offerings on it. Fire shall be kept burning on the altar continually; it must not go out.[2]

וַיְדַבֵּר יְיָ אֶל מֹשֶׁה לֵּאמֹר: צַו אֶת בְּנֵי יִשְׂרָאֵל וְאָמַרְתָּ
אֲלֵהֶם, אֶת קָרְבָּנִי לַחְמִי לְאִשַּׁי, רֵיחַ נִיחֹחִי
תִּשְׁמְרוּ לְהַקְרִיב לִי בְּמוֹעֲדוֹ: וְאָמַרְתָּ לָהֶם, זֶה הָאִשֶּׁה
אֲשֶׁר תַּקְרִיבוּ לַיְיָ, כְּבָשִׂים בְּנֵי שָׁנָה תְמִימִם, שְׁנַיִם לַיּוֹם,
עֹלָה תָמִיד: אֶת הַכֶּבֶשׂ אֶחָד תַּעֲשֶׂה בַבֹּקֶר, וְאֵת הַכֶּבֶשׂ
הַשֵּׁנִי תַּעֲשֶׂה בֵּין הָעַרְבָּיִם: וַעֲשִׂירִית הָאֵיפָה סֹלֶת
לְמִנְחָה, בְּלוּלָה בְּשֶׁמֶן כָּתִית רְבִיעִת הַהִין: עֹלַת תָּמִיד,
הָעֲשֻׂיָה בְּהַר סִינַי לְרֵיחַ נִיחֹחַ אִשֶּׁה לַיְיָ: וְנִסְכּוֹ רְבִיעִת
הַהִין לַכֶּבֶשׂ הָאֶחָד, בַּקֹּדֶשׁ הַסֵּךְ נֶסֶךְ שֵׁכָר לַיְיָ: וְאֵת
הַכֶּבֶשׂ הַשֵּׁנִי תַּעֲשֶׂה בֵּין הָעַרְבָּיִם, כְּמִנְחַת הַבֹּקֶר
וּכְנִסְכּוֹ תַּעֲשֶׂה, אִשֶּׁה רֵיחַ נִיחֹחַ לַיְיָ:[1]

וְשָׁחַט אֹתוֹ עַל יֶרֶךְ הַמִּזְבֵּחַ צָפֹנָה לִפְנֵי יְיָ, וְזָרְקוּ בְּנֵי
אַהֲרֹן הַכֹּהֲנִים אֶת דָּמוֹ עַל הַמִּזְבֵּחַ סָבִיב:[2]

KETORET – INCENSE

אַתָּה הוּא יְיָ אֱלֹהֵינוּ וֵאלֹהֵי אֲבוֹתֵינוּ, שֶׁהִקְטִירוּ
אֲבוֹתֵינוּ לְפָנֶיךָ אֶת קְטֹרֶת הַסַּמִּים בִּזְמַן שֶׁבֵּית
הַמִּקְדָּשׁ קַיָּם, כַּאֲשֶׁר צִוִּיתָ אוֹתָם עַל יַד מֹשֶׁה נְבִיאֶךָ,
כַּכָּתוּב בְּתוֹרָתֶךָ:

וַיֹּאמֶר יְיָ אֶל מֹשֶׁה, קַח לְךָ סַמִּים, נָטָף, וּשְׁחֵלֶת,
וְחֶלְבְּנָה, סַמִּים, וּלְבֹנָה זַכָּה, בַּד בְּבַד יִהְיֶה:
וְעָשִׂיתָ אֹתָהּ קְטֹרֶת, רֹקַח מַעֲשֵׂה רוֹקֵחַ, מְמֻלָּח טָהוֹר
קֹדֶשׁ: וְשָׁחַקְתָּ מִמֶּנָּה הָדֵק, וְנָתַתָּה מִמֶּנָּה לִפְנֵי הָעֵדֻת
בְּאֹהֶל מוֹעֵד, אֲשֶׁר אִוָּעֵד לְךָ שָׁמָּה, קֹדֶשׁ קָדָשִׁים
תִּהְיֶה לָכֶם:[3] וְנֶאֱמַר: וְהִקְטִיר עָלָיו אַהֲרֹן קְטֹרֶת

---

1. Numbers 28:1-8.   **2.** Leviticus 1:11.   **3.** Exodus 30:34-36.

וידבר And the Lord spoke to Moses, saying: Command the children of Israel and say to them: My offering, My food-offering consumed by fire, a pleasing odor to Me, you shall be careful to offer Me at its appointed time. And you shall say to them: This is the fire-offering which you shall offer to the Lord—two yearling male lambs without blemish, every day, as a daily burnt-offering. You shall offer one lamb in the morning, and the other lamb toward evening; and a tenth of an *ephah* of fine flour mixed with a fourth of a *hin* of oil of crushed olives as a meal-offering. This is a daily burnt-offering, as it was made at Mount Sinai, for a pleasing odor, a fire-offering to the Lord. And its wine-offering shall be a fourth of a *hin* for the one lamb; in the Sanctuary you shall pour out a wine-offering of strong wine to the Lord. And you shall offer the other lamb toward evening, with the same meal-offering and the same wine-offering as in the morning, to be a fire-offering of pleasing odor to the Lord.[1]

ושחט He shall slaughter it on the north side of the altar before the Lord; and Aaron's sons, the Kohanim, shall sprinkle its blood all around the altar.[2]

KETORET – INCENSE

אתה You are the Lord our God and God of our fathers before whom our ancestors burned the offering of incense when the Bet Hamikdash stood, as You have commanded them through Moses Your prophet, as it is written in Your Torah:

ויאמר The Lord said to Moses: Take fragrant spices, stacte, onycha, and galbanum, fragrant spices, and pure frankincense; there shall be an equal weight of each. And you shall make it into incense, a compound expertly blended, well-mingled, pure and holy. You shall grind some of it very fine, and put some of it before the Ark in the Tabernacle, where I will meet with you; most holy shall it be to you.[3] And it is written: Aaron shall burn upon the altar the

סַמִּים, בַּבְּקֶר בַּבְּקֶר בְּהֵיטִיבוֹ אֶת הַגֵּרֹת יַקְטִירֶנָּה:
וּבְהַעֲלֹת אַהֲרֹן אֶת הַגֵּרֹת בֵּין הָעַרְבַּיִם יַקְטִירֶנָּה, קְטֹרֶת
תָּמִיד לִפְנֵי יְיָ לְדֹרֹתֵיכֶם:[1]

תָּנוּ רַבָּנָן,[2] פִּטּוּם הַקְּטֹרֶת כֵּיצַד: שְׁלֹשׁ מֵאוֹת וְשִׁשִּׁים
וּשְׁמוֹנָה מָנִים הָיוּ בָהּ. שְׁלֹשׁ מֵאוֹת וְשִׁשִּׁים וַחֲמִשָּׁה
כְּמִנְיַן יְמוֹת הַחַמָּה, מָנֶה לְכָל יוֹם פְּרַס בְּשַׁחֲרִית וּפְרַס
בֵּין הָעַרְבַּיִם, וּשְׁלֹשָׁה מָנִים יְתֵרִים, שֶׁמֵּהֶם מַכְנִיס כֹּהֵן
גָּדוֹל מְלֹא חָפְנָיו בְּיוֹם הַכִּפּוּרִים, וּמַחֲזִירָן לְמַכְתֶּשֶׁת בְּעֶרֶב
יוֹם הַכִּפּוּרִים, וְשׁוֹחֲקָן יָפֶה יָפֶה כְּדֵי שֶׁתְּהֵא דַקָּה מִן
הַדַּקָּה. וְאַחַד עָשָׂר סַמְמָנִים הָיוּ בָהּ. וְאֵלּוּ הֵן: 1) הַצֳּרִי
2) וְהַצִּפֹּרֶן 3) הַחֶלְבְּנָה 4) וְהַלְּבוֹנָה מִשְׁקַל שִׁבְעִים שִׁבְעִים
מָנֶה, 5) מוֹר 6) וּקְצִיעָה 7) שִׁבֹּלֶת נֵרְדְּ 8) וְכַרְכֹּם מִשְׁקַל
שִׁשָּׁה עָשָׂר שִׁשָּׁה עָשָׂר מָנֶה, 9) הַקֹּשְׁטְ שְׁנֵים עָשָׂר,
10) קִלּוּפָה שְׁלֹשָׁה, 11) קִנָּמוֹן תִּשְׁעָה. בְּרִית כַּרְשִׁינָה
תִּשְׁעָה קַבִּין, יֵין קַפְרִיסִין סְאִין תְּלָתָא וְקַבִּין תְּלָתָא, וְאִם
אֵין לוֹ יֵין קַפְרִיסִין מֵבִיא חֲמַר חִוַּרְיָן עַתִּיק. מֶלַח סְדוֹמִית
רוֹבַע, מַעֲלֶה עָשָׁן כָּל שֶׁהוּא. רַבִּי נָתָן הַבַּבְלִי אוֹמֵר: אַף
כִּפַּת הַיַּרְדֵּן כָּל שֶׁהִיא, וְאִם נָתַן בָּהּ דְּבַשׁ פְּסָלָהּ, וְאִם
חִסַּר אֶחָד מִכָּל סַמְמָנֶיהָ חַיָּב מִיתָה:

רַבָּן שִׁמְעוֹן בֶּן גַּמְלִיאֵל אוֹמֵר: הַצֳּרִי אֵינוֹ אֶלָּא שְׂרָף
הַנּוֹטֵף מֵעֲצֵי הַקְּטָף, בְּרִית כַּרְשִׁינָה שֶׁשָּׁפִין בָּהּ
אֶת הַצִּפֹּרֶן, כְּדֵי שֶׁתְּהֵא נָאָה; יֵין קַפְרִיסִין שֶׁשּׁוֹרִין בּוֹ
אֶת הַצִּפֹּרֶן כְּדֵי שֶׁתְּהֵא עַזָּה. וַהֲלֹא מֵי רַגְלַיִם יָפִין לָהּ,
אֶלָּא שֶׁאֵין מַכְנִיסִין מֵי רַגְלַיִם בַּמִּקְדָּשׁ מִפְּנֵי הַכָּבוֹד:

---

1. Exodus 30:7-8. **2.** V. Keritot 6a-b; Yerushalmi, Yoma 4:5.

incense of fragrant spices; every morning when he cleans the lamps [of the menorah], he shall burn it. And toward evening, when Aaron lights the menorah, he shall burn it; this is a continual incense-offering before the Lord throughout your generations.[1]

תנו The Rabbis have taught:[2] How was the incense prepared? It weighed 368 *manim*: 365 corresponding to the number of days in the solar year, one *maneh* for each day—half a *maneh* to be offered in the morning and half toward evening; and the other three *manim* from which the Kohen Gadol took two handfuls [into the Holy of Holies] on Yom Kippur. These [three *manim*] were put back into the mortar on the day before Yom Kippur and ground again very thoroughly so as to make the incense extremely fine. The incense contained the following eleven kinds of spices: 1) balm, 2) onycha, 3) galbanum, 4) frankincense—each one weighing seventy *maneh*; 5) myrrh, 6) cassia, 7) spikenard, 8) saffron —each weighing sixteen *maneh*; 9) costus, twelve *maneh*; 10) aromatic bark, three [*maneh*]; 11) cinnamon, nine [*maneh*]. [Also used in the preparation of the incense were:] lye of Carshina, nine *kabin*; Cyprus wine, three *se'in* and three *kabin*—if Cyprus wine was not available, strong white wine might be used instead; salt of Sodom, a fourth of a *kab*; and a minute quantity of a smoke-raising herb. Rabbi Nathan the Babylonian says: A minute quantity of Jordan amber was also added. If, however, honey were added, the incense became unfit; while if one left out any one of the ingredients, he was liable to the penalty of death.

רבן Rabban Shimon ben Gamliel says: The balm is no other than a resin which exudes from the balsam trees. The lye of Carshina was used for rubbing on the onycha to refine its appearance. The Cyprus wine was used in which to steep the onycha to make its odor more pungent. Though the water of Raglayim might have served that purpose well, it would be disrespectful to bring it into the Bet Hamikdash.

תַּנְיָא רַבִּי נָתָן אוֹמֵר: כְּשֶׁהוּא שׂוֹחֵק אוֹמֵר: הָדֵק הֵיטֵב, הֵיטֵב הָדֵק, מִפְּנֵי שֶׁהַקּוֹל יָפֶה לַבְּשָׂמִים. פִּטְּמָהּ לַחֲצָאִין כְּשֵׁרָה, לִשְׁלִישׁ וְלִרְבִיעַ, לֹא שָׁמֶעְנוּ. אָמַר רַבִּי יְהוּדָה, זֶה הַכְּלָל: אִם כְּמִדָּתָהּ כְּשֵׁרָה לַחֲצָאִין. וְאִם חִסַּר אֶחָד מִכָּל סַמְּמָנֶיהָ חַיָּב מִיתָה:

תַּנְיָא בַּר קַפָּרָא אוֹמֵר: אַחַת לְשִׁשִּׁים אוֹ לְשִׁבְעִים שָׁנָה הָיְתָה בָאָה שֶׁל שִׁירַיִם לַחֲצָאִין. וְעוֹד תָּנֵי בַּר קַפָּרָא, אִלּוּ הָיָה נוֹתֵן בָּהּ קוֹרְטוֹב שֶׁל דְּבַשׁ, אֵין אָדָם יָכוֹל לַעֲמוֹד מִפְּנֵי רֵיחָהּ, וְלָמָּה אֵין מְעָרְבִין בָּהּ דְּבַשׁ, מִפְּנֵי שֶׁהַתּוֹרָה אָמְרָה, כִּי כָל שְׂאֹר וְכָל דְּבַשׁ לֹא תַקְטִירוּ מִמֶּנּוּ אִשֶּׁה לַיָי:[1]

— Say three times ‏ יְיָ צְבָאוֹת עִמָּנוּ, מִשְׂגָּב לָנוּ אֱלֹהֵי יַעֲקֹב סֶלָה:[2]

— Say three times ‏ יְיָ צְבָאוֹת, אַשְׁרֵי אָדָם בֹּטֵחַ בָּךְ:[3]

— Say three times ‏ יְיָ הוֹשִׁיעָה, הַמֶּלֶךְ יַעֲנֵנוּ בְיוֹם קָרְאֵנוּ:[4]

וְעָרְבָה לַיָי מִנְחַת יְהוּדָה וִירוּשָׁלָיִם, כִּימֵי עוֹלָם וּכְשָׁנִים קַדְמוֹנִיּוֹת:[5]

אַבַּיֵּי הֲוָה מְסַדֵּר סֵדֶר הַמַּעֲרָכָה מִשְּׁמָא דִגְמָרָא, וְאַלִּבָּא דְאַבָּא שָׁאוּל, מַעֲרָכָה גְדוֹלָה קוֹדֶמֶת לְמַעֲרָכָה שְׁנִיָּה שֶׁל קְטֹרֶת, וּמַעֲרָכָה שְׁנִיָּה שֶׁל קְטֹרֶת קוֹדֶמֶת לְסִדּוּר שְׁנֵי גִזְרֵי עֵצִים, וְסִדּוּר שְׁנֵי גִזְרֵי עֵצִים קוֹדֶם לְדִשּׁוּן מִזְבֵּחַ הַפְּנִימִי, וְדִשּׁוּן מִזְבֵּחַ הַפְּנִימִי קוֹדֶם לַהֲטָבַת חָמֵשׁ נֵרוֹת, וַהֲטָבַת חָמֵשׁ נֵרוֹת קוֹדֶמֶת לְדַם

---

1. Leviticus 2:11.   2. Psalms 46:8.   3. Ibid. 84:13.   4. Ibid. 20:10.   5. Malachi 3:4.

תניא It has been taught, Rabbi Nathan says: While the Kohen was grinding the incense, the overseer would say, "Grind it thin, grind it thin," because the [rhythmic] sound is good for the compounding of the spices. If only half the yearly required quantity of incense was prepared, it was fit for use; but we have not heard if it was permissible to prepare only a third or a fourth of it. Rabbi Yehudah said: The general rule is that if the incense was compounded in its correct proportions, it was fit for use even if only half the annually required quantity was prepared; if, however, one left out any one of its ingredients, he was liable to the penalty of death.

תניא It has been taught, Bar Kappara says: Once in sixty or seventy years, half of the required yearly quantity of incense came from the accumulated surpluses [from the three *maneh* from which the High Priest took two handfuls on Yom Kippur]. Bar Kappara also taught: Had a minute quantity of honey been mixed into the incense, no one could have resisted the scent. Why then was no honey mixed with it? Because the Torah said: You shall present no leaven nor honey as an offering by fire to the Lord.[1]

Say three times: ײ The Lord of hosts is with us; the God of Jacob is our stronghold forever.[2]

Say three times: ײ Lord of hosts, happy is the man who trusts in You.[3]

Say three times: ײ Lord, deliver us; may the King answer us on the day we call.[4]

וערבה Then shall the offering of Judah and Jerusalem be pleasing to the Lord, as in the days of old and as in bygone years.[5]

אביי Abbaye recounted the order of the daily priestly functions on the authority of tradition, and in accordance with the view of Abba Shaul: The large pile of wood was arranged on the altar before the second pile [from which fire was taken for the incense-offering]; the second pile for the incense-offering was arranged before the placing of the two logs of wood on the large pile; the placing of the two logs of wood came before the removing of the ashes from the inner altar; the removing of the ashes from the inner altar preceded the cleaning of the five lamps [of the menorah]; the cleaning of the five lamps [of the

110 **תפלת השחר**

הַתָּמִיד, וְדַם הַתָּמִיד קוֹדֵם לְהַטָּבַת שְׁתֵּי נֵרוֹת, וְהַטָּבַת
שְׁתֵּי נֵרוֹת קוֹדֶמֶת לִקְטְרֶת, וּקְטְרֶת קוֹדֶמֶת לְאֵבָרִים,
וְאֵבָרִים לְמִנְחָה, וּמִנְחָה לַחֲבִתִּין, וַחֲבִתִּין לִנְסָכִין, וּנְסָכִין
לְמוּסָפִין, וּמוּסָפִין לְבָזִיכִין, וּבָזִיכִין קוֹדְמִין לְתָמִיד שֶׁל
בֵּין הָעַרְבָּיִם. שֶׁנֶּאֱמַר: וְעָרַךְ עָלֶיהָ הָעֹלָה וְהִקְטִיר עָלֶיהָ
חֶלְבֵי הַשְּׁלָמִים,¹ עָלֶיהָ הַשְׁלֵם כָּל הַקָּרְבָּנוֹת כֻּלָּם:²

When reciting אָנָּא בְּכֹחַ, look at—or visualize—the Divine Names formed by the acronyms
of the words (as they appear in the left column), but do not say them.

אב"ג ית"ץ	**אָנָּא,** בְּכֹחַ גְּדֻלַּת יְמִינְךָ, תַּתִּיר צְרוּרָה.
קר"ע שט"ן	קַבֵּל רִנַּת עַמְּךָ, שַׂגְּבֵנוּ, טַהֲרֵנוּ, נוֹרָא.
נג"ד יכ"ש	נָא גִבּוֹר, דּוֹרְשֵׁי יִחוּדְךָ, כְּבָבַת שָׁמְרֵם.
בט"ר צת"ג	בָּרְכֵם, טַהֲרֵם, רַחֲמֵי צִדְקָתְךָ תָּמִיד גָּמְלֵם.
חק"ב טנ"ע	חֲסִין קָדוֹשׁ, בְּרוֹב טוּבְךָ נַהֵל עֲדָתֶךָ.
יג"ל פז"ק	יָחִיד, גֵּאֶה, לְעַמְּךָ פְּנֵה, זוֹכְרֵי קְדֻשָּׁתֶךָ.
שק"ו צי"ת	שַׁוְעָתֵנוּ קַבֵּל, וּשְׁמַע צַעֲקָתֵנוּ, יוֹדֵעַ תַּעֲלוּמוֹת.

בָּרוּךְ שֵׁם כְּבוֹד מַלְכוּתוֹ לְעוֹלָם וָעֶד:

MISHNAH

א **אֵיזֶהוּ** מְקוֹמָן שֶׁל זְבָחִים, קָדְשֵׁי קָדָשִׁים שְׁחִיטָתָן
בַּצָּפוֹן. פַּר וְשָׂעִיר שֶׁל יוֹם הַכִּפּוּרִים שְׁחִיטָתָן
בַּצָּפוֹן, וְקִבּוּל דָּמָן בִּכְלִי שָׁרֵת בַּצָּפוֹן, וְדָמָן טָעוּן הַזָּיָה
עַל בֵּין הַבַּדִּים, וְעַל הַפָּרֹכֶת, וְעַל מִזְבַּח הַזָּהָב.
מַתָּנָה אַחַת מֵהֶן מְעַכָּבֶת. שִׁירֵי הַדָּם הָיָה שׁוֹפֵךְ עַל
יְסוֹד מַעֲרָבִי שֶׁל מִזְבַּח הַחִיצוֹן, אִם לֹא נָתַן לֹא עִכֵּב:

---

1. Leviticus 6:5. **2.** Yoma 33a.

menorah] preceded the sprinkling of the blood of the daily burnt-offering; the sprinkling of the blood of the daily burnt-offering preceded the cleaning of the remaining two lamps [of the menorah]; the cleaning of the two lamps [of the menorah] preceded the incense-offering; the incense-offering preceded the burning of the parts of the daily burnt-offering; the burning of the parts of the daily burnt-offering preceded the meal-offering; the meal-offering preceded the offering of pancakes; the offering of pancakes preceded the wine-offering; the wine-offering came before the *musaf* (additional) offerings [of Shabbat and the festivals]; the *musaf*-offerings preceded the placing of the two censers with frankincense; the frankincense censers preceded the daily afternoon burnt-offering, as it is written, "And [the Kohen] shall arrange the burnt-offering on the altar, and burn on it the fat of the peace-offerings"[1]—with this all the offerings were completed.[2]

אנא We implore You, by the great power of Your right hand, release the captive. Accept the prayer of Your people; strengthen us, purify us, Awesome One. Mighty One, we beseech You, guard as the apple of the eye those who seek Your Oneness. Bless them, cleanse them; bestow upon them forever Your merciful righteousness. Powerful, Holy One, in Your abounding goodness, guide Your congregation. Only and Exalted One, turn to Your people who are mindful of Your holiness. Accept our supplication and hear our cry, You who knows secret thoughts. Blessed be the name of the glory of His kingdom forever and ever.

MISHNAH

איזהו 1. Where were the places of sacrifice in the Bet Hamikdash? The most holy offerings were slaughtered on the north side of the altar. The bullock and the he-goat of Yom Kippur were slaughtered on the north side of the altar; their blood was received on the north side in a service vessel, and was to be sprinkled between the staves of the Ark, toward the curtain of the Holy of Holies, and upon the golden altar. The omission of any one of these sprinklings invalidated the sacrifice. [The Kohen] poured out the rest of the blood at the western base of the outer altar; if, however, he failed to do so, it did not invalidate the sacrifice.

ג פָּרִים הַנִּשְׂרָפִים וּשְׂעִירִים הַנִּשְׂרָפִים שְׁחִיטָתָן בַּצָּפוֹן,
וְקִבּוּל דָּמָן בִּכְלִי שָׁרֵת בַּצָּפוֹן, וְדָמָן טָעוּן הַזָּיָה עַל
הַפָּרֹכֶת, וְעַל מִזְבַּח הַזָּהָב. מַתָּנָה אַחַת מֵהֶן מְעַכֶּבֶת.
שְׁיָרֵי הַדָּם הָיָה שׁוֹפֵךְ עַל יְסוֹד מַעֲרָבִי שֶׁל מִזְבֵּחַ
הַחִיצוֹן, אִם לֹא נָתַן לֹא עִכֵּב, אֵלּוּ וָאֵלּוּ נִשְׂרָפִין בְּבֵית
הַדָּשֶׁן: ג חַטֹּאות הַצִּבּוּר וְהַיָּחִיד, אֵלּוּ הֵן חַטֹּאות
הַצִּבּוּר: שְׂעִירֵי רָאשֵׁי חֳדָשִׁים וְשֶׁל מוֹעֲדוֹת, שְׁחִיטָתָן
בַּצָּפוֹן, וְקִבּוּל דָּמָן בִּכְלִי שָׁרֵת בַּצָּפוֹן, וְדָמָן טָעוּן אַרְבַּע
מַתָּנוֹת עַל אַרְבַּע קְרָנוֹת, כֵּיצַד: עָלָה בַכֶּבֶשׁ וּפָנָה
לַסּוֹבֵב, וּבָא לוֹ לְקֶרֶן דְּרוֹמִית מִזְרָחִית, מִזְרָחִית צְפוֹנִית,
צְפוֹנִית מַעֲרָבִית, מַעֲרָבִית דְּרוֹמִית. שְׁיָרֵי הַדָּם הָיָה
שׁוֹפֵךְ עַל יְסוֹד דְּרוֹמִי, וְנֶאֱכָלִין לִפְנִים מִן הַקְּלָעִים לְזִכְרֵי
כְהֻנָּה בְּכָל מַאֲכָל, לְיוֹם וָלַיְלָה עַד חֲצוֹת:

ד הָעוֹלָה, קֹדֶשׁ קָדָשִׁים, שְׁחִיטָתָהּ בַּצָּפוֹן, וְקִבּוּל
דָּמָהּ בִּכְלִי שָׁרֵת בַּצָּפוֹן, וְדָמָהּ טָעוּן שְׁתֵּי
מַתָּנוֹת שֶׁהֵן אַרְבַּע,² וּטְעוּנָה הֶפְשֵׁט וְנִתּוּחַ, וְכָלִיל
לָאִשִּׁים: ה זִבְחֵי שַׁלְמֵי צִבּוּר וַאֲשָׁמוֹת, אֵלּוּ הֵן אֲשָׁמוֹת:
אָשָׁם גְּזֵלוֹת, אֲשַׁם מְעִילוֹת, אֲשַׁם שִׁפְחָה חֲרוּפָה, אֲשַׁם
נָזִיר, אֲשַׁם מְצוֹרָע, אָשָׁם תָּלוּי. שְׁחִיטָתָן בַּצָּפוֹן, וְקִבּוּל
דָּמָן בִּכְלִי שָׁרֵת בַּצָּפוֹן, וְדָמָן טָעוּן שְׁתֵּי מַתָּנוֹת שֶׁהֵן

---

1. The sin-offerings of Yom Kippur and the other sin-offerings which were burnt. **2.** The blood was sprinkled on the southwestern and northeastern corners. It was not applied exactly on the edge, but spread further, so that all four sides of the altar received some of it.

2. The bullocks and the he-goats which were to be burned were slaughtered on the north side of the altar. Their blood was received there in a service vessel, and was to be sprinkled toward the curtain of the Holy of Holies and upon the golden altar. The omission of one of these sprinklings rendered the sacrifice invalid. [The Kohen] poured out the rest of the blood at the western base of the outer altar; if, however, he failed to do so, it did not invalidate the sacrifice. All these offerings[1] were burnt at the place where the ashes were deposited. 3. The sin-offerings of the community and of the individual—these are the communal sin-offerings: the he-goats offered on Rosh Chodesh and on the festivals—were slaughtered on the north side of the altar, their blood was received there in a service vessel, and of this blood four sprinklings were to be made, one upon each of the four corners of the altar. How was this done? [The Kohen] went up the ramp, turned to the ledge bordering the altar, and walked to the south-eastern, northeastern, northwestern and southwestern corners. He poured out the rest of the blood at the southern base of the altar. These offerings, prepared in any manner, were eaten within the courtyard of the Sanctuary only by the male Kohanim, on the same day and evening until midnight.

הָעוֹלָה 4. The burnt-offering—a sacrifice of the most holy order—was slaughtered on the north side of the altar, its blood was received there in a service vessel, and of its blood two sprinklings were to be made [at opposite corners of the altar] so as to constitute four.[2] This offering was to be flayed, dismembered and totally consumed by fire. 5. The communal peace-offerings and guilt-offerings—these are the guilt-offerings: the guilt-offering for robbery, the guilt-offering for misusing sacred objects, the guilt-offering for violating a betrothed handmaiden, the guilt-offering of a Nazir [who had become ritually unclean], the guilt-offering of a leper [after his purification], and the guilt-offering of a person in doubt whether an act he had committed requires a sin-offering—all these were slaughtered on the north side of the altar, their blood was received there in a service vessel, and of their blood two sprinklings were to be made [at opposite corners of the altar] so as to constitute four. These offerings,

אַרְבַּע, וְנֶאֱכָלִין לִפְנִים מִן הַקְּלָעִים לִזְכְרֵי כְהֻנָּה, בְּכָל מַאֲכָל, לְיוֹם וָלַיְלָה עַד חֲצוֹת:

י**הַתּוֹדָה** וְאֵיל נָזִיר, קָדָשִׁים קַלִּים, שְׁחִיטָתָן בְּכָל מָקוֹם בָּעֲזָרָה, וְדָמָן טָעוּן שְׁתֵּי מַתָּנוֹת שֶׁהֵן אַרְבַּע, וְנֶאֱכָלִין בְּכָל הָעִיר, לְכָל אָדָם, בְּכָל מַאֲכָל, לְיוֹם וָלַיְלָה עַד חֲצוֹת. הַמּוּרָם מֵהֶם כַּיּוֹצֵא בָהֶם, אֶלָּא, שֶׁהַמּוּרָם נֶאֱכָל לַכֹּהֲנִים לִנְשֵׁיהֶם וְלִבְנֵיהֶם וּלְעַבְדֵיהֶם:

ז**שְׁלָמִים**, קָדָשִׁים קַלִּים, שְׁחִיטָתָן בְּכָל מָקוֹם בָּעֲזָרָה, וְדָמָן טָעוּן שְׁתֵּי מַתָּנוֹת שֶׁהֵן אַרְבַּע, וְנֶאֱכָלִין בְּכָל הָעִיר, לְכָל אָדָם, בְּכָל מַאֲכָל, לִשְׁנֵי יָמִים וְלַיְלָה אֶחָד. הַמּוּרָם מֵהֶם כַּיּוֹצֵא בָהֶם, אֶלָּא, שֶׁהַמּוּרָם נֶאֱכָל לַכֹּהֲנִים לִנְשֵׁיהֶם וְלִבְנֵיהֶם וּלְעַבְדֵיהֶם:

ח**הַבְּכוֹר** וְהַמַּעֲשֵׂר וְהַפֶּסַח, קָדָשִׁים קַלִּים, שְׁחִיטָתָן בְּכָל מָקוֹם בָּעֲזָרָה, וְדָמָן טָעוּן מַתָּנָה אֶחָת, וּבִלְבָד שֶׁיִּתֵּן כְּנֶגֶד הַיְסוֹד. שָׁנָה בַאֲכִילָתָן, הַבְּכוֹר נֶאֱכָל לַכֹּהֲנִים, וְהַמַּעֲשֵׂר לְכָל אָדָם, וְנֶאֱכָלִין בְּכָל הָעִיר, בְּכָל מַאֲכָל, לִשְׁנֵי יָמִים וְלַיְלָה אֶחָד. הַפֶּסַח, אֵינוֹ נֶאֱכָל אֶלָּא בַלַּיְלָה, וְאֵינוֹ נֶאֱכָל אֶלָּא עַד חֲצוֹת, וְאֵינוֹ נֶאֱכָל אֶלָּא לִמְנוּיָו, וְאֵינוֹ נֶאֱכָל אֶלָּא צָלִי:[1]

---

1. Zevachim 5:1-8.

prepared for food in any fashion, were eaten within the courtyard of the Sanctuary only by the male Kohanim, on the same day and evening until midnight.

התודה 6. The thanksgiving-offering and the ram offered by a Nazir [at the termination of his vow] were sacrifices of lesser sanctity. They might be slaughtered anywhere in the courtyard of the Bet Hamikdash. Of their blood, two sprinklings were to be made [at opposite corners of the altar] so as to constitute four. These offerings, prepared for food in any fashion, might be eaten anywhere in the city, by anyone, on the same day and evening until midnight. The same rule applied to the parts given to the Kohanim, except that they were to be eaten only by the Kohanim, their wives, their children, and their servants.

שלמים 7. The peace-offerings were [likewise] sacrifices of lesser sanctity. They might be slaughtered anywhere in the courtyard of the Bet Hamikdash. Of their blood, two sprinklings were to be made [at opposite corners of the altar] so as to constitute four. They might be eaten, prepared for food in any fashion, anywhere in the city, by anyone, during two days and one night. The same rule applied to the parts given to the Kohanim, except that they were to be eaten only by the Kohanim, their wives, their children, and their servants.

הבכור 8. The offering of firstborn animals, the tithe of cattle, and the Passover-offering were [also] sacrifices of lesser sanctity. They might be slaughtered anywhere in the courtyard of the Bet Hamikdash. Their blood required only one sprinkling, but it had to be done over against the base of the altar. They differed in their consumption: The firstling might be eaten only by the Kohanim, while the tithe might be eaten by any person. [Both the firstling and the tithe] might be prepared for food in any fashion, and eaten anywhere in the city during two days and one night. The Passover-offering, however, was to be eaten on that night only, and not later than midnight. Nor could it be eaten except by those registered for it, nor could it be eaten except when roasted.[1]

BERAITA

רַ**בִּי** יִשְׁמָעֵאל אוֹמֵר:' בִּשְׁלֹשׁ עֶשְׂרֵה מִדּוֹת הַתּוֹרָה
נִדְרֶשֶׁת. 1) מִקַּל וָחְמֶר. 2) וּמִגְּזֵרָה שָׁוָה.
3) מִבִּנְיַן אָב מִכָּתוּב אֶחָד, וּמִבִּנְיַן אָב מִשְּׁנֵי כְתוּבִים.
4) מִכְּלָל וּפְרָט. 5) וּמִפְּרָט וּכְלָל. 6) כְּלָל וּפְרָט וּכְלָל,
אִי אַתָּה דָן אֶלָּא כְּעֵין הַפְּרָט. 7) מִכְּלָל שֶׁהוּא צָרִיךְ
לִפְרָט, וּמִפְּרָט שֶׁהוּא צָרִיךְ לִכְלָל. 8) כָּל דָּבָר שֶׁהָיָה
בִּכְלָל וְיָצָא מִן הַכְּלָל לְלַמֵּד, לֹא לְלַמֵּד עַל עַצְמוֹ
יָצָא, אֶלָּא לְלַמֵּד עַל הַכְּלָל כֻּלּוֹ יָצָא. 9) כָּל דָּבָר
שֶׁהָיָה בִּכְלָל, וְיָצָא לִטְעוֹן טַעַן אֶחָד שֶׁהוּא כְעִנְיָנוֹ,
יָצָא לְהָקֵל וְלֹא לְהַחֲמִיר. 10) כָּל דָּבָר שֶׁהָיָה בִּכְלָל
וְיָצָא לִטְעוֹן טַעַן אַחֵר שֶׁלֹּא כְעִנְיָנוֹ, יָצָא לְהָקֵל
וּלְהַחֲמִיר. 11) כָּל דָּבָר שֶׁהָיָה בִּכְלָל וְיָצָא לִדּוֹן בְּדָבָר
חָדָשׁ, אִי אַתָּה יָכוֹל לְהַחֲזִירוֹ לִכְלָלוֹ, עַד שֶׁיַּחֲזִירֶנּוּ
הַכָּתוּב לִכְלָלוֹ בְּפֵרוּשׁ. 12) דָּבָר הַלָּמֵד מֵעִנְיָנוֹ, וְדָבָר
הַלָּמֵד מִסּוֹפוֹ. 13) וְכֵן² שְׁנֵי כְתוּבִים הַמַּכְחִישִׁים זֶה
אֶת זֶה, עַד שֶׁיָּבֹא הַכָּתוּב הַשְּׁלִישִׁי וְיַכְרִיעַ בֵּינֵיהֶם.

יְהִי רָצוֹן מִלְּפָנֶיךָ, יְיָ אֱלֹהֵינוּ וֵאלֹהֵי אֲבוֹתֵינוּ, שֶׁיִּבָּנֶה
בֵּית הַמִּקְדָּשׁ בִּמְהֵרָה בְיָמֵינוּ, וְתֵן חֶלְקֵנוּ
בְּתוֹרָתֶךָ.³

---

1. Sifra, Introduction.   **2.** Another version: וְכָאן.   **3.** Avot 5:20.

BERAITA

רבי Rabbi Yishmael says:[1] The Torah is expounded by means of thirteen rules: 1. A conclusion drawn from a minor premise or more lenient condition to a major or more strict one, and vice versa. 2. An analogy between two laws established on the basis of identical expressions in the Biblical text. 3. A general principle derived from one Biblical text or from two related Biblical texts [is applicable to all similar cases, though not specified in detail]. 4. When a general rule is followed by an explicit particular, [the rule is limited to the specified particular]. 5. When a specification is followed by a general rule, [all that is contained in the general rule applies]. 6. When a general rule is followed by a specification and then again by a general rule, the law is applicable only to such cases which are similar to the specification. 7. When a general rule requires an explicit specification [for the sake of clarity, the general rule is not limited to the specified particular, as in rule 4]. Similarly, when a specification requires a generalization [for the sake of clarity, the generalization does not have the all-embracing effect, as in rule 5]. 8. When a particular case that is included in a general law is singled out to instruct us concerning something new, it is singled out not only to teach concerning its own case, but is to be applied to the whole of the general law. 9. When a particular case that is included in a general law is singled out to add another provision similar to the general law, it is singled out in order to lessen, but not to increase, the severity of that provision. 10. When a particular case that is included in a general law is singled out to add another provision which is unlike the general provision, it is singled out in order, in some aspects to lessen, and in others to add to, the severity of the provision. 11. When a particular case that is included in a general law is singled out with a new stipulation, the provisions of the general law no longer apply to it, unless the Torah expressly states that they do. 12. The meaning of a passage may be deduced from its context or from a subsequent passage. 13. Similarly, when two Biblical passages contradict each other, the meaning can be determined by a third Biblical text which reconciles them.

יהי May it be Your will, Lord our God and God of our fathers, that the Bet Hamikdash be speedily rebuilt in our days, and grant us our portion in Your Torah.[3]

KADDISH D'RABBANAN

Mourners recite the following Kaddish. Congregation responds אָמֵן as indicated.

יִתְגַּדַּל וְיִתְקַדַּשׁ שְׁמֵהּ רַבָּא. (אָמֵן —Cong.) בְּעָלְמָא דִּי בְרָא
כִרְעוּתֵהּ וְיַמְלִיךְ מַלְכוּתֵהּ, וְיַצְמַח פּוּרְקָנֵהּ וִיקָרֵב
מְשִׁיחֵהּ. (אָמֵן —Cong.) בְּחַיֵּיכוֹן וּבְיוֹמֵיכוֹן וּבְחַיֵּי דְכָל בֵּית
יִשְׂרָאֵל, בַּעֲגָלָא וּבִזְמַן קָרִיב וְאִמְרוּ אָמֵן:

(Cong.— אָמֵן. יְהֵא שְׁמֵהּ רַבָּא מְבָרַךְ לְעָלַם וּלְעָלְמֵי עָלְמַיָּא, יִתְבָּרַךְ.)

יְהֵא שְׁמֵהּ רַבָּא מְבָרַךְ לְעָלַם וּלְעָלְמֵי עָלְמַיָּא, יִתְבָּרַךְ,
וְיִשְׁתַּבַּח, וְיִתְפָּאַר, וְיִתְרוֹמַם, וְיִתְנַשֵּׂא, וְיִתְהַדָּר, וְיִתְעַלֶּה,
וְיִתְהַלָּל, שְׁמֵהּ דְּקוּדְשָׁא בְּרִיךְ הוּא. (אָמֵן —Cong.) לְעֵלָּא מִן כָּל
בִּרְכָתָא וְשִׁירָתָא, תֻּשְׁבְּחָתָא וְנֶחֱמָתָא, דַּאֲמִירָן בְּעָלְמָא,
וְאִמְרוּ אָמֵן: (אָמֵן —Cong.) עַל יִשְׂרָאֵל וְעַל רַבָּנָן, וְעַל
תַּלְמִידֵיהוֹן וְעַל כָּל תַּלְמִידֵי תַלְמִידֵיהוֹן, וְעַל כָּל מָאן דְּעָסְקִין
בְּאוֹרַיְתָא, דִּי בְאַתְרָא הָדֵין וְדִי בְכָל אֲתַר וַאֲתַר, יְהֵא לְהוֹן
וּלְכוֹן שְׁלָמָא רַבָּא חִנָּא וְחִסְדָּא וְרַחֲמִין וְחַיִּין אֲרִיכִין וּמְזוֹנָא
רְוִיחָא וּפוּרְקָנָא מִן קֳדָם אֲבוּהוֹן דְּבִשְׁמַיָּא וְאִמְרוּ אָמֵן:
(Cong.— אָמֵן) יְהֵא שְׁלָמָא רַבָּא מִן שְׁמַיָּא וְחַיִּים טוֹבִים עָלֵינוּ
וְעַל כָּל יִשְׂרָאֵל, וְאִמְרוּ אָמֵן: (אָמֵן —Cong.)

Take three steps back, then bow right saying עֹשֶׂה הַשָּׁלוֹם בִּמְרוֹמָיו, bow forward saying הוּא,
bow left saying יַעֲשֶׂה שָׁלוֹם עָלֵינוּ, and bow forward saying וְעַל כָּל יִשְׂרָאֵל, וְאִמְרוּ אָמֵן.

עֹשֶׂה הַשָּׁלוֹם בִּמְרוֹמָיו, הוּא יַעֲשֶׂה שָׁלוֹם עָלֵינוּ וְעַל כָּל
יִשְׂרָאֵל, וְאִמְרוּ אָמֵן: (אָמֵן —Cong.)

in the world; and say, Amen. (Cong: Amen.) Upon Israel, and upon our Sages, and upon their disciples, and upon all the disciples of their disciples, and upon all those who occupy themselves with the Torah, here or in any other place, upon them and upon you, may there be abundant peace, grace, kindness, compassion, long life, ample sustenance and deliverance, from their Father in heaven; and say, Amen. (Cong: Amen.) May there be abundant peace from heaven, and a good life for us and for all Israel; and say, Amen. (Cong: Amen.) He who makes peace (the peace) in His heavens, may He make peace for us and for all Israel; and say, Amen. (Cong: Amen.)

KADDISH D'RABBANAN

Mourners recite the following Kaddish. Congregation responds Amen as indicated.

יִתְגַּדַּל *Yis-gadal v'yis-kadash sh'mayh rabö.* (Cong: *Ömayn*)

B'öl'mö di v'rö chir'u-sayh v'yamlich mal'chusayh, v'yatzmach pur-könayh vikörayv m'shi-chayh. (Cong: *Ömayn*)

B'cha-yay-chon u-v'yomaychon u-v'cha-yay d'chöl bays yisrö-ayl, ba-agölö u-viz'man köriv v'im'ru ömayn.

(Cong: *Ömayn. Y'hay sh'mayh rabö m'vörach l'ölam u-l'öl'may öl'ma-yö, yisböraych.*)

Y'hay sh'mayh rabö m'vörach l'ölam u-l'öl'may öl'ma-yö. Yisböraych, v'yishtabach, v'yispö-ayr, v'yisromöm, v'yis-nasay, v'yis-hadör, v'yis-aleh, v'yis-halöl, sh'mayh d'kudshö b'rich hu. (Cong: *Ömayn*)

L'aylö min köl bir-chösö v'shirösö, tush-b'chösö v'neche-mösö, da-amirön b'öl'mö, v'im'ru ömayn. (Cong: *Ömayn*)

Al yisrö-ayl v'al rabönön, v'al tal-midayhon, v'al köl tal-miday sal-midayhon, v'al köl mön d'ös'kin b'ora-y'sö, di v'asrö hödayn, v'di v'chöl asar v'asar. Y'hay l'hon u-l'chon shlömö rabö, chinö v'chisdö v'rachamin v'cha-yin arichin, u-m'zonö r'vichö u-furkönö min ködöm avu-hon d'vish'ma-yö v'im'ru ömayn. (Cong: *Ömayn*)

Y'hay sh'lömö rabö min sh'ma-yö, v'cha-yim tovim ölaynu v'al köl yisrö-ayl v'im'ru ömayn. (Cong: *Ömayn*)

Take three steps back, then bow right saying *Oseh ha-shölom bim'romöv,* bow forward saying *hu,* bow left saying *ya-aseh shölom ölaynu,* and bow forward saying *v'al köl yisrö-ayl, v'im'ru ömayn.*

Oseh ha-shölom bim'romöv, hu ya-a-seh shölom ölaynu v'al köl yisrö-ayl, v'im'ru ömayn. (Cong: *Ömayn*)

יִתְגַּדַּל Exalted and hallowed be His great Name (Cong: Amen.) throughout the world which He has created according to His will. May He establish His kingship, bring forth His redemption and hasten the coming of His Mashiach (Cong: Amen.) in your lifetime and in your days and in the lifetime of the entire House of Israel, speedily and soon, and say, Amen. (Cong: Amen. May His great Name be blessed forever and to all eternity. Blessed.) May His great Name be blessed forever and to all eternity. Blessed and praised, glorified, exalted and extolled, honored, adored and lauded be the Name of the Holy One, blessed be He, (Cong: Amen.) beyond all the blessings, hymns, praises and consolations that are uttered

֎֍֎֍֎

SHACHARIT PRAYER FOR YOM KIPPUR

הוֹדוּ לַיְיָ קִרְאוּ בִשְׁמוֹ, הוֹדִיעוּ בָעַמִּים עֲלִילוֹתָיו: שִׁירוּ לוֹ זַמְּרוּ לוֹ, שִׂיחוּ בְּכָל נִפְלְאוֹתָיו: הִתְהַלְלוּ בְּשֵׁם קָדְשׁוֹ, יִשְׂמַח לֵב מְבַקְשֵׁי יְיָ: דִּרְשׁוּ יְיָ וְעֻזּוֹ, בַּקְּשׁוּ פָנָיו תָּמִיד: זִכְרוּ נִפְלְאוֹתָיו אֲשֶׁר עָשָׂה, מֹפְתָיו וּמִשְׁפְּטֵי פִיהוּ: זֶרַע יִשְׂרָאֵל עַבְדּוֹ, בְּנֵי יַעֲקֹב בְּחִירָיו: הוּא יְיָ אֱלֹהֵינוּ, בְּכָל הָאָרֶץ מִשְׁפָּטָיו: זִכְרוּ לְעוֹלָם בְּרִיתוֹ, דָּבָר צִוָּה לְאֶלֶף דּוֹר: אֲשֶׁר כָּרַת אֶת אַבְרָהָם, וּשְׁבוּעָתוֹ לְיִצְחָק: וַיַּעֲמִידֶהָ לְיַעֲקֹב לְחֹק, לְיִשְׂרָאֵל בְּרִית עוֹלָם: לֵאמֹר: לְךָ אֶתֵּן אֶרֶץ כְּנָעַן, חֶבֶל נַחֲלַתְכֶם: בִּהְיוֹתְכֶם מְתֵי מִסְפָּר, כִּמְעַט וְגָרִים בָּהּ: וַיִּתְהַלְכוּ מִגּוֹי אֶל גּוֹי, וּמִמַּמְלָכָה אֶל עַם אַחֵר: לֹא הִנִּיחַ לְאִישׁ לְעָשְׁקָם, וַיּוֹכַח עֲלֵיהֶם מְלָכִים: אַל תִּגְּעוּ בִמְשִׁיחָי, וּבִנְבִיאַי אַל תָּרֵעוּ: שִׁירוּ לַיְיָ כָּל הָאָרֶץ, בַּשְּׂרוּ מִיּוֹם אֶל יוֹם יְשׁוּעָתוֹ: סַפְּרוּ בַגּוֹיִם אֶת כְּבוֹדוֹ, בְּכָל הָעַמִּים נִפְלְאוֹתָיו: כִּי גָדוֹל יְיָ וּמְהֻלָּל מְאֹד, וְנוֹרָא הוּא עַל כָּל אֱלֹהִים: כִּי כָּל אֱלֹהֵי הָעַמִּים אֱלִילִים (Pause) וַיְיָ שָׁמַיִם עָשָׂה: הוֹד וְהָדָר לְפָנָיו, עֹז וְחֶדְוָה בִּמְקוֹמוֹ: הָבוּ לַיְיָ מִשְׁפְּחוֹת עַמִּים, הָבוּ לַיְיָ כָּבוֹד וָעֹז: הָבוּ לַיְיָ כְּבוֹד שְׁמוֹ, שְׂאוּ מִנְחָה וּבֹאוּ לְפָנָיו, הִשְׁתַּחֲווּ לַיְיָ בְּהַדְרַת קֹדֶשׁ: חִילוּ מִלְּפָנָיו כָּל הָאָרֶץ, אַף תִּכּוֹן תֵּבֵל בַּל תִּמּוֹט: יִשְׂמְחוּ הַשָּׁמַיִם וְתָגֵל הָאָרֶץ, וְיֹאמְרוּ בַגּוֹיִם יְיָ מָלָךְ: יִרְעַם הַיָּם וּמְלֹאוֹ, יַעֲלֹץ הַשָּׂדֶה

சூௗௗௗ

SHACHARIT PRAYER FOR YOM KIPPUR

הודו Offer praise to the Lord, proclaim His Name; make His deeds known among the nations. Sing to Him, chant praises to Him, speak of all His wonders. Glory in His holy Name; may the heart of those who seek the Lord rejoice. Search for the Lord and His might; continually seek His countenance. Remember the wonders that He has wrought, His miracles, and the judgments of His mouth. O descendants of Israel His servant, children of Jacob, His chosen ones: He is the Lord our God; His judgments extend over the entire earth. Remember His covenant forever, the word which He has commanded to a thousand generations; the covenant which He made with Abraham, and His oath to Isaac. He established it for Jacob as a statute, for Israel as an everlasting covenant, stating, "To you I shall give the land of Canaan"—the portion of your inheritance, when you were but few, very few, and strangers in it. They wandered from nation to nation, and from one kingdom to another people. He permitted no one to wrong them, and admonished kings for their sakes, "Do not touch My anointed ones, and do not harm My prophets." Sing to the Lord, all the earth; proclaim His deliverance from day to day. Recount His glory among the nations, His wonders among all the peoples. For the Lord is great and highly praised; He is awesome above all gods. For all the gods of the nations are naught, but the Lord made the heavens. Majesty and splendor are before Him, strength and joy in His presence. Render to the Lord, families of nations, render to the Lord honor and might. Render to the Lord the honor due His Name; bring an offering and come before Him, bow down to the Lord in resplendent holiness. Tremble before Him, all the earth; indeed, the world will be firmly established that it shall not falter. The heavens will rejoice, the earth will exult, and among the nations they will proclaim, "The Lord reigns!" The sea and its fullness will roar;

וְכָל אֲשֶׁר בּוֹ: אָז יְרַנְּנוּ עֲצֵי הַיָּעַר, מִלִּפְנֵי יְיָ כִּי בָא
לִשְׁפּוֹט אֶת הָאָרֶץ: הוֹדוּ לַיְיָ כִּי טוֹב, כִּי לְעוֹלָם חַסְדּוֹ:
וְאִמְרוּ, הוֹשִׁיעֵנוּ אֱלֹהֵי יִשְׁעֵנוּ, וְקַבְּצֵנוּ וְהַצִּילֵנוּ מִן
הַגּוֹיִם, לְהוֹדוֹת לְשֵׁם קָדְשֶׁךָ, לְהִשְׁתַּבֵּחַ בִּתְהִלָּתֶךָ: בָּרוּךְ
יְיָ אֱלֹהֵי יִשְׂרָאֵל מִן הָעוֹלָם וְעַד הָעוֹלָם, וַיֹּאמְרוּ כָל
הָעָם אָמֵן וְהַלֵּל לַיְיָ: רוֹמְמוּ יְיָ אֱלֹהֵינוּ וְהִשְׁתַּחֲווּ לַהֲדֹם
רַגְלָיו, קָדוֹשׁ הוּא: רוֹמְמוּ יְיָ אֱלֹהֵינוּ וְהִשְׁתַּחֲווּ לְהַר
קָדְשׁוֹ, כִּי קָדוֹשׁ יְיָ אֱלֹהֵינוּ: וְהוּא רַחוּם יְכַפֵּר עָוֹן וְלֹא
יַשְׁחִית, וְהִרְבָּה לְהָשִׁיב אַפּוֹ, וְלֹא יָעִיר כָּל חֲמָתוֹ: אַתָּה
יְיָ לֹא תִכְלָא רַחֲמֶיךָ מִמֶּנִּי, חַסְדְּךָ וַאֲמִתְּךָ תָּמִיד יִצְּרוּנִי:
זְכֹר רַחֲמֶיךָ יְיָ וַחֲסָדֶיךָ, כִּי מֵעוֹלָם הֵמָּה: תְּנוּ עֹז
לֵאלֹהִים עַל יִשְׂרָאֵל גַּאֲוָתוֹ, וְעֻזּוֹ בַּשְּׁחָקִים: נוֹרָא אֱלֹהִים
מִמִּקְדָּשֶׁיךָ, אֵל יִשְׂרָאֵל הוּא נֹתֵן עֹז וְתַעֲצֻמוֹת לָעָם,
בָּרוּךְ אֱלֹהִים: אֵל נְקָמוֹת יְיָ, אֵל נְקָמוֹת הוֹפִיעַ: הִנָּשֵׂא
שֹׁפֵט הָאָרֶץ, הָשֵׁב גְּמוּל עַל גֵּאִים: לַיְיָ הַיְשׁוּעָה, עַל
עַמְּךָ בִרְכָתֶךָ סֶּלָה: יְיָ צְבָאוֹת עִמָּנוּ, מִשְׂגָּב לָנוּ אֱלֹהֵי
יַעֲקֹב סֶלָה: יְיָ צְבָאוֹת, אַשְׁרֵי אָדָם בֹּטֵחַ בָּךְ: יְיָ
הוֹשִׁיעָה, הַמֶּלֶךְ יַעֲנֵנוּ בְיוֹם קָרְאֵנוּ: הוֹשִׁיעָה אֶת עַמֶּךָ
וּבָרֵךְ אֶת נַחֲלָתֶךָ, וּרְעֵם וְנַשְּׂאֵם עַד הָעוֹלָם: נַפְשֵׁנוּ
חִכְּתָה לַיְיָ, עֶזְרֵנוּ וּמָגִנֵּנוּ הוּא: כִּי בוֹ יִשְׂמַח לִבֵּנוּ, כִּי
בְשֵׁם קָדְשׁוֹ בָטָחְנוּ: יְהִי חַסְדְּךָ יְיָ עָלֵינוּ, כַּאֲשֶׁר יִחַלְנוּ
לָךְ: הַרְאֵנוּ יְיָ חַסְדֶּךָ, וְיֶשְׁעֲךָ תִּתֶּן לָנוּ: קוּמָה עֶזְרָתָה
לָּנוּ, וּפְדֵנוּ לְמַעַן חַסְדֶּךָ: אָנֹכִי יְיָ אֱלֹהֶיךָ הַמַּעַלְךָ מֵאֶרֶץ

---

1. I Chronicles 16:8-36.   **2.** Psalms 99:5.   **3.** Ibid. 99:9.   **4.** Ibid. 78:38.   **5.** Ibid. 40:12.
6. Ibid. 25:6.   **7.** Ibid. 68:35-36.   **8.** Ibid. 94:1-2.   **9.** Ibid. 3:9.   **10.** Ibid. 46:8.   **11.** Ibid. 84:13.
12. Ibid. 20:10.   **13.** Ibid. 28:9.   **14.** Ibid. 33:20-22.   **15.** Ibid. 85:8.   **16.** Ibid. 44:27.

the field and all therein will jubilate. Then the trees of the forest will sing before the Lord, when He comes to judge the earth. Give thanks to the Lord for He is good, for His kindness is everlasting. And say, "Help us, God of our salvation, gather us and deliver us from among the nations, that we may give thanks to Your holy Name and glory in Your praise. Blessed is the Lord, the God of Israel, to all eternity"; and all the people said Amen and praise to the Lord.[1] Exalt the Lord our God, and bow down at His footstool; holy is He.[2] Exalt the Lord our God, and bow down at His holy mountain, for the Lord our God is holy.[3] And He, being compassionate, pardons iniquity, and does not destroy; time and again He turns away His anger, and does not arouse all His wrath.[4] May You, Lord, not withhold Your mercies from me; may Your kindness and truth continually guard me.[5] Lord, remember Your mercies and kindnesses, for they have existed for all time.[6] Ascribe power to God; His majesty is over Israel, and His might is in the skies. God, You are feared from Your Sanctuary; it is the God of Israel who grants strength and power to His people; blessed is God.[7] The Lord is a God of retribution; O God of retribution, reveal Yourself! Judge of the earth, arise; render to the arrogant their recompense.[8] Deliverance is the Lord's; may Your blessing be upon Your people forever.[9] The Lord of hosts is with us; the God of Jacob is our eternal stronghold.[10] Lord of hosts, happy is the man who trusts in You.[11] Lord, help us; may the King answer us on the day we call.[12] Grant salvation to Your people and bless Your heritage; tend them and exalt them forever.[13] Our soul yearns for the Lord; He is our help and our shield. For our heart shall rejoice in Him, for we have put our trust in His holy Name. May Your kindness, Lord, be upon us, as we have placed our hope in You.[14] Lord, show us Your kindness and grant us Your deliverance.[15] Arise, be our help, and redeem us for the sake of Your lovingkindness.[16] I am the Lord your God who brought you up from the land of Egypt; open wide your

מִצְרַיִם, הַרְחֶב פִּיךָ וַאֲמַלְאֵהוּ:' אַשְׁרֵי הָעָם שֶׁכָּכָה לּוֹ,
אַשְׁרֵי הָעָם שֶׁיְיָ אֱלֹהָיו:' וַאֲנִי בְּחַסְדְּךָ בָטַחְתִּי יָגֵל לִבִּי
בִּישׁוּעָתֶךָ, אָשִׁירָה לַיָי כִּי גָמַל עָלָי:'

מִזְמוֹר שִׁיר חֲנֻכַּת הַבַּיִת לְדָוִד: אֲרוֹמִמְךָ יְיָ כִּי דִלִּיתָנִי,
וְלֹא שִׂמַּחְתָּ אוֹיְבַי לִי: יְיָ אֱלֹהָי, שִׁוַּעְתִּי אֵלֶיךָ
וַתִּרְפָּאֵנִי: יְיָ הֶעֱלִיתָ מִן שְׁאוֹל נַפְשִׁי, חִיִּיתַנִי מִיָּרְדִי בוֹר:
זַמְּרוּ לַיָי חֲסִידָיו, וְהוֹדוּ לְזֵכֶר קָדְשׁוֹ: כִּי רֶגַע בְּאַפּוֹ, חַיִּים
בִּרְצוֹנוֹ, בָּעֶרֶב יָלִין בֶּכִי וְלַבֹּקֶר רִנָּה: וַאֲנִי אָמַרְתִּי בְשַׁלְוִי,
בַּל אֶמּוֹט לְעוֹלָם: יְיָ בִּרְצוֹנְךָ הֶעֱמַדְתָּה לְהַרְרִי עֹז,
הִסְתַּרְתָּ פָנֶיךָ, הָיִיתִי נִבְהָל: אֵלֶיךָ יְיָ אֶקְרָא, וְאֶל יְיָ
אֶתְחַנָּן: מַה בֶּצַע בְּדָמִי בְּרִדְתִּי אֶל שָׁחַת, הֲיוֹדְךָ עָפָר
הֲיַגִּיד אֲמִתֶּךָ: שְׁמַע יְיָ וְחָנֵּנִי, יְיָ הֱיֵה עֹזֵר לִי: הָפַכְתָּ
מִסְפְּדִי לְמָחוֹל לִי, פִּתַּחְתָּ שַׂקִּי וַתְּאַזְּרֵנִי שִׂמְחָה: לְמַעַן
יְזַמֶּרְךָ כָבוֹד וְלֹא יִדֹּם, יְיָ אֱלֹהָי, לְעוֹלָם אוֹדֶךָּ:'

Rise for the following paragraph.

יְיָ מֶלֶךְ, יְיָ מָלָךְ, יְיָ יִמְלֹךְ לְעוֹלָם וָעֶד: יְיָ מֶלֶךְ, יְיָ
מָלָךְ, יְיָ יִמְלֹךְ לְעוֹלָם וָעֶד: וְהָיָה יְיָ לְמֶלֶךְ
עַל כָּל הָאָרֶץ, בַּיּוֹם הַהוּא יִהְיֶה יְיָ אֶחָד וּשְׁמוֹ אֶחָד:'

הוֹשִׁיעֵנוּ יְיָ אֱלֹהֵינוּ וְקַבְּצֵנוּ מִן הַגּוֹיִם, לְהוֹדוֹת לְשֵׁם
קָדְשֶׁךָ, לְהִשְׁתַּבֵּחַ בִּתְהִלָּתֶךָ: בָּרוּךְ יְיָ אֱלֹהֵי
יִשְׂרָאֵל מִן הָעוֹלָם וְעַד הָעוֹלָם, וְאָמַר כָּל הָעָם אָמֵן,
הַלְלוּיָהּ:' כֹּל הַנְּשָׁמָה תְּהַלֵּל יָהּ הַלְלוּיָהּ:'

1. Psalms 81:11.   2. Ibid. 144:15.   3. Ibid. 13:6.   4. Ibid. 30.   5. Ibid. 10:16, 93:1, Exodus 15:18; Talmud Bavli, Soferim 14:8; Pirkei Hechalot.   6. Zechariah 14:9.   7. Psalms 106:47-48. 8. Ibid. 150:6.

mouth, [state all your desires] and I shall grant them.[1] Happy is the people whose lot is thus; happy is the people whose God is the Lord.[2] I have placed my trust in Your kindness, my heart shall rejoice in Your deliverance; I will sing to the Lord for He has dealt kindly with me.[3]

מזמור A psalm, a song of dedication of the House, by David. I exalt You, Lord, for You have uplifted me, and did not allow my enemies to rejoice over me. Lord, my God, I cried out to You, and You healed me. Lord, You have brought up my soul from *sheol*; You have kept me alive, that I should not descend to the pit. Sing to the Lord, you His pious ones, and praise His holy Name. For His wrath endures but for a moment, when He is conciliated there is [long] life; when one retires at night weeping, joy will come in the morning. In my security I thought, "I shall never falter." Lord, by Your favor You have made my mountain stand strong; when You concealed Your countenance, I was alarmed. I called to You, O Lord, and I made supplication to the Lord: What profit is there in my death, in my going down to the grave? Can dust praise You? Can it proclaim Your truth? Lord, hear and be gracious to me; Lord, be a help to me. You have turned my mourning into dancing; You have loosened [the cords of] my sackcloth and girded me with joy. Therefore my soul shall sing to You, and not be silent; Lord my God, I will praise You forever.[4]

Rise for the following paragraph.

יי מלך The Lord is King, the Lord was King, the Lord will be King forever and ever.[5] The Lord is King, the Lord was King, the Lord will be King forever and ever. The Lord will be King over all the earth; on that day the Lord will be One and His Name One.[6]

הושיענו Deliver us, Lord our God; gather us from among the nations, that we may give thanks to Your holy Name and glory in Your praise. Blessed is the Lord, the God of Israel, forever and ever; and all the people said: Amen, praise the Lord![7] Let every being that has a soul praise the Lord. Praise the Lord.[8]

לַמְנַצֵּחַ מִזְמוֹר לְדָוִד: הַשָּׁמַיִם מְסַפְּרִים כְּבוֹד אֵל, וּמַעֲשֵׂה יָדָיו מַגִּיד הָרָקִיעַ: יוֹם לְיוֹם יַבִּיעַ אְֹמֶר, וְלַיְלָה לְּלַיְלָה יְחַוֶּה דָּעַת: אֵין אְֹמֶר וְאֵין דְּבָרִים, בְּלִי נִשְׁמָע קוֹלָם: בְּכָל הָאָרֶץ יָצָא קַוָּם וּבִקְצֵה תֵבֵל מִלֵּיהֶם, לַשֶּׁמֶשׁ שָׂם אְֹהֶל בָּהֶם: וְהוּא כְּחָתָן יֹצֵא מֵחֻפָּתוֹ, יָשִׂישׂ כְּגִבּוֹר לָרוּץ אְֹרַח: מִקְצֵה הַשָּׁמַיִם מוֹצָאוֹ, וּתְקוּפָתוֹ עַל קְצוֹתָם, וְאֵין נִסְתָּר מֵחַמָּתוֹ: תּוֹרַת יְיָ תְּמִימָה מְשִׁיבַת נָפֶשׁ, עֵדוּת יְיָ נֶאֱמָנָה מַחְכִּימַת פֶּתִי: פִּקּוּדֵי יְיָ יְשָׁרִים מְשַׂמְּחֵי לֵב, מִצְוַת יְיָ בָּרָה מְאִירַת עֵינָיִם: יִרְאַת יְיָ טְהוֹרָה עוֹמֶדֶת לָעַד, מִשְׁפְּטֵי יְיָ אֱמֶת, צָדְקוּ יַחְדָּו: הַנֶּחֱמָדִים מִזָּהָב וּמִפַּז רָב, וּמְתוּקִים מִדְּבַשׁ וְנֹפֶת צוּפִים: גַּם עַבְדְּךָ נִזְהָר בָּהֶם, בְּשָׁמְרָם עֵקֶב רָב: שְׁגִיאוֹת מִי יָבִין, מִנִּסְתָּרוֹת נַקֵּנִי: גַּם מִזֵּדִים חֲשֹׂךְ עַבְדֶּךָ, אַל יִמְשְׁלוּ בִי, אָז אֵיתָם, וְנִקֵּיתִי מִפֶּשַׁע רָב: יִהְיוּ לְרָצוֹן אִמְרֵי פִי וְהֶגְיוֹן לִבִּי לְפָנֶיךָ, יְיָ צוּרִי וְגוֹאֲלִי:¹

רַנְּנוּ צַדִּיקִים בַּיְיָ, לַיְשָׁרִים נָאוָה תְהִלָּה: הוֹדוּ לַייָ בְּכִנּוֹר, בְּנֵבֶל עָשׂוֹר זַמְּרוּ לוֹ: שִׁירוּ לוֹ שִׁיר חָדָשׁ, הֵיטִיבוּ נַגֵּן בִּתְרוּעָה: כִּי יָשָׁר דְּבַר יְיָ, וְכָל מַעֲשֵׂהוּ בֶּאֱמוּנָה: אֹהֵב צְדָקָה וּמִשְׁפָּט, חֶסֶד יְיָ מָלְאָה הָאָרֶץ: בִּדְבַר יְיָ שָׁמַיִם נַעֲשׂוּ, וּבְרוּחַ פִּיו כָּל צְבָאָם: כֹּנֵס כַּנֵּד מֵי הַיָּם, נֹתֵן בְּאוֹצָרוֹת תְּהוֹמוֹת: יִירְאוּ מֵיְיָ כָּל הָאָרֶץ, מִמֶּנּוּ יָגוּרוּ כָּל יֹשְׁבֵי תֵבֵל: כִּי הוּא אָמַר וַיֶּהִי, הוּא צִוָּה וַיַּעֲמֹד: יְיָ הֵפִיר עֲצַת גּוֹיִם, הֵנִיא מַחְשְׁבוֹת עַמִּים: עֲצַת יְיָ לְעוֹלָם תַּעֲמֹד, מַחְשְׁבוֹת לִבּוֹ לְדֹר וָדֹר: אַשְׁרֵי הַגּוֹי

---

1. Psalm 19.

לַמְנַצֵּחַ For the Choirmaster, a Psalm by David. The heavens recount the glory of the Almighty; the sky proclaims His handi-work. Day to day speech streams forth; night to night expresses knowledge. There is no utterance, there are no words; their voice is inaudible. Their arc extends throughout the world, their message to the end of the earth. He set in them [in the heavens] a tent for the sun which is like a groom coming forth from his bridal canopy, like a strong man rejoicing to run the course. Its rising is at one end of the heavens, and its orbit encompasses the other ends; nothing is hidden from its heat. The Torah of the Lord is perfect, restoring the soul; the testimony of the Lord is trustworthy, making wise the simpleton. The precepts of the Lord are just, rejoicing the heart; the *mitzvah* of the Lord is clear, enlightening the eyes. The fear of the Lord is pure, abiding forever; the judgments of the Lord are true, they are all righteous together. They are more desirable than gold, than much fine gold; sweeter than honey or the drippings of the honeycomb. Indeed, Your servant is scrupulous with them; in observing them there is abundant reward. Yet, who can discern inadvertent wrongs? Purge me of hidden sins. Also, hold back Your servant from willful sins; let them not prevail over me; then I will be unblemished and keep myself clean of gross transgression. May the words of my mouth and the meditation of my heart be acceptable before You, Lord, my Strength and my Redeemer.[1]

רַנְּנוּ Sing joyously to the Lord, you righteous ones; it is fitting for the upright to offer praise. Extol the Lord with a harp; sing to Him with a ten-stringed lyre. Sing to Him a new song; skillfully play sounds of jubilation. For the word of the Lord is just; all His deeds are done in faithfulness. He loves righteousness and justice; the kindness of the Lord fills the earth. By the word of the Lord the heavens were made, and by the breath of His mouth all their hosts. He gathers the waters of the sea like a mound; He stows away the deeps in vaults. Let all the earth fear the Lord; let all the inhabitants of the world tremble before Him. For He spoke, and it came to be; He commanded, and it endured. The Lord has annulled the counsel of nations; He has foiled the schemes of peoples. The counsel of the Lord stands forever, the thoughts of His heart throughout all generations. Fortunate is the nation

אֲשֶׁר יְיָ אֱלֹהָיו, הָעָם בָּחַר לְנַחֲלָה לוֹ: מִשָּׁמַיִם הִבִּיט יְיָ, רָאָה אֶת כָּל בְּנֵי הָאָדָם: מִמְּכוֹן שִׁבְתּוֹ הִשְׁגִּיחַ, אֶל כָּל יֹשְׁבֵי הָאָרֶץ: הַיֹּצֵר יַחַד לִבָּם, הַמֵּבִין אֶל כָּל מַעֲשֵׂיהֶם: אֵין הַמֶּלֶךְ נוֹשָׁע בְּרָב חָיִל, גִּבּוֹר לֹא יִנָּצֵל בְּרָב כֹּחַ: שֶׁקֶר הַסּוּס לִתְשׁוּעָה, וּבְרָב חֵילוֹ לֹא יְמַלֵּט: הִנֵּה עֵין יְיָ אֶל יְרֵאָיו, לַמְיַחֲלִים לְחַסְדּוֹ: לְהַצִּיל מִמָּוֶת נַפְשָׁם, וּלְחַיּוֹתָם בָּרָעָב: נַפְשֵׁנוּ חִכְּתָה לַיְיָ, עֶזְרֵנוּ וּמָגִנֵּנוּ הוּא: כִּי בוֹ יִשְׂמַח לִבֵּנוּ, כִּי בְשֵׁם קָדְשׁוֹ בָטָחְנוּ: יְהִי חַסְדְּךָ יְיָ עָלֵינוּ, כַּאֲשֶׁר יִחַלְנוּ לָךְ:[1]

לְדָוִד בְּשַׁנּוֹתוֹ אֶת טַעְמוֹ[2] לִפְנֵי אֲבִימֶלֶךְ,[3] וַיְגָרֲשֵׁהוּ וַיֵּלַךְ: אֲבָרְכָה אֶת יְיָ בְּכָל עֵת, תָּמִיד תְּהִלָּתוֹ בְּפִי: בַּיְיָ תִּתְהַלֵּל נַפְשִׁי, יִשְׁמְעוּ עֲנָוִים וְיִשְׂמָחוּ: גַּדְּלוּ לַיְיָ אִתִּי, וּנְרוֹמְמָה שְׁמוֹ יַחְדָּו: דָּרַשְׁתִּי אֶת יְיָ וְעָנָנִי, וּמִכָּל מְגוּרוֹתַי הִצִּילָנִי: הִבִּיטוּ אֵלָיו וְנָהָרוּ, וּפְנֵיהֶם אַל יֶחְפָּרוּ: זֶה עָנִי קָרָא וַיְיָ שָׁמֵעַ, וּמִכָּל צָרוֹתָיו הוֹשִׁיעוֹ: חֹנֶה מַלְאַךְ יְיָ סָבִיב לִירֵאָיו, וַיְחַלְּצֵם: טַעֲמוּ וּרְאוּ כִּי טוֹב יְיָ, אַשְׁרֵי הַגֶּבֶר יֶחֱסֶה בּוֹ: יְראוּ אֶת יְיָ קְדֹשָׁיו,[4] כִּי אֵין מַחְסוֹר לִירֵאָיו: כְּפִירִים רָשׁוּ וְרָעֵבוּ, וְדֹרְשֵׁי יְיָ לֹא יַחְסְרוּ כָל טוֹב: לְכוּ בָנִים שִׁמְעוּ לִי, יִרְאַת יְיָ אֲלַמֶּדְכֶם: מִי הָאִישׁ הֶחָפֵץ חַיִּים, אֹהֵב יָמִים לִרְאוֹת טוֹב: נְצֹר לְשׁוֹנְךָ מֵרָע, וּשְׂפָתֶיךָ מִדַּבֵּר מִרְמָה: סוּר מֵרָע וַעֲשֵׂה טוֹב, בַּקֵּשׁ שָׁלוֹם וְרָדְפֵהוּ: עֵינֵי יְיָ אֶל צַדִּיקִים, וְאָזְנָיו אֶל שַׁוְעָתָם: פְּנֵי יְיָ בְּעֹשֵׂי רָע, לְהַכְרִית מֵאֶרֶץ זִכְרָם: צָעֲקוּ וַיְיָ שָׁמֵעַ, וּמִכָּל צָרוֹתָם הִצִּילָם: קָרוֹב יְיָ

---

1. Psalm 33. **2.** V. I Samuel 21:11-16. **3.** V. Rashi, Psalms 34:1. **4.** Pronounced יְראוּ.

whose God is the Lord, the people He chose as a heritage for Himself. The Lord looks down from heaven; He beholds all mankind. From His dwelling-place He watches intently all the inhabitants of the earth. It is He who fashions the hearts of them all, who perceives all their actions. A king is not saved through a large army; a warrior is not rescued by means of great strength. A horse is a false guarantee for victory; with all its great strength it offers no escape. But the eye of the Lord is directed toward those who fear Him, toward those who hope for His kindness, to save their soul from death and to sustain them during famine. Our soul yearns for the Lord; He is our help and our shield. For our heart shall rejoice in Him, for we have put our trust in His holy Name. May Your kindness, Lord, be upon us, as we have placed our hope in You.[1]

לדוד [A Psalm] by David, when he feigned insanity[2] before Avimelech,[3] who then drove him away, and he left. I bless the Lord at all times; His praise is always in my mouth. My soul glories in the Lord; let the humble hear it and rejoice. Exalt the Lord with me, and let us extol His Name together. I sought the Lord and He answered me, and delivered me from all my fears. Those who look to Him are radiant; their faces are never humiliated. This poor man called, and the Lord heard, and delivered him from all his tribulations. The angel of the Lord camps around those who fear Him and rescues them. Taste and see that the Lord is good; happy is the man who trusts in Him. Fear the Lord, you His holy ones, for those who fear Him suffer no want. Young lions are in need and go hungry, but those who seek the Lord shall not lack any good thing. Come, children, listen to me; I will teach you fear of the Lord. Who is the man who desires life, who loves long life wherein to see goodness? Guard your tongue from evil, and your lips from speaking deceitfully. Turn away from evil and do good, seek peace and pursue it. The eyes of the Lord are directed toward the righteous, and His ears toward their cry. The wrath of the Lord is upon the evildoers, to extirpate the memory of them from the earth. But when they [repent and] cry out, the Lord hears, and saves them from all their troubles. The Lord is close to the broken-hearted, and

לְנִשְׁבְּרֵי לֵב, וְאֶת דַּכְּאֵי רוּחַ יוֹשִׁיעַ: רַבּוֹת רָעוֹת צַדִּיק,
וּמִכֻּלָּם יַצִּילֶנּוּ יְיָ: שֹׁמֵר כָּל עַצְמוֹתָיו, אַחַת מֵהֵנָּה לֹא
נִשְׁבָּרָה: תְּמוֹתֵת רָשָׁע רָעָה, וְשֹׂנְאֵי צַדִּיק יֶאְשָׁמוּ: פּוֹדֶה
יְיָ נֶפֶשׁ עֲבָדָיו, וְלֹא יֶאְשְׁמוּ כָּל הַחוֹסִים בּוֹ:

תְּפִלָּה לְמֹשֶׁה אִישׁ הָאֱלֹהִים, אֲדֹנָי מָעוֹן אַתָּה הָיִיתָ
לָּנוּ בְּדוֹר וָדוֹר: בְּטֶרֶם הָרִים יֻלָּדוּ וַתְּחוֹלֵל אֶרֶץ
וְתֵבֵל, וּמֵעוֹלָם עַד עוֹלָם אַתָּה אֵל: תָּשֵׁב אֱנוֹשׁ עַד
דַּכָּא, וַתֹּאמֶר שׁוּבוּ בְנֵי אָדָם: כִּי אֶלֶף שָׁנִים בְּעֵינֶיךָ
כְּיוֹם אֶתְמוֹל כִּי יַעֲבֹר, וְאַשְׁמוּרָה בַלָּיְלָה: זְרַמְתָּם שֵׁנָה
יִהְיוּ, בַּבֹּקֶר כֶּחָצִיר יַחֲלֹף: בַּבֹּקֶר יָצִיץ וְחָלָף, לָעֶרֶב
יְמוֹלֵל וְיָבֵשׁ: כִּי כָלִינוּ בְאַפֶּךָ, וּבַחֲמָתְךָ נִבְהָלְנוּ: שַׁתָּה
עֲוֹנֹתֵינוּ לְנֶגְדֶּךָ, עֲלֻמֵנוּ לִמְאוֹר פָּנֶיךָ: כִּי כָל יָמֵינוּ פָּנוּ
בְעֶבְרָתֶךָ, כִּלִּינוּ שָׁנֵינוּ כְמוֹ הֶגֶה: יְמֵי שְׁנוֹתֵינוּ בָהֶם
שִׁבְעִים שָׁנָה, וְאִם בִּגְבוּרֹת שְׁמוֹנִים שָׁנָה, וְרָהְבָּם עָמָל
וָאָוֶן, כִּי גָז חִישׁ וַנָּעֻפָה: מִי יוֹדֵעַ עֹז אַפֶּךָ, וּכְיִרְאָתְךָ
עֶבְרָתֶךָ: לִמְנוֹת יָמֵינוּ כֵּן הוֹדַע, וְנָבִיא לְבַב חָכְמָה:
שׁוּבָה יְיָ עַד מָתַי, וְהִנָּחֵם עַל עֲבָדֶיךָ: שַׂבְּעֵנוּ בַבֹּקֶר
חַסְדֶּךָ, וּנְרַנְּנָה וְנִשְׂמְחָה בְּכָל יָמֵינוּ: שַׂמְּחֵנוּ כִּימוֹת
עִנִּיתָנוּ, שְׁנוֹת רָאִינוּ רָעָה: יֵרָאֶה אֶל עֲבָדֶיךָ פָעֳלֶךָ,
וַהֲדָרְךָ עַל בְּנֵיהֶם: וִיהִי נֹעַם אֲדֹנָי אֱלֹהֵינוּ עָלֵינוּ,
וּמַעֲשֵׂה יָדֵינוּ כּוֹנְנָה עָלֵינוּ, וּמַעֲשֵׂה יָדֵינוּ כּוֹנְנֵהוּ:

יֹשֵׁב בְּסֵתֶר עֶלְיוֹן, בְּצֵל שַׁדַּי יִתְלוֹנָן: אֹמַר לַיְיָ מַחְסִי
וּמְצוּדָתִי, אֱלֹהַי אֶבְטַח בּוֹ: כִּי הוּא יַצִּילְךָ מִפַּח

1. Psalm 34. 2. Ibid. 90.

delivers those with a crushed spirit. Many are the afflictions of a righteous person, but the Lord rescues him from them all. He protects all his bones, not one of them is broken. Evil brings death upon the wicked, and the enemies of the righteous are condemned. The Lord redeems the soul of His servants, and all who take shelter in Him are not condemned.[1]

תפלה A prayer by Moses, the man of God. My Lord, You have been a shelter for us in every generation: Before the mountains came into being, before You created the earth and the world— for ever and ever You are Almighty God. You bring man low until he is crushed, and You say, "Return, you children of man." Indeed, a thousand years are in Your eyes like yesterday that has passed, like a watch of the night. The stream of their life is as but a slumber; in the morning they are like grass that sprouts anew. In the morning it thrives and sprouts anew; in the evening it withers and dries up. For we are consumed by Your anger, and destroyed by Your wrath. You have set our wrongdoings before You, our hidden sins before the light of Your countenance. For all our days have vanished in Your wrath; we cause our years to pass like a fleeting sound. The years of our life number seventy, if in great vigor—eighty; most of them are but travail and futility, passing quickly and flying away. Who can know the intensity of Your anger? Your wrath is commensurate with one's fear of You. Teach us, then, to reckon our days, that we may acquire a wise heart. Relent, O Lord; how long [will Your anger last]? Have compassion upon Your servants. Satiate us in the morning with Your kindness; then we shall sing and rejoice throughout our days. Give us joy corresponding to the days You afflicted us, the years we have seen adversity. Let Your work be revealed to Your servants, and Your splendor be upon their children. May the pleasantness of the Lord our God be upon us; establish for us the work of our hands; establish the work of our hands.[2]

ישב You who dwells in the shelter of the Most High, who abides in the shadow of the Omnipotent, I say [to you] of the Lord who is my refuge and my stronghold, my God in whom I trust, that He will save you from the ensnaring trap, from the

יָקוּשׁ, מִדֶּבֶר הַוּוֹת: בְּאֶבְרָתוֹ יָסֶךְ לָךְ, וְתַחַת כְּנָפָיו תֶּחְסֶה, צִנָּה וְסֹחֵרָה אֲמִתּוֹ: לֹא תִירָא מִפַּחַד לָיְלָה, מֵחֵץ יָעוּף יוֹמָם: מִדֶּבֶר בָּאֹפֶל יַהֲלֹךְ, מִקֶּטֶב יָשׁוּד צָהֳרָיִם: יִפֹּל מִצִּדְּךָ אֶלֶף וּרְבָבָה מִימִינֶךָ, אֵלֶיךָ לֹא יִגָּשׁ: רַק בְּעֵינֶיךָ תַבִּיט, וְשִׁלֻּמַת רְשָׁעִים תִּרְאֶה: כִּי אַתָּה יְיָ מַחְסִי, עֶלְיוֹן שַׂמְתָּ מְעוֹנֶךָ: לֹא תְאֻנֶּה אֵלֶיךָ רָעָה, וְנֶגַע לֹא יִקְרַב בְּאָהֳלֶךָ: כִּי מַלְאָכָיו יְצַוֶּה לָּךְ, לִשְׁמָרְךָ בְּכָל דְּרָכֶיךָ: עַל כַּפַּיִם יִשָּׂאוּנְךָ, פֶּן תִּגֹּף בָּאֶבֶן רַגְלֶךָ: עַל שַׁחַל וָפֶתֶן תִּדְרֹךְ, תִּרְמֹס כְּפִיר וְתַנִּין: כִּי בִי חָשַׁק וַאֲפַלְּטֵהוּ, אֲשַׂגְּבֵהוּ כִּי יָדַע שְׁמִי: יִקְרָאֵנִי וְאֶעֱנֵהוּ, עִמּוֹ אָנֹכִי בְצָרָה, אֲחַלְּצֵהוּ וַאֲכַבְּדֵהוּ: אֹרֶךְ יָמִים אַשְׂבִּיעֵהוּ, וְאַרְאֵהוּ בִּישׁוּעָתִי:[1]

מִזְמוֹר, שִׁירוּ לַייָ שִׁיר חָדָשׁ כִּי נִפְלָאוֹת עָשָׂה, הוֹשִׁיעָה לּוֹ יְמִינוֹ וּזְרוֹעַ קָדְשׁוֹ: הוֹדִיעַ יְיָ יְשׁוּעָתוֹ, לְעֵינֵי הַגּוֹיִם גִּלָּה צִדְקָתוֹ: זָכַר חַסְדּוֹ וֶאֱמוּנָתוֹ לְבֵית יִשְׂרָאֵל, רָאוּ כָל אַפְסֵי אָרֶץ אֵת יְשׁוּעַת אֱלֹהֵינוּ: הָרִיעוּ לַייָ כָּל הָאָרֶץ, פִּצְחוּ וְרַנְּנוּ וְזַמֵּרוּ: זַמְּרוּ לַייָ בְּכִנּוֹר, בְּכִנּוֹר וְקוֹל זִמְרָה: בַּחֲצֹצְרוֹת וְקוֹל שׁוֹפָר, הָרִיעוּ לִפְנֵי הַמֶּלֶךְ יְיָ: יִרְעַם הַיָּם וּמְלֹאוֹ, תֵּבֵל וְיֹשְׁבֵי בָהּ: נְהָרוֹת יִמְחֲאוּ כָף, יַחַד הָרִים יְרַנֵּנוּ: לִפְנֵי יְיָ כִּי בָא לִשְׁפֹּט הָאָרֶץ, יִשְׁפֹּט תֵּבֵל בְּצֶדֶק, וְעַמִּים בְּמֵישָׁרִים:[2]

שִׁיר לַמַּעֲלוֹת, אֶשָּׂא עֵינַי אֶל הֶהָרִים, מֵאַיִן יָבוֹא עֶזְרִי: עֶזְרִי מֵעִם יְיָ, עֹשֵׂה שָׁמַיִם וָאָרֶץ: אַל יִתֵּן לַמּוֹט

---
1. Psalm 91.   2. Ibid. 98.

destructive pestilence. He will cover you with His pinions and you will find refuge under His wings; His truth is a shield and an armor. You will not fear the terror of the night, nor the arrow that flies by day, the pestilence that prowls in the darkness, nor the destruction that ravages at noon. A thousand may fall at your [left] side, and ten thousand at your right, but it shall not reach you. You need only look with your eyes, and you will see the retribution of the wicked. Because you [have said,] "The Lord is my shelter," and you have made the Most High your haven, no evil will befall you, no plague will come near your tent. For He will instruct His angels in your behalf, to guard you in all your ways. They will carry you in their hands, lest you hurt your foot on a rock. You will tread upon the lion and the viper; you will trample upon the young lion and the serpent. Because he desires Me, I will deliver him; I will fortify him for he knows My Name. When he calls on Me, I will answer him; I am with him in distress; I will deliver him and honor him. I will satiate him with long life, and show him My deliverance.[1]

מזמור A Psalm. Sing to the Lord a new song, for He has performed wonders; His right hand and holy arm have wrought deliverance for Him. The Lord has made known His salvation; He has revealed His justice before the eyes of the nations. He has remembered His loving-kindness and faithfulness to the House of Israel; all, from the farthest corners of the earth, witnessed the deliverance by our God. Raise your voices in jubilation to the Lord, all the earth; burst into joyous song and chanting. Sing to the Lord with a harp, with a harp and the sound of song. With trumpets and the sound of the *shofar,* jubilate before the King, the Lord. The sea and its fullness will roar in joy, the earth and its inhabitants. The rivers will clap their hands, the mountains will sing together. [They will rejoice] before the Lord for He has come to judge the earth; He will judge the world with justice, and the nations with righteousness.[2]

שיר A song of ascents. I lift my eyes to the mountains—from where will my help come? My help will come from the Lord, Maker of heaven and earth. He will not let your foot falter;

רַגְלֶךָ, אַל יָנוּם שֹׁמְרֶךָ: הִנֵּה לֹא יָנוּם וְלֹא יִישָׁן, שׁוֹמֵר
יִשְׂרָאֵל: יְיָ שֹׁמְרֶךָ, יְיָ צִלְּךָ עַל יַד יְמִינֶךָ: יוֹמָם הַשֶּׁמֶשׁ
לֹא יַכֶּכָּה, וְיָרֵחַ בַּלָּיְלָה: יְיָ יִשְׁמָרְךָ מִכָּל רָע, יִשְׁמֹר אֶת
נַפְשֶׁךָ: יְיָ יִשְׁמָר צֵאתְךָ וּבוֹאֶךָ, מֵעַתָּה וְעַד עוֹלָם:¹

שִׁיר הַמַּעֲלוֹת לְדָוִד, שָׂמַחְתִּי בְּאֹמְרִים לִי, בֵּית יְיָ נֵלֵךְ:
עֹמְדוֹת הָיוּ רַגְלֵינוּ, בִּשְׁעָרַיִךְ יְרוּשָׁלָיִם: יְרוּשָׁלַיִם
הַבְּנוּיָה, כְּעִיר שֶׁחֻבְּרָה לָּהּ יַחְדָּו: שֶׁשָּׁם עָלוּ שְׁבָטִים
שִׁבְטֵי יָהּ עֵדוּת לְיִשְׂרָאֵל, לְהֹדוֹת לְשֵׁם יְיָ: כִּי שָׁמָּה
יָשְׁבוּ כִסְאוֹת לְמִשְׁפָּט, כִּסְאוֹת לְבֵית דָּוִד: שַׁאֲלוּ שְׁלוֹם
יְרוּשָׁלָיִם, יִשְׁלָיוּ אֹהֲבָיִךְ: יְהִי שָׁלוֹם בְּחֵילֵךְ, שַׁלְוָה
בְּאַרְמְנוֹתָיִךְ: לְמַעַן אַחַי וְרֵעָי, אֲדַבְּרָה נָּא שָׁלוֹם בָּךְ:
לְמַעַן בֵּית יְיָ אֱלֹהֵינוּ אֲבַקְשָׁה טוֹב לָךְ:²

שִׁיר הַמַּעֲלוֹת, אֵלֶיךָ נָשָׂאתִי אֶת עֵינַי, הַיֹּשְׁבִי בַּשָּׁמָיִם:
הִנֵּה כְעֵינֵי עֲבָדִים אֶל יַד אֲדוֹנֵיהֶם, כְּעֵינֵי שִׁפְחָה
אֶל יַד גְּבִרְתָּהּ, כֵּן עֵינֵינוּ אֶל יְיָ אֱלֹהֵינוּ, עַד שֶׁיְּחָנֵּנוּ:
חָנֵּנוּ יְיָ חָנֵּנוּ, כִּי רַב שָׂבַעְנוּ בוּז: רַבַּת שָׂבְעָה לָּהּ נַפְשֵׁנוּ,
הַלַּעַג הַשַּׁאֲנַנִּים, הַבּוּז לִגְאֵי יוֹנִים:³

שִׁיר הַמַּעֲלוֹת לְדָוִד, לוּלֵי יְיָ שֶׁהָיָה לָנוּ, יֹאמַר נָא
יִשְׂרָאֵל: לוּלֵי יְיָ שֶׁהָיָה לָנוּ, בְּקוּם עָלֵינוּ אָדָם:
אֲזַי חַיִּים בְּלָעוּנוּ, בַּחֲרוֹת אַפָּם בָּנוּ: אֲזַי הַמַּיִם שְׁטָפוּנוּ,
נַחְלָה עָבַר עַל נַפְשֵׁנוּ: אֲזַי עָבַר עַל נַפְשֵׁנוּ, הַמַּיִם
הַזֵּידוֹנִים: בָּרוּךְ יְיָ, שֶׁלֹּא נְתָנָנוּ טֶרֶף לְשִׁנֵּיהֶם: נַפְשֵׁנוּ
כְּצִפּוֹר נִמְלְטָה מִפַּח יוֹקְשִׁים, הַפַּח נִשְׁבָּר, וַאֲנַחְנוּ
נִמְלָטְנוּ: עֶזְרֵנוּ בְּשֵׁם יְיָ, עֹשֵׂה שָׁמַיִם וָאָרֶץ:⁴

---

1. Psalm 121. **2.** Ibid. 122. **3.** Ibid. 123. **4.** Ibid. 124.

your guardian does not slumber. Indeed, the Guardian of Israel neither slumbers nor sleeps. The Lord is your guardian; the Lord is your protective shade at your right hand. The sun will not harm you by day, nor the moon by night. The Lord will guard you from all evil; He will guard your soul. The Lord will guard your going and Your coming from now and for all time.[1]

שיר A song of ascents by David. I was happy when they said to me, "Let us go to the House of the Lord." Our feet were standing within your gates, O Jerusalem; Jerusalem that is built like a city in which [all Israel] is united together. For there the tribes went up, the tribes of God—as enjoined upon Israel—to offer praise to the Name of the Lord. For there stood the seats of justice, the thrones of the house of David. Pray for the peace of Jerusalem; may those who love you have peace. May there be peace within your walls, serenity within your mansions. For the sake of my brethren and friends, I ask that there be peace within you. For the sake of the House of the Lord our God, I seek your well-being.[2]

שיר A song of ascents. To You have I lifted my eyes, You who are enthroned in heaven. Indeed, as the eyes of servants are turned to the hand of their masters, as the eyes of a maid to the hand of her mistress, so are our eyes turned to the Lord our God, until He will be gracious to us. Be gracious to us, Lord, be gracious to us, for we have been surfeited with humiliation. Our soul has been overfilled with the derision of the complacent, with the scorn of the arrogant.[3]

שיר A song of ascents by David. Were it not for the Lord who was with us—let Israel declare—were it not for the Lord who was with us when men rose up against us, then they would have swallowed us alive in their burning rage against us. Then the waters would have inundated us, the torrent would have swept over our soul; then the raging waters would have surged over our soul. Blessed is the Lord who did not permit us to be prey for their teeth. Our soul is like a bird which has escaped from the fowler's snare; the snare broke and we escaped. Our help is in the Name of the Lord, the Maker of heaven and earth.[4]

הַלְלוּיָהּ, הַלְלוּ אֶת שֵׁם יְיָ, הַלְלוּ עַבְדֵי יְיָ: שֶׁעֹמְדִים
בְּבֵית יְיָ, בְּחַצְרוֹת בֵּית אֱלֹהֵינוּ: הַלְלוּיָהּ כִּי
טוֹב יְיָ, זַמְּרוּ לִשְׁמוֹ כִּי נָעִים: כִּי יַעֲקֹב בָּחַר לוֹ יָהּ,
יִשְׂרָאֵל לִסְגֻלָּתוֹ: כִּי אֲנִי יָדַעְתִּי כִּי גָדוֹל יְיָ, וַאֲדֹנֵינוּ מִכָּל
אֱלֹהִים: כֹּל אֲשֶׁר חָפֵץ יְיָ עָשָׂה, בַּשָּׁמַיִם וּבָאָרֶץ, בַּיַּמִּים
וְכָל תְּהֹמוֹת: מַעֲלֶה נְשִׂאִים מִקְצֵה הָאָרֶץ, בְּרָקִים לַמָּטָר
עָשָׂה, מוֹצֵא רוּחַ מֵאוֹצְרוֹתָיו: שֶׁהִכָּה בְּכוֹרֵי מִצְרָיִם,
מֵאָדָם עַד בְּהֵמָה: שָׁלַח אוֹתֹת וּמֹפְתִים בְּתוֹכֵכִי מִצְרָיִם,
בְּפַרְעֹה וּבְכָל עֲבָדָיו: שֶׁהִכָּה גּוֹיִם רַבִּים, וְהָרַג מְלָכִים
עֲצוּמִים: לְסִיחוֹן מֶלֶךְ הָאֱמֹרִי וּלְעוֹג מֶלֶךְ הַבָּשָׁן, וּלְכֹל
מַמְלְכוֹת כְּנָעַן: וְנָתַן אַרְצָם נַחֲלָה, נַחֲלָה לְיִשְׂרָאֵל עַמּוֹ:
יְיָ, שִׁמְךָ לְעוֹלָם, יְיָ, זִכְרְךָ לְדֹר וָדֹר: כִּי יָדִין יְיָ עַמּוֹ, וְעַל
עֲבָדָיו יִתְנֶחָם: עֲצַבֵּי הַגּוֹיִם כֶּסֶף וְזָהָב, מַעֲשֵׂה יְדֵי אָדָם:
פֶּה לָהֶם וְלֹא יְדַבֵּרוּ, עֵינַיִם לָהֶם וְלֹא יִרְאוּ: אָזְנַיִם לָהֶם
וְלֹא יַאֲזִינוּ, אַף אֵין יֶשׁ רוּחַ בְּפִיהֶם: כְּמוֹהֶם יִהְיוּ
עֹשֵׂיהֶם, כֹּל אֲשֶׁר בֹּטֵחַ בָּהֶם: בֵּית יִשְׂרָאֵל בָּרְכוּ אֶת יְיָ,
בֵּית אַהֲרֹן בָּרְכוּ אֶת יְיָ: בֵּית הַלֵּוִי בָּרְכוּ אֶת יְיָ, יִרְאֵי יְיָ
בָּרְכוּ אֶת יְיָ: בָּרוּךְ יְיָ מִצִּיּוֹן, שֹׁכֵן יְרוּשָׁלָיִם, הַלְלוּיָהּ:[1]

Rise and remain standing until after בָּרוּךְ שֶׁאָמַר, page 125.

הוֹדוּ[2] לַיְיָ כִּי טוֹב,   כִּי לְעוֹלָם חַסְדּוֹ:
הוֹדוּ לֵאלֹהֵי הָאֱלֹהִים,   כִּי לְעוֹלָם חַסְדּוֹ:
הוֹדוּ לַאֲדֹנֵי הָאֲדֹנִים,   כִּי לְעוֹלָם חַסְדּוֹ:
לְעֹשֵׂה נִפְלָאוֹת גְּדֹלוֹת לְבַדּוֹ,   כִּי לְעוֹלָם חַסְדּוֹ:

1. Psalm 135. 2. While reciting each group of verses, concentrate on the letter of the Divine Name shown in parentheses on the Hebrew side at the end of the group (e.g., for the first ten verses concentrate on the י, for the next five verses—on the ה, etc.), but do not say them.

הללויה Praise the Lord. Praise the Name of the Lord; offer praise, you servants of the Lord who stand in the House of the Lord, in the courtyards of the House of our God. Praise the Lord, for the Lord is good; sing to His Name, for He is pleasant. For God has chosen Jacob for Himself, Israel as His beloved treasure. For I know that the Lord is great, our Master is greater than all supernal beings. All that the Lord desired He has done, in the heavens and on earth, in the seas and all the depths. He causes mists to rise from the ends of the earth; He makes lightning for the rain; He brings forth the wind from His vaults. It was He who struck down the firstborn of Egypt, of man and beast. He sent signs and wonders into the midst of Egypt, on Pharaoh and on all his servants. It was He who struck down many nations, and slew mighty kings: Sichon, king of the Amorites; Og, king of Bashan; and all the kingdoms of Canaan. And He gave their lands as a heritage, a heritage to His people Israel. Lord, Your Name is forever; Lord, Your remembrance is throughout all generations. Indeed, the Lord will judge on behalf of His people, and have compassion on His servants. The idols of the nations are silver and gold, the product of human hands. They have a mouth, but cannot speak; they have eyes, but cannot see; they have ears, but cannot hear; nor is there breath in their mouth. Those who make them will become like them—all who trust in them. House of Israel, bless the Lord; House of Aaron, bless the Lord; House of Levi, bless the Lord; you who fear the Lord, bless the Lord. Blessed is the Lord from Zion, who dwells in Jerusalem. Praise the Lord.[1]

Rise and remain standing until after *Blessed is He who spoke,* page 125.

הודו Praise[2] the Lord for He is good, for His kindness is everlasting.

Praise the God of the supernal beings, for His kindness is everlasting.

Praise the Master of the heavenly hosts, for His kindness is everlasting.

Who alone performs great wonders, for His kindness is everlasting.

לְעֹשֵׂה הַשָּׁמַיִם בִּתְבוּנָה,   כִּי לְעוֹלָם חַסְדּוֹ:

לְרוֹקַע הָאָרֶץ עַל הַמָּיִם,   כִּי לְעוֹלָם חַסְדּוֹ:

לְעֹשֵׂה אוֹרִים גְּדֹלִים,   כִּי לְעוֹלָם חַסְדּוֹ:

אֶת הַשֶּׁמֶשׁ לְמֶמְשֶׁלֶת בַּיּוֹם,   כִּי לְעוֹלָם חַסְדּוֹ:

אֶת הַיָּרֵחַ וְכוֹכָבִים לְמֶמְשְׁלוֹת בַּלָּיְלָה,

כִּי לְעוֹלָם חַסְדּוֹ:

לְמַכֵּה מִצְרַיִם בִּבְכוֹרֵיהֶם,   (זַ) כִּי לְעוֹלָם חַסְדּוֹ:

וַיּוֹצֵא יִשְׂרָאֵל מִתּוֹכָם,   כִּי לְעוֹלָם חַסְדּוֹ:

בְּיָד חֲזָקָה וּבִזְרוֹעַ נְטוּיָה,   כִּי לְעוֹלָם חַסְדּוֹ:

לְגֹזֵר יַם סוּף לִגְזָרִים,   כִּי לְעוֹלָם חַסְדּוֹ:

וְהֶעֱבִיר יִשְׂרָאֵל בְּתוֹכוֹ,   כִּי לְעוֹלָם חַסְדּוֹ:

וְנִעֵר פַּרְעֹה וְחֵילוֹ בְיַם סוּף,   (הַ) כִּי לְעוֹלָם חַסְדּוֹ:

לְמוֹלִיךְ עַמּוֹ בַּמִּדְבָּר,   כִּי לְעוֹלָם חַסְדּוֹ:

לְמַכֵּה מְלָכִים גְּדֹלִים,   כִּי לְעוֹלָם חַסְדּוֹ:

וַיַּהֲרֹג מְלָכִים אַדִּירִים,   כִּי לְעוֹלָם חַסְדּוֹ:

לְסִיחוֹן מֶלֶךְ הָאֱמֹרִי,   כִּי לְעוֹלָם חַסְדּוֹ:

וּלְעוֹג מֶלֶךְ הַבָּשָׁן,   כִּי לְעוֹלָם חַסְדּוֹ:

וְנָתַן אַרְצָם לְנַחֲלָה,   (וְ) כִּי לְעוֹלָם חַסְדּוֹ:

נַחֲלָה לְיִשְׂרָאֵל עַבְדּוֹ,   כִּי לְעוֹלָם חַסְדּוֹ:

שֶׁבְּשִׁפְלֵנוּ זָכַר לָנוּ,   כִּי לְעוֹלָם חַסְדּוֹ:

וַיִּפְרְקֵנוּ מִצָּרֵינוּ,   כִּי לְעוֹלָם חַסְדּוֹ:

נֹתֵן לֶחֶם לְכָל בָּשָׂר,   כִּי לְעוֹלָם חַסְדּוֹ:

הוֹדוּ לְאֵל הַשָּׁמָיִם,   (הַ) כִּי לְעוֹלָם חַסְדּוֹ:[1]

---

1. Psalm 136.

Who makes the heavens with understanding, for His kindness is everlasting.

Who spreads forth the earth above the waters, for His kindness is everlasting.

Who makes the great lights, for His kindness is everlasting.

The sun to rule by day, for His kindness is everlasting.

The moon and stars to rule by night, for His kindness is everlasting.

Who struck Egypt through its firstborn, for His kindness is everlasting.

And brought Israel out of their midst, for His kindness is everlasting.

With a strong hand and with an outstretched arm, for His kindness is everlasting.

Who split the Sea of Reeds into sections, for His kindness is everlasting.

And brought Israel across it, for His kindness is everlasting.

And cast Pharaoh and his army into the Sea of Reeds, for His kindness is everlasting.

Who led His people through the desert, for His kindness is everlasting.

Who struck down great kings, for His kindness is everlasting.

And slew mighty kings, for His kindness is everlasting.

Sichon, king of the Amorites, for His kindness is everlasting.

And Og, king of Bashan, for His kindness is everlasting.

And gave their land as a heritage, for His kindness is everlasting.

A heritage to Israel His servant, for His kindness is everlasting.

Who remembered us in our humiliation, for His kindness is everlasting.

And redeemed us from our oppressors, for His kindness is everlasting.

Who gives food to all flesh, for His kindness is everlasting.

Praise the God of heaven, for His kindness is everlasting.[1]

הָאַדֶּרֶת וְהָאֱמוּנָה לְחַי עוֹלָמִים:	הַלֶּקַח וְהַלִּבּוּב לְחַי עוֹלָמִים:	
הַבִּינָה וְהַבְּרָכָה לְחַי עוֹלָמִים:	הַמְּלוּכָה וְהַמֶּמְשָׁלָה לְחַי עוֹלָמִים:	
הַגַּאֲוָה וְהַגְּדֻלָּה לְחַי עוֹלָמִים:	הַנּוֹי וְהַנֵּצַח לְחַי עוֹלָמִים:	
הַדֵּעָה וְהַדִּבּוּר לְחַי עוֹלָמִים:	הַסִּגּוּי וְהַשֶּׂגֶב לְחַי עוֹלָמִים:	
הַהוֹד וְהֶהָדָר לְחַי עוֹלָמִים:	הָעֹז וְהָעֲנָוָה לְחַי עוֹלָמִים:	
הַוַּעַד וְהַוָּתִיקוּת לְחַי עוֹלָמִים:	הַפְּדוּת וְהַפְּאֵר לְחַי עוֹלָמִים:	
הַזִּיו וְהַזֹּהַר לְחַי עוֹלָמִים:	הַצְּבִי וְהַצֶּדֶק לְחַי עוֹלָמִים:	
הַחַיִל וְהַחֹסֶן לְחַי עוֹלָמִים:	הַקְּרִיאָה וְהַקְּדֻשָּׁה לְחַי עוֹלָמִים:	
הַטֶּכֶס וְהַטֹּהַר לְחַי עוֹלָמִים:	הָרוֹן וְהָרוֹמֵמוֹת לְחַי עוֹלָמִים:	
הַיִּחוּד וְהַיִּרְאָה לְחַי עוֹלָמִים:	הַשִּׁיר וְהַשֶּׁבַח לְחַי עוֹלָמִים:	
הַכֶּתֶר וְהַכָּבוֹד לְחַי עוֹלָמִים:	הַתְּהִלָּה וְהַתִּפְאֶרֶת לְחַי עוֹלָמִים: לְחַי עוֹלָמִים:	

PESUKEI DEZIMRAH — VERSES OF PRAISE

Hold the two front *tzitzit* for the blessing בָּרוּךְ שֶׁאָמַר. At the conclusion of the blessing, before releasing the *tzitzit*, pass them over the eyes and kiss them.
Uttering any words—other than prayer—is prohibited from this point until after the Amidah on page 155.

לְשֵׁם יְחוּד קוּדְשָׁא בְּרִיךְ הוּא וּשְׁכִינְתֵּהּ לְיַחֲדָא שֵׁם י"ה בוּ"ה[1] בְּיִחוּדָא שְׁלִים בְּשֵׁם כָּל יִשְׂרָאֵל:

בָּרוּךְ שֶׁאָמַר וְהָיָה הָעוֹלָם, בָּרוּךְ הוּא, בָּרוּךְ אוֹמֵר וְעוֹשֶׂה, בָּרוּךְ גּוֹזֵר וּמְקַיֵּם, בָּרוּךְ עוֹשֶׂה בְרֵאשִׁית, בָּרוּךְ מְרַחֵם עַל הָאָרֶץ, בָּרוּךְ מְרַחֵם עַל הַבְּרִיּוֹת, בָּרוּךְ מְשַׁלֵּם שָׂכָר טוֹב לִירֵאָיו, בָּרוּךְ חַי לָעַד וְקַיָּם לָנֶצַח, בָּרוּךְ פּוֹדֶה וּמַצִּיל, בָּרוּךְ שְׁמוֹ. בָּרוּךְ אַתָּה יְיָ אֱלֹהֵינוּ מֶלֶךְ הָעוֹלָם, הָאֵל, אַב הָרַחֲמָן, הַמְהֻלָּל בְּפֶה עַמּוֹ, מְשֻׁבָּח וּמְפֹאָר בִּלְשׁוֹן חֲסִידָיו וַעֲבָדָיו, וּבְשִׁירֵי דָוִד עַבְדֶּךָ. נְהַלֶּלְךָ יְיָ אֱלֹהֵינוּ, בִּשְׁבָחוֹת וּבִזְמִרוֹת, נְגַדֶּלְךָ וּנְשַׁבֵּחֲךָ וּנְפָאֶרְךָ, וְנַמְלִיכְךָ וְנַזְכִּיר שִׁמְךָ מַלְכֵּנוּ אֱלֹהֵינוּ. יָחִיד, חֵי הָעוֹלָמִים מֶלֶךְ. מְשֻׁבָּח וּמְפֹאָר עֲדֵי עַד שְׁמוֹ הַגָּדוֹל. בָּרוּךְ אַתָּה יְיָ, מֶלֶךְ מְהֻלָּל בַּתִּשְׁבָּחוֹת: (.Cong— אָמֵן)

---

1. Pronounced "Yud Kay b'Vöv Kay."

הָאַדֶּרֶת Power and trustworthiness to Him who lives forever.
Understanding and blessing to Him who lives forever.
Grandeur and greatness to Him who lives forever.
Knowledge and speech to Him who lives forever.
Majesty and splendor to Him who lives forever.
Convocation and zealousness to Him who lives forever.
Resplendence and radiance to Him who lives forever.
Valor and might to Him who lives forever.
Adornment and purity to Him who lives forever.
Oneness and awe to Him who lives forever.
Crown and honor to Him who lives forever.
Torah and perception to Him who lives forever.
Kingship and dominion to Him who lives forever.
Beauty and victory to Him who lives forever.
Supremacy and transcendence to Him who lives forever.
Strength and humility to Him who lives forever.
Redemption and magnificence to Him who lives forever.
Glory and righteousness to Him who lives forever.
Invocation and sanctity to Him who lives forever.
Song and exaltation to Him who lives forever.
Chant and praise to Him who lives forever.
Adoration and grace to Him who lives forever.

PESUKEI DEZIMRAH — VERSES OF PRAISE

Hold the two front tzitzit for the blessing Blessed is He who spoke. *At the conclusion of the blessing, before releasing the tzitzit, pass them over the eyes and kiss them.*

Uttering any words—other than prayer—is prohibited from this point until after the Amidah on page 155.

לְשֵׁם For the sake of the union of the Holy One, blessed be He, with His Shechinah, to unite the Name *yud-kay* with *vav-kay* in a perfect union in the name of all Israel.

בָּרוּךְ Blessed is He who spoke, and the world came into being; blessed is He; blessed is He who says and does; blessed is He who decrees and fulfills; blessed is He who creates the universe; blessed is He who has compassion on the earth; blessed is He who has compassion on the creatures; blessed is He who rewards well those who fear Him; blessed is He who lives forever and exists eternally; blessed is He who redeems and saves; blessed is His Name. Blessed are You, Lord our God, King of the universe, benevolent God; merciful Father, who is praised by the mouth of His people, exalted and glorified by the tongue of His pious ones and His servants, and by the songs of David Your servant. We will extol You, Lord our God, with praises and songs; exalt, laud, and glorify You, proclaim You King, and mention Your Name, our King, our God. You are the only One—the Life of [all] the worlds, O King; praised and glorified is His great Name forever and ever. Blessed are You, Lord, King who is extolled with praises. (Cong: Amen)

You may be seated.

מִזְמוֹר שִׁיר לְיוֹם הַשַּׁבָּת: טוֹב לְהֹדוֹת לַיָי, וּלְזַמֵּר
לְשִׁמְךָ עֶלְיוֹן: לְהַגִּיד בַּבֹּקֶר חַסְדֶּךָ, וֶאֱמוּנָתְךָ
בַּלֵּילוֹת: עֲלֵי עָשׂוֹר וַעֲלֵי נָבֶל, עֲלֵי הִגָּיוֹן בְּכִנּוֹר: כִּי
שִׂמַּחְתַּנִי יָי בְּפָעֳלֶךָ, בְּמַעֲשֵׂי יָדֶיךָ אֲרַנֵּן: מַה גָּדְלוּ
מַעֲשֶׂיךָ יָי, מְאֹד עָמְקוּ מַחְשְׁבֹתֶיךָ: אִישׁ בַּעַר לֹא יֵדָע,
וּכְסִיל לֹא יָבִין אֶת זֹאת: בִּפְרֹחַ רְשָׁעִים כְּמוֹ עֵשֶׂב,
וַיָּצִיצוּ כָּל פֹּעֲלֵי אָוֶן, לְהִשָּׁמְדָם עֲדֵי עַד: וְאַתָּה מָרוֹם
לְעֹלָם יָי: כִּי הִנֵּה אֹיְבֶיךָ | יָי, כִּי הִנֵּה אֹיְבֶיךָ יֹאבֵדוּ,
יִתְפָּרְדוּ כָּל פֹּעֲלֵי אָוֶן: וַתָּרֶם כִּרְאֵים קַרְנִי, בַּלֹּתִי בְּשֶׁמֶן
רַעֲנָן: וַתַּבֵּט עֵינִי בְּשׁוּרָי, בַּקָּמִים עָלַי מְרֵעִים, תִּשְׁמַעְנָה
אָזְנָי: צַדִּיק כַּתָּמָר יִפְרָח, כְּאֶרֶז בַּלְּבָנוֹן יִשְׂגֶּה: שְׁתוּלִים
בְּבֵית יָי, בְּחַצְרוֹת אֱלֹהֵינוּ יַפְרִיחוּ: עוֹד יְנוּבוּן בְּשֵׂיבָה,
דְּשֵׁנִים וְרַעֲנַנִּים יִהְיוּ: לְהַגִּיד כִּי יָשָׁר יָי, צוּרִי וְלֹא
עַוְלָתָה בּוֹ:[1]

יָי מָלָךְ גֵּאוּת לָבֵשׁ, לָבֵשׁ יָי עֹז הִתְאַזָּר, אַף תִּכּוֹן
תֵּבֵל בַּל תִּמּוֹט: נָכוֹן כִּסְאֲךָ מֵאָז, מֵעוֹלָם
אָתָּה: נָשְׂאוּ נְהָרוֹת יָי, נָשְׂאוּ נְהָרוֹת קוֹלָם, יִשְׂאוּ נְהָרוֹת
דָּכְיָם: מִקֹּלוֹת מַיִם רַבִּים אַדִּירִים מִשְׁבְּרֵי יָם, אַדִּיר
בַּמָּרוֹם יָי: עֵדֹתֶיךָ נֶאֶמְנוּ מְאֹד, לְבֵיתְךָ נַאֲוָה[2] קֹדֶשׁ, יָי
לְאֹרֶךְ יָמִים:[3]

יְהִי כְבוֹד יָי לְעוֹלָם, יִשְׂמַח יָי בְּמַעֲשָׂיו:[4] יְהִי שֵׁם יָי
מְבֹרָךְ, מֵעַתָּה וְעַד עוֹלָם: מִמִּזְרַח שֶׁמֶשׁ עַד
מְבוֹאוֹ, מְהֻלָּל שֵׁם יָי: רָם עַל כָּל גּוֹיִם | יָי, עַל הַשָּׁמַיִם

---

1. Psalm 92.   2. Another version: נָאֲוָה.   3. Psalm 93.   4. Ibid. 104:31.

You may be seated.

מזמור A Psalm, a song for the Shabbat day. It is good to praise the Lord, and to sing to Your Name, O Most High; to proclaim Your kindness in the morning, and Your faithfulness in the nights, with a ten-stringed instrument and lyre, to the melody of a harp. For You, Lord, have gladdened me with Your deeds; I sing for joy at the works of Your hand. How great are Your works, O Lord; how very profound Your thoughts! A brutish man cannot know, a fool cannot comprehend this: when the wicked thrive like grass, and all evildoers flourish—it is in order that they may be destroyed forever. But You, Lord, are exalted forever. Indeed, Your enemies, Lord, indeed, Your enemies shall perish; all evildoers shall be scattered. But You have increased my might like that of a wild ox; I am anointed with fresh oil. My eyes have seen [the downfall of] my watchful enemies; my ears have heard [the doom of] the wicked who rise against me. The righteous will flourish like a palm tree, grow tall like a cedar in Lebanon. Planted in the House of the Lord, they shall blossom in the courtyards of our God. They shall be fruitful even in old age; they shall be full of sap and freshness. That is to say that the Lord is just; He is my Strength, and there is no injustice in Him.[1]

יי מלך The Lord is King; He has garbed Himself with grandeur; the Lord has robed Himself, He has girded Himself with strength; He has also established the world firmly that it shall not falter. Your throne stands firm from of old; You have existed forever. The rivers have raised, O Lord, the rivers have raised their voice; the rivers raise their raging waves. More than the sound of many waters, than the mighty breakers of the sea, is the Lord mighty on high. Your testimonies are most trustworthy; Your House will be resplendent in holiness, O Lord, forever.[3]

יהי May the glory of the Lord be forever; may the Lord find delight in His works.[4] May the Name of the Lord be blessed from now and to all eternity. From the rising of the sun to its setting, the Name of the Lord is praised. The Lord is high above

כְּבוֹדוֹ:' יְיָ, שִׁמְךָ לְעוֹלָם, יְיָ, זִכְרְךָ לְדֹר וָדֹר:² יְיָ בַּשָּׁמַיִם הֵכִין כִּסְאוֹ, וּמַלְכוּתוֹ בַּכֹּל מָשָׁלָה:³ יִשְׂמְחוּ הַשָּׁמַיִם וְתָגֵל הָאָרֶץ, וְיֹאמְרוּ בַגּוֹיִם יְיָ מָלָךְ:⁴ יְיָ מֶלֶךְ, יְיָ מָלָךְ, יְיָ יִמְלֹךְ לְעוֹלָם וָעֶד:⁵ יְיָ מֶלֶךְ עוֹלָם וָעֶד, אָבְדוּ גוֹיִם מֵאַרְצוֹ:⁶ יְיָ הֵפִיר עֲצַת גּוֹיִם, הֵנִיא מַחְשְׁבוֹת עַמִּים:⁷ רַבּוֹת מַחֲשָׁבוֹת בְּלֶב אִישׁ, וַעֲצַת יְיָ הִיא תָקוּם:⁸ עֲצַת יְיָ לְעוֹלָם תַּעֲמֹד, מַחְשְׁבוֹת לִבּוֹ לְדֹר וָדֹר:⁹ כִּי הוּא אָמַר וַיֶּהִי, הוּא צִוָּה וַיַּעֲמֹד:¹⁰ כִּי בָחַר יְיָ בְּצִיּוֹן, אִוָּה לְמוֹשָׁב לוֹ:¹¹ כִּי יַעֲקֹב בָּחַר לוֹ יָהּ, יִשְׂרָאֵל לִסְגֻלָּתוֹ:¹² כִּי, לֹא יִטֹּשׁ יְיָ עַמּוֹ, וְנַחֲלָתוֹ לֹא יַעֲזֹב:¹³ וְהוּא רַחוּם יְכַפֵּר עָוֹן וְלֹא יַשְׁחִית, וְהִרְבָּה לְהָשִׁיב אַפּוֹ, וְלֹא יָעִיר כָּל חֲמָתוֹ:¹⁴ יְיָ הוֹשִׁיעָה, הַמֶּלֶךְ יַעֲנֵנוּ בְיוֹם קָרְאֵנוּ:¹⁵

אַשְׁרֵי יוֹשְׁבֵי בֵיתֶךָ, עוֹד יְהַלְלוּךָ סֶּלָה:¹⁶ אַשְׁרֵי הָעָם שֶׁכָּכָה לּוֹ, אַשְׁרֵי הָעָם שֶׁיְיָ אֱלֹהָיו:¹⁷ תְּהִלָּה לְדָוִד, אֲרוֹמִמְךָ אֱלוֹהַי הַמֶּלֶךְ, וַאֲבָרְכָה שִׁמְךָ לְעוֹלָם וָעֶד: בְּכָל יוֹם אֲבָרְכֶךָ, וַאֲהַלְלָה שִׁמְךָ לְעוֹלָם וָעֶד: גָּדוֹל יְיָ וּמְהֻלָּל מְאֹד, וְלִגְדֻלָּתוֹ אֵין חֵקֶר: דּוֹר לְדוֹר יְשַׁבַּח מַעֲשֶׂיךָ, וּגְבוּרֹתֶיךָ יַגִּידוּ: הֲדַר כְּבוֹד הוֹדֶךָ, וְדִבְרֵי נִפְלְאֹתֶיךָ אָשִׂיחָה: וֶעֱזוּז נוֹרְאוֹתֶיךָ יֹאמֵרוּ, וּגְדֻלָּתְךָ אֲסַפְּרֶנָּה: זֵכֶר רַב טוּבְךָ יַבִּיעוּ, וְצִדְקָתְךָ

1. Psalms 113:2-4.   2. Ibid. 135:13.   3. Ibid. 103:19.   4. I Chronicles 16:31.   5. See note 5, page 117.   6. Psalms 10:16.   7. Ibid. 33:10.   8. Proverbs 19:21.   9. Psalms 33:11.   10. Ibid. 33:9.   11. Ibid. 132:13.   12. Ibid. 135:4.   13. Ibid. 94:14.   14. Ibid. 78:38.   15. Ibid. 20:10. 16. Ibid. 84:5.   17. Ibid. 144:15.

all nations; His glory transcends the heavens.[1] O Lord, Your Name is forever; Your remembrance, O Lord, is throughout all generations.[2] The Lord has established His throne in the heavens, and His kingship has dominion over all.[3] The heavens will rejoice, the earth will exult, and among the nations they will proclaim, "The Lord reigns!"[4] The Lord is King, the Lord was King, the Lord shall be King for ever and ever.[5] The Lord reigns for all eternity; the nations have vanished from His land.[6] The Lord has annulled the counsel of nations; He has foiled the schemes of peoples.[7] Many are the thoughts in the heart of man, but it is the counsel of the Lord that endures.[8] The counsel of the Lord stands forever, the thoughts of His heart throughout all generations.[9] For He spoke, and it came to be; He commanded, and it endured.[10] Indeed, the Lord has chosen Zion; He desired it for His dwelling place.[11] For God has chosen Jacob for Himself, Israel as His beloved treasure.[12] Indeed, the Lord will not abandon His people, nor will He forsake His heritage.[13] And He, being compassionate, pardons iniquity, and does not destroy; time and again He turns away His anger, and does not arouse all His wrath.[14] Deliver us, O Lord; may the King answer us on the day we call.[15]

Transliteration, page 437.

אַשְׁרֵי Happy are those who dwell in Your House; they will yet praise You forever.[16] Happy is the people whose lot is thus; happy is the people whose God is the Lord.[17] A psalm of praise by David: I will exalt You, my God the King, and bless Your Name forever. Every day I will bless You, and extol Your Name forever. The Lord is great and exceedingly exalted, and there is no limit to His greatness. One generation to another will laud Your works, and tell of Your mighty acts. I will speak of the splendor of Your glorious majesty and of Your wondrous deeds. They will proclaim the might of Your awesome acts, and I will recount Your greatness. They will express the remembrance of Your abounding goodness, and sing of Your righteousness. The Lord is

יְרַנֵּנוּ: חַנּוּן וְרַחוּם יְיָ, אֶרֶךְ אַפַּיִם וּגְדָל חֶסֶד: טוֹב
יְיָ לַכֹּל, וְרַחֲמָיו עַל כָּל מַעֲשָׂיו: יוֹדוּךָ יְיָ כָּל
מַעֲשֶׂיךָ, וַחֲסִידֶיךָ יְבָרְכוּכָה: כְּבוֹד מַלְכוּתְךָ
יֹאמֵרוּ, וּגְבוּרָתְךָ יְדַבֵּרוּ: לְהוֹדִיעַ לִבְנֵי הָאָדָם
גְּבוּרֹתָיו, וּכְבוֹד הֲדַר מַלְכוּתוֹ: מַלְכוּתְךָ מַלְכוּת
כָּל עֹלָמִים, וּמֶמְשַׁלְתְּךָ בְּכָל דּוֹר וָדֹר: סוֹמֵךְ יְיָ
לְכָל הַנֹּפְלִים, וְזוֹקֵף לְכָל הַכְּפוּפִים: עֵינֵי כֹל
אֵלֶיךָ יְשַׂבֵּרוּ, וְאַתָּה נוֹתֵן לָהֶם אֶת אָכְלָם בְּעִתּוֹ:

פּוֹתֵחַ אֶת יָדֶךָ, וּמַשְׂבִּיעַ לְכָל   This verse must be recited with concentration.

חַי רָצוֹן: צַדִּיק יְיָ בְּכָל דְּרָכָיו, וְחָסִיד בְּכָל
מַעֲשָׂיו: קָרוֹב יְיָ לְכָל קֹרְאָיו, לְכֹל אֲשֶׁר יִקְרָאֻהוּ
בֶאֱמֶת: רְצוֹן יְרֵאָיו יַעֲשֶׂה, וְאֶת שַׁוְעָתָם יִשְׁמַע
וְיוֹשִׁיעֵם: שׁוֹמֵר יְיָ אֶת כָּל אֹהֲבָיו, וְאֵת כָּל
הָרְשָׁעִים יַשְׁמִיד: תְּהִלַּת יְיָ יְדַבֶּר פִּי, וִיבָרֵךְ כָּל
בָּשָׂר שֵׁם קָדְשׁוֹ לְעוֹלָם וָעֶד:[1] וַאֲנַחְנוּ נְבָרֵךְ יָהּ,
מֵעַתָּה וְעַד עוֹלָם, הַלְלוּיָהּ:[2]

הַלְלוּיָהּ, הַלְלִי נַפְשִׁי אֶת יְיָ: אֲהַלְלָה יְיָ בְּחַיָּי, אֲזַמְּרָה
לֵאלֹהַי בְּעוֹדִי: אַל תִּבְטְחוּ בִנְדִיבִים, בְּבֶן
אָדָם שֶׁאֵין לוֹ תְשׁוּעָה: תֵּצֵא רוּחוֹ יָשֻׁב לְאַדְמָתוֹ, בַּיּוֹם
הַהוּא אָבְדוּ עֶשְׁתֹּנֹתָיו: אַשְׁרֵי שֶׁאֵל יַעֲקֹב בְּעֶזְרוֹ, שִׂבְרוֹ
עַל יְיָ אֱלֹהָיו: עֹשֶׂה שָׁמַיִם וָאָרֶץ, אֶת הַיָּם וְאֶת כָּל אֲשֶׁר

---

1. Psalm 145. 2. Ibid. 115:18.

gracious and compassionate, slow to anger and of great kindness. The Lord is good to all, and His mercies extend over all His works. Lord, all Your works will give thanks to You, and Your pious ones will bless You. They will declare the glory of Your kingdom, and tell of Your strength. To make known to men His mighty acts, and the glorious majesty of His kingdom. Your kingship is a kingship over all worlds, and Your dominion is throughout all generations. The Lord supports all who fall, and makes erect all who are bent. The eyes of all look expectantly to You, and You give them their food

This verse must be recited with concentration.

at the proper time. You open Your hand and satisfy the desire of every living thing. The Lord is righteous in all His ways, and benevolent in all His deeds. The Lord is close to all who call upon Him, to all who call upon Him in truth. He fulfills the desire of those who fear Him, hears their cry and delivers them. The Lord watches over all who love Him, and will destroy all the wicked. My mouth will utter the praise of the Lord, and let all flesh bless His holy Name forever.[1] And we will bless the Lord from now to eternity. Praise the Lord.[2]

הַלְלוּיָה Praise the Lord. Praise the Lord, O my soul. I will sing to the Lord with my soul; I will chant praises to my God with my [entire] being. Do not place your trust in munificent benefactors, in mortal man, for he does not have the ability to bring deliverance. When his spirit departs, he returns to his earth; on that very day, his plans come to naught. Fortunate is he whose help is the God of Jacob, whose hope rests upon the Lord his God. He makes the heavens, the earth, the sea and all that is in them; He

בָּם, הַשֹּׁמֵר אֱמֶת לְעוֹלָם: עֹשֶׂה מִשְׁפָּט לַעֲשׁוּקִים, נֹתֵן
לֶחֶם לָרְעֵבִים, יְיָ מַתִּיר אֲסוּרִים: יְיָ פֹּקֵחַ עִוְרִים, יְיָ זֹקֵף
כְּפוּפִים, יְיָ אֹהֵב צַדִּיקִים: יְיָ שֹׁמֵר אֶת גֵּרִים, יָתוֹם
וְאַלְמָנָה יְעוֹדֵד, וְדֶרֶךְ רְשָׁעִים יְעַוֵּת: יִמְלֹךְ יְיָ לְעוֹלָם,
אֱלֹהַיִךְ צִיּוֹן לְדֹר וָדֹר, הַלְלוּיָהּ:[1]

הַלְלוּיָהּ, כִּי טוֹב זַמְּרָה אֱלֹהֵינוּ, כִּי נָעִים נָאוָה
       תְהִלָּה: בּוֹנֵה יְרוּשָׁלַיִם יְיָ, נִדְחֵי יִשְׂרָאֵל
יְכַנֵּס: הָרוֹפֵא לִשְׁבוּרֵי לֵב, וּמְחַבֵּשׁ לְעַצְּבוֹתָם: מוֹנֶה
מִסְפָּר לַכּוֹכָבִים, לְכֻלָּם שֵׁמוֹת יִקְרָא: גָּדוֹל אֲדוֹנֵינוּ וְרַב
כֹּחַ, לִתְבוּנָתוֹ אֵין מִסְפָּר: מְעוֹדֵד עֲנָוִים יְיָ, מַשְׁפִּיל
רְשָׁעִים עֲדֵי אָרֶץ: עֱנוּ לַיְיָ בְּתוֹדָה, זַמְּרוּ לֵאלֹהֵינוּ
בְכִנּוֹר: הַמְכַסֶּה שָׁמַיִם בְּעָבִים, הַמֵּכִין לָאָרֶץ מָטָר,
הַמַּצְמִיחַ הָרִים חָצִיר: נוֹתֵן לִבְהֵמָה לַחְמָהּ, לִבְנֵי עֹרֵב
אֲשֶׁר יִקְרָאוּ: לֹא בִגְבוּרַת הַסּוּס יֶחְפָּץ, לֹא בְשׁוֹקֵי
הָאִישׁ יִרְצֶה: רוֹצֶה יְיָ אֶת יְרֵאָיו, אֶת הַמְיַחֲלִים
לְחַסְדּוֹ: שַׁבְּחִי יְרוּשָׁלַיִם אֶת יְיָ, הַלְלִי אֱלֹהַיִךְ צִיּוֹן: כִּי
חִזַּק בְּרִיחֵי שְׁעָרָיִךְ, בֵּרַךְ בָּנַיִךְ בְּקִרְבֵּךְ: הַשָּׂם גְּבוּלֵךְ
שָׁלוֹם, חֵלֶב חִטִּים יַשְׂבִּיעֵךְ: הַשֹּׁלֵחַ אִמְרָתוֹ אָרֶץ, עַד
מְהֵרָה יָרוּץ דְּבָרוֹ: הַנֹּתֵן שֶׁלֶג כַּצָּמֶר, כְּפוֹר כָּאֵפֶר
יְפַזֵּר: מַשְׁלִיךְ קַרְחוֹ כְפִתִּים, לִפְנֵי קָרָתוֹ מִי יַעֲמֹד:
יִשְׁלַח דְּבָרוֹ וְיַמְסֵם, יַשֵּׁב רוּחוֹ יִזְּלוּ מָיִם: מַגִּיד דְּבָרָיו
לְיַעֲקֹב, חֻקָּיו וּמִשְׁפָּטָיו לְיִשְׂרָאֵל: לֹא עָשָׂה כֵן לְכָל גּוֹי,
וּמִשְׁפָּטִים בַּל יְדָעוּם, הַלְלוּיָהּ:[2]

---

1. Psalm 146.   2. Ibid. 147.

keeps His promise faithfully forever. He renders justice to the oppressed; He gives food to the hungry; the Lord releases those who are bound. The Lord opens the eyes of the blind; the Lord makes erect those who are bowed down; the Lord loves the righteous. The Lord watches over the strangers; He gives strength to the orphan and the widow; and He thwarts the way of the wicked. The Lord shall reign forever, your God, O Zion, throughout all generations. Praise the Lord.¹

הללויה Praise the Lord. Sing to our God for He is good, for He is pleasant; praise befits Him. The Lord is the rebuilder of Jerusalem; He will gather the dispersed of Israel. He heals the broken-hearted, and binds up their wounds. He counts the number of the stars; He gives a name to each of them. Great is our Master and abounding in might; His understanding is beyond reckoning. The Lord strengthens the humble; He casts the wicked down to the ground. Lift your voices to the Lord in gratitude; sing to our God with a harp. He covers the heaven with clouds; He prepares rain for the earth, and makes grass grow upon the mountains. He gives to the cattle their food, to the young ravens which cry to Him. He does not desire [those who place their trust in] the strength of the horse, nor does He want those who rely upon the thighs [swiftness] of man. He desires those who fear Him, those who long for His kindness. Praise the Lord, O Jerusalem; Zion, extol your God. For He has strengthened the bolts of your gates; He has blessed your children in your midst. He has made peace within your borders; He satiates you with the finest of wheat. He sends forth His command to the earth; His word runs most swiftly. He gives snow like fleece; He scatters frost like ashes. He hurls His ice like morsels; who can withstand His cold? He sends forth His word and melts them; He causes His wind to blow, and the waters flow. He tells His words [Torah] to Jacob, His statutes and ordinances to Israel. He has not done so for other nations, and they do not know [His] ordinances. Praise the Lord.²

הַ‎לְלוּיָהּ, הַלְלוּ אֶת יְיָ מִן הַשָּׁמַיִם, הַלְלוּהוּ בַּמְּרוֹמִים: הַלְלוּהוּ כָל מַלְאָכָיו, הַלְלוּהוּ כָּל צְבָאָיו: הַלְלוּהוּ שֶׁמֶשׁ וְיָרֵחַ, הַלְלוּהוּ כָּל כּוֹכְבֵי אוֹר: הַלְלוּהוּ שְׁמֵי הַשָּׁמַיִם, וְהַמַּיִם אֲשֶׁר מֵעַל הַשָּׁמָיִם: יְהַלְלוּ אֶת שֵׁם יְיָ, כִּי הוּא צִוָּה וְנִבְרָאוּ: וַיַּעֲמִידֵם לָעַד לְעוֹלָם, חָק נָתַן וְלֹא יַעֲבוֹר: הַלְלוּ אֶת יְיָ מִן הָאָרֶץ, תַּנִּינִים וְכָל תְּהֹמוֹת: אֵשׁ וּבָרָד שֶׁלֶג וְקִיטוֹר, רוּחַ סְעָרָה עֹשָׂה דְבָרוֹ: הֶהָרִים וְכָל גְּבָעוֹת, עֵץ פְּרִי וְכָל אֲרָזִים: הַחַיָּה וְכָל בְּהֵמָה, רֶמֶשׂ וְצִפּוֹר כָּנָף: מַלְכֵי אֶרֶץ וְכָל לְאֻמִּים, שָׂרִים וְכָל שֹׁפְטֵי אָרֶץ: בַּחוּרִים וְגַם בְּתוּלוֹת, זְקֵנִים עִם נְעָרִים: יְהַלְלוּ אֶת שֵׁם יְיָ, כִּי נִשְׂגָּב שְׁמוֹ לְבַדּוֹ, הוֹדוֹ עַל אֶרֶץ וְשָׁמָיִם: וַיָּרֶם קֶרֶן לְעַמּוֹ, תְּהִלָּה לְכָל חֲסִידָיו, לִבְנֵי יִשְׂרָאֵל עַם קְרֹבוֹ, הַלְלוּיָהּ:¹

הַ‎לְלוּיָהּ, שִׁירוּ לַייָ שִׁיר חָדָשׁ, תְּהִלָּתוֹ בִּקְהַל חֲסִידִים: יִשְׂמַח יִשְׂרָאֵל בְּעֹשָׂיו, בְּנֵי צִיּוֹן יָגִילוּ בְמַלְכָּם: יְהַלְלוּ שְׁמוֹ בְמָחוֹל, בְּתֹף וְכִנּוֹר יְזַמְּרוּ לוֹ: כִּי רוֹצֶה יְיָ בְּעַמּוֹ, יְפָאֵר עֲנָוִים בִּישׁוּעָה: יַעְלְזוּ חֲסִידִים בְּכָבוֹד, יְרַנְּנוּ עַל מִשְׁכְּבוֹתָם: רוֹמְמוֹת אֵל בִּגְרוֹנָם, וְחֶרֶב פִּיפִיּוֹת בְּיָדָם: לַעֲשׂוֹת נְקָמָה בַּגּוֹיִם, תּוֹכֵחוֹת בַּלְאֻמִּים: לֶאְסֹר מַלְכֵיהֶם בְּזִקִּים, וְנִכְבְּדֵיהֶם בְּכַבְלֵי בַרְזֶל: לַעֲשׂוֹת בָּהֶם מִשְׁפָּט כָּתוּב, הָדָר הוּא לְכָל חֲסִידָיו, הַלְלוּיָהּ:²

הַ‎לְלוּיָהּ, הַלְלוּ אֵל בְּקָדְשׁוֹ, הַלְלוּהוּ בִּרְקִיעַ עֻזּוֹ: הַלְלוּהוּ בִגְבוּרֹתָיו, הַלְלוּהוּ כְּרֹב גֻּדְלוֹ:

---

1. Psalm 148. **2.** Ibid. 149.

הללויה Praise the Lord. Praise the Lord from the heavens; praise Him in the celestial heights. Praise Him, all His angels; praise Him, all His hosts. Praise Him, sun and moon; praise Him, all the shining stars. Praise Him, heavens of heavens, and the waters that are above the heavens. Let them praise the Name of the Lord, for He commanded and they were created. He has established them forever, for all time; He issued a decree, and it shall not be transgressed. Praise the Lord from the earth, sea-monsters and all [that dwell in] the depths; fire and hail, snow and vapor, stormy wind carrying out His command; the mountains and all hills, fruit-bearing trees and all cedars; the beasts and all cattle, creeping things and winged fowl; kings of the earth and all nations, rulers and all judges of the land; young men as well as maidens, elders together with young lads. Let them praise the Name of the Lord, for His Name is sublimely transcendent, it is unto Himself; [only] its radiance is upon the earth and heavens. He shall raise the glory of His people, [increase] the praise of all His pious ones, the children of Israel, the people close to Him. Praise the Lord.¹

הללויה Praise the Lord. Sing to the Lord a new song; [recount] His praise in the assembly of the pious. Israel will rejoice in its Maker; the children of Zion will delight in their King. They will praise His Name with dancing; they will sing to Him with the drum and harp. For the Lord desires His people; He will adorn the humble with salvation. The pious will exult in glory; they will sing upon their beds. The exaltation of God is in their throat, and a double-edged sword in their hand, to bring retribution upon the nations, punishment upon the peoples; to bind their kings with chains, and their nobles with iron fetters; to execute upon them the prescribed judgment; it shall be a glory for all His pious ones. Praise the Lord.²

הללויה Praise the Lord. Praise God in His holiness; praise Him in the firmament of His strength. Praise Him for His mighty acts; praise Him according to His abundant

הַלְלוּהוּ בְתֵקַע שׁוֹפָר, הַלְלוּהוּ בְּנֵבֶל וְכִנּוֹר: הַלְלוּהוּ
בְתֹף וּמָחוֹל, הַלְלוּהוּ בְּמִנִּים וְעֻגָב: הַלְלוּהוּ בְּצִלְצְלֵי
שָׁמַע, הַלְלוּהוּ בְּצִלְצְלֵי תְרוּעָה: כֹּל הַנְּשָׁמָה תְּהַלֵּל יָהּ
הַלְלוּיָהּ:¹ כֹּל הַנְּשָׁמָה תְּהַלֵּל יָהּ הַלְלוּיָהּ:

Rise and remain standing until after בָּרְכוּ on page 137.

בָּרוּךְ יְיָ לְעוֹלָם, אָמֵן וְאָמֵן:² בָּרוּךְ יְיָ מִצִּיּוֹן שֹׁכֵן
יְרוּשָׁלָיִם, הַלְלוּיָהּ:³ בָּרוּךְ יְיָ אֱלֹהִים אֱלֹהֵי
יִשְׂרָאֵל, עֹשֵׂה נִפְלָאוֹת לְבַדּוֹ: וּבָרוּךְ שֵׁם כְּבוֹדוֹ לְעוֹלָם,
וְיִמָּלֵא כְבוֹדוֹ אֶת כָּל הָאָרֶץ, אָמֵן וְאָמֵן:⁴

וַיְבָרֶךְ דָּוִיד אֶת יְיָ לְעֵינֵי כָּל הַקָּהָל, וַיֹּאמֶר דָּוִיד, בָּרוּךְ
אַתָּה יְיָ אֱלֹהֵי יִשְׂרָאֵל אָבִינוּ, מֵעוֹלָם וְעַד
עוֹלָם: לְךָ יְיָ הַגְּדֻלָּה, וְהַגְּבוּרָה, וְהַתִּפְאֶרֶת, וְהַנֵּצַח,
וְהַהוֹד, כִּי כֹל בַּשָּׁמַיִם וּבָאָרֶץ, לְךָ יְיָ הַמַּמְלָכָה
וְהַמִּתְנַשֵּׂא לְכֹל לְרֹאשׁ: וְהָעֹשֶׁר וְהַכָּבוֹד מִלְּפָנֶיךָ, וְאַתָּה
מוֹשֵׁל בַּכֹּל, וּבְיָדְךָ כֹּחַ וּגְבוּרָה, וּבְיָדְךָ, לְגַדֵּל וּלְחַזֵּק
לַכֹּל: וְעַתָּה אֱלֹהֵינוּ, מוֹדִים אֲנַחְנוּ לָךְ, וּמְהַלְלִים לְשֵׁם
תִּפְאַרְתֶּךָ:⁵ וִיבָרְכוּ שֵׁם כְּבוֹדֶךָ, וּמְרוֹמַם עַל כָּל בְּרָכָה
וּתְהִלָּה: אַתָּה הוּא יְיָ לְבַדֶּךָ, אַתָּה עָשִׂיתָ אֶת הַשָּׁמַיִם,
שְׁמֵי הַשָּׁמַיִם, וְכָל צְבָאָם, הָאָרֶץ וְכָל אֲשֶׁר עָלֶיהָ,
הַיַּמִּים וְכָל אֲשֶׁר בָּהֶם, וְאַתָּה מְחַיֶּה אֶת כֻּלָּם, וּצְבָא
הַשָּׁמַיִם לְךָ מִשְׁתַּחֲוִים: אַתָּה הוּא יְיָ הָאֱלֹהִים, אֲשֶׁר
בָּחַרְתָּ בְּאַבְרָם, וְהוֹצֵאתוֹ מֵאוּר כַּשְׂדִּים, וְשַׂמְתָּ שְׁמוֹ
אַבְרָהָם: וּמָצָאתָ אֶת לְבָבוֹ נֶאֱמָן לְפָנֶיךָ—⁶

---

1. Psalm 150. **2.** Ibid. 89:53. **3.** Ibid. 135:21. **4.** Ibid. 72:18-19. **5.** I Chronicles 29:10-13.
6. Nehemiah 9:5-8.

greatness. Praise Him with the call of the *shofar*; praise Him with harp and lyre. Praise Him with timbrel and dance; praise Him with stringed instruments and flute. Praise Him with resounding cymbals; praise Him with clanging cymbals. Let every being that has a soul praise the Lord. Praise the Lord.[1] Let every being that has a soul praise the Lord. Praise the Lord.

Rise and remain standing until after *Borchu* on page 137.

ברוך Blessed is the Lord forever, Amen and Amen.[2] Blessed is the Lord from Zion, who dwells in Jerusalem; praise the Lord.[3] Blessed is the Lord God, the God of Israel, who alone performs wonders. Blessed is His glorious Name forever, and let the whole earth be filled with His glory. Amen and Amen.[4]

ויברך And David blessed the Lord in the presence of all the assembly, and David said: Blessed are You, Lord, God of our father Israel, in all the realms of the universe. Lord, Yours is the greatness, the power, the glory, the victory, and the majesty; for all in heaven and on the earth [is Yours]. Lord, Yours is the kingship and You are exalted, supreme over all rulers. Wealth and honor come from You, and You rule over all; in Your hand are might and power, and it is in Your hand to grant greatness and strength to all. And now, our God, we give thanks to You, and praise Your glorious Name.[5] Let [Israel] bless Your glorious Name, which is exalted above all blessing and praise. You alone are the Lord; You have made the heavens, the heavens of heavens, and all their hosts, the earth and all thereon, the seas and all therein; You give life to them all, and the hosts of the heavens bow before You. You are the Lord, the God, who chose Abram, brought him out of Ur Kasdim, and gave him the name Abraham. And You found his heart faithful before You[6] —

–וְכָרוֹת עִמּוֹ הַבְּרִית, לָתֵת אֶת אֶרֶץ הַכְּנַעֲנִי הַחִתִּי
הָאֱמֹרִי וְהַפְּרִזִּי וְהַיְבוּסִי וְהַגִּרְגָּשִׁי לָתֵת לְזַרְעוֹ, וַתָּקֶם אֶת
דְּבָרֶיךָ כִּי צַדִּיק אָתָּה: וַתֵּרֶא אֶת עֳנִי אֲבֹתֵינוּ בְּמִצְרָיִם,
וְאֶת זַעֲקָתָם שָׁמַעְתָּ עַל יַם סוּף: וַתִּתֵּן אֹתֹת וּמֹפְתִים
בְּפַרְעֹה וּבְכָל עֲבָדָיו וּבְכָל עַם אַרְצוֹ, כִּי יָדַעְתָּ כִּי הֵזִידוּ
עֲלֵיהֶם, וַתַּעַשׂ לְךָ שֵׁם כְּהַיּוֹם הַזֶּה: וְהַיָּם בָּקַעְתָּ
לִפְנֵיהֶם וַיַּעַבְרוּ בְתוֹךְ הַיָּם בַּיַּבָּשָׁה, וְאֶת רֹדְפֵיהֶם
הִשְׁלַכְתָּ בִמְצוֹלֹת, כְּמוֹ אֶבֶן בְּמַיִם עַזִּים:[1]

וַיּוֹשַׁע יְיָ בַּיּוֹם הַהוּא אֶת יִשְׂרָאֵל מִיַּד מִצְרָיִם, וַיַּרְא
יִשְׂרָאֵל אֶת מִצְרַיִם מֵת עַל שְׂפַת הַיָּם: וַיַּרְא
יִשְׂרָאֵל אֶת הַיָּד הַגְּדֹלָה אֲשֶׁר עָשָׂה יְיָ בְּמִצְרַיִם, וַיִּירְאוּ
הָעָם אֶת יְיָ, וַיַּאֲמִינוּ בַּיְיָ וּבְמֹשֶׁה עַבְדּוֹ:[2]

אָז יָשִׁיר מֹשֶׁה וּבְנֵי יִשְׂרָאֵל אֶת הַשִּׁירָה הַזֹּאת לַיְיָ
וַיֹּאמְרוּ לֵאמֹר, אָשִׁירָה לַיְיָ כִּי גָאֹה גָּאָה, סוּס
וְרֹכְבוֹ רָמָה בַיָּם: עָזִּי וְזִמְרָת יָהּ וַיְהִי לִי לִישׁוּעָה, זֶה
אֵלִי וְאַנְוֵהוּ, אֱלֹהֵי אָבִי וַאֲרֹמְמֶנְהוּ: יְיָ אִישׁ מִלְחָמָה, יְיָ
שְׁמוֹ: מַרְכְּבֹת פַּרְעֹה וְחֵילוֹ יָרָה בַיָּם, וּמִבְחַר שָׁלִשָׁיו
טֻבְּעוּ בְיַם סוּף: תְּהֹמֹת יְכַסְיֻמוּ, יָרְדוּ בִמְצוֹלֹת כְּמוֹ
אָבֶן: יְמִינְךָ יְיָ נֶאְדָּרִי בַּכֹּחַ, יְמִינְךָ יְיָ תִּרְעַץ אוֹיֵב: וּבְרֹב
גְּאוֹנְךָ תַּהֲרֹס קָמֶיךָ, תְּשַׁלַּח חֲרֹנְךָ יֹאכְלֵמוֹ כַּקַּשׁ: וּבְרוּחַ
אַפֶּיךָ נֶעֶרְמוּ מַיִם, נִצְּבוּ כְמוֹ נֵד נֹזְלִים, קָפְאוּ תְהֹמֹת
בְּלֶב יָם: אָמַר אוֹיֵב, אֶרְדֹּף אַשִּׂיג אֲחַלֵּק שָׁלָל, תִּמְלָאֵמוֹ
נַפְשִׁי, אָרִיק חַרְבִּי, תּוֹרִישֵׁמוֹ[3] יָדִי: נָשַׁפְתָּ בְרוּחֲךָ כִּסָּמוֹ

---

1. Nehemiah 9:8-11.   **2.** Exodus 14:30-31.   **3.** Another interpretation: impoverish. See Rashi,
Exodus 15:9.

וכרות and You made a Covenant with him to give the land of the Canaanites, the Hittites, the Amorites, the Perizzites, the Jebusites and the Girgashites, to give it to his descendants; and You fulfilled Your words, for You are righteous. You saw the affliction of our fathers in Egypt, and heard their cry at the Sea of Reeds. You performed signs and wonders against Pharaoh and all his servants and all the people of his land, for You knew that they acted wickedly toward them; and You have made a name for Yourself to this day. You split the sea before them, and they went through the midst of the sea on dry land; and You hurled their pursuers into the depths, like a stone into mighty waters.[1]

ויושע The Lord delivered Israel on that day from the hands of the Egyptians, and Israel saw the Egyptians dead on the seashore. Israel beheld the mighty hand which the Lord wielded against the Egyptians, and the people feared the Lord, and believed in the Lord and in Moses His servant.[2]

אז Then Moses and the children of Israel sang this song to the Lord, and they declared, saying: I will sing to the Lord, for He is most exalted; the horse with its rider He cast into the sea. The might and retribution of God was my salvation; this is my God and I will glorify Him, the God of my father and I will exalt Him. The Lord is master of war, the Lord is His Name. He hurled Pharaoh's chariots and his army into the sea; the elite of his officers were drowned in the Sea of Reeds. The deep waters covered them; they dropped into the depths like a stone. Your right hand, O Lord, is adorned with power; Your right hand, O Lord, shatters the enemy. In Your great majesty, You destroy those who rise up against You; You send forth Your fury, it consumes them like straw. At the blast of Your nostrils the waters piled up, the flowing streams stood erect like a wall; the deep waters were congealed in the heart of the sea. The foe had said: I will pursue them, I will overtake them, I will divide the spoil, my lust shall be sated upon them; I will unsheath my sword, my hand shall annihilate[3] them. You blew with Your wind, the

יָם, צָלֲלוּ כַּעוֹפֶרֶת בְּמַיִם אַדִּירִים: מִי כָמְכָה בָּאֵלִם יְיָ,
מִי כָּמְכָה נֶאְדָּר בַּקֹּדֶשׁ, נוֹרָא תְהִלֹּת, עֹשֵׂה פֶלֶא: נָטִיתָ
יְמִינְךָ, תִּבְלָעֵמוֹ אָרֶץ: נָחִיתָ בְחַסְדְּךָ עַם זוּ גָּאָלְתָּ, נֵהַלְתָּ
בְעָזְּךָ אֶל נְוֵה קָדְשֶׁךָ: שָׁמְעוּ עַמִּים יִרְגָּזוּן, חִיל אָחַז יֹשְׁבֵי
פְּלָשֶׁת: אָז נִבְהֲלוּ אַלּוּפֵי אֱדוֹם, אֵילֵי מוֹאָב יֹאחֲזֵמוֹ
רָעַד, נָמֹגוּ כֹּל יֹשְׁבֵי כְנָעַן: תִּפֹּל עֲלֵיהֶם אֵימָתָה וָפַחַד,
בִּגְדֹל זְרוֹעֲךָ יִדְּמוּ כָּאָבֶן, עַד יַעֲבֹר עַמְּךָ יְיָ, עַד יַעֲבֹר
עַם זוּ קָנִיתָ: תְּבִאֵמוֹ וְתִטָּעֵמוֹ בְּהַר נַחֲלָתְךָ, מָכוֹן
לְשִׁבְתְּךָ פָּעַלְתָּ יְיָ, מִקְּדָשׁ, אֲדֹנָי, כּוֹנְנוּ יָדֶיךָ: יְיָ יִמְלֹךְ
לְעֹלָם וָעֶד:[1] יְיָ יִמְלֹךְ לְעֹלָם וָעֶד: יְיָ מַלְכוּתֵהּ קָאֵם
לְעָלַם וּלְעָלְמֵי עָלְמַיָּא:[2] כִּי בָא סוּס פַּרְעֹה בְּרִכְבּוֹ
וּבְפָרָשָׁיו בַּיָּם וַיָּשֶׁב יְיָ עֲלֵהֶם אֶת מֵי הַיָּם, וּבְנֵי יִשְׂרָאֵל
הָלְכוּ בַיַּבָּשָׁה בְּתוֹךְ הַיָּם:[3] כִּי לַיְיָ הַמְּלוּכָה וּמֹשֵׁל
בַּגּוֹיִם:[4] וְעָלוּ מוֹשִׁעִים בְּהַר צִיּוֹן לִשְׁפֹּט אֶת הַר עֵשָׂו,
וְהָיְתָה לַיְיָ הַמְּלוּכָה:[5] וְהָיָה יְיָ לְמֶלֶךְ עַל כָּל הָאָרֶץ, בַּיּוֹם
הַהוּא יִהְיֶה יְיָ אֶחָד וּשְׁמוֹ אֶחָד:[6]

נִשְׁמַת כָּל חַי תְּבָרֵךְ אֶת שִׁמְךָ יְיָ אֱלֹהֵינוּ, וְרוּחַ כָּל
בָּשָׂר תְּפָאֵר וּתְרוֹמֵם זִכְרְךָ מַלְכֵּנוּ תָּמִיד, מִן
הָעוֹלָם וְעַד הָעוֹלָם אַתָּה אֵל, וּמִבַּלְעָדֶיךָ אֵין לָנוּ
מֶלֶךְ גּוֹאֵל וּמוֹשִׁיעַ, פּוֹדֶה וּמַצִּיל וּמְפַרְנֵס וְעוֹנֶה
וּמְרַחֵם בְּכָל עֵת צָרָה וְצוּקָה, אֵין לָנוּ מֶלֶךְ אֶלָּא
אַתָּה, אֱלֹהֵי הָרִאשׁוֹנִים וְהָאַחֲרוֹנִים. אֱלוֹהַּ כָּל בְּרִיּוֹת,

---

1. Exodus 15:1-18.   2. This sentence is the paraphrase of the preceding Biblical verse in Targum Onkelos.   3. Exodus 15:19.   4. Psalms 22:29.   5. Obadiah 1:21.   6. Zechariah 14:9.

sea enveloped them; they sank like lead in the mighty waters. Who is like You among the supernal beings, O Lord! Who is like You, resplendent in holiness, awesome in praise, performing wonders! You stretched out Your right hand, the earth swallowed them. In Your lovingkindness You led the people whom You redeemed; in Your strength You guided them to Your holy abode. The nations heard it and trembled; pangs of fear gripped the inhabitants of Philistia. Then the chieftains of Edom were terrified; the mighty men of Moab were panic-stricken; all the inhabitants of Canaan melted away. May terror and dread fall upon them; by the great [strength] of Your arm let them be still as a stone—until Your people pass over, O Lord, until the people You acquired pass over. You will bring them and plant them on the mountain of Your inheritance; the place which You, O Lord, have made for Your abode, the Sanctuary which Your hands, O Lord, have established. The Lord will reign forever and ever.[1] The Lord will reign forever and ever. The sovereignty of the Lord is established forever and to all eternity.[2] When the horses of Pharaoh, with his chariots and horsemen, went into the sea, the Lord turned the waters of the sea back on them; and the children of Israel walked on dry land in the midst of the sea.[3] For sovereignty is the Lord's, and He rules over the nations.[4] Deliverers will go up to Mount Zion to judge the mount of Esau, and kingship will be the Lord's.[5] The Lord will be King over the entire earth; on that day the Lord will be One and His Name One.[6]

נשמת The soul of every living being shall bless Your Name, Lord our God; and the spirit of all flesh shall continuously glorify and exalt Your remembrance, our King. From the highest world to the lowest, You are Almighty God; and aside from You we have no King, Redeemer and Savior who delivers, rescues, sustains, answers, and is merciful in every time of distress and tribulation; we have no King other than You. [You are] the God of the first and of the last [generations], God of all created things, Master of all events, who is

אֲדוֹן כָּל תּוֹלָדוֹת, הַמְהֻלָּל בְּרוֹב הַתִּשְׁבָּחוֹת, הַמְנַהֵג
עוֹלָמוֹ בְּחֶסֶד וּבְרִיּוֹתָיו בְּרַחֲמִים. וַיְיָ הִנֵּה לֹא יָנוּם וְלֹא
יִישָׁן, הַמְעוֹרֵר יְשֵׁנִים, וְהַמֵּקִיץ נִרְדָּמִים, וְהַמֵּשִׂיחַ
אִלְּמִים, וְהַמַּתִּיר אֲסוּרִים, וְהַסּוֹמֵךְ נוֹפְלִים, וְהַזּוֹקֵף
כְּפוּפִים, לְךָ לְבַדְּךָ אֲנַחְנוּ מוֹדִים. אִלּוּ פִינוּ מָלֵא שִׁירָה
כַיָּם, וּלְשׁוֹנֵנוּ רִנָּה כַּהֲמוֹן גַּלָּיו, וְשִׂפְתוֹתֵינוּ שֶׁבַח
כְּמֶרְחֲבֵי רָקִיעַ, וְעֵינֵינוּ מְאִירוֹת כַּשֶּׁמֶשׁ וְכַיָּרֵחַ, וְיָדֵינוּ
פְרוּשׂוֹת כְּנִשְׁרֵי שָׁמָיִם, וְרַגְלֵינוּ קַלּוֹת כָּאַיָּלוֹת, אֵין אָנוּ
מַסְפִּיקִים לְהוֹדוֹת לְךָ יְיָ אֱלֹהֵינוּ וֵאלֹהֵי אֲבוֹתֵינוּ, וּלְבָרֵךְ
אֶת שְׁמֶךָ עַל אַחַת מֵאֶלֶף אַלְפֵי אֲלָפִים, וְרִבֵּי רְבָבוֹת
פְּעָמִים, הַטּוֹבוֹת נִסִּים וְנִפְלָאוֹת שֶׁעָשִׂיתָ עִמָּנוּ וְעִם
אֲבוֹתֵינוּ מִלְּפָנִים: מִמִּצְרַיִם גְּאַלְתָּנוּ, יְיָ אֱלֹהֵינוּ, מִבֵּית
עֲבָדִים פְּדִיתָנוּ, בְּרָעָב זַנְתָּנוּ, וּבְשָׂבָע כִּלְכַּלְתָּנוּ, מֵחֶרֶב
הִצַּלְתָּנוּ, וּמִדֶּבֶר מִלַּטְתָּנוּ, וּמֵחֳלָיִם רָעִים וְנֶאֱמָנִים
דִּלִּיתָנוּ. עַד הֵנָּה עֲזָרוּנוּ רַחֲמֶיךָ, וְלֹא עֲזָבוּנוּ חֲסָדֶיךָ, וְאַל
תִּטְּשֵׁנוּ יְיָ אֱלֹהֵינוּ, לָנֶצַח. עַל כֵּן, אֵבָרִים שֶׁפִּלַּגְתָּ בָּנוּ,
וְרוּחַ וּנְשָׁמָה שֶׁנָּפַחְתָּ בְּאַפֵּינוּ, וְלָשׁוֹן אֲשֶׁר שַׂמְתָּ בְּפִינוּ.
הֵן הֵם: יוֹדוּ וִיבָרְכוּ וִישַׁבְּחוּ וִיפָאֲרוּ, וִירוֹמְמוּ וְיַעֲרִיצוּ,
וְיַקְדִּישׁוּ וְיַמְלִיכוּ אֶת שִׁמְךָ מַלְכֵּנוּ. כִּי כָל פֶּה לְךָ יוֹדֶה,
וְכָל לָשׁוֹן לְךָ תִשָּׁבַע, וְכָל עַיִן לְךָ תְצַפֶּה, וְכָל בֶּרֶךְ לְךָ
תִכְרַע, וְכָל קוֹמָה לְפָנֶיךָ תִשְׁתַּחֲוֶה, וְכָל הַלְּבָבוֹת
יִירָאוּךָ, וְכָל קֶרֶב וּכְלָיוֹת יְזַמְּרוּ לִשְׁמֶךָ, כַּדָּבָר שֶׁכָּתוּב,
כָּל עַצְמוֹתַי תֹּאמַרְנָה: יְיָ, מִי כָמוֹךָ, מַצִּיל עָנִי מֵחָזָק
מִמֶּנּוּ, וְעָנִי וְאֶבְיוֹן מִגֹּזְלוֹ.[1] מִי יִדְמֶה לָּךְ, וּמִי יִשְׁוֶה לָּךְ,

---
1. Psalms 35:10.

extolled with manifold praises, who directs His world with kindness and His creatures with compassion. Indeed, the Lord neither slumbers nor sleeps. It is He who rouses those who sleep, who awakens those who slumber, who enables the mute to speak, who releases the bound, who supports those who fall, and who makes erect those who are bowed. To You alone we offer thanks. Even if our mouth were filled with song as the sea [is filled with water], our tongue with melody as the roar of its waves, and our lips with praise as the breadth of the firmament; if our eyes were radiant like the sun and the moon, our hands spread out as the [wings of the] eagles of the sky, and our feet as swift as the deer—we would still be unable to thank You, Lord our God and God of our fathers, and bless Your Name for even one of the innumerable myriads of favors, miracles and wonders which You have performed for us and for our fathers before us. Lord our God, You have delivered us from Egypt, redeemed us from the house of bondage, sustained us in famine and nourished us in plenty, rescued us from the sword and saved us from the plague, and kept us from severe and lasting maladies. Until now Your mercies have helped us, and Your kindnesses have not forsaken us; and You, Lord our God, will never abandon us. Therefore, the limbs which You have arranged within us, the spirit and soul which You have breathed into our nostrils, and the tongue which You have placed in our mouth—they all shall thank, bless, praise and glorify, exalt and adore, hallow and proclaim the sovereignty of Your Name, our King. For every mouth shall offer thanks to You, every tongue shall swear by Your Name, every eye shall look to You, every knee shall bend to You, all who stand erect shall prostrate themselves before You, all hearts shall fear You, and every innermost part shall sing to Your Name, as it is written: My entire being shall declare: Lord, who is like You, who saves the poor from one stronger than he, the poor and the destitute from one who would rob him![1] Who can be likened to You, who is equal to You, who

וּמִי יַעֲרָךְ לָךְ, הָאֵל הַגָּדוֹל, הַגִּבּוֹר וְהַנּוֹרָא, אֵל עֶלְיוֹן, קֹנֵה שָׁמַיִם וָאָרֶץ. נְהַלֶּלְךָ, וּנְשַׁבֵּחֲךָ, וּנְפָאֶרְךָ, וּנְבָרֵךְ אֶת שֵׁם קָדְשֶׁךָ, כָּאָמוּר: לְדָוִד, בָּרְכִי נַפְשִׁי אֶת יְיָ, וְכָל קְרָבַי אֶת שֵׁם קָדְשׁוֹ:

הָאֵל בְּתַעֲצֻמוֹת עֻזֶּךָ, הַגָּדוֹל בִּכְבוֹד שְׁמֶךָ, הַגִּבּוֹר לָנֶצַח, וְהַנּוֹרָא בְּנוֹרְאוֹתֶיךָ:

> It is quoted in *Machzorim* that, on one occasion, when the holy Rabbi, Reb Aharon of Karlin, of blessed memory (one of the eminent disciples of the *Maggid* of Mezritch, of blessed memory), began to recite הַמֶּלֶךְ, he fell into a deep faint. When later asked the cause for this, he replied that he reflected upon the statement in the Talmud (Gittin 56a), "If I am a king, why did you not come before!" [If the holy Rabbi Aharon felt so,] how should we feel...

הַמֶּלֶךְ
יוֹשֵׁב עַל כִּסֵּא רָם וְנִשָּׂא:

שׁוֹכֵן עַד, מָרוֹם וְקָדוֹשׁ שְׁמוֹ, וְכָתוּב: רַנְּנוּ צַדִּיקִים בַּייָ, לַיְשָׁרִים נָאוָה תְהִלָּה.[2]

בְּפִי   יְשָׁרִים   תִּתְרוֹמָם,
וּבְשִׂפְתֵי   צַדִּיקִים   תִּתְבָּרֵךְ,
וּבִלְשׁוֹן   חֲסִידִים   תִּתְקַדָּשׁ,
וּבְקֶרֶב   קְדוֹשִׁים   תִּתְהַלָּל:

וּבְמַקְהֲלוֹת רִבְבוֹת עַמְּךָ בֵּית יִשְׂרָאֵל, בְּרִנָּה יִתְפָּאֵר שִׁמְךָ מַלְכֵּנוּ בְּכָל דּוֹר וָדוֹר. שֶׁכֵּן חוֹבַת כָּל הַיְצוּרִים, לְפָנֶיךָ יְיָ אֱלֹהֵינוּ וֵאלֹהֵי אֲבוֹתֵינוּ: לְהוֹדוֹת, לְהַלֵּל, לְשַׁבֵּחַ, לְפָאֵר, לְרוֹמֵם, לְהַדֵּר, לְבָרֵךְ, לְעַלֵּה וּלְקַלֵּס, עַל כָּל דִּבְרֵי שִׁירוֹת וְתִשְׁבְּחוֹת דָּוִד בֶּן יִשַׁי עַבְדְּךָ מְשִׁיחֶךָ:

---
1. Psalms 103:1.   **2.** Ibid. 33:1.

can be compared to You, the great, mighty and awesome God, exalted God, Creator of heaven and earth! We will laud, extol and glorify You and bless Your holy Name, as it is said: [A Psalm] by David; bless the Lord, O my soul, and all my being—His holy Name.[1]

האל You are the Almighty by virtue of the strength of Your power; the Great by virtue of the glory of Your Name; the Powerful for eternity, and the Awesome by virtue of Your awe-inspiring deeds.

It is quoted in *Machzorim* that, on one occasion, when the holy Rabbi, Reb Aharon of Karlin, of blessed memory (one of the eminent disciples of the *Maggid* of Mezritch, of blessed memory), began to recite *The King*, he fell into a deep faint. When later asked the cause for this, he replied that he reflected upon the statement in the Talmud (Gittin 56a), "If I am a king, why did you not come before!" [If the holy Rabbi Aharon felt so,] how should we feel...

המלך The King is seated upon a lofty and sublime throne.

שוכן He who dwells for eternity, exalted and holy is His Name. And it is written: Sing joyously to the Lord, you righteous; it is fitting for the upright to offer praise.[2]

בפי By the mouth of the upright You are exalted;

ובשפתי by the lips of the righteous You are blessed;

ובלשון by the tongue of the pious You are hallowed;

ובקרב and in the innermost part of the holy ones You are praised.

ובמקהלות In the assemblies of the myriads of Your people the House of Israel, with song shall Your Name, our King, be glorified in every generation. For that is the obligation of all created beings, Lord our God and God of our fathers, to offer thanks to You, to laud, to praise, to glorify, to exalt, to extol, to bless, to magnify and to acclaim You, even more than all the words of songs of praise and adorations of David the son of Yishai, Your anointed servant.

וּבְכֵן יִשְׁתַּבַּח שִׁמְךָ לָעַד מַלְכֵּנוּ, הָאֵל, הַמֶּלֶךְ הַגָּדוֹל
וְהַקָּדוֹשׁ בַּשָּׁמַיִם וּבָאָרֶץ. כִּי לְךָ נָאֶה יְיָ אֱלֹהֵינוּ
וֵאלֹהֵי אֲבוֹתֵינוּ לְעוֹלָם וָעֶד: שִׁיר וּשְׁבָחָה, הַלֵּל וְזִמְרָה,
עֹז וּמֶמְשָׁלָה, נֶצַח, גְּדֻלָּה וּגְבוּרָה, תְּהִלָּה וְתִפְאֶרֶת,
קְדֻשָּׁה וּמַלְכוּת: בְּרָכוֹת וְהוֹדָאוֹת לְשִׁמְךָ הַגָּדוֹל
וְהַקָּדוֹשׁ, וּמֵעוֹלָם עַד עוֹלָם אַתָּה אֵל. בָּרוּךְ אַתָּה יְיָ,
אֵל מֶלֶךְ גָּדוֹל וּמְהֻלָּל בַּתִּשְׁבָּחוֹת, אֵל הַהוֹדָאוֹת, אֲדוֹן
הַנִּפְלָאוֹת, בּוֹרֵא כָּל הַנְּשָׁמוֹת, רִבּוֹן כָּל הַמַּעֲשִׂים,
הַבּוֹחֵר בְּשִׁירֵי זִמְרָה, מֶלֶךְ יָחִיד חֵי הָעוֹלָמִים: (אָמֵן—.Cong)

שִׁיר הַמַּעֲלוֹת, מִמַּעֲמַקִּים קְרָאתִיךָ יְיָ: אֲדֹנָי שִׁמְעָה
בְקוֹלִי, תִּהְיֶינָה אָזְנֶיךָ קַשֻּׁבוֹת לְקוֹל תַּחֲנוּנָי: אִם
עֲוֹנוֹת תִּשְׁמָר יָהּ, אֲדֹנָי מִי יַעֲמֹד: כִּי עִמְּךָ הַסְּלִיחָה,
לְמַעַן תִּוָּרֵא: קִוִּיתִי יְיָ קִוְּתָה נַפְשִׁי, וְלִדְבָרוֹ הוֹחָלְתִּי:
נַפְשִׁי לַאדֹנָי, מִשֹּׁמְרִים לַבֹּקֶר שֹׁמְרִים לַבֹּקֶר: יַחֵל יִשְׂרָאֵל
אֶל יְיָ, כִּי עִם יְיָ הַחֶסֶד, וְהַרְבֵּה עִמּוֹ פְדוּת: וְהוּא יִפְדֶּה
אֶת יִשְׂרָאֵל מִכֹּל עֲוֹנוֹתָיו:[1]

Chazzan recites Half Kaddish. Congregation responds אָמֵן as indicated.

יִתְגַּדַּל וְיִתְקַדַּשׁ שְׁמֵהּ רַבָּא. (אָמֵן—.Cong) בְּעָלְמָא דִי
בְרָא כִרְעוּתֵהּ וְיַמְלִיךְ מַלְכוּתֵהּ, וְיַצְמַח פּוּרְקָנֵהּ
וִיקָרֵב מְשִׁיחֵהּ. (אָמֵן—.Cong) בְּחַיֵּיכוֹן וּבְיוֹמֵיכוֹן וּבְחַיֵּי דְכָל
בֵּית יִשְׂרָאֵל, בַּעֲגָלָא וּבִזְמַן קָרִיב וְאִמְרוּ אָמֵן:

(אָמֵן. יְהֵא שְׁמֵהּ רַבָּא מְבָרַךְ לְעָלַם וּלְעָלְמֵי עָלְמַיָּא, יִתְבָּרַךְ—.Cong)

---

1. Psalm 130.

Transliteration, page 445.

ובכן And therefore may Your Name be praised forever, our King, the Almighty God, the great and holy King, in heaven and on earth. For to You, Lord our God and God of our fathers, it is fitting to offer forever song and praise, adoration and melody, [to acclaim Your] might and dominion, victory, grandeur and power, glory, splendor, holiness and sovereignty; blessings and thanksgiving to Your great and holy Name; from the highest world to the lowest, You are God. Blessed are You, Lord, Almighty God, great King, extolled with praises, God worthy of thanksgiving, Master of wonders, Creator of all souls, Ruler of all creatures, who takes pleasure in songs of praise; You are the only King, the Life of [all] the worlds. (Cong: Amen)

שיר A song of ascents. Out of the depths I call to You, O Lord. My Lord, hearken to my voice; let Your ears be attentive to the voice of my pleas. God, if You were to preserve iniquities, my Lord, who could survive? But forgiveness is with You, that You may be feared. I hope in the Lord; my soul hopes, and I long for His word. My soul yearns for the Lord more than [night] watchmen [waiting] for the morning, wait for the morning. Israel, put your hope in the Lord, for with the Lord there is kindness; with Him there is abounding deliverance. And He will redeem Israel from all its iniquities.[1]

Chazzan recites Half Kaddish. Congregation responds Amen as indicated.

יתגדל Exalted and hallowed be His great Name (Cong: Amen) throughout the world which He has created according to His will. May He establish His kingship, bring forth His redemption and hasten the coming of His Mashiach (Cong: Amen) in your lifetime and in your days and in the lifetime of the entire House of Israel, speedily and soon, and say, Amen.

(Cong: Amen. May His great Name be blessed forever and to all eternity. Blessed.)

יְהֵא שְׁמֵהּ רַבָּא מְבָרַךְ לְעָלַם וּלְעָלְמֵי עָלְמַיָּא, יִתְבָּרַךְ,
וְיִשְׁתַּבַּח, וְיִתְפָּאַר, וְיִתְרוֹמַם, וְיִתְנַשֵּׂא, וְיִתְהַדָּר, וְיִתְעַלֶּה,
וְיִתְהַלָּל, שְׁמֵהּ דְּקוּדְשָׁא בְּרִיךְ הוּא. (.Cong—אָמֵן) לְעֵלָּא
מִן כָּל בִּרְכָתָא וְשִׁירָתָא, תֻּשְׁבְּחָתָא וְנֶחֱמָתָא, דַּאֲמִירָן
בְּעָלְמָא, וְאִמְרוּ אָמֵן: (.Cong—אָמֵן)

Congregation and chazzan bow as chazzan says:

בָּרְכוּ אֶת יְיָ הַמְבֹרָךְ:

Congregation and chazzan. Bow at בָּרוּך, straighten up at יְיָ:

בָּרוּךְ יְיָ הַמְבֹרָךְ לְעוֹלָם וָעֶד:

Do not respond אָמֵן.

BLESSINGS OF THE SHEMA

You may be seated.

בָּרוּךְ אַתָּה יְיָ, אֱלֹהֵינוּ מֶלֶךְ הָעוֹלָם, יוֹצֵר אוֹר וּבוֹרֵא
חֹשֶׁךְ, עוֹשֶׂה שָׁלוֹם וּבוֹרֵא אֶת הַכֹּל:

When Yom Kippur occurs on Shabbat, continue הַכֹּל יוֹדְוּךָ on the next page.
On weekdays, the following is recited:

הַמֵּאִיר לָאָרֶץ וְלַדָּרִים עָלֶיהָ בְּרַחֲמִים, וּבְטוּבוֹ מְחַדֵּשׁ
בְּכָל יוֹם תָּמִיד מַעֲשֵׂה בְרֵאשִׁית. מָה רַבּוּ
מַעֲשֶׂיךָ יְיָ, כֻּלָּם בְּחָכְמָה עָשִׂיתָ, מָלְאָה הָאָרֶץ קִנְיָנֶךָ:¹
הַמֶּלֶךְ הַמְרוֹמָם לְבַדּוֹ מֵאָז, הַמְשֻׁבָּח, וְהַמְפֹאָר,
וְהַמִּתְנַשֵּׂא מִימוֹת עוֹלָם. אֱלֹהֵי עוֹלָם, בְּרַחֲמֶיךָ הָרַבִּים
רַחֵם עָלֵינוּ, אֲדוֹן עֻזֵּנוּ, צוּר מִשְׂגַּבֵּנוּ, מָגֵן יִשְׁעֵנוּ, מִשְׂגָּב
בַּעֲדֵנוּ. אֵל בָּרוּךְ, גְּדוֹל דֵּעָה, הֵכִין וּפָעַל זָהֳרֵי חַמָּה,
טוֹב יָצַר כָּבוֹד לִשְׁמוֹ, מְאוֹרוֹת נָתַן סְבִיבוֹת עֻזּוֹ, פִּנּוֹת
צְבָאָיו קְדוֹשִׁים, רוֹמְמֵי שַׁדַּי, תָּמִיד מְסַפְּרִים כְּבוֹד אֵל
וּקְדֻשָּׁתוֹ. תִּתְבָּרַךְ יְיָ אֱלֹהֵינוּ בַּשָּׁמַיִם מִמַּעַל וְעַל הָאָרֶץ

---

1. Psalms 104:24.

May His great Name be blessed forever and to all eternity. Blessed and praised, glorified, exalted and extolled, honored, adored and lauded be the Name of the Holy One, blessed be He, (Cong: Amen) beyond all the blessings, hymns, praises and consolations that are uttered in the world; and say, Amen. (Cong: Amen)

Congregation and chazzan bow as chazzan says:

בָּרְכוּ *Bö-r'chu es adonöy ha-m'voröch.*

Congregation and chazzan. Bow at *Böruch,* straighten up at *adonöy:*

בָּרוּך *Böruch adonöy ha-m'voröch l'olöm vö-ed.*

Do not respond Amen.

BLESSINGS OF THE SHEMA

You may be seated.

בָּרוּך Blessed are You, Lord our God, King of the universe, who forms light and creates darkness, who makes peace and creates all things.

When Yom Kippur occurs on Shabbat, continue *All shall praise You* on the next page. On weekdays, the following is recited:

הַמֵּאִיר In mercy He gives light to the earth and to those who dwell thereon; and in His goodness He renews each day, continuously, the work of Creation. How manifold are Your works, O Lord! You have made them all with wisdom; the earth is full of Your possessions.[1] O King, who alone is elevated from aforetime, extolled, glorified and exalted from the time of Creation; God of the universe, in Your abounding mercies have compassion on us, Master of our strength, Rock of our stronghold, Shield of our deliverance, a Refuge for us. The blessed God, great in knowledge, prepared and made the radiance of the sun; the Beneficent One created glory for His Name; He set the luminaries around His majesty; the chiefs of His hosts are holy beings that exalt the Omnipotent, continually recounting the glory of God and His holiness. Be blessed, Lord our God, in the heavens above and on the earth

מִתְּחַת, עַל כָּל שֶׁבַח מַעֲשֵׂה יָדֶיךָ, וְעַל מְאוֹרֵי אוֹר
שֶׁיָּצַרְתָּ, יְפָאֲרוּךָ סֶּלָה:

Continue with תִּתְבָּרַךְ on the next page.

On Shabbat, the following is recited:

הַכֹּל יוֹדוּךָ, וְהַכֹּל יְשַׁבְּחוּךָ, וְהַכֹּל יֹאמְרוּ: אֵין קָדוֹשׁ
כַּיְיָ. הַכֹּל יְרוֹמְמוּךָ סֶּלָה, יוֹצֵר הַכֹּל. הָאֵל, הַפּוֹתֵחַ
בְּכָל יוֹם דַּלְתוֹת שַׁעֲרֵי מִזְרָח, וּבוֹקֵעַ חַלּוֹנֵי רָקִיעַ, מוֹצִיא
חַמָּה מִמְּקוֹמָהּ, וּלְבָנָה מִמְּכוֹן שִׁבְתָּהּ, וּמֵאִיר לְעוֹלָם כֻּלּוֹ
וּלְיוֹשְׁבָיו, שֶׁבָּרָא בְּמִדַּת הָרַחֲמִים. הַמֵּאִיר לָאָרֶץ וְלַדָּרִים
עָלֶיהָ בְּרַחֲמִים, וּבְטוּבוֹ מְחַדֵּשׁ בְּכָל יוֹם תָּמִיד מַעֲשֵׂה
בְרֵאשִׁית. מָה רַבּוּ מַעֲשֶׂיךָ יְיָ, כֻּלָּם בְּחָכְמָה עָשִׂיתָ,
מָלְאָה הָאָרֶץ קִנְיָנֶךָ.' הַמֶּלֶךְ הַמְרוֹמָם לְבַדּוֹ מֵאָז,
הַמְשֻׁבָּח וְהַמְפֹאָר וְהַמִּתְנַשֵּׂא מִימוֹת עוֹלָם. אֱלֹהֵי עוֹלָם,
בְּרַחֲמֶיךָ הָרַבִּים רַחֵם עָלֵינוּ, אֲדוֹן עֻזֵּנוּ, צוּר מִשְׂגַּבֵּנוּ,
מָגֵן יִשְׁעֵנוּ, מִשְׂגָּב בַּעֲדֵנוּ. אֵין עֲרוֹךְ לְךָ וְאֵין זוּלָתֶךָ,
אֶפֶס בִּלְתֶּךָ, וּמִי דּוֹמֶה לָּךְ. אֵין עֲרוֹךְ לְךָ יְיָ אֱלֹהֵינוּ
בָּעוֹלָם הַזֶּה, וְאֵין זוּלָתְךָ מַלְכֵּנוּ לְחַיֵּי הָעוֹלָם הַבָּא. אֶפֶס
בִּלְתְּךָ גּוֹאֲלֵנוּ לִימוֹת הַמָּשִׁיחַ, וְאֵין דּוֹמֶה לְךָ מוֹשִׁיעֵנוּ
לִתְחִיַּת הַמֵּתִים:

אֵל אָדוֹן עַל כָּל הַמַּעֲשִׂים, בָּרוּךְ וּמְבֹרָךְ בְּפִי כָּל
הַנְּשָׁמָה, גָּדְלוֹ וְטוּבוֹ מָלֵא עוֹלָם, דַּעַת וּתְבוּנָה
סֹבְבִים הוֹדוֹ. הַמִּתְגָּאֶה עַל חַיּוֹת² הַקֹּדֶשׁ, וְנֶהְדָּר בְּכָבוֹד
עַל הַמֶּרְכָּבָה, זְכוּת וּמִישׁוֹר לִפְנֵי כִסְאוֹ, חֶסֶד וְרַחֲמִים
מָלֵא כְבוֹדוֹ. טוֹבִים מְאוֹרוֹת שֶׁבָּרָא אֱלֹהֵינוּ, יְצָרָם בְּדַעַת
בְּבִינָה וּבְהַשְׂכֵּל, כֹּחַ וּגְבוּרָה נָתַן בָּהֶם, לִהְיוֹת מוֹשְׁלִים

---

1. Psalms 104:24.   **2.** I.e., angels—v. Ezekiel 3:13; Isaiah 6:2.

below, for all Your praiseworthy handiwork, and for the light-giving luminaries which You have created; they shall glorify You forever.

Continue with *Be eternally blessed,* on the next page.

On Shabbat, the following is recited:

הכל All shall praise You, all shall extol You, all shall declare, "There is none holy like the Lord!" All shall exalt You forever, Creator of all, God who each day opens the doors of the eastern gates [of heaven], causes the apertures of the sky to unclose, brings forth the sun from its place and the moon from its abode, and gives light to the whole world and to its inhabitants which He has created with the attribute of mercy. In mercy He gives light to the earth and to those who dwell upon it, and in His goodness He renews each day, continuously, the work of Creation. How manifold are Your works, O Lord! You have made them all with wisdom; the earth is full of Your possessions.[1] O King, who alone is elevated from aforetime, extolled, glorified and exalted from the time of Creation; God of the universe, in Your abundant mercies have compassion on us, Master of our strength, Rock of our stronghold, Shield of our deliverance, a Refuge for us. There is none comparable to You, and none apart from You; there is nothing without You, and who is like You? There is none comparable to You, Lord our God—in this world; and none apart from You, our King—in the life of the World to Come; there is nothing without You, our Redeemer—in the days of Mashiach; and there is none like You, our Deliverer—in the era of the resurrection of the dead.

Transliteration, page 445.

אל Almighty God is the Master over all works, blessed is He, and He is blessed by the mouth of every soul; His greatness and goodness fill the world, knowledge and understanding surround His majesty. He is exalted above the holy *Chayot*,[2] and adorned in glory above the Chariot; merit and uprightness are before His throne, kindness and mercy fill His glory. The luminaries which our God has created are good; He formed them with knowledge, with discernment and with wisdom; He endowed them with strength and power, that they may rule

בְּקֶרֶב תֵּבֵל. מְלֵאִים זִיו וּמְפִיקִים נֹגַהּ, נָאֶה זִיוָם בְּכָל
הָעוֹלָם, שְׂמֵחִים בְּצֵאתָם וְשָׂשִׂים בְּבוֹאָם, עֹשִׂים בְּאֵימָה
רְצוֹן קוֹנָם. פְּאֵר וְכָבוֹד נוֹתְנִים לִשְׁמוֹ, צָהֳלָה וְרִנָּה לְזֵכֶר
מַלְכוּתוֹ, קָרָא לַשֶּׁמֶשׁ וַיִּזְרַח אוֹר, רָאָה וְהִתְקִין צוּרַת
הַלְּבָנָה. שֶׁבַח נוֹתְנִים לוֹ כָּל צְבָא מָרוֹם, תִּפְאֶרֶת וּגְדֻלָּה,
שְׂרָפִים' וְחַיּוֹת' וְאוֹפַנֵּי הַקֹּדֶשׁ:'

לָאֵל אֲשֶׁר שָׁבַת מִכָּל הַמַּעֲשִׂים, בַּיּוֹם הַשְּׁבִיעִי נִתְעַלָּה
וְיָשַׁב עַל כִּסֵּא כְבוֹדוֹ. תִּפְאֶרֶת עָטָה לְיוֹם הַמְּנוּחָה,
עֹנֶג קָרָא לְיוֹם הַשַּׁבָּת, זֶה שֶׁבַח יוֹם הַשְּׁבִיעִי, שֶׁבּוֹ שָׁבַת
אֵל מִכָּל מְלַאכְתּוֹ. וְיוֹם הַשְּׁבִיעִי מְשַׁבֵּחַ וְאוֹמֵר: מִזְמוֹר שִׁיר
לְיוֹם הַשַּׁבָּת, טוֹב לְהוֹדוֹת לַיָי,² לְפִיכָךְ יְפָאֲרוּ וִיבָרְכוּ לָאֵל
כָּל יְצוּרָיו. שֶׁבַח יָקָר וּגְדֻלָּה וְכָבוֹד יִתְּנוּ לָאֵל מֶלֶךְ יוֹצֵר כֹּל,
הַמַּנְחִיל מְנוּחָה לְעַמּוֹ יִשְׂרָאֵל בִּקְדֻשָּׁתוֹ בְּיוֹם שַׁבַּת קֹדֶשׁ.
שִׁמְךָ יְיָ אֱלֹהֵינוּ יִתְקַדֵּשׁ, וְזִכְרְךָ מַלְכֵּנוּ יִתְפָּאַר, בַּשָּׁמַיִם
מִמַּעַל וְעַל הָאָרֶץ מִתָּחַת. עַל כָּל שֶׁבַח מַעֲשֵׂה יָדֶיךָ, וְעַל
מְאוֹרֵי אוֹר שֶׁיָּצַרְתָּ יְפָאֲרוּךָ סֶּלָה:

תִּתְבָּרַךְ לָנֶצַח צוּרֵנוּ מַלְכֵּנוּ וְגֹאֲלֵנוּ בּוֹרֵא קְדוֹשִׁים,
יִשְׁתַּבַּח שִׁמְךָ לָעַד מַלְכֵּנוּ יוֹצֵר מְשָׁרְתִים,
וַאֲשֶׁר מְשָׁרְתָיו, כֻּלָּם עוֹמְדִים בְּרוּם עוֹלָם, וּמַשְׁמִיעִים
בְּיִרְאָה יַחַד בְּקוֹל, דִּבְרֵי אֱלֹהִים חַיִּים וּמֶלֶךְ עוֹלָם. כֻּלָּם
אֲהוּבִים, כֻּלָּם בְּרוּרִים, כֻּלָּם גִּבּוֹרִים, כֻּלָּם קְדוֹשִׁים,
וְכֻלָּם עֹשִׂים בְּאֵימָה וּבְיִרְאָה רְצוֹן קוֹנָם. וְכֻלָּם פּוֹתְחִים
אֶת פִּיהֶם בִּקְדֻשָּׁה וּבְטָהֳרָה, בְּשִׁירָה וּבְזִמְרָה, וּמְבָרְכִים
וּמְשַׁבְּחִים, וּמְפָאֲרִים וּמַעֲרִיצִים, וּמַקְדִּישִׁים וּמַמְלִיכִים:

1. I.e., angels—v. Ezekiel 3:13; Isaiah 6:2. 2. Psalms 92:1-2.

within the world. They are full of radiance, and emanate brightness, beautiful is their radiance throughout the world; they rejoice in their rising and exult in their setting, fulfilling with awe the will of their Creator. Glory and honor they give to His Name, exultation and joyous song at the mention of His kingship; He called forth the sun and it radiated light, He saw and formed the shape of the moon. All the heavenly hosts offer Him praise; the *Seraphim,*[1] the *Chayot,*[1] and the holy *Ophanim*[1] render glory and grandeur:

לאל To the Almighty God who rested from all His work, [who] on the Seventh Day was elevated and sat upon His Throne of Glory. He garbed the day of rest in beauty; He called the Shabbat day a delight. This is the glory of the Seventh Day, that on it Almighty God rested from all His work. The Seventh Day offers praise and proclaims, "A Psalm, a Song of the Shabbat day—it is good to praise the Lord."[2] Therefore, let all His creatures glorify and bless Almighty God; let them offer praise, honor, grandeur and glory to Almighty God, the King, Creator of all, who, in His holiness, gives His people Israel the heritage of rest on the holy Shabbat day. Your Name, Lord our God, will be hallowed, and Your remembrance, our King, will be glorified in the heavens above and on the earth below, for all Your praiseworthy handiwork, and for the light-giving luminaries which You have made; they shall glorify You forever.

תתברך Be eternally blessed, our Rock, our King and our Redeemer, who creates holy beings; praised be Your Name forever, our King, who creates ministering angels, and whose ministering angels all stand in the heights of the universe and proclaim in awe, aloud in unison, the words of the living God and Sovereign of the universe. All of them are beloved, all are pure, all are mighty, all are holy, and all perform the will of their Maker with fear and awe. And all of them open their mouths in holiness and purity, with song and melody, and bless and adore, glorify and revere, hallow and ascribe sovereignty to—

אֵת שֵׁם הָאֵל, הַמֶּלֶךְ הַגָּדוֹל, הַגִּבּוֹר וְהַנּוֹרָא, קָדוֹשׁ הוּא.
וְכֻלָּם מְקַבְּלִים עֲלֵיהֶם עֹל מַלְכוּת שָׁמַיִם זֶה מִזֶּה,
וְנוֹתְנִים בְּאַהֲבָה רְשׁוּת זֶה לָזֶה, לְהַקְדִּישׁ לְיוֹצְרָם בְּנַחַת
רוּחַ, בְּשָׂפָה בְרוּרָה וּבִנְעִימָה קְדוֹשָׁה. כֻּלָּם כְּאֶחָד עוֹנִים
בְּאֵימָה וְאוֹמְרִים בְּיִרְאָה:

קָדוֹשׁ | קָדוֹשׁ קָדוֹשׁ יְיָ צְבָאוֹת,
מְלֹא כָל הָאָרֶץ כְּבוֹדוֹ:[1]

וְהָאוֹפַנִּים[2] וְחַיּוֹת הַקֹּדֶשׁ[2] בְּרַעַשׁ גָּדוֹל מִתְנַשְּׂאִים לְעֻמַּת
הַשְּׂרָפִים,[2] לְעֻמָּתָם מְשַׁבְּחִים וְאוֹמְרִים:

בָּרוּךְ כְּבוֹד יְיָ מִמְּקוֹמוֹ:[3]

לָאֵל בָּרוּךְ נְעִימוֹת יִתֵּנוּ, לְמֶלֶךְ אֵל חַי וְקַיָּם, זְמִרוֹת
יֹאמֵרוּ וְתִשְׁבָּחוֹת יַשְׁמִיעוּ, כִּי הוּא לְבַדּוֹ מָרוֹם
וְקָדוֹשׁ, פּוֹעֵל גְּבוּרוֹת, עוֹשֶׂה חֲדָשׁוֹת, בַּעַל מִלְחָמוֹת,
זוֹרֵעַ צְדָקוֹת, מַצְמִיחַ יְשׁוּעוֹת, בּוֹרֵא רְפוּאוֹת, נוֹרָא
תְהִלּוֹת, אֲדוֹן הַנִּפְלָאוֹת, הַמְחַדֵּשׁ בְּטוּבוֹ בְּכָל יוֹם תָּמִיד
מַעֲשֵׂה בְרֵאשִׁית. כָּאָמוּר: לְעֹשֵׂה אוֹרִים גְּדֹלִים, כִּי לְעוֹלָם
חַסְדּוֹ:[4] בָּרוּךְ אַתָּה יְיָ, יוֹצֵר הַמְּאוֹרוֹת: (אָמֵן —Cong.)

אַהֲבַת עוֹלָם אֲהַבְתָּנוּ יְיָ אֱלֹהֵינוּ, חֶמְלָה גְדוֹלָה וִיתֵרָה
חָמַלְתָּ עָלֵינוּ. אָבִינוּ מַלְכֵּנוּ, בַּעֲבוּר שִׁמְךָ הַגָּדוֹל
וּבַעֲבוּר אֲבוֹתֵינוּ שֶׁבָּטְחוּ בְךָ וַתְּלַמְּדֵם חֻקֵּי חַיִּים לַעֲשׂוֹת
רְצוֹנְךָ בְּלֵבָב שָׁלֵם, כֵּן תְּחָנֵּנוּ וּתְלַמְּדֵנוּ. אָבִינוּ אָב הָרַחֲמָן
הַמְרַחֵם רַחֵם נָא עָלֵינוּ, וְתֵן בְּלִבֵּנוּ בִּינָה לְהָבִין וּלְהַשְׂכִּיל,
לִשְׁמֹעַ לִלְמֹד וּלְלַמֵּד לִשְׁמֹר וְלַעֲשׂוֹת, וּלְקַיֵּם אֶת כָּל דִּבְרֵי

---
1. Isaiah 6:3. 2. I.e., angels—see Ezekiel 3:13; Isaiah 6:2. 3. Ezekiel 3:12. 4. Psalms 136:7.

את The Name of the Almighty God, the great, powerful and awe-inspiring King; holy is He. They all take upon themselves the yoke of Heavenly kingship, one from the other, and with love grant permission to each other to sanctify their Maker with joyous spirit, with pure speech and sacred melody; all exclaiming in unison, with awe, and declaring in reverence:

קדוש **Holy, holy, holy is the Lord of hosts; the whole earth is full of His glory.**[1]

והאופנים And the *Ophanim*[2] and the holy *Chayot*,[2] with a mighty sound, rise toward the *Seraphim*,[2] and facing them, offer praise and say:

ברוך **Blessed be the glory of the Lord from its place.**[3]

לאל They chant sweet melodies to the blessed God; they utter hymns and sing praises to the King, the living and eternal God. For He alone, exalted and holy, performs mighty deeds and makes new things; He is the master of battle, He sows righteousness, causes deliverance to sprout forth, creates healing; He is awesome in praise, master of wonders, who in His goodness renews each day, continuously, the work of Creation, as it is said: [Give thanks] to Him who makes the great lights, for His kindness is eternal.[4] Blessed are You, Lord, who creates the luminaries. (Cong: Amen)

אהבת Lord our God, You have loved us with everlasting love; You have bestowed upon us exceedingly abounding mercy. Our Father, our King, for the sake of Your great Name and for the sake of our forefathers who trusted in You, and whom You taught the laws that bring eternal life, to carry out Your will with a perfect heart, be gracious also to us and teach us. Our Father, merciful Father who is compassionate, have mercy on us, and grant our heart understanding to comprehend and to discern, to perceive, to learn and to teach, to observe, to practice and to fulfill

תַּלְמוּד תּוֹרָתֶךָ בְּאַהֲבָה. וְהָאֵר עֵינֵינוּ בְּתוֹרָתֶךָ, וְדַבֵּק
לִבֵּנוּ בְּמִצְוֹתֶיךָ, וְיַחֵד לְבָבֵנוּ לְאַהֲבָה וּלְיִרְאָה אֶת שְׁמֶךָ,
וְלֹא נֵבוֹשׁ וְלֹא נִכָּלֵם וְלֹא נִכָּשֵׁל לְעוֹלָם וָעֶד. כִּי בְשֵׁם
קָדְשְׁךָ הַגָּדוֹל וְהַנּוֹרָא בָּטָחְנוּ, נָגִילָה וְנִשְׂמְחָה בִּישׁוּעָתֶךָ.
וְרַחֲמֶיךָ יְיָ אֱלֹהֵינוּ וַחֲסָדֶיךָ הָרַבִּים אַל יַעַזְבוּנוּ נֶצַח סֶלָה

וָעֶד. מַהֵר וְהָבֵא עָלֵינוּ בְּרָכָה
וְשָׁלוֹם מְהֵרָה, וַהֲבִיאֵנוּ לְשָׁלוֹם
מֵאַרְבַּע כַּנְפוֹת הָאָרֶץ, וּשְׁבוֹר עַל

Gather the two front *tzitzit* into
the right hand, then bring the
back left *tzitzit* forward, then the
back right *tzitzit*. Hold all four
tzitzit in the left hand near the
heart. See illustration, page 453.

הַגּוֹיִם מֵעַל צַוָּארֵנוּ, וְתוֹלִיכֵנוּ מְהֵרָה קוֹמְמִיּוּת לְאַרְצֵנוּ,
כִּי אֵל פּוֹעֵל יְשׁוּעוֹת אָתָּה, וּבָנוּ בָחַרְתָּ מִכָּל עַם וְלָשׁוֹן,
וְקֵרַבְתָּנוּ מַלְכֵּנוּ לְשִׁמְךָ הַגָּדוֹל בְּאַהֲבָה לְהוֹדוֹת לְךָ
וּלְיַחֶדְךָ וּלְאַהֲבָה אֶת שְׁמֶךָ: בָּרוּךְ אַתָּה יְיָ, הַבּוֹחֵר בְּעַמּוֹ

יִשְׂרָאֵל בְּאַהֲבָה: The chazzan concludes this blessing silently.

⸎⸎⸎

THE SHEMA

The Shema should be recited with intense concentration, especially the first two verses in which
we accept the sovereignty of God. Recite the first verse aloud, with your right hand covering
your eyes.

Do not slur over the ח, but draw it out slightly for the length of time that it takes to affirm God's
sovereignty in the seven heavens and on earth—equal to eight, the numerical value of ח. The ד
(whose numerical value is four) should be drawn out for the length of time that it takes to reflect
that God is alone in His world and that he rules in all four corners of the universe. While reciting
the Shema, pause at the commas to convey the following meaning: Hear O Israel (pause), the
Lord who is our God (pause) is the one God. See additional laws on page 430.

שְׁמַע יִשְׂרָאֵל, יְיָ אֱלֹהֵינוּ, יְיָ | אֶחָד: [1]

Recite the following verse in a loud voice:

בָּרוּךְ שֵׁם כְּבוֹד מַלְכוּתוֹ לְעוֹלָם וָעֶד: [2]

וְאָהַבְתָּ אֵת יְיָ אֱלֹהֶיךָ, בְּכָל | לְבָבְךָ, וּבְכָל נַפְשְׁךָ,
וּבְכָל מְאֹדֶךָ: וְהָיוּ הַדְּבָרִים הָאֵלֶּה אֲשֶׁר אָנֹכִי
מְצַוְּךָ הַיּוֹם, עַל | לְבָבֶךָ: וְשִׁנַּנְתָּם לְבָנֶיךָ וְדִבַּרְתָּ בָּם,

---

1. Deuteronomy 6:4.   2. Pesachim 56a; Deuteronomy Rabbah 2:31, 35, 36.

all the teachings of Your Torah with love. Enlighten our eyes in Your Torah, cause our hearts to cleave to Your commandments, and unite our hearts to love and fear Your Name; and may we never be put to shame, disgrace or stumbling. Because we trust in Your holy, great, and awesome Name, may we rejoice and exult in Your salvation. Lord our God, may Your mercy and Your abounding kindness never, ever forsake us. Hasten and speedily bring upon us blessing and

Gather the two front *tzitzit* into the right hand, then bring the back left *tzitzit* forward, then the back right *tzitzit*. Hold all four *tzitzit* in the left hand near the heart. See illustration, page 453.

peace; bring us in peace from the four corners of the earth, break the yoke of the nations from our neck, and speedily lead us upright to our land. For You are God who performs acts of deliverance, and You have chosen us from among all nations and tongues; and have, in love, brought us near, our King, to Your great Name, that we may praise You, and proclaim Your Oneness and love Your Name. Blessed are You, Lord, who chooses His people Israel with love. The chazzan concludes this blessing silently.

ಲಣ್ಣ

THE SHEMA

The Shema should be recited with intense concentration, especially the first two verses in which we accept the sovereignty of God. Recite the first verse aloud, with your right hand covering your eyes.

Do not slur over the ח, but draw it out slightly for the length of time that it takes to affirm God's sovereignty in the seven heavens and on earth—equal to eight, the numerical value of ח. The ד (whose numerical value is four) should be drawn out for the length of time that it takes to reflect that God is alone in His world and that he rules in all four corners of the universe. While reciting the Shema, pause at the commas to convey the following meaning: Hear O Israel (pause), the Lord who is our God (pause) is the one God. See additional laws on page 430.

Transliteration, page 441.

שְׁמַע Hear, O Israel, the Lord is our God, the Lord is One.[1]

Recite the following verse in a loud voice:

בָּרוּךְ Blessed be the name of the glory of His kingdom for ever and ever.[2]

וְאָהַבְתָּ You shall love the Lord your God with all your heart, with all your soul, and with all your might. And these words which I command you today, shall be upon your heart. You shall teach them thoroughly to your children, and you shall

בְּשִׁבְתְּךָ בְּבֵיתֶךָ, וּבְלֶכְתְּךָ בַדֶּרֶךְ, וּבְשָׁכְבְּךָ, וּבְקוּמֶךָ:
וּקְשַׁרְתָּם לְאוֹת עַל יָדֶךָ, וְהָיוּ לְטֹטָפֹת בֵּין עֵינֶיךָ:
וּכְתַבְתָּם עַל מְזֻזוֹת בֵּיתֶךָ, וּבִשְׁעָרֶיךָ:[1]

וְהָיָה אִם שָׁמֹעַ תִּשְׁמְעוּ אֶל מִצְוֹתַי אֲשֶׁר אָנֹכִי מְצַוֶּה
אֶתְכֶם הַיּוֹם, לְאַהֲבָה אֶת יְיָ אֱלֹהֵיכֶם וּלְעָבְדוֹ,
בְּכָל | לְבַבְכֶם וּבְכָל נַפְשְׁכֶם: וְנָתַתִּי מְטַר אַרְצְכֶם
בְּעִתּוֹ יוֹרֶה וּמַלְקוֹשׁ, וְאָסַפְתָּ דְגָנֶךָ וְתִירֹשְׁךָ וְיִצְהָרֶךָ:
וְנָתַתִּי עֵשֶׂב | בְּשָׂדְךָ לִבְהֶמְתֶּךָ, וְאָכַלְתָּ וְשָׂבָעְתָּ:
הִשָּׁמְרוּ לָכֶם פֶּן יִפְתֶּה לְבַבְכֶם, וְסַרְתֶּם וַעֲבַדְתֶּם
אֱלֹהִים אֲחֵרִים וְהִשְׁתַּחֲוִיתֶם לָהֶם: וְחָרָה | אַף יְיָ בָּכֶם
וְעָצַר אֶת הַשָּׁמַיִם וְלֹא יִהְיֶה מָטָר וְהָאֲדָמָה לֹא תִתֵּן
אֶת יְבוּלָהּ, וַאֲבַדְתֶּם | מְהֵרָה מֵעַל הָאָרֶץ הַטֹּבָה אֲשֶׁר
יְיָ נֹתֵן לָכֶם: וְשַׂמְתֶּם | אֶת דְּבָרַי אֵלֶּה עַל | לְבַבְכֶם
וְעַל נַפְשְׁכֶם, וּקְשַׁרְתֶּם | אֹתָם לְאוֹת עַל יֶדְכֶם וְהָיוּ
לְטוֹטָפֹת בֵּין עֵינֵיכֶם: וְלִמַּדְתֶּם | אֹתָם | אֶת בְּנֵיכֶם
לְדַבֵּר בָּם, בְּשִׁבְתְּךָ בְּבֵיתֶךָ וּבְלֶכְתְּךָ בַדֶּרֶךְ וּבְשָׁכְבְּךָ
וּבְקוּמֶךָ: וּכְתַבְתָּם עַל מְזוּזוֹת בֵּיתֶךָ וּבִשְׁעָרֶיךָ: לְמַעַן
יִרְבּוּ יְמֵיכֶם וִימֵי בְנֵיכֶם עַל הָאֲדָמָה אֲשֶׁר נִשְׁבַּע יְיָ
לַאֲבֹתֵיכֶם לָתֵת לָהֶם, כִּימֵי הַשָּׁמַיִם עַל הָאָרֶץ:[2]

At this point the *tzitzit* are to be held also in the right hand and looked at. They should
remain so until the words וְנֶחֱמָדִים לָעַד on the next page, and then released. At the words
marked °, pass the *tzitzit* over the eyes and kiss them.

וַיֹּאמֶר יְיָ אֶל מֹשֶׁה לֵּאמֹר: דַּבֵּר אֶל בְּנֵי יִשְׂרָאֵל
וְאָמַרְתָּ אֲלֵהֶם וְעָשׂוּ לָהֶם °צִיצִת עַל כַּנְפֵי
בִגְדֵיהֶם לְדֹרֹתָם, וְנָתְנוּ עַל °צִיצִת הַכָּנָף | פְּתִיל תְּכֵלֶת:

---
1. Deuteronomy 6:5-9. **2.** Ibid. 11:13-21.

speak of them when you sit in your house and when you walk
on the road, when you lie down and when you rise. You shall
bind them as a sign upon your hand, and they shall be for a
reminder between your eyes. And you shall write them upon
the doorposts of your house and upon your gates.¹

והיה And it will be, if you will diligently obey My com-
mandments which I enjoin upon you this day, to love the
Lord your God and to serve Him with all your heart and
with all your soul: I will give rain for your land at the proper
time, the early rain and the late rain, and you will gather in
your grain, your wine and your oil. And I will give grass in
your fields for your cattle, and you will eat and be sated.
Take care lest your heart be lured away, and you turn astray
and worship alien gods and bow down to them. For then the
Lord's wrath will flare up against you, and He will close the
heavens so that there will be no rain and the earth will not
yield its produce, and you will swiftly perish from the good
land which the Lord gives you. Therefore, place these words
of Mine upon your heart and upon your soul, and bind
them for a sign on your hand, and they shall be for a
reminder between your eyes. You shall teach them to your
children, to speak of them when you sit in your house and
when you walk on the road, when you lie down and when
you rise. And you shall inscribe them on the doorposts of
your house and on your gates—so that your days and the
days of your children may be prolonged on the land which
the Lord swore to your fathers to give to them for as long
as the heavens are above the earth.²

At this point the *tzitzit* are to be held also in the right hand and looked at. They should
remain so until the words *and pleasant, forever* on the next page, and then released. At the
starred words, pass the *tzitzit* over the eyes and kiss them.

ויאמר The Lord spoke to Moses, saying: Speak to the
children of Israel and tell them to make for themselves
fringes* on the corners of their garments throughout their
generations, and to attach a thread of blue on the fringe*

וְהָיָה לָכֶם °לְצִיצִת, וּרְאִיתֶם I אֹתוֹ, וּזְכַרְתֶּם I אֶת כָּל
מִצְוֹת יְיָ, וַעֲשִׂיתֶם I אֹתָם, וְלֹא תָתוּרוּ אַחֲרֵי לְבַבְכֶם
וְאַחֲרֵי עֵינֵיכֶם אֲשֶׁר אַתֶּם זֹנִים אַחֲרֵיהֶם: לְמַעַן תִּזְכְּרוּ
וַעֲשִׂיתֶם I אֶת כָּל מִצְוֹתָי, וִהְיִיתֶם קְדֹשִׁים לֵאלֹהֵיכֶם:
אֲנִי יְיָ אֱלֹהֵיכֶם אֲשֶׁר הוֹצֵאתִי אֶתְכֶם I מֵאֶרֶץ מִצְרַיִם
לִהְיוֹת לָכֶם לֵאלֹהִים, אֲנִי יְיָ אֱלֹהֵיכֶם׳

Although the word אֱמֶת belongs to the next paragraph, do not pause between אֱלֹהֵיכֶם and
אֱמֶת. When praying without a *minyan*, repeat אֲנִי יְיָ אֱלֹהֵיכֶם and conclude אֱמֶת.

Chazzan concludes silently: אֲנִי יְיָ אֱלֹהֵיכֶם אֱמֶת, and repeats aloud יְיָ אֱלֹהֵיכֶם אֱמֶת.

°אֱמֶת וְיַצִּיב, וְנָכוֹן, וְקַיָּם, וְיָשָׁר, וְנֶאֱמָן; וְאָהוּב
וְחָבִיב, וְנֶחְמָד וְנָעִים, וְנוֹרָא וְאַדִּיר, וּמְתֻקָּן
וּמְקֻבָּל, וְטוֹב וְיָפֶה, הַדָּבָר הַזֶּה² עָלֵינוּ לְעוֹלָם וָעֶד:
אֱמֶת, אֱלֹהֵי עוֹלָם מַלְכֵּנוּ, צוּר יַעֲקֹב מָגֵן יִשְׁעֵנוּ, לְדֹר
וָדֹר הוּא קַיָּם, וּשְׁמוֹ קַיָּם, וְכִסְאוֹ נָכוֹן, וּמַלְכוּתוֹ
וֶאֱמוּנָתוֹ לָעַד °קַיֶּמֶת. וּדְבָרָיו חָיִים וְקַיָּמִים, נֶאֱמָנִים
וְנֶחְמָדִים °לָעַד וּלְעוֹלְמֵי עוֹלָמִים, עַל אֲבוֹתֵינוּ וְעָלֵינוּ,
עַל בָּנֵינוּ וְעַל דּוֹרוֹתֵינוּ, וְעַל כָּל דּוֹרוֹת זֶרַע יִשְׂרָאֵל
עֲבָדֶיךָ. עַל הָרִאשׁוֹנִים וְעַל הָאַחֲרוֹנִים דָּבָר טוֹב וְקַיָּם
בֶּאֱמֶת וּבֶאֱמוּנָה, חוֹק וְלֹא יַעֲבוֹר. אֱמֶת, שָׁאַתָּה הוּא
יְיָ אֱלֹהֵינוּ וֵאלֹהֵי אֲבוֹתֵינוּ, מַלְכֵּנוּ מֶלֶךְ אֲבוֹתֵינוּ,
גּוֹאֲלֵנוּ גּוֹאֵל אֲבוֹתֵינוּ, צוּרֵנוּ צוּר יְשׁוּעָתֵנוּ, פּוֹדֵנוּ
וּמַצִּילֵנוּ מֵעוֹלָם הוּא שְׁמֶךָ, וְאֵין לָנוּ עוֹד אֱלֹהִים
זוּלָתֶךָ סֶלָה:

---

1. Numbers 15:37-41.   **2.** That which we have affirmed in the Shema.

of each corner. They shall be to you as *tzitzit**, and you shall look upon them and remember all the commandments of the Lord and fulfill them, and you will not follow after your heart and after your eyes by which you go astray—so that you may remember and fulfill all My commandments, and be holy to your God. I am the Lord your God who brought you out of the land of Egypt to be your God; I, the Lord, am your God.[1]

Although the word *True* belongs to the next paragraph, do not pause between *your God* and *True*.

אמת True* and certain, established and enduring, right and faithful, beloved and cherished, delightful and sweet, awesome and mighty, correct and acceptable, good and beautiful is this[2] to us for all eternity. Truly, the God of the universe is our King; the Stronghold of Jacob is the shield of our deliverance. He endures and His Name endures throughout all generations; His throne is firmly established, and His sovereignty and His truth abide* forever. His words are living and eternal, faithful and pleasant, forever* and to all eternity, for our fathers, for us, for our children and our descendants, and for all the generations of the progeny of Israel Your servants. From the first to the last generations, [Your] Word is good and eternal in truth and trustworthiness, a Law that will never be abrogated. Truly, You are the Lord our God and the God of our fathers, our King, the King of our fathers, our Redeemer, the Redeemer of our fathers, our Stronghold, the Stronghold of our salvation, our Deliverer and Rescuer which is Your name from of old; we have no other God besides You, ever.

עֶזְרַת אֲבוֹתֵינוּ אַתָּה הוּא מֵעוֹלָם, מָגֵן וּמוֹשִׁיעַ לָהֶם
וְלִבְנֵיהֶם אַחֲרֵיהֶם בְּכָל דּוֹר וָדוֹר. בְּרוּם עוֹלָם
מוֹשָׁבֶךָ, וּמִשְׁפָּטֶיךָ וְצִדְקָתְךָ עַד אַפְסֵי אֶרֶץ. אֱמֶת, אַשְׁרֵי
אִישׁ שֶׁיִּשְׁמַע לְמִצְוֹתֶיךָ, וְתוֹרָתְךָ וּדְבָרְךָ יָשִׂים עַל לִבּוֹ.
אֱמֶת, אַתָּה הוּא אָדוֹן לְעַמֶּךָ, וּמֶלֶךְ גִּבּוֹר לָרִיב רִיבָם
לְאָבוֹת וּבָנִים. אֱמֶת, אַתָּה הוּא רִאשׁוֹן, וְאַתָּה הוּא אַחֲרוֹן,
וּמִבַּלְעָדֶיךָ אֵין לָנוּ מֶלֶךְ גּוֹאֵל וּמוֹשִׁיעַ. אֱמֶת, מִמִּצְרַיִם
גְּאַלְתָּנוּ יְיָ אֱלֹהֵינוּ, וּמִבֵּית עֲבָדִים פְּדִיתָנוּ. כָּל בְּכוֹרֵיהֶם
הָרַגְתָּ, וּבְכוֹרְךָ יִשְׂרָאֵל גָּאָלְתָּ, וְיַם סוּף לָהֶם בָּקַעְתָּ, וְזֵדִים
טִבַּעְתָּ, וִידִידִים הֶעֱבַרְתָּ, וַיְכַסּוּ מַיִם צָרֵיהֶם, אֶחָד מֵהֶם
לֹא נוֹתָר.[1] עַל זֹאת שִׁבְּחוּ אֲהוּבִים, וְרוֹמְמוּ לָאֵל, וְנָתְנוּ
יְדִידִים זְמִירוֹת שִׁירוֹת וְתִשְׁבָּחוֹת, בְּרָכוֹת וְהוֹדָאוֹת לְמֶלֶךְ
אֵל חַי וְקַיָּם. רָם וְנִשָּׂא גָּדוֹל וְנוֹרָא, מַשְׁפִּיל גֵּאִים עֲדֵי
אֶרֶץ, וּמַגְבִּיהַּ שְׁפָלִים עַד מָרוֹם, מוֹצִיא אֲסִירִים, פּוֹדֶה
עֲנָוִים, עוֹזֵר דַּלִּים, הָעוֹנֶה לְעַמּוֹ יִשְׂרָאֵל בְּעֵת שַׁוְּעָם אֵלָיו.

Rise for the Amidah when
reciting the words תְּהִלּוֹת לָאֵל
עֶלְיוֹן.

תְּהִלּוֹת לְאֵל עֶלְיוֹן גּוֹאֲלָם, בָּרוּךְ הוּא
וּמְבֹרָךְ, מֹשֶׁה וּבְנֵי יִשְׂרָאֵל לְךָ עָנוּ

שִׁירָה בְּשִׂמְחָה רַבָּה, וְאָמְרוּ כֻלָּם: מִי כָמֹכָה בָּאֵלִם יְיָ, מִי
כָּמֹכָה נֶאְדָּר בַּקֹּדֶשׁ, נוֹרָא תְהִלֹּת עֹשֵׂה פֶלֶא:[2]

It is best to conclude the words גָּאַל יִשְׂרָאֵל along with the chazzan.

שִׁירָה חֲדָשָׁה שִׁבְּחוּ גְאוּלִים לְשִׁמְךָ הַגָּדוֹל עַל שְׂפַת
הַיָּם, יַחַד כֻּלָּם הוֹדוּ וְהִמְלִיכוּ וְאָמְרוּ: יְיָ יִמְלֹךְ
לְעֹלָם וָעֶד.[3] וְנֶאֱמַר: גֹּאֲלֵנוּ יְיָ צְבָאוֹת שְׁמוֹ, קְדוֹשׁ יִשְׂרָאֵל.[4]
בָּרוּךְ אַתָּה יְיָ, גָּאַל יִשְׂרָאֵל: אָמֵן. Do not respond

---

1. Psalms 106:11.　2. Exodus 15:11.　3. Ibid. 15:18.　4. Isaiah 47:4.

עֶזְרַת You have always been the help of our fathers, a shield and a deliverer to them and to their children after them in every generation. Your habitation is in the heights of the universe, and Your judgments and justice extend to the ends of the earth. Truly, happy is the man who heeds Your commandments, and takes to heart Your Torah and Your Word. Truly, You are the Master of Your people, and a mighty King to wage their battle, for the fathers and sons. Truly, You are the first and You are the last, and besides You we have no King, Redeemer and Deliverer. Truly, You redeemed us from Egypt, Lord our God; You freed us from the house of bondage, You slew all their firstborn, but You redeemed Israel Your firstborn; You split for them the Sea of Reeds, drowned the wicked, and took Your beloved people across; the waters engulfed their adversaries, not one of them remained.[1] For this, the cherished people praised and exalted God; the beloved ones offered hymns, songs and praises, blessings and thanksgiving to the King, the living and eternal God. He is lofty and exalted, great and awesome; He humbles the haughty to the ground, and raises the lowly to supreme heights. He frees the captives, redeems the humble, helps the needy; it is He who answers His people Israel when they cry out to Him. They offered praises to the sublime God, their Redeemer,

Rise for the Amidah when reciting the words They offered praises.

blessed be He and He is blessed; Moses and the children of Israel with great joy raised their voices in song to You, and they all proclaimed: Who is like You among the supernal beings, O Lord! Who is like You, resplendent in holiness, awesome in praise, performing wonders![2]

It is best to conclude the words *who delivered Israel* along with the chazzan.

שִׁירָה With a new song, the redeemed people extolled Your great Name at the seashore; all of them in unison gave thanks and acclaimed Your sovereignty, and said: The Lord shall reign forever and ever.[3] And it is said: Our Redeemer, the Lord of hosts is His Name, the Holy One of Israel.[4] Blessed are You, Lord, who delivered Israel. Do not respond Amen.

೪ಿಲ೫ಿ๛ೕ

SHACHARIT AMIDAH FOR YOM KIPPUR

While praying, concentrate on the meaning of the words. Remember that you stand before
the Divine Presence. Remove any distracting thoughts, allowing the mind to remain focused
on prayer. Before beginning the Amidah, take three steps back, then three steps forward.
Recite the Amidah quietly—but audibly—while standing with feet together. Throughout the
Amidah, ending on page 155, interruptions of any form are forbidden.

אֲדֹנָי, שְׂפָתַי תִּפְתָּח וּפִי יַגִּיד תְּהִלָּתֶךָ:[1]

Bend knees at בָּרוּךְ; bow at אַתָּה; straighten up at יְיָ.

בָּרוּךְ אַתָּה יְיָ, אֱלֹהֵינוּ וֵאלֹהֵי אֲבוֹתֵינוּ, אֱלֹהֵי אַבְרָהָם,
אֱלֹהֵי יִצְחָק, וֵאלֹהֵי יַעֲקֹב, הָאֵל הַגָּדוֹל הַגִּבּוֹר
וְהַנּוֹרָא, אֵל עֶלְיוֹן, גּוֹמֵל חֲסָדִים טוֹבִים, קוֹנֵה הַכֹּל,
וְזוֹכֵר חַסְדֵי אָבוֹת, וּמֵבִיא גוֹאֵל לִבְנֵי בְנֵיהֶם, לְמַעַן
שְׁמוֹ בְּאַהֲבָה:

זָכְרֵנוּ לְחַיִּים, מֶלֶךְ חָפֵץ בַּחַיִּים, וְכָתְבֵנוּ בְּסֵפֶר הַחַיִּים,
לְמַעַנְךָ אֱלֹהִים חַיִּים:

Bend knees at בָּרוּךְ; bow at אַתָּה; straighten up at יְיָ.

מֶלֶךְ עוֹזֵר וּמוֹשִׁיעַ וּמָגֵן. בָּרוּךְ אַתָּה יְיָ, מָגֵן אַבְרָהָם:

אַתָּה גִּבּוֹר לְעוֹלָם אֲדֹנָי, מְחַיֶּה מֵתִים אַתָּה, רַב
לְהוֹשִׁיעַ. מוֹרִיד הַטָּל.

מְכַלְכֵּל חַיִּים בְּחֶסֶד, מְחַיֶּה מֵתִים בְּרַחֲמִים רַבִּים,
סוֹמֵךְ נוֹפְלִים, וְרוֹפֵא חוֹלִים, וּמַתִּיר אֲסוּרִים,
וּמְקַיֵּם אֱמוּנָתוֹ לִישֵׁנֵי עָפָר. מִי כָמוֹךָ בַּעַל גְּבוּרוֹת, וּמִי
דּוֹמֶה לָּךְ, מֶלֶךְ מֵמִית וּמְחַיֶּה וּמַצְמִיחַ יְשׁוּעָה:

מִי כָמוֹךָ אָב הָרַחֲמָן, זוֹכֵר יְצוּרָיו לְחַיִּים בְּרַחֲמִים:

וְנֶאֱמָן אַתָּה לְהַחֲיוֹת מֵתִים. בָּרוּךְ אַתָּה יְיָ, מְחַיֶּה
הַמֵּתִים:

---

1. Psalms 51:17.

ဏဏၕၟၔၙ

SHACHARIT AMIDAH FOR YOM KIPPUR

While praying, concentrate on the meaning of the words. Remember that you stand before the Divine Presence. Remove any distracting thoughts, allowing the mind to remain focused on prayer. Before beginning the Amidah, take three steps back, then three steps forward. Recite the Amidah quietly—but audibly—while standing with feet together. Throughout the Amidah, ending on page 155, interruptions of any form are forbidden.

אדני My Lord, open my lips, and my mouth shall declare Your praise.[1]

Bend knees at Blessed; bow at You; straighten up at Lord.

ברוך Blessed are You, Lord our God and God of our fathers, God of Abraham, God of Isaac and God of Jacob, the great, mighty and awesome God, exalted God, who bestows bountiful kindness, who creates all things, who remembers the piety of the Patriarchs, and who, in love, brings a redeemer to their children's children, for the sake of His Name.

זכרנו Remember us for life, King who desires life; inscribe us in the Book of Life, for Your sake, O living God.

Bend knees at Blessed; bow at You; straighten up at Lord.

מלך O King, [You are] a helper, a savior and a shield. Blessed are You, Lord, Shield of Abraham.

אתה You are mighty forever, my Lord; You resurrect the dead; You are powerful to save. You cause the dew to descend.

מכלכל He sustains the living with lovingkindness, resurrects the dead with great mercy, supports the falling, heals the sick, releases the bound, and fulfills His trust to those who sleep in the dust. Who is like You, mighty One! And who can be compared to You, King, who brings death and restores life, and causes deliverance to spring forth!

מי Who is like You, merciful Father, who in compassion remembers His creatures for life.

ונאמן You are trustworthy to revive the dead. Blessed are You, Lord, who revives the dead.

אַתָּה קָדוֹשׁ וְשִׁמְךָ קָדוֹשׁ, וּקְדוֹשִׁים בְּכָל יוֹם יְהַלְלוּךָ
סֶּלָה.

לְדוֹר וָדוֹר הַמְלִיכוּ לָאֵל, כִּי הוּא לְבַדּוֹ מָרוֹם וְקָדוֹשׁ:

וּבְכֵן יִתְקַדַּשׁ שִׁמְךָ יְיָ אֱלֹהֵינוּ עַל יִשְׂרָאֵל עַמֶּךָ, וְעַל
יְרוּשָׁלַיִם עִירֶךָ, וְעַל צִיּוֹן מִשְׁכַּן כְּבוֹדֶךָ, וְעַל
מַלְכוּת בֵּית דָּוִד מְשִׁיחֶךָ, וְעַל מְכוֹנְךָ וְהֵיכָלֶךָ:

וּבְכֵן תֵּן פַּחְדְּךָ יְיָ אֱלֹהֵינוּ עַל כָּל מַעֲשֶׂיךָ, וְאֵימָתְךָ
עַל כָּל מַה שֶּׁבָּרָאתָ, וְיִירָאוּךָ כָּל הַמַּעֲשִׂים,
וְיִשְׁתַּחֲווּ לְפָנֶיךָ כָּל הַבְּרוּאִים, וְיֵעָשׂוּ כֻלָּם אֲגֻדָּה
אֶחָת לַעֲשׂוֹת רְצוֹנְךָ בְּלֵבָב שָׁלֵם. שֶׁיָּדַעְנוּ יְיָ אֱלֹהֵינוּ
שֶׁהַשָּׁלְטָן לְפָנֶיךָ, עֹז בְּיָדְךָ וּגְבוּרָה בִּימִינֶךָ, וְשִׁמְךָ
נוֹרָא עַל כָּל מַה שֶּׁבָּרָאתָ:

וּבְכֵן תֵּן כָּבוֹד יְיָ לְעַמֶּךָ, תְּהִלָּה לִירֵאֶיךָ, וְתִקְוָה
טוֹבָה לְדוֹרְשֶׁיךָ, וּפִתְחוֹן פֶּה לַמְיַחֲלִים לָךְ,
שִׂמְחָה לְאַרְצֶךָ, וְשָׂשׂוֹן לְעִירֶךָ, וּצְמִיחַת קֶרֶן לְדָוִד
עַבְדֶּךָ, וַעֲרִיכַת נֵר לְבֶן יִשַׁי מְשִׁיחֶךָ, בִּמְהֵרָה בְיָמֵינוּ:

וּבְכֵן צַדִּיקִים יִרְאוּ וְיִשְׂמָחוּ, וִישָׁרִים יַעֲלֹזוּ,
וַחֲסִידִים בְּרִנָּה יָגִילוּ, וְעוֹלָתָה תִּקְפָּץ פִּיהָ,
וְהָרִשְׁעָה כֻלָּהּ בֶּעָשָׁן תִּכְלֶה, כִּי תַעֲבִיר מֶמְשֶׁלֶת
זָדוֹן מִן הָאָרֶץ:

אתה You are holy and Your Name is holy, and holy beings praise You daily for all eternity.

לדור Through all generations proclaim the kingship of God, for He alone is exalted and holy.

ובכן And thus shall Your Name, Lord our God, be sanctified upon Israel Your people, upon Jerusalem Your city, upon Zion the abode of Your glory, upon the kingship of the house of David Your anointed, and upon Your dwelling-place and Your sanctuary.

ובכן And so, Lord our God, instill fear of You upon all that You have made, and dread of You upon all that You have created; and [then] all works will be in awe of You, all the created beings will prostrate themselves before You, and they all will form a single band to carry out Your will with a perfect heart. For we know, Lord our God, that rulership is Yours, strength is in Your [left] hand, might is in Your right hand, and Your Name is awesome over all that You have created.

ובכן And so, Lord, grant honor to Your people, glory to those who fear You, good hope to those who seek You, confident speech to those who yearn for You, joy to Your land, gladness to Your city, a flourishing of strength to David Your servant, and a setting up of light to the son of Yishai Your anointed, speedily in our days.

ובכן And then the righteous will see and be glad, the upright will rejoice, and the pious will exult in song; injustice will shut its mouth and all wickedness will go up in smoke, when You will remove the rule of evil from the earth.

וְתִמְלוֹךְ אַתָּה הוּא יְיָ אֱלֹהֵינוּ לְבַדֶּךָ עַל כָּל
מַעֲשֶׂיךָ, בְּהַר צִיּוֹן מִשְׁכַּן כְּבוֹדֶךָ,
וּבִירוּשָׁלַיִם עִיר קָדְשֶׁךָ, כַּכָּתוּב בְּדִבְרֵי קָדְשֶׁךָ: יִמְלֹךְ
יְיָ לְעוֹלָם, אֱלֹהַיִךְ צִיּוֹן לְדֹר וָדֹר, הַלְלוּיָהּ:[1]

קָדוֹשׁ אַתָּה וְנוֹרָא שְׁמֶךָ, וְאֵין אֱלוֹהַּ מִבַּלְעָדֶיךָ,
כַּכָּתוּב: וַיִּגְבַּהּ יְיָ צְבָאוֹת בַּמִּשְׁפָּט, וְהָאֵל
הַקָּדוֹשׁ נִקְדַּשׁ בִּצְדָקָה.[2] בָּרוּךְ אַתָּה יְיָ, הַמֶּלֶךְ הַקָּדוֹשׁ:

אַתָּה בְחַרְתָּנוּ מִכָּל הָעַמִּים, אָהַבְתָּ אוֹתָנוּ וְרָצִיתָ
בָּנוּ, וְרוֹמַמְתָּנוּ מִכָּל הַלְּשׁוֹנוֹת, וְקִדַּשְׁתָּנוּ
בְּמִצְוֹתֶיךָ, וְקֵרַבְתָּנוּ מַלְכֵּנוּ לַעֲבֹדָתֶךָ, וְשִׁמְךָ הַגָּדוֹל
וְהַקָּדוֹשׁ עָלֵינוּ קָרָאתָ:

On Shabbat, add the words in shaded parentheses.

וַתִּתֶּן לָנוּ יְיָ אֱלֹהֵינוּ בְּאַהֲבָה אֶת יוֹם (הַשַּׁבָּת הַזֶּה
וְאֶת יוֹם) הַכִּפּוּרִים הַזֶּה, אֶת יוֹם סְלִיחַת הֶעָוֹן
הַזֶּה, אֶת יוֹם מִקְרָא קֹדֶשׁ הַזֶּה, (לִקְדֻשָׁה וְלִמְנוּחָה)
לִמְחִילָה וְלִסְלִיחָה וּלְכַפָּרָה, וְלִמְחָל בּוֹ אֶת כָּל
עֲוֹנוֹתֵינוּ, (בְּאַהֲבָה) מִקְרָא קֹדֶשׁ, זֵכֶר לִיצִיאַת מִצְרָיִם:

On Shabbat, add the words in shaded parentheses.

אֱלֹהֵינוּ וֵאלֹהֵי אֲבוֹתֵינוּ, יַעֲלֶה וְיָבוֹא וְיַגִּיעַ וְיֵרָאֶה
וְיֵרָצֶה וְיִשָּׁמַע וְיִפָּקֵד וְיִזָּכֵר זִכְרוֹנֵנוּ
וּפִקְדוֹנֵנוּ וְזִכְרוֹן אֲבוֹתֵינוּ, וְזִכְרוֹן מָשִׁיחַ בֶּן דָּוִד עַבְדֶּךָ,
וְזִכְרוֹן יְרוּשָׁלַיִם עִיר קָדְשֶׁךָ, וְזִכְרוֹן כָּל עַמְּךָ בֵּית
יִשְׂרָאֵל לְפָנֶיךָ, לִפְלֵיטָה לְטוֹבָה לְחֵן וּלְחֶסֶד וּלְרַחֲמִים

---

1. Psalms 146:10.   **2.** Isaiah 5:16.

ותמלוך Lord our God, You are He who alone will reign over all Your works, in Mount Zion the abode of Your glory, in Jerusalem Your holy city, as it is written in Your holy Scriptures: The Lord shall reign forever; your God, O Zion, throughout all generations; praise the Lord.[1]

קדוש Holy are You, awesome is Your Name, and aside from You there is no God, as it is written: The Lord of hosts is exalted in justice and the holy God is sanctified in righteousness.[2] Blessed are You, Lord, the holy King.

אתה You have chosen us from among all the nations; You have loved us and found favor with us. You have raised us above all tongues and made us holy through Your commandments. You, our King, have drawn us near to Your service and proclaimed Your great and holy Name upon us.

On Shabbat, add the words in shaded parentheses.

ותתן And You, Lord our God, have given us in love (this Shabbat day and) this Day of Atonements, this day of pardoning of sin, this day of holy assembly (for sanctity and tranquility) for forgiveness, pardon, and atonement, to forgive thereon all our wrongdoings, (in love,) a holy assembly, commemorating the Exodus from Egypt.

On Shabbat, add the words in shaded parentheses.

אלהינו Our God and God of our fathers, may there ascend, come, and reach, be seen, accepted, and heard, recalled and remembered before You our remembrance and recollection, the remembrance of our fathers, the remembrance of Mashiach the son of David Your servant, the remembrance of Jerusalem Your holy city, and the remembrance of all Your people the House of Israel, for deliverance, well-being, grace, kindness, mercy,

וּלְחַיִּים טוֹבִים וּלְשָׁלוֹם, בְּיוֹם (הַשַּׁבָּת הַזֶּה וּבְיוֹם)
הַכִּפּוּרִים הַזֶּה, בְּיוֹם סְלִיחַת הֶעָוֹן הַזֶּה, בְּיוֹם מִקְרָא
קֹדֶשׁ הַזֶּה. זָכְרֵנוּ יְיָ אֱלֹהֵינוּ בּוֹ לְטוֹבָה, וּפָקְדֵנוּ בּוֹ
לִבְרָכָה, וְהוֹשִׁיעֵנוּ בּוֹ לְחַיִּים טוֹבִים. וּבִדְבַר יְשׁוּעָה
וְרַחֲמִים חוּס וְחָנֵּנוּ, וְרַחֵם עָלֵינוּ וְהוֹשִׁיעֵנוּ, כִּי אֵלֶיךָ
עֵינֵינוּ, כִּי אֵל מֶלֶךְ חַנּוּן וְרַחוּם אָתָּה:

On Shabbat, add the words in shaded parentheses.

אֱלֹהֵינוּ וֵאלֹהֵי אֲבוֹתֵינוּ, מְחַל לַעֲוֹנוֹתֵינוּ בְּיוֹם (הַשַּׁבָּת
הַזֶּה וּבְיוֹם) הַכִּפּוּרִים הַזֶּה, בְּיוֹם סְלִיחַת הֶעָוֹן
הַזֶּה, בְּיוֹם מִקְרָא קֹדֶשׁ הַזֶּה, מְחֵה וְהַעֲבֵר פְּשָׁעֵינוּ
וְחַטֹּאתֵינוּ מִנֶּגֶד עֵינֶיךָ, כָּאָמוּר: אָנֹכִי אָנֹכִי הוּא מֹחֶה
פְשָׁעֶיךָ לְמַעֲנִי, וְחַטֹּאתֶיךָ לֹא אֶזְכֹּר.[1] וְנֶאֱמַר: מָחִיתִי
כָעָב פְּשָׁעֶיךָ וְכֶעָנָן חַטֹּאתֶיךָ, שׁוּבָה אֵלַי כִּי גְאַלְתִּיךָ.[2]
וְנֶאֱמַר: כִּי בַיּוֹם הַזֶּה יְכַפֵּר עֲלֵיכֶם לְטַהֵר אֶתְכֶם, מִכֹּל
חַטֹּאתֵיכֶם לִפְנֵי יְיָ תִּטְהָרוּ.[3] (אֱלֹהֵינוּ וֵאלֹהֵי אֲבוֹתֵינוּ, רְצֵה
נָא בִמְנוּחָתֵנוּ,) קַדְּשֵׁנוּ בְּמִצְוֹתֶיךָ וְתֵן חֶלְקֵנוּ בְּתוֹרָתֶךָ,
שַׂבְּעֵנוּ מִטּוּבֶךָ וְשַׂמַּח נַפְשֵׁנוּ בִּישׁוּעָתֶךָ, (וְהַנְחִילֵנוּ יְיָ
אֱלֹהֵינוּ בְּאַהֲבָה וּבְרָצוֹן שַׁבַּת קָדְשֶׁךָ, וְיָנוּחוּ בוֹ כָּל יִשְׂרָאֵל
מְקַדְּשֵׁי שְׁמֶךָ,) וְטַהֵר לִבֵּנוּ לְעָבְדְּךָ בֶּאֱמֶת. כִּי אַתָּה סָלְחָן
לְיִשְׂרָאֵל וּמָחֳלָן לְשִׁבְטֵי יְשֻׁרוּן[4] בְּכָל דּוֹר וָדוֹר,
וּמִבַּלְעָדֶיךָ אֵין לָנוּ מֶלֶךְ מוֹחֵל וְסוֹלֵחַ. בָּרוּךְ אַתָּה יְיָ,
מֶלֶךְ מוֹחֵל וְסוֹלֵחַ לַעֲוֹנוֹתֵינוּ וְלַעֲוֹנוֹת עַמּוֹ בֵּית יִשְׂרָאֵל,
וּמַעֲבִיר אַשְׁמוֹתֵינוּ בְּכָל שָׁנָה וְשָׁנָה, מֶלֶךְ עַל כָּל הָאָרֶץ,
מְקַדֵּשׁ (הַשַּׁבָּת וְ) יִשְׂרָאֵל וְיוֹם הַכִּפּוּרִים:

---

1. Isaiah 43:25. **2.** Ibid. 44:22. **3.** Leviticus 16:30. **4.** V. Isaiah 44:2; Deuteronomy 33:5, 26; Ramban, Deuteronomy 7:12.

good life and peace, on this (Shabbat day and this) Day of Atonements, on this day of pardoning of sin, on this day of holy assembly. Remember us on this [day], Lord our God, for good; be mindful of us on this [day] for blessing; help us on this [day] for good life. With the promise of deliverance and compassion, spare us and be gracious to us; have mercy upon us and deliver us; for our eyes are directed to You, for You, God, are a gracious and merciful King.

On Shabbat, add the words in shaded parentheses.

אלהינו Our God and God of our fathers, forgive our wrongdoings on this (Shabbat day and on this) Day of Atonements, on this day of pardoning of sin, on this day of holy assembly; wipe away and remove our transgressions and sins from before Your eyes, as it is stated: I, I [alone,] am He who wipes away your transgressions, for My sake; your sins I will not recall.[1] And it is stated: I have wiped away your transgressions like a thick cloud, your sins like a cloud; return to Me, for I have redeemed you.[2] And it is stated: For on this day atonement shall be made for you, to purify you; you shall be cleansed of all your sins before the Lord.[3] (Our God and God of our fathers, please find favor in our rest.) Make us holy with Your commandments and grant us our portion in Your Torah; satiate us with Your goodness and gladden our soul with Your salvation. (Lord our God, grant as our heritage, in love and goodwill, Your holy Shabbat, and may all Israel who sanctify Your Name rest thereon.) Make our heart pure to serve You in truth, for You are the Pardoner of Israel and the Forgiver of the tribes of Yeshurun[4] in every generation, and aside from You we have no King who forgives and pardons. Blessed are You, Lord, King who forgives and pardons our sins and the sins of His people, the House of Israel, and removes our trespasses each and every year; King over the whole earth, who sanctifies (the Shabbat and) Israel and the Day of Atonements.

רְצֵה יְיָ אֱלֹהֵינוּ בְּעַמְּךָ יִשְׂרָאֵל וְלִתְפִלָּתָם שְׁעֵה, וְהָשֵׁב הָעֲבוֹדָה לִדְבִיר בֵּיתֶךָ, וְאִשֵּׁי יִשְׂרָאֵל וּתְפִלָּתָם בְּאַהֲבָה תְקַבֵּל בְּרָצוֹן, וּתְהִי לְרָצוֹן תָּמִיד עֲבוֹדַת יִשְׂרָאֵל עַמֶּךָ:

וְתֶחֱזֶינָה עֵינֵינוּ בְּשׁוּבְךָ לְצִיּוֹן בְּרַחֲמִים. בָּרוּךְ אַתָּה יְיָ, הַמַּחֲזִיר שְׁכִינָתוֹ לְצִיּוֹן:

Bow at מוֹדִים; straighten up at יְיָ.

מוֹדִים אֲנַחְנוּ לָךְ, שָׁאַתָּה הוּא יְיָ אֱלֹהֵינוּ וֵאלֹהֵי אֲבוֹתֵינוּ לְעוֹלָם וָעֶד, צוּר חַיֵּינוּ, מָגֵן יִשְׁעֵנוּ, אַתָּה הוּא לְדוֹר וָדוֹר, נוֹדֶה לְךָ וּנְסַפֵּר תְּהִלָּתֶךָ, עַל חַיֵּינוּ הַמְּסוּרִים בְּיָדֶךָ, וְעַל נִשְׁמוֹתֵינוּ הַפְּקוּדוֹת לָךְ, וְעַל נִסֶּיךָ שֶׁבְּכָל יוֹם עִמָּנוּ, וְעַל נִפְלְאוֹתֶיךָ וְטוֹבוֹתֶיךָ שֶׁבְּכָל עֵת, עֶרֶב וָבֹקֶר וְצָהֳרָיִם, הַטּוֹב, כִּי לֹא כָלוּ רַחֲמֶיךָ, וְהַמְרַחֵם, כִּי לֹא תַמּוּ חֲסָדֶיךָ, כִּי מֵעוֹלָם קִוִּינוּ לָךְ:

וְעַל כֻּלָּם יִתְבָּרַךְ וְיִתְרוֹמַם וְיִתְנַשֵּׂא שִׁמְךָ מַלְכֵּנוּ תָּמִיד לְעוֹלָם וָעֶד:

וּכְתוֹב לְחַיִּים טוֹבִים כָּל בְּנֵי בְרִיתֶךָ:

וְכָל הַחַיִּים יוֹדוּךָ סֶּלָה, וִיהַלְלוּ שִׁמְךָ הַגָּדוֹל לְעוֹלָם כִּי טוֹב, הָאֵל יְשׁוּעָתֵנוּ וְעֶזְרָתֵנוּ סֶלָה, הָאֵל הַטּוֹב.

Bend knees at בָּרוּךְ; bow at אַתָּה; straighten up at יְיָ.

בָּרוּךְ אַתָּה יְיָ, הַטּוֹב שִׁמְךָ וּלְךָ נָאֶה לְהוֹדוֹת:

שִׂים שָׁלוֹם, טוֹבָה וּבְרָכָה, חַיִּים חֵן וָחֶסֶד וְרַחֲמִים, עָלֵינוּ וְעַל כָּל יִשְׂרָאֵל עַמֶּךָ. בָּרְכֵנוּ אָבִינוּ כֻּלָּנוּ כְּאֶחָד בְּאוֹר פָּנֶיךָ, כִּי בְאוֹר פָּנֶיךָ נָתַתָּ לָּנוּ יְיָ אֱלֹהֵינוּ

רצה Look with favor, Lord our God, on Your people Israel, and pay heed to their prayer; restore the service to Your Sanctuary, and accept with love and favor Israel's fire-offerings and prayer; and may the service of Your people Israel always find favor.

ותחזינה May our eyes behold Your return to Zion in mercy. Blessed are You, Lord, who restores His Divine Presence to Zion.

Bow at We thankfully acknowledge; straighten up at Lord.

מודים We thankfully acknowledge that You are the Lord our God and God of our fathers forever. You are the strength of our life, the shield of our salvation in every generation. We will give thanks to You and recount Your praise, evening, morning and noon, for our lives which are committed into Your hand, for our souls which are entrusted to You, for Your miracles which are with us daily, and for Your continual wonders and beneficences. You are the Beneficent One, for Your mercies never cease; and the Merciful One, for Your kindnesses never end; for we always place our hope in You.

ועל And for all these, may Your Name, our King, be continually blessed, exalted, and extolled forever and all time.

וכתוב Inscribe all the children of Your Covenant for a good life.

וכל And all living things shall forever thank You, and praise Your great Name eternally, for You are good. God, You are our everlasting salvation and help, O benevolent God.

Bend knees at Blessed; bow at You; straighten up at Lord.

Blessed are You, Lord, Beneficent is Your Name, and to You it is fitting to offer thanks.

שים Bestow peace, goodness, and blessing, life, graciousness, kindness, and mercy, upon us and upon all Your people Israel. Bless us, our Father, all of us as one, with the light of Your countenance, for by the light of Your countenance You gave us, Lord our God, the Torah of life and

תּוֹרַת חַיִּים וְאַהֲבַת חֶסֶד, וּצְדָקָה וּבְרָכָה וְרַחֲמִים וְחַיִּים וְשָׁלוֹם, וְטוֹב בְּעֵינֶיךָ לְבָרֵךְ אֶת עַמְּךָ יִשְׂרָאֵל בְּכָל עֵת וּבְכָל שָׁעָה בִּשְׁלוֹמֶךָ.

וּבְסֵפֶר חַיִּים בְּרָכָה וְשָׁלוֹם וּפַרְנָסָה טוֹבָה, יְשׁוּעָה וְנֶחָמָה וּגְזֵרוֹת טוֹבוֹת, נִזָּכֵר וְנִכָּתֵב לְפָנֶיךָ, אֲנַחְנוּ וְכָל עַמְּךָ בֵּית יִשְׂרָאֵל, לְחַיִּים טוֹבִים וּלְשָׁלוֹם. בָּרוּךְ אַתָּה יְיָ, הַמְבָרֵךְ אֶת עַמּוֹ יִשְׂרָאֵל בַּשָּׁלוֹם:

יִהְיוּ לְרָצוֹן אִמְרֵי פִי וְהֶגְיוֹן לִבִּי לְפָנֶיךָ, יְיָ צוּרִי וְגוֹאֲלִי:[1]

אֱלֹהֵינוּ וֵאלֹהֵי אֲבוֹתֵינוּ, תָּבוֹא לְפָנֶיךָ תְּפִלָּתֵנוּ, וְאַל תִּתְעַלַּם מִתְּחִנָּתֵנוּ, שֶׁאֵין אָנוּ עַזֵּי פָנִים וּקְשֵׁי עֹרֶף, לוֹמַר לְפָנֶיךָ יְיָ אֱלֹהֵינוּ וֵאלֹהֵי אֲבוֹתֵינוּ, צַדִּיקִים אֲנַחְנוּ וְלֹא חָטָאנוּ, אֲבָל אֲנַחְנוּ וַאֲבוֹתֵינוּ חָטָאנוּ:

While mentioning a transgression, gently strike the left side of your chest (over the heart) with a closed fist.

אָשַׁמְנוּ. בָּגַדְנוּ. גָּזַלְנוּ. דִּבַּרְנוּ דֹּפִי: הֶעֱוִינוּ. וְהִרְשַׁעְנוּ. זַדְנוּ. חָמַסְנוּ. טָפַלְנוּ שֶׁקֶר: יָעַצְנוּ רָע. כִּזַּבְנוּ. לַצְנוּ. מָרַדְנוּ. נִאַצְנוּ. סָרַרְנוּ. עָוִינוּ. פָּשַׁעְנוּ. צָרַרְנוּ. קִשִּׁינוּ עֹרֶף: רָשַׁעְנוּ. שִׁחַתְנוּ. תִּעַבְנוּ. תָּעִינוּ. תִּעְתָּעְנוּ:

סַרְנוּ מִמִּצְוֺתֶיךָ וּמִמִּשְׁפָּטֶיךָ הַטּוֹבִים וְלֹא שָׁוָה לָנוּ: וְאַתָּה צַדִּיק עַל כָּל הַבָּא עָלֵינוּ, כִּי אֱמֶת עָשִׂיתָ וַאֲנַחְנוּ הִרְשָׁעְנוּ:[2]

מַה נֹּאמַר לְפָנֶיךָ יוֹשֵׁב מָרוֹם, וּמַה נְּסַפֵּר לְפָנֶיךָ שׁוֹכֵן שְׁחָקִים, הֲלֹא כָּל הַנִּסְתָּרוֹת וְהַנִּגְלוֹת אַתָּה יוֹדֵעַ:

---

1. Psalms 19:15.　**2.** Nehemiah 9:33.

loving-kindness, righteousness, blessing, mercy, life and peace. May it be favorable in Your eyes to bless Your people Israel, at all times and at every moment, with Your peace.

ובספר And in the book of life, blessing, peace, and prosperity, deliverance, consolation, and favorable decrees, may we and all Your people the House of Israel be remembered and inscribed before You for a happy life and for peace. Blessed are You, Lord, who blesses His people Israel with peace.

יהיו May the words of my mouth and the meditation of my heart be acceptable before You, Lord, my Strength and my Redeemer.[1]

אלהינו Our God and God of our fathers, may our prayers come before You, and do not turn away from our supplication, for we are not so impudent and obdurate as to declare before You, Lord our God and God of our fathers, that we are righteous and have not sinned. Indeed, we and our fathers have sinned.

While mentioning a transgression, gently strike the left side of your chest (over the heart) with a closed fist.

אשמנו We have transgressed, we have acted perfidiously, we have robbed, we have slandered. We have acted perversely and wickedly, we have willfully sinned, we have done violence, we have imputed falsely. We have given evil counsel, we have lied, we have scoffed, we have rebelled, we have provoked, we have been disobedient, we have committed iniquity, we have wantonly transgressed, we have oppressed, we have been obstinate. We have committed evil, we have acted perniciously, we have acted abominably, we have gone astray, we have led others astray.

סרנו We have strayed from Your good precepts and ordinances, and it has not profited us. Indeed, You are just in all that has come upon us, for You have acted truthfully, and it is we who have acted wickedly.[2]

מה What shall we say to You who dwells on high; what shall we relate to You who abides in the heavens? You surely know all the hidden and the revealed things.

אַתָּה יוֹדֵעַ רָזֵי עוֹלָם, וְתַעֲלוּמוֹת סִתְרֵי כָל חָי. אַתָּה
חֹפֵשׂ כָּל חַדְרֵי בָטֶן וּבֹחֵן כְּלָיוֹת וָלֵב, אֵין דָּבָר
נֶעְלָם מִמֶּךָ, וְאֵין נִסְתָּר מִנֶּגֶד עֵינֶיךָ. וּבְכֵן יְהִי רָצוֹן
מִלְּפָנֶיךָ, יְיָ אֱלֹהֵינוּ וֵאלֹהֵי אֲבוֹתֵינוּ, שֶׁתְּרַחֵם עָלֵינוּ
וְתִמְחוֹל לָנוּ עַל כָּל חַטֹּאתֵינוּ, וּתְכַפֶּר לָנוּ עַל כָּל
עֲווֹנוֹתֵינוּ, וְתִמְחוֹל וְתִסְלַח לָנוּ עַל כָּל פְּשָׁעֵינוּ:

Gently strike the left side of your chest (over the heart) with a closed fist when saying the
word שֶׁחָטָאנוּ.

עַל חֵטְא שֶׁחָטָאנוּ לְפָנֶיךָ, בְּאֹנֶס וּבְרָצוֹן:
וְעַל חֵטְא שֶׁחָטָאנוּ לְפָנֶיךָ, בְּאִמּוּץ הַלֵּב:

עַל חֵטְא שֶׁחָטָאנוּ לְפָנֶיךָ, בִּבְלִי דָעַת:
וְעַל חֵטְא שֶׁחָטָאנוּ לְפָנֶיךָ, בְּבִטּוּי שְׂפָתָיִם:

עַל חֵטְא שֶׁחָטָאנוּ לְפָנֶיךָ, בְּגִלּוּי עֲרָיוֹת:
וְעַל חֵטְא שֶׁחָטָאנוּ לְפָנֶיךָ, בְּגָלוּי וּבַסֵּתֶר:

עַל חֵטְא שֶׁחָטָאנוּ לְפָנֶיךָ, בְּדַעַת וּבְמִרְמָה:
וְעַל חֵטְא שֶׁחָטָאנוּ לְפָנֶיךָ, בְּדִבּוּר פֶּה:

עַל חֵטְא שֶׁחָטָאנוּ לְפָנֶיךָ, בְּהוֹנָאַת רֵעַ:
וְעַל חֵטְא שֶׁחָטָאנוּ לְפָנֶיךָ, בְּהִרְהוּר הַלֵּב:

עַל חֵטְא שֶׁחָטָאנוּ לְפָנֶיךָ, בִּוְעִידַת זְנוּת:
וְעַל חֵטְא שֶׁחָטָאנוּ לְפָנֶיךָ, בְּוִדּוּי פֶּה:

עַל חֵטְא שֶׁחָטָאנוּ לְפָנֶיךָ, בְּזִלְזוּל הוֹרִים וּמוֹרִים:
וְעַל חֵטְא שֶׁחָטָאנוּ לְפָנֶיךָ, בְּזָדוֹן וּבִשְׁגָגָה:

אתה You know the mysteries of the universe and the hidden secrets of every living being. You search all [our] innermost thoughts, and probe [our] mind and heart; nothing is hidden from You, nothing is concealed from Your sight. And so, may it be Your will, Lord our God and God of our fathers, to have mercy on us and forgive us all our sins, grant us atonement for all our iniquities, and forgive and pardon us for all our transgressions.

Gently strike the left side of your chest (over the heart) with a closed fist when saying the word committed.

על חטא For the sin which we have committed before You under duress or willingly.

And for the sin which we have committed before You by hard-heartedness.

For the sin which we have committed before You inadvertently.

And for the sin which we have committed before You with an utterance of the lips.

For the sin which we have committed before You with immorality.

And for the sin which we have committed before You openly or secretly.

For the sin which we have committed before You with knowledge and with deceit.

And for the sin which we have committed before You through speech.

For the sin which we have committed before You by deceiving a fellowman.

And for the sin which we have committed before You by improper thoughts.

For the sin which we have committed before You by a gathering of lewdness.

And for the sin which we have committed before You by verbal [insincere] confession.

For the sin which we have committed before You by disrespect for parents and teachers.

And for the sin which we have committed before You intentionally or unintentionally.

עַל חֵטְא שֶׁחָטָאנוּ לְפָנֶיךָ, בְּחֹזֶק יָד:

וְעַל חֵטְא שֶׁחָטָאנוּ לְפָנֶיךָ, בְּחִלּוּל הַשֵּׁם:

עַל חֵטְא שֶׁחָטָאנוּ לְפָנֶיךָ, בְּטֻמְאַת שְׂפָתַיִם:

וְעַל חֵטְא שֶׁחָטָאנוּ לְפָנֶיךָ, בְּטִפְשׁוּת פֶּה:

עַל חֵטְא שֶׁחָטָאנוּ לְפָנֶיךָ, בְּיֵצֶר הָרָע:

וְעַל חֵטְא שֶׁחָטָאנוּ לְפָנֶיךָ, בְּיוֹדְעִים וּבְלֹא יוֹדְעִים:

Gently strike the left side of your chest (over the heart) with a closed fist when saying the
words סְלַח, מְחַל, כַּפֵּר.

וְעַל כֻּלָּם, אֱלוֹהַּ סְלִיחוֹת, סְלַח לָנוּ, מְחַל
לָנוּ, כַּפֶּר לָנוּ:

Gently strike the left side of your chest (over the heart) with a closed fist when saying the
word שֶׁחָטָאנוּ.

עַל חֵטְא שֶׁחָטָאנוּ לְפָנֶיךָ, בְּכַחַשׁ וּבְכָזָב:

וְעַל חֵטְא שֶׁחָטָאנוּ לְפָנֶיךָ, בְּכַפַּת שֹׁחַד:

עַל חֵטְא שֶׁחָטָאנוּ לְפָנֶיךָ, בְּלָצוֹן:

וְעַל חֵטְא שֶׁחָטָאנוּ לְפָנֶיךָ, בְּלָשׁוֹן הָרָע:

עַל חֵטְא שֶׁחָטָאנוּ לְפָנֶיךָ, בְּמַשָּׂא וּבְמַתָּן:

וְעַל חֵטְא שֶׁחָטָאנוּ לְפָנֶיךָ, בְּמַאֲכָל וּבְמִשְׁתֶּה:

עַל חֵטְא שֶׁחָטָאנוּ לְפָנֶיךָ, בְּנֶשֶׁךְ וּבְמַרְבִּית:

וְעַל חֵטְא שֶׁחָטָאנוּ לְפָנֶיךָ, בִּנְטִיַּת גָּרוֹן:

עַל חֵטְא שֶׁחָטָאנוּ לְפָנֶיךָ, בְּשִׂיחַ שִׂפְתוֹתֵינוּ:

וְעַל חֵטְא שֶׁחָטָאנוּ לְפָנֶיךָ, בְּסִקּוּר עָיִן:

For the sin which we have committed before You by using coercion.

And for the sin which we have committed before You by desecrating the Divine Name.

For the sin which we have committed before You by impurity of speech.

And for the sin which we have committed before You by foolish talk.

For the sin which we have committed before You with the evil inclination.

And for the sin which we have committed before You knowingly or unknowingly.

Gently strike the left side of your chest (over the heart) with a closed fist when saying the words *pardon, forgive, atone.*

וְעַל כֻּלָּם For all these, God of pardon, pardon us, forgive us, atone for us.

Gently strike the left side of your chest (over the heart) with a closed fist when saying the word *committed.*

For the sin which we have committed before You by false denial and lying.

And for the sin which we have committed before You by a bribe-taking or a bribe-giving hand.

For the sin which we have committed before You by scoffing.

And for the sin which we have committed before You by evil talk [about another].

For the sin which we have committed before You in business dealings.

And for the sin which we have committed before You by eating and drinking.

For the sin which we have committed before You by [taking or giving] interest and by usury.

And for the sin which we have committed before You by a haughty demeanor.

For the sin which we have committed before You by the prattle of our lips.

And for the sin which we have committed before You by a glance of the eye.

עַל חֵטְא שֶׁחָטָאנוּ לְפָנֶיךָ, בְּעֵינַיִם רָמוֹת:

וְעַל חֵטְא שֶׁחָטָאנוּ לְפָנֶיךָ, בְּעַזּוּת מֵצַח:

Gently strike the left side of your chest (over the heart) with a closed fist when saying the words סְלַח, מְחַל, כַּפֵּר.

וְעַל כֻּלָּם, אֱלוֹהַּ סְלִיחוֹת, סְלַח לָנוּ, מְחַל לָנוּ, כַּפֶּר לָנוּ:

Gently strike the left side of your chest (over the heart) with a closed fist when saying the word שֶׁחָטָאנוּ.

עַל חֵטְא שֶׁחָטָאנוּ לְפָנֶיךָ, בִּפְרִיקַת עֹל:

וְעַל חֵטְא שֶׁחָטָאנוּ לְפָנֶיךָ, בִּפְלִילוּת:

עַל חֵטְא שֶׁחָטָאנוּ לְפָנֶיךָ, בִּצְדִיַּת רֵעַ:

וְעַל חֵטְא שֶׁחָטָאנוּ לְפָנֶיךָ, בְּצָרוּת עָיִן:

עַל חֵטְא שֶׁחָטָאנוּ לְפָנֶיךָ, בְּקַלּוּת רֹאשׁ:

וְעַל חֵטְא שֶׁחָטָאנוּ לְפָנֶיךָ, בְּקַשְׁיוּת עֹרֶף:

עַל חֵטְא שֶׁחָטָאנוּ לְפָנֶיךָ, בְּרִיצַת רַגְלַיִם לְהָרַע:

וְעַל חֵטְא שֶׁחָטָאנוּ לְפָנֶיךָ, בִּרְכִילוּת:

עַל חֵטְא שֶׁחָטָאנוּ לְפָנֶיךָ, בִּשְׁבוּעַת שָׁוְא:

וְעַל חֵטְא שֶׁחָטָאנוּ לְפָנֶיךָ, בְּשִׂנְאַת חִנָּם:

עַל חֵטְא שֶׁחָטָאנוּ לְפָנֶיךָ, בִּתְשׂוּמֶת יָד:

וְעַל חֵטְא שֶׁחָטָאנוּ לְפָנֶיךָ, בְּתִמְהוֹן לֵבָב:

Gently strike the left side of your chest (over the heart) with a closed fist when saying the words סְלַח, מְחַל, כַּפֵּר.

וְעַל כֻּלָּם, אֱלוֹהַּ סְלִיחוֹת, סְלַח לָנוּ, מְחַל לָנוּ, כַּפֶּר לָנוּ:

For the sin which we have committed before You with proud looks.

And for the sin which we have committed before You with impudence.

Gently strike the left side of your chest (over the heart) with a closed fist when saying the words pardon, forgive, atone.

ועל כלם For all these, God of pardon, pardon us, forgive us, atone for us.

Gently strike the left side of your chest (over the heart) with a closed fist when saying the word committed.

For the sin which we have committed before You by casting off the yoke [of Heaven].

And for the sin which we have committed before You in passing judgment.

For the sin which we have committed before You by scheming against a fellowman.

And for the sin which we have committed before You by a begrudging eye.

For the sin which we have committed before You by frivolity.

And for the sin which we have committed before You by obduracy.

For the sin which we have committed before You by running to do evil.

And for the sin which we have committed before You by talebearing.

For the sin which we have committed before You by swearing in vain.

And for the sin which we have committed before You by causeless hatred.

For the sin which we have committed before You by embezzlement.

And for the sin which we have committed before You by a confused heart.

Gently strike the left side of your chest (over the heart) with a closed fist when saying the words pardon, forgive, atone.

ועל כלם For all these, God of pardon, pardon us, forgive us, atone for us.

Gently strike the left side of your chest (over the heart) with a closed fist when saying the words שֶׁאָנוּ חַיָּבִים.

וְעַל חֲטָאִים שֶׁאָנוּ חַיָּבִים עֲלֵיהֶם: עוֹלָה:

וְעַל חֲטָאִים שֶׁאָנוּ חַיָּבִים עֲלֵיהֶם: חַטָּאת:

וְעַל חֲטָאִים שֶׁאָנוּ חַיָּבִים עֲלֵיהֶם: קָרְבָּן עוֹלֶה וְיוֹרֵד:

וְעַל חֲטָאִים שֶׁאָנוּ חַיָּבִים עֲלֵיהֶם: אָשָׁם וַדַּאי וְתָלוּי:

וְעַל חֲטָאִים שֶׁאָנוּ חַיָּבִים עֲלֵיהֶם: מַכַּת מַרְדּוּת:

וְעַל חֲטָאִים שֶׁאָנוּ חַיָּבִים עֲלֵיהֶם: מַלְקוּת אַרְבָּעִים:

וְעַל חֲטָאִים שֶׁאָנוּ חַיָּבִים עֲלֵיהֶם: מִיתָה בִּידֵי שָׁמָיִם:

וְעַל חֲטָאִים שֶׁאָנוּ חַיָּבִים עֲלֵיהֶם: כָּרֵת וַעֲרִירִי:

וְעַל חֲטָאִים שֶׁאָנוּ חַיָּבִים עֲלֵיהֶם: אַרְבַּע מִיתוֹת בֵּית דִּין: סְקִילָה, שְׂרֵפָה, הֶרֶג, וְחֶנֶק:

עַל מִצְוֹת עֲשֵׂה, וְעַל מִצְוֹת לֹא תַעֲשֶׂה, בֵּין שֶׁיֵּשׁ בָּהֶן קוּם עֲשֵׂה,[1] וּבֵין שֶׁאֵין בָּהֶן קוּם עֲשֵׂה, אֶת הַגְּלוּיִם לָנוּ, וְאֶת שֶׁאֵינָם גְּלוּיִם לָנוּ. אֶת הַגְּלוּיִם לָנוּ, כְּבָר אֲמַרְנוּם לְפָנֶיךָ, וְהוֹדִינוּ לְךָ עֲלֵיהֶם, וְאֶת שֶׁאֵינָם גְּלוּיִם לָנוּ, לְפָנֶיךָ הֵם גְּלוּיִם וִידוּעִים, כַּדָּבָר שֶׁנֶּאֱמַר: הַנִּסְתָּרֹת לַיְיָ אֱלֹהֵינוּ, וְהַנִּגְלֹת לָנוּ וּלְבָנֵינוּ עַד עוֹלָם, לַעֲשׂוֹת אֶת כָּל דִּבְרֵי הַתּוֹרָה הַזֹּאת.[2] כִּי אַתָּה סָלְחָן לְיִשְׂרָאֵל, וּמָחְלָן לְשִׁבְטֵי יְשֻׁרוּן[3] בְּכָל דּוֹר וָדוֹר, וּמִבַּלְעָדֶיךָ אֵין לָנוּ מֶלֶךְ מוֹחֵל וְסוֹלֵחַ:

---

1. E.g., to return what one has stolen.   2. Deuteronomy 29:28.   3. V. Isaiah 44:2; Deuteronomy 33:5, 26; Ramban, Deuteronomy 7:12.

Gently strike the left side of your chest (over the heart) with a closed fist when saying the words *we are obligated.*

And for the sins for which we are obligated to bring a burnt-offering.

And for the sins for which we are obligated to bring a sin-offering.

And for the sins for which we are obligated to bring a varying offering [according to one's means].

And for the sins for which we are obligated to bring a guilt-offering for a certain or doubtful trespass.

And for the sins for which we incur the penalty of lashing for rebelliousness.

And for the sins for which we incur the penalty of forty lashes.

And for the sins for which we incur the penalty of death by the hand of Heaven.

And for the sins for which we incur the penalty of excision and childlessness.

And for the sins for which we incur the penalty of the four forms of capital punishment executed by the Court: stoning, burning, decapitation and strangulation.

עַל For [transgressing] positive and prohibitory *mitzvot*, whether [the prohibitions] can be rectified by a specifically prescribed act[1] or not, those of which we are aware and those of which we are not aware; those of which we are aware, we have already declared them before You and confessed them to You, and those of which we are not aware—before You they are revealed and known, as it is stated: The hidden things belong to the Lord our God, but the revealed things are for us and for our children forever, that we may carry out all the words of this Torah.[2] For You are the Pardoner of Israel and the Forgiver of the tribes of Yeshurun[3] in every generation, and aside from You we have no King who forgives and pardons.

אֱלֹהַי, עַד שֶׁלֹּא נוֹצַרְתִּי אֵינִי כְדַאי, וְעַכְשָׁו
שֶׁנּוֹצַרְתִּי, כְּאִלּוּ לֹא נוֹצַרְתִּי. עָפָר אֲנִי
בְּחַיַּי, קַל וָחֹמֶר בְּמִיתָתִי, הֲרֵי אֲנִי לְפָנֶיךָ כִּכְלִי מָלֵא
בוּשָׁה וּכְלִמָּה. יְהִי רָצוֹן מִלְּפָנֶיךָ, יְיָ אֱלֹהַי וֵאלֹהֵי
אֲבוֹתַי, שֶׁלֹּא אֶחֱטָא עוֹד, וּמַה שֶּׁחָטָאתִי לְפָנֶיךָ,
מְחוֹק בְּרַחֲמֶיךָ הָרַבִּים, אֲבָל לֹא עַל יְדֵי יִסּוּרִים
וַחֲלָיִם רָעִים:

אֱלֹהַי, נְצֹר לְשׁוֹנִי מֵרָע, וּשְׂפָתַי מִדַּבֵּר מִרְמָה,[1]
וְלִמְקַלְלַי נַפְשִׁי תִדּוֹם, וְנַפְשִׁי כֶּעָפָר לַכֹּל
תִּהְיֶה. פְּתַח לִבִּי בְּתוֹרָתֶךָ, וּבְמִצְוֹתֶיךָ תִּרְדּוֹף נַפְשִׁי,
וְכָל הַחוֹשְׁבִים עָלַי רָעָה, מְהֵרָה הָפֵר עֲצָתָם וְקַלְקֵל
מַחֲשַׁבְתָּם. יִהְיוּ כְּמֹץ לִפְנֵי רוּחַ וּמַלְאַךְ יְיָ דֹּחֶה.[2] לְמַעַן
יֵחָלְצוּן יְדִידֶיךָ, הוֹשִׁיעָה יְמִינְךָ וַעֲנֵנִי.[3] עֲשֵׂה לְמַעַן
שְׁמֶךָ, עֲשֵׂה לְמַעַן יְמִינֶךָ, עֲשֵׂה לְמַעַן תּוֹרָתֶךָ, עֲשֵׂה
לְמַעַן קְדֻשָּׁתֶךָ.[4] יִהְיוּ לְרָצוֹן אִמְרֵי פִי וְהֶגְיוֹן לִבִּי לְפָנֶיךָ,
יְיָ צוּרִי וְגוֹאֲלִי:[5]

Take three steps back, then bow left saying הוּא, bow forward saying עֹשֶׂה הַשָּׁלוֹם בִּמְרוֹמָיו, bow right saying יַעֲשֶׂה שָׁלוֹם עָלֵינוּ, and bow forward saying וְעַל כָּל יִשְׂרָאֵל, וְאִמְרוּ אָמֵן.

עֹשֶׂה הַשָּׁלוֹם בִּמְרוֹמָיו, הוּא יַעֲשֶׂה שָׁלוֹם עָלֵינוּ וְעַל
כָּל יִשְׂרָאֵל, וְאִמְרוּ אָמֵן:

יְהִי רָצוֹן מִלְּפָנֶיךָ, יְיָ אֱלֹהֵינוּ וֵאלֹהֵי אֲבוֹתֵינוּ, שֶׁיִּבָּנֶה בֵּית
הַמִּקְדָּשׁ בִּמְהֵרָה בְיָמֵינוּ, וְתֵן חֶלְקֵנוּ בְּתוֹרָתֶךָ:[6]

---

1. Cf. Psalms 34:14. **2.** Ibid. 35:5. **3.** Ibid. 60:7, 108:7. **4.** It is customary to recite a verse in which the first and last letters correspond to the first and last letters of one's own Hebrew name. For a list of verses, see page 422. **5.** Psalms 19:5. **6.** Avot 5:20.

אלהי My God, before I was created I was not worthy [to be created], and now that I have been created it is as if I had not been created. I am dust in my life, how much more so in my death. Indeed, before You I am like a vessel filled with shame and disgrace. May it be Your will, Lord my God and God of my fathers, that I shall sin no more, and the sins which I have committed before You, erase them in Your abounding mercies, but not through suffering or severe illness.

אלהי My God, guard my tongue from evil, and my lips from speaking deceitfully.[1] Let my soul be silent to those who curse me; let my soul be as dust to all. Open my heart to Your Torah, and let my soul eagerly pursue Your commandments. As for all those who plot evil against me, hasten to annul their counsel and frustrate their design. Let them be as chaff before the wind; let the angel of the Lord thrust them away.[2] That Your beloved ones may be delivered, help with Your right hand and answer me.[3] Do it for the sake of Your Name; do it for the sake of Your right hand; do it for the sake of Your Torah; do it for the sake of Your holiness.[4] May the words of my mouth and the meditation of my heart be acceptable before You, Lord, my Strength and my Redeemer.[5]

Take three steps back, then bow left saying *He who makes the peace in His Heavens*, bow forward saying *may He*, bow right saying *make peace for us*, and bow forward saying *and for all Israel; and say, Amen.*

עשה He who makes the peace in His heavens, may He make peace for us and for all Israel; and say, Amen.

יהי May it be Your will, Lord our God and God of our fathers, that the Bet Hamikdash be speedily rebuilt in our days, and grant us our portion in Your Torah.[6]

ৎৎ৻৶৶ৎ

CHAZZAN'S REPETITION OF THE SHACHARIT AMIDAH

THE REPETITION OF THE AMIDAH

The congregation must listen attentively to the chazzan and respond אָמֵן at the conclusion of each blessing. If there are not at least nine men who respond אָמֵן after the blessings, it is tantamount to a blessing in vain. It is proper to respond with בָּרוּךְ הוּא וּבָרוּךְ שְׁמוֹ each time the chazzan says יְיָ בָּרוּךְ אַתָּה יְיָ.

The Ark is opened at various times throughout the chazzan's repetition of the Amidah. While it is preferable to stand when the Ark is open, one who finds this to be difficult may sit, except where indicated.

THE ARK IS OPENED.

אֲדֹנָי, שְׂפָתַי תִּפְתָּח וּפִי יַגִּיד תְּהִלָּתֶךָ:[1]

Bend knees at בָּרוּךְ; bow at אַתָּה; straighten up at יְיָ.

בָּרוּךְ אַתָּה יְיָ, אֱלֹהֵינוּ וֵאלֹהֵי אֲבוֹתֵינוּ, אֱלֹהֵי אַבְרָהָם,
אֱלֹהֵי יִצְחָק, וֵאלֹהֵי יַעֲקֹב, הָאֵל הַגָּדוֹל הַגִּבּוֹר
וְהַנּוֹרָא, אֵל עֶלְיוֹן, גּוֹמֵל חֲסָדִים טוֹבִים, קוֹנֵה הַכֹּל,
וְזוֹכֵר חַסְדֵי אָבוֹת, וּמֵבִיא גוֹאֵל לִבְנֵי בְנֵיהֶם, לְמַעַן
שְׁמוֹ בְּאַהֲבָה:

מִסּוֹד חֲכָמִים וּנְבוֹנִים, וּמִלֶּמֶד דַּעַת מְבִינִים, אֶפְתְּחָה
פִי בִּתְפִלָּה וּבְתַחֲנוּנִים, לְחַלּוֹת וּלְחַנֵּן פְּנֵי מֶלֶךְ
מוֹחֵל וְסוֹלֵחַ לַעֲוֹנִים:

אֱמֶיךָ נָשָׂאתִי חִין בְּעָרְכִי, בִּמְלָאכֶת עַמְּךָ בֶּרֶךְ בְּבִרְכִי,
גֹּחִי מִבֶּטֶן הַגִּיחַ חָשְׁכִי, דַּבֵּר צַחוֹת וּבַאֲמָתְּךָ
הַדְרִיכִי: הוֹרֵנִי שָׁפוֹךְ שִׂיחַ עָרֵב, וְלוֹנְנִי בְּצִלְּךָ אוֹתִי
לְקָרֵב, זַעַק יוּפַק בְּכַוּוּן קָרֵב, חַלּוֹתִי פָנֶיךָ וְצִדְקָתְךָ
תַקְרֵב: טְהוֹר עֵינַיִם מְאֹד נַעֲלָה, יַדְּעֵנִי בֵּין עֶרֶךְ תְּפִלָּה,
כַּדַּת לְחַנֵּן בְּלִי תִפְלָה, לְהַמְצִיא לִשׁוֹלְחַי אֶרֶךְ וּתְעָלָה:
מִפְתַּח שְׂפָתַי תְּבָרֵר וּתְיַשֵּׁר, נִדְבוֹת פִּי רְצֵה וְהַכְשֵׁר,

---

1. Psalms 51:17.

ೞ಄಄ಀ

CHAZZAN'S REPETITION OF THE SHACHARIT AMIDAH

THE REPETITION OF THE AMIDAH

The congregation must listen attentively to the chazzan and respond Amen at the conclusion of each blessing. If there are not at least nine men who respond Amen after the blessings, it is tantamount to a blessing in vain. It is proper to respond with "Boruch Hu u'Voruch Shemo" ("Blessed is He and Blessed is His Name") each time the chazzan says *Blessed are You, Lord.*

The Ark is opened at various times throughout the chazzan's repetition of the Amidah. While it is preferable to stand when the Ark is open, one who finds this to be difficult may sit, except where indicated.

THE ARK IS OPENED.

אֲדֹנָי My Lord, open my lips, and my mouth shall declare Your praise.[1]

Bend knees at Blessed; *bow at* You; *straighten up at* Lord.

בָּרוּךְ Blessed are You, Lord our God and God of our fathers, God of Abraham, God of Isaac and God of Jacob, the great, mighty and awesome God, exalted God, who bestows bountiful kindness, who creates all things, who remembers the piety of the Patriarchs, and who, in love, brings a redeemer to their children's children, for the sake of His Name.

מְסוֹד [With words] based upon the teachings of the wise and the understanding, and upon the knowledge acquired from the discerning, I open my mouth in prayer and in supplication, to beseech and implore the countenance of the King who forgives and pardons iniquity.

אָמִיץ I am awe-stricken as I offer supplication, as I bend the knee in my mission on behalf of Your people. You who has taken me out from the womb, illuminate my darkness; let me speak eloquently, lead me in Your truth. Teach me to pour forth pleasing words of prayer, shelter me in Your shadow so as to draw me near; [hear] my cry which issues from my innermost being; I implore You to [exercise and] bring near Your righteousness. O You who are of pure eyes and greatly exalted, grant me knowledge to understand how to set forth my prayer, how to entreat You properly, without fault, so as to procure healing and cure for those who have sent me. Make the utterance of my lips clear and direct;

סֵדֶר הֲגִיגִי כְּשֵׁי יִתָּשֵׁר, עֲתֶר פִּצְחִי כְּזִילַת חֶשֶׁר:
פְּעָמַי הָכֵן פְּצוּתִי מִכָּשֵׁל, צוּר תְּמוֹךְ אֲשׁוּרֵי מֵהִנָּשֵׁל,
קוֹמְמֵנִי וְחַזְּקֵנִי מֵרְפִיוֹן וְחָשֵׁל, רְצוֹת אֲמָרַי וְלֹא
אֶכָּשֵׁל: שָׁמְרֵנִי כְּאִישׁוֹן מִפֶּלֶץ וּבְעָתָה, שׁוּר בְּשִׁפְלוּתִי
וּלְכָה לִישׁוּעָתָה, תָּחוֹן דִּכְאוּתִי כְּלַחוּזַךְ פַּנֵּתָא, תְּרַחֵם
עַל בֶּן אֲמִצְתָּ:

THE ARK IS CLOSED.

Chazzan and congregation recite the following;
chazzan concludes the paragraph aloud, as indicated:

אֲמִצַת עָשׂוֹר לְכִפּוּר תַּמָּה, בּוֹ לְצַחֲצַח צְאוּי כִּתְמָה,
גָּהוֹץ צַחֲנָתָה עֲוִיָּה לְהַתֶּמָה, דִּינָה לְהָאִיר
לְתֶחִי לְחַתֶּמָה: הוּחֲרָדָה מִתֶּקַע יוֹם תְּרוּעָה, וּדְבָרִים
קָחָה סַרְעַף לְקָרְעָה, זֶה אֵלִי לְצֶדֶק הַכְרִיעָה, חַי חַי
יוֹדוּךְ בְּהַכְרִיעָה: טַפֶּיהָ וִישִׁישֶׁיהָ בְּעַנּוּי עֵיפִים, יְצִיגָתָם
שׁוּר בִּיחֵף יְחֵפִים, כֻּלָּם צָגִים וְלָבֵן מְצֻעָפִים, לְאַדְּרָךְ
בַּקֹּדֶשׁ כִּשְׂרָפִים¹ עָפִים: מָגֵן עֲקָרֵימוֹ בָּךְ חוֹסִים,
נִשְׁעָנִים בְּתֻמָּם וּבְצִלְּךְ חוֹסִים, סְמוּכִים בִּבְרִית
שְׁלֹשֶׁת יְחוּסִים, עוֹדְדֵם הֱיוֹת שׁוֹטְנֵימוֹ הָסִים: פְּנֵה
בְּצִדְקַת אֶת מֵעֲבֶר, צֹאנְךָ תַּחַת שֵׁבֶט כְּהַעֲבֶר, קַדְּמֵם
רַחֲמֶיךָ בְּלִי הִתְעַבֵּר, רַחֵם עַל פֶּשַׁע עוֹבֵר: שֶׁמֶץ
זְדוֹנָם תְּכַבֵּס וּתְטַהֵר, שַׁוְעָם קְשׁוֹב וְאַל תְּאַחֵר:
Chazzan—תְּמוּכֵי יְמִינְךָ פְּנֵיהֶם נַהֵר, תְּעַתּוּעַ חֶטְאָם
תְּכַפֵּר לְטַהֵר:

---

1. I.e., angels—see Ezekiel 3:13; Isaiah 6:2.

accept with favor and approve of the offerings of my mouth; reckon the arrangement of my words as a gift-offering, my opening plea as a drink-offering. Steady my steps and keep me from stumbling; O Rock, support my feet lest they falter; hold me erect and strengthen me that I shall not be weak or faint; find favor with my words that I shall not stumble. Preserve me as the apple of the eye from dread and terror; regard my lowly state and come to my aid; be gracious to the downtrodden as You have declared to the Prophet; have compassion upon [Israel,] the son You have taken as Your own.

THE ARK IS CLOSED.

Chazzan and congregation recite the following;
chazzan concludes the paragraph aloud, as indicated:

אמצת You have established the tenth day [of Tishrei] for atonement for [Israel,] the flawless people, thereon to purge the stain of their impurity, to cleanse their foulness, to make an end to their iniquities, so that their judgment be brought to light and be sealed for life. Frightened by the *shofar*-blast of Rosh Hashanah, they utter words of confession to rend the heart; O my God, tip the scale of judgment toward righteousness, so that all living creatures may extol You with jubilation. Their young and old are faint from fasting; behold how they stand barefoot [before You], they all stand robed in white, to glorify You in holiness like flying *Seraphim.*[1] In You they trust, O Shield [of Abraham] their root; they rely on the merit of [their ancestors,] the perfect ones, and take refuge in Your protective shade; they depend on the covenant of the three distinguished forefathers; strengthen them so that their adversaries be silenced. Turn to the righteousness of [Abraham] who came from the other side [of the river Euphrates]; when You make Your flock to pass under the staff, let Your mercy come toward them without being angry, O Merciful One, who forgives transgression. Cleanse and purify the blemish of their deliberate transgression; hearken to their cry and do not delay. Chazzan: Lighten the face of those who are supported by Your right hand; grant atonement for the error of their sin so as to purify them.

Chazzan and congregation recite the following.
chazzan concludes the paragraph aloud, as indicated:

בְּצָהֳרִים מִשְׁפָּטֵנוּ הָאֵר, חוֹכֶיךָ לְטוֹב תַּשְׁאֵר:

Chazzan—צִדְקֵנוּ תְּחַפֵּשׂ וּתְבָאֵר, בִּמְגִנֵּךְ

נִתְגּוֹנֵן לְהִתְפָּאֵר:

Chazzan:

זָכְרֵנוּ לְחַיִּים, מֶלֶךְ חָפֵץ בַּחַיִּים, וְכָתְבֵנוּ בְּסֵפֶר הַחַיִּים,

לְמַעַנְךָ אֱלֹהִים חַיִּים:

Bend knees at בָּרוּךְ; bow at אַתָּה; straighten up at יְיָ.

מֶלֶךְ עוֹזֵר וּמוֹשִׁיעַ וּמָגֵן. בָּרוּךְ אַתָּה יְיָ, מָגֵן אַבְרָהָם:

(אָמֵן —Cong.)

אַתָּה גִּבּוֹר לְעוֹלָם אֲדֹנָי, מְחַיֶּה מֵתִים אַתָּה, רַב

לְהוֹשִׁיעַ. מוֹרִיד הַטָּל.

מְכַלְכֵּל חַיִּים בְּחֶסֶד, מְחַיֶּה מֵתִים בְּרַחֲמִים רַבִּים,

סוֹמֵךְ נוֹפְלִים, וְרוֹפֵא חוֹלִים, וּמַתִּיר אֲסוּרִים,

וּמְקַיֵּם אֱמוּנָתוֹ לִישֵׁנֵי עָפָר. מִי כָמוֹךָ בַּעַל גְּבוּרוֹת, וּמִי

דוֹמֶה לָּךְ, מֶלֶךְ מֵמִית וּמְחַיֶּה וּמַצְמִיחַ יְשׁוּעָה:

Chazzan and congregation recite the following;
chazzan concludes the paragraph aloud, as indicated:

נֶפֶשׁ נַעֲנָה תְּבַשֵּׂר סְלִיחָה, פַּלְּטֵם מֵעוֹמֶק שׁוּחָה:

Chazzan—מִתְקוֹמְמֵינוּ יְהוּ כְסוּתָה, הַחֲיֵינוּ בְּטַל

אֱמוּנָתְךָ לְשׂוֹחֲחָה:

Chazzan then congregation:

עַד יוֹם מוֹתוֹ, תְּחַכֶּה לּוֹ לִתְשׁוּבָה, לְהַנְטוֹתוֹ לִתְחִיָּה:

Chazzan:

מִי כָמוֹךָ אַב הָרַחֲמָן, זוֹכֵר יְצוּרָיו לְחַיִּים בְּרַחֲמִים:

וְנֶאֱמָן אַתָּה לְהַחֲיוֹת מֵתִים. בָּרוּךְ אַתָּה יְיָ, מְחַיֶּה

הַמֵּתִים: (אָמֵן —Cong.)

Chazzan and congregation recite the following.
chazzan concludes the paragraph aloud, as indicated:

כצהרים Let our judgment shine forth like the noonday sun; preserve for good those who place their hope in You. Chazzan: Seek out and make clear our righteousness, let us be shielded in Your protective shield so as to be glorified.

Chazzan:

זכרנו Remember us for life, King who desires life; inscribe us in the Book of Life, for Your sake, O living God.

Bend knees at *Blessed*; bow at *You*; straighten up at *Lord*.

מלך O King, [You are] a helper, a savior and a shield. Blessed are You, Lord, Shield of Abraham. (Cong: Amen)

אתה You are mighty forever, my Lord; You resurrect the dead; You are powerful to save. You cause the dew to descend.

מכלכל He sustains the living with lovingkindness, resurrects the dead with great mercy, supports the falling, heals the sick, releases the bound, and fulfills His trust to those who sleep in the dust. Who is like You, mighty One! And who can be compared to You, King, who brings death and restores life, and causes deliverance to spring forth!

Chazzan and congregation recite the following;
chazzan concludes the paragraph aloud, as indicated:

נפש Bring good tidings of pardon to those who afflict themselves [by fasting]; deliver them from the depth of the abyss. Chazzan: Let those who rise against us be extirpated; revive us with dew, that we may proclaim Your faithfulness.

Chazzan then congregation:

עד Until the day of man's death You wait for him to repent, to turn him to [the path of] life.

Chazzan:

מי Who is like You, merciful Father, who in compassion remembers His creatures for life. You are trustworthy to revive the dead. Blessed are You, Lord, who revives the dead.

(Cong: Amen)

Chazzan and congregation:

יִמְלֹךְ יְיָ לְעוֹלָם, אֱלֹהַיִךְ צִיּוֹן לְדֹר וָדֹר, הַלְלוּיָהּ:¹
וְאַתָּה קָדוֹשׁ יוֹשֵׁב תְּהִלּוֹת יִשְׂרָאֵל,² אֵל נָא:

THE ARK IS OPENED.

The following section is recited across the page line by line. The chazzan recites the first line followed by the congregation. The subsequent lines are recited by the congregation followed by the chazzan.

אַתָּה הוּא אֱלֹהֵינוּ:

גִּבּוֹר וְנַעֲרָץ:	בַּשָּׁמַיִם וּבָאָרֶץ:
הוּא שָׂח וַיֶּהִי:	דָּגוּל מֵרְבָבָה:
זִכְרוֹ לָנֶצַח:	וְצִוָּה וְנִבְרָאוּ:
טָהוֹר עֵינַיִם:	חַי עוֹלָמִים:
כִּתְרוֹ יְשׁוּעָה:	יוֹשֵׁב סֵתֶר:
מַעֲטֵהוּ קִנְאָה:	לְבוּשׁוֹ צְדָקָה:
סִתְרוֹ יֹשֶׁר:	נֶאְפַּד נְקָמָה:
פְּעֻלָּתוֹ אֱמֶת:	עֲצָתוֹ אֱמוּנָה:
קָרוֹב לְקוֹרְאָיו בֶּאֱמֶת:	צַדִּיק וְיָשָׁר:
שׁוֹכֵן שְׁחָקִים:	רָם וּמִתְנַשֵּׂא:

תּוֹלֶה אֶרֶץ עַל בְּלִימָה:

Chazzan then congregation:

חַי וְקַיָּם נוֹרָא וּמָרוֹם וְקָדוֹשׁ:

THE ARK IS CLOSED.

אָנָּא סְלַח נָא, פֶּשַׁע וְעָוֹן שָׂא נָא, וְכַחֵךְ —Chazzan then cong.
יַגְדֵּל נָא, קָדוֹשׁ:

אָנָּא רַחוּם כַּפֵּר, עֲוֹן צֹגִים תְּהִלָּתְךָ לְסַפֵּר, —Chazzan then cong.
וְיוּחֲקוּ לְחַיִּים טוֹבִים בַּסֵּפֶר, קָדוֹשׁ:

---

1. Psalms 146:10.   **2.** Ibid. 22:4.

Chazzan and congregation:

יִמְלֹךְ The Lord shall reign forever, your God, O Zion, throughout all generations. Praise the Lord.[1]

וְאַתָּה And You, holy One, are enthroned upon the praises of Israel;[2] O benevolent God!

THE ARK IS OPENED.

The following section is recited across the page line by line. The chazzan recites the first line followed by the congregation. The subsequent lines are recited by the congregation followed by the chazzan.

Transliteration, page 446.

אַתָּה You are our God

In Heaven and on earth;	He is mighty and awesome;
He is distinguished among myriads [of angels];	He spoke and it came to be;
He commanded and they were created;	His remembrance is eternal;
He lives forever;	His eyes are pure;
He is enthroned in mystery;	His crown is salvation;
Righteousness is His garment;	His cloak is zeal;
He is girded with retribution;	His mysterious ways are just;
His counsel is trustworthy;	His deeds are truth;
He is righteous and just;	He is close to those who call upon Him in truth;
He is sublime and exalted;	He abides in the heavens;

He suspends the earth in empty space.

Chazzan then congregation:

חַי He is living and eternal, awesome, exalted and holy.

THE ARK IS CLOSED.

Chazzan then cong: אָנָּא Pardon, we beseech You, forgive transgression and iniquity; and may Your power [of forbearance] increase; O holy One.

Chazzan then cong: אָנָּא O merciful One, we beseech You, grant atonement for the iniquity of those who stand [before You] to recount Your praise; and may they be inscribed for a happy life in the Book [of Life], O holy One.

The following section is recited by the chazzan and congregation. While the chazzan recites the first verse aloud, the congregation recites it in an undertone. Then the congregation responds by reciting the second (Scriptural) verse aloud, while the chazzan recites it in an undertone. After every three stanzas, one of the previous two stanzas is recited in unison.

— Chazzan מוֹרֶה חַטָּאִים סָלוּל לְהִתְהַלֵּךְ, מְלַמֵּד לְהַדְרִיכִי
בְּדֶרֶךְ אֵלֵךְ:

— Cong. אֲרוֹמִמְךָ אֱלוֹהַי הַמֶּלֶךְ:[1]

— Chazzan שַׁחַר וָנֶשֶׁף אֲיַחֵד לְהַמְלִיכֶךָ, שׁוֹכֵן עַד וְאֵין
כְּעֶרְכֶּךָ:

— Cong. בְּכָל יוֹם אֲבָרְכֶךָ:[2]

— Chazzan לִבִּי חָרֵד עֲבוֹדָתְךָ לִתְמוֹד, לְהַעֲרִיץ קְדֻשָּׁתְךָ
בְּמִשְׁמָר אֶעֱמוֹד:

— Cong. גָּדוֹל יְיָ וּמְהֻלָּל מְאֹד:[3]

Chazzan and congregation:

אָנָּא סְלַח נָא, פֶּשַׁע וְעָוֹן שָׂא נָא, וְכֹחַךְ יִגְדַּל נָא, קָדוֹשׁ:

— Chazzan מְיַחֲלִים לְחַסְדְּךָ זֶרַע עֲמוּסֶיךָ,[4] מַלֵּא מִשְׁאֲלוֹתָם
וְיִשְׂמְחוּ חוֹסֶיךָ:

— Cong. דּוֹר לְדוֹר יְשַׁבַּח מַעֲשֶׂיךָ:[5]

— Chazzan בְּחִלּוּי וְצוֹם גְּשִׁים לְעָבְדֶךָ, בְּרוּאִים כִּי הֵם
לִכְבוֹדֶךָ:

— Cong. הֲדַר כְּבוֹד הוֹדֶךָ:[6]

— Chazzan יְקָר מַלְכוּתְךָ בְּרַעַד יַאֲמִירוּ, יִחוּדְךָ בַּזָּר לֹא יָמִירוּ:

— Cong. וֶעֱזוּז נוֹרְאוֹתֶיךָ יֹאמֵרוּ:[7]

Chazzan and congregation:

אָנָּא רַחוּם כַּפֵּר, עָוֹן צְגִים תְּהִלָּתְךָ לְסַפֵּר, וְיוּחֲקוּ לְחַיִּים
טוֹבִים בַּסֵּפֶר, קָדוֹשׁ:

---

1. Psalms 145:1.   2. Ibid. 145:2.   3. Ibid. 145:3.   4. V. Isaiah 46:3.   5. Psalms 145:4.   6. Ibid. 145:5.   7. Ibid. 145:6.

The following section is recited by the chazzan and congregation. While the chazzan recites the first verse aloud, the congregation recites it in an undertone. Then the congregation responds by reciting the second (Scriptural) verse aloud, while the chazzan recites it in an undertone. After every three stanzas, one of the previous two stanzas is recited in unison.

Chazzan: מורה You instruct sinners in the path in which to walk; You teach me the way in which I should go—

Cong: I, [therefore,] will exalt You, my God the King.[1]

Chazzan: שחר Morning and evening I affirm Your Oneness, proclaiming Your sovereignty; You abide for eternity and there is none comparable to You—

Cong: Every day I will bless You.[2]

Chazzan: לבי My heart is eager to continually do Your service; I stand watch to adore Your holiness—

Cong: The Lord is great and exceedingly exalted.[3]

Chazzan and congregation:

אנא **Pardon, we beseech You, forgive transgression and iniquity, and may Your power [of forbearance] increase, O holy One.**

Chazzan: מיחלים The offspring of those borne by You[4] hope for Your kindness; grant their requests and let those who place their trust in You rejoice—

Cong: One generation to another will laud Your works.[5]

Chazzan: בחלוי With supplication and fasting they approach to serve You, for they were created for Your glory—

Cong: The splendor of Your glorious majesty.[6]

Chazzan: יקר With awe they extol the splendor of Your kingship; they will not exchange belief in Your Oneness for belief in anything else—

Cong: They will proclaim the might of Your awesome acts.[7]

Chazzan and congregation:

אנא **O Merciful One, we beseech You, grant atonement for the iniquity of those who stand [before You] to recount Your praise; and may they be inscribed for a happy life in the Book [of Life], O holy One.**

Chazzan — רוֹן פְּגִיעוֹת לְפָנֶיךָ יְרַבֵּעוּ, רַחֵשׁ הִלּוּלְךָ בְּיוֹם יְשֻׁבֵּעוּ:

Cong. — זֵכֶר רַב טוּבְךָ יַבִּיעוּ:[1]

Chazzan — בְּקֶר אֶעֱרָךְ לְךָ חִנּוּנַי, בִּפְנוֹת עֶרֶב תִּמְחֶה זְדוֹנַי:

Cong. — חַנּוּן וְרַחוּם יְיָ:[2]

Chazzan — יָהּ צוּר כֹּפֶר אֶשְׁכֹּל,[3] יִכְבֹּשׁ עֲוֹנֵינוּ וְיֹאמְרוּ הַכֹּל:

Cong. — טוֹב יְיָ לַכֹּל:[4]

Chazzan and congregation:

אָנָּא סְלַח נָא, פֶּשַׁע וְעָוֹן שָׂא נָא, וְכֹחֲךָ יִגְדַּל נָא, קָדוֹשׁ:

Chazzan — קוֹמֵם אִוּוּי קִרְיַת מְשׂוֹשֶׂךָ, קַדֵּשׁ אַבְנֵי נֵזֶר בְּנוֹסְסֶךָ:

Cong. — יוֹדוּךָ יְיָ כָּל מַעֲשֶׂיךָ:[5]

Chazzan — לְוִיֶּיךָ וַחֲסִידֶיךָ בְּנֹעַם יְזַמֵּרוּ, לְבוּשֵׁי שָׂרָד רֶקַח יִתְמֵרוּ:

Cong. — כְּבוֹד מַלְכוּתְךָ יֹאמֵרוּ:[6]

Chazzan — וּשְׁתוּלִים בְּגַנְךָ יַפְרִיחוּ בְּחַצְרוֹתָיו, וִינוּבוּן בְּשֵׂיבָה דְשֵׁנִים בְּטִירוֹתָיו:

Cong. — לְהוֹדִיעַ לִבְנֵי הָאָדָם גְּבוּרֹתָיו:[7]

Chazzan and congregation:

אָנָּא רַחוּם כַּפֵּר, עֲוֹן צֹאנִים תְּהִלָּתְךָ לְסַפֵּר, וְיֵחָקוּ לְחַיִּים טוֹבִים בַּסֵּפֶר, קָדוֹשׁ:

---

1. Psalms 145:7.   2. Ibid. 145:8.   3. V. Song of Songs 1:14; Shabbat 88b.   4. Psalms 145:9. 5. Ibid. 145:10.   6. Ibid. 145:11.   7. Ibid. 145:12.

Chazzan: רן A fourfold service they chant before You; with expressions of Your praise they satiate You this day—

Cong: They will express the remembrance of Your abounding goodness.[1]

Chazzan: בקר In the morning, I arrange my prayer before You; toward evening erase my willful sins—

Cong: The Lord is gracious and compassionate.[2]

Chazzan: יה God, the Rock, the "Pardoner who possesses all,"[3] may He suppress our iniquities so that all may proclaim—

Cong: The Lord is good to all.[4]

Chazzan and congregation:

אנא Pardon, we beseech You, forgive transgression and iniquity; and may Your power [of forbearance] increase, O holy One.

Chazzan: קומם You will re-establish [Jerusalem,] the desirable city of Your rejoicing, when You will elevate [Israel,] the holy "crown jewels"—

Cong: Lord, all Your works will give thanks to You.[5]

Chazzan: לויך Your Levi'im and Your pious ones will sing sweetly; [Kohanim] garbed in their vestments will cause the smoke of the incense-offering to ascend—

Cong: They will declare the glory of Your kingship.[6]

Chazzan: ושתולים Those planted in Your dwelling-place shall blossom in its courtyards; they shall be fruitful in old age, full of sap in His palaces—

Cong: To make known to men His mighty acts.[7]

Chazzan and congregation:

אנא O merciful One, we beseech You, grant atonement for the iniquity of those who stand [before You] to recount Your praise; and may they be inscribed for a happy life in the Book [of Life], O holy One.

Chazzan — נִצְחֲךָ יְנַגְּנוּ תְּמִימִים וּשְׁלֵמִים, נָשְׂאוּ כִּסְאֲךָ בְּבֵית עוֹלָמִים:

Cong. — מַלְכוּתְךָ מַלְכוּת כָּל עוֹלָמִים:[1]

Chazzan — יַחַד בְּכַנֶּסֶךָ לְשִׁכְנֶךָ גְּאוּלִים, יַלְבִּישׁוּךָ עוֹז כְּעוֹבְרֵי גַלִים:

Cong. — סוֹמֵךְ יְיָ לְכָל הַנֹּפְלִים:[2]

Chazzan — מַבִּיעֵי טוּבְךָ בְּוַעַד יִתְחַבְּרוּ, מֵחִים חֲשׁוֹב תַּחַן יְדַבֵּרוּ:

Cong. — עֵינֵי כֹל אֵלֶיךָ יְשַׂבֵּרוּ:[3]

Chazzan and congregation:

אָנָּא סְלַח נָא, פֶּשַׁע וְעָוֹן שָׂא נָא, וְכֹחֲךָ יִגְדַּל נָא, קָדוֹשׁ:

Chazzan — וְדוּיִם יָנוּחַ כְּשַׁי עָדֶיךָ, וִישַׁלֵּם פָּרִים אֶרֶשׁ עָדֶיךָ:

Cong. — פּוֹתֵחַ אֶת יָדֶךָ:[4]

Chazzan — סֶלָה בְּרַחֲמָיו יָצִיץ מֵחֲרַכָּיו, סְלוֹחַ יַרְבֶּה לְעַם מְבֹרְכָיו:

Cong. — צַדִּיק יְיָ בְּכָל דְּרָכָיו:[5]

Chazzan — חִין יֶשַׁע מִגּוֹי מְקוֹרָאָיו, חוֹן יָחוֹן קוֹרְאֵי מִקְרָאָיו:

Cong. — קָרוֹב יְיָ לְכָל קֹרְאָיו:[6]

Chazzan and congregation:

אָנָּא רַחוּם כַּפֵּר, עֲוֹן צֹגִים תְּהִלָּתְךָ לְסַפֵּר, וְיוּחֲקוּ לְחַיִּים טוֹבִים בַּסֵּפֶר, קָדוֹשׁ:

---

1. Psalms 145:13. **2.** Ibid. 145:14. **3.** Ibid. 145:15. **4.** Ibid. 145:16. **5.** Ibid. 145:17. **6.** Ibid. 145:18.

Chazzan: נִצְחֲךָ The sincere and perfect ones shall sing of Your victory, when You will establish Your Throne in the everlasting House—

Cong: Your kingship is a kingship over all worlds.[1]

Chazzan: יַחַד When You will gather together the redeemed to Your dwelling-place, they will garb You with majesty as did those who passed through the waves of the sea—

Cong: The Lord supports all who fall.[2]

Chazzan: מַבִּיעַ Those who join together in assembly to express Your goodness—reckon the supplication they utter as an offering of fatlings—

Cong: The eyes of all look expectantly to You.[3]

Chazzan and congregation:

אָנָּא **Pardon, we beseech You, forgive transgression and iniquity; and may Your power [of forbearance] increase, O holy One.**

Chazzan: וְדוּיִם May their confession be like a pleasing offering for You, and may the uttered prayer of those who attest [to Your Oneness] be accounted in place of a sacrifice of bullocks—

Cong: You open Your hand.[4]

Chazzan: סֶלָה In His mercy, may He ever look down from the apertures of heaven and increase pardon for the people He has blessed—

Cong: The Lord is righteous in all His ways.[5]

Chazzan: חֵן May He turn to the prayer of the nation whom He called [Israel]; may He be gracious to those who convoke His holy assemblies—

Cong. The Lord is close to all who call upon Him.[6]

Chazzan and congregation:

אָנָּא **O merciful One, we beseech You, grant atonement for the iniquity of those who stand [before You] to recount Your praise; and may they be inscribed for a happy life in the Book [of Life], O holy One.**

Chazzan — זֶה אֵלִי פֶּלֶא עֹשֶׂה, זַעֲקָתֵנוּ יָרֵץ וְשׁוֹטְנֵינוּ יְעַסֶּה:

Cong. — רְצוֹן יְרֵאָיו יַעֲשֶׂה:[1]

Chazzan — קִוּוּי יִתֵּן לְלוֹ מַשְׁלִיךְ יְהָבָיו, קָדוֹשׁ פְּשָׁעֵינוּ יְכַסֶּה בְּאַהֲבָיו:

Cong. — שׁוֹמֵר יְיָ אֶת כָּל אֹהֲבָיו:[2]

Chazzan — קַבֵּל צִקוּנִי כְּבַמְכְלַל יָפִי, קוֹלִי תַאֲזִין וְתַצְלִיל דְּפִי:

Cong. — תְּהִלַּת יְיָ יְדַבֶּר פִּי:[3]

Chazzan and congregation:

אָנָּא סְלַח נָא, פֶּשַׁע וְעָוֹן שָׂא נָא, וְכֹחֲךָ יִגְדַּל נָא, קָדוֹשׁ:

Chazzan then cong. — מֶלֶךְ שׁוֹכֵן עַד, לְבַדְּךָ מְלוֹךְ עֲדֵי עַד, הָאֵל קָדוֹשׁ:

Chazzan then cong. — מֶלֶךְ מַאֲזִין שַׁוְעָה, לְעַמּוֹ מֵחִישׁ יְשׁוּעָה, נוֹרָא וְקָדוֹשׁ:

Chazzan then cong. — הַיּוֹם יִכָּתֵב בְּסֵפֶר הַזִּכְרוֹנוֹת הַחַיִּים וְהַמָּוֶת. אָנָּא כַנֵּה, עוּרִי נָא, הִתְעוֹרְרִי נָא, עִמְדִי נָא, הִתְיַצְּבִי נָא, קוּמִי נָא, חֲלִי נָא, בְּעַד הַנֶּפֶשׁ חֲנִי נָא, פְּנֵי דַר עֶלְיוֹן:

Chazzan and congregation:

וּבְכֵן אָמְרוּ לֵאלֹהִים מַה נּוֹרָא מַעֲשֶׂיךָ:[4]

THE ARK IS OPENED.

---

1. Psalms 145:19. **2.** Ibid. 145:20. **3.** Ibid. 145:21. **4.** Ibid. 66:3.

Chazzan: זֶה This is my God who performs wonders; may He favorably accept our cry and crush our enemies—

Cong: He fulfills the desire of those who fear Him.[1]

Chazzan: קֹווּי May He fulfill the hope of him who casts his burden on Him; may the holy One cover our transgressions with His love—

Cong: The Lord watches over all who love Him.[2]

Chazzan: קַבֵּל Accept the outpouring of my lips as in [the Bet Hamikdash,] the perfection of beauty; hearken to my voice and cast our misdeeds into the deep—

Cong: My mouth will utter the praise of the Lord.[3]

Chazzan and congregation:

אָנָּא Pardon, we beseech You, forgive transgression and iniquity; and may Your power [of forbearance] increase, O holy One.

Chazzan then cong: מֶלֶךְ O King, who abides for eternity, reign alone for all eternity, holy God.

Chazzan then cong: מֶלֶךְ O King, who hearkens to supplication, may He speedily bring deliverance to His people—Awesome and Holy!

Chazzan then cong: הַיּוֹם On this day, life and death is written in the Book of Remembrance. O Israel, awake, rouse yourself, get up, rise, stand firm, implore, plead for your soul before Him who dwells on high.

Chazzan and congregation:

וּבְכֵן And thus extol God: How awesome are Your deeds![4]

THE ARK IS OPENED.

The following section is recited responsively. The chazzan recites the first paragraph followed by the congregation; the subsequent paragraphs are recited by the congregation followed by the chazzan. Although each stanza begins with אִמְרוּ לֵאלֹהִים, these words are recited at the conclusion of the previous stanza.

אִמְרוּ לֵאלֹהִים: אֶרֶךְ אַפַּיִם וּגְדָל כֹּחַ, מֵכִין הָרִים בְּכֹחַ, חֲכַם לֵבָב וְאַמִּיץ כֹּחַ, נוֹתֵן לַיָּעֵף כֹּחַ, לָכֵן יִתְגָּאֶה גָּדוֹל אֲדוֹנֵינוּ וְרַב כֹּחַ:'

אִמְרוּ לֵאלֹהִים: בּוֹנֶה בַשָּׁמַיִם מַעֲלוֹתָיו, מַשְׁקֶה הָרִים מֵעֲלִיּוֹתָיו, זֵכֶר עָשָׂה לְנִפְלְאֹתָיו, וְלוֹ נִתְכְּנוּ עֲלִילוֹתָיו, לָכֵן יִתְגָּאֶה הַמְקָרֶה בַמַּיִם עֲלִיּוֹתָיו:²

אִמְרוּ לֵאלֹהִים: גֵּאֶה וְגָבוֹהַּ בִּשְׁמֵי מַעֲלָה, עֹטֶה אוֹר כַּשַּׂלְמָה, לוֹ הַגְּבוּרָה וְהַגְּדֻלָּה, וְהָעֹז וְהַמֶּמְשָׁלָה, לָכֵן יִתְגָּאֶה וּמַלְכוּתוֹ בַּכֹּל מָשָׁלָה:³

אִמְרוּ לֵאלֹהִים: דָּגוּל מֵרִבְבוֹת קֹדֶשׁ, וְנֶאְדָּר בַּקֹּדֶשׁ, דַּרְכּוֹ בַקֹּדֶשׁ, וּמִשְׁתַּחֲוִים לוֹ בְּהַדְרַת קֹדֶשׁ, לָכֵן יִתְגָּאֶה הֲלִיכוֹת אֵלִי מַלְכִּי בַקֹּדֶשׁ:⁴

אִמְרוּ לֵאלֹהִים: הוֹדוֹ כִסָּה שָׁמַיִם, רוֹקַע הָאָרֶץ עַל הַמָּיִם, יַרְעֵם מִשָּׁמַיִם, לְקוֹל תִּתּוֹ הֲמוֹן מַיִם בַּשָּׁמַיִם, לָכֵן יִתְגָּאֶה הַנּוֹטֶה כַדֹּק שָׁמָיִם:⁵

אִמְרוּ לֵאלֹהִים: וְכָל בַּשָּׁלִישׁ עֲפַר הָאָרֶץ, יָדוֹ יָסְדָה אָרֶץ, וִימִינוֹ טִפְּחָה שְׁמֵי עָרֶץ, וְהֶעֱמִידָם בְּלִי פָרֶץ, לָכֵן יִתְגָּאֶה הַיּוֹשֵׁב עַל חוּג הָאָרֶץ:⁵

---

1. Psalms 147:5.   **2.** Ibid. 140:3.   **3.** Ibid. 103:19.   **4.** Ibid. 68:25.   **5.** Isaiah 40:22.

The following section is recited responsively. The chazzan recites the first paragraph followed by the congregation; the subsequent paragraphs are recited by the congregation followed by the chazzan. Although each stanza begins with *Extol God*, these words are recited at the conclusion of the previous stanza.

אמרו לאלהים Extol God: He is slow to anger and of great might; He establishes mountains with strength; He is wise of heart and powerfully mighty; He gives strength to the weary. Therefore let Him be glorified—great is our Master and abounding in might.[1]

Extol God: He builds His chambers in the heavens; He waters the mountains from His clouds above; He has made His wonders to be remembered; by Him [all] deeds are reckoned. Therefore let Him be glorified, He who roofs His heavens with water.[2]

Extol God: He is lofty and exalted in the heavenly heights; He enwraps Himself with light as with a garment; His is the might and the greatness, the power and the dominion. Therefore let Him be glorified, He whose kingship has dominion over all.[3]

Extol God: He is distinguished among the myriads of holy beings, He is majestic in holiness, His way is holiness; they bow down to Him in resplendent holiness. Therefore let Him be glorified, my God, my King, whose ways are in holiness.[4]

Extol God: His splendor covers the heavens; He spreads forth the earth above the waters; He thunders from the heavens; He gives resounding voice to the great mass of water in the heavens. Therefore let Him be glorified, He who stretches out the heavens as a curtain.[5]

Extol God: He calculated with a measure the dust of the earth; His hand founded the earth; His right hand spanned the mighty heavens, and He made them to stand firmly without a breach. Therefore let Him be glorified, He who dwells [in heaven] which encircles the earth.[5]

אָמְרוּ לֵאלֹהִים: זָהֵר כִּסְאוֹ שְׁבִיבֵי אֵשׁ, מְשָׁרְתָיו לוֹהֲטֵי אֵשׁ, נֹגַהּ לָאֵשׁ וּמַבְרִיק הָאֵשׁ, לְפָנָיו נִמְשָׁכִים נַהֲרֵי אֵשׁ, לָכֵן יִתְגָּאֶה אֵשׁ אוֹכְלָה אֵשׁ:[1]

אָמְרוּ לֵאלֹהִים: חַי עוֹלָמִים, צָר בְּיָהּ עוֹלָמִים, אַוָּה בֵּית עוֹלָמִים, מָכוֹן לְשִׁבְתְּךָ עוֹלָמִים, לָכֵן יִתְגָּאֶה עַתִּיק יוֹמִין:[2]

אָמְרוּ לֵאלֹהִים: טְהוֹר עֵינַיִם, סְבִיבוֹתָיו חַשְׁרַת מָיִם, עָבֵי שְׁחָקִים חֶשְׁכַת מַיִם, טוֹעֲנֵי מֶרְכַּבְתּוֹ גִּבְתָּם מְלֵאוֹת עֵינָיִם, לָכֵן יִתְגָּאֶה מִצְוַת יְיָ בָּרָה מְאִירַת עֵינָיִם:[3]

אָמְרוּ לֵאלֹהִים: יוֹדֵעַ מַה בְּסִתְרֵי חֹשֶׁךְ, לֹא יַחְשִׁיךְ מֶנּוּ כָּל חֹשֶׁךְ, קֵץ שָׂם לַחֹשֶׁךְ, הוֹפֵךְ לַבֹּקֶר צַלְמָוֶת וְחֹשֶׁךְ, לָכֵן יִתְגָּאֶה יוֹצֵר אוֹר וּבוֹרֵא חֹשֶׁךְ:[4]

אָמְרוּ לֵאלֹהִים: כּוֹנֵן כִּסְאוֹ לַמִּשְׁפָּט, מָכוֹן כִּסְאוֹ צֶדֶק וּמִשְׁפָּט, אֱלֹהֵי הַמִּשְׁפָּט, תֹּאחֵז יָדוֹ בַּמִּשְׁפָּט, לָכֵן יִתְגָּאֶה וַיִּגְבַּהּ יְיָ צְבָאוֹת בַּמִּשְׁפָּט:[5]

אָמְרוּ לֵאלֹהִים: לוֹ יָאֲתָה מְלוּכָה, שׁוֹכֵן עַד וְאֶת דַּכָּא, מֵשִׁיב אֱנוֹשׁ עַד דַּכָּא, וְאוֹמֵר שׁוּבוּ בְּרוּחַ נְמוּכָה, לָכֵן יִתְגָּאֶה כִּי לַיְיָ הַמְּלוּכָה:[6]

אָמְרוּ לֵאלֹהִים: מוֹשֵׁל בִּגְבוּרָתוֹ עוֹלָם, הַכֹּל צָפוּי וְלֹא נֶעְלָם, זֶה שְׁמוֹ לְעוֹלָם, חַסְדּוֹ מֵעוֹלָם וְעַד עוֹלָם, לָכֵן יִתְגָּאֶה בָּרוּךְ יְיָ אֱלֹהֵי יִשְׂרָאֵל מִן הָעוֹלָם וְעַד הָעוֹלָם:[7]

---
1. See Yoma 21b. **2.** Daniel 7:9. **3.** Psalms 19:10. **4.** Isaiah 45:7. **5.** Ibid. 5:16. **6.** Psalms 22:29. **7.** Ibid. 106:48.

Extol God: The splendor of His throne is sparks of fire; His servants are blazing fire, brilliant fire and flashing fire; before Him flow streams of fire. Therefore let Him be glorified, He who is like fire consuming fire.[1]

Extol God: He lives forever; with His holy Name He formed the worlds; He desired the Temple, an everlasting dwelling, an everlasting place for Your abode. Therefore let Him be glorified, the Ancient of Days.[2]

Extol God: His eyes are pure; surrounding Him there is an abundance of water, dense clouds and dark waters; those who bear His chariot—their rims are full of eyes. Therefore let Him be glorified, the Lord whose commandment is clear, enlightening the eyes.[3]

Extol God: He knows what is in the secrets of darkness; no darkness obscures for Him; He puts an end to darkness; He turns the shadow of death and darkness into dawn. Therefore let Him be glorified, He who forms light and creates darkness.[4]

Extol God: He sets His throne for justice; righteousness and justice is the foundation of His throne; He is the God of justice, who holds in His hand [the attribute of] justice. Therefore let Him be glorified—the Lord of hosts who is exalted in justice.[5]

Extol God: Sovereignty is fitting for Him; He dwells in supernal heights as well as with the humble; He turns man to contrition, and He says: Return with a humble spirit. Therefore let Him be glorified, for sovereignty is the Lord's.[6]

Extol God: He rules forever in His might; all is foreseen [by Him] and not concealed; His Name is eternal, His kindness is forever and ever. Therefore let Him be glorified, the Lord who is blessed, the God of Israel, for all eternity.[7]

אִמְרוּ לֵאלֹהִים: נוֹצֵר חֶסֶד לָאֶלֶף דּוֹר, לוֹחֵם קָמָיו מִדּוֹר דּוֹר, מֵקִים סֻכַּת מְשִׁיחוֹ לְגִדּוֹר, הָאוֹר חוֹנֶה עִמּוֹ בִּמְדוֹר, לָכֵן יִתְגָּאֶה זֶה זִכְרוֹ לְדוֹר דּוֹר:[1]

אִמְרוּ לֵאלֹהִים: סוֹבֵל עֶלְיוֹנִים וְתַחְתּוֹנִים, שׁוֹמֵעַ אֶל אֶבְיוֹנִים, מַאֲזִין שִׂיחַ חִנּוּנִים, מַקְשִׁיב שַׁוְעַ רְנָנִים, לָכֵן יִתְגָּאֶה אֱלֹהֵי הָאֱלֹהִים וַאֲדֹנֵי הָאֲדֹנִים:[2]

אִמְרוּ לֵאלֹהִים: עִזּוּז וְגִבּוֹר אִישׁ מִלְחָמָה, נוֹקֵם לְצָרָיו וּבַעַל חֵמָה, מַכְרִית קָמָיו בִּמְהוּמָה, נוֹהֵם עֲלֵיהֶם בִּנְהִימָה, לָכֵן יִתְגָּאֶה יְיָ אִישׁ מִלְחָמָה:[3]

אִמְרוּ לֵאלֹהִים: פָּעַל וְעָשָׂה הַכֹּל, בְּיָדוֹ לְגַדֵּל וּלְחַזֵּק לַכֹּל, אֵלָיו יְשַׂבְּרוּ עֵינֵי כֹל, וְעֵינָיו מְשׁוֹטְטוֹת בַּכֹּל, לָכֵן יִתְגָּאֶה עֶלְיוֹן עַל כֹּל:[4]

אִמְרוּ לֵאלֹהִים: צַדִּיק בְּכָל דְּרָכָיו, יָשָׁר מֵצִיץ מֵחֲרַכָּיו, חָפֵץ בְּעַם מַמְלִיכָיו, יִירְשׁוּ אֶרֶץ מְבוֹרָכָיו, לָכֵן יִתְגָּאֶה בָּרְכוּ יְיָ מַלְאָכָיו:[5]

אִמְרוּ לֵאלֹהִים: קוֹרֵא הַדּוֹרוֹת מֵרֹאשׁ, מַגִּיד אַחֲרִית מֵרֹאשׁ, בָּחַר בְּעַם דַּלַּת רֹאשׁ, עֻזּוּ יוֹם יוֹם לִדְרֹשׁ, לָכֵן יִתְגָּאֶה הַמִּתְנַשֵּׂא לְכֹל לְרֹאשׁ:[6]

אִמְרוּ לֵאלֹהִים: רָם וְנִשָּׂא שׁוֹכֵן עַד, בָּטְחוּ בוֹ עֲדֵי עַד, כְּבוֹדוֹ בְּסוֹד קְדוֹשִׁים וָעַד, וּלְעַם קְדוֹשׁוֹ נוֹעַד, לָכֵן יִתְגָּאֶה הַמַּבִּיט לָאָרֶץ וַתִּרְעָד:[7]

---

1. Cf. Exodus 3:15. **2.** Deuteronomy 10:17. **3.** Exodus 15:3. **4.** Psalms 83:19, 97:9. **5.** Ibid. 103:20. **6.** I Chronicles 29:11. **7.** Psalms 104:32.

Extol God: He preserves kindness for a thousand generations; He wages war against those who rise up against Him from generation to generation; He will restore the tabernacle of His anointed and place a fence around it; light dwells with Him in His abode. Therefore let Him be glorified, He whose remembrance is throughout all generations.[1]

Extol God: He sustains the celestial and terrestrial beings; He hears the destitute; He listens to words of supplication; He hearkens to the cry of prayers. Therefore let Him be glorified, He who is the God of the supernal beings and the Master of the heavenly hosts.[2]

Extol God: He is strong and mighty, the master of war; He brings retribution upon His adversaries and is wrathful; He cuts down His foes in terror, He roars with a mighty roar over them. Therefore let Him be glorified, the Lord who is the Master of war.[3]

Extol God: He has made and brought all things into existence; it is in His hand to grant greatness and strength to all; the eyes of all look expectantly to Him, and His eyes oversee all. Therefore let Him be glorified, He who is exalted above all.[4]

Extol God: He is righteous in all His ways; upright, He looks down from the apertures of heaven; He desires [Israel,] the nation who proclaims Him King; those blessed by Him shall inherit the earth. Therefore let Him be glorified, the Lord who is blessed by His angels.[5]

Extol God: He summons the generations from the beginning; He declares the end from the beginning; He has chosen a people few in number, to search His strength [the Torah] day by day. Therefore let Him be glorified, He who is supreme over all rulers.[6]

Extol God: He is lofty and exalted; He abides for eternity; trust in Him forever and ever; He has placed His glory in the assembly of the holy beings and set [His Divine Presence] among His holy people. Therefore let Him be glorified, He who looks at the earth and it trembles.[7]

אָמְרוּ לֵאלֹהִים: שְׁבִילוֹ בְּמַיִם רַבִּים, שָׁמָיו מַרְעִיף
רְבִיבִים, שְׁמוֹ מִיַחֲדִים שַׁחַר וַעֲרָבִים, בְּשַׁעַר בַּת
רַבִּים, לָכֵן יִתְגָּאֶה יְיָ צְבָאוֹת יוֹשֵׁב הַכְּרוּבִים:[1]

אָמְרוּ לֵאלֹהִים: תְּהִלָּתוֹ מָלְאָה הָאָרֶץ, מַעֲבִיר כִּלָּיוֹן
וָחֶרֶץ, מֵשִׁיב אַף וְחָרוֹן וָקֶרֶץ, שׁוֵּעַ מְחַנְּנָיו יָרֶץ,
לָכֵן יִתְגָּאֶה יְיָ אֲדֹנֵינוּ מָה אַדִּיר שִׁמְךָ בְּכָל
הָאָרֶץ:[2]

Chazzan and congregation:

וּבְכֵן גְּדוֹלִים מַעֲשֵׂי אֱלֹהֵינוּ:

The following section is recited responsively. The chazzan recites the first paragraph
followed by the congregation; the subsequent paragraphs are recited by the congregation
followed by the chazzan. Although each stanza begins with מַעֲשֵׂה אֱלֹהֵינוּ, these words are
recited at the conclusion of the previous stanza.

מַעֲשֵׂה אֱלֹהֵינוּ: אֵין מִי בַשַּׁחַק יַעֲרֹךְ לוֹ, בִּבְנֵי אֵלִים
יִדְמֶה לוֹ, גְּבוֹהִים עָלָה לְמוֹשָׁב לוֹ, דָּרֵי גֵיא
כַּחֲגָבִים לְמוּלוֹ, לָכֵן יִתְגָּאֶה הַצּוּר תָּמִים פָּעֳלוֹ:[3]

מַעֲשֵׂה אֱלֹהֵינוּ: הַמֵּשֵׁל וָפַחַד עִמּוֹ, וְהַרְבֵּה פְדוּת
עִמּוֹ, זַעַק וְלַחַשׁ עַמּוֹ, חָשׁ וּמַאֲזִין מִמְּרוֹמוֹ, לָכֵן
יִתְגָּאֶה יְיָ צְבָאוֹת שְׁמוֹ:[4]

מַעֲשֵׂה אֱלֹהֵינוּ: טֶרֶף נָתַן לִירֵאָיו, יוֹבִילוּ שַׁי לְמוֹרָאָיו,
כִּתֵּי גְדוּדֵי צְבָאָיו, לֹא יְשׁוּרוּ כְּבוֹד מַרְאָיו, לָכֵן
יִתְגָּאֶה הִנֵּה עֵין יְיָ אֶל יְרֵאָיו:[5]

מַעֲשֵׂה אֱלֹהֵינוּ: מַלְאָכָיו עָשָׂה רוּחוֹת, נִקְדָּשׁ בְּשִׁירוֹת
וְתִשְׁבָּחוֹת, סוֹכֵךְ שְׁפִיכוּת שִׂיחוֹת, עוֹנֶה
וּמַעֲמִיד רְוָחוֹת, לָכֵן יִתְגָּאֶה אֱלֹהֵי הָרוּחוֹת:[6]

---

1. II Samuel 6:2.   **2.** Psalms 8:2.   **3.** Deuteronomy 32:4.   **4.** Isaiah 47:4.   **5.** Psalms 33:18.
6. Numbers 16:22.

Extol God: His path is in mighty waters; He makes raindrops fall from His heavens; morning and evening they affirm the Oneness of His Name at the gates where multitudes congregate. Therefore let Him be glorified, the Lord of hosts who dwells upon the *Keruvim.*[1]

Extol God: Praise of Him fills the earth; He removes extirpation and annihilation; He turns away anger, wrath and destruction; He accepts with favor the cry of those who entreat Him. Therefore let Him be glorified—O Lord, our Master, how mighty is Your Name throughout the earth![2]

Chazzan and congregation:

ובכן And so too, great is the work of our God!

The following section is recited responsively. The chazzan recites the first paragraph followed by the congregation; the subsequent paragraphs are recited by the congregation followed by the chazzan. Although each stanza begins with *The work of our God,* these words are recited at the conclusion of the previous stanza.

מעשה אלהינו The work of our God: There is none in heaven that compares with Him, nor among the supernal beings that is like Him; He has elevated the lofty heavens to be His dwelling-place; the inhabitants of the earth are as grasshoppers before Him. Therefore let Him be glorified, the Rock, whose deeds are perfect.[3]

The work of our God: Dominion and fear are with Him; abounding deliverance is with Him; from His heavenly heights He hastens to hear the cry and supplication of His people. Therefore let Him be glorified—the Lord of hosts is His Name.[4]

The work of our God: He gives food to those who fear Him; they will bring a gift-offering to Him whose fear is upon them; the numerous bands of His [angelic] hosts cannot behold the glory of His likeness. Therefore let Him be glorified, the Lord whose eye is directed toward those who fear Him.[5]

The work of our God: He makes His winds His messengers; He is sanctified with songs and praises; He pays heed to the outpourings of prayers; He answers and brings forth abounding relief. Therefore let Him be glorified, the God of spirits.[6]

מַעֲשֵׂה אֱלֹהֵינוּ: פּוֹדֶה מְשַׁחֵת עֲמוּסָיו,' צוּר יוֹדֵעַ
חוֹסָיו, קָדוֹשׁ מַפְלִיא נִסָּיו, רַחוּם לְמַרְצָיו
וּמַכְעִיסָיו, לָכֵן יִתְגָּאֶה וְרַחֲמָיו עַל כָּל מַעֲשָׂיו:²

THE ARK IS CLOSED.

Chazzan and congregation in an undertone:

מַעֲשֵׂה אֱנוֹשׁ וְתַחְבְּלוֹתָיו מִזִּמָּה, שִׁבְתּוֹ בְּתוֹךְ מִרְמָה, רְפִידָתוֹ
רִמָּה, קָבוּר בִּסְעִיף אֲדָמָה, וְאֵיךְ יִתְגָּאֶה אָדָם לַהֶבֶל
דָּמָה:³

THE ARK IS IMMEDIATELY RE-OPENED.

Congregation then chazzan:

אֲבָל מַעֲשֵׂה אֱלֹהֵינוּ: שׁוֹמֵעַ שַׁוְעוֹת, שׁוֹעֶה עֶרְךְ
שׁוּעוֹת, תּוֹרוֹתָיו מְשַׁעְשְׁעוֹת, תְּכַסִּיסוֹ כּוֹבַע
יְשׁוּעוֹת, לָכֵן יִתְגָּאֶה הָאֵל הָאֵל לָנוּ אֵל לְמוֹשָׁעוֹת:⁴

Chazzan and congregation:

וּבְכֵן לְנוֹרָא עֲלֵיהֶם בְּאֵימָה יַעֲרִיצוּ:

The following section is recited responsively. The chazzan recites the first paragraph
followed by the congregation; the subsequent paragraphs are recited by the congregation
followed by the chazzan.

אֲשֶׁר אֹמֶץ תְּהִלָּתֶךָ, בְּאֵילֵי שַׁחַק, בְּבִרְקֵי נֹגַהּ, בִּגְדוּדֵי
גֹבַהּ, בְּדִמּוּמֵי דַקָּה, וּקְדֻשָּׁתְךָ בְּפִיהֶם:

וּרְצִיתָ שֶׁבַח, מֵהוֹמֵי בְרֶגֶשׁ, וְעוֹרְכֵי שֶׁוַע, זוֹעֲקֵי
תַחֲנָה, חוֹכֵי חֲנִינָה, וְהִיא כְבוֹדֶךָ:

אֲשֶׁר אֹמֶץ תְּהִלָּתֶךָ, בְּטַפְסְרֵי טֹהַר, בְּיִדּוּן יִדּוּן,
בְּכִרוּבֵי כָבוֹד, בִּלְגְיוֹנֵי לַהַב, וּקְדֻשָּׁתְךָ בְּפִיהֶם:

---

1. V. Isaiah 46:3.   2. Psalms 145:9.   3. Ibid. 144:4.   4. Ibid. 68:21.

The work of our God: He redeems [Israel,] borne by Him,[1] from going down to the grave; He is the Rock who knows those who trust in Him; He is the holy One who performs wondrous miracles; He shows compassion to those who carry out His will as well as to those who arouse His ire. Therefore let Him be glorified, He whose mercies extend over all His works.[2]

THE ARK IS CLOSED.

Chazzan and congregation in an undertone:

מעשה אנוש The work of mortal man and his schemes are machinations; he resides in the midst of deceit; his bed is filled with worms when he is buried in the cleft of the earth. How then can man glorify himself when he is like a fleeting breath?[3]

THE ARK IS IMMEDIATELY RE-OPENED.

Congregation then chazzan:

אבל But the work of our God: He hears suppliant cry; He turns to prayers offered before Him; His [Written and Oral] Torah bring delight; a helmet of deliverance is His ornament. Therefore let Him be glorified, the God who is for us a God of deliverance.[4]

Chazzan and congregation:

ובכן And thus in fear they revere the One who inspires awe in them.

The following section is recited responsively. The chazzan recites the first paragraph followed by the congregation; the subsequent paragraphs are recited by the congregation followed by the chazzan.

אשר Though Your mighty praise is proclaimed by heavenly angels, by [celestial beings] who flash like lightning, by angelic bands of lofty stature, by [supernal beings] of still, soft voices; [the affirmation of] Your sanctity is in their mouths—

ורצית Yet You desire praise from the prayerful throngs [of Israel,] who arrange their pleas before You, who cry out in supplication, who hope for Your graciousness; and this is Your glory.

אשר Though Your mighty praise is proclaimed by [supernal] princes of purity, by swiftly-moving angelic messengers, by glorious Keruvim, by fiery legions; [the affirmation of Your] sanctity is in their mouths—

וְרָצִיתָ שֶׁבַח, מִמְּעוּטֵי יָמִים (עַמִּים), נְשׁוּיֵי טוֹבָה,
שְׂבֵעֵי רֹגֶז, עֲגוּמֵי נֶפֶשׁ, וְהִיא כְבוֹדֶךָ:

אֲשֶׁר אִמֶּץ תְּהִלָּתֶךָ, בִּפְלִיאֵי שֵׁמוֹת, בְּצִבְאוֹת עִירִין,
בִּקְדוֹשֵׁי קֶדֶם, בְּרֶכֶב רִבֹּתַיִם, וּקְדַשְׁתָּךְ
בְּפִיהֶם:

וְרָצִיתָ שֶׁבַח, מִשּׁוֹקְדֵי דְלָתוֹת, שׁוֹפְכֵי שִׂיחַ, תוֹבְעֵי
סְלִיחָה, תְּאֵבֵי כַפָּרָה, וְהִיא כְבוֹדֶךָ:

THE ARK IS CLOSED.

Chazzan and congregation:

וּבְכֵן תְּנוּ עֹז לֵאלֹהִים עַל יִשְׂרָאֵל גַּאֲוָתוֹ:[2]

Chazzan and congregation recite the following;
chazzan concludes the paragraph aloud, as indicated:

עַל יִשְׂרָאֵל אֱמוּנָתוֹ, עַל יִשְׂרָאֵל בִּרְכָתוֹ, עַל יִשְׂרָאֵל
גַּאֲוָתוֹ, עַל יִשְׂרָאֵל דִּבְרָתוֹ, עַל יִשְׂרָאֵל הֲדָרָתוֹ,
עַל יִשְׂרָאֵל וְעִידָתוֹ, עַל יִשְׂרָאֵל זְכִירָתוֹ, עַל יִשְׂרָאֵל
חֶמְלָתוֹ, עַל יִשְׂרָאֵל טָהֳרָתוֹ, עַל יִשְׂרָאֵל יְשָׁרָתוֹ, עַל
יִשְׂרָאֵל כַּנָּתוֹ, עַל יִשְׂרָאֵל לְאֻמָּתוֹ, עַל יִשְׂרָאֵל
מַלְכוּתוֹ, עַל יִשְׂרָאֵל נְעִימָתוֹ, עַל יִשְׂרָאֵל סְגֻלָּתוֹ, עַל
יִשְׂרָאֵל עֲדָתוֹ, עַל יִשְׂרָאֵל פְּעֻלָּתוֹ, עַל יִשְׂרָאֵל
צִדְקָתוֹ, עַל יִשְׂרָאֵל קְדֻשָּׁתוֹ, עַל יִשְׂרָאֵל רוֹמְמוּתוֹ:
Chazzan— עַל יִשְׂרָאֵל שְׁכִינָתוֹ, עַל יִשְׂרָאֵל תִּפְאַרְתּוֹ:

Chazzan and congregation:

וּבְכֵן נֶאְדָּרְךָ[3] חַי עוֹלָמִים:

---

1. Alternate version: of the nation who is few in number. **2.** Psalms 68:35. **3.** Another version:
נֶאְדָּר לְחַי.

וּרְצִית Yet You desire praise from [mortal men] whose years are few,[1] who have forgotten good fortune, who are surfeited with anguish, whose souls are grieved; and this is Your glory.

אֲשֶׁר Though Your mighty praise is proclaimed by [celestial beings] whose names are inscrutable, by hosts of angels, by ancient holy beings, by many myriads of chariots; [the affirmation of Your] sanctity is in their mouths—

וּרְצִית Yet You desire praise from [Israel] who hasten to Your gates, who pour out words of prayer, who seek pardon, who long for atonement; and this is Your glory.

THE ARK IS CLOSED.

Chazzan and congregation:

וּבְכֵן And thus ascribe might to God whose majesty is over Israel.[2]

Chazzan and congregation recite the following;
chazzan concludes the paragraph aloud, as indicated:

עַל Faith in Him is in the people of Israel; His blessing is upon Israel; His majesty is upon Israel; His word is for Israel; His splendor is upon Israel; His convocation is with Israel; His remembrance is upon Israel; His mercy is upon Israel; His purity is upon Israel; His uprightness is upon Israel; His vineyard is Israel; His nation is Israel; His sovereignty is upon Israel; His pleasantness is upon Israel; His beloved treasure is Israel; His community is Israel, His handiwork is Israel, His righteousness is upon Israel, His holiness is upon Israel; His grandeur is upon Israel; Chazzan: His Divine Presence is upon Israel; His glory is upon Israel.

Chazzan and congregation:

וּבְכֵן And so we will glorify You who lives forever.

THE ARK IS OPENED.

The following is sung by the chazzan and congregation in unison:

הָאַדֶּרֶת וְהָאֱמוּנָה	לְחַי עוֹלָמִים:	הַלֶּקַח וְהַלִּבּוּב	לְחַי עוֹלָמִים:
הַבִּינָה וְהַבְּרָכָה	לְחַי עוֹלָמִים:	הַמְּלוּכָה וְהַמֶּמְשָׁלָה	לְחַי עוֹלָמִים:
הַגַּאֲוָה וְהַגְּדֻלָּה	לְחַי עוֹלָמִים:	הַנּוֹי וְהַנֵּצַח	לְחַי עוֹלָמִים:
הַדֵּעָה וְהַדִּבּוּר	לְחַי עוֹלָמִים:	הַסִּגּוּי וְהַשֶּׂגֶב	לְחַי עוֹלָמִים:
הַהוֹד וְהֶהָדָר	לְחַי עוֹלָמִים:	הָעוֹז וְהָעֲנָוָה	לְחַי עוֹלָמִים:
הַוַּעַד וְהַוָּתִיקוּת	לְחַי עוֹלָמִים:	הַפְּדוּת וְהַפְּאֵר	לְחַי עוֹלָמִים:
הַזִּיו וְהַזֹּהַר	לְחַי עוֹלָמִים:	הַצְּבִי וְהַצֶּדֶק	לְחַי עוֹלָמִים:
הַחַיִל וְהַחֹסֶן	לְחַי עוֹלָמִים:	הַקְּרִיאָה וְהַקְּדֻשָּׁה	לְחַי עוֹלָמִים:
הַטֶּכֶס וְהַטֹּהַר	לְחַי עוֹלָמִים:	הָרוֹן וְהָרוֹמֵמוֹת	לְחַי עוֹלָמִים:
הַיִּחוּד וְהַיִּרְאָה	לְחַי עוֹלָמִים:	הַשִּׁיר וְהַשֶּׁבַח	לְחַי עוֹלָמִים:
הַכֶּתֶר וְהַכָּבוֹד	לְחַי עוֹלָמִים:	הַתְּהִלָּה וְהַתִּפְאֶרֶת	לְחַי עוֹלָמִים:

THE ARK IS CLOSED.

—Chazzan then cong. לְיוֹשֵׁב תְּהִלּוֹת. לְרוֹכֵב עֲרָבוֹת. קָדוֹשׁ וּבָרוּךְ:

Chazzan and congregation:

וּבְכֵן שְׂרָפִים עוֹמְדִים מִמַּעַל לוֹ:

—Chazzan then cong. זֶה אֶל זֶה שׁוֹאֲלִים. אַיֵּה אֵל אֵלִים.

אָנָה שׁוֹכֵן מְעַלִּים. וְכֻלָּם מַעֲרִיצִים

וּמַקְדִּישִׁים וּמְהַלְלִים:

Chazzan and congregation:

וּבְכֵן לְךָ הַכֹּל יַכְתִּירוּ:

THE ARK IS OPENED.

The following section is recited across the page line by line. The chazzan recites the first line followed by the congregation. The subsequent lines are recited by the congregation followed by the chazzan.

לָאֵל עוֹרֵךְ דִּין:

לְבוֹחֵן לְבָבוֹת בְּיוֹם דִּין:	לְגוֹלֶה עֲמוּקוֹת בַּדִּין:
לְדוֹבֵר מֵישָׁרִים בְּיוֹם דִּין:	לְהוֹגֶה דֵּעוֹת בַּדִּין:

THE ARK IS OPENED.

The following is sung by the chazzan and congregation in unison:

Transliteration, page 445.

האדרת Power and trustworthiness	to Him who lives forever;
Understanding and blessing	to Him who lives forever;
Grandeur and greatness	to Him who lives forever;
Knowledge and speech	to Him who lives forever;
Majesty and splendor	to Him who lives forever;
Convocation and zealousness	to Him who lives forever;
Resplendence and radiance	to Him who lives forever;
Valor and might	to Him who lives forever;
Adornment and purity	to Him who lives forever;
Oneness and awe	to Him who lives forever;
Crown and honor	to Him who lives forever;
Torah and perception	to Him who lives forever;
Kingship and dominion	to Him who lives forever;
Beauty and victory	to Him who lives forever;
Supremacy and transcendence	to Him who lives forever;
Strength and humility	to Him who lives forever;
Redemption and magnificence	to Him who lives forever;
Glory and righteousness	to Him who lives forever;
Invocation and sanctity	to Him who lives forever;
Song and exaltation	to Him who lives forever;
Chant and praise	to Him who lives forever;
Adoration and grace	to Him who lives forever.

THE ARK IS CLOSED.

Chazzan then cong: ליושב To Him who is enthroned upon praises, who dwells in the heavens, [is said:] Holy and blessed.

Chazzan and congregation:

ובכן And so *Seraphim* stand by Him.

Chazzan then cong: זו They ask one another: Where is God the all-mighty? Where is He who abides in the supernal heights? And they all adore, hallow and praise.

Chazzan and congregation:

ובכן And thus shall all crown You as King.

THE ARK IS OPENED.

The following section is recited across the page paragraph by paragraph. The chazzan recites the first paragraph followed by the congregation. The subsequent paragraphs are recited by the congregation followed by the chazzan.

Transliteration, page 446.

לאל To the Almighty who arranges judgment;

To Him who probes hearts on the day of judgment;

to Him who reveals hidden things in judgment;

To Him who speaks justly on the day of judgment;

to Him who analyzes attitudes in judgment;

לְוָתִיק וְעֹשֶׂה חֶסֶד בְּיוֹם דִּין: לְזוֹכֵר בְּרִיתוֹ בַּדִּין:

לְחוֹמֵל מַעֲשָׂיו בְּיוֹם דִּין: לְטַהֵר חוֹסָיו בַּדִּין:

לְיוֹדֵעַ מַחֲשָׁבוֹת בְּיוֹם דִּין: לְכוֹבֵשׁ כַּעֲסוֹ בַּדִּין:

לְלוֹבֵשׁ צְדָקוֹת בְּיוֹם דִּין: לְמוֹחֵל עֲוֹנוֹת בַּדִּין:

לְנוֹרָא תְהִלּוֹת בְּיוֹם דִּין: לְסוֹלֵחַ לַעֲמוּסָיו בַּדִּין:

לְעוֹנֶה לְקוֹרְאָיו בְּיוֹם דִּין: לְפוֹעֵל רַחֲמָיו בַּדִּין:

לְצוֹפֶה נִסְתָּרוֹת בְּיוֹם דִּין: לְקוֹנֶה עֲבָדָיו בַּדִּין:

לְרַחֵם עַמּוֹ בְּיוֹם דִּין: לְשׁוֹמֵר אֹהֲבָיו בַּדִּין:

לְתוֹמֵךְ תְּמִימָיו בְּיוֹם דִּין:

THE ARK IS CLOSED.

Chazzan and cong.— וּבְכֵן וּלְךָ תַעֲלֶה קְדֻשָּׁה, כִּי אַתָּה אֱלֹהֵינוּ

מֶלֶךְ מוֹחֵל וְסוֹלֵחַ:

KEDUSHAH

Stand with feet together, and avoid any interruption. Rise on the toes at the words קָדוֹשׁ,
בָּרוּךְ; קָדוֹשׁ, קָדוֹשׁ; and יִמְלֹךְ.

Cong. then chazzan — נַקְדִּישָׁךְ וְנַעֲרִיצָךְ כְּנֹעַם שִׂיחַ סוֹד שַׂרְפֵי

קֹדֶשׁ הַמְשַׁלְּשִׁים לְךָ קְדֻשָּׁה,

כַּכָּתוּב עַל יַד נְבִיאֶךָ, וְקָרָא זֶה אֶל זֶה

וְאָמַר:

Cong. then chazzan — קָדוֹשׁ, קָדוֹשׁ, קָדוֹשׁ יְיָ צְבָאוֹת, מְלֹא כָל

הָאָרֶץ כְּבוֹדוֹ:' אָז, בְּקוֹל רַעַשׁ

גָּדוֹל אַדִּיר וְחָזָק, מַשְׁמִיעִים קוֹל, מִתְנַשְּׂאִים

לְעֻמַּת הַשְּׂרָפִים, לְעֻמָּתָם מְשַׁבְּחִים

וְאוֹמְרִים:

---

1. Isaiah 6:3.

---

and powerful roaring sound, they make their voice heard, and rising toward the
Seraphim, facing them, offer praise and say,

To Him who is benevolent and acts kindly on the day of judgment; to Him who remembers His covenant in judgment;

To Him who has pity on His creatures on the day of judgment; to Him who purifies those who trust in Him in judgment;

To Him who knows [hidden] thoughts on the day of judgment; to Him who suppresses His wrath in judgment;

To Him who garbs Himself in righteousness on the day of judgment; to Him who forgives iniquities in judgment;

To Him who is awesome yet accepts praises on the day of judgment; to Him who pardons those borne by Him, in judgment;

To Him who answers those who call upon Him on the day of judgment; to Him who performs His acts of mercy in judgment;

To Him who beholds what is concealed, on the day of judgment; to Him who acquires His servants in judgment;

To Him who has compassion on His people on the day of judgment; to Him who watches over those who love Him in judgment;

To Him who supports His sincere ones on the day of judgment.

THE ARK IS CLOSED.

Chazzan and cong: וּבְכֵן And thus may our *kedushah* ascend to You, for You, our God, are a King who forgives and pardons.

KEDUSHAH

Stand with feet together, and avoid any interruption. Rise on the toes at the words *Ködosh, ködosh, ködosh*; *Böruch*; and *Yimloch*.

Cong. then chazzan: נַקְדִּישָׁךְ *Nak-dishöch v'na-aritzöch k'no-am si-ach sod sar'fay kodesh ha-m'shal'shim l'chö k'dushö, ka-kösuv al yad n'vi-echö v'körö ze el ze v'ömar,*

Cong. then chazzan: קָדוֹשׁ *Ködosh, ködosh, ködosh, adonöy tz'vö-os, m'lo chöl hö-öretz k'vodo.*[1] *Öz b'kol ra-ash gödol adir v'chözök, mashmi-im kol, misna-s'im l'umas ha-s'röfim, l'u-mösöm m'sha-b'chim v'om'rim.*

נַקְדִּישָׁךְ We will hallow and adore You as the sweet words of the assembly of the holy Seraphim who thrice repeat "holy" unto You, as it is written by Your prophet: And they call one to another and say, קָדוֹשׁ "Holy, holy, holy is the Lord of hosts; the whole earth is full of His glory." Then with a great, mighty

בָּרוּךְ —Cong. then chazzan כְּבוֹד יְיָ מִמְּקוֹמוֹ:¹ מִמְּקוֹמְךָ מַלְכֵּנוּ
תוֹפִיעַ וְתִמְלוֹךְ עָלֵינוּ, כִּי מְחַכִּים
אֲנַחְנוּ לָךְ מָתַי תִּמְלֹךְ בְּצִיּוֹן, בְּקָרוֹב בְּיָמֵינוּ
לְעוֹלָם וָעֶד. תִּשְׁכּוֹן תִּתְגַּדֵּל וְתִתְקַדֵּשׁ בְּתוֹךְ
יְרוּשָׁלַיִם עִירְךָ, לְדוֹר וָדוֹר וּלְנֵצַח נְצָחִים.
וְעֵינֵינוּ תִרְאֶינָה מַלְכוּתֶךָ, כַּדָּבָר הָאָמוּר
בְּשִׁירֵי עֻזֶּךָ, עַל יְדֵי דָוִד מְשִׁיחַ צִדְקֶךָ:

יִמְלֹךְ —Cong. then chazzan יְיָ לְעוֹלָם, אֱלֹהַיִךְ צִיּוֹן לְדֹר וָדֹר,
הַלְלוּיָהּ:²

Remain standing with feet together until the chazzan concludes the following line.

Chazzan:

אַתָּה קָדוֹשׁ וְשִׁמְךָ קָדוֹשׁ, וּקְדוֹשִׁים בְּכָל יוֹם יְהַלְלוּךָ סֶּלָה.

You may be seated.

לְדוֹר וָדוֹר הַמְלִיכוּ לָאֵל, כִּי הוּא לְבַדּוֹ מָרוֹם וְקָדוֹשׁ:

חֲמוֹל עַל מַעֲשֶׂיךָ, וְתִשְׂמַח בְּמַעֲשֶׂיךָ, וְיֹאמְרוּ לְךָ חוֹסֶיךָ,
בְּצַדֶּקְךָ עֲמוּסֶיךָ,³ תֻּקְדַּשׁ אָדוֹן עַל כָּל מַעֲשֶׂיךָ, כִּי
מַקְדִּישֶׁיךָ בִּקְדֻשָּׁתְךָ (כְּעֶרְכְּךָ) קִדַּשְׁתָּ, נָאֶה לְקָדוֹשׁ פְּאֵר
מִקְּדוֹשִׁים:

בְּאֵין מֵלִיץ יֹשֶׁר מוּל מַגִּיד פֶּשַׁע, תַּגִּיד לְיַעֲקֹב דְּבַר חֹק
וּמִשְׁפָּט, וְצַדְּקֵנוּ בַּמִּשְׁפָּט, הַמֶּלֶךְ הַמִּשְׁפָּט:

עוֹד יִזְכָּר לָנוּ אַהֲבַת אֵיתָן, אֲדוֹנֵינוּ, וּכְבֶן הַנֶּעֱקַד יַשְׁבִּית
מְדַיְּנֵנוּ, וּבִזְכוּת הַתָּם יוֹצִיא אָיוֹם (הַיּוֹם) לְצֶדֶק
דִּינֵנוּ, כִּי קָדוֹשׁ הַיּוֹם לַאֲדוֹנֵינוּ:⁴

---

1. Ezekiel 3:12.   **2.** Psalms 146:10.   **3.** V. Isaiah 46:3.   **4.** Nehemiah 8:10.

May our eyes behold Your kingship, as it is said in the songs to Your majesty by
David, Your righteous anointed: יִמְלֹךְ The Lord shall reign forever; your God,
O Zion, throughout all generations. Praise the Lord.

Cong. then chazzan: בָּרוּךְ *Böruch   k'vod   adonöy   mi-m'komo.*[1]
*Mi m'komöch malkaynu sofi-a v'simloch ölaynu,
ki m'chakim anachnu loch. Mosai timloch
b'tziyon b'körov b'yömaynu l'olöm vö-ed.
Tishkon   tisgadayl   v'siska-daysh   b'soch
y'rushöla-yim ir'chö, l'dor vödor u-l'naytzach
n'tzöchim. V'ay-naynu sir-enö mal'chu-sechö,
ka-dövör hö-ömur b'shiray u-zechö, al y'day
dövid m'shi-ach tzidkechö.*

Cong. then chazzan: יִמְלֹךְ *Yimloch adonöy l'olöm eloha-yich tziyon
l'dor vö-dor ha-l'luyöh.*[2]

Remain standing with feet together until the chazzan concludes the following line.

Chazzan:

אַתָּה You are holy and Your Name is holy, and holy beings praise You daily for all eternity.

You may be seated.

לְדוֹר Through all generations proclaim the kingship of God, for He alone is exalted and holy.

חֲמוֹל Have mercy upon Your works, and find delight in Your works. When You vindicate [Israel,] the people borne by You,[3] those who put their trust in You shall declare: Be sanctified, Master, over all Your works! For You have sanctified those who hallow You with Your holiness (akin to You). It is fitting to the Holy One [to receive] praise from the holy ones.

בְּאֵין When there is no defender to intercede in our behalf against the Accuser who reports our transgression, You speak for Jacob [and invoke the merit of the observance of] the statutes and ordinances, and vindicate us in judgment, O King of Judgment.

עוֹד May our Master yet remember in our favor the love of the steadfast Patriarch [Abraham]; for the sake of the son [Isaac] who was bound on the altar, may He silence our Accuser; and in the merit of the perfect one [Jacob], may the Awesome One (He today) bring forth our verdict finding us righteous, for this day is holy to our Master.[4]

בָּרוּךְ "Blessed be the glory of the Lord from its place." From Your place, our King, reveal Yourself and reign over us, for we wait for You. When will You reign in Zion? Let it be soon, in our days, forever and ever. May You dwell, be exalted and hallowed within Jerusalem Your city for all generations and to all eternity.

וּבְכֵן יִתְקַדֵּשׁ שִׁמְךָ יְיָ אֱלֹהֵינוּ עַל יִשְׂרָאֵל עַמֶּךָ, וְעַל
יְרוּשָׁלַיִם עִירֶךָ, וְעַל צִיּוֹן מִשְׁכַּן כְּבוֹדֶךָ, וְעַל
מַלְכוּת בֵּית דָּוִד מְשִׁיחֶךָ, וְעַל מְכוֹנְךָ וְהֵיכָלֶךָ:

וּבְכֵן תֵּן פַּחְדְּךָ יְיָ אֱלֹהֵינוּ עַל כָּל מַעֲשֶׂיךָ, וְאֵימָתְךָ עַל
כָּל מַה שֶּׁבָּרָאתָ, וְיִירָאוּךָ כָּל הַמַּעֲשִׂים, וְיִשְׁתַּחֲווּ
לְפָנֶיךָ כָּל הַבְּרוּאִים, וְיֵעָשׂוּ כֻלָּם אֲגֻדָּה אֶחָת לַעֲשׂוֹת
רְצוֹנְךָ בְּלֵבָב שָׁלֵם. שֶׁיָּדַעְנוּ יְיָ אֱלֹהֵינוּ שֶׁהַשִּׁלְטָן לְפָנֶיךָ,
עֹז בְּיָדְךָ וּגְבוּרָה בִּימִינֶךָ, וְשִׁמְךָ נוֹרָא עַל כָּל מַה שֶּׁבָּרָאתָ:

וּבְכֵן תֵּן כָּבוֹד יְיָ לְעַמֶּךָ, תְּהִלָּה לִירֵאֶיךָ, וְתִקְוָה טוֹבָה
לְדוֹרְשֶׁיךָ, וּפִתְחוֹן פֶּה לַמְיַחֲלִים לָךְ, שִׂמְחָה
לְאַרְצֶךָ, וְשָׂשׂוֹן לְעִירֶךָ, וּצְמִיחַת קֶרֶן לְדָוִד עַבְדֶּךָ,
וַעֲרִיכַת נֵר לְבֶן יִשַׁי מְשִׁיחֶךָ, בִּמְהֵרָה בְיָמֵינוּ:

וּבְכֵן צַדִּיקִים יִרְאוּ וְיִשְׂמָחוּ, וִישָׁרִים יַעֲלֹזוּ, וַחֲסִידִים
בְּרִנָּה יָגִילוּ, וְעוֹלָתָה תִּקְפָּץ פִּיהָ, וְהָרִשְׁעָה כֻלָּהּ
בֶּעָשָׁן תִּכְלֶה, כִּי תַעֲבִיר מֶמְשֶׁלֶת זָדוֹן מִן הָאָרֶץ:

וְתִמְלוֹךְ אַתָּה הוּא יְיָ אֱלֹהֵינוּ לְבַדֶּךָ עַל כָּל מַעֲשֶׂיךָ,
בְּהַר צִיּוֹן מִשְׁכַּן כְּבוֹדֶךָ, וּבִירוּשָׁלַיִם עִיר
קָדְשֶׁךָ, כַּכָּתוּב בְּדִבְרֵי קָדְשֶׁךָ: יִמְלֹךְ יְיָ לְעוֹלָם, אֱלֹהַיִךְ
צִיּוֹן לְדֹר וָדֹר, הַלְלוּיָהּ:[1]

קָדוֹשׁ אַתָּה וְנוֹרָא שְׁמֶךָ, וְאֵין אֱלוֹהַּ מִבַּלְעָדֶיךָ,
כַּכָּתוּב: וַיִּגְבַּהּ יְיָ צְבָאוֹת בַּמִּשְׁפָּט, וְהָאֵל
הַקָּדוֹשׁ נִקְדַּשׁ בִּצְדָקָה.[2] בָּרוּךְ אַתָּה יְיָ, הַמֶּלֶךְ הַקָּדוֹשׁ:

(אָמֵן —Cong.)

---
1. Psalms 146:10. **2.** Isaiah 5:16.

וּבְכֵן And thus shall Your Name, Lord our God, be sanctified upon Israel Your people, upon Jerusalem Your city, upon Zion the abode of Your glory, upon the kingship of the house of David Your anointed, and upon Your dwelling-place and Your sanctuary.

וּבְכֵן And so, Lord our God, instill fear of You upon all that You have made, and dread of You upon all that You have created; and [then] all works will be in awe of You, all the created beings will prostrate themselves before You, and they all will form a single band to carry out Your will with a perfect heart. For we know, Lord our God, that rulership is Yours, strength is in Your [left] hand, might is in Your right hand, and Your Name is awesome over all that You have created.

וּבְכֵן And so, Lord, grant honor to Your people, glory to those who fear You, good hope to those who seek You, confident speech to those who yearn for You, joy to Your land, gladness to Your city, a flourishing of strength to David Your servant, and a setting up of light to the son of Yishai Your anointed, speedily in our days.

וּבְכֵן And then the righteous will see and be glad, the upright will rejoice, and the pious will exult in song; injustice will shut its mouth and all wickedness will go up in smoke, when You will remove the rule of evil from the earth.

וְתִמְלוֹךְ Lord our God, You are He who alone will reign over all Your works, in Mount Zion the abode of Your glory, in Jerusalem Your holy city, as it is written in Your holy Scriptures: The Lord shall reign forever, your God, O Zion, throughout all generations; praise the Lord.[1]

קָדוֹשׁ Holy are You, awesome is Your Name, and aside from You there is no God, as it is written: The Lord of hosts is exalted in justice and the holy God is sanctified in righteousness.[2] Blessed are You, Lord, the holy King. (Cong: Amen)

אַתָּה בְחַרְתָּנוּ מִכָּל הָעַמִּים, אָהַבְתָּ אוֹתָנוּ וְרָצִיתָ
בָּנוּ, וְרוֹמַמְתָּנוּ מִכָּל הַלְּשׁוֹנוֹת, וְקִדַּשְׁתָּנוּ
בְּמִצְוֹתֶיךָ, וְקֵרַבְתָּנוּ מַלְכֵּנוּ לַעֲבֹדָתֶךָ, וְשִׁמְךָ הַגָּדוֹל
וְהַקָּדוֹשׁ עָלֵינוּ קָרָאתָ:

On Shabbat, add the words in shaded parentheses.

וַתִּתֶּן לָנוּ יְיָ אֱלֹהֵינוּ בְּאַהֲבָה אֶת יוֹם (הַשַּׁבָּת הַזֶּה
וְאֶת יוֹם) הַכִּפּוּרִים הַזֶּה, אֶת יוֹם סְלִיחַת הֶעָוֹן
הַזֶּה, אֶת יוֹם מִקְרָא קֹדֶשׁ הַזֶּה, (לִקְדֻשָׁה וְלִמְנוּחָה)
לִמְחִילָה וְלִסְלִיחָה וּלְכַפָּרָה, וְלִמְחָל בּוֹ אֶת כָּל
עֲוֹנוֹתֵינוּ, (בְּאַהֲבָה) מִקְרָא קֹדֶשׁ, זֵכֶר לִיצִיאַת מִצְרָיִם:

On Shabbat, add the words in shaded parentheses.
Congregation responds אָמֵן as indicated.

אֱלֹהֵינוּ וֵאלֹהֵי אֲבוֹתֵינוּ, יַעֲלֶה וְיָבֹא וְיַגִּיעַ וְיֵרָאֶה
וְיֵרָצֶה וְיִשָּׁמַע וְיִפָּקֵד וְיִזָּכֵר זִכְרוֹנֵנוּ וּפִקְדוֹנֵנוּ
וְזִכְרוֹן אֲבוֹתֵינוּ, וְזִכְרוֹן מָשִׁיחַ בֶּן דָּוִד עַבְדֶּךָ, וְזִכְרוֹן
יְרוּשָׁלַיִם עִיר קָדְשֶׁךָ, וְזִכְרוֹן כָּל עַמְּךָ בֵּית יִשְׂרָאֵל
לְפָנֶיךָ, לִפְלֵיטָה לְטוֹבָה לְחֵן וּלְחֶסֶד וּלְרַחֲמִים וּלְחַיִּים
טוֹבִים וּלְשָׁלוֹם, בְּיוֹם (הַשַּׁבָּת הַזֶּה וּבְיוֹם) הַכִּפּוּרִים
הַזֶּה, בְּיוֹם סְלִיחַת הֶעָוֹן הַזֶּה, בְּיוֹם מִקְרָא קֹדֶשׁ הַזֶּה.
זָכְרֵנוּ יְיָ אֱלֹהֵינוּ בּוֹ לְטוֹבָה (אָמֵן), וּפָקְדֵנוּ בּוֹ לִבְרָכָה
(אָמֵן), וְהוֹשִׁיעֵנוּ בּוֹ לְחַיִּים טוֹבִים (אָמֵן). וּבִדְבַר יְשׁוּעָה
וְרַחֲמִים חוּס וְחָנֵּנוּ, וְרַחֵם עָלֵינוּ וְהוֹשִׁיעֵנוּ, כִּי אֵלֶיךָ
עֵינֵינוּ, כִּי אֵל מֶלֶךְ חַנּוּן וְרַחוּם אָתָּה:

אתה You have chosen us from among all the nations; You have loved us and found favor with us. You have raised us above all tongues and made us holy through Your commandments. You, our King, have drawn us near to Your service and proclaimed Your great and holy Name upon us.

On Shabbat, add the words in shaded parentheses.

ותתן And You, Lord our God, have given us in love (this Shabbat day and) this Day of Atonements, this day of pardoning of sin, this day of holy assembly (for sanctity and tranquility) for forgiveness, pardon, and atonement, to forgive thereon all our wrongdoings, (in love,) a holy assembly, commemorating the Exodus from Egypt.

On Shabbat, add the words in shaded parentheses.
Congregation responds Amen as indicated.

אלהינו Our God and God of our fathers, may there ascend, come, and reach, be seen, accepted, and heard, recalled and remembered before You the remembrance and recollection of us, the remembrance of our fathers, the remembrance of Mashiach the son of David Your servant, the remembrance of Jerusalem Your holy city, and the remembrance of all Your people the House of Israel, for deliverance, well-being, grace, kindness, mercy, good life and peace, on this (Shabbat day and this) Day of Atonements, on this day of pardoning of sin, on this day of holy assembly. Remember us on this [day], Lord our God, for good (Amen); be mindful of us on this [day] for blessing (Amen); help us on this [day] for good life (Amen). With the promise of deliverance and compassion, spare us and be gracious to us; have mercy upon us and deliver us; for our eyes are directed to You, for You, God, are a gracious and merciful King.

The following sections until אֱלֹקֵינוּ, page 187, are recited by the chazzan and congregation.

זְכֹר רַחֲמֶיךָ יְיָ וַחֲסָדֶיךָ, כִּי מֵעוֹלָם הֵמָּה:[1] אַל תִּזְכָּר לָנוּ עֲוֹנוֹת רִאשׁוֹנִים, מַהֵר יְקַדְּמוּנוּ רַחֲמֶיךָ, כִּי דַלּוֹנוּ מְאֹד:[2] זָכְרֵנוּ יְיָ בִּרְצוֹן עַמֶּךָ, פָּקְדֵנוּ בִּישׁוּעָתֶךָ:[3] זְכוֹר עֲדָתְךָ קָנִיתָ קֶּדֶם, גָּאַלְתָּ שֵׁבֶט נַחֲלָתֶךָ, הַר צִיּוֹן זֶה שָׁכַנְתָּ בּוֹ:[4] זְכוֹר יְיָ חִבַּת יְרוּשָׁלָיִם, אַהֲבַת צִיּוֹן אַל תִּשְׁכַּח לָנֶצַח: אַתָּה תָקוּם תְּרַחֵם צִיּוֹן, כִּי עֵת לְחֶנְנָהּ כִּי בָא מוֹעֵד:[5] זְכוֹר יְיָ לִבְנֵי אֱדוֹם אֵת יוֹם יְרוּשָׁלָיִם, הָאוֹמְרִים עָרוּ עָרוּ עַד הַיְסוֹד בָּהּ:[6] זְכֹר לְאַבְרָהָם לְיִצְחָק וּלְיִשְׂרָאֵל עֲבָדֶיךָ אֲשֶׁר נִשְׁבַּעְתָּ לָהֶם בָּךְ, וַתְּדַבֵּר אֲלֵהֶם אַרְבֶּה אֶת זַרְעֲכֶם כְּכוֹכְבֵי הַשָּׁמָיִם, וְכָל הָאָרֶץ הַזֹּאת אֲשֶׁר אָמַרְתִּי אֶתֵּן לְזַרְעֲכֶם וְנָחֲלוּ לְעֹלָם:[7] זְכֹר לַעֲבָדֶיךָ לְאַבְרָהָם לְיִצְחָק וּלְיַעֲקֹב, אַל תֵּפֶן אֶל קְשִׁי הָעָם הַזֶּה וְאֶל רִשְׁעוֹ וְאֶל חַטָּאתוֹ:[8]

אַל נָא תָשֵׁת עָלֵינוּ חַטָּאת, אֲשֶׁר נוֹאַלְנוּ וַאֲשֶׁר חָטָאנוּ:[9]

Gently strike the left side of your chest (over the heart) with a closed fist when saying the word חָטָאנוּ.

חָטָאנוּ צוּרֵנוּ, סְלַח לָנוּ יוֹצְרֵנוּ:—Cong. then chazzan

קוֹל גָּדוֹל כְּהַשְׁמִיעַ לְרַחוּמִים, קַבְּלוּ מַלְכוּתִי מִמְּקוֹרֵי רַחֲמִים, יִזְכּוֹר הַיּוֹם לְסָבִיב מִתְחַמִּים, אֵל מֶלֶךְ יוֹשֵׁב עַל כִּסֵּא רַחֲמִים:

חָטָאנוּ צוּרֵנוּ, סְלַח לָנוּ יוֹצְרֵנוּ:—Cong. then chazzan

Chazzan concludes the paragraph aloud, as indicated:

זְכוֹר לָנוּ בְּרִית אָבוֹת כַּאֲשֶׁר אָמַרְתָּ: וְזָכַרְתִּי אֶת בְּרִיתִי יַעֲקוֹב, וְאַף אֶת בְּרִיתִי יִצְחָק, וְאַף אֶת בְּרִיתִי

1. Psalms 25:6. 2. Ibid. 79:8. 3. Cf. Psalms 106:4. 4. Ibid. 74:2. 5. Ibid. 102:14. 6. Ibid. 137:7. 7. Exodus 32:13. 8. Deuteronomy 9:27. 9. Numbers 12:11.

The following sections until *Our God,* page 187, are recited by the chazzan and congregation.

זכור Lord, remember Your mercies and Your kindnesses, for they have existed for all time.[1] Do not bring to mind our former wrongdoings; let Your mercies come swiftly toward us, for we have been brought very low.[2] Remember us, Lord, when You find favor with Your people; be mindful of us with Your deliverance.[3] Remember Your congregation which You have acquired of old, the tribe of Your heritage which You have redeemed, Mount Zion wherein You have dwelt.[4] Lord, remember the love for Jerusalem; do not forget the love for Zion forever. Arise and have mercy on Zion, for it is time to be gracious to her; the appointed time has come.[5] Remember, Lord, against the Edomites the day of the destruction of Jerusalem, when they said: Raze it, raze it to its very foundation![6] Remember Abraham, Isaac and Israel Your servants, to whom You swore by Your Self and said to them: I will make your descendants as numerous as the stars of heaven and all this land which I promised, I will give to your descendants and they will inherit [it] forever.[7] Remember Your servants, Abraham, Isaac and Jacob; pay no heed to the obstinacy of this people, to its wickedness, or to its sinfulness.[8]

אל Do not, we beseech You, reckon for us as a sin that which we have committed in our folly and that which we have sinned.[9]

Gently strike the left side of your chest (over the heart) with a closed fist when saying the words *sinned.*

Cong. then chazzan: חטאנו **We have sinned, our Rock; pardon us, our Creator.**

קול He caused a mighty voice to be heard by His beloved ones: Accept My Kingship, you [who are sustained by Me] from the womb. May He remember this day those who stood behind the boundary set around [Mount Sinai], Almighty God, who sits on the throne of mercy.

Cong. then chazzan: חטאנו **We have sinned, our Rock; pardon us, our Creator.**

Chazzan concludes the paragraph aloud, as indicated:

זכור Remember in our behalf the covenant with the Patriarchs, as You have said: I will remember My covenant with Jacob; also My covenant with Isaac, and also My covenant

אַבְרָהָם אֶזְכֹּר, וְהָאָרֶץ אֶזְכֹּר:¹ זְכוֹר לָנוּ בְּרִית רִאשׁוֹנִים
כַּאֲשֶׁר אָמַרְתָּ: וְזָכַרְתִּי לָהֶם בְּרִית רִאשֹׁנִים, אֲשֶׁר הוֹצֵאתִי
אֹתָם מֵאֶרֶץ מִצְרַיִם לְעֵינֵי הַגּוֹיִם לִהְיוֹת לָהֶם לֵאלֹהִים, אֲנִי
יְיָ:² עֲשֵׂה עִמָּנוּ כְּמוֹ שֶׁהִבְטַחְתָּנוּ: וְאַף גַּם זֹאת בִּהְיוֹתָם
בְּאֶרֶץ אֹיְבֵיהֶם, לֹא מְאַסְתִּים וְלֹא גְעַלְתִּים לְכַלֹּתָם לְהָפֵר
בְּרִיתִי אִתָּם, כִּי אֲנִי יְיָ אֱלֹהֵיהֶם:³ הָשֵׁב שְׁבוּתֵנוּ וְרַחֲמֵנוּ
כְּמָה שֶׁכָּתוּב: וְשָׁב יְיָ אֱלֹהֶיךָ אֶת שְׁבוּתְךָ וְרִחֲמֶךָ, וְשָׁב
וְקִבֶּצְךָ מִכָּל הָעַמִּים אֲשֶׁר הֱפִיצְךָ יְיָ אֱלֹהֶיךָ שָׁמָּה:⁴ קַבֵּץ
נִדָּחֵינוּ כְּמָה שֶׁכָּתוּב: אִם יִהְיֶה נִדַּחֲךָ בִּקְצֵה הַשָּׁמָיִם, מִשָּׁם
יְקַבֶּצְךָ יְיָ אֱלֹהֶיךָ וּמִשָּׁם יִקָּחֶךָ:⁵ מְחֵה פְשָׁעֵינוּ כָּעָב וְכֶעָנָן
כְּמָה שֶׁכָּתוּב: מָחִיתִי כָעָב פְּשָׁעֶיךָ וְכֶעָנָן חַטֹּאתֶיךָ, שׁוּבָה
אֵלַי כִּי גְאַלְתִּיךָ:⁶ מְחֵה פְשָׁעֵינוּ לְמַעַנְךָ כַּאֲשֶׁר אָמַרְתָּ: אָנֹכִי
אָנֹכִי הוּא מֹחֶה פְשָׁעֶיךָ לְמַעֲנִי, וְחַטֹּאתֶיךָ לֹא אֶזְכֹּר:⁷ הַלְבֵּן
חֲטָאֵינוּ כַּשֶּׁלֶג וְכַצֶּמֶר כְּמָה שֶׁכָּתוּב: לְכוּ נָא וְנִוָּכְחָה, יֹאמַר
יְיָ, אִם יִהְיוּ חֲטָאֵיכֶם כַּשָּׁנִים כַּשֶּׁלֶג יַלְבִּינוּ, אִם יַאְדִּימוּ
כַתּוֹלָע כַּצֶּמֶר יִהְיוּ:⁸ זְרוֹק עָלֵינוּ מַיִם טְהוֹרִים וְטַהֲרֵנוּ כְּמָה
שֶׁכָּתוּב: וְזָרַקְתִּי עֲלֵיכֶם מַיִם טְהוֹרִים וּטְהַרְתֶּם, מִכֹּל
טֻמְאוֹתֵיכֶם וּמִכָּל גִּלּוּלֵיכֶם אֲטַהֵר אֶתְכֶם:⁹ רַחֵם עָלֵינוּ וְאַל
תַּשְׁחִיתֵנוּ כְּמָה שֶׁכָּתוּב: כִּי אֵל רַחוּם יְיָ אֱלֹהֶיךָ, לֹא יַרְפְּךָ
וְלֹא יַשְׁחִיתֶךָ, וְלֹא יִשְׁכַּח אֶת בְּרִית אֲבֹתֶיךָ אֲשֶׁר נִשְׁבַּע
לָהֶם:¹⁰ מוֹל אֶת לְבָבֵנוּ לְאַהֲבָה אֶת שְׁמֶךָ כְּמָה שֶׁכָּתוּב:
וּמָל יְיָ אֱלֹהֶיךָ אֶת לְבָבְךָ וְאֶת לְבַב זַרְעֶךָ, לְאַהֲבָה אֶת יְיָ
אֱלֹהֶיךָ בְּכָל לְבָבְךָ וּבְכָל נַפְשְׁךָ לְמַעַן חַיֶּיךָ:¹² הִמָּצֵא לָנוּ

————————
1. Leviticus 26:42.   **2.** Ibid. 26:45.   **3.** Ibid. 26:44.   **4.** Deuteronomy 30:3.   **5.** Ibid. 30:4.
6. Isaiah 44:22.   **7.** Ibid. 43:25.   **8.** Ibid. 1:18.   **9.** Ezekiel 36:25.   **10.** Deuteronomy 4:31.
11. Lit., circumcise.   **12.** Deuteronomy 30:6.

with Abraham will I remember, and I will remember the land.[1] Remember in our behalf the covenant with our ancestors, as You have said: I will remember in their behalf the covenant with their ancestors, whom I took out of Egypt before the eyes of the nations, to be their God; I am the Lord.[2] Act toward us as You have promised: Yet, even then, when they are in the land of their enemies, I will not abhor them nor spurn them so as to destroy them and annul My covenant with them; for I am the Lord their God.[3] Bring back our exiles and have mercy upon us, as it is written: The Lord your God will return your exiles and have mercy upon you, and will again gather you from all the nations where the Lord your God has scattered you.[4] Gather our dispersed, as it is written: Even if your dispersed will be at the furthermost parts of the world, from there the Lord your God will gather you, and from there He will fetch you.[5] Wipe away our transgressions like a thick cloud and like a mist, as it is written: I have wiped away your transgressions like a thick cloud, your sins like a mist; return to Me, for I have redeemed you.[6] Wipe away our transgressions for Your sake, as You have said: I, I [alone,] am He who wipes away your transgressions, for My sake; your sins I will not recall.[7] Make our sins white as snow and wool, as it is written: Come now, let us reason together—says the Lord—even if your sins will be as scarlet, they will become white as snow; even if they will be red as crimson, they will become [white] as wool.[8] Sprinkle purifying waters upon us and purify us, as it is written: And I will sprinkle purifying waters upon you, and you shall be pure; from all your defilements and from all your idolatries I will purify you.[9] Have compassion on us and do not destroy us, as it is written: For the Lord your God is a compassionate God; He will not forsake you, nor will He destroy you, nor will He forget the covenant with your fathers which He swore to them.[10] Open[11] our hearts to love Your Name, as it is written: And the Lord your God will open[11] your heart and the hearts of your offspring, to love the Lord your God with all your heart and with all your soul, that you may live.[12] Be accessible to us

בְּבַקָשָׁתֵנוּ כְּמָה שֶׁכָּתוּב: וּבִקַשְׁתֶּם מִשָּׁם אֶת יְיָ אֱלֹהֶיךָ
וּמָצָאתָ, כִּי תִדְרְשֶׁנּוּ בְּכָל לְבָבְךָ וּבְכָל נַפְשֶׁךָ:[1] כַּפֵּר חֲטָאֵינוּ
בַּיוֹם הַזֶּה וְטַהֲרֵנוּ כְּמָה שֶׁכָּתוּב: כִּי בַּיוֹם הַזֶּה יְכַפֵּר עֲלֵיכֶם
לְטַהֵר אֶתְכֶם, מִכֹּל חַטֹּאתֵיכֶם לִפְנֵי יְיָ תִּטְהָרוּ:[2]

Chazzan — תְּבִיאֵנוּ אֶל הַר קָדְשֶׁךָ וְשַׂמְּחֵנוּ בְּבֵית תְּפִלָּתֶךָ כְּמָה
שֶׁכָּתוּב: וַהֲבִיאוֹתִים אֶל הַר קָדְשִׁי וְשִׂמַּחְתִּים בְּבֵית
תְּפִלָּתִי, עוֹלֹתֵיהֶם וְזִבְחֵיהֶם לְרָצוֹן עַל מִזְבְּחִי, כִּי בֵיתִי בֵּית
תְּפִלָּה יִקָּרֵא לְכָל הָעַמִּים:[3]

THE ARK IS OPENED.

Stand for the following section.

שְׁמַע קוֹלֵנוּ יְיָ אֱלֹהֵינוּ, חוּס וְרַחֵם עָלֵינוּ, — Chazzan then cong.
וְקַבֵּל בְּרַחֲמִים וּבְרָצוֹן אֶת תְּפִלָּתֵנוּ:

הֲשִׁיבֵנוּ יְיָ אֵלֶיךָ וְנָשׁוּבָה, חַדֵּשׁ יָמֵינוּ כְּקֶדֶם:[4] — Chazzan then cong.

אַל תַּשְׁלִיכֵנוּ מִלְּפָנֶיךָ, וְרוּחַ קָדְשְׁךָ אַל תִּקַּח — Chazzan then cong.
מִמֶּנּוּ:[5]

אַל תַּשְׁלִיכֵנוּ לְעֵת זִקְנָה, כִּכְלוֹת כֹּחֵנוּ אַל — Chazzan then cong.
תַּעַזְבֵנוּ:[6]

אַל תַּעַזְבֵנוּ יְיָ אֱלֹהֵינוּ, אַל תִּרְחַק מִמֶּנּוּ:[7] עֲשֵׂה עִמָּנוּ אוֹת
לְטוֹבָה וְיִרְאוּ שֹׂנְאֵינוּ וְיֵבֹשׁוּ, כִּי אַתָּה יְיָ עֲזַרְתָּנוּ וְנִחַמְתָּנוּ:[8]
אֲמָרֵינוּ הַאֲזִינָה יְיָ, בִּינָה הֲגִיגֵנוּ:[9] יִהְיוּ לְרָצוֹן אִמְרֵי פִינוּ וְהֶגְיוֹן
לִבֵּנוּ לְפָנֶיךָ, יְיָ צוּרֵנוּ וְגֹאֲלֵנוּ:[10] כִּי לְךָ יְיָ הוֹחָלְנוּ, אַתָּה תַעֲנֶה
אֲדֹנָי אֱלֹהֵינוּ:[11]

THE ARK IS CLOSED.

---

1. Deuteronomy 4:29.   **2.** Leviticus 16:30.   **3.** Isaiah 56:7.   **4.** Lamentations 5:21.   **5.** Cf. Psalms 51:13.   **6.** Cf. Ibid. 71:9.   **7.** Cf. Ibid. 38:22.   **8.** Cf. Ibid. 86:17.   **9.** Cf. Ibid. 5:2.   **10.** Cf. Ibid. 19:15.   **11.** Cf. Ibid. 38:16.

when we seek You, as it is written: And from there [from exile] you will seek the Lord your God, and you will find Him, for you will seek Him with all your heart and with all your soul.[1] Grant atonement for our sins and purify us, as it is written: For on this day atonement shall be made for you, to purify you; you shall be cleansed of all your sins before the Lord.[2] Chazzan: Bring us to Your holy mountain and make us rejoice in Your house of prayer, as it is written: I will bring them to My holy mountain and make them rejoice in My house of prayer; their burnt-offerings and their sacrifices shall be favorably accepted upon My altar, for My house shall be called a house of prayer for all the nations.[3]

THE ARK IS OPENED.

Stand for the following section.
Transliteration, page 443.

Chazzan then cong: שְׁמַע Hear our voice, Lord our God, have pity and compassion upon us, and accept our prayer with mercy and favor.

Chazzan then cong: Bring us back to You, Lord, and we will return; renew our days as of old.[4]

Chazzan then cong: Do not cast us out of Your presence, and do not take Your Spirit of Holiness away from us.[5]

Chazzan then cong: Do not cast us aside in old age; do not forsake us when our strength fails.[6]

אַל Do not abandon us, Lord our God; do not keep far from us.[7] Show us a sign of favor, that our foes may see and be shamed, because You, Lord, have given us aid and consoled us.[8] Hearken to our words, Lord; consider our thoughts.[9] May the words of our mouth and the meditation of our heart be acceptable before You, Lord, our Strength and our Redeemer.[10] For it is for You, Lord, that we have been waiting; answer us, Lord our God.[11]

THE ARK IS CLOSED.

אֱלֹהֵינוּ וֵאלֹהֵי אֲבוֹתֵינוּ, אַל תַּעַזְבֵנוּ וְאַל תִּטְּשֵׁנוּ וְאַל
תַּכְלִימֵנוּ, וְאַל תָּפֵר בְּרִיתְךָ אִתָּנוּ. קָרְבֵנוּ
לְתוֹרָתֶךָ, לַמְּדֵנוּ מִצְוֹתֶיךָ, הוֹרֵנוּ דְּרָכֶיךָ, הַט לִבֵּנוּ
לְיִרְאָה אֶת שְׁמֶךָ, וּמוֹל אֶת לְבָבֵנוּ לְאַהֲבָתֶךָ, וְנָשׁוּב
אֵלֶיךָ בֶּאֱמֶת וּבְלֵב שָׁלֵם. וּלְמַעַן שִׁמְךָ הַגָּדוֹל תִּמְחוֹל
וְתִסְלַח לַעֲוֹנֵינוּ, כַּכָּתוּב בְּדִבְרֵי קָדְשֶׁךָ: לְמַעַן שִׁמְךָ יְיָ
וְסָלַחְתָּ לַעֲוֹנִי כִּי רַב הוּא:[2]

אֱלֹהֵינוּ וֵאלֹהֵי אֲבוֹתֵינוּ, סְלַח לָנוּ, מְחַל לָנוּ,
כַּפֶּר לָנוּ. כִּי אָנוּ עַמֶּךָ וְאַתָּה אֱלֹהֵינוּ,
אָנוּ בָנֶיךָ וְאַתָּה אָבִינוּ, אָנוּ עֲבָדֶיךָ וְאַתָּה אֲדוֹנֵנוּ,
אָנוּ קְהָלֶךָ וְאַתָּה חֶלְקֵנוּ, אָנוּ נַחֲלָתֶךָ וְאַתָּה גוֹרָלֵנוּ,
אָנוּ צֹאנֶךָ וְאַתָּה רוֹעֵנוּ, אָנוּ כַרְמֶךָ וְאַתָּה נוֹטְרֵנוּ,
אָנוּ פְעֻלָּתֶךָ וְאַתָּה יוֹצְרֵנוּ, אָנוּ רַעְיָתֶךָ וְאַתָּה דוֹדֵנוּ,
אָנוּ סְגֻלָּתֶךָ וְאַתָּה אֱלֹהֵינוּ, אָנוּ עַמֶּךָ וְאַתָּה מַלְכֵּנוּ,
אָנוּ מַאֲמִירֶיךָ וְאַתָּה מַאֲמִירֵנוּ. אָנוּ עַזֵּי פָנִים וְאַתָּה
רַחוּם וְחַנּוּן, אָנוּ קְשֵׁי עֹרֶף וְאַתָּה אֶרֶךְ אַפַּיִם, אָנוּ
מְלֵאֵי עָוֹן וְאַתָּה מָלֵא רַחֲמִים, אָנוּ יָמֵינוּ כְּצֵל עוֹבֵר
וְאַתָּה הוּא וּשְׁנוֹתֶיךָ לֹא יִתָּמּוּ:

Stand for the following four paragraphs.

אֱלֹהֵינוּ וֵאלֹהֵי אֲבוֹתֵינוּ, תָּבוֹא לְפָנֶיךָ תְּפִלָּתֵנוּ, וְאַל
תִּתְעַלַּם מִתְּחִנָּתֵנוּ, שֶׁאֵין אָנוּ עַזֵּי פָנִים וּקְשֵׁי
עֹרֶף, לוֹמַר לְפָנֶיךָ יְיָ אֱלֹהֵינוּ וֵאלֹהֵי אֲבוֹתֵינוּ, צַדִּיקִים אֲנַחְנוּ
וְלֹא חָטָאנוּ, אֲבָל אֲנַחְנוּ וַאֲבוֹתֵינוּ חָטָאנוּ:

---

1. Lit., Circumcise.   **2.** Psalms 25:11.

אֱלֹהֵינוּ Our God and God of our fathers, do not forsake us, do not abandon us, do not put us to shame, and do not nullify Your covenant with us. Bring us near to Your Torah, teach us Your precepts, instruct us in Your ways, incline our heart to revere Your Name, open[1] our hearts to the love of You, and we will return to You in truth, with a perfect heart. And for the sake of Your great Name, forgive and pardon our iniquity, as it is written in Your holy Scriptures: For the sake of Your Name, Lord, pardon my iniquity, for it is great.[2]

Transliteration, page 443.

אֱלֹהֵינוּ Our God and God of our fathers, pardon us, forgive us, grant us atonement—for we are Your people and You are our God; we are Your children and You are our Father; we are Your servants and You are our Master; we are Your congregation and You are our portion; we are Your inheritance and You are our lot; we are Your flock and You are our Shepherd; we are Your vineyard and You are our Watchman; we are Your handiwork and You are our Creator; we are Your beloved ones and You are our Beloved; we are Your treasure and You are our God; we are Your people and You are our King; we are Your chosen people and You are our acknowledged God; we are impudent but You are merciful and gracious; we are obdurate but You are slow to anger; we are full of iniquity but You are full of compassion; our days are like a passing shadow but You are eternal, Your years are without end.

Stand for the following four paragraphs.

אֱלֹהֵינוּ Our God and God of our fathers, may our prayers come before You, and do not turn away from our supplication, for we are not so impudent and obdurate as to declare before You, Lord our God and God of our fathers, that we are righteous and have not sinned. Indeed, we and our fathers have sinned.

While mentioning a transgression, gently strike the left side of your chest (over the heart) with a closed fist.

אָשַׁמְנוּ. בָּגַדְנוּ. גָּזַלְנוּ. דִּבַּרְנוּ דְפִי: הֶעֱוִינוּ. וְהִרְשַׁעְנוּ. זַדְנוּ. חָמַסְנוּ. טָפַלְנוּ שֶׁקֶר: יָעַצְנוּ רָע. כִּזַּבְנוּ. לַצְנוּ. מָרַדְנוּ. נִאַצְנוּ. סָרַרְנוּ. עָוִינוּ. פָּשַׁעְנוּ. צָרַרְנוּ. קִשִּׁינוּ עֹרֶף: רָשַׁעְנוּ. שִׁחַתְנוּ. תִּעַבְנוּ. תָּעִינוּ. תִּעְתָּעְנוּ:

סַרְנוּ מִמִּצְוֹתֶיךָ וּמִמִּשְׁפָּטֶיךָ הַטּוֹבִים וְלֹא שָׁוָה לָנוּ: וְאַתָּה צַדִּיק עַל כָּל הַבָּא עָלֵינוּ, כִּי אֱמֶת עָשִׂיתָ וַאֲנַחְנוּ הִרְשָׁעְנוּ:[1]

הִרְשַׁעְנוּ וּפָשַׁעְנוּ, לָכֵן לֹא נוֹשָׁעְנוּ, וְתֵן בְּלִבֵּנוּ לַעֲזוֹב דֶּרֶךְ רֶשַׁע, וְחִישׁ לָנוּ יֶשַׁע, כַּכָּתוּב עַל יַד נְבִיאֶךָ: יַעֲזֹב רָשָׁע דַּרְכּוֹ וְאִישׁ אָוֶן מַחְשְׁבוֹתָיו, וְיָשֹׁב אֶל יְיָ וִירַחֲמֵהוּ, וְאֶל אֱלֹהֵינוּ כִּי יַרְבֶּה לִסְלוֹחַ:[2]

On Shabbat, add the words in shaded parentheses.

אֱלֹהֵינוּ וֵאלֹהֵי אֲבוֹתֵינוּ, סְלַח וּמְחַל לַעֲוֹנוֹתֵינוּ בְּיוֹם (הַשַּׁבָּת הַזֶּה וּבְיוֹם) הַכִּפּוּרִים הַזֶּה, בְּיוֹם סְלִיחַת הֶעָוֹן הַזֶּה, בְּיוֹם מִקְרָא קֹדֶשׁ הַזֶּה. מְחֵה וְהַעֲבֵר פְּשָׁעֵינוּ וְחַטֹּאתֵינוּ מִנֶּגֶד עֵינֶיךָ, וְכוֹף אֶת יִצְרֵנוּ לְהִשְׁתַּעְבֶּד לָךְ, וְהַכְנַע אֶת עָרְפֵּנוּ לָשׁוּב אֵלֶיךָ בֶּאֱמֶת, וְחַדֵּשׁ כִּלְיוֹתֵינוּ לִשְׁמוֹר פִּקּוּדֶיךָ, וּמוֹל אֶת לְבָבֵנוּ לְאַהֲבָה וּלְיִרְאָה אֶת שְׁמֶךָ, כַּכָּתוּב בְּתוֹרָתֶךָ: וּמָל יְיָ אֱלֹהֶיךָ אֶת לְבָבְךָ וְאֶת לְבַב זַרְעֶךָ, לְאַהֲבָה אֶת יְיָ אֱלֹהֶיךָ בְּכָל לְבָבְךָ וּבְכָל נַפְשְׁךָ לְמַעַן חַיֶּיךָ:[4] הַזְּדוֹנוֹת וְהַשְּׁגָגוֹת אַתָּה מַכִּיר, הָרָצוֹן וְהָאוֹנֶס וְהָגְלוּיִים

---

1. Nehemiah 9:33.   **2.** Isaiah 55:7.   **3.** Lit., circumcise.   **4.** Deuteronomy 30:6.

While mentioning a transgression, gently strike the left side of your chest (over the heart) with a closed fist.
Transliteration, page 444.

אָשַׁמְנוּ We have transgressed, we have acted perfidiously, we have robbed, we have slandered. We have acted perversely and wickedly, we have willfully sinned, we have done violence, we have imputed falsely. We have given evil counsel, we have lied, we have scoffed, we have rebelled, we have provoked, we have been disobedient, we have committed iniquity, we have wantonly transgressed, we have oppressed, we have been obstinate. We have committed evil, we have acted perniciously, we have acted abominably, we have gone astray, we have led others astray.

סַרְנוּ We have strayed from Your good precepts and ordinances, and it has not profited us. Indeed, You are just in all that has come upon us, for You have acted truthfully, and it is we who have acted wickedly.[1]

הִרְשַׁעְנוּ We have acted wickedly and transgressed, therefore we have not been delivered. Inspire our hearts to abandon the evil way, and hasten our deliverance, as it is written by Your prophet: Let the wicked abandon his way and the man of iniquity his thoughts; let him return to the Lord and He will have compassion upon him, and to our God, for He will abundantly pardon.[2]

On Shabbat, add the words in shaded parentheses.

אֱלֹהֵינוּ Our God and God of our fathers, pardon and forgive our wrongdoings on this (Shabbat day and on this) Day of Atonements, on this day of pardoning of sin, on this day of holy assembly; wipe away and remove our transgressions and sins from before Your eyes; compel our inclination to be subservient to You; subdue our obduracy that we may return to You in truth; renew our minds to observe Your commandments; open[3] our hearts to love and revere Your Name, as it is written in Your Torah: And the Lord Your God will open[3] your hearts and the hearts of your offspring, to love the Lord your God with all your heart and with all your soul, that you may live.[4] You recognize deliberate sin or inadvertent error, [transgressions committed] willfully or under

וְהַנִּסְתָּרִים, לְפָנֶיךָ הֵם גְּלוּיִם וִידוּעִים. מָה אָנוּ, מֶה
חַיֵּינוּ, מֶה חַסְדֵּנוּ, מַה צִּדְקֵנוּ, מַה כֹּחֵנוּ, מַה גְּבוּרָתֵנוּ,
מַה נֹּאמַר לְפָנֶיךָ יְיָ אֱלֹהֵינוּ וֵאלֹהֵי אֲבוֹתֵינוּ, הֲלֹא כָּל
הַגִּבּוֹרִים כְּאַיִן לְפָנֶיךָ, וְאַנְשֵׁי הַשֵּׁם כְּלֹא הָיוּ, וַחֲכָמִים
כִּבְלִי מַדָּע, וּנְבוֹנִים כִּבְלִי הַשְׂכֵּל, כִּי רֹב מַעֲשֵׂיהֶם
תֹּהוּ, וִימֵי חַיֵּיהֶם הֶבֶל לְפָנֶיךָ, וּמוֹתַר הָאָדָם מִן
הַבְּהֵמָה אָיִן, כִּי הַכֹּל הָבֶל:[1] מַה נֹּאמַר לְפָנֶיךָ יוֹשֵׁב
מָרוֹם, וּמַה נְּסַפֵּר לְפָנֶיךָ שׁוֹכֵן שְׁחָקִים, הֲלֹא כָּל
הַנִּסְתָּרוֹת וְהַנִּגְלוֹת אַתָּה יוֹדֵעַ:

שִׁמְךָ מֵעוֹלָם עוֹבֵר עַל פֶּשַׁע, שַׁוְעָתֵנוּ תַּאֲזִין בְּעָמְדֵנוּ
לְפָנֶיךָ בִּתְפִלָּה, תַּעֲבוֹר עַל פֶּשַׁע לְעַם שָׁבֵי
פֶשַׁע, תִּמְחֶה פְּשָׁעֵינוּ מִנֶּגֶד עֵינֶיךָ:

Stand for the confessional prayers.

אַתָּה יוֹדֵעַ רָזֵי עוֹלָם, וְתַעֲלוּמוֹת סִתְרֵי כָּל חָי. אַתָּה
חֹפֵשׂ כָּל חַדְרֵי בָטֶן וּבֹחֵן כְּלָיוֹת וָלֵב, אֵין דָּבָר
נֶעְלָם מִמֶּךָּ, וְאֵין נִסְתָּר מִנֶּגֶד עֵינֶיךָ. וּבְכֵן יְהִי רָצוֹן
מִלְּפָנֶיךָ, יְיָ אֱלֹהֵינוּ וֵאלֹהֵי אֲבוֹתֵינוּ, שֶׁתְּרַחֵם עָלֵינוּ
וְתִמְחוֹל לָנוּ עַל כָּל חַטֹּאתֵינוּ, וּתְכַפֵּר לָנוּ עַל כָּל
עֲוֹנוֹתֵינוּ, וְתִמְחוֹל וְתִסְלַח לָנוּ עַל כָּל פְּשָׁעֵינוּ:

Gently strike the left side of your chest (over the heart) with a closed fist when saying the
word שֶׁחָטָאנוּ.

עַל חֵטְא שֶׁחָטָאנוּ לְפָנֶיךָ, בְּאֹנֶס וּבְרָצוֹן:

וְעַל חֵטְא שֶׁחָטָאנוּ לְפָנֶיךָ, בְּאִמּוּץ הַלֵּב:

עַל חֵטְא שֶׁחָטָאנוּ לְפָנֶיךָ, בִּבְלִי דָעַת:

וְעַל חֵטְא שֶׁחָטָאנוּ לְפָנֶיךָ, בְּבִטּוּי שְׂפָתָיִם:

---

1. Ecclesiastes 3:19.

duress, openly or secretly—before You they are revealed and known. What are we? What is our life? What is our kindness? What is our righteousness? What is our strength? What is our might? What can we say to You, Lord our God and God of our fathers? Are not all the mighty men as nothing before You, the men of renown as though they had never been, the wise as if without knowledge, and the men of understanding as if devoid of intelligence? For most of their deeds are naught, and the days of their lives are vanity before You. The pre-eminence of man over beast is naught, for all is vanity.[1] What shall we say to You who dwells on high; what shall we relate to You who abides in the heavens? You surely know all the hidden and revealed things.

שִׁמְךָ Your Name from of old is Forgiver of Transgression; hearken to our supplication as we stand before You in prayer. Forgive transgression for the people who repent of transgression. Erase our transgressions from before Your eyes.

Stand for the confessional prayers.

אַתָּה You know the mysteries of the universe and the hidden secrets of every living being. You search all [our] innermost thoughts, and probe [our] mind and heart; nothing is hidden from You, nothing is concealed from Your sight. And so, may it be Your will, Lord our God and God of our fathers, to have mercy on us and forgive us all our sins, grant us atonement for all our iniquities, and forgive and pardon us for all our transgressions.

Gently strike the left side of your chest (over the heart) with a closed fist when saying the word *committed.*

עַל חֵטְא For the sin which we have committed before You under duress or willingly.

And for the sin which we have committed before You by hard-heartedness.

For the sin which we have committed before You inadvertently.

And for the sin which we have committed before You with an utterance of the lips.

עַל חֵטְא שֶׁחָטָאנוּ לְפָנֶיךָ, בְּגִלוּי עֲרָיוֹת:

וְעַל חֵטְא שֶׁחָטָאנוּ לְפָנֶיךָ, בְּגִלוּי וּבַסֵּתֶר:

עַל חֵטְא שֶׁחָטָאנוּ לְפָנֶיךָ, בְּדַעַת וּבְמִרְמָה:

וְעַל חֵטְא שֶׁחָטָאנוּ לְפָנֶיךָ, בְּדִבּוּר פֶּה:

עַל חֵטְא שֶׁחָטָאנוּ לְפָנֶיךָ, בְּהוֹנָאַת רֵעַ:

וְעַל חֵטְא שֶׁחָטָאנוּ לְפָנֶיךָ, בְּהִרְהוּר הַלֵּב:

עַל חֵטְא שֶׁחָטָאנוּ לְפָנֶיךָ, בִּוְעִידַת זְנוּת:

וְעַל חֵטְא שֶׁחָטָאנוּ לְפָנֶיךָ, בְּוִדוּי פֶּה:

עַל חֵטְא שֶׁחָטָאנוּ לְפָנֶיךָ, בְּזִלְזוּל הוֹרִים וּמוֹרִים:

וְעַל חֵטְא שֶׁחָטָאנוּ לְפָנֶיךָ, בְּזָדוֹן וּבִשְׁגָגָה:

עַל חֵטְא שֶׁחָטָאנוּ לְפָנֶיךָ, בְּחֹזֶק יָד:

וְעַל חֵטְא שֶׁחָטָאנוּ לְפָנֶיךָ, בְּחִלוּל הַשֵּׁם:

עַל חֵטְא שֶׁחָטָאנוּ לְפָנֶיךָ, בְּטֻמְאַת שְׂפָתָיִם:

וְעַל חֵטְא שֶׁחָטָאנוּ לְפָנֶיךָ, בְּטִפְשׁוּת פֶּה:

עַל חֵטְא שֶׁחָטָאנוּ לְפָנֶיךָ, בְּיֵצֶר הָרָע:

וְעַל חֵטְא שֶׁחָטָאנוּ לְפָנֶיךָ, בְּיוֹדְעִים וּבְלֹא יוֹדְעִים:

Gently strike the left side of your chest (over the heart) with a closed fist when saying the words סְלַח, מְחַל, כַּפֶּר.

Congregation then chazzan:

וְעַל כֻּלָּם, אֱלוֹהַ סְלִיחוֹת, סְלַח לָנוּ, מְחַל לָנוּ, כַּפֶּר לָנוּ:

Gently strike the left side of your chest (over the heart) with a closed fist when saying the word שֶׁחָטָאנוּ.

עַל חֵטְא שֶׁחָטָאנוּ לְפָנֶיךָ, בְּכַחַשׁ וּבְכָזָב:

וְעַל חֵטְא שֶׁחָטָאנוּ לְפָנֶיךָ, בְּכַפַּת שֹׁחַד:

For the sin which we have committed before You with immorality.

And for the sin which we have committed before You openly or secretly.

For the sin which we have committed before You with knowledge and with deceit.

And for the sin which we have committed before You through speech.

For the sin which we have committed before You by deceiving a fellowman.

And for the sin which we have committed before You by improper thoughts.

For the sin which we have committed before You by a gathering of lewdness.

And for the sin which we have committed before You by verbal [insincere] confession.

For the sin which we have committed before You by disrespect for parents and teachers.

And for the sin which we have committed before You intentionally or unintentionally.

For the sin which we have committed before You by using coercion.

And for the sin which we have committed before You by desecrating the Divine Name.

For the sin which we have committed before You by impurity of speech.

And for the sin which we have committed before You by foolish talk.

For the sin which we have committed before You with the evil inclination.

And for the sin which we have committed before You knowingly or unknowingly.

Gently strike the left side of your chest (over the heart) with a closed fist when saying the words *pardon, forgive, atone*.

Congregation then chazzan:

Transliteration, page 444.

וְעַל כֻּלָּם For all these, God of pardon, pardon us, forgive us, atone for us.

Gently strike the left side of your chest (over the heart) with a closed fist when saying the word *committed*.

For the sin which we have committed before You by false denial and lying.

And for the sin which we have committed before You by a bribe-taking or a bribe-giving hand.

עַל חֵטְא שֶׁחָטֶאנוּ לְפָנֶיךָ, בְּלָצוֹן:
וְעַל חֵטְא שֶׁחָטֶאנוּ לְפָנֶיךָ, בִּלְשׁוֹן הָרָע:

עַל חֵטְא שֶׁחָטֶאנוּ לְפָנֶיךָ, בְּמַשָּׂא וּבְמַתָּן:
וְעַל חֵטְא שֶׁחָטֶאנוּ לְפָנֶיךָ, בְּמַאֲכָל וּבְמִשְׁתֶּה:

עַל חֵטְא שֶׁחָטֶאנוּ לְפָנֶיךָ, בְּנֶשֶׁךְ וּבְמַרְבִּית:
וְעַל חֵטְא שֶׁחָטֶאנוּ לְפָנֶיךָ, בִּנְטִיַּת גָּרוֹן:

עַל חֵטְא שֶׁחָטֶאנוּ לְפָנֶיךָ, בְּשִׂיחַ שִׂפְתוֹתֵינוּ:
וְעַל חֵטְא שֶׁחָטֶאנוּ לְפָנֶיךָ, בְּסִקּוּר עָיִן:

עַל חֵטְא שֶׁחָטֶאנוּ לְפָנֶיךָ, בְּעֵינַיִם רָמוֹת:
וְעַל חֵטְא שֶׁחָטֶאנוּ לְפָנֶיךָ, בְּעַזּוּת מֶצַח:

Gently strike the left side of your chest (over the heart) with a closed fist when saying the words סְלַח, מְחַל, כַּפֵּר.

Congregation then chazzan:

וְעַל כֻּלָּם, אֱלוֹהַּ סְלִיחוֹת, סְלַח לָנוּ, מְחַל
לָנוּ, כַּפֶּר לָנוּ:

Gently strike the left side of your chest (over the heart) with a closed fist when saying the word שֶׁחָטֶאנוּ.

עַל חֵטְא שֶׁחָטֶאנוּ לְפָנֶיךָ, בְּפְרִיקַת עֹל:
וְעַל חֵטְא שֶׁחָטֶאנוּ לְפָנֶיךָ, בִּפְלִילוּת:

עַל חֵטְא שֶׁחָטֶאנוּ לְפָנֶיךָ, בִּצְדִיַּת רֵעַ:
וְעַל חֵטְא שֶׁחָטֶאנוּ לְפָנֶיךָ, בְּצָרוּת עָיִן:

עַל חֵטְא שֶׁחָטֶאנוּ לְפָנֶיךָ, בְּקַלּוּת רֹאשׁ:
וְעַל חֵטְא שֶׁחָטֶאנוּ לְפָנֶיךָ, בְּקַשְׁיוּת עֹרֶף:

עַל חֵטְא שֶׁחָטֶאנוּ לְפָנֶיךָ, בִּרִיצַת רַגְלַיִם לְהָרַע:
וְעַל חֵטְא שֶׁחָטֶאנוּ לְפָנֶיךָ, בִּרְכִילוּת:

For the sin which we have committed before You by scoffing.

And for the sin which we have committed before You by evil talk [about another].

For the sin which we have committed before You in business dealings.

And for the sin which we have committed before You by eating and drinking.

For the sin which we have committed before You by [taking or giving] interest and by usury.

And for the sin which we have committed before You by a haughty demeanor.

For the sin which we have committed before You by the prattle of our lips.

And for the sin which we have committed before You by a glance of the eye.

For the sin which we have committed before You with proud looks.

And for the sin which we have committed before You with impudence.

Gently strike the left side of your chest (over the heart) with a closed fist when saying the words *pardon, forgive, atone.*

Congregation then chazzan:

וְעַל כֻּלָּם For all these, God of pardon, pardon us, forgive us, atone for us.

Gently strike the left side of your chest (over the heart) with a closed fist when saying the word *committed.*

For the sin which we have committed before You by casting off the yoke [of Heaven].

And for the sin which we have committed before You in passing judgment.

For the sin which we have committed before You by scheming against a fellowman.

And for the sin which we have committed before You by a begrudging eye.

For the sin which we have committed before You by frivolity.

And for the sin which we have committed before You by obduracy.

For the sin which we have committed before You by running to do evil.

And for the sin which we have committed before You by talebearing.

עַל חֵטְא שֶׁחָטָאנוּ לְפָנֶיךָ, בִּשְׁבוּעַת שָׁוְא:

וְעַל חֵטְא שֶׁחָטָאנוּ לְפָנֶיךָ, בְּשִׂנְאַת חִנָּם:

עַל חֵטְא שֶׁחָטָאנוּ לְפָנֶיךָ, בִּתְשׂוּמֶת יָד:

וְעַל חֵטְא שֶׁחָטָאנוּ לְפָנֶיךָ, בְּתִמְהוֹן לֵבָב:

Gently strike the left side of your chest (over the heart) with a closed fist when saying the words סְלַח, מְחָל, כַּפֵּר.

Congregation then chazzan:

וְעַל כֻּלָּם, אֱלוֹהַ סְלִיחוֹת, סְלַח לָנוּ, מְחָל לָנוּ, כַּפֵּר לָנוּ:

Gently strike the left side of your chest (over the heart) with a closed fist when saying the words שֶׁאָנוּ חַיָּבִים.

וְעַל חֲטָאִים שֶׁאָנוּ חַיָּבִים עֲלֵיהֶם: עוֹלָה:

וְעַל חֲטָאִים שֶׁאָנוּ חַיָּבִים עֲלֵיהֶם: חַטָּאת:

וְעַל חֲטָאִים שֶׁאָנוּ חַיָּבִים עֲלֵיהֶם: קָרְבָּן עוֹלֶה וְיוֹרֵד:

וְעַל חֲטָאִים שֶׁאָנוּ חַיָּבִים עֲלֵיהֶם: אָשָׁם וַדַּאי וְתָלוּי:

וְעַל חֲטָאִים שֶׁאָנוּ חַיָּבִים עֲלֵיהֶם: מַכַּת מַרְדּוּת:

וְעַל חֲטָאִים שֶׁאָנוּ חַיָּבִים עֲלֵיהֶם: מַלְקוּת אַרְבָּעִים:

וְעַל חֲטָאִים שֶׁאָנוּ חַיָּבִים עֲלֵיהֶם: מִיתָה בִּידֵי שָׁמָיִם:

וְעַל חֲטָאִים שֶׁאָנוּ חַיָּבִים עֲלֵיהֶם: כָּרֵת וַעֲרִירִי:

וְעַל חֲטָאִים שֶׁאָנוּ חַיָּבִים עֲלֵיהֶם: אַרְבַּע מִיתוֹת

בֵּית דִּין: סְקִילָה, שְׂרֵפָה, הֶרֶג, וְחֶנֶק:

עַל מִצְוֹת עֲשֵׂה, וְעַל מִצְוֹת לֹא תַעֲשֶׂה, בֵּין שֶׁיֵּשׁ בָּהֶן קוּם עֲשֵׂה,¹ וּבֵין שֶׁאֵין בָּהֶן קוּם עֲשֵׂה, אֶת הַגְּלוּיִם לָנוּ, וְאֶת שֶׁאֵינָם גְּלוּיִם לָנוּ. אֶת הַגְּלוּיִם לָנוּ, כְּבָר אֲמַרְנוּם לְפָנֶיךָ, וְהוֹדִינוּ לְךָ עֲלֵיהֶם, וְאֶת שֶׁאֵינָם גְּלוּיִם

---

1. E.g., to return what one has stolen.

For the sin which we have committed before You by swearing in vain.

And for the sin which we have committed before You by causeless hatred.

For the sin which we have committed before You by embezzlement.

And for the sin which we have committed before You by a confused heart.

Gently strike the left side of your chest (over the heart) with a closed fist when saying the words *pardon, forgive, atone*.

Congregation then chazzan:

וְעַל כֻּלָּם For all these, God of pardon, pardon us, forgive us, atone for us.

Gently strike the left side of your chest (over the heart) with a closed fist when saying the word *we are obligated*.

And for the sins for which we are obligated to bring a burnt-offering.

And for the sins for which we are obligated to bring a sin-offering.

And for the sins for which we are obligated to bring a varying offering [according to one's means].

And for the sins for which we are obligated to bring a guilt-offering for a certain or doubtful trespass.

And for the sins for which we incur the penalty of lashing for rebelliousness.

And for the sins for which we incur the penalty of forty lashes.

And for the sins for which we incur the penalty of death by the hand of Heaven.

And for the sins for which we incur the penalty of excision and childlessness.

And for the sins for which we incur the penalty of the four forms of capital punishment executed by the Court: stoning, burning, decapitation and strangulation.

עַל For [transgressing] positive and prohibitory *mitzvot*, whether [the prohibitions] can be rectified by a specifically prescribed act[1] or not, those of which we are aware and those of which we are not aware; those of which we are aware, we have already declared them before You and confessed them to You, and those of which we are not aware—

לָנוּ, לְפָנֶיךָ הֵם גְּלוּיִם וִידוּעִים, כַּדָּבָר שֶׁנֶּאֱמַר: הַנִּסְתָּרֹת
לַיָי אֱלֹהֵינוּ, וְהַנִּגְלֹת לָנוּ וּלְבָנֵינוּ עַד עוֹלָם, לַעֲשׂוֹת אֶת
כָּל דִּבְרֵי הַתּוֹרָה הַזֹּאת:¹

וְדָוִד עַבְדְּךָ אָמַר לְפָנֶיךָ: שְׁגִיאוֹת מִי יָבִין, מִנִּסְתָּרוֹת
נַקֵּנִי.² נַקֵּנוּ יְיָ אֱלֹהֵינוּ מִכָּל פְּשָׁעֵינוּ, וְטַהֲרֵנוּ מִכָּל
טֻמְאוֹתֵינוּ, וּזְרוֹק עָלֵינוּ מַיִם טְהוֹרִים וְטַהֲרֵנוּ, כַּכָּתוּב עַל
יַד נְבִיאֶךָ: וְזָרַקְתִּי עֲלֵיכֶם מַיִם טְהוֹרִים וּטְהַרְתֶּם, מִכֹּל
טֻמְאוֹתֵיכֶם וּמִכָּל גִּלּוּלֵיכֶם אֲטַהֵר אֶתְכֶם:³

אַל תִּירָא יַעֲקֹב, שׁוּבוּ בָנִים שׁוֹבֵבִים, שׁוּבָה יִשְׂרָאֵל.
הִנֵּה לֹא יָנוּם וְלֹא יִישָׁן שׁוֹמֵר יִשְׂרָאֵל.⁴ כַּכָּתוּב עַל
יַד נְבִיאֶךָ: שׁוּבָה יִשְׂרָאֵל עַד יְיָ אֱלֹהֶיךָ, כִּי כָשַׁלְתָּ
בַּעֲוֹנֶךָ.⁵ וְנֶאֱמַר: קְחוּ עִמָּכֶם דְּבָרִים וְשׁוּבוּ אֶל יְיָ, אִמְרוּ
אֵלָיו כָּל תִּשָּׂא עָוֹן וְקַח טוֹב, וּנְשַׁלְּמָה פָרִים שְׂפָתֵינוּ.⁶
וְאַתָּה רַחוּם מְקַבֵּל שָׁבִים, כִּי עַל הַתְּשׁוּבָה מֵרֹאשׁ
הִבְטַחְתָּנוּ, וְלִתְשׁוּבָה עֵינֵינוּ מְיַחֲלוֹת לָךְ:

On Shabbat, add the words in shaded parentheses.

וּמֵאַהֲבָתְךָ יְיָ אֱלֹהֵינוּ שֶׁאָהַבְתָּ אֶת יִשְׂרָאֵל עַמֶּךָ,
וּמֵחֶמְלָתְךָ מַלְכֵּנוּ שֶׁחָמַלְתָּ עַל בְּנֵי
בְרִיתֶךָ, נָתַתָּ לָנוּ יְיָ אֱלֹהֵינוּ אֶת (יוֹם הַשַּׁבָּת הַזֶּה וְאֶת)
יוֹם צוֹם הַכִּפֻּרִים הַזֶּה, וְאֶת יוֹם סְלִיחַת הֶעָוֹן הַזֶּה, וְאֶת
יוֹם מִקְרָא קֹדֶשׁ הַזֶּה, לִמְחִילַת חֵטְא וְלִסְלִיחַת עָוֹן
וּלְכַפָּרַת פָּשַׁע:

---

1. Deuteronomy 29:28.   2. Psalms 19:13.   3. Ezekiel 36:25.   4. Psalms 121:4.   5. Hosea 14:2.
6. Ibid. 14:3.

before You they are revealed and known, as it is stated: The hidden things belong to the Lord our God, but the revealed things are for us and for our children forever, that we may carry out all the words of this Torah.[1]

ודוד David, Your servant, declared before You: Who can discern inadvertent wrongs? Purge me of hidden sins.[2] Purge us, Lord our God, of all our transgressions, cleanse us of all our defilements, and sprinkle purifying waters upon us and purify us, as it is written by Your prophet: And I will sprinkle purifying waters upon you, and you shall be pure; from all your defilements and from all your idolatries I will purify you.[3]

אל Do not fear, Jacob; return, you wayward children; return, O Israel, for the Guardian of Israel neither slumbers nor sleeps;[4] as it is written by Your prophet: Return, O Israel, to the Lord your God, for you have stumbled because of your sin.[5] And it is said: Take with you words [of confession] and return to the Lord; say to Him: Forgive all sin, accept that which is good [within us], and we will render the prayer of our lips in place of the sacrifice of bullocks.[6] And You, Merciful One, accept those who repent; for from the beginning [of creation] You have promised us to accept penitence; and our eyes look hopefully to You to arouse us to penitence.

On Shabbat, add the words in shaded parentheses.

ומאהבתך Because of Your love, Lord our God, for Your people Israel and because of Your mercy, our King, which You have shown to the children of Your Covenant, You, Lord our God, have given us (this Shabbat day and) this fast day of Yom Kippur, this day of pardoning of sin and this day of holy assembly for forgiveness of sin, for pardon of iniquity, and for atonement for transgression.

יוֹם אֲשֶׁר אֲשָׁמֵנוּ יְצַלֵּל וְיִסְגַּר, הַיּוֹם תִּסְלַח לְכָל עֲדַת
בְּנֵי יִשְׂרָאֵל וְלַגֵּר הַגָּר, כַּכָּתוּב בְּתוֹרָתֶךְ: וְנִסְלַח לְכָל
עֲדַת בְּנֵי יִשְׂרָאֵל וְלַגֵּר הַגָּר בְּתוֹכָם, כִּי לְכָל הָעָם
בִּשְׁגָגָה:[1]

יוֹם בָּגַדְנוּ תִשָּׂא וְתִסְלַח, הַיּוֹם שִׁמְךָ יֵאָמֵן אֵל טוֹב
וְסַלָּח, כַּכָּתוּב בְּדִבְרֵי קָדְשֶׁךָ: כִּי אַתָּה אֲדֹנָי טוֹב
וְסַלָּח, וְרַב חֶסֶד לְכָל קֹרְאֶיךָ:[2]

יוֹם גָּעַלְנוּ חֻקֶּיךָ שָׁכַח וַעֲזוֹב, הַיּוֹם רַחֲמֵנוּ וְנָשׁוּב, וְדֶרֶךְ
רֶשַׁע נַעֲזוֹב, כַּכָּתוּב עַל יַד נְבִיאֶךָ: יַעֲזֹב רָשָׁע דַּרְכּוֹ
וְאִישׁ אָוֶן מַחְשְׁבֹתָיו, וְיָשֹׁב אֶל יְיָ וִירַחֲמֵהוּ, וְאֶל אֱלֹהֵינוּ
כִּי יַרְבֶּה לִסְלוֹחַ:[3]

יוֹם דְּפִינוּ אָנָּא שָׂא נָא, הַיּוֹם קְשׁוֹב תַּחֲנוּנֵינוּ, וּבְתַחֲנוּן
סְלַח נָא, כַּכָּתוּב בְּתוֹרָתֶךָ: סְלַח נָא לַעֲוֹן הָעָם הַזֶּה
כְּגֹדֶל חַסְדֶּךָ, וְכַאֲשֶׁר נָשָׂאתָה לָעָם הַזֶּה מִמִּצְרַיִם וְעַד
הֵנָּה.[4] וְשָׁם נֶאֱמַר: וַיֹּאמֶר יְיָ סָלַחְתִּי כִּדְבָרֶךָ:[5] בַּעֲבוּר כְּבוֹד
שִׁמְךָ הִמָּצֵא לָנוּ מוֹחֵל וְסוֹלֵחַ, סְלַח נָא לְמַעַן שְׁמֶךָ:

יוֹם חִנַּנְךָ עָנוּ בַּעֲדֵנוּ תִּזְכּוֹר, הַיּוֹם סְלַח לַעֲוֹנֵינוּ וְחַטָּא
אַל תִּזְכּוֹר, כַּכָּתוּב בְּדִבְרֵי קָדְשֶׁךָ: אַל תִּזְכָּר לָנוּ
עֲוֹנוֹת רִאשֹׁנִים, מַהֵר יְקַדְּמוּנוּ רַחֲמֶיךָ, כִּי דַלּוֹנוּ מְאֹד:[6]

יוֹם טָעוֹתֵנוּ יְבֻקַּשׁ וָאָיִן, הַיּוֹם נָאִם הָקֵם יְבֻקַּשׁ עָוֹן
וְאֵינֶנּוּ, כַּכָּתוּב עַל יַד נְבִיאֶךָ: בַּיָּמִים הָהֵם וּבָעֵת
הַהִיא, נְאֻם יְיָ, יְבֻקַּשׁ אֶת עֲוֹן יִשְׂרָאֵל וְאֵינֶנּוּ וְאֶת חַטֹּאת
יְהוּדָה וְלֹא תִמָּצֶאינָה, כִּי אֶסְלַח לַאֲשֶׁר אַשְׁאִיר:[7]

---

1. Numbers 15:26.   2. Psalms 86:5.   3. Isaiah 55:7.   4. Numbers 14:19.   5. Ibid. 14:20.
6. Psalms 79:8.   7. Jeremiah 50:20.

יום אשר A day on which our wrongdoing is cast into the depths and locked away—on this day forgive the entire congregation of the children of Israel as well as the proselyte who dwells there, as it is written: And may the entire congregation of the children of Israel, as well as the proselyte who dwells among them, be forgiven, for all the people acted unwittingly.[1]

יום בגדנו A day on which You forgive and pardon our deceitfulness—on this day shall Your Name be confirmed "Good and Forgiving God," as it is written in Your holy Scriptures: For You, my Lord, are good and forgiving, and exceedingly kind to all who call upon You.[2]

יום געלנו A day on which You forget and pay no heed to our disdain for Your laws—on this day have mercy on us and we will repent and abandon the evil path, as it is written by Your prophet: Let the wicked abandon his way and the man of iniquity his thoughts; let him return to the Lord, and He will have compassion upon him, and to our God, for He will abundantly pardon.[3]

יום דפינו A day on which we beseech You to forgive our wrongdoing—on this day hearken to our supplications and through supplication pardon, we beseech You, as it is written in Your Torah: Pardon, I beseech You, the wrongdoing of this people, in keeping with the greatness of Your kindness and as You have forgiven this people from Egypt until now.[4] And there it is stated: And the Lord said: I have pardoned in accordance with your words.[5] For the sake of the glory of Your Name, be accessible to us, You who forgives and pardons; pardon, we beseech You, for the sake of Your Name.

יום חנך A day on which the humble [Moses] pleaded with You in our behalf—remember it; on this day pardon our iniquities and do not remember sin, as it is written in Your holy Scriptures: Do not bring to mind our former wrongdoings; let Your mercies come swiftly toward us, for we have been brought very low.[6]

יום טעותנו A day on which our errors are sought but there are none—on this day abide by Your word that iniquity will be sought but will not be there, as it is written by Your prophet: In those days, at that time, says the Lord, the iniquity of Israel will be sought but there will be none, and the sins of Judah, but they will not be found, for I will pardon those whom I will leave as a remnant.[7]

יוֹם יִדְרְשׁוּךָ מְצָרֵף וּמְטַהֵר, הַיּוֹם מִכָּל חַטֹּאתֵינוּ אוֹתָנוּ
תְּטַהֵר, כַּכָּתוּב בְּתוֹרָתֶךָ: כִּי בַיּוֹם הַזֶּה יְכַפֵּר עֲלֵיכֶם
לְטַהֵר אֶתְכֶם, מִכֹּל חַטֹּאתֵיכֶם לִפְנֵי יְיָ תִּטְהָרוּ:[1]

יוֹם כָּל תִּשָּׂא עָוֹן בְּתַחֲנוּן אֲבַטֵּה, הַיּוֹם לְשַׁוְעָתֵנוּ אֹזֶן
הַטֵּה, כַּכָּתוּב בְּדִבְרֵי קָדְשֶׁךָ: הַטֵּה אֱלֹהַי אָזְנְךָ
וּשְׁמָע, פְּקַח עֵינֶיךָ וּרְאֵה שֹׁמְמֹתֵינוּ, וְהָעִיר אֲשֶׁר נִקְרָא
שִׁמְךָ עָלֶיהָ, כִּי לֹא עַל צִדְקֹתֵינוּ אֲנַחְנוּ מַפִּילִים תַּחֲנוּנֵינוּ
לְפָנֶיךָ, כִּי עַל רַחֲמֶיךָ הָרַבִּים: אֲדֹנָי שְׁמָעָה, אֲדֹנָי סְלָחָה,
אֲדֹנָי הַקְשִׁיבָה, וַעֲשֵׂה אַל תְּאַחַר, לְמַעַנְךָ אֱלֹהַי, כִּי שִׁמְךָ
נִקְרָא עַל עִירְךָ וְעַל עַמֶּךָ:[2] בַּעֲבוּר כְּבוֹד שִׁמְךָ הַמָּצֵא לָנוּ
שׁוֹמֵעַ תְּפִלָּה, שְׁמַע קוֹל תְּפִלָּתֵנוּ לְמַעַן שְׁמֶךָ:

מִי אֵל כָּמוֹךָ: אֲהַלֶּלְךָ בְּקוֹל רָם, מָגֵן אַבְרָהָם, מִי אֵל
כָּמוֹךָ: בְּיָדְךָ מְמִתִים, מְחַיֵּה הַמֵּתִים, מִי אֵל כָּמוֹךָ:
גָּדְלְךָ אֶדְרֹשׁ, הַמֶּלֶךְ הַקָּדוֹשׁ, מִי אֵל כָּמוֹךָ: דּוֹרֵשׁ אִמְרֵי
דַעַת, חוֹנֵן הַדַּעַת, מִי אֵל כָּמוֹךָ: הָאוֹמֵר שׁוּבָה, הָרוֹצֶה
בִתְשׁוּבָה, מִי אֵל כָּמוֹךָ: וּמוֹחֵל וְסוֹלֵחַ, הַמַּרְבֶּה לִסְלוֹחַ,
מִי אֵל כָּמוֹךָ: קוֹל רִנָּה וְתוֹדוֹת, הַטּוֹב לְךָ לְהוֹדוֹת, מִי
אֵל כָּמוֹךָ: רָם בָּרֵךְ קְהַל הֲמוֹנִי, יְבָרֶכְךָ יְיָ, מִי אֵל כָּמוֹךָ:
שְׁכִינָתְךָ שָׁלוֹם, עֹשֶׂה הַשָּׁלוֹם, מִי אֵל כָּמוֹךָ: תָּבוֹא בְרָכָה
אֲלֵיכֶם, וְנֹאמַר תְּפִלָּה עֲלֵיכֶם, מִי אֵל כָּמוֹךָ: תַּעֲבוֹר עַל
פֶּשַׁע לְעַם שָׁבֵי פָשַׁע:

כַּכָּתוּב עַל יַד נְבִיאֶךָ: מִי אֵל כָּמוֹךָ, נֹשֵׂא עָוֹן וְעוֹבֵר
עַל פֶּשַׁע לִשְׁאֵרִית נַחֲלָתוֹ, לֹא הֶחֱזִיק לָעַד
אַפּוֹ, כִּי חָפֵץ חֶסֶד הוּא: יָשׁוּב יְרַחֲמֵנוּ, יִכְבֹּשׁ עֲוֹנֹתֵינוּ,

---
1. Leviticus 16:30.   **2.** Daniel 9:18-19.

יום ידרשוך A day on which they seek You who refines and purifies—on this day cleanse us of all our sins, as it is written in Your Torah: For on this day atonement shall be made for you, to purify you; you shall be cleansed of all your sins before the Lord.[1]

יום כל A day on which I utter supplication for the forgiveness of all sin—on this day give ear to our cry, as it is written in Your holy Scriptures: Give ear, my God, and hear; open Your eyes and behold our desolate places and the city upon which Your Name is proclaimed, for it is not on account of our own righteousness that we offer our supplications before You, but because of Your abounding mercies. My Lord, hear; my Lord, forgive; my Lord, hearken and take action, do not delay, for Your own sake, my God, for Your Name is proclaimed over Your city and Your people.[2] For the sake of the glory of Your Name, be accessible to us, You who heeds prayer; hear the sound of our prayer for the sake of Your Name.

מי Who is like You, O God! I will praise You aloud, O Shield of Abraham; who is like You, O God! By Your hand we die but You revive the dead; who is like You, O God! I shall seek Your greatness, O holy King; who is like You, O God! You who [desires man to] seek words of knowledge, You graciously bestow knowledge; who is like You, O God! You who says "Repent," desires penitence; who is like You, O God! You who forgives and pardons, indeed You pardon abundantly; who is like You, O God! With the sound of rejoicing and thanksgiving it is fitting to offer thanks to You; who is like You, O God! Exalted One, bless the multitude of my congregation—the Lord bless you; who is like You, O God! Your Divine Presence is peace, You who makes the peace; who is like You, O God! May blessing come to you, and we shall offer a prayer for you; who is like You, O God! Forgive transgression for the people who repent of transgression.

ככתוב As it is written by Your prophet: Who is a God like You, who pardons iniquity and forgives transgression for the remnant of His heritage! He does not maintain His wrath forever, for He desires [to do] kindness. He will again show us

וְתַשְׁלִיךְ בִּמְצֻלוֹת יָם כָּל חַטֹּאתָם:' וְכָל חַטֹּאת עַמְּךָ
בֵּית יִשְׂרָאֵל תַּשְׁלִיךְ בִּמְקוֹם אֲשֶׁר לֹא יִזָּכְרוּ וְלֹא יִפָּקְדוּ
וְלֹא יַעֲלוּ עַל לֵב לְעוֹלָם: וְנֶאֱמַר: תִּתֵּן אֱמֶת לְיַעֲקֹב,
חֶסֶד לְאַבְרָהָם, אֲשֶׁר נִשְׁבַּעְתָּ לַאֲבוֹתֵינוּ מִימֵי קֶדֶם:²

Chazzan:
On Shabbat, add the words in shaded parentheses.

אֱלֹהֵינוּ וֵאלֹהֵי אֲבוֹתֵינוּ, מְחַל לַעֲוֹנוֹתֵינוּ בְּיוֹם (הַשַּׁבָּת
הַזֶּה וּבְיוֹם) הַכִּפּוּרִים הַזֶּה, בְּיוֹם סְלִיחַת הֶעָוֹן
הַזֶּה, בְּיוֹם מִקְרָא קֹדֶשׁ הַזֶּה, מְחֵה וְהַעֲבֵר פְּשָׁעֵינוּ
וְחַטֹּאתֵינוּ מִנֶּגֶד עֵינֶיךָ, כָּאָמוּר: אָנֹכִי אָנֹכִי הוּא מֹחֶה
פְשָׁעֶיךָ לְמַעֲנִי, וְחַטֹּאתֶיךָ לֹא אֶזְכֹּר.³ וְנֶאֱמַר: מָחִיתִי
כָעָב פְּשָׁעֶיךָ וְכֶעָנָן חַטֹּאתֶיךָ, שׁוּבָה אֵלַי כִּי גְאַלְתִּיךָ.⁴
וְנֶאֱמַר: כִּי בַיּוֹם הַזֶּה יְכַפֵּר עֲלֵיכֶם לְטַהֵר אֶתְכֶם, מִכֹּל
חַטֹּאתֵיכֶם לִפְנֵי יְיָ תִּטְהָרוּ.⁵ (אֱלֹהֵינוּ וֵאלֹהֵי אֲבוֹתֵינוּ, רְצֵה
נָא בִמְנוּחָתֵנוּ,) קַדְּשֵׁנוּ בְּמִצְוֹתֶיךָ וְתֵן חֶלְקֵנוּ בְּתוֹרָתֶךָ,
שַׂבְּעֵנוּ מִטּוּבֶךָ וְשַׂמַּח נַפְשֵׁנוּ בִּישׁוּעָתֶךָ, (וְהַנְחִילֵנוּ יְיָ
אֱלֹהֵינוּ בְּאַהֲבָה וּבְרָצוֹן שַׁבַּת קָדְשֶׁךָ, וְיָנוּחוּ בוֹ כָּל יִשְׂרָאֵל
מְקַדְּשֵׁי שְׁמֶךָ,) וְטַהֵר לִבֵּנוּ לְעָבְדְּךָ בֶּאֱמֶת. כִּי אַתָּה סָלְחָן
לְיִשְׂרָאֵל וּמָחְלָן לְשִׁבְטֵי יְשֻׁרוּן⁶ בְּכָל דּוֹר וָדוֹר,
וּמִבַּלְעָדֶיךָ אֵין לָנוּ מֶלֶךְ מוֹחֵל וְסוֹלֵחַ. בָּרוּךְ אַתָּה יְיָ,
מֶלֶךְ מוֹחֵל וְסוֹלֵחַ לַעֲוֹנוֹתֵינוּ וְלַעֲוֹנוֹת עַמּוֹ בֵּית יִשְׂרָאֵל,
וּמַעֲבִיר אַשְׁמוֹתֵינוּ בְּכָל שָׁנָה וְשָׁנָה, מֶלֶךְ עַל כָּל הָאָרֶץ,
מְקַדֵּשׁ (הַשַּׁבָּת וְ) יִשְׂרָאֵל וְיוֹם הַכִּפּוּרִים: (.Cong—אָמֵן)

---

1. Micah 7:18-19. **2.** Ibid. 7:20. **3.** Isaiah 43:25. **4.** Ibid. 44:22. **5.** Leviticus 16:30. **6.** V.
Isaiah 44:2; Deuteronomy 33:5, 26; Ramban, Deuteronomy 7:12.

mercy, He will suppress our iniquities; and You will cast all their sins into the depths of the sea.[1] And You will cast all the sins of Your people, the House of Israel, into a place where they shall never be remembered nor recalled nor brought to mind. And it is said: You will grant truth to Jacob, kindness to Abraham, as You have sworn to our fathers from the days of yore.[2]

Chazzan:
On Shabbat, add the words in shaded parentheses.

אלהינו Our God and God of our fathers, forgive our wrongdoings on this (Shabbat day and on this) Day of Atonements, on this day of pardoning of sin, on this day of holy assembly; wipe away and remove our transgressions and sins from before Your eyes, as it is stated: I, I [alone,] am He who wipes away your transgressions, for My sake; your sins I will not recall.[3] And it is stated: I have wiped away your transgressions like a thick cloud, your sins like a cloud; return to Me, for I have redeemed you.[4] And it is stated: For on this day atonement shall be made for you, to purify you; you shall be cleansed of all your sins before the Lord.[5] (Our God and God of our fathers, please find favor in our rest.) Make us holy with Your commandments and grant us our portion in Your Torah; satiate us with Your goodness and gladden our soul with Your salvation. (Lord our God, grant as our heritage, in love and goodwill, Your holy Shabbat, and may all Israel who sanctify Your Name rest thereon.) Make our heart pure to serve You in truth, for You are the Pardoner of Israel and the Forgiver of the tribes of Yeshurun[6] in every generation, and aside from You we have no King who forgives and pardons. Blessed are You, Lord, King who forgives and pardons our sins and the sins of His people, the House of Israel, and removes our trespasses each and every year; King over the whole earth, who sanctifies (the Shabbat and) Israel and the Day of Atonements. (Cong: Amen)

רְצֵה יְיָ אֱלֹהֵינוּ בְּעַמְּךָ יִשְׂרָאֵל וְלִתְפִלָּתָם שְׁעֵה, וְהָשֵׁב הָעֲבוֹדָה לִדְבִיר בֵּיתֶךָ, וְאִשֵּׁי יִשְׂרָאֵל וּתְפִלָּתָם בְּאַהֲבָה תְקַבֵּל בְּרָצוֹן, וּתְהִי לְרָצוֹן תָּמִיד עֲבוֹדַת יִשְׂרָאֵל עַמֶּךָ:

וְתֶחֱזֶינָה עֵינֵינוּ בְּשׁוּבְךָ לְצִיּוֹן בְּרַחֲמִים. בָּרוּךְ אַתָּה יְיָ, הַמַּחֲזִיר שְׁכִינָתוֹ לְצִיּוֹן: (Cong.—אָמֵן)

Bow at מודים; straighten up at יְיָ.

מוֹדִים אֲנַחְנוּ לָךְ, שָׁאַתָּה הוּא יְיָ אֱלֹהֵינוּ וֵאלֹהֵי אֲבוֹתֵינוּ לְעוֹלָם וָעֶד, צוּר חַיֵּינוּ, מָגֵן יִשְׁעֵנוּ, אַתָּה הוּא לְדוֹר וָדוֹר, נוֹדֶה לְּךָ וּנְסַפֵּר תְּהִלָּתֶךָ, עַל חַיֵּינוּ הַמְּסוּרִים בְּיָדֶךָ, וְעַל נִשְׁמוֹתֵינוּ הַפְּקוּדוֹת לָךְ, וְעַל נִסֶּיךָ שֶׁבְּכָל יוֹם עִמָּנוּ, וְעַל נִפְלְאוֹתֶיךָ וְטוֹבוֹתֶיךָ שֶׁבְּכָל עֵת, עֶרֶב וָבֹקֶר וְצָהֳרָיִם, הַטּוֹב, כִּי לֹא כָלוּ רַחֲמֶיךָ, וְהַמְרַחֵם, כִּי לֹא תַמּוּ חֲסָדֶיךָ, כִּי מֵעוֹלָם קִוִּינוּ לָךְ:

MODIM D'RABBANAN

While the chazzan recites מודים, the congregation recites the following, while bowing:

מוֹדִים אֲנַחְנוּ לָךְ, שָׁאַתָּה הוּא יְיָ אֱלֹהֵינוּ וֵאלֹהֵי אֲבוֹתֵינוּ, אֱלֹהֵי כָל בָּשָׂר, יוֹצְרֵנוּ, יוֹצֵר בְּרֵאשִׁית, בְּרָכוֹת וְהוֹדָאוֹת לְשִׁמְךָ הַגָּדוֹל וְהַקָּדוֹשׁ, עַל שֶׁהֶחֱיִיתָנוּ וְקִיַּמְתָּנוּ, כֵּן תְּחַיֵּינוּ וּתְקַיְּמֵנוּ, וְתֶאֱסוֹף גָּלֻיּוֹתֵינוּ לְחַצְרוֹת קָדְשֶׁךָ, וְנָשׁוּב אֵלֶיךָ לִשְׁמוֹר חֻקֶּיךָ, וְלַעֲשׂוֹת רְצוֹנֶךָ, וּלְעָבְדְּךָ בְּלֵבָב שָׁלֵם, עַל שֶׁאָנוּ מוֹדִים לָךְ, בָּרוּךְ אֵל הַהוֹדָאוֹת:

וְעַל כֻּלָּם יִתְבָּרֵךְ וְיִתְרוֹמַם וְיִתְנַשֵּׂא שִׁמְךָ מַלְכֵּנוּ תָּמִיד לְעוֹלָם וָעֶד:

רצה Look with favor, Lord our God, on Your people Israel, and pay heed to their prayer; restore the service to Your Sanctuary, and accept with love and favor Israel's fire-offerings and prayer; and may the service of Your people Israel always find favor.

ותחזינה May our eyes behold Your return to Zion in mercy. Blessed are You, Lord, who restores His Divine Presence to Zion. (Cong: Amen)

Bow at We thankfully acknowledge; *straighten up at* Lord.

מודים We thankfully acknowledge that You are the Lord our God and God of our fathers forever. You are the strength of our life, the shield of our salvation in every generation. We will give thanks to You and recount Your praise, evening, morning and noon, for our lives which are committed into Your hand, for our souls which are entrusted to You, for Your miracles which are with us daily, and for Your continual wonders and beneficences. You are the Beneficent One, for Your mercies never cease; and the Merciful One, for Your kindnesses never end; for we always place our hope in You.

MODIM D'RABBANAN

While the chazzan recites *Modim*, the congregation recites the following, while bowing:

Transliteration, page 438.

מודים We thankfully acknowledge that You are the Lord our God and God of our fathers, the God of all flesh, our Creator and the Creator of all existence. We offer blessings and thanks to Your great and holy Name, for You have given us life and sustained us; so may You continue to grant us life and sustain us—gather our dispersed to the courtyards of Your Sanctuary, and we shall return to You to keep Your Laws, to do Your will, and to serve You with a perfect heart —for we thankfully acknowledge You. Blessed is God, who is worthy of thanks.

ועל And for all these, may Your Name, our King, be continually blessed, exalted, and extolled forever and all time.

Cong. then chazzan—אָבִינוּ מַלְכֵּנוּ, זְכוֹר רַחֲמֶיךָ וּכְבוֹשׁ כַּעַסְךָ,

וְכַלֵּה דֶּבֶר, וְחֶרֶב, וְרָעָב, וּשְׁבִי, וּמַשְׁחִית,

וְעָוֹן, וּמַגֵּפָה, וּפֶגַע רָע, וְכָל מַחֲלָה,

וְכָל תַּקָלָה, וְכָל קְטָטָה, וְכָל מִינֵי פֻרְעָנִיּוֹת,

וְכָל גְּזֵרָה רָעָה, וְשִׂנְאַת חִנָּם, מֵעָלֵינוּ וּמֵעַל

כָּל בְּנֵי בְרִיתֶךָ:

Cong. then chazzan—וּכְתוֹב לְחַיִּים טוֹבִים כָּל בְּנֵי בְרִיתֶךָ:

Chazzan:

וְכָל הַחַיִּים יוֹדוּךָ סֶּלָה, וִיהַלְלוּ שִׁמְךָ הַגָּדוֹל לְעוֹלָם כִּי

טוֹב, הָאֵל יְשׁוּעָתֵנוּ וְעֶזְרָתֵנוּ סֶלָה, הָאֵל הַטּוֹב.

Bend knees at בָּרוּךְ; bow at אַתָּה; straighten up at יְיָ.

בָּרוּךְ אַתָּה יְיָ, הַטּוֹב שִׁמְךָ וּלְךָ נָאֶה לְהוֹדוֹת:

(אָמֵן)—Cong.)

The congregation responds אָמֵן as indicated.

אֱלֹהֵינוּ וֵאלֹהֵי אֲבוֹתֵינוּ, בָּרְכֵנוּ בַבְּרָכָה הַמְשֻׁלֶּשֶׁת

בַּתּוֹרָה הַכְּתוּבָה עַל יְדֵי מֹשֶׁה עַבְדֶּךָ,

הָאֲמוּרָה מִפִּי אַהֲרֹן וּבָנָיו, כֹּהֲנִים עַם קְדוֹשֶׁךָ, כָּאָמוּר:

יְבָרֶכְךָ יְיָ וְיִשְׁמְרֶךָ: (אָמֵן) יָאֵר יְיָ פָּנָיו אֵלֶיךָ, וִיחֻנֶּךָּ: (אָמֵן)

יִשָּׂא יְיָ פָּנָיו אֵלֶיךָ, וְיָשֵׂם לְךָ שָׁלוֹם:[1] (אָמֵן)

שִׂים שָׁלוֹם, טוֹבָה וּבְרָכָה, חַיִּים חֵן וָחֶסֶד וְרַחֲמִים,

עָלֵינוּ וְעַל כָּל יִשְׂרָאֵל עַמֶּךָ. בָּרְכֵנוּ אָבִינוּ כֻּלָּנוּ

כְּאֶחָד בְּאוֹר פָּנֶיךָ, כִּי בְאוֹר פָּנֶיךָ נָתַתָּ לָּנוּ יְיָ אֱלֹהֵינוּ

תּוֹרַת חַיִּים וְאַהֲבַת חֶסֶד, וּצְדָקָה וּבְרָכָה וְרַחֲמִים

---

1. Numbers 6:24-26.

---

of punishment, every evil decree and groundless hatred, from us and from every member of Your Covenant.

וכתוב Inscribe all the children of Your Covenant for a good life.

Cong. then chazzan: אבינו *Övinu malkaynu, z'chor rachamechö u-ch'vosh ka-as'chö, v'chalay dever, v'cherev, v'rö-öv, u-sh'vi, u-mash-chis, v'övon, u-magayfö, u-fega rö, v'chöl machalö, v'chöl takölö, v'chöl k'tötö, v'chöl minay fur-öniyos, v'chöl g'zayrö rö-ö, v'sin-as chinöm, may-ölaynu u-may-al köl b'nay v'risechö.*

Cong. then chazzan: וכתוב *U-ch'sov l'cha-yim tovim köl b'nay v'risechö.*

Chazzan:

וכל And all living things shall forever thank You, and praise Your great Name eternally, for You are good. God, You are our everlasting salvation and help, O benevolent God.

Bend knees at *Blessed*; bow at *You*; straighten up at *Lord*.

Blessed are You, Lord, Beneficent is Your Name, and to You it is fitting to offer thanks. (Cong: Amen)

The congregation responds Amen as indicated.

אלהינו Our God and God of our fathers, bless us with the threefold blessing written in the Torah by Moses Your servant, and pronounced by Aaron and his sons the Kohanim, Your consecrated people, as it is said: The Lord bless you and guard you. (Amen) The Lord make His countenance shine upon you and be gracious to you. (Amen) The Lord turn His countenance toward you and grant you peace.[1] (Amen)

שים Bestow peace, goodness, and blessing, life, graciousness, kindness, and mercy, upon us and upon all Your people Israel. Bless us, our Father, all of us as one, with the light of Your countenance, for by the light of Your countenance You gave us, Lord our God, the Torah of life and loving-kindness, righteousness, blessing, mercy,

---

אבינו Our Father, our King, remember Your compassion and suppress Your wrath, and eradicate pestilence, sword, famine, captivity, destruction, iniquity, plague and evil occurrence; every disease, every mishap, every strife, every kind

וְחַיִּים וְשָׁלוֹם, וְטוֹב בְּעֵינֶיךָ לְבָרֵךְ אֶת עַמְּךָ יִשְׂרָאֵל בְּכָל עֵת וּבְכָל שָׁעָה בִּשְׁלוֹמֶךָ.

וּבְסֵפֶר — Cong. then chazzan חַיִּים בְּרָכָה וְשָׁלוֹם וּפַרְנָסָה טוֹבָה, יְשׁוּעָה וְנֶחָמָה וּגְזֵרוֹת טוֹבוֹת, נִזָּכֵר וְנִכָּתֵב לְפָנֶיךָ, אֲנַחְנוּ וְכָל עַמְּךָ בֵּית יִשְׂרָאֵל, לְחַיִּים טוֹבִים וּלְשָׁלוֹם.

Chazzan:

בָּרוּךְ אַתָּה יְיָ, הַמְבָרֵךְ אֶת עַמּוֹ יִשְׂרָאֵל בַּשָּׁלוֹם:

(אָמֵן — Cong.)

The chazzan recites the following verse silently:

יִהְיוּ לְרָצוֹן אִמְרֵי פִי וְהֶגְיוֹן לִבִּי לְפָנֶיךָ, יְיָ צוּרִי וְגוֹאֲלִי:[1]

❦⳿⳾⳿❧

AVINU MALKEINU

When Yom Kippur occurs on Shabbat אָבִינוּ מַלְכֵּנוּ is not said.
The following is said standing.

THE ARK IS OPENED.

אָבִינוּ מַלְכֵּנוּ חָטָאנוּ לְפָנֶיךָ:

אָבִינוּ מַלְכֵּנוּ אֵין לָנוּ מֶלֶךְ אֶלָּא אָתָּה:

אָבִינוּ מַלְכֵּנוּ עֲשֵׂה עִמָּנוּ לְמַעַן שְׁמֶךָ:

אָבִינוּ מַלְכֵּנוּ חַדֵּשׁ עָלֵינוּ שָׁנָה טוֹבָה:

אָבִינוּ מַלְכֵּנוּ בַּטֵּל מֵעָלֵינוּ כָּל גְּזֵרוֹת קָשׁוֹת:

אָבִינוּ מַלְכֵּנוּ בַּטֵּל מַחְשְׁבוֹת שׂוֹנְאֵינוּ:

אָבִינוּ מַלְכֵּנוּ הָפֵר עֲצַת אוֹיְבֵינוּ:

אָבִינוּ מַלְכֵּנוּ כַּלֵּה כָּל צַר וּמַסְטִין מֵעָלֵינוּ:

אָבִינוּ מַלְכֵּנוּ סְתוֹם פִּיּוֹת מַסְטִינֵנוּ וּמְקַטְרִיגֵנוּ:

---

1. Psalms 19:15.

life and peace. May it be favorable in Your eyes to bless Your people Israel, at all times and at every moment, with Your peace.

Cong. then chazzan: וּבְסֵפֶר *U-v'sayfer cha-yim b'röchö v'shölom ufar'nösö tovö, y'shu-ö v'nechömö u-g'zayros tovos, nizöchayr v'nikösayv l'fönechö, anach-nu v'chöl am'chö bays yisrö-ayl, l'cha-yim tovim u-l'shölom.*

Chazzan:

Blessed are You, Lord, who blesses His people Israel with peace. (Cong: Amen)

The chazzan recites the following verse silently:

יִהְיוּ May the words of my mouth and the meditation of my heart be acceptable before You, Lord, my Strength and my Redeemer.[1]

৩৬৶৴৶৹

AVINU MALKEINU

When Yom Kippur occurs on Shabbat *Avinu Malkeinu* is not said. The following is said standing.

THE ARK IS OPENED.

אָבִינוּ Our Father, our King, we have sinned before You.

Our Father, our King, we have no King but You.

Our Father, our King, act [benevolently] with us for the sake of Your Name.

Our Father, our King, renew for us a good year.

Our Father, our King, remove from us all harsh decrees.

Our Father, our King, annul the intentions of our enemies.

Our Father, our King, foil the plans of our foes.

Our Father, our King, wipe out every oppressor and adversary from against us.

Our Father, our King, close the mouths of our adversaries and accusers.

וּבְסֵפֶר And in the book of life, blessing, peace, and prosperity, deliverance, consolation, and favorable decrees, may we and all Your people the House of Israel be remembered and inscribed before You for a happy life and for peace.

אָבִינוּ מַלְכֵּנוּ כַּלֵּה דֶּבֶר וְחֶרֶב וְרָעָב וּשְׁבִי וּמַשְׁחִית מִבְּנֵי בְרִיתֶךָ:

אָבִינוּ מַלְכֵּנוּ מְנַע מַגֵּפָה מִנַּחֲלָתֶךָ:

אָבִינוּ מַלְכֵּנוּ סְלַח וּמְחוֹל לְכָל עֲוֹנוֹתֵינוּ:

אָבִינוּ מַלְכֵּנוּ מְחֵה וְהַעֲבֵר פְּשָׁעֵינוּ מִנֶּגֶד עֵינֶיךָ:

אָבִינוּ מַלְכֵּנוּ מְחוֹק בְּרַחֲמֶיךָ הָרַבִּים כָּל שִׁטְרֵי חוֹבוֹתֵינוּ:

אָבִינוּ מַלְכֵּנוּ הַחֲזִירֵנוּ בִּתְשׁוּבָה שְׁלֵמָה לְפָנֶיךָ:

אָבִינוּ מַלְכֵּנוּ שְׁלַח רְפוּאָה שְׁלֵמָה לְחוֹלֵי עַמֶּךָ:

אָבִינוּ מַלְכֵּנוּ קְרַע רוֹעַ גְּזַר דִּינֵנוּ:

אָבִינוּ מַלְכֵּנוּ זָכְרֵנוּ בְּזִכָּרוֹן טוֹב לְפָנֶיךָ:

אָבִינוּ מַלְכֵּנוּ כָּתְבֵנוּ בְּסֵפֶר חַיִּים טוֹבִים:

אָבִינוּ מַלְכֵּנוּ כָּתְבֵנוּ בְּסֵפֶר גְּאֻלָּה וִישׁוּעָה:

אָבִינוּ מַלְכֵּנוּ כָּתְבֵנוּ בְּסֵפֶר פַּרְנָסָה וְכַלְכָּלָה:

אָבִינוּ מַלְכֵּנוּ כָּתְבֵנוּ בְּסֵפֶר זְכִיּוֹת:

אָבִינוּ מַלְכֵּנוּ כָּתְבֵנוּ בְּסֵפֶר סְלִיחָה וּמְחִילָה:

אָבִינוּ מַלְכֵּנוּ הַצְמַח לָנוּ יְשׁוּעָה בְּקָרוֹב:

אָבִינוּ מַלְכֵּנוּ הָרֵם קֶרֶן יִשְׂרָאֵל עַמֶּךָ:

אָבִינוּ מַלְכֵּנוּ הָרֵם קֶרֶן מְשִׁיחֶךָ:

אָבִינוּ מַלְכֵּנוּ מַלֵּא יָדֵינוּ מִבִּרְכוֹתֶיךָ:

אָבִינוּ מַלְכֵּנוּ מַלֵּא אֲסָמֵינוּ שָׂבָע:

אָבִינוּ מַלְכֵּנוּ שְׁמַע קוֹלֵנוּ חוּם וְרַחֵם עָלֵינוּ:

אָבִינוּ מַלְכֵּנוּ קַבֵּל בְּרַחֲמִים וּבְרָצוֹן אֶת תְּפִלָּתֵנוּ:

אָבִינוּ מַלְכֵּנוּ פְּתַח שַׁעֲרֵי שָׁמַיִם לִתְפִלָּתֵנוּ:

Our Father, our King, remove pestilence, sword, famine, captivity, and destruction from the members of Your covenant.

Our Father, our King, withhold the plague from Your inheritance.

Our Father, our King, pardon and forgive all our iniquities.

Our Father, our King, blot out and remove our transgressions from before Your eyes.

Our Father, our King, erase in Your abounding mercies all the records of our debts [sins].

Our Father, our King, bring us back to You in wholehearted repentance.

Our Father, our King, send a complete healing to the sick of Your people.

Our Father, our King, rend the evil [aspect] of the verdict decreed against us.

Our Father, our King, remember us with a favorable remembrance before You.

Our Father, our King, inscribe us in the book of good life.

Our Father, our King, inscribe us in the book of redemption and deliverance.

Our Father, our King, inscribe us in the book of livelihood and sustenance.

Our Father, our King, inscribe us in the book of merits.

Our Father, our King, inscribe us in the book of pardon and forgiveness.

Our Father, our King, cause deliverance to flourish for us soon.

Our Father, our King, exalt the glory of Israel Your people.

Our Father, our King, exalt the glory of Your anointed one.

Our Father, our King, fill our hands with Your blessings.

Our Father, our King, fill our storehouses with plenty.

Our Father, our King, hear our voice, have pity and compassion upon us.

Our Father, our King, accept our prayer with mercy and with favor.

Our Father, our King, open the gates of heaven to our prayer.

אָבִינוּ מַלְכֵּנוּ זְכוֹר כִּי עָפָר אֲנָחְנוּ:

אָבִינוּ מַלְכֵּנוּ נָא אַל תְּשִׁיבֵנוּ רֵיקָם מִלְּפָנֶיךָ:

אָבִינוּ מַלְכֵּנוּ תְּהֵא הַשָּׁעָה הַזֹּאת שְׁעַת רַחֲמִים וְעֵת רָצוֹן מִלְּפָנֶיךָ:

אָבִינוּ מַלְכֵּנוּ חֲמוֹל עָלֵינוּ וְעַל עוֹלָלֵינוּ וְטַפֵּינוּ:

אָבִינוּ מַלְכֵּנוּ עֲשֵׂה לְמַעַן הֲרוּגִים עַל שֵׁם קָדְשֶׁךָ:

אָבִינוּ מַלְכֵּנוּ עֲשֵׂה לְמַעַן טְבוּחִים עַל יִחוּדֶךָ:

אָבִינוּ מַלְכֵּנוּ עֲשֵׂה לְמַעַן בָּאֵי בָאֵשׁ וּבַמַּיִם עַל קִדּוּשׁ שְׁמֶךָ:

אָבִינוּ מַלְכֵּנוּ נְקוֹם נִקְמַת דַּם עֲבָדֶיךָ הַשָּׁפוּךְ:

אָבִינוּ מַלְכֵּנוּ עֲשֵׂה לְמַעַנְךָ אִם לֹא לְמַעֲנֵנוּ:

אָבִינוּ מַלְכֵּנוּ עֲשֵׂה לְמַעַנְךָ וְהוֹשִׁיעֵנוּ:

אָבִינוּ מַלְכֵּנוּ עֲשֵׂה לְמַעַן רַחֲמֶיךָ הָרַבִּים:

אָבִינוּ מַלְכֵּנוּ עֲשֵׂה לְמַעַן שִׁמְךָ הַגָּדוֹל הַגִּבּוֹר וְהַנּוֹרָא שֶׁנִּקְרָא עָלֵינוּ:

אָבִינוּ מַלְכֵּנוּ חָנֵּנוּ וַעֲנֵנוּ כִּי אֵין בָּנוּ מַעֲשִׂים עֲשֵׂה עִמָּנוּ צְדָקָה וָחֶסֶד וְהוֹשִׁיעֵנוּ:

THE ARK IS CLOSED.

Chazzan recites Complete Kaddish. Congregation responds אָמֵן as indicated.

יִתְגַּדַּל וְיִתְקַדַּשׁ שְׁמֵהּ רַבָּא. (אָמֵן—.Cong) בְּעָלְמָא דִּי בְרָא כִרְעוּתֵהּ וְיַמְלִיךְ מַלְכוּתֵהּ, וְיַצְמַח פּוּרְקָנֵהּ וִיקָרֵב מְשִׁיחֵהּ. (אָמֵן—.Cong) בְּחַיֵּיכוֹן וּבְיוֹמֵיכוֹן וּבְחַיֵּי דְכָל בֵּית יִשְׂרָאֵל, בַּעֲגָלָא וּבִזְמַן קָרִיב וְאִמְרוּ אָמֵן:

(Cong.—אָמֵן. יְהֵא שְׁמֵהּ רַבָּא מְבָרַךְ לְעָלַם וּלְעָלְמֵי עָלְמַיָּא, יִתְבָּרַךְ.)

Our Father, our King, let it be remembered that we are but dust.

Our Father, our King, we beseech You, do not turn us away from You empty-handed.

Our Father, our King, may this hour be an hour of mercy and a time of favor before You.

Our Father, our King, have compassion upon us, and upon our infants and children.

Our Father, our King, do it for the sake of those who were slain for Your holy Name.

Our Father, our King, do it for the sake of those who were slaughtered for Your Oneness.

Our Father, our King, do it for the sake of those who went through fire and water for the sanctification of Your Name.

Our Father, our King, avenge the spilled blood of Your servants.

Our Father, our King, do it for Your sake, if not for ours.

Our Father, our King, do it for Your sake, and deliver us.

Our Father, our King, do it for the sake of Your abounding mercies.

Our Father, our King, do it for the sake of Your great, mighty and awesome Name which is proclaimed over us.

Our Father, our King, be gracious to us and answer us, for we have no meritorious deeds; deal charitably and kindly with us and deliver us.

THE ARK IS CLOSED.

Chazzan recites Complete Kaddish. Congregation responds Amen as indicated.

יִתְגַּדֵּל Exalted and hallowed be His great Name (Cong: Amen) throughout the world which He has created according to His will. May He establish His kingship, bring forth His redemption and hasten the coming of His Mashiach (Cong: Amen) in your lifetime and in your days and in the lifetime of the entire House of Israel, speedily and soon, and say, Amen.

(Cong: Amen. May His great Name be blessed forever and to all eternity. Blessed.)

יְהֵא שְׁמֵהּ רַבָּא מְבָרַךְ לְעָלַם וּלְעָלְמֵי עָלְמַיָּא, יִתְבָּרַךְ,
וְיִשְׁתַּבַּח, וְיִתְפָּאַר, וְיִתְרוֹמַם, וְיִתְנַשֵּׂא, וְיִתְהַדָּר וְיִתְעַלֶּה,
וְיִתְהַלָּל, שְׁמֵהּ דְּקוּדְשָׁא בְּרִיךְ הוּא. (.Cong — אָמֵן)   לְעֵלָּא
מִן כָּל בִּרְכָתָא וְשִׁירָתָא, תֻּשְׁבְּחָתָא וְנֶחֱמָתָא, דַּאֲמִירָן
בְּעָלְמָא, וְאִמְרוּ אָמֵן: (.Cong — אָמֵן)

תִּתְקַבֵּל צְלוֹתְהוֹן וּבָעוּתְהוֹן דְּכָל בֵּית יִשְׂרָאֵל, קֳדָם
אֲבוּהוֹן דִּי בִשְׁמַיָּא, וְאִמְרוּ אָמֵן: (.Cong — אָמֵן)   יְהֵא
שְׁלָמָא רַבָּא מִן שְׁמַיָּא וְחַיִּים טוֹבִים עָלֵינוּ וְעַל כָּל
יִשְׂרָאֵל, וְאִמְרוּ אָמֵן: (.Cong — אָמֵן)

Take three steps back, then bow right saying עֹשֶׂה הַשָּׁלוֹם בִּמְרוֹמָיו, bow forward
saying הוּא, bow left saying יַעֲשֶׂה שָׁלוֹם עָלֵינוּ, and bow forward saying וְעַל כָּל
יִשְׂרָאֵל, וְאִמְרוּ אָמֵן.

עֹשֶׂה הַשָּׁלוֹם בִּמְרוֹמָיו, הוּא יַעֲשֶׂה שָׁלוֹם עָלֵינוּ וְעַל
כָּל יִשְׂרָאֵל, וְאִמְרוּ אָמֵן: (.Cong — אָמֵן)

SONG OF THE DAY

MONDAY:

הַיּוֹם, יוֹם שֵׁנִי בַּשַּׁבָּת, שֶׁבּוֹ הָיוּ הַלְוִיִּם אוֹמְרִים בְּבֵית הַמִּקְדָּשׁ:

שִׁיר מִזְמוֹר לִבְנֵי קֹרַח: גָּדוֹל יְיָ וּמְהֻלָּל מְאֹד, בְּעִיר אֱלֹהֵינוּ
הַר קָדְשׁוֹ: יְפֵה נוֹף מְשׂוֹשׂ כָּל הָאָרֶץ הַר צִיּוֹן, יַרְכְּתֵי
צָפוֹן, קִרְיַת מֶלֶךְ רָב: אֱלֹהִים בְּאַרְמְנוֹתֶיהָ נוֹדַע לְמִשְׂגָּב:
כִּי הִנֵּה הַמְּלָכִים נוֹעֲדוּ, עָבְרוּ יַחְדָּו: הֵמָּה רָאוּ כֵּן תָּמָהוּ,
נִבְהֲלוּ נֶחְפָּזוּ: רְעָדָה אֲחָזָתַם שָׁם, חִיל כַּיּוֹלֵדָה: בְּרוּחַ
קָדִים, תְּשַׁבֵּר אֳנִיּוֹת תַּרְשִׁישׁ: כַּאֲשֶׁר שָׁמַעְנוּ כֵּן רָאִינוּ בְּעִיר
יְיָ צְבָאוֹת, בְּעִיר אֱלֹהֵינוּ, אֱלֹהִים יְכוֹנְנֶהָ עַד עוֹלָם סֶלָה:
דִּמִּינוּ אֱלֹהִים חַסְדֶּךָ בְּקֶרֶב הֵיכָלֶךָ: כְּשִׁמְךָ אֱלֹהִים כֵּן
תְּהִלָּתְךָ עַל קַצְוֵי אֶרֶץ, צֶדֶק מָלְאָה יְמִינֶךָ: יִשְׂמַח הַר צִיּוֹן,
תָּגֵלְנָה בְּנוֹת יְהוּדָה, לְמַעַן מִשְׁפָּטֶיךָ: סֹבּוּ צִיּוֹן וְהַקִּיפוּהָ,

May His great Name be blessed forever and to all eternity. Blessed and praised, glorified, exalted and extolled, honored, adored and lauded be the Name of the Holy One, blessed be He, (Cong: Amen) beyond all the blessings, hymns, praises and consolations that are uttered in the world; and say, Amen. (Cong: Amen)

May the prayers and supplications of the entire House of Israel be accepted before their Father in heaven; and say, Amen. (Cong: Amen) May there be abundant peace from heaven, and a good life for us and for all Israel; and say, Amen. (Cong: Amen)

Take three steps back, then bow right saying *He who makes the peace in His Heavens,* bow forward saying *may He,* bow left saying *make peace for us,* and bow forward saying *and for all Israel; and say, Amen.*

He who makes the peace in His heavens, may He make peace for us and for all Israel; and say, Amen. (Cong: Amen)

SONG OF THE DAY

MONDAY:

היום Today is the second day of the week, on which the Levi'im in the Bet Hamikdash used to say:

שיר A song, a psalm by the sons of Korach. The Lord is great and exceedingly acclaimed in the city of God, His holy mountain. Beautiful in landscape, the joy of the whole earth is Mount Zion, on the northern slopes, the city of the great King. In her citadels, God became known as a tower of strength. For behold, the kings assembled, they advanced in concert [to invade her]. They saw [the wonders of the Almighty] and were astounded; they were terror-stricken, they hastened to flee. Trembling seized them there, pangs as of a woman in the throes of labor; [they were crushed as] by an east wind that shatters the ships of Tarshish. As we have heard, so have we seen in the city of the Lord of hosts, in the city of our God; may God establish it for all eternity. God, we have been hoping for Your kindness [to be revealed] within Your Sanctuary. As Your Name, O God, [is great,] so is Your praise to the ends of the earth; Your right hand is filled with righteousness. Let Mount Zion rejoice, let the towns of Judah exult, because of Your judgments. Walk around Zion, encircle her, count her towers;

סִפְרוּ מִגְדָּלֶיהָ: שִׁיתוּ לִבְּכֶם לְחֵילָה פַּסְּגוּ אַרְמְנוֹתֶיהָ, לְמַעַן
תְּסַפְּרוּ לְדוֹר אַחֲרוֹן: כִּי זֶה אֱלֹהִים אֱלֹהֵינוּ עוֹלָם וָעֶד, הוּא
יְנַהֲגֵנוּ עַל מוּת:¹

Continue with הוֹשִׁיעֵנוּ, middle of page 196.

WEDNESDAY:

הַיּוֹם, יוֹם רְבִיעִי בַּשַּׁבָּת, שֶׁבּוֹ הָיוּ הַלְוִיִּם אוֹמְרִים בְּבֵית הַמִּקְדָּשׁ:

אֵל נְקָמוֹת יְיָ, אֵל נְקָמוֹת הוֹפִיעַ: הִנָּשֵׂא שֹׁפֵט הָאָרֶץ,
הָשֵׁב גְּמוּל עַל גֵּאִים: עַד מָתַי רְשָׁעִים | יְיָ, עַד
מָתַי רְשָׁעִים יַעֲלֹזוּ: יַבְּיעוּ יְדַבְּרוּ עָתָק, יִתְאַמְּרוּ כָּל פֹּעֲלֵי
אָוֶן: עַמְּךָ יְיָ יְדַכְּאוּ, וְנַחֲלָתְךָ יְעַנּוּ: אַלְמָנָה וְגֵר יַהֲרֹגוּ,
וִיתוֹמִים יְרַצֵּחוּ: וַיֹּאמְרוּ לֹא יִרְאֶה יָּהּ, וְלֹא יָבִין אֱלֹהֵי
יַעֲקֹב: בִּינוּ בֹּעֲרִים בָּעָם, וּכְסִילִים מָתַי תַּשְׂכִּילוּ: הֲנֹטַע
אֹזֶן הֲלֹא יִשְׁמָע, אִם יֹצֵר עַיִן הֲלֹא יַבִּיט: הֲיֹסֵר גּוֹיִם הֲלֹא
יוֹכִיחַ, הַמְלַמֵּד אָדָם דָּעַת: יְיָ יֹדֵעַ מַחְשְׁבוֹת אָדָם, כִּי
הֵמָּה הָבֶל: אַשְׁרֵי הַגֶּבֶר אֲשֶׁר תְּיַסְּרֶנּוּ יָּהּ, וּמִתּוֹרָתְךָ
תְלַמְּדֶנּוּ: לְהַשְׁקִיט לוֹ מִימֵי רָע, עַד יִכָּרֶה לָרָשָׁע שָׁחַת:
כִּי לֹא יִטֹּשׁ יְיָ עַמּוֹ, וְנַחֲלָתוֹ לֹא יַעֲזֹב: כִּי עַד צֶדֶק יָשׁוּב
מִשְׁפָּט, וְאַחֲרָיו כָּל יִשְׁרֵי לֵב: מִי יָקוּם לִי עִם מְרֵעִים,
מִי יִתְיַצֵּב לִי עִם פֹּעֲלֵי אָוֶן: לוּלֵי יְיָ עֶזְרָתָה לִּי, כִּמְעַט
שָׁכְנָה דוּמָה נַפְשִׁי: אִם אָמַרְתִּי מָטָה רַגְלִי, חַסְדְּךָ יְיָ
יִסְעָדֵנִי: בְּרֹב שַׂרְעַפַּי בְּקִרְבִּי, תַּנְחוּמֶיךָ יְשַׁעַשְׁעוּ נַפְשִׁי:
הַיְחָבְרְךָ כִּסֵּא הַוּוֹת, יֹצֵר עָמָל עֲלֵי חֹק: יָגוֹדּוּ עַל נֶפֶשׁ
צַדִּיק, וְדָם נָקִי יַרְשִׁיעוּ: וַיְהִי יְיָ לִי לְמִשְׂגָּב, וֵאלֹהַי לְצוּר
מַחְסִי: וַיָּשֶׁב עֲלֵיהֶם אֶת אוֹנָם וּבְרָעָתָם יַצְמִיתֵם, יַצְמִיתֵם
יְיָ אֱלֹהֵינוּ:² לְכוּ נְרַנְּנָה לַיְיָ, נָרִיעָה לְצוּר יִשְׁעֵנוּ: נְקַדְּמָה

---

1. Psalm 48.   2. Ibid. 94.

consider well her ramparts, behold her lofty citadels, that you may recount it to a later generation. For this God is our God forever and ever; He will lead us eternally.[1]

Continue with *Deliver us,* middle of page 196.

WEDNESDAY:

היום Today is the fourth day of the week, on which the Levi'im in the Bet Hamikdash used to say:

אל The Lord is a God of retribution; O God of retribution, reveal Yourself! Judge of the earth, arise; render to the arrogant their recompense. How long shall the wicked, O Lord, how long shall the wicked exult? They continuously speak insolently; all the evildoers act arrogantly. They crush Your people, O Lord, and oppress Your heritage. They kill the widow and the stranger, and murder the orphans. And they say, "The Lord does not see, the God of Jacob does not perceive." Understand, you senseless among the people; you fools, when will you become wise? Shall He who implants the ear not hear? Shall He who forms the eye not see? Shall He who chastises nations not punish? Shall He who imparts knowledge to man [not know]? The Lord knows the thoughts of man that they are naught. Fortunate is the man whom You chastise, O Lord, and instruct him in Your Torah, bestowing upon him tranquility in times of adversity, until the pit is dug for the wicked. For the Lord will not abandon His people, nor forsake His heritage. For judgment shall again be consonant with justice, and all the upright in heart will pursue it. Who would rise up for me against the wicked ones, who would stand up for me against the evildoers? Had the Lord not been a help to me, my soul would have soon dwelt in the silence [of the grave]. When I thought that my foot was slipping, Your kindness, O Lord, supported me. When my [worrisome] thoughts multiply within me, Your consolation delights my soul. Can one in the seat of evil, one who makes iniquity into law, consort with You? They band together against the life of the righteous, and condemn innocent blood. The Lord has been my stronghold; my God, the strength of my refuge. He will turn their violence against them and destroy them through their own wickedness; the Lord our God will destroy them.[2] Come, let us sing to the Lord; let us raise our voices in jubilation to the Rock of our deliverance. Let us approach Him

פָּנָיו בְּתוֹדָה, בִּזְמִרוֹת נָרִיעַ לוֹ: כִּי אֵל גָּדוֹל יְיָ, וּמֶלֶךְ
גָּדוֹל עַל כָּל אֱלֹהִים:[1]

Continue with הוֹשִׁיעֵנוּ on next page.

THURSDAY:

הַיּוֹם, יוֹם חֲמִישִׁי בַּשַּׁבָּת, שֶׁבּוֹ הָיוּ הַלְוִיִּם אוֹמְרִים בְּבֵית הַמִּקְדָּשׁ:

לַמְנַצֵּחַ עַל הַגִּתִּית לְאָסָף: הַרְנִינוּ לֵאלֹהִים עוּזֵּנוּ, הָרִיעוּ
לֵאלֹהֵי יַעֲקֹב: שְׂאוּ זִמְרָה וּתְנוּ תֹף, כִּנּוֹר נָעִים
עִם נָבֶל: תִּקְעוּ בַחְדֶשׁ שׁוֹפָר, בַּכֶּסֶה לְיוֹם חַגֵּנוּ: כִּי חֹק
לְיִשְׂרָאֵל הוּא, מִשְׁפָּט לֵאלֹהֵי יַעֲקֹב: עֵדוּת בִּיהוֹסֵף שָׂמוֹ
בְּצֵאתוֹ עַל אֶרֶץ מִצְרָיִם, שְׂפַת לֹא יָדַעְתִּי אֶשְׁמָע: הֲסִירוֹתִי
מִסֵּבֶל שִׁכְמוֹ, כַּפָּיו מִדּוּד תַּעֲבֹרְנָה: בַּצָּרָה קָרָאתָ וָאֲחַלְּצֶךָּ,
אֶעֶנְךָ בְּסֵתֶר רַעַם, אֶבְחָנְךָ עַל מֵי מְרִיבָה סֶלָה: שְׁמַע עַמִּי
וְאָעִידָה בָּךְ, יִשְׂרָאֵל אִם תִּשְׁמַע לִי: לֹא יִהְיֶה בְךָ אֵל זָר,
וְלֹא תִשְׁתַּחֲוֶה לְאֵל נֵכָר: אָנֹכִי יְיָ אֱלֹהֶיךָ הַמַּעַלְךָ מֵאֶרֶץ
מִצְרָיִם, הַרְחֶב פִּיךָ וַאֲמַלְאֵהוּ: וְלֹא שָׁמַע עַמִּי לְקוֹלִי,
וְיִשְׂרָאֵל לֹא אָבָה לִי: וָאֲשַׁלְּחֵהוּ בִּשְׁרִירוּת לִבָּם, יֵלְכוּ
בְּמוֹעֲצוֹתֵיהֶם: לוּ עַמִּי שֹׁמֵעַ לִי, יִשְׂרָאֵל בִּדְרָכַי יְהַלֵּכוּ:
כִּמְעַט אוֹיְבֵיהֶם אַכְנִיעַ, וְעַל צָרֵיהֶם אָשִׁיב יָדִי: מְשַׂנְאֵי יְיָ
יְכַחֲשׁוּ לוֹ, וִיהִי עִתָּם לְעוֹלָם: וַיַּאֲכִילֵהוּ מֵחֵלֶב חִטָּה, וּמִצּוּר
דְּבַשׁ אַשְׂבִּיעֶךָ:[2]

Continue with הוֹשִׁיעֵנוּ on next page.

SHABBAT:

הַיּוֹם, יוֹם שַׁבַּת קֹדֶשׁ, שֶׁבּוֹ הָיוּ הַלְוִיִּם אוֹמְרִים בְּבֵית הַמִּקְדָּשׁ:

מִזְמוֹר שִׁיר לְיוֹם הַשַּׁבָּת: טוֹב לְהֹדוֹת לַיְיָ, וּלְזַמֵּר
לְשִׁמְךָ עֶלְיוֹן: לְהַגִּיד בַּבֹּקֶר חַסְדֶּךָ, וֶאֱמוּנָתְךָ
בַּלֵּילוֹת: עֲלֵי עָשׂוֹר וַעֲלֵי נָבֶל, עֲלֵי הִגָּיוֹן בְּכִנּוֹר: כִּי

---

1. Psalms 95:1-3. 2. Ibid. 81.

with thanksgiving; let us raise our voices to Him in song. For the Lord is a great God, and a great King over all supernal beings.[1]

Continue with *Deliver us* on next page.

THURSDAY:

היום Today is the fifth day of the week, on which the Levi'im in the Bet Hamikdash used to say:

למנצח For the choirmaster, upon the [musical instrument] *gittit*, by Asaf. Sing joyously to God our strength; sound the *shofar* to the God of Jacob. Raise your voice in song; sound the drum, the pleasant harp and the lyre. Blow the *shofar* on the New Moon, on the designated day of our Holy Day; for it is a decree for Israel, a ruling of the God of Jacob. He ordained it as a precept for Joseph when he went forth over the land of Egypt; I heard a language which I did not know. I have taken his shoulder from the burden; his hands were removed from the caldron. In distress you called and I delivered you; [you called] in secret, and I answered you with thunderous wonders; I tested you at the waters of Merivah, *Selah*. Hear, My people, and I will admonish you; Israel, if you would only listen to Me! You shall have no alien god within you, nor shall you bow down to a foreign deity. I am the Lord your God who brought you up from the land of Egypt; open wide your mouth, [state all your desires,] and I shall grant them. But My people did not heed My voice; Israel did not want [to listen to] Me. So I sent them away for the willfulness of their heart, for following their [evil] design. If only My people would listen to Me, if Israel would only walk in My ways, then I would speedily subdue their enemies, and turn My hand against their oppressors; those who hate the Lord would shrivel before Him, and the time [of their retribution] shall be forever. I would feed him [Israel] with the finest of wheat, and sate you with honey from the rock.[2]

Continue with *Deliver us* on next page.

SHABBAT:

היום Today is the holy Shabbat day, on which the Levi'im in the Bet Hamikdash used to say:

מזמור A Psalm, a song for the Shabbat day. It is good to praise the Lord, and to sing to Your Name, O Most High; to proclaim Your kindness in the morning, and Your faithfulness in the nights, with a ten-stringed instrument and lyre, to the melody of a harp.

שֶׂמַּחְתַּנִי יְיָ בְּפָעֳלֶךָ, בְּמַעֲשֵׂי יָדֶיךָ אֲרַנֵּן: מַה גָּדְלוּ מַעֲשֶׂיךָ יְיָ, מְאֹד עָמְקוּ מַחְשְׁבֹתֶיךָ: אִישׁ בַּעַר לֹא יֵדָע, וּכְסִיל לֹא יָבִין אֶת זֹאת: בִּפְרֹחַ רְשָׁעִים כְּמוֹ עֵשֶׂב, וַיָּצִיצוּ כָּל פֹּעֲלֵי אָוֶן, לְהִשָּׁמְדָם עֲדֵי עַד: וְאַתָּה מָרוֹם לְעֹלָם יְיָ: כִּי הִנֵּה אֹיְבֶיךָ | יְיָ, כִּי הִנֵּה אֹיְבֶיךָ יֹאבֵדוּ, יִתְפָּרְדוּ כָּל פֹּעֲלֵי אָוֶן: וַתָּרֶם כִּרְאֵים קַרְנִי, בַּלֹּתִי בְּשֶׁמֶן רַעֲנָן: וַתַּבֵּט עֵינִי בְּשׁוּרָי, בַּקָּמִים עָלַי מְרֵעִים, תִּשְׁמַעְנָה אָזְנָי: צַדִּיק כַּתָּמָר יִפְרָח, כְּאֶרֶז בַּלְּבָנוֹן יִשְׂגֶּה: שְׁתוּלִים בְּבֵית יְיָ, בְּחַצְרוֹת אֱלֹהֵינוּ יַפְרִיחוּ: עוֹד יְנוּבוּן בְּשֵׂיבָה, דְּשֵׁנִים וְרַעֲנַנִּים יִהְיוּ: לְהַגִּיד כִּי יָשָׁר יְיָ, צוּרִי וְלֹא עַוְלָתָה בּוֹ:[1]

הוֹשִׁיעֵנוּ יְיָ אֱלֹהֵינוּ וְקַבְּצֵנוּ מִן הַגּוֹיִם, לְהֹדוֹת לְשֵׁם קָדְשֶׁךָ, לְהִשְׁתַּבֵּחַ בִּתְהִלָּתֶךָ: בָּרוּךְ יְיָ אֱלֹהֵי יִשְׂרָאֵל מִן הָעוֹלָם וְעַד הָעוֹלָם, וְאָמַר כָּל הָעָם אָמֵן, הַלְלוּיָהּ:[2] בָּרוּךְ יְיָ מִצִּיּוֹן שֹׁכֵן יְרוּשָׁלָיִם, הַלְלוּיָהּ:[3] בָּרוּךְ יְיָ אֱלֹהִים אֱלֹהֵי יִשְׂרָאֵל, עֹשֵׂה נִפְלָאוֹת לְבַדּוֹ: וּבָרוּךְ שֵׁם כְּבוֹדוֹ לְעוֹלָם, וְיִמָּלֵא כְבוֹדוֹ אֶת כָּל הָאָרֶץ, אָמֵן וְאָמֵן:[4]

לְדָוִד, יְיָ אוֹרִי וְיִשְׁעִי מִמִּי אִירָא, יְיָ מָעוֹז חַיַּי מִמִּי אֶפְחָד: בִּקְרֹב עָלַי מְרֵעִים לֶאֱכֹל אֶת בְּשָׂרִי, צָרַי וְאֹיְבַי לִי, הֵמָּה כָשְׁלוּ וְנָפָלוּ: אִם תַּחֲנֶה עָלַי מַחֲנֶה לֹא יִירָא לִבִּי, אִם תָּקוּם עָלַי מִלְחָמָה, בְּזֹאת[5] אֲנִי בוֹטֵחַ: אַחַת שָׁאַלְתִּי מֵאֵת יְיָ, אוֹתָהּ אֲבַקֵּשׁ, שִׁבְתִּי בְּבֵית יְיָ כָּל יְמֵי חַיַּי, לַחֲזוֹת בְּנֹעַם יְיָ וּלְבַקֵּר בְּהֵיכָלוֹ: כִּי יִצְפְּנֵנִי בְּסֻכֹּה בְּיוֹם רָעָה, יַסְתִּרֵנִי בְּסֵתֶר אָהֳלוֹ, בְּצוּר יְרוֹמְמֵנִי: וְעַתָּה יָרוּם רֹאשִׁי עַל אֹיְבַי

---

1. Psalm 92. **2.** Ibid. 106:47-48. **3.** Ibid. 135:21. **4.** Ibid. 72:18-19. **5.** I.e., that "the Lord is my light and my salvation," etc.

For You, Lord, have gladdened me with Your deeds; I sing for joy
at the works of Your hand. How great are Your works, O Lord;
how very profound Your thoughts! A brutish man cannot know,
a fool cannot comprehend this: when the wicked thrive like grass,
and all evildoers flourish—it is in order that they may be
destroyed forever. But You, Lord, are exalted forever. Indeed, Your
enemies, Lord, indeed, Your enemies shall perish; all evildoers
shall be scattered. But You have increased my might like that of a
wild ox; I am anointed with fresh oil. My eyes have seen [the
downfall of] my watchful enemies; my ears have heard [the doom
of] the wicked who rise against me. The righteous will flourish
like a palm tree, grow tall like a cedar in Lebanon. Planted in the
House of the Lord, they shall blossom in the courtyards of our
God. They shall be fruitful even in old age; they shall be full of
sap and freshness. That is to say that the Lord is just; He is my
Strength, and there is no injustice in Him.[1]

הושיענו Deliver us, Lord our God, and gather us from
among the nations, that we may give thanks to Your holy
Name and glory in Your praise. Blessed is the Lord, the God
of Israel, to all eternity, and all the people said: Amen, praise
the Lord.[2] Blessed is the Lord from Zion, who dwells in
Jerusalem; praise the Lord.[3] Blessed is the Lord God, the God
of Israel, who alone performs wonders. Blessed is His
glorious Name forever, and let the whole earth be filled with
His glory. Amen and Amen.[4]

לדוד By David. The Lord is my light and my salvation—whom
shall I fear? The Lord is the strength of my life—whom shall I
dread? When evildoers approached me to devour my flesh, my
oppressors and my foes, they stumbled and fell. If an army were
to beleaguer me, my heart would not fear; if war were to arise
against me, in this[5] I trust. One thing I have asked of the Lord,
this I seek: that I may dwell in the House of the Lord all the days
of my life, to behold the pleasantness of the Lord and to visit in
His Sanctuary. For He will hide me in His tabernacle on a day of
adversity; He will conceal me in the hidden places of His tent; He
will lift me upon a rock. And then my head will be raised above

סְבִיבוֹתַי, וְאֶזְבְּחָה בְאָהֳלוֹ זִבְחֵי תְרוּעָה, אָשִׁירָה וַאֲזַמְּרָה

לַיָי: שְׁמַע יְיָ קוֹלִי אֶקְרָא, וְחָנֵּנִי וַעֲנֵנִי: לְךָ אָמַר לִבִּי בַּקְּשׁוּ

פָנַי, אֶת פָּנֶיךָ יְיָ אֲבַקֵּשׁ: אַל תַּסְתֵּר פָּנֶיךָ מִמֶּנִּי, אַל תַּט

בְּאַף עַבְדֶּךָ, עֶזְרָתִי הָיִיתָ, אַל תִּטְּשֵׁנִי וְאַל תַּעַזְבֵנִי אֱלֹהֵי

יִשְׁעִי: כִּי אָבִי וְאִמִּי עֲזָבוּנִי, וַייָ יַאַסְפֵנִי: הוֹרֵנִי יְיָ דַּרְכֶּךָ,

וּנְחֵנִי בְּאֹרַח מִישׁוֹר, לְמַעַן שׁוֹרְרָי: אַל תִּתְּנֵנִי בְּנֶפֶשׁ צָרָי, כִּי

קָמוּ בִי עֵדֵי שֶׁקֶר וִיפֵחַ חָמָס: לוּלֵא הֶאֱמַנְתִּי לִרְאוֹת בְּטוּב

יְיָ בְּאֶרֶץ חַיִּים: קַוֵּה אֶל יְיָ, חֲזַק וְיַאֲמֵץ לִבֶּךָ, וְקַוֵּה אֶל יְיָ:[1]

MOURNER'S KADDISH

Mourners recite the following Kaddish.
Congregation responds אָמֵן as indicated.

יִתְגַּדַּל וְיִתְקַדַּשׁ שְׁמֵהּ רַבָּא. (אָמֵן —Cong.) בְּעָלְמָא דִּי בְרָא

כִרְעוּתֵהּ וְיַמְלִיךְ מַלְכוּתֵהּ, וְיַצְמַח פּוּרְקָנֵהּ וִיקָרֵב

מְשִׁיחֵהּ. (אָמֵן —Cong.) בְּחַיֵּיכוֹן וּבְיוֹמֵיכוֹן וּבְחַיֵּי דְכָל בֵּית

יִשְׂרָאֵל, בַּעֲגָלָא וּבִזְמַן קָרִיב וְאִמְרוּ אָמֵן:

(Cong.— אָמֵן. יְהֵא שְׁמֵהּ רַבָּא מְבָרַךְ לְעָלַם וּלְעָלְמֵי עָלְמַיָּא, יִתְבָּרַךְ.)

יְהֵא שְׁמֵהּ רַבָּא מְבָרַךְ לְעָלַם וּלְעָלְמֵי עָלְמַיָּא, יִתְבָּרַךְ,

וְיִשְׁתַּבַּח, וְיִתְפָּאַר, וְיִתְרוֹמַם, וְיִתְנַשֵּׂא, וְיִתְהַדָּר, וְיִתְעַלֶּה,

וְיִתְהַלָּל, שְׁמֵהּ דְּקוּדְשָׁא בְּרִיךְ הוּא. (אָמֵן —Cong.) לְעֵלָּא מִן כָּל

בִּרְכָתָא וְשִׁירָתָא, תֻּשְׁבְּחָתָא וְנֶחֱמָתָא, דַּאֲמִירָן בְּעָלְמָא,

וְאִמְרוּ אָמֵן: (אָמֵן —Cong.) יְהֵא שְׁלָמָא רַבָּא מִן שְׁמַיָּא וְחַיִּים

טוֹבִים עָלֵינוּ וְעַל כָּל יִשְׂרָאֵל, וְאִמְרוּ אָמֵן: (אָמֵן —Cong.)

Take three steps back, then bow right saying עֹשֶׂה הַשָּׁלוֹם בִּמְרוֹמָיו, bow forward saying הוּא,
bow left saying וְעַל כָּל יִשְׂרָאֵל, וְאִמְרוּ אָמֵן, and bow forward saying יַעֲשֶׂה שָׁלוֹם עָלֵינוּ.

עֹשֶׂה הַשָּׁלוֹם בִּמְרוֹמָיו, הוּא יַעֲשֶׂה שָׁלוֹם עָלֵינוּ וְעַל כָּל

יִשְׂרָאֵל, וְאִמְרוּ אָמֵן: (אָמֵן —Cong.)

---

1. Psalm 27.

my enemies around me, and I will offer in His tabernacle sacrifices of jubilation; I will sing and chant to the Lord. Lord, hear my voice as I call; be gracious to me and answer me. In Your behalf my heart says, "Seek My countenance"; Your countenance, Lord, I seek. Do not conceal Your countenance from me, do not cast aside Your servant in wrath; You have been my help; do not abandon me nor forsake me, God of my deliverance. Though my father and mother have forsaken me, the Lord has taken me in. Lord, teach me Your way and lead me in the path of righteousness because of my watchful enemies. Do not give me over to the will of my oppressors, for there have risen against me false witnesses and they speak evil. [They would have crushed me] had I not believed that I would see the goodness of the Lord in the land of the living. Hope in the Lord, be strong and let your heart be valiant, and hope in the Lord.[1]

MOURNER'S KADDISH
Mourners recite the following Kaddish (translation on page 480).
Congregation responds Amen as indicated.

יִתְגַּדַּל *Yis-gadal v'yis-kadash sh'mayh rabö.* (Cong: *Ömayn*)

B'öl'mö di v'rö chir'u-sayh v'yamlich mal'chusayh, v'yatzmach pur-könayh viköravy m'shi chayh. (Cong: *Ömayn*)

B'cha-yay-chon u-v'yomaychon u-v'cha-yay d'chöl bays yisrö-ayl, ba-agölö u-viz'man köriv v'im'ru ömayn.

(Cong: *Ömayn. Y'hay sh'mayh rabö m'vörach l'ölam u-l'öl'may öl'ma-yö, yisböraych.*)

Y'hay sh'mayh rabö m'vörach l'ölam u-l'öl'may öl'ma-yö. Yisböraych, v'yishtabach, v'yispö-ayr, v'yisromöm, v'yis-nasay, v'yis-hadör, v'yis-aleh, v'yis-halöl, sh'mayh d'kudshö b'rich hu. (Cong: *Ömayn*)

L'aylö min köl bir-chösö v'shirösö, tush-b'chösö v'neche-mösö, da-amirön b'öl'mö, v'im'ru ömayn. (Cong: *Ömayn*)

Y'hay sh'lömö rabö min sh'ma-yö, v'cha-yim tovim ölaynu v'al köl yisrö-ayl v'im'ru ömayn. (Cong: *Ömayn*)

Take three steps back, then bow right saying *Oseh ha-shölom bim'romöv,* bow forward saying *hu,* bow left saying *ya-aseh shölom ölaynu,* and bow forward saying *v'al köl yisrö-ayl, v'im'ru ömayn.*

Oseh ha-shölom bim'romöv, hu ya-a-seh shölom ölaynu v'al köl yisrö-ayl, v'im'ru ömayn. (Cong: *Ömayn*)

אַתָּה הָרְאֵתָ לָדַעַת כִּי יְיָ הוּא הָאֱלֹהִים, אֵין עוֹד
מִלְּבַדּוֹ:' מַלְכוּתְךָ מַלְכוּת כָּל עוֹלָמִים,
וּמֶמְשַׁלְתְּךָ בְּכָל דּוֹר וָדֹר:² יְיָ מֶלֶךְ, יְיָ מָלָךְ, יְיָ יִמְלֹךְ
לְעֹלָם וָעֶד:³ יְיָ עֹז לְעַמּוֹ יִתֵּן, יְיָ יְבָרֵךְ אֶת עַמּוֹ בַשָּׁלוֹם:⁴

⌘⌘⌘⌘⌘

ORDER OF THE READING OF THE TORAH

As the Ark is opened, stand and recite the following. Remain standing until the Torah is placed on the *bimah*.

וַיְהִי בִּנְסֹעַ הָאָרֹן וַיֹּאמֶר מֹשֶׁה: קוּמָה יְיָ וְיָפֻצוּ
אֹיְבֶיךָ, וְיָנֻסוּ מְשַׂנְאֶיךָ מִפָּנֶיךָ:⁵ כִּי מִצִּיּוֹן תֵּצֵא
תוֹרָה, וּדְבַר יְיָ מִירוּשָׁלָיִם:⁶ בָּרוּךְ שֶׁנָּתַן תּוֹרָה לְעַמּוֹ
יִשְׂרָאֵל בִּקְדֻשָּׁתוֹ:

The following paragraph is recited three times:

יְיָ, יְיָ, אֵל רַחוּם וְחַנּוּן, אֶרֶךְ אַפַּיִם וְרַב חֶסֶד וֶאֱמֶת: נֹצֵר
חֶסֶד לָאֲלָפִים נֹשֵׂא עָוֹן וָפֶשַׁע וְחַטָּאָה וְנַקֵּה:⁷

רִבּוֹנוֹ שֶׁל עוֹלָם, מַלֵּא מִשְׁאֲלוֹתַי לְטוֹבָה, וְהָפֵק רְצוֹנִי וְתֵן
שְׁאֵלָתִי, וּמְחוֹל עַל כָּל עֲוֹנוֹתַי וְעַל כָּל עֲוֹנוֹת אַנְשֵׁי
בֵיתִי, מְחִילָה בְּחֶסֶד, מְחִילָה בְּרַחֲמִים, וְטַהֲרֵנִי מֵחֲטָאַי וּמֵעֲוֹנַי
וּמִפְּשָׁעַי, וְזָכְרֵנִי בְּזִכָּרוֹן טוֹב לְפָנֶיךָ, וּפָקְדֵנִי בִּפְקֻדַּת יְשׁוּעָה
וְרַחֲמִים, וְזָכְרֵנִי לְחַיִּים אֲרוּכִים לְחַיִּים טוֹבִים וּלְשָׁלוֹם, וּפַרְנָסָה
טוֹבָה וְכַלְכָּלָה, וְלֶחֶם לֶאֱכוֹל, וּבֶגֶד לִלְבּוֹשׁ, וְעֹשֶׁר וְכָבוֹד
וַאֲרִיכוּת יָמִים בְּתוֹרָתֶךָ וּבְמִצְוֹתֶיךָ, וְשֵׂכֶל וּבִינָה לְהָבִין
וּלְהַשְׂכִּיל עִמְקֵי סוֹדוֹתֶיךָ. וְהָפֵק רְפוּאָה שְׁלֵמָה לְכָל מַכְאוֹבֵינוּ,
וּתְבָרֵךְ כָּל מַעֲשֵׂה יָדֵינוּ, וְתִגְזוֹר עָלֵינוּ גְּזֵרוֹת טוֹבוֹת יְשׁוּעוֹת

---

1. Deuteronomy 4:35.   **2.** Psalms 145:13.   **3.** Ibid. 10:16, 93:1; Exodus 15:18; Talmud Bavli, Soferim 14:8; Pirkei Hechalot.   **4.** Psalms 29:11.   **5.** Numbers 10:35.   **6.** Isaiah 2:3.   **7.** Exodus 34:6-7.

אתה You have been shown to know that the Lord is God; there is none else aside from Him.¹ Your kingship is a kingship over all worlds, and Your dominion is throughout all generations.² The Lord is King, the Lord was King, the Lord will be King forever and ever.³ The Lord will give strength to His people; the Lord will bless His people with peace.⁴

❦

ORDER OF THE READING OF THE TORAH

As the Ark is opened, stand and recite the following. Remain standing until the Torah is placed on the *bimah*.
Transliteration, page 447.

ויהי Whenever the Ark set out, Moses would say, "Arise, O Lord, and Your enemies will be dispersed, and Your foes will flee before You."⁵ For from Zion shall go forth the Torah, and the word of the Lord from Jerusalem.⁶ Blessed is He who in His holiness gave the Torah to His people Israel.

The following paragraph is recited three times:
Transliteration, page 447.

יי Lord, Lord, benevolent God, compassionate and gracious, slow to anger and abounding in kindness and truth; He preserves kindness for two thousand generations, forgiving iniquity, transgression and sin, and He cleanses.⁷

רבונו Master of the world, fulfill my requests for good, satisfy my desire and grant my wish, and forgive all my sins and all the sins of the members of my household—a pardon of kindness, a pardon of mercy, and cleanse me of my wrongdoings, my sins, and my transgressions; remember me favorably before You and be mindful of me for deliverance and mercy. Remember me for a long life, for a good and peaceful life, good livelihood and sustenance, food to eat and clothes to wear, wealth, honor and longevity [being occupied] in Your Torah and in Your *mitzvot*, and intelligence and understanding to perceive and comprehend the depths of Your mysteries. Grant a complete healing to all our pains, and bless all the work of our hands. Enact for us favorable decrees, salvations and consolations;

וְנֶחָמוֹת, וּבַטֵּל מֵעָלֵינוּ כָּל גְּזֵרוֹת קָשׁוֹת וְרָעוֹת, וְתֵן בְּלֵב
מַלְכוּת וְיוֹעֲצָיו וְשָׂרָיו עָלֵינוּ לְטוֹבָה. אָמֵן, וְכֵן יְהִי רָצוֹן:

יִהְיוּ לְרָצוֹן אִמְרֵי פִי וְהֶגְיוֹן לִבִּי לְפָנֶיךָ, יְיָ צוּרִי וְגוֹאֲלִי:[1]

וַאֲנִי תְפִלָּתִי לְךָ יְיָ, עֵת רָצוֹן, אֱלֹהִים בְּרָב חַסְדֶּךָ, עֲנֵנִי בֶּאֱמֶת
יִשְׁעֶךָ:[2]

בְּרִיךְ שְׁמֵהּ דְּמָרֵא עָלְמָא, בְּרִיךְ כִּתְרָךְ וְאַתְרָךְ, יְהֵא רְעוּתָךְ
עִם עַמָּךְ יִשְׂרָאֵל לְעָלַם, וּפוּרְקַן יְמִינָךְ אַחֲזֵי לְעַמָּךְ בְּבֵי
מַקְדְּשָׁךְ, וּלְאַמְטוּיֵי לָנָא מִטּוּב נְהוֹרָךְ וּלְקַבֵּל צְלוֹתָנָא בְּרַחֲמִין.
יְהֵא רַעֲוָא קֳדָמָךְ דְּתוֹרִיךְ לָן חַיִּין בְּטִיבוּ, וְלֶהֱוֵי אֲנָא פְּקִידָא
בְּגוֹ צַדִּיקַיָּא, לְמִרְחַם עֲלַי וּלְמִנְטַר יָתִי וְיָת כָּל דִּי לִי, וְדִי לְעַמָּךְ
יִשְׂרָאֵל. אַנְתְּ הוּא זָן לְכֹלָּא וּמְפַרְנֵס לְכֹלָּא, אַנְתְּ הוּא שַׁלִּיט
עַל כֹּלָּא. אַנְתְּ הוּא דְּשַׁלִּיט עַל מַלְכַיָּא, וּמַלְכוּתָא דִּילָךְ הִיא.
אֲנָא עַבְדָּא דְקֻדְשָׁא בְּרִיךְ הוּא, דְּסָגִידְנָא קָמֵהּ וּמִקַּמֵּי דִּיקַר
אוֹרַיְתֵהּ. בְּכָל עִדָּן וְעִדָּן לָא עַל אֱנָשׁ רְחֵיצְנָא וְלָא עַל בַּר
אֱלָהִין סָמִיכְנָא, אֶלָּא בֵּאלָהָא דִשְׁמַיָּא, דְּהוּא אֱלָהָא קְשׁוֹט,
וְאוֹרַיְתֵהּ קְשׁוֹט, וּנְבִיאוֹהִי קְשׁוֹט, וּמַסְגֵּא לְמֶעְבַּד טַבְוָן וּקְשׁוֹט.
בֵּהּ אֲנָא רָחִיץ, וְלִשְׁמֵהּ קַדִּישָׁא יַקִּירָא אֲנָא אֵמַר תֻּשְׁבְּחָן. יְהֵא
רַעֲוָא קֳדָמָךְ דְּתִפְתַּח לִבָּאִי בְּאוֹרַיְתָא, וְתַשְׁלִים מִשְׁאֲלִין
דְּלִבָּאִי, וְלִבָּא דְכָל עַמָּךְ יִשְׂרָאֵל, לְטָב וּלְחַיִּין וְלִשְׁלָם.[3]

Two Torah scrolls are removed from the Ark, and the first one is handed to the chazzan.

Chazzan then congregation:

שְׁמַע יִשְׂרָאֵל, יְיָ אֱלֹהֵינוּ, יְיָ | אֶחָד:[4]

Chazzan then congregation:

אֶחָד אֱלֹהֵינוּ, גָּדוֹל אֲדוֹנֵינוּ, קָדוֹשׁ וְנוֹרָא שְׁמוֹ:

The chazzan raises the Torah slightly and says:

גַּדְּלוּ לַיְיָ אִתִּי, וּנְרוֹמְמָה שְׁמוֹ יַחְדָּו:[5]

---

1. Psalms 19:15.   2. Ibid. 69:14.   3. Zohar II, 206a.   4. Deuteronomy 6:4.   5. Psalms 34:4.

nullify all severe and harsh decrees against us; and dispose the heart of the government, its advisers and ministers favorably toward us. Amen, and so let it be Your will.

יהיו May the words of my mouth and the meditation of my heart be acceptable before You, Lord, my Strength and my Redeemer.[1]

ואני May my prayer to You, Lord, be at a propitious time; God, in Your abounding kindness, answer me with Your true deliverance.[2]

בריך Blessed is the Name of the Master of the universe! Blessed is Your crown and the place [of Your majesty]. May Your goodwill ever be with Your people Israel; show Your people the redemption of Your right hand through [the rebuilding of] Your Bet Hamikdash. Bestow upon us of Your beneficent light, and accept our prayer with compassion. May it be Your will to prolong our life in well-being. May I be counted among the righteous, so that You may have mercy upon me, and protect me and all that belongs to me and to Your people Israel. It is You who feeds all and sustains all. It is You who rules over all; it is You who rules over kings, and sovereignty is Yours. I am the servant of the Holy One, blessed be He, before whom and before whose glorious Torah I bow. I do not at any time put my trust in man, nor do I place my reliance on an angel, but only in the God of heaven who is the true God, whose Torah is truth, whose prophets are true, and who Transliteration, performs numerous deeds of goodness and truth. I page 447. put my trust in Him, and I utter praises to His holy and glorious Name. May it be Your will to open my heart to the Torah, and to fulfill the desires of my heart and the hearts of all Your people Israel for good, for life, and for peace.[3]

Two Torah scrolls are removed from the Ark, and the first one is handed to the chazzan.

Chazzan then congregation (transliteration, page 447):

שמע **Hear, O Israel, the Lord is our God, the Lord is One.**[4]

Chazzan then congregation:

אחד **Our God is One, Our Master is great, holy and awesome is His Name.**

The chazzan raises the Torah slightly and says:

גדלו **Exalt the Lord with me, and let us extol His Name together.**[5]

As the chazzan carries the Torah to the *bimah*, the congregation and chazzan respond:

לְךָ יְיָ הַגְּדֻלָּה וְהַגְּבוּרָה וְהַתִּפְאֶרֶת וְהַנֵּצַח וְהַהוֹד, כִּי כֹל
בַּשָּׁמַיִם וּבָאָרֶץ. לְךָ יְיָ הַמַּמְלָכָה וְהַמִּתְנַשֵּׂא לְכֹל לְרֹאשׁ:¹
רוֹמְמוּ יְיָ אֱלֹהֵינוּ, וְהִשְׁתַּחֲווּ לַהֲדֹם רַגְלָיו, קָדוֹשׁ הוּא:² רוֹמְמוּ
יְיָ אֱלֹהֵינוּ וְהִשְׁתַּחֲווּ לְהַר קָדְשׁוֹ, כִּי קָדוֹשׁ יְיָ אֱלֹהֵינוּ:³

עַל הַכֹּל יִתְגַּדַּל וְיִתְקַדַּשׁ וְיִשְׁתַּבַּח וְיִתְפָּאַר וְיִתְרוֹמַם וְיִתְנַשֵּׂא
שְׁמוֹ שֶׁל מֶלֶךְ מַלְכֵי הַמְּלָכִים הַקָּדוֹשׁ בָּרוּךְ הוּא,
בָּעוֹלָמוֹת שֶׁבָּרָא הָעוֹלָם הַזֶּה וְהָעוֹלָם הַבָּא, כִּרְצוֹנוֹ וְכִרְצוֹן
יְרֵאָיו וְכִרְצוֹן כָּל עַמְּךָ בֵּית יִשְׂרָאֵל. צוּר הָעוֹלָמִים, אֲדוֹן כָּל
הַבְּרִיּוֹת, אֱלוֹהַּ כָּל הַנְּפָשׁוֹת, הַיּוֹשֵׁב בְּמֶרְחֲבֵי מָרוֹם, הַשּׁוֹכֵן
בִּשְׁמֵי שְׁמֵי קֶדֶם, קְדֻשָּׁתוֹ עַל הַחַיּוֹת וּקְדֻשָּׁתוֹ עַל כִּסֵּא הַכָּבוֹד.
וּבְכֵן יִתְקַדַּשׁ שִׁמְךָ בָּנוּ, יְיָ אֱלֹהֵינוּ, לְעֵינֵי כָּל חָי, וְנֹאמַר לְפָנָיו
שִׁיר חָדָשׁ כַּכָּתוּב: שִׁירוּ לֵאלֹהִים זַמְּרוּ שְׁמוֹ, סֹלּוּ לָרֹכֵב
בָּעֲרָבוֹת בְּיָהּ שְׁמוֹ, וְעִלְזוּ לְפָנָיו:⁴ וְנִרְאֵהוּ עַיִן בְּעַיִן בְּשׁוּבוֹ אֶל
נָוֵהוּ, כַּכָּתוּב: כִּי עַיִן בְּעַיִן יִרְאוּ בְּשׁוּב יְיָ צִיּוֹן:⁵ וְנֶאֱמַר: וְנִגְלָה
כְּבוֹד יְיָ, וְרָאוּ כָל בָּשָׂר יַחְדָּו כִּי פִּי יְיָ דִּבֵּר:⁶

אַב הָרַחֲמִים הוּא יְרַחֵם עַם עֲמוּסִים,⁷ וְיִזְכֹּר בְּרִית אֵיתָנִים,
וְיַצִּיל נַפְשׁוֹתֵינוּ מִן הַשָּׁעוֹת הָרָעוֹת, וְיִגְעַר בְּיֵצֶר הָרָע מִן
הַנְּשׂוּאִים,⁷ וְיָחֹן עָלֵינוּ לִפְלֵיטַת עוֹלָמִים, וִימַלֵּא מִשְׁאֲלוֹתֵינוּ
בְּמִדָּה טוֹבָה יְשׁוּעָה וְרַחֲמִים:

The Torah is placed on the *bimah*. You may be seated.

The following is recited by the *gabbai* to call the Kohen to the Torah. If no Kohen is present, a Levite or Israelite is called up to the Torah. See additional laws on page 433.

וְיַעֲזוֹר וְיָגֵן וְיוֹשִׁיעַ לְכָל הַחוֹסִים בּוֹ וְנֹאמַר אָמֵן. הַכֹּל הָבוּ גֹדֶל
לֵאלֹהֵינוּ וּתְנוּ כָבוֹד לַתּוֹרָה. כֹּהֵן קְרָב, יַעֲמֹד (name) בֶּן
(father's name) הַכֹּהֵן. בָּרוּךְ שֶׁנָּתַן תּוֹרָה לְעַמּוֹ יִשְׂרָאֵל בִּקְדֻשָּׁתוֹ:

The congregation responds:

וְאַתֶּם הַדְּבֵקִים בַּיְיָ אֱלֹהֵיכֶם, חַיִּים כֻּלְּכֶם הַיּוֹם:⁸

---

1. I Chronicles 29:11. **2.** Psalms 99:5. **3.** Ibid. 99:9. **4.** Ibid. 68:5. **5.** Isaiah 52:8. **6.** Isaiah 40:5. **7.** V. Isaiah 46:3. **8.** Deuteronomy 4:4.

As the chazzan carries the Torah to the *bimah*, the congregation and chazzan respond:

לְךָ Lord, Yours is the greatness, the power, the glory, the victory, and the majesty; for all in heaven and on earth [is Yours]. Lord, Yours is the kingship and You are exalted, supreme over all rulers.[1] Exalt the Lord our God, and bow down at His footstool; holy is He.[2] Exalt the Lord our God, and bow down at His holy mountain, for the Lord our God is holy.[3]

עַל May the Name of the Holy One, blessed be He, be magnified and hallowed, praised and glorified, exalted and extolled above all, in the worlds which He has created, this world and the World to Come, in accordance with His desire, the desire of those who fear Him, and the desire of Your entire people, the House of Israel. Rock of the worlds, Master of all created beings, God of all souls, who is enthroned in the heavenly expanse, who abides in the primeval, most supernal heavens—His holiness is upon the *Chayot* and His holiness is upon the Throne of Glory. And so may Your Name, Lord our God, be sanctified within us in the sight of all living beings. And we shall sing a new song before Him, as it is written: Sing to God, chant praises to His Name, exalt Him who dwells in the heavens; praise His Name with awe, and exult before Him.[4] And we shall see Him eye to eye when He returns to His abode, as it is written: For they shall see eye to eye when the Lord returns to Zion.[5] And it is said: And the glory of the Lord shall be revealed, and together all flesh shall see that the mouth of the Lord has spoken.[6]

אָב May the All-Merciful Father have compassion on the people borne [by Him],[7] and remember the covenant with the mighty ones [Patriarchs]; may He deliver our souls from evil times, and banish the evil impulse from the ones carried [by Him];[7] may He graciously grant us eternal survival and fulfill our wishes in ample measure for salvation and mercy.

The Torah is placed on the *bimah*. You may be seated.

The following is recited by the *gabbai* to call the Kohen to the Torah. If no Kohen is present, a Levite or Israelite is called up to the Torah. See additional laws on page 433.

וְיַעֲזוֹר And may He help, shield and deliver all who trust in Him, and let us say, Amen. Let all render glory to our God and give honor to the Torah. Let the Kohen come forward; arise, (name) son of (father's name) the Kohen. Blessed is He who in His holiness gave the Torah to His people Israel.

The congregation responds:

And you who cleave to the Lord your God are all alive today.[8]

The *oleh*, the one called to the Torah, should use the shortest route possible to the *bimah*.

BLESSINGS OVER THE TORAH

Touch the beginning and end of the Torah reading with the corner of your *tallit* (or the Torah's sash) and kiss it. Close the Torah, hold both handles, turn your head slightly to the right, and say:

בָּרְכוּ אֶת יְיָ הַמְבֹרָךְ:

Congregation and *oleh* say:

בָּרוּךְ יְיָ הַמְבֹרָךְ לְעוֹלָם וָעֶד:

Oleh continues:

בָּרוּךְ אַתָּה יְיָ אֱלֹהֵינוּ מֶלֶךְ הָעוֹלָם, אֲשֶׁר בָּחַר בָּנוּ מִכָּל הָעַמִּים, וְנָתַן לָנוּ אֶת תּוֹרָתוֹ. בָּרוּךְ אַתָּה יְיָ, נוֹתֵן הַתּוֹרָה:

During the *aliyah*, hold the right handle of the Torah, and read quietly along with the reader.

AT THE CONCLUSION OF THE ALIYAH

Touch the end and beginning of the Torah reading with the corner of your *tallit* (or the Torah's sash) and kiss it. Close the Torah, hold both handles, turn your head slightly to the right, and say:

בָּרוּךְ אַתָּה יְיָ אֱלֹהֵינוּ מֶלֶךְ הָעוֹלָם, אֲשֶׁר נָתַן לָנוּ תּוֹרַת אֱמֶת, וְחַיֵּי עוֹלָם נָטַע בְּתוֹכֵנוּ. בָּרוּךְ אַתָּה יְיָ, נוֹתֵן הַתּוֹרָה:

After the *aliyah*, stand to the right of the following *oleh* until the end of his *aliyah* (if it was the last *aliyah*, stand at the *bimah* until the Torah is raised). Before leaving the *bima* (or if it was the last *aliyah*, before the Torah is raised), touch the outside of the Torah scroll with the corner of your *tallit* (or the Torah's sash) and kiss it. When returning to your seat, do not use the shortest route.

PRAYER ON BEHALF OF THE PERSON
CALLED UP TO THE TORAH

On Shabbat, add the words in shaded parentheses.

מִי שֶׁבֵּרַךְ אֲבוֹתֵינוּ אַבְרָהָם יִצְחָק וְיַעֲקֹב, הוּא יְבָרֵךְ אֶת (name) בֶּן
(father's name) בַּעֲבוּר שֶׁעָלָה לִכְבוֹד הַמָּקוֹם לִכְבוֹד הַתּוֹרָה
(וְלִכְבוֹד הַשַּׁבָּת) וְלִכְבוֹד יוֹם הַדִּין, וּבִשְׂכַר זֶה הַקָּדוֹשׁ בָּרוּךְ הוּא
יִשְׁמְרֵהוּ וְיַצִּילֵהוּ מִכָּל צָרָה וְצוּקָה וּמִכָּל נֶגַע וּמַחֲלָה, וְיִשְׁלַח בְּרָכָה
וְהַצְלָחָה בְּכָל מַעֲשֵׂה יָדָיו וְיִכְתְּבֵהוּ וְיַחְתְּמֵהוּ לְחַיִּים טוֹבִים בְּיוֹם
הַדִּין הַזֶּה עִם כָּל יִשְׂרָאֵל אֶחָיו, וְנֹאמַר אָמֵן:

---

universe, who has given us the Torah of truth and planted eternal life within us. Blessed are You Lord, who gives the Torah.

The *oleh*, the one called to the Torah, should use the shortest route possible to the *bimah*.

BLESSINGS OVER THE TORAH

Touch the beginning and end of the Torah reading with the corner of your *tallit* (or the Torah's sash) and kiss it. Close the Torah, hold both handles, turn your head slightly to the right, and say:

ברכו *Bö-r'chu es adonöy ha-m'voröch.*

Congregation and *oleh* say:

ברוך *Böruch adonöy ha-m'voröch l'olöm vö-ed.*

Oleh continues:

ברוך *Böruch atö adonöy elo-haynu melech hö-olöm, asher böchar bönu miköl hö-amim, v'nösan lönu es toröso. Böruch atö adonöy, nosayn ha-torö.*

During the *aliyah*, hold the right handle of the Torah, and read quietly along with the reader.

AT THE CONCLUSION OF THE ALIYAH

Touch the end and beginning of the Torah reading with the corner of your *tallit* (or the Torah's sash) and kiss it. Close the Torah, hold both handles, turn your head slightly to the right and say:

ברוך *Böruch atö adonöy elo-haynu melech hö-olöm, asher nösan lönu toras emes, v'cha-yay olöm nöta b'sochaynu. Böruch atö adonöy, nosayn ha-torö.*

After the *aliyah*, stand to the right of the following *oleh* until the end of his *aliyah* (if it was the last *aliyah*, stand at the *bimah* until the Torah is raised). Before leaving the *bima* (or if it was the last *aliyah*, before the Torah is raised), touch the outside of the Torah scroll with the corner of your *tallit* (or the Torah's sash) and kiss it. When returning to your seat, do not use the shortest route.

PRAYER ON BEHALF OF THE PERSON
CALLED UP TO THE TORAH

On Shabbat, add the words in shaded parentheses.

מי May He who blessed our fathers, Abraham, Isaac and Jacob, bless (name) son of (father's name) because he has come up for the honor of God, for the honor of the Torah, (and for the honor of the Shabbat,) and for the honor of the Day of Judgment. In this merit may the Holy One, blessed be He, protect and deliver him from all trouble and distress, and from all affliction and illness; may He send blessing and success to all his endeavors, and may He inscribe and seal him for a good life on this Day of Judgment, together with all Israel his brethren; and let us say, Amen.

ברכו Bless the Lord who is blessed. Congregation and oleh say: ברוך Blessed be the Lord who is blessed for all eternity. Oleh continues: ברוך Blessed are You, Lord our God, King of the universe, who has chosen us from among all the nations and given us His Torah. Blessed are You Lord, who gives the Torah.
At the conclusion of the aliyah: ברוך Blessed are You, Lord our God, King of the

TORAH READING

The following section is read in the first Torah.

וַיְדַבֵּ֣ר יְהוָה֙ אֶל־מֹשֶׁ֔ה אַחֲרֵ֣י מ֔וֹת שְׁנֵ֖י בְּנֵ֣י אַהֲרֹ֑ן בְּקָרְבָתָ֥ם לִפְנֵי־יְהוָ֖ה
וַיָּמֻֽתוּ׃ וַיֹּ֨אמֶר יְהוָ֜ה אֶל־מֹשֶׁ֗ה דַּבֵּר֮ אֶל־אַהֲרֹ֣ן אָחִ֒יךָ֒ וְאַל־יָבֹ֤א
בְכָל־עֵת֙ אֶל־הַקֹּ֔דֶשׁ מִבֵּ֖ית לַפָּרֹ֑כֶת אֶל־פְּנֵ֨י הַכַּפֹּ֜רֶת אֲשֶׁ֤ר עַל־הָֽאָרֹן֙ וְלֹ֣א
יָמ֔וּת כִּ֚י בֶּֽעָנָ֔ן אֵרָאֶ֖ה עַל־הַכַּפֹּֽרֶת׃ בְּזֹ֛את יָבֹ֥א אַהֲרֹ֖ן אֶל־הַקֹּ֑דֶשׁ בְּפַ֧ר
בֶּן־בָּקָ֛ר לְחַטָּ֖את וְאַ֥יִל לְעֹלָֽה׃ (בשבת לוי) כְּתֹֽנֶת־בַּ֨ד קֹ֜דֶשׁ יִלְבָּ֗שׁ וּמִֽכְנְסֵי־בַד֮
יִהְי֣וּ עַל־בְּשָׂרוֹ֒ וּבְאַבְנֵ֥ט בַּד֙ יַחְגֹּ֔ר וּבְמִצְנֶ֥פֶת בַּ֖ד יִצְנֹ֑ף בִּגְדֵי־קֹ֣דֶשׁ הֵ֔ם
וְרָחַ֥ץ בַּמַּ֛יִם אֶת־בְּשָׂר֖וֹ וּלְבֵשָֽׁם׃ וּמֵאֵ֗ת עֲדַת֙ בְּנֵ֣י יִשְׂרָאֵ֔ל יִקַּ֛ח שְׁנֵֽי־שְׂעִירֵ֥י
עִזִּ֖ים לְחַטָּ֑את וְאַ֥יִל אֶחָ֖ד לְעֹלָֽה׃ וְהִקְרִ֧יב אַהֲרֹ֛ן אֶת־פַּ֥ר הַֽחַטָּ֖את
אֲשֶׁר־ל֑וֹ וְכִפֶּ֥ר בַּעֲד֖וֹ וּבְעַ֥ד בֵּיתֽוֹ׃

לוי (בשבת ישראל) וְלָקַ֖ח אֶת־שְׁנֵ֣י הַשְּׂעִירִ֑ם וְהֶעֱמִ֤יד אֹתָם֙ לִפְנֵ֣י יְהוָ֔ה פֶּ֖תַח
אֹ֥הֶל מוֹעֵֽד׃ וְנָתַ֧ן אַהֲרֹ֛ן עַל־שְׁנֵ֥י הַשְּׂעִירִ֖ם גֹּרָל֑וֹת גּוֹרָ֤ל אֶחָד֙ לַֽיהוָ֔ה
וְגוֹרָ֥ל אֶחָ֖ד לַעֲזָאזֵֽל׃ וְהִקְרִ֤יב אַהֲרֹן֙ אֶת־הַשָּׂעִ֔יר אֲשֶׁ֨ר עָלָ֥ה עָלָ֛יו הַגּוֹרָ֖ל
לַֽיהוָ֑ה וְעָשָׂ֖הוּ חַטָּֽאת׃ וְהַשָּׂעִ֗יר אֲשֶׁר֩ עָלָ֨ה עָלָ֤יו הַגּוֹרָל֙ לַעֲזָאזֵ֔ל
יָֽעֳמַד־חַ֛י לִפְנֵ֥י יְהוָ֖ה לְכַפֵּ֣ר עָלָ֑יו לְשַׁלַּ֥ח אֹת֛וֹ לַעֲזָאזֵ֖ל הַמִּדְבָּֽרָה׃ וְהִקְרִ֨יב
אַהֲרֹ֜ן אֶת־פַּ֤ר הַֽחַטָּאת֙ אֲשֶׁר־ל֔וֹ וְכִפֶּ֥ר בַּעֲד֖וֹ וּבְעַ֣ד בֵּית֑וֹ וְשָׁחַ֛ט אֶת־פַּ֥ר
הַֽחַטָּ֖את אֲשֶׁר־לֽוֹ׃

ישראל (בשבת רביעי) וְלָקַ֣ח מְלֹֽא־הַ֠מַּחְתָּ֠ה גַּֽחֲלֵי־אֵ֞שׁ מֵעַ֤ל הַמִּזְבֵּ֨חַ֙ מִלִּפְנֵ֣י יְהוָ֔ה
וּמְלֹ֣א חָפְנָ֗יו קְטֹ֤רֶת סַמִּים֙ דַּקָּ֔ה וְהֵבִ֖יא מִבֵּ֣ית לַפָּרֹ֑כֶת׃ וְנָתַ֧ן אֶת־הַקְּטֹ֛רֶת
עַל־הָאֵ֖שׁ לִפְנֵ֣י יְהוָ֑ה וְכִסָּ֣ה ׀ עֲנַ֣ן הַקְּטֹ֗רֶת אֶת־הַכַּפֹּ֛רֶת אֲשֶׁ֥ר עַל־הָעֵד֖וּת
וְלֹ֣א יָמֽוּת׃ וְלָקַח֙ מִדַּ֣ם הַפָּ֔ר וְהִזָּ֧ה בְאֶצְבָּע֛וֹ עַל־פְּנֵ֥י הַכַּפֹּ֖רֶת קֵ֑דְמָה וְלִפְנֵ֣י
הַכַּפֹּ֗רֶת יַזֶּ֧ה שֶֽׁבַע־פְּעָמִ֛ים מִן־הַדָּ֖ם בְּאֶצְבָּעֽוֹ׃ וְשָׁחַ֞ט אֶת־שְׂעִ֤יר הַֽחַטָּאת֙
אֲשֶׁ֣ר לָעָ֔ם וְהֵבִיא֙ אֶת־דָּמ֔וֹ אֶל־מִבֵּ֖ית לַפָּרֹ֑כֶת וְעָשָׂ֣ה אֶת־דָּמ֗וֹ כַּאֲשֶׁ֤ר
עָשָׂה֙ לְדַ֣ם הַפָּ֔ר וְהִזָּ֥ה אֹת֛וֹ עַל־הַכַּפֹּ֖רֶת וְלִפְנֵ֣י הַכַּפֹּֽרֶת׃ וְכִפֶּ֣ר עַל־הַקֹּ֗דֶשׁ
מִטֻּמְאֹת֙ בְּנֵ֣י יִשְׂרָאֵ֔ל וּמִפִּשְׁעֵיהֶ֖ם לְכָל־חַטֹּאתָ֑ם וְכֵ֤ן יַעֲשֶׂה֙ לְאֹ֣הֶל מוֹעֵ֔ד
הַשֹּׁכֵ֣ן אִתָּ֔ם בְּת֖וֹךְ טֻמְאֹתָֽם׃ וְכָל־אָדָ֞ם לֹא־יִהְיֶ֣ה ׀ בְּאֹ֣הֶל מוֹעֵ֗ד בְּבֹא֛וֹ
לְכַפֵּ֥ר בַּקֹּ֖דֶשׁ עַד־צֵאת֑וֹ וְכִפֶּ֣ר בַּעֲד֔וֹ וּבְעַ֣ד בֵּית֔וֹ וּבְעַ֖ד כָּל־קְהַ֥ל יִשְׂרָאֵֽל׃

TORAH READING

The following section is read in the first Torah.

Leviticus 16:1-34

וידבר The Lord spoke to Moses after the death of the two sons of Aaron when they came near before the Lord, and they died. The Lord said to Moses: Tell your brother Aaron that he may not at all times enter the Holy [of Holies] behind the curtain, in front of the cover which is on the Ark, lest he die; for I reveal Myself in the cloud above the Ark-cover. But thus shall Aaron enter the Holy [of Holies, on Yom Kippur]: with a young bullock for a sin-offering and a ram for a burnt-offering. (**On Shabbat, Levi:**) He shall wear a sacred linen tunic, linen breeches shall be upon his flesh, he shall gird himself with a linen sash, and wear a linen turban—these are sacred vestments; he shall bathe his body in the water [of the *mikveh*] and then put them on. And he shall take from the community of Israel two he-goats for a sin-offering and one ram for a burnt-offering. Aaron shall offer his own sin-offering bullock, to atone for himself and for his household.

Levi: (On Shabbat, third Aliyah): He shall then take the two he-goats and stand them before the Lord at the entrance of the Tent of Meeting. Aaron shall place two lots on the two goats, one lot [marked] "for the Lord" and one [marked] "for Azazel." Aaron shall offer the goat upon which the lot "for the Lord" fell, and make of it a sin-offering. But the goat upon which the lot "for Azazel" fell shall be left standing alive before the Lord, to make atonement through it by sending it to Azazel to the desert. Aaron shall offer his own sin-offering bullock and atone for himself and for his household, and he shall slaughter his sin-offering bullock.

Yisrael (On Shabbat, fourth Aliyah): He shall take a fire-pan full of glowing coals from upon the altar before the Lord, and his hands full of aromatic incense, and bring them behind the curtain [into the Holy of Holies]. He shall put the incense on the fire before the Lord, so that the cloud from the incense will cover the Ark-cover which is upon the [Ark of] Testimony, so that he will not die. He shall then take of the blood of the bullock and sprinkle it with his finger over the east side of the Ark-cover, and in front of the Ark-cover he shall then sprinkle of the blood with his finger seven times. He shall then slaughter the sin-offering goat of the people, bring its blood behind the curtain [into the Holy of Holies], and do with its blood as he did with the blood of the bullock, sprinkling it over the Ark-cover and in front of the Ark-cover. So shall he make atonement for the [inner] Sanctuary from the uncleanness and transgressions of the Israelites, for all their misdeeds; and he shall do the same for the Tent of Meeting, which abides with them even in the midst of their uncleanness. No one else shall be present in the Tent of Meeting from the time he enters the [inner] Sanctuary until he leaves; and he shall make atonement for himself, for his household, and for the entire congregation of Israel.

רביעי (בשבת חמישי) וְיָצָא אֶל־הַמִּזְבֵּחַ אֲשֶׁר לִפְנֵי־יְהוָֹה וְכִפֶּר עָלָיו וְלָקַח מִדַּם
הַפָּר וּמִדַּם הַשָּׂעִיר וְנָתַן עַל־קַרְנוֹת הַמִּזְבֵּחַ סָבִיב: וְהִזָּה עָלָיו מִן־הַדָּם
בְּאֶצְבָּעוֹ שֶׁבַע פְּעָמִים וְטִהֲרוֹ וְקִדְּשׁוֹ מִטֻּמְאֹת בְּנֵי יִשְׂרָאֵל: וְכִלָּה מִכַּפֵּר
אֶת־הַקֹּדֶשׁ וְאֶת־אֹהֶל מוֹעֵד וְאֶת־הַמִּזְבֵּחַ וְהִקְרִיב אֶת־הַשָּׂעִיר הֶחָי:
וְסָמַךְ אַהֲרֹן אֶת־שְׁתֵּי יָדָו עַל־רֹאשׁ הַשָּׂעִיר הַחַי וְהִתְוַדָּה עָלָיו
אֶת־כָּל־עֲוֺנֹת בְּנֵי יִשְׂרָאֵל וְאֶת־כָּל־פִּשְׁעֵיהֶם לְכָל־חַטֹּאתָם וְנָתַן אֹתָם
עַל־רֹאשׁ הַשָּׂעִיר וְשִׁלַּח בְּיַד־אִישׁ עִתִּי הַמִּדְבָּרָה: וְנָשָׂא הַשָּׂעִיר עָלָיו
אֶת־כָּל־עֲוֺנֹתָם אֶל־אֶרֶץ גְּזֵרָה וְשִׁלַּח אֶת־הַשָּׂעִיר בַּמִּדְבָּר: וּבָא אַהֲרֹן
אֶל־אֹהֶל מוֹעֵד וּפָשַׁט אֶת־בִּגְדֵי הַבָּד אֲשֶׁר לָבַשׁ בְּבֹאוֹ אֶל־הַקֹּדֶשׁ
וְהִנִּיחָם שָׁם: וְרָחַץ אֶת־בְּשָׂרוֹ בַמַּיִם בְּמָקוֹם קָדוֹשׁ וְלָבַשׁ אֶת־בְּגָדָיו
וְיָצָא וְעָשָׂה אֶת־עֹלָתוֹ וְאֶת־עֹלַת הָעָם וְכִפֶּר בַּעֲדוֹ וּבְעַד הָעָם:

חמישי (בשבת ששי) וְאֵת חֵלֶב הַחַטָּאת יַקְטִיר הַמִּזְבֵּחָה: וְהַמְשַׁלֵּחַ אֶת־הַשָּׂעִיר
לַעֲזָאזֵל יְכַבֵּס בְּגָדָיו וְרָחַץ אֶת־בְּשָׂרוֹ בַּמָּיִם וְאַחֲרֵי־כֵן יָבוֹא אֶל־הַמַּחֲנֶה:
וְאֵת פַּר הַחַטָּאת וְאֵת | שְׂעִיר הַחַטָּאת אֲשֶׁר הוּבָא אֶת־דָּמָם לְכַפֵּר
בַּקֹּדֶשׁ יוֹצִיא אֶל־מִחוּץ לַמַּחֲנֶה וְשָׂרְפוּ בָאֵשׁ אֶת־עֹרֹתָם וְאֶת־בְּשָׂרָם
וְאֶת־פִּרְשָׁם: וְהַשֹּׂרֵף אֹתָם יְכַבֵּס בְּגָדָיו וְרָחַץ אֶת־בְּשָׂרוֹ בַּמָּיִם וְאַחֲרֵי־כֵן
יָבוֹא אֶל־הַמַּחֲנֶה: וְהָיְתָה לָכֶם לְחֻקַּת עוֹלָם בַּחֹדֶשׁ הַשְּׁבִיעִי בֶּעָשׂוֹר
לַחֹדֶשׁ תְּעַנּוּ אֶת־נַפְשֹׁתֵיכֶם וְכָל־מְלָאכָה לֹא תַעֲשׂוּ הָאֶזְרָח וְהַגֵּר הַגָּר
בְּתוֹכְכֶם: כִּי־בַיּוֹם הַזֶּה יְכַפֵּר עֲלֵיכֶם לְטַהֵר אֶתְכֶם מִכֹּל חַטֹּאתֵיכֶם
לִפְנֵי יְהוָֹה תִּטְהָרוּ:

ששי (בשבת שביעי) שַׁבַּת שַׁבָּתוֹן הִיא לָכֶם וְעִנִּיתֶם אֶת־נַפְשֹׁתֵיכֶם חֻקַּת עוֹלָם:
וְכִפֶּר הַכֹּהֵן אֲשֶׁר־יִמְשַׁח אֹתוֹ וַאֲשֶׁר יְמַלֵּא אֶת־יָדוֹ לְכַהֵן תַּחַת אָבִיו
וְלָבַשׁ אֶת־בִּגְדֵי הַבָּד בִּגְדֵי הַקֹּדֶשׁ: וְכִפֶּר אֶת־מִקְדַּשׁ הַקֹּדֶשׁ וְאֶת־אֹהֶל
מוֹעֵד וְאֶת־הַמִּזְבֵּחַ יְכַפֵּר וְעַל הַכֹּהֲנִים וְעַל־כָּל־עַם הַקָּהָל יְכַפֵּר:
וְהָיְתָה־זֹּאת לָכֶם לְחֻקַּת עוֹלָם לְכַפֵּר עַל־בְּנֵי יִשְׂרָאֵל מִכָּל־חַטֹּאתָם
אַחַת בַּשָּׁנָה וַיַּעַשׂ כַּאֲשֶׁר צִוָּה יְהוָֹה אֶת־מֹשֶׁה:

Fourth Aliyah (On Shabbat, fifth Aliyah): He shall go out to the altar that is before the Lord and make atonement for it, taking of the blood of the bullock and of the blood of the goat and putting it around the corners of the altar. And he shall sprinkle of the blood upon it seven times with his finger, cleansing it of the uncleanness of the Israelites, and sanctify it. When he has completed making atonement for the [inner] Sanctuary, for the Tent of Meeting and for the altar, he shall offer the live goat. Aaron shall place both his hands on the head of the live goat and confess over it all the iniquities and transgressions of the Israelites, all their misdeeds, putting them on the head of the goat, and send it to the desert with a designated person. The goat shall carry upon itself all their iniquities to a desolate place when he sends the goat into the desert. And Aaron shall go into the Tent of Meeting, take off the linen vestments which he had put on upon entering the [inner] Sanctuary, and leave them there. He shall bathe his body in the water [of the *mikveh*], in a sanctified place, put on his [regular priestly] vestments, and go out and sacrifice his burnt-offering and the burnt-offering of the people, making atonement for himself and for the people.

Fifth Aliyah (On Shabbat, sixth Aliyah): The fat of the sin-offering he shall burn on the altar. The one who sends the goat to Azazel shall wash his clothes and bathe his body in the water [of the *mikveh*]; and then he may enter the camp. The sin-offering bullock and the sin-offering goat, whose blood was brought into the Sanctuary to make atonement, shall be taken outside the camp where they shall burn in fire their hides, flesh and waste. And the one who burns them shall wash his clothes and bathe his body in the water [of the *mikveh*]; and then he may enter the camp. And it shall be an everlasting statute for you: in the seventh month, on the tenth day of the month, you shall afflict yourselves, and you shall do no work, neither the born Israelite nor the proselyte who dwells among you. For on this day, atonement shall be made for you, to purify you; you shall be cleansed of all your sins before the Lord.

Sixth Aliyah (On Shabbat, seventh Aliyah): It is a Shabbat of complete rest for you, and you shall afflict yourselves; it is an everlasting statute. The Kohen who is anointed or consecrated to serve as [High] Priest in place of his father shall make atonement, and wear linen vestments, the sacred vestments. He shall make atonement for the Holy [of Holies]; he shall atone for the Tent of Meeting and the altar; and he shall atone for the *Kohanim* and for all the people of the congregation. This shall be an everlasting statute for you, to make atonement for the Israelites for all their sins once a year. And he [Aaron] did as the Lord commanded Moses.

The second Torah scroll is placed on the *bimah* near the first, and Half Kaddish is recited.[1]
Congregation responds אָמֵן as indicated.

יִתְגַּדַּל וְיִתְקַדַּשׁ שְׁמֵהּ רַבָּא. (אָמֵן—.Cong) בְּעָלְמָא

דִּי בְרָא כִרְעוּתֵהּ וְיַמְלִיךְ מַלְכוּתֵהּ, וְיַצְמַח

פּוּרְקָנֵהּ וִיקָרֵב מְשִׁיחֵהּ. (אָמֵן—.Cong) בְּחַיֵּיכוֹן וּבְיוֹמֵיכוֹן

וּבְחַיֵּי דְכָל בֵּית יִשְׂרָאֵל, בַּעֲגָלָא וּבִזְמַן קָרִיב וְאִמְרוּ

אָמֵן:

(.Cong—אָמֵן. יְהֵא שְׁמֵהּ רַבָּא מְבָרַךְ לְעָלַם וּלְעָלְמֵי עָלְמַיָּא, יִתְבָּרַךְ.)

יְהֵא שְׁמֵהּ רַבָּא מְבָרַךְ לְעָלַם וּלְעָלְמֵי עָלְמַיָּא, יִתְבָּרַךְ,

וְיִשְׁתַּבַּח, וְיִתְפָּאַר, וְיִתְרוֹמַם, וְיִתְנַשֵּׂא, וְיִתְהַדָּר,

וְיִתְעַלֶּה, וְיִתְהַלָּל, שְׁמֵהּ דְּקוּדְשָׁא בְּרִיךְ הוּא.

(.Cong—אָמֵן) לְעֵלָּא מִן כָּל בִּרְכָתָא וְשִׁירָתָא,

תֻּשְׁבְּחָתָא וְנֶחֱמָתָא, דַּאֲמִירָן בְּעָלְמָא, וְאִמְרוּ אָמֵן:

(.Cong—אָמֵן)

BLESSING OF THANKSGIVING ON DELIVERANCE FROM DANGER

One who is obligated to recite this blessing should do so at the Torah.

בָּרוּךְ אַתָּה יְיָ אֱלֹהֵינוּ מֶלֶךְ הָעוֹלָם, הַגּוֹמֵל לְחַיָּבִים
טוֹבוֹת, שֶׁגְּמָלַנִי טוֹב:

The congregation responds:

אָמֵן. מִי שֶׁגְּמָלְךָ טוֹב, הוּא יִגְמָלְךָ כָּל טוֹב סֶלָה:

BLESSING BY THE FATHER OF A BAR MITZVAH

After a Bar Mitzvah concludes his first *aliyah*, his father recites:

בָּרוּךְ (אתה יי אלהינו מלך העולם) שֶׁפְּטָרַנִי מֵעָנְשׁ הַלָּזֶה:

---

1. It is customary that a mourner, or one who is observing *yahrzeit*, recites this Half Kaddish. If there is none present, the reader recites it.

The second Torah scroll is placed on the *bimah* near the first, and Half Kaddish is recited.[1]
Congregation responds Amen as indicated.
Translation, page 136.

יִתְגַּדַּל *Yis-gadal v'yis-kadash sh'mayh rabö.* (Cong: *Ömayn*)

B'öl'mö di v'rö chir'u-sayh v'yamlich mal'chusayh, v'yatzmach pur-könayh viköravy m'shi-chayh. (Cong: *Ömayn*)

B'cha-yay-chon u-v'yomaychon u-v'cha-yay d'chöl bays yisrö-ayl, ba-agölö u-viz'man köriv v'im'ru ömayn.

(Cong: *Ömayn.* *Y'hay sh'mayh rabö m'vörach l'ölam u-l'öl'may öl'ma-yö, yisböraych.*)

Y'hay sh'mayh rabö m'vörach l'ölam u-l'öl'may öl'ma-yö. Yisböraych, v'yishtabach, v'yispö-ayr, v'yisromöm, v'yis-nasay, v'yis-hadör, v'yis-aleh, v'yis-halöl, sh'mayh d'kudshö b'rich hu. (Cong: *Ömayn*)

L'aylö min köl bir-chösö v'shirösö, tush-b'chösö v'neche-mösö, da-amirön b'öl'mö, v'im'ru ömayn. (Cong: *Ömayn)*

BLESSING OF THANKSGIVING ON
DELIVERANCE FROM DANGER

One who is obligated to recite this blessing should do so at the Torah.

בָּרוּךְ *Böruch atö adonöy elohay-nu melech hö-olöm, ha-gomayl l'cha-yövim tovos, she-g'mölani tov.*

The congregation responds:

אָמֵן *Ömayn. Mi she-g'möl'chö tov, hu yigmöl'chö köl tov selö.*

BLESSING BY THE FATHER OF A BAR MITZVAH

After a Bar Mitzvah concludes his first *aliyah*, his father recites:
Transliteration, page 447.

בָּרוּךְ Blessed be who has released me from being punishable for this [boy].

BLESSING OF THANKSGIVING. בָּרוּךְ Blessed are You, Lord our God, King of the universe, who bestows beneficences upon the culpable, for He has bestowed goodness upon me. אָמֵן Amen. May He who has bestowed beneficence upon you always bestow every beneficence upon you.

PRAYER FOR A WOMAN WHO GAVE BIRTH
On the birth of a baby boy:

מִי שֶׁבֵּרַךְ אֲבוֹתֵינוּ אַבְרָהָם יִצְחָק וְיַעֲקֹב, מֹשֶׁה וְאַהֲרֹן דָּוִד

וּשְׁלֹמֹה, הוּא יְבָרֵךְ אֶת הָאִשָּׁה הַיּוֹלֶדֶת (woman's name) בַּת

(mother's name) עִם בְּנָהּ הַנּוֹלַד לָהּ בְּמַזָּל טוֹב, בַּעֲבוּר שֶׁבַּעְלָהּ

וְאָבִיו נָדַר לִצְדָקָה בַּעֲדָם, וּבִשְׂכַר זֶה יִזְכּוּ לְהַכְנִיסוֹ בִּבְרִיתוֹ

שֶׁל אַבְרָהָם אָבִינוּ וִיגַדְּלוּהוּ לְתוֹרָה וּלְחֻפָּה וּלְמַעֲשִׂים

טוֹבִים, וְנֹאמַר אָמֵן:

On the birth of a baby girl:

מִי שֶׁבֵּרַךְ אֲבוֹתֵינוּ אַבְרָהָם יִצְחָק וְיַעֲקֹב, מֹשֶׁה וְאַהֲרֹן דָּוִד

וּשְׁלֹמֹה, הוּא יְבָרֵךְ אֶת הָאִשָּׁה הַיּוֹלֶדֶת (woman's name) בַּת

(mother's name) עִם בִּתָּהּ הַנּוֹלְדָה לָהּ בְּמַזָּל טוֹב, וְיִקָּרֵא שְׁמָהּ

בְּיִשְׂרָאֵל בַּעֲבוּר ,(father's name) בַּת (Hebrew name of the newborn)

שֶׁבַּעְלָהּ וְאָבִיהָ נָדַר לִצְדָקָה בַּעֲדָן, וּבִשְׂכַר זֶה יְגַדְּלוּהָ

לְתוֹרָה וּלְחֻפָּה וּלְמַעֲשִׂים טוֹבִים, וְנֹאמַר אָמֵן:

PRAYER FOR A SICK PERSON
This prayer is recited even when Yom Kippur occurs on Shabbat.[1]
For a man:

מִי שֶׁבֵּרַךְ אֲבוֹתֵינוּ אַבְרָהָם יִצְחָק וְיַעֲקֹב, מֹשֶׁה וְאַהֲרֹן דָּוִד

וּשְׁלֹמֹה, הוּא יְרַפֵּא אֶת (name) בֶּן (mother's name) בַּעֲבוּר

שֶׁ (donor's name) בֶּן (father's name) נָדַר לִצְדָקָה בַּעֲבוּרוֹ, בִּשְׂכַר

זֶה הַקָּדוֹשׁ בָּרוּךְ הוּא יִמָּלֵא רַחֲמִים עָלָיו לְהַחֲלִימוֹ

וּלְרַפְּאתוֹ וּלְהַחֲזִיקוֹ וּלְהַחֲיוֹתוֹ, וְיִשְׁלַח לוֹ מְהֵרָה רְפוּאָה

שְׁלֵמָה מִן הַשָּׁמַיִם לִרְמַ"ח אֵבָרָיו וְשַׁסַ"ה גִּידָיו בְּתוֹךְ שְׁאָר

חוֹלֵי יִשְׂרָאֵל, רְפוּאַת הַנֶּפֶשׁ וּרְפוּאַת הַגּוּף, וְנֹאמַר אָמֵן:

---

1. Matei Efrayim 584:25.

PRAYER FOR A WOMAN WHO GAVE BIRTH

On the birth of a baby boy:

מִי May He who blessed our fathers, Abraham, Isaac, and Jacob, Moses and Aaron, David and Solomon, bless the woman who has given birth (name) daughter of (mother's name) together with the son born to her in an auspicious time, because her husband, the child's father, has pledged charity, for their sakes. In this merit, may they be privileged to bring him into the Covenant of Abraham our father, and to raise him to Torah, to marriage, and to good deeds; and let us say, Amen.

On the birth of a baby girl:

מִי May He who blessed our fathers, Abraham, Isaac, and Jacob, Moses and Aaron, David and Solomon, bless the woman who has given birth (name) daughter of (mother's name) together with the daughter born to her in an auspicious time, and her name shall be called in Israel (Hebrew name of the newborn) daughter of (father's name), because her husband, the child's father, has pledged charity, for their sakes. In this merit may they raise her to Torah, to marriage, and to good deeds; and let us say, Amen.

PRAYER FOR A SICK PERSON

This prayer is recited even when Yom Kippur occurs on Shabbat.[1]

For a man:

מִי May He who blessed our fathers, Abraham, Isaac, and Jacob, Moses and Aaron, David and Solomon, heal (name) son of (mother's name), because (donor's name) son of (father's name) pledged charity, for his sake. In this merit may the Holy One, blessed be He, be filled with mercy for him, to restore him to health and to cure him, to strengthen him and to invigorate him. And may He hasten to send him from Heaven a complete recovery to his two hundred and forty-eight bodily parts and three hundred sixty-five veins among the other sick people of Israel, a healing of spirit and a healing of body. Let us say, Amen.

For a woman:

מִי שֶׁבֵּרַךְ אֲבוֹתֵינוּ אַבְרָהָם יִצְחָק וְיַעֲקֹב, מֹשֶׁה וְאַהֲרֹן דָּוִד

וּשְׁלֹמֹה, הוּא יְרַפֵּא אֶת (name) בַּת (mother's name) בַּעֲבוּר

שֶׁ (donor's name) בֶּן (father's name) נָדַר לִצְדָקָה בַּעֲבוּרָהּ, בִּשְׂכַר

זֶה הַקָּדוֹשׁ בָּרוּךְ הוּא יִמָּלֵא רַחֲמִים עָלֶיהָ לְהַחֲלִימָהּ

וּלְרַפֹּאתָהּ וּלְהַחֲזִיקָהּ וּלְהַחֲיוֹתָהּ, וְיִשְׁלַח לָהּ מְהֵרָה רְפוּאָה

שְׁלֵמָה מִן הַשָּׁמַיִם בְּכָל אֵבָרֶיהָ וְגִידֶיהָ בְּתוֹךְ שְׁאָר חוֹלֵי

יִשְׂרָאֵל, רְפוּאַת הַנֶּפֶשׁ וּרְפוּאַת הַגּוּף, וְנֹאמַר אָמֵן:

RAISING THE TORAH

Before raising the Torah, open it to reveal at least three columns and one seam. Raise the Torah, turning to the right and left, so that everyone present can see the text. Place the open Torah back on the *bimah* and roll it closed with the seam centered between the two rollers. Lift the closed Torah and be seated holding it.

As the Torah is raised the congregation rises, looks at the Torah, and says aloud:

וְזֹאת הַתּוֹרָה אֲשֶׁר שָׂם מֹשֶׁה לִפְנֵי בְּנֵי יִשְׂרָאֵל:[1] עֵץ חַיִּים

הִיא לַמַּחֲזִיקִים בָּהּ, וְתֹמְכֶיהָ מְאֻשָּׁר:[2] דְּרָכֶיהָ דַרְכֵי

נֹעַם, וְכָל נְתִיבוֹתֶיהָ שָׁלוֹם:[3] אֹרֶךְ יָמִים בִּימִינָהּ, בִּשְׂמֹאלָהּ

עֹשֶׁר וְכָבוֹד:[4] יְיָ חָפֵץ לְמַעַן צִדְקוֹ, יַגְדִּיל תּוֹרָה וְיַאְדִּיר:[5]

The *golel* wraps the sash around the Torah at the top of the lower third, and places the mantle over the Torah (followed by the crown, etc.).

The *maftir* is called to the Torah, and the following section is read from the second Torah.

וּבֶעָשׂוֹר לַחֹדֶשׁ הַשְּׁבִיעִי הַזֶּה מִקְרָא־קֹדֶשׁ יִהְיֶה לָכֶם וְעִנִּיתֶם

אֶת־נַפְשֹׁתֵיכֶם כָּל־מְלָאכָה לֹא תַעֲשׂוּ: וְהִקְרַבְתֶּם עֹלָה

לַיהֹוָה רֵיחַ נִיחֹחַ פַּר בֶּן־בָּקָר אֶחָד אַיִל אֶחָד כְּבָשִׂים בְּנֵי־שָׁנָה שִׁבְעָה

תְּמִימִם יִהְיוּ לָכֶם: וּמִנְחָתָם סֹלֶת בְּלוּלָה בַשֶּׁמֶן שְׁלֹשָׁה עֶשְׂרֹנִים לַפָּר

שְׁנֵי עֶשְׂרֹנִים לָאַיִל הָאֶחָד: עִשָּׂרוֹן עִשָּׂרוֹן לַכֶּבֶשׂ הָאֶחָד לְשִׁבְעַת

הַכְּבָשִׂים: שְׂעִיר־עִזִּים אֶחָד חַטָּאת מִלְּבַד חַטַּאת הַכִּפֻּרִים וְעֹלַת

הַתָּמִיד וּמִנְחָתָהּ וְנִסְכֵּיהֶם:

Raising of the Torah, above.

---

1. Deuteronomy 4:4.   2. Proverbs 3:18.   3. Ibid. 3:17.   4. Ibid. 3:16.   5. Isaiah 42:21.

For a woman:

מִי May He who blessed our fathers, Abraham, Isaac, and Jacob, Moses and Aaron, David and Solomon, heal (name) daughter of (mother's name), because (donor's name) son of (father's name) pledged charity, for her sake. In this merit may the Holy One, blessed be He, be filled with mercy for her, to restore her to health and to cure her, to strengthen her and to invigorate her. And may He hasten to send her from Heaven a complete recovery to all her bodily parts and veins, among the other sick people of Israel, a healing of spirit and a healing of body. Let us say, Amen.

RAISING THE TORAH

Before raising the Torah, open it to reveal at least three columns and one seam. Raise the Torah, turning to the right and left, so that everyone present can see the text. Place the open Torah back on the *bimah* and roll it closed with the seam centered between the two rollers. Lift the closed Torah and be seated holding it.

As the Torah is raised the congregation rises, looks at the Torah, and says aloud: Transliteration, page 447.

וזאת This is the Torah which Moses placed before the children of Israel.[1] It is a tree of life for those who hold fast to it, and those who support it are fortunate.[2] Its ways are pleasant ways, and all its paths are peace.[3] Long life is at its right, riches and honor at its left.[4] The Lord desired, for the sake of his [Israel's] righteousness, to make the Torah great and glorious.[5]

The *golel* wraps the sash around the Torah at the top of the lower third, and places the mantle over the Torah (followed by the crown, etc.).

The *maftir* is called to the Torah, and the following section is read from the second Torah. *Numbers 29:7-11*

וּבֶעָשׂוֹר On the tenth day of this seventh month you shall have a holy assembly, and you shall afflict yourselves; you shall do no work. You shall bring to the Lord a burnt-offering of pleasing odor: one young bullock, one ram, seven yearling lambs; they shall be to you without blemish. And their meal-offering, fine flour mixed with oil, three-tenths [of an *ephah*] for the bullock, two-tenths for the one ram, one-tenth for each lamb of the seven lambs. [You shall also offer] one goat for a sin-offering, aside from the sin-offering of atonement, the daily burnt-offering, its meal-offering and their libations.

Raising of the Torah, above.

BLESSING BEFORE THE HAFTARAH

The *maftir* recites the following blessing before the Haftarah.

בָּרוּךְ אַתָּה יְיָ אֱלֹהֵינוּ מֶלֶךְ הָעוֹלָם אֲשֶׁר בָּחַר בִּנְבִיאִים
טוֹבִים וְרָצָה בְדִבְרֵיהֶם הַנֶּאֱמָרִים בֶּאֱמֶת בָּרוּךְ
אַתָּה יְיָ הַבּוֹחֵר בַּתּוֹרָה וּבְמֹשֶׁה עַבְדּוֹ וּבְיִשְׂרָאֵל עַמּוֹ
וּבִנְבִיאֵי הָאֱמֶת וָצֶדֶק: (Cong. —אָמֵן)

HAFTARAH

וְאָמַר סֹלּוּ־סֹלּוּ פַּנּוּ־דָרֶךְ הָרִימוּ מִכְשׁוֹל מִדֶּרֶךְ עַמִּי: כִּי כֹה אָמַר
רָם וְנִשָּׂא שֹׁכֵן עַד וְקָדוֹשׁ שְׁמוֹ מָרוֹם וְקָדוֹשׁ אֶשְׁכּוֹן
וְאֶת־דַּכָּא וּשְׁפַל־רוּחַ לְהַחֲיוֹת רוּחַ שְׁפָלִים וּלְהַחֲיוֹת לֵב נִדְכָּאִים:
כִּי לֹא לְעוֹלָם אָרִיב וְלֹא לָנֶצַח אֶקְצוֹף כִּי־רוּחַ מִלְּפָנַי יַעֲטוֹף
וּנְשָׁמוֹת אֲנִי עָשִׂיתִי: בַּעֲוֹן בִּצְעוֹ קָצַפְתִּי וְאַכֵּהוּ הַסְתֵּר וְאֶקְצֹף וַיֵּלֶךְ
שׁוֹבָב בְּדֶרֶךְ לִבּוֹ: דְּרָכָיו רָאִיתִי וְאֶרְפָּאֵהוּ וְאַנְחֵהוּ וַאֲשַׁלֵּם נִחֻמִים
לוֹ וְלַאֲבֵלָיו: בּוֹרֵא נִיב שְׂפָתָיִם שָׁלוֹם | שָׁלוֹם לָרָחוֹק וְלַקָּרוֹב אָמַר
יְהוָה וּרְפָאתִיו: וְהָרְשָׁעִים כַּיָּם נִגְרָשׁ כִּי הַשְׁקֵט לֹא יוּכָל וַיִּגְרְשׁוּ
מֵימָיו רֶפֶשׁ וָטִיט: אֵין שָׁלוֹם אָמַר אֱלֹהַי לָרְשָׁעִים: קְרָא בְגָרוֹן
אַל־תַּחְשֹׂךְ כַּשּׁוֹפָר הָרֵם קוֹלֶךָ וְהַגֵּד לְעַמִּי פִּשְׁעָם וּלְבֵית יַעֲקֹב
חַטֹּאתָם: וְאוֹתִי יוֹם יוֹם יִדְרֹשׁוּן וְדַעַת דְּרָכַי יֶחְפָּצוּן כְּגוֹי
אֲשֶׁר־צְדָקָה עָשָׂה וּמִשְׁפַּט אֱלֹהָיו לֹא עָזָב יִשְׁאָלוּנִי מִשְׁפְּטֵי־צֶדֶק
קִרְבַת אֱלֹהִים יֶחְפָּצוּן: לָמָּה צַּמְנוּ וְלֹא רָאִיתָ עִנִּינוּ נַפְשֵׁנוּ וְלֹא תֵדָע
הֵן בְּיוֹם צֹמְכֶם תִּמְצְאוּ־חֵפֶץ וְכָל־עַצְּבֵיכֶם תִּנְגֹּשׂוּ: הֵן לְרִיב וּמַצָּה
תָּצוּמוּ וּלְהַכּוֹת בְּאֶגְרֹף רֶשַׁע לֹא־תָצוּמוּ כַיּוֹם לְהַשְׁמִיעַ בַּמָּרוֹם
קוֹלְכֶם: הֲכָזֶה יִהְיֶה צוֹם אֶבְחָרֵהוּ יוֹם עַנּוֹת אָדָם נַפְשׁוֹ הֲלָכֹף
כְּאַגְמֹן רֹאשׁוֹ וְשַׂק וָאֵפֶר יַצִּיעַ הֲלָזֶה תִּקְרָא־צוֹם וְיוֹם רָצוֹן לַיהוָה:
הֲלוֹא זֶה צוֹם אֶבְחָרֵהוּ פַּתֵּחַ חַרְצֻבּוֹת רֶשַׁע הַתֵּר אֲגֻדּוֹת מוֹטָה
וְשַׁלַּח רְצוּצִים חָפְשִׁים וְכָל־מוֹטָה תְּנַתֵּקוּ: הֲלוֹא פָרֹס לָרָעֵב לַחְמֶךָ
וַעֲנִיִּים מְרוּדִים תָּבִיא בָיִת כִּי־תִרְאֶה עָרֹם וְכִסִּיתוֹ וּמִבְּשָׂרְךָ לֹא

BLESSING BEFORE THE HAFTARAH

The *maftir* recites the following blessing before the Haftarah.

בָּרוּךְ Blessed are You, Lord our God, King of the universe, who has chosen good prophets and found favor with their words which were spoken in truth. Blessed are You, Lord, who has chosen the Torah, Moses His servant, Israel His people, and the prophets of truth and righteousness. (Cong: Amen)

HAFTARAH

Isaiah 57:14-58:14

וְאָמַר And [the prophet in the name of God] declares: Make a path, make a path, clear the way, remove any obstacle from the path of My people. For thus said the lofty and exalted One, who abides for eternity, whose Name is holy: I dwell in the supernal heights and in a holy place, yet I am with the broken-hearted and humble of spirit, to revive the spirit of the humble, to revive the heart of the crushed. Indeed, I will not contend forever, nor will I always be wrathful, for the spirit that is enfolded in the body is from Me, and I have made the souls. For the sin of his greed, as well as for going after the rebellious impulses of his heart, I became wrathful and struck him, angrily concealing Myself. I have seen [him mend] his ways so I will heal him; I will guide him and with consolation recompense him and those who mourn for him. The Lord, Creator of the speech of the lips, says: Peace, peace to him who is far and to him who is near, and I will heal him. But the wicked are like the raging sea which cannot be still, and its waters hurl filth and mud. There is no peace for the wicked, says my God. Cry aloud, do not restrain yourself, raise your voice like the *shofar*, and tell My people their transgression, the House of Jacob, their sin. Daily [they pretend] to seek Me, desiring knowledge of My ways; as if they were a nation that has practiced righteousness and has not forsaken the laws of its God, they ask Me concerning laws of righteousness, they [seemingly] desire the nearness of God. [They ask:] Why have we fasted and You have not seen, afflicted ourselves and You have paid no heed? Behold, on the day of your fast you pursue your affairs and you forcibly exact payment of all debts to you. Indeed, you fast for quarrel and strife, and to strike with the fist of wickedness; you do not fast [in keeping with the spirit] of the day, to make your voice be heard on high. Is it this way that I would choose for a fast, a day for man to afflict himself? Is it to bow down his head like a bulrush and to spread sackcloth and ashes under him? Do you call this a fast, a day pleasing to the Lord? Rather, this is the fast that I would choose—loosen the fetters of wickedness, undo the bonds of oppression, send the crushed to freedom, and break every oppressive yoke. Indeed, offer your bread to the hungry, bring the wandering poor into your home; when you see someone naked, clothe him, and do not turn away from your own flesh.

תִּתְעַלָּם: אָז יִבָּקַע כַּשַּׁחַר אוֹרֶ֫ךָ וַאֲרֻכָתְךָ מְהֵרָה תִצְמָח וְהָלַךְ
לְפָנֶ֫יךָ צִדְקֶ֫ךָ כְּבוֹד יְהֹוָה יַאַסְפֶ֑ךָ: אָז תִּקְרָא וַיהֹוָה יַעֲנֶה תְּשַׁוַּע
וְיֹאמַר הִנֵּנִי אִם־תָּסִיר מִתּוֹכְךָ מוֹטָה שְׁלַח אֶצְבַּע וְדַבֶּר־אָוֶן: וְתָפֵק
לָרָעֵב נַפְשֶׁ֫ךָ וְנֶ֫פֶשׁ נַעֲנָה תַּשְׂבִּיעַ וְזָרַח בַּחֹ֫שֶׁךְ אוֹרֶ֫ךָ וַאֲפֵלָתְךָ
כַּצָּהֳרָ֑יִם: וְנָחֲךָ יְהֹוָה תָּמִיד וְהִשְׂבִּיעַ בְּצַחְצָחוֹת נַפְשֶׁ֫ךָ וְעַצְמֹתֶ֫יךָ
יַחֲלִ֑יץ וְהָיִ֫יתָ כְּגַן רָוֶה וּכְמוֹצָא מַ֫יִם אֲשֶׁר לֹא־יְכַזְּבוּ מֵימָ֑יו: וּבָנוּ
מִמְּךָ חָרְבוֹת עוֹלָם מוֹסְדֵי דוֹר־וָדוֹר תְּקוֹמֵם וְקֹרָא לְךָ גֹּדֵר פֶּ֫רֶץ
מְשֹׁבֵב נְתִיבוֹת לָשָׁ֫בֶת: אִם־תָּשִׁיב מִשַּׁבָּת רַגְלֶ֫ךָ עֲשׂוֹת חֲפָצֶ֫ךָ בְּיוֹם
קָדְשִׁ֑י וְקָרָ֫אתָ לַשַּׁבָּת עֹ֫נֶג לִקְדוֹשׁ יְהֹוָה מְכֻבָּד וְכִבַּדְתּוֹ מֵעֲשׂוֹת
דְּרָכֶ֫יךָ מִמְּצוֹא חֶפְצְךָ וְדַבֵּר דָּבָ֑ר: אָז תִּתְעַנַּג עַל־יְהֹוָה וְהִרְכַּבְתִּ֫יךָ
עַל־בָּ֫מֳתֵי אָ֑רֶץ וְהַאֲכַלְתִּ֫יךָ נַחֲלַת יַעֲקֹב אָבִ֫יךָ כִּי פִּי יְהֹוָה דִּבֵּר:

BLESSINGS AFTER THE HAFTARAH

Upon concluding the Haftarah, the *maftir* recites the following blessings:

בָּרוּךְ אַתָּה יְיָ, אֱלֹהֵ֫ינוּ מֶ֫לֶךְ הָעוֹלָם, צוּר כָּל הָעוֹלָמִים,
צַדִּיק בְּכָל הַדּוֹרוֹת, הָאֵל הַנֶּאֱמָן הָאוֹמֵר וְעוֹשֶׂה,
הַמְדַבֵּר וּמְקַיֵּם, שֶׁכָּל דְּבָרָיו אֱמֶת וָצֶֽדֶק: אָמֵן Do not respond.

נֶאֱמָן אַתָּה הוּא יְיָ אֱלֹהֵ֫ינוּ, וְנֶאֱמָנִים דְּבָרֶ֫יךָ, וְדָבָר אֶחָד
מִדְּבָרֶ֫יךָ אָחוֹר לֹא יָשׁוּב רֵיקָם, כִּי אֵל מֶ֫לֶךְ נֶאֱמָן
וְרַחֲמָן אָ֑תָּה. בָּרוּךְ אַתָּה יְיָ, הָאֵל הַנֶּאֱמָן בְּכָל דְּבָרָיו:
(אָמֵן —Cong.)

רַחֵם עַל צִיּוֹן כִּי הִיא בֵּית חַיֵּ֫ינוּ, וְלַעֲלוּבַת נֶ֫פֶשׁ תּוֹשִׁיעַ
וּתְשַׂמַּח בִּמְהֵרָה בְיָמֵ֫ינוּ. בָּרוּךְ אַתָּה יְיָ, מְשַׂמֵּחַ צִיּוֹן
בְּבָנֶ֫יהָ: (אָמֵן —Cong.)

שַׂמְּחֵ֫נוּ, יְיָ אֱלֹהֵ֫ינוּ, בְּאֵלִיָּ֫הוּ הַנָּבִיא עַבְדֶּ֫ךָ, וּבְמַלְכוּת
בֵּית דָּוִד מְשִׁיחֶ֫ךָ, בִּמְהֵרָה יָבֹא וְיָגֵל לִבֵּ֫נוּ, עַל
כִּסְאוֹ לֹא יֵ֫שֶׁב זָר, וְלֹא יִנְחֲלוּ עוֹד אֲחֵרִים אֶת כְּבוֹדוֹ, כִּי

Then will your light break through like the dawn and your healing speedily sprout forth; your righteousness will go before you and the glory of the Lord will gather you in. Then when you call the Lord will answer, when you cry out He will respond: Here I am; if you would but remove oppression from your midst, the threatening finger and malicious speech; if you would open your heart to the hungry and satiate the afflicted soul, then your light will shine in the darkness and your deep darkness be as bright as noon. The Lord will always guide you and satiate your soul with radiance; He will give strength to your bones and you will be like a well-watered garden, like a spring whose waters never cease. [In the merit of your good deeds,] they shall build ancient ruins and you shall re-establish the foundations of former generations; you shall be called the repairer of the breach, the restorer of paths to settlements. If you restrain your feet because of the Shabbat from attending to your affairs on My holy day, and you call the Shabbat—"delight," the day made holy by the Lord—"honored," and you honor it by not following your customary ways, refraining from pursuing your affairs and from speaking profane things, then you shall delight in the Lord, and I will make you ride on the high places of the earth, and I will nourish you with the heritage of Jacob your father; thus the mouth of the Lord has spoken.

BLESSINGS AFTER THE HAFTARAH

Upon concluding the Haftarah, the *maftir* recites the following blessings:

ברוך Blessed are You, Lord our God, King of the universe, Creator of all the worlds, righteous in all generations, faithful God, who says and does, who speaks and fulfills, for all His words are true and just. Do not respond Amen.

נאמן You are trustworthy, Lord our God, and Your words are trustworthy; not one of Your words returns unfulfilled, for You, Almighty King, are trustworthy and compassionate. Blessed are You Lord, the God who is trustworthy in all His words.

(Cong: Amen)

רחם Have mercy on Zion, for it is the abode of our life; bring deliverance and joy to the humiliated spirit speedily in our days. Blessed are You Lord, who causes Zion to rejoice in her children. (Cong: Amen)

שמחנו Gladden us, Lord our God, with [the coming of] Your servant Elijah the Prophet, and with the kingdom of the house of David Your anointed. May he soon come and delight our heart; no stranger shall sit on his throne, nor shall others any

בְּשֵׁם קָדְשְׁךָ נִשְׁבַּעְתָּ לּוֹ, שֶׁלֹּא יִכְבֶּה נֵרוֹ לְעוֹלָם וָעֶד.
בָּרוּךְ אַתָּה יְיָ, מָגֵן דָּוִד: (Cong. — אָמֵן)

On Shabbat, add the words in shaded parentheses.

עַל הַתּוֹרָה, וְעַל הָעֲבוֹדָה וְעַל הַנְּבִיאִים, (וְעַל יוֹם הַשַּׁבָּת
הַזֶּה,) וְעַל יוֹם הַכִּפּוּרִים הַזֶּה וְעַל יוֹם סְלִיחַת הֶעָוֹן
הַזֶּה וְעַל יוֹם מִקְרָא קֹדֶשׁ הַזֶּה, שֶׁנָּתַתָּ לָּנוּ יְיָ אֱלֹהֵינוּ
(לִקְדֻשָּׁה וְלִמְנוּחָה,) לִסְלִיחָה וְלִמְחִילָה וּלְכַפָּרָה, לְכָבוֹד
וּלְתִפְאָרֶת. עַל הַכֹּל יְיָ אֱלֹהֵינוּ אֲנַחְנוּ מוֹדִים לָךְ,
וּמְבָרְכִים אוֹתָךְ, יִתְבָּרַךְ שִׁמְךָ בְּפִי כָּל חַי תָּמִיד לְעוֹלָם
וָעֶד, וּדְבָרְךָ מַלְכֵּנוּ אֱמֶת וְקַיָּם לָעַד. בָּרוּךְ אַתָּה יְיָ, מֶלֶךְ
מוֹחֵל וְסוֹלֵחַ לַעֲוֹנוֹתֵינוּ וְלַעֲוֹנוֹת עַמּוֹ בֵּית יִשְׂרָאֵל,
וּמַעֲבִיר אַשְׁמוֹתֵינוּ בְּכָל שָׁנָה וְשָׁנָה, מֶלֶךְ עַל כָּל הָאָרֶץ,
מְקַדֵּשׁ (הַשַּׁבָּת וְ) יִשְׂרָאֵל וְיוֹם הַכִּפּוּרִים: (Cong. — אָמֵן)

On Shabbat, recite the following three paragraphs:

יְקוּם פּוּרְקָן מִן שְׁמַיָּא, חִנָּא וְחִסְדָּא, וְרַחֲמִין וְחַיִּין אֲרִיכִין,
וּמְזוֹנָא רְוִיחָא, וְסִיַּעְתָּא דִשְׁמַיָּא, וּבַרְיוּת גּוּפָא,
וּנְהוֹרָא מַעַלְיָא. זַרְעָא חַיָּא וְקַיָּמָא, זַרְעָא דִי לָא יִפְסוֹק וְדִי
לָא יִבְטוֹל מִפִּתְגָּמֵי אוֹרַיְתָא. לְמָרָנָן וְרַבָּנָן חֲבוּרָתָא
קַדִּישָׁתָא, דִּי בְאַרְעָא דְיִשְׂרָאֵל, וְדִי בְּבָבֶל, לְרֵישֵׁי כַלָּה
וּלְרֵישֵׁי גַלְוָתָא, וּלְרֵישֵׁי מְתִיבָתָא, וּלְדַיָּנֵי דְבָבָא. לְכָל
תַּלְמִידֵיהוֹן וּלְכָל תַּלְמִידֵי תַלְמִידֵיהוֹן, וּלְכָל מַאן דְּעָסְקִין
בְּאוֹרַיְתָא. מַלְכָּא דְעָלְמָא, יְבָרֵךְ יַתְהוֹן, וְיַפִּישׁ חַיֵּיהוֹן, וְיַסְגֵּא
יוֹמֵיהוֹן, וְיִתֵּן אַרְכָּא לִשְׁנֵיהוֹן. וְיִתְפָּרְקוּן וְיִשְׁתֵּזְבוּן מִן כָּל
עָקָא וּמִן כָּל מַרְעִין בִּישִׁין. מָרָן דִּי בִשְׁמַיָּא יְהֵא בְסַעֲדְּהוֹן
כָּל זְמַן וְעִדָּן. וְנֹאמַר אָמֵן:

longer inherit his glory, for You have sworn to him by Your holy Name that his light will never be extinguished. Blessed are You Lord, Shield of David. (Cong: Amen)

On Shabbat, add the words in shaded parentheses.

עַל For the Torah, for the Divine service, for the Prophets, (for this Shabbat day,) for this Day of Atonements, for this day of pardoning of sin and for this holy Festival day, which You have given us, Lord our God (for sanctity and tranquility,) for pardon, forgiveness and atonement, for glory and splendor—for all this, Lord our God, we give thanks to You and bless You; may Your Name be blessed by the mouth of every living being, constantly and forever, and Your word, our King, is true and enduring forever. Blessed are You Lord, King who forgives and pardons our sins and the sins of His people, the House of Israel, and who removes our trespasses each and every year, King over the whole earth, who sanctifies (the Shabbat and) Israel and the Day of Atonements.

(Cong: Amen)

On Shabbat, recite the following three paragraphs:

יְקוּם May there come forth from Heaven redemption, grace, kindness, compassion, long life, ample sustenance, heavenly assistance, bodily health, good vision, healthy and viable children, children who will not cease from nor neglect the words of Torah—to our masters and sages, the holy company, who are in the Land of Israel and in Babylon, to the heads of the Torah assemblies and to the Exilarchs, to the heads of the Yeshivot and to the judges at the gates, to all their disciples and to all the disciples of their disciples, and to all who occupy themselves with the Torah. May the King of the universe bless them and prolong their lives, increase their days and lengthen their years; may they be delivered and protected from all distress and severe afflictions. May the Lord who is in heaven be their support at all times and seasons; and let us say, Amen.

One who prays alone need not say the following two paragraphs:

יְקוּם פֻּרְקָן מִן שְׁמַיָּא, חִנָּא וְחִסְדָּא, וְרַחֲמִין וְחַיִּין וְחַיִין אֲרִיכִין,
וּמְזוֹנָא רְוִיחָא, וְסִיַעְתָּא דִשְׁמַיָּא, וּבַרְיוּת גּוּפָא,
וּנְהוֹרָא מַעַלְיָא. זַרְעָא חַיָּא וְקַיָּמָא, זַרְעָא דִי לָא יִפְסוּק וְדִי
לָא יִבְטוֹל מִפִּתְגָמֵי אוֹרַיְתָא. לְכָל קְהָלָא קַדִּישָׁא הָדֵין,
רַבְרְבַיָּא עִם זְעֵרַיָּא, טַפְלָא וּנְשַׁיָּא. מַלְכָּא דְעָלְמָא יְבָרֵךְ
יַתְכוֹן, וְיַפִּישׁ חַיֵּיכוֹן, וְיַסְגֵּא יוֹמֵיכוֹן, וְיִתֵּן אַרְכָּא לִשְׁנֵיכוֹן.
וְתִתְפָּרְקוּן וְתִשְׁתֵּזְבוּן מִן כָּל עָקָא וּמִן כָּל מַרְעִין בִּישִׁין. מָרָן
דִי בִשְׁמַיָּא יְהֵא בְּסַעְדְּכוֹן כָּל זְמַן וְעִדָּן. וְנֹאמַר אָמֵן:

מִי שֶׁבֵּרַךְ אֲבוֹתֵינוּ אַבְרָהָם יִצְחָק וְיַעֲקֹב, הוּא יְבָרֵךְ אֶת
כָּל הַקָּהָל הַקָּדוֹשׁ הַזֶּה, עִם כָּל קְהִלּוֹת הַקֹּדֶשׁ. הֵם
וּנְשֵׁיהֶם, וּבְנֵיהֶם וּבְנוֹתֵיהֶם, וְכָל אֲשֶׁר לָהֶם. וּמִי שֶׁמְּיַחֲדִים
בָּתֵּי כְנֵסִיּוֹת לִתְפִלָּה, וּמִי שֶׁבָּאִים בְּתוֹכָם לְהִתְפַּלֵּל, וּמִי
שֶׁנּוֹתְנִים נֵר לַמָּאוֹר וְיַיִן לְקִדּוּשׁ וּלְהַבְדָּלָה, וּפַת לָאוֹרְחִים
וּצְדָקָה לַעֲנִיִּים. וְכָל מִי שֶׁעוֹסְקִים בְּצָרְכֵי צִבּוּר בֶּאֱמוּנָה,
הַקָּדוֹשׁ בָּרוּךְ הוּא יְשַׁלֵּם שְׂכָרָם, וְיָסִיר מֵהֶם כָּל מַחֲלָה,
וְיִרְפָּא לְכָל גּוּפָם, וְיִסְלַח לְכָל עֲוֹנָם, וְיִשְׁלַח בְּרָכָה וְהַצְלָחָה
בְּכָל מַעֲשֵׂה יְדֵיהֶם, עִם כָּל יִשְׂרָאֵל אֲחֵיהֶם, וְנֹאמַר אָמֵן:

YIZKOR — PRAYER FOR THE SOULS OF THE DEPARTED

It is customary for those whose parents are alive to leave the room for this prayer. One who
is in the first year of mourning should remain in the synagogue, but not say Yizkor.

One who has no father says:

יִזְכֹּר אֱלֹהִים נִשְׁמַת אַבָּא מוֹרִי (his name) בֶּן (his mother's name)

שֶׁהָלַךְ לְעוֹלָמוֹ, בַּעֲבוּר שֶׁבְּלִי נֶדֶר אֶתֵּן צְדָקָה
בַּעֲדוֹ, בִּשְׂכַר זֶה תְּהֵא נַפְשׁוֹ צְרוּרָה בִּצְרוֹר הַחַיִּים, עִם
נִשְׁמַת אַבְרָהָם יִצְחָק וְיַעֲקֹב, שָׂרָה רִבְקָה רָחֵל וְלֵאָה,
וְעִם שְׁאָר צַדִּיקִים וְצִדְקָנִיּוֹת שֶׁבְּגַן עֵדֶן, וְנֹאמַר אָמֵן:

One who prays alone need not say the following two paragraphs:

יקום May there come forth from Heaven redemption, grace, kindness, compassion, long life, ample sustenance, heavenly assistance, bodily health, good vision, healthy and viable children, children who will not cease from nor neglect the words of Torah—to this entire holy congregation, adults as well as children, infants and women. May the King of the universe bless you and prolong your lives, increase your days and lengthen your years; may you be delivered and protected from all distress and severe afflictions. May the Lord who is in heaven be your support at all times and seasons; and let us say, Amen.

מי May He who blessed our fathers, Abraham, Isaac and Jacob, bless this entire holy congregation, together with all the holy congregations—them and their wives, their sons and their daughters, and all that belongs to them. Those who establish synagogues for prayer and those who come there to pray, those who provide lights for illumination, wine for Kiddush and Havdalah, food for the wayfarers and charity for the needy, and all those who occupy themselves faithfully with communal affairs—may the Holy One, blessed be He, give them their reward, remove from them all sickness, heal their entire body, pardon all their sins, and send blessing and success to all their endeavors, together with all Israel their brethren; and let us say, Amen.

YIZKOR—PRAYER FOR THE SOULS OF THE DEPARTED

It is customary for those whose parents are alive to leave the room for this prayer. One who is in the first year of mourning should remain in the synagogue, but not say Yizkor.

One who has no father says:

Transliteration, page 447.

יזכר May God remember the soul of my father, my teacher (Mention his Hebrew name and that of his mother) who has gone to his [supernal] world, because I will—without obligating myself with a vow—donate charity for his sake. In this merit, may his soul be bound up in the bond of life with the souls of Abraham, Isaac and Jacob, Sarah, Rebecca, Rachel and Leah, and with the other righteous men and women who are in Gan Eden; and let us say, Amen.

One who has no mother says:

יִזְכֹּר אֱלֹהִים נִשְׁמַת אִמִּי מוֹרָתִי (her name) בַּת

(her mother's name) שֶׁהָלְכָה לְעוֹלָמָהּ, בַּעֲבוּר שֶׁבְּלִי

נֶדֶר אֶתֵּן צְדָקָה בַּעֲדָהּ, בִּשְׂכַר זֶה תְּהֵא נַפְשָׁהּ צְרוּרָה

בִּצְרוֹר הַחַיִּים עִם נִשְׁמַת אַבְרָהָם יִצְחָק וְיַעֲקֹב, שָׂרָה

רִבְקָה רָחֵל וְלֵאָה, וְעִם שְׁאָר צַדִּיקִים וְצִדְקָנִיּוֹת שֶׁבְּגַן

עֵדֶן, וְנֹאמַר אָמֵן:

אַב הָרַחֲמִים שׁוֹכֵן מְרוֹמִים, בְּרַחֲמָיו הָעֲצוּמִים, הוּא

יִפְקוֹד בְּרַחֲמִים, הַחֲסִידִים וְהַיְשָׁרִים וְהַתְּמִימִים,

קְהִלּוֹת הַקֹּדֶשׁ שֶׁמָּסְרוּ נַפְשָׁם עַל קְדֻשַּׁת הַשֵּׁם,

הַנֶּאֱהָבִים וְהַנְּעִימִים בְּחַיֵּיהֶם, וּבְמוֹתָם לֹא נִפְרָדוּ.

מִנְּשָׁרִים קַלּוּ, וּמֵאֲרָיוֹת גָּבֵרוּ,[1] לַעֲשׂוֹת רְצוֹן קוֹנָם וְחֵפֶץ

צוּרָם. יִזְכְּרֵם אֱלֹהֵינוּ לְטוֹבָה, עִם שְׁאָר צַדִּיקֵי עוֹלָם,

וְיִנְקוֹם נִקְמַת דַּם עֲבָדָיו הַשָּׁפוּךְ. כַּכָּתוּב בְּתוֹרַת מֹשֶׁה

אִישׁ הָאֱלֹהִים: הַרְנִינוּ גוֹיִם עַמּוֹ, כִּי דַם עֲבָדָיו יִקּוֹם,

וְנָקָם יָשִׁיב לְצָרָיו, וְכִפֶּר אַדְמָתוֹ עַמּוֹ.[2] וְעַל יְדֵי עֲבָדֶיךָ

הַנְּבִיאִים כָּתוּב לֵאמֹר: וְנִקֵּיתִי דָּמָם לֹא נִקֵּיתִי, וַיְיָ שֹׁכֵן

בְּצִיּוֹן.[3] וּבְכִתְבֵי הַקֹּדֶשׁ נֶאֱמַר: לָמָה יֹאמְרוּ הַגּוֹיִם אַיֵּה

אֱלֹהֵיהֶם, יִוָּדַע בַּגּוֹיִם לְעֵינֵינוּ נִקְמַת דַּם עֲבָדֶיךָ הַשָּׁפוּךְ.[4]

וְאוֹמֵר: כִּי דֹרֵשׁ דָּמִים אוֹתָם זָכָר, לֹא שָׁכַח צַעֲקַת

עֲנָוִים.[5] וְאוֹמֵר: יָדִין בַּגּוֹיִם מָלֵא גְוִיּוֹת, מָחַץ רֹאשׁ עַל

אֶרֶץ רַבָּה. מִנַּחַל בַּדֶּרֶךְ יִשְׁתֶּה, עַל כֵּן יָרִים רֹאשׁ:[6]

---

1. II Shmuel 1:23.   **2.** Deuteronomy 32:43.   **3.** Joel 4:21.   **4.** Psalms 79:10.   **5.** Ibid. 9:13.
6. Ibid. 110:6-7.

One who has no mother says:
Transliteration, page 448.

יזכר **May God remember the soul of my mother, my teacher** (Mention her Hebrew name and that of her mother) who has gone to her [supernal] world, because I will—without obligating myself with a vow—donate charity for her sake. In this merit, may her soul be bound up in the bond of life with the souls of Abraham, Isaac and Jacob, Sarah, Rebecca, Rachel and Leah, and with the other righteous men and women who are in Gan Eden; and let us say, Amen.

אב May the All-Merciful Father who dwells in the supernal heights, in His profound compassion, remember with mercy the pious, the upright and the perfect ones, the holy communities who gave their lives for the sanctification of the Divine Name. They were beloved and pleasant in their lives, and [even] in their death were not parted [from Him]; they were swifter than eagles, stronger than lions[1] to carry out the will of their Maker and the desire of their Creator. May our God remember them with favor together with the other righteous of the world, and avenge the spilled blood of His servants, as it is written in the Torah of Moses, the man of God: O nations, sing the praises of His people, for He will avenge the blood of His servants, bring retribution upon His foes, and placate His land—His people.[2] And by Your servants the Prophets it is written as follows: I will cleanse [the nations of their wrongdoings,] but for the [shedding of Jewish] blood I will not cleanse them; the Lord dwells in Zion.[3] And in the Holy Writings it is said: Why should the nations say, "Where is their God?" Let there be known among the nations, before our eyes, the retribution of the spilled blood of Your servants.[4] And it is said: For the Avenger of bloodshed is mindful of them; He does not forget the cry of the downtrodden.[5] Further it is said: He will render judgment upon the nations, and they will be filled with corpses; He will crush heads over a vast area. He will drink from the stream on the way; therefore [Israel] will hold its head high.[6]

אַ֫שְׁרֵי יוֹשְׁבֵי בֵיתֶ֑ךָ, עוֹד יְהַלְל֥וּךָ סֶּֽלָה:' אַשְׁרֵי הָעָם שֶׁכָּֽכָה לּוֹ, אַשְׁרֵי הָעָם שֶׁיְיָ אֱלֹהָיו:² תְּהִלָּה לְדָוִד, אֲרוֹמִמְךָ אֱלוֹהַי הַמֶּֽלֶךְ, וַאֲבָרְכָה שִׁמְךָ לְעוֹלָם וָעֶד: בְּכָל יוֹם אֲבָרְכֶֽךָּ, וַאֲהַלְלָה שִׁמְךָ לְעוֹלָם וָעֶד: גָּדוֹל יְיָ וּמְהֻלָּל מְאֹד, וְלִגְדֻלָּתוֹ אֵין חֵֽקֶר: דּוֹר לְדוֹר יְשַׁבַּח מַעֲשֶֽׂיךָ, וּגְבוּרֹתֶֽיךָ יַגִּֽידוּ: הֲדַר כְּבוֹד הוֹדֶֽךָ, וְדִבְרֵי נִפְלְאֹתֶֽיךָ אָשִֽׂיחָה: וֶעֱזוּז נוֹרְאֹתֶֽיךָ יֹאמֵֽרוּ, וּגְדֻלָּתְךָ אֲסַפְּרֶֽנָּה: זֵֽכֶר רַב טוּבְךָ יַבִּֽיעוּ, וְצִדְקָתְךָ יְרַנֵּֽנוּ: חַנּוּן וְרַחוּם יְיָ, אֶֽרֶךְ אַפַּֽיִם וּגְדָל חָֽסֶד: טוֹב יְיָ לַכֹּל, וְרַחֲמָיו עַל כָּל מַעֲשָׂיו: יוֹד֣וּךָ יְיָ כָּל מַעֲשֶֽׂיךָ, וַחֲסִידֶֽיךָ יְבָרְכֽוּכָה: כְּבוֹד מַלְכוּתְךָ יֹאמֵֽרוּ, וּגְבוּרָתְךָ יְדַבֵּֽרוּ: לְהוֹדִֽיעַ לִבְנֵי הָאָדָם גְּבוּרֹתָיו, וּכְבוֹד הֲדַר מַלְכוּתוֹ: מַלְכוּתְךָ מַלְכוּת כָּל עֹלָמִים, וּמֶֽמְשַׁלְתְּךָ בְּכָל דּוֹר וָדֹר: סוֹמֵךְ יְיָ לְכָל הַנֹּפְלִים, וְזוֹקֵף לְכָל הַכְּפוּפִים: עֵינֵי כֹל אֵלֶֽיךָ יְשַׂבֵּֽרוּ, וְאַתָּה נוֹתֵן לָהֶם אֶת אָכְלָם בְּעִתּוֹ: פּוֹתֵֽחַ אֶת יָדֶֽךָ, וּמַשְׂבִּֽיעַ לְכָל חַי רָצוֹן: צַדִּיק יְיָ בְּכָל דְּרָכָיו, וְחָסִיד בְּכָל מַעֲשָׂיו: קָרוֹב יְיָ לְכָל קֹרְאָיו, לְכֹל אֲשֶׁר יִקְרָאֻֽהוּ בֶאֱמֶת: רְצוֹן יְרֵאָיו יַעֲשֶׂה, וְאֶת שַׁוְעָתָם יִשְׁמַע וְיוֹשִׁיעֵם: שׁוֹמֵר יְיָ אֶת כָּל אֹהֲבָיו, וְאֵת כָּל הָרְשָׁעִים יַשְׁמִיד: תְּהִלַּת יְיָ יְדַבֶּר פִּי, וִיבָרֵךְ כָּל בָּשָׂר שֵׁם קָדְשׁוֹ לְעוֹלָם וָעֶד:³ וַאֲנַֽחְנוּ נְבָרֵךְ יָהּ, מֵעַתָּה וְעַד עוֹלָם, הַלְלוּיָהּ:⁴

---

1. Psalms 84:5.   2. Ibid. 144:15.   3. Ibid. 145.   4. Ibid. 115:18.

Transliteration, page 437.

אשרי Happy are those who dwell in Your House; they will yet praise You forever.[1] Happy is the people whose lot is thus; happy is the people whose God is the Lord.[2] A Psalm of praise by David: I will exalt You, my God the King, and bless Your Name forever. Every day I will bless You, and extol Your Name forever. The Lord is great and exceedingly exalted, and there is no limit to His greatness. One generation to another will laud Your works, and tell of Your mighty acts. I will speak of the splendor of Your glorious majesty and of Your wondrous deeds. They will proclaim the might of Your awesome acts, and I will recount Your greatness. They will express the remembrance of Your abounding goodness, and sing of Your righteousness. The Lord is gracious and compassionate, slow to anger and of great kindness. The Lord is good to all, and His mercies extend over all His works. Lord, all Your works will give thanks to You, and Your pious ones will bless You. They will declare the glory of Your kingdom, and tell of Your strength. To make known to men His mighty acts, and the glorious majesty of His kingdom. Your kingship is a kingship over all worlds, and Your dominion is throughout all generations. The Lord supports all who fall, and makes erect all who are bent. The eyes of all look expectantly to You, and You give them their food at the proper time. You open Your hand and satisfy the desire of every living thing. The Lord is righteous in all His ways, and benevolent in all His deeds. The Lord is close to all who call upon Him, to all who call upon Him in truth. He fulfills the desire of those who fear Him, hears their cry and delivers them. The Lord watches over all who love Him, and will destroy all the wicked. My mouth will utter the praise of the Lord, and let all flesh bless His holy Name forever.[3] And we will bless the Lord from now to eternity. Praise the Lord.[4]

As the Torah is returned to the Ark, the following is said:

יְהַלְלוּ אֶת שֵׁם יְיָ, כִּי נִשְׂגָּב שְׁמוֹ לְבַדּוֹ:¹

Congregation responds:

הוֹדוֹ עַל אֶרֶץ וְשָׁמָיִם: וַיָּרֶם קֶרֶן לְעַמּוֹ, תְּהִלָּה לְכָל
חֲסִידָיו, לִבְנֵי יִשְׂרָאֵל עַם קְרֹבוֹ, הַלְלוּיָהּ:²

Remain standing until the Ark is closed.

The chazzan recites the following prayer before Musaf:

הִנְנִי הֶעָנִי מִמַּעַשׂ, נִרְעַשׁ וְנִפְחַד מִפַּחַד יוֹשֵׁב תְּהִלּוֹת
יִשְׂרָאֵל, לַעֲמֹד לְהִתְחַנֵּן לְפָנָיו עַל עַמּוֹ יִשְׂרָאֵל
אֲשֶׁר שְׁלָחוּנִי, אַף עַל פִּי שֶׁאֵינִי כְדַאי וְהָגוּן לְכָךְ. לָכֵן
אֲבַקֵּשׁ מִמְּךָ, אֱלֹהֵי אַבְרָהָם אֱלֹהֵי יִצְחָק וֵאלֹהֵי יַעֲקֹב,
יְיָ יְיָ אֵל רַחוּם וְחַנּוּן אֱלֹהֵי יִשְׂרָאֵל, שַׁדַּי אָיוֹם וְנוֹרָא,
הֱיֵה נָא מַצְלִיחַ דַּרְכִּי אֲשֶׁר אָנֹכִי הוֹלֵךְ וְעוֹמֵד לְבַקֵּשׁ
רַחֲמִים עָלַי וְעַל שׁוֹלְחַי (וְנָא אַל תַּפְשִׁיעֵם בְּחַטֹּאתַי
וְאַל תְּחַיְּבֵם בַּעֲוֹנוֹתַי וְאַל יִכָּלְמוּ בִּפְשָׁעַי, וְאַל יֵבוֹשׁוּ
בִי וְאַל אֵבוֹשׁ בָּם). וְקַבֵּל תְּפִלָּתִי כִּתְפִלַּת זָקֵן וְרָגִיל
וּפִרְקוֹ נָאֶה וּזְקָנוֹ מְגֻדָּל וְקוֹלוֹ נָעִים וּמְעוֹרָב בְּדַעַת עִם
הַבְּרִיּוֹת. וְתִגְעַר בְּשָׂטָן לְבַל יַשְׂטִינֵנִי, וִיהִי נָא דִגְלֵנוּ
(דִלּוּגֵנוּ) עָלֶיךָ אַהֲבָה, וּפְשָׁעֵינוּ תְּכַסֶּה בְּאַהֲבָה. וְכָל
צָרוֹת וְרָעוֹת הֲפָךְ נָא לָנוּ וּלְכָל יִשְׂרָאֵל לְשָׂשׂוֹן
וּלְשִׂמְחָה לְחַיִּים וּלְשָׁלוֹם, וְהָאֱמֶת וְהַשָּׁלוֹם אֱהָבוּ. וְאַל
יְהִי שׁוּם מִכְשׁוֹל בִּתְפִלָּתִי. וִיהִי רָצוֹן מִלְּפָנֶיךָ, יְיָ אֱלֹהֵי
אַבְרָהָם אֱלֹהֵי יִצְחָק וֵאלֹהֵי יַעֲקֹב, הָאֵל הַגָּדוֹל הַגִּבּוֹר

1. Psalms 148:13. 2. Ibid. 148:13-14. 3. Alternative version: Our errors in pronunciation or deletions of letters or words of the prayers. See Songs Rabbah 2:4.

As the Torah is returned to the Ark, the following is said:
Transliteration, page 448.

יהללו **Let them praise the Name of the Lord, for His Name is sublimely exalted.**[1]

Congregation responds:

הודו **His** radiance is upon the earth and heavens. He shall raise the glory of His people, [increase] the praise of all His pious ones, the children of Israel, the people close to Him. Praise the Lord.[2]

Remain standing until the Ark is closed.

The chazzan recites the following prayer before Musaf:

הנני **Here** am I, deficient in meritorious deeds, trembling and awe-stricken from fear of the One who is enthroned upon the praises of Israel, standing and pleading before Him on behalf of His people Israel who have sent me, though I am unworthy and unqualified for the task. Therefore, I entreat You, God of Abraham, God of Isaac, and God of Jacob, Lord, Lord, benevolent God, compassionate and gracious, God of Israel, Omnipotent, fearful and awesome, grant success to the mission which I am undertaking, to stand and plead for mercy for myself and for those who have sent me. (I beseech You, do not hold them guilty on account of my sins, nor condemn them because of my iniquities; let them not be disgraced because of my transgressions; let them not be ashamed of me nor I of them.) Accept my prayer as if it were the prayer of a man advanced in years and experienced in prayer, whose conduct in his youth was unblemished, whose beard is fully grown, whose voice is sweet, and whose disposition is pleasing to his fellow-men. Rebuke the Adversary that he may not bring charges against me. May our assemblage[3] be cherished by You, and may You cover our transgressions with love. Please transform all suffering and distress, for us and for all Israel, to gladness and joy, to life and peace—[for the people who] love truth and peace. May there be no stumbling in my prayer. May it be Your will, Lord, God of Abraham, God of Isaac and God of Jacob, the great, mighty and awesome God,

וְהַנּוֹרָא אֵל עֶלְיוֹן, אֶהְיֶה אֲשֶׁר אֶהְיֶה,[1] שֶׁכָּל הַמַּלְאָכִים
שֶׁהֵם פּוֹעֲלֵי תְפִלּוֹת יָבִיאוּ תְפִלָּתִי לִפְנֵי כִסֵּא כְבוֹדֶךָ
וְיָפִיצוּ אוֹתָהּ לְפָנֶיךָ, בַּעֲבוּר כָּל הַצַּדִּיקִים וְהַחֲסִידִים
וְהַתְּמִימִים וְהַיְשָׁרִים, וּבַעֲבוּר כְּבוֹד שִׁמְךָ הַגָּדוֹל
וְהַנּוֹרָא, כִּי אַתָּה שׁוֹמֵעַ תְּפִלַּת עַמְּךָ יִשְׂרָאֵל בְּרַחֲמִים.
בָּרוּךְ אַתָּה, שׁוֹמֵעַ תְּפִלָּה:

יָדַעְתִּי יְיָ כִּי צֶדֶק מִשְׁפָּטֶיךָ, וֶאֱמוּנָה עִנִּיתָנִי:[2]

הַקְשִׁיבָה לִי וַעֲנֵנִי, אָרִיד בְּשִׂיחִי וְאָהִימָה:[3]

וְנַפְשִׁי תָּגִיל בַּייָ, תָּשִׂישׂ בִּישׁוּעָתוֹ:[4]

הַנּוֹתֵן תְּשׁוּעָה לַמְּלָכִים, הַפּוֹצֶה אֶת דָּוִד עַבְדּוֹ מֵחֶרֶב
רָעָה:[5]

Chazzan recites Half Kaddish.
Congregation responds אָמֵן as indicated.

יִתְגַּדַּל וְיִתְקַדַּשׁ שְׁמֵהּ רַבָּא. (.Cong—אָמֵן) בְּעָלְמָא דִּי
בְרָא כִרְעוּתֵהּ וְיַמְלִיךְ מַלְכוּתֵהּ, וְיַצְמַח פּוּרְקָנֵהּ
וִיקָרֵב מְשִׁיחֵהּ. (.Cong—אָמֵן) בְּחַיֵּיכוֹן וּבְיוֹמֵיכוֹן וּבְחַיֵּי דְכָל
בֵּית יִשְׂרָאֵל, בַּעֲגָלָא וּבִזְמַן קָרִיב וְאִמְרוּ אָמֵן:

(.Cong—אָמֵן. יְהֵא שְׁמֵהּ רַבָּא מְבָרַךְ לְעָלַם וּלְעָלְמֵי עָלְמַיָּא, יִתְבָּרֵךְ.)

יְהֵא שְׁמֵהּ רַבָּא מְבָרַךְ לְעָלַם וּלְעָלְמֵי עָלְמַיָּא, יִתְבָּרֵךְ,
וְיִשְׁתַּבַּח, וְיִתְפָּאַר, וְיִתְרוֹמַם, וְיִתְנַשֵּׂא, וְיִתְהַדָּר, וְיִתְעַלֶּה,
וְיִתְהַלָּל, שְׁמֵהּ דְּקוּדְשָׁא בְּרִיךְ הוּא. (.Cong—אָמֵן) לְעֵלָּא
מִן כָּל בִּרְכָתָא וְשִׁירָתָא, תֻּשְׁבְּחָתָא וְנֶחֱמָתָא, דַּאֲמִירָן
בְּעָלְמָא, וְאִמְרוּ אָמֵן: (.Cong—אָמֵן)

---

1. One of the Divine Names—v. Exodus 3:14; Shevuot 35a; Shulchan Aruch, Yoreh Deah 276:9.
2. Psalms 119:75. 3. Ibid. 55:3. 4. Ibid. 35:9. 5. Ibid. 144:10.

exalted God, "I Will Be What I Will Be,"¹ that all the angels who occupy themselves with [our] prayers bring my prayer before the Throne of Your Glory and spread it before You for the sake of all the righteous, the pious, the perfect and the upright, and for the sake of Your glorious, great and awesome Name; for You hear the prayer of Your people Israel with mercy. Blessed are You who hears prayer.

ידעתי I know, O Lord, that Your judgments are just; rightfully have You chastised me.²

הקשיבה Hearken unto me and answer me as I lament in my distress and moan.³

ונפשי And my soul shall exult in the Lord, rejoice in His deliverance.⁴

הנותן It is He who gives salvation to kings, who delivers His servant David from the evil sword.⁵

Chazzan recites Half Kaddish.
Congregation responds Amen as indicated.

יתגדל Exalted and hallowed be His great Name (Cong: Amen) throughout the world which He has created according to His will. May He establish His kingship, bring forth His redemption and hasten the coming of His Mashiach (Cong: Amen) in your lifetime and in your days and in the lifetime of the entire House of Israel, speedily and soon, and say, Amen.

(Cong: Amen. May His great Name be blessed forever and to all eternity. Blessed.)

May His great Name be blessed forever and to all eternity. Blessed and praised, glorified, exalted and extolled, honored, adored and lauded be the Name of the Holy One, blessed be He, (Cong: Amen) beyond all the blessings, hymns, praises and consolations that are uttered in the world; and say, Amen. (Cong: Amen)

❧❧❧❧

MUSAF AMIDAH FOR YOM KIPPUR

While praying, concentrate on the meaning of the words. Remember that you stand before the Divine Presence. Remove any distracting thoughts, allowing the mind to remain focused on prayer. Before beginning the Amidah, take three steps back, then three steps forward. Recite the Amidah quietly—but audibly—while standing with feet together. Throughout the Amidah, ending on page 226, interruptions of any form are forbidden.

אֲדֹנָי, שְׂפָתַי תִּפְתָּח וּפִי יַגִּיד תְּהִלָּתֶךָ:[1]

Bend knees at בָּרוּךְ; bow at אַתָּה; straighten up at יְיָ.

בָּרוּךְ אַתָּה יְיָ, אֱלֹהֵינוּ וֵאלֹהֵי אֲבוֹתֵינוּ, אֱלֹהֵי אַבְרָהָם,
אֱלֹהֵי יִצְחָק, וֵאלֹהֵי יַעֲקֹב, הָאֵל הַגָּדוֹל הַגִּבּוֹר
וְהַנּוֹרָא, אֵל עֶלְיוֹן, גּוֹמֵל חֲסָדִים טוֹבִים, קוֹנֵה הַכֹּל,
וְזוֹכֵר חַסְדֵי אָבוֹת, וּמֵבִיא גוֹאֵל לִבְנֵי בְנֵיהֶם, לְמַעַן
שְׁמוֹ בְּאַהֲבָה:

זָכְרֵנוּ לְחַיִּים, מֶלֶךְ חָפֵץ בַּחַיִּים, וְכָתְבֵנוּ בְּסֵפֶר הַחַיִּים,
לְמַעַנְךָ אֱלֹהִים חַיִּים:

Bend knees at בָּרוּךְ; bow at אַתָּה; straighten up at יְיָ.

מֶלֶךְ עוֹזֵר וּמוֹשִׁיעַ וּמָגֵן. בָּרוּךְ אַתָּה יְיָ, מָגֵן אַבְרָהָם:

אַתָּה גִּבּוֹר לְעוֹלָם אֲדֹנָי, מְחַיֶּה מֵתִים אַתָּה, רַב
לְהוֹשִׁיעַ. מוֹרִיד הַטָּל.

מְכַלְכֵּל חַיִּים בְּחֶסֶד, מְחַיֶּה מֵתִים בְּרַחֲמִים רַבִּים,
סוֹמֵךְ נוֹפְלִים, וְרוֹפֵא חוֹלִים, וּמַתִּיר אֲסוּרִים,
וּמְקַיֵּם אֱמוּנָתוֹ לִישֵׁנֵי עָפָר. מִי כָמוֹךָ בַּעַל גְּבוּרוֹת, וּמִי
דוֹמֶה לָּךְ, מֶלֶךְ מֵמִית וּמְחַיֶּה וּמַצְמִיחַ יְשׁוּעָה:

מִי כָמוֹךָ אָב הָרַחֲמִים, זוֹכֵר יְצוּרָיו לְחַיִּים בְּרַחֲמִים:

וְנֶאֱמָן אַתָּה לְהַחֲיוֹת מֵתִים. בָּרוּךְ אַתָּה יְיָ, מְחַיֵּה
הַמֵּתִים:

---

1. Psalms 51:17.

എ൬ൢ൵ൠ൵

MUSAF AMIDAH FOR YOM KIPPUR

While praying, concentrate on the meaning of the words. Remember that you stand before the Divine Presence. Remove any distracting thoughts, allowing the mind to remain focused on prayer. Before beginning the Amidah, take three steps back, then three steps forward. Recite the Amidah quietly—but audibly—while standing with feet together. Throughout the Amidah, ending on page 226, interruptions of any form are forbidden.

אדני My Lord, open my lips, and my mouth shall declare Your praise.[1]

Bend knees at Blessed; bow at You; straighten up at Lord.

ברוך Blessed are You, Lord our God and God of our fathers, God of Abraham, God of Isaac and God of Jacob, the great, mighty and awesome God, exalted God, who bestows bountiful kindness, who creates all things, who remembers the piety of the Patriarchs, and who, in love, brings a redeemer to their children's children, for the sake of His Name.

זכרנו Remember us for life, King who desires life; inscribe us in the Book of Life, for Your sake, O living God.

Bend knees at Blessed; bow at You; straighten up at Lord.

מלך O King, [You are] a helper, a savior and a shield. Blessed are You, Lord, Shield of Abraham.

אתה You are mighty forever, my Lord; You resurrect the dead; You are powerful to save. You cause the dew to descend.

מכלכל He sustains the living with lovingkindness, resurrects the dead with great mercy, supports the falling, heals the sick, releases the bound, and fulfills His trust to those who sleep in the dust. Who is like You, mighty One! And who can be compared to You, King, who brings death and restores life, and causes deliverance to spring forth!

מי Who is like You, All-Merciful Father, who in compassion remembers His creatures for life.

ונאמן You are trustworthy to revive the dead. Blessed are You, Lord, who revives the dead.

אַתָּה קָדוֹשׁ וְשִׁמְךָ קָדוֹשׁ, וּקְדוֹשִׁים בְּכָל יוֹם יְהַלְלְוּךָ סֶּלָה.

לְדוֹר וָדוֹר הַמְלִיכוּ לָאֵל, כִּי הוּא לְבַדּוֹ מָרוֹם וְקָדוֹשׁ:

וּבְכֵן יִתְקַדַּשׁ שִׁמְךָ יְיָ אֱלֹהֵינוּ עַל יִשְׂרָאֵל עַמֶּךָ, וְעַל יְרוּשָׁלַיִם עִירֶךָ, וְעַל צִיּוֹן מִשְׁכַּן כְּבוֹדֶךָ, וְעַל מַלְכוּת בֵּית דָּוִד מְשִׁיחֶךָ, וְעַל מְכוֹנְךָ וְהֵיכָלֶךָ:

וּבְכֵן תֵּן פַּחְדְּךָ יְיָ אֱלֹהֵינוּ עַל כָּל מַעֲשֶׂיךָ, וְאֵימָתְךָ עַל כָּל מַה שֶּׁבָּרָאתָ, וְיִירָאוּךָ כָּל הַמַּעֲשִׂים, וְיִשְׁתַּחֲווּ לְפָנֶיךָ כָּל הַבְּרוּאִים, וְיֵעָשׂוּ כֻלָּם אֲגֻדָּה אֶחָת לַעֲשׂוֹת רְצוֹנְךָ בְּלֵבָב שָׁלֵם. שֶׁיָּדַעְנוּ יְיָ אֱלֹהֵינוּ שֶׁהַשָּׁלְטָן לְפָנֶיךָ, עֹז בְּיָדְךָ וּגְבוּרָה בִּימִינֶךָ, וְשִׁמְךָ נוֹרָא עַל כָּל מַה שֶּׁבָּרָאתָ:

וּבְכֵן תֵּן כָּבוֹד יְיָ לְעַמֶּךָ, תְּהִלָּה לִירֵאֶיךָ, וְתִקְוָה טוֹבָה לְדוֹרְשֶׁיךָ, וּפִתְחוֹן פֶּה לַמְיַחֲלִים לָךְ, שִׂמְחָה לְאַרְצֶךָ, וְשָׂשׂוֹן לְעִירֶךָ, וּצְמִיחַת קֶרֶן לְדָוִד עַבְדֶּךָ, וַעֲרִיכַת נֵר לְבֶן יִשַׁי מְשִׁיחֶךָ, בִּמְהֵרָה בְיָמֵינוּ:

וּבְכֵן צַדִּיקִים יִרְאוּ וְיִשְׂמָחוּ, וִישָׁרִים יַעֲלֹזוּ, וַחֲסִידִים בְּרִנָּה יָגִילוּ, וְעוֹלָתָה תִּקְפָּץ פִּיהָ, וְהָרִשְׁעָה כֻלָּה בֶּעָשָׁן תִּכְלֶה, כִּי תַעֲבִיר מֶמְשֶׁלֶת זָדוֹן מִן הָאָרֶץ:

וְתִמְלוֹךְ אַתָּה הוּא יְיָ אֱלֹהֵינוּ לְבַדֶּךָ עַל כָּל מַעֲשֶׂיךָ, בְּהַר צִיּוֹן מִשְׁכַּן כְּבוֹדֶךָ, וּבִירוּשָׁלַיִם עִיר קָדְשֶׁךָ, כַּכָּתוּב בְּדִבְרֵי קָדְשֶׁךָ: יִמְלֹךְ יְיָ לְעוֹלָם, אֱלֹהַיִךְ צִיּוֹן לְדֹר וָדֹר, הַלְלוּיָהּ:[1]

---

1. Psalms 146:10.

אתה You are holy and Your Name is holy, and holy beings praise You daily for all eternity.

לדור Through all generations proclaim the kingship of God, for He alone is exalted and holy.

ובכן And thus shall Your Name, Lord our God, be sanctified upon Israel Your people, upon Jerusalem Your city, upon Zion the abode of Your glory, upon the kingship of the house of David Your anointed, and upon Your dwelling-place and Your sanctuary.

ובכן And so, Lord our God, instill fear of You upon all that You have made, and dread of You upon all that You have created; and [then] all works will be in awe of You, all the created beings will prostrate themselves before You, and they all will form a single band to carry out Your will with a perfect heart. For we know, Lord our God, that rulership is Yours, strength is in Your [left] hand, might is in Your right hand, and Your Name is awesome over all that You have created.

ובכן And so, Lord, grant honor to Your people, glory to those who fear You, good hope to those who seek You, confident speech to those who yearn for You, joy to Your land, gladness to Your city, a flourishing of strength to David Your servant, and a setting up of light to the son of Yishai Your anointed, speedily in our days.

ובכן And then the righteous will see and be glad, the upright will rejoice, and the pious will exult in song; injustice will shut its mouth and all wickedness will go up in smoke, when You will remove the rule of evil from the earth.

ותמלוך Lord our God, You are He who alone will reign over all Your works, in Mount Zion the abode of Your glory, in Jerusalem Your holy city, as it is written in Your holy Scriptures: The Lord shall reign forever; your God, O Zion, throughout all generations; praise the Lord.[1]

קָדוֹשׁ אַתָּה וְנוֹרָא שְׁמֶךָ, וְאֵין אֱלוֹהַּ מִבַּלְעָדֶיךָ, כַּכָּתוּב: וַיִּגְבַּה יְיָ צְבָאוֹת בַּמִּשְׁפָּט, וְהָאֵל הַקָּדוֹשׁ נִקְדַּשׁ בִּצְדָקָה.[1] בָּרוּךְ אַתָּה יְיָ, הַמֶּלֶךְ הַקָּדוֹשׁ:

אַתָּה בְחַרְתָּנוּ מִכָּל הָעַמִּים, אָהַבְתָּ אוֹתָנוּ וְרָצִיתָ בָּנוּ, וְרוֹמַמְתָּנוּ מִכָּל הַלְּשׁוֹנוֹת, וְקִדַּשְׁתָּנוּ בְּמִצְוֹתֶיךָ, וְקֵרַבְתָּנוּ מַלְכֵּנוּ לַעֲבֹדָתֶךָ, וְשִׁמְךָ הַגָּדוֹל וְהַקָּדוֹשׁ עָלֵינוּ קָרָאתָ:

On Shabbat, add the words in shaded parentheses.

וַתִּתֶּן לָנוּ יְיָ אֱלֹהֵינוּ בְּאַהֲבָה אֶת יוֹם (הַשַּׁבָּת הַזֶּה וְאֶת יוֹם) הַכִּפּוּרִים הַזֶּה, אֶת יוֹם סְלִיחַת הֶעָוֹן הַזֶּה, אֶת יוֹם מִקְרָא קֹדֶשׁ הַזֶּה, (לִקְדֻשָּׁה וְלִמְנוּחָה) לִמְחִילָה וְלִסְלִיחָה וּלְכַפָּרָה, וְלִמְחָל בּוֹ אֶת כָּל עֲוֹנוֹתֵינוּ, (בְּאַהֲבָה) מִקְרָא קֹדֶשׁ, זֵכֶר לִיצִיאַת מִצְרָיִם:

וּמִפְּנֵי חֲטָאֵינוּ גָּלִינוּ מֵאַרְצֵנוּ, וְנִתְרַחַקְנוּ מֵעַל אַדְמָתֵנוּ, וְאֵין אָנוּ יְכוֹלִים לַעֲשׂוֹת חוֹבוֹתֵינוּ בְּבֵית בְּחִירָתֶךָ, בַּבַּיִת הַגָּדוֹל וְהַקָּדוֹשׁ שֶׁנִּקְרָא שִׁמְךָ עָלָיו, מִפְּנֵי הַיָּד שֶׁנִּשְׁתַּלְּחָה בְּמִקְדָּשֶׁךָ. יְהִי רָצוֹן מִלְּפָנֶיךָ, יְיָ אֱלֹהֵינוּ וֵאלֹהֵי אֲבוֹתֵינוּ, מֶלֶךְ רַחֲמָן, שֶׁתָּשׁוּב וּתְרַחֵם עָלֵינוּ וְעַל מִקְדָּשְׁךָ בְּרַחֲמֶיךָ הָרַבִּים, וְתִבְנֵהוּ מְהֵרָה וּתְגַדֵּל כְּבוֹדוֹ. אָבִינוּ מַלְכֵּנוּ, אֱלֹהֵינוּ, גַּלֵּה כְּבוֹד מַלְכוּתְךָ עָלֵינוּ מְהֵרָה, וְהוֹפַע וְהִנָּשֵׂא עָלֵינוּ לְעֵינֵי כָּל חָי, וְקָרֵב פְּזוּרֵינוּ מִבֵּין הַגּוֹיִם, וּנְפוּצוֹתֵינוּ כַּנֵּס מִיַּרְכְּתֵי אָרֶץ. וַהֲבִיאֵנוּ לְצִיּוֹן עִירְךָ בְּרִנָּה, וְלִירוּשָׁלַיִם בֵּית מִקְדָּשְׁךָ, בְּשִׂמְחַת עוֹלָם, וְשָׁם נַעֲשֶׂה לְפָנֶיךָ אֶת קָרְבְּנוֹת

---

1. Isaiah 5:16.

קדוש Holy are You, awesome is Your Name, and aside from You there is no God, as it is written: The Lord of hosts is exalted in justice and the holy God is sanctified in righteousness.¹ Blessed are You, Lord, the holy King.

אתה You have chosen us from among all the nations; You have loved us and found favor with us. You have raised us above all tongues and made us holy through Your commandments. You, our King, have drawn us near to Your service and proclaimed Your great and holy Name upon us.

On Shabbat, add the words in shaded parentheses.

ותתן And You, Lord our God, have given us in love (this Shabbat day and) this Day of Atonements, this day of pardoning of sin, this day of holy assembly (for sanctity and tranquility) for forgiveness, pardon, and atonement, to forgive thereon all our wrongdoings, (in love,) a holy assembly, commemorating the Exodus from Egypt.

ומפני But because of our sins, we were exiled from our land and driven away from our soil; and we are unable to discharge our obligations in Your chosen House, the great and holy House upon which Your Name is proclaimed, because of the hand that was sent forth against Your Sanctuary. May it be Your will, Lord our God and God of our fathers, merciful King, in Your abounding compassion, again to have mercy on us and on Your Sanctuary, and rebuild it soon and increase its glory. Our Father, our King, our God, speedily reveal the glory of Your Kingship upon us; appear and be exalted over us before the eyes of all the living. Gather our dispersed from among the nations, and assemble our scattered from the ends of the earth. Bring us with song to Zion Your city, and with everlasting joy to Jerusalem Your Sanctuary. There we will offer to You our obligatory

חוֹבוֹתֵינוּ, תְּמִידִים כְּסִדְרָם וּמוּסָפִים כְּהִלְכָתָם. וְאֶת

On weekdays: | On Shabbat:

מוּסַף יוֹם | מוּסְפֵי יוֹם הַשַּׁבָּת הַזֶּה וְיוֹם

הַכִּפּוּרִים הַזֶּה, יוֹם סְלִיחַת הֶעָוֹן הַזֶּה, יוֹם מִקְרָא קֹדֶשׁ

הַזֶּה, נַעֲשֶׂה וְנַקְרִיב לְפָנֶיךָ בְּאַהֲבָה, כְּמִצְוַת רְצוֹנֶךָ, כְּמוֹ

שֶׁכָּתַבְתָּ עָלֵינוּ בְּתוֹרָתֶךָ עַל יְדֵי מֹשֶׁה עַבְדֶּךָ מִפִּי

כְבוֹדֶךָ, כָּאָמוּר:

On Shabbat, add the following:

וּבְיוֹם הַשַּׁבָּת שְׁנֵי כְבָשִׂים בְּנֵי שָׁנָה תְּמִימִם, וּשְׁנֵי

עֶשְׂרֹנִים סֹלֶת מִנְחָה בְּלוּלָה בַשֶּׁמֶן וְנִסְכּוֹ. עֹלַת

שַׁבַּת בְּשַׁבַּתּוֹ, עַל עֹלַת הַתָּמִיד וְנִסְכָּהּ:[1]

וּבֶעָשׂוֹר לַחֹדֶשׁ הַשְּׁבִיעִי הַזֶּה, מִקְרָא קֹדֶשׁ יִהְיֶה לָכֶם,

וְעִנִּיתֶם אֶת נַפְשֹׁתֵיכֶם, כָּל מְלָאכָה לֹא תַעֲשׂוּ.

וְהִקְרַבְתֶּם עֹלָה לַיָי רֵיחַ נִיחֹחַ, פַּר בֶּן בָּקָר אֶחָד, אַיִל

אֶחָד, כְּבָשִׂים בְּנֵי שָׁנָה שִׁבְעָה, תְּמִימִם יִהְיוּ לָכֶם:[2]

וּמִנְחָתָם וְנִסְכֵּיהֶם כִּמְדֻבָּר: שְׁלֹשָׁה עֶשְׂרֹנִים לַפָּר, וּשְׁנֵי

עֶשְׂרֹנִים לָאָיִל, וְעִשָּׂרוֹן לַכֶּבֶשׂ, וְיַיִן כְּנִסְכּוֹ,

וּשְׁנֵי שְׂעִירִים לְכַפֵּר, וּשְׁנֵי תְמִידִים כְּהִלְכָתָם. מִלְּבַד

חַטַּאת הַכִּפֻּרִים וְעֹלַת הַתָּמִיד, וּמִנְחָתָהּ וְנִסְכֵּיהֶם:

On Shabbat, add the following:

יִשְׂמְחוּ בְמַלְכוּתְךָ שׁוֹמְרֵי שַׁבָּת וְקוֹרְאֵי עֹנֶג, עַם מְקַדְּשֵׁי

שְׁבִיעִי, כֻּלָּם יִשְׂבְּעוּ וְיִתְעַנְּגוּ מִטּוּבֶךָ, וּבַשְּׁבִיעִי

רָצִיתָ בּוֹ וְקִדַּשְׁתּוֹ, חֶמְדַּת יָמִים אוֹתוֹ קָרָאתָ, זֵכֶר לְמַעֲשֵׂה

בְרֵאשִׁית:

---

1. Numbers 28:9-10.   **2.** Ibid. 29:7-8.

sacrifices, the daily burnt-offerings according to their order and the *musaf* offerings according to their rule; and

On weekdays:	On Shabbat:
the *musaf* offering of	the *musaf* offerings of this Shabbat day and

this Day of Atonements, this day of pardoning of sin, this day of holy assembly we will prepare and offer to You with love in accordance with the command of Your will, as You have prescribed for us in Your Torah, through Moses Your servant in Your glorious Name, as it is stated:

On Shabbat, add the following:

וביום On the Shabbat day, two yearling male lambs without blemish, and two-tenths [of an *ephah*] of fine flour mixed with oil as a meal-offering, and its wine-offering—this is the burnt-offering for Shabbat, each Shabbat, aside from the daily burnt-offering and its wine-offering.[1]

ובעשור And on the tenth day of this seventh month you shall have a holy assembly, and you shall afflict yourselves; you shall do no work. And you shall bring to the Lord a burnt-offering of pleasing odor: one young bullock, one ram, seven yearling lambs; they shall be to you without blemish.[2]

ומנחתם And their meal-offering and libations as prescribed— three-tenths [of an *ephah* of fine flour] for each bullock, two-tenths for the ram, one-tenth for each lamb, and wine in accordance with each one's wine-offering; as well as two he-goats for atonement, and two daily burnt-offerings according to their rule; aside from the sin-offering of atonement, the daily burnt-offering and its meal-offering and their libations.

On Shabbat, add the following:

ישמחו Those who observe the Shabbat and call it a delight shall rejoice in Your kingship; the nation which hallows the Seventh Day—all shall be satiated and delighted with Your goodness. You were pleased with the Seventh Day and made it holy; You called it the most desirable of days, in remembrance of the work of Creation.

On Shabbat, add the words in shaded parentheses.

אֱלֹהֵינוּ וֵאלֹהֵי אֲבוֹתֵינוּ, מְחֹל לַעֲוֹנוֹתֵינוּ בְּיוֹם (הַשַּׁבָּת הַזֶּה וּבְיוֹם) הַכִּפּוּרִים הַזֶּה, בְּיוֹם סְלִיחַת הֶעָוֹן הַזֶּה, בְּיוֹם מִקְרָא קֹדֶשׁ הַזֶּה, מְחֵה וְהַעֲבֵר פְּשָׁעֵינוּ וְחַטֹּאתֵינוּ מִנֶּגֶד עֵינֶיךָ, כָּאָמוּר: אָנֹכִי אָנֹכִי הוּא מֹחֶה פְּשָׁעֶיךָ לְמַעֲנִי, וְחַטֹּאתֶיךָ לֹא אֶזְכֹּר.[1] וְנֶאֱמַר: מָחִיתִי כָעָב פְּשָׁעֶיךָ וְכֶעָנָן חַטֹּאתֶיךָ, שׁוּבָה אֵלַי כִּי גְאַלְתִּיךָ.[2] וְנֶאֱמַר: כִּי בַיּוֹם הַזֶּה יְכַפֵּר עֲלֵיכֶם לְטַהֵר אֶתְכֶם, מִכֹּל חַטֹּאתֵיכֶם לִפְנֵי יְיָ תִּטְהָרוּ.[3] (אֱלֹהֵינוּ וֵאלֹהֵי אֲבוֹתֵינוּ, רְצֵה נָא בִמְנוּחָתֵנוּ) קַדְּשֵׁנוּ בְּמִצְוֹתֶיךָ וְתֵן חֶלְקֵנוּ בְּתוֹרָתֶךָ, שַׂבְּעֵנוּ מִטּוּבֶךָ וְשַׂמַּח נַפְשֵׁנוּ בִּישׁוּעָתֶךָ, (וְהַנְחִילֵנוּ יְיָ אֱלֹהֵינוּ בְּאַהֲבָה וּבְרָצוֹן שַׁבַּת קָדְשֶׁךָ, וְיָנוּחוּ בוֹ כָּל יִשְׂרָאֵל מְקַדְּשֵׁי שְׁמֶךָ,) וְטַהֵר לִבֵּנוּ לְעָבְדְּךָ בֶּאֱמֶת. כִּי אַתָּה סָלְחָן לְיִשְׂרָאֵל וּמָחֳלָן לְשִׁבְטֵי יְשֻׁרוּן[4] בְּכָל דּוֹר וָדוֹר, וּמִבַּלְעָדֶיךָ אֵין לָנוּ מֶלֶךְ מוֹחֵל וְסוֹלֵחַ. בָּרוּךְ אַתָּה יְיָ, מֶלֶךְ מוֹחֵל וְסוֹלֵחַ לַעֲוֹנוֹתֵינוּ וְלַעֲוֹנוֹת עַמּוֹ בֵּית יִשְׂרָאֵל, וּמַעֲבִיר אַשְׁמוֹתֵינוּ בְּכָל שָׁנָה וְשָׁנָה, מֶלֶךְ עַל כָּל הָאָרֶץ, מְקַדֵּשׁ (הַשַּׁבָּת וְ) יִשְׂרָאֵל וְיוֹם הַכִּפּוּרִים:

רְצֵה יְיָ אֱלֹהֵינוּ בְּעַמְּךָ יִשְׂרָאֵל וְלִתְפִלָּתָם שְׁעֵה, וְהָשֵׁב הָעֲבוֹדָה לִדְבִיר בֵּיתֶךָ, וְאִשֵּׁי יִשְׂרָאֵל וּתְפִלָּתָם בְּאַהֲבָה תְקַבֵּל בְּרָצוֹן, וּתְהִי לְרָצוֹן תָּמִיד עֲבוֹדַת יִשְׂרָאֵל עַמֶּךָ:

1. Isaiah 43:25.   **2.** Isaiah 44:22.   **3.** Leviticus 16:30.   **4.** V. Isaiah 44:2; Deuteronomy 33:5, 26; Ramban Deuteronomy 7:12.

On Shabbat, add the words in shaded parentheses.

אלהינו Our God and God of our fathers, forgive our wrongdoings on this (Shabbat day and on this) Day of Atonements, on this day of pardoning of sin, on this day of holy assembly; wipe away and remove our transgressions and sins from before Your eyes, as it is stated: I, I [alone,] am He who wipes away your transgressions, for My sake; your sins I will not recall.[1] And it is stated: I have wiped away your transgressions like a thick cloud, your sins like a cloud; return to Me, for I have redeemed you.[2] And it is stated: For on this day atonement shall be made for you, to purify you; you shall be cleansed of all your sins before the Lord.[3] (Our God and God of our fathers, please find favor in our rest.) Make us holy with Your commandments and grant us our portion in Your Torah; satiate us with Your goodness and gladden our soul with Your salvation. (Lord our God, grant as our heritage, in love and goodwill, Your holy Shabbat, and may all Israel who sanctify Your Name rest thereon.) Make our heart pure to serve You in truth, for You are the Pardoner of Israel and the Forgiver of the tribes of Yeshurun[4] in every generation, and aside from You we have no King who forgives and pardons. Blessed are You, Lord, King who forgives and pardons our sins and the sins of His people, the House of Israel, and removes our trespasses each and every year; King over the whole earth, who sanctifies (the Shabbat and) Israel and the Day of Atonements.

רצה Look with favor, Lord our God, on Your people Israel, and pay heed to their prayer; restore the service to Your Sanctuary, and accept with love and favor Israel's fire-offerings and prayer; and may the service of Your people Israel always find favor.

וְתֶחֱזֶינָה עֵינֵינוּ בְּשׁוּבְךָ לְצִיּוֹן בְּרַחֲמִים. בָּרוּךְ אַתָּה
יְיָ, הַמַּחֲזִיר שְׁכִינָתוֹ לְצִיּוֹן:

Bow at מוֹדִים; straighten up at יְיָ.

מוֹדִים אֲנַחְנוּ לָךְ, שָׁאַתָּה הוּא יְיָ אֱלֹהֵינוּ וֵאלֹהֵי
אֲבוֹתֵינוּ לְעוֹלָם וָעֶד, צוּר חַיֵּינוּ, מָגֵן יִשְׁעֵנוּ,
אַתָּה הוּא לְדוֹר וָדוֹר, נוֹדֶה לְךָ וּנְסַפֵּר תְּהִלָּתֶךָ, עַל
חַיֵּינוּ הַמְּסוּרִים בְּיָדֶךָ, וְעַל נִשְׁמוֹתֵינוּ הַפְּקוּדוֹת לָךְ, וְעַל
נִסֶּיךָ שֶׁבְּכָל יוֹם עִמָּנוּ, וְעַל נִפְלְאוֹתֶיךָ וְטוֹבוֹתֶיךָ שֶׁבְּכָל
עֵת, עֶרֶב וָבֹקֶר וְצָהֳרָיִם, הַטּוֹב, כִּי לֹא כָלוּ רַחֲמֶיךָ,
וְהַמְרַחֵם, כִּי לֹא תַמּוּ חֲסָדֶיךָ, כִּי מֵעוֹלָם קִוִּינוּ לָךְ:

וְעַל כֻּלָּם יִתְבָּרֵךְ וְיִתְרוֹמָם וְיִתְנַשֵּׂא שִׁמְךָ מַלְכֵּנוּ תָּמִיד
לְעוֹלָם וָעֶד:

וּכְתוֹב לְחַיִּים טוֹבִים כָּל בְּנֵי בְרִיתֶךָ:

וְכָל הַחַיִּים יוֹדוּךָ סֶּלָה, וִיהַלְלוּ שִׁמְךָ הַגָּדוֹל לְעוֹלָם כִּי
טוֹב, הָאֵל יְשׁוּעָתֵנוּ וְעֶזְרָתֵנוּ סֶלָה, הָאֵל הַטּוֹב.

Bend knees at בָּרוּךְ; bow at אַתָּה; straighten up at יְיָ.

בָּרוּךְ אַתָּה יְיָ, הַטּוֹב שִׁמְךָ וּלְךָ נָאֶה לְהוֹדוֹת:

שִׂים שָׁלוֹם, טוֹבָה וּבְרָכָה, חַיִּים חֵן וָחֶסֶד וְרַחֲמִים,
עָלֵינוּ וְעַל כָּל יִשְׂרָאֵל עַמֶּךָ. בָּרְכֵנוּ אָבִינוּ כֻּלָּנוּ
כְּאֶחָד בְּאוֹר פָּנֶיךָ, כִּי בְאוֹר פָּנֶיךָ נָתַתָּ לָּנוּ יְיָ אֱלֹהֵינוּ
תּוֹרַת חַיִּים וְאַהֲבַת חֶסֶד, וּצְדָקָה וּבְרָכָה וְרַחֲמִים וְחַיִּים
וְשָׁלוֹם, וְטוֹב בְּעֵינֶיךָ לְבָרֵךְ אֶת עַמְּךָ יִשְׂרָאֵל בְּכָל עֵת
וּבְכָל שָׁעָה בִּשְׁלוֹמֶךָ.

וּתְחֱזֶינָה May our eyes behold Your return to Zion in mercy. Blessed are You, Lord, who restores His Divine Presence to Zion.

Bow at We thankfully acknowledge; straighten up at Lord.

מוֹדִים We thankfully acknowledge that You are the Lord our God and God of our fathers forever. You are the strength of our life, the shield of our salvation in every generation. We will give thanks to You and recount Your praise, evening, morning and noon, for our lives which are committed into Your hand, for our souls which are entrusted to You, for Your miracles which are with us daily, and for Your continual wonders and beneficences. You are the Beneficent One, for Your mercies never cease; and the Merciful One, for Your kindnesses never end; for we always place our hope in You.

וְעַל And for all these, may Your Name, our King, be continually blessed, exalted, and extolled forever and all time.

וּכְתוֹב Inscribe all the children of Your Covenant for a good life.

וְכֹל And all living things shall forever thank You, and praise Your great Name eternally, for You are good. God, You are our everlasting salvation and help, O benevolent God.

Bend knees at Blessed; bow at You; straighten up at Lord.

Blessed are You, Lord, Beneficent is Your Name, and to You it is fitting to offer thanks.

שִׂים Bestow peace, goodness, and blessing, life, graciousness, kindness, and mercy, upon us and upon all Your people Israel. Bless us, our Father, all of us as one, with the light of Your countenance, for by the light of Your countenance You gave us, Lord our God, the Torah of life and loving-kindness, righteousness, blessing, mercy, life and peace. May it be favorable in Your eyes to bless Your people Israel, at all times and at every moment, with Your peace.

וּבְסֵפֶר חַיִּים בְּרָכָה וְשָׁלוֹם וּפַרְנָסָה טוֹבָה, יְשׁוּעָה
וְנֶחָמָה וּגְזֵרוֹת טוֹבוֹת, נִזָּכֵר וְנִכָּתֵב לְפָנֶיךָ,
אֲנַחְנוּ וְכָל עַמְּךָ בֵּית יִשְׂרָאֵל, לְחַיִּים טוֹבִים וּלְשָׁלוֹם.
בָּרוּךְ אַתָּה יְיָ, הַמְבָרֵךְ אֶת עַמּוֹ יִשְׂרָאֵל בַּשָּׁלוֹם:

יִהְיוּ לְרָצוֹן אִמְרֵי פִי וְהֶגְיוֹן לִבִּי לְפָנֶיךָ, יְיָ צוּרִי וְגוֹאֲלִי:[1]

אֱלֹהֵינוּ וֵאלֹהֵי אֲבוֹתֵינוּ, תָּבוֹא לְפָנֶיךָ תְּפִלָּתֵנוּ,
וְאַל תִּתְעַלַּם מִתְּחִנָּתֵנוּ, שֶׁאֵין אָנוּ עַזֵּי
פָנִים וּקְשֵׁי עֹרֶף, לוֹמַר לְפָנֶיךָ יְיָ אֱלֹהֵינוּ וֵאלֹהֵי
אֲבוֹתֵינוּ, צַדִּיקִים אֲנַחְנוּ וְלֹא חָטָאנוּ, אֲבָל אֲנַחְנוּ
וַאֲבוֹתֵינוּ חָטָאנוּ:

While mentioning a transgression, gently strike the left side of your chest (over the heart) with a closed fist.

אָשַׁמְנוּ. בָּגַדְנוּ. גָּזַלְנוּ. דִּבַּרְנוּ דֹּפִי: הֶעֱוִינוּ. וְהִרְשַׁעְנוּ.
זַדְנוּ. חָמַסְנוּ. טָפַלְנוּ שֶׁקֶר: יָעַצְנוּ רָע.
כִּזַּבְנוּ. לַצְנוּ. מָרַדְנוּ. נִאַצְנוּ. סָרַרְנוּ. עָוִינוּ. פָּשַׁעְנוּ.
צָרַרְנוּ. קִשִּׁינוּ עֹרֶף: רָשַׁעְנוּ. שִׁחַתְנוּ. תִּעַבְנוּ. תָּעִינוּ.
תִּעְתָּעְנוּ:

סַרְנוּ מִמִּצְוֹתֶיךָ וּמִמִּשְׁפָּטֶיךָ הַטּוֹבִים וְלֹא שָׁוָה לָנוּ:
וְאַתָּה צַדִּיק עַל כָּל הַבָּא עָלֵינוּ, כִּי אֱמֶת
עָשִׂיתָ וַאֲנַחְנוּ הִרְשָׁעְנוּ:[2]

מַה נֹּאמַר לְפָנֶיךָ יוֹשֵׁב מָרוֹם, וּמַה נְּסַפֵּר לְפָנֶיךָ שׁוֹכֵן
שְׁחָקִים, הֲלֹא כָּל הַנִּסְתָּרוֹת וְהַנִּגְלוֹת אַתָּה יוֹדֵעַ:

---

1. Psalms 19:15. **2.** Nehemiah 9:33.

ובספר And in the book of life, blessing, peace, and prosperity, deliverance, consolation, and favorable decrees, may we and all Your people the House of Israel be remembered and inscribed before You for a happy life and for peace. Blessed are You, Lord, who blesses His people Israel with peace.

יהיו May the words of my mouth and the meditation of my heart be acceptable before You, Lord, my Strength and my Redeemer.[1]

אלהינו Our God and God of our fathers, may our prayers come before You, and do not turn away from our supplication, for we are not so impudent and obdurate as to declare before You, Lord our God and God of our fathers, that we are righteous and have not sinned. Indeed, we and our fathers have sinned.

While mentioning a transgression, gently strike the left side of your chest (over the heart) with a closed fist.

אשמנו We have transgressed, we have acted perfidiously, we have robbed, we have slandered. We have acted perversely and wickedly, we have willfully sinned, we have done violence, we have imputed falsely. We have given evil counsel, we have lied, we have scoffed, we have rebelled, we have provoked, we have been disobedient, we have committed iniquity, we have wantonly transgressed, we have oppressed, we have been obstinate. We have committed evil, we have acted perniciously, we have acted abominably, we have gone astray, we have led others astray.

סרנו We have strayed from Your good precepts and ordinances, and it has not profited us. Indeed, You are just in all that has come upon us, for You have acted truthfully, and it is we who have acted wickedly.[2]

מה What shall we say to You who dwells on high; what shall we relate to You who abides in the heavens? You surely know all the hidden and the revealed things.

אַתָּה יוֹדֵעַ רָזֵי עוֹלָם, וְתַעֲלוּמוֹת סִתְרֵי כָּל חָי. אַתָּה
חֹפֵשׁ כָּל חַדְרֵי בֶטֶן וּבוֹחֵן כְּלָיוֹת וָלֵב, אֵין דָּבָר
נֶעְלָם מִמֶּךָּ, וְאֵין נִסְתָּר מִנֶּגֶד עֵינֶיךָ. וּבְכֵן יְהִי רָצוֹן
מִלְּפָנֶיךָ, יְיָ אֱלֹהֵינוּ וֵאלֹהֵי אֲבוֹתֵינוּ, שֶׁתְּרַחֵם עָלֵינוּ
וְתִמְחוֹל לָנוּ עַל כָּל חַטֹּאתֵינוּ, וּתְכַפֶּר לָנוּ עַל כָּל
עֲווֹנוֹתֵינוּ, וְתִמְחוֹל וְתִסְלַח לָנוּ עַל כָּל פְּשָׁעֵינוּ:

Gently strike the left side of your chest (over the heart) with a closed fist when saying the
word שֶׁחָטָאנוּ.

עַל חֵטְא שֶׁחָטָאנוּ לְפָנֶיךָ, בְּאֹנֶס וּבְרָצוֹן:
וְעַל חֵטְא שֶׁחָטָאנוּ לְפָנֶיךָ, בְּאִמּוּץ הַלֵּב:

עַל חֵטְא שֶׁחָטָאנוּ לְפָנֶיךָ, בִּבְלִי דָעַת:
וְעַל חֵטְא שֶׁחָטָאנוּ לְפָנֶיךָ, בְּבִטּוּי שְׂפָתָיִם:

עַל חֵטְא שֶׁחָטָאנוּ לְפָנֶיךָ, בְּגִלּוּי עֲרָיוֹת:
וְעַל חֵטְא שֶׁחָטָאנוּ לְפָנֶיךָ, בְּגָלוּי וּבַסֵּתֶר:

עַל חֵטְא שֶׁחָטָאנוּ לְפָנֶיךָ, בְּדַעַת וּבְמִרְמָה:
וְעַל חֵטְא שֶׁחָטָאנוּ לְפָנֶיךָ, בְּדִבּוּר פֶּה:

עַל חֵטְא שֶׁחָטָאנוּ לְפָנֶיךָ, בְּהוֹנָאַת רֵעַ:
וְעַל חֵטְא שֶׁחָטָאנוּ לְפָנֶיךָ, בְּהִרְהוּר הַלֵּב:

עַל חֵטְא שֶׁחָטָאנוּ לְפָנֶיךָ, בִּוְעִידַת זְנוּת:
וְעַל חֵטְא שֶׁחָטָאנוּ לְפָנֶיךָ, בְּוִדּוּי פֶּה:

עַל חֵטְא שֶׁחָטָאנוּ לְפָנֶיךָ, בְּזִלְזוּל הוֹרִים וּמוֹרִים:
וְעַל חֵטְא שֶׁחָטָאנוּ לְפָנֶיךָ, בְּזָדוֹן וּבִשְׁגָגָה:

אתה You know the mysteries of the universe and the hidden secrets of every living being. You search all [our] innermost thoughts, and probe [our] mind and heart; nothing is hidden from You, nothing is concealed from Your sight. And so, may it be Your will, Lord our God and God of our fathers, to have mercy on us and forgive us all our sins, grant us atonement for all our iniquities, and forgive and pardon us for all our transgressions.

Gently strike the left side of your chest (over the heart) with a closed fist when saying the word *committed*.

על חטא For the sin which we have committed before You under duress or willingly.

And for the sin which we have committed before You by hardheartedness.

For the sin which we have committed before You inadvertently.

And for the sin which we have committed before You with an utterance of the lips.

For the sin which we have committed before You with immorality.

And for the sin which we have committed before You openly or secretly.

For the sin which we have committed before You with knowledge and with deceit.

And for the sin which we have committed before You through speech.

For the sin which we have committed before You by deceiving a fellowman.

And for the sin which we have committed before You by improper thoughts.

For the sin which we have committed before You by a gathering of lewdness.

And for the sin which we have committed before You by verbal [insincere] confession.

For the sin which we have committed before You by disrespect for parents and teachers.

And for the sin which we have committed before You intentionally or unintentionally.

עַל חֵטְא שֶׁחָטָאנוּ לְפָנֶיךָ, בְּחֹזֶק יָד:

וְעַל חֵטְא שֶׁחָטָאנוּ לְפָנֶיךָ, בְּחִלּוּל הַשֵּׁם:

עַל חֵטְא שֶׁחָטָאנוּ לְפָנֶיךָ, בְּטֻמְאַת שְׂפָתִים:

וְעַל חֵטְא שֶׁחָטָאנוּ לְפָנֶיךָ, בְּטִפְשׁוּת פֶּה:

עַל חֵטְא שֶׁחָטָאנוּ לְפָנֶיךָ, בְּיֵצֶר הָרָע:

וְעַל חֵטְא שֶׁחָטָאנוּ לְפָנֶיךָ, בְּיוֹדְעִים וּבְלֹא יוֹדְעִים:

Gently strike the left side of your chest (over the heart) with a closed fist when saying the
words סְלַח, מְחָל, כַּפֵּר.

וְעַל כֻּלָּם, אֱלוֹהַּ סְלִיחוֹת, סְלַח לָנוּ, מְחָל לָנוּ, כַּפֶּר לָנוּ:

Gently strike the left side of your chest (over the heart) with a closed fist when saying the
word שֶׁחָטָאנוּ.

עַל חֵטְא שֶׁחָטָאנוּ לְפָנֶיךָ, בְּכַחַשׁ וּבְכָזָב:

וְעַל חֵטְא שֶׁחָטָאנוּ לְפָנֶיךָ, בְּכַפַּת שֹׁחַד:

עַל חֵטְא שֶׁחָטָאנוּ לְפָנֶיךָ, בְּלָצוֹן:

וְעַל חֵטְא שֶׁחָטָאנוּ לְפָנֶיךָ, בְּלָשׁוֹן הָרָע:

עַל חֵטְא שֶׁחָטָאנוּ לְפָנֶיךָ, בְּמַשָּׂא וּבְמַתָּן:

וְעַל חֵטְא שֶׁחָטָאנוּ לְפָנֶיךָ, בְּמַאֲכָל וּבְמִשְׁתֶּה:

עַל חֵטְא שֶׁחָטָאנוּ לְפָנֶיךָ, בְּנֶשֶׁךְ וּבְמַרְבִּית:

וְעַל חֵטְא שֶׁחָטָאנוּ לְפָנֶיךָ, בִּנְטִיַּת גָּרוֹן:

עַל חֵטְא שֶׁחָטָאנוּ לְפָנֶיךָ, בְּשִׂיחַ שִׂפְתוֹתֵינוּ:

וְעַל חֵטְא שֶׁחָטָאנוּ לְפָנֶיךָ, בְּסִקּוּר עָיִן:

For the sin which we have committed before You by using coercion.

And for the sin which we have committed before You by desecrating the Divine Name.

For the sin which we have committed before You by impurity of speech.

And for the sin which we have committed before You by foolish talk.

For the sin which we have committed before You with the evil inclination.

And for the sin which we have committed before You knowingly or unknowingly.

Gently strike the left side of your chest (over the heart) with a closed fist when saying the words pardon, forgive, atone.

וְעַל כֻּלָּם For all these, God of pardon, pardon us, forgive us, atone for us.

Gently strike the left side of your chest (over the heart) with a closed fist when saying the word committed.

For the sin which we have committed before You by false denial and lying.

And for the sin which we have committed before You by a bribe-taking or a bribe-giving hand.

For the sin which we have committed before You by scoffing.

And for the sin which we have committed before You by evil talk [about another].

For the sin which we have committed before You in business dealings.

And for the sin which we have committed before You by eating and drinking.

For the sin which we have committed before You by [taking or giving] interest and by usury.

And for the sin which we have committed before You by a haughty demeanor.

For the sin which we have committed before You by the prattle of our lips.

And for the sin which we have committed before You by a glance of the eye.

עַל חֵטְא שֶׁחָטָאנוּ לְפָנֶיךָ, בְּעֵינַיִם רָמוֹת:

וְעַל חֵטְא שֶׁחָטָאנוּ לְפָנֶיךָ, בְּעַזּוּת מֶצַח:

Gently strike the left side of your chest (over the heart) with a closed fist when saying the words סְלַח, מְחַל, כַּפֶּר.

וְעַל כֻּלָּם, אֱלוֹהַ סְלִיחוֹת, סְלַח לָנוּ, מְחַל לָנוּ, כַּפֶּר לָנוּ:

Gently strike the left side of your chest (over the heart) with a closed fist when saying the word שֶׁחָטָאנוּ.

עַל חֵטְא שֶׁחָטָאנוּ לְפָנֶיךָ, בִּפְרִיקַת עֹל:

וְעַל חֵטְא שֶׁחָטָאנוּ לְפָנֶיךָ, בִּפְלִילוּת:

עַל חֵטְא שֶׁחָטָאנוּ לְפָנֶיךָ, בִּצְדִיַּת רֵעַ:

וְעַל חֵטְא שֶׁחָטָאנוּ לְפָנֶיךָ, בְּצָרוּת עָיִן:

עַל חֵטְא שֶׁחָטָאנוּ לְפָנֶיךָ, בְּקַלּוּת רֹאשׁ:

וְעַל חֵטְא שֶׁחָטָאנוּ לְפָנֶיךָ, בְּקַשְׁיוּת עֹרֶף:

עַל חֵטְא שֶׁחָטָאנוּ לְפָנֶיךָ, בְּרִיצַת רַגְלַיִם לְהָרַע:

וְעַל חֵטְא שֶׁחָטָאנוּ לְפָנֶיךָ, בִּרְכִילוּת:

עַל חֵטְא שֶׁחָטָאנוּ לְפָנֶיךָ, בִּשְׁבוּעַת שָׁוְא:

וְעַל חֵטְא שֶׁחָטָאנוּ לְפָנֶיךָ, בְּשִׂנְאַת חִנָּם:

עַל חֵטְא שֶׁחָטָאנוּ לְפָנֶיךָ, בִּתְשׂוּמֶת יָד:

וְעַל חֵטְא שֶׁחָטָאנוּ לְפָנֶיךָ, בְּתִמְהוֹן לֵבָב:

Gently strike the left side of your chest (over the heart) with a closed fist when saying the words סְלַח, מְחַל, כַּפֶּר.

וְעַל כֻּלָּם, אֱלוֹהַ סְלִיחוֹת, סְלַח לָנוּ, מְחַל לָנוּ, כַּפֶּר לָנוּ:

For the sin which we have committed before You with proud looks.

And for the sin which we have committed before You with impudence.

Gently strike the left side of your chest (over the heart) with a closed fist when saying the words *pardon, forgive, atone.*

וְעַל כֻּלָּם **For all these, God of pardon, pardon us, forgive us, atone for us.**

Gently strike the left side of your chest (over the heart) with a closed fist when saying the word *committed.*

For the sin which we have committed before You by casting off the yoke [of Heaven].

And for the sin which we have committed before You in passing judgment.

For the sin which we have committed before You by scheming against a fellowman.

And for the sin which we have committed before You by a begrudging eye.

For the sin which we have committed before You by frivolity.

And for the sin which we have committed before You by obduracy.

For the sin which we have committed before You by running to do evil.

And for the sin which we have committed before You by talebearing.

For the sin which we have committed before You by swearing in vain.

And for the sin which we have committed before You by causeless hatred.

For the sin which we have committed before You by embezzlement.

And for the sin which we have committed before You by a confused heart.

Gently strike the left side of your chest (over the heart) with a closed fist when saying the words *pardon, forgive, atone.*

וְעַל כֻּלָּם **For all these, God of pardon, pardon us, forgive us, atone for us.**

Gently strike the left side of your chest (over the heart) with a closed fist when saying the words שֶׁאָנוּ חַיָּבִים.

וְעַל חֲטָאִים שֶׁאָנוּ חַיָּבִים עֲלֵיהֶם: עוֹלָה:

וְעַל חֲטָאִים שֶׁאָנוּ חַיָּבִים עֲלֵיהֶם: חַטָּאת:

וְעַל חֲטָאִים שֶׁאָנוּ חַיָּבִים עֲלֵיהֶם: קָרְבָּן עוֹלֶה וְיוֹרֵד:

וְעַל חֲטָאִים שֶׁאָנוּ חַיָּבִים עֲלֵיהֶם: אָשָׁם וַדַּאי וְתָלוּי:

וְעַל חֲטָאִים שֶׁאָנוּ חַיָּבִים עֲלֵיהֶם: מַכַּת מַרְדּוּת:

וְעַל חֲטָאִים שֶׁאָנוּ חַיָּבִים עֲלֵיהֶם: מַלְקוּת אַרְבָּעִים:

וְעַל חֲטָאִים שֶׁאָנוּ חַיָּבִים עֲלֵיהֶם: מִיתָה בִּידֵי שָׁמָיִם:

וְעַל חֲטָאִים שֶׁאָנוּ חַיָּבִים עֲלֵיהֶם: כָּרֵת וַעֲרִירִי:

וְעַל חֲטָאִים שֶׁאָנוּ חַיָּבִים עֲלֵיהֶם: אַרְבַּע מִיתוֹת בֵּית דִּין: סְקִילָה, שְׂרֵפָה, הֶרֶג, וְחֶנֶק:

עַל מִצְוֹת עֲשֵׂה, וְעַל מִצְוֹת לֹא תַעֲשֶׂה, בֵּין שֶׁיֵּשׁ בָּהֶן קוּם עֲשֵׂה,[1] וּבֵין שֶׁאֵין בָּהֶן קוּם עֲשֵׂה, אֶת הַגְּלוּיִים לָנוּ, וְאֶת שֶׁאֵינָם גְּלוּיִים לָנוּ. אֶת הַגְּלוּיִים לָנוּ, כְּבָר אֲמַרְנוּם לְפָנֶיךָ, וְהוֹדִינוּ לְךָ עֲלֵיהֶם, וְאֶת שֶׁאֵינָם גְּלוּיִים לָנוּ, לְפָנֶיךָ הֵם גְּלוּיִים וִידוּעִים, כַּדָּבָר שֶׁנֶּאֱמַר: הַנִּסְתָּרֹת לַיָי אֱלֹהֵינוּ, וְהַנִּגְלֹת לָנוּ וּלְבָנֵינוּ עַד עוֹלָם, לַעֲשׂוֹת אֶת כָּל דִּבְרֵי הַתּוֹרָה הַזֹּאת.[2] כִּי אַתָּה סָלְחָן לְיִשְׂרָאֵל, וּמָחֳלָן לְשִׁבְטֵי יְשֻׁרוּן[3] בְּכָל דּוֹר וָדוֹר, וּמִבַּלְעָדֶיךָ אֵין לָנוּ מֶלֶךְ מוֹחֵל וְסוֹלֵחַ:

---

1. E.g., to return what one has stolen. 2. Deuteronomy 29:28. 3. V. Isaiah 44:2; Deuteronomy 33:5, 26; Ramban, Deuteronomy 7:12.

Gently strike the left side of your chest (over the heart) with a closed fist when saying the words *we are obligated.*

And for the sins for which we are obligated to bring a burnt-offering.

And for the sins for which we are obligated to bring a sin-offering.

And for the sins for which we are obligated to bring a varying offering [according to one's means].

And for the sins for which we are obligated to bring a guilt-offering for a certain or doubtful trespass.

And for the sins for which we incur the penalty of lashing for rebelliousness.

And for the sins for which we incur the penalty of forty lashes.

And for the sins for which we incur the penalty of death by the hand of Heaven.

And for the sins for which we incur the penalty of excision and childlessness.

And for the sins for which we incur the penalty of the four forms of capital punishment executed by the Court: stoning, burning, decapitation and strangulation.

על For [transgressing] positive and prohibitory *mitzvot*, whether [the prohibitions] can be rectified by a specifically prescribed act[1] or not, those of which we are aware and those of which we are not aware; those of which we are aware, we have already declared them before You and confessed them to You, and those of which we are not aware—before You they are revealed and known, as it is stated: The hidden things belong to the Lord our God, but the revealed things are for us and for our children forever, that we may carry out all the words of this Torah.[2] For You are the Pardoner of Israel and the Forgiver of the tribes of Yeshurun[3] in every generation, and aside from You we have no King who forgives and pardons.

אֱלֹהַי, עַד שֶׁלֹּא נוֹצַרְתִּי אֵינִי כְדַאי, וְעַכְשָׁו שֶׁנּוֹצַרְתִּי,

כְּאִלּוּ לֹא נוֹצַרְתִּי. עָפָר אֲנִי בְּחַיַּי, קַל וָחְֹמֶר

בְּמִיתָתִי, הֲרֵי אֲנִי לְפָנֶיךָ כִּכְלִי מָלֵא בוּשָׁה וּכְלִמָּה. יְהִי

רָצוֹן מִלְּפָנֶיךָ, יְיָ אֱלֹהַי וֵאלֹהֵי אֲבוֹתַי, שֶׁלֹּא אֶחֱטָא

עוֹד, וּמַה שֶּׁחָטָאתִי לְפָנֶיךָ, מְחוֹק בְּרַחֲמֶיךָ הָרַבִּים,

אֲבָל לֹא עַל יְדֵי יִסּוּרִים וָחֳלָיִם רָעִים:

אֱלֹהַי, נְצֹר לְשׁוֹנִי מֵרָע, וּשְׂפָתַי מִדַּבֵּר מִרְמָה,[1]

וְלִמְקַלְלַי נַפְשִׁי תִדּוֹם, וְנַפְשִׁי כֶּעָפָר לַכֹּל

תִּהְיֶה. פְּתַח לִבִּי בְּתוֹרָתֶךָ, וּבְמִצְוֹתֶיךָ תִּרְדּוֹף נַפְשִׁי,

וְכָל הַחוֹשְׁבִים עָלַי רָעָה, מְהֵרָה הָפֵר עֲצָתָם וְקַלְקֵל

מַחֲשַׁבְתָּם. יִהְיוּ כְּמֹץ לִפְנֵי רוּחַ וּמַלְאַךְ יְיָ דֹּחֶה.[2] לְמַעַן

יֵחָלְצוּן יְדִידֶיךָ, הוֹשִׁיעָה יְמִינְךָ וַעֲנֵנִי.[3] עֲשֵׂה לְמַעַן

שְׁמֶךָ, עֲשֵׂה לְמַעַן יְמִינֶךָ, עֲשֵׂה לְמַעַן תּוֹרָתֶךָ, עֲשֵׂה

לְמַעַן קְדֻשָּׁתֶךָ.[4] יִהְיוּ לְרָצוֹן אִמְרֵי פִי וְהֶגְיוֹן לִבִּי לְפָנֶיךָ,

יְיָ צוּרִי וְגֹאֲלִי:[5]

Take three steps back, then bow left saying עֹשֶׂה הַשָּׁלוֹם בִּמְרוֹמָיו, bow forward saying הוּא,
וְעַל כָּל יִשְׂרָאֵל, וְאִמְרוּ אָמֵן, and bow forward saying יַעֲשֶׂה שָׁלוֹם עָלֵינוּ bow right saying.

עֹשֶׂה הַשָּׁלוֹם בִּמְרוֹמָיו, הוּא יַעֲשֶׂה שָׁלוֹם עָלֵינוּ וְעַל

כָּל יִשְׂרָאֵל, וְאִמְרוּ אָמֵן:

יְהִי רָצוֹן מִלְּפָנֶיךָ, יְיָ אֱלֹהֵינוּ וֵאלֹהֵי אֲבוֹתֵינוּ, שֶׁיִּבָּנֶה

בֵּית הַמִּקְדָּשׁ בִּמְהֵרָה בְיָמֵינוּ, וְתֵן חֶלְקֵנוּ בְּתוֹרָתֶךָ:[6]

---

1. Cf. Psalms 34:14. **2.** Ibid. 35:5. **3.** Ibid. 60:7, 108:7. **4.** It is customary to recite a verse in which the first and last letters correspond to the first and last letters of one's own Hebrew name. For a list of verses, see page 422. **5.** Psalms 19:5. **6.** Avot 5:20.

אלהי My God, before I was created I was not worthy [to be created], and now that I have been created it is as if I had not been created. I am dust in my life, how much more so in my death. Indeed, before You I am like a vessel filled with shame and disgrace. May it be Your will, Lord my God and God of my fathers, that I shall sin no more, and the sins which I have committed before You, erase them in Your abounding mercies, but not through suffering or severe illness.

אלהי My God, guard my tongue from evil, and my lips from speaking deceitfully.[1] Let my soul be silent to those who curse me; let my soul be as dust to all. Open my heart to Your Torah, and let my soul eagerly pursue Your commandments. As for all those who plot evil against me, hasten to annul their counsel and frustrate their design. Let them be as chaff before the wind; let the angel of the Lord thrust them away.[2] That Your beloved ones may be delivered, help with Your right hand and answer me.[3] Do it for the sake of Your Name; do it for the sake of Your right hand; do it for the sake of Your Torah; do it for the sake of Your holiness.[4] May the words of my mouth and the meditation of my heart be acceptable before You, Lord, my Strength and my Redeemer.[5]

Take three steps back, then bow left saying *He who makes the peace in His Heavens*, bow forward saying *may He*, bow right saying *make peace for us*, and bow forward saying *and for all Israel; and say, Amen.*

עשה He who makes the peace in His heavens, may He make peace for us and for all Israel; and say, Amen.

יהי May it be Your will, Lord our God and God of our fathers, that the Bet Hamikdash be speedily rebuilt in our days, and grant us our portion in Your Torah.[6]

❧⳥⳦⳥❧

CHAZZAN'S REPETITION OF THE MUSAF AMIDAH

THE REPETITION OF THE AMIDAH

The congregation must listen attentively to the chazzan and respond אָמֵן at the conclusion of each blessing. If there are not at least nine men who respond אָמֵן after the blessings, it is tantamount to a blessing in vain. It is proper to respond with בָּרוּךְ הוּא וּבָרוּךְ שְׁמוֹ each time the chazzan says יְיָ בָּרוּךְ אַתָּה.

The Ark is opened at various times throughout the chazzan's repetition of the Amidah. While it is preferable to stand when the Ark is open, one who finds this to be difficult may sit, except where indicated.

THE ARK IS OPENED.

אֲדֹנָי, שְׂפָתַי תִּפְתָּח וּפִי יַגִּיד תְּהִלָּתֶךָ:[1]

Bend knees at בָּרוּךְ; bow at אַתָּה; straighten up at יְיָ.

בָּרוּךְ אַתָּה יְיָ, אֱלֹהֵינוּ וֵאלֹהֵי אֲבוֹתֵינוּ, אֱלֹהֵי אַבְרָהָם, אֱלֹהֵי יִצְחָק, וֵאלֹהֵי יַעֲקֹב, הָאֵל הַגָּדוֹל הַגִּבּוֹר וְהַנּוֹרָא, אֵל עֶלְיוֹן, גּוֹמֵל חֲסָדִים טוֹבִים, קוֹנֵה הַכֹּל, וְזוֹכֵר חַסְדֵי אָבוֹת, וּמֵבִיא גוֹאֵל לִבְנֵי בְנֵיהֶם, לְמַעַן שְׁמוֹ בְּאַהֲבָה:

מְסוֹד חֲכָמִים וּנְבוֹנִים, וּמִלֶּמֶד דַּעַת מְבִינִים, אֶפְתְּחָה פִי בִּתְפִלָּה וּבְתַחֲנוּנִים, לְחַלּוֹת וּלְחַנֵּן פְּנֵי מֶלֶךְ מוֹחֵל וְסוֹלֵחַ לַעֲוֹנִים:

THE ARK IS CLOSED.

Chazzan and congregation recite the following; chazzan concludes the paragraph aloud, as indicated:

שׁוֹשַׁן עֵמֶק אֲיֻמָּה, שַׁבַּת שַׁבָּתוֹן לְקַיְּמָה, שֹׁרֶשׁ וְעָנָף סִימָה, שָׁוִים יַחַד לְצַיְּמָה: בְּעֵת מָטוּ יְסוֹדוֹתֶיהָ, בָּטְחָה בְּחִין מוֹסְדוֹתֶיהָ, בָּם תָּקְעָה יְתֵדוֹתֶיהָ, בְּכֶפֶל לְהַשְׁעִין יְדוֹתֶיהָ: תְּמָכָה בִּפְעַל צוּרִים, תַּמַּת הֵמָה הַיּוֹצְרִים, תְּרוּפָה תֵּת לַעֲצוּרִים, תֵּבֵל לְהַאֲפִיל לְצָרִים: שְׁתִילֵי גִבְעוֹת אַרְבַּע, שָׁאַג סֶפֶר הַמְרֻבָּע, שׁוּעַ פְּגִיעוֹת

---

1. Psalms 51:17.   2. Lit., root and branch.

છ৬৵৵৵

CHAZZAN'S REPETITION OF THE MUSAF AMIDAH

THE REPETITION OF THE AMIDAH

The congregation must listen attentively to the chazzan and respond Amen at the conclusion of each blessing. If there are not at least nine men who respond Amen after the blessings, it is tantamount to a blessing in vain. It is proper to respond with "Boruch Hu u'Voruch Shemo" ("Blessed is He and Blessed is His Name") each time the chazzan says *Blessed are You, Lord.*

The Ark is opened at various times throughout the chazzan's repetition of the Amidah. While it is preferable to stand when the Ark is open, one who finds this to be difficult may sit, except where indicated.

THE ARK IS OPENED.

אֲדֹנָי My Lord, open my lips, and my mouth shall declare Your praise.[1]

Bend knees at Blessed; bow at You; straighten up at Lord.

בָּרוּךְ Blessed are You, Lord our God and God of our fathers, God of Abraham, God of Isaac and God of Jacob, the great, mighty and awesome God, exalted God, who bestows bountiful kindness, who creates all things, who remembers the piety of the Patriarchs, and who, in love, brings a redeemer to their children's children, for the sake of His Name.

מְסוֹד [With words] based upon the teachings of the wise and the understanding, and upon the knowledge acquired from the discerning, I open my mouth in prayer and in supplication, to beseech and implore the countenance of the King who forgives and pardons iniquity.

THE ARK IS CLOSED.

Chazzan and congregation recite the following;
chazzan concludes the paragraph aloud, as indicated:

שׁוֹשַׁן [Israel,] likened to a rose in the valley, observes in awe Yom Kippur, the day of complete rest, fulfilling in their entirety all the Biblical and Rabbinic precepts[2] pertaining to it, all alike fasting together. Now that the foundations of the Temple were shaken and are destroyed, she has placed her trust in the prayers instituted by the Patriarchs; on the merit of the Patriarchs she fastens the pegs of reliance, she leans her tenons on those who are buried in the Cave of Machpelah. She is upheld by the good deeds of the mighty Patriarchs, by the perfection of the ones in whose merit the world was created, in order to bring healing to her oppressed, to darken the world for her oppressors. Pay heed to the offspring of the four Matriarchs, to the cry of [Israel] who [in the desert] was grouped under four banners, to the supplications

אַרְבַּע, שָׁעָה צִדְקָם לְתַבַּע: בִּיטָה בְּמִתְהַלֵּךְ תָּמִים,
בְּמוּסָר לְחוּמוֹ חֲתוּמִים, בְּצִדְקוֹ תָּדִיחַ כְּתָמִים, בְּאֶפֶס
אוּרִים וְתֻמִּים: תְּמוּר תַּשְׁלוּמֵי פָר, תִּבֶּן הֶגֶג הַמִּסְפָּר,
תּוֹקְעֵי בַחְדָשׁ שׁוֹפָר, תְּלָאוּבָם בְּכִפּוּר יְכֻפָּר: וְשַׁכֵּךְ חֲמַת
זַעְמְךָ, וְתָחוֹן שְׂרִידֵי עַמְּךָ, וְעָלֵינוּ יְהִי נֹעַמְךָ, וְנִחְיֶה
מִמְּקוֹר עַמְּךָ: נָאוֹר עִמְּךָ הַסְּלִיחָה, נָכוֹן מַהֵר לִסְלִיחָה:
—Chazzan נִיב שְׂפָתֵינוּ הַצְלִיחָה, נַאַק שְׁמָעָה וּסְלָחָה:

Chazzan and congregation recite the following;
chazzan concludes the paragraph aloud, as indicated:

שְׂפָתֵינוּ מְדוּבְּכוֹת יְשֵׁנִים, יְנַצְּחוּךְ כְּעַל שׁוֹשַׁנִּים:
חֲדָשִׁים וְגַם יְשָׁנִים, בְּמָגִנַּת אָב —Chazzan
נִשְׁעָנִים:

Chazzan:

זָכְרֵנוּ לְחַיִּים, מֶלֶךְ חָפֵץ בַּחַיִּים, וְכָתְבֵנוּ בְּסֵפֶר הַחַיִּים,
לְמַעַנְךָ אֱלֹהִים חַיִּים:

Bend knees at בָּרוּךְ; bow at אַתָּה; straighten up at יי.

מֶלֶךְ עוֹזֵר וּמוֹשִׁיעַ וּמָגֵן. בָּרוּךְ אַתָּה יְיָ, מָגֵן אַבְרָהָם:
(אָמֵן —Cong.)

אַתָּה גִּבּוֹר לְעוֹלָם אֲדֹנָי, מְחַיֶּה מֵתִים אַתָּה, רַב
לְהוֹשִׁיעַ. מוֹרִיד הַטָּל.

מְכַלְכֵּל חַיִּים בְּחֶסֶד, מְחַיֶּה מֵתִים בְּרַחֲמִים רַבִּים,
סוֹמֵךְ נוֹפְלִים, וְרוֹפֵא חוֹלִים, וּמַתִּיר אֲסוּרִים,
וּמְקַיֵּם אֱמוּנָתוֹ לִישֵׁנֵי עָפָר. מִי כָמוֹךְ בַּעַל גְּבוּרוֹת, וּמִי
דוֹמֶה לָּךְ, מֶלֶךְ מֵמִית וּמְחַיֶּה וּמַצְמִיחַ יְשׁוּעָה:

Chazzan and congregation recite the following;
chazzan concludes the paragraph aloud, as indicated:

יוֹם מִיָּמִים הוּחַם, יוֹם כִּפּוּר הַמְיֻחָם, יוֹדְעָיו חֲמוֹל וְחַם,
יוֹקְשׁוּ לְפוֹעֲרֶת הָם: וּבוֹ בְּתַחְבּוּלוֹת יוֹעֲצוּ, וְדוּי

of the four prayers offered this day, and find them righteous in judgment. Regard Abraham who walked [before You] in perfection, in whose flesh the seal of circumcision was marked; in his righteous merit purge the blemish [of our misdeeds], since there is no *Urim v'Tumim.* In place of the offering of a bullock, accept the words of our prayer; on the Day of Atonement, grant atonement for the trespasses of those who blow the *shofar* on the New Moon [Rosh Hashanah]. Still Your fierce anger and be gracious to the remnant of Your people; let Your pleasantness be upon us so that we shall live from the fountain [of life] that is with You. O resplendent One, forgiveness is with You; You are ever-ready to forgive, hasten to pardon. Chazzan: Grant success to the utterance of our lips, hearken to our cry and pardon.

Chazzan and congregation recite the following;
chazzan concludes the paragraph aloud, as indicated:

שפתינו May our lips, which declare the merits of those who sleep in the Cave of Machpelah, find favor like those sung in the Temple accompanied by the musical instrument *shoshanim.* Chazzan: New generations and old rely on the shield of Abraham our father.

Chazzan:

זכרנו Remember us for life, King who desires life; inscribe us in the Book of Life, for Your sake, O living God.

Bend knees at *Blessed*; bow at *You*; straighten up at *Lord.*

מלך O King, [You are] a helper, a savior and a shield. Blessed are You, Lord, Shield of Abraham. (Cong: Amen)

אתה You are mighty forever, my Lord; You resurrect the dead; You are powerful to save. You cause the dew to descend.

מכלכל He sustains the living with lovingkindness, resurrects the dead with great mercy, supports the falling, heals the sick, releases the bound, and fulfills His trust to those who sleep in the dust. Who is like You, mighty One! And who can be compared to You, King, who brings death and restores life, and causes deliverance to spring forth!

Chazzan and congregation recite the following;
chazzan concludes the paragraph aloud, as indicated:

יום The distinguished Day of Atonement is pre-eminent above all other days; have mercy and be gracious to those who know how to observe it, silence their accusers from opening their mouths. On this day they take counsel [to confound the Accuser] and hasten to make confession in the midst of their prayers; they

בְּתַחַן יָאִיצוּ, וְשׁוֹכְנֵי עָפָר יָקִיצוּ, וּמֵרֹאשׁ הָרִים יָלִיצוּ:
מִפְעֲלוֹת עוֹקֵד וְעָקוּד, מֵאָז בְּיָדָם פָּקוּד, מוֹפֵת הַכָּמוּס
לְפָקוּד, מוֹקֵשׁ לְהַבְעִית לִסְקוּד: כְּהַבְטָחַת סְבִיכַת אַיִל,
כָּפְרוּ הַנִּצּוֹר לְחַיִל, כֵּן תַּעֲצִים חַיִל, כּוֹרְעֶיךָ בְּעֶצֶם וָלָיִל:
פָּחֲדוּ יָחִיל שׁוֹטְמִים, פִּיוֹתָם הֱיוֹת אֲטוּמִים, פְּרָחָיו
בְּמִשְׁעֲנוֹתָיו חֲתוּמִים, פַּלְטֵם מֵרְכָל פְּטוּמִים: וְאִם אֵין
מַעֲשִׂים, וְזֶבַח מִבְּלִי מֵשִׁים, וְזִכְרָה לִנְבְזִים וּמְאוּסִים,
וּמִגְזָעָם הָפַר כְּעָסִים: רָם קוֹשְׁט מַעֲבָדֶיךָ, רְאֵה תִרְאֶה
עוֹבְדֶיךָ, רֵעִים בָּאֵי עָדֶיךָ, רַחוּם זְכוֹר לַעֲבָדֶיךָ: יְבַקֵּשׁ
עָוֹן וְאֵינֶנּוּ, יָמָה בִּמְצוּלוֹת תִּנֶּנּוּ, יֶלֶד בְּשַׁעֲשׁוּעָיו' תַּעֲנֶנּוּ,
יֹשֶׁר מֵלִיץ יְחַנֶּנּוּ: מִבְּרַק חֶרֶב הַשָּׁנוּן, מַלֵּט מַאֲרִיכֵי רִנּוּן:
Chazzan—מַלֵּא מִשְׁאֲלוֹתָם בְּתַחֲנוּן, מֶלֶךְ רַחוּם וְחַנּוּן:

Chazzan and congregation recite the following;
chazzan concludes the paragraph aloud, as indicated:

בְּכָפֵּר פִּדְיוֹן נֶפֶשׁ, פְּדֵה מִטְבִיעַת רֶפֶשׁ: Chazzan—מְיַחֲלֶיךָ
בְּעִנּוּי וְכָפֶשׁ, הַחַיֵּם בְּטַלְלֵי נָפֶשׁ:

Chazzan then congregation:

עוֹד בּוֹ נִשְׁמָתוֹ, יְקַו תְּשׁוּבַת יְצִיר אַדְמָתוֹ, לְהַחֲיוֹתוֹ
לְהֵיטִיב אַחֲרִיתוֹ:

Chazzan:

מִי כָמוֹךָ אָב הָרַחֲמִים, זוֹכֵר יְצוּרָיו לְחַיִּים בְּרַחֲמִים:
וְנֶאֱמָן אַתָּה לְהַחֲיוֹת מֵתִים. בָּרוּךְ אַתָּה יְיָ, מְחַיֵּה
הַמֵּתִים: (Cong.—אָמֵן)

Chazzan and congregation:

יִמְלֹךְ יְיָ לְעוֹלָם, אֱלֹהַיִךְ צִיוֹן לְדֹר וָדֹר, הַלְלוּיָהּ:²
וְאַתָּה קָדוֹשׁ יוֹשֵׁב תְּהִלּוֹת יִשְׂרָאֵל,³ אֵל נָא:

---

1. V. Jeremiah 31:19. **2.** Psalms 146:10. **3.** Ibid. 22:4.

awake [the Patriarchs] who sleep in the dust and invoke the merit of the first of them to be their intercessor. The [merit of the] deeds of the binder and the bound [Abraham and Isaac] is from that time preserved and wondrously stored away to be remembered [for good], to frighten and chastise the Accuser. In keeping with Your promise made when the ram caught in the thicket was substituted for Isaac—[may the merit of this deed] be preserved for Israel, Your hosts; thus fortify the strength of those who bow to You day and night. May the fear of Him terrify our enemies, so that their mouths will be silenced; deliver his offspring, marked with the seal of his merit, from the slanderous prattle [of the Accuser]. Though we lack meritorious deeds and cannot offer a sacrifice, remember the despised and rejected and remove all wrath from their progeny. Exalted One, whose deeds are truth, look upon [Israel] Your servants, the beloved ones who come before You; Merciful One, remember Your servants. Let iniquity be sought but there shall be none, [for You] cast it into the depths of the sea; answer Israel whom You have called a "precious child"[1]; may the Upright Intercessor be gracious to them. Save those who prolong prayer from the flashing blade of the sword. Chazzan: Fulfill the request for which they plead, O merciful and gracious King.

Chazzan and congregation recite the following;
chazzan concludes the paragraph aloud, as indicated:

כופר Deliver those who paid ransom for the redemption of their soul from sinking into the mire [of exile]. Chazzan: Revive those who yearn for You, in fasting and affliction, with refreshing dew.

Chazzan then congregation:

עוד As long as his soul is in him, the Almighty hopes for the repentance of man who was created from the earth, to give him life and to make his end happy.

Chazzan:

מי Who is like You, All-Merciful Father, who in compassion remembers His creatures for life. You are trustworthy to revive the dead. Blessed are You, Lord, who revives the dead. (Cong: Amen)

Chazzan and congregation:

ימלך The Lord shall reign forever, your God, O Zion, throughout all generations. Praise the Lord.[2]

ואתה And You, holy One, are enthroned upon the praises of Israel;[3] O benevolent God!

נֶחְשָׁב כְּצֵג בְּאִיתוֹן, דְּחוֹת בְּפִלּוּלִי —Chazzan then cong.
עֲקַלָּתוֹן, וְנַקְדִּישָׁךְ בְּשַׁבַּת שַׁבָּתוֹן, קָדוֹשׁ:

הַיּוֹם בְּפָתְחָךְ סְפָרִים, חוֹן (אוֹם) שְׁמָךְ —Chazzan then cong.
מְפָאֲרִים, וְנַקְדִּישָׁךְ בְּיוֹם הַכִּפּוּרִים, קָדוֹשׁ:

מַסְטִין בְּכֶבֶל אֵסוּר, וְתִקְוַת אֲסִירֵי בְשׂוֹר, —Chazzan then cong.
וְנַקְדִּישָׁךְ בְּצוֹם הֶעָשׂוֹר, קָדוֹשׁ:

The following section is recited by the chazzan and congregation. While the chazzan recites
the first verse aloud, the congregation recites it in an undertone. Then the congregation
responds by reciting the second verse aloud, while the chazzan recites it in an undertone.
After every three stanzas, one of the previous three stanzas is recited in unison.

אֶשָּׂא דֵעִי לְמֵרָחוֹק, שָׁעוֹן בָּאת מֵרָחוֹק: —Chazzan
בְּפָעֳלוֹ צָרִי דְחוֹק: —Cong.

אֲסַפְּרָה אֶל חֹק, מִסְכּוּ בְלִי לִרְחוֹק: —Chazzan
חַיִּים לִי לָחוֹק: —Cong.

לְשׁוֹד כְּחֶתֶף יָמְחוֹק, לוֹחֲמִי לְבַל יִשְׂחוֹק: —Chazzan
וְיִמָּלֵא פִי שְׂחוֹק: —Cong.

Chazzan and congregation:

נֶחְשָׁב כְּצֵג בְּאִיתוֹן, דְּחוֹת בְּפִלּוּלִי עֲקַלָּתוֹן, וְנַקְדִּישָׁךְ
בְּשַׁבַּת שַׁבָּתוֹן, קָדוֹשׁ:

עוֹרְכֵי שֶׁוַע לָרוֹב, חִין עֶרְכְּכֶם יַעֲרוֹב: —Chazzan
פְּנֵי אֱלֹהִים מְקָרוֹב: —Cong.

עֲתִירָתִי אָז תִּקְרוֹב, עֲבַרְתִּי לְבַל תֶּאֱרוֹב: —Chazzan
אֵלַי לְבַל קָרוֹב: —Cong.

Chazzan then cong: נחשב May we be considered as [the *Kohen Gadol*] who stood at the Temple gate, that with my prayer I may repulse the Accuser; and we will sanctify You on this Shabbat of complete rest, O holy One.

Chazzan then cong: היום On this day, when You open the Books, be gracious to those (to the people) who glorify Your Name; and we will sanctify You on this Day of Atonements, O holy One.

Chazzan then cong: מסטין Shackle the Adversary in chains; announce the fulfillment of the hope of my captives; and we will sanctify You on [this] fast of the tenth day [of the month], O holy One.

The following section is recited by the chazzan and congregation. While the chazzan recites the first verse aloud, the congregation recites it in an undertone. Then the congregation responds by reciting the second verse aloud, while the chazzan recites it in an undertone. After every three stanzas, one of the previous three stanzas is recited in unison.

Chazzan: אשא I turn my thoughts to the distant past, relying on [Abraham] who came from afar.

Cong: In the merit of his deed, crush my oppressor.

Chazzan: אספרה I will recount my deeds according to the statute of the day, imploring Him not to remove Himself from His tabernacle.

Cong: May He inscribe me for life.

Chazzan: לשוד May He swiftly blot out the Destroyer so that my Foe shall not exult over me.

Cong: Then shall my mouth be filled with laughter.

Chazzan and congregation:

נחשב May we be considered as [the *Kohen Gadol*] who stood at the Temple gate, that with my prayer I may repulse the Accuser; and we will sanctify You on this Shabbat of complete rest, O holy One.

Chazzan: עורכי Those who set forth prayer in abundance—let the offering of their supplication be pleasing.

Cong: May it come near to the presence of God.

Chazzan: עתירתי Then let my entreaty draw near to You and my transgression not lie in wait for me.

Cong: It shall not come near to me.

Chazzan — זוֹמֵם אִם יְזֹרוֹב, עֲדַת אֵל לַחֲרוֹב:

Cong. — אֶשְׁעַן בְּמַצְדִּיק וְקָרוֹב:

Chazzan and congregation:

**הַיּוֹם בְּפָתְחָךְ סְפָרִים, חֹן (אוֹם) שִׁמְךָ מְפָאֲרִים,
וְנַקְדִּישָׁךְ בְּיוֹם הַכִּפּוּרִים, קָדוֹשׁ:**

Chazzan — רֶשַׁע אִם הִכְרִיעִי, זְכוֹר לִי רוֹעִי:

Cong. — בְּצִדְקוֹ עַתָּה לְרוֹעֲעִי:

Chazzan — רְעֵה צֹאן מִרְעִי,¹ בְּמִרְעֶה טוֹב לְהַרְעִי:

Cong. — וּבְאוֹר חַיִּים לְזַרְעִי:

Chazzan — בַּעֲוֹן אֹרַח רִבְעִי, וּבְקַו נְטִיַּת מְרֵעִי:

Cong. — נָא אַל יָאַרְעִי:

Chazzan and congregation:

**מַסְטִין בְּכֶבֶל אֶסוֹר, וְתִקְנַת אֲסִירֵי בְשׂוֹר, וְנַקְדִּישָׁךְ
בְּצוֹם הֶעָשׂוֹר, קָדוֹשׁ:**

Chazzan — יַסְכִּיתוּ: שׁוּבוּ לְבִצָּרוֹן, גָּשִׁים פְּנֵי אָרוֹן:

Cong. — לְהָעֵצִים אֲרֶשֶׁת רוֹן:

Chazzan — יְחַלּוּ רִאשׁוֹן וְאַחֲרוֹן, מַשְׁבִּית אַף וְחָרוֹן:

Cong. — בְּזֹאת יָבֹא אַהֲרֹן:²

Chazzan — רוֹגְשִׁים קְרֹא בְגָרוֹן, פְּלוּשׁ אֲטוּמֵי חֶבְרוֹן:

Cong. — מְצָא מְחִילַת וְתָרוֹן:

Chazzan and congregation:

**נֶחְשַׁב בְּצֶג בְּאִיתוּן, דְּחוֹת בְּפִלּוּלֵי עֲקַלָּתוֹן, וְנַקְדִּישָׁךְ
בְּשַׁבַּת שַׁבָּתוֹן, קָדוֹשׁ:**

---

1. V. Ezekiel 34:31.   2. Leviticus 13:3.

Chazzan: זוֹמֵם If the evil schemer were to be inflamed to destroy the congregation of God—

Cong: I will place my reliance on Him who vindicates me and is close to me.

Chazzan and congregation:

היום On this day, when You open the Books, be gracious to those (to the people) who glorify Your Name; and we will sanctify You on this Day of Atonements, O holy One.

Chazzan: רֶשַׁע If my wickedness tips the scale, remember [Moses,] my shepherd, in my behalf.

Cong: Because of his righteous merit, let me now rejoice.

Chazzan: רְעֵה Tend Israel, whom You have called "the sheep of My pasture,"[1] and nurture them in good pasture.

Cong: And sow for me the light of life.

Chazzan: בְּעַוֹן Despite my path of iniquity, and even if the scale inclines toward my wickedness—

Cong: I beseech You, let no evil befall me.

Chazzan and congregation:

מַסְטִין Shackle the Adversary in chains; announce the fulfillment of the hope of my captives; and we will sanctify You on [this] fast of the tenth day [of the month], O holy One.

Chazzan: יְסֻכְּיוֹתוּ "Return to [Jerusalem] the stronghold!" Let it be heard by those who approach the Ark—

Cong: To strengthen words of prayer.

Chazzan: יְחַלּוּ They implore Him who is first and last, who removes wrath and anger—

Cong: Through the service of Aaron,[2] the Kohen Gadol.

Chazzan: רוֹגְשִׁים They assemble to cry aloud, evoking the merits of those who are interred in Hebron—

Cong: In order to find gracious pardon.

Chazzan and congregation:

נַחְשָׁב May we be considered as [the Kohen Gadol] who stood at the Temple gate, that with my prayer I may repulse the Accuser; and we will sanctify You on this Shabbat of complete rest, O holy One.

Chazzan — בְּשִׁבְתּוֹ בְּכֶם רִיב, יְרִיבֵי לְעֵינֵי יָרִיב:

Cong. — יָהּ נִצָּב לָרִיב:

Chazzan — בּוֹזְזֵי חָרוֹב יַחֲרִיב, כְּמוֹ קַדְמוֹנִים הֶחֱרִיב:

Cong. — וְנַאֲקֵי לְפָנָיו יַקְרִיב:

Chazzan — יַצֵּג אִתֵּי בְּרִיב, מְלִיצֵי שַׁי לְהַקְרִיב:

Cong. — וְשִׂיחִי לְגוֹחִי יֶעֱרַב:

Chazzan and congregation:

הַיּוֹם בְּפָתְחֲךָ סְפָרִים, חוֹן (אוֹם) שִׁמְךָ מְפָאֲרִים, וְנַקְדִּישָׁךְ בְּיוֹם הַכִּפּוּרִים, קָדוֹשׁ:

Chazzan — קוֹל אָרִים כַּשּׁוֹפָר, בְּמַתַּן אִמְרֵי שֶׁפֶר:

Cong. — לִפְנֵי חֲזָקִים שִׁפֵּר:

Chazzan — קֶצֶב שְׂעִירִים וָפָר, בְּנִיב שְׂפָתַיִם יְסֻפָּר:

Cong. — וּבְכֵן שׁוֹטֵן יַחְפֵּר:

Chazzan — לִפְלוּסִים כְּכוֹכְבֵי מִסְפָּר, וְשָׁחִים עַד עָפָר:

Cong. — בְּצֹעֲם וְעַוְיִם יְכֻפָּר:

Chazzan and congregation:

מַסְטִין בְּכֶבֶל אֱסוֹר, וְתִקְנַת אֲסִירֵי בְּשׂוֹר, וְנַקְדִּישָׁךְ בְּצוֹם הֶעָשׂוֹר, קָדוֹשׁ:

Chazzan — יַשְׁלְגוּ אוֹדְמֵי שָׁנִים, שֶׁל כָּל יְמוֹת הַשָּׁנִים:

Cong. — חֲדָשִׁים וְגַם יְשָׁנִים:

Chazzan — יַלְבִּנוּ כִּתְמֵי שׁוֹשַׁנִּים, וְיוּשְׁבוּ לְתָעֳרָם שְׁנוּנִים:

Cong. — בְּפִלּוּל אֲשֶׁר מְשַׁנְּנִים:

Chazzan: בשבתו When He is seated on the throne of judgment, may He strive with my adversaries before my eyes.

Cong: The Almighty stands to do battle [against my foes].

Chazzan: בוזו May He utterly destroy those who despoil me, as He destroyed [my oppressors] in former times.

Cong: May He bring my cry near to Him.

Chazzan: יצג May He stand by me in judgment, so that my advocates may come forward [and be accepted] as a gift-offering.

Cong: And may my prayer be pleasing to my Creator.

Chazzan and congregation:

היום On this day, when You open the Books, be gracious to those (to the people) who glorify Your Name; and we will sanctify You on this Day of Atonements, O holy One.

Chazzan: קול I will raise my voice like the *shofar* which was sounded at the Giving of the Torah—

Cong: Before Him who fashioned the mighty heavens.

Chazzan: קצב May the prayer of our lips which we utter be in place of the number of goats and the bullock [which were offered in the Temple on Yom Kippur].

Cong: And thus will the Adversary be disgraced.

Chazzan: לפלוסים Israel, likened to stars without number, are bowed down to the dust.

Cong: May their avarice and iniquity be forgiven.

Chazzan and congregation:

מסטין Shackle the Adversary in chains; announce the fulfillment of the hope of my captives; and we will sanctify You on [this] fast of the tenth day [of the month], O holy One.

Chazzan: יושלגו May the sins of all the days of the year, though red as scarlet, become white as snow—

Cong: Both committed recently or long ago.

Chazzan: וילבנו May the stains of the rose [Israel] become white, and let the sharp swords be returned to their sheaths.

Cong: Through the prayer which they continually offer.

Chazzan — רַחֲצוּ וְהִזַּכּוּ מֵעֲשׁוֹנִים, לְאֻגֶּלֶת מְהִיוֹת שׁוֹנִים:

Cong. — וְעַל מִבְטָחֵמוֹ שְׁעוּנִים:

Chazzan and congregation:

נֶחְשָׁב כְּצֵג בְּאִיתוֹן, דְּחוֹת בִּפְלוּלִי עֲקַלָּתוֹן, וְנַקְדִּישֶׁךָ בְּשַׁבַּת שַׁבָּתוֹן, קָדוֹשׁ:

Chazzan then cong. — אֶת לַחֲשִׁי עֲנֵה נָא, זַעֲקִי רְצֵה נָא, הָאֵל קָדוֹשׁ:

Chazzan then cong. — אָדוֹן לְקוֹל עַמֶּךָ, זְכוֹר רַחֲמֶיךָ, נוֹרָא וְקָדוֹשׁ:

Chazzan and congregation:

וּבְכֵן אִמְרוּ לֵאלֹהִים מַה נּוֹרָא מַעֲשֶׂיךָ:[1]

THE ARK IS OPENED.

The following section is recited responsively. The chazzan recites the first paragraph followed by the congregation; the subsequent paragraphs are recited by the congregation followed by the chazzan. Although each stanza begins with אִמְרוּ לֵאלֹהִים, these words are recited at the conclusion of the previous stanza.

אִמְרוּ לֵאלֹהִים: אֵל מֶלֶךְ בְּעוֹלָמוֹ, מֵחִישׁ פְּדוּת עַמּוֹ, לְקַיֵּם דְּבַר נוֹאֲמוֹ, כִּי סְלִיחָה עִמּוֹ, הוֹדוּ לַייָ קִרְאוּ בִשְׁמוֹ:[2]

אִמְרוּ לֵאלֹהִים: בָּרוּךְ וּמְהֻלָּל בְּרוֹב גָּדְלוֹ, מֵחִישׁ סְלִיחָה לִקְהָלוֹ, לְהַרְאוֹת לַכֹּל גָּדְלוֹ, מָדַד מַיִם בְּשָׁעֳלוֹ, שִׁירוּ לוֹ זַמְּרוּ לוֹ:[3]

אִמְרוּ לֵאלֹהִים: גּוֹאֵל עַם קְדוֹשׁוֹ, בִּסְלִיחָה לְהַקְדִּישׁוֹ, וּמְכוֹנֵן בֵּית מִקְדָּשׁוֹ, לְזֶרַע אַבְרָהָם קְדוֹשׁוֹ, הִתְהַלְלוּ בְּשֵׁם קָדְשׁוֹ:[4]

---

1. Psalms 66:3.   **2.** I Chronicles 16:8.   **3.** Ibid. 16:9.   **4.** Ibid. 16:10.

Chazzan: רחצו Wash yourselves and make yourselves pure of the sins which darken your soul, so as not to repeat wickedness.

Cong: Then can they rely on Him in whom they trust.

Chazzan and congregation:

נחשב May we be considered as [the *Kohen Gadol*] who stood at the Temple gate, that with my prayer I may repulse the Accuser; and we will sanctify You on this Shabbat of complete rest, O holy One.

Chazzan then cong: את I beseech You, answer my whispered prayer, find favor with my cry, O holy God.

Chazzan then cong: אדון Lord, at the sound of Your people's voice, remember Your mercy, O Awesome and holy One.

Chazzan and congregation:

ובכן And thus extol God: How awesome are Your deeds![1]

THE ARK IS OPENED.

The following section is recited responsively. The chazzan recites the first paragraph followed by the congregation; the subsequent paragraphs are recited by the congregation followed by the chazzan. Although each stanza begins with *Extol God*, these words are recited at the conclusion of the previous stanza.

אמרו לאלהים Extol God: The Almighty is King in His world; He hastens the redemption of His people, to fulfill the words of His promise, for pardon is with Him. Offer praise to the Lord, proclaim His Name.[2]

Extol God: Blessed and praised is He in His abounding greatness; He hastens pardon for His congregation, to show His grandeur to all; He measured the waters in the palm of His hand. Sing to Him, chant praises to Him.[3]

Extol God: He is the redeemer of His people, sanctifying them through pardon; He re-establishes His holy Temple for the descendants of His holy Abraham. Glory in His Holy Name.[4]

אָמְרוּ לֵאלֹהִים: דָּגוּל מְשֻׁבָּח בִּרְקִיעַ עֻזּוֹ, סוֹלֵחַ לְעַם זוּ בְּזוּ, בִּדְבַר עֻזּוֹ וּמֵעֻזּוֹ, לָכֵן עֲדַת מָעֻזּוֹ, דִּרְשׁוּ יְיָ וְעֻזּוֹ:[1]

אָמְרוּ לֵאלֹהִים: הַכֹּל בְּמַאֲמָר עָשָׂה, וְהוּא פָּעַל וְעָשָׂה, סוֹלֵחַ לְאוֹם עֲמוּסָה,[2] לָכֵן עַם בּוֹ חָסָה, זִכְרוּ נִפְלְאֹתָיו אֲשֶׁר עָשָׂה:[3]

אָמְרוּ לֵאלֹהִים: וּמֵקִים דְּבַר עַבְדּוֹ, עַל אֶרֶץ וְשָׁמַיִם הוֹדוֹ, סוֹלֵחַ לְעַם מִיַחֲדוֹ, אֲשֶׁר נִקְרְאוּ בִּדְבַר סוֹדוֹ, זֶרַע יִשְׂרָאֵל עַבְדּוֹ:[4]

אָמְרוּ לֵאלֹהִים: זֶה רוֹקַע הָאָרֶץ, הַיּוֹשֵׁב עַל חוּג הָאָרֶץ, סוֹלֵחַ לְגוֹי אֶחָד בָּאָרֶץ, לָכֵן אִמְרוּ לְיוֹסֵד אָרֶץ, הוּא יְיָ אֱלֹהֵינוּ בְּכָל הָאָרֶץ:[5]

אָמְרוּ לֵאלֹהִים: חַי בִּמְעוֹנָתוֹ, חַנּוּן וְחוֹנֵן עֲדָתוֹ, יָשׁוּב בְּרַחֲמִים לְבֵיתוֹ, לָכֵן לְבָאֵי בִּבְרִיתוֹ, זָכַר לְעוֹלָם בְּרִיתוֹ:[6]

אָמְרוּ לֵאלֹהִים: טַפֵּי נַחֲלָתוֹ, טְלָאֵי יְרֻשָׁתוֹ, יְקַיֵּם עֲלֵימוֹ אִמְרָתוֹ, כְּחָקוּק בְּתוֹרָתוֹ, אֲשֶׁר כָּרַת אֶת אַבְרָהָם וּשְׁבוּעָתוֹ:[7]

אָמְרוּ לֵאלֹהִים: יוֹעֵץ מֵישָׁרִים לְחֹק, יְרֵאָיו לַחַיִּים לְחוֹק, סוֹלֵחַ לְחֵטְא לִמְחוֹק, כְּנִשְׁמַע לְרוֹעֶה מֵרָחוֹק, וַיַּעֲמִידֶהָ לְיַעֲקֹב לְחֹק:[8]

1. I Chronicles 16:11.   2. V. Isaiah 46:3.   3. I Chronicles 16:12.   4. Ibid. 16:13.   5. Ibid. 16:14.   6. Psalms 105:7.   7. I Chronicles 16:16.   8. Ibid. 16:17.

Extol God: The distinguished God who is extolled in His mighty heavens, pardons this people on this day, in accordance with His strong and mighty word; therefore, congregation of His might, search for the Lord and His might.[1]

Extol God: He who called all things into existence by His word, and who acted and brought [everything] into being, pardons the people borne [by Him];[2] therefore, the people who trust in Him, remember the wonders that He has wrought.[3]

Extol God: He fulfills the word of His servant; His majesty is upon earth and heaven; He grants pardon to the nation who affirms His Oneness, who are called in His Torah—descendants of Israel His servant.[4]

Extol God: It is He who spreads forth the earth [above the waters]; who dwells [in heaven] which encircles the earth; who pardons Israel, the one nation on earth; therefore, extol the One who establishes the earth, He is the Lord our God in all the earth.[5]

Extol God: He who lives in His heavenly abode, who is gracious and compassionate to His congregation, He will in mercy return to His Temple; therefore, for those who have entered into His covenant, He remembers His covenant forever.[6]

Extol God: The children of His heritage, the lambs of His inheritance—He will fulfill for them His promise, as it is inscribed in His Torah, which He made with Abraham and His oath.[7]

Extol God: He is the counselor to inscribe uprightness, to inscribe for life those who fear Him; He is the pardoner to wipe away sin, as He made [Moses] the shepherd hear, in the distant past, and established it to [the children of] Jacob as a statute.[8]

אִמְרוּ לֵאלֹהִים: תַּקִּיף אֱלֹהֵי עוֹלָם, דִּבְּרוּ נִצָּב לְעוֹלָם,
וְהוּא מִכֹּל נֶעְלָם, וַאֲנַחְנוּ מְהַלְלִים שְׁמוֹ לְעוֹלָם,
בָּרוּךְ יְיָ אֱלֹהֵי יִשְׂרָאֵל מִן הָעוֹלָם וְעַד הָעוֹלָם:[1]

Chazzan and congregation:

וּבְכֵן גְּדוֹלִים מַעֲשֵׂי אֱלֹהֵינוּ:

The following section is recited responsively. The chazzan recites the first paragraph followed by the congregation; the subsequent paragraphs are recited by the congregation followed by the chazzan. Although each stanza begins with מַעֲשֵׂה אֱלֹהֵינוּ, these words are recited at the conclusion of the previous stanza.

מַעֲשֵׂה אֱלֹהֵינוּ: אַדִּיר בְּוִעוּדוֹ, בְּרוּם וּבְתַחַת הוֹדוֹ,
גִּלָּה אוֹר לְעַבְדּוֹ, דָּבָר מֵקִים לְעַבְדּוֹ, לָכֵן
יִתְגָּאֶה אֵין עוֹד מִלְבַדּוֹ:[2]

מַעֲשֵׂה אֱלֹהֵינוּ: הַמַּכִּיר עוֹלְמֵי עַד, וְסוֹפֵר וּמוֹנֶה עֲדֵי
עַד, זִיו מוֹשָׁבוֹ נוֹעַד, חֶלֶד צוֹפֶה בְּמִסְעָד, לָכֵן
יִתְגָּאֶה הַמַּבִּיט לָאָרֶץ וַתִּרְעָד:[3]

מַעֲשֵׂה אֱלֹהֵינוּ: טוֹעֵן עוֹלָמוֹ, יוֹדֵעַ הֲדוֹמוֹ, כִּלְלוֹ
בְּנָאֲמוֹ, לָעַד לַהֲקִימוֹ, לָכֵן יִתְגָּאֶה יְיָ צְבָאוֹת
שְׁמוֹ:[4]

מַעֲשֵׂה אֱלֹהֵינוּ: מוֹשֵׁל בְּמִפְעָלוֹ, נוֹרָא עַל זְבוּלוֹ,
סִלּוֹדוֹ כִּגְדָלוֹ, עֻזּוֹ כְּרֹב חֵילוֹ, לָכֵן יִתְגָּאֶה
שְׂרָפִים עוֹמְדִים מִמַּעַל לוֹ:[5]

מַעֲשֵׂה אֱלֹהֵינוּ: פְּאֵרוּ בִּשְׁמֵי מְעוֹנִי, צוֹפֶה וּמַבִּיט
לְעֵינִי, קָלוּם שְׁמוֹ בַּהֲמוֹנִי, רוֹדֶה בְּקֶרֶב מוֹנִי,
לָכֵן יִתְגָּאֶה גְּדוֹלִים מַעֲשֵׂי יְיָ:[6]

---

1. I Chronicles 16:36. **2.** Deuteronomy 4:35. **3.** Psalms 104:32. **4.** Isaiah 47:4. **5.** Ibid. 6:2. **6.** Psalms 111:2.

Extol God: The God of the universe is all-mighty; His word stands firm forever; He is concealed from all; we offer praise to His Name forever. Blessed is the Lord, the God of Israel, to all eternity.[1]

Chazzan and congregation:

וּבְכֵן And so too, great is the work of our God!

The following section is recited responsively. The chazzan recites the first paragraph followed by the congregation; the subsequent paragraphs are recited by the congregation followed by the chazzan. Although each stanza begins with *The work of our God*, these words are recited at the conclusion of the previous stanza.

מַעֲשֵׂה אֱלֹהֵינוּ The work of our God: He is majestic in the assembly [of those who extol Him]; His splendor pervades heaven and earth; He revealed the light [of Torah] to [Moses] His servant; He fulfills His word to His servant. Therefore let Him be glorified—there is none else aside from Him.[2]

The work of our God: He knows all things in all the worlds; He counts and reckons the deeds of all beings for all times; His glorious throne is ever ready [to receive the penitent]; He looks down upon the earth to support it. Therefore let Him be glorified, the One who looks at the earth and it trembles.[3]

The work of our God: He upholds His world; He knows the needs of the earth, His footstool; He created the world in its entirety by His word, to give it existence forever. Therefore let Him be glorified—the Lord of hosts is His Name.[4]

The work of our God: He rules over His works; He is awesome over His heavenly beings, His praise is commensurate with His grandeur; His might is consistent with the multitudes of His hosts. Therefore let Him be glorified, the One near whom the *Seraphim* stand.[5]

The work of our God: His glory is in the supernal heavens; He looks and gazes into my eyes; the exaltation of His Name is among my multitudes; He holds sway over my oppressors. Therefore let Him be glorified—the works of the Lord are great.[6]

THE ARK IS CLOSED for the following paragraph.

Chazzan and congregation in an undertone:

מַעֲשֵׂה אֱנוֹשׁ וְתַחְבְּלוֹתָיו מִזִּמָּה, שִׁבְתּוֹ בְּתוֹךְ מִרְמָה, וּפְקִידָתוֹ רִמָּה, קָבוּר בִּסְעִיף אֲדָמָה, וְאֵיךְ יִתְגָּאֶה אָדָם לַהֶבֶל דָּמָה:¹

THE ARK IS IMMEDIATELY RE-OPENED.

Congregation then chazzan:

אֲבָל מַעֲשֵׂה אֱלֹהֵינוּ: שַׁדַּי רוֹקַע הָאָרֶץ עַל בְּלִימָה, שׁוֹכְנֶיהָ בְּלִי הֱיוֹת לְשַׁמָּה, תִּכֵּן עַל מַיִם אֲדָמָה, תַּקִּיף שְׁמוֹ לְרוֹמֲמָה, לָכֵן יִתְגָּאֶה עָטָה אוֹר כְּשַׂלְמָה:²

Chazzan and congregation:

וּבְכֵן לְנוֹרָא עֲלֵיהֶם בְּאֵימָה יַעֲרִיצוּ:

The following section is recited responsively. The chazzan recites the first paragraph followed by the congregation; the subsequent paragraphs are recited by the congregation followed by the chazzan.

אֲשֶׁר אֵימָתֶךָ, בְּאֶרְאֶלֵּי אֹמֶן, בְּאַבְּרֵי אֹמֶץ, בִּבְלוּלֵי קֶרַח, בִּבְדוּדֵי קֶדַח, וּמוֹרָאֲךָ עֲלֵיהֶם:

וְאָבִיתָ תְהִלָּה, מִגְּלוּמֵי גוּשׁ, מִגְּרֵי גֵיא, מִדְּלוּלֵי פְּעַל, מִדַּלֵּי מַעַשׂ, וְהִיא תְהִלָּתֶךָ:

אֲשֶׁר אֵימָתֶךָ, בַּהֲמוֹן מַלְאָכִים, בְּהִלּוּךְ מַחֲנוֹת, בְּוַעַד אֲלָפִים, בְּוֶכַח רְבָבוֹת, וּמוֹרָאֲךָ עֲלֵיהֶם:

וְאָבִיתָ תְהִלָּה, מִזִּיו שׁוֹנֶה, מִזֹּהַר כָּבֶה, מֵחַסְרֵי שֵׂכֶל, מֵחוֹרְשֵׁי רֶשַׁע, וְהִיא תְהִלָּתֶךָ:

אֲשֶׁר אֵימָתֶךָ, בְּטִפּוּחַ עֲרָבוֹת, בְּטִכּוּס שְׁחָקִים, בִּישַׁרַת עֲרָפֶל, בִּירִיעוֹת מְעוֹנָה, וּמוֹרָאֲךָ עֲלֵיהֶם:

וְאָבִיתָ תְהִלָּה, מִכְּתוּמֵי שֶׁמֶץ, מִכְּמוּסֵי כֶתֶם, מִלְּכוּדֵי פַח, מִלְּעוּנֵי מַר, וְהִיא תְהִלָּתֶךָ:

---

1. Psalms 144:4.   **2.** Ibid. 104:2.

THE ARK IS CLOSED for the following paragraph.

Chazzan and congregation in an undertone:

מַעֲשֵׂה אֱנוֹשׁ The work of mortal man and his schemes are machinations; he resides in the midst of deceit; his bed is filled with worms when he is buried in the cleft of the earth. How then can man glorify himself when he is like a fleeting breath?[1]

THE ARK IS IMMEDIATELY RE-OPENED.

Congregation then chazzan:

אֲבָל But the work of our God: The Omnipotent God who spreads the earth over empty space, that the inhabitants should not be destroyed, established the earth upon water; [thus it is fitting] that His mighty Name be exalted. Therefore let Him be glorified, the One who enwraps Himself with light as with a garment.[2]

Chazzan and congregation:

וּבְכֵן And thus in fear they revere the One who inspires awe in them.

The following section is recited responsively. The chazzan recites the first paragraph followed by the congregation; the subsequent paragraphs are recited by the congregation followed by the chazzan.

אֲשֶׁר Though awe of You is upon the faithful angels, the mighty, powerful [celestial hosts], the [supernal beings formed from] a mixture of ice, the fiery beings; and the fear of You is upon them—

וְאָבִיתָ Yet You desire praise from [mortal men] who are formed from a clod of earth, who dwell in the vale of the earth, who are deficient in good deeds, who are poor in meritorious actions; and this is Your praise.

אֲשֶׁר Though awe of You is upon the multitudes of angels, the moving camps of [celestial hosts], the assembly of thousands [of supernal beings], the council of myriads [of angelic beings]; and the fear of You is upon them—

וְאָבִיתָ Yet You desire praise from [men] whose facial features change, whose brightness fades away, who are lacking intelligence, who plot evil; and this is Your praise.

אֲשֶׁר Though awe of You is upon the span of heaven called *aravot*, the adorned *shechakim*, the dark firmament *arafel*, the heavenly *me'onah*; and the fear of You is upon them—

וְאָבִיתָ Yet You desire praise from those who are stained with wrongdoing, tainted with hidden sins, caught in the snare [of suffering], surfeited with bitterness; and this is Your praise.

אֲשֶׁר אֵימָתֶךָ, בְּמַסְלוּלֵי זְבוּל, בִּמְרוֹמֵי שֶׁפֶר, בִּנְטִיַּת דֹּק,
בִּנְחִיַּת עָבִים, וּמוֹרָאֲךָ עֲלֵיהֶם:

וְאָבִיתָ תְהִלָּה, מִפְּרוּחֵי מַעַשׂ, מִשִּׁבְעֵי רְגֶז, מֵעֲדוּרֵי
אֱמֶת, מֵעֲמוּסֵי בֶטֶן, וְהִיא תְהִלָּתֶךָ:

אֲשֶׁר אֵימָתֶךָ, בִּפְתוּחֵי קֹדֶשׁ, בְּפוֹצְחֵי בָרוּךְ, בִּצְדוּדֵי
אַרְבַּע, בִּצְנוּפֵי שֵׁשׁ שֵׁשׁ, וּמוֹרָאֲךָ עֲלֵיהֶם:

וְאָבִיתָ תְהִלָּה, מִקְּרוּאֵי אָיִן, מִקּוֹרְאֵי בְּחָנֶף, מֵרְחוֹקֵי
אֱמֶת, מְרִיקֵי צֶדֶק, וְהִיא תְהִלָּתֶךָ:

אֲשֶׁר אֵימָתֶךָ, בִּשְׁבִיבֵי אֵשׁ, בִּשְׁבִילֵי מַיִם, בִּתְלוּלֵי רוּם,
בְּתַלְתַּלֵי גֹבַהּ, וּמוֹרָאֲךָ עֲלֵיהֶם:

וְאָבִיתָ תְהִלָּה, מִבָּשָׂר וָדָם, מֵהֶבֶל וָתֹהוּ, מֵחֲצִיר יָבֵשׁ,
מִצֵּל עוֹבֵר, וּמִצִּיץ נוֹבֵל, מִמַּשְׁלִימֵי נֶפֶשׁ,
מִמַּפְרִיחֵי רוּחַ, וּמִמְּעוֹפְפֵי חַיָּה, וּמֵחֲנִיטֵי נְשָׁמָה, וּמוֹצִיאֵי
יְחִידָה, וְנִשְׁמָעִים בַּדִּין, וּמֵתִים בַּמִּשְׁפָּט, וְחַיִּים בְּרַחֲמִים,
וְנוֹתְנִים לְךָ פְּאֵר חַי הָעוֹלָמִים, וְתִפְאַרְתְּךָ עֲלֵיהֶם:

THE ARK IS CLOSED.

—Chazzan then cong. לְיוֹשֵׁב תְּהִלּוֹת. לְרוֹכֵב עֲרָבוֹת. קָדוֹשׁ וּבָרוּךְ:

Chazzan and congregation:
וּבְכֵן שְׂרָפִים עוֹמְדִים מִמַּעַל לוֹ:[1]

—Chazzan then cong. אֵלּוּ לְאֵלּוּ שׁוֹאֲלִים, אֵלּוּ לְאֵלּוּ מְמַלְּלִים, אָנָה
שׁוֹכֵן מְעָלִים, לְהַעֲרִיצוֹ לְהַקְדִּישׁוֹ בִּפְאֵר
מְסַלְסְלִים:

Chazzan and congregation:
וּבְכֵן וּלְךָ תַעֲלֶה קְדֻשָּׁה, כִּי אַתָּה אֱלֹהֵינוּ מֶלֶךְ מוֹחֵל וְסוֹלֵחַ:

---
1. Isaiah 6:2.

אשר Though awe of You is upon the paths of *zvul*, in the beautiful supernal heights, in the expanse of heaven, on the movement of the clouds; and the fear of You is upon them—

ואביתה Yet You desire praise from those whose acts are corrupt, who are full of trouble, who are devoid of truth, who were carried in the womb; and this is Your praise.

אשר Though awe of You is upon [the angels] who begin their praises with "holy," who proclaim "blessed," who have faces on four sides, who are covered with six wings; and the fear of You is upon them—

ואביתה Yet You desire praise from those who are called naught, who speak out in flattery, who are far from truth, who are empty of righteousness; and this is Your praise.

אשר Though awe of You is upon sparkling angels, the paths of the waters, the lofty heights, the sublime heavens, and the fear of You is upon them—

ואביתה Yet You desire praise from [mortal men] who are but flesh and blood, naught and nothingness, withering grass, a passing shadow, and a fading flower; from those whose life-force expires, whose spirit passes away, whose vitality departs, whose soul leaves, and whose divine spark returns to its Source; and who are heard in judgment, who die in accordance with justice and who will live again through mercy; and who proclaim Your glory, O Eternal One; Your splendor is upon them.

THE ARK IS CLOSED.

Chazzan then cong: ליושב To Him who is enthroned upon praises, who dwells in the heavens, [is said:] Holy and blessed.

Chazzan and congregation:

ובכן And so *Seraphim* stand by Him.[1]

Chazzan then cong: אל They ask one another, they say to one another: Where is He who abides in the supernal heights? That they may adore Him, hallow Him, extol Him with glory.

Chazzan and congregation:

ובכן And thus may our *kedushah* ascend to You, for You, our God, are a King who forgives and pardons.

THE ARK IS OPENED.

Chazzan and congregation recite the following;
chazzan concludes the paragraph aloud, as indicated:

Rise and remain standing until after Kedushah, page 240.

וּנְתַנֶּה תֹּקֶף קְדֻשַּׁת הַיּוֹם, כִּי הוּא נוֹרָא וְאָיוֹם, וּבוֹ
תִנָּשֵׂא מַלְכוּתֶךָ, וְיִכּוֹן בְּחֶסֶד כִּסְאֶךָ, וְתֵשֵׁב עָלָיו
בֶּאֱמֶת. אֱמֶת כִּי אַתָּה הוּא דַיָּן וּמוֹכִיחַ וְיוֹדֵעַ וָעֵד, וְכוֹתֵב
וְחוֹתֵם וְסוֹפֵר וּמוֹנֶה, וְתִזְכּוֹר כָּל הַנִּשְׁכָּחוֹת, וְתִפְתַּח אֶת
סֵפֶר הַזִּכְרוֹנוֹת, וּמֵאֵלָיו יִקָּרֵא, וְחוֹתָם יַד כָּל אָדָם בּוֹ.
וּבַשּׁוֹפָר גָּדוֹל יִתָּקַע, וְקוֹל דְּמָמָה דַקָּה יִשָּׁמַע, וּמַלְאָכִים
יֵחָפֵזוּן, וְחִיל וּרְעָדָה יֹאחֵזוּן, וְיֹאמְרוּ הִנֵּה יוֹם הַדִּין, לִפְקוֹד
עַל צְבָא מָרוֹם בַּדִּין, כִּי לֹא יִזְכּוּ בְעֵינֶיךָ בַּדִּין. וְכָל בָּאֵי
עוֹלָם יַעַבְרוּן לְפָנֶיךָ כִּבְנֵי מָרוֹן: Chazzan—כְּבַקָּרַת רוֹעֶה
עֶדְרוֹ, מַעֲבִיר צֹאנוֹ תַּחַת שִׁבְטוֹ, כֵּן תַּעֲבִיר וְתִסְפּוֹר
וְתִמְנֶה, וְתִפְקוֹד נֶפֶשׁ כָּל חָי, וְתַחְתּוֹךְ קִצְבָה לְכָל
בְּרִיּוֹתֶיךָ, וְתִכְתּוֹב אֶת גְּזַר דִּינָם:

Congregation then chazzan:

בְּרֹאשׁ הַשָּׁנָה יִכָּתֵבוּן, וּבְיוֹם צוֹם כִּפּוּר יֵחָתֵמוּן, כַּמָּה
יַעַבְרוּן, וְכַמָּה יִבָּרֵאוּן, מִי יִחְיֶה וּמִי יָמוּת,
מִי בְקִצּוֹ וּמִי לֹא בְקִצּוֹ, מִי בַמַּיִם, וּמִי בָאֵשׁ, מִי בַחֶרֶב,
וּמִי בַחַיָּה, מִי בָרָעָב, וּמִי בַצָּמָא, מִי בָרַעַשׁ, וּמִי בַמַּגֵּפָה,
מִי בַחֲנִיקָה, וּמִי בַסְּקִילָה. מִי יָנוּחַ וּמִי יָנוּעַ, מִי יִשָּׁקֵט
וּמִי יִטָּרֵף, מִי יִשָּׁלֵו וּמִי יִתְיַסָּר, מִי יֵעָנִי וּמִי יֵעָשֵׁר, מִי
יִשָּׁפֵל וּמִי יָרוּם:

Congregation then chazzan:

ממון   קוֹל   צוֹם

וּתְשׁוּבָה¹ וּתְפִלָּה וּצְדָקָה
מַעֲבִירִין אֶת רֹעַ הַגְּזֵרָה:

---

1. While saying each of these three words, keep in mind (but do not articulate) the corresponding word in small type.

THE ARK IS OPENED.
Chazzan and congregation recite the following;
chazzan concludes the paragraph aloud, as indicated.
Rise and remain standing until after Kedushah, page 240.
Transliteration, page 448.

ונתנה Let us proclaim the mighty holiness of this day, for it is awe-inspiring and fearsome. Thereon Your Kingship is exalted, Your throne is established with lovingkindness, and You are seated on it in truth. It is true that You are the judge, the one who presents evidence, the knower and the witness, who records and seals, who counts and reckons, and You remember all things that are forgotten. You open the Book of Remembrance and it reads itself; every man's signature is in it. The great *shofar* is sounded, and a still, soft voice is heard; the angels tremble, fear and dread seize them, and they exclaim: the Day of Judgment is here! The heavenly hosts are to stand in judgment, for [even] they will not be found meritorious in Your eyes in judgment. All created beings pass before You, [one by one,] like a flock of sheep. Chazzan: As a shepherd examines his flock, making his sheep pass under his staff, so do You cause to pass [before You] every living soul, and You count, reckon and are mindful of [them], and You allocate the fixed portion for the needs of all Your creatures, and inscribe the verdict of their judgment.

Congregation then chazzan:

בראש On Rosh Hashanah they are inscribed, and on the fast day of Yom Kippur they are sealed: How many shall pass away and how many shall be born; who shall live and who shall die; who shall live out his allotted time and who shall depart before his time; who [shall perish] by water and who by fire; who by the sword and who by a wild beast; who by hunger and who by thirst; who by earthquake and who by pestilence; who by strangulation and who by lapidation; who shall be at rest and who shall wander; who shall be tranquil and who shall be harassed; who shall enjoy well-being and who shall suffer tribulation; who shall be poor and who shall be rich; who shall be humbled and who shall be exalted.

Congregation then chazzan:

ותשובה But Repentance, Prayer and Charity
avert the severity of the decree.

Chazzan and congregation recite the following;
chazzan concludes the paragraph aloud, as indicated:

כִּי כְּשִׁמְךָ כֵּן תְּהִלָּתֶךָ, קָשֶׁה לִכְעוֹס וְנְוֹחַ לִרְצוֹת, כִּי לֹא
תַחְפֹּץ בְּמוֹת הַמֵּת, כִּי אִם בְּשׁוּבוֹ מִדַּרְכּוֹ וְחָיָה, וְעַד
יוֹם מוֹתוֹ תְּחַכֶּה לוֹ, אִם יָשׁוּב מִיַּד תְּקַבְּלוֹ: Chazzan—אֱמֶת
כִּי אַתָּה הוּא יוֹצְרָם, וְאַתָּה יוֹדֵעַ יִצְרָם, כִּי הֵם בָּשָׂר וָדָם.
אָדָם יְסוֹדוֹ מֵעָפָר וְסוֹפוֹ לֶעָפָר, בְּנַפְשׁוֹ יָבִיא לַחְמוֹ. מָשׁוּל
כְּחֶרֶס הַנִּשְׁבָּר, כֶּחָצִיר יָבֵשׁ, וּכְצִיץ נוֹבֵל, כְּצֵל עוֹבֵר, וּכְעָנָן
כָּלָה, וּכְרוּחַ נוֹשָׁבֶת, וּכְאָבָק פּוֹרֵחַ, וְכַחֲלוֹם יָעוּף:

Congregation then chazzan:

וְאַתָּה הוּא מֶלֶךְ אֵל חַי וְקַיָּם:

Chazzan and congregation:

אֵין קִצְבָה לִשְׁנוֹתֶיךָ, וְאֵין קֵץ לְאֹרֶךְ יָמֶיךָ, וְאֵין לְשַׁעֵר
מַרְכְּבוֹת כְּבוֹדֶךָ, וְאֵין לְפָרֵשׁ עֵלוּם שְׁמֶךָ. שִׁמְךָ נָאֶה
לְךָ, וְאַתָּה נָאֶה לִשְׁמֶךָ, וּשְׁמֵנוּ קָרָאתָ בִשְׁמֶךָ:

THE ARK IS CLOSED.

KEDUSHAH

Stand with feet together, and avoid any interruption. Rise on the toes at the words קָדוֹשׁ,
קָדוֹשׁ, קָדוֹשׁ; בָּרוּךְ; and יִמְלֹךְ.

—Cong. then chazzan כֶּתֶר יִתְּנוּ לְךָ יְיָ אֱלֹהֵינוּ מַלְאָכִים הֲמוֹנֵי
מַעְלָה, וְעַמְּךָ יִשְׂרָאֵל קְבוּצֵי מַטָּה,
יַחַד כֻּלָּם קְדֻשָּׁה לְךָ יְשַׁלֵּשׁוּ, כַּכָּתוּב עַל יַד
נְבִיאֶךָ, וְקָרָא זֶה אֶל זֶה וְאָמַר:

—Cong. then chazzan קָדוֹשׁ, קָדוֹשׁ, קָדוֹשׁ יְיָ צְבָאוֹת, מְלֹא כָל
הָאָרֶץ כְּבוֹדוֹ:¹ כְּבוֹדוֹ מָלֵא
עוֹלָם, מְשָׁרְתָיו שׁוֹאֲלִים זֶה לָזֶה, אַיֵּה מְקוֹם
כְּבוֹדוֹ לְהַעֲרִיצוֹ, לְעֻמָּתָם מְשַׁבְּחִים
וְאוֹמְרִים:

1. Isaiah 6:3.

Chazzan and congregation recite the following;
chazzan concludes the paragraph aloud, as indicated:

כי For as is Your Name so is Your praise. You are slow to anger and easy to pacify, for You do not desire the death of the one deserving death, but that he return from his path and live. And [even] until the day of his death You wait for him; if he will but repent, You will welcome him at once. Chazzan: Truly, You are their Creator and You know their evil inclination, for they are but flesh and blood. Man's origin is dust and his end is unto dust. He earns his bread at the risk of his life. He is likened to a broken potsherd, to withering grass, to a fading flower, to a passing shadow, to a vanishing cloud, to a blowing wind, to dust that scatters and to a fleeting dream.

Congregation then chazzan:

ואתה But You are the King, the living and eternal God.

Chazzan and congregation:

אין There is no limit to Your years and no end to the length of Your days; it is not possible to estimate [the countless angelic hosts of] Your glorious Chariot, nor can one explain Your inscrutable Name. Your Name befits You and You befit Your Name, and You have called our name by Your Name.

THE ARK IS CLOSED.

KEDUSHAH

Stand with feet together, and avoid any interruption. Rise on the toes at the words *Ködosh, ködosh, ködosh; Böruch;* and *Yimloch.*

Cong. then chazzan: כתר *Keser yi-t'nu l'chö adonöy elohaynu mal-öchim ha-monay ma-lö v'am'chö yisrö-ayl k'vutzay matö, yachad kulöm k'dushö l'chö y'sha-layshu, ka-kösuv al yad n'vi-echö v'körö ze el ze v'ömar,*

Cong. then chazzan: קדוש *Ködosh, ködosh, ködosh, adonöy tz'vö-os, m'lo chöl hö-öretz k'vodo.*[1] *K'vodo mölay olöm, m'shö-r'söv sho-alim ze löze a-yay m'kom k'vodo l'ha-aritzo, l'umösöm m'sha-b'chim v'om'rim.*

כתר A crown is given to You, Lord our God, by the angels, the supernal multitudes, and by Your people Israel who assemble below. All of them together thrice repeat "holy" unto You, as it is written by Your prophet: And they call one to another and say, קדוש "Holy, holy, holy is the Lord of hosts; the whole earth is full of His glory." His glory fills the worlds; His ministering angels ask one another, "Where is the place of His glory to adore Him?" Those facing them offer praise and say,

— Cong. then chazzan

בָּרוּךְ כְּבוֹד יְיָ מִמְּקוֹמוֹ:[1] מִמְּקוֹמוֹ הוּא יִפֶן
בְּרַחֲמָיו לְעַמּוֹ, הַמְּיַחֲדִים שְׁמוֹ עֶרֶב
וָבְקֶר בְּכָל יוֹם תָּמִיד, פַּעֲמַיִם בְּאַהֲבָה שְׁמַע
אוֹמְרִים:

— Cong. then chazzan[2]

שְׁמַע יִשְׂרָאֵל, יְיָ אֱלֹהֵינוּ, יְיָ אֶחָד:[3] הוּא
אֱלֹהֵינוּ, הוּא אָבִינוּ, הוּא מַלְכֵּנוּ,
הוּא מוֹשִׁיעֵנוּ, הוּא יוֹשִׁיעֵנוּ וְיִגְאָלֵנוּ שֵׁנִית
בְּקָרוֹב וְיַשְׁמִיעֵנוּ בְּרַחֲמָיו לְעֵינֵי כָּל חַי
לֵאמֹר: הֵן גָּאַלְתִּי אֶתְכֶם אַחֲרִית
כְּבְרֵאשִׁית, לִהְיוֹת לָכֶם לֵאלֹהִים—

— Cong. and chazzan

אֲנִי יְיָ אֱלֹהֵיכֶם:

— Chazzan

וּבְדִבְרֵי קָדְשְׁךָ כָּתוּב לֵאמֹר:

— Cong. then chazzan

יִמְלֹךְ יְיָ לְעוֹלָם, אֱלֹהַיִךְ צִיּוֹן לְדֹר וָדֹר,
הַלְלוּיָהּ:[4]

Remain standing with feet together until the chazzan concludes the following line.

Chazzan:

אַתָּה קָדוֹשׁ וְשִׁמְךָ קָדוֹשׁ, וּקְדוֹשִׁים בְּכָל יוֹם יְהַלְלוּךָ סֶּלָה.

You may be seated.

לְדוֹר וָדוֹר הַמְלִיכוּ לָאֵל, כִּי הוּא לְבַדּוֹ מָרוֹם וְקָדוֹשׁ:

חֲמוֹל עַל מַעֲשֶׂיךָ, וְתִשְׂמַח בְּמַעֲשֶׂיךָ, וְיֹאמְרוּ לְךָ
חוֹסֶיךָ, בְּצַדֶּקְךָ עֲמוּסֶיךָ,[5] תֻּקְדַּשׁ אָדוֹן עַל כָּל
מַעֲשֶׂיךָ, כִּי מַקְדִּישֶׁיךָ כִּקְדֻשָּׁתְךָ (כְּעֶרְכְּךָ) קִדַּשְׁתָּ, נָאֶה
לְקָדוֹשׁ פְּאֵר מִקְּדוֹשִׁים:

---

1. Ezekiel 3:12.   **2.** The chazzan says the words שְׁמַע יִשְׂרָאֵל along with the congregation.
3. Deuteronomy 6:4.   **4.** Psalms 146:10.   **5.** V. Isaiah 46:3.

Cong. then chazzan: בָּרוּךְ *Böruch   k'vod   adonöy   mi-m'komo.* [1]
Mi-m'komo   hu   yifen   b'rachamöv   l'amo
ha-m'yachadim sh'mo erev vövoker b'chöl yom
tömid, pa-ama-yim b'ahavö sh'ma om'rim.

Cong. then chazzan: [2] שְׁמַע *Sh'ma yisrö-ayl, adonöy elohaynu, adonöy*
echöd. [3] *Hu elohaynu, hu övinu, hu malkaynu, hu*
moshi-aynu, hu yoshi-aynu v'yig-ölaynu shaynis
b'körov, v'yashmi-aynu b'rachamöv l'aynay köl
chai lay-mor, hayn gö-alti es'chem a-charis
ki-v'rayshis lih-yos löchem lay-lohim.

Cong. and chazzan: אֲנִי *Ani adonöy elo-haychem.*

Chazzan: And in Your holy Scriptures it is written thus:

Cong. then chazzan: יִמְלֹךְ *Yimloch adonöy l'olöm eloha-yich tziyon*
l'dor vö-dor ha-l'luyöh. [4]

Remain standing with feet together until the chazzan concludes the following line.

Chazzan:

אַתָּה You are holy and Your Name is holy, and holy beings praise You daily for all eternity.
You may be seated.

לְדוֹר Through all generations proclaim the kingship of God, for He alone is exalted and holy.

חֲמוֹל Have mercy upon Your works, and find delight in Your works. When You vindicate [Israel,] the people borne by You, [5] those who put their trust in You shall declare: Be sanctified, Master, over all Your works! For You have sanctified those who hallow You with Your holiness (akin to You). It is fitting to the Holy One [to receive] praise from the holy ones.

בָּרוּךְ "Blessed be the glory of the Lord from its place." May He turn from His place in compassion toward His people who affirm the Oneness of His Name, evening and morning, twice each and every day, saying *Shema* (Hear...) in love. שְׁמַע "Hear, O Israel, the Lord is our God, the Lord is One." He is our God; He is our Father; He is our King; He is our Deliverer. He will soon again save and redeem us, and in His mercy will let us hear, in the sight of every living thing, as follows: Behold, I have redeemed you from this final [exile] as from the first, to be your God. אֲנִי I, the Lord, am your God. And in Your holy Scriptures it is written thus: יִמְלֹךְ The Lord shall reign forever; your God, O Zion, throughout all generations. Praise the Lord.

עוֹד יִזְכָּר לָנוּ אַהֲבַת אֵיתָן, אֲדוֹנֵינוּ, וּבַבֵּן הַנֶּעֱקַד יַשְׁבִּית
מְדַיְּנֵנוּ, וּבִזְכוּת הַתָּם יוֹצִיא אָיוֹם (הַיּוֹם) לְצֶדֶק
דִּינֵנוּ, כִּי קָדוֹשׁ הַיּוֹם לַאֲדוֹנֵינוּ:[1]

בְּאֵין מֵלִיץ יֹשֶׁר מוּל מַגִּיד פֶּשַׁע, תַּגִּיד לְיַעֲקֹב דְּבַר חֹק
וּמִשְׁפָּט, וְצַדְּקֵנוּ בַּמִּשְׁפָּט, הַמֶּלֶךְ הַמִּשְׁפָּט:

THE ARK IS OPENED.

The following section is recited across the page line by line. The chazzan recites the first line followed by the congregation. The subsequent lines are recited by the congregation followed by the chazzan.

הָאוֹחֵז בְּיַד מִדַּת מִשְׁפָּט:

הַבּוֹחֵן וּבוֹדֵק גִּנְזֵי נִסְתָּרוֹת:	וְכֹל מַאֲמִינִים שֶׁהוּא אֵל אֱמוּנָה:
הַגּוֹאֵל מִמָּוֶת וּפוֹדֶה מִשַּׁחַת:	וְכֹל מַאֲמִינִים שֶׁהוּא בּוֹחֵן כְּלָיוֹת:
הַדָּן יְחִידִי לְבָאֵי עוֹלָם:	וְכֹל מַאֲמִינִים שֶׁהוּא גּוֹאֵל חָזָק:
הֶהָגוּי: בְּאֶהְיֶה אֲשֶׁר אֶהְיֶה:[2]	וְכֹל מַאֲמִינִים שֶׁהוּא דַּיָּן אֱמֶת:
	וְכֹל מַאֲמִינִים שֶׁהוּא הָיָה הֹוֶה וְיִהְיֶה:

הַוַּדַּאי שְׁמוֹ כֵּן תְּהִלָּתוֹ:

הַזּוֹכֵר לְמַזְכִּירָיו טוֹבוֹת	וְכֹל מַאֲמִינִים שֶׁהוּא וְאֵין בִּלְתּוֹ:
זִכְרוֹנוֹת:	

הַחוֹתֵךְ חַיִּים לְכָל חַי:	וְכֹל מַאֲמִינִים שֶׁהוּא זוֹכֵר הַבְּרִית:
הַטּוֹב, וּמֵטִיב לָרָעִים וְלַטּוֹבִים:	וְכֹל מַאֲמִינִים שֶׁהוּא חַי וְקַיָּם:
הַיּוֹדֵעַ יֵצֶר כָּל יְצוּרִים:	וְכֹל מַאֲמִינִים שֶׁהוּא טוֹב לַכֹּל:
הַכֹּל יָכוֹל וְכוֹלְלָם יַחַד:	וְכֹל מַאֲמִינִים שֶׁהוּא יוֹצְרָם בַּבֶּטֶן:
הַלָּן בְּסֵתֶר בְּצֵל, שַׁדַּי:	וְכֹל מַאֲמִינִים שֶׁהוּא כָּל יָכוֹל:
הַמַּמְלִיךְ מְלָכִים וְלוֹ הַמְּלוּכָה:	וְכֹל מַאֲמִינִים שֶׁהוּא לְבַדּוֹ הוּא:
הַנּוֹהֵג בְּחַסְדּוֹ כָּל דּוֹר:	וְכֹל מַאֲמִינִים שֶׁהוּא מֶלֶךְ עוֹלָם:
הַסּוֹבֵל, וּמַעֲלִים עַיִן מִסּוֹרְרִים:	וְכֹל מַאֲמִינִים שֶׁהוּא נוֹצֵר חֶסֶד:

---

1. Nehemiah 8:10.   **2.** One of the Divine Names—v. Exodus 3:14; Shevuot 35a; Shulchan Aruch, Yoreh Deah 276:9.

עוֹד May our Master yet remember in our favor the love of the steadfast Patriarch [Abraham]; for the sake of the son [Isaac] who was bound on the altar may He silence our Accuser; and in the merit of the perfect one [Jacob] may the Awesome One (He today) bring forth our verdict finding us righteous, for this day is holy to our Master.[1]

בְּאֵין When there is no defender to intercede in our behalf against the Accuser who reports our transgression, You speak for Jacob [and invoke the merit of the observance of] the statutes and ordinances, and vindicate us in judgment, O King of Judgment.

THE ARK IS OPENED.

The following section is recited across the page paragraph by paragraph. The chazzan recites the first paragraph followed by the congregation. The subsequent paragraphs are recited by the congregation followed by the chazzan.

Transliteration, page 448.

הָאוֹחֵז He holds in His hand the attribute of judgment.
And all believe that He is the faithful God.
He probes and searches hidden secrets.
And all believe that He probes man's thoughts.
He redeems from death and delivers from the grave.
And all believe that He is the mighty Redeemer.
He alone judges all created beings.
And all believe that He is the true Judge.
He is called "I Will Be What I Will Be."[2]
And all believe that He was, He is, and He will be.
Sure is His Name, likewise His praise.
And all believe that He is, and there is none besides Him.
He remembers with a favorable remembrance those who remember Him.
And all believe that He remembers the Covenant.
He apportions life to all living beings.
And all believe that He lives and is eternal.
He is good and does good to the wicked and to the good.
And all believe that He is good to all.
He knows the inclination of all creatures.
And all believe that He has formed them in the womb.
He is all-powerful and contains them all.
And all believe that He is all-powerful.
He, the Omnipotent, abides in mystery, in shadow.
And all believe that He is One Alone.
He enthrones kings and Kingship is His.
And all believe that He is King of the world.
He guides every generation with loving-kindness.
And all believe that He preserves kindness.
He is patient and He overlooks [the actions of] the rebellious.

וְכֹל מַאֲמִינִים שֶׁהוּא סוֹלֵחַ סֶלָה: הָעֶלְיוֹן, וְעֵינוֹ אֶל יְרֵאָיו:

וְכֹל מַאֲמִינִים שֶׁהוּא עוֹנֶה לַחַשׁ:   הַפּוֹתֵחַ שַׁעַר לְדוֹפְקֵי בִּתְשׁוּבָה:

וְכֹל מַאֲמִינִים שֶׁהוּא פְּתוּחָה יָדוֹ:   הַצּוֹפֶה לָרָשָׁע וְחָפֵץ בְּהִצָּדְקוֹ:

וְכֹל מַאֲמִינִים שֶׁהוּא צַדִּיק וְיָשָׁר: הַקָּצֵר בְּזַעַם וּמַאֲרִיךְ אַף:

וְכֹל מַאֲמִינִים שֶׁהוּא קָשֶׁה לִכְעוֹס: הָרַחוּם, וּמַקְדִּים רַחֲמִים לְרֹגֶז:

וְכֹל מַאֲמִינִים שֶׁהוּא רַךְ לִרְצוֹת: הַשָּׁוֶה, וּמַשְׁוֶה קָטֹן וְגָדוֹל:

וְכֹל מַאֲמִינִים שֶׁהוּא שׁוֹפֵט צֶדֶק: הַתָּם, וּמִתַּמָּם עִם תְּמִימִים:

וְכֹל מַאֲמִינִים שֶׁהוּא תָּמִים פָּעֳלוֹ:

THE ARK IS CLOSED.

Chazzan:

תִּשְׂגַּב לְבַדְּךָ וְתִמְלֹךְ עַל כֹּל בְּיִחוּד, כַּכָּתוּב עַל יַד נְבִיאֶךָ: וְהָיָה יְיָ לְמֶלֶךְ עַל כָּל הָאָרֶץ, בַּיּוֹם הַהוּא יִהְיֶה יְיָ אֶחָד וּשְׁמוֹ אֶחָד:[1]

וּבְכֵן יִתְקַדֵּשׁ שִׁמְךָ יְיָ אֱלֹהֵינוּ עַל יִשְׂרָאֵל עַמֶּךָ, וְעַל יְרוּשָׁלַיִם עִירֶךָ, וְעַל צִיּוֹן מִשְׁכַּן כְּבוֹדֶךָ, וְעַל מַלְכוּת בֵּית דָּוִד מְשִׁיחֶךָ, וְעַל מְכוֹנְךָ וְהֵיכָלֶךָ:

וּבְכֵן תֵּן פַּחְדְּךָ יְיָ אֱלֹהֵינוּ עַל כָּל מַעֲשֶׂיךָ, וְאֵימָתְךָ עַל כֹּל מַה שֶּׁבָּרָאתָ, וְיִירָאוּךָ כָּל הַמַּעֲשִׂים, וְיִשְׁתַּחֲווּ לְפָנֶיךָ כָּל הַבְּרוּאִים, וְיֵעָשׂוּ כֻלָּם אֲגֻדָּה אֶחָת לַעֲשׂוֹת רְצוֹנְךָ בְּלֵבָב שָׁלֵם. שֶׁיָּדַעְנוּ יְיָ אֱלֹהֵינוּ שֶׁהַשָּׁלְטָן לְפָנֶיךָ, עֹז בְּיָדְךָ וּגְבוּרָה בִּימִינֶךָ, וְשִׁמְךָ נוֹרָא עַל כֹּל מַה שֶּׁבָּרָאתָ:

וּבְכֵן תֵּן כָּבוֹד יְיָ לְעַמֶּךָ, תְּהִלָּה לִירֵאֶיךָ, וְתִקְוָה טוֹבָה לְדוֹרְשֶׁיךָ, וּפִתְחוֹן פֶּה לַמְיַחֲלִים לָךְ, שִׂמְחָה לְאַרְצֶךָ, וְשָׂשׂוֹן לְעִירֶךָ, וּצְמִיחַת קֶרֶן לְדָוִד עַבְדֶּךָ, וַעֲרִיכַת נֵר לְבֶן יִשַׁי מְשִׁיחֶךָ, בִּמְהֵרָה בְיָמֵינוּ:

---

1. Zechariah 14:9.

And all believe that He pardons forever.
He is the Most High, and His eye is directed to those who fear Him.

And all believe that He answers silent prayer.
He opens the gate for those who knock in repentance.

And all believe that His hand is open.
He waits for the evildoer, and desires that he be exculpated.

And all believe that He is righteous and upright.
His wrath is brief and He is forbearing.

And all believe that He is hard to anger.
He is merciful and causes mercy to precede wrath.

And all believe that He is easily appeased.
He is immutable, and treats small and great alike.

And all believe that He is the righteous Judge.
He is perfect and acts with perfection to those who are sincere.

And all believe that His work is perfect.

THE ARK IS CLOSED.

Chazzan:

תשגב You alone will be exalted and will reign over all in Oneness, as it is written: The Lord shall be King over the entire earth; on that day the Lord shall be One and His Name One.[1]

ובכן And thus shall Your Name, Lord our God, be sanctified upon Israel Your people, upon Jerusalem Your city, upon Zion the abode of Your glory, upon the kingship of the house of David Your anointed, and upon Your dwelling-place and Your sanctuary.

ובכן And so, Lord our God, instill fear of You upon all that You have made, and dread of You upon all that You have created; and [then] all works will be in awe of You, all the created beings will prostrate themselves before You, and they all will form a single band to carry out Your will with a perfect heart. For we know, Lord our God, that rulership is Yours, strength is in Your [left] hand, might is in Your right hand, and Your Name is awesome over all that You have created.

ובכן And so, Lord, grant honor to Your people, glory to those who fear You, good hope to those who seek You, confident speech to those who yearn for You, joy to Your land, gladness to Your city, a flourishing of strength to David Your servant, and a setting up of light to the son of Yishai Your anointed, speedily in our days.

וּבְכֵן צַדִּיקִים יִרְאוּ וְיִשְׂמָחוּ, וִישָׁרִים יַעֲלֹזוּ, וַחֲסִידִים בְּרִנָּה יָגִילוּ, וְעוֹלָתָה תִּקְפָּץ פִּיהָ, וְהָרִשְׁעָה כֻלָּהּ בֶּעָשָׁן תִּכְלֶה, כִּי תַעֲבִיר מֶמְשֶׁלֶת זָדוֹן מִן הָאָרֶץ:

וְתִמְלוֹךְ אַתָּה הוּא יְיָ אֱלֹהֵינוּ לְבַדֶּךָ עַל כָּל מַעֲשֶׂיךָ, בְּהַר צִיּוֹן מִשְׁכַּן כְּבוֹדֶךָ, וּבִירוּשָׁלַיִם עִיר קָדְשֶׁךָ, כַּכָּתוּב בְּדִבְרֵי קָדְשֶׁךָ: יִמְלֹךְ יְיָ לְעוֹלָם, אֱלֹהַיִךְ צִיּוֹן לְדֹר וָדֹר, הַלְלוּיָהּ:

קָדוֹשׁ אַתָּה וְנוֹרָא שְׁמֶךָ, וְאֵין אֱלוֹהַּ מִבַּלְעָדֶיךָ, כַּכָּתוּב: וַיִּגְבַּהּ יְיָ צְבָאוֹת בַּמִּשְׁפָּט, וְהָאֵל הַקָּדוֹשׁ נִקְדַּשׁ בִּצְדָקָה. בָּרוּךְ אַתָּה יְיָ, הַמֶּלֶךְ הַקָּדוֹשׁ: (Cong.—אָמֵן)

אַתָּה בְחַרְתָּנוּ מִכָּל הָעַמִּים, אָהַבְתָּ אוֹתָנוּ וְרָצִיתָ בָּנוּ, וְרוֹמַמְתָּנוּ מִכָּל הַלְּשׁוֹנוֹת, וְקִדַּשְׁתָּנוּ בְּמִצְוֹתֶיךָ, וְקֵרַבְתָּנוּ מַלְכֵּנוּ לַעֲבֹדָתֶךָ, וְשִׁמְךָ הַגָּדוֹל וְהַקָּדוֹשׁ עָלֵינוּ קָרָאתָ:

On Shabbat, add the words in shaded parentheses.

וַתִּתֶּן לָנוּ יְיָ אֱלֹהֵינוּ בְּאַהֲבָה אֶת יוֹם (הַשַּׁבָּת הַזֶּה וְאֶת יוֹם) הַכִּפּוּרִים הַזֶּה, אֶת יוֹם סְלִיחַת הֶעָוֹן הַזֶּה, אֶת יוֹם מִקְרָא קֹדֶשׁ הַזֶּה, (לִקְדֻשָּׁה וְלִמְנוּחָה) לִמְחִילָה וְלִסְלִיחָה וּלְכַפָּרָה, וְלִמְחָל בּוֹ אֶת כָּל עֲוֹנוֹתֵינוּ, (בְּאַהֲבָה) מִקְרָא קֹדֶשׁ, זֵכֶר לִיצִיאַת מִצְרָיִם:

וּמִפְּנֵי חֲטָאֵינוּ גָּלִינוּ מֵאַרְצֵנוּ, וְנִתְרַחַקְנוּ מֵעַל אַדְמָתֵנוּ, וְאֵין אָנוּ יְכוֹלִים לַעֲשׂוֹת חוֹבוֹתֵינוּ בְּבֵית בְּחִירָתֶךָ, בַּבַּיִת הַגָּדוֹל וְהַקָּדוֹשׁ שֶׁנִּקְרָא שִׁמְךָ עָלָיו, מִפְּנֵי הַיָּד שֶׁנִּשְׁתַּלְּחָה בְּמִקְדָּשֶׁךָ. יְהִי רָצוֹן מִלְּפָנֶיךָ, יְיָ אֱלֹהֵינוּ וֵאלֹהֵי אֲבוֹתֵינוּ, מֶלֶךְ רַחֲמָן, שֶׁתָּשׁוּב וּתְרַחֵם עָלֵינוּ וְעַל

1. Psalms 146:10. 2. Isaiah 5:16.

ובכן And then the righteous will see and be glad, the upright will rejoice, and the pious will exult in song; injustice will shut its mouth and all wickedness will go up in smoke, when You will remove the rule of evil from the earth.

ותמלוך Lord our God, You are He who alone will reign over all Your works, in Mount Zion the abode of Your glory, in Jerusalem Your holy city, as it is written in Your holy Scriptures: The Lord shall reign forever, your God, O Zion, throughout all generations; praise the Lord.[1]

קדוש Holy are You, awesome is Your Name, and aside from You there is no God, as it is written: The Lord of hosts is exalted in justice and the holy God is sanctified in righteousness.[2] Blessed are You, Lord, the holy King. (Cong: Amen)

אתה You have chosen us from among all the nations; You have loved us and found favor with us. You have raised us above all tongues and made us holy through Your commandments. You, our King, have drawn us near to Your service and proclaimed Your great and holy Name upon us.

On Shabbat, add the words in shaded parentheses.

ותתן And You, Lord our God, have given us in love (this Shabbat day and) this Day of Atonements, this day of pardoning of sin, this day of holy assembly (for sanctity and tranquility) for forgiveness, pardon, and atonement, to forgive thereon all our wrongdoings, (in love,) a holy assembly, commemorating the Exodus from Egypt.

ומפני But because of our sins, we were exiled from our land and driven away from our soil; and we are unable to discharge our obligations in Your chosen House, the great and holy House upon which Your Name is proclaimed, because of the hand that was sent forth against Your Sanctuary. May it be Your will, Lord our God and God of our fathers, merciful King, in Your abounding compassion, again to have mercy on us and on Your Sanctuary, and

מִקְדָּשְׁךָ בְּרַחֲמֶיךָ הָרַבִּים, וְתִבְנֵהוּ מְהֵרָה וּתְגַדֵּל כְּבוֹדוֹ.
אָבִינוּ מַלְכֵּנוּ, אֱלֹהֵינוּ, גַּלֵּה כְּבוֹד מַלְכוּתְךָ עָלֵינוּ מְהֵרָה,
וְהוֹפַע וְהִנָּשֵׂא עָלֵינוּ לְעֵינֵי כָּל חָי, וְקָרֵב פְּזוּרֵינוּ מִבֵּין
הַגּוֹיִם, וּנְפוּצוֹתֵינוּ כַּנֵּס מִיַּרְכְּתֵי אָרֶץ. וַהֲבִיאֵנוּ לְצִיּוֹן עִירְךָ
בְּרִנָּה, וְלִירוּשָׁלַיִם בֵּית מִקְדָּשְׁךָ, בְּשִׂמְחַת עוֹלָם, וְשָׁם
נַעֲשֶׂה לְפָנֶיךָ אֶת קָרְבְּנוֹת חוֹבוֹתֵינוּ, תְּמִידִים כְּסִדְרָם
וּמוּסָפִים כְּהִלְכָתָם. וְאֶת

On Shabbat:	On weekdays:
מוּסְפֵי יוֹם הַשַּׁבָּת הַזֶּה וְיוֹם	מוּסַף יוֹם

הַכִּפּוּרִים הַזֶּה, יוֹם סְלִיחַת הֶעָוֹן הַזֶּה, יוֹם מִקְרָא קֹדֶשׁ
הַזֶּה, נַעֲשֶׂה וְנַקְרִיב לְפָנֶיךָ בְּאַהֲבָה, כְּמִצְוַת רְצוֹנֶךָ, כְּמוֹ
שֶׁכָּתַבְתָּ עָלֵינוּ בְּתוֹרָתֶךָ עַל יְדֵי מֹשֶׁה עַבְדֶּךָ מִפִּי כְבוֹדֶךָ,
כָּאָמוּר:

On Shabbat, add the following:

וּבְיוֹם הַשַּׁבָּת שְׁנֵי כְבָשִׂים בְּנֵי שָׁנָה תְּמִימִם, וּשְׁנֵי עֶשְׂרֹנִים
סֹלֶת מִנְחָה בְּלוּלָה בַשֶּׁמֶן וְנִסְכּוֹ. עֹלַת שַׁבַּת
בְּשַׁבַּתּוֹ, עַל עֹלַת הַתָּמִיד וְנִסְכָּהּ:[1]

וּבֶעָשׂוֹר לַחֹדֶשׁ הַשְּׁבִיעִי הַזֶּה, מִקְרָא קֹדֶשׁ יִהְיֶה לָכֶם,
וְעִנִּיתֶם אֶת נַפְשֹׁתֵיכֶם, כָּל מְלָאכָה לֹא תַעֲשׂוּ.
וְהִקְרַבְתֶּם עֹלָה לַיָי רֵיחַ נִיחֹחַ, פַּר בֶּן בָּקָר אֶחָד, אַיִל
אֶחָד, כְּבָשִׂים בְּנֵי שָׁנָה שִׁבְעָה, תְּמִימִם יִהְיוּ לָכֶם:[2]

וּמִנְחָתָם וְנִסְכֵּיהֶם כִּמְדֻבָּר: שְׁלֹשָׁה עֶשְׂרֹנִים לַפָּר, וּשְׁנֵי
עֶשְׂרֹנִים לָאַיִל, וְעִשָּׂרוֹן לַכֶּבֶשׂ, וְיַיִן כְּנִסְכּוֹ,
וּשְׁנֵי שְׂעִירִים לְכַפֵּר, וּשְׁנֵי תְמִידִים כְּהִלְכָתָם. מִלְּבַד
חַטַּאת הַכִּפּוּרִים וְעֹלַת הַתָּמִיד, וּמִנְחָתָהּ וְנִסְכֵּיהֶם:

---

1. Numbers 28:9-10.   2. Ibid. 29:7-8.

rebuild it soon and increase its glory. Our Father, our King, our God, speedily reveal the glory of Your Kingship upon us; appear and be exalted over us before the eyes of all the living. Gather our dispersed from among the nations, and assemble our scattered from the ends of the earth. Bring us with song to Zion Your city, and with everlasting joy to Jerusalem Your Sanctuary. There we will offer to You our obligatory sacrifices, the daily burnt-offerings according to their order and the *musaf* offerings according to their rule; and

On weekdays:	On Shabbat:
the *musaf* offering of	the *musaf* offerings of this Shabbat day and

this Day of Atonements, this day of pardoning of sin, this day of holy assembly we will prepare and offer to You with love in accordance with the command of Your will, as You have prescribed for us in Your Torah, through Moses Your servant in Your glorious Name, as it is stated:

On Shabbat, add the following:

וביום On the Shabbat day, two yearling male lambs without blemish, and two-tenths [of an *ephah*] of fine flour mixed with oil as a meal-offering, and its wine-offering—this is the burnt-offering for Shabbat, each Shabbat, aside from the daily burnt-offering and its wine-offering.[1]

ובעשור And on the tenth day of this seventh month you shall have a holy assembly, and you shall afflict yourselves; you shall do no work of labor. And you shall bring to the Lord a burnt-offering of pleasing odor: one young bullock, one ram, seven yearling lambs; they shall be to you without blemish.[2]

ומנחתם And their meal-offering and libations as prescribed— three-tenths [of an *ephah* of fine flour] for each bullock, two-tenths for the ram, one-tenth for each lamb, and wine in accordance with each one's wine-offering; as well as two he-goats for atonement, and two daily burnt-offerings according to their rule; aside from the sin-offering of atonement, the daily burnt-offering and its meal-offering and their libations.

On Shabbat, add the following:

יִשְׂמְחוּ בְמַלְכוּתְךָ שׁוֹמְרֵי שַׁבָּת וְקוֹרְאֵי עֹנֶג, עַם מְקַדְּשֵׁי שְׁבִיעִי, כֻּלָּם יִשְׂבְּעוּ וְיִתְעַנְּגוּ מִטּוּבֶךָ, וּבַשְּׁבִיעִי רָצִיתָ בּוֹ וְקִדַּשְׁתּוֹ, חֶמְדַּת יָמִים אוֹתוֹ קָרָאתָ, זֵכֶר לְמַעֲשֵׂה בְרֵאשִׁית:

THE ARK IS OPENED.

Chazzan and congregation:

עָלֵינוּ לְשַׁבֵּחַ לַאֲדוֹן הַכֹּל, לָתֵת גְּדֻלָּה לְיוֹצֵר בְּרֵאשִׁית, שֶׁלֹּא עָשָׂנוּ כְּגוֹיֵי הָאֲרָצוֹת, וְלֹא

THE ARK IS CLOSED TEMPORARILY.

שָׂמָנוּ כְּמִשְׁפְּחוֹת הָאֲדָמָה, שֶׁלֹּא שָׂם חֶלְקֵנוּ כָּהֶם, וְגוֹרָלֵנוּ כְּכָל הֲמוֹנָם, שֶׁהֵם מִשְׁתַּחֲוִים לְהֶבֶל וְלָרִיק.

THE ARK IS RE-OPENED.

While saying the word כּוֹרְעִים, kneel on the floor,[1] and at וּמִשְׁתַּחֲוִים, bow until your forehead touches the floor, and remain so until saying בָּרוּךְ הוּא.

וַאֲנַחְנוּ כּוֹרְעִים וּמִשְׁתַּחֲוִים וּמוֹדִים לִפְנֵי מֶלֶךְ מַלְכֵי הַמְּלָכִים, הַקָּדוֹשׁ בָּרוּךְ הוּא. שֶׁהוּא נוֹטֶה שָׁמַיִם וְיוֹסֵד אָרֶץ, וּמוֹשַׁב יְקָרוֹ בַּשָּׁמַיִם מִמַּעַל, וּשְׁכִינַת עֻזּוֹ בְּגָבְהֵי מְרוֹמִים. הוּא אֱלֹהֵינוּ אֵין עוֹד,

Congregation continues until the end of the paragraph. There is a tradition handed down from Rabbi Elazar Rokeach (c. 1160-1242) that as the chazzan concludes this paragraph aloud, the congregation recites the paragraph אַתָּה הָרְאֵתָ.

אֱמֶת מַלְכֵּנוּ, אֶפֶס זוּלָתוֹ, כַּכָּתוּב בְּתוֹרָתוֹ:[2] וְיָדַעְתָּ הַיּוֹם וַהֲשֵׁבֹתָ אֶל לְבָבֶךָ, כִּי יְיָ הוּא הָאֱלֹהִים, בַּשָּׁמַיִם מִמַּעַל וְעַל הָאָרֶץ מִתָּחַת, אֵין עוֹד:[3]

Chazzan continues אוֹחִילָה, next page.

אַתָּה הָרְאֵתָ לָדַעַת כִּי יְיָ הוּא הָאֱלֹהִים, אֵין עוֹד מִלְבַדּוֹ:[4] שְׁמַע יִשְׂרָאֵל, יְיָ אֱלֹהֵינוּ יְיָ אֶחָד:[5] הֵן לַיְיָ אֱלֹהֶיךָ הַשָּׁמַיִם וּשְׁמֵי הַשָּׁמַיִם, הָאָרֶץ וְכָל אֲשֶׁר בָּהּ:[6] כִּי יְיָ אֱלֹהֵיכֶם

---

1. See Laws, page 434.   2. Deuteronomy 4:39.   3. For further elucidation, see Tanya, part II, ch. 6.   4. Deuteronomy 4:35.   5. Ibid. 6:4.   6. Ibid. 10:14.

On Shabbat, add the following:

יִשְׂמְחוּ Those who observe the Shabbat and call it a delight shall rejoice in Your kingship; the nation which hallows the Seventh Day—all shall be satiated and delighted with Your goodness. You were pleased with the Seventh Day and made it holy; You called it the most desirable of days, in remembrance of the work of Creation.

THE ARK IS OPENED.

Chazzan and congregation:

Transliteration, page 438.

עָלֵינוּ It is incumbent upon us to praise the Master of all things, to exalt the Creator of all existence, that He has not made us like the nations of the world, nor caused us to be like the families of the earth; THE ARK IS CLOSED TEMPORARILY. that He has not assigned us a portion like theirs, nor a lot like that of all their multitudes, for they bow to vanity and nothingness.

THE ARK IS RE-OPENED.

While saying the words *bend the knee,* kneel on the floor,[1] and at *bow down,* bow until your forehead touches the floor, and remain so until saying *blessed be He.*

But we bend the knee, bow down, and offer praise before the supreme King of kings, the Holy One, blessed be He, who stretches forth the heavens and establishes the earth, the seat of whose glory is in the heavens above, and the abode of whose majesty is in the loftiest heights. He is our God; there is none else. Truly, He is our King; there is nothing besides Him, as it is written in His Torah:[2] Know this day and take unto your heart, that the Lord is God, in the heavens above and upon the earth below there is nothing else.[3]

Congregation continues until the end of the paragraph. There is a tradition handed down from Rabbi Elazar Rokeach (c.1160-1242) that as the chazzan concludes this paragraph aloud, the congregation recites the paragraph *You have.*

Chazzan continues *I place,* next page.

אַתָּה You have been shown to know that the Lord is God; there is none else aside from Him.[4] Hear, O Israel, the Lord is our God, the Lord is One.[5] Behold, the heavens and the heaven of heavens belong to the Lord your God, the earth and all therein.[6] For the Lord your God is the God of the supernal beings and the

הוּא אֱלֹהֵי הָאֱלֹהִים וַאֲדֹנֵי הָאֲדֹנִים, הָאֵל הַגָּדֹל הַגִּבֹּר וְהַנּוֹרָא אֲשֶׁר לֹא יִשָּׂא פָנִים וְלֹא יִקַּח שֹׁחַד:[1] כִּי שֵׁם יְיָ אֶקְרָא, הָבוּ גֹדֶל לֵאלֹהֵינוּ:[2] יְהִי שֵׁם יְיָ מְבֹרָךְ מֵעַתָּה וְעַד עוֹלָם:[3]

Chazzan:

אוֹחִילָה לָאֵל, אֲחַלֶּה פָנָיו, אֶשְׁאֲלָה מִמֶּנּוּ מַעֲנֵה לָשׁוֹן: אֲשֶׁר בִּקְהַל עָם אָשִׁירָה עֻזּוֹ, אַבִּיעָה רְנָנוֹת בְּעַד מִפְעָלָיו: לְאָדָם מַעַרְכֵי לֵב, וּמֵיְיָ מַעֲנֵה לָשׁוֹן:[4] אֲדֹנָי שְׂפָתַי תִּפְתָּח. וּפִי יַגִּיד תְּהִלָּתֶךָ:[5] יִהְיוּ לְרָצוֹן אִמְרֵי פִי וְהֶגְיוֹן לִבִּי לְפָנֶיךָ יְיָ צוּרִי וְגֹאֲלִי:[6]

THE ARK IS CLOSED.

THE AVODAH

The following sections until אֱלֹקֵינוּ, page 281, are recited by the chazzan and congregation.

אַתָּה כּוֹנַנְתָּ עוֹלָם מֵרֹאשׁ, יִסַּדְתָּ תֵבֵל וְהַכֹּל פָּעַלְתָּ, וּבְרִיּוֹת בּוֹ יָצָרְתָּ. בְּשׁוּרְךָ עוֹלָם תֹּהוּ וָבֹהוּ וְחֹשֶׁךְ עַל פְּנֵי תְהוֹם, גֵּרַשְׁתָּ אֹפֶל וְהִצַּבְתָּ נֹגַהּ. גֹּלֶם תַּבְנִיתְךָ מִן הָאֲדָמָה יָצַרְתָּ, וְעַל עֵץ הַדַּעַת אוֹתוֹ פָקַדְתָּ. דְּבָרְךָ זָנַח וְנִזְנַח מֵעֵדֶן, וְלֹא כִלִּיתוֹ לְמַעַן אֶרֶךְ אַפֶּךָ. הִגְדַּלְתָּ פִּרְיוֹ וּבֵרַכְתָּ זַרְעוֹ, וְהִפְרִיתָם בְּטוּבְךָ וְהוֹשַׁבְתָּם שָׁקֶט. וַיִּפְרְקוּ עֹל וַיֹּאמְרוּ לָאֵל סוּר מִמֶּנּוּ, וַהֲסִירוֹת יָד כְּרֶגַע, כְּחָצִיר אֻמְלָלוּ. זָכַרְתָּ בְּרִית לְתָמִים בְּדוֹרוֹ, וּבִזְכוּתוֹ שַׂמְתָּ לְעוֹלָם שְׁאֵרִית. חֹק בְּרִית קֶשֶׁת לְמַעֲנוֹ כָּרַתָּ, וּבְאַהֲבַת נִיחוֹחוֹ בָּנָיו בֵּרַכְתָּ. טָעוּ בְעָשְׁרָם וַיִּבְנוּ מִגְדָּל, וַיֹּאמְרוּ לְכוּ וְנַעֲלֶה וְנִבְקַע הָרָקִיעַ לְהִלָּחֶם בּוֹ. יָחִיד אַב הָמוֹן[7] פִּתְאֹם כְּכוֹכָב זָרַח מֵאוֹר כַּשְׂדִּים, לְהָאִיר בַּחֹשֶׁךְ.

---

1. Deuteronomy 10:17.   **2.** Ibid. 32:3.   **3.** Psalms 113:2.   **4.** Proverbs 16:1.   **5.** Psalms 51:17.
6. Ibid. 19:15.   **7.** Genesis 17:5.

Master of the heavenly hosts, the great, the mighty and the awesome God, who shows no favor and takes no bribe.¹ When I proclaim the Name of the Lord, ascribe greatness to our God.² May the Name of the Lord be blessed from now to all eternity.³

Chazzan:

אוחילה I place my hope in God, I entreat His countenance; I ask Him to grant me the gift of speech, that I may sing of His majesty in the assemblage of the people, that I may chant songs of prayer on behalf of His works [Israel]. The arrangement of thoughts belongs to man, but the gift of speech comes from the Lord.⁴ My Lord, open my lips, and my mouth shall declare Your praise.⁵ May the words of my mouth and the meditation of my heart be acceptable before You, Lord, my Strength and my Redeemer.⁶

THE ARK IS CLOSED.

THE AVODAH

The following sections until *Our God*, page 281, are recited by the chazzan and congregation.

אתה You established the world at the very beginning [of Creation]; You founded the inhabitable land, You made all things and created living beings on it. When You beheld the world desolate and void, with darkness over the surface of the deep, You dispelled darkness and established light. From the dust of the earth You fashioned man in Your likeness, and enjoined him concerning the Tree of Knowledge. He paid no heed to Your command and was banished from Eden; yet because of Your forbearance You did not destroy him. In Your goodness You made his offspring great, blessed his descendants and made them fruitful; You settled them in tranquility. But they cast off the Heavenly yoke and said: Depart from us! When You did remove Your hand [Providence], they instantly withered like grass. You remembered the covenant with [Noach,] the perfect in his generation, and in his merit You left a remnant of the world. For his sake You made the covenant of the rainbow as a statute, and in Your loving regard of his savory offering, You blessed his children. But they went astray on account of their wealth; they built a tower and said: Come, let us go up and break through the sky to wage war against Him. [Abraham,] the only one [in his generation with faith in You,] "father of a multitude [of nations],"⁷ suddenly shined forth from Ur Kasdim to illuminate

כַּעֲסֹךְ הֵפֵרְתָּ בְּשׁוּרְךָ פָּעֳלוֹ, וּלְעֵת שִׁיבָתוֹ לְבָבוֹ הֲקֵרֹתָּ.
לִוְיַת חֵן מִמֶּנּוּ הוֹצֵאתָ, טָלֶה טָהוֹר מִכֶּבֶשׂ נִבְחָר. מִגִּזְעוֹ
אִישׁ תָּם הוֹצֵאתָ, חָתוּם בִּבְרִיתְךָ מֵרֶחֶם לֻקָּח. נָתַתָּ לוֹ
שְׁנֵים עָשָׂר שְׁבָטִים, אֲהוּבֵי עֶלְיוֹן, עֲמוּסִים מִבֶּטֶן נִקְרָאוּ.
שַׂמְתָּ עַל לֵוִי לִוְיַת חֵן וָחֶסֶד, וּמִכָּל אֶחָיו כֶּתֶר לוֹ עִטַּרְתָּ.
עַמְרָם נִבְחַר מִזֶּרַע לֵוִי, אַהֲרֹן קְדוֹשׁ יְיָ לְשָׁרֶתְךָ קִדַּשְׁתָּ.
פֵּאַרְתּוֹ בְּבִגְדֵי שָׂרָד, וּבְקָרְבְּנוֹתָיו הֵפֵר כַּעֲסֶךָ. צִיץ וּמְעִיל
חֹשֶׁן וְאֵפוֹד, כֻּתֹּנֶת וּמִכְנְסֵי בַד מִצְנֶפֶת וְאַבְנֵט. קָרְבְּנוֹת
פָּרִים וְעוֹלוֹת כְּבָשִׂים, וּשְׁחִיטַת שְׂעִירִים וְנִיחוֹחַ אֵילִים.
רֵיחַ קְטֹרֶת רֹקַח מִרְקַחַת, וּבְעוּר גֶּחָלִים, וּזְרִיקַת דַּם
וּסְפִירַת יֹשֶׁר. שׁוּעַת קְטֹרֶת וּתְפִלַּת אֱמֶת, וּקְדֻשָּׁתוֹ
מְכַפֵּר עֲוֹנוֹתֵינוּ. תְּכֶן בּוּץ וַעֲרִיכַת אֶבֶן, מְחֻגָּר בְּכֻלָּם
כְּמַלְאַךְ מִיכָאֵל מְשָׁרֵת:

On Shabbat, add the words in shaded parentheses.

תִּכַּנְתָּ כָּל אֵלֶּה לִכְבוֹד אַהֲרֹן, כְּלֵי כַפָּרָה לְיִשְׂרָאֵל
שַׂמְתּוֹ, וְעַל יָדוֹ סְלִיחַת הֶעָוֹן נָתַתָּ. תַּחַת אַהֲרֹן
מִגִּזְעוֹ יַעֲמֹד, לְשָׁרֵת לְפָנֶיךָ בְּיוֹם הַסְּלִיחָה. תּוֹרַת מַעֲשֵׂה
וַעֲבוֹדַת הַיּוֹם שִׁבְעָה יָמִים בִּזְבוּלֵנוּ יִלְמוֹד, וּמַזִּין עָלָיו
שְׁלִישִׁי וּשְׁבִיעִי. שְׁלוּמֵי זִקְנֵי עָם וְחַכְמֵי אֶחָיו הַכֹּהֲנִים
תָּמִיד יְסוֹבְבוּהוּ עַד בּוֹא יוֹם הֶעָשׂוֹר, וְאוֹמְרִים לוֹ: רְאֵה
לִפְנֵי מִי אַתָּה נִכְנָס, לְמָקוֹם אֵשׁ לַהֶבֶת שַׁלְהֶבֶת. קְהַל
עֲדָתֵנוּ עָלֶיךָ יִסְמֹכוּ, וְעַל יָדְךָ תְּהֵא סְלִיחָתֵנוּ. צִוּוּהוּ
וְהִרְגִּילוּהוּ עַד בּוֹא יוֹם הֶעָשׂוֹר, כְּדֵי שֶׁיְּהֵא רָגִיל
בַּעֲבוֹדָה. פֵּרְשׂוּ לוֹ סָדִין שֶׁל בּוּץ בְּהַגִּיעַ עֵת שְׁחִיטַת
כֶּבֶשׂ הַתָּמִיד, לַעֲשׂוֹת מְחִיצָה בֵּינוֹ וּבֵין הָעָם. עוֹשֶׂה

the darkness. You stilled Your anger when You saw his good deeds; in his old age, You searched his heart. You brought forth from him [Isaac,] a garland of grace, a pure lamb, the choicest of sheep. From his stock You brought forth [Jacob,] the perfect one; with the sign of Your covenant marked in his flesh he was taken from the womb. You gave him twelve tribes, beloved of the exalted G-d; they were called "loved ones" from their very birth. You placed on Levi a garland of grace and love, and from among all his brothers You crowned him with the crown [of Priesthood]. Amram was chosen from the children of Levi, and You consecrated [his son] Aaron, holy to the Lord, to serve You. You adorned him with priestly vestments which together with his offerings stilled Your anger. [The priestly vestments were:] A forehead-plate, a robe, a breastplate, an *ephod*, a tunic, linen breeches, a turban, and a sash. [The priestly ritual of Yom Kippur consisted of:] Offerings of bullocks, burnt-offerings of sheep, ritual slaughtering of goats, and the pleasing odor of rams; the fragrant incense expertly compounded, the removal of the glowing coals, the sprinkling of the blood, the precise counting [of the sprinkling]; the acceptance of the incense-offering, sincere prayer and the holiness [of the *Kohen Gadol*—all these] atone for our sins. Robed in the prescribed number of linen garments and golden vestments set with precious stones, he appeared in all these like the ministering angel Michael.

On Shabbat, add the words in shaded parentheses.

תכנת You established all these in honor of Aaron, making him the instrument of atonement for Israel, and through him You granted pardon for iniquity. Succeeding Aaron, there stood before You one of his stock to serve You on the day of pardon. Seven days before Yom Kippur he would study in our Temple the practical laws and the ritual of the Day; on the third and seventh day, they sprinkled on him water of purification. The foremost elders of the people and his scholarly brethren among the *Kohanim* would constantly surround him until the arrival of the tenth day [of Tishrei], and say to him: "See before Whom you are entering, into a place of blazing, flaming fire; the congregation of our people depend on you, for through you comes our pardon." They instructed him and practiced with him until the arrival of the tenth day, so that he should be experienced in the service. [On Yom Kippur,] when the time arrived for offering the lamb of the daily burnt-offering, a linen sheet was spread out before him so as to serve as a partition between him and

מִצְוָה בְּאֵימָה וְיִרְאָה, וּבוֹדֵק עַצְמוֹ מֵחוֹצְצֵי טְבִילָה. שָׁשׁ
עַל מִצְוָה לְקַיֵּם דָּתוֹ, וּפָשַׁט בִּגְדֵי חוֹל, וְיָרַד וְטָבַל וְעָלָה
וְנִסְתַּפֵּג כְּמוֹ שֶׁהֻזְהַר. נָתְנוּ לוֹ בִגְדֵי זָהָב וְלָבַשׁ, וְקִדֵּשׁ
יָדָיו וְרַגְלָיו מִקִּתּוֹן שֶׁל זָהָב. מִיָּד מְקַבֵּל אֶת כֶּבֶשׂ הַתָּמִיד
וְשׁוֹחֵט בּוֹ רוֹב שְׁנָיִם, וּמַנִּיחַ לְאַחֵר לִגְמוֹר הַשְּׁחִיטָה,
וּמְקַבֵּל אֶת הַדָּם וּזְרָקוֹ עַל הַמִּזְבֵּחַ כְּמִצְוָתוֹ. לִפְנִים יִכָּנֵס
לְהֵיטִיב חָמֵשׁ נֵרוֹת וּלְהַקְטִיר קְטֹרֶת הַבֹּקֶר וּלְהֵיטִיב אֶת
שְׁתֵּי הַנֵּרוֹת הַנִּשְׁאָרוֹת, וְיָצָא וְהִקְרִיב אֶת הָרֹאשׁ וְאֶת
הָאֵיבָרִים כְּמִצְוֹתָן. בְּכָל יוֹם יַעֲשֶׂה מִנְחַת חֲבִתִּין וְינַסֵּךְ
אֶת הַיַּיִן בְּכָל כְּלֵי שִׁיר, וְאַחַר הַתָּמִיד מַקְרִיב פַּר הָעוֹלָה
וְשִׁבְעַת הַכְּבָשִׂים שֶׁל מוּסַף הַיּוֹם וּמִנְחָתָם וְנִסְכֵּיהֶם
כְּמִשְׁפָּטָם. (וּבְיוֹם הַשַּׁבָּת מַקְרִיב קוֹדֶם מוּסַף הַיּוֹם שְׁנֵי
כְבָשִׂים שֶׁל מוּסַף שַׁבָּת וּמִנְחָתָם, וְאַחַר כַּךְ מְסַדֵּר לֶחֶם
הַפָּנִים וּמַקְרִיב שְׁנֵי בָזִיכֵי לְבוֹנָה, וּמְנַסֵּךְ הַיַּיִן כְּהִלְכָתוֹ.)
יָבוֹא מִיָּד לְבֵית הַפַּרְוָה וּבַקֹּדֶשׁ הָיְתָה, וְיִפְרְשׂוּ לוֹ סָדִין
שֶׁל בּוּץ בֵּינוֹ לְבֵין הָעָם כְּבָרִאשׁוֹנָה. טֶרֶם יִפְשׁוֹט בִּגְדֵי
זָהָב, מְקַדֵּשׁ בִּנְקִיּוּת יָדָיו וְרַגְלָיו. חָל וּפָשַׁט בִּגְדֵי זָהָב,
יָרַד וְטָבַל כְּמוֹ שֶׁהֻזְהַר וְעָלָה וְנִסְתַּפֵּג. זְהָבִים מַעֲבִיר
וּלְבָנִים לוֹבֵשׁ, שֶׁעֲבוֹדַת הַיּוֹם בְּבִגְדֵי לָבָן. וּמִהֵר וְקִדֵּשׁ
יָדָיו וְרַגְלָיו, וּבָא לוֹ תְּחִלָּה אֵצֶל פָּרוֹ, וּפָרוֹ הָיָה עוֹמֵד
בַּצָּפוֹן, כְּנֶגֶד בֵּין הָאוּלָם וְלַמִּזְבֵּחַ, רֹאשׁוֹ לַדָּרוֹם וּפָנָיו
לַמַּעֲרָב, וְהַכֹּהֵן עוֹמֵד בְּמִזְרָח וּפָנָיו לַמַּעֲרָב. הוּא עוֹמֵד
בְּאֵימָה לִפְנֵי אֵל עֶלְיוֹן, וְאוֹמֵר עָלָיו דִּבְרֵי וִדּוּי, וְסָמַךְ
שְׁתֵּי יָדָיו עָלָיו וְהִתְוַדָּה:

the people. He performed the mitzvah with awe and fear, and examined his body for any interpositions which would disqualify his immersions in the *mikveh*. He rejoiced to fulfill the command of this law; he took off his weekday garments, went down [into the *mikveh*] and immersed himself, came up and dried himself, as he had been enjoined. He was then given the golden vestments which he put on; he sanctified [himself by washing] his hands and feet from a golden pitcher. Without delay, he received the lamb for the daily burnt-offering; he cut through the larger part of the two organs [the windpipe and gullet], leaving it for another to complete the *shechitah*. He received the blood and sprinkled it on the altar in accordance with the prescribed law. He then went inside [the Sanctuary] to clean the five cups [of the menorah], burned the morning incense-offering, and then cleaned the remaining two cups [of the menorah]. He came out and offered the head and the parts [of the daily burnt-offering] in accordance with the prescribed law. As on any other day, he brought the offering of pancakes and offered the libation of wine accompanied by various musical instruments. Following the daily burnt-offering, he offered the bullock of the burnt-offering and the seven lambs of the musaf-offerings of the Day, with their meal-offering and libation in accordance with their regulation. (On Shabbat, before the *musaf*-offerings of the Day, he offered the two lambs of the Shabbat *musaf*-offerings and their meal-offering. Then he arranged the showbread, offered the two censers with frankincense and poured the wine-offering according to its rule.) Immediately thereafter, he went to the Chamber of Parvah which was on holy ground [within the Temple Court], and as before, a linen sheet was spread out between him and the people. Before taking off his golden vestments, he sanctified [himself] by washing his hands and feet. Then he began to remove his golden vestments, went down [into the *mikveh*] and immersed himself as he had been enjoined, came up and dried himself. He had to take off his golden vestments and put on white vestments, for the service of the Day was to be performed in white vestments. He hastened to sanctify his hands and his feet and then proceeded first to his bullock which was standing in the northern side [of the Temple Court], between the Sanctuary antechamber and the altar, its head to the south and its face to the west; the *Kohen* [*Gadol*] stood in the east with his face to the west. Standing in awe before the exalted God, he said over [the bullock] words of confession, placed his two hands upon [its head], and made confession.

וְכָךְ הָיָה אוֹמֵר: אָנָּא הַשֵּׁם, חָטָאתִי עָוִיתִי
פָּשַׁעְתִּי לְפָנֶיךָ אֲנִי וּבֵיתִי. אָנָּא בַשֵּׁם, כַּפֶּר
נָא לַחֲטָאִים וְלַעֲוֹנוֹת וְלַפְּשָׁעִים שֶׁחָטָאתִי וְשֶׁעָוִיתִי
וְשֶׁפָּשַׁעְתִּי לְפָנֶיךָ אֲנִי וּבֵיתִי, כַּכָּתוּב בְּתוֹרַת מֹשֶׁה
עַבְדֶּךָ מִפִּי כְבוֹדֶךָ: כִּי בַיּוֹם הַזֶּה יְכַפֵּר עֲלֵיכֶם
לְטַהֵר אֶתְכֶם מִכֹּל חַטֹּאתֵיכֶם לִפְנֵי יְיָ:

While saying the words הָיוּ כוֹרְעִים, kneel on the floor,[2] and at עַל פְּנֵיהֶם וְנוֹפְלִים וּמִשְׁתַּחֲוִים,
bow until your forehead touches the floor, and remain so until saying וָעֶד.

וְהַכֹּהֲנִים וְהָעָם הָעוֹמְדִים בָּעֲזָרָה, כְּשֶׁהָיוּ
שׁוֹמְעִים אֶת הַשֵּׁם הַנִּכְבָּד וְהַנּוֹרָא
מְפֹרָשׁ יוֹצֵא מִפִּי כֹהֵן גָּדוֹל בִּקְדֻשָּׁה וּבְטָהֳרָה, הָיוּ
כּוֹרְעִים וּמִשְׁתַּחֲוִים וְנוֹפְלִים עַל פְּנֵיהֶם וְאוֹמְרִים:
בָּרוּךְ שֵׁם כְּבוֹד מַלְכוּתוֹ לְעוֹלָם וָעֶד:

וְאַף הוּא הָיָה מִתְכַּוֵּן כְּנֶגֶד הַמְבָרְכִים לִגְמוֹר אֶת הַשֵּׁם
וְאוֹמֵר: תִּטְהָרוּ, וְאַתָּה בְּטוּבְךָ מְעוֹרֵר רַחֲמֶיךָ
וְסוֹלֵחַ לְאִישׁ חֲסִידֶךָ:

דָּרַךְ וּבָא לוֹ לְמִזְרַח הָעֲזָרָה לִצְפוֹן הַמִּזְבֵּחַ, הַסְּגָן מִימִינוֹ
וְרֹאשׁ בֵּית אָב מִשְּׂמֹאלוֹ, וְשָׁם שְׁנֵי שְׂעִירִים, פְּנֵיהֶם
לְמַעֲרָב וַאֲחוֹרֵיהֶם לְמִזְרָח, אֶחָד לִימִינוֹ וְאֶחָד לִשְׂמֹאלוֹ,
טָרַף בְּקַלְפִּי וְהֶעֱלָה שְׁנֵי גוֹרָלוֹת. גּוֹרָל יָמִין כְּשֶׁהוּא שֶׁל
שֵׁם יִתְּנֵהוּ עַל הַשָּׂעִיר וְאוֹמֵר: לַייָ חַטָּאת:

Here it is not necessary to kneel.

וְהַכֹּהֲנִים וְהָעָם הָעוֹמְדִים בָּעֲזָרָה, כְּשֶׁהָיוּ שׁוֹמְעִים אֶת
הַשֵּׁם הַנִּכְבָּד וְהַנּוֹרָא מְפֹרָשׁ יוֹצֵא מִפִּי כֹהֵן

1. Leviticus 16:30. ‏ ‏ **2.** See Laws, page 434.

וכך And this is what he said: O God, I have sinned, I have committed iniquity, I have transgressed before You, I and my household. I beseech You, for the sake of Your ineffable Name, grant atonement for the sins, iniquities and transgressions which I have sinned, committed and transgressed before You, I and my household, as it is written in the Torah of Moses Your servant in Your glorious Name: For on this day atonement shall be made for you, to purify you of all your sins before the Lord...¹

While saying the words *they would bend their knees*, kneel on the floor,² and at *bow down and fall on their faces*, bow until your forehead touches the floor, and remain so until saying *and ever*.

והכהנים And when the *Kohanim* and the people standing in the Temple Court heard the glorious and awesome Name fully pronounced issuing from the mouth of the *Kohen Gadol* in holiness and purity, they would bend their knees, bow down and fall on their faces and exclaim: Blessed be the name of the glory of His kingdom forever and ever.

ואף The *Kohen Gadol* also aimed to complete the utterance of the Divine Name simultaneously with those reciting the blessing, and [end the verse] saying: You shall be cleansed.¹ And You in Your goodness aroused Your compassion and pardoned Your pious one.

דרך He then proceeded to go to the east of the Temple court, north of the altar, with the deputy *Kohen Gadol* at his right and the head of the priestly group [serving that week] at his left. Two he-goats were standing there, facing the west with their backs to the east, one to his right and one to his left. He shook the urn and brought up the two lots. If the lot that came up in his right hand had the Divine Name inscribed on it, he would place it on the goat and say: A sin-offering to the Lord.

Here it is not necessary to kneel.

והכהנים And when the *Kohanim* and the people standing in the Temple Court heard the glorious and awesome Name fully pronounced issuing from the mouth of the *Kohen*

גָּדוֹל בִּקְדֻשָּׁה וּבְטָהֳרָה, הָיוּ כּוֹרְעִים וּמִשְׁתַּחֲוִים וְנוֹפְלִים
עַל פְּנֵיהֶם וְאוֹמְרִים: בָּרוּךְ שֵׁם כְּבוֹד מַלְכוּתוֹ לְעוֹלָם
וָעֶד:

בְּשָׂעִיר עֲזָאזֵל לָשׁוֹן זְהוֹרִית מִשְׁקָל שְׁתֵּי סְלָעִים בֵּין
קַרְנָיו יִקְשׁוֹר, וְיַעֲמִידֵהוּ בְּשַׁעַר הַמִּזְרָח כְּנֶגֶד
בֵּית שִׁלּוּחוֹ. אַף בְּשָׂעִיר שֶׁהוּא שֶׁל שֵׁם יִקְשׁוֹר לָשׁוֹן שֶׁל
זְהוֹרִית כְּנֶגֶד בֵּית שְׁחִיטָתוֹ בְּצַוָּאר, וּבָא לוֹ שֵׁנִית אֵצֶל
פָּרוֹ, וְאוֹמֵר עָלָיו וִדּוּי בֵּיתוֹ וּוִדּוּי אֶחָיו הַכֹּהֲנִים, וְסָמַךְ
שְׁתֵּי יָדָיו עָלָיו וְהִתְוַדָּה:

וְכָךְ הָיָה אוֹמֵר: אָנָּא הַשֵּׁם, חָטָאתִי עָוִיתִי
פָּשַׁעְתִּי לְפָנֶיךָ אֲנִי וּבֵיתִי וּבְנֵי אַהֲרֹן עַם
קְדוֹשֶׁךָ. אָנָּא בַשֵּׁם, כַּפֶּר נָא לַחֲטָאִים וְלָעֲוֹנוֹת
וְלַפְּשָׁעִים שֶׁחָטָאתִי וְשֶׁעָוִיתִי וְשֶׁפָּשַׁעְתִּי לְפָנֶיךָ אֲנִי
וּבֵיתִי וּבְנֵי אַהֲרֹן עַם קְדוֹשֶׁךָ, כַּכָּתוּב בְּתוֹרַת מֹשֶׁה
עַבְדֶּךָ מִפִּי כְבוֹדֶךָ: כִּי בַיּוֹם הַזֶּה יְכַפֵּר עֲלֵיכֶם
לְטַהֵר אֶתְכֶם מִכֹּל חַטֹּאתֵיכֶם לִפְנֵי יְיָ:[1]

While saying the words הָיוּ כּוֹרְעִים, kneel on the floor,[2] and at עַל פְּנֵיהֶם וּמִשְׁתַּחֲוִים וְנוֹפְלִים,
bow until your forehead touches the floor, and remain so until saying וָעֶד.

וְהַכֹּהֲנִים וְהָעָם הָעוֹמְדִים בָּעֲזָרָה, כְּשֶׁהָיוּ
שׁוֹמְעִים אֶת הַשֵּׁם הַנִּכְבָּד וְהַנּוֹרָא
מְפוֹרָשׁ יוֹצֵא מִפִּי כֹהֵן גָּדוֹל בִּקְדֻשָּׁה וּבְטָהֳרָה, הָיוּ
כּוֹרְעִים וּמִשְׁתַּחֲוִים וְנוֹפְלִים עַל פְּנֵיהֶם וְאוֹמְרִים:
בָּרוּךְ שֵׁם כְּבוֹד מַלְכוּתוֹ לְעוֹלָם וָעֶד:

---

1. Leviticus 16:30. 2. See Laws, page 434.

Gadol in holiness and purity, they would bend their knees, bow down and fall on their faces and exclaim: Blessed be the name of the glory of His kingdom forever and ever.

בשעיר He bound a scarlet band weighing two *sela'im* between the horns of the goat to be sent to Azazel, and placed it at the eastern gate, whence it was to be sent away. Likewise, on the goat that was to be offered to God, he bound a scarlet band on the throat at the place of slaughter. Then he again went to his bullock and said over it confession for his household and for his fellow *Kohanim.* He laid his two hands on [its head] and made confession.

וכך And this is what he said: O God, I have sinned, I have committed iniquity, I have transgressed before You, I and my household and the children of Aaron, Your holy people. I beseech You, for the sake of Your ineffable Name, grant atonement for the sins, iniquities and transgressions which I have sinned, committed and transgressed before You, I and my household, and the children of Aaron, Your holy people, as it is written in the Torah of Moses Your servant in Your glorious Name: For on this day atonement shall be made for you, to purify you of all your sins before the Lord...[1]

While saying the words *they would bend their knees*, kneel on the floor,[2] and at *bow down and fall on their faces,* bow until your forehead touches the floor, and remain so until saying *and ever.*

והכהנים And when the *Kohanim* and the people standing in the Temple Court heard the glorious and awesome Name fully pronounced issuing from the mouth of the *Kohen Gadol* in holiness and purity, they would bend their knees, bow down and fall on their faces and exclaim: Blessed be the name of the glory of His kingdom forever and ever.

וְאַף הוּא הָיָה מִתְכַּוֵּן כְּנֶגֶד הַמְבָרְכִים לִגְמוֹר אֶת הַשֵּׁם
וְאוֹמֵר: תִּטְהָרוּ,[1] וְאַתָּה בְּטוּבְךָ מְעוֹרֵר רַחֲמֶיךָ
וְסוֹלֵחַ לְשֵׁבֶט מְשָׁרְתֶךָ:

אַחַר וִדּוּי שָׁקַד בְּעַצְמוֹ, לַעֲשׂוֹת חַטָּאתוֹ וְחַטַּאת
הָעָם. בָּדַק סַכִּין וְשָׁחַט פְּרוֹ רֹב שָׁנַיִם, וּמֵרַק
אַחַר אֶת הַשְּׁחִיטָה, וְקִבֵּל דָּמוֹ בְּמִזְרָק טָהוֹר. גַּם לַחֲבֵרוֹ
יִתֵּן מִיָּד לְמָרֵס בְּדָמוֹ, כְּדֵי שֶׁלֹּא יִקְרוֹשׁ. דַּם זֶה הִנִּיחוֹ
בְּיַד מִי שֶׁמְמָרֵס בּוֹ בָּעֲזָרָה עַל הָרוֹבֶד הָרְבִיעִי שֶׁמִּן
הַהֵיכָל וּלְחוּץ, וְנָטַל מַחְתָּה שֶׁל זָהָב אָדוֹם קַלָּה מַחֲזֶקֶת
שְׁלֹשָׁה קַבִּין וְיָדָהּ אֲרוּכָה, וְעָלָה לְרֹאשׁ הַמִּזְבֵּחַ, וּפִנָּה
גֶחָלִים שֶׁמַּחֲצִיתָן גַּחֶלֶת וּמַחֲצִיתָן שַׁלְהֶבֶת אֵילַךְ וָאֵילַךְ,
וְחָתָה מִן הַלּוֹחֲשׁוֹת מִצַּד מַעֲרָב הַמִּזְבֵּחַ. הוֹרִידָהּ מְלֵאָה
גַחֲלֵי אֵשׁ לוֹחֲשׁוֹת וְהִנִּיחָהּ עַל הָרוֹבֶד הָרְבִיעִי שֶׁבָּעֲזָרָה,
הוֹצִיאוּ לוֹ כַּף רֵיקָן וּמַחְתָּה מְלֵאָה קְטֹרֶת דַּקָּה מִן
הַדַּקָּה. וְחָפַן מִמֶּנָּה מְלֹא חָפְנָיו, לֹא מְחוּקוֹת וְלֹא
גְדוּשׁוֹת אֶלָּא טְפוּפוֹת, וְנָתַן לְתוֹךְ הַכַּף, וְנוֹתֵן בִּימִינוֹ
הַמַּחְתָּה שֶׁל גֶחָלִים וּבִשְׂמֹאלוֹ הַכַּף שֶׁל קְטֹרֶת. זֵרֵז
עַצְמוֹ וְנִכְנַס לְקֹדֶשׁ הַקֳּדָשִׁים עַד שֶׁמַּגִּיעַ לָאָרוֹן, וְהִנִּיחַ
הַמַּחְתָּה בֵּין בַּדֵּי הָאָרוֹן, וּבְבַיִת שֵׁנִי מַנִּיחַ עַל אֶבֶן
הַשְּׁתִיָּה. חָפַן כָּל הַקְּטֹרֶת שֶׁבְּכַף בְּחָפְנָיו וְנָתַן עַל
הַגֶּחָלִים לְצַד מַעֲרָב, וּמַמְתִּין שָׁם עַד שֶׁנִּתְמַלֵּא הַבַּיִת
כֻּלּוֹ עָשָׁן. טָהוֹר לֵב פָּסַע וְשָׁב לַאֲחוֹרָיו, פָּנָיו לַקֹּדֶשׁ
וַאֲחוֹרָיו לַהֵיכָל, עַד שֶׁיֵּצֵא מִן הַפָּרֹכֶת, וּמִתְפַּלֵּל בְּהֵיכָל
תְּפִלָּה קְצָרָה סָמוּךְ לַפָּרֹכֶת:

---

1. Leviticus 16:30.

ואף The *Kohen Gadol* also aimed to complete the utterance of the Divine Name simultaneously with those reciting the blessing, and [end the verse] saying: You shall be cleansed.[1] And You in Your goodness aroused Your compassion and pardoned the tribe that serves You.

אחר After the confession, he zealously hastened to prepare his sin-offering and the sin-offering of the people. He examined the knife, cut through the larger part of the two organs [the windpipe and gullet] of his bullock, with another completing the *shechitah*, and received its blood in a pure bowl. He gave it immediately to one of his fellow *Kohanim* to stir the blood so that it would not congeal. This blood he left in the hands of the one who was stirring it in the Temple Court on the fourth row of the pavement away from the Sanctuary. He took a light, red-gold fire-pan, holding three *kabim* and having a long handle; he went up to the top of the [outer] altar, cleared the burning coal—of which half were embers and half were flaming—to both sides, scooped up a panful of glowing coals and placed it on the fourth row of the pavement in the Temple Court. They brought out to him an empty ladle and a censer full of very finely ground incense, from which he took two hands full—neither leveled nor heaped, but liberally measured—and put it into the ladle. In his right hand he put the fire-pan with the glowing coals and in his left the ladle with the incense. Arousing within himself feelings of reverence, he entered the Holy of Holies, and when he reached the Ark, he set down the fire-pan between the staves of the Ark; and in the Second Temple, he set it upon the Foundation Stone. He transferred all the incense from the ladle into his hands, put it on the glowing coals to the west side and waited there until the Holy of Holies became filled with smoke. The *Kohen Gadol*, pure of heart, stepped backwards with his face toward the Holy of Holies and his back toward the Sanctuary, until he exited from behind the curtain, and in the Sanctuary near the curtain, he offered a brief prayer.

וּבְכָךְ הָיְתָה תְּפִלָּתוֹ שֶׁל כֹּהֵן גָּדוֹל: יְהִי רָצוֹן
מִלְּפָנֶיךָ, יְיָ אֱלֹהֵינוּ וֵאלֹהֵי אֲבוֹתֵינוּ, שֶׁתְּהֵא
שָׁנָה זוֹ הַבָּאָה עָלֵינוּ וְעַל כָּל עַמְּךָ בֵּית יִשְׂרָאֵל בְּכָל
מָקוֹם שֶׁהֵם אִם שְׁחוּנָה גְּשׁוּמָה, וְאַל יִכָּנֵס לְפָנֶיךָ
תְּפִלַּת עוֹבְרֵי דְרָכִים לְעִנְיַן הַגֶּשֶׁם בְּשָׁעָה שֶׁהָעוֹלָם
צָרִיךְ לוֹ, וְשֶׁלֹּא יִצְטָרְכוּ עַמְּךָ בֵּית יִשְׂרָאֵל בְּפַרְנָסָה
זֶה לָזֶה וְלֹא לְעַם אַחֵר, שָׁנָה שֶׁלֹּא תַפִּיל אִשָּׁה פְּרִי
בִטְנָהּ, וְשֶׁיִּתְּנוּ עֲצֵי הַשָּׂדֶה אֶת תְּנוּבָתָם, וְלֹא יַעֲדֵי
עֲבִיד שׁוּלְטָן מִדְּבֵית יְהוּדָה:

יָצָא וְנָטַל דַּם הַפָּר מִמִּי שֶׁמְּמָרֵם בּוֹ, וְנִכְנַס לַמָּקוֹם
שֶׁנִּכְנַס וְעָמַד בְּמָקוֹם שֶׁעָמַד, וְהִזָּה מִמֶּנּוּ לִפְנֵי
הַכַּפֹּרֶת בֵּין בַּדֵּי הָאָרוֹן, אַחַת לְמַעְלָה וְשֶׁבַע לְמַטָּה, וְלֹא
הָיָה מִתְכַּוֵּן לְהַזּוֹת לֹא לְמַעְלָה וְלֹא לְמַטָּה אֶלָּא כְּמַצְלִיף:

וּבְכָךְ הָיָה מוֹנֶה: אַחַת, אַחַת וְאַחַת, אַחַת וּשְׁתַּיִם,
אַחַת וְשָׁלֹשׁ, אַחַת וְאַרְבַּע, אַחַת וְחָמֵשׁ,
אַחַת וָשֵׁשׁ, אַחַת וָשֶׁבַע. יָצָא מִקָּדְשֵׁי הַקֳּדָשִׁים
וְהִנִּיחוֹ עַל כֵּן הַזָּהָב שֶׁהָיָה בַהֵיכָל:

כְּצֵאתוֹ הֵבִיאוּ לוֹ שָׂעִיר חַטָּאת, שְׁחָטוֹ וְקִבֵּל דָּמוֹ
בְּמִזְרָק טָהוֹר. לִפְנִים יִכָּנֵס לְהַזּוֹת מִדָּמוֹ בֵּין
שְׁנֵי בַדֵּי הָאָרוֹן כְּסֵדֶר דַּם הַפָּר, אַחַת לְמַעְלָה וְשֶׁבַע
לְמַטָּה, וְלֹא הָיָה מִתְכַּוֵּן לְהַזּוֹת לֹא לְמַעְלָה וְלֹא לְמַטָּה
אֶלָּא כְּמַצְלִיף:

וכך The following was the prayer of the *Kohen Gadol*: May it be Your will, Lord our God and God of our fathers, that this coming year shall be for us and for all Your people, the House of Israel, wherever they are, rich in rain if it is hot. And when the world is in need of rain, do not permit the prayers of travelers with regard to rain to gain entrance before You. May Your people, the House of Israel, not be dependent for their livelihood upon one another nor upon any other people. May it be a year that no woman suffer miscarriage; and that the trees of the field yield their produce; and may there not depart a ruler from the House of Judah.

יצא He came out [of the Sanctuary], took the blood of the bullock from the one who was stirring it, entered the place where he had entered [before—the Holy of Holies], stood where he had stood [before—between the two staves of the Ark], and sprinkled from it in front of the Ark-cover between the staves of the Ark, once upward and seven times downward; he did not aim to sprinkle [at a specific point] above or below [the Ark-cover], but made the movement as if swinging a whip.

וכך And thus he would count: One; one and one; one and two; one and three; one and four; one and five; one and six; one and seven. Then he went out of the Holy of Holies and set [the bowl with blood] on the golden stand which was in the Sanctuary.

כצאתו As he came out [of the Sanctuary], they brought him the goat for the sin-offering. He slaughtered it and received its blood in a pure bowl. He [again] entered the Holy of Holies to sprinkle of its blood between the two staves of the Ark in the same manner as the blood of the bullock, once upward and seven times downward; he did not aim to sprinkle [at a specific point] above or below [the Ark-cover], but made the movement as if swinging a whip.

וְכָךְ הָיָה מוֹנֶה: אַחַת, אַחַת וְאַחַת, אַחַת וּשְׁתַּיִם,
אַחַת וְשָׁלֹשׁ, אַחַת וְאַרְבַּע, אַחַת וְחָמֵשׁ,
אַחַת וָשֵׁשׁ, אַחַת וָשֶׁבַע. יָצָא וְהִנִּיחַ עַל כַּן הַזָּהָב
הַשֵּׁנִי שֶׁהָיָה בְהֵיכָל:

מִהֵר וְנָטַל דַּם הַפָּר מִן הַכַּן שֶׁהִנִּיחַ עָלָיו, וְטוֹבֵל אֶצְבָּעוֹ
עַל כָּל הַזָּיָה, וְהִזָּה מִמֶּנּוּ עַל הַפָּרֹכֶת כְּנֶגֶד הָאָרוֹן
מִבַּחוּץ, אַחַת לְמַעְלָה וְשֶׁבַע לְמַטָּה, וְלֹא הָיָה מִתְכַּוֵּן
לְהַזּוֹת לֹא לְמַעְלָה וְלֹא לְמַטָּה אֶלָּא כְּמַצְלִיף:

וְכָךְ הָיָה מוֹנֶה: אַחַת, אַחַת וְאַחַת, אַחַת וּשְׁתַּיִם,
אַחַת וְשָׁלֹשׁ, אַחַת וְאַרְבַּע, אַחַת וְחָמֵשׁ,
אַחַת וָשֵׁשׁ, אַחַת וָשֶׁבַע:

נָחַץ וְהִנִּיחַ דַּם הַפָּר וְנָטַל דַּם הַשָּׂעִיר וְעָשָׂה לְדָמוֹ
כַּאֲשֶׁר עָשָׂה לְדַם הַפָּר, וְהִזָּה עַל הַפָּרֹכֶת כְּנֶגֶד
הָאָרוֹן מִבַּחוּץ, אַחַת לְמַעְלָה וְשֶׁבַע לְמַטָּה, וְלֹא הָיָה
מִתְכַּוֵּן לְהַזּוֹת לֹא לְמַעְלָה וְלֹא לְמַטָּה אֶלָּא כְּמַצְלִיף:

וְכָךְ הָיָה מוֹנֶה: אַחַת, אַחַת וְאַחַת, אַחַת וּשְׁתַּיִם,
אַחַת וְשָׁלֹשׁ, אַחַת וְאַרְבַּע, אַחַת וְחָמֵשׁ,
אַחַת וָשֵׁשׁ, אַחַת וָשֶׁבַע:

שָׁשׁ וְעָרָה דַּם הַפָּר לְתוֹךְ הַמִּזְרָק שֶׁבּוֹ דַּם הַשָּׂעִיר, וְנָתַן
הַמָּלֵא בְּרֵיקָן כְּדֵי שֶׁיִּתְעָרְבוּ יָפֶה יָפֶה זֶה בָזֶה, וּבָא
וְעָמַד לִפְנִים מִמִּזְבַּח הַזָּהָב בֵּין הַמִּזְבֵּחַ וְהַמְּנוֹרָה, וּמַתְחִיל
לְהַזּוֹת מִדַּם הַתַּעֲרוּבֶת. עַל אַרְבַּע קַרְנוֹתָיו יִתֵּן כְּסִדְרָן,

וכך And thus he would count: One; one and one; one and two; one and three; one and four; one and five; one and six; one and seven. Then he went out and set [the bowl with blood] on the second golden stand which was in the Sanctuary.

מהר He hastened and took the blood of the bullock from the stand whereon he had placed it, dipped his finger in the blood for each sprinkling, and sprinkled from it upon the curtain, outside [in the Sanctuary] toward the Ark, once upward and seven times downward; he did not aim to sprinkle [at a specific point] above or below [the Ark-cover], but made the movement as if swinging a whip.

וכך And thus he would count: One; one and one; one and two; one and three; one and four; one and five; one and six; one and seven.

נחץ He then hurriedly set down the blood of the bullock [upon the stand], took the blood of the goat, and did with its blood as he had done with the blood of the bullock— sprinkling upon the curtain, on the outside toward the Ark, once upward and seven times downward; he did not aim to sprinkle [at a specific point] above or below [the Ark-cover], but made the movement as if swinging a whip.

וכך And thus he would count: One; one and one; one and two; one and three; one and four; one and five; one and six; one and seven.

שש Rejoicing [in the mitzvah], he poured the blood of the bullock into the bowl which contained the blood of the goat, and poured back the full bowl into the empty one, so that their blood would be thoroughly mixed one with the other. Then he went and stood to the front of the golden altar, between the altar and the menorah, and began to sprinkle from the mixed blood. He sprinkled on the four corners [of

מַתְחִיל מִקֶּרֶן מִזְרָחִית צְפוֹנִית וּמְסַיֵּם בְּקֶרֶן דְּרוֹמִית
מִזְרָחִית, וְחוֹתֶה הַגֶּחָלִים וְהָאֵפֶר בַּמִּזְבֵּחַ הַזָּהָב הֵילַךְ
וְהֵילַךְ עַד שֶׁמְּגַלֶּה זְהָבוֹ, וּמֵזֶּה מִדַּם הַתַּעֲרוֹבֶת עַל
טׇהֳרוֹ שֶׁל מִזְבֵּחַ שֶׁבַע פְּעָמִים. פָּסַע וְיָצָא לְצַד דָּרוֹם
חוּץ לָאוּלָם, וְשָׁפַךְ אֶת הַשִּׁירַיִם עַל יְסוֹד מַעֲרָבִי שֶׁל
מִזְבֵּחַ הַחִיצוֹן. צָעַד וּבָא לוֹ אֵצֶל הַשָּׂעִיר הַמִּשְׁתַּלֵּחַ
לַעֲזָאזֵל לְהִתְוַדּוֹת עָלָיו אַשְׁמַת קְהָלוֹ, וְסָמַךְ שְׁתֵּי יָדָיו
עָלָיו וְהִתְוַדָּה:

וְכָךְ הָיָה אוֹמֵר: אָנָּא הַשֵּׁם, חָטְאוּ עָווּ פָּשְׁעוּ
לְפָנֶיךָ עַמְּךָ בֵּית יִשְׂרָאֵל. אָנָּא בַשֵּׁם, כַּפֶּר
נָא לַחֲטָאִים וְלַעֲוֹנוֹת וְלַפְּשָׁעִים שֶׁחָטְאוּ וְשֶׁעָווּ
וְשֶׁפָּשְׁעוּ לְפָנֶיךָ עַמְּךָ בֵּית יִשְׂרָאֵל, כַּכָּתוּב בְּתוֹרַת
מֹשֶׁה עַבְדֶּךָ מִפִּי כְבוֹדֶךָ: כִּי בַיּוֹם הַזֶּה יְכַפֵּר
עֲלֵיכֶם לְטַהֵר אֶתְכֶם מִכֹּל חַטֹּאתֵיכֶם לִפְנֵי יְיָ:[1]

While saying the words הָיוּ כוֹרְעִים, kneel on the floor,[2] and at עַל פְּנֵיהֶם וּמִשְׁתַּחֲוִים וְנוֹפְלִים,
bow until your forehead touches the floor, and remain so until saying וָעֶד.

וְהַכֹּהֲנִים וְהָעָם הָעוֹמְדִים בָּעֲזָרָה, כְּשֶׁהָיוּ
שׁוֹמְעִים אֶת הַשֵּׁם הַנִּכְבָּד וְהַנּוֹרָא
מְפוֹרָשׁ יוֹצֵא מִפִּי כֹהֵן גָּדוֹל בִּקְדֻשָּׁה וּבְטׇהֳרָה, הָיוּ
כּוֹרְעִים וּמִשְׁתַּחֲוִים וְנוֹפְלִים עַל פְּנֵיהֶם וְאוֹמְרִים:
בָּרוּךְ שֵׁם כְּבוֹד מַלְכוּתוֹ לְעוֹלָם וָעֶד:

---

1. Leviticus 16:30.   **2.** See Laws, page 434.

the altar] in consecutive order, beginning at the northeastern corner and ending at the southeastern. He raked the embers and the ashes on the golden altar to both sides until he exposed its golden surface and sprinkled from the mixed blood on the cleaned part of the altar seven times. He walked toward the south, outside the Sanctuary antechamber and poured out the remainder of the blood at the western base of the outer altar. Then he stepped forth and came to the goat designated to be sent to Azazel, to make confession over it for the guilt of his congregation; he placed his two hands [upon its head] and confessed.

וכך And this is what he said: O God, Your people, the House of Israel, have sinned, have committed iniquity and have transgressed before You. I beseech You, for the sake of Your ineffable Name, grant atonement for the sins, iniquities and transgressions which Your people, the House of Israel, have sinned, committed and trans-gressed, as it is written in the Torah of Moses Your servant in Your glorious Name: For on this day, atone-ment shall be made for you, to purify you of all your sins before the Lord.[1]

While saying the words *they would bend their knees*, kneel on the floor,[2] and at *bow down and fall on their faces*, bow until your forehead touches the floor, and remain so until saying *and ever*.

והכהנים And when the *Kohanim* and the people stand-ing in the Temple Court heard the glorious and awe-some Name fully pronounced issuing from the mouth of the *Kohen Gadol* in holiness and purity, they would bend their knees, bow down and fall on their faces and exclaim: Blessed be the name of the glory of His kingdom forever and ever.

וְאַף הוּא הָיָה מִתְכַּוֵּן כְּנֶגֶד הַמְבָרְכִים לִגְמוֹר אֶת הַשֵּׁם
וְאוֹמֵר: תִּטְהָרוּ,¹ וְאַתָּה בְּטוּבְךָ מְעוֹרֵר רַחֲמֶיךָ
וְסוֹלֵחַ לַעֲדַת יְשֻׁרוּן:²

קָרָא לְאֶחָד מִן הַכֹּהֲנִים הַמְזֻמָּן מֵאֶתְמוֹל לְהוֹלִיכוּ
וּמְסָרוּ לוֹ, וְהוֹלִיכוּ אֶל אֶרֶץ גְּזֵרָה לְמִדְבַּר שָׁמֵם,
וּכְשֶׁהִגִּיעַ לַצּוּק חוֹלֵק לָשׁוֹן שֶׁל זְהוֹרִית שֶׁבְּקַרְנָיו, חֶצְיוֹ
קוֹשֵׁר בְּסֶלַע וְחֶצְיוֹ בֵּין קַרְנָיו, וּדְחָפוֹ בִּשְׁתֵּי יָדָיו
לַאֲחוֹרָיו, וְהוּא הָיָה מִתְגַּלְגֵּל וְיוֹרֵד, וְלֹא הָיָה מַגִּיעַ לַחֲצִי
הָהָר עַד שֶׁנַּעֲשָׂה אֲבָרִים אֲבָרִים, וְאוֹמֵר: כָּךְ יִמָּחוּ
עֲוֹנוֹת עַמְּךָ בֵּית יִשְׂרָאֵל. רָץ לוֹ אֵצֶל הַפָּר וְאֵצֶל הַשָּׂעִיר
הַנִּשְׂרָפִים, וְקָרְעָן וְהוֹצִיא אֵמוּרֵיהֶם וּנְתָנָם בְּמָגֵס
לְהַקְטִירָם עַל גַּבֵּי הַמִּזְבֵּחַ, וּבְשָׂרָן קְלָעָן בִּמְקַלְעוֹת
וּמְשַׁלְּחָן בְּיַד אֲחֵרִים לְהוֹצִיאָן לְבֵית הַשְּׂרֵפָה. שָׁב וּבָא
לְעֶזְרַת נָשִׁים אַחַר שֶׁהִגִּיעַ הַשָּׂעִיר לַמִּדְבָּר לִקְרוֹת
בְּתוֹרַת כֹּהֲנִים פָּרָשַׁת אַחֲרֵי מוֹת³ וְאַךְ בֶּעָשׂוֹר,⁴ וְגוֹלֵל
הַסֵּפֶר תּוֹרָה וּמַנִּיחוֹ בְּחֵיקוֹ וְאוֹמֵר: יוֹתֵר מִמַּה שֶּׁקָּרִיתִי
לִפְנֵיכֶם כָּתוּב כָּאן. וּבֶעָשׂוֹר⁵ שֶׁבְּחֻמָשׁ הַפְּקוּדִים קוֹרֵא
עַל פֶּה, וּמְבָרֵךְ לְאַחֲרֵיהֶם שְׁמוֹנֶה בְּרָכוֹת: עַל הַתּוֹרָה,
וְעַל הָעֲבוֹדָה, וְעַל הַהוֹדָאָה, וְעַל מְחִילַת הֶעָוֹן, וְעַל
הַמִּקְדָּשׁ, וְעַל יִשְׂרָאֵל, וְעַל הַכֹּהֲנִים, וְעַל שְׁאָר הַתְּפִלָּה:⁶

תִּכֶּן צְעָדָיו וּבָא לְבֵית הַטְּבִילָה, וְקִדֵּשׁ יָדָיו וְרַגְלָיו,
וּפָשַׁט בְּגָדָיו לָבָן וְיָרַד וְטָבַל עָלָה וְנִסְתַּפַּג, הֵבִיאוּ
לוֹ בִּגְדֵי זָהָב וְלָבַשׁ וְקִדֵּשׁ יָדָיו וְרַגְלָיו, וְעָשָׂה שָׂעִיר

---

1. Leviticus 16:30.   2. V. Isaiah 44:2.   3. Leviticus 16:1-34.   4. Ibid. 23:26-32.   5. Numbers 29:7-11.   6. Cf. Yoma 70a.

ואף The *Kohen Gadol* also aimed to complete the utterance of the Divine Name simultaneously with those reciting the blessing, and [end the verse] saying: You shall be cleansed.[1] And You in Your goodness aroused Your compassion and pardoned the congregation of Yeshurun.[2]

קרא [The *Kohen Gadol*] summoned a *Kohen* who had been designated the previous day to lead away [the scapegoat], and handed it over to him. He led it to an uninhabited land, to a desolate wilderness. When he reached the top of the cliff, he divided the scarlet band that was on its horns and tied one half to the rock and the other half between its horns, and with his two hands pushed it backwards. [The goat] went rolling down and before it reached half way down the cliff it was dashed to pieces. And [the *Kohen*] would say: Thus may the sins of Your people, the House of Israel, be wiped away. [After the *Kohen Gadol* sent off the scapegoat,] he hastened to the bullock and the goat that were to be burned, cut them open, removed [the sacrificial portions of] their inner parts and put them on a tray to be burned upon the altar. He twisted their flesh upon carrying-poles and sent it with others to be taken out to the burning-place. When the scapegoat had reached the wilderness, he returned to the Women's Court to read [from a *Sefer Torah*] in Leviticus, the sections *Acharei Mot*[3] and "But on the tenth...."[4] He rolled up the *Sefer Torah*, put it in his bosom and said: More than I read before you is written here. Then he recited by heart the section "On the tenth day" in Numbers.[5] He said thereafter eight blessings: for the Torah, for the Temple service, for thanksgiving, for the forgiveness of sin, for the Bet Hamikdash, for the Israelites, for the *Kohanim* and for the redemption of His people.[6]

תכן He then directed his steps to the house of immersion, sanctified his hands and his feet, took off the white vestments, went down [into the *mikveh*] and immersed himself, came up and dried himself. The golden vestments were brought to him; he put them on, sanctified his hands and his feet, and offered the goat [whose blood was sprinkled on] the outside altar,

הַנַּעֲשֶׂה בַחוּץ שֶׁהוּא מִמּוּסַף הַיּוֹם, וְאַחַר כַּךְ מַקְרִיב אֶת
אֵילוֹ וְאֶת אֵיל הָעָם וּמִנְחָתָם וְנִסְכֵּיהֶם כְּמִשְׁפָּטָם,
וּמַקְטִיר הָאֵמוּרִים שֶׁל פַּר וְשָׂעִיר הַנִּשְׂרָפִים, וְאַחַר כַּךְ
מַקְרִיב תָּמִיד שֶׁל בֵּין הָעַרְבַּיִם כְּהִלְכָתוֹ:

אַחַר כַּלּוֹתוֹ מֵעֲשׂוֹת כָּל אֵלֶּה, עוֹד בָּא לוֹ לְבֵית
הַטְּבִילָה, מְהֵר וְקִדֵּשׁ יָדָיו וְרַגְלָיו, וּפָשַׁט בִּגְדֵי זָהָב
וְיָרַד וְטָבַל עָלָה וְנִסְתַּפָּג, הֵבִיאוּ לוֹ בִגְדֵי לָבָן לָבַשׁ וְקִדֵּשׁ
יָדָיו וְרַגְלָיו, נִכְנַס לְבֵית קֹדֶשׁ הַקֳּדָשִׁים לְהוֹצִיא אֶת הַכַּף
וְאֶת הַמַּחְתָּה שֶׁהִכְנִים בְּשַׁחֲרִית. וְעוֹד בָּא לוֹ לְבֵית
הַטְּבִילָה, וְקִדֵּשׁ יָדָיו וְרַגְלָיו, וּפָשַׁט בִּגְדֵי לָבָן וְיָרַד וְטָבַל
עָלָה וְנִסְתַּפָּג, הֵבִיאוּ לוֹ בִגְדֵי זָהָב לָבַשׁ וְקִדֵּשׁ יָדָיו וְרַגְלָיו,
נִכְנַס לַהֵיכָל לְהַקְטִיר אֶת הַקְּטֹרֶת שֶׁל בֵּין הָעַרְבַּיִם
וּלְהַדְלִיק אֶת הַנֵּרוֹת כִּשְׁאָר יָמִים, וְיָצָא וְהִקְרִיב מִנְחַת
הַתָּמִיד וּמוֹתַר מִנְחַת חֲבִתִּין וּמְנַסֵּךְ הַיַּיִן בְּכָל כְּלֵי שִׁיר
כְּהִלְכָתוֹ, וְקִדֵּשׁ יָדָיו וְרַגְלָיו, וּפָשַׁט בִּגְדֵי זָהָב, הֵבִיאוּ לוֹ
בִּגְדֵי עַצְמוֹ וְלָבַשׁ, וּמְלַוִּין אוֹתוֹ עַד בֵּיתוֹ, וְיוֹם טוֹב הָיָה
עוֹשֶׂה בְּצֵאתוֹ בְּשָׁלוֹם מִן הַקֹּדֶשׁ:

אַשְׁרֵי הָעָם שֶׁכָּכָה לּוֹ, אַשְׁרֵי הָעָם שֶׁיְיָ אֱלֹהָיו:¹ וּבְכֵן
כְּמוֹ שֶׁשָּׁמַעְתָּ תְּפִלַּת כֹּהֵן גָּדוֹל בַּהֵיכָל, כְּמוֹ כֵן
מִפִּינוּ תִּשְׁמַע וְתוֹשִׁיעַ:

יְהִי רָצוֹן מִלְּפָנֶיךָ, יְיָ אֱלֹהֵינוּ וֵאלֹהֵי אֲבוֹתֵינוּ, שֶׁתְּהֵא
הַשָּׁנָה הַזֹּאת הַבָּאָה עָלֵינוּ וְעַל כָּל עַמְּךָ בֵּית יִשְׂרָאֵל
בְּכָל מָקוֹם שֶׁהֵם: שְׁנַת אוֹרָה, שְׁנַת בְּרָכָה, שְׁנַת גִּילָה,
שְׁנַת דִּיצָה, שְׁנַת הוֹד, שְׁנַת וַעַד טוֹב, שְׁנַת זִמְרָה, שְׁנַת

1. Psalms 144:15.

which was part of the *musaf*-offering of the Day. Thereafter he offered his own ram and the ram of the people, their meal-offering and wine-offerings in accordance with their regulation, and burned the [sacrificial portion of the] inner parts of the bullock and the goat that were to be burned; and then he offered the evening daily-offering according to its rule.

אחר After he had finished doing all this, he again went to the house of immersion, quickly sanctified his hands and his feet, and removed the golden vestments. He went down [into the *mikveh*] and immersed himself, came up and dried himself. The white vestments were brought to him; he put them on, sanctified his hands and his feet, and entered the Holy of Holies to bring out the ladle and the fire-pan which he had taken in during the morning service. He again went to the house of immersion, sanctified his hands and his feet, and removed the white vestments. He went down [into the *mikveh*] and immersed himself, came up and dried himself. The golden vestments were brought to him; he put them on, and sanctified his hands and his feet. He entered the Sanctuary to burn the afternoon incense-offering and to light the menorah as on every other day. He came out, offered the daily meal-offering and the remainder of the offering of pancakes, and presented the libation of wine, accompanied by various musical instruments, according to its rule. He sanctified his hands and his feet and took off the golden vestments. His own garments were brought to him and he put them on; and [all the people] accompanied him to his house. He would celebrate a festive day for his coming out from the Holy of Holies in peace.

אשרי Happy is the people whose lot is thus; happy is the people whose God is the Lord.[1] And so, as You hearkened to the prayer of the *Kohen Gadol* in the Sanctuary, so may You hear the prayer of our mouths and deliver us.

יהי May it be Your will, Lord our God and God of our fathers, that this coming year shall be for us and for all Your people the House of Israel, wherever they are, a year of light, a year of blessing, a year of rejoicing, a year of happiness, a year of glory, a year of good assembly, a year of song, a year of delight, a year

חֶדְוָה, שְׁנַת טוֹבָה, שְׁנַת יְשׁוּעָה, שְׁנַת כַּלְכָּלָה, שְׁנַת
לִמּוּד, שְׁנַת מְנוּחָה, שְׁנַת נֶחָמָה, שְׁנַת שָׂשׂוֹן, שְׁנַת עֶלְצוֹן,
שְׁנַת פְּדוּת, שְׁנַת צְהָלָה, שְׁנַת קוֹמְמִיּוּת, שְׁנַת קִבּוּץ
גָּלִיּוֹת, שְׁנַת קִבּוּל תְּפִלּוֹת, שְׁנַת רָצוֹן, שְׁנַת שָׁלוֹם, שָׁנָה
טְלוּלָה גְּשׁוּמָה אִם שְׁחוּנָה, שְׁנַת שָׂבָע, שָׁנָה שֶׁתּוֹלִיכֵנוּ
בָּהּ קוֹמְמִיּוּת לְאַרְצֵנוּ, שָׁנָה שֶׁתְּדַבֵּר בָּהּ עַמִּים תַּחְתֵּנוּ,
שָׁנָה שֶׁתִּכְתְּבֵנוּ בָהּ לְחַיִּים טוֹבִים, שָׁנָה שֶׁלֹּא יִצְטָרְכוּ
עַמְּךָ בֵּית יִשְׂרָאֵל לְפַרְנָסָה זֶה לָזֶה וְלֹא לְעַם אַחֵר, שָׁנָה
שֶׁתַּעֲצוֹר הַמַּגֵּפָה וְהַמַּשְׁחִית מֵעָלֵינוּ וּמֵעַל כָּל עַמְּךָ בֵּית
יִשְׂרָאֵל, שָׁנָה שֶׁלֹּא תַפִּיל אִשָּׁה פְּרִי בִטְנָהּ:

וּבְכֵן וְעַתָּה יְיָ אֱלֹהֵינוּ עַל רַחֲמֶיךָ הָרַבִּים אָנוּ בְּטוּחִים
וְעַל חֲסָדֶיךָ אָנוּ נִשְׁעָנִים וְלִסְלִיחוֹתֶיךָ אָנוּ מְקַוִּים,
כִּי אַתָּה יְיָ אֵל רַחוּם וְחַנּוּן אֶרֶךְ אַפַּיִם וְרַב חֶסֶד וּמַרְבֶּה
לְהֵיטִיב, וּמַנְהִיג אֶת הָעוֹלָם כֻּלּוֹ בְּמִדַּת הַחֶסֶד וּבְמִדַּת
הָרַחֲמִים, כַּכָּתוּב בְּתוֹרַת מֹשֶׁה עַבְדֶּךָ: וַיֹּאמֶר, אֲנִי אַעֲבִיר
כָּל טוּבִי עַל פָּנֶיךָ, וְקָרָאתִי בְשֵׁם יְיָ לְפָנֶיךָ, וְחַנֹּתִי אֶת
אֲשֶׁר אָחֹן, וְרִחַמְתִּי אֶת אֲשֶׁר אֲרַחֵם:[1]

וּבְכֵן מַה נֶּהְדָּר הָיָה כֹהֵן גָּדוֹל בְּצֵאתוֹ בְּשָׁלוֹם מִן
הַקֹּדֶשׁ:

כְּאֹהֶל הַנִּמְתַּח בְּדָרֵי מֶעְלָה,	מַרְאֵה כֹהֵן:
כִּבְרָקִים הַיּוֹצְאִים מִזִּיו הַחַיּוֹת,	מַרְאֵה כֹהֵן:
כְּגֹדֶל גְּדִילִים בְּאַרְבַּע קְצָווֹת,	מַרְאֵה כֹהֵן:
כִּדְמוּת הַקֶּשֶׁת בְּתוֹךְ הֶעָנָן,	מַרְאֵה כֹהֵן:

---

1. Exodus 33:19.

of goodness, a year of deliverance, a year of sustenance, a year of learning, a year of rest, a year of comfort, a year of joy, a year of exultation, a year of redemption, a year of jubilation, a year that we may hold our heads high, a year of the ingathering of the exiles, a year of the acceptance of [our] prayers, a year of goodwill, a year of peace, a year of dew and rain if hot and dry, a year of plenty, a year in which You will lead us upright to our land, a year in which You will subdue nations under us, a year in which You will inscribe us for a good life; a year in which Your people, the House of Israel, will not be dependent for their livelihood upon one another nor upon any other people; a year in which You will hold back from us and from all Your people, the House of Israel, the plague and the destructive foe; a year in which no woman shall suffer miscarriage.

ובכן Now therefore, Lord our God, we put our trust in Your abounding mercies, we place our reliance on Your loving-kindness, and we hope for Your pardon; for You, Lord, are a compassionate and gracious God, slow to anger, abounding in kindness, doing good in great measure and conducting the world with the attributes of kindness and compassion, as it is written in the Torah of Moses Your servant: And He said, I will make all My goodness pass before You, and I will proclaim the Name Lord before you; I will be gracious to whom I will be gracious, and I will show mercy to whom I will show mercy.[1]

ובכן And so, how radiant was the *Kohen Gadol* when he came out from the Holy of Holies in peace.

Transliteration, page 449.

כאהל Like the resplendent canopy spread over the vaults of heaven—   was the appearance of the Kohen.

Like the lightning that flashes from the effulgence of the angels—   was the appearance of the Kohen.

Like the celestial blue twined in the four fringes of the *tzitzit*—   was the appearance of the Kohen.

Like the iridescent appearance of the rainbow in the midst of the cloud—was the appearance of the Kohen.

כְּהוֹד אֲשֶׁר הִלְבִּישׁ צוּר לִיצוּרִים,   מַרְאֵה כֹהֵן:

כְּוֶרֶד הַנָּתוּן בְּתוֹךְ גִּנַּת חֶמֶד,   מַרְאֵה כֹהֵן:

כְּזֵר הַנָּתוּן עַל מֵצַח מֶלֶךְ,   מַרְאֵה כֹהֵן:

כְּחֶסֶד הַנִּתָּן עַל פְּנֵי חָתָן,   מַרְאֵה כֹהֵן:

כְּטֹהַר הַנָּתוּן בְּצָנִיף טָהוֹר,   מַרְאֵה כֹהֵן:

כְּיוֹשֵׁב בְּסֵתֶר לְחַלּוֹת פְּנֵי מֶלֶךְ,   מַרְאֵה כֹהֵן:

כְּכוֹכַב הַנֹּגַהּ בִּגְבוּל מִזְרָח,   מַרְאֵה כֹהֵן:

SELICHOT

כָּל אֵלֶּה בִּהְיוֹת הַהֵיכָל עַל יְסוֹדוֹתָיו, וּמִקְדַּשׁ הַקֹּדֶשׁ עַל מְכוֹנוֹתָיו, וְכֹהֵן גָּדוֹל עוֹמֵד וּמְשָׁרֵת, דּוֹרוֹ רָאוּ וְשָׂמֵחוּ:

אַשְׁרֵי עַיִן רָאֲתָה כָּל אֵלֶּה, הֲלֹא לְמִשְׁמַע אֹזֶן דָּאֲבָה נַפְשֵׁנוּ: אַשְׁרֵי עַיִן רָאֲתָה אָהֳלֵנוּ, בְּשִׂמְחַת קְהָלֵנוּ, הֲלֹא לְמִשְׁמַע אֹזֶן דָּאֲבָה נַפְשֵׁנוּ: אַשְׁרֵי עַיִן רָאֲתָה גִילֵנוּ, דִּיצַת קְהָלֵנוּ, הֲלֹא לְמִשְׁמַע אֹזֶן דָּאֲבָה נַפְשֵׁנוּ: אַשְׁרֵי עַיִן רָאֲתָה הַמְשׁוֹרְרִים, וְכָל מִינֵי שִׁירִים, הֲלֹא לְמִשְׁמַע אֹזֶן דָּאֲבָה נַפְשֵׁנוּ: אַשְׁרֵי עַיִן רָאֲתָה זְבוּל הַמְתֻכָּן, חַי בּוֹ שָׁכַן, הֲלֹא לְמִשְׁמַע אֹזֶן דָּאֲבָה נַפְשֵׁנוּ: אַשְׁרֵי עַיִן רָאֲתָה שִׂמְחַת בֵּית הַשּׁוֹאֵבָה, עַם שׁוֹאֶבֶת רוּחַ הַקֹּדֶשׁ רוּחַ נְדִיבָה, הֲלֹא לְמִשְׁמַע אֹזֶן דָּאֲבָה נַפְשֵׁנוּ: אַשְׁרֵי עַיִן רָאֲתָה פְּרִישַׁת כֹּהֵן בְּרֶשֶׁם, צוֹעֵק אָנָּא הַשֵּׁם, הֲלֹא לְמִשְׁמַע אֹזֶן דָּאֲבָה נַפְשֵׁנוּ: אַשְׁרֵי עַיִן רָאֲתָה קְהַל קְדוֹשִׁים, רוֹגְשִׁים בְּבֵית קָדְשֵׁי הַקֳּדָשִׁים,

Like the splendor with which the Creator clothed the [first] beings—   was the appearance of the Kohen.

Like a rose set in a delightful garden—
was the appearance of the Kohen.

Like a diadem placed upon the forehead of a king—
was the appearance of the Kohen.

Like the grace that shines on the face of a bridegroom—   was the appearance of the Kohen.

Like the brightness reflecting from the [Kohen's] headdress—   was the appearance of the Kohen.

Like [Moses] in concealment imploring the King [for forgiveness]—   was the appearance of the Kohen.

Like the bright morning star shining in the eastern horizon—   was the appearance of the Kohen.

SELICHOT

כל All these took place when the Sanctuary was on its foundation, the Holy of Holies was on its basis, and the *Kohen Gadol* stood and performed the Temple service; his generations saw it and rejoiced.

אשרי Fortunate is the eye that saw all these; indeed, when the ear hears of it our soul grieves. Fortunate is the eye that saw our Temple amidst the rejoicing of our congregation, indeed, when the ear hears of it our soul grieves. Fortunate is the eye that saw our exultation, the jubilation of our congregation; indeed, when the ear hears of it our soul grieves. Fortunate is the eye that saw the [Levite] singers and their varied songs; indeed, when the ear hears of it our soul grieves. Fortunate is the eye that saw the established Habitation wherein the living God abided; indeed, when the ear hears of it our soul grieves. Fortunate is the eye that saw the joyous Water-Drawing Festival, the people drawing the spirit of holiness, the spirit of magnanimity; indeed, when the ear hears of it our soul grieves. Fortunate is the eye that saw the *Kohen Gadol* clearly pronounce the Divine Name and cry out "O God"; indeed, when the ear hears of it our soul grieves. Fortunate is the eye that saw the consecrated people thronging to the place of the Holy of

הֲלֹא לְמִשְׁמַע אֹזֶן דָּאֲבָה נַפְשֵׁנוּ: אַשְׁרֵי עַיִן רָאֲתָה שְׁנֵי
הַמְּלָבָן, מִשְׂעִיר הַקָּרְבָּן, הֲלֹא לְמִשְׁמַע אֹזֶן דָּאֲבָה
נַפְשֵׁנוּ: אַשְׁרֵי עַיִן רָאֲתָה תְּמִידִים קְרֵבִים, בְּשַׁעַר בַּת
רַבִּים, הֲלֹא לְמִשְׁמַע אֹזֶן דָּאֲבָה נַפְשֵׁנוּ:

אֲבָל עֲוֹנוֹת אֲבוֹתֵינוּ הֶחֱרִיבוּ נָוֶה, וְחַטֹּאתֵינוּ הֶאֱרִיכוּ
קִצּוֹ. אֲבָל זִכְרוֹן דְּבָרִים תְּהֵא סְלִיחָתֵנוּ, וְעִנּוּי
נַפְשֵׁנוּ תְּהֵא כַפָּרָתֵנוּ. עַל כֵּן בְּרַחֲמֶיךָ הָרַבִּים נָתַתָּ לָנוּ
אֶת יוֹם צוֹם הַכִּפּוּרִים הַזֶּה, אֶת יוֹם מְחִילַת הֶעָוֹן הַזֶּה,
אֶת יוֹם מִקְרָא קֹדֶשׁ הַזֶּה, לִסְלִיחַת עָוֹן וּלְכַפָּרַת פָּשַׁע.
יוֹם אָסוּר בַּאֲכִילָה, יוֹם אָסוּר בִּשְׁתִיָּה, יוֹם אָסוּר
בִּרְחִיצָה, יוֹם אָסוּר בְּסִיכָה, יוֹם אָסוּר בְּתַשְׁמִישׁ הַמִּטָּה,
יוֹם אָסוּר בִּנְעִילַת הַסַּנְדָּל, יוֹם שִׂימַת אַהֲבָה וְרֵעוּת,
יוֹם עֲזִיבַת קִנְאָה וְתַחֲרוּת, יוֹם שֶׁתִּמְחוֹל לְכָל עֲוֹנוֹתֵינוּ.
וּבָעֵת וּבָעוֹנָה הַזֹּאת גָּלוּי וְיָדוּעַ לְפָנֶיךָ וְלִפְנֵי כִסֵּא
כְבוֹדֶךָ, שֶׁאֵין לָנוּ לֹא מְנַהֵל כַּיָּמִים הָרִאשׁוֹנִים, לֹא כֹהֵן
גָּדוֹל לְהַקְרִיב קָרְבָּן, וְלֹא מִזְבֵּחַ לְהַעֲלוֹת עָלָיו כָּלִיל:
וּמֵרֹב עֲוֹנֵינוּ:

אֵין לָנוּ לֹא אִשִּׁים, וְלֹא אָשָׁם. לֹא בַדִּים, וְלֹא בְלוּלוֹת.
לֹא גוֹרָל, וְלֹא גַחֲלֵי אֵשׁ. לֹא דְבִיר, וְלֹא דַקָּה. לֹא
הֵיכָל, וְלֹא הַזָּיָה. לֹא וִדּוּי, וְלֹא פַר חַטָּאת. לֹא זֶבַח,
וְלֹא זְרִיקָה. לֹא חַטָּאת, וְלֹא חֲלָבִים. לֹא טְבִילָה, וְלֹא
טָהֳרָה. לֹא יְרוּשָׁלַיִם, וְלֹא יַעַר הַלְּבָנוֹן. לֹא כִיּוֹר, וְלֹא
כַנּוֹ. לֹא לְבוֹנָה, וְלֹא לֶחֶם הַפָּנִים. לֹא מִזְבֵּחַ, וְלֹא מִנְחָה.
לֹא נִיחוֹחַ, וְלֹא נְסָכִים. לֹא סֹלֶת, וְלֹא סַמִּים. לֹא עֵרֶךְ,
וְלֹא עוֹלָה. לֹא פָרֹכֶת, וְלֹא כַפֹּרֶת. לֹא צִיּוֹן, וְלֹא צִיץ

Holies; indeed, when the ear hears of it our soul grieves. Fortunate is the eye that saw the scarlet band turned white because of the sacrificial goat; indeed, when the ear hears of it our soul grieves. Fortunate is the eye that saw the sacrifice of the daily offerings [in the courtyard of the Temple], the gathering place of the multitudes; indeed, when the ear hears of it our soul grieves.

אבל But the iniquities of our ancestors brought about the destruction of the Divine Abode, and our sins have postponed the end of the exile. Yet, may the remembrance of these things bring us pardon, and the affliction of our soul make atonement for us. Therefore, in Your abounding compassion, You have given us this fast day of Yom Kippur, this day of forgiveness of sin and this day of holy assembly for the pardon of iniquity and the atonement of transgression. It is a day on which eating, drinking, washing, anointing oneself, marital relations and wearing leather shoes are forbidden. It is a day to practice love and friendship, a day on which to renounce envy and strife, a day on which You forgive all our sins. And at this very time, it is revealed and known before You and before the Throne of Your Glory that we have no leader as in former days, no *Kohen Gadol* to offer a sacrifice and no altar on which to offer a burnt-offering.

ומרב Because of the multitude of our iniquities—
אין We have no fire-offerings nor guilt-offerings; no staves [of the Ark] nor mingled meal-offerings; no lot nor glowing coals [upon the altar]; no Bet Hamikdash nor finely ground incense; no Sanctuary nor sprinkling [of purifying waters]; no confession nor sin-offering bullock; no sacrifice nor sprinkling [of blood]; no sin-offering nor fat-offering; no ablution nor purification; no Jerusalem nor purifying Temple; no laver nor its base; no frankincense nor showbread; no altar nor meal-offering; no pleasing odor [of the offerings] nor libations; no fine-flour nor fragrant spices, no gift of valuation nor burnt-offerings; no curtain nor Ark-cover; no Zion nor golden forehead plate; no

הַזָּהָב. לֹא קְטֹרֶת, וְלֹא קָרְבָּן. לֹא רוֹקֵחַ, וְלֹא רֵיחַ נִיחוֹחַ.
לֹא שַׁי, וְלֹא שְׁלָמִים. לֹא תוֹדָה, וְלֹא תְמִידִים:

כִּי בַּעֲוֺנוֹתֵינוּ וּבַעֲוֺנוֹת אֲבוֹתֵינוּ חָסַרְנוּ כָּל אֵלֶּה. וּמֵעֵת
חָסַרְנוּ כָּל אֵלֶּה:

תִּכְבְּפוּ (תָּקְפוּ) עָלֵינוּ צָרוֹת, תְּלָאוֹת עָבְרוּ רֹאשֵׁנוּ:
שִׂחַרְנוּ יְשׁוּעָה וָאַיִן, שָׁלוֹם וְהִנֵּה קְפָדָה: רַבּוּ
הַקָּמִים עָלֵינוּ, רָמוּ וְגַם נָשְׂאוּ רֹאשׁ: קַצְנוּ בְּעוֹל עֲלִיזִים,
קָשָׁה עָלֵינוּ סָבְלָם: צְבִי אֶרֶץ חָנְפָה עָלֵינוּ, צָמְחָה וְלֹא
לִבְרָכָה: פָּנִינוּ לְהַרְבֵּה וְהִנֵּה מְעָט, פַּח נֶפֶשׁ בָּא
בַאֲסָמֵינוּ: עָשְׂקוּ זֵיתִים שַׁמְנָם, עֲשׂוֹתָם וְלֹא מָלְאוּ סֶפֶק:
סְמָדָר אִם יַרְבֶּה כֶּרֶם, סָבְאוֹ לֹא יַשְׁפִּיעַ יֶקֶב: נֶאֶרְרוּ
אָבֵי שָׂדֶה, נִלְקְחוּ מַטְעַמֵּי אֹכֶל: מִמִּכְלָאוֹת צֹאן עֲדָרִים
דְּלָלוּ, מִגֵּז וּמִפְּמִיץ וּמֶהֶרָיוֹן: לְזָנָב וְלֹא לְרֹאשׁ הוּשַׁתְנוּ,
לַעֲבוֹט וְלֹא הָעֲבֵט לָנוּ: כֹּחֵנוּ לָרִיק וּבֶהָלָה, כָּלָה מִבְּלִי
שָׂכָר: יַד כָּל עָמֵל בְּכִשְׁרוֹן, יָרְדָה וְאֵין מִי יַחֲזִיק: טִלְטְלָנוּ
מַיִם וְעַד יָם, טַרְפָּם לֹא מָצְאוּ סֶפֶק (טַרְפָּם לֹא סְפָּק
לָמוֹ). חֲשֵׁכָה לְאֵין מִשְׂתַּכֵּר, חָשַׁב שְׂכָרוֹ לְמַפָּח: זוֹעֲמוּ
מַלְוֶה וְלֹוֶה, זֶה בָזֶה שֻׁלְּחוּ מֵעַתָּה: וְנִלְאוּ יְדֵי מַמְצִיאֵי
יָד, וְעָשִׁיר לֹא חוֹנֵן רָשׁ: הֵן אֶרֶץ נִמְכְּרָה בְּיַד רָעִים,
הָמוֹן בָּהּ לֹא מָצְאוּ רֶוַח: דְּבִיר בֵּית אֱלֹהֵינוּ שָׁמֵם,
דְּרָכֵינוּ מֵאֲנוּ לְהַצְלִיחַ: גִּיל נְוֵה שָׁבַת, גִּילָה לְלִבְבֵנוּ מַה
נַּעַל: בְּאֵין אֲרוּחַת אָב תָּמִיד, בְּכֵן בֶּטֶן בָּנִים תֶּחְסַר:
אָדוֹן בֵּית כְּאוֹרֵחַ בַּמָּלוֹן, אֵפוֹא נִמְצָא מָנוֹחַ:

incense nor offering; no blended incense nor savory aroma; no gift-offering nor peace-offerings; no thanksgiving-offering nor daily burnt-offerings.

כִּי For on account of our iniquities and the iniquities of our ancestors we lack all these; and from the time we lack all these—

תכפו Troubles have frequently (severely) come upon us, tribulations have reached over our head; we sought deliverance but there was none, peace but there was destruction. Those who rose up against us increased, they were arrogant and boastful; our lives became loathsome because of the yoke of those who rejoice in our misfortune, their burden lies heavy upon us. The beautiful land was false to us, it yielded produce but not for blessing; we expected much, but there was little; distress filled our storehouses. The olives withheld their oil; that which they did yield did not suffice. Though the vineyards blossomed fully, little wine flowed from the press. The fruits of the field were cursed, the flavor of the food was taken away. The flocks in the sheep-pens dwindled in wool, milk and young. We have been made into a tail and not a head; we borrowed from others but none borrowed from us. Our strength was consumed in futility and confusion, spent without any reward. Even the hand of the one that worked with uprightness has been cast down, and there were none to support him. Driven from ocean to ocean, they did not find adequate sustenance (their sustenance was not sufficient for them). The day becomes dark but there were no earnings, the pay that was expected turned to anguish. The borrower and the lender were enraged, both were sent away empty-handed. The hand of the philanthropists were weakened, the rich did not deal graciously with the poor. Behold, the land was given over into the hands of the wicked, its population found no relief. The place of the Abode of our God is desolate; our ways do not prosper. The joy of the Temple has ceased; how then can rejoicing come to our hearts? When there is no daily-offering which is as sustenance for the Father, then the belly of the children suffers want. The Master of the House has become like a guest in an inn; where then can we find a place of rest.

וּמִשֶּׁחֲרַב בֵּית מִקְדָּשֵׁנוּ:

תַּנּוֹת צָרוֹת לֹא נוּכַל, שֶׁבֶר בְּכָל יוֹם וַאֲנָחָה, רָבְתָה
בָּנוּ חַלְחָלָה, קֶרֶן יָרְדָה עַד עָפָר, צָרֵי עַיִן מָצְאוּ
יָד, פּוֹעֲלֵי שֶׁקֶר חַיִל עָשׂוּ, עוֹשֵׂי צְדָקָה לֹא נִרְאוּ, שׂוֹנְאֵי
בֶצַע לֹא עָמָדוּ, נִדְמֵינוּ כִּכְלִי רִיק, מִכֹּל נִשְׁאַרְנוּ עֲרֵמִים,
לֹא נָבִיא וְלֹא חָזוֹן בָּנוּ, כְּעִוְרִים נְגַשֵׁשׁ וְנֵלֵךְ, יוֹם יוֹם
נֹאמַר מַה בְּסוֹפֵנוּ, טוֹב מָוֶת מֵחַיִּים אָמַרְנוּ, חַיֵּינוּ תְּלוּיִם
מִנֶּגֶד, זָרִים לְרֹאשׁ וַאֲנַחְנוּ לְזָנָב, וּמַה נַּעֲשֶׂה וַחֲטָאֵינוּ
עָשׂוּ, הֵן אָנוּ כְּלֹא הָיִינוּ, דַּלִּים נִבְזִים וּשְׁפָלִים, גְּעוּלִים
מְאוּסִים וּבְזוּיִים, בְּנֵי נֵכָר מָשְׁלוּ בָּנוּ, אָמַרְנוּ נִגְזַרְנוּ
אָבָדְנוּ, אֲדוֹן הָקֵל עָלֵינוּ, וּשְׁלַח יֵשַׁע לְגָאֳלֵנוּ:

אֱלֹהֵינוּ וֵאלֹהֵי אֲבוֹתֵינוּ:

אַל תַּעַשׂ עִמָּנוּ כָּלָה, תֹּאחֵז יָדְךָ בַּמִּשְׁפָּט: בְּבוֹא תוֹכֵחָה
לְנֶגְדְּךָ, שְׁמֵנוּ מִסִּפְרְךָ אַל תֶּמַח: גִּשְׁתְּךָ לַחְתּוֹם
מוּסָר, רַחֲמֶיךָ יְקַדְּמוּ רָגְזֶךָ: דַּלּוּת מַעֲשִׂים בְּשׁוּרֶךָ, קָרֵב
צֶדֶק מֵאֵלֶיךָ: הוֹרֵנוּ מַה שֶּׁנִּצְעַק לְפָנֶיךָ, צַוֵּה יְשׁוּעָתֵנוּ
בְּמַפְגִּיעַ: וְתָשִׁיב שְׁבוּת אָהֳלֵי תָם, פְּתָחָיו רְאֵה כִּי
שָׁמֵמוּ: זְכוֹר שָׁחַתְּ לֹא תִשְׁכַּח עֵדוּת מִפִּי זַרְעוֹ: חוֹתָם
תְּעוּדָה תַּתִּיר, סוֹדְךָ שִׂים בִּלְמוּדָהּ: טַבּוּר אַגַּן הַסַּהַר,
נָא אַל יֶחְסַר הַמָּזֶג: יָהּ דַּע אֶת אֲשֶׁר יְדָעוּךָ. מַגֵּר עִם
לֹא יְדָעוּךָ: כִּי תָשִׁיב לְבִצָּרוֹן, לְכוּדִים אֲסִירֵי הַתִּקְוָה:

וְהֵן אָנוּ עַתָּה:

כְּתוֹעִים וְאֵין לְבַקֵּשׁ, כִּשְׁבוּיִים וְאֵין לְשׁוֹבֵב, כִּרְעֵבִים
וְאֵין לְהַאֲכִיל, כִּקְנוּיִים וְאֵין לִקְנוֹת, כִּצְמֵאִים

ומשחרב And from the time our Holy Temple has been destroyed—

תנות We are unable to recount the troubles which have befallen us; day after day there is misfortune and sighing; panic has increased within us; our glory is cast down to the dust. Those who begrudge us have gained the upper hand; those who act falsely have become rich; those who deal charitably are not to be seen, those who hate ill-gotten gain cannot exist. We are likened to an empty vessel; we are bare of all. There is neither prophet nor prophecy among us; as blind men we walk and grope. Every day we ask ourselves what will be our end, we declare that death is preferable to life. Our life is in constant jeopardy; strangers are at the head and we are at the tail. And what shall we do when our sins have caused this! Indeed, we are as if we have never been—wretched, disgraced, lowly, detested, despised and shamed. Strangers ruled over us; we thought it has been decreed that we shall perish. O Master, lighten our yoke and send help to deliver us.

אלהינו Our God and God of our fathers—

אל Do not make an end of us; let Your hand restrain the judgment. When the unfavorable verdict comes before You, do not erase our name from Your Book of Life. When You approach to seal chastisement, let Your compassion precede Your wrath. When You behold the poverty of our good deeds, let mercy draw near from You. Teach us what to plead before You, so that You may command our deliverance through our entreaty. Bring back the captivity of the tents of [the descendants of] Jacob, the perfect one; behold that his gates are desolate. Remember, You have said that the Torah shall never be forgotten from the mouth of his progeny. Open the seal of Your teaching, and reveal Your secret to those who learn it. Let not the Sanhedrin be absent from the Temple which is at the center of the earth. O God, know those who acknowledge You, destroy the nation that does not recognize You. For You will bring back to [Jerusalem,] the stronghold, the chained prisoners who wait with hope.

והן Indeed we are now—

כתועים Like wanderers for whom no one searches; like captives whom no one seeks to return; like the hungry whom no one feeds; like sold slaves whom no one redeems; like the thirsty to whom

וְאֵין לְהַשְׁקוֹת, כִּפְתָאִים וְאֵין לְלַמֵּד, כַּעֲיֵפִים וְאֵין
לְהָשִׁיב, כִּשְׂנוּאִים וְאֵין לֶאֱהוֹב, כִּנְהְדָּפִים וְאֵין לְקָרֵב,
כִּמְנֻדִּים וְאֵין לְהַתִּיר, כִּלְקוּחִים וְאֵין אֲדוֹנִים, כִּכְפוּפִים
וְאֵין לִזְקוֹף, כִּיתוֹמִים וְאֵין לָהֶם אָב, כִּטְמֵאִים וְאֵין
לְטַהֵר, כַּחֲסֵרִים וְאֵין לְמַלֹּאת, כִּזְנוּחִים וְאֵין לִזְכּוֹר.
כְּהוֹמִים וְאֵין לָהֶם מְנוּחָה, כְּדַלִּים וְאֵין לְחָנְנָם, כְּגֵרִים
וְאֵין לְקַבֵּל, כִּבְזוּיִים וְאֵין לְכַבֵּד, כַּאֲבֵלִים וְאֵין לְנַחֵם,
כַּאֲנוּסִים וְאֵין מָנוֹם:

אֱלֹהֵינוּ וֵאלֹהֵי אֲבוֹתֵינוּ:

אִם תָּעִינוּ לֹא תַתְעֵנוּ, אִם שָׁגַגְנוּ לֹא תַשְׁלֵנוּ, אִם
רָחַקְנוּ קָרֵב נָא, אִם קָרַבְנוּ לֹא תְרַחֵק, אִם צָעַקְנוּ
לֹא תַעְלִים, אִם פָּשַׁעְנוּ לֹא תִפְרַע, אִם עָוִינוּ לֹא תָּטוֹר,
אִם סַרְנוּ לֹא תָסוּר, אִם נָקַמְנוּ לֹא תִלְחַם, אִם מָרִינוּ
לֹא תַמְרֵנוּ, אִם לַצְנוּ לֹא תִלְחָץ, אִם כִּחַשְׁנוּ לֹא תְכַלֶּה,
אִם יָרַדְנוּ לֹא תַטְבִּיעַ, אִם טָעִינוּ לֹא תְטַאטְאֵנוּ, אִם
חָבַלְנוּ לֹא תַחְבּוֹל, אִם זַדְנוּ לֹא תִזְכּוֹר, אִם וִכַּחְנוּ לֹא
תוֹכִיחַ, אִם הִרְשַׁעְנוּ לֹא תֶהֱדוֹף, אִם דָּפַקְנוּ לֹא תִדְחֶה,
אִם גָּעַלְנוּ לֹא תִגְעַל, אִם בָּאנוּ לֹא תִמְאַס, אִם אָשַׁמְנוּ
לֹא תְאַבֵּד:

וּמֵרֹב עֲוֹנֵינוּ:

תַּאֲוַת לֵב לֹא הִשַּׂגְנוּ, שֶׁקֶט קִוִּינוּ וַיָּבוֹא רֹגֶז, רוּם קֶרֶן
וְהִנֵּה שְׁפָלָה, קָרְבָה יְשׁוּעָה אָמַרְנוּ וְנִתְרַחֲקָה,
צִפִּינוּ לְטוֹבָה וּבְרָחָה מִמֶּנּוּ, פַּח נֶפֶשׁ בָּא בַּאֲסָמֵינוּ,
עִצָּבוֹן בְּמִשְׁלַח יָדֵינוּ, שִׂמְחָה עָרְבָה מֵאָרֶץ, נָאֶרְרוּ יְבוּלֵי

no one offers drink; like the ignorant whom no one teaches; like the weary whom no one refreshes; like the hated whom no one loves; like the outcasts whom no one brings near; like the banned whom no one releases; like bought slaves who have no master; like the bowed whom no one makes erect; like orphans who have no father; like the impure whom no one cleanses; like the defective whom no one remedies; like the forsaken whom no one remembers; like those who seek respite and have no rest; like the wretched to whom no one is gracious; like strangers whom no one accepts; like the disgraced whom no one respects; like mourners whom no one comforts; like the oppressed who have no refuge.

אלהינו Our God and God of our fathers—

אם If we have strayed, do not let us go further astray; if we have unwittingly sinned, do not let us be further misled; if we have gone far away, bring us near; if we have come near, do not cast us away; if we cry out, do not turn away; if we have wantonly transgressed, do not punish; if we have committed an iniquity, do not be mindful of it; if we have gone away from You, do not depart from us; if we have sinned spitefully, do not wage war on us; if we have rebelled, do not let us rebel further; if we have scoffed, do not oppress us; if we have uttered lies, do not destroy us; if we have sunk low, do not let us drown; if we have erred, do not sweep us away; if we have harmed, do not harm us; if we have willfully sinned, do not remember it; if we have angered, do not chastise us; if we have acted wickedly, do not thrust us away; if we knock, do not chase us away; if our deeds have been loathsome, do not detest us; if we have come to You, do not reject us; if we have transgressed, do not destroy us.

ומרב Because of the multitude of our iniquities—

תאות We have not attained the desire of our heart; we yearned for tranquility and misfortune befell us; [we hoped] for the exaltation of our glory and, behold, we have fallen lower. We thought that deliverance was drawing near, but it became ever more distant. We hoped for happiness but it fled from us; distress entered our storehouses, anguish into the endeavor of our hands; joy has departed from the earth. The produce of the

שָׂדֶה (בִּרְכוֹתֶיהָ), מְעַט מֵהַרְבֵּה נָבִיא, לַחְמָה לְרָזוֹן וְלֹא לְשֹׂבַע, כֹּחָה לֹא תוֹסִיף תֵּת, יְדֵי עֲמֵלֶיהָ מוֹטָטוּ, טַרְפָּם לֹא מָצְאוּ בָהּ, חֵלֶב מִשְׁמַנֶּיהָ לְזָרִים, זְמוֹרוֹת עֲדָנֶיהָ לְנָכְרִים, וְנִמְכְּרָה אֶרֶץ בְּיַד רָעִים, הוֹן בְּצַע לֹא מָצְאוּ בָהּ, דְּמֵינוּ גַם מִמְּצוֹא יָד, גָּלָה שְׂכַר הַיְצוּרִים, בַּעֲוֹנֵינוּ בֵּית מִקְדָּשׁ אֵל חָרֵב, אָסַף חֶסֶד מִכָּל אֱנוֹשׁ:

אֱלֹהֵינוּ וֵאלֹהֵי אֲבוֹתֵינוּ:

תֹּאמַר לְמָחוֹת אֲשָׁמֵינוּ, תָּבוֹא לְחַדֵּשׁ יָמֵינוּ, תִּגָּלֶה שְׁנַת שְׁלוֹמֵנוּ, תַּדְגִּיל לְגַדֵּל אֶת שְׁמֵנוּ, תְּהַדֵּר עִיר קָדְשֵׁנוּ, תּוֹפִיעַ מִמָּרוֹם לְרוֹמְמֵנוּ, תִּזְכּוֹר רַחֲמֶיךָ לְרַחֲמֵנוּ, תָּחִישׁ מְנַחֵם לְנַחֲמֵנוּ, תְּטַהֵר שִׁמְצַת גְּוִינוּ, תֵּדַע כִּי אַתָּה הוּא אֱלֹהֵינוּ, תְּכַפֵּר עֲוֹן זְדוֹנֵינוּ, תְּלוּי רֹאשׁ תִּתֵּן לְהַחֲיֵינוּ, תִּמְחוֹל עִקְּשׁוּת מֶרְיֵנוּ, תְּנָאֵם לְהָעֵצִים פִּרְיֵנוּ, תַּסְכִּית שְׁפִיכַת שִׂיחֵנוּ, תַּעֲנֶה עֶתֶר פִּצְחֵנוּ, תִּפְנֶה לְקוֹמֵם מִזְבְּחֵנוּ, תַּצְדִּיק נִיב שְׂפָתֵינוּ, תְּקָרֵב קֵץ מְשִׁיחֵנוּ, תִּרְצֶה רֵיחַ נִיחוֹחֵנוּ, תְּשׁוֹבֵב מִקְצָווֹת נִדָּחֵינוּ, תִּתְמְכֵנוּ וְכָאֵזוֹר תַּדְבִּיקֵנוּ:

אֱלֹהֵינוּ וֵאלֹהֵי אֲבוֹתֵינוּ:

אוֹרְךָ תַּזְרִיחַ לַחֲשֵׁכָה, בְּרַחֲמִים גְּדוֹלִים תָּשׁוּב אֵלֶיהָ, גַּלֵּה לָהּ יוֹם יְשׁוּעָה בְּלֵב, דְּבָרְךָ תִּשְׁלַח וְתִרְפָּאֵנוּ, הָאֵר פָּנֶיךָ אֵלֵינוּ, וְאַל תִּשְׁכָּחֵנוּ לָנֶצַח, זְכוּת הָרֵי קֶדֶם זְכוֹר, חַטֹּאת נְעוּרִים אַל תִּזְכּוֹר, טֻמְאָה מֵעָלֵינוּ תַּעֲבִיר, יְדִידוּת נַפְשְׁךָ אַל תִּשְׁכַּח, כְּלוּלוֹת אַהֲבָתֵנוּ תִּזְכּוֹר, לֶכְתֵּנוּ אַחֲרֶיךָ בַּמִּדְבָּר, מָשְׁכֵנוּ וְנָרוּץ

field (its blessings) were cursed, we reap little from abundant planting. Its bread was scarce rather than plentiful, it does not give its strength. The hands of those who toiled on it are enfeebled, they cannot find their sustenance from it. The best of its yield went to strangers, its choicest vines to foreigners. The land was sold to the wicked, but they did not find any gain from it. We are cut off from every helping hand. The merit of the Patriarchs has ended; on account of our sins God's Sanctuary is destroyed; kindness has ceased from among men.

אלהינו Our God and God of our fathers—

תאמר Command that our guilt be erased; come to renew our days; reveal the year of our peace; arise to exalt our name; restore the glory of our sacred city; shine forth from the supernal heights to raise us up; remember Your mercies to have mercy on us; hasten the coming of the comforter to comfort us; cleanse the soil of our bodies; make known that You are our God; grant atonement for our willful iniquities; uplift us so that we may live; forgive our obdurate rebelliousness; promise abounding fertility; hearken to the outpouring of our prayer; answer the plea of our supplication; turn to restore our altar; find righteous the utterance of our lips; bring near the coming of our Mashiach; accept with favor our prayers which are in place of savory offerings; bring back our dispersed from the ends of the earth; sustain us and cause us to cleave to You like a girdle.

אלהינו Our God and God of our fathers—

אורך Let Your light shine upon [Israel] who is in darkness; turn back to them in great compassion; reveal to them the day designated in Your heart for deliverance; send forth Your word and heal us; let Your countenance shine upon us and do not forget us forever; remember the merit of the ancient mountains [Patriarchs]; do not bring to mind the sins of our youth; remove defilement from upon us; do not forget the beloved of Your soul; remember the love of our bridal days when we went after You in the desert; draw us on and we

אַחֲרֶיךָ, נְחֵנוּ וַהֲבִיאֵנוּ אֶל חֲדָרֶיךָ, סְעָדֵנוּ וְסָמְכֵנוּ וְנִחְיֶה, עֵת כִּי תַשְׁמִיעֵנוּ קוֹלֶךָ, פְּצֵנוּ מִשְּׁאוֹן גַּלִּים, צוּלָה תַּחֲרִיב בְּאַפֶּךָ, קוּמָה בַּחֲרוֹנְךָ עַל גֵּאִים, רוּמָה עֻזְּךָ וְרוֹמֵם שְׁפָלִים, שְׁבוֹר זְרוֹעַ רֶשַׁע, תִּמְלוֹךְ לְבַדְּךָ בְּקוֹרְאֵי שְׁמֶךָ, תּוֹדִיעַ לְעֵין כָּל אֻמִּים, כִּי אֵין אֱלוֹהַּ מִבַּלְעָדֶיךָ, כִּי תְבִיאֵנוּ לְהַר קָדְשֶׁךָ, וּתְשַׂמְּחֵנוּ בְּבֵית מִקְדָּשֶׁךָ:

Chazzan concludes the paragraph aloud, as indicated:

אֱלֹהֵינוּ וֵאלֹהֵי אֲבוֹתֵינוּ:

אוֹפֶל אַלְמָנָה תָּאִיר, בְּהוּ בּוֹכִיָּה תַּבְהִיק, גִּיל גַּלְמוּדָה תַּגִּישׁ, דֶּלֶף דִּמְעָתָהּ תַּדְמִים, הַר הַשָּׁמֵם תְּהַדֵּר, וְתָשׁוּב וְאֵלָיו תּוֹפִיעַ, זוֹהַר זְבוּלֵךְ תַּזְרִיחַ, חֶדֶר חֻפָּתָהּ תְּחַדֵּשׁ, טֶנֶף טֻמְאָתָהּ תְּטַהֵר, יֹפִי יְקָרַת תְּיַסְּדָהּ, כַּדְכוֹד כְּבוֹדָהּ תְּכוֹנְנָה, לְאוֹרָה לְאֻמִּים תְּלַוֶּה, מֶלֶךְ מִכְּבוֹדָךְ תְּמַלְּאָהּ, נֵצַח נְצָחִים תְּנוֹסְסָהּ, שׂוֹבַע שְׂמָחוֹת תַּשְׂבִּיעֶנָּה, עֲנַן עָשָׁן תְּעַטְּרֶנָּה, פִּנַּת פְּתָחֶיהָ תְּפָאֵר, צֶדֶק צְנוּעִים תַּצְמִיחַ, קָמֵי קְהָלֶיהָ תַּקִּיא, רֶגֶשׁ רְגָלִים תָּרִיץ:

Chazzan— שְׁבָטִים שֶׁכֵחַתָּ תְּשׁוֹבֵב, תִּקְרָא תִּשְׁרוֹק וְתִתְקַע, כִּי תְבִיאֵם לְהַר קָדְשֶׁךָ, וּתְשַׂמְּחֵם בְּבֵית תְּפִלָּתֶךָ:

אֱלֹהֵינוּ וֵאלֹהֵי אֲבוֹתֵינוּ:

תִּתֵּן אַחֲרִית לְעַמֶּךָ, תָּשִׁיב מִקְדָּשׁ לְתוֹכֵנוּ, תְּרוֹמֵם הַר מְרוֹם הָרִים, תְּקוֹמֵם קֶרֶן גְּדוּעָה, תַּצְהִיר מַחֲשַׁכֵּי אֲוּוּי, תְּפָאֵר יוֹשֶׁבֶת בָּדָד, תַּעֲטֶה בָּהּ מְלוּכָה לְבַדֶּךָ, תָּסִיר חֶרְפָּה מֵעִיר, תְּנַעֵר זֵדִים מִזְּבוּלֵךְ, תַּמְצִיא צְדָקָה לַעֲדָתֶךָ, תְּלַבֵּב אֶת רַעְיָתֶךָ, תִּכְרוֹת לָהּ בְּרִית חֲדָשָׁה, תִּיקַר נַפְשָׁהּ בְּעֵינֶיךָ, תְּטַהֲרֶנָּה בְּמַיִם טְהוֹרִים, תַּחֲנֶה

will run after You; guide us and bring us into Your chambers; support and sustain us and we shall live at the time when You will let us hear Your voice; save us from the raging waves; dry up the depths in Your wrath; arise in Your anger against the haughty; exalt Your might and lift up those who are cast down; crush the power of the wicked; reign alone over those who call Your Name; make it known in the sight of all nations that there is no God aside from You, when You will bring us to Your holy mountain and cause us to rejoice in Your Bet Hamikdash.

Chazzan concludes the paragraph aloud, as indicated:

אֱלֹהֵינוּ Our God and God of our fathers—

אוֹפֵל Illuminate the darkness of the widow [Jerusalem], brighten the desolation of the one who weeps; bring joy to the deserted one and still the flow of her tears; restore the glory of the desolate [Temple] mount, return to it and let Your Divine Presence appear on it; let the resplendence of Your holy Abode shine forth; renew Your bridal chamber; cleanse it from the filth of its defilement; re-establish it in splendorous beauty; firmly establish its sparkling glory; let nations be accompanied by her light; O King, fill it with Your majesty; exalt her forever and ever; satiate her with overflowing joy; envelope her with the cloud of the smoke [of the incense-offerings]; glorify the splendor of its portals; let the righteousness of the humble sprout forth; spew out those that rise up against her masses; hasten the coming of her throngs on the three pilgrimage festivals. Chazzan: Return the tribes whom You have forgotten; call, whistle and blow the shofar for them, when You will bring them to Your holy mountain and cause them to rejoice in Your house of prayer.

אֱלֹהֵינוּ Our God and God of our fathers—

תֵּן Grant a happy future for Your people; restore the Sanctuary to our midst; exalt the Mountain that is the most exalted of all mountains; raise the glory that has been cut down; brighten the darkness of Your desired Abode; bestow glory upon the one who sits alone; You alone shall enwrap her with sovereignty; remove disgrace from the city; shake off the wicked from Your dwelling-place; show mercy to Your congregation; take Your beloved to Your heart; make a new covenant with her; let her life be precious in Your eyes; cleanse her with pure waters; encamp in the

בְּעִיר חָנָה דָוִד, תִּזְקוֹף קוֹמַת תְּמָרָה, תּוֹדְיעַ לְכֹל
אֲהָבָתֵנוּ, תְּהַלֵּךְ בְּקֶרֶב מַחֲנוֹתֵינוּ, תִּדְרוֹשׁ גְּאֻלָּה
לְגָלוּתֵנוּ, תְּגַלֶּה קֵץ לִקְנוֹתֵנוּ, תָּבוֹא מְהֵרָה לְרַחֲמֵנוּ,
תַּאֲמִירֵנוּ לְךָ וְנַאֲמִירְךָ לָנוּ:

וּמֵרֹב עֲוֹנֵינוּ:

תָּעִינוּ מֵאַחֲרֶיךָ, שָׁגַגְנוּ מִמִּצְוֹתֶיךָ, רָחַקְנוּ מִבֵּית חַיֵּינוּ,
קִלְקַלְנוּ אָרְחוֹת עוֹלָם, צְעָדֵינוּ לֹא יִשָּׁרְנוּ,
פָּשַׁעְנוּ לְשֵׁם קָדְשֶׁךָ, עָזַבְנוּ תוֹרָתֶךָ, סַרְנוּ מֵאִמְרֵי פִיךָ,
נֵאַצְנוּךָ בְּמַעֲשֵׂה יָדֵינוּ, מָרִינוּ וּמָרַדְנוּ בָךְ, לֹא הִקְשַׁבְנוּ
לְדִבְרֵי נְבִיאֶיךָ, כְּעַסְנוּךָ וְלֹא בִקַּשְׁנוּךָ, יְרֵאתְךָ מִלֵּב
שְׁכַחְנוּ, טָהַרְתְּךָ בְּמַעֲשֵׂה יָדֵינוּ טִמֵּאנוּ, חָטָאנוּ לְךָ יְיָ
אֱלֹהֵינוּ, זְעַמְנוּךָ בְּרֹב עֲוֹנֵינוּ, וְאִמַּצְנוּ אֶת לְבָבֵנוּ, הִקְשִׁינוּ
אֶת עָרְפֵּנוּ, דְּבָרְךָ אָחוֹר הִשְׁלַכְנוּ, גְּדֻלָּתְךָ לֹא הִגַּדְנוּ,
בֵּיתְךָ נֶחֱרַם בַּעֲוֹנֵינוּ, אַוְיֶךָ נָתַץ בַּחֲטָאֵינוּ:

מַה נְּדַבֵּר פְּנֵי מֵישָׁרִים דּוֹבֵר, וּמַה נַּעֲנֶה לִמְמֻנּוּ מַעֲנֶה,
וּמַה נִּצְטַדָּקָה פְּנֵי לוֹבֵשׁ צְדָקָה, גְּמָלָנוּ טוֹבוֹת
וְשִׁלַּמְנוּהוּ רָעוֹת, וּמַה יֶּשׁ לָנוּ עוֹד צְדָקָה וְלִזְעוֹק עוֹד
אֶל פְּנֵי הַמֶּלֶךְ:

זְכֹר רַחֲמֶיךָ יְיָ וַחֲסָדֶיךָ, כִּי מֵעוֹלָם הֵמָּה:[1] אַל תִּזְכָּר לָנוּ
עֲוֹנוֹת רִאשׁוֹנִים, מַהֵר יְקַדְּמוּנוּ רַחֲמֶיךָ כִּי דַלּוֹנוּ
מְאֹד:[2] זָכְרֵנוּ יְיָ בִּרְצוֹן עַמֶּךָ פָּקְדֵנוּ בִּישׁוּעָתֶךָ:[3] זְכוֹר
עֲדָתְךָ קָנִיתָ קֶּדֶם, גָּאַלְתָּ שֵׁבֶט נַחֲלָתֶךָ הַר צִיּוֹן זֶה

---

1. Psalms 25:6. 2. Ibid. 79:8. 3. Cf. Ibid. 106:4.

city where David camped; raise the stature of [Israel, who is compared to a] palm tree; proclaim to all our love; walk in the midst of our camps; seek the redemption of our exile; reveal the end of exile when You will acquire us again; come swiftly to have mercy upon us; proclaim that we are Your chosen people, and we will acknowledge You as our God.

ומרב Because of the multitude of our iniquities—

תעינו We have strayed from You; we have inadvertently disobeyed Your commandments; we have been removed from the House of our Life; we have corrupted the ways of the world; we did not keep our steps straight; we have wantonly transgressed against Your holy Name; we have forsaken Your Torah; we have turned away from the words of Your mouth; we have provoked You by our deeds; we have revolted and rebelled against You; we did not heed the words of Your prophets; we have aroused Your anger and did not seek You; we have caused the fear of You to be forgotten from our heart; we have defiled Your purity by the work of our hands; we have sinned against You, Lord our God; we have roused Your ire through our many sins; we have hardened our hearts; we have stiffened our necks; we have cast Your word behind us; we have not proclaimed Your greatness; Your House has been destroyed because of our wrongdoings; Your desired Abode has been laid to waste because of our sins.

מה What can we say before Him who speaks righteousness! What can we answer to Him from whom all speech issues! How can we justify ourselves before Him who is garbed in righteousness! He has bestowed good on us and we have repaid Him with evil. What righteousness is still left to us that we may yet entreat the countenance of the King!

זכור Lord, remember Your mercies and Your kindnesses, for they have existed for all time.¹ Do not bring to mind our former wrongdoings; let Your mercies come swiftly toward us, for we have been brought very low.² Remember us, Lord, when You find favor with Your people; be mindful of us with Your deliverance.³ Remember Your congregation which You have acquired of old, the tribe of Your heritage which You have

שְׁכֵנְתָּ בּוֹ: זְכוֹר יְיָ חִבַּת יְרוּשָׁלַיִם, אַהֲבַת צִיּוֹן אַל
תִּשְׁכַּח לָנֶצַח: אַתָּה תָקוּם תְּרַחֵם צִיּוֹן, כִּי עֵת לְחֶנְנָהּ
כִּי בָא מוֹעֵד:² זְכֹר יְיָ לִבְנֵי אֱדוֹם אֵת יוֹם יְרוּשָׁלָיִם,
הָאוֹמְרִים עָרוּ עָרוּ עַד הַיְסוֹד בָּהּ:³ זְכֹר לְאַבְרָהָם לְיִצְחָק
וּלְיִשְׂרָאֵל עֲבָדֶיךָ אֲשֶׁר נִשְׁבַּעְתָּ לָהֶם בָּךְ, וַתְּדַבֵּר אֲלֵהֶם
אַרְבֶּה אֶת זַרְעֲכֶם כְּכוֹכְבֵי הַשָּׁמָיִם, וְכָל הָאָרֶץ הַזֹּאת
אֲשֶׁר אָמַרְתִּי אֶתֵּן לְזַרְעֲכֶם וְנָחֲלוּ לְעֹלָם:⁴ זְכֹר לַעֲבָדֶיךָ
לְאַבְרָהָם לְיִצְחָק וּלְיַעֲקֹב, אַל תֵּפֶן אֶל קְשִׁי הָעָם הַזֶּה
וְאֶל רִשְׁעוֹ וְאֶל חַטָּאתוֹ:⁵

אַל נָא תָשֵׁת עָלֵינוּ חַטָּאת, אֲשֶׁר נוֹאַלְנוּ וַאֲשֶׁר חָטָאנוּ:⁶

Gently strike the left side of your chest (over the heart) with a closed fist when saying the word חָטָאנוּ.

—Cong. then chazzan חָטָאנוּ צוּרֵנוּ, סְלַח לָנוּ יוֹצְרֵנוּ:

THE ACCOUNT OF THE TEN MARTYRS

אֵלֶּה אֶזְכְּרָה וְנַפְשִׁי עָלַי אֶשְׁפְּכָה, כִּי בְלָעוּנוּ זֵדִים
כְּעֻגָּה בְּלִי הֲפוּכָה, כִּי בִימֵי הַשַּׂר לֹא עָלְתָה
אֲרוּכָה, לַעֲשָׂרָה הֲרוּגֵי מְלוּכָה. בְּלָמְדוֹ סֵפֶר מִפִּי מְשׁוּלֵי
עָרְמַת, וְהֵבִין וְדִקְדֵּק בְּדַת רְשׁוּמַת, וּפָתַח בְּאֵלֶּה
הַמִּשְׁפָּטִים וְחָשַׁב מְזִמַּת, וְגֹנֵב אִישׁ וּמְכָרוֹ וְנִמְצָא בְיָדוֹ
מוֹת יוּמָת.⁷

—Cong. then chazzan חָטָאנוּ צוּרֵנוּ, סְלַח לָנוּ יוֹצְרֵנוּ:

גָּבַהּ לֵב בִּגְדוֹלִים, וְצִוָּה לְמַלֹּאות פְּלָטְרוֹ נְעָלִים, וְקָרָא
לַעֲשָׂרָה חֲכָמִים גְּדוֹלִים, מְבִינֵי דַת וְטַעֲמֶיהָ

---

1. Psalms 74:2.   **2.** Ibid. 102:14.   **3.** Ibid. 137:7.   **4.** Exodus 32:13.   **5.** Deuteronomy 9:27.
6. Numbers 12:11.   **7.** Exodus 21:16.

redeemed, Mount Zion wherein You have dwelt.[1] Lord, remember the love for Jerusalem; do not forget the love for Zion forever. Arise and have mercy on Zion, for it is time to be gracious to her; the appointed time has come.[2] Remember, Lord, against the Edomites the day of the destruction of Jerusalem, when they said: Raze it, raze it to its very foundation![3] Remember Abraham, Isaac and Israel Your servants, to whom You swore by Your Self and said to them: I will make your descendants as numerous as the stars of heaven and all this land which I promised, I will give to your descendants and they will inherit [it] forever.[4] Remember Your servants, Abraham, Isaac and Jacob; pay no heed to the obstinacy of this people, to its wickedness, or to its sinfulness.[5]

אל Do not, we beseech You, reckon for us as a sin that which we have committed in our folly and that which we have sinned.[6]

Gently strike the left side of your chest (over the heart) with a closed fist when saying the word *sinned.*

Cong. then chazzan: **חטאנו** We have sinned, our Rock; pardon us, our Creator.

THE ACCOUNT OF THE TEN MARTYRS

אלה These I recall and my soul overflows with sorrow, for evil men have speedily devoured us. In the reign of the cruel Roman emperor, there was no reprieve for the Ten Martyrs who were put to death by the government. Having been taught by the Sages, understanding how to interpret the written law, he opened the Torah scroll to the section "These are the judgments." He found written there: "One who kidnaps a man and sells him, or if he is found in his possession, he shall be put to death,"[7] and devised a nefarious scheme.

Cong. then chazzan: **חטאנו** We have sinned, our Rock; pardon us, our Creator.

גבה He arrogantly turned against the great ones, and commanded that his palace be filled with sandals. He summoned the ten foremost Sages who were well-versed in

בְּפִלְפּוּלִים. דִּינוּ מִשְׁפַּט זֶה לְאַשְׁרוֹ, וְאַל תְּעַוְּתְוּהוּ בְּכָזָב לְאָמְרוֹ, כִּי אִם הוֹצִיאְוּהוּ לַאֲמִתּוֹ וּלְאוֹרוֹ, כִּי יִמָּצֵא אִישׁ גֹּנֵב נֶפֶשׁ מֵאֶחָיו מִבְּנֵי יִשְׂרָאֵל וְהִתְעַמֶּר בּוֹ וּמְכָרוֹ.¹

—Cong. then chazzan חָטָאנוּ צוּרֵנוּ, סְלַח לָנוּ יוֹצְרֵנוּ:

הֵם כְּעָנוּ לוֹ וּמֵת הַגַּנָּב הַהוּא,¹ נָם אַיֵּה אֲבוֹתֵיכֶם אֲשֶׁר אֲחִיהֶם מְכָרְוּהוּ, לְאוֹרְחַת יִשְׁמְעֵאלִים סְחָרְוּהוּ, וּבַעַד נְעָלִים נְתָנְוּהוּ.² וְאַתֶּם קִבְּלוּ דִין שָׁמַיִם עֲלֵיכֶם, כִּי מִימֵי אֲבוֹתֵיכֶם לֹא נִמְצָא בָכֶם, וְאִם הָיוּ בַחַיִּים הָיֵיתִי דָנָם לִפְנֵיכֶם, וְאַתֶּם תִּשְׂאוּ עֲוֹן אֲבוֹתֵיכֶם.

—Cong. then chazzan חָטָאנוּ צוּרֵנוּ, סְלַח לָנוּ יוֹצְרֵנוּ:

זְמַן תְּנָה לָנוּ שְׁלֹשֶׁת יָמִים, עַד שֶׁנֵּדַע אִם נִגְזַר הַדָּבָר מִמְּרוֹמִים, אִם אָנוּ חַיָּבִים וַאֲשֵׁמִים, נִסְבּוֹל בִּגְזֵרַת מָלֵא רַחֲמִים. חָלוּ וְזָעוּ וְנָעוּ כֻּלָּמוֹ, עַל רַבִּי יִשְׁמָעֵאל כֹּהֵן גָּדוֹל נָתְנוּ עֵינֵימוֹ, לְהַזְכִּיר אֶת הַשֵּׁם לַעֲלוֹת לַאֲדוֹנֵימוֹ, לָדַעַת אִם יָצְאָה הַגְּזֵרָה מֵאֵת אֱלֹהֵימוֹ.

—Cong. then chazzan חָטָאנוּ צוּרֵנוּ, סְלַח לָנוּ יוֹצְרֵנוּ:

טָהֵר רַבִּי יִשְׁמָעֵאל עַצְמוֹ וְהִזְכִּיר אֶת הַשֵּׁם בְּסִלּוּדִים, וְעָלָה לַמָּרוֹם וְשָׁאַל מֵאֵת הָאִישׁ לְבוּשׁ הַבַּדִּים, וְנָם לוֹ קִבְּלוּ עֲלֵיכֶם צַדִּיקִים יְדִידִים, כִּי שָׁמַעְתִּי מֵאַחוֹרֵי הַפַּרְגּוֹד כִּי בְזֹאת אַתֶּם נִלְכָּדִים. יָרַד וְהִגִּיד לַחֲבֵרָיו מַאֲמַר אֵל, וְצִוָּה הַבְּלִיַּעַל לְהָרְגָם בְּכֹחַ וְלָאֵל, וּשְׁנַיִם מֵהֶם

---

1. Deuteronomy 24:7.   2. Targum Yonatan, Genesis 37:28; Pirkei R. Eliezer, ch. 38.

the Torah and experts in its interpretation. He said to them: "Judge this matter properly, do not pervert it with falsehood, but adjudicate it clearly and truthfully: 'If a man is found to have kidnapped any of his brothers of the children of Israel, enslaving him or selling him'[1][—what is the law?]"

Cong. then chazzan: חטאנו **We have sinned, our Rock; pardon us, our Creator.**

הם The Sages replied: "That thief shall die."[1] The tyrant exclaimed: "Where are your forefathers who sold their brother; they traded him to a caravan of Ishmaelites, they exchanged him for sandals?[2] So you must take upon yourselves the Heavenly verdict, for since the days of your forefathers there have been none like you. If they were now alive, I would pass judgment on them before you; but now it is you who must bear the sin of your forefathers."

Cong. then chazzan: חטאנו **We have sinned, our Rock; pardon us, our Creator.**

זמן "Grant us three days' time, that we may ascertain whether it is thus decreed upon us from Heaven. If we are indeed guilty and culpable, we will submit to the decree of the One who is full of mercy." Shaking, shuddering and all atremble, they turned their eyes to Rabbi Yishmael, the *Kohen Gadol*, and requested that he pronounce the ineffable Name and ascend to their Master in Heaven to inquire if the decree had come from God.

Cong. then chazzan: חטאנו **We have sinned, our Rock; pardon us, our Creator.**

טהר Rabbi Yishmael purified himself and with reverence pronounced the ineffable Name; he ascended to the heavenly heights and inquired of the angel clothed in white. He answered: "Take it upon yourselves, righteous, beloved Sages, for I have heard from behind the Curtain that this decree has been imposed upon you." [Rabbi Yishmael] descended and informed his colleagues of the word of God. Thereupon the wicked tyrant commanded that they be executed by force. Two of the greatest Sages of Israel were brought out first—

הוֹצִיאוּ תְחִלָּה שֶׁהֵם גְּדוֹלֵי יִשְׂרָאֵל, רַבִּי יִשְׁמָעֵאל כֹּהֵן
גָּדוֹל וְרַבָּן שִׁמְעוֹן בֶּן גַּמְלִיאֵל נְשִׂיא יִשְׂרָאֵל.

Cong. then chazzan—חָטָאנוּ צוּרֵנוּ, סְלַח לָנוּ יוֹצְרֵנוּ:

כְּרוֹת רֹאשׁוֹ תְּחִלָּה הִרְבָּה מֵנוּ לִבְעוֹן, וְגַם הָרְגֵּנִי תְחִלָּה
וְאַל אֶרְאֶה בְּמִיתַת מְשָׁרֵת דַּר מָעוֹן, לְהַפִּיל
גּוֹרָלוֹת צִוָּה צִפְעוֹן, וְנָפַל הַגּוֹרָל עַל רַבָּן שִׁמְעוֹן. לִשְׁפּוֹךְ
דָּמוֹ מִהַר כְּשׁוֹר פָּר, וּכְשֶׁנֶּחְתַּךְ רֹאשׁוֹ נְטָלוֹ וְצָרַח עָלָיו
בְּקוֹל מַר כַּשּׁוֹפָר, אֵי הַלָּשׁוֹן הַמְמַהֶרֶת לְהוֹרוֹת אִמְרֵי
שֶׁפֶר, וְאֵיךְ עַתָּה לוֹחֶכֶת אֶת הֶעָפָר.

Cong. then chazzan—חָטָאנוּ צוּרֵנוּ, סְלַח לָנוּ יוֹצְרֵנוּ:

מַה מְּאֹד בָּכָה עָלָיו בַּחֲרָדָה, בַּת בְּלִיַּעַל לְקוֹל בְּכִיתוֹ שֶׁל
רַבִּי יִשְׁמָעֵאל עָמְדָה, תְּאַר יָפְיוֹ בְּלִבָּהּ חָמְדָה,
וְשָׁאֲלָה מֵאֵת אָבִיהָ חַיָּתוֹ לְהַעֲמִידָה. נָאֵץ בְּלִיַּעַל דָּבָר זֶה
לַעֲשׂוֹתוֹ, לְהַפְשִׁיט עוֹרוֹ מֵעַל פָּנָיו שָׁאֲלָה מֵאִתּוֹ, וְלֹא
עִכֵּב דָּבָר זֶה לַעֲשׂוֹתוֹ, וּכְשֶׁהִגִּיעַ לִמְקוֹם תְּפִלִּין צָרַח בְּקוֹל
מַר לְיוֹצֵר נִשְׁמָתוֹ.

Cong. then chazzan—חָטָאנוּ צוּרֵנוּ, סְלַח לָנוּ יוֹצְרֵנוּ:

שַׂרְפֵי מַעֲלָה צָעֲקוּ בְּמָרָה: זוֹ תוֹרָה וְזוֹ שְׂכָרָהּ, עֹטֶה
כַשַּׂלְמָה אוֹרָה, אוֹיֵב מְנָאֵץ שִׁמְךָ הַגָּדוֹל וְהַנּוֹרָא,
מְחָרֵף וּמְגַדֵּף עַל דִּבְרֵי תוֹרָה. עָנְתָה בַּת קוֹל מִשָּׁמַיִם,
אִם אֶשְׁמַע קוֹל אַחֵר אֶהְפּוֹךְ אֶת הָעוֹלָם לְמַיִם, לְתֹהוּ
וָבֹהוּ אָשִׁית הֲדוֹמִים, גְּזֵרָה הִיא מִלְּפָנַי קַבְּלוּהָ מִשַּׁעֲשׁוּעֵי
דָת יוֹמָיִם.

Cong. then chazzan—חָטָאנוּ צוּרֵנוּ, סְלַח לָנוּ יוֹצְרֵנוּ:

Rabbi Yishamel, the *Kohen Gadol,* and Rabban Shimon ben Gamliel, the *Nasi* of Israel.

Cong. then chazzan: חטאנו **We have sinned, our Rock; pardon us, our Creator.**

כרות Then [Rabbi Shimon] pleaded and implored that he be executed first so that he would not witness the death of him who ministers to the exalted God. The serpent ordered them to cast lots, and the lot fell on Rabban Shimon. [The cruel emperor] hurried to spill his blood as if it were that of a bullock. When his head was cut off, Rabbi Yishmael took it and bitterly cried out like a trumpet blast: "Alas, how the tongue that so eloquently taught the words of Torah, now licks the dust!"

Cong. then chazzan: חטאנו **We have sinned, our Rock; pardon us, our Creator.**

מה While he wept in anguish, the daughter of the wicked tyrant stood by listening to his lamentation, and lusted in her heart for his beauty. She requested from her father that he spare Rabbi Yishmael's life, but this the wicked man refused to do. Then she asked that the skin of his face be flayed off; this [the tyrant] did not hesitate to grant. When they reached the place of the *tefillin,* [Rabbi Yishmael] cried out with a bitter voice to the Creator of his soul.

Cong. then chazzan: חטאנו **We have sinned, our Rock; pardon us, our Creator.**

שרפי The heavenly angels cried out in bitter grief: "Is this the Torah and this its reward? O You who enwraps Yourself with light as with a garment, the foe blasphemes Your great and awesome Name, scorns and desecrates the words of the Torah!" A voice reverberated from Heaven: "If I hear another word I will turn the world to water; I will revert heaven and earth to chaos and desolation. It is My decree; submit to it, you who rejoice in the Torah which preceded creation by two thousand years."

Cong. then chazzan: חטאנו **We have sinned, our Rock; pardon us, our Creator.**

פְּקִידִים נֶהֶרְגוּ מֵאַחֲרֵי שֶׁבֶת בָּתֵּי כְנֵסִיּוֹת, מְלֵאֵי מִצְוֹת כָּרִמּוֹן וּכְזָוִיּוֹת, וְהוֹצִיאוּ אֶת רַבִּי עֲקִיבָא דּוֹרֵשׁ כִּתְרֵי אוֹתִיּוֹת, וְסָרְקוּ בְּשָׂרוֹ בְּמַסְרְקוֹת פִּיפִיּוֹת. צִוָּה לְהוֹצִיא רַבִּי חֲנַנְיָא בֶּן תְּרַדְיוֹן מִבֵּית אוּלְמוֹ, וּבַחֲבִילֵי זְמוֹרוֹת שָׂרְפוּ גָלְמוֹ, וּסְפוּגִים שֶׁל צֶמֶר שָׂמוּ עַל לִבּוֹ לְעַכֵּב עַצְמוֹ, וּכְשֶׁנִּסְתַּלְּקוּ מִיַּד נִשְׂרַף וְסֵפֶר תּוֹרָה עִמּוֹ.

Cong. then chazzan—חָטָאנוּ צוּרֵנוּ, סְלַח לָנוּ יוֹצְרֵנוּ:

קוֹנְנוּ קְדוֹשִׁים עַם לֹא אַלְמָן, כִּי עַל דָּבָר מוּעָט נֶהֶרְגוּ וְנִשְׁפַּךְ דָּמָן, לְקַדֵּשׁ שֵׁם שָׁמַיִם מָסְרוּ עַצְמָן, בַּהֲרִיגַת רַבִּי חֲצַפִּית הַמְּתֻרְגְּמָן. רְעָדָה תֶּאֱחוֹז כָּל שׁוֹמֵעַ שָׁמוּעַ, וְתִזַּל כָּל עַיִן דִּמְעוֹעַ, וְנֶהְפַּךְ לְאֵבֶל כָּל שַׁעֲשׁוּעַ, בַּהֲרִיגַת רַבִּי אֶלְעָזָר בֶּן שַׁמּוּעַ.

Cong. then chazzan—חָטָאנוּ צוּרֵנוּ, סְלַח לָנוּ יוֹצְרֵנוּ:

שְׂחַחְתּוּנִי צָרַי וּמְעַנַּי, וּמִלְאוּ כְרֵסָם מֵעֲדָנַי, וְהִשְׁקוּנִי מֵי רוֹשׁ וְלַעֲנַי, בַּהֲרִיגַת רַבִּי חֲנִינָא בֶּן חֲכִינַאי. תָּקְפוּ עָלֵינוּ צָרוֹת מִצְוֹת לְהָפֵר, וּמֵאֲנוּ לָקַחַת הוֹן וָכֹפֶר, כִּי אִם נְפָשׁוֹת הוֹגוֹת אִמְרֵי שֶׁפֶר, כְּמוֹ רַבִּי יְשֵׁבָב הַסּוֹפֵר.

Cong. then chazzan—חָטָאנוּ צוּרֵנוּ, סְלַח לָנוּ יוֹצְרֵנוּ:

יְחָתוּנוּ בְּנֵי עֲדִינָה הַשּׁוֹמֵמָה, הֵרֵעוּ לָנוּ מִכָּל מַלְכֵי אֲדָמָה, וְהָרְגוּ מִמֶּנּוּ כַּמָּה וְכַמָּה, בַּהֲרִיגַת רַבִּי יְהוּדָה בֶּן דָּמָא. דִּבַּרְתָּ בֵּית יַעֲקֹב אֵשׁ וּבֵית יוֹסֵף

פקידים Thus were slain those who stayed late in the House of Study, who were filled with precepts as a pomegranate [is filled with seeds]. They then brought out Rabbi Akiva who interpreted even the crowns above the letters of the Torah, and lacerated his body with sharp pointed iron combs. Then [the tyrant] commanded them to bring out Rabbi Chananya ben Tradyon from his place of study. They burned his body on a pyre of bundles of vine-twigs, and placed wet layers of wool on his chest to prolong his suffering. When they were removed from him, he was immediately consumed together with the Torah scroll [in which he was wrapped].

Cong. then chazzan: חטאנו We have sinned, our Rock; pardon us, our Creator.

קוננו Lament, holy people of a nation never completely forsaken, that for a small thing were they slain and their blood spilled. They gave up their lives to sanctify the Name of Heaven; so, too, was the slaughter of Rabbi Chutzpit the Interpreter. Trembling takes hold of all who hear, tears flow from every eye, and every joy is turned to mourning on account of the murder of Rabbi Elazar ben Shamua.

Cong. then chazzan: חטאנו We have sinned, our Rock; pardon us, our Creator.

שחתוני My enemies and oppressors have ravaged me, they satiated themselves with our precious possessions. They made us drink poison when they slayed Rabbi Chanina ben Chachinai. They tortured us to make us violate the commandments. They refused to take ransom, but insisted on the lives of those who study the precious words of Torah, such as Rabbi Yeshevav the Scribe.

Cong. then chazzan: חטאנו We have sinned, our Rock; pardon us, our Creator.

יחתונו The children of Edom crushed us and made us desolate; they persecuted us more than any other kingdom on earth; they slaughtered many of us, and also murdered Rabbi Yehudah ben Dama. You have declared that the House of Jacob

לְהָבָה,[1] הֵן עַתָּה קַשׁ אוֹרָם כְּבָה, חַי זְעוֹךְ קוֹמָתָם
בִּבְעוּר הַיּוֹם הַבָּא, כִּי הִסְכִּימוּ לַהֲרוֹג עֲשָׂרָה צַדִּיקִים
עִם רַבִּי יְהוּדָה בֶּן בָּבָא.

Cong. then chazzan—חָטָאנוּ צוּרֵנוּ, סְלַח לָנוּ יוֹצְרֵנוּ:

זֹאת קְרָאַתְנוּ וְסִפַּרְנוּ בְּשִׁנּוּן, וְשָׁפַכְנוּ לֵב שָׁפָל וְאָנוּן,
מִמְּרוֹם הַסְכֵּת תַּחֲנוּן, יְיָ יְיָ אֵל רַחוּם וְחַנּוּן.[2] חַנּוּן
הַבִּיטָה מִמְּרוֹמִים, תִּשְׁפְּכֶת דַּם הַצַּדִּיקִים וְתַמְצִית דָּמִים,
תֵּרָאֶה בְּפַרְגּוּדָךְ וְהַעֲבֵר כְּתָמִים, אֵל מֶלֶךְ יוֹשֵׁב עַל כִּסֵּא
רַחֲמִים:

Chazzan concludes the paragraph aloud, as indicated:

זְכוֹר לָנוּ בְּרִית אָבוֹת כַּאֲשֶׁר אָמַרְתָּ: וְזָכַרְתִּי אֶת
בְּרִיתִי יַעֲקוֹב, וְאַף אֶת בְּרִיתִי יִצְחָק, וְאַף אֶת
בְּרִיתִי אַבְרָהָם אֶזְכֹּר, וְהָאָרֶץ אֶזְכֹּר:[3] זְכוֹר לָנוּ בְּרִית
רִאשׁוֹנִים כַּאֲשֶׁר אָמַרְתָּ: וְזָכַרְתִּי לָהֶם בְּרִית רִאשֹׁנִים,
אֲשֶׁר הוֹצֵאתִי אֹתָם מֵאֶרֶץ מִצְרַיִם לְעֵינֵי הַגּוֹיִם לִהְיוֹת
לָהֶם לֵאלֹהִים, אֲנִי יְיָ:[4] עֲשֵׂה עִמָּנוּ כְּמוֹ שֶׁהִבְטַחְתָּנוּ:
וְאַף גַּם זֹאת בִּהְיוֹתָם בְּאֶרֶץ אֹיְבֵיהֶם, לֹא מְאַסְתִּים
וְלֹא גְעַלְתִּים לְכַלֹּתָם לְהָפֵר בְּרִיתִי אִתָּם, כִּי אֲנִי יְיָ
אֱלֹהֵיהֶם:[5] הָשֵׁב שְׁבוּתֵנוּ וְרַחֲמֵנוּ כְּמָה שֶׁכָּתוּב: וְשָׁב
יְיָ אֱלֹהֶיךָ אֶת שְׁבוּתְךָ וְרִחֲמֶךָ, וְשָׁב וְקִבֶּצְךָ מִכָּל
הָעַמִּים אֲשֶׁר הֱפִיצְךָ יְיָ אֱלֹהֶיךָ שָׁמָּה:[6] קַבֵּץ נִדָּחֵינוּ
כְּמָה שֶׁכָּתוּב: אִם יִהְיֶה נִדַּחֲךָ בִּקְצֵה הַשָּׁמָיִם, מִשָּׁם
יְקַבֶּצְךָ יְיָ אֱלֹהֶיךָ וּמִשָּׁם יִקָּחֶךָ:[7] מְחֵה פְשָׁעֵינוּ כָּעָב

---

1. Obadiah 1:18.   2. Exodus 34:6.   3. Leviticus 26:42.   4. Ibid. 26:45.   5. Ibid. 26:44.
6. Deuteronomy 30:3.   7. Ibid. 30:4.

shall be fire and the House of Joseph a flame[1]—but now the straw [Esau] has quenched their fire. Eternal God, humble their stature on the approaching day of destruction, for they agreed to slay ten righteous Sages, including Rabbi Yehudah ben Bava.

Cong. then chazzan: חטאנו **We have sinned, our Rock; pardon us, our Creator.**

זאת This has befallen us; we have recounted it verbally, we have poured out our humble and grieving heart; from Heaven hearken to our supplication, O Lord, Lord, compassionate and gracious God.[2] Gracious One, behold from Heaven the spilled blood of the righteous Sages; let their life-blood be seen in Your firmament and [in their merit,] remove the stains of guilt, Almighty King who sits on the Throne of Mercy.

Chazzan concludes the paragraph aloud, as indicated:

זכור Remember in our behalf the covenant with the Patriarchs, as You have said: I will remember My covenant with Jacob; also My covenant with Isaac, and also My covenant with Abraham will I remember, and I will remember the land.[3] Remember in our behalf the covenant with our ancestors, as You have said: I will remember in their behalf the covenant with their ancestors, whom I took out of Egypt before the eyes of the nations, to be their God; I am the Lord.[4] Act toward us as You have promised: Yet even then, when they are in the land of their enemies, I will not abhor them nor spurn them so as to destroy them and annul My covenant with them, for I am the Lord their God.[5] Bring back our exiles and have mercy upon us, as it is written: The Lord your God will return your exiles and have mercy upon you, and will again gather you from all the nations where the Lord your God has scattered you.[6] Gather our dispersed, as it is written: Even if your dispersed will be at the furthermost parts of the world, from there the Lord your God will gather you, and from there He will fetch you.[7] Wipe away our transgressions like a thick cloud and

וְכָעָנָן כְּמָה שֶׁכָּתוּב: מָחִיתִי כָעָב פְּשָׁעֶיךָ וְכֶעָנָן
חַטֹּאתֶיךָ, שׁוּבָה אֵלַי כִּי גְאַלְתִּיךָ:[1] מְחֵה פְשָׁעֵינוּ לְמַעַנְךָ
כַּאֲשֶׁר אָמַרְתָּ: אָנֹכִי אָנֹכִי הוּא מֹחֶה פְשָׁעֶיךָ לְמַעֲנִי,
וְחַטֹּאתֶיךָ לֹא אֶזְכֹּר:[2] הַלְבֵּן חֲטָאֵינוּ כַּשֶּׁלֶג וְכַצֶּמֶר כְּמָה
שֶׁכָּתוּב: לְכוּ נָא וְנִוָּכְחָה, יֹאמַר יְיָ, אִם יִהְיוּ חֲטָאֵיכֶם
כַּשָּׁנִים כַּשֶּׁלֶג יַלְבִּינוּ, אִם יַאְדִּימוּ כַתּוֹלָע כַּצֶּמֶר יִהְיוּ:[3]
זְרוֹק עָלֵינוּ מַיִם טְהוֹרִים וְטַהֲרֵנוּ כְּמָה שֶׁכָּתוּב: וְזָרַקְתִּי
עֲלֵיכֶם מַיִם טְהוֹרִים וּטְהַרְתֶּם, מִכֹּל טֻמְאֹתֵיכֶם וּמִכָּל
גִּלּוּלֵיכֶם אֲטַהֵר אֶתְכֶם:[4] רַחֵם עָלֵינוּ וְאַל תַּשְׁחִיתֵנוּ כְּמָה
שֶׁכָּתוּב: כִּי אֵל רַחוּם יְיָ אֱלֹהֶיךָ, לֹא יַרְפְּךָ וְלֹא יַשְׁחִיתֶךָ,
וְלֹא יִשְׁכַּח אֶת בְּרִית אֲבֹתֶיךָ אֲשֶׁר נִשְׁבַּע לָהֶם:[5] מוֹל
אֶת לְבָבֵנוּ לְאַהֲבָה אֶת שְׁמֶךָ כְּמָה שֶׁכָּתוּב: וּמָל יְיָ
אֱלֹהֶיךָ אֶת לְבָבְךָ וְאֶת לְבַב זַרְעֶךָ, לְאַהֲבָה אֶת יְיָ
אֱלֹהֶיךָ בְּכָל לְבָבְךָ וּבְכָל נַפְשְׁךָ לְמַעַן חַיֶּיךָ:[7] הִמָּצֵא לָנוּ
בְּבַקָּשָׁתֵנוּ כְּמָה שֶׁכָּתוּב: וּבִקַּשְׁתֶּם מִשָּׁם אֶת יְיָ אֱלֹהֶיךָ
וּמָצָאתָ, כִּי תִדְרְשֶׁנּוּ בְּכָל לְבָבְךָ וּבְכָל נַפְשֶׁךָ:[8] כַּפֵּר
חֲטָאֵינוּ בַּיּוֹם הַזֶּה וְטַהֲרֵנוּ כְּמָה שֶׁכָּתוּב: כִּי בַיּוֹם הַזֶּה
יְכַפֵּר עֲלֵיכֶם לְטַהֵר אֶתְכֶם, מִכֹּל חַטֹּאתֵיכֶם לִפְנֵי יְיָ
תִּטְהָרוּ:[9] —Chazzan תְּבִיאֵנוּ אֶל הַר קָדְשֶׁךָ וְשַׂמְּחֵנוּ בְּבֵית
תְּפִלָּתֶךָ כְּמָה שֶׁכָּתוּב: וַהֲבִיאוֹתִים אֶל הַר קָדְשִׁי
וְשִׂמַּחְתִּים בְּבֵית תְּפִלָּתִי, עוֹלֹתֵיהֶם וְזִבְחֵיהֶם לְרָצוֹן עַל
מִזְבְּחִי, כִּי בֵיתִי בֵּית תְּפִלָּה יִקָּרֵא לְכָל הָעַמִּים:[10]

---

1. Isaiah 44:22.   2. Ibid. 43:25.   3. Ibid. 1:18.   4. Ezekiel 36:25.   5. Deuteronomy 4:31.
6. Lit., circumcise.   7. Deuteronomy 30:6.   8. Ibid. 4:29.   9. Leviticus 16:30.   10. Isaiah 56:7.

like a mist, as it is written: I have wiped away your transgressions like a thick cloud, your sins like a mist; return to Me, for I have redeemed you.[1] Wipe away our transgressions for Your sake, as You have said: I, I [alone,] am He who wipes away your transgressions, for My sake; your sins I will not recall.[2] Make our sins white as snow and wool, as it is written: Come now, let us reason together—says the Lord—even if your sins will be as scarlet, they will become white as snow; even if they will be red as crimson, they will become [white] as wool.[3] Sprinkle purifying waters upon us and purify us, as it is written: And I will sprinkle purifying waters upon you, and you shall be pure; from all your defilements and from all your idolatries I will purify you.[4] Have compassion on us and do not destroy us, as it is written: For the Lord your God is a compassionate God; He will not forsake you, nor will He destroy you, nor will He forget the covenant with your fathers which He swore to them.[5] Open[6] our hearts to love Your Name, as it is written: And the Lord your God will open[6] your heart and the hearts of your offspring, to love the Lord your God with all your heart and with all your soul, that you may live.[7] Be accessible to us when we seek You, as it is written: And from there [from exile] you will seek the Lord your God, and you will find Him, for you will seek Him with all your heart and with all your soul.[8] Grant atonement for our sins and purify us, as it is written: For on this day atonement shall be made for you, to purify you; you shall be cleansed of all your sins before the Lord.[9] Chazzan: Bring us to Your holy mountain and make us rejoice in Your house of prayer, as it is written: I will bring them to My holy mountain and make them rejoice in My house of prayer; their burnt-offerings and their sacrifices shall be favorably accepted upon My altar, for My house shall be called a house of prayer for all the nations.[10]

THE ARK IS OPENED.

Stand for the following section.

—Chazzan then cong. שְׁמַע קוֹלֵנוּ יְיָ אֱלֹהֵינוּ, חוּס וְרַחֵם עָלֵינוּ,
וְקַבֵּל בְּרַחֲמִים וּבְרָצוֹן אֶת תְּפִלָּתֵנוּ:

—Chazzan then cong. הֲשִׁיבֵנוּ יְיָ אֵלֶיךָ וְנָשׁוּבָה, חַדֵּשׁ יָמֵינוּ
כְּקֶדֶם:[1]

—Chazzan then cong. אַל תַּשְׁלִיכֵנוּ מִלְּפָנֶיךָ, וְרוּחַ קָדְשְׁךָ אַל תִּקַּח
מִמֶּנּוּ:[2]

—Chazzan then cong. אַל תַּשְׁלִיכֵנוּ לְעֵת זִקְנָה, כִּכְלוֹת כֹּחֵנוּ אַל
תַּעַזְבֵנוּ:[3]

אַל תַּעַזְבֵנוּ יְיָ אֱלֹהֵינוּ, אַל תִּרְחַק מִמֶּנּוּ:[4] עֲשֵׂה עִמָּנוּ
אוֹת לְטוֹבָה וְיִרְאוּ שֹׂנְאֵינוּ וְיֵבֹשׁוּ, כִּי אַתָּה יְיָ
עֲזַרְתָּנוּ וְנִחַמְתָּנוּ:[5] אֲמָרֵינוּ הַאֲזִינָה יְיָ, בִּינָה הֲגִיגֵנוּ:[6] יִהְיוּ
לְרָצוֹן אִמְרֵי פִינוּ וְהֶגְיוֹן לִבֵּנוּ לְפָנֶיךָ, יְיָ צוּרֵנוּ וְגֹאֲלֵנוּ:[7]
כִּי לְךָ יְיָ הוֹחָלְנוּ, אַתָּה תַעֲנֶה אֲדֹנָי אֱלֹהֵינוּ:[8]

THE ARK IS CLOSED.

אֱלֹהֵינוּ וֵאלֹהֵי אֲבוֹתֵינוּ, אַל תַּעַזְבֵנוּ וְאַל תִּטְּשֵׁנוּ וְאַל
תַּכְלִימֵנוּ, וְאַל תָּפֵר בְּרִיתְךָ אִתָּנוּ. קָרְבֵנוּ
לְתוֹרָתֶךָ, לַמְּדֵנוּ מִצְוֹתֶיךָ, הוֹרֵנוּ דְּרָכֶיךָ, הַט לִבֵּנוּ
לְיִרְאָה אֶת שְׁמֶךָ, וּמוֹל אֶת לְבָבֵנוּ לְאַהֲבָתֶךָ,[9] וְנָשׁוּב
אֵלֶיךָ בֶּאֱמֶת וּבְלֵב שָׁלֵם. וּלְמַעַן שִׁמְךָ הַגָּדוֹל תִּמְחוֹל
וְתִסְלַח לַעֲוֹנֵינוּ, כַּכָּתוּב בְּדִבְרֵי קָדְשֶׁךָ: לְמַעַן שִׁמְךָ יְיָ
וְסָלַחְתָּ לַעֲוֹנִי כִּי רַב הוּא:[10]

---

1. Lamentations 5:21. **2.** Cf. Psalms 51:13. **3.** Cf. Ibid. 71:9. **4.** Cf. Ibid. 38:22. **5.** Cf. Ibid. 86:17. **6.** Cf. Ibid. 5:2. **7.** Cf. Ibid. 19:15. **8.** Cf. Ibid. 38:16. **9.** Lit., circumcise. **10.** Psalms 25:11.

THE ARK IS OPENED.

Stand for the following section.
Transliteration, page 443.

Chazzan then cong: שְׁמַע Hear our voice, Lord our God, have pity and compassion upon us, and accept our prayer with mercy and favor.

Chazzan then cong: Bring us back to You, Lord, and we will return; renew our days as of old.[1]

Chazzan then cong: Do not cast us out of Your presence, and do not take Your Spirit of Holiness away from us.[2]

Chazzan then cong: Do not cast us aside in old age; do not forsake us when our strength fails.[3]

אַל Do not abandon us, Lord our God; do not keep far from us.[4] Show us a sign of favor, that our foes may see and be shamed, because You, Lord, have given us aid and consoled us.[5] Hearken to our words, Lord; consider our thoughts.[6] May the words of our mouth and the meditation of our heart be acceptable before You, Lord, our Strength and our Redeemer.[7] For it is for You, Lord, that we have been waiting; answer us, Lord our God.[8]

THE ARK IS CLOSED.

אֱלֹהֵינוּ Our God and God of our fathers, do not forsake us, do not abandon us, do not put us to shame, and do not nullify Your covenant with us. Bring us near to Your Torah, teach us Your precepts, instruct us in Your ways, incline our heart to revere Your Name, open[9] our hearts to the love of You, and we will return to You in truth, with a perfect heart. And for the sake of Your great Name, forgive and pardon our iniquity, as it is written in Your holy Scriptures: For the sake of Your Name, Lord, pardon my iniquity, for it is great.[10]

אֱלֹהֵינוּ וֵאלֹהֵי אֲבוֹתֵינוּ, סְלַח לָנוּ, מְחַל לָנוּ, כַּפֶּר לָנוּ. כִּי אָנוּ עַמֶּךָ וְאַתָּה אֱלֹהֵינוּ, אָנוּ בָנֶיךָ וְאַתָּה אָבִינוּ, אָנוּ עֲבָדֶיךָ וְאַתָּה אֲדוֹנֵנוּ, אָנוּ קְהָלֶךָ וְאַתָּה חֶלְקֵנוּ, אָנוּ נַחֲלָתֶךָ וְאַתָּה גוֹרָלֵנוּ, אָנוּ צֹאנֶךָ וְאַתָּה רוֹעֵנוּ, אָנוּ כַרְמֶךָ וְאַתָּה נוֹטְרֵנוּ, אָנוּ פְעֻלָּתֶךָ וְאַתָּה יוֹצְרֵנוּ, אָנוּ רַעְיָתֶךָ וְאַתָּה דוֹדֵנוּ, אָנוּ סְגֻלָּתֶךָ וְאַתָּה אֱלֹהֵינוּ, אָנוּ עַמֶּךָ וְאַתָּה מַלְכֵּנוּ, אָנוּ מַאֲמִירֶיךָ וְאַתָּה מַאֲמִירֵנוּ. אָנוּ עַזֵּי פָנִים וְאַתָּה רַחוּם וְחַנּוּן, אָנוּ קְשֵׁי עֹרֶף וְאַתָּה אֶרֶךְ אַפַּיִם, אָנוּ מְלֵאֵי עָוֹן וְאַתָּה מָלֵא רַחֲמִים, אָנוּ יָמֵינוּ כְּצֵל עוֹבֵר וְאַתָּה הוּא וּשְׁנוֹתֶיךָ לֹא יִתָּמּוּ:

Stand for the following four paragraphs.

אֱלֹהֵינוּ וֵאלֹהֵי אֲבוֹתֵינוּ, תָּבֹא לְפָנֶיךָ תְּפִלָּתֵנוּ, וְאַל תִּתְעַלַּם מִתְּחִנָּתֵנוּ, שֶׁאֵין אָנוּ עַזֵּי פָנִים וּקְשֵׁי עֹרֶף, לוֹמַר לְפָנֶיךָ יְיָ אֱלֹהֵינוּ וֵאלֹהֵי אֲבוֹתֵינוּ, צַדִּיקִים אֲנַחְנוּ וְלֹא חָטָאנוּ, אֲבָל אֲנַחְנוּ וַאֲבוֹתֵינוּ חָטָאנוּ:

While mentioning a transgression, gently strike the left side of your chest (over the heart) with a closed fist.

אָשַׁמְנוּ. בָּגַדְנוּ. גָּזַלְנוּ. דִּבַּרְנוּ דֹּפִי: הֶעֱוִינוּ. וְהִרְשַׁעְנוּ. זַדְנוּ. חָמַסְנוּ. טָפַלְנוּ שֶׁקֶר: יָעַצְנוּ רָע. כִּזַּבְנוּ. לַצְנוּ. מָרַדְנוּ. נִאַצְנוּ. סָרַרְנוּ. עָוִינוּ. פָּשַׁעְנוּ. צָרַרְנוּ. קִשִּׁינוּ עֹרֶף: רָשַׁעְנוּ. שִׁחַתְנוּ. תִּעַבְנוּ. תָּעִינוּ. תִּעְתָּעְנוּ:

סַרְנוּ מִמִּצְוֹתֶיךָ וּמִמִּשְׁפָּטֶיךָ הַטּוֹבִים וְלֹא שָׁוָה לָנוּ: וְאַתָּה צַדִּיק עַל כָּל הַבָּא עָלֵינוּ, כִּי אֱמֶת עָשִׂיתָ וַאֲנַחְנוּ הִרְשָׁעְנוּ:[1]

1. Nehemiah 9:33.

Transliteration, page 443.

אֱלֹהֵינוּ Our God and God of our fathers, pardon us, forgive us, grant us atonement—for we are Your people and You are our God; we are Your children and You are our Father; we are Your servants and You are our Master; we are Your congregation and You are our portion; we are Your inheritance and You are our lot; we are Your flock and You are our Shepherd; we are Your vineyard and You are our Watchman; we are Your handiwork and You are our Creator; we are Your beloved ones and You are our Beloved; we are Your treasure and You are our God; we are Your people and You are our King; we are Your chosen people and You are our acknowledged God; we are impudent but You are merciful and gracious; we are obdurate but You are slow to anger; we are full of iniquity but You are full of compassion; our days are like a passing shadow but You are eternal, Your years are without end.

Stand for the following four paragraphs.

אֱלֹהֵינוּ Our God and God of our fathers, may our prayers come before You, and do not turn away from our supplication, for we are not so impudent and obdurate as to declare before You, Lord our God and God of our fathers, that we are righteous and have not sinned. Indeed, we and our fathers have sinned.

While mentioning a transgression, gently strike the left side of your chest (over the heart) with a closed fist.

Transliteration, page 444.

אָשַׁמְנוּ We have transgressed, we have acted perfidiously, we have robbed, we have slandered. We have acted perversely and wickedly, we have willfully sinned, we have done violence, we have imputed falsely. We have given evil counsel, we have lied, we have scoffed, we have rebelled, we have provoked, we have been disobedient, we have committed iniquity, we have wantonly transgressed, we have oppressed, we have been obstinate. We have committed evil, we have acted perniciously, we have acted abominably, we have gone astray, we have led others astray.

סַרְנוּ We have strayed from Your good precepts and ordinances, and it has not profited us. Indeed, You are just in all that has come upon us, for You have acted truthfully, and it is we who have acted wickedly.[1]

הִרְשַׁעְנוּ וּפָשַׁעְנוּ, לָכֵן לֹא נוֹשָׁעְנוּ, וְתֵן בְּלִבֵּנוּ לַעֲזוֹב
דֶּרֶךְ רֶשַׁע, וְחִישׁ לָנוּ יֶשַׁע, כַּכָּתוּב עַל יַד
נְבִיאֶךָ: יַעֲזֹב רָשָׁע דַּרְכּוֹ וְאִישׁ אָוֶן מַחְשְׁבֹתָיו, וְיָשֹׁב אֶל
יְיָ וִירַחֲמֵהוּ, וְאֶל אֱלֹהֵינוּ כִּי יַרְבֶּה לִסְלוֹחַ:[1]

On Shabbat, add the words in shaded parentheses.

אֱלֹהֵינוּ וֵאלֹהֵי אֲבוֹתֵינוּ, סְלַח וּמְחַל לַעֲוֹנוֹתֵינוּ בְּיוֹם
(הַשַּׁבָּת הַזֶּה וּבְיוֹם) הַכִּפּוּרִים הַזֶּה, בְּיוֹם
סְלִיחַת הֶעָוֹן הַזֶּה, בְּיוֹם מִקְרָא קֹדֶשׁ הַזֶּה. מְחֵה וְהַעֲבֵר
פְּשָׁעֵינוּ וְחַטֹּאתֵינוּ מִנֶּגֶד עֵינֶיךָ, וְכוֹף אֶת יִצְרֵנוּ
לְהִשְׁתַּעְבֶּד לָךְ, וְהַכְנַע אֶת עָרְפֵּנוּ לָשׁוּב אֵלֶיךָ בֶּאֱמֶת,
וְחַדֵּשׁ כִּלְיוֹתֵינוּ לִשְׁמוֹר פִּקּוּדֶיךָ, וּמוֹל אֶת לְבָבֵנוּ לְאַהֲבָה
וּלְיִרְאָה אֶת שְׁמֶךָ, כַּכָּתוּב בְּתוֹרָתֶךָ: וּמָל יְיָ אֱלֹהֶיךָ אֶת
לְבָבְךָ וְאֶת לְבַב זַרְעֶךָ, לְאַהֲבָה אֶת יְיָ אֱלֹהֶיךָ בְּכָל לְבָבְךָ
וּבְכָל נַפְשְׁךָ לְמַעַן חַיֶּיךָ:[3] הַזְּדוֹנוֹת וְהַשְּׁגָגוֹת אַתָּה מַכִּיר,
הָרָצוֹן וְהָאוֹנֶס הַגְּלוּיִם וְהַנִּסְתָּרִים, לְפָנֶיךָ הֵם גְּלוּיִם
וִידוּעִים. מָה אָנוּ, מֶה חַיֵּינוּ, מֶה חַסְדֵּנוּ, מַה צִּדְקֵנוּ, מַה
כֹּחֵנוּ, מַה גְּבוּרָתֵנוּ, מַה נֹּאמַר לְפָנֶיךָ יְיָ אֱלֹהֵינוּ וֵאלֹהֵי
אֲבוֹתֵינוּ, הֲלֹא כָּל הַגִּבּוֹרִים כְּאַיִן לְפָנֶיךָ וְאַנְשֵׁי הַשֵּׁם
כְּלֹא הָיוּ, וַחֲכָמִים כִּבְלִי מַדָּע, וּנְבוֹנִים כִּבְלִי הַשְׂכֵּל, כִּי
רוֹב מַעֲשֵׂיהֶם תֹּהוּ, וִימֵי חַיֵּיהֶם הֶבֶל לְפָנֶיךָ, וּמוֹתַר
הָאָדָם מִן הַבְּהֵמָה אָיִן, כִּי הַכֹּל הָבֶל:[4] מַה נֹּאמַר לְפָנֶיךָ
יוֹשֵׁב מָרוֹם, וּמַה נְּסַפֵּר לְפָנֶיךָ שׁוֹכֵן שְׁחָקִים, הֲלֹא כָּל
הַנִּסְתָּרוֹת וְהַנִּגְלוֹת אַתָּה יוֹדֵעַ:

---

1. Isaiah 55:7.   **2.** Lit., circumcise.   **3.** Deuteronomy 30:6.   **4.** Ecclesiastes 3:19.

הִרְשַׁעְנוּ We have acted wickedly and transgressed, therefore we have not been delivered. Inspire our hearts to abandon the evil way, and hasten our deliverance, as it is written by Your prophet: Let the wicked abandon his way and the man of iniquity his thoughts; let him return to the Lord and He will have compassion upon him, and to our God, for He will abundantly pardon.[1]

On Shabbat, add the words in shaded parentheses.

אֱלֹהֵינוּ Our God and God of our fathers, pardon and forgive our wrongdoings on this (Shabbat day and on this) Day of Atonements, on this day of pardoning of sin, on this day of holy assembly; wipe away and remove our transgressions and sins from before Your eyes; compel our inclination to be subservient to You; subdue our obduracy that we may return to You in truth; renew our minds to observe Your commandments; open[2] our hearts to love and revere Your Name, as it is written in Your Torah: And the Lord Your God will open[2] your hearts and the hearts of your offspring, to love the Lord your God with all your heart and with all your soul, that you may live.[3] You recognize deliberate sin or inadvertent error, [transgressions committed] willfully or under duress, openly or secretly—before You they are revealed and known. What are we? What is our life? What is our kindness? What is our righteousness? What is our strength? What is our might? What can we say to You, Lord our God and God of our fathers? Are not all the mighty men as nothing before You, the men of renown as though they had never been, the wise as if without knowledge, and the men of understanding as if devoid of intelligence? For most of their deeds are naught, and the days of their lives are vanity before You. The pre-eminence of man over beast is naught, for all is vanity.[4] What shall we say to You who dwells on high; what shall we relate to You who abides in the heavens? You surely know all the hidden and revealed things.

שִׁמְךָ מֵעוֹלָם עוֹבֵר עַל פֶּשַׁע, שַׁוְעָתֵנוּ תַאֲזִין בְּעָמְדֵנוּ
לְפָנֶיךָ בִּתְפִלָּה, תַּעֲבוֹר עַל פֶּשַׁע לְעַם שָׁבֵי
פֶשַׁע, תִּמְחֶה פְּשָׁעֵינוּ מִנֶּגֶד עֵינֶיךָ:

Stand for the confessional prayers.

אַתָּה יוֹדֵעַ רָזֵי עוֹלָם, וְתַעֲלוּמוֹת סִתְרֵי כָּל חָי. אַתָּה
חֹפֵשׂ כָּל חַדְרֵי בָטֶן וּבֹחֵן כְּלָיוֹת וָלֵב, אֵין דָּבָר
נֶעְלָם מִמֶּךָ, וְאֵין נִסְתָּר מִנֶּגֶד עֵינֶיךָ. וּבְכֵן יְהִי רָצוֹן
מִלְּפָנֶיךָ, יְיָ אֱלֹהֵינוּ וֵאלֹהֵי אֲבוֹתֵינוּ, שֶׁתְּרַחֵם עָלֵינוּ
וְתִמְחוֹל לָנוּ עַל כָּל חַטֹּאתֵינוּ, וּתְכַפֶּר לָנוּ עַל כָּל
עֲווֹנוֹתֵינוּ, וְתִמְחוֹל וְתִסְלַח לָנוּ עַל כָּל פְּשָׁעֵינוּ:

Gently strike the left side of your chest (over the heart) with a closed fist when saying the word שֶׁחָטָאנוּ.

עַל חֵטְא שֶׁחָטָאנוּ לְפָנֶיךָ, בְּאֹנֶס וּבְרָצוֹן:
וְעַל חֵטְא שֶׁחָטָאנוּ לְפָנֶיךָ, בְּאִמּוּץ הַלֵּב:

עַל חֵטְא שֶׁחָטָאנוּ לְפָנֶיךָ, בִּבְלִי דָעַת:
וְעַל חֵטְא שֶׁחָטָאנוּ לְפָנֶיךָ, בְּבִטוּי שְׂפָתָיִם:

עַל חֵטְא שֶׁחָטָאנוּ לְפָנֶיךָ, בְּגִלּוּי עֲרָיוֹת:
וְעַל חֵטְא שֶׁחָטָאנוּ לְפָנֶיךָ, בְּגָלוּי וּבַסָּתֶר:

עַל חֵטְא שֶׁחָטָאנוּ לְפָנֶיךָ, בְּדַעַת וּבְמִרְמָה:
וְעַל חֵטְא שֶׁחָטָאנוּ לְפָנֶיךָ, בְּדִבּוּר פֶּה:

עַל חֵטְא שֶׁחָטָאנוּ לְפָנֶיךָ, בְּהוֹנָאַת רֵעַ:
וְעַל חֵטְא שֶׁחָטָאנוּ לְפָנֶיךָ, בְּהִרְהוּר הַלֵּב:

עַל חֵטְא שֶׁחָטָאנוּ לְפָנֶיךָ, בִּוְעִידַת זְנוּת:
וְעַל חֵטְא שֶׁחָטָאנוּ לְפָנֶיךָ, בְּוִדּוּי פֶּה:

שִׁמְךָ Your Name from of old is Forgiver of Transgression; hearken to our supplication as we stand before You in prayer. Forgive transgression for the people who repent of transgression. Erase our transgressions from before Your eyes.

Stand for the confessional prayers.

אַתָּה You know the mysteries of the universe and the hidden secrets of every living being. You search all [our] innermost thoughts, and probe [our] mind and heart; nothing is hidden from You, nothing is concealed from Your sight. And so, may it be Your will, Lord our God and God of our fathers, to have mercy on us and forgive us all our sins, grant us atonement for all our iniquities, and forgive and pardon us for all our transgressions.

Gently strike the left side of your chest (over the heart) with a closed fist when saying the word committed.

עַל חֵטְא For the sin which we have committed before You under duress or willingly.

And for the sin which we have committed before You by hard-heartedness.

For the sin which we have committed before You inadvertently.

And for the sin which we have committed before You with an utterance of the lips.

For the sin which we have committed before You with immorality.

And for the sin which we have committed before You openly or secretly.

For the sin which we have committed before You with knowledge and with deceit.

And for the sin which we have committed before You through speech.

For the sin which we have committed before You by deceiving a fellowman.

And for the sin which we have committed before You by improper thoughts.

For the sin which we have committed before You by a gathering of lewdness.

And for the sin which we have committed before You by verbal [insincere] confession.

עַל חֵטְא שֶׁחָטָאנוּ לְפָנֶיךָ, בְּזִלְזוּל הוֹרִים וּמוֹרִים:

וְעַל חֵטְא שֶׁחָטָאנוּ לְפָנֶיךָ, בְּזָדוֹן וּבִשְׁגָגָה:

עַל חֵטְא שֶׁחָטָאנוּ לְפָנֶיךָ, בְּחֹזֶק יָד:

וְעַל חֵטְא שֶׁחָטָאנוּ לְפָנֶיךָ, בְּחִלוּל הַשֵׁם:

עַל חֵטְא שֶׁחָטָאנוּ לְפָנֶיךָ, בְּטֻמְאַת שְׂפָתָיִם:

וְעַל חֵטְא שֶׁחָטָאנוּ לְפָנֶיךָ, בְּטִפְשׁוּת פֶּה:

עַל חֵטְא שֶׁחָטָאנוּ לְפָנֶיךָ, בְּיֵצֶר הָרָע:

וְעַל חֵטְא שֶׁחָטָאנוּ לְפָנֶיךָ, בְּיוֹדְעִים וּבְלֹא יוֹדְעִים:

Gently strike the left side of your chest (over the heart) with a closed fist when saying the words סְלַח, מְחַל, כַּפֵּר.

Congregation then chazzan:

וְעַל כֻּלָּם, אֱלוֹהַּ סְלִיחוֹת, סְלַח לָנוּ, מְחַל לָנוּ, כַּפֵּר לָנוּ:

Gently strike the left side of your chest (over the heart) with a closed fist when saying the word שֶׁחָטָאנוּ.

עַל חֵטְא שֶׁחָטָאנוּ לְפָנֶיךָ, בְּכַחַשׁ וּבְכָזָב:

וְעַל חֵטְא שֶׁחָטָאנוּ לְפָנֶיךָ, בְּכַפַּת שֹׁחַד:

עַל חֵטְא שֶׁחָטָאנוּ לְפָנֶיךָ, בְּלָצוֹן:

וְעַל חֵטְא שֶׁחָטָאנוּ לְפָנֶיךָ, בְּלָשׁוֹן הָרָע:

עַל חֵטְא שֶׁחָטָאנוּ לְפָנֶיךָ, בְּמַשָּׂא וּבְמַתָּן:

וְעַל חֵטְא שֶׁחָטָאנוּ לְפָנֶיךָ, בְּמַאֲכָל וּבְמִשְׁתֶּה:

עַל חֵטְא שֶׁחָטָאנוּ לְפָנֶיךָ, בְּנֶשֶׁךְ וּבְמַרְבִּית:

וְעַל חֵטְא שֶׁחָטָאנוּ לְפָנֶיךָ, בִּנְטִיַת גָּרוֹן:

עַל חֵטְא שֶׁחָטָאנוּ לְפָנֶיךָ, בְּשִׂיחַ שִׂפְתוֹתֵינוּ:

וְעַל חֵטְא שֶׁחָטָאנוּ לְפָנֶיךָ, בְּסִקּוּר עָיִן:

For the sin which we have committed before You by disrespect for parents and teachers.

And for the sin which we have committed before You intentionally or unintentionally.

For the sin which we have committed before You by using coercion.

And for the sin which we have committed before You by desecrating the Divine Name.

For the sin which we have committed before You by impurity of speech.

And for the sin which we have committed before You by foolish talk.

For the sin which we have committed before You with the evil inclination.

And for the sin which we have committed before You knowingly or unknowingly.

Gently strike the left side of your chest (over the heart) with a closed fist when saying the words *pardon, forgive, atone.*

Congregation then chazzan:

Transliteration, page 444.

וְעַל כֻּלָּם For all these, God of pardon, pardon us, forgive us, atone for us.

Gently strike the left side of your chest (over the heart) with a closed fist when saying the word *committed.*

For the sin which we have committed before You by false denial and lying.

And for the sin which we have committed before You by a bribe-taking or a bribe-giving hand.

For the sin which we have committed before You by scoffing.

And for the sin which we have committed before You by evil talk [about another].

For the sin which we have committed before You in business dealings.

And for the sin which we have committed before You by eating and drinking.

For the sin which we have committed before You by [taking or giving] interest and by usury.

And for the sin which we have committed before You by a haughty demeanor.

For the sin which we have committed before You by the prattle of our lips.

And for the sin which we have committed before You by a glance of the eye.

עַל חֵטְא שֶׁחָטָאנוּ לְפָנֶיךָ, בְּעֵינַיִם רָמוֹת:

וְעַל חֵטְא שֶׁחָטָאנוּ לְפָנֶיךָ, בְּעַזּוּת מֶצַח:

Gently strike the left side of your chest (over the heart) with a closed fist when saying the words סְלַח, מְחַל, כַּפֵּר.

Congregation then chazzan:

וְעַל כֻּלָּם, אֱלוֹהַּ סְלִיחוֹת, סְלַח לָנוּ, מְחַל לָנוּ, כַּפֶּר לָנוּ:

Gently strike the left side of your chest (over the heart) with a closed fist when saying the word שֶׁחָטָאנוּ.

עַל חֵטְא שֶׁחָטָאנוּ לְפָנֶיךָ, בִּפְרִיקַת עֹל:

וְעַל חֵטְא שֶׁחָטָאנוּ לְפָנֶיךָ, בִּפְלִילוּת:

עַל חֵטְא שֶׁחָטָאנוּ לְפָנֶיךָ, בִּצְדִיַּת רֵעַ:

וְעַל חֵטְא שֶׁחָטָאנוּ לְפָנֶיךָ, בְּצָרוּת עָיִן:

עַל חֵטְא שֶׁחָטָאנוּ לְפָנֶיךָ, בְּקַלּוּת רֹאשׁ:

וְעַל חֵטְא שֶׁחָטָאנוּ לְפָנֶיךָ, בְּקַשְׁיוּת עֹרֶף:

עַל חֵטְא שֶׁחָטָאנוּ לְפָנֶיךָ, בְּרִיצַת רַגְלַיִם לְהָרַע:

וְעַל חֵטְא שֶׁחָטָאנוּ לְפָנֶיךָ, בִּרְכִילוּת:

עַל חֵטְא שֶׁחָטָאנוּ לְפָנֶיךָ, בִּשְׁבוּעַת שָׁוְא:

וְעַל חֵטְא שֶׁחָטָאנוּ לְפָנֶיךָ, בְּשִׂנְאַת חִנָּם:

עַל חֵטְא שֶׁחָטָאנוּ לְפָנֶיךָ, בִּתְשׂוּמֶת יָד:

וְעַל חֵטְא שֶׁחָטָאנוּ לְפָנֶיךָ, בְּתִמְהוֹן לֵבָב:

Gently strike the left side of your chest (over the heart) with a closed fist when saying the words סְלַח, מְחַל, כַּפֵּר.

Congregation then chazzan:

וְעַל כֻּלָּם, אֱלוֹהַּ סְלִיחוֹת, סְלַח לָנוּ, מְחַל לָנוּ, כַּפֶּר לָנוּ:

For the sin which we have committed before You with proud looks.

And for the sin which we have committed before You with impudence.

Gently strike the left side of your chest (over the heart) with a closed fist when saying the words pardon, forgive, atone.

Congregation then chazzan:

וְעַל כֻּלָּם For all these, God of pardon, pardon us, forgive us, atone for us.

Gently strike the left side of your chest (over the heart) with a closed fist when saying the word committed.

For the sin which we have committed before You by casting off the yoke [of Heaven].

And for the sin which we have committed before You in passing judgment.

For the sin which we have committed before You by scheming against a fellowman.

And for the sin which we have committed before You by a begrudging eye.

For the sin which we have committed before You by frivolity.

And for the sin which we have committed before You by obduracy.

For the sin which we have committed before You by running to do evil.

And for the sin which we have committed before You by tale-bearing.

For the sin which we have committed before You by swearing in vain.

And for the sin which we have committed before You by causeless hatred.

For the sin which we have committed before You by embezzlement.

And for the sin which we have committed before You by a confused heart.

Gently strike the left side of your chest (over the heart) with a closed fist when saying the words pardon, forgive, atone.

Congregation then chazzan:

וְעַל כֻּלָּם For all these, God of pardon, pardon us, forgive us, atone for us.

Gently strike the left side of your chest (over the heart) with a closed fist when saying the words שֶׁאָנוּ חַיָּבִים.

וְעַל חֲטָאִים שֶׁאָנוּ חַיָּבִים עֲלֵיהֶם: עוֹלָה:

וְעַל חֲטָאִים שֶׁאָנוּ חַיָּבִים עֲלֵיהֶם: חַטָּאת:

וְעַל חֲטָאִים שֶׁאָנוּ חַיָּבִים עֲלֵיהֶם: קׇרְבָּן עוֹלֶה וְיוֹרֵד:

וְעַל חֲטָאִים שֶׁאָנוּ חַיָּבִים עֲלֵיהֶם: אָשָׁם וַדַּאי וְתָלוּי:

וְעַל חֲטָאִים שֶׁאָנוּ חַיָּבִים עֲלֵיהֶם: מַכַּת מַרְדּוּת:

וְעַל חֲטָאִים שֶׁאָנוּ חַיָּבִים עֲלֵיהֶם: מַלְקוּת אַרְבָּעִים:

וְעַל חֲטָאִים שֶׁאָנוּ חַיָּבִים עֲלֵיהֶם: מִיתָה בִּידֵי שָׁמַיִם:

וְעַל חֲטָאִים שֶׁאָנוּ חַיָּבִים עֲלֵיהֶם: כָּרֵת וַעֲרִירִי:

וְעַל חֲטָאִים שֶׁאָנוּ חַיָּבִים עֲלֵיהֶם: אַרְבַּע מִיתוֹת

בֵּית דִּין: סְקִילָה, שְׂרֵפָה, הֶרֶג, וְחֶנֶק:

עַל מִצְוֹת עֲשֵׂה, וְעַל מִצְוֹת לֹא תַעֲשֶׂה, בֵּין שֶׁיֵּשׁ בָּהֵן
קוּם עֲשֵׂה,[1] וּבֵין שֶׁאֵין בָּהֵן קוּם עֲשֵׂה, אֶת הַגְּלוּיִם
לָנוּ, וְאֶת שֶׁאֵינָם גְּלוּיִם לָנוּ. אֶת הַגְּלוּיִם לָנוּ, כְּבָר
אֲמַרְנוּם לְפָנֶיךָ, וְהוֹדִינוּ לְךָ עֲלֵיהֶם, וְאֶת שֶׁאֵינָם גְּלוּיִם
לָנוּ, לְפָנֶיךָ הֵם גְּלוּיִם וִידוּעִים, כַּדָּבָר שֶׁנֶּאֱמַר: הַנִּסְתָּרֹת
לַיְיָ אֱלֹהֵינוּ, וְהַנִּגְלֹת לָנוּ וּלְבָנֵינוּ עַד עוֹלָם, לַעֲשׂוֹת אֶת
כָּל דִּבְרֵי הַתּוֹרָה הַזֹּאת:[2]

וְדָוִד עַבְדְּךָ אָמַר לְפָנֶיךָ: שְׁגִיאוֹת מִי יָבִין, מִנִּסְתָּרוֹת
נַקֵּנִי.[3] נַקֵּנוּ יְיָ אֱלֹהֵינוּ מִכָּל פְּשָׁעֵינוּ, וְטַהֲרֵנוּ מִכָּל
טֻמְאוֹתֵינוּ, וּזְרוֹק עָלֵינוּ מַיִם טְהוֹרִים וְטַהֲרֵנוּ, כַּכָּתוּב עַל
יַד נְבִיאֶךָ: וְזָרַקְתִּי עֲלֵיכֶם מַיִם טְהוֹרִים וּטְהַרְתֶּם, מִכֹּל
טֻמְאוֹתֵיכֶם וּמִכָּל גִּלּוּלֵיכֶם אֲטַהֵר אֶתְכֶם:[4]

---

1. E.g., to return what one has stolen.   **2.** Deuteronomy 29:28.   **3.** Psalms 19:13.   **4.** Ezekiel 36:25.

Gently strike the left side of your chest (over the heart) with a closed fist when saying the words *we are obligated.*

And for the sins for which we are obligated to bring a burnt-offering.

And for the sins for which we are obligated to bring a sin-offering.

And for the sins for which we are obligated to bring a varying offering [according to one's means].

And for the sins for which we are obligated to bring a guilt-offering for a certain or doubtful trespass.

And for the sins for which we incur the penalty of lashing for rebelliousness.

And for the sins for which we incur the penalty of forty lashes.

And for the sins for which we incur the penalty of death by the hand of Heaven.

And for the sins for which we incur the penalty of excision and childlessness.

And for the sins for which we incur the penalty of the four forms of capital punishment executed by the Court: stoning, burning, decapitation and strangulation.

עַל For [transgressing] positive and prohibitory *mitzvot,* whether [the prohibitions] can be rectified by a specifically prescribed act[1] or not, those of which we are aware and those of which we are not aware; those of which we are aware, we have already declared them before You and confessed them to You, and those of which we are not aware—before You they are revealed and known, as it is stated: The hidden things belong to the Lord our God, but the revealed things are for us and for our children forever, that we may carry out all the words of this Torah.[2]

וְדָוִד David, Your servant, declared before You: Who can discern inadvertent wrongs? Purge me of hidden sins.[3] Purge us, Lord our God, of all our transgressions, cleanse us of all our defilements, and sprinkle purifying waters upon us and purify us, as it is written by Your prophet: And I will sprinkle purifying waters upon you, and you shall be pure; from all your defilements and from all your idolatries I will purify you.[4]

אַל תִּירָא יַעֲקֹב, שׁוּבוּ בָנִים שׁוֹבָבִים, שׁוּבָה יִשְׂרָאֵל. הִנֵּה לֹא יָנוּם וְלֹא יִישָׁן שׁוֹמֵר יִשְׂרָאֵל.[1] כַּכָּתוּב עַל יַד נְבִיאֶךָ: שׁוּבָה יִשְׂרָאֵל עַד יְיָ אֱלֹהֶיךָ, כִּי כָשַׁלְתָּ בַּעֲוֹנֶךָ.[2] וְנֶאֱמַר: קְחוּ עִמָּכֶם דְּבָרִים וְשׁוּבוּ אֶל יְיָ, אִמְרוּ אֵלָיו כָּל תִּשָּׂא עָוֹן וְקַח טוֹב, וּנְשַׁלְּמָה פָרִים שְׂפָתֵינוּ.[3] וְאַתָּה רַחוּם מְקַבֵּל שָׁבִים, כִּי עַל הַתְּשׁוּבָה מֵרֹאשׁ הִבְטַחְתָּנוּ, וְלִתְשׁוּבָה עֵינֵינוּ מְיַחֲלוֹת לָךְ:

מְנוּיָה וּגְמוּרָה בְּסוֹד חַכְמֵי תוֹרָה, אַשְׁרֵי מִי שֶׁלֹּא נִבְרָא:[4]

On Shabbat, add the words in shaded parentheses.

וּמֵאַהֲבָתְךָ יְיָ אֱלֹהֵינוּ שֶׁאָהַבְתָּ אֶת יִשְׂרָאֵל עַמֶּךָ, וּמֵחֶמְלָתְךָ מַלְכֵּנוּ שֶׁחָמַלְתָּ עַל בְּנֵי בְרִיתֶךָ, נָתַתָּ לָנוּ יְיָ אֱלֹהֵינוּ אֶת (יוֹם הַשַּׁבָּת הַזֶּה וְאֶת) יוֹם צוֹם הַכִּפֻּרִים הַזֶּה, וְאֶת יוֹם סְלִיחַת הֶעָוֹן הַזֶּה, וְאֶת יוֹם מִקְרָא קֹדֶשׁ הַזֶּה, לִמְחִילַת חֵטְא וְלִסְלִיחַת עָוֹן וּלְכַפָּרַת פָּשַׁע:

יוֹם אָתָא לְכַפֵּר פִּשְׁעֵי יְשֵׁנָה, הַיּוֹם בִּיאָתוֹ אַחַת בַּשָּׁנָה, כַּכָּתוּב בְּתוֹרָתֶךָ: וְהָיְתָה זֹּאת לָכֶם לְחֻקַּת עוֹלָם, לְכַפֵּר עַל בְּנֵי יִשְׂרָאֵל מִכָּל חַטֹּאתָם אַחַת בַּשָּׁנָה:[5]

יוֹם זֶה נִתַּן תְּעוּדָה לְעַם זֶה, הַיּוֹם חָל בּוֹ צִיר סְלַח נָא לַעֲוֹן הָעָם הַזֶּה, כַּכָּתוּב בְּתוֹרָתֶךָ: סְלַח נָא לַעֲוֹן הָעָם הַזֶּה כְּגֹדֶל חַסְדֶּךָ, וְכַאֲשֶׁר נָשָׂאתָה לָעָם הַזֶּה מִמִּצְרַיִם וְעַד הֵנָּה.[6] וְשָׁם נֶאֱמַר: וַיֹּאמֶר יְיָ סָלַחְתִּי כִּדְבָרֶךָ:[7] בַּעֲבוּר כְּבוֹד שִׁמְךָ הַמָּצֵא לָנוּ מוֹחֵל וְסוֹלֵחַ, סְלַח נָא לְמַעַן שְׁמֶךָ:

---

1. Psalms 121:4.   **2.** Hosea 14:2.   **3.** Ibid. 14:3.   **4.** Cf. Eruvin 13b.   **5.** Leviticus 16:34.
6. Numbers 14:19.   **7.** Ibid. 14:20.

אַל Do not fear, Jacob; return, you wayward children; return, O Israel, for the Guardian of Israel neither slumbers nor sleeps;[1] as it is written by Your prophet: Return, O Israel, to the Lord your God, for you have stumbled because of your sin.[2] And it is said: Take with you words [of confession] and return to the Lord; say to Him: Forgive all sin, accept that which is good [within us], and we will render the prayer of our lips in place of the sacrifice of bullocks.[3] And You, Merciful One, accept those who repent; for from the beginning [of creation] You have promised us to accept penitence, and our eyes look hopefully to You to arouse us to penitence.

מנויה It was deliberated upon and decided in the council of Torah sages: Fortunate is he who was not created.[4]

On Shabbat, add the words in shaded parentheses.

וּמֵאַהֲבָתְךָ Because of Your love, Lord our God, for Your people Israel and because of Your mercy, our King, which You have shown to the children of Your Covenant, You, Lord our God, have given us (this Shabbat day and) this fast day of Yom Kippur, this day of pardoning of sin and this day of holy assembly for forgiveness of sin, for pardon of iniquity, and for atonement for transgression.

יוֹם אַתָּא A day that comes to atone for the transgressions of [Israel] who slumbers [in exile]—this day comes but once a year, as it is written in Your Torah: And this shall be an everlasting statute for you, to make atonement for the Israelites for all their sins once a year.[5]

יוֹם זֶה This day the [Tablets of] Testimony were given to this people—on this day [Moses] the emissary implored: Pardon, I beseech You, the wrongdoing of this people. As it is written in Your Torah: Pardon, I beseech You, the wrongdoing of this people, in keeping with the greatness of Your kindness, and as You have forgiven this people from Egypt until now.[6] And there it is stated: And the Lord said: I have pardoned in accordance with your words.[7] For the sake of the glory of Your Name, be accessible to us, You who forgives and pardons; pardon, we beseech You, for the sake of Your Name.

יוֹם מְחִילָה בְּשֶׁרֶת לְצִיר בְּרֶשֶׁם, הַיּוֹם נִתְיַצֵּבְתָּ עַמּוֹ
וְקָרֵאתָ בְשֵׁם, כַּכָּתוּב בְּתוֹרָתֶךָ: וַיֵּרֶד יְיָ בֶּעָנָן
וַיִּתְיַצֵּב עִמּוֹ שָׁם, וַיִּקְרָא בְשֵׁם יְיָ׃[1] בַּעֲבוּר כְּבוֹד שִׁמְךָ
הַמָּצֵא לָנוּ חַנּוּן וְרַחוּם, רַחֶם נָא לְמַעַן שְׁמֶךָ:

יוֹם שְׁמָמוֹת הֵיכָלְךָ הַבִּיטָה, הַיּוֹם תָּחַן אֱזוֹן הַטֵּה לָנוּ
לְהַבִּיטָה, כַּכָּתוּב בְּדִבְרֵי קָדְשֶׁךָ: הַטֵּה אֱלֹהַי אָזְנְךָ
וּשְׁמָע, פְּקַח עֵינֶיךָ וּרְאֵה שֹׁמְמוֹתֵינוּ, וְהָעִיר אֲשֶׁר נִקְרָא
שִׁמְךָ עָלֶיהָ, כִּי לֹא עַל צִדְקוֹתֵינוּ אֲנַחְנוּ מַפִּילִים
תַּחֲנוּנֵינוּ לְפָנֶיךָ, כִּי עַל רַחֲמֶיךָ הָרַבִּים. אֲדֹנָי שְׁמָעָה,
אֲדֹנָי סְלָחָה, אֲדֹנָי הַקְשִׁיבָה, וַעֲשֵׂה אַל תְּאַחַר, לְמַעַנְךָ
אֱלֹהַי, כִּי שִׁמְךָ נִקְרָא עַל עִירְךָ וְעַל עַמֶּךָ׃[2] בַּעֲבוּר
כְּבוֹד שִׁמְךָ הַמָּצֵא לָנוּ שׁוֹמֵעַ תְּפִלָּה, שְׁמַע בְּקוֹל
תְּפִלָּתֵנוּ לְמַעַן שְׁמֶךָ:

מִי אֵל כָּמוֹךָ: אַדִּיר וְנָאֶה, בּוֹרֵא דוֹק וָחֶלֶד, מִי אֵל
כָּמוֹךָ: גּוֹלֶה עֲמוּקוֹת, דּוֹבֵר צְדָקוֹת, מִי אֵל כָּמוֹךָ:
הָדוּר בִּלְבוּשׁוֹ, וְאֵין כִּתְהִלָּתוֹ, מִי אֵל כָּמוֹךָ: זוֹקֵף
כְּפוּפִים, חוֹנֵן דַּלִּים, מִי אֵל כָּמוֹךָ: טְהוֹר עֵינַיִם, יוֹשֵׁב
שָׁמַיִם, מִי אֵל כָּמוֹךָ: שׁוֹכֵן שְׁחָקִים, תּוֹמֵךְ תְּמִימִים, מִי
אֵל כָּמוֹךָ: נֹשֵׂא עָוֹן וְעוֹבֵר עַל פֶּשַׁע, מִי אֵל כָּמוֹךָ:

כַּכָּתוּב עַל יַד נְבִיאֶךָ: מִי אֵל כָּמוֹךָ, נֹשֵׂא עָוֹן וְעוֹבֵר
עַל פֶּשַׁע לִשְׁאֵרִית נַחֲלָתוֹ, לֹא הֶחֱזִיק לָעַד
אַפּוֹ, כִּי חָפֵץ חֶסֶד הוּא: יָשׁוּב יְרַחֲמֵנוּ, יִכְבֹּשׁ עֲוֹנֹתֵינוּ,
וְתַשְׁלִיךְ בִּמְצֻלוֹת יָם כָּל חַטֹּאתָם׃[3] וְכָל חַטֹּאת עַמְּךָ

1. Exodus 34:5. **2.** Daniel 9:18-19. **3.** Micah 7:18-19.

יום מחילה A day on which You informed [Moses] the emissary of the granting of pardon, inscribing it in the Torah—on this day You stood with him and proclaimed the Name, as it is written in Your Torah: The Lord descended in a cloud and stood with him there, and proclaimed the Name Lord.[1] For the sake of the glory of Your Name, be accessible to us, You who are gracious and compassionate; have mercy, we beseech You, for the sake of Your Name.

יום שממות A day on which you will behold the ruins of the Temple—on this day give ear to our entreaties and regard [our penitence], as it is written in Your holy Scriptures: Give ear, my God and hear; open Your eyes and behold our desolate places and the city upon which Your Name is proclaimed, for it is not on account of our own righteousness that we offer our supplications before You, but because of Your abounding mercies. My Lord, hear; my Lord, forgive; my Lord, hearken and take action, do not delay, for Your own sake, my God, for Your Name is proclaimed over Your city and Your people.[2] For the sake of the glory of Your Name, be accessible to us, You who heeds prayer; hear the sound of our prayer for the sake of Your Name.

מי Who is like You, O God! Majestic and glorious, Creator of heaven and earth; who is like You, O God! You who reveals hidden things, who speaks kindly; who is like You, O God! Resplendent in His attire, and there is no praise like His; who is like You, O God! You who makes erect those who are bowed, who is gracious to the needy; who is like You, O God! You who are pure of sight, who abides in the heavens; who is like You, O God! You who dwells in the firmament, who supports the sincere ones; who is like You, O God! You who pardons iniquity and forgives transgression; who is like You, O God!

ככתוב As it is written by Your prophet: Who is a God like You, who pardons iniquity and forgives transgression for the remnant of His heritage! He does not maintain His wrath forever, for He desires [to do] kindness. He will again show us mercy, He will suppress our iniquities; and You will cast all their sins into the depths of the sea.[3] And You will cast all the sins of

בֵּית יִשְׂרָאֵל תַּשְׁלִיךְ בְּמָקוֹם אֲשֶׁר לֹא יִזָּכְרוּ וְלֹא יִפָּקְדוּ
וְלֹא יַעֲלוּ עַל לֵב לְעוֹלָם: וְנֶאֱמַר: תִּתֵּן אֱמֶת לְיַעֲקֹב,
חֶסֶד לְאַבְרָהָם, אֲשֶׁר נִשְׁבַּעְתָּ לַאֲבוֹתֵינוּ מִימֵי קֶדֶם:¹

Chazzan:
On Shabbat, add the words in shaded parentheses.

אֱלֹהֵינוּ וֵאלֹהֵי אֲבוֹתֵינוּ, מְחֹל לַעֲוֹנוֹתֵינוּ בְּיוֹם (הַשַּׁבָּת
הַזֶּה וּבְיוֹם) הַכִּפּוּרִים הַזֶּה, בְּיוֹם סְלִיחַת הֶעָוֹן
הַזֶּה, בְּיוֹם מִקְרָא קֹדֶשׁ הַזֶּה, מְחֵה וְהַעֲבֵר פְּשָׁעֵינוּ
וְחַטֹּאתֵינוּ מִנֶּגֶד עֵינֶיךָ, כָּאָמוּר: אָנֹכִי אָנֹכִי הוּא מֹחֶה
פְשָׁעֶיךָ לְמַעֲנִי, וְחַטֹּאתֶיךָ לֹא אֶזְכֹּר.² וְנֶאֱמַר: מָחִיתִי
כָעָב פְּשָׁעֶיךָ וְכֶעָנָן חַטֹּאתֶיךָ, שׁוּבָה אֵלַי כִּי גְאַלְתִּיךָ.³
וְנֶאֱמַר: כִּי בַיּוֹם הַזֶּה יְכַפֵּר עֲלֵיכֶם לְטַהֵר אֶתְכֶם, מִכֹּל
חַטֹּאתֵיכֶם לִפְנֵי יְיָ תִּטְהָרוּ.⁴ (אֱלֹהֵינוּ וֵאלֹהֵי אֲבוֹתֵינוּ, רְצֵה
נָא בִמְנוּחָתֵנוּ) קַדְּשֵׁנוּ בְּמִצְוֹתֶיךָ וְתֵן חֶלְקֵנוּ בְּתוֹרָתֶךָ.
שַׂבְּעֵנוּ מִטּוּבֶךָ וְשַׂמַּח נַפְשֵׁנוּ בִּישׁוּעָתֶךָ, (וְהַנְחִילֵנוּ יְיָ
אֱלֹהֵינוּ בְּאַהֲבָה וּבְרָצוֹן שַׁבַּת קָדְשֶׁךָ, וְיָנוּחוּ בוֹ כָּל יִשְׂרָאֵל
מְקַדְּשֵׁי שְׁמֶךָ,) וְטַהֵר לִבֵּנוּ לְעָבְדְּךָ בֶּאֱמֶת. כִּי אַתָּה סָלְחָן
לְיִשְׂרָאֵל וּמָחֳלָן לְשִׁבְטֵי יְשֻׁרוּן⁵ בְּכָל דּוֹר וָדוֹר,
וּמִבַּלְעָדֶיךָ אֵין לָנוּ מֶלֶךְ מוֹחֵל וְסוֹלֵחַ. בָּרוּךְ אַתָּה יְיָ,
מֶלֶךְ מוֹחֵל וְסוֹלֵחַ לַעֲוֹנוֹתֵינוּ וְלַעֲוֹנוֹת עַמּוֹ בֵּית יִשְׂרָאֵל,
וּמַעֲבִיר אַשְׁמוֹתֵינוּ בְּכָל שָׁנָה וְשָׁנָה, מֶלֶךְ עַל כָּל הָאָרֶץ,
מְקַדֵּשׁ (הַשַּׁבָּת וְ) יִשְׂרָאֵל וְיוֹם הַכִּפּוּרִים: (אָמֵן—.Cong)

---

1. Micah 7:20.   **2.** Isaiah 43:25.   **3.** Ibid. 44:22.   **4.** Leviticus 16:30.   **5.** V. Isaiah 44:2;
Deuteronomy 33:5; 26; Ramban, Deuteronomy 7:12.

Your people, the House of Israel, into a place where they shall never be remembered nor recalled nor brought to mind. And it is said: You will grant truth to Jacob, kindness to Abraham, as You have sworn to our fathers from the days of yore.[1]

Chazzan:
On Shabbat, add the words in shaded parentheses.

אֱלֹהֵינוּ Our God and God of our fathers, forgive our wrongdoings on this (Shabbat day and on this) Day of Atonements, on this day of pardoning of sin, on this day of holy assembly; wipe away and remove our transgressions and sins from before Your eyes, as it is stated: I, I [alone,] am He who wipes away your transgressions, for My sake; your sins I will not recall.[2] And it is stated: I have wiped away your transgressions like a thick cloud, your sins like a cloud; return to Me, for I have redeemed you.[3] And it is stated: For on this day atonement shall be made for you, to purify you; you shall be cleansed of all your sins before the Lord.[4] (Our God and God of our fathers, please find favor in our rest.) Make us holy with Your commandments and grant us our portion in Your Torah; satiate us with Your goodness and gladden our soul with Your salvation. (Lord our God, grant as our heritage, in love and goodwill, Your holy Shabbat, and may all Israel who sanctify Your Name rest thereon.) Make our heart pure to serve You in truth, for You are the Pardoner of Israel and the Forgiver of the tribes of Yeshurun[5] in every generation, and aside from You we have no King who forgives and pardons. Blessed are You, Lord, King who forgives and pardons our sins and the sins of His people, the House of Israel, and removes our trespasses each and every year; King over the whole earth, who sanctifies (the Shabbat and) Israel and the Day of Atonements. (Cong: Amen)

רְצֵה יְיָ אֱלֹהֵינוּ בְּעַמְּךָ יִשְׂרָאֵל וְלִתְפִלָּתָם שְׁעֵה, וְהָשֵׁב הָעֲבוֹדָה לִדְבִיר בֵּיתֶךָ, וְאִשֵּׁי יִשְׂרָאֵל וּתְפִלָּתָם בְּאַהֲבָה תְקַבֵּל בְּרָצוֹן, וּתְהִי לְרָצוֹן תָּמִיד עֲבוֹדַת יִשְׂרָאֵל עַמֶּךָ:

וְתֶחֱזֶינָה עֵינֵינוּ בְּשׁוּבְךָ לְצִיּוֹן בְּרַחֲמִים. בָּרוּךְ אַתָּה יְיָ, הַמַּחֲזִיר שְׁכִינָתוֹ לְצִיּוֹן: (אָמֵן—Cong.)

Bow at מודים; straighten up at יְיָ.

מוֹדִים אֲנַחְנוּ לָךְ, שָׁאַתָּה הוּא יְיָ אֱלֹהֵינוּ וֵאלֹהֵי אֲבוֹתֵינוּ לְעוֹלָם וָעֶד, צוּר חַיֵּינוּ, מָגֵן יִשְׁעֵנוּ, אַתָּה הוּא לְדוֹר וָדוֹר, נוֹדֶה לְּךָ וּנְסַפֵּר תְּהִלָּתֶךָ, עַל חַיֵּינוּ הַמְּסוּרִים בְּיָדֶךָ, וְעַל נִשְׁמוֹתֵינוּ הַפְּקוּדוֹת לָךְ, וְעַל נִסֶּיךָ שֶׁבְּכָל יוֹם עִמָּנוּ, וְעַל נִפְלְאוֹתֶיךָ וְטוֹבוֹתֶיךָ שֶׁבְּכָל עֵת, עֶרֶב וָבֹקֶר וְצָהֳרָיִם, הַטּוֹב, כִּי לֹא כָלוּ רַחֲמֶיךָ, וְהַמְרַחֵם, כִּי לֹא תַמּוּ חֲסָדֶיךָ, כִּי מֵעוֹלָם קִוִּינוּ לָךְ:

MODIM D'RABBANAN

While the chazzan recites מודים, the congregation recites the following, while bowing:

מוֹדִים אֲנַחְנוּ לָךְ, שָׁאַתָּה הוּא יְיָ אֱלֹהֵינוּ וֵאלֹהֵי אֲבוֹתֵינוּ, אֱלֹהֵי כָל בָּשָׂר, יוֹצְרֵנוּ, יוֹצֵר בְּרֵאשִׁית, בְּרָכוֹת וְהוֹדָאוֹת לְשִׁמְךָ הַגָּדוֹל וְהַקָּדוֹשׁ, עַל שֶׁהֶחֱיִיתָנוּ וְקִיַּמְתָּנוּ, כֵּן תְּחַיֵּינוּ וּתְקַיְּמֵנוּ, וְתֶאֱסוֹף גָּלֻיּוֹתֵינוּ לְחַצְרוֹת קָדְשֶׁךָ, וְנָשׁוּב אֵלֶיךָ לִשְׁמוֹר חֻקֶּיךָ, וְלַעֲשׂוֹת רְצוֹנֶךָ, וּלְעָבְדְּךָ בְּלֵבָב שָׁלֵם, עַל שֶׁאָנוּ מוֹדִים לָךְ, בָּרוּךְ אֵל הַהוֹדָאוֹת:

רצה Look with favor, Lord our God, on Your people Israel, and pay heed to their prayer; restore the service to Your Sanctuary, and accept with love and favor Israel's fire-offerings and prayer; and may the service of Your people Israel always find favor.

ותחזינה May our eyes behold Your return to Zion in mercy. Blessed are You, Lord, who restores His Divine Presence to Zion. (Cong: Amen)

Bow at We thankfully acknowledge; *straighten up at* Lord.

מודים We thankfully acknowledge that You are the Lord our God and God of our fathers forever. You are the strength of our life, the shield of our salvation in every generation. We will give thanks to You and recount Your praise, evening, morning and noon, for our lives which are committed into Your hand, for our souls which are entrusted to You, for Your miracles which are with us daily, and for Your continual wonders and beneficences. You are the Beneficent One, for Your mercies never cease; and the Merciful One, for Your kindnesses never end; for we always place our hope in You.

MODIM D'RABBANAN

While the chazzan recites *Modim*, the congregation recites the following, while bowing:

Transliteration, page 438.

מודים We thankfully acknowledge that You are the Lord our God and God of our fathers, the God of all flesh, our Creator and the Creator of all existence. We offer blessings and thanks to Your great and holy Name, for You have given us life and sustained us; so may You continue to grant us life and sustain us—gather our dispersed to the courtyards of Your Sanctuary, and we shall return to You to keep Your Laws, to do Your will, and to serve You with a perfect heart—for we thankfully acknowledge You. Blessed is God, who is worthy of thanks.

וְעַל כֻּלָּם יִתְבָּרַךְ וְיִתְרוֹמֵם וְיִתְנַשֵּׂא שִׁמְךָ מַלְכֵּנוּ תָּמִיד לְעוֹלָם וָעֶד:

—Cong. then chazzan אָבִינוּ מַלְכֵּנוּ, זְכוֹר רַחֲמֶיךָ וּכְבוֹשׁ כַּעַסְךָ,

וְכַלֵּה דֶבֶר, וְחֶרֶב, וְרָעָב, וּשְׁבִי, וּמַשְׁחִית,

וְעָוֹן, וּמַגֵּפָה, וּפֶגַע רָע, וְכָל מַחֲלָה,

וְכָל תַּקָּלָה, וְכָל קְטָטָה, וְכָל מִינֵי פֻרְעָנִיּוֹת,

וְכָל גְּזֵרָה רָעָה, וְשִׂנְאַת חִנָּם, מֵעָלֵינוּ וּמֵעַל כָּל בְּנֵי בְרִיתֶךָ:

—Cong. then chazzan וּכְתוֹב לְחַיִּים טוֹבִים כָּל בְּנֵי בְרִיתֶךָ:

The Kohanim who will be reciting the Priestly Blessing recite the following, as the chazzan recites וְכָל הַחַיִּים:

יְהִי רָצוֹן מִלְּפָנֶיךָ, יְיָ אֱלֹהֵינוּ וֵאלֹהֵי אֲבוֹתֵינוּ, שֶׁתְּהֵא הַבְּרָכָה הַזֹּאת שֶׁצִּוִּיתָנוּ לְבָרֵךְ אֶת עַמְּךָ יִשְׂרָאֵל בְּרָכָה שְׁלֵמָה שֶׁלֹּא יִהְיֶה בָּהּ מִכְשׁוֹל וְעָוֹן, מֵעַתָּה וְעַד עוֹלָם:[1]

The Kohanim prolong the recital to conclude it as the chazzan concludes the blessing הַטּוֹב שִׁמְךָ, so that the congregation will answer אָמֵן to both.

Chazzan:

וְכָל הַחַיִּים יוֹדוּךָ סֶּלָה, וִיהַלְלוּ שִׁמְךָ הַגָּדוֹל לְעוֹלָם כִּי טוֹב, הָאֵל יְשׁוּעָתֵנוּ וְעֶזְרָתֵנוּ סֶלָה, הָאֵל הַטּוֹב.

Bend knees at בָּרוּךְ; bow at אַתָּה; straighten up at יְיָ.

בָּרוּךְ אַתָּה יְיָ, הַטּוֹב שִׁמְךָ וּלְךָ נָאֶה לְהוֹדוֹת:

(אָמֵן —Cong.)

---

1. V. Sotah 39a.

וכתוב Inscribe all the children of Your Covenant for a good life.

וְעַל And for all these, may Your Name, our King, be continually blessed, exalted, and extolled forever and all time.

Cong. then chazzan: אָבִינוּ *Övinu malkaynu, z'chor rachamechö u-ch'vosh ka-as'chö, v'chalay dever, v'cherev, v'rö-öv, u-sh'vi, u-mash-chis, v'övon, u-magayfö, u-fega rö, v'chöl machalö, v'chöl takölö, v'chöl k'tötö, v'chöl minay fur-öniyos, v'chöl g'zayrö rö-ö, v'sin-as chinöm, may-ölaynu u-may-al köl b'nay v'risechö.*

Cong. then chazzan: **וּכְתוֹב** ***U-ch'sov l'cha-yim tovim köl b'nay v'risechö.***

The Kohanim who will be reciting the Priestly Blessing recite the following, as the chazzan recites *And all living things*:

יְהִי May it be Your will, Lord our God and God of our fathers, that this blessing which You have commanded us to bless Your people Israel shall be a perfect blessing, that it shall have in it no impediment or iniquity, from now and for all time.[1]

The Kohanim prolong the recital to conclude it as the chazzan concludes the blessing *Beneficent is Your Name*, so that the congregation will answer Amen to both.

Chazzan:

וְכֹל And all living things shall forever thank You, and praise Your great Name eternally, for You are good. God, You are our everlasting salvation and help, O benevolent God.

Bend knees at *Blessed*; bow at *You*; straighten up at *Lord*.

Blessed are You, Lord, Beneficent is Your Name, and to You it is fitting to offer thanks. (Cong: Amen)

אָבִינוּ Our Father, our King, remember Your compassion and suppress Your wrath, and eradicate pestilence, sword, famine, captivity, destruction, iniquity, plague and evil occurrence; every disease, every mishap, every strife, every kind of punishment, every evil decree and groundless hatred, from us and from every member of Your Covenant.

THE PRIESTLY BLESSING

For laws regarding the Priestly Blessing, see page 434.

For the יְהִי רָצוֹן, recited by the Kohanim before the Priestly Blessing, see previous page.

The chazzan says quietly:[1]

אֱלֹהֵינוּ וֵאלֹהֵי אֲבוֹתֵינוּ, בָּרְכֵנוּ בַבְּרָכָה הַמְשֻׁלֶּשֶׁת בַּתּוֹרָה הַכְּתוּבָה עַל יְדֵי מֹשֶׁה עַבְדֶּךָ, הָאֲמוּרָה מִפִּי אַהֲרֹן וּבָנָיו,

The chazzan calls to the Kohanim aloud:[2]

כֹּהֲנִים,

and concludes quietly:

עַם קְדוֹשֶׁךָ, כָּאָמוּר:

The congregation covers their faces with their *tallitot*. One not wearing a *tallit* should stand together with someone who does, and cover his face with that person's *tallit*.

The Kohanim, who are facing the Ark, then turn to face the congregation before reciting the following blessing:

בָּרוּךְ אַתָּה יְיָ, אֱלֹהֵינוּ מֶלֶךְ הָעוֹלָם, אֲשֶׁר קִדְּשָׁנוּ בִּקְדֻשָּׁתוֹ שֶׁל אַהֲרֹן, וְצִוָּנוּ לְבָרֵךְ אֶת עַמּוֹ יִשְׂרָאֵל בְּאַהֲבָה. (.Cong — אָמֵן)

The chazzan should not begin יְבָרֶכְךָ until the congregation has concluded saying אָמֵן. The Kohanim should not begin each word until the chazzan has concluded it, and the congregation should not respond אָמֵן until the Kohanim have concluded each blessing.

The people standing behind the Kohanim are not included in the Priestly Blessing, but those in front of them or on their side are included, for even an iron curtain cannot separate between Israel and their Father in Heaven. However, they should face the Kohanim (but not look at them) and not look around, as the blessing of the Kohanim must be face-to-face.

The chazzan calls out each word of the following blessing and the Kohanim repeat after him. The congregation responds אָמֵן as indicated.

יְבָרֶכְךָ, יְיָ, וְיִשְׁמְרֶךָ: (אָמֵן) יָאֵר, יְיָ, פָּנָיו, אֵלֶיךָ, וִיחֻנֶּךָ: (אָמֵן) יִשָּׂא, יְיָ, פָּנָיו, אֵלֶיךָ, וְיָשֵׂם, לְךָ, שָׁלוֹם:[3] (אָמֵן)

---

1. If no Kohanim are present, the chazzan recites the paragrahs אֱלֹהֵינוּ...כָּאָמוּר and יְבָרֶכְךָ...שָׁלוֹם in a normal tone of voice, and the congregation responds אָמֵן as indicated. Then the chazzan continues with שִׂים שָׁלוֹם, next page. **2.** When only one Kohen is present, this is recited quietly. **3.** Numbers 6:24-26.

THE PRIESTLY BLESSING

For laws regarding the Priestly Blessing, see page 434.
For the prayer recited by the Kohanim before the Priestly Blessing, see previous page.

The chazzan says quietly:[1]

אלהינו Our God and God of our fathers, bless us with the threefold blessing written in the Torah by Moses Your servant, and pronounced by Aaron and his sons,

The chazzan calls to the Kohanim aloud:[2]

Kohanim,

and concludes quietly:

Your consecrated people, as it is said:

The congregation covers their faces with their *tallitot*. One not wearing a *tallit* should stand together with someone who does, and cover his face with that person's *tallit*.

The Kohanim, who are facing the Ark, then turn to face the congregation before reciting the following blessing:

Transliteration, page 450.

ברוך Blessed are You, Lord our God, King of the universe, who has sanctified us with the sanctity of Aaron, and commanded us to bless His people Israel with love. (Cong: Amen)

The chazzan should not begin *The Lord bless you* until the congregation has concluded saying Amen. The Kohanim should not begin each word until the chazzan has concluded it, and the congregation should not respond Amen until the Kohanim have concluded each blessing.

The people standing behind the Kohanim are not included in the Priestly Blessing, but those in front of them or on their side are included, for even an iron curtain cannot separate between Israel and their Father in Heaven. However, they should face the Kohanim (but not look at them) and not look around, as the blessing of the Kohanim must be face-to-face.

The chazzan calls out each word of the following blessing and the Kohanim repeat after him. The congregation responds Amen as indicated.

Transliteration, page 450.

יברכך The Lord bless you and guard you. (Amen) The Lord make His countenance shine upon you and be gracious to you. (Amen) The Lord turn His countenance toward you and grant you peace.[3] (Amen)

While the Kohanim sing the wordless melody prior to saying (but not while they say) וְיָשֵׂם,
the congregation says:

רִבּוֹנוֹ שֶׁל עוֹלָם, אֲנִי שֶׁלָּךְ, וַחֲלוֹמוֹתַי שֶׁלָּךְ, חֲלוֹם חָלַמְתִּי

וְאֵינִי יוֹדֵעַ מַה הוּא. יְהִי רָצוֹן מִלְּפָנֶיךָ יְיָ אֱלֹהַי

וֵאלֹהֵי אֲבוֹתַי, שֶׁיִּהְיוּ כָּל חֲלוֹמוֹתַי עָלַי וְעַל כָּל יִשְׂרָאֵל,

לְטוֹבָה, בֵּין חֲלוֹמוֹת שֶׁחָלַמְתִּי עַל אֲחֵרִים, וּבֵין שֶׁחָלַמְתִּי

עַל עַצְמִי, וּבֵין שֶׁחָלְמוּ אֲחֵרִים עָלָי. אִם טוֹבִים הֵם, חַזְּקֵם

וְאַמְּצֵם, וִיתְקַיְּמוּ בִי וּבָהֶם, כַּחֲלוֹמוֹתָיו שֶׁל יוֹסֵף הַצַּדִּיק:

While the Kohanim sing the wordless melody prior to saying (but not while they say) לְךָ,
the congregation says:

וְאִם צְרִיכִים רְפוּאָה, רְפָאֵם, כְּחִזְקִיָּהוּ מֶלֶךְ יְהוּדָה מֵחָלְיוֹ,

וּכְמִרְיָם הַנְּבִיאָה מִצָּרַעְתָּהּ, וּכְנַעֲמָן מִצָּרַעְתּוֹ, וּכְמֵי מָרָה

עַל יְדֵי מֹשֶׁה רַבֵּינוּ, וּכְמֵי יְרִיחוֹ עַל יְדֵי אֱלִישָׁע:

While the Kohanim sing the wordless melody prior to saying (but not while they say) שָׁלוֹם,
the congregation says:

וּכְשֵׁם שֶׁהָפַכְתָּ אֶת קִלְלַת בִּלְעָם הָרָשָׁע מִקְּלָלָה לִבְרָכָה,

כֵּן תַּהֲפוֹךְ כָּל חֲלוֹמוֹתַי עָלַי וְעַל כָּל יִשְׂרָאֵל לְטוֹבָה,

As the Kohanim say the word שָׁלוֹם, the congregation says:

וְתִשְׁמְרֵנִי וּתְחָנֵּנִי וְתִרְצֵנִי:

After the Kohanim say שָׁלוֹם respond: אָמֵן. The following is recited while the face is still
covered by the *tallit*:

אַדִּיר בַּמָּרוֹם, שׁוֹכֵן בִּגְבוּרָה, אַתָּה שָׁלוֹם וְשִׁמְךָ שָׁלוֹם,

יְהִי רָצוֹן מִלְּפָנֶיךָ שֶׁתָּשִׂים עָלֵינוּ וְעַל כָּל עַמְּךָ בֵּית

יִשְׂרָאֵל, חַיִּים וּבְרָכָה לְמִשְׁמֶרֶת שָׁלוֹם:

The Kohanim remain standing at the Ark until after Kaddish, page 288.

Chazzan:

שִׂים שָׁלוֹם, טוֹבָה וּבְרָכָה, חַיִּים חֵן וָחֶסֶד וְרַחֲמִים,

עָלֵינוּ וְעַל כָּל יִשְׂרָאֵל עַמֶּךָ. בָּרְכֵנוּ אָבִינוּ כֻּלָּנוּ

כְּאֶחָד בְּאוֹר פָּנֶיךָ, כִּי בְאוֹר פָּנֶיךָ נָתַתָּ לָּנוּ יְיָ אֱלֹהֵינוּ

תּוֹרַת חַיִּים וְאַהֲבַת חֶסֶד, וּצְדָקָה וּבְרָכָה וְרַחֲמִים וְחַיִּים

While the Kohanim sing the wordless melody prior to saying (but not while they say) *Vyaseim*, the congregation says:

רבונו Master of the universe! I am Yours and my dreams are Yours. I have dreamed a dream and I do not know what it is. May it be Your will, Lord my God and God of my fathers, that all my dreams, concerning myself and concerning anyone of Israel, shall be for good—whether dreams that I dreamed about others, or whether I dreamed about myself, or whether others dreamed about me. If they are good [dreams], strengthen and reinforce them, and may they be fulfilled in me and in them, like the dreams of Joseph the righteous.

While the Kohanim sing the wordless melody prior to saying (but not while they say) *Lecha*, the congregation says:

ואם But if they require a remedy, heal them like Hezekiah King of Judah from his illness, like Miriam the prophetess from her leprosy, like Naaman from his leprosy, like the waters of Marah by Moses and like the waters of Jericho by Elisha.

While the Kohanim sing the wordless melody prior to saying (but not while they say) *Shalom*, the congregation says:

וכשם As You have changed the curse of the wicked Balaam from a curse to a blessing, so shall You change all my dreams concerning myself and concerning all Israel to good;

As the Kohanim say the word *Shalom*, the congregation says:

ותשמרני and guard me, be gracious to me, and favor me.

After the Kohanim say *Shalom* respond: Amen. The following is recited while the face is still covered by the *tallit*:

אדיר Mighty One on high, abiding in power, You are peace and Your Name is peace. May it be Your will to bestow upon us and upon all Your people, the House of Israel, life and blessing for the preservation of peace.

The Kohanim remain standing at the Ark until after Kaddish, page 288.

Chazzan:

שים Bestow peace, goodness, and blessing, life, graciousness, kindness, and mercy, upon us and upon all Your people Israel. Bless us, our Father, all of us as one, with the light of Your countenance, for by the light of Your countenance You gave us, Lord our God, the Torah of life and loving-kindness, righteousness, blessing, mercy, life and

וְשָׁלוֹם, וְטוֹב בְּעֵינֶיךָ לְבָרֵךְ אֶת עַמְּךָ יִשְׂרָאֵל בְּכָל עֵת וּבְכָל שָׁעָה בִּשְׁלוֹמֶךָ.

Congregation then chazzan:

וּבְסֵפֶר חַיִּים בְּרָכָה וְשָׁלוֹם וּפַרְנָסָה טוֹבָה, יְשׁוּעָה וְנֶחָמָה וּגְזֵרוֹת טוֹבוֹת, נִזָּכֵר וְנִכָּתֵב לְפָנֶיךָ, אֲנַחְנוּ וְכָל עַמְּךָ בֵּית יִשְׂרָאֵל, לְחַיִּים טוֹבִים וּלְשָׁלוֹם: וְנֶאֱמַר: כִּי בִי יִרְבּוּ יָמֶיךָ וְיוֹסִיפוּ לְךָ שְׁנוֹת חַיִּים:[1] לְחַיִּים טוֹבִים תִּכְתְּבֵנוּ אֱלֹהִים חַיִּים, כָּתְבֵנוּ בְּסֵפֶר הַחַיִּים, כַּכָּתוּב: וְאַתֶּם הַדְּבֵקִים בַּיְיָ אֱלֹהֵיכֶם חַיִּים כֻּלְּכֶם הַיּוֹם:[2]

THE ARK IS OPENED.

The following phrases are recited responsively. The congregation says the first phrase, followed by the chazzan. After the chazzan recites each phrase, the congregation responds אָמֵן as indicated, and then recites the subsequent phrase.

הַיּוֹם תְּשַׁמַּע שַׁוְעָתֵנוּ: (אָמֵן)		הַיּוֹם תְּאַמְּצֵנוּ: (אָמֵן)	
הַיּוֹם תְּקַבֵּל בְּרַחֲמִים וּבְרָצוֹן (אָמֵן)		הַיּוֹם תְּבָרְכֵנוּ: (אָמֵן)	
אֶת תְּפִלָּתֵנוּ: (אָמֵן)		הַיּוֹם תְּגַדְּלֵנוּ: (אָמֵן)	
הַיּוֹם תִּתְמְכֵנוּ בִּימִין צִדְקֶךָ: (אָמֵן)		הַיּוֹם תִּדְרְשֵׁנוּ לְטוֹבָה: (אָמֵן)	

THE ARK IS CLOSED.

Congregation and chazzan:

כְּהַיּוֹם הַזֶּה תְּבִיאֵנוּ שָׂשִׂים וּשְׂמֵחִים בְּבִנְיַן שָׁלֵם, כַּכָּתוּב: וַהֲבִיאוֹתִים אֶל הַר קָדְשִׁי וְשִׂמַּחְתִּים בְּבֵית תְּפִלָּתִי, עוֹלֹתֵיהֶם וְזִבְחֵיהֶם לְרָצוֹן עַל מִזְבְּחִי, כִּי בֵיתִי בֵּית תְּפִלָּה יִקָּרֵא לְכָל הָעַמִּים.[3] וְנֶאֱמַר: וַיְצַוֵּנוּ יְיָ לַעֲשׂוֹת אֶת כָּל הַחֻקִּים הָאֵלֶּה לְיִרְאָה אֶת יְיָ אֱלֹהֵינוּ, לְטוֹב לָנוּ כָּל הַיָּמִים, לְחַיּוֹתֵנוּ כְּהַיּוֹם הַזֶּה.[4] וְנֶאֱמַר: וּצְדָקָה תִּהְיֶה לָּנוּ כִּי נִשְׁמֹר לַעֲשׂוֹת אֶת כָּל הַמִּצְוָה הַזֹּאת לִפְנֵי יְיָ אֱלֹהֵינוּ כַּאֲשֶׁר צִוָּנוּ:[5] וּצְדָקָה וּבְרָכָה וְרַחֲמִים וְחַיִּים וְשָׁלוֹם יִהְיֶה לָנוּ וּלְכָל יִשְׂרָאֵל עַד הָעוֹלָם:

---

1. Proverbs 9:11.   **2.** Deuteronomy 4:4.   **3.** Isaiah 56:7.   **4.** Deuteronomy 6:24.   **5.** Ibid. 6:25.

peace. May it be favorable in Your eyes to bless Your people
Israel, at all times and at every moment, with Your peace.

Congregation then chazzan:

ובספר U-v'sayfer cha-yim b'röchö v'shölom ufar'nösö tovö,
y'shu-ö v'nechömö u-g'zayros tovos, nizöchayr v'nikösayv
l'fönechö, anach-nu v'chöl am'chö bays yisrö-ayl, l'cha-yim tovim
u-l'shölom. V'ne-emar: Ki vi yirbu yömechö v'yosifu l'chö sh'nos
cha-yim.¹ L'cha-yim tovim tich-t'vaynu elohim cha-yim, kös'vaynu
b'sayfer hacha-yim kakösuv: V'atem had'vaykim badonöy
elohaychem cha-yim kul'chem ha-yom.²

THE ARK IS OPENED.

The following phrases are recited responsively. The congregation says the first phrase,
followed by the chazzan. After the chazzan recites each phrase, the congregation responds
Amen as indicated, and then recites the subsequent phrase.
Transliteration, page 450.

On this day, strengthen us. (Amen)
On this day, bless us. (Amen)
On this day, exalt us. (Amen)
On this day, seek us out for good. (Amen)

On this day, hear our cry. (Amen)
On this day, accept our prayer with mercy and goodwill. (Amen)
On this day, sustain us with the right hand of Your righteousness. (Amen)

THE ARK IS CLOSED.

Congregation and chazzan:

כהיום As of this day, bring us joyous and happy to the Temple
at Jerusalem, as it is written: I will bring them to My holy
mountain and make them rejoice in My house of prayer; their
burnt-offerings and their sacrifices shall be favorably accepted
upon My altar, for My house shall be called a house of prayer for
all the nations.³ And it is said: The Lord commanded us to
observe all these statutes, to fear the Lord our God, for our own
lasting good, that He might keep us alive, as on this day.⁴ And it
is said: It will be to our merit if we take care to do this entire
commandment before the Lord our God, as He has commanded
us.⁵ May righteousness, blessing, mercy, life, and peace be granted
to us and to all Israel forever.

ובספר And in the Book of life, blessing, peace and prosperity, deliverance,
consolation and favorable decrees may we and all Your people the House of Israel
be remembered and inscribed before You for a happy life and for peace. And it is
said: For through Me shall your days be multiplied and years of life shall be added
to you.¹ Inscribe us for a happy life, O living God; inscribe us in the Book of Life,
as it is written: And you who cleave to the Lord your God are all alive today.²

The Kohanim recite the following, making sure to conclude it as the chazzan concludes the blessing הַמְבָרֵךְ...בְּשָׁלוֹם (below), so that the congregation will answer אָמֵן to both.

רִבּוֹנוֹ שֶׁל עוֹלָם, עָשִׂינוּ מַה שֶּׁגָּזַרְתָּ עָלֵינוּ, עֲשֵׂה אַתָּה עִמָּנוּ כְּמוֹ שֶׁהִבְטַחְתָּנוּ. הַשְׁקִיפָה מִמְּעוֹן קָדְשְׁךָ מִן הַשָּׁמַיִם, וּבָרֵךְ אֶת עַמְּךָ אֶת יִשְׂרָאֵל, וְאֵת הָאֲדָמָה אֲשֶׁר נָתַתָּה לָנוּ, כַּאֲשֶׁר נִשְׁבַּעְתָּ לַאֲבֹתֵינוּ, אֶרֶץ זָבַת חָלָב וּדְבָשׁ:¹

Chazzan:

בָּרוּךְ אַתָּה יְיָ, הַמְבָרֵךְ אֶת עַמּוֹ יִשְׂרָאֵל בַּשָּׁלוֹם:

(אָמֵן —Cong.)

Chazzan concludes silently:

יִהְיוּ לְרָצוֹן אִמְרֵי פִי וְהֶגְיוֹן לִבִּי לְפָנֶיךָ, יְיָ צוּרִי וְגוֹאֲלִי:²

Chazzan recites Complete Kaddish. Congregation responds אָמֵן as indicated.

יִתְגַּדַּל וְיִתְקַדַּשׁ שְׁמֵהּ רַבָּא. (אָמֵן —Cong.) בְּעָלְמָא דִּי בְרָא כִרְעוּתֵהּ וְיַמְלִיךְ מַלְכוּתֵהּ, וְיַצְמַח פּוּרְקָנֵהּ וִיקָרֵב מְשִׁיחֵהּ. (אָמֵן —Cong.) בְּחַיֵּיכוֹן וּבְיוֹמֵיכוֹן וּבְחַיֵּי דְכָל בֵּית יִשְׂרָאֵל, בַּעֲגָלָא וּבִזְמַן קָרִיב וְאִמְרוּ אָמֵן:

(אָמֵן. יְהֵא שְׁמֵהּ רַבָּא מְבָרַךְ לְעָלַם וּלְעָלְמֵי עָלְמַיָּא, יִתְבָּרַךְ. —Cong.)

יְהֵא שְׁמֵהּ רַבָּא מְבָרַךְ לְעָלַם וּלְעָלְמֵי עָלְמַיָּא, יִתְבָּרַךְ, וְיִשְׁתַּבַּח, וְיִתְפָּאַר, וְיִתְרוֹמָם, וְיִתְנַשֵּׂא, וְיִתְהַדָּר וְיִתְעַלֶּה, וְיִתְהַלָּל, שְׁמֵהּ דְּקוּדְשָׁא בְּרִיךְ הוּא. (אָמֵן —Cong.) לְעֵלָּא מִן כָּל בִּרְכָתָא וְשִׁירָתָא, תֻּשְׁבְּחָתָא וְנֶחֱמָתָא, דַּאֲמִירָן בְּעָלְמָא, וְאִמְרוּ אָמֵן: (אָמֵן —Cong.)

תִּתְקַבֵּל צְלוֹתְהוֹן וּבָעוּתְהוֹן דְּכָל בֵּית יִשְׂרָאֵל, קֳדָם אֲבוּהוֹן דִּי בִשְׁמַיָּא, וְאִמְרוּ אָמֵן: (אָמֵן —Cong.)

---

1. Deuteronomy 26:15.   2. Psalms 19:15.

The Kohanim recite the following, making sure to conclude it as the chazzan concludes the blessing *Blessed...peace* (below), so that the congregation will answer Amen to both.

רבונו Master of the universe, we have carried out that which You have decreed on us; You deal with us as You have promised us: Look down from Your abode, from heaven, and bless Your people Israel and the land which You have given us, as You have sworn to our fathers—a land flowing with milk and honey.[1]

Chazzan:

Blessed are You, Lord, who blesses His people Israel with peace. (Cong: Amen)

Chazzan concludes silently:

יהיו May the words of my mouth and the meditation of my heart be acceptable before You, Lord, my Strength and my Redeemer.[2]

Chazzan recites Complete Kaddish.
Congregation responds Amen as indicated.

יתגדל Exalted and hallowed be His great Name (Cong: Amen) throughout the world which He has created according to His will. May He establish His kingship, bring forth His redemption and hasten the coming of His Mashiach (Cong: Amen) in your lifetime and in your days and in the lifetime of the entire House of Israel, speedily and soon, and say, Amen.

(Cong: Amen. May His great Name be blessed forever and to all eternity. Blessed.)

May His great Name be blessed forever and to all eternity. Blessed and praised, glorified, exalted and extolled, honored, adored and lauded be the Name of the Holy One, blessed be He, (Cong: Amen) beyond all the blessings, hymns, praises and consolations that are uttered in the world; and say, Amen. (Cong: Amen)

May the prayers and supplications of the entire House of Israel be accepted before their Father in heaven; and say, Amen. (Cong: Amen)

יְהֵא שְׁלָמָא רַבָּא מִן שְׁמַיָּא וְחַיִּים טוֹבִים עָלֵינוּ וְעַל
כָּל יִשְׂרָאֵל, וְאִמְרוּ אָמֵן: (Cong.—אָמֵן)

Take three steps back, then bow right saying עֹשֶׂה הַשָּׁלוֹם בִּמְרוֹמָיו, bow forward
saying הוּא, bow left saying יַעֲשֶׂה שָׁלוֹם עָלֵינוּ, and bow forward saying וְעַל כָּל
יִשְׂרָאֵל, וְאִמְרוּ אָמֵן.

עֹשֶׂה הַשָּׁלוֹם בִּמְרוֹמָיו, הוּא יַעֲשֶׂה שָׁלוֹם עָלֵינוּ וְעַל
כָּל יִשְׂרָאֵל, וְאִמְרוּ אָמֵן: (Cong.—אָמֵן)

TEHILLIM

The daily portion of Tehillim, as it is apportioned according to the days of the month, is
recited at this point, followed by Mourner's Kaddish. It is customary to say also the chapter
that corresponds to one's age (e.g., from one's 13th birthday and on, one should recite
chapter 14) before reciting the daily portion.

Psalm 20 should be recited before the daily portion of Tehillim.

לַמְנַצֵּחַ מִזְמוֹר לְדָוִד: יַעַנְךָ יְיָ בְּיוֹם צָרָה, יְשַׂגֶּבְךָ שֵׁם
אֱלֹהֵי יַעֲקֹב: יִשְׁלַח עֶזְרְךָ מִקֹּדֶשׁ, וּמִצִּיּוֹן
יִסְעָדֶךָּ: יִזְכֹּר כָּל מִנְחֹתֶךָ, וְעוֹלָתְךָ יְדַשְּׁנֶה סֶלָה: יִתֶּן לְךָ
כִלְבָבֶךָ, וְכָל עֲצָתְךָ יְמַלֵּא: נְרַנְּנָה בִּישׁוּעָתֶךָ, וּבְשֵׁם
אֱלֹהֵינוּ נִדְגֹּל, יְמַלֵּא יְיָ כָּל מִשְׁאֲלוֹתֶיךָ: עַתָּה יָדַעְתִּי, כִּי
הוֹשִׁיעַ יְיָ מְשִׁיחוֹ, יַעֲנֵהוּ מִשְּׁמֵי קָדְשׁוֹ, בִּגְבוּרוֹת יֵשַׁע
יְמִינוֹ: אֵלֶּה בָרֶכֶב וְאֵלֶּה בַסּוּסִים, וַאֲנַחְנוּ בְּשֵׁם יְיָ
אֱלֹהֵינוּ נַזְכִּיר: הֵמָּה כָּרְעוּ וְנָפָלוּ, וַאֲנַחְנוּ קַּמְנוּ וַנִּתְעוֹדָד:
יְיָ הוֹשִׁיעָה, הַמֶּלֶךְ יַעֲנֵנוּ בְיוֹם קָרְאֵנוּ:¹

נה לַמְנַצֵּחַ בִּנְגִינֹת, מַשְׂכִּיל לְדָוִד: הַאֲזִינָה אֱלֹהִים
תְּפִלָּתִי, וְאַל תִּתְעַלַּם מִתְּחִנָּתִי: הַקְשִׁיבָה לִּי וַעֲנֵנִי,
אָרִיד בְּשִׂיחִי וְאָהִימָה: מִקּוֹל אוֹיֵב, מִפְּנֵי עָקַת רָשָׁע, כִּי
יָמִיטוּ עָלַי אָוֶן וּבְאַף יִשְׂטְמוּנִי: לִבִּי יָחִיל בְּקִרְבִּי, וְאֵימוֹת
מָוֶת נָפְלוּ עָלָי: יִרְאָה וָרַעַד יָבֹא בִי, וַתְּכַסֵּנִי פַּלָּצוּת:

---

1. Psalm 20.

May there be abundant peace from heaven, and a good life for us and for all Israel; and say, Amen. (Cong: Amen)

Take three steps back, then bow right saying *He who makes the peace in His Heavens*, bow forward saying *may He*, bow left saying *make peace for us*, and bow forward saying *and for all Israel; and say, Amen.*

He who makes the peace in His heavens, may He make peace for us and for all Israel; and say, Amen. (Cong: Amen)

TEHILLIM

The daily portion of Tehillim, as it is apportioned according to the days of the month, is recited at this point, followed by Mourner's Kaddish. It is customary to say also the chapter that corresponds to one's age (e.g., from one's 13th birthday and on, one should recite chapter 14) before reciting the daily portion.

Psalm 20 should be recited before the daily portion of Tehillim.

לַמְנַצֵחַ For the choirmaster, a psalm by David. May the Lord answer you on the day of distress; may the Name of the God of Jacob fortify you. May He send your help from the Sanctuary, and support you from Zion. May He remember all your offerings, and always accept favorably your sacrifices. May He grant you your heart's desire, and fulfill your every counsel. We will rejoice in your deliverance, and raise our banners in the name of our God; may the Lord fulfill all your wishes. Now I know that the Lord has delivered His anointed one, answering him from His holy heavens with the mighty saving power of His right hand. Some [rely] upon chariots and some upon horses, but we [rely upon and] invoke the Name of the Lord our God. They bend and fall, but we rise and stand firm. Lord, deliver us; may the King answer us on the day we call.[1]

55. לַמְנַצֵחַ For the Conductor, with instrumental music, a *maskil* by David. Listen to my prayer, O God, do not hide from my pleas. Pay heed to me and answer me, as I lament in my distress and moan because of the shout of the enemy and the oppression of the wicked; for they accuse me of evil and hate me passionately. My heart shudders within me, and the terrors of death have descended upon me. Fear and trembling penetrate me, and I am enveloped with horror. And

וָאֹמַר, מִי יִתֶּן לִי אֵבֶר כַּיּוֹנָה, אָעוּפָה וְאֶשְׁכְּנָה: הִנֵּה
אַרְחִיק נְדֹד, אָלִין בַּמִּדְבָּר סֶלָה: אָחִישָׁה מִפְלָט לִי,
מֵרְוּחַ סֹעָה מִסָּעַר: בַּלַּע יְיָ פַּלַּג לְשׁוֹנָם, כִּי רָאִיתִי חָמָס
וְרִיב בָּעִיר: יוֹמָם וָלַיְלָה יְסוֹבְבֻהָ עַל חוֹמֹתֶיהָ, וְאָוֶן וְעָמָל
בְּקִרְבָּה: הַוּוֹת בְּקִרְבָּה, וְלֹא יָמִישׁ מֵרְחֹבָה תֹּךְ וּמִרְמָה:
כִּי לֹא אוֹיֵב יְחָרְפֵנִי וְאֶשָּׂא, לֹא מְשַׂנְאִי עָלַי הִגְדִּיל,
וְאֶסָּתֵר מִמֶּנּוּ: וְאַתָּה אֱנוֹשׁ כְּעֶרְכִּי, אַלּוּפִי וּמְיֻדָּעִי: אֲשֶׁר
יַחְדָּו נַמְתִּיק סוֹד, בְּבֵית אֱלֹהִים נְהַלֵּךְ בְּרָגֶשׁ: יַשִּׁי מָוֶת
עָלֵימוֹ, יֵרְדוּ שְׁאוֹל חַיִּים, כִּי רָעוֹת בִּמְגוּרָם בְּקִרְבָּם: אֲנִי
אֶל אֱלֹהִים אֶקְרָא, וַיְיָ יוֹשִׁיעֵנִי: עֶרֶב וָבֹקֶר וְצָהֳרַיִם
אָשִׂיחָה וְאֶהֱמֶה, וַיִּשְׁמַע קוֹלִי: פָּדָה בְשָׁלוֹם נַפְשִׁי מִקְּרָב
לִי, כִּי בְרַבִּים הָיוּ עִמָּדִי: יִשְׁמַע אֵל וְיַעֲנֵם, וְיֹשֵׁב קֶדֶם
סֶלָה, אֲשֶׁר אֵין חֲלִיפוֹת לָמוֹ, וְלֹא יָרְאוּ אֱלֹהִים: שָׁלַח
יָדָיו בִּשְׁלֹמָיו, חִלֵּל בְּרִיתוֹ: חָלְקוּ מַחְמָאֹת פִּיו וּקְרָב לִבּוֹ,
רַכּוּ דְבָרָיו מִשֶּׁמֶן וְהֵמָּה פְתִחוֹת: הַשְׁלֵךְ עַל יְיָ יְהָבְךָ
וְהוּא יְכַלְכְּלֶךָ, לֹא יִתֵּן לְעוֹלָם מוֹט לַצַּדִּיק: וְאַתָּה
אֱלֹהִים תּוֹרִדֵם לִבְאֵר שַׁחַת, אַנְשֵׁי דָמִים וּמִרְמָה לֹא
יֶחֱצוּ יְמֵיהֶם, וַאֲנִי אֶבְטַח בָּךְ:

נו   לַמְנַצֵּחַ עַל יוֹנַת אֵלֶם רְחֹקִים לְדָוִד מִכְתָּם, בֶּאֱחֹז
אוֹתוֹ פְלִשְׁתִּים בְּגַת: חָנֵּנִי אֱלֹהִים כִּי שְׁאָפַנִי אֱנוֹשׁ,
כָּל הַיּוֹם לֹחֵם יִלְחָצֵנִי: שָׁאֲפוּ שׁוֹרְרַי כָּל הַיּוֹם, כִּי רַבִּים
לֹחֲמִים לִי מָרוֹם: יוֹם אִירָא, אֲנִי אֵלֶיךָ אֶבְטָח: בֵּאלֹהִים
אֲהַלֵּל דְּבָרוֹ, בֵּאלֹהִים בָּטַחְתִּי לֹא אִירָא, מַה יַּעֲשֶׂה
בָשָׂר לִי: כָּל הַיּוֹם דְּבָרַי יְעַצֵּבוּ, עָלַי כָּל מַחְשְׁבֹתָם לָרָע:

I said, "If only I had wings like the dove! I would fly off and find rest. Behold, I would wander afar, and lodge in the wilderness forever. I would hurry to find shelter for myself from the stormy wind, from the tempest." Consume, O Lord, confuse their tongue; for I have seen violence and strife in the city. Day and night they encircle her upon her walls, and iniquity and vice are in her midst. Treachery is within her; fraud and deceit never depart from her square. For it is not the enemy who taunts me—that I could bear; nor my foe who raises himself against me, that I could hide from him. But it is you, a man of my equal, my guide and my intimate. Together we took sweet counsel; we walked with the throng to the house of God. May He incite death upon them, let them descend to the pit alive; for there is evil in their dwelling, within them. As for me, I call to God, and the Lord will save me. Evening, morning and noon, I lament and moan—and He hears my voice. He redeemed my soul in peace from battles against me, because of the many who were with me. May God—He who is enthroned from the days of old, *Selah*— hear and humble those in whom there is no change, and who do not fear God. He extended his hands against his allies, he profaned his covenant. Smoother than butter are the words of his mouth, but war is in his heart; his words are softer than oil, yet they are curses. Cast your burden upon the Lord, and He will sustain you; He will never let the righteous man falter. And You, O God, will bring them down to the nethermost pit; bloodthirsty and treacherous men shall not live out half their days; but I will trust in You.

56. למנצח For the Conductor, of the mute dove far away. By David, a *michtam*, when the Philistines seized him in Gath. Favor me, O God, for man longs to swallow me; the warrior oppresses me every day. My watchful enemies long to swallow me every day, for many battle me, O Most High! On the day I am afraid, I trust in You. [I trust] in God and praise His word; in God I trust, I do not fear—what can [man of] flesh do to me? Every day they make my words sorrowful; all their thoughts about me are for evil. They gather and hide, they

יָגוּרוּ יִצְפּוֹנוּ, הֵמָּה עֲקֵבַי יִשְׁמֹרוּ, כַּאֲשֶׁר קִוּוּ נַפְשִׁי: עַל
אָוֶן פַּלֶּט לָמוֹ, בְּאַף עַמִּים הוֹרֵד אֱלֹהִים: נֹדִי סָפַרְתָּה
אָתָּה, שִׂימָה דִמְעָתִי בְנֹאדֶךָ, הֲלֹא בְּסִפְרָתֶךָ: אָז יָשׁוּבוּ
אוֹיְבַי אָחוֹר בְּיוֹם אֶקְרָא, זֶה יָדַעְתִּי כִּי אֱלֹהִים לִי:
בֵּאלֹהִים אֲהַלֵּל דָּבָר, בַּיְיָ אֲהַלֵּל דָּבָר: בֵּאלֹהִים בָּטַחְתִּי
לֹא אִירָא, מַה יַּעֲשֶׂה אָדָם לִי: עָלַי אֱלֹהִים נְדָרֶיךָ,
אֲשַׁלֵּם תּוֹדֹת לָךְ: כִּי הִצַּלְתָּ נַפְשִׁי מִמָּוֶת, הֲלֹא רַגְלַי
מִדֶּחִי, לְהִתְהַלֵּךְ לִפְנֵי אֱלֹהִים, בְּאוֹר הַחַיִּים:

נז לַמְנַצֵּחַ אַל תַּשְׁחֵת לְדָוִד מִכְתָּם, בְּבָרְחוֹ מִפְּנֵי
שָׁאוּל בַּמְּעָרָה: חָנֵּנִי אֱלֹהִים חָנֵּנִי, כִּי בְךָ חָסָיָה
נַפְשִׁי, וּבְצֵל כְּנָפֶיךָ אֶחְסֶה, עַד יַעֲבֹר הַוּוֹת: אֶקְרָא
לֵאלֹהִים עֶלְיוֹן, לָאֵל גֹּמֵר עָלָי: יִשְׁלַח מִשָּׁמַיִם וְיוֹשִׁיעֵנִי,
חֵרֵף שֹׁאֲפִי סֶלָה, יִשְׁלַח אֱלֹהִים חַסְדּוֹ וַאֲמִתּוֹ: נַפְשִׁי
בְּתוֹךְ לְבָאִם אֶשְׁכְּבָה לֹהֲטִים, בְּנֵי אָדָם שִׁנֵּיהֶם חֲנִית
וְחִצִּים, וּלְשׁוֹנָם חֶרֶב חַדָּה: רוּמָה עַל הַשָּׁמַיִם אֱלֹהִים,
עַל כָּל הָאָרֶץ כְּבוֹדֶךָ: רֶשֶׁת הֵכִינוּ לִפְעָמַי כָּפַף נַפְשִׁי,
כָּרוּ לְפָנַי שִׁיחָה, נָפְלוּ בְתוֹכָהּ סֶלָה: נָכוֹן לִבִּי אֱלֹהִים,
נָכוֹן לִבִּי, אָשִׁירָה וַאֲזַמֵּרָה: עוּרָה כְבוֹדִי, עוּרָה הַנֵּבֶל
וְכִנּוֹר, אָעִירָה שָּׁחַר: אוֹדְךָ בָעַמִּים | יְיָ, אֲזַמֶּרְךָ
בַּלְאֻמִּים: כִּי גָדֹל עַד שָׁמַיִם חַסְדֶּךָ, וְעַד שְׁחָקִים אֲמִתֶּךָ:
רוּמָה עַל שָׁמַיִם אֱלֹהִים, עַל כָּל הָאָרֶץ כְּבוֹדֶךָ:

נח לַמְנַצֵּחַ אַל תַּשְׁחֵת, לְדָוִד מִכְתָּם: הַאֻמְנָם אֵלֶם
צֶדֶק תְּדַבֵּרוּן, מֵישָׁרִים תִּשְׁפְּטוּ בְּנֵי אָדָם: אַף בְּלֵב
עוֹלֹת תִּפְעָלוּן, בָּאָרֶץ חֲמַס יְדֵיכֶם תְּפַלֵּסוּן: זֹרוּ רְשָׁעִים

watch my steps, when they hope [to capture] my soul. Should escape be theirs in reward for their iniquity? Cast down the nations in anger, O God! You have counted my wanderings; place my tears in Your flask—are they not in Your record? When my enemies will retreat on the day I cry out, with this I will know that God is with me. When God deals strictly, I praise His word; when the Lord deals mercifully, I praise His word. In God I trust, I do not fear—what can man do to me? My vows to You are upon me, O God; I will repay with thanksgiving offerings to You. For You saved my soul from death—even my feet from stumbling—to walk before God in the light of life.

57. למנצח For the Conductor, a plea to be spared destruction. By David, a *michtam*, when he fled from Saul in the cave. Favor me, O God, favor me, for in You my soul took refuge, and in the shadow of Your wings I will take refuge until the disaster passes. I will call to God the Most High; to the Almighty Who fulfills [His promise] to me. He will send from heaven, and save me from the humiliation of those who long to swallow me, *Selah*; God will send forth His kindness and truth. My soul is in the midst of lions, I lie among fiery men; their teeth are spears and arrows, their tongue a sharp sword. Be exalted above the heavens, O God; let Your glory be upon all the earth. They laid a trap for my steps, they bent down my soul; they dug a pit before me, [but] they themselves fell into it, *Selah*. My heart is steadfast, O God, my heart is steadfast; I will sing and chant praise. Awake, my soul! Awake, O harp and lyre! I shall awaken the dawn. I will thank You among the nations, my Lord; I will praise You among the peoples. For Your kindness reaches till the heavens, Your truth till the skies. Be exalted above the heavens, O God; let Your glory be over all the earth.

58. למנצח For the Conductor, a plea to be spared destruction; by David, a *michtam*. Is it true that you are mute [instead of] speaking justice? [Instead of] judging men with fairness? Even with your heart you wreak injustice upon the land; you justify the violence of your hands. The wicked are estranged from the

מְרֻחָם, תָּעוּ מִבֶּטֶן דֹּבְרֵי כָזָב: חֲמַת לָמוֹ כִּדְמוּת חֲמַת
נָחָשׁ, כְּמוֹ פֶתֶן חֵרֵשׁ יַאְטֵם אָזְנוֹ: אֲשֶׁר לֹא יִשְׁמַע לְקוֹל
מְלַחֲשִׁים, חוֹבֵר חֲבָרִים מְחֻכָּם: אֱלֹהִים, הֲרָס שִׁנֵּימוֹ
בְּפִימוֹ, מַלְתְּעוֹת כְּפִירִים נְתֹץ | יְיָ: יִמָּאֲסוּ כְמוֹ מַיִם
יִתְהַלְּכוּ לָמוֹ, יִדְרֹךְ חִצָּיו כְּמוֹ יִתְמֹלָלוּ: כְּמוֹ שַׁבְּלוּל
תֶּמֶס יַהֲלֹךְ, נֵפֶל אֵשֶׁת בַּל חָזוּ שָׁמֶשׁ: בְּטֶרֶם יָבִינוּ
סִּירֹתֵיכֶם אָטָד, כְּמוֹ חַי כְּמוֹ חָרוֹן יִשְׂעָרֶנּוּ: יִשְׂמַח צַדִּיק
כִּי חָזָה נָקָם, פְּעָמָיו יִרְחַץ בְּדַם הָרָשָׁע: וְיֹאמַר אָדָם אַךְ
פְּרִי לַצַּדִּיק, אַךְ יֵשׁ אֱלֹהִים שֹׁפְטִים בָּאָרֶץ:

נט לַמְנַצֵּחַ אַל תַּשְׁחֵת לְדָוִד מִכְתָּם, בִּשְׁלֹחַ שָׁאוּל,
וַיִּשְׁמְרוּ אֶת הַבַּיִת לַהֲמִיתוֹ: הַצִּילֵנִי מֵאֹיְבַי | אֱלֹהַי,
מִמִּתְקוֹמְמַי תְּשַׂגְּבֵנִי: הַצִּילֵנִי מִפֹּעֲלֵי אָוֶן, וּמֵאַנְשֵׁי דָמִים
הוֹשִׁיעֵנִי: כִּי הִנֵּה אָרְבוּ לְנַפְשִׁי, יָגוּרוּ עָלַי עַזִּים, לֹא
פִשְׁעִי וְלֹא חַטָּאתִי יְיָ: בְּלִי עָוֹן יְרֻצוּן וְיִכּוֹנָנוּ, עוּרָה
לִקְרָאתִי וּרְאֵה: וְאַתָּה יְיָ אֱלֹהִים צְבָאוֹת אֱלֹהֵי יִשְׂרָאֵל,
הָקִיצָה לִפְקֹד כָּל הַגּוֹיִם, אַל תָּחֹן כָּל בֹּגְדֵי אָוֶן סֶלָה:
יָשׁוּבוּ לָעֶרֶב יֶהֱמוּ כַכָּלֶב, וִיסוֹבְבוּ עִיר: הִנֵּה יַבִּיעוּן
בְּפִיהֶם, חֲרָבוֹת בְּשִׂפְתוֹתֵיהֶם, כִּי מִי שֹׁמֵעַ: וְאַתָּה יְיָ
תִּשְׂחַק לָמוֹ, תִּלְעַג לְכָל גּוֹיִם: עֻזּוֹ אֵלֶיךָ אֶשְׁמֹרָה, כִּי
אֱלֹהִים מִשְׂגַּבִּי: אֱלֹהֵי חַסְדִּי יְקַדְּמֵנִי, אֱלֹהִים יַרְאֵנִי
בְשֹׁרְרָי: אַל תַּהַרְגֵם פֶּן יִשְׁכְּחוּ עַמִּי, הֲנִיעֵמוֹ בְחֵילְךָ
וְהוֹרִידֵמוֹ, מָגִנֵּנוּ יְיָ: חַטַּאת פִּימוֹ דְּבַר שְׂפָתֵימוֹ, וְיִלָּכְדוּ
בִגְאוֹנָם, וּמֵאָלָה וּמִכַּחַשׁ יְסַפֵּרוּ: כַּלֵּה בְחֵמָה כַּלֵּה
וְאֵינֵמוֹ, וְיֵדְעוּ כִּי אֱלֹהִים מֹשֵׁל בְּיַעֲקֹב, לְאַפְסֵי הָאָרֶץ

womb; from birth do the speakers of falsehood stray. Their venom is like the venom of a snake; like the deaf viper that closes its ear so as not to hear the voice of charmers, [even] the most skillful caster of spells. O God, smash their teeth in their mouth; shatter the fangs of the young lions, O Lord. Let them melt like water and disappear; when He aims His arrows, may they crumble. Like the snail that melts as it goes along, like the stillbirth of a woman—they never see the sun. Before your tender shoots know [to become] hardened thorns, He will blast them away, as one [uprooting] with vigor and wrath. The righteous one will rejoice when he sees revenge; he will bathe his feet in the blood of the wicked. And man will say, "There is indeed reward for the righteous; indeed there is a God Who judges in the land."

59. למנצח For the Conductor, a plea to be spared destruction, By David, a *michtam*, when Saul dispatched [men], and they guarded the house in order to kill him. Rescue me from my enemies, my God; raise me above those who rise against me. Rescue me from evildoers, save me from men of bloodshed. For behold they lie in ambush for my soul, mighty ones gather against me—not because of my sin nor my transgression, O Lord. Without iniquity [on my part,] they run and prepare— awaken towards me and see! And You, Lord, God of Hosts, God of Israel, wake up to remember all the nations; do not grant favor to any of the iniquitous traitors, *Selah*. They return toward evening, they howl like the dog and circle the city. Behold, they spew with their mouths, swords are in their lips, for [they say,] "Who hears?" But You, Lord, You laugh at them; You mock all nations. [Because of] his might, I wait for You, for God is my stronghold. The God of my kindness will anticipate my [need]; God will show me [the downfall] of my watchful foes. Do not kill them, lest my nation forget; drive them about with Your might and impoverish them, O our Shield, my Master, [for] the sin of their mouth, the word of their lips; let them be trapped by their arrogance. At the sight of their accursed state and deterioration, [people] will recount. Consume them in wrath, consume them and they will be no more; and they will know that God rules in Jacob, to the ends

סֶלָה: וַיֵּשְׁבוּ לָעֶרֶב יֶהֱמוּ כַכָּלֶב, וִיסוֹבְבוּ עִיר: הֵמָּה יְנִיעוּן לֶאֱכֹל, אִם לֹא יִשְׂבְּעוּ וַיָּלִינוּ: וַאֲנִי אָשִׁיר עֻזֶּךָ, וַאֲרַנֵּן לַבֹּקֶר חַסְדֶּךָ, כִּי הָיִיתָ מִשְׂגָּב לִי, וּמָנוֹס בְּיוֹם צַר לִי: עֻזִּי אֵלֶיךָ אֲזַמֵּרָה, כִּי אֱלֹהִים מִשְׂגַּבִּי אֱלֹהֵי חַסְדִּי:

Rabbi Yosef Yitzchak Schneersohn of Lubavitch instituted the custom of reciting thirty-six chapters of Tehillim on Yom Kippur: nine before כָּל נִדְרֵי, nine before retiring at night, nine after Musaf, and nine after Neilah. This custom was passed down from Rebbe to Rebbe—originating with the Baal Shem Tov, who received it from his famed mentor Achiyah Hashiloni.

קלג שִׁיר הַמַּעֲלוֹת לְדָוִד, הִנֵּה מַה טּוֹב וּמַה נָּעִים, שֶׁבֶת אַחִים גַּם יָחַד: כַּשֶּׁמֶן הַטּוֹב עַל הָרֹאשׁ, יֹרֵד עַל הַזָּקָן, זְקַן אַהֲרֹן שֶׁיֹּרֵד עַל פִּי מִדּוֹתָיו: כְּטַל חֶרְמוֹן שֶׁיֹּרֵד עַל הַרְרֵי צִיּוֹן, כִּי שָׁם צִוָּה יְיָ אֶת הַבְּרָכָה, חַיִּים עַד הָעוֹלָם:

קלד שִׁיר הַמַּעֲלוֹת, הִנֵּה בָּרְכוּ אֶת יְיָ כָּל עַבְדֵי יְיָ, הָעֹמְדִים בְּבֵית יְיָ בַּלֵּילוֹת: שְׂאוּ יְדֵכֶם קֹדֶשׁ, וּבָרְכוּ אֶת יְיָ: יְבָרֶכְךָ יְיָ מִצִּיּוֹן, עֹשֵׂה שָׁמַיִם וָאָרֶץ:

קלה הַלְלוּיָהּ, הַלְלוּ אֶת שֵׁם יְיָ, הַלְלוּ עַבְדֵי יְיָ: שֶׁעֹמְדִים בְּבֵית יְיָ, בְּחַצְרוֹת בֵּית אֱלֹהֵינוּ: הַלְלוּיָהּ כִּי טוֹב יְיָ, זַמְּרוּ לִשְׁמוֹ כִּי נָעִים: כִּי יַעֲקֹב בָּחַר לוֹ יָהּ, יִשְׂרָאֵל לִסְגֻלָּתוֹ: כִּי אֲנִי יָדַעְתִּי כִּי גָדוֹל יְיָ, וַאֲדֹנֵינוּ מִכָּל אֱלֹהִים: כֹּל אֲשֶׁר חָפֵץ יְיָ עָשָׂה, בַּשָּׁמַיִם וּבָאָרֶץ, בַּיַּמִּים וְכָל תְּהֹמֹת: מַעֲלֶה נְשִׂאִים מִקְצֵה הָאָרֶץ, בְּרָקִים לַמָּטָר עָשָׂה, מוֹצֵא רוּחַ מֵאוֹצְרוֹתָיו: שֶׁהִכָּה בְּכוֹרֵי מִצְרָיִם, מֵאָדָם עַד בְּהֵמָה: שָׁלַח אוֹתֹת וּמֹפְתִים בְּתוֹכֵכִי מִצְרָיִם, בְּפַרְעֹה וּבְכָל עֲבָדָיו: שֶׁהִכָּה גּוֹיִם רַבִּים, וְהָרַג מְלָכִים עֲצוּמִים: לְסִיחוֹן מֶלֶךְ הָאֱמֹרִי

of the earth, *Selah.* And they will return toward evening, they will howl like the dog and circle the city. They will wander about to eat; when they will not be sated they will groan. As for me, I shall sing of Your might, and sing joyously of Your kindness toward morning, for You have been a stronghold to me, a refuge on the day of my distress. [You are] my strength, to You I will sing, for God is my stronghold, the God of my kindness.

Rabbi Yosef Yitzchak Schneersohn of Lubavitch instituted the custom of reciting thirty-six chapters of Tehillim on Yom Kippur: nine before *Kol Nidrei,* nine before retiring at night, nine after Musaf, and nine after Neilah. This custom was passed down from Rebbe to Rebbe—originating with the Baal Shem Tov, who received it from his famed mentor Achiyah Hashiloni.

133. שיר A song of ascents, by David. Behold, how good and how pleasant it is when brothers dwell together. Like the precious oil [placed] upon the head, flowing [in abundance] down the beard, the beard of Aaron which rests upon his garments. Like the dew of Hermon which comes down upon the mountains of Zion, for there the Lord has commanded blessing, life unto eternity.

134. שיר A song of ascents. Behold: Bless the Lord, all you servants of the Lord who stand in the House of the Lord in the nights. Lift up your hands in holiness and bless the Lord. May the Lord, Who makes heaven and earth, bless you from Zion.

135. הללויה Praise the Lord! Praise the Name of the Lord; offer praise, you servants of the Lord—who stand in the House of the Lord, in the courtyards of the House of our God. Praise the Lord, for the Lord is good; sing to His Name, for He is pleasant. For God has chosen Jacob for Himself, Israel as His beloved treasure. For I know that the Lord is great, our Master is greater than all supernal beings. All that the Lord desired He has done, in the heavens and on earth, in the seas and the depths. He causes mists to rise from the ends of the earth; He makes lightning for the rain; He brings forth the wind from His vaults. It was He who struck down the firstborn of Egypt, of man and beast. He sent signs and wonders into the midst of Egypt, on Pharaoh and on all his servants. It was He who struck down many nations, and slew mighty kings: Sichon, king of the Amorites; Og, king of

וּלְעוֹג מֶלֶךְ הַבָּשָׁן, וּלְכֹל מַמְלְכוֹת כְּנָעַן: וְנָתַן אַרְצָם
נַחֲלָה, נַחֲלָה לְיִשְׂרָאֵל עַמּוֹ: יְיָ, שִׁמְךָ לְעוֹלָם, יְיָ, זִכְרְךָ
לְדֹר וָדֹר: כִּי יָדִין יְיָ עַמּוֹ, וְעַל עֲבָדָיו יִתְנֶחָם: עֲצַבֵּי
הַגּוֹיִם כֶּסֶף וְזָהָב, מַעֲשֵׂה יְדֵי אָדָם: פֶּה לָהֶם וְלֹא
יְדַבֵּרוּ, עֵינַיִם לָהֶם וְלֹא יִרְאוּ: אָזְנַיִם לָהֶם וְלֹא יַאֲזִינוּ,
אַף אֵין יֶשׁ רוּחַ בְּפִיהֶם: כְּמוֹהֶם יִהְיוּ עֹשֵׂיהֶם, כֹּל אֲשֶׁר
בֹּטֵחַ בָּהֶם: בֵּית יִשְׂרָאֵל בָּרְכוּ אֶת יְיָ, בֵּית אַהֲרֹן בָּרְכוּ
אֶת יְיָ: בֵּית הַלֵּוִי בָּרְכוּ אֶת יְיָ, יִרְאֵי יְיָ בָּרְכוּ אֶת יְיָ:
בָּרוּךְ יְיָ מִצִּיּוֹן, שֹׁכֵן יְרוּשָׁלָיִם, הַלְלוּיָהּ:

קלו הוֹדוּ לַיְיָ כִּי טוֹב, כִּי לְעוֹלָם חַסְדּוֹ: הוֹדוּ לֵאלֹהֵי
הָאֱלֹהִים, כִּי לְעוֹלָם חַסְדּוֹ: הוֹדוּ לַאֲדֹנֵי הָאֲדֹנִים,
כִּי לְעוֹלָם חַסְדּוֹ: לְעֹשֵׂה נִפְלָאוֹת גְּדֹלוֹת לְבַדּוֹ, כִּי
לְעוֹלָם חַסְדּוֹ: לְעֹשֵׂה הַשָּׁמַיִם בִּתְבוּנָה, כִּי לְעוֹלָם
חַסְדּוֹ: לְרוֹקַע הָאָרֶץ עַל הַמָּיִם, כִּי לְעוֹלָם חַסְדּוֹ:
לְעֹשֵׂה אוֹרִים גְּדֹלִים, כִּי לְעוֹלָם חַסְדּוֹ: אֶת הַשֶּׁמֶשׁ
לְמֶמְשֶׁלֶת בַּיּוֹם, כִּי לְעוֹלָם חַסְדּוֹ: אֶת הַיָּרֵחַ וְכוֹכָבִים
לְמֶמְשְׁלוֹת בַּלָּיְלָה, כִּי לְעוֹלָם חַסְדּוֹ: לְמַכֵּה מִצְרַיִם
בִּבְכוֹרֵיהֶם, כִּי לְעוֹלָם חַסְדּוֹ: וַיּוֹצֵא יִשְׂרָאֵל מִתּוֹכָם, כִּי
לְעוֹלָם חַסְדּוֹ: בְּיָד חֲזָקָה וּבִזְרוֹעַ נְטוּיָה, כִּי לְעוֹלָם
חַסְדּוֹ: לְגֹזֵר יַם סוּף לִגְזָרִים, כִּי לְעוֹלָם חַסְדּוֹ: וְהֶעֱבִיר
יִשְׂרָאֵל בְּתוֹכוֹ, כִּי לְעוֹלָם חַסְדּוֹ: וְנִעֵר פַּרְעֹה וְחֵילוֹ בְיַם
סוּף, כִּי לְעוֹלָם חַסְדּוֹ: לְמוֹלִיךְ עַמּוֹ בַּמִּדְבָּר, כִּי לְעוֹלָם
חַסְדּוֹ: לְמַכֵּה מְלָכִים גְּדֹלִים, כִּי לְעוֹלָם חַסְדּוֹ: וַיַּהֲרֹג
מְלָכִים אַדִּירִים, כִּי לְעוֹלָם חַסְדּוֹ: לְסִיחוֹן מֶלֶךְ הָאֱמֹרִי,
כִּי לְעוֹלָם חַסְדּוֹ: וּלְעוֹג מֶלֶךְ הַבָּשָׁן, כִּי לְעוֹלָם חַסְדּוֹ:

Bashan; and all the kingdoms of Canaan. And He gave their lands as a heritage, a heritage to His people Israel. Lord, Your Name is forever; Lord, Your remembrance is throughout all generations. Indeed, the Lord will judge on behalf of His people, and have compassion on His servants. The idols of the nations are silver and gold, the product of human hands. They have a mouth, but cannot speak; they have eyes, but cannot see; they have ears, but cannot hear; nor is there breath in their mouth. Like them will their makers become—all who trust in them. House of Israel, bless the Lord; House of Aaron, bless the Lord; House of Levi, bless the Lord; you who fear the Lord, bless the Lord. Blessed is the Lord from Zion, who dwells in Jerusalem. Praise the Lord!

136. הודו Praise the Lord for He is good, for His kindness is forever. Praise the God of the supernal beings, for His kindness is forever. Praise the Master of the heavenly hosts, for His kindness is forever. Who alone performs great wonders, for His kindness is forever. Who makes the heavens with understanding, for His kindness is forever. Who spreads forth the earth above the waters, for His kindness is forever. Who makes the great lights, for His kindness is forever. The sun to rule by day, for His kindness is forever. The moon and stars to rule by night, for His kindness is forever. Who struck Egypt through its firstborn, for His kindness is forever. And brought Israel out of their midst, for His kindness is forever. With a strong hand and with an outstretched arm, for His kindness is forever. Who split the Sea of Reeds into sections, for His kindness is forever. And brought Israel across it, for His kindness is forever. And cast Pharaoh and his army into the Sea of Reeds, for His kindness is forever. Who led His people through the desert, for His kindness is forever; Who struck down great kings, for His kindness is forever. And slew mighty kings, for His kindness is forever. Sichon, king of the Amorites, for His kindness is forever. And Og, king of Bashan, for His kindness is forever. And gave their land as

וְנָתַן אַרְצָם לְנַחֲלָה, כִּי לְעוֹלָם חַסְדּוֹ: נַחֲלָה לְיִשְׂרָאֵל
עַבְדּוֹ, כִּי לְעוֹלָם חַסְדּוֹ: שֶׁבְּשִׁפְלֵנוּ זָכַר לָנוּ, כִּי לְעוֹלָם
חַסְדּוֹ: וַיִּפְרְקֵנוּ מִצָּרֵינוּ, כִּי לְעוֹלָם חַסְדּוֹ: נֹתֵן לֶחֶם לְכָל
בָּשָׂר, כִּי לְעוֹלָם חַסְדּוֹ: הוֹדוּ לְאֵל הַשָּׁמָיִם, כִּי לְעוֹלָם
חַסְדּוֹ:

קלז　עַל נַהֲרוֹת בָּבֶל, שָׁם יָשַׁבְנוּ גַּם בָּכִינוּ, בְּזָכְרֵנוּ
אֶת צִיּוֹן: עַל עֲרָבִים בְּתוֹכָהּ, תָּלִינוּ כִּנֹּרוֹתֵינוּ: כִּי
שָׁם שְׁאֵלוּנוּ שׁוֹבֵינוּ דִּבְרֵי שִׁיר, וְתוֹלָלֵינוּ שִׂמְחָה, שִׁירוּ
לָנוּ מִשִּׁיר צִיּוֹן: אֵיךְ נָשִׁיר אֶת שִׁיר יְיָ, עַל אַדְמַת נֵכָר:
אִם אֶשְׁכָּחֵךְ יְרוּשָׁלָיִם, תִּשְׁכַּח יְמִינִי: תִּדְבַּק לְשׁוֹנִי לְחִכִּי
אִם לֹא אֶזְכְּרֵכִי, אִם לֹא אַעֲלֶה אֶת יְרוּשָׁלַיִם עַל רֹאשׁ
שִׂמְחָתִי: זְכֹר יְיָ לִבְנֵי אֱדוֹם אֵת יוֹם יְרוּשָׁלָיִם, הָאֹמְרִים
עָרוּ עָרוּ, עַד הַיְסוֹד בָּהּ: בַּת בָּבֶל הַשְּׁדוּדָה, אַשְׁרֵי
שֶׁיְשַׁלֶּם לָךְ, אֶת גְּמוּלֵךְ שֶׁגָּמַלְתְּ לָנוּ: אַשְׁרֵי שֶׁיֹּאחֵז וְנִפֵּץ
אֶת עֹלָלַיִךְ אֶל הַסָּלַע:

קלח　לְדָוִד, אוֹדְךָ בְכָל לִבִּי, נֶגֶד אֱלֹהִים אֲזַמְּרֶךָּ:
אֶשְׁתַּחֲוֶה אֶל הֵיכַל קָדְשְׁךָ, וְאוֹדֶה אֶת שְׁמֶךָ עַל
חַסְדְּךָ וְעַל אֲמִתֶּךָ, כִּי הִגְדַּלְתָּ עַל כָּל שִׁמְךָ אִמְרָתֶךָ:
בְּיוֹם קָרָאתִי וַתַּעֲנֵנִי, תַּרְהִבֵנִי בְנַפְשִׁי עֹז: יוֹדוּךָ יְיָ כָּל
מַלְכֵי אָרֶץ, כִּי שָׁמְעוּ אִמְרֵי פִיךָ: וְיָשִׁירוּ בְּדַרְכֵי יְיָ, כִּי
גָדוֹל כְּבוֹד יְיָ: כִּי רָם יְיָ וְשָׁפָל יִרְאֶה, וְגָבֹהַּ מִמֶּרְחָק
יְיֵדָע: אִם אֵלֵךְ בְּקֶרֶב צָרָה תְּחַיֵּנִי, עַל אַף אֹיְבַי תִּשְׁלַח
יָדֶךָ, וְתוֹשִׁיעֵנִי יְמִינֶךָ: יְיָ יִגְמֹר בַּעֲדִי, יְיָ חַסְדְּךָ לְעוֹלָם,
מַעֲשֵׂי יָדֶיךָ אַל תֶּרֶף:

a heritage, for His kindness is forever. A heritage to Israel His servant, for His kindness is forever. Who remembered us in our humiliation, for His kindness is forever. And redeemed us from our oppressors, for His kindness is forever. Who gives food to all flesh, for His kindness is forever. Praise the God of heaven, for His kindness is forever.

137. עַל By the rivers of Babylon, there we sat and wept as we remembered Zion. There, upon the willows, we hung our harps. For there our captors demanded of us songs, and those who scorned us—rejoicing, [saying,] "Sing to us of the songs of Zion." How can we sing the song of the Lord on alien soil? If I forget you, Jerusalem, let my right hand forget [its dexterity]. Let my tongue cleave to my palate if I will not remember you, if I will not bring to mind Jerusalem during my greatest joy! Remember, O Lord, against the Edomites the day of [the destruction of] Jerusalem, when they said, "Raze it, raze it to its very foundation!" O Babylon, who is destined to be laid waste, happy is he who will repay you in retribution for what you have inflicted on us. Happy is he who will seize and crush your infants against the rock!

138. לְדָוִד By David. I will thank You with all my heart, in the presence of princes I shall praise You. I will bow toward Your Holy Sanctuary, and praise Your Name for Your kindness and for Your truth; for You have exalted Your word above all Your Names. On the day that I called out You answered me, You emboldened me, [You put] strength in my soul. Lord, all the kings of the land will give thanks to You when they hear the words of Your mouth. And they will sing of the Lord's ways, for the glory of the Lord is great. For though the Lord is exalted, He sees the lowly; the High One castigates from afar. If I walk in the midst of distress, keep me alive; against the wrath of my enemies stretch out Your hand, and let Your right hand deliver me. Lord, complete [Your kindness] on my behalf. Lord, Your kindness is forever, do not forsake the work of Your hands.

קלט לַמְנַצֵּחַ לְדָוִד מִזְמוֹר, יְיָ חֲקַרְתַּנִי וַתֵּדָע: אַתָּה
יָדַעְתָּ שִׁבְתִּי וְקוּמִי, בַּנְתָּה לְרֵעִי מֵרָחוֹק: אָרְחִי
וְרִבְעִי זֵרִיתָ, וְכָל דְּרָכַי הִסְכַּנְתָּה: כִּי אֵין מִלָּה בִּלְשׁוֹנִי,
הֵן יְיָ יָדַעְתָּ כֻלָּה: אָחוֹר וָקֶדֶם צַרְתָּנִי, וַתָּשֶׁת עָלַי כַּפֶּכָה:
פְּלִיאָה דַעַת מִמֶּנִּי, נִשְׂגְּבָה לֹא אוּכַל לָה: אָנָה אֵלֵךְ
מֵרוּחֶךָ, וְאָנָה מִפָּנֶיךָ אֶבְרָח: אִם אֶסַּק שָׁמַיִם שָׁם אָתָּה,
וְאַצִּיעָה שְּׁאוֹל הִנֶּךָ: אֶשָּׂא כַנְפֵי שָׁחַר, אֶשְׁכְּנָה בְּאַחֲרִית
יָם: גַּם שָׁם יָדְךָ תַנְחֵנִי, וְתֹאחֲזֵנִי יְמִינֶךָ: וָאֹמַר אַךְ חֹשֶׁךְ
יְשׁוּפֵנִי, וְלַיְלָה אוֹר בַּעֲדֵנִי: גַּם חֹשֶׁךְ לֹא יַחְשִׁיךְ מִמֶּךָ,
וְלַיְלָה כַּיּוֹם יָאִיר, כַּחֲשֵׁיכָה כָּאוֹרָה: כִּי אַתָּה קָנִיתָ
כִלְיֹתָי, תְּסֻכֵּנִי בְּבֶטֶן אִמִּי: אוֹדְךָ עַל כִּי נוֹרָאוֹת נִפְלֵיתִי,
נִפְלָאִים מַעֲשֶׂיךָ, וְנַפְשִׁי יֹדַעַת מְאֹד: לֹא נִכְחַד עָצְמִי
מִמֶּךָ, אֲשֶׁר עֻשֵּׂיתִי בַסֵּתֶר, רֻקַּמְתִּי בְּתַחְתִּיּוֹת אָרֶץ: גָּלְמִי
רָאוּ עֵינֶיךָ, וְעַל סִפְרְךָ כֻּלָּם יִכָּתֵבוּ, יָמִים יֻצָּרוּ, וְלוֹ אֶחָד
בָּהֶם: וְלִי מַה יָּקְרוּ רֵעֶיךָ אֵל, מֶה עָצְמוּ רָאשֵׁיהֶם:
אֶסְפְּרֵם מֵחוֹל יִרְבּוּן, הֱקִיצֹתִי וְעוֹדִי עִמָּךְ: אִם תִּקְטֹל
אֱלוֹהַּ רָשָׁע, וְאַנְשֵׁי דָמִים סוּרוּ מֶנִּי: אֲשֶׁר יֹמְרוּךָ
לִמְזִמָּה, נָשֻׂא לַשָּׁוְא עָרֶיךָ: הֲלוֹא מְשַׂנְאֶיךָ יְיָ אֶשְׂנָא,
וּבִתְקוֹמְמֶיךָ אֶתְקוֹטָט: תַּכְלִית שִׂנְאָה שְׂנֵאתִים, לְאוֹיְבִים
הָיוּ לִי: חָקְרֵנִי אֵל וְדַע לְבָבִי, בְּחָנֵנִי וְדַע שַׂרְעַפָּי: וּרְאֵה
אִם דֶּרֶךְ עֹצֶב בִּי, וּנְחֵנִי בְּדֶרֶךְ עוֹלָם:

קמ לַמְנַצֵּחַ מִזְמוֹר לְדָוִד: חַלְּצֵנִי יְיָ מֵאָדָם רָע, מֵאִישׁ
חֲמָסִים תִּנְצְרֵנִי: אֲשֶׁר חָשְׁבוּ רָעוֹת בְּלֵב, כָּל יוֹם
יָגוּרוּ מִלְחָמוֹת: שָׁנְנוּ לְשׁוֹנָם כְּמוֹ נָחָשׁ, חֲמַת עַכְשׁוּב

139. למנצח For the Conductor, by David, a psalm. O Lord, You have probed me, and You know. You know my sitting down and my standing up; You perceive my thought from afar. You encircle my going about and my lying down; You are familiar with all my paths. For there was not yet a word on my tongue—and behold, Lord, You knew it all. You have besieged me front and back, You have laid Your hand upon me. Knowledge [to escape You] is beyond me; it is exalted, I cannot know it. Where can I go [to escape] Your spirit? And where can I flee from Your presence? If I ascend to the heavens, You are there; if I make my bed in the grave, behold, You are there. Were I to take up wings as the dawn and dwell in the furthest part of the sea, there, too, Your hand would guide me; Your right hand would hold me. Were I to say, "Surely the darkness will shadow me," then the night would be as light around me. Even the darkness obscures nothing from You; and the night shines like the day—the darkness is as light. For You created my mind; You covered me in my mother's womb. I will thank You, for I was formed in an awesome and wondrous way; unfathomable are Your works, though my soul perceives much. My essence was not hidden from You even while I was born in concealment, formed in the depths of the earth. Your eyes beheld my raw form; all [happenings] are inscribed in Your book, even those to be formed in future days—to Him they are the same. How precious are Your thoughts to me, O God! How overwhelming, [even] their beginnings! Were I to count them, they would outnumber the sand, even if I were to remain awake and always with You. O that You would slay the wicked, O God, and men of blood [to whom I say], "Depart from me!" They exalt You for wicked schemes, Your enemies raise [You] for falsehood. Indeed, I hate those who hate You, Lord; I contend with those who rise up against You. I hate them with the utmost hatred; I regard them as my own enemies. Search me, Lord, and know my heart; test me and know my thoughts. See if there is a vexing way in me, then lead me in the way of the world.

140. למנצח For the Conductor, a psalm by David. Rescue me from the evil man, protect me from the man of violence, who devise evil schemes in their heart; every day they gather for wars. They sharpen their tongues like a serpent; the spider's venom is

תַּחַת שְׂפָתֵימוֹ סֶלָה: שָׁמְרֵנִי יְיָ מִידֵי רָשָׁע, מֵאִישׁ
חֲמָסִים תִּנְצְרֵנִי, אֲשֶׁר חָשְׁבוּ לִדְחוֹת פְּעָמָי: טָמְנוּ גֵאִים
פַּח לִי, וַחֲבָלִים פָּרְשׂוּ רֶשֶׁת לְיַד מַעְגָּל, מֹקְשִׁים שָׁתוּ לִי
סֶלָה: אָמַרְתִּי לַיְיָ אֵלִי אָתָּה, הַאֲזִינָה יְיָ קוֹל תַּחֲנוּנָי:
אֱלֹהִים אֲדֹנָי עֹז יְשׁוּעָתִי, סַכֹּתָה לְרֹאשִׁי בְּיוֹם נָשֶׁק: אַל
תִּתֵּן יְיָ מַאֲוַיֵּי רָשָׁע, זְמָמוֹ אַל תָּפֵק יָרוּמוּ סֶלָה: רֹאשׁ
מְסִבָּי, עֲמַל שְׂפָתֵימוֹ יְכַסֵּימוֹ: יִמּוֹטוּ עֲלֵיהֶם גֶּחָלִים,
בָּאֵשׁ יַפִּלֵם, בְּמַהֲמֹרוֹת בַּל יָקוּמוּ: אִישׁ לָשׁוֹן בַּל יִכּוֹן
בָּאָרֶץ, אִישׁ חָמָס רָע, יְצוּדֶנּוּ לְמַדְחֵפֹת: יָדַעְתִּי כִּי יַעֲשֶׂה
יְיָ דִּין עָנִי, מִשְׁפַּט אֶבְיֹנִים: אַךְ צַדִּיקִים יוֹדוּ לִשְׁמֶךָ,
יֵשְׁבוּ יְשָׁרִים אֶת פָּנֶיךָ:

קמא מִזְמוֹר לְדָוִד, יְיָ קְרָאתִיךָ חוּשָׁה לִּי, הַאֲזִינָה
קוֹלִי בְּקָרְאִי לָךְ: תִּכּוֹן תְּפִלָּתִי קְטֹרֶת לְפָנֶיךָ,
מַשְׂאַת כַּפַּי מִנְחַת עָרֶב: שִׁיתָה יְיָ שָׁמְרָה לְפִי, נִצְּרָה עַל
דַּל שְׂפָתָי: אַל תַּט לִבִּי לְדָבָר רָע, לְהִתְעוֹלֵל עֲלִלוֹת
בְּרֶשַׁע אֶת אִישִׁים פֹּעֲלֵי אָוֶן, וּבַל אֶלְחַם בְּמַנְעַמֵּיהֶם:
יֶהֶלְמֵנִי צַדִּיק חֶסֶד וְיוֹכִיחֵנִי, שֶׁמֶן רֹאשׁ אַל יָנִי רֹאשִׁי,
כִּי עוֹד וּתְפִלָּתִי בְּרָעוֹתֵיהֶם: נִשְׁמְטוּ בִידֵי סֶלַע
שֹׁפְטֵיהֶם, וְשָׁמְעוּ אֲמָרַי כִּי נָעֵמוּ: כְּמוֹ פֹלֵחַ וּבֹקֵעַ
בָּאָרֶץ, נִפְזְרוּ עֲצָמֵינוּ לְפִי שְׁאוֹל: כִּי אֵלֶיךָ אֱלֹהִים אֲדֹנָי
עֵינָי, בְּכָה חָסִיתִי, אַל תְּעַר נַפְשִׁי: שָׁמְרֵנִי מִידֵי פַח יָקְשׁוּ
לִי, וּמֹקְשׁוֹת פֹּעֲלֵי אָוֶן: יִפְּלוּ בְמַכְמֹרָיו רְשָׁעִים יַחַד,
אָנֹכִי עַד אֶעֱבוֹר:

forever under their lips. Guard me, Lord, from the hands of the wicked, protect me from the man of violence—those who plot to cause my steps to slip. Arrogant ones have hidden a snare for me, and ropes; they spread a net by my path, they set traps for me continually. I said to the Lord, "You are my God!" Listen, O Lord, to the voice of my pleas. God, my Lord, the strength of my deliverance, You sheltered my head on the day of armed battle. Grant not, O Lord, the desires of the wicked; fulfill not his scheme, make it unattainable forever. As for the head of my besiegers, let the deceit of their own lips bury them. Let burning coals fall upon them; let it cast them down into the fire, into deep pits, never to rise again. Let not the slanderous man be established in the land; let the evil of the man of violence trap him until he is overthrown. I know that the Lord will execute judgment for the poor, justice for the needy. Indeed, the righteous will extol Your Name; the upright will dwell in Your presence.

141. מזמור A psalm by David. O Lord, I have called You, hasten to me; listen to my voice when I call to You. Let my prayer be set forth as incense before You, the raising of my hands as an afternoon offering. O Lord, place a guard for my mouth, keep watch over the door of my lips. Do not incline my heart to a bad thing—to perform deeds in wickedness, with men, doers of evil; let me not partake of their delicacies. Let the righteous one strike me with kindness and let him rebuke me; like the finest oil, let my head not refuse it. For as long [as I live], my prayer is [to preserve me] from their harm. For their judges have slipped because of their [hearts of] rock, though they heard my words and they were pleasant. As one who chops and splinters [wood] on the ground, so have our bones been scattered to the mouth of the grave. For to You, God, my Lord, are my eyes; in You I take shelter; do not pour out my soul. Protect me from the hands of the snare they laid for me, and from the traps of the evildoers. Let the wicked fall into their own nets together, until I pass over.

MOURNER'S KADDISH

Mourners recite Kaddish.
Congregation responds אָמֵן as indicated.

יִתְגַּדַּל וְיִתְקַדַּשׁ שְׁמֵהּ רַבָּא. (אָמֵן —.Cong) בְּעָלְמָא דִּי בְרָא
כִרְעוּתֵהּ וְיַמְלִיךְ מַלְכוּתֵהּ, וְיַצְמַח פּוּרְקָנֵהּ וִיקָרֵב
מְשִׁיחֵהּ. (אָמֵן —.Cong) בְּחַיֵּיכוֹן וּבְיוֹמֵיכוֹן וּבְחַיֵּי דְכָל בֵּית
יִשְׂרָאֵל, בַּעֲגָלָא וּבִזְמַן קָרִיב וְאִמְרוּ אָמֵן:

(.Cong— אָמֵן. יְהֵא שְׁמֵהּ רַבָּא מְבָרַךְ לְעָלַם וּלְעָלְמֵי עָלְמַיָּא, יִתְבָּרַךְ.)

יְהֵא שְׁמֵהּ רַבָּא מְבָרַךְ לְעָלַם וּלְעָלְמֵי עָלְמַיָּא, יִתְבָּרַךְ,
וְיִשְׁתַּבַּח, וְיִתְפָּאַר, וְיִתְרוֹמַם, וְיִתְנַשֵּׂא, וְיִתְהַדָּר, וְיִתְעַלֶּה,
וְיִתְהַלָּל, שְׁמֵהּ דְּקוּדְשָׁא בְּרִיךְ הוּא. (אָמֵן —.Cong) לְעֵלָּא מִן כָּל
בִּרְכָתָא וְשִׁירָתָא, תֻּשְׁבְּחָתָא וְנֶחֱמָתָא, דַּאֲמִירָן בְּעָלְמָא,
וְאִמְרוּ אָמֵן: (אָמֵן —.Cong) יְהֵא שְׁלָמָא רַבָּא מִן שְׁמַיָּא וְחַיִּים
טוֹבִים עָלֵינוּ וְעַל כָּל יִשְׂרָאֵל, וְאִמְרוּ אָמֵן: (אָמֵן —.Cong)

Take three steps back, then bow right saying עֹשֶׂה הַשָּׁלוֹם בִּמְרוֹמָיו, bow forward saying הוּא,
bow left saying וְעַל כָּל יִשְׂרָאֵל, וְאִמְרוּ אָמֵן, and bow forward saying יַעֲשֶׂה שָׁלוֹם עָלֵינוּ.

עֹשֶׂה הַשָּׁלוֹם בִּמְרוֹמָיו, הוּא יַעֲשֶׂה שָׁלוֹם עָלֵינוּ וְעַל כָּל
יִשְׂרָאֵל, וְאִמְרוּ אָמֵן: (אָמֵן —.Cong)

Mourners recite Kaddish D'Rabbanan after Mishnayot, page 413.

On Shabbat, recite the following paragraph:

וְלָקַחְתָּ סֹלֶת וְאָפִיתָ אֹתָהּ שְׁתֵּים עֶשְׂרֵה חַלּוֹת, שְׁנֵי
עֶשְׂרֹנִים יִהְיֶה הַחַלָּה הָאֶחָת: וְשַׂמְתָּ אוֹתָם שְׁתַּיִם
מַעֲרָכוֹת שֵׁשׁ הַמַּעֲרָכֶת, עַל הַשֻּׁלְחָן הַטָּהֹר לִפְנֵי יְיָ: וְנָתַתָּ
עַל הַמַּעֲרֶכֶת לְבֹנָה זַכָּה, וְהָיְתָה לַלֶּחֶם לְאַזְכָּרָה אִשֶּׁה לַיְיָ:
בְּיוֹם הַשַּׁבָּת בְּיוֹם הַשַּׁבָּת יַעַרְכֶנּוּ לִפְנֵי יְיָ תָּמִיד, מֵאֵת בְּנֵי
יִשְׂרָאֵל בְּרִית עוֹלָם: וְהָיְתָה לְאַהֲרֹן וּלְבָנָיו וַאֲכָלֻהוּ בְּמָקוֹם
קָדֹשׁ, כִּי קֹדֶשׁ קָדָשִׁים הוּא לוֹ מֵאִשֵּׁי יְיָ, חָק עוֹלָם:[1]

---
1. Leviticus 24:5-9.

MOURNER'S KADDISH
Mourners recite the following Kaddish (translation on page 480).
Congregation responds Amen as indicated.

יתגדל *Yis-gadal v'yis-kadash sh'mayh rabö.* (Cong: *Ömayn*)

B'öl'mö di v'rö chir'u-sayh v'yamlich mal'chusayh, v'yatzmach pur-könayh vikörayv m'shi-chayh. (Cong: *Ömayn*)

B'cha-yay-chon u-v'yomaychon u-v'cha-yay d'chöl bays yisrö-ayl, ba-agölö u-viz'man köriv v'im'ru ömayn.

(Cong: *Ömayn. Y'hay sh'mayh rabö m'vörach l'ölam u-l'öl'may öl'ma-yö, yisböraych.*)

Y'hay sh'mayh rabö m'vörach l'ölam u-l'öl'may öl'ma-yö. Yisböraych, v'yishtabach, v'yispö-ayr, v'yisromöm, v'yis-nasay, v'yis-hadör, v'yis-aleh, v'yis-halöl, sh'mayh d'kudshö b'rich hu. (Cong: *Ömayn*)

L'aylö min köl bir-chösö v'shirösö, tush-b'chösö v'neche-mösö, da-amirön b'öl'mö, v'im'ru ömayn. (Cong: *Ömayn)*

Y'hay sh'lömö rabö min sh'ma-yö, v'cha-yim tovim ölaynu v'al köl yisrö-ayl v'im'ru ömayn. (Cong: *Ömayn*)

Take three steps back, then bow right saying *Oseh ha-shölom bim'romöv,* bow forward saying *hu,* bow left saying *ya-aseh shölom ölaynu,* and bow forward saying *v'al köl yisrö-ayl, v'im'ru ömayn.*

Oseh ha-shölom bim'romöv, hu ya-a-seh shölom ölaynu v'al köl yisrö-ayl, v'im'ru ömayn. (Cong: *Ömayn*)

Mourners recite Kaddish D'Rabbanan after Mishnayot, page 413.

On Shabbat, recite the following paragraph:

ולקחת You shall take fine flour and bake of it twelve loaves; each loaf shall be two-tenths [of an *ephah*]. Place them in two rows, six to a row, upon the pure table before the Lord. Put near each row pure frankincense, which is to be a memorial-offering for the bread, a fire-offering to the Lord. He shall arrange them before the Lord regularly, each and every Shabbat, an everlasting covenant from the Children of Israel. It shall belong to Aaron and his sons and they shall eat it in a holy place, for it is most holy to him of the fire-offerings of the Lord, an everlasting statute.[1]

THE SIX REMEMBRANCES

לְמַעַן תִּזְכֹּר אֶת יוֹם צֵאתְךָ מֵאֶרֶץ מִצְרַיִם כֹּל יְמֵי חַיֶּיךָ:[1]

רַק הִשָּׁמֶר לְךָ וּשְׁמֹר נַפְשְׁךָ מְאֹד, פֶּן תִּשְׁכַּח אֶת הַדְּבָרִים אֲשֶׁר רָאוּ עֵינֶיךָ, וּפֶן יָסוּרוּ מִלְּבָבְךָ כֹּל יְמֵי חַיֶּיךָ, וְהוֹדַעְתָּם לְבָנֶיךָ וְלִבְנֵי בָנֶיךָ: יוֹם אֲשֶׁר עָמַדְתָּ לִפְנֵי יְיָ אֱלֹהֶיךָ בְּחֹרֵב:[2]

זָכוֹר אֵת אֲשֶׁר עָשָׂה לְךָ עֲמָלֵק בַּדֶּרֶךְ בְּצֵאתְכֶם מִמִּצְרָיִם: אֲשֶׁר קָרְךָ בַּדֶּרֶךְ וַיְזַנֵּב בְּךָ כָּל הַנֶּחֱשָׁלִים אַחֲרֶיךָ, וְאַתָּה עָיֵף וְיָגֵעַ, וְלֹא יָרֵא אֱלֹהִים: וְהָיָה בְּהָנִיחַ יְיָ אֱלֹהֶיךָ לְךָ מִכָּל אֹיְבֶיךָ מִסָּבִיב, בָּאָרֶץ אֲשֶׁר יְיָ אֱלֹהֶיךָ נֹתֵן לְךָ נַחֲלָה לְרִשְׁתָּהּ, תִּמְחֶה אֶת זֵכֶר עֲמָלֵק מִתַּחַת הַשָּׁמָיִם, לֹא תִּשְׁכָּח:[3]

זָכֹר אַל תִּשְׁכַּח אֵת אֲשֶׁר הִקְצַפְתָּ אֶת יְיָ אֱלֹהֶיךָ בַּמִּדְבָּר:[4]

זָכוֹר אֵת אֲשֶׁר עָשָׂה יְיָ אֱלֹהֶיךָ לְמִרְיָם בַּדֶּרֶךְ בְּצֵאתְכֶם מִמִּצְרָיִם:[5]

זָכוֹר אֶת יוֹם הַשַּׁבָּת לְקַדְּשׁוֹ:[6]

---

1. Deuteronomy 16:3.   2. Ibid. 4:9-10.   3. Ibid. 25:17-19.   4. Ibid. 9:7.   5. Ibid. 24:9. 6. Exodus 20:8.

THE SIX REMEMBRANCES

לְמַעַן So that you remember the day you came out of the land of Egypt all the days of your life.[1]

רק But beware and guard your soul scrupulously, lest you forget the things which your eyes have seen, and lest they be removed from your heart all the days of your life; make known to your children and to your children's children [what you saw] on the day when you stood before the Lord your God at Chorev [Sinai].[2]

זכור Remember what Amalek did to you on the way as you came out of Egypt: how he met you on the way, and cut down all the weak who straggled behind you, when you were weary and exhausted; and he did not fear God. Therefore, when the Lord your God will relieve you of all your enemies around you, in the land which the Lord your God gives you as a hereditary portion, you shall blot out the memory of Amalek from under heaven. Do not forget![3]

זכור Remember, do not forget, how you provoked the Lord your God to wrath in the desert.[4]

זכור Remember what the Lord your God did to Miriam on the way, as you came out of Egypt.[5]

זכור Remember the Shabbat day to sanctify it.[6]

⤖⤗⤘

MINCHAH PRAYER FOR YOM KIPPUR

KORBANOT – OFFERINGS

וַיְדַבֵּר יְיָ אֶל מֹשֶׁה לֵּאמֹר: צַו אֶת בְּנֵי יִשְׂרָאֵל וְאָמַרְתָּ אֲלֵהֶם, אֶת קָרְבָּנִי לַחְמִי לְאִשַּׁי, רֵיחַ נִיחֹחִי תִּשְׁמְרוּ לְהַקְרִיב לִי בְּמוֹעֲדוֹ: וְאָמַרְתָּ לָהֶם, זֶה הָאִשֶּׁה אֲשֶׁר תַּקְרִיבוּ לַיְיָ, כְּבָשִׂים בְּנֵי שָׁנָה תְמִימִם, שְׁנַיִם לַיּוֹם, עֹלָה תָמִיד: אֶת הַכֶּבֶשׂ אֶחָד תַּעֲשֶׂה בַבֹּקֶר, וְאֵת הַכֶּבֶשׂ הַשֵּׁנִי תַּעֲשֶׂה בֵּין הָעַרְבָּיִם: וַעֲשִׂירִית הָאֵיפָה סֹלֶת לְמִנְחָה, בְּלוּלָה בְּשֶׁמֶן כָּתִית רְבִיעִת הַהִין: עֹלַת תָּמִיד, הָעֲשֻׂיָה בְּהַר סִינַי לְרֵיחַ נִיחֹחַ אִשֶּׁה לַיְיָ: וְנִסְכּוֹ רְבִיעִת הַהִין לַכֶּבֶשׂ הָאֶחָד, בַּקֹּדֶשׁ הַסֵּךְ נֶסֶךְ שֵׁכָר לַיְיָ: וְאֵת הַכֶּבֶשׂ הַשֵּׁנִי תַּעֲשֶׂה בֵּין הָעַרְבָּיִם, כְּמִנְחַת הַבֹּקֶר וּכְנִסְכּוֹ תַּעֲשֶׂה, אִשֶּׁה רֵיחַ נִיחֹחַ לַיְיָ:¹

וְשָׁחַט אֹתוֹ עַל יֶרֶךְ הַמִּזְבֵּחַ צָפֹנָה לִפְנֵי יְיָ, וְזָרְקוּ בְּנֵי אַהֲרֹן הַכֹּהֲנִים אֶת דָּמוֹ עַל הַמִּזְבֵּחַ סָבִיב:²

KETORET – INCENSE

אַתָּה הוּא יְיָ אֱלֹהֵינוּ וֵאלֹהֵי אֲבוֹתֵינוּ, שֶׁהִקְטִירוּ אֲבוֹתֵינוּ לְפָנֶיךָ אֶת קְטֹרֶת הַסַּמִּים בִּזְמַן שֶׁבֵּית הַמִּקְדָּשׁ קַיָּם, כַּאֲשֶׁר צִוִּיתָ אוֹתָם עַל יַד מֹשֶׁה נְבִיאֶךָ, כַּכָּתוּב בְּתוֹרָתֶךָ:

וַיֹּאמֶר יְיָ אֶל מֹשֶׁה, קַח לְךָ סַמִּים, נָטָף, וּשְׁחֵלֶת, וְחֶלְבְּנָה, סַמִּים, וּלְבֹנָה זַכָּה, בַּד בְּבַד יִהְיֶה: וְעָשִׂיתָ אֹתָהּ קְטֹרֶת, רֹקַח מַעֲשֵׂה רוֹקֵחַ, מְמֻלָּח טָהוֹר קֹדֶשׁ: וְשָׁחַקְתָּ מִמֶּנָּה הָדֵק, וְנָתַתָּה מִמֶּנָּה לִפְנֵי הָעֵדֻת בְּאֹהֶל מוֹעֵד, אֲשֶׁר אִוָּעֵד לְךָ שָׁמָּה, קֹדֶשׁ קָדָשִׁים תִּהְיֶה לָכֶם:³ וְנֶאֱמַר: וְהִקְטִיר עָלָיו אַהֲרֹן קְטֹרֶת סַמִּים, בַּבֹּקֶר

---

1. Numbers 28:1-8.   **2.** Leviticus 1:11.   **3.** Exodus 30:34-36.

୧ᢙᢙᢙ

MINCHAH PRAYER FOR YOM KIPPUR

KORBANOT – OFFERINGS

וידבר And the Lord spoke to Moses, saying: Command the children of Israel and say to them: My offering, My food-offering consumed by fire, a pleasing odor to Me, you shall be careful to offer Me at its appointed time. And you shall say to them: This is the fire-offering which you shall offer to the Lord—two yearling male lambs without blemish, every day, as a daily burnt-offering. You shall offer one lamb in the morning, and the other lamb toward evening; and a tenth of an *ephah* of fine flour mixed with a fourth of a *hin* of oil of crushed olives as a meal-offering. This is a daily burnt-offering, as it was made at Mount Sinai, for a pleasing odor, a fire-offering to the Lord. And its wine-offering shall be a fourth of a *hin* for the one lamb; in the Sanctuary you shall pour out a wine-offering of strong wine to the Lord. And you shall offer the other lamb toward evening, with the same meal-offering and the same wine-offering as in the morning, to be a fire-offering of pleasing odor to the Lord.[1]

ושחט He shall slaughter it on the north side of the altar before the Lord; and Aaron's sons, the Kohanim, shall sprinkle its blood all around the altar.[2]

KETORET – INCENSE

אתה You are the Lord our God and God of our fathers before whom our ancestors burned the offering of incense when the Bet Hamikdash stood, as You have commanded them through Moses Your prophet, as it is written in Your Torah:

ויאמר The Lord said to Moses: Take fragrant spices, stacte, onycha, and galbanum, fragrant spices, and pure frankincense; there shall be an equal weight of each. And you shall make it into incense, a compound expertly blended, well-mingled, pure and holy. You shall grind some of it very fine, and put some of it before the Ark in the Tabernacle, where I will meet with you; most holy shall it be to you.[3] And it is written: Aaron shall burn

בַּבְּקֶר בְּהֵיטִיבוֹ אֶת הַנֵּרֹת יַקְטִירֶנָּה: וּבְהַעֲלֹת אַהֲרֹן אֶת
הַנֵּרֹת בֵּין הָעַרְבַּיִם יַקְטִירֶנָּה, קְטֹרֶת תָּמִיד לִפְנֵי יְיָ
לְדֹרֹתֵיכֶם:[1]

תָּנוּ רַבָּנָן,[2] פִּטּוּם הַקְּטֹרֶת כֵּיצַד: שְׁלֹשׁ מֵאוֹת וְשִׁשִּׁים
וּשְׁמוֹנָה מָנִים הָיוּ בָהּ. שְׁלֹשׁ מֵאוֹת וְשִׁשִּׁים וַחֲמִשָּׁה
כְּמִנְיַן יְמוֹת הַחַמָּה, מָנֶה לְכָל יוֹם פְּרַס בְּשַׁחֲרִית וּפְרַס
בֵּין הָעַרְבַּיִם, וּשְׁלֹשָׁה מָנִים יְתֵרִים, שֶׁמֵּהֶם מַכְנִיס כֹּהֵן
גָּדוֹל מְלֹא חָפְנָיו בְּיוֹם הַכִּפּוּרִים, וּמַחֲזִירָן לְמַכְתֶּשֶׁת בְּעֶרֶב
יוֹם הַכִּפּוּרִים, וְשׁוֹחֲקָן יָפֶה יָפֶה כְּדֵי שֶׁתְּהֵא דַקָּה מִן
הַדַּקָּה. וְאַחַד עָשָׂר סַמְמָנִים הָיוּ בָהּ. וְאֵלּוּ הֵן: 1) הַצֳּרִי
2) וְהַצִּפֹּרֶן 3) הַחֶלְבְּנָה 4) וְהַלְּבוֹנָה מִשְׁקַל שִׁבְעִים
שִׁבְעִים מָנֶה, 5) מוֹר 6) וּקְצִיעָה 7) שִׁבֹּלֶת נֵרְדְּ
8) וְכַרְכֹּם מִשְׁקַל שִׁשָּׁה עָשָׂר שִׁשָּׁה עָשָׂר מָנֶה, 9) הַקֹּשְׁטְ
שְׁנֵים עָשָׂר, 10) קִלּוּפָה שְׁלֹשָׁה, 11) קִנָּמוֹן תִּשְׁעָה. בֹּרִית
כַּרְשִׁינָה תִּשְׁעָה קַבִּין, יֵין קַפְרִיסִין סְאִין תְּלָתָא וְקַבִּין
תְּלָתָא, וְאִם אֵין לוֹ יֵין קַפְרִיסִין מֵבִיא חֲמַר חִוַּרְיָן עַתִּיק.
מֶלַח סְדוֹמִית רוֹבַע, מַעֲלֶה עָשָׁן כָּל שֶׁהוּא. רַבִּי נָתָן
הַבַּבְלִי אוֹמֵר: אַף כִּפַּת הַיַּרְדֵּן כָּל שֶׁהִיא, וְאִם נָתַן בָּהּ
דְּבַשׁ פְּסָלָהּ, וְאִם חִסַּר אֶחָד מִכָּל סַמְמָנֶיהָ חַיָּב מִיתָה:

רַבָּן שִׁמְעוֹן בֶּן גַּמְלִיאֵל אוֹמֵר: הַצֳּרִי אֵינוֹ אֶלָּא שְׂרָף
הַנּוֹטֵף מֵעֲצֵי הַקְּטָף, בֹּרִית כַּרְשִׁינָה שֶׁשָּׁפִין בָּהּ אֶת
הַצִּפֹּרֶן, כְּדֵי שֶׁתְּהֵא נָאָה; יֵין קַפְרִיסִין שֶׁשּׁוֹרִין בּוֹ אֶת
הַצִּפֹּרֶן כְּדֵי שֶׁתְּהֵא עַזָּה. וַהֲלֹא מֵי רַגְלַיִם יָפִין לָהּ, אֶלָּא
שֶׁאֵין מַכְנִיסִין מֵי רַגְלַיִם בַּמִּקְדָּשׁ מִפְּנֵי הַכָּבוֹד:

---

1. Exodus 30:7-8.   **2.** V. Keritot 6a-b; Yerushalmi, Yoma 4:5.

upon the altar the incense of fragrant spices; every morning when he cleans the lamps [of the menorah], he shall burn it. And toward evening, when Aaron lights the menorah, he shall burn it; this is a continual incense-offering before the Lord throughout your generations.[1]

תנו The Rabbis have taught:[2] How was the incense prepared? It weighed 368 *manim*: 365 corresponding to the number of days in the solar year, one *maneh* for each day—half a *maneh* to be offered in the morning and half toward evening; and the other three *manim* from which the Kohen Gadol took two handfuls [into the Holy of Holies] on Yom Kippur. These [three *manim*] were put back into the mortar on the day before Yom Kippur and ground again very thoroughly so as to make the incense extremely fine. The incense contained the following eleven kinds of spices: 1) balm, 2) onycha, 3) galbanum, 4) frankincense—each one weighing seventy *maneh*; 5) myrrh, 6) cassia, 7) spikenard, 8) saffron—each weighing sixteen *maneh*; 9) costus, twelve *maneh*; 10) aromatic bark, three [*maneh*]; 11) cinnamon, nine [*maneh*]. [Also used in the preparation of the incense were:] lye of Carshinah, nine *kabin*; Cyprus wine, three *se'in* and three *kabin*—if Cyprus wine was not available, strong white wine might be used instead; salt of Sodom, a fourth of a *kab*; and a minute quantity of a smoke-raising herb. Rabbi Nathan the Babylonian says: A minute quantity of Jordan amber was also added. If, however, honey were added, the incense became unfit; while if one left out any one of the ingredients, he was liable to the penalty of death.

רבן Rabban Shimon ben Gamliel says: The balm is no other than a resin which exudes from the balsam trees. The lye of Carshinah was used for rubbing on the onycha to refine its appearance. The Cyprus wine was used in which to steep the onycha to make its odor more pungent. Though the water of Raglayim might have served that purpose well, it would be disrespectful to bring it into the Bet Hamikdash.

תַּנְיָא רַבִּי נָתָן אוֹמֵר: כְּשֶׁהוּא שׁוֹחֵק אוֹמֵר: הָדֵק
הֵיטֵב, הֵיטֵב הָדֵק, מִפְּנֵי שֶׁהַקּוֹל יָפֶה לַבְּשָׂמִים.
פִּטְּמָהּ לַחֲצָאִין כְּשֵׁרָה, לִשְׁלִישׁ וְלִרְבִיעַ, לֹא שָׁמֵעְנוּ.
אָמַר רַבִּי יְהוּדָה, זֶה הַכְּלָל: אִם כְּמִדָּתָהּ כְּשֵׁרָה לַחֲצָאִין.
וְאִם חִסַּר אֶחָד מִכָּל סַמְמָנֶיהָ חַיָּב מִיתָה:

תַּנְיָא בַּר קַפָּרָא אוֹמֵר: אַחַת לְשִׁשִּׁים אוֹ לְשִׁבְעִים שָׁנָה
הָיְתָה בָאָה שֶׁל שִׁירַיִם לַחֲצָאִין. וְעוֹד תָּנֵי בַּר
קַפָּרָא, אִלּוּ הָיָה נוֹתֵן בָּהּ קוֹרְטוֹב שֶׁל דְּבַשׁ, אֵין אָדָם
יָכוֹל לַעֲמוֹד מִפְּנֵי רֵיחָהּ, וְלָמָה אֵין מְעָרְבִין בָּהּ דְּבַשׁ,
מִפְּנֵי שֶׁהַתּוֹרָה אָמְרָה, כִּי כָל שְׂאֹר וְכָל דְּבַשׁ לֹא
תַקְטִירוּ מִמֶּנּוּ אִשֶּׁה לַייָ:[1]

Say three times — יְיָ צְבָאוֹת עִמָּנוּ, מִשְׂגָּב לָנוּ אֱלֹהֵי יַעֲקֹב סֶלָה:[2]

Say three times — יְיָ צְבָאוֹת, אַשְׁרֵי אָדָם בֹּטֵחַ בָּךְ:[3]

Say three times — יְיָ הוֹשִׁיעָה, הַמֶּלֶךְ יַעֲנֵנוּ בְיוֹם קָרְאֵנוּ:[4]

וְעָרְבָה לַייָ מִנְחַת יְהוּדָה וִירוּשָׁלָיִם, כִּימֵי עוֹלָם וּכְשָׁנִים קַדְמוֹנִיּוֹת:[5]

When reciting אָנָּא בְּכֹחַ, look at—or visualize—the Divine Names formed by the acronyms of the words (as they appear in the left column), but do not say them.

אב״ג ית״ץ	**אָנָּא,** בְּכֹחַ גְּדֻלַּת יְמִינְךָ, תַּתִּיר צְרוּרָה.
קר״ע שט״ן	קַבֵּל רִנַּת עַמְּךָ, שַׂגְּבֵנוּ, טַהֲרֵנוּ, נוֹרָא.
נג״ד יכ״ש	נָא גִבּוֹר, דּוֹרְשֵׁי יִחוּדְךָ, כְּבָבַת שָׁמְרֵם.
בט״ר צת״ג	בָּרְכֵם, טַהֲרֵם, רַחֲמֵי צִדְקָתְךָ תָּמִיד גָּמְלֵם.
חק״ב טנ״ע	חֲסִין קָדוֹשׁ, בְּרוֹב טוּבְךָ נַהֵל עֲדָתֶךָ.
יג״ל פז״ק	יָחִיד, גֵּאֶה, לְעַמְּךָ פְּנֵה, זוֹכְרֵי קְדֻשָּׁתֶךָ.
שק״ו צי״ת	שַׁוְעָתֵנוּ קַבֵּל, וּשְׁמַע צַעֲקָתֵנוּ, יוֹדֵעַ תַּעֲלוּמוֹת.

בָּרוּךְ שֵׁם כְּבוֹד מַלְכוּתוֹ לְעוֹלָם וָעֶד:

---

1. Leviticus 2:11. **2.** Psalms 46:8. **3.** Ibid. 84:13. **4.** Ibid. 20:10. **5.** Malachi 3:4.

תניא It has been taught, Rabbi Nathan says: While the Kohen was grinding the incense, the overseer would say, "Grind it fine, grind it fine," because the [rhythmic] sound is good for the compounding of the spices. If only half the yearly required quantity of incense was prepared, it was fit for use; but we have not heard if it was permissible to prepare only a third or a fourth of it. Rabbi Yehudah said: The general rule is that if the incense was compounded in its correct proportions, it was fit for use even if only half the annually required quantity was prepared; if, however, one left out any one of its ingredients, he was liable to the penalty of death.

תניא It has been taught, Bar Kappara says: Once in sixty or seventy years, half of the required yearly quantity of incense came from the accumulated surpluses [from the three *maneh* out of which the High Priest took two handfuls on Yom Kippur]. Bar Kappara also taught: Had a minute quantity of honey been mixed into the incense, no one could have resisted the scent. Why then was no honey mixed with it? Because the Torah said: You shall present no leaven nor honey as an offering by fire to the Lord.[1]

Say three times: ײ The Lord of hosts is with us; the God of Jacob is our stronghold forever.[2]

Say three times: ײ Lord of hosts, happy is the man who trusts in You.[3]

Say three times: ײ Lord, deliver us; may the King answer us on the day we call.[4]

וערבה Then shall the offering of Judah and Jerusalem be pleasing to the Lord, as in the days of old and as in bygone years.[5]

אנא We implore You, by the great power of Your right hand, release the captive. Accept the prayer of Your people; strengthen us, purify us, Awesome One. Mighty One, we beseech You, guard as the apple of the eye those who seek Your Oneness. Bless them, cleanse them; bestow upon them forever Your merciful righteousness. Powerful, Holy One, in Your abounding goodness, guide Your congregation. Only and Exalted One, turn to Your people who are mindful of Your holiness. Accept our supplication and hear our cry, You who knows secret thoughts. Blessed be the name of the glory of His kingdom forever and ever.

ORDER OF THE READING OF THE TORAH

As the Ark is opened, stand and recite the following. Remain standing until the Torah is placed on the *bimah*.

וַיְהִי בִּנְסֹעַ הָאָרֹן וַיֹּאמֶר מֹשֶׁה: קוּמָה יְיָ וְיָפֻצוּ
אֹיְבֶיךָ, וְיָנֻסוּ מְשַׂנְאֶיךָ מִפָּנֶיךָ:¹ כִּי מִצִּיּוֹן תֵּצֵא
תוֹרָה, וּדְבַר יְיָ מִירוּשָׁלָיִם:² בָּרוּךְ שֶׁנָּתַן תּוֹרָה לְעַמּוֹ
יִשְׂרָאֵל בִּקְדֻשָּׁתוֹ:

בְּרִיךְ שְׁמֵהּ דְּמָרֵא עָלְמָא, בְּרִיךְ כִּתְרָךְ וְאַתְרָךְ, יְהֵא רְעוּתָךְ
עִם עַמָּךְ יִשְׂרָאֵל לְעָלַם, וּפוּרְקַן יְמִינָךְ אַחֲזֵי לְעַמָּךְ בְּבֵי
מַקְדְּשָׁךְ, וּלְאַמְטוּיֵי לָנָא מִטּוּב נְהוֹרָךְ וּלְקַבֵּל צְלוֹתָנָא בְּרַחֲמִין.
יְהֵא רַעֲוָא קֳדָמָךְ דְּתוֹרִיךְ לָן חַיִּין בְּטִיבוּ, וְלֶהֱוֵי אֲנָא פְּקִידָא
בְּגוֹ צַדִּיקַיָּא, לְמִרְחַם עָלַי וּלְמִנְטַר יָתִי וְיַת כָּל דִּי לִי, וְדִי לְעַמָּךְ
יִשְׂרָאֵל. אַנְתְּ הוּא זָן לְכֹלָּא וּמְפַרְנֵס לְכֹלָּא, אַנְתְּ הוּא שַׁלִּיט
עַל כֹּלָּא. אַנְתְּ הוּא דְּשַׁלִּיט עַל מַלְכַיָּא, וּמַלְכוּתָא דִּילָךְ הִיא.
אֲנָא עַבְדָּא דְּקֻדְשָׁא בְּרִיךְ הוּא, דְּסָגִידְנָא קָמֵהּ וּמִקַּמֵּי דִּיקַר
אוֹרַיְתֵהּ. בְּכָל עִדָּן וְעִדָּן לָא עַל אֱנָשׁ רְחִיצְנָא וְלָא עַל בַּר
אֱלָהִין סְמִיכְנָא, אֶלָּא בֶּאֱלָהָא דִשְׁמַיָּא, דְּהוּא אֱלָהָא קְשׁוֹט,
וְאוֹרַיְתֵהּ קְשׁוֹט, וּנְבִיאוֹהִי קְשׁוֹט, וּמַסְגֵּא לְמֶעְבַּד טַבְוָן וּקְשׁוֹט.
בֵּהּ אֲנָא רָחִיץ, וְלִשְׁמֵהּ קַדִּישָׁא יַקִּירָא אֲנָא אֵמַר תֻּשְׁבְּחָן. יְהֵא
רַעֲוָא קֳדָמָךְ דְּתִפְתַּח לִבָּאִי בְּאוֹרַיְתָא, וְתַשְׁלִים מִשְׁאֲלִין
דְּלִבָּאִי, וְלִבָּא דְכָל עַמָּךְ יִשְׂרָאֵל, לְטַב וּלְחַיִּין וְלִשְׁלָם.³

The Torah is removed from the Ark and handed to the chazzan.

The chazzan raises the Torah slightly and says:

גַּדְּלוּ לַיְיָ אִתִּי, וּנְרוֹמְמָה שְׁמוֹ יַחְדָּו:⁴

As the chazzan carries the Torah to the *bimah*, the congregation and chazzan respond:

לְךָ יְיָ הַגְּדֻלָּה וְהַגְּבוּרָה וְהַתִּפְאֶרֶת וְהַנֵּצַח וְהַהוֹד, כִּי כֹל
בַּשָּׁמַיִם וּבָאָרֶץ. לְךָ יְיָ הַמַּמְלָכָה וְהַמִּתְנַשֵּׂא לְכֹל לְרֹאשׁ:⁵

---

1. Numbers 10:35.   **2.** Isaiah 2:3.   **3.** Zohar II, 206a.   **4.** Psalms 34:4.   **5.** I Chronicles 29:11.

ORDER OF THE READING OF THE TORAH

As the Ark is opened, stand and recite the following. Remain standing until the Torah is placed on the *bimah*.
Transliteration, page 447.

ויהי Whenever the Ark set out, Moses would say, "Arise, O Lord, and Your enemies will be dispersed, and Your foes will flee before You."[1] For from Zion shall go forth the Torah, and the word of the Lord from Jerusalem.[2] Blessed is He who in His holiness gave the Torah to His people Israel.

בריך Blessed is the Name of the Master of the universe! Blessed is Your crown and the place [of Your majesty]. May Your goodwill ever be with Your people Israel; show Your people the redemption of Your right hand through [the rebuilding of] Your Bet Hamikdash. Bestow upon us of Your beneficent light, and accept our prayer with compassion. May it be Your will to prolong our life in well-being. May I be counted among the righteous, so that You may have mercy upon me, and protect me and all that belongs to me and to Your people Israel. It is You who feeds all and sustains all. It is You who rules over all; it is You who rules over kings, and sovereignty is Yours. I am the servant of the Holy One, blessed be He, before whom and before whose glorious Torah I bow. I do not at any time put my trust in man, nor do I place my reliance on an angel, but only in the God of heaven who is the true God, whose Torah is truth, whose prophets are true, and who performs numerous Transliteration, deeds of goodness and truth. I put my trust in Him, page 447. and I utter praises to His holy and glorious Name. May it be Your will to open my heart to the Torah, and to fulfill the desires of my heart and the hearts of all Your people Israel for good, for life and for peace.[3]

The Torah is removed from the Ark and handed to the chazzan.

The chazzan raises the Torah slightly and says:

גדלו Exalt the Lord with me, and let us extol His Name together.[4]

As the chazzan carries the Torah to the *bimah*, the congregation and chazzan respond:
Transliteration, page 447.

לך Lord, Yours is the greatness, the power, the glory, the victory, and the majesty; for all in heaven and on earth [is Yours]. Lord, Yours is the kingship and You are exalted, supreme over all rulers.[5]

רוֹמְמוּ יְיָ אֱלֹהֵינוּ, וְהִשְׁתַּחֲווּ לַהֲדֹם רַגְלָיו, קָדוֹשׁ הוּא:[1] רוֹמְמוּ
יְיָ אֱלֹהֵינוּ וְהִשְׁתַּחֲווּ לְהַר קָדְשׁוֹ, כִּי קָדוֹשׁ יְיָ אֱלֹהֵינוּ:[2]

אַב הָרַחֲמִים הוּא יְרַחֵם עַם עֲמוּסִים,[3] וְיִזְכּוֹר בְּרִית אֵיתָנִים,
וְיַצִּיל נַפְשׁוֹתֵינוּ מִן הַשָּׁעוֹת הָרָעוֹת, וְיִגְעַר בְּיֵצֶר הָרָע מִן
הַנְּשׂוּאִים,[3] וְיָחוֹן עָלֵינוּ לִפְלֵיטַת עוֹלָמִים, וִימַלֵּא מִשְׁאֲלוֹתֵינוּ
בְּמִדָּה טוֹבָה יְשׁוּעָה וְרַחֲמִים:

The Torah is placed on the *bimah*. You may be seated.

Three men are called for *aliyot*.

The following is recited by the *gabbai* to call the Kohen to the Torah. If no Kohen is present, a Levite or Israelite is called up to the Torah. See additional laws on page 433.

וְתִגָּלֶה וְתֵרָאֶה מַלְכוּתוֹ עָלֵינוּ בִּזְמַן קָרוֹב, וְיָחוֹן פְּלֵטָתֵנוּ
וּפְלֵטַת עַמּוֹ בֵּית יִשְׂרָאֵל לְחֵן וּלְחֶסֶד וּלְרַחֲמִים
וּלְרָצוֹן וְנֹאמַר אָמֵן. הַכֹּל הָבוּ גֹדֶל לֵאלֹהֵינוּ וּתְנוּ כָבוֹד
לַתּוֹרָה. כֹּהֵן קְרָב, יַעֲמוֹד (name) בֶּן (father's name) הַכֹּהֵן. בָּרוּךְ
שֶׁנָּתַן תּוֹרָה לְעַמּוֹ יִשְׂרָאֵל בִּקְדֻשָּׁתוֹ:

The congregation responds:

וְאַתֶּם הַדְּבֵקִים בַּיָי אֱלֹהֵיכֶם, חַיִּים כֻּלְּכֶם הַיּוֹם:[4]

The *oleh* (the one called to the Torah) should use the shortest route possible to the *bimah*.

BLESSINGS OVER THE TORAH

Touch the beginning and end of the Torah reading with the corner of your *tallit* (or the Torah's sash) and kiss it. Close the Torah, hold both handles, turn your head slightly to the right, and say:

בָּרְכוּ אֶת יְיָ הַמְבֹרָךְ:

Congregation and *oleh* say:

בָּרוּךְ יְיָ הַמְבֹרָךְ לְעוֹלָם וָעֶד:

Oleh continues:

בָּרוּךְ אַתָּה יְיָ אֱלֹהֵינוּ מֶלֶךְ הָעוֹלָם, אֲשֶׁר בָּחַר בָּנוּ
מִכָּל הָעַמִּים, וְנָתַן לָנוּ אֶת תּוֹרָתוֹ. בָּרוּךְ אַתָּה
יְיָ, נוֹתֵן הַתּוֹרָה:

During the *aliyah*, hold the right handle of the Torah, and read quietly along with the reader.

Exalt the Lord our God, and bow down at His footstool; holy is He.[1] Exalt the Lord our God, and bow down at His holy mountain, for the Lord our God is holy.[2]

אב May the All-Merciful Father have compassion on the people borne [by Him],[3] and remember the covenant with the mighty ones [Patriarchs]; may He deliver our souls from evil times, and banish the evil impulse from the ones carried [by Him];[3] may He graciously grant us eternal survival and fulfill our wishes in ample measure for salvation and mercy.

The Torah is placed on the *bimah*. You may be seated.

Three men are called for *aliyot*.

The following is recited by the *gabbai* to call the Kohen to the Torah. If no Kohen is present, a Levite or Israelite is called up to the Torah. See additional laws on page 433.

ותגלה And may His kingship over us soon be revealed and made visible, and may He graciously grant to our remnant and the remnant of His people, the House of Israel, grace, kindness, mercy, and goodwill; and let us say, Amen. Let all render glory to our God and give honor to the Torah. Let the Kohen come forward. Arise, (name) son of (father's name) the Kohen. Blessed is He who in His holiness gave the Torah to His people Israel.

The congregation responds:

ואתם And you who cleave to the Lord your God are all alive today.[4]

The *oleh* (the one called to the Torah) should use the shortest route possible to the *bimah*.

BLESSINGS OVER THE TORAH

Touch the beginning and end of the Torah reading with the corner of your *tallit* (or the Torah's sash) and kiss it. Close the Torah, hold both handles, turn your head slightly to the right, and say:

ברכו *Bö-r'chu es adonöy ha-m'voröch.*

Congregation and *oleh* say:

ברוך *Böruch adonöy ha-m'voröch l'olöm vö-ed.*

Oleh continues:

ברוך *Böruch atö adonöy elo-haynu melech hö-olöm, asher böchar bönu miköl hö-amim, v'nösan lönu es toröso. Böruch atö adonöy, nosayn ha-torö.*

During the *aliyah*, hold the right handle of the Torah, and read quietly along with the reader.

---

1. Psalms 99:5.   2. Ibid. 99:9.   3. V. Isaiah 46:3.   4. Deuteronomy 4:4.

AT THE CONCLUSION OF THE ALIYAH

Touch the end and beginning of the Torah reading with the corner of your *tallit* (or the Torah's sash) and kiss it. Close the Torah, hold both handles, turn your head slightly to the right, and say:

בָּרוּךְ אַתָּה יְיָ אֱלֹהֵינוּ מֶלֶךְ הָעוֹלָם, אֲשֶׁר נָתַן לָנוּ תּוֹרַת אֱמֶת, וְחַיֵּי עוֹלָם נָטַע בְּתוֹכֵנוּ. בָּרוּךְ אַתָּה יְיָ, נוֹתֵן הַתּוֹרָה:

After the *aliyah*, stand to the right of the following *oleh* until the end of his *aliyah* (if it was the last *aliyah*, stand at the *bimah* until the Torah is raised). Before leaving the *bima* (or if it was the last *aliyah*, before the Torah is raised), touch the outside of the Torah scroll with the corner of your *tallit* (or the Torah's sash) and kiss it. When returning to your seat, do not use the shortest route.

TORAH READING

וַיְדַבֵּר יְהֹוָה אֶל־מֹשֶׁה לֵּאמֹר: דַּבֵּר אֶל־בְּנֵי יִשְׂרָאֵל וְאָמַרְתָּ אֲלֵהֶם אֲנִי יְהֹוָה אֱלֹהֵיכֶם: כְּמַעֲשֵׂה אֶרֶץ־מִצְרַיִם אֲשֶׁר יְשַׁבְתֶּם־בָּהּ לֹא תַעֲשׂוּ וּכְמַעֲשֵׂה אֶרֶץ־כְּנַעַן אֲשֶׁר אֲנִי מֵבִיא אֶתְכֶם שָׁמָּה לֹא תַעֲשׂוּ וּבְחֻקֹּתֵיהֶם לֹא תֵלֵכוּ: אֶת־מִשְׁפָּטַי תַּעֲשׂוּ וְאֶת־חֻקֹּתַי תִּשְׁמְרוּ לָלֶכֶת בָּהֶם אֲנִי יְהֹוָה אֱלֹהֵיכֶם: וּשְׁמַרְתֶּם אֶת־חֻקֹּתַי וְאֶת־מִשְׁפָּטַי אֲשֶׁר יַעֲשֶׂה אֹתָם הָאָדָם וָחַי בָּהֶם אֲנִי יְהֹוָה:

יי אִישׁ אִישׁ אֶל־כָּל־שְׁאֵר בְּשָׂרוֹ לֹא תִקְרְבוּ לְגַלּוֹת עֶרְוָה אֲנִי יְהֹוָה: עֶרְוַת אָבִיךָ וְעֶרְוַת אִמְּךָ לֹא תְגַלֵּה אִמְּךָ הִוא לֹא תְגַלֶּה עֶרְוָתָהּ: עֶרְוַת אֵשֶׁת־אָבִיךָ לֹא תְגַלֵּה עֶרְוַת אָבִיךָ הִוא: עֶרְוַת אֲחוֹתְךָ בַת־אָבִיךָ אוֹ בַת־אִמֶּךָ מוֹלֶדֶת בַּיִת אוֹ מוֹלֶדֶת חוּץ לֹא תְגַלֵּה עֶרְוָתָן: עֶרְוַת בַּת־בִּנְךָ אוֹ בַת־בִּתְּךָ לֹא תְגַלֵּה עֶרְוָתָן כִּי עֶרְוָתְךָ הֵנָּה: עֶרְוַת בַּת־אֵשֶׁת אָבִיךָ מוֹלֶדֶת אָבִיךָ אֲחוֹתְךָ הִוא לֹא תְגַלֵּה עֶרְוָתָהּ: עֶרְוַת אֲחוֹת־אָבִיךָ לֹא תְגַלֵּה שְׁאֵר אָבִיךָ הִוא: עֶרְוַת אֲחוֹת־אִמְּךָ לֹא תְגַלֵּה כִּי־שְׁאֵר אִמְּךָ הִוא: עֶרְוַת אֲחִי־אָבִיךָ לֹא תְגַלֵּה אֶל־אִשְׁתּוֹ לֹא תִקְרָב דֹּדָתְךָ הִוא: עֶרְוַת כַּלָּתְךָ לֹא תְגַלֵּה אֵשֶׁת בִּנְךָ הִוא לֹא תְגַלֵּה עֶרְוָתָהּ: עֶרְוַת אֵשֶׁת־אָחִיךָ לֹא תְגַלֵּה עֶרְוַת אָחִיךָ הִוא: עֶרְוַת אִשָּׁה וּבִתָּהּ לֹא תְגַלֵּה אֶת־בַּת־בְּנָהּ וְאֶת־בַּת־בִּתָּהּ לֹא תִקַּח לְגַלּוֹת עֶרְוָתָהּ שַׁאֲרָה הֵנָּה זִמָּה הִוא: וְאִשָּׁה אֶל־אֲחֹתָהּ לֹא תִקָּח לִצְרֹר לְגַלּוֹת עֶרְוָתָהּ עָלֶיהָ בְּחַיֶּיהָ: וְאֶל־אִשָּׁה בְּנִדַּת טֻמְאָתָהּ לֹא תִקְרַב לְגַלּוֹת עֶרְוָתָהּ: וְאֶל־אֵשֶׁת עֲמִיתְךָ לֹא־תִתֵּן שְׁכָבְתְּךָ לְזָרַע לְטָמְאָה־בָהּ: וּמִזַּרְעֲךָ לֹא־תִתֵּן לְהַעֲבִיר לַמֹּלֶךְ וְלֹא תְחַלֵּל אֶת־שֵׁם אֱלֹהֶיךָ אֲנִי יְהֹוָה:

AT THE CONCLUSION OF THE ALIYAH

Touch the end and beginning of the Torah reading with the corner of your *tallit* (or the Torah's sash) and kiss it. Close the Torah, hold both handles, turn your head slightly to the right, and say:

בָּרוּךְ *Böruch atö adonöy elo-haynu melech hö-olöm, asher nösan lönu toras emes, v'cha-yay olöm nöta b'sochaynu. Böruch atö adonöy, nosayn ha-torö.*

After the *aliyah*, stand to the right of the following *oleh* until the end of his *aliyah* (if it was the last *aliyah*, stand at the *bimah* until the Torah is raised). Before leaving the *bima* (or if it was the last *aliyah*, before the Torah is raised), touch the outside of the Torah scroll with the corner of your *tallit* (or the Torah's sash) and kiss it. When returning to your seat, do not use the shortest route.

TORAH READING

Leviticus 18:1-30

וַיְדַבֵּר And the Lord spoke to Moses, saying: Speak to the children of Israel and say to them: I, the Lord, am your God. You shall not imitate the ways of the land of Egypt where you lived, nor shall you imitate the ways of the land of Canaan to which I am bringing you; do not follow their customs. You shall keep My laws and observe My statutes, to walk in them; I, the Lord, am your God. You shall observe My statutes and My laws which a person shall practice and by which he shall live; I am the Lord.

Levi: No one shall come near to any close relative to expose nakedness; I am the Lord. You shall not expose the nakedness of your father and the nakedness of your mother; she is your mother, do not expose her nakedness. You shall not expose the nakedness of your father's wife; it is your father's nakedness. The nakedness of your sister—[whether only] your father's daughter or your mother's daughter, whether born into the household or outside it—do not expose their nakedness. The nakedness of your son's daughter, or of your daughter's daughter—do not expose their nakedness; for their nakedness is yours. The nakedness of the daughter of your father's wife, born to your father, she is your sister—do not expose her nakedness. You shall not expose the nakedness of your father's sister; she is your father's close relative. You shall not expose the nakedness of your mother's sister since she is your mother's close relative. You shall not expose the nakedness of your father's brother; do not come near to his wife, she is your aunt. You shall not expose the nakedness of your daughter-in-law; she is the wife of your son, do not expose her nakedness. You shall not expose the nakedness of your brother's wife; it is your brother's nakedness. You shall not expose the nakedness of a woman and her daughter, nor take the daughter of her son or the daughter of her daughter, thus exposing her nakedness; they are close relatives, it is depravity. You shall not marry a woman and [then take] her sister in her lifetime, to be her rival, to expose her nakedness. You shall not come near to a woman during her menstrual period of uncleanness to expose her nakedness. You shall not cohabit with your neighbor's wife to become defiled with her. Do not allow any of your children to be offered to Molech, and do not profane the Name of your God; I am the Lord.

וְאֶת־זָכָר לֹא תִשְׁכַּב מִשְׁכְּבֵי אִשָּׁה תּוֹעֵבָה הִוא: וּבְכָל־ ישראל והוא מפטיר

בְּהֵמָה לֹא־תִתֵּן שְׁכָבְתְּךָ לְטָמְאָה־בָהּ וְאִשָּׁה לֹא־תַעֲמֹד לִפְנֵי בְהֵמָה

לְרִבְעָהּ תֶּבֶל הוּא: אַל־תִּטַּמְּאוּ בְּכָל־אֵלֶּה כִּי בְכָל־אֵלֶּה נִטְמְאוּ הַגּוֹיִם

אֲשֶׁר־אֲנִי מְשַׁלֵּחַ מִפְּנֵיכֶם: וַתִּטְמָא הָאָרֶץ וָאֶפְקֹד עֲוֹנָהּ עָלֶיהָ וַתָּקִא

הָאָרֶץ אֶת־יֹשְׁבֶיהָ: וּשְׁמַרְתֶּם אַתֶּם אֶת־חֻקֹּתַי וְאֶת־מִשְׁפָּטַי וְלֹא תַעֲשׂוּ

מִכֹּל הַתּוֹעֵבֹת הָאֵלֶּה הָאֶזְרָח וְהַגֵּר הַגָּר בְּתוֹכְכֶם: כִּי אֶת־כָּל־הַתּוֹעֵבֹת

הָאֵל עָשׂוּ אַנְשֵׁי־הָאָרֶץ אֲשֶׁר לִפְנֵיכֶם וַתִּטְמָא הָאָרֶץ: וְלֹא־תָקִיא הָאָרֶץ

אֶתְכֶם בְּטַמַּאֲכֶם אֹתָהּ כַּאֲשֶׁר קָאָה אֶת־הַגּוֹי אֲשֶׁר לִפְנֵיכֶם: כִּי

כָּל־אֲשֶׁר יַעֲשֶׂה מִכֹּל הַתּוֹעֵבֹת הָאֵלֶּה וְנִכְרְתוּ הַנְּפָשׁוֹת הָעֹשֹׂת מִקֶּרֶב

עַמָּם: וּשְׁמַרְתֶּם אֶת־מִשְׁמַרְתִּי לְבִלְתִּי עֲשׂוֹת מֵחֻקּוֹת הַתּוֹעֵבֹת אֲשֶׁר

נַעֲשׂוּ לִפְנֵיכֶם וְלֹא תִטַּמְּאוּ בָּהֶם אֲנִי יְהוָה אֱלֹהֵיכֶם:

RAISING THE TORAH

Before raising the Torah, open it to reveal at least three columns and one seam. Raise the Torah, turning to the right and left, so that everyone present can see the text. Place the open Torah back on the *bimah* and roll it closed with the seam centered between the two rollers. Lift the closed Torah and be seated holding it.

As the Torah is raised the congregation rises, looks at the Torah, and says aloud:

וְזֹאת הַתּוֹרָה אֲשֶׁר שָׂם מֹשֶׁה לִפְנֵי בְּנֵי יִשְׂרָאֵל:¹ עֵץ חַיִּים

הִיא לַמַּחֲזִיקִים בָּהּ, וְתֹמְכֶיהָ מְאֻשָּׁר:² דְּרָכֶיהָ דַרְכֵי

נֹעַם, וְכָל נְתִיבוֹתֶיהָ שָׁלוֹם:³ אֹרֶךְ יָמִים בִּימִינָהּ, בִּשְׂמֹאלָהּ

עֹשֶׁר וְכָבוֹד:⁴ יְיָ חָפֵץ לְמַעַן צִדְקוֹ, יַגְדִּיל תּוֹרָה וְיַאְדִּיר:⁵

The *golel* wraps the sash around the Torah at the top of the lower third, and places the mantle over the Torah (followed by the crown, etc.).

BLESSING BEFORE THE HAFTARAH

The *maftir* recites the following blessing before the Haftarah.

בָּרוּךְ אַתָּה יְיָ אֱלֹהֵינוּ מֶלֶךְ הָעוֹלָם אֲשֶׁר בָּחַר בִּנְבִיאִים

טוֹבִים וְרָצָה בְדִבְרֵיהֶם הַנֶּאֱמָרִים בֶּאֱמֶת בָּרוּךְ

אַתָּה יְיָ הַבּוֹחֵר בַּתּוֹרָה וּבְמֹשֶׁה עַבְדּוֹ וּבְיִשְׂרָאֵל עַמּוֹ

וּבִנְבִיאֵי הָאֱמֶת וָצֶדֶק: (.Cong —אָמֵן)

---

1. Deuteronomy 4:44.   **2.** Proverbs 3:18.   **3.** Ibid. 3:17.   **4.** Ibid. 3:16.   **5.** Isaiah 42:21.

Yisrael (Maftir): You shall not lie with a male as one lies with a woman; it is an abomination. You shall not lie with any animal to defile yourself with it, nor shall a woman stand before an animal to mate with it; it is a perversion. Do not defile yourselves by any of these acts, for by all these the nations that I am driving away before you became defiled. Thus the land became defiled, and I brought retribution upon it for its iniquity, and the land spewed out its inhabitants. But you observe My statutes and My laws, and do not commit any of those abominable acts, neither the native-born nor the foreigner who dwells among you. For the people of the land who were there before you committed all these acts, and the land became defiled. So let not the land spew you out for defiling it, as it spewed out the nation that was there before you. For anyone who commits any of these abominable acts—the souls of those that commit them shall be cut off from the midst of their people. You shall observe My injunction not to commit any of these abominable practices which prevailed before you, so that you will not be defiled by them; I, the Lord, am your God.

RAISING THE TORAH

Before raising the Torah, open it to reveal at least three columns and one seam. Raise the Torah, turning to the right and left, so that everyone present can see the text. Place the open Torah back on the *bimah* and roll it closed with the seam centered between the two rollers. Lift the closed Torah and be seated holding it.

As the Torah is raised the congregation rises, looks at the Torah, and says aloud: Transliteration, page 447.

וזאת This is the Torah which Moses placed before the children of Israel.[1] It is a tree of life for those who hold fast to it, and those who support it are fortunate.[2] Its ways are pleasant ways, and all its paths are peace.[3] Long life is at its right, riches and honor at its left.[4] The Lord desired, for the sake of his [Israel's] righteousness, to make the Torah great and glorious.[5]

The *golel* wraps the sash around the Torah at the top of the lower third, and places the mantle over the Torah (followed by the crown, etc.).

BLESSING BEFORE THE HAFTARAH

The *maftir* recites the following blessing before the Haftarah.

ברוך Blessed are You, Lord our God, King of the universe, who has chosen good prophets and found favor with their words which were spoken in truth. Blessed are You, Lord, who has chosen the Torah, Moses His servant, Israel His people, and the prophets of truth and righteousness.

(Cong: Amen)

HAFTARAH

וַיְהִי֙ דְּבַר־יְהֹוָה֙ אֶל־יוֹנָ֥ה בֶן־אֲמִתַּ֖י לֵאמֹֽר: ק֠וּם לֵ֧ךְ אֶל־נִֽינְוֵ֛ה הָעִ֥יר
הַגְּדוֹלָ֖ה וּקְרָ֣א עָלֶ֑יהָ כִּֽי־עָלְתָ֥ה רָעָתָ֖ם לְפָנָֽי: וַיָּ֤קָם יוֹנָה֙ לִבְרֹ֣חַ
תַּרְשִׁ֔ישָׁה מִלִּפְנֵ֖י יְהֹוָ֑ה וַיֵּ֨רֶד יָפ֜וֹ וַיִּמְצָ֥א אָנִיָּ֣ה ׀ בָּ֣אָה תַרְשִׁ֗ישׁ וַיִּתֵּ֨ן
שְׂכָרָ֜הּ וַיֵּ֤רֶד בָּהּ֙ לָב֤וֹא עִמָּהֶם֙ תַּרְשִׁ֔ישָׁה מִלִּפְנֵ֖י יְהֹוָֽה: וַֽיהֹוָ֗ה הֵטִ֤יל
רֽוּחַ־גְּדוֹלָה֙ אֶל־הַיָּ֔ם וַיְהִ֥י סַֽעַר־גָּד֖וֹל בַּיָּ֑ם וְהָ֣אֳנִיָּ֔ה חִשְּׁבָ֖ה לְהִשָּׁבֵֽר:
וַיִּֽירְא֣וּ הַמַּלָּחִ֗ים וַֽיִּזְעֲקוּ֮ אִ֣ישׁ אֶל־אֱלֹהָיו֒ וַיָּטִ֨לוּ אֶת־הַכֵּלִ֜ים אֲשֶׁ֤ר
בָּֽאֳנִיָּה֙ אֶל־הַיָּ֔ם לְהָקֵ֖ל מֵֽעֲלֵיהֶ֑ם וְיוֹנָ֗ה יָרַד֙ אֶל־יַרְכְּתֵ֣י הַסְּפִינָ֔ה
וַיִּשְׁכַּ֖ב וַיֵּֽרָדַֽם: וַיִּקְרַ֤ב אֵלָיו֙ רַ֣ב הַחֹבֵ֔ל וַיֹּ֥אמֶר ל֖וֹ מַה־לְּךָ֣ נִרְדָּ֑ם ק֚וּם
קְרָ֣א אֶל־אֱלֹהֶ֔יךָ אוּלַ֞י יִתְעַשֵּׁ֧ת הָֽאֱלֹהִ֛ים לָ֖נוּ וְלֹ֥א נֹאבֵֽד: וַיֹּֽאמְר֞וּ
אִ֣ישׁ אֶל־רֵעֵ֗הוּ לְכוּ֙ וְנַפִּ֣ילָה גֽוֹרָל֔וֹת וְנֵ֣דְעָ֔ה בְּשֶׁלְּמִ֛י הָֽרָעָ֥ה הַזֹּ֖את
לָ֑נוּ וַיַּפִּ֨לוּ֙ גּֽוֹרָל֔וֹת וַיִּפֹּ֥ל הַגּוֹרָ֖ל עַל־יוֹנָֽה: וַיֹּֽאמְר֣וּ אֵלָ֗יו הַגִּֽידָה־נָּ֣א
לָ֔נוּ בַּֽאֲשֶׁ֛ר לְמִֽי־הָֽרָעָ֥ה הַזֹּ֖את לָ֑נוּ מַה־מְּלַאכְתְּךָ֙ וּמֵאַ֣יִן תָּב֔וֹא מָ֣ה
אַרְצֶ֔ךָ וְאֵֽי־מִזֶּ֥ה עַ֖ם אָֽתָּה: וַיֹּ֥אמֶר אֲלֵיהֶ֖ם עִבְרִ֣י אָנֹ֑כִי וְאֶת־יְהֹוָ֞ה
אֱלֹהֵ֤י הַשָּׁמַ֨יִם֙ אֲנִ֣י יָרֵ֔א אֲשֶׁר־עָשָׂ֥ה אֶת־הַיָּ֖ם וְאֶת־הַיַּבָּשָֽׁה: וַיִּֽירְא֤וּ
הָֽאֲנָשִׁים֙ יִרְאָ֣ה גְדוֹלָ֔ה וַיֹּֽאמְר֥וּ אֵלָ֖יו מַה־זֹּ֣את עָשִׂ֑יתָ כִּֽי־יָדְע֣וּ
הָֽאֲנָשִׁ֗ים כִּֽי־מִלִּפְנֵ֤י יְהֹוָה֙ ה֣וּא בֹרֵ֔חַ כִּ֥י הִגִּ֖יד לָהֶֽם: וַיֹּֽאמְר֤וּ אֵלָיו֙
מַה־נַּ֣עֲשֶׂה לָּ֔ךְ וְיִשְׁתֹּ֥ק הַיָּ֖ם מֵֽעָלֵ֑ינוּ כִּ֥י הַיָּ֖ם הוֹלֵ֥ךְ וְסֹעֵֽר: וַיֹּ֣אמֶר
אֲלֵיהֶ֗ם שָׂא֨וּנִי֙ וַֽהֲטִילֻ֣נִי אֶל־הַיָּ֔ם וְיִשְׁתֹּ֥ק הַיָּ֖ם מֵֽעֲלֵיכֶ֑ם כִּ֚י יוֹדֵ֣עַ אָ֔נִי
כִּ֣י בְשֶׁלִּ֔י הַסַּ֧עַר הַגָּד֛וֹל הַזֶּ֖ה עֲלֵיכֶֽם: וַיַּחְתְּר֣וּ הָֽאֲנָשִׁ֗ים לְהָשִׁ֛יב
אֶל־הַיַּבָּשָׁ֖ה וְלֹ֣א יָכֹ֑לוּ כִּ֣י הַיָּ֔ם הוֹלֵ֥ךְ וְסֹעֵ֖ר עֲלֵיהֶֽם: וַיִּקְרְא֨וּ אֶל־יְהֹוָ֜ה
וַיֹּֽאמְר֗וּ אָנָּ֤ה יְהֹוָה֙ אַל־נָ֣א נֹֽאבְדָ֗ה בְּנֶ֨פֶשׁ֙ הָאִ֣ישׁ הַזֶּ֔ה וְאַל־תִּתֵּ֥ן עָלֵ֖ינוּ
דָּ֣ם נָקִ֑יא כִּֽי־אַתָּ֣ה יְהֹוָ֔ה כַּֽאֲשֶׁ֥ר חָפַ֖צְתָּ עָשִֽׂיתָ: וַיִּשְׂאוּ֙ אֶת־יוֹנָ֔ה
וַיְטִלֻ֖הוּ אֶל־הַיָּ֑ם וַיַּֽעֲמֹ֥ד הַיָּ֖ם מִזַּעְפּֽוֹ: וַיִּֽירְא֧וּ הָֽאֲנָשִׁ֛ים יִרְאָ֥ה גְדוֹלָ֖ה
אֶת־יְהֹוָ֑ה וַיִּזְבְּחוּ־זֶ֨בַח֙ לַֽיהֹוָ֔ה וַֽיִּדְּר֖וּ נְדָרִֽים: וַיְמַ֤ן יְהֹוָה֙ דָּ֣ג גָּד֔וֹל
לִבְלֹ֖עַ אֶת־יוֹנָ֑ה וַיְהִ֤י יוֹנָה֙ בִּמְעֵ֣י הַדָּ֔ג שְׁלֹשָׁ֥ה יָמִ֖ים וּשְׁלֹשָׁ֥ה לֵילֽוֹת:
וַיִּתְפַּלֵּ֣ל יוֹנָ֔ה אֶל־יְהֹוָ֖ה אֱלֹהָ֑יו מִמְּעֵ֖י הַדָּגָֽה: וַיֹּ֗אמֶר קָ֠רָאתִי
מִצָּ֥רָה לִ֛י אֶל־יְהֹוָ֖ה וַיַּֽעֲנֵ֑נִי מִבֶּ֧טֶן שְׁא֛וֹל שִׁוַּ֖עְתִּי שָׁמַ֥עְתָּ קוֹלִֽי:

HAFTARAH

The Book of Jonah

ויהי And the word of the Lord came to Jonah son of Amittai, saying: "Arise, go to the great city of Nineveh, and admonish it; for their wickedness has come before Me." Jonah arose to escape from the Lord's presence to Tarshish. He went down to Jaffa, found a ship going to Tarshish, paid for his passage, and boarded it to travel with them to Tarshish, away from the presence of the Lord. But the Lord hurled a mighty wind over the sea, and there was a fierce storm at sea and the ship seemed about to break up. The sailors were frightened, and each one cried out to his god. They cast the various items that were on the ship into the sea in order to lighten it for them. But Jonah had descended to one of the compartments of the ship, had lain down and had fallen fast asleep. The captain approached him and said to him: "How can you sleep so soundly! Rise, call to your God; perhaps God will think of us favorably so that we will not perish." And they said to one another: "Come, let us cast lots that we may know on whose account this misfortune has come upon us." So they cast lots and the lot fell on Jonah. They said to him: "Tell us now because of whom this misfortune has come upon us; what is your occupation, from where do you come, which is your country, and of what nation are you?" He said to them: "I am a Hebrew, and I fear the Lord, God of heaven, who made the sea and the dry land." The men were seized with great fear, and they said to him: "What have you done!" For the men knew that he was running away from the Lord's presence, because he had told them. And they said to him: "What shall we do with you so that the sea may calm down for us?" For the sea was becoming more and more tempestuous. He said to them: "Take me and throw me into the sea and the sea will calm down for you, for I know that because of me this great storm is upon you." Then the men rowed strenuously to return to shore, but they could not, because the sea was becoming increasingly more tempestuous against them. And they cried out to the Lord and said: "O Lord, let us not perish for taking this man's life, do not hold us guilty of shedding innocent blood, for You, Lord, have done as You have desired." Then they took Jonah and threw him into the sea; and the sea ceased its raging. The men were filled with great fear of the Lord, and [promised to] offer a sacrifice and made vows. The Lord assigned a huge fish to swallow Jonah, and Jonah was in the bowels of the fish for three days and three nights. Jonah prayed to the Lord his God from the bowels of the fish. And he said: "I called to the Lord from my distress and He answered me; from the deep abyss I cried out—You heard my voice.

וַתַּשְׁלִיכֵנִי מְצוּלָה בִּלְבַב יַמִּים וְנָהָר יְסֹבְבֵנִי כָּל־מִשְׁבָּרֶיךָ וְגַלֶּיךָ עָלַי
עָבָרוּ: וַאֲנִי אָמַרְתִּי נִגְרַשְׁתִּי מִנֶּגֶד עֵינֶיךָ אַךְ אוֹסִיף לְהַבִּיט
אֶל־הֵיכַל קָדְשֶׁךָ: אֲפָפוּנִי מַיִם עַד־נֶפֶשׁ תְּהוֹם יְסֹבְבֵנִי סוּף חָבוּשׁ
לְרֹאשִׁי: לְקִצְבֵי הָרִים יָרַדְתִּי הָאָרֶץ בְּרִחֶיהָ בַעֲדִי לְעוֹלָם וַתַּעַל
מִשַּׁחַת חַיַּי יְהֹוָה אֱלֹהָי: בְּהִתְעַטֵּף עָלַי נַפְשִׁי אֶת־יְהֹוָה זָכָרְתִּי
וַתָּבוֹא אֵלֶיךָ תְּפִלָּתִי אֶל־הֵיכַל קָדְשֶׁךָ: מְשַׁמְּרִים הַבְלֵי־שָׁוְא חַסְדָּם
יַעֲזֹבוּ: וַאֲנִי בְּקוֹל תּוֹדָה אֶזְבְּחָה־לָּךְ אֲשֶׁר נָדַרְתִּי אֲשַׁלֵּמָה יְשׁוּעָתָה
לַיהֹוָה: וַיֹּאמֶר יְהֹוָה לַדָּג וַיָּקֵא אֶת־יוֹנָה אֶל־הַיַּבָּשָׁה: וַיְהִי
דְבַר־יְהֹוָה אֶל־יוֹנָה שֵׁנִית לֵאמֹר: קוּם לֵךְ אֶל־נִינְוֵה הָעִיר הַגְּדוֹלָה
וּקְרָא אֵלֶיהָ אֶת־הַקְּרִיאָה אֲשֶׁר אָנֹכִי דֹּבֵר אֵלֶיךָ: וַיָּקָם יוֹנָה וַיֵּלֶךְ
אֶל־נִינְוֵה כִּדְבַר יְהֹוָה וְנִינְוֵה הָיְתָה עִיר־גְּדוֹלָה לֵאלֹהִים מַהֲלַךְ
שְׁלֹשֶׁת יָמִים: וַיָּחֶל יוֹנָה לָבוֹא בָעִיר מַהֲלַךְ יוֹם אֶחָד וַיִּקְרָא וַיֹּאמַר
עוֹד אַרְבָּעִים יוֹם וְנִינְוֵה נֶהְפָּכֶת: וַיַּאֲמִינוּ אַנְשֵׁי נִינְוֵה בֵּאלֹהִים
וַיִּקְרְאוּ־צוֹם וַיִּלְבְּשׁוּ שַׂקִּים מִגְּדוֹלָם וְעַד־קְטַנָּם: וַיִּגַּע הַדָּבָר
אֶל־מֶלֶךְ נִינְוֵה וַיָּקָם מִכִּסְאוֹ וַיַּעֲבֵר אַדַּרְתּוֹ מֵעָלָיו וַיְכַס שַׂק וַיֵּשֶׁב
עַל־הָאֵפֶר: וַיַּזְעֵק וַיֹּאמֶר בְּנִינְוֵה מִטַּעַם הַמֶּלֶךְ וּגְדֹלָיו לֵאמֹר הָאָדָם
וְהַבְּהֵמָה הַבָּקָר וְהַצֹּאן אַל־יִטְעֲמוּ מְאוּמָה אַל־יִרְעוּ וּמַיִם אַל־
יִשְׁתּוּ: וְיִתְכַּסּוּ שַׂקִּים הָאָדָם וְהַבְּהֵמָה וְיִקְרְאוּ אֶל־אֱלֹהִים בְּחָזְקָה
וְיָשֻׁבוּ אִישׁ מִדַּרְכּוֹ הָרָעָה וּמִן־הֶחָמָס אֲשֶׁר בְּכַפֵּיהֶם: מִי־יוֹדֵעַ יָשׁוּב
וְנִחַם הָאֱלֹהִים וְשָׁב מֵחֲרוֹן אַפּוֹ וְלֹא נֹאבֵד: וַיַּרְא הָאֱלֹהִים
אֶת־מַעֲשֵׂיהֶם כִּי־שָׁבוּ מִדַּרְכָּם הָרָעָה וַיִּנָּחֶם הָאֱלֹהִים עַל־הָרָעָה
אֲשֶׁר־דִּבֶּר לַעֲשׂוֹת־לָהֶם וְלֹא עָשָׂה: וַיֵּרַע אֶל־יוֹנָה רָעָה גְדוֹלָה
וַיִּחַר לוֹ: וַיִּתְפַּלֵּל אֶל־יְהֹוָה וַיֹּאמַר אָנָּה יְהֹוָה הֲלוֹא־זֶה דְבָרִי
עַד־הֱיוֹתִי עַל־אַדְמָתִי עַל־כֵּן קִדַּמְתִּי לִבְרֹחַ תַּרְשִׁישָׁה כִּי יָדַעְתִּי כִּי
אַתָּה אֵל־חַנּוּן וְרַחוּם אֶרֶךְ אַפַּיִם וְרַב־חֶסֶד וְנִחָם עַל־הָרָעָה: וְעַתָּה
יְהֹוָה קַח־נָא אֶת־נַפְשִׁי מִמֶּנִּי כִּי טוֹב מוֹתִי מֵחַיָּי: וַיֹּאמֶר יְהֹוָה
הַהֵיטֵב חָרָה לָךְ: וַיֵּצֵא יוֹנָה מִן־הָעִיר וַיֵּשֶׁב מִקֶּדֶם לָעִיר וַיַּעַשׂ לוֹ

You cast me into the depths, into the heart of the seas; the river engulfed me, Your breakers and waves all swept over me. Then I thought that I was driven out of Your sight; but I will yet again see Your holy Temple. The waters encompassed me, endangering my life; the depths surrounded me, seaweed wrapped my head. I went down to the base of the mountains, the earth locked its bolts before me forever; but You, Lord my God, have lifted my life from the pit. When my soul grew faint within me, I remembered the Lord, and my prayer reached You in Your holy Sanctuary. Those who observe false vanities forsake the Source of their kindness; but I, with loud thanksgiving, will offer sacrifice to You; that which I have vowed I will pay, for the salvation which came from the Lord." Then the Lord commanded the fish, and it spewed Jonah out upon the dry land. And the word of the Lord came to Jonah a second time, saying: "Arise, go to the great city of Nineveh, and admonish it with the admonition which I will tell you." Jonah arose and went to Nineveh in accordance with the Lord's command; and Nineveh was an exceedingly large city, a distance of three days' journey [across]. Jonah began to enter the city the distance of one day's journey, then he called out and said: "In another forty days, Nineveh will be overturned!" The people of Nineveh believed in [the words of] God, proclaimed a fast and put on sackcloth, from their greatest to their smallest. When the word reached the king of Nineveh, he rose from his throne, removed his royal robe, covered himself with sackcloth and sat on ashes. And he had a proclamation announced in Nineveh: "By the authority of the king and his nobles, it is proclaimed that man or beast, cattle or sheep, shall not taste anything; they shall neither graze nor drink water; both man and beast shall cover themselves with sackcloth. They shall cry out wholeheartedly to God, and everyone shall repent of his evil way and the violence in his hands. Let the one who is aware [of hidden sins] repent, and God will relent and turn from His fierce anger; and we shall not perish." And God saw their deeds, that they repented of their evil way, and God reconsidered the retribution which He said He would bring upon them and He did not do so. This distressed Jonah greatly, and he was grieved. He prayed to the Lord, and said: "Indeed, O Lord, this was my thought when I was still in my own land; I therefore hastened to flee to Tarshish, for I knew that You are a gracious and compassionate God, slow to anger, abounding in kindness and ready to renounce the thought of bringing retribution. And now, Lord, I beseech You, take my soul from me, for I prefer my death to life." The Lord said: "Is it right that you are grieved?" Jonah went out of the city and stayed east of the city; there he made himself a

שָׁם סֻכָּה וַיֵּשֶׁב תַּחְתֶּיהָ בַּצֵּל עַד אֲשֶׁר יִרְאֶה מַה־יִּהְיֶה בָּעִיר: וַיְמַן
יְהֹוָה־אֱלֹהִים קִיקָיוֹן וַיַּעַל | מֵעַל לְיוֹנָה לִהְיוֹת צֵל עַל־רֹאשׁוֹ לְהַצִּיל
לוֹ מֵרָעָתוֹ וַיִּשְׂמַח יוֹנָה עַל־הַקִּיקָיוֹן שִׂמְחָה גְדוֹלָה: וַיְמַן הָאֱלֹהִים
תּוֹלַעַת בַּעֲלוֹת הַשַּׁחַר לַמָּחֳרָת וַתַּךְ אֶת־הַקִּיקָיוֹן וַיִּיבָשׁ: וַיְהִי |
כִּזְרֹחַ הַשֶּׁמֶשׁ וַיְמַן אֱלֹהִים רוּחַ קָדִים חֲרִישִׁית וַתַּךְ הַשֶּׁמֶשׁ
עַל־רֹאשׁ יוֹנָה וַיִּתְעַלָּף וַיִּשְׁאַל אֶת־נַפְשׁוֹ לָמוּת וַיֹּאמֶר טוֹב מוֹתִי
מֵחַיָּי: וַיֹּאמֶר אֱלֹהִים אֶל־יוֹנָה הַהֵיטֵב חָרָה־לְךָ עַל־הַקִּיקָיוֹן וַיֹּאמֶר
הֵיטֵב חָרָה־לִי עַד־מָוֶת: וַיֹּאמֶר יְהֹוָה אַתָּה חַסְתָּ עַל־הַקִּיקָיוֹן אֲשֶׁר
לֹא־עָמַלְתָּ בּוֹ וְלֹא גִדַּלְתּוֹ שֶׁבִּן־לַיְלָה הָיָה וּבִן־לַיְלָה אָבָד: וַאֲנִי לֹא
אָחוּס עַל־נִינְוֵה הָעִיר הַגְּדוֹלָה אֲשֶׁר יֶשׁ־בָּהּ הַרְבֵּה מִשְׁתֵּים־עֶשְׂרֵה
רִבּוֹ אָדָם אֲשֶׁר לֹא־יָדַע בֵּין־יְמִינוֹ לִשְׂמֹאלוֹ וּבְהֵמָה רַבָּה:

מִי־אֵל כָּמוֹךָ נֹשֵׂא עָוֺן וְעֹבֵר עַל־פֶּשַׁע לִשְׁאֵרִית נַחֲלָתוֹ לֹא־הֶחֱזִיק
לָעַד אַפּוֹ כִּי־חָפֵץ חֶסֶד הוּא: יָשׁוּב יְרַחֲמֵנוּ יִכְבֹּשׁ עֲוֺנֹתֵינוּ
וְתַשְׁלִיךְ בִּמְצֻלוֹת יָם כָּל־חַטֹּאותָם: תִּתֵּן אֱמֶת לְיַעֲקֹב חֶסֶד
לְאַבְרָהָם אֲשֶׁר־נִשְׁבַּעְתָּ לַאֲבֹתֵינוּ מִימֵי קֶדֶם:

BLESSINGS AFTER THE HAFTARAH
Upon concluding the Haftarah, the *maftir* recites the following blessings:

בָּרוּךְ אַתָּה יְיָ, אֱלֹהֵינוּ מֶלֶךְ הָעוֹלָם, צוּר כָּל הָעוֹלָמִים,
צַדִּיק בְּכָל הַדּוֹרוֹת, הָאֵל הַנֶּאֱמָן הָאוֹמֵר וְעוֹשֶׂה,
הַמְדַבֵּר וּמְקַיֵּם, שֶׁכָּל דְּבָרָיו אֱמֶת וָצֶדֶק: אָמֵן Do not respond.

נֶאֱמָן אַתָּה הוּא יְיָ אֱלֹהֵינוּ, וְנֶאֱמָנִים דְּבָרֶיךָ, וְדָבָר אֶחָד
מִדְּבָרֶיךָ אָחוֹר לֹא יָשׁוּב רֵיקָם, כִּי אֵל מֶלֶךְ נֶאֱמָן
וְרַחֲמָן אָתָּה. בָּרוּךְ אַתָּה יְיָ, הָאֵל הַנֶּאֱמָן בְּכָל דְּבָרָיו:
(אָמֵן —Cong.)

shelter and he sat under it in the shade, until he would see what would happen with the city. The Lord God provided a *kikayon* plant which grew up over Jonah, to provide shade for his head to save him from his discomfort; and Jonah greatly rejoiced over the *kikayon*. Then the next morning at dawn, God assigned a worm which attacked the *kikayon*, and it withered. And when the sun rose, God assigned a sultry east wind; the sun beat down on Jonah's head and he felt faint and he wished for death, saying: "I prefer my death to life." And God said to Jonah: "Are you so deeply grieved over the *kikayon*?" And he replied: "I am greatly grieved, even to death." Then the Lord said: "You felt pity because of the [loss of] the *kikayon* for which you did not toil and which you did not grow, which overnight came to be and overnight perished. Shall I then not feel pity for the great city of Nineveh, in which there are more than a hundred and twenty thousand people who do not know their right hand from their left, and much cattle!"

Micah 7:18-20.

מִי Who is a God like You, who pardons iniquity and forgives transgression for the remnant of His heritage! He does not maintain His wrath forever, for He desires [to do] kindness. He will again show us mercy, He will suppress our iniquities; and You will cast all their sins into the depths of the sea. Show faithfulness to Jacob, kindness to Abraham, as You have sworn to our fathers from the days of yore.

BLESSINGS AFTER THE HAFTARAH

Upon concluding the Haftarah, the *maftir* recites the following blessings:

בָּרוּךְ Blessed are You, Lord our God, King of the universe, Creator of all the worlds, righteous in all generations, faithful God, who says and does, who speaks and fulfills, for all His words are true and just. Do not respond Amen.

נֶאֱמָן You are trustworthy, Lord our God, and Your words are trustworthy; not one of Your words returns unfulfilled, for You, Almighty King, are trustworthy and compassionate. Blessed are You Lord, the God who is trustworthy in all His words. (Cong: Amen)

רַחֵם עַל צִיּוֹן כִּי הִיא בֵּית חַיֵּינוּ, וְלַעֲלוּבַת נֶפֶשׁ תּוֹשִׁיעַ
וּתְשַׂמַּח בִּמְהֵרָה בְיָמֵינוּ. בָּרוּךְ אַתָּה יְיָ, מְשַׂמֵּחַ צִיּוֹן
בְּבָנֶיהָ: (אָמֵן —Cong.)

שַׂמְּחֵנוּ, יְיָ אֱלֹהֵינוּ, בְּאֵלִיָּהוּ הַנָּבִיא עַבְדֶּךָ, וּבְמַלְכוּת
בֵּית דָּוִד מְשִׁיחֶךָ, בִּמְהֵרָה יָבֹא וְיָגֵל לִבֵּנוּ, עַל
כִּסְאוֹ לֹא יֵשֵׁב זָר, וְלֹא יִנְחֲלוּ עוֹד אֲחֵרִים אֶת כְּבוֹדוֹ, כִּי
בְשֵׁם קָדְשְׁךָ נִשְׁבַּעְתָּ לּוֹ, שֶׁלֹּא יִכְבֶּה נֵרוֹ לְעוֹלָם וָעֶד.
בָּרוּךְ אַתָּה יְיָ, מָגֵן דָּוִד: (אָמֵן —Cong.)

RETURNING THE TORAH TO THE ARK

As the Torah is returned to the Ark, the following is said.

יְהַלְלוּ אֶת שֵׁם יְיָ, כִּי נִשְׂגָּב שְׁמוֹ לְבַדּוֹ:[1]

Congregation responds:

הוֹדוֹ עַל אֶרֶץ וְשָׁמָיִם: וַיָּרֶם קֶרֶן לְעַמּוֹ, תְּהִלָּה לְכָל
חֲסִידָיו, לִבְנֵי יִשְׂרָאֵל עַם קְרֹבוֹ, הַלְלוּיָהּ:[2]

Chazzan recites Half Kaddish. Congregation responds אָמֵן as indicated.

יִתְגַּדַּל וְיִתְקַדַּשׁ שְׁמֵהּ רַבָּא. (אָמֵן —Cong.) בְּעָלְמָא דִי
בְרָא כִרְעוּתֵהּ וְיַמְלִיךְ מַלְכוּתֵהּ, וְיַצְמַח פּוּרְקָנֵהּ
וִיקָרֵב מְשִׁיחֵהּ. (אָמֵן —Cong.) בְּחַיֵּיכוֹן וּבְיוֹמֵיכוֹן וּבְחַיֵּי דְכָל
בֵּית יִשְׂרָאֵל, בַּעֲגָלָא וּבִזְמַן קָרִיב וְאִמְרוּ אָמֵן:

(אָמֵן. יְהֵא שְׁמֵהּ רַבָּא מְבָרַךְ לְעָלַם וּלְעָלְמֵי עָלְמַיָּא, יִתְבָּרַךְ. —Cong.)

יְהֵא שְׁמֵהּ רַבָּא מְבָרַךְ לְעָלַם וּלְעָלְמֵי עָלְמַיָּא, יִתְבָּרַךְ,
וְיִשְׁתַּבַּח, וְיִתְפָּאַר, וְיִתְרוֹמַם, וְיִתְנַשֵּׂא, וְיִתְהַדָּר, וְיִתְעַלֶּה,
וְיִתְהַלָּל, שְׁמֵהּ דְּקוּדְשָׁא בְּרִיךְ הוּא. (אָמֵן —Cong.) לְעֵלָּא
מִן כָּל בִּרְכָתָא וְשִׁירָתָא, תֻּשְׁבְּחָתָא וְנֶחֱמָתָא, דַּאֲמִירָן
בְּעָלְמָא, וְאִמְרוּ אָמֵן: (אָמֵן —Cong.)

---

1. Psalms 148:13. **2.** Ibid. 148:13-14.

רחם Have mercy on Zion, for it is the abode of our life; bring deliverance and joy to the humiliated spirit speedily in our days. Blessed are You Lord, who causes Zion to rejoice in her children. (Cong: Amen)

שמחנו Gladden us, Lord our God, with [the coming of] Your servant Elijah the Prophet, and with the kingdom of the house of David Your anointed. May he soon come and delight our heart; no stranger shall sit on his throne, nor shall others any longer inherit his glory, for You have sworn to him by Your holy Name that his light will never be extinguished. Blessed are You Lord, Shield of David.

(Cong: Amen)

RETURNING THE TORAH TO THE ARK

As the Torah is returned to the Ark, the following is said.
Transliteration, page 448.

יהללו **Let them praise the Name of the Lord, for His Name is sublimely exalted.**[1]

Congregation responds:

הודו His radiance is upon the earth and heavens. He shall raise the glory of His people, [increase] the praise of all His pious ones, the children of Israel, the people close to Him. Praise the Lord.[2]

Chazzan recites Half Kaddish. Congregation responds Amen as indicated.

יתגדל Exalted and hallowed be His great Name (Cong: Amen) throughout the world which He has created according to His will. May He establish His kingship, bring forth His redemption and hasten the coming of His Mashiach (Cong: Amen) in your lifetime and in your days and in the lifetime of the entire House of Israel, speedily and soon, and say, Amen.

(Cong: Amen. May His great Name be blessed forever and to all eternity. Blessed.)

May His great Name be blessed forever and to all eternity. Blessed and praised, glorified, exalted and extolled, honored, adored and lauded be the Name of the Holy One, blessed be He, (Cong: Amen) beyond all the blessings, hymns, praises and consolations that are uttered in the world; and say, Amen. (Cong: Amen)

ഏഔ

MINCHAH AMIDAH FOR YOM KIPPUR

While praying, concentrate on the meaning of the words. Remember that you stand before the Divine Presence. Remove any distracting thoughts, allowing the mind to remain focused on prayer. Before beginning the Amidah, take three steps back, then three steps forward. Recite the Amidah quietly—but audibly—while standing with feet together. Throughout the Amidah, ending on page 319, interruptions of any form are forbidden.

אֲדֹנָי, שְׂפָתַי תִּפְתָּח וּפִי יַגִּיד תְּהִלָּתֶךָ:[1]

Bend knees at בָּרוּךְ; bow at אַתָּה; straighten up at יְיָ.

בָּרוּךְ אַתָּה יְיָ, אֱלֹהֵינוּ וֵאלֹהֵי אֲבוֹתֵינוּ, אֱלֹהֵי אַבְרָהָם, אֱלֹהֵי יִצְחָק, וֵאלֹהֵי יַעֲקֹב, הָאֵל הַגָּדוֹל הַגִּבּוֹר וְהַנּוֹרָא, אֵל עֶלְיוֹן, גּוֹמֵל חֲסָדִים טוֹבִים, קוֹנֵה הַכֹּל, וְזוֹכֵר חַסְדֵי אָבוֹת, וּמֵבִיא גוֹאֵל לִבְנֵי בְנֵיהֶם, לְמַעַן שְׁמוֹ בְּאַהֲבָה:

זָכְרֵנוּ לְחַיִּים, מֶלֶךְ חָפֵץ בַּחַיִּים, וְכָתְבֵנוּ בְּסֵפֶר הַחַיִּים, לְמַעַנְךָ אֱלֹהִים חַיִּים:

Bend knees at בָּרוּךְ; bow at אַתָּה; straighten up at יְיָ.

מֶלֶךְ עוֹזֵר וּמוֹשִׁיעַ וּמָגֵן. בָּרוּךְ אַתָּה יְיָ, מָגֵן אַבְרָהָם:

אַתָּה גִּבּוֹר לְעוֹלָם אֲדֹנָי, מְחַיֶּה מֵתִים אַתָּה, רַב לְהוֹשִׁיעַ. מוֹרִיד הַטָּל:

מְכַלְכֵּל חַיִּים בְּחֶסֶד, מְחַיֶּה מֵתִים בְּרַחֲמִים רַבִּים, סוֹמֵךְ נוֹפְלִים, וְרוֹפֵא חוֹלִים, וּמַתִּיר אֲסוּרִים, וּמְקַיֵּם אֱמוּנָתוֹ לִישֵׁנֵי עָפָר. מִי כָמוֹךָ בַּעַל גְּבוּרוֹת, וּמִי דוֹמֶה לָּךְ, מֶלֶךְ מֵמִית וּמְחַיֶּה וּמַצְמִיחַ יְשׁוּעָה:

On Shabbat, substitute הָרַחֲמִים for הָרַחֲמָן.

מִי כָמוֹךָ אָב (הָרַחֲמִים) הָרַחֲמָן, זוֹכֵר יְצוּרָיו לְחַיִּים בְּרַחֲמִים:

___
1. Psalms 51:17.

ೞ೬ಀ೪ಾ

MINCHAH AMIDAH FOR YOM KIPPUR

While praying, concentrate on the meaning of the words. Remember that you stand before the Divine Presence. Remove any distracting thoughts, allowing the mind to remain focused on prayer. Before beginning the Amidah, take three steps back, then three steps forward. Recite the Amidah quietly—but audibly—while standing with feet together. Throughout the Amidah, ending on page 319, interruptions of any form are forbidden.

אדני My Lord, open my lips, and my mouth shall declare Your praise.[1]

Bend knees at Blessed; bow at You; straighten up at Lord.

ברוך Blessed are You, Lord our God and God of our fathers, God of Abraham, God of Isaac and God of Jacob, the great, mighty and awesome God, exalted God, who bestows bountiful kindness, who creates all things, who remembers the piety of the Patriarchs, and who, in love, brings a redeemer to their children's children, for the sake of His Name.

זכרנו Remember us for life, King who desires life; inscribe us in the Book of Life, for Your sake, O living God.

Bend knees at Blessed; bow at You; straighten up at Lord.

מלך O King, [You are] a helper, a savior and a shield. Blessed are You, Lord, Shield of Abraham.

אתה You are mighty forever, my Lord; You resurrect the dead; You are powerful to save. You cause the dew to descend.

מכלכל He sustains the living with lovingkindness, resurrects the dead with great mercy, supports the falling, heals the sick, releases the bound, and fulfills His trust to those who sleep in the dust. Who is like You, mighty One! And who can be compared to You, King, who brings death and restores life, and causes deliverance to spring forth!

On Shabbat, substitute All-Merciful for merciful.

מי Who is like You, (All-Merciful) merciful Father, who in compassion remembers His creatures for life.

וְנֶאֱמָן אַתָּה לְהַחֲיוֹת מֵתִים. בָּרוּךְ אַתָּה יְיָ, מְחַיֵּה הַמֵּתִים:

אַתָּה קָדוֹשׁ וְשִׁמְךָ קָדוֹשׁ, וּקְדוֹשִׁים בְּכָל יוֹם יְהַלְלוּךָ
סֶּלָה.

לְדוֹר וָדוֹר הַמְלִיכוּ לָאֵל, כִּי הוּא לְבַדּוֹ מָרוֹם וְקָדוֹשׁ:

וּבְכֵן יִתְקַדֵּשׁ שִׁמְךָ יְיָ אֱלֹהֵינוּ עַל יִשְׂרָאֵל עַמֶּךָ, וְעַל
יְרוּשָׁלַיִם עִירֶךָ, וְעַל צִיּוֹן מִשְׁכַּן כְּבוֹדֶךָ, וְעַל
מַלְכוּת בֵּית דָּוִד מְשִׁיחֶךָ, וְעַל מְכוֹנְךָ וְהֵיכָלֶךָ:

וּבְכֵן תֵּן פַּחְדְּךָ יְיָ אֱלֹהֵינוּ עַל כָּל מַעֲשֶׂיךָ, וְאֵימָתְךָ עַל
כָּל מַה שֶּׁבָּרָאתָ, וְיִירָאוּךָ כָּל הַמַּעֲשִׂים, וְיִשְׁתַּחֲווּ
לְפָנֶיךָ כָּל הַבְּרוּאִים, וְיֵעָשׂוּ כֻלָּם אֲגֻדָּה אֶחָת לַעֲשׂוֹת
רְצוֹנְךָ בְּלֵבָב שָׁלֵם. שֶׁיָּדַעְנוּ יְיָ אֱלֹהֵינוּ שֶׁהַשָּׁלְטָן לְפָנֶיךָ,
עֹז בְּיָדְךָ וּגְבוּרָה בִּימִינֶךָ, וְשִׁמְךָ נוֹרָא עַל כָּל מַה שֶּׁבָּרָאתָ:

וּבְכֵן תֵּן כָּבוֹד יְיָ לְעַמֶּךָ, תְּהִלָּה לִירֵאֶיךָ, וְתִקְוָה טוֹבָה
לְדוֹרְשֶׁיךָ, וּפִתְחוֹן פֶּה לַמְיַחֲלִים לָךְ, שִׂמְחָה
לְאַרְצֶךָ, וְשָׂשׂוֹן לְעִירֶךָ, וּצְמִיחַת קֶרֶן לְדָוִד עַבְדֶּךָ, וַעֲרִיכַת
נֵר לְבֶן יִשַׁי מְשִׁיחֶךָ, בִּמְהֵרָה בְיָמֵינוּ:

וּבְכֵן צַדִּיקִים יִרְאוּ וְיִשְׂמָחוּ, וִישָׁרִים יַעֲלֹזוּ, וַחֲסִידִים
בְּרִנָּה יָגִילוּ, וְעוֹלָתָה תִּקְפָּץ פִּיהָ, וְהָרִשְׁעָה כֻלָּהּ
בֶּעָשָׁן תִּכְלֶה, כִּי תַעֲבִיר מֶמְשֶׁלֶת זָדוֹן מִן הָאָרֶץ:

וְתִמְלוֹךְ אַתָּה הוּא יְיָ אֱלֹהֵינוּ לְבַדֶּךָ עַל כָּל מַעֲשֶׂיךָ,
בְּהַר צִיּוֹן מִשְׁכַּן כְּבוֹדֶךָ, וּבִירוּשָׁלַיִם עִיר
קָדְשֶׁךָ, כַּכָּתוּב בְּדִבְרֵי קָדְשֶׁךָ: יִמְלֹךְ יְיָ לְעוֹלָם, אֱלֹהַיִךְ
צִיּוֹן לְדֹר וָדֹר, הַלְלוּיָהּ:

---

1. Psalms 146:10.

ונאמן You are trustworthy to revive the dead. Blessed are You, Lord, who revives the dead.

אתה You are holy and Your Name is holy, and holy beings praise You daily for all eternity.

לדור Through all generations proclaim the kingship of God, for He alone is exalted and holy.

ובכן And thus shall Your Name, Lord our God, be sanctified upon Israel Your people, upon Jerusalem Your city, upon Zion the abode of Your glory, upon the kingship of the house of David Your anointed, and upon Your dwelling-place and Your sanctuary.

ובכן And so, Lord our God, instill fear of You upon all that You have made, and dread of You upon all that You have created; and [then] all works will be in awe of You, all the created beings will prostrate themselves before You, and they all will form a single band to carry out Your will with a perfect heart. For we know, Lord our God, that rulership is Yours, strength is in Your [left] hand, might is in Your right hand, and Your Name is awesome over all that You have created.

ובכן And so, Lord, grant honor to Your people, glory to those who fear You, good hope to those who seek You, confident speech to those who yearn for You, joy to Your land, gladness to Your city, a flourishing of strength to David Your servant, and a setting up of light to the son of Yishai Your anointed, speedily in our days.

ובכן And then the righteous will see and be glad, the upright will rejoice, and the pious will exult in song; injustice will shut its mouth and all wickedness will go up in smoke, when You will remove the rule of evil from the earth.

ותמלוך Lord our God, You are He who alone will reign over all Your works, in Mount Zion the abode of Your glory, in Jerusalem Your holy city, as it is written in Your holy Scriptures: The Lord shall reign forever; your God, O Zion, throughout all generations; praise the Lord.¹

קָ**דוֹשׁ** אַתָּה וְנוֹרָא שְׁמֶךָ, וְאֵין אֱלוֹהַּ מִבַּלְעָדֶיךָ, כַּכָּתוּב:
וַיִּגְבַּהּ יְיָ צְבָאוֹת בַּמִּשְׁפָּט, וְהָאֵל הַקָּדוֹשׁ נִקְדַּשׁ
בִּצְדָקָה.[1] בָּרוּךְ אַתָּה יְיָ, הַמֶּלֶךְ הַקָּדוֹשׁ:

אַ**תָּה** בְחַרְתָּנוּ מִכָּל הָעַמִּים, אָהַבְתָּ אוֹתָנוּ וְרָצִיתָ בָּנוּ,
וְרוֹמַמְתָּנוּ מִכָּל הַלְּשׁוֹנוֹת, וְקִדַּשְׁתָּנוּ בְּמִצְוֹתֶיךָ,
וְקֵרַבְתָּנוּ מַלְכֵּנוּ לַעֲבוֹדָתֶךָ, וְשִׁמְךָ הַגָּדוֹל וְהַקָּדוֹשׁ עָלֵינוּ
קָרָאתָ:

On Shabbat, add the words in shaded parentheses.

וַ**תִּתֶּן** לָנוּ יְיָ אֱלֹהֵינוּ בְּאַהֲבָה אֶת יוֹם (הַשַּׁבָּת הַזֶּה וְאֶת
יוֹם) הַכִּפּוּרִים הַזֶּה, אֶת יוֹם סְלִיחַת הֶעָוֹן הַזֶּה,
אֶת יוֹם מִקְרָא קֹדֶשׁ הַזֶּה, (לִקְדֻשָּׁה וְלִמְנוּחָה) לִמְחִילָה
וְלִסְלִיחָה וּלְכַפָּרָה, וְלִמְחָל בּוֹ אֶת כָּל עֲוֹנוֹתֵינוּ, (בְּאַהֲבָה)
מִקְרָא קֹדֶשׁ, זֵכֶר לִיצִיאַת מִצְרָיִם:

On Shabbat, add the words in shaded parentheses.

אֱ**לֹהֵינוּ** וֵאלֹהֵי אֲבוֹתֵינוּ, יַעֲלֶה וְיָבוֹא וְיַגִּיעַ וְיֵרָאֶה וְיֵרָצֶה
וְיִשָּׁמַע וְיִפָּקֵד וְיִזָּכֵר זִכְרוֹנֵנוּ וּפִקְדוֹנֵנוּ וְזִכְרוֹן
אֲבוֹתֵינוּ, וְזִכְרוֹן מָשִׁיחַ בֶּן דָּוִד עַבְדֶּךָ, וְזִכְרוֹן יְרוּשָׁלַיִם עִיר
קָדְשֶׁךָ, וְזִכְרוֹן כָּל עַמְּךָ בֵּית יִשְׂרָאֵל לְפָנֶיךָ, לִפְלֵיטָה
לְטוֹבָה לְחֵן וּלְחֶסֶד וּלְרַחֲמִים וּלְחַיִּים טוֹבִים וּלְשָׁלוֹם,
בְּיוֹם (הַשַּׁבָּת הַזֶּה וּבְיוֹם) הַכִּפּוּרִים הַזֶּה, בְּיוֹם סְלִיחַת
הֶעָוֹן הַזֶּה, בְּיוֹם מִקְרָא קֹדֶשׁ הַזֶּה. זָכְרֵנוּ יְיָ אֱלֹהֵינוּ בּוֹ
לְטוֹבָה, וּפָקְדֵנוּ בוֹ לִבְרָכָה, וְהוֹשִׁיעֵנוּ בוֹ לְחַיִּים טוֹבִים.
וּבִדְבַר יְשׁוּעָה וְרַחֲמִים חוּס וְחָנֵּנוּ, וְרַחֵם עָלֵינוּ וְהוֹשִׁיעֵנוּ,
כִּי אֵלֶיךָ עֵינֵינוּ, כִּי אֵל מֶלֶךְ חַנּוּן וְרַחוּם אָתָּה:

---

1. Isaiah 5:16.

קדוש Holy are You, awesome is Your Name, and aside from You there is no God, as it is written: The Lord of hosts is exalted in justice and the holy God is sanctified in righteousness.[1] Blessed are You, Lord, the holy King.

אתה You have chosen us from among all the nations; You have loved us and found favor with us. You have raised us above all tongues and made us holy through Your commandments. You, our King, have drawn us near to Your service and proclaimed Your great and holy Name upon us.

On Shabbat, add the words in shaded parentheses.

ותתן And You, Lord our God, have given us in love (this Shabbat day and) this Day of Atonements, this day of pardoning of sin, this day of holy assembly (for sanctity and tranquility) for forgiveness, pardon, and atonement, to forgive thereon all our wrongdoings, (in love,) a holy assembly, commemorating the Exodus from Egypt.

On Shabbat, add the words in shaded parentheses.

אלהינו Our God and God of our fathers, may there ascend, come, and reach, be seen, accepted, and heard, recalled and remembered before You our remembrance and recollection, the remembrance of our fathers, the remembrance of Mashiach the son of David Your servant, the remembrance of Jerusalem Your holy city, and the remembrance of all Your people the House of Israel, for deliverance, well-being, grace, kindness, mercy, good life and peace, on this (Shabbat day and this) Day of Atonements, on this day of pardoning of sin, on this day of holy assembly. Remember us on this [day], Lord our God, for good; be mindful of us on this [day] for blessing; help us on this [day] for good life. With the promise of deliverance and compassion, spare us and be gracious to us; have mercy upon us and deliver us; for our eyes are directed to You, for You, God, are a gracious and merciful King.

On Shabbat, add the words in shaded parentheses.

אֱלֹהֵֽינוּ וֵאלֹהֵי אֲבוֹתֵֽינוּ, מְחַל לַעֲוֹנוֹתֵֽינוּ בְּיוֹם (הַשַּׁבָּת הַזֶּה וּבְיוֹם) הַכִּפּוּרִים הַזֶּה, בְּיוֹם סְלִיחַת הֶעָוֹן הַזֶּה, בְּיוֹם מִקְרָא קֹֽדֶשׁ הַזֶּה, מְחֵה וְהַעֲבֵר פְּשָׁעֵֽינוּ וְחַטֹּאתֵֽינוּ מִנֶּֽגֶד עֵינֶֽיךָ, כָּאָמוּר: אָנֹכִי אָנֹכִי הוּא מֹחֶה פְשָׁעֶֽיךָ לְמַעֲנִי, וְחַטֹּאתֶֽיךָ לֹא אֶזְכֹּר.¹ וְנֶאֱמַר: מָחִֽיתִי כָעָב פְּשָׁעֶֽיךָ וְכֶעָנָן חַטֹּאתֶֽיךָ, שׁוּבָה אֵלַי כִּי גְאַלְתִּֽיךָ.² וְנֶאֱמַר: כִּי בַיּוֹם הַזֶּה יְכַפֵּר עֲלֵיכֶם לְטַהֵר אֶתְכֶם, מִכֹּל חַטֹּאתֵיכֶם לִפְנֵי יְיָ תִּטְהָֽרוּ.³ (אֱלֹהֵֽינוּ וֵאלֹהֵי אֲבוֹתֵֽינוּ, רְצֵה נָא בִמְנוּחָתֵֽנוּ) קַדְּשֵֽׁנוּ בְּמִצְוֹתֶֽיךָ וְתֵן חֶלְקֵֽנוּ בְּתוֹרָתֶֽךָ. שַׂבְּעֵֽנוּ מִטּוּבֶֽךָ וְשַׂמַּח נַפְשֵֽׁנוּ בִּישׁוּעָתֶֽךָ, (וְהַנְחִילֵֽנוּ יְיָ אֱלֹהֵֽינוּ בְּאַהֲבָה וּבְרָצוֹן שַׁבְּתוֹת קָדְשֶֽׁךָ, וְיָנֽוּחוּ בָם כָּל יִשְׂרָאֵל מְקַדְּשֵׁי שְׁמֶֽךָ,) וְטַהֵר לִבֵּֽנוּ לְעָבְדְּךָ בֶּאֱמֶת. כִּי אַתָּה סַלְחָן לְיִשְׂרָאֵל וּמָחֳלָן לְשִׁבְטֵי יְשֻׁרוּן⁴ בְּכָל דּוֹר וָדוֹר, וּמִבַּלְעָדֶֽיךָ אֵין לָֽנוּ מֶֽלֶךְ מוֹחֵל וְסוֹלֵחַ. בָּרוּךְ אַתָּה יְיָ, מֶֽלֶךְ מוֹחֵל וְסוֹלֵחַ לַעֲוֹנוֹתֵֽינוּ וְלַעֲוֹנוֹת עַמּוֹ בֵּית יִשְׂרָאֵל, וּמַעֲבִיר אַשְׁמוֹתֵֽינוּ בְּכָל שָׁנָה וְשָׁנָה, מֶֽלֶךְ עַל כָּל הָאָֽרֶץ, מְקַדֵּשׁ (הַשַּׁבָּת וְ) יִשְׂרָאֵל וְיוֹם הַכִּפּוּרִים:

רְצֵה יְיָ אֱלֹהֵֽינוּ בְּעַמְּךָ יִשְׂרָאֵל וְלִתְפִלָּתָם שְׁעֵה, וְהָשֵׁב הָעֲבוֹדָה לִדְבִיר בֵּיתֶֽךָ, וְאִשֵּׁי יִשְׂרָאֵל וּתְפִלָּתָם בְּאַהֲבָה תְקַבֵּל בְּרָצוֹן, וּתְהִי לְרָצוֹן תָּמִיד עֲבוֹדַת יִשְׂרָאֵל עַמֶּֽךָ:

וְתֶחֱזֶֽינָה עֵינֵֽינוּ בְּשׁוּבְךָ לְצִיּוֹן בְּרַחֲמִים. בָּרוּךְ אַתָּה יְיָ, הַמַּחֲזִיר שְׁכִינָתוֹ לְצִיּוֹן:

---

1. Isaiah 43:25. **2.** Ibid. 44:22. **3.** Leviticus 16:30. **4.** V. Isaiah 44:2; Deuteronomy 33:5, 26; Ramban, Deuteronomy 7:12.

On Shabbat, add the words in shaded parentheses.

אלהינו Our God and God of our fathers, forgive our wrongdoings on this (Shabbat day and on this) Day of Atonements, on this day of pardoning of sin, on this day of holy assembly; wipe away and remove our transgressions and sins from before Your eyes, as it is stated: I, I [alone,] am He who wipes away your transgressions, for My sake; your sins I will not recall.[1] And it is stated: I have wiped away your transgressions like a thick cloud, your sins like a cloud; return to Me, for I have redeemed you.[2] And it is stated: For on this day atonement shall be made for you, to purify you; you shall be cleansed of all your sins before the Lord.[3] (Our God and God of our fathers, please find favor in our rest.) Make us holy with Your commandments and grant us our portion in Your Torah; satiate us with Your goodness and gladden our soul with Your salvation. (Lord our God, grant as our heritage, in love and goodwill, Your holy Shabbat days, and may all Israel who sanctify Your Name rest on them.) Make our heart pure to serve You in truth, for You are the Pardoner of Israel and the Forgiver of the tribes of Yeshurun[4] in every generation, and aside from You we have no King who forgives and pardons. Blessed are You, Lord, King who forgives and pardons our sins and the sins of His people, the House of Israel, and removes our trespasses each and every year; King over the whole earth, who sanctifies (the Shabbat and) Israel and the Day of Atonements.

רצה Look with favor, Lord our God, on Your people Israel, and pay heed to their prayer; restore the service to Your Sanctuary, and accept with love and favor Israel's fire-offerings and prayer; and may the service of Your people Israel always find favor.

ותחזינה May our eyes behold Your return to Zion in mercy. Blessed are You, Lord, who restores His Divine Presence to Zion.

Bow at מוֹדִים; straighten up at יְיָ.

מוֹדִים אֲנַחְנוּ לָךְ, שָׁאַתָּה הוּא יְיָ אֱלֹהֵינוּ וֵאלֹהֵי
אֲבוֹתֵינוּ לְעוֹלָם וָעֶד, צוּר חַיֵּינוּ, מָגֵן יִשְׁעֵנוּ,
אַתָּה הוּא לְדוֹר וָדוֹר, נוֹדֶה לְּךָ וּנְסַפֵּר תְּהִלָּתֶךָ, עַל
חַיֵּינוּ הַמְּסוּרִים בְּיָדֶךָ, וְעַל נִשְׁמוֹתֵינוּ הַפְּקוּדוֹת לָךְ, וְעַל
נִסֶּיךָ שֶׁבְּכָל יוֹם עִמָּנוּ, וְעַל נִפְלְאוֹתֶיךָ וְטוֹבוֹתֶיךָ שֶׁבְּכָל
עֵת, עֶרֶב וָבֹקֶר וְצָהֳרָיִם, הַטּוֹב, כִּי לֹא כָלוּ רַחֲמֶיךָ,
וְהַמְרַחֵם, כִּי לֹא תַמּוּ חֲסָדֶיךָ, כִּי מֵעוֹלָם קִוִּינוּ לָךְ:

וְעַל כֻּלָּם יִתְבָּרֵךְ וְיִתְרוֹמַם וְיִתְנַשֵּׂא שִׁמְךָ מַלְכֵּנוּ תָּמִיד
לְעוֹלָם וָעֶד:

וּכְתוֹב לְחַיִּים טוֹבִים כָּל בְּנֵי בְרִיתֶךָ:

וְכֹל הַחַיִּים יוֹדוּךָ סֶּלָה, וִיהַלְלוּ שִׁמְךָ הַגָּדוֹל לְעוֹלָם כִּי
טוֹב, הָאֵל יְשׁוּעָתֵנוּ וְעֶזְרָתֵנוּ סֶלָה, הָאֵל הַטּוֹב.

Bend knees at בָּרוּךְ; bow at אַתָּה; straighten up at יְיָ.

בָּרוּךְ אַתָּה יְיָ, הַטּוֹב שִׁמְךָ וּלְךָ נָאֶה לְהוֹדוֹת:

שִׂים שָׁלוֹם, טוֹבָה וּבְרָכָה, חַיִּים חֵן וָחֶסֶד וְרַחֲמִים,
עָלֵינוּ וְעַל כָּל יִשְׂרָאֵל עַמֶּךָ. בָּרְכֵנוּ אָבִינוּ כֻּלָּנוּ
כְּאֶחָד בְּאוֹר פָּנֶיךָ, כִּי בְאוֹר פָּנֶיךָ נָתַתָּ לָּנוּ יְיָ אֱלֹהֵינוּ
תּוֹרַת חַיִּים וְאַהֲבַת חֶסֶד, וּצְדָקָה וּבְרָכָה וְרַחֲמִים וְחַיִּים
וְשָׁלוֹם, וְטוֹב בְּעֵינֶיךָ לְבָרֵךְ אֶת עַמְּךָ יִשְׂרָאֵל בְּכָל עֵת
וּבְכָל שָׁעָה בִּשְׁלוֹמֶךָ.

וּבְסֵפֶר חַיִּים בְּרָכָה וְשָׁלוֹם וּפַרְנָסָה טוֹבָה, יְשׁוּעָה
וְנֶחָמָה וּגְזֵרוֹת טוֹבוֹת, נִזָּכֵר וְנִכָּתֵב לְפָנֶיךָ,
אֲנַחְנוּ וְכָל עַמְּךָ בֵּית יִשְׂרָאֵל, לְחַיִּים טוֹבִים וּלְשָׁלוֹם.
בָּרוּךְ אַתָּה יְיָ, הַמְבָרֵךְ אֶת עַמּוֹ יִשְׂרָאֵל בַּשָּׁלוֹם:

Bow at We thankfully acknowledge; *straighten up at* Lord.

מוֹדִים We thankfully acknowledge that You are the Lord our God and God of our fathers forever. You are the strength of our life, the shield of our salvation in every generation. We will give thanks to You and recount Your praise, evening, morning and noon, for our lives which are committed into Your hand, for our souls which are entrusted to You, for Your miracles which are with us daily, and for Your continual wonders and beneficences. You are the Beneficent One, for Your mercies never cease; and the Merciful One, for Your kindnesses never end; for we always place our hope in You.

וְעַל And for all these, may Your Name, our King, be continually blessed, exalted, and extolled forever and all time.

וּכְתוֹב Inscribe all the children of Your Covenant for a good life.

וְכֹל And all living things shall forever thank You, and praise Your great Name eternally, for You are good. God, You are our everlasting salvation and help, O benevolent God.

Bend knees at Blessed; *bow at* You; *straighten up at* Lord.

Blessed are You, Lord, Beneficent is Your Name, and to You it is fitting to offer thanks.

שִׂים Bestow peace, goodness, and blessing, life, graciousness, kindness, and mercy, upon us and upon all Your people Israel. Bless us, our Father, all of us as one, with the light of Your countenance, for by the light of Your countenance You gave us, Lord our God, the Torah of life and loving-kindness, righteousness, blessing, mercy, life and peace. May it be favorable in Your eyes to bless Your people Israel, at all times and at every moment, with Your peace.

וּבְסֵפֶר And in the book of life, blessing, peace, and prosperity, deliverance, consolation, and favorable decrees, may we and all Your people the House of Israel be remembered and inscribed before You for a happy life and for peace. Blessed are You, Lord, who blesses His people Israel with peace.

יִהְיוּ לְרָצוֹן אִמְרֵי פִי וְהֶגְיוֹן לִבִּי לְפָנֶיךָ, יְיָ צוּרִי וְגֹאֲלִי:[1]

אֱלֹהֵינוּ וֵאלֹהֵי אֲבוֹתֵינוּ, תָּבוֹא לְפָנֶיךָ תְּפִלָּתֵנוּ, וְאַל
תִּתְעַלַּם מִתְּחִנָּתֵנוּ, שֶׁאֵין אֲנוּ עַזֵּי פָנִים וּקְשֵׁי
עֹרֶף, לוֹמַר לְפָנֶיךָ יְיָ אֱלֹהֵינוּ וֵאלֹהֵי אֲבוֹתֵינוּ, צַדִּיקִים
אֲנַחְנוּ וְלֹא חָטָאנוּ, אֲבָל אֲנַחְנוּ וַאֲבוֹתֵינוּ חָטָאנוּ:

While mentioning a transgression, gently strike the left side of your chest (over the heart)
with a closed fist.

אָשַׁמְנוּ. בָּגַדְנוּ. גָּזַלְנוּ. דִּבַּרְנוּ דְּפִי: הֶעֱוִינוּ. וְהִרְשַׁעְנוּ.
זַדְנוּ. חָמַסְנוּ. טָפַלְנוּ שֶׁקֶר: יָעַצְנוּ רָע. כִּזַּבְנוּ.
לַצְנוּ. מָרַדְנוּ. נִאַצְנוּ. סָרַרְנוּ. עָוִינוּ. פָּשַׁעְנוּ. צָרַרְנוּ. קִשִּׁינוּ
עֹרֶף: רָשַׁעְנוּ. שִׁחַתְנוּ. תִּעַבְנוּ. תָּעִינוּ. תִּעְתָּעְנוּ:

סַרְנוּ מִמִּצְוֹתֶיךָ וּמִמִּשְׁפָּטֶיךָ הַטּוֹבִים וְלֹא שָׁוָה לָנוּ:
וְאַתָּה צַדִּיק עַל כָּל הַבָּא עָלֵינוּ, כִּי אֱמֶת עָשִׂיתָ
וַאֲנַחְנוּ הִרְשָׁעְנוּ:[2]

מַה נֹּאמַר לְפָנֶיךָ יוֹשֵׁב מָרוֹם, וּמַה נְּסַפֵּר לְפָנֶיךָ שׁוֹכֵן
שְׁחָקִים, הֲלֹא כָּל הַנִּסְתָּרוֹת וְהַנִּגְלוֹת אַתָּה יוֹדֵעַ:

אַתָּה יוֹדֵעַ רָזֵי עוֹלָם, וְתַעֲלוּמוֹת סִתְרֵי כָּל חָי. אַתָּה
חוֹפֵשׂ כָּל חַדְרֵי בָטֶן וּבֹחֵן כְּלָיוֹת וָלֵב, אֵין דָּבָר
נֶעְלָם מִמֶּךָּ, וְאֵין נִסְתָּר מִנֶּגֶד עֵינֶיךָ. וּבְכֵן יְהִי רָצוֹן
מִלְּפָנֶיךָ, יְיָ אֱלֹהֵינוּ וֵאלֹהֵי אֲבוֹתֵינוּ, שֶׁתְּרַחֵם עָלֵינוּ
וְתִמְחוֹל לָנוּ עַל כָּל חַטֹּאתֵינוּ, וּתְכַפֶּר לָנוּ עַל כָּל
עֲוֹנוֹתֵינוּ, וְתִמְחוֹל וְתִסְלַח לָנוּ עַל כָּל פְּשָׁעֵינוּ:

---

1. Psalms 19:15.   **2.** Nehemiah 9:33.

יהיו May the words of my mouth and the meditation of my heart be acceptable before You, Lord, my Strength and my Redeemer.[1]

אלהינו Our God and God of our fathers, may our prayers come before You, and do not turn away from our supplication, for we are not so impudent and obdurate as to declare before You, Lord our God and God of our fathers, that we are righteous and have not sinned. Indeed, we and our fathers have sinned.

While mentioning a transgression, gently strike the left side of your chest (over the heart) with a closed fist.

אשמנו We have transgressed, we have acted perfidiously, we have robbed, we have slandered. We have acted perversely and wickedly, we have willfully sinned, we have done violence, we have imputed falsely. We have given evil counsel, we have lied, we have scoffed, we have rebelled, we have provoked, we have been disobedient, we have committed iniquity, we have wantonly transgressed, we have oppressed, we have been obstinate. We have committed evil, we have acted perniciously, we have acted abominably, we have gone astray, we have led others astray.

סרנו We have strayed from Your good precepts and ordinances, and it has not profited us. Indeed, You are just in all that has come upon us, for You have acted truthfully, and it is we who have acted wickedly.[2]

מה What shall we say to You who dwells on high; what shall we relate to You who abides in the heavens? You surely know all the hidden and the revealed things.

אתה You know the mysteries of the universe and the hidden secrets of every living being. You search all [our] innermost thoughts, and probe [our] mind and heart; nothing is hidden from You, nothing is concealed from Your sight. And so, may it be Your will, Lord our God and God of our fathers, to have mercy on us and forgive us all our sins, grant us atonement for all our iniquities, and forgive and pardon us for all our transgressions.

Gently strike the left side of your chest (over the heart) with a closed fist when saying the
word שֶׁחָטָאנוּ.

עַל חֵטְא שֶׁחָטָאנוּ לְפָנֶיךָ, בְּאֹנֶס וּבְרָצוֹן:

וְעַל חֵטְא שֶׁחָטָאנוּ לְפָנֶיךָ, בְּאִמּוּץ הַלֵּב:

עַל חֵטְא שֶׁחָטָאנוּ לְפָנֶיךָ, בִּבְלִי דָעַת:

וְעַל חֵטְא שֶׁחָטָאנוּ לְפָנֶיךָ, בְּבִטּוּי שְׂפָתָיִם:

עַל חֵטְא שֶׁחָטָאנוּ לְפָנֶיךָ, בְּגִלּוּי עֲרָיוֹת:

וְעַל חֵטְא שֶׁחָטָאנוּ לְפָנֶיךָ, בְּגָלוּי וּבַסֵּתֶר:

עַל חֵטְא שֶׁחָטָאנוּ לְפָנֶיךָ, בְּדַעַת וּבְמִרְמָה:

וְעַל חֵטְא שֶׁחָטָאנוּ לְפָנֶיךָ, בְּדִבּוּר פֶּה:

עַל חֵטְא שֶׁחָטָאנוּ לְפָנֶיךָ, בְּהוֹנָאַת רֵעַ:

וְעַל חֵטְא שֶׁחָטָאנוּ לְפָנֶיךָ, בְּהִרְהוּר הַלֵּב:

עַל חֵטְא שֶׁחָטָאנוּ לְפָנֶיךָ, בִּוְעִידַת זְנוּת:

וְעַל חֵטְא שֶׁחָטָאנוּ לְפָנֶיךָ, בְּוִדּוּי פֶּה:

עַל חֵטְא שֶׁחָטָאנוּ לְפָנֶיךָ, בְּזִלְזוּל הוֹרִים וּמוֹרִים:

וְעַל חֵטְא שֶׁחָטָאנוּ לְפָנֶיךָ, בְּזָדוֹן וּבִשְׁגָגָה:

עַל חֵטְא שֶׁחָטָאנוּ לְפָנֶיךָ, בְּחֹזֶק יָד:

וְעַל חֵטְא שֶׁחָטָאנוּ לְפָנֶיךָ, בְּחִלּוּל הַשֵּׁם:

עַל חֵטְא שֶׁחָטָאנוּ לְפָנֶיךָ, בְּטֻמְאַת שְׂפָתָיִם:

וְעַל חֵטְא שֶׁחָטָאנוּ לְפָנֶיךָ, בְּטִפְשׁוּת פֶּה:

עַל חֵטְא שֶׁחָטָאנוּ לְפָנֶיךָ, בְּיֵצֶר הָרָע:

וְעַל חֵטְא שֶׁחָטָאנוּ לְפָנֶיךָ, בְּיוֹדְעִים וּבְלֹא יוֹדְעִים:

Gently strike the left side of your chest (over the heart) with a closed fist when saying the
words סְלַח, מְחַל, כַּפֵּר.

וְעַל כֻּלָּם, אֱלוֹהַּ סְלִיחוֹת, סְלַח לָנוּ, מְחַל
לָנוּ, כַּפֶּר לָנוּ:

Gently strike the left side of your chest (over the heart) with a closed fist when saying the word committed.

עַל חֵטְא For the sin which we have committed before You under duress or willingly.

And for the sin which we have committed before You by hard-heartedness.

For the sin which we have committed before You inadvertently.

And for the sin which we have committed before You with an utterance of the lips.

For the sin which we have committed before You with immorality.

And for the sin which we have committed before You openly or secretly.

For the sin which we have committed before You with knowledge and with deceit.

And for the sin which we have committed before You through speech.

For the sin which we have committed before You by deceiving a fellowman.

And for the sin which we have committed before You by improper thoughts.

For the sin which we have committed before You by a gathering of lewdness.

And for the sin which we have committed before You by verbal [insincere] confession.

For the sin which we have committed before You by disrespect for parents and teachers.

And for the sin which we have committed before You intentionally or unintentionally.

For the sin which we have committed before You by using coercion.

And for the sin which we have committed before You by desecrating the Divine Name.

For the sin which we have committed before You by impurity of speech.

And for the sin which we have committed before You by foolish talk.

For the sin which we have committed before You with the evil inclination.

And for the sin which we have committed before You knowingly or unknowingly.

Gently strike the left side of your chest (over the heart) with a closed fist when saying the words pardon, forgive, atone.

וְעַל כֻּלָּם For all these, God of pardon, pardon us, forgive us, atone for us.

Gently strike the left side of your chest (over the heart) with a closed fist when saying the word שֶׁחָטָאנוּ.

עַל חֵטְא שֶׁחָטָאנוּ לְפָנֶיךָ, בְּכַחַשׁ וּבְכָזָב:

וְעַל חֵטְא שֶׁחָטָאנוּ לְפָנֶיךָ, בְּכַפַּת שְׁחַד:

עַל חֵטְא שֶׁחָטָאנוּ לְפָנֶיךָ, בְּלָצוֹן:

וְעַל חֵטְא שֶׁחָטָאנוּ לְפָנֶיךָ, בְּלָשׁוֹן הָרָע:

עַל חֵטְא שֶׁחָטָאנוּ לְפָנֶיךָ, בְּמַשָּׂא וּבְמַתָּן:

וְעַל חֵטְא שֶׁחָטָאנוּ לְפָנֶיךָ, בְּמַאֲכָל וּבְמִשְׁתֶּה:

עַל חֵטְא שֶׁחָטָאנוּ לְפָנֶיךָ, בְּנֶשֶׁךְ וּבְמַרְבִּית:

וְעַל חֵטְא שֶׁחָטָאנוּ לְפָנֶיךָ, בִּנְטִיַת גָּרוֹן:

עַל חֵטְא שֶׁחָטָאנוּ לְפָנֶיךָ, בְּשִׂיחַ שִׂפְתוֹתֵינוּ:

וְעַל חֵטְא שֶׁחָטָאנוּ לְפָנֶיךָ, בְּסִקּוּר עָיִן:

עַל חֵטְא שֶׁחָטָאנוּ לְפָנֶיךָ, בְּעֵינַיִם רָמוֹת:

וְעַל חֵטְא שֶׁחָטָאנוּ לְפָנֶיךָ, בְּעַזּוּת מֶצַח:

Gently strike the left side of your chest (over the heart) with a closed fist when saying the words סְלַח, מְחַל, כַּפֶּר.

וְעַל כֻּלָּם, אֱלוֹהַּ סְלִיחוֹת, סְלַח לָנוּ, מְחַל לָנוּ, כַּפֶּר לָנוּ:

Gently strike the left side of your chest (over the heart) with a closed fist when saying the word שֶׁחָטָאנוּ.

עַל חֵטְא שֶׁחָטָאנוּ לְפָנֶיךָ, בִּפְרִיקַת עֹל:

וְעַל חֵטְא שֶׁחָטָאנוּ לְפָנֶיךָ, בִּפְלִילוּת:

עַל חֵטְא שֶׁחָטָאנוּ לְפָנֶיךָ, בִּצְדִיַת רֵעַ:

וְעַל חֵטְא שֶׁחָטָאנוּ לְפָנֶיךָ, בְּצָרוּת עָיִן:

עַל חֵטְא שֶׁחָטָאנוּ לְפָנֶיךָ, בְּקַלּוּת רֹאשׁ:

וְעַל חֵטְא שֶׁחָטָאנוּ לְפָנֶיךָ, בְּקַשְׁיוּת עֹרֶף:

Gently strike the left side of your chest (over the heart) with a closed fist when saying the word *committed*.

For the sin which we have committed before You by false denial and lying.

And for the sin which we have committed before You by a bribe-taking or a bribe-giving hand.

For the sin which we have committed before You by scoffing.

And for the sin which we have committed before You by evil talk [about another].

For the sin which we have committed before You in business dealings.

And for the sin which we have committed before You by eating and drinking.

For the sin which we have committed before You by [taking or giving] interest and by usury.

And for the sin which we have committed before You by a haughty demeanor.

For the sin which we have committed before You by the prattle of our lips.

And for the sin which we have committed before You by a glance of the eye.

For the sin which we have committed before You with proud looks.

And for the sin which we have committed before You with impudence.

Gently strike the left side of your chest (over the heart) with a closed fist when saying the words *pardon, forgive, atone*.

וְעַל כֻּלָּם For all these, God of pardon, pardon us, forgive us, atone for us.

Gently strike the left side of your chest (over the heart) with a closed fist when saying the word *committed*.

For the sin which we have committed before You by casting off the yoke [of Heaven].

And for the sin which we have committed before You in passing judgment.

For the sin which we have committed before You by scheming against a fellowman.

And for the sin which we have committed before You by a begrudging eye.

For the sin which we have committed before You by frivolity.

And for the sin which we have committed before You by obduracy.

עַל חֵטְא שֶׁחָטָאנוּ לְפָנֶיךָ, בִּרִיצַת רַגְלַיִם לְהָרַע:

וְעַל חֵטְא שֶׁחָטָאנוּ לְפָנֶיךָ, בִּרְכִילוּת:

עַל חֵטְא שֶׁחָטָאנוּ לְפָנֶיךָ, בִּשְׁבוּעַת שָׁוְא:

וְעַל חֵטְא שֶׁחָטָאנוּ לְפָנֶיךָ, בְּשִׂנְאַת חִנָּם:

עַל חֵטְא שֶׁחָטָאנוּ לְפָנֶיךָ, בִּתְשׂוּמֶת יָד:

וְעַל חֵטְא שֶׁחָטָאנוּ לְפָנֶיךָ, בְּתִמְהוֹן לֵבָב:

Gently strike the left side of your chest (over the heart) with a closed fist when saying the words סְלַח, מְחַל, כַּפֵּר.

וְעַל כֻּלָּם, אֱלוֹהַּ סְלִיחוֹת, סְלַח לָנוּ, מְחַל לָנוּ, כַּפֶּר לָנוּ:

Gently strike the left side of your chest (over the heart) with a closed fist when saying the words שֶׁאָנוּ חַיָּבִים.

וְעַל חֲטָאִים שֶׁאָנוּ חַיָּבִים עֲלֵיהֶם: עוֹלָה:

וְעַל חֲטָאִים שֶׁאָנוּ חַיָּבִים עֲלֵיהֶם: חַטָּאת:

וְעַל חֲטָאִים שֶׁאָנוּ חַיָּבִים עֲלֵיהֶם: קָרְבָּן עוֹלֶה וְיוֹרֵד:

וְעַל חֲטָאִים שֶׁאָנוּ חַיָּבִים עֲלֵיהֶם: אָשָׁם וַדַּאי וְתָלוּי:

וְעַל חֲטָאִים שֶׁאָנוּ חַיָּבִים עֲלֵיהֶם: מַכַּת מַרְדּוּת:

וְעַל חֲטָאִים שֶׁאָנוּ חַיָּבִים עֲלֵיהֶם: מַלְקוּת אַרְבָּעִים:

וְעַל חֲטָאִים שֶׁאָנוּ חַיָּבִים עֲלֵיהֶם: מִיתָה בִּידֵי שָׁמָיִם:

וְעַל חֲטָאִים שֶׁאָנוּ חַיָּבִים עֲלֵיהֶם: כָּרֵת וַעֲרִירִי:

וְעַל חֲטָאִים שֶׁאָנוּ חַיָּבִים עֲלֵיהֶם: אַרְבַּע מִיתוֹת בֵּית דִּין:
סְקִילָה, שְׂרֵפָה, הֶרֶג, וְחֶנֶק:

עַל מִצְוֹת עֲשֵׂה, וְעַל מִצְוֹת לֹא תַעֲשֶׂה, בֵּין שֶׁיֵּשׁ בָּהֶן קוּם עֲשֵׂה,' וּבֵין שֶׁאֵין בָּהֶן קוּם עֲשֵׂה, אֶת הַגְּלוּיִים לָנוּ, וְאֶת שֶׁאֵינָם גְּלוּיִים לָנוּ. אֶת הַגְּלוּיִים לָנוּ, כְּבָר אֲמַרְנוּם לְפָנֶיךָ, וְהוֹדִינוּ לְךָ עֲלֵיהֶם, וְאֶת שֶׁאֵינָם גְּלוּיִים לָנוּ, לְפָנֶיךָ הֵם

---

1. E.g., to return what one has stolen.

For the sin which we have committed before You by running to do evil.

And for the sin which we have committed before You by tale-bearing.

For the sin which we have committed before You by swearing in vain.

And for the sin which we have committed before You by causeless hatred.

For the sin which we have committed before You by embezzle-ment.

And for the sin which we have committed before You by a confused heart.

Gently strike the left side of your chest (over the heart) with a closed fist when saying the words pardon, forgive, atone.

ועל כֻּלם For all these, God of pardon, pardon us, forgive us, atone for us.

Gently strike the left side of your chest (over the heart) with a closed fist when saying the words we are obligated.

And for the sins for which we are obligated to bring a burnt-offering.

And for the sins for which we are obligated to bring a sin-offering.

And for the sins for which we are obligated to bring a varying offering [according to one's means].

And for the sins for which we are obligated to bring a guilt-offering for a certain or doubtful trespass.

And for the sins for which we incur the penalty of lashing for rebelliousness.

And for the sins for which we incur the penalty of forty lashes.

And for the sins for which we incur the penalty of death by the hand of Heaven.

And for the sins for which we incur the penalty of excision and childlessness.

And for the sins for which we incur the penalty of the four forms of capital punishment executed by the Court: stoning, burning, decapitation and strangulation.

על For [transgressing] positive and prohibitory *mitzvot,* whether [the prohibitions] can be rectified by a specifically prescribed act[1] or not, those of which we are aware and those of which we are not aware; those of which we are aware, we have already declared them before You and confessed them to You, and those of which we are not aware—before You they

גְּלוּיִם וִידוּעִים, כַּדָּבָר שֶׁנֶּאֱמַר: הַנִּסְתָּרֹת לַיְיָ אֱלֹהֵינוּ, וְהַנִּגְלֹת לָנוּ וּלְבָנֵינוּ עַד עוֹלָם, לַעֲשׂוֹת אֶת כָּל דִּבְרֵי הַתּוֹרָה הַזֹּאת.¹ כִּי אַתָּה סָלְחָן לְיִשְׂרָאֵל, וּמָחֳלָן לְשִׁבְטֵי יְשֻׁרוּן² בְּכָל דּוֹר וָדוֹר, וּמִבַּלְעָדֶיךָ אֵין לָנוּ מֶלֶךְ מוֹחֵל וְסוֹלֵחַ:

אֱלֹהַי, עַד שֶׁלֹּא נוֹצַרְתִּי אֵינִי כְדַאי, וְעַכְשָׁו שֶׁנּוֹצַרְתִּי, כְּאִלּוּ לֹא נוֹצַרְתִּי. עָפָר אֲנִי בְּחַיָּי, קַל וָחֹמֶר בְּמִיתָתִי, הֲרֵי אֲנִי לְפָנֶיךָ כִּכְלִי מָלֵא בוּשָׁה וּכְלִמָּה. יְהִי רָצוֹן מִלְּפָנֶיךָ, יְיָ אֱלֹהַי וֵאלֹהֵי אֲבוֹתַי, שֶׁלֹּא אֶחֱטָא עוֹד, וּמַה שֶּׁחָטָאתִי לְפָנֶיךָ, מְחוֹק בְּרַחֲמֶיךָ הָרַבִּים, אֲבָל לֹא עַל יְדֵי יִסּוּרִים וָחֳלָיִם רָעִים:

אֱלֹהַי, נְצֹר לְשׁוֹנִי מֵרָע, וּשְׂפָתַי מִדַּבֵּר מִרְמָה,³ וְלִמְקַלְלַי נַפְשִׁי תִדּוֹם, וְנַפְשִׁי כֶּעָפָר לַכֹּל תִּהְיֶה. פְּתַח לִבִּי בְּתוֹרָתֶךָ, וּבְמִצְוֹתֶיךָ תִּרְדּוֹף נַפְשִׁי, וְכָל הַחוֹשְׁבִים עָלַי רָעָה, מְהֵרָה הָפֵר עֲצָתָם וְקַלְקֵל מַחֲשַׁבְתָּם. יִהְיוּ כְּמֹץ לִפְנֵי רוּחַ וּמַלְאַךְ יְיָ דֹּחֶה.⁴ לְמַעַן יֵחָלְצוּן יְדִידֶיךָ, הוֹשִׁיעָה יְמִינְךָ וַעֲנֵנִי.⁵ עֲשֵׂה לְמַעַן שְׁמֶךָ, עֲשֵׂה לְמַעַן יְמִינֶךָ, עֲשֵׂה לְמַעַן תּוֹרָתֶךָ, עֲשֵׂה לְמַעַן קְדֻשָּׁתֶךָ.⁶ יִהְיוּ לְרָצוֹן אִמְרֵי פִי וְהֶגְיוֹן לִבִּי לְפָנֶיךָ, יְיָ צוּרִי וְגוֹאֲלִי:⁷

Take three steps back, then bow left saying עֹשֶׂה הַשָּׁלוֹם בִּמְרוֹמָיו, bow forward saying הוּא, bow right saying יַעֲשֶׂה שָׁלוֹם עָלֵינוּ, and bow forward saying וְעַל כָּל יִשְׂרָאֵל, וְאִמְרוּ אָמֵן.

עֹשֶׂה הַשָּׁלוֹם בִּמְרוֹמָיו, הוּא יַעֲשֶׂה שָׁלוֹם עָלֵינוּ וְעַל כָּל יִשְׂרָאֵל, וְאִמְרוּ אָמֵן:

יְהִי רָצוֹן מִלְּפָנֶיךָ, יְיָ אֱלֹהֵינוּ וֵאלֹהֵי אֲבוֹתֵינוּ, שֶׁיִּבָּנֶה בֵּית הַמִּקְדָּשׁ בִּמְהֵרָה בְּיָמֵינוּ, וְתֵן חֶלְקֵנוּ בְּתוֹרָתֶךָ:⁸

---

1. Deuteronomy 29:28. **2.** V. Isaiah 44:2; Deuteronomy 33:5, 26; Ramban, Deuteronomy 7:12. **3.** Cf. Psalms 34:14. **4.** Ibid. 35:5. **5.** Ibid. 60:7, 108:7. **6.** It is customary to recite a verse in which the first and last letters correspond to the first and last letters of one's own Hebrew name. For a list of verses, see page 422. **7.** Psalms 19:15. **8.** Avot 5:20.

are revealed and known, as it is stated: The hidden things belong to the Lord our God, but the revealed things are for us and for our children forever, that we may carry out all the words of this Torah.[1] For You are the Pardoner of Israel and the Forgiver of the tribes of Yeshurun[2] in every generation, and aside from You we have no King who forgives and pardons.

אלהי My God, before I was created I was not worthy [to be created], and now that I have been created it is as if I had not been created. I am dust in my life, how much more so in my death. Indeed, before You I am like a vessel filled with shame and disgrace. May it be Your will, Lord my God and God of my fathers, that I shall sin no more, and the sins which I have committed before You, erase them in Your abounding mercies, but not through suffering or severe illness.

אלהי My God, guard my tongue from evil, and my lips from speaking deceitfully.[3] Let my soul be silent to those who curse me; let my soul be as dust to all. Open my heart to Your Torah, and let my soul eagerly pursue Your commandments. As for all those who plot evil against me, hasten to annul their counsel and frustrate their design. Let them be as chaff before the wind; let the angel of the Lord thrust them away.[4] That Your beloved ones may be delivered, help with Your right hand and answer me.[5] Do it for the sake of Your Name; do it for the sake of Your right hand; do it for the sake of Your Torah; do it for the sake of Your holiness.[6] May the words of my mouth and the meditation of my heart be acceptable before You, Lord, my Strength and my Redeemer.[7]

Take three steps back, then bow left saying He who makes the peace in His Heavens, *bow forward saying* may He, *bow right saying* make peace for us, *and bow forward saying and for all Israel; and say, Amen.*

עשה He who makes the peace in His heavens, may He make peace for us and for all Israel; and say, Amen.

יהי May it be Your will, Lord our God and God of our fathers, that the Bet Hamikdash be speedily rebuilt in our days, and grant us our portion in Your Torah.[8]

CHAZZAN'S REPETITION OF THE MINCHAH AMIDAH

> ### THE REPETITION OF THE AMIDAH
>
> The congregation must listen attentively to the chazzan and respond אָמֵן at the conclusion of each blessing. If there are not at least nine men who respond אָמֵן after the blessings, it is tantamount to a blessing in vain. It is proper to respond with בָּרוּךְ הוּא וּבָרוּךְ שְׁמוֹ each time the chazzan says בָּרוּךְ אַתָּה יְיָ.
>
> The Ark is opened at various times throughout the chazzan's repetition of the Amidah. While it is preferable to stand when the Ark is open, one who finds this to be difficult may sit, except where indicated.

THE ARK IS OPENED.

אֲדֹנָי, שְׂפָתַי תִּפְתָּח וּפִי יַגִּיד תְּהִלָּתֶךָ:[1]

Bend knees at בָּרוּךְ; bow at אַתָּה; straighten up at יְיָ.

בָּרוּךְ אַתָּה יְיָ, אֱלֹהֵינוּ וֵאלֹהֵי אֲבוֹתֵינוּ, אֱלֹהֵי אַבְרָהָם, אֱלֹהֵי יִצְחָק, וֵאלֹהֵי יַעֲקֹב, הָאֵל הַגָּדוֹל הַגִּבּוֹר וְהַנּוֹרָא, אֵל עֶלְיוֹן, גּוֹמֵל חֲסָדִים טוֹבִים, קוֹנֵה הַכֹּל, וְזוֹכֵר חַסְדֵי אָבוֹת, וּמֵבִיא גוֹאֵל לִבְנֵי בְנֵיהֶם, לְמַעַן שְׁמוֹ בְּאַהֲבָה:

מִסּוֹד חֲכָמִים וּנְבוֹנִים, וּמִלֶּמֶד דַּעַת מְבִינִים, אֶפְתְּחָה פִּי בִּתְפִלָּה וּבְתַחֲנוּנִים, לְחַלּוֹת וּלְחַנֵּן פְּנֵי מֶלֶךְ מוֹחֵל וְסוֹלֵחַ לַעֲוֹנִים:

THE ARK IS CLOSED.

Chazzan and congregation recite the following; chazzan concludes the paragraph aloud, as indicated:

אֵיתָן הִכִּיר אֱמוּנָתֶךָ, בְּדוֹר לֹא יָדְעוּ לְרַצּוֹתֶךָ, גָּהַץ בְּךָ וַיֵּדַע יִרְאָתֶךָ, דָּץ לְהוֹדִיעַ לַכֹּל הַדְרָתֶךָ: הַדְרִיךְ תּוֹעִים בִּנְתִיבָתֶךָ, וְנִקְרָא אָב לְאֻמָּתֶךָ, זֹהַר לַעֲשׂוֹת דִּבְרָתֶךָ, חָפֵץ לַחֲסוֹת בְּצֵל שְׁכִינָתֶךָ: טַעַם לְעוֹבְרִים כַּלְכַּלְתֶּךָ, יָדַע לַשָּׁבִים כִּי אֵין בִּלְתֶּךָ, כִּי הֶאֱמִין בְּךָ

---

1. Psalms 51:17.

ಲಗ಄ಀಀ

CHAZZAN'S REPETITION OF THE MINCHAH AMIDAH

> THE REPETITION OF THE AMIDAH
> The congregation must listen attentively to the chazzan and respond Amen at the conclusion of each blessing. If there are not at least nine men who respond Amen after the blessings, it is tantamount to a blessing in vain. It is proper to respond with "Boruch Hu u'Voruch Shemo" ("Blessed is He and Blessed is His Name") each time the chazzan says *Blessed are You, Lord.*
>
> The Ark is opened at various times throughout the chazzan's repetition of the Amidah. While it is preferable to stand when the Ark is open, one who finds this to be difficult may sit, except where indicated.

THE ARK IS OPENED.

אֲדֹנָי My Lord, open my lips, and my mouth shall declare Your praise.[1]

Bend knees at Blessed; bow at You; straighten up at Lord.

בָּרוּךְ Blessed are You, Lord our God and God of our fathers, God of Abraham, God of Isaac and God of Jacob, the great, mighty and awesome God, exalted God, who bestows bountiful kindness, who creates all things, who remembers the piety of the Patriarchs, and who, in love, brings a redeemer to their children's children, for the sake of His Name.

מִסּוֹד [With words] based upon the teachings of the wise and the understanding, and upon the knowledge acquired from the discerning, I open my mouth in prayer and in supplication, to beseech and implore the countenance of the King who forgives and pardons iniquity.

THE ARK IS CLOSED.

Chazzan and congregation recite the following;
chazzan concludes the paragraph aloud, as indicated:

אֵיתָן The mighty [Abraham] recognized the [truth of] belief in You in a generation in which they did not know how to please You; he rejoiced in You and made known the fear of You, he was happy to proclaim Your glory to all. He led to Your path those who strayed, and was called the father of Your people; he was scrupulous to carry out Your word, desiring to be sheltered in the shade of Your presence. He gave the wayfarers to eat of Your sustenance, and informed passersby that there is none aside from You; because he

לַחֲלוֹתֶךָ, לְטַע אֵשֶׁל וּלְהַזְכִּיר גְּבוּרוֹתֶיךָ: צְדָקָה תֶּחֱשָׁב

לָנוּ, בְּצֶדֶק אָב סְלַח לָנוּ:—Chazzan לֹא כַחֲטָאֵינוּ תַּעֲשֶׂה

לָנוּ, מָגִנֵּנוּ כִּי לְךָ יַחֲלְנוּ:

Chazzan:

זָכְרֵנוּ לְחַיִּים, מֶלֶךְ חָפֵץ בַּחַיִּים, וְכָתְבֵנוּ בְּסֵפֶר הַחַיִּים,

לְמַעַנְךָ אֱלֹהִים חַיִּים:

Bend knees at בָּרוּךְ; bow at אַתָּה; straighten up at יְיָ.

מֶלֶךְ עוֹזֵר וּמוֹשִׁיעַ וּמָגֵן. בָּרוּךְ אַתָּה יְיָ, מָגֵן אַבְרָהָם:

(אָמֵן—Cong.)

אַתָּה גִּבּוֹר לְעוֹלָם אֲדֹנָי, מְחַיֵּה מֵתִים אַתָּה, רַב

לְהוֹשִׁיעַ. מוֹרִיד הַטָּל.

מְכַלְכֵּל חַיִּים בְּחֶסֶד, מְחַיֵּה מֵתִים בְּרַחֲמִים רַבִּים,

סוֹמֵךְ נוֹפְלִים, וְרוֹפֵא חוֹלִים, וּמַתִּיר אֲסוּרִים,

וּמְקַיֵּם אֱמוּנָתוֹ לִישֵׁנֵי עָפָר. מִי כָמוֹךָ בַּעַל גְּבוּרוֹת, וּמִי

דּוֹמֶה לָּךְ, מֶלֶךְ מֵמִית וּמְחַיֶּה וּמַצְמִיחַ יְשׁוּעָה:

Chazzan and congregation recite the following;
chazzan concludes the paragraph aloud, as indicated:

מֵאָהֵב וְיָחִיד לְאִמּוֹ, נַפְשׁוֹ לְטֶבַח בְּהַשְׁלִימוֹ, שְׂרָפִים

צָעֲקוּ מִמְּרוֹמוֹ, עוֹנִים חוּסָה לָאֵל מְרַחֲמוֹ:

פּוֹדֶה וּמַצִּיל רַחֲמוֹ, צַוֵּה שֶׂה תְמוּרָה בִּמְקוֹמוֹ, קָשַׁב אֵל

תִּשְׁפּוֹךְ דָּמוֹ, רַחֲפוּ רַחוּם לְרוֹמְמוֹ: שָׁמְרוּ וְקִיְּמוּ לִשְׁמוֹ,

שִׁפֵּר תָּאֲרוּ כְּנֹגַהּ יוֹמוֹ: —Chazzan תִּרְאֵהוּ הַיּוֹם כְּשָׂרוּף

בְּאוּלְמוֹ, תִּזְכּוֹר עֲקֵדָתוֹ וְתַעֲזוֹר (וְתָחוֹן) עַמּוֹ:

Chazzan and congregation recite the following;
chazzan concludes the paragraph aloud, as indicated:

לְפָנָיו יְקִימֵנוּ וְנִחְיֶה, בְּצֶדֶק אָב נִחְיֶה:—Chazzan יְיָ מֵמִית

וּמְחַיֶּה, בְּטַלָּלָיו רְדוּמִים יְחַיֶּה:

believed in You, he turned to You in prayer; he established an inn [through which] to declare Your might. Let [his faith] be reckoned as righteousness [also] for us; in the merit of the righteousness of the Patriarch, grant us pardon. Chazzan: Do not deal with us commensurate with our sins, O our Shield, for we place our hope in You.

Chazzan:

זכרנו Remember us for life, King who desires life; inscribe us in the Book of Life, for Your sake, O living God.

Bend knees at *Blessed*; bow at *You*; straighten up at *Lord*.

מלך O King, [You are] a helper, a savior and a shield. Blessed are You, Lord, Shield of Abraham. (Cong: Amen)

אתה You are mighty forever, my Lord; You resurrect the dead; You are powerful to save. You cause the dew to descend.

מכלכל He sustains the living with lovingkindness, resurrects the dead with great mercy, supports the falling, heals the sick, releases the bound, and fulfills His trust to those who sleep in the dust. Who is like You, mighty One! And who can be compared to You, King, who brings death and restores life, and causes deliverance to spring forth!

Chazzan and congregation recite the following;
chazzan concludes the paragraph aloud, as indicated:

מאהב When the beloved [Isaac], his mother's only son, wholeheartedly offered himself as a sacrifice, the *Seraphim* cried out from heaven, pleading with God who loves him, "Spare him!" The Redeemer and Deliverer had compassion on him; He commanded a sheep as a substitute in his stead. [Abraham] heard, "Do not shed his blood!" The Merciful One hovered over him to exalt him, guarding him and sustaining him for His Name's sake, beautifying his face like the radiance of the daylight sun. Chazzan: Consider it today as if he had been a burnt-offering in the Temple; remember his binding on the altar and help (be gracious to) his people.

Chazzan and congregation recite the following;
chazzan concludes the paragraph aloud, as indicated:

לפניו May He raise us up that we may live before Him; in the merit of the righteousness of the Patriarch may we live. Chazzan: May the Lord who brings death and restores life revive with His dew those who slumber [in the dust].

Chazzan:
On Shabbat, substitute הָרַחֲמִים for הָרַחֲמָן.

מִי כָמוֹךְ אָב (הָרַחֲמִים) הָרַחֲמָן, זוֹכֵר יְצוּרָיו לְחַיִּים בְּרַחֲמִים: וְנֶאֱמָן אַתָּה לְהַחֲיוֹת מֵתִים. בָּרוּךְ אַתָּה יְיָ, מְחַיֵּה הַמֵּתִים: (.Cong—אָמֵן)

Chazzan and congregation recite the following;
chazzan concludes the paragraph aloud, as indicated:

אֶרְאֶלִים בְּשֵׁם תָּם מַמְלִיכִים, לְמֶלֶךְ מַלְכֵי הַמְּלָכִים, יָפְיוֹ לְשׁוּר בָּכֶם הוֹלְכִים, יְלָדָיו הַיּוֹם צָגִים כְּמַלְאָכִים: הַמַּקְדִּישִׁים וְתַחַן עוֹרְכִים, בְּיוֹם זֶה אֵיבָה מַשְׁלִיכִים, יַחַד בְּשֵׁם אֲבִיהֶם מְבָרְכִים, רָם לְרָצוֹת בִּדְבָרִים רַכִּים: בִּזְכוּת הַתָּם יָצִיץ מֵחֲרַכִּים, יָהּ יָאִיר עֵינֵי חֲשֵׁכִים, מֶלֶךְ נִצָּב בַּעֲדַת בְּרוּכִים, רוֹצֶה בְּעַמּוֹ יְפָאֵר נְמוּכִים: דּוֹפְקִים בִּתְפִלָּה לְהַשְׁכִּים. כְּטוֹב וְסַלַּח עִמָּם יַסְכִּים: Chazzan—יַשְׁמִיעַ לֹא תֵבֹשׁוּ דַּכִּים. יֹאמַר לְכֵן לְבֵית הַמְּחַכִּים:

Chazzan and congregation:

יִמְלֹךְ יְיָ לְעוֹלָם, אֱלֹהַיִךְ צִיּוֹן לְדֹר וָדֹר, הַלְלוּיָהּ:[2] וְאַתָּה קָדוֹשׁ יוֹשֵׁב תְּהִלּוֹת יִשְׂרָאֵל,[3] אֵל נָא:

Chazzan then cong.— אֱמוּנַת אוֹם נוֹטֶרֶת, לְמַעַנְךָ עֲזוֹר לַנִּשְׁאֶרֶת, זַעֲקָה רְצֵה נָא כִּקְטֹרֶת, קָדוֹשׁ:

Chazzan then cong.— יְכַפֵּר וְיִסְלַח, אֵל טוֹב וְסַלָּח, נוֹרָא וְקָדוֹשׁ:

Chazzan then cong.— תְּפִלָּתֵנוּ מִמְּעוֹנוֹת, יְקַבֵּל כְּקָרְבָּנוֹת, הָאֵל קָדוֹשׁ:

---

1. I.e., God of Jacob.   **2.** Psalms 146:10.   **3.** Ibid. 22:4.

Chazzan:
On Shabbat, substitute *All-Merciful* for *merciful*.

מִי Who is like You, (All-Merciful) merciful Father, who in compassion remembers His creatures for life. You are trustworthy to revive the dead. Blessed are You, Lord, who revives the dead. (Cong: Amen)

Chazzan and congregation recite the following;
chazzan concludes the paragraph aloud, as indicated:

אֶרְאֵלִים With the name of Jacob the perfect one[1], the angelic beings crown the supreme King of kings; they go to look at the beauty of Jacob whose image is engraved on the Divine Throne. His children are standing like angels this day, sanctifying Him and offering supplication; on this day they cast away enmity, together they bless God with the words expressed by [Jacob] their father, to propitiate the Sublime One with tender words. In the merit of the perfect one, may He look down from the apertures of heaven, may God lighten the eyes [of Israel] darkened [by adversity]. The King stands in the assembly of the blessed; He looks with favor upon His people, He brings glory to the downtrodden. May He accede [to the requests] of those who early in the morning knock at His gates in prayer, as befits the One who is good and forgiving. Chazzan: Therefore may He proclaim to the afflicted, may it be said to the House of Israel who yearn [for redemption], "You shall not be disgraced!"

Chazzan and congregation:

יִמְלֹךְ The Lord shall reign forever, your God, O Zion, throughout all generations. Praise the Lord.[2]

וְאַתָּה And You, holy One, are enthroned upon the praises of Israel;[3] O benevolent God!

Chazzan then cong: אֱמוּנַת For Your own sake, help the remnant of the people who preserve their faith; we implore You, favorably accept as an incense-offering their supplication, O holy One.

Chazzan then cong: יְכַפֵּר Grant atonement and forgiveness, O God who is good and forgiving, awesome and holy.

Chazzan then cong: תְּפִלָּתֵנוּ May He from His heavenly abode accept our prayer as offerings, O holy God.

Chazzan then congregation:

מִיכָאֵל מִיָּמִין מְהַלֵּל, וְגַבְרִיאֵל מִשְּׂמֹאל מְמַלֵּל,
בַּשָּׁמַיִם אֵין כָּאֵל, וּבָאָרֶץ מִי כְּעַמְּךָ יִשְׂרָאֵל:

Chazzan and congregation:

וּבְכֵן וּלְךָ תַעֲלֶה קְדֻשָּׁה, כִּי אַתָּה אֱלֹהֵינוּ מֶלֶךְ מוֹחֵל
וְסוֹלֵחַ:

KEDUSHAH

Stand with feet together, and avoid any interruption. Rise on the toes at the words קָדוֹשׁ, קָדוֹשׁ, קָדוֹשׁ; בָּרוּךְ; and יִמְלֹךְ.

— Cong. then chazzan   נַקְדִּישָׁךְ וְנַעֲרִיצָךְ כְּנֹעַם שִׂיחַ סוֹד שַׂרְפֵי
קֹדֶשׁ הַמְשַׁלְּשִׁים לְךָ קְדֻשָּׁה,
כַּכָּתוּב עַל יַד נְבִיאֶךָ, וְקָרָא זֶה אֶל זֶה
וְאָמַר:

— Cong. then chazzan   קָדוֹשׁ, קָדוֹשׁ, קָדוֹשׁ יְיָ צְבָאוֹת, מְלֹא כָל
הָאָרֶץ כְּבוֹדוֹ:[1]

— Chazzan   לְעֻמָּתָם מְשַׁבְּחִים וְאוֹמְרִים:

— Cong. then chazzan   בָּרוּךְ כְּבוֹד יְיָ מִמְּקוֹמוֹ:[2]

— Chazzan   וּבְדִבְרֵי קָדְשְׁךָ כָּתוּב לֵאמֹר:

— Cong. then chazzan   יִמְלֹךְ יְיָ לְעוֹלָם, אֱלֹהַיִךְ צִיּוֹן לְדֹר וָדֹר,
הַלְלוּיָהּ:[3]

Remain standing with feet together until the chazzan concludes the following line.

Chazzan:

אַתָּה קָדוֹשׁ וְשִׁמְךָ קָדוֹשׁ, וּקְדוֹשִׁים בְּכָל יוֹם יְהַלְלוּךָ סֶּלָה.

You may be seated.

לְדוֹר וָדוֹר הַמְלִיכוּ לָאֵל, כִּי הוּא לְבַדּוֹ מָרוֹם וְקָדוֹשׁ:
חֲמוֹל עַל מַעֲשֶׂיךָ, וְתִשְׂמַח בְּמַעֲשֶׂיךָ, וְיֹאמְרוּ לְךָ
חוֹסֶיךָ, בְּצַדֶּקְךָ עֲמוּסֶיךָ,[4] תֻּקְדַּשׁ אָדוֹן עַל כָּל

---

1. Isaiah 6:3.   **2.** Ezekiel 3:12.   **3.** Psalms 146:10.   **4.** V. Isaiah 46:3.

Chazzan then congregation:

מיכאל [The angel] Michael praises on the right side [of the *Shechinah*], Gavriel proclaims on the left: In heaven there is none like God, and on earth who is like Your people Israel!

Chazzan and congregation:

ובכן And thus may our *kedushah* ascend to You, for You, our God, are a King who forgives and pardons.

KEDUSHAH

Stand with feet together, and avoid any interruption. Rise on the toes at the words *Ködosh, ködosh, ködosh; Böruch;* and *Yimloch.*

Cong. then chazzan: **נקדישך** *Nak-dishöch v'na-aritzöch k'no-am si-ach sod sar'fay kodesh ha-m'shal'shim l'chö k'dushö, ka-kösuv al yad n'vi-echö v'körö ze el ze v'ömar,*

Cong. then chazzan: **קדוש** *Ködosh, ködosh, ködosh, adonöy tz'vö-os, m'lo chöl hö-öretz k'vodo.* [1]

Chazzan: Those facing them offer praise and say,

Cong. then chazzan: **ברוך** *Böruch k'vod adonöy mi-m'komo.* [2]

Chazzan: And in Your holy Scriptures it is written thus:

Cong. then chazzan: **ימלך** *Yimloch adonöy l'olöm eloha-yich tziyon l'dor vö-dor ha-l'luyöh.* [3]

Remain standing with feet together until the chazzan concludes the following line.

Chazzan:

אתה You are holy and Your Name is holy, and holy beings praise You daily for all eternity.
You may be seated.

לדור Through all generations proclaim the kingship of God, for He alone is exalted and holy.

חמול Have mercy upon Your works, and find delight in Your works. When You vindicate [Israel,] the people borne by You,[4] those who put their trust in You shall declare:

נקדישך We will hallow and adore You as the sweet words of the assembly of the holy Seraphim who thrice repeat "holy" unto You, as it is written by Your prophet: And they call one to another and say, **קדוש** "Holy, holy, holy is the Lord of hosts; the whole earth is full of His glory." **ברוך** "Blessed be the glory of the Lord from its place." **ימלך** The Lord shall reign forever; your God, O Zion, throughout all generations. Praise the Lord.

מַעֲשֶׂיךָ, כִּי מַקְדִּישֶׁיךָ בִּקְדֻשָּׁתְךָ (כְּעֶרְכְּךָ) קִדַּשְׁתָּ, נָאֶה לְקָדוֹשׁ פְּאֵר מִקְּדוֹשִׁים:

בְּאֵין מֵלִיץ יְשֶׁר מוּל מַגִּיד פֶּשַׁע, תַּגִּיד לְיַעֲקֹב דְּבַר חֹק וּמִשְׁפָּט, וְצַדְּקֵנוּ בַּמִּשְׁפָּט, הַמֶּלֶךְ הַמִּשְׁפָּט:

עוֹד יִזְכָּר לָנוּ אַהֲבַת אֵיתָן, אֲדוֹנֵינוּ, וּכְבֶן הַנֶּעֱקַד יַשְׁבִּית מְדַיְּנֵנוּ, וּבִזְכוּת הַתָּם יוֹצִיא אָיוֹם (הַיּוֹם) לְצֶדֶק דִּינֵנוּ, כִּי קָדוֹשׁ הַיּוֹם לַאֲדוֹנֵינוּ:[1]

וּבְכֵן יִתְקַדַּשׁ שִׁמְךָ יְיָ אֱלֹהֵינוּ עַל יִשְׂרָאֵל עַמֶּךָ, וְעַל יְרוּשָׁלַיִם עִירֶךָ, וְעַל צִיּוֹן מִשְׁכַּן כְּבוֹדֶךָ, וְעַל מַלְכוּת בֵּית דָּוִד מְשִׁיחֶךָ, וְעַל מְכוֹנְךָ וְהֵיכָלֶךָ:

וּבְכֵן תֵּן פַּחְדְּךָ יְיָ אֱלֹהֵינוּ עַל כָּל מַעֲשֶׂיךָ, וְאֵימָתְךָ עַל כָּל מַה שֶׁבָּרָאתָ, וְיִירָאוּךָ כָּל הַמַּעֲשִׂים, וְיִשְׁתַּחֲווּ לְפָנֶיךָ כָּל הַבְּרוּאִים, וְיֵעָשׂוּ כֻלָּם אֲגֻדָּה אֶחָת לַעֲשׂוֹת רְצוֹנְךָ בְּלֵבָב שָׁלֵם. שֶׁיָּדַעְנוּ יְיָ אֱלֹהֵינוּ שֶׁהַשָּׁלְטָן לְפָנֶיךָ, עֹז בְּיָדְךָ וּגְבוּרָה בִּימִינֶךָ, וְשִׁמְךָ נוֹרָא עַל כָּל מַה שֶׁבָּרָאתָ:

וּבְכֵן תֵּן כָּבוֹד יְיָ לְעַמֶּךָ, תְּהִלָּה לִירֵאֶיךָ, וְתִקְוָה טוֹבָה לְדוֹרְשֶׁיךָ, וּפִתְחוֹן פֶּה לַמְיַחֲלִים לָךְ, שִׂמְחָה לְאַרְצֶךָ, וְשָׂשׂוֹן לְעִירֶךָ, וּצְמִיחַת קֶרֶן לְדָוִד עַבְדֶּךָ, וַעֲרִיכַת נֵר לְבֶן יִשַׁי מְשִׁיחֶךָ, בִּמְהֵרָה בְיָמֵינוּ:

וּבְכֵן צַדִּיקִים יִרְאוּ וְיִשְׂמָחוּ, וִישָׁרִים יַעֲלֹזוּ, וַחֲסִידִים בְּרִנָּה יָגִילוּ, וְעוֹלָתָה תִּקְפָּץ פִּיהָ, וְהָרִשְׁעָה כֻלָּהּ בֶּעָשָׁן תִּכְלֶה, כִּי תַעֲבִיר מֶמְשֶׁלֶת זָדוֹן מִן הָאָרֶץ:

---

1. Nehemiah 8:10.

Be sanctified, Master, over all Your works! For You have sanctified those who hallow You with Your holiness (akin to You). It is fitting to the Holy One [to receive] praise from the holy ones.

באין When there is no defender to intercede in our behalf against the Accuser who reports our transgression, You speak for Jacob [and invoke the merit of the observance of] the statutes and ordinances, and vindicate us in judgment, O King of Judgment.

עוד May our Master yet remember in our favor the love of the steadfast Patriarch [Abraham]; for the sake of the son [Isaac] who was bound on the altar, may He silence our Accuser; and in the merit of the perfect one [Jacob], may the Awesome One (He today) bring forth our verdict finding us righteous, for this day is holy to our Master.[1]

ובכן And thus shall Your Name, Lord our God, be sanctified upon Israel Your people, upon Jerusalem Your city, upon Zion the abode of Your glory, upon the kingship of the house of David Your anointed, and upon Your dwelling-place and Your sanctuary.

ובכן And so, Lord our God, instill fear of You upon all that You have made, and dread of You upon all that You have created; and [then] all works will be in awe of You, all the created beings will prostrate themselves before You, and they all will form a single band to carry out Your will with a perfect heart. For we know, Lord our God, that rulership is Yours, strength is in Your [left] hand, might is in Your right hand, and Your Name is awesome over all that You have created.

ובכן And so, Lord, grant honor to Your people, glory to those who fear You, good hope to those who seek You, confident speech to those who yearn for You, joy to Your land, gladness to Your city, a flourishing of strength to David Your servant, and a setting up of light to the son of Yishai Your anointed, speedily in our days.

ובכן And then the righteous will see and be glad, the upright will rejoice, and the pious will exult in song; injustice will shut its mouth and all wickedness will go up in smoke, when You will remove the rule of evil from the earth.

וְתִמְלוֹךְ אַתָּה הוּא יְיָ אֱלֹהֵינוּ לְבַדֶּךָ עַל כָּל מַעֲשֶׂיךָ,
בְּהַר צִיּוֹן מִשְׁכַּן כְּבוֹדֶךָ, וּבִירוּשָׁלַיִם עִיר
קָדְשֶׁךָ, כַּכָּתוּב בְּדִבְרֵי קָדְשֶׁךָ: יִמְלֹךְ יְיָ לְעוֹלָם, אֱלֹהַיִךְ
צִיּוֹן לְדֹר וָדֹר, הַלְלוּיָהּ:¹

קָדוֹשׁ אַתָּה וְנוֹרָא שְׁמֶךָ, וְאֵין אֱלוֹהַּ מִבַּלְעָדֶיךָ,
כַּכָּתוּב: וַיִּגְבַּה יְיָ צְבָאוֹת בַּמִּשְׁפָּט, וְהָאֵל
הַקָּדוֹשׁ נִקְדַּשׁ בִּצְדָקָה.² בָּרוּךְ אַתָּה יְיָ, הַמֶּלֶךְ הַקָּדוֹשׁ:
(אָמֵן —Cong.)

אַתָּה בְחַרְתָּנוּ מִכָּל הָעַמִּים, אָהַבְתָּ אוֹתָנוּ וְרָצִיתָ בָּנוּ,
וְרוֹמַמְתָּנוּ מִכָּל הַלְּשׁוֹנוֹת, וְקִדַּשְׁתָּנוּ בְּמִצְוֹתֶיךָ,
וְקֵרַבְתָּנוּ מַלְכֵּנוּ לַעֲבֹדָתֶךָ, וְשִׁמְךָ הַגָּדוֹל וְהַקָּדוֹשׁ עָלֵינוּ
קָרָאתָ:

On Shabbat, add the words in shaded parentheses.

וַתִּתֶּן לָנוּ יְיָ אֱלֹהֵינוּ בְּאַהֲבָה אֶת יוֹם (הַשַּׁבָּת הַזֶּה וְאֶת
יוֹם) הַכִּפּוּרִים הַזֶּה, אֶת יוֹם סְלִיחַת הֶעָוֹן הַזֶּה,
אֶת יוֹם מִקְרָא קֹדֶשׁ הַזֶּה, (לִקְדֻשָׁה וְלִמְנוּחָה) לִמְחִילָה
וְלִסְלִיחָה וּלְכַפָּרָה, וְלִמְחָל בּוֹ אֶת כָּל עֲוֹנוֹתֵינוּ,
(בְּאַהֲבָה) מִקְרָא קֹדֶשׁ, זֵכֶר לִיצִיאַת מִצְרָיִם:

On Shabbat, add the words in shaded parentheses.
Congregation responds אָמֵן as indicated.

אֱלֹהֵינוּ וֵאלֹהֵי אֲבוֹתֵינוּ, יַעֲלֶה וְיָבֹא וְיַגִּיעַ וְיֵרָאֶה
וְיֵרָצֶה וְיִשָּׁמַע וְיִפָּקֵד וְיִזָּכֵר זִכְרוֹנֵנוּ וּפִקְדוֹנֵנוּ
וְזִכְרוֹן אֲבוֹתֵינוּ, וְזִכְרוֹן מָשִׁיחַ בֶּן דָּוִד עַבְדֶּךָ, וְזִכְרוֹן
יְרוּשָׁלַיִם עִיר קָדְשֶׁךָ, וְזִכְרוֹן כָּל עַמְּךָ בֵּית יִשְׂרָאֵל לְפָנֶיךָ,
לִפְלֵיטָה לְטוֹבָה לְחֵן וּלְחֶסֶד וּלְרַחֲמִים וּלְחַיִּים טוֹבִים

---

1. Psalms 146:10.   **2.** Isaiah 5:16.

ותמלוך Lord our God, You are He who alone will reign over all Your works, in Mount Zion the abode of Your glory, in Jerusalem Your holy city, as it is written in Your holy Scriptures: The Lord shall reign forever, your God, O Zion, throughout all generations; praise the Lord.[1]

קדוש Holy are You, awesome is Your Name, and aside from You there is no God, as it is written: The Lord of hosts is exalted in justice and the holy God is sanctified in righteousness.[2] Blessed are You, Lord, the holy King.

(Cong: Amen)

אתה You have chosen us from among all the nations; You have loved us and found favor with us. You have raised us above all tongues and made us holy through Your commandments. You, our King, have drawn us near to Your service and proclaimed Your great and holy Name upon us.

On Shabbat, add the words in shaded parentheses.

ותתן And You, Lord our God, have given us in love (this Shabbat day and) this Day of Atonements, this day of pardoning of sin, this day of holy assembly (for sanctity and tranquility) for forgiveness, pardon, and atonement, to forgive thereon all our wrongdoings, (in love,) a holy assembly, commemorating the Exodus from Egypt.

On Shabbat, add the words in shaded parentheses.
Congregation responds Amen as indicated.

אלהינו Our God and God of our fathers, may there ascend, come, and reach, be seen, accepted, and heard, recalled and remembered before You the remembrance and recollection of us, the remembrance of our fathers, the remembrance of Mashiach the son of David Your servant, the remembrance of Jerusalem Your holy city, and the remembrance of all Your people the House of Israel, for deliverance, well-being, grace, kindness, mercy, good life

וּלְשָׁלוֹם, בְּיוֹם (הַשַּׁבָּת הַזֶּה וּבְיוֹם) הַכִּפּוּרִים הַזֶּה,
בְּיוֹם סְלִיחַת הֶעָוֹן הַזֶּה, בְּיוֹם מִקְרָא קֹדֶשׁ הַזֶּה. זָכְרֵנוּ
יְיָ אֱלֹהֵינוּ בּוֹ לְטוֹבָה (אָמֵן), וּפָקְדֵנוּ בוֹ לִבְרָכָה (אָמֵן),
וְהוֹשִׁיעֵנוּ בוֹ לְחַיִּים טוֹבִים (אָמֵן). וּבִדְבַר יְשׁוּעָה
וְרַחֲמִים חוּס וְחָנֵּנוּ, וְרַחֵם עָלֵינוּ וְהוֹשִׁיעֵנוּ, כִּי אֵלֶיךָ
עֵינֵינוּ, כִּי אֵל מֶלֶךְ חַנּוּן וְרַחוּם אָתָּה:

The following sections until אֱלֹקֵינוּ, page 339, are recited by the chazzan and congregation.

זְכֹר רַחֲמֶיךָ יְיָ וַחֲסָדֶיךָ, כִּי מֵעוֹלָם הֵמָּה:[1] אַל תִּזְכָּר
לָנוּ עֲוֹנוֹת רִאשׁוֹנִים, מַהֵר יְקַדְּמוּנוּ רַחֲמֶיךָ, כִּי
דַלּוֹנוּ מְאֹד:[2] זָכְרֵנוּ יְיָ בִּרְצוֹן עַמֶּךָ, פָּקְדֵנוּ בִּישׁוּעָתֶךָ:[3]
זְכֹר עֲדָתְךָ קָנִיתָ קֶּדֶם, גָּאַלְתָּ שֵׁבֶט נַחֲלָתֶךָ, הַר צִיּוֹן
זֶה שָׁכַנְתָּ בּוֹ:[4] זְכֹר יְיָ חִבַּת יְרוּשָׁלָיִם, אַהֲבַת צִיּוֹן אַל
תִּשְׁכַּח לָנֶצַח: אַתָּה תָקוּם תְּרַחֵם צִיּוֹן, כִּי עֵת לְחֶנְנָהּ
כִּי בָא מוֹעֵד:[5] זְכֹר יְיָ לִבְנֵי אֱדוֹם אֵת יוֹם יְרוּשָׁלָיִם,
הָאֹמְרִים עָרוּ עָרוּ עַד הַיְסוֹד בָּהּ:[6] זְכֹר לְאַבְרָהָם
לְיִצְחָק וּלְיִשְׂרָאֵל עֲבָדֶיךָ אֲשֶׁר נִשְׁבַּעְתָּ לָהֶם בָּךְ,
וַתְּדַבֵּר אֲלֵהֶם אַרְבֶּה אֶת זַרְעֲכֶם כְּכוֹכְבֵי הַשָּׁמָיִם וְכָל
הָאָרֶץ הַזֹּאת אֲשֶׁר אָמַרְתִּי אֶתֵּן לְזַרְעֲכֶם וְנָחֲלוּ
לְעֹלָם:[7] זְכֹר לַעֲבָדֶיךָ לְאַבְרָהָם לְיִצְחָק וּלְיַעֲקֹב, אַל
תֵּפֶן אֶל קְשִׁי הָעָם הַזֶּה וְאֶל רִשְׁעוֹ וְאֶל חַטָּאתוֹ:[8]

אַל נָא תָשֵׁת עָלֵינוּ חַטָּאת, אֲשֶׁר נוֹאַלְנוּ וַאֲשֶׁר
חָטָאנוּ:[9]

---

1. Psalms 25:6.   **2.** Ibid. 79:8.   **3.** Cf. Ibid. 106:4.   **4.** Ibid. 74:2.   **5.** Ibid. 102:14.   **6.** Ibid. 137:7.   **7.** Exodus 32:13.   **8.** Deuteronomy 9:27.   **9.** Numbers 12:11.

and peace, on this (Shabbat day and this) Day of Atonements, on this day of pardoning of sin, on this day of holy assembly. Remember us on this [day], Lord our God, for good (Amen); be mindful of us on this [day] for blessing (Amen); help us on this [day] for good life (Amen). With the promise of deliverance and compassion, spare us and be gracious to us; have mercy upon us and deliver us; for our eyes are directed to You, for You, God, are a gracious and merciful King.

The following sections until *Our God*, page 339, are recited by the chazzan and congregation.

זכור Lord, remember Your mercies and Your kindnesses, for they have existed for all time.[1] Do not bring to mind our former wrongdoings; let Your mercies come swiftly toward us, for we have been brought very low.[2] Remember us, Lord, when You find favor with Your people; be mindful of us with Your deliverance.[3] Remember Your congregation which You have acquired of old, the tribe of Your heritage which You have redeemed, Mount Zion wherein You have dwelt.[4] Lord, remember the love for Jerusalem; do not forget the love for Zion forever. Arise and have mercy on Zion, for it is time to be gracious to her; the appointed time has come.[5] Remember, Lord, against the Edomites the day of the destruction of Jerusalem, when they said: Raze it, raze it to its very foundation![6] Remember Abraham, Isaac and Israel Your servants, to whom You swore by Your Self and said to them: I will make your descendants as numerous as the stars of heaven and all this land which I promised, I will give to your descendants and they will inherit [it] forever.[7] Remember Your servants, Abraham, Isaac and Jacob; pay no heed to the obstinacy of this people, to its wickedness, or to its sinfulness.[8]

אל Do not, we beseech You, reckon for us as a sin that which we have committed in our folly and that which we have sinned.[9]

Gently strike the left side of your chest (over the heart) with a closed fist when saying the word חָטָאנוּ.

Cong. then chazzan—חָטָאנוּ צוּרֵנוּ, סְלַח לָנוּ יוֹצְרֵנוּ:

אֵל נָא רְפָא נָא תַּחֲלוּאֵי גֶּפֶן פּוֹרִיָּה,¹ בּוֹשָׁה וַחֲפוּרָה
וְאֻמְלַל פִּרְיָהּ, גָּאֲלֶנָּה מִשַּׁחַת וּמִמַּכָּה טְרִיָּה, עֲנֵנוּ
כְּשֶׁעָנִיתָ לְאַבְרָהָם אָבִינוּ בְּהַר הַמּוֹרִיָּה:

Cong. then chazzan—חָטָאנוּ צוּרֵנוּ, סְלַח לָנוּ יוֹצְרֵנוּ:

דְּגָלַי עַם פְּדוּיֵי בִּזְרוֹעַ חָשׂוּף, הַצֵּל מִנֶּגֶף וְאַל יִהְיוּ
לְשִׁסּוּף, וְתַעֲנֶה קְרִיאָתֵנוּ לְמַעֲשֵׂה יָדֶיךָ תִּכְסוֹף,
עֲנֵנוּ כְּשֶׁעָנִיתָ לַאֲבוֹתֵינוּ עַל יַם סוּף:

Cong. then chazzan—חָטָאנוּ צוּרֵנוּ, סְלַח לָנוּ יוֹצְרֵנוּ:

זְכוּת צוּר חָצַב² הַיּוֹם לָנוּ תְגַל, חָשְׁכֵנוּ מֵאֲנֶף וְנַחְנוּ
בִּישֶׁר מַעְגָּל, טַהֵר טֻמְאָתֵנוּ וְלִמְאוֹר תּוֹרָתְךָ
עֵינֵינוּ גַל, עֲנֵנוּ כְּשֶׁעָנִיתָ לִיהוֹשֻׁעַ בַּגִּלְגָּל:

Cong. then chazzan—חָטָאנוּ צוּרֵנוּ, סְלַח לָנוּ יוֹצְרֵנוּ:

יָהּ רְאֵה דֶשֶׁן עָקוּד וְהַצְמַח לָנוּ תְרוּפָה, כַּלֵּה שׁוֹד
וָשֶׁבֶר סַעַר וְסוּפָה, לַמְּדֵנוּ וְחַכְּמֵנוּ אִמְרָתְךָ
הַצְּרוּפָה,³ עֲנֵנוּ כְּשֶׁעָנִיתָ לִשְׁמוּאֵל בַּמִּצְפָּה:

Cong. then chazzan—חָטָאנוּ צוּרֵנוּ, סְלַח לָנוּ יוֹצְרֵנוּ:

מַתְּמַם מְרַחֵם שָׁרָשָׁיו אַל תַּקְמֵל, נַקֵּנוּ מִכֶּתֶם וְשֶׁמֶץ
וְלֹא נֵאָמֵל, סַעֲדֵנוּ וְנִוָּשֵׁעָה וְאָרְחוֹת חֲסָדֶיךָ
נִגְמֹל, עֲנֵנוּ כְּשֶׁעָנִיתָ לְאֵלִיָּהוּ בְּהַר הַכַּרְמֶל:

Cong. then chazzan—חָטָאנוּ צוּרֵנוּ, סְלַח לָנוּ יוֹצְרֵנוּ:

---

1. Cf. Psalms 80:9. **2.** V. Isaiah 51:1. **3.** V. Psalms 18:31.

Gently strike the left side of your chest (over the heart) with a closed fist when saying the word sinned.

Cong. then chazzan: חטאנו **We have sinned, our Rock; pardon us, our Creator.**

אל O God, pray heal the ailments of the fruit of the vine[1] [Israel], who is shamed and disgraced and whose fruit is stricken; deliver her from ruin and affliction; answer us as You answered our father Abraham on Mount Moriah.

Cong. then chazzan: חטאנו **We have sinned, our Rock; pardon us, our Creator.**

דגלי The hosts of the people who were redeemed with an uncovered arm, save them from plagues and let them not be cut down; answer our call, and long for [Israel] Your handiwork; answer us as You answered our ancestors at the Sea of Reeds.

Cong. then chazzan: חטאנו **We have sinned, our Rock; pardon us, our Creator.**

זכות Bring to light in our behalf this day the merit of [Abraham,] the rock whence our people was hewn;[2] withhold from us wrath and guide us in the straight path; cleanse us of our impurity and open our eyes to the light of Your Torah; answer us as You answered Joshua in Gilgal.

Cong. then chazzan: חטאנו **We have sinned, our Rock; pardon us, our Creator.**

יה O God, see the ashes of [Isaac] who was bound on the altar, and bring forth for us a remedy; remove misfortune and calamity, trouble and mishap; teach us and make us wise in Your [Torah of] pure words;[3] answer us as You answered Samuel in Mitzpah.

Cong. then chazzan: חטאנו **We have sinned, our Rock; pardon us, our Creator.**

מותמם Let not shrivel the roots of him [Jacob] who was perfect from his mother's womb; purge us of stain and blemish, and let us not be exterminated; support us so that we may be delivered, and let us be rewarded with the paths of Your benevolence; answer us as You answered Elijah on Mount Carmel.

Cong. then chazzan: חטאנו **We have sinned, our Rock; pardon us, our Creator.**

עוֹדְדֵנוּ בְּצֶדֶק מָשׁוּי מִמַּיִם וְכַפֵּר זָדוֹן וּמְשׁוּגָה, פְּדֵנוּ מִמְּהוּמַת מָוֶת וְאָחוֹר כָּל נְסוֹגָה, צַוֵּה יְשׁוּעָתֵנוּ וּבַעֲוֹנוֹתֵינוּ אַל נִתְמוֹגְגָה, עֲנֵנוּ כְּשָׁעָנִיתָ לְיוֹנָה בִּמְעֵי הַדָּגָה:

חָטָאנוּ צוּרֵנוּ, סְלַח לָנוּ יוֹצְרֵנוּ: —Cong. then chazzan

קְדֻשַּׁת אִישׁ חֲסִידֶךָ זְכוֹר לִיפַת פַּעֲמַיִם,[1] רַחֲמֶיךָ תְּעוֹרֵר כִּי לָקֵינוּ בְּכִפְלַיִם, שׁוּכְּנוּ תְּקֹף לְיִרְאָתֶךָ וְלֹא נֶחֱשָׂף שׁוּלַיִם,[2] עֲנֵנוּ כְּשָׁעָנִיתָ לְדָוִד וְלִשְׁלֹמֹה בְנוֹ בִּירוּשָׁלָיִם:

חָטָאנוּ צוּרֵנוּ, סְלַח לָנוּ יוֹצְרֵנוּ: —Cong. then chazzan

Chazzan concludes the paragraph aloud, as indicated.

זְכוֹר לָנוּ בְּרִית אָבוֹת כַּאֲשֶׁר אָמַרְתָּ: וְזָכַרְתִּי אֶת בְּרִיתִי יַעֲקוֹב, וְאַף אֶת בְּרִיתִי יִצְחָק, וְאַף אֶת בְּרִיתִי אַבְרָהָם אֶזְכּוֹר, וְהָאָרֶץ אֶזְכּוֹר:[3] זְכוֹר לָנוּ בְּרִית רִאשׁוֹנִים כַּאֲשֶׁר אָמַרְתָּ: וְזָכַרְתִּי לָהֶם בְּרִית רִאשׁוֹנִים, אֲשֶׁר הוֹצֵאתִי אֹתָם מֵאֶרֶץ מִצְרַיִם לְעֵינֵי הַגּוֹיִם לִהְיוֹת לָהֶם לֵאלֹהִים, אֲנִי יְיָ:[4] עֲשֵׂה עִמָּנוּ כְּמוֹ שֶׁהִבְטַחְתָּנוּ: וְאַף גַּם זֹאת בִּהְיוֹתָם בְּאֶרֶץ אֹיְבֵיהֶם, לֹא מְאַסְתִּים וְלֹא גְעַלְתִּים לְכַלֹּתָם לְהָפֵר בְּרִיתִי אִתָּם, כִּי אֲנִי יְיָ אֱלֹהֵיהֶם:[5] הָשֵׁב שְׁבוּתֵנוּ וְרַחֲמֵנוּ כְּמָה שֶׁכָּתוּב: וְשָׁב יְיָ אֱלֹהֶיךָ אֶת שְׁבוּתְךָ וְרִחֲמֶךָ, וְשָׁב וְקִבֶּצְךָ מִכָּל הָעַמִּים אֲשֶׁר הֱפִיצְךָ יְיָ אֱלֹהֶיךָ שָׁמָּה:[6] קַבֵּץ נִדָּחֵינוּ כְּמָה שֶׁכָּתוּב: אִם יִהְיֶה נִדַּחֲךָ בִּקְצֵה הַשָּׁמָיִם, מִשָּׁם יְקַבֶּצְךָ יְיָ אֱלֹהֶיךָ וּמִשָּׁם

---

1. V. Song of Songs 7:2; Midrash Rabbah, Targum and Rashi, ad loc. **2.** Lit., do not uncover the edge of the skirt. V. Jeremiah 13:26. **3.** Leviticus 26:42. **4.** Ibid. 26:45. **5.** Ibid. 26:44. **6.** Deuteronomy 30:3.

עוֹדְדֵנוּ Strengthen us [in the merit] of the righteousness of him [Moses] who was drawn out of the water, and grant us atonement for our willful and indavertent sins; free us from deadly panic, and may we not move backwards; ordain deliverance for us so that we do not vanish in our iniquities; answer us as You answered Jonah in the bowels of the fish.

Cong. then chazzan: חָטָאנוּ **We have sinned, our Rock; pardon us, our Creator.**

קְדֻשַׁת Remember the holiness of Your pious one [Aaron] for the people with the fair steps;[1] awaken Your compassion for we have been doubly punished; bring us back firmly to the fear of You so that we will not be shamed and disgraced;[2] answer us as You answered David and Solomon his son in Jerusalem.

Cong. then chazzan: חָטָאנוּ **We have sinned, our Rock; pardon us, our Creator.**

Chazzan concludes the paragraph aloud, as indicated.

זְכוֹר Remember in our behalf the covenant with the Patriarchs, as You have said: I will remember My covenant with Jacob; also My covenant with Isaac, and also My covenant with Abraham will I remember, and I will remember the land.[3] Remember in our behalf the covenant with our ancestors, as You have said: I will remember in their behalf the covenant with their ancestors, whom I took out of Egypt before the eyes of the nations, to be their God; I am the Lord.[4] Act toward us as You have promised: Yet, even then, when they are in the land of their enemies, I will not abhor them nor spurn them so as to destroy them and annul My covenant with them; for I am the Lord their God.[5] Bring back our exiles and have mercy upon us, as it is written: The Lord your God will return your exiles and have mercy upon you, and will again gather you from all the nations where the Lord your God has scattered you.[6] Gather our dispersed, as it is written: Even if your dispersed will be at the furthermost parts of the world, from there the Lord your God will gather you, and from there He will fetch

יִקָּחֶךָ:[1] מְחֵה פְשָׁעֵינוּ כָּעָב וְכֶעָנָן כְּמָה שֶׁכָּתוּב: מָחִיתִי
כָעָב פְּשָׁעֶיךָ וְכֶעָנָן חַטֹּאתֶיךָ, שׁוּבָה אֵלַי כִּי גְאַלְתִּיךָ:[2]
מְחֵה פְשָׁעֵינוּ לְמַעַנְךָ כַּאֲשֶׁר אָמָרְתָּ: אָנֹכִי אָנֹכִי הוּא
מֹחֶה פְשָׁעֶיךָ לְמַעֲנִי, וְחַטֹּאתֶיךָ לֹא אֶזְכֹּר:[3] הַלְבֵּן חֲטָאֵינוּ
כַּשֶּׁלֶג וְכַצֶּמֶר כְּמָה שֶׁכָּתוּב: לְכוּ נָא וְנִוָּכְחָה, יֹאמַר יְיָ,
אִם יִהְיוּ חֲטָאֵיכֶם כַּשָּׁנִים כַּשֶּׁלֶג יַלְבִּינוּ, אִם יַאְדְּימוּ
כַתּוֹלָע כַּצֶּמֶר יִהְיוּ:[4] זְרֹק עָלֵינוּ מַיִם טְהוֹרִים וְטַהֲרֵנוּ
כְּמָה שֶׁכָּתוּב: וְזָרַקְתִּי עֲלֵיכֶם מַיִם טְהוֹרִים וּטְהַרְתֶּם,
מִכֹּל טֻמְאוֹתֵיכֶם וּמִכָּל גִּלּוּלֵיכֶם אֲטַהֵר אֶתְכֶם:[5] רַחֵם
עָלֵינוּ וְאַל תַּשְׁחִיתֵנוּ כְּמָה שֶׁכָּתוּב: כִּי אֵל רַחוּם יְיָ
אֱלֹהֶיךָ, לֹא יַרְפְּךָ וְלֹא יַשְׁחִיתֶךָ, וְלֹא יִשְׁכַּח אֶת בְּרִית
אֲבֹתֶיךָ אֲשֶׁר נִשְׁבַּע לָהֶם:[6] מוֹל אֶת לְבָבֵנוּ לְאַהֲבָה אֶת
שְׁמֶךָ כְּמָה שֶׁכָּתוּב: וּמָל יְיָ אֱלֹהֶיךָ אֶת לְבָבְךָ וְאֶת לְבַב
זַרְעֶךָ, לְאַהֲבָה אֶת יְיָ אֱלֹהֶיךָ בְּכָל לְבָבְךָ וּבְכָל נַפְשְׁךָ
לְמַעַן חַיֶּיךָ:[8] הִמָּצֵא לָנוּ בְּבַקָּשָׁתֵנוּ כְּמָה שֶׁכָּתוּב:
וּבִקַּשְׁתֶּם מִשָּׁם אֶת יְיָ אֱלֹהֶיךָ וּמָצָאתָ, כִּי תִדְרְשֶׁנּוּ בְּכָל
לְבָבְךָ וּבְכָל נַפְשֶׁךָ:[9] כַּפֵּר חֲטָאֵינוּ בַּיּוֹם הַזֶּה וְטַהֲרֵנוּ
כְּמָה שֶׁכָּתוּב: כִּי בַיּוֹם הַזֶּה יְכַפֵּר עֲלֵיכֶם לְטַהֵר אֶתְכֶם,
מִכֹּל חַטֹּאתֵיכֶם לִפְנֵי יְיָ תִּטְהָרוּ:[10] Chazzan— תְּבִיאֵנוּ אֶל הַר
קָדְשֶׁךָ וְשַׂמְּחֵנוּ בְּבֵית תְּפִלָּתֶךָ כְּמָה שֶׁכָּתוּב: וַהֲבִיאוֹתִים
אֶל הַר קָדְשִׁי וְשִׂמַּחְתִּים בְּבֵית תְּפִלָּתִי, עוֹלֹתֵיהֶם
וְזִבְחֵיהֶם לְרָצוֹן עַל מִזְבְּחִי, כִּי בֵיתִי בֵּית תְּפִלָּה יִקָּרֵא
לְכָל הָעַמִּים:[11]

---

1. Deuteronomy 30:4.　**2.** Isaiah 44:22.　**3.** Ibid. 43:25.　**4.** Ibid. 1:18.　**5.** Ezekiel 36:25.
6. Deuteronomy 4:31.　**7.** Lit., circumcise.　**8.** Deuteronomy 30:6.　**9.** Ibid. 4:29.　**10.** Leviticus
16:30.　**11.** Isaiah 56:7.

you.[1] Wipe away our transgressions like a thick cloud and like a mist, as it is written: I have wiped away your transgressions like a thick cloud, your sins like a mist; return to Me, for I have redeemed you.[2] Wipe away our transgressions for Your sake, as You have said: I, I [alone,] am He who wipes away your transgressions, for My sake; your sins I will not recall.[3] Make our sins white as snow and wool, as it is written: Come now, let us reason together—says the Lord—even if your sins will be as scarlet, they will become white as snow; even if they will be red as crimson, they will become [white] as wool.[4] Sprinkle purifying waters upon us and purify us, as it is written: And I will sprinkle purifying waters upon you, and you shall be pure; from all your defilements and from all your idolatries I will purify you.[5] Have compassion on us and do not destroy us, as it is written: For the Lord your God is a compassionate God; He will not forsake you, nor will He destroy you, nor will He forget the covenant with your fathers which He swore to them.[6] Open[7] our hearts to love Your Name, as it is written: And the Lord your God will open[7] your heart and the hearts of your offspring, to love the Lord your God with all your heart and with all your soul, that you may live.[8] Be accessible to us when we seek You, as it is written: And from there [from exile] you will seek the Lord your God, and you will find Him, for you will seek Him with all your heart and with all your soul.[9] Grant atonement for our sins and purify us, as it is written: For on this day atonement shall be made for you, to purify you; you shall be cleansed of all your sins before the Lord.[10] Chazzan: Bring us to Your holy mountain and make us rejoice in Your house of prayer, as it is written: I will bring them to My holy mountain and make them rejoice in My house of prayer; their burnt-offerings and their sacrifices shall be favorably accepted upon My altar, for My house shall be called a house of prayer for all the nations.[11]

THE ARK IS OPENED.

Stand for the following section.

Chazzan then cong. — שְׁמַע קוֹלֵנוּ יְיָ אֱלֹהֵינוּ, חוּס וְרַחֵם עָלֵינוּ,
וְקַבֵּל בְּרַחֲמִים וּבְרָצוֹן אֶת תְּפִלָּתֵנוּ:

Chazzan then cong. — הֲשִׁיבֵנוּ יְיָ אֵלֶיךָ וְנָשׁוּבָה, חַדֵּשׁ יָמֵינוּ
כְּקֶדֶם:¹

Chazzan then cong. — אַל תַּשְׁלִיכֵנוּ מִלְּפָנֶיךָ, וְרוּחַ קָדְשְׁךָ אַל תִּקַּח
מִמֶּנּוּ:²

Chazzan then cong. — אַל תַּשְׁלִיכֵנוּ לְעֵת זִקְנָה, כִּכְלוֹת כֹּחֵנוּ אַל
תַּעַזְבֵנוּ:³

אַל תַּעַזְבֵנוּ יְיָ אֱלֹהֵינוּ, אַל תִּרְחַק מִמֶּנּוּ:⁴ עֲשֵׂה עִמָּנוּ
אוֹת לְטוֹבָה וְיִרְאוּ שׂנְאֵינוּ וְיֵבֹשׁוּ, כִּי אַתָּה יְיָ
עֲזַרְתָּנוּ וְנִחַמְתָּנוּ:⁵ אֲמָרֵינוּ הַאֲזִינָה יְיָ, בִּינָה הֲגִיגֵנוּ:⁶ יִהְיוּ
לְרָצוֹן אִמְרֵי פִינוּ וְהֶגְיוֹן לִבֵּנוּ לְפָנֶיךָ, יְיָ צוּרֵנוּ וְגוֹאֲלֵנוּ:⁷
כִּי לְךָ יְיָ הוֹחָלְנוּ, אַתָּה תַעֲנֶה אֲדֹנָי אֱלֹהֵינוּ:⁸

THE ARK IS CLOSED.

אֱלֹהֵינוּ וֵאלֹהֵי אֲבוֹתֵינוּ, אַל תַּעַזְבֵנוּ וְאַל תִּטְּשֵׁנוּ וְאַל
תַּכְלִימֵנוּ, וְאַל תָּפֵר בְּרִיתְךָ אִתָּנוּ. קָרְבֵנוּ
לְתוֹרָתֶךָ, לַמְּדֵנוּ מִצְוֹתֶיךָ, הוֹרֵנוּ דְּרָכֶיךָ, הַט לִבֵּנוּ
לְיִרְאָה אֶת שְׁמֶךָ, וּמוֹל אֶת לְבָבֵנוּ לְאַהֲבָתֶךָ, וְנָשׁוּב
אֵלֶיךָ בֶּאֱמֶת וּבְלֵב שָׁלֵם. וּלְמַעַן שִׁמְךָ הַגָּדוֹל תִּמְחוֹל
וְתִסְלַח לַעֲוֹנֵנוּ, כַּכָּתוּב בְּדִבְרֵי קָדְשֶׁךָ: לְמַעַן שִׁמְךָ יְיָ
וְסָלַחְתָּ לַעֲוֹנִי כִּי רַב הוּא:¹⁰

---

1. Lamentations 5:21. **2.** Cf. Psalms 51:13. **3.** Cf. Ibid. 71:9. **4.** Cf. Ibid. 38:22. **5.** Cf. Ibid. 86:17. **6.** Cf. Ibid. 5:2. **7.** Cf. Ibid. 19:15. **8.** Cf. Ibid. 38:16. **9.** Lit., circumcise. **10.** Psalms 25:11.

THE ARK IS OPENED.

Stand for the following section.
Transliteration, page 443.

Chazzan then cong: שְׁמַע Hear our voice, Lord our God, have pity and compassion upon us, and accept our prayer with mercy and favor.

Chazzan then cong: Bring us back to You, Lord, and we will return; renew our days as of old.[1]

Chazzan then cong: Do not cast us out of Your presence, and do not take Your Spirit of Holiness away from us.[2]

Chazzan then cong: Do not cast us aside in old age; do not forsake us when our strength fails.[3]

אַל Do not abandon us, Lord our God; do not keep far from us.[4] Show us a sign of favor, that our foes may see and be shamed, because You, Lord, have given us aid and consoled us.[5] Hearken to our words, Lord; consider our thoughts.[6] May the words of our mouth and the meditation of our heart be acceptable before You, Lord, our Strength and our Redeemer.[7] For it is for You, Lord, that we have been waiting; answer us, Lord our God.[8]

THE ARK IS CLOSED.

אֱלֹהֵינוּ Our God and God of our fathers, do not forsake us, do not abandon us, do not put us to shame, and do not nullify Your covenant with us. Bring us near to Your Torah, teach us Your precepts, instruct us in Your ways, incline our heart to revere Your Name, open[9] our hearts to the love of You, and we will return to You in truth, with a perfect heart. And for the sake of Your great Name, forgive and pardon our iniquity, as it is written in Your holy Scriptures: For the sake of Your Name, Lord, pardon my iniquity, for it is great.[10]

אֱלֹהֵינוּ וֵאלֹהֵי אֲבוֹתֵינוּ, סְלַח לָנוּ, מְחַל לָנוּ,
כַּפֶּר לָנוּ. כִּי אָנוּ עַמֶּךְ וְאַתָּה אֱלֹהֵינוּ,
אָנוּ בָנֶיךָ וְאַתָּה אָבִינוּ, אָנוּ עֲבָדֶיךָ וְאַתָּה אֲדוֹנֵנוּ,
אָנוּ קְהָלֶךָ וְאַתָּה חֶלְקֵנוּ, אָנוּ נַחֲלָתֶךָ וְאַתָּה גוֹרָלֵנוּ,
אָנוּ צֹאנֶךָ וְאַתָּה רוֹעֵנוּ, אָנוּ כַרְמֶךְ וְאַתָּה נוֹטְרֵנוּ,
אָנוּ פְעֻלָּתֶךָ וְאַתָּה יוֹצְרֵנוּ, אָנוּ רַעְיָתֶךָ וְאַתָּה דוֹדֵנוּ,
אָנוּ סְגֻלָּתֶךָ וְאַתָּה אֱלֹהֵינוּ, אָנוּ עַמֶּךְ וְאַתָּה מַלְכֵּנוּ,
אָנוּ מַאֲמִירֶיךָ וְאַתָּה מַאֲמִירֵנוּ. אָנוּ עַזֵּי פָנִים וְאַתָּה
רַחוּם וְחַנּוּן, אָנוּ קְשֵׁי עֹרֶף וְאַתָּה אֶרֶךְ אַפַּיִם, אָנוּ
מְלֵאֵי עָוֹן וְאַתָּה מָלֵא רַחֲמִים, אָנוּ יָמֵינוּ כְּצֵל עוֹבֵר
וְאַתָּה הוּא וּשְׁנוֹתֶיךָ לֹא יִתָּמּוּ:

Stand for the following four paragraphs.

אֱלֹהֵינוּ וֵאלֹהֵי אֲבוֹתֵינוּ, תָּבוֹא לְפָנֶיךָ תְּפִלָּתֵנוּ, וְאַל
תִּתְעַלַּם מִתְּחִנָּתֵנוּ, שֶׁאֵין אָנוּ עַזֵּי פָנִים וּקְשֵׁי
עֹרֶף, לוֹמַר לְפָנֶיךָ יְיָ אֱלֹהֵינוּ וֵאלֹהֵי אֲבוֹתֵינוּ, צַדִּיקִים
אֲנַחְנוּ וְלֹא חָטָאנוּ, אֲבָל אֲנַחְנוּ וַאֲבוֹתֵינוּ חָטָאנוּ:

While mentioning a transgression, gently strike the left side of your chest (over the heart) with a closed fist.

אָשַׁמְנוּ. בָּגַדְנוּ. גָּזַלְנוּ. דִּבַּרְנוּ דְפִי: הֶעֱוִינוּ. וְהִרְשַׁעְנוּ.
זַדְנוּ. חָמַסְנוּ. טָפַלְנוּ שֶׁקֶר: יָעַצְנוּ רָע. כִּזַּבְנוּ.
לַצְנוּ. מָרַדְנוּ. נִאַצְנוּ. סָרַרְנוּ. עָוִינוּ. פָּשַׁעְנוּ. צָרַרְנוּ. קִשִּׁינוּ
עֹרֶף: רָשַׁעְנוּ. שִׁחַתְנוּ. תִּעַבְנוּ. תָּעִינוּ. תִּעְתָּעְנוּ:

סַרְנוּ מִמִּצְוֹתֶיךָ וּמִמִּשְׁפָּטֶיךָ הַטּוֹבִים וְלֹא שָׁוָה לָנוּ:
וְאַתָּה צַדִּיק עַל כָּל הַבָּא עָלֵינוּ, כִּי אֱמֶת עָשִׂיתָ
וַאֲנַחְנוּ הִרְשָׁעְנוּ:[1]

---
1. Nehemiah 9:33.

Transliteration, page 443.

אֱלֹהֵינוּ Our God and God of our fathers, pardon us, forgive us, grant us atonement—for we are Your people and You are our God; we are Your children and You are our Father; we are Your servants and You are our Master; we are Your congregation and You are our portion; we are Your inheritance and You are our lot; we are Your flock and You are our Shepherd; we are Your vineyard and You are our Watchman; we are Your handiwork and You are our Creator; we are Your beloved ones and You are our Beloved; we are Your treasure and You are our God; we are Your people and You are our King; we are Your chosen people and You are our acknowledged God; we are impudent but You are merciful and gracious; we are obdurate but You are slow to anger; we are full of iniquity but You are full of compassion; our days are like a passing shadow but You are eternal, Your years are without end.

Stand for the following four paragraphs.

אֱלֹהֵינוּ Our God and God of our fathers, may our prayers come before You, and do not turn away from our supplication, for we arc not so impudent and obdurate as to declare before You, Lord our God and God of our fathers, that we are righteous and have not sinned. Indeed, we and our fathers have sinned.

While mentioning a transgression, gently strike the left side of your chest (over the heart) with a closed fist.
Transliteration, page 444.

אָשַׁמְנוּ We have transgressed, we have acted perfidiously, we have robbed, we have slandered. We have acted perversely and wick-edly, we have willfully sinned, we have done violence, we have imputed falsely. We have given evil counsel, we have lied, we have scoffed, we have rebelled, we have provoked, we have been disobedient, we have committed iniquity, we have wantonly transgressed, we have oppressed, we have been obstinate. We have committed evil, we have acted perniciously, we have acted abom-inably, we have gone astray, we have led others astray.

סַרְנוּ We have strayed from Your good precepts and ordinances, and it has not profited us. Indeed, You are just in all that has comc upon us, for You have acted truthfully, and it is we who have acted wickedly.[1]

הִרְשַׁעְנוּ וּפָשַׁעְנוּ, לָכֵן לֹא נוֹשָׁעְנוּ, וְתֵן בְּלִבֵּנוּ לַעֲזוֹב
דֶּרֶךְ רֶשַׁע, וְחִישׁ לָנוּ יֶשַׁע, כַּכָּתוּב עַל יַד
נְבִיאֶךְ: יַעֲזֹב רָשָׁע דַּרְכּוֹ וְאִישׁ אָוֶן מַחְשְׁבֹתָיו, וְיָשֹׁב אֶל
יְיָ וִירַחֲמֵהוּ, וְאֶל אֱלֹהֵינוּ כִּי יַרְבֶּה לִסְלוֹחַ:¹

On Shabbat, add the words in shaded parentheses.

אֱלֹהֵינוּ וֵאלֹהֵי אֲבוֹתֵינוּ, סְלַח וּמְחַל לַעֲוֹנוֹתֵינוּ בְּיוֹם
(הַשַּׁבָּת הַזֶּה וּבְיוֹם) הַכִּפּוּרִים הַזֶּה, בְּיוֹם
סְלִיחַת הֶעָוֹן הַזֶּה, בְּיוֹם מִקְרָא קֹדֶשׁ הַזֶּה. מְחֵה וְהַעֲבֵר
פְּשָׁעֵינוּ וְחַטֹּאתֵינוּ מִנֶּגֶד עֵינֶיךָ, וְכוֹף אֶת יִצְרֵנוּ
לְהִשְׁתַּעְבֶּד לָךְ, וְהַכְנַע אֶת עָרְפֵּנוּ לָשׁוּב אֵלֶיךָ בֶּאֱמֶת,
וְחַדֵּשׁ כִּלְיוֹתֵינוּ לִשְׁמוֹר פִּקּוּדֶיךָ, וּמוֹל אֶת לְבָבֵנוּ לְאַהֲבָה
וּלְיִרְאָה אֶת שְׁמֶךָ, כַּכָּתוּב בְּתוֹרָתֶךָ: וּמָל יְיָ אֱלֹהֶיךָ אֶת
לְבָבְךָ וְאֶת לְבַב זַרְעֶךָ, לְאַהֲבָה אֶת יְיָ אֱלֹהֶיךָ בְּכָל לְבָבְךָ
וּבְכָל נַפְשְׁךָ לְמַעַן חַיֶּיךָ:³ הַזְּדוֹנוֹת וְהַשְּׁגָגוֹת אַתָּה מַכִּיר,
הָרָצוֹן וְהָאוֹנֶס הַגְּלוּיִם וְהַנִּסְתָּרִים, לְפָנֶיךָ הֵם גְּלוּיִם
וִידוּעִים. מָה אָנוּ, מֶה חַיֵּינוּ, מֶה חַסְדֵּנוּ, מַה צִּדְקֵנוּ, מַה
כֹּחֵנוּ, מַה גְּבוּרָתֵנוּ, מַה נֹּאמַר לְפָנֶיךָ יְיָ אֱלֹהֵינוּ וֵאלֹהֵי
אֲבוֹתֵינוּ, הֲלֹא כָּל הַגִּבּוֹרִים כְּאַיִן לְפָנֶיךָ וְאַנְשֵׁי הַשֵּׁם
כְּלֹא הָיוּ, וַחֲכָמִים כִּבְלִי מַדָּע, וּנְבוֹנִים כִּבְלִי הַשְׂכֵּל, כִּי
רוֹב מַעֲשֵׂיהֶם תֹּהוּ, וִימֵי חַיֵּיהֶם הֶבֶל לְפָנֶיךָ, וּמוֹתַר
הָאָדָם מִן הַבְּהֵמָה אָיִן, כִּי הַכֹּל הָבֶל:⁴ מַה נֹּאמַר לְפָנֶיךָ
יוֹשֵׁב מָרוֹם, וּמַה נְּסַפֵּר לְפָנֶיךָ שׁוֹכֵן שְׁחָקִים, הֲלֹא כָּל
הַנִּסְתָּרוֹת וְהַנִּגְלוֹת אַתָּה יוֹדֵעַ:

---
1. Isaiah 55:7. **2.** Lit., circumcise. **3.** Deuteronomy 30:6. **4.** Ecclesiastes 3:19.

הִרְשַׁעְנוּ We have acted wickedly and transgressed, therefore we have not been delivered. Inspire our hearts to abandon the evil way, and hasten our deliverance, as it is written by Your prophet: Let the wicked abandon his way and the man of iniquity his thoughts; let him return to the Lord and He will have compassion upon him, and to our God, for He will abundantly pardon.[1]

On Shabbat, add the words in shaded parentheses.

אֱלֹהֵינוּ Our God and God of our fathers, pardon and forgive our wrongdoings on this (Shabbat day and on this) Day of Atonements, on this day of pardoning of sin, on this day of holy assembly; wipe away and remove our transgressions and sins from before Your eyes; compel our inclination to be subservient to You; subdue our obduracy that we may return to You in truth; renew our minds to observe Your commandments; open[2] our hearts to love and revere Your Name, as it is written in Your Torah: And the Lord Your God will open[2] your hearts and the hearts of your offspring, to love the Lord your God with all your heart and with all your soul, that you may live.[3] You recognize deliberate sin or inadvertent error, [transgressions committed] willfully or under duress, openly or secretly—before You they are revealed and known. What are we? What is our life? What is our kindness? What is our righteousness? What is our strength? What is our might? What can we say to You, Lord our God and God of our fathers? Are not all the mighty men as nothing before You, the men of renown as though they had never been, the wise as if without knowledge, and the men of understanding as if devoid of intelligence? For most of their deeds are naught, and the days of their lives are vanity before You. The pre-eminence of man over beast is naught, for all is vanity.[4] What shall we say to You who dwells on high; what shall we relate to You who abides in the heavens? You surely know all the hidden and revealed things.

שִׁמְךָ מֵעוֹלָם עוֹבֵר עַל פֶּשַׁע, שַׁוְעָתֵנוּ תַאֲזִין בְּעָמְדֵנוּ לְפָנֶיךָ בִּתְפִלָּה, תַּעֲבוֹר עַל פֶּשַׁע לְעַם שָׁבֵי פֶשַׁע, תִּמְחֶה פְּשָׁעֵינוּ מִנֶּגֶד עֵינֶיךָ:

Stand for the confessional prayers.

אַתָּה יוֹדֵעַ רָזֵי עוֹלָם, וְתַעֲלוּמוֹת סִתְרֵי כָּל חָי. אַתָּה חֹפֵשׂ כָּל חַדְרֵי בָטֶן וּבֹחֵן כְּלָיוֹת וָלֵב, אֵין דָּבָר נֶעְלָם מִמֶּךָ, וְאֵין נִסְתָּר מִנֶּגֶד עֵינֶיךָ. וּבְכֵן יְהִי רָצוֹן מִלְּפָנֶיךָ, יְיָ אֱלֹהֵינוּ וֵאלֹהֵי אֲבוֹתֵינוּ, שֶׁתְּרַחֵם עָלֵינוּ וְתִמְחוֹל לָנוּ עַל כָּל חַטֹּאתֵינוּ, וּתְכַפֶּר לָנוּ עַל כָּל עֲוֹנוֹתֵינוּ, וְתִמְחוֹל וְתִסְלַח לָנוּ עַל כָּל פְּשָׁעֵינוּ:

Gently strike the left side of your chest (over the heart) with a closed fist when saying the word שֶׁחָטָאנוּ.

עַל חֵטְא שֶׁחָטָאנוּ לְפָנֶיךָ, בְּאֹנֶס וּבְרָצוֹן:
וְעַל חֵטְא שֶׁחָטָאנוּ לְפָנֶיךָ, בְּאִמּוּץ הַלֵּב:

עַל חֵטְא שֶׁחָטָאנוּ לְפָנֶיךָ, בִּבְלִי דָעַת:
וְעַל חֵטְא שֶׁחָטָאנוּ לְפָנֶיךָ, בְּבִטּוּי שְׂפָתָיִם:

עַל חֵטְא שֶׁחָטָאנוּ לְפָנֶיךָ, בְּגִלּוּי עֲרָיוֹת:
וְעַל חֵטְא שֶׁחָטָאנוּ לְפָנֶיךָ, בְּגִלּוּי וּבַסֵּתֶר:

עַל חֵטְא שֶׁחָטָאנוּ לְפָנֶיךָ, בְּדַעַת וּבְמִרְמָה:
וְעַל חֵטְא שֶׁחָטָאנוּ לְפָנֶיךָ, בְּדִבּוּר פֶּה:

עַל חֵטְא שֶׁחָטָאנוּ לְפָנֶיךָ, בְּהוֹנָאַת רֵעַ:
וְעַל חֵטְא שֶׁחָטָאנוּ לְפָנֶיךָ, בְּהִרְהוּר הַלֵּב:

עַל חֵטְא שֶׁחָטָאנוּ לְפָנֶיךָ, בִּוְעִידַת זְנוּת:
וְעַל חֵטְא שֶׁחָטָאנוּ לְפָנֶיךָ, בְּוִדּוּי פֶּה:

שמך Your Name from of old is Forgiver of Transgression; hearken to our supplication as we stand before You in prayer. Forgive transgression for the people who repent of transgression. Erase our transgressions from before Your eyes.

Stand for the confessional prayers.

אתה You know the mysteries of the universe and the hidden secrets of every living being. You search all [our] innermost thoughts, and probe [our] mind and heart; nothing is hidden from You, nothing is concealed from Your sight. And so, may it be Your will, Lord our God and God of our fathers, to have mercy on us and forgive us all our sins, grant us atonement for all our iniquities, and forgive and pardon us for all our transgressions.

Gently strike the left side of your chest (over the heart) with a closed fist when saying the word committed.

על חטא For the sin which we have committed before You under duress or willingly.

And for the sin which we have committed before You by hard-heartedness.

For the sin which we have committed before You inadvertently.

And for the sin which we have committed before You with an utterance of the lips.

For the sin which we have committed before You with immorality.

And for the sin which we have committed before You openly or secretly.

For the sin which we have committed before You with knowledge and with deceit.

And for the sin which we have committed before You through speech.

For the sin which we have committed before You by deceiving a fellowman.

And for the sin which we have committed before You by improper thoughts.

For the sin which we have committed before You by a gathering of lewdness.

And for the sin which we have committed before You by verbal [insincere] confession.

עַל חֵטְא שֶׁחָטָאנוּ לְפָנֶיךָ, בְּזִלְזוּל הוֹרִים וּמוֹרִים:
וְעַל חֵטְא שֶׁחָטָאנוּ לְפָנֶיךָ, בְּזָדוֹן וּבִשְׁגָגָה:

עַל חֵטְא שֶׁחָטָאנוּ לְפָנֶיךָ, בְּחֹזֶק יָד:
וְעַל חֵטְא שֶׁחָטָאנוּ לְפָנֶיךָ, בְּחִלּוּל הַשֵּׁם:

עַל חֵטְא שֶׁחָטָאנוּ לְפָנֶיךָ, בְּטֻמְאַת שְׂפָתָיִם:
וְעַל חֵטְא שֶׁחָטָאנוּ לְפָנֶיךָ, בְּטִפְשׁוּת פֶּה:

עַל חֵטְא שֶׁחָטָאנוּ לְפָנֶיךָ, בְּיֵצֶר הָרָע:
וְעַל חֵטְא שֶׁחָטָאנוּ לְפָנֶיךָ, בְּיוֹדְעִים וּבְלֹא יוֹדְעִים:

Gently strike the left side of your chest (over the heart) with a closed fist when saying the words סְלַח, מְחָל, כַּפֵּר.

Congregation then chazzan:

וְעַל כֻּלָּם, אֱלוֹהַּ סְלִיחוֹת, סְלַח לָנוּ, מְחַל לָנוּ, כַּפֶּר לָנוּ:

Gently strike the left side of your chest (over the heart) with a closed fist when saying the word שֶׁחָטָאנוּ.

עַל חֵטְא שֶׁחָטָאנוּ לְפָנֶיךָ, בְּכַחַשׁ וּבְכָזָב:
וְעַל חֵטְא שֶׁחָטָאנוּ לְפָנֶיךָ, בְּכַפַּת שֹׁחַד:

עַל חֵטְא שֶׁחָטָאנוּ לְפָנֶיךָ, בְּלָצוֹן:
וְעַל חֵטְא שֶׁחָטָאנוּ לְפָנֶיךָ, בְּלָשׁוֹן הָרָע:

עַל חֵטְא שֶׁחָטָאנוּ לְפָנֶיךָ, בְּמַשָּׂא וּבְמַתָּן:
וְעַל חֵטְא שֶׁחָטָאנוּ לְפָנֶיךָ, בְּמַאֲכָל וּבְמִשְׁתֶּה:

עַל חֵטְא שֶׁחָטָאנוּ לְפָנֶיךָ, בְּנֶשֶׁךְ וּבְמַרְבִּית:
וְעַל חֵטְא שֶׁחָטָאנוּ לְפָנֶיךָ, בִּנְטִיַּת גָּרוֹן:

עַל חֵטְא שֶׁחָטָאנוּ לְפָנֶיךָ, בְּשִׂיחַ שִׂפְתוֹתֵינוּ:
וְעַל חֵטְא שֶׁחָטָאנוּ לְפָנֶיךָ, בְּסִקּוּר עָיִן:

For the sin which we have committed before You by disrespect for parents and teachers.

And for the sin which we have committed before You intentionally or unintentionally.

For the sin which we have committed before You by using coercion.

And for the sin which we have committed before You by desecrating the Divine Name.

For the sin which we have committed before You by impurity of speech.

And for the sin which we have committed before You by foolish talk.

For the sin which we have committed before You with the evil inclination.

And for the sin which we have committed before You knowingly or unknowingly.

Gently strike the left side of your chest (over the heart) with a closed fist when saying the words *pardon, forgive, atone*.

Congregation then chazzan:

Transliteration, page 444.

וְעַל כֻּלָּם For all these, God of pardon, pardon us, forgive us, atone for us.

Gently strike the left side of your chest (over the heart) with a closed fist when saying the word *committed*.

For the sin which we have committed before You by false denial and lying.

And for the sin which we have committed before You by a bribe-taking or a bribe-giving hand.

For the sin which we have committed before You by scoffing.

And for the sin which we have committed before You by evil talk [about another].

For the sin which we have committed before You in business dealings.

And for the sin which we have committed before You by eating and drinking.

For the sin which we have committed before You by [taking or giving] interest and by usury.

And for the sin which we have committed before You by a haughty demeanor.

For the sin which we have committed before You by the prattle of our lips.

And for the sin which we have committed before You by a glance of the eye.

עַל חֵטְא שֶׁחָטָאנוּ לְפָנֶיךָ, בְּעֵינַיִם רָמוֹת:

וְעַל חֵטְא שֶׁחָטָאנוּ לְפָנֶיךָ, בְּעַזּוּת מֶצַח:

Gently strike the left side of your chest (over the heart) with a closed fist when saying the words סְלַח, מְחַל, כַּפֶּר.

Congregation then chazzan:

וְעַל כֻּלָּם, אֱלוֹהַּ סְלִיחוֹת, סְלַח לָנוּ, מְחַל לָנוּ, כַּפֶּר לָנוּ:

Gently strike the left side of your chest (over the heart) with a closed fist when saying the word שֶׁחָטָאנוּ.

עַל חֵטְא שֶׁחָטָאנוּ לְפָנֶיךָ, בִּפְרִיקַת עֹל:

וְעַל חֵטְא שֶׁחָטָאנוּ לְפָנֶיךָ, בִּפְלִילוּת:

עַל חֵטְא שֶׁחָטָאנוּ לְפָנֶיךָ, בִּצְדִיַּת רֵעַ:

וְעַל חֵטְא שֶׁחָטָאנוּ לְפָנֶיךָ, בְּצָרוּת עָיִן:

עַל חֵטְא שֶׁחָטָאנוּ לְפָנֶיךָ, בְּקַלּוּת רֹאשׁ:

וְעַל חֵטְא שֶׁחָטָאנוּ לְפָנֶיךָ, בְּקַשְׁיוּת עֹרֶף:

עַל חֵטְא שֶׁחָטָאנוּ לְפָנֶיךָ, בְּרִיצַת רַגְלַיִם לְהָרַע:

וְעַל חֵטְא שֶׁחָטָאנוּ לְפָנֶיךָ, בִּרְכִילוּת:

עַל חֵטְא שֶׁחָטָאנוּ לְפָנֶיךָ, בִּשְׁבוּעַת שָׁוְא:

וְעַל חֵטְא שֶׁחָטָאנוּ לְפָנֶיךָ, בְּשִׂנְאַת חִנָּם:

עַל חֵטְא שֶׁחָטָאנוּ לְפָנֶיךָ, בִּתְשׂוּמֶת יָד:

וְעַל חֵטְא שֶׁחָטָאנוּ לְפָנֶיךָ, בְּתִמְהוֹן לֵבָב:

Gently strike the left side of your chest (over the heart) with a closed fist when saying the words סְלַח, מְחַל, כַּפֶּר.

Congregation then chazzan:

וְעַל כֻּלָּם, אֱלוֹהַּ סְלִיחוֹת, סְלַח לָנוּ, מְחַל לָנוּ, כַּפֶּר לָנוּ:

For the sin which we have committed before You with proud looks.

And for the sin which we have committed before You with impudence.

Gently strike the left side of your chest (over the heart) with a closed fist when saying the words pardon, forgive, atone.

Congregation then chazzan:

וְעַל כֻּלָם **For all these, God of pardon, pardon us, forgive us, atone for us.**

Gently strike the left side of your chest (over the heart) with a closed fist when saying the word committed.

For the sin which we have committed before You by casting off the yoke [of Heaven].

And for the sin which we have committed before You in passing judgment.

For the sin which we have committed before You by scheming against a fellowman.

And for the sin which we have committed before You by a begrudging eye.

For the sin which we have committed before You by frivolity.

And for the sin which we have committed before You by obduracy.

For the sin which we have committed before You by running to do evil.

And for the sin which we have committed before You by tale-bearing.

For the sin which we have committed before You by swearing in vain.

And for the sin which we have committed before You by causeless hatred.

For the sin which we have committed before You by embezzlement.

And for the sin which we have committed before You by a confused heart.

Gently strike the left side of your chest (over the heart) with a closed fist when saying the words pardon, forgive, atone.

Congregation then chazzan:

וְעַל כֻּלָם **For all these, God of pardon, pardon us, forgive us, atone for us.**

Gently strike the left side of your chest (over the heart) with a closed fist when saying the words שֶׁאָנוּ חַיָּבִים.

וְעַל חֲטָאִים שֶׁאָנוּ חַיָּבִים עֲלֵיהֶם: עוֹלָה:

וְעַל חֲטָאִים שֶׁאָנוּ חַיָּבִים עֲלֵיהֶם: חַטָּאת:

וְעַל חֲטָאִים שֶׁאָנוּ חַיָּבִים עֲלֵיהֶם: קָרְבָּן עוֹלֶה וְיוֹרֵד:

וְעַל חֲטָאִים שֶׁאָנוּ חַיָּבִים עֲלֵיהֶם: אָשָׁם וַדַּאי וְתָלוּי:

וְעַל חֲטָאִים שֶׁאָנוּ חַיָּבִים עֲלֵיהֶם: מַכַּת מַרְדּוּת:

וְעַל חֲטָאִים שֶׁאָנוּ חַיָּבִים עֲלֵיהֶם: מַלְקוּת אַרְבָּעִים:

וְעַל חֲטָאִים שֶׁאָנוּ חַיָּבִים עֲלֵיהֶם: מִיתָה בִּידֵי שָׁמָיִם:

וְעַל חֲטָאִים שֶׁאָנוּ חַיָּבִים עֲלֵיהֶם: כָּרֵת וַעֲרִירִי:

וְעַל חֲטָאִים שֶׁאָנוּ חַיָּבִים עֲלֵיהֶם: אַרְבַּע מִיתוֹת בֵּית דִּין: סְקִילָה, שְׂרֵפָה, הֶרֶג, וְחֶנֶק:

עַל מִצְוֹת עֲשֵׂה, וְעַל מִצְוֹת לֹא תַעֲשֶׂה, בֵּין שֶׁיֵּשׁ בָּהֵן קוּם עֲשֵׂה,[1] וּבֵין שֶׁאֵין בָּהֵן קוּם עֲשֵׂה, אֶת הַגְּלוּיִם לָנוּ, וְאֶת שֶׁאֵינָם גְּלוּיִם לָנוּ. אֶת הַגְּלוּיִם לָנוּ, כְּבָר אֲמַרְנוּם לְפָנֶיךָ, וְהוֹדִינוּ לְךָ עֲלֵיהֶם, וְאֶת שֶׁאֵינָם גְּלוּיִם לָנוּ, לְפָנֶיךָ הֵם גְּלוּיִם וִידוּעִים, כַּדָּבָר שֶׁנֶּאֱמַר: הַנִּסְתָּרֹת לַיָי אֱלֹהֵינוּ, וְהַנִּגְלֹת לָנוּ וּלְבָנֵינוּ עַד עוֹלָם, לַעֲשׂוֹת אֶת כָּל דִּבְרֵי הַתּוֹרָה הַזֹּאת:[2]

וְדָוִד עַבְדְּךָ אָמַר לְפָנֶיךָ: שְׁגִיאוֹת מִי יָבִין, מִנִּסְתָּרוֹת נַקֵּנִי.[3] נַקֵּנוּ יְיָ אֱלֹהֵינוּ מִכָּל פְּשָׁעֵינוּ, וְטַהֲרֵנוּ מִכָּל טֻמְאוֹתֵינוּ, וּזְרוֹק עָלֵינוּ מַיִם טְהוֹרִים וְטַהֲרֵנוּ, כַּכָּתוּב עַל יַד נְבִיאֶךָ: וְזָרַקְתִּי עֲלֵיכֶם מַיִם טְהוֹרִים וּטְהַרְתֶּם, מִכֹּל טֻמְאוֹתֵיכֶם וּמִכָּל גִּלּוּלֵיכֶם אֲטַהֵר אֶתְכֶם:[4]

---

1. E.g., to return what one has stolen.   2. Deuteronomy 29:28.   3. Psalms 19:13.   4. Ezekiel 36:25.

Gently strike the left side of your chest (over the heart) with a closed fist when saying the words *we are obligated*.

And for the sins for which we are obligated to bring a burnt-offering.

And for the sins for which we are obligated to bring a sin-offering.

And for the sins for which we are obligated to bring a varying offering [according to one's means].

And for the sins for which we are obligated to bring a guilt-offering for a certain or doubtful trespass.

And for the sins for which we incur the penalty of lashing for rebelliousness.

And for the sins for which we incur the penalty of forty lashes.

And for the sins for which we incur the penalty of death by the hand of Heaven.

And for the sins for which we incur the penalty of excision and childlessness.

And for the sins for which we incur the penalty of the four forms of capital punishment executed by the Court: stoning, burning, decapitation and strangulation.

על For [transgressing] positive and prohibitory *mitzvot*, whether [the prohibitions] can be rectified by a specifically prescribed act[1] or not, those of which we are aware and those of which we are not aware; those of which we are aware, we have already declared them before You and confessed them to You, and those of which we are not aware—before You they are revealed and known, as it is stated: The hidden things belong to the Lord our God, but the revealed things are for us and for our children forever, that we may carry out all the words of this Torah.[2]

ודוד David, Your servant, declared before You: Who can discern inadvertent wrongs? Purge me of hidden sins.[3] Purge us, Lord our God, of all our transgressions, cleanse us of all our defilements, and sprinkle purifying waters upon us and purify us, as it is written by Your prophet: And I will sprinkle purifying waters upon you, and you shall be pure; from all your defilements and from all your idolatries I will purify you.[4]

אַל תִּירָא יַעֲקֹב, שׁוּבוּ בָּנִים שׁוֹבְבִים, שׁוּבָה יִשְׂרָאֵל.
הִנֵּה לֹא יָנוּם וְלֹא יִישָׁן שׁוֹמֵר יִשְׂרָאֵל.[1] כַּכָּתוּב עַל
יַד נְבִיאֶךָ: שׁוּבָה יִשְׂרָאֵל עַד יְיָ אֱלֹהֶיךָ, כִּי כָשַׁלְתָּ
בַּעֲוֹנֶךָ.[2] וְנֶאֱמַר: קְחוּ עִמָּכֶם דְּבָרִים וְשׁוּבוּ אֶל יְיָ, אִמְרוּ
אֵלָיו כָּל תִּשָּׂא עָוֹן וְקַח טוֹב, וּנְשַׁלְּמָה פָרִים שְׂפָתֵינוּ.[3]
וְאַתָּה רַחוּם מְקַבֵּל שָׁבִים, כִּי עַל הַתְּשׁוּבָה מֵרֹאשׁ
הִבְטַחְתָּנוּ, וְלִתְשׁוּבָה עֵינֵינוּ מְיַחֲלוֹת לָךְ:

On Shabbat, add the words in shaded parentheses.

וּמֵאַהֲבָתְךָ יְיָ אֱלֹהֵינוּ שֶׁאָהַבְתָּ אֶת יִשְׂרָאֵל עַמֶּךָ,
וּמֵחֶמְלָתְךָ מַלְכֵּנוּ שֶׁחָמַלְתָּ עַל בְּנֵי
בְרִיתֶךָ, נָתַתָּ לָנוּ יְיָ אֱלֹהֵינוּ אֶת (יוֹם הַשַּׁבָּת הַזֶּה וְאֶת)
יוֹם צוֹם הַכִּפֻּרִים הַזֶּה, וְאֶת יוֹם סְלִיחַת הֶעָוֹן הַזֶּה, וְאֶת
יוֹם מִקְרָא קֹדֶשׁ הַזֶּה, לִמְחִילַת חֵטְא וְלִסְלִיחַת עָוֹן
וּלְכַפָּרַת פָּשַׁע:

יוֹם אֲשֶׁר הוּחַק לְכַפָּרָתֵנוּ, הַיּוֹם תְּבַשְּׂרֵנוּ צוּרֵנוּ
וּתְטַהֲרֵנוּ, כַּכָּתוּב בְּתוֹרָתֶךָ: וְהָיְתָה זֹּאת לָכֶם
לְחֻקַּת עוֹלָם, לְכַפֵּר עַל בְּנֵי יִשְׂרָאֵל מִכָּל חַטֹּאתָם
אַחַת בַּשָּׁנָה:[4]

יוֹם מַנְחִיל דָּת שׁוּעַ בְּעַד דּוֹר, הַיּוֹם נִשָּׂא לוֹ בְּבַקְשׁוֹ
סְלַח נָא, כַּכָּתוּב בְּתוֹרָתֶךָ: סְלַח נָא לַעֲוֹן הָעָם
הַזֶּה כְּגֹדֶל חַסְדֶּךָ, וְכַאֲשֶׁר נָשָׂאתָה לָעָם הַזֶּה מִמִּצְרַיִם
וְעַד הֵנָּה.[5] וְשָׁם נֶאֱמַר: וַיֹּאמֶר יְיָ סָלַחְתִּי כִּדְבָרֶךָ:[6]
בַּעֲבוּר כְּבוֹד שִׁמְךָ הַמָּצֵא לָנוּ מוֹחֵל וְסוֹלֵחַ, סְלַח נָא
לְמַעַן שְׁמֶךָ:

1. Psalms 121:4.   2. Hosea 14:2.   3. Ibid. 14:3.   4. Leviticus 16:34.   5. Numbers 14:19.
6. Ibid. 14:20.

אַל Do not fear, Jacob; return, you wayward children; return, O Israel, for the Guardian of Israel neither slumbers nor sleeps;[1] as it is written by Your prophet: Return, O Israel, to the Lord your God, for you have stumbled because of your sin.[2] And it is said: Take with you words [of confession] and return to the Lord; say to Him: Forgive all sin, accept that which is good [within us], and we will render the prayer of our lips in place of the sacrifice of bullocks.[3] And You, Merciful One, accept those who repent; for from the beginning [of creation] You have promised us to accept penitence; and our eyes look hopefully to You to arouse us to penitence.

On Shabbat, add the words in shaded parentheses.

וּמֵאַהֲבָתְךָ Because of Your love, Lord our God, for Your people Israel and because of Your mercy, our King, which You have shown to the children of Your Covenant, You, Lord our God, have given us (this Shabbat day and) this fast day of Yom Kippur, this day of pardoning of sin and this day of holy assembly for forgiveness of sin, for pardon of iniquity, and for atonement for transgression.

יוֹם אֲשֶׁר A day which has been ordained for our atonement—on this day bring to us good tidings [of pardon] and cleanse us, as it is written in Your Torah: And this shall be an everlasting statute for you, to make atonement for the Israelites for all their sins once a year.[4]

יוֹם מַנְחִיל A day on which [Moses,] who made us inherit the Torah, pleaded in behalf of his generation—on this day forgiveness was granted him when he implored: "O pardon," as it is written in Your Torah: Pardon, I beseech You, the wrongdoing of this people, in keeping with the greatness of Your kindness, and as You have forgiven this people from Egypt until now.[5] And there it is stated: And the Lord said: I have pardoned in accordance with Your words.[6] For the sake of the glory of Your Name, be accessible to us, You who forgives and pardons; pardon, we beseech You, for the sake of Your Name.

יום קוֹרְאֵי בְשִׁמְךָ יְמַלֵּטוּ, הַיּוֹם רַחֵם עָלֵינוּ כְּאָז קָרָא
בְשֵׁם, כַּכָּתוּב בְּתוֹרָתֶךָ: וַיֵּרֶד יְיָ בֶּעָנָן וַיִּתְיַצֵּב עִמּוֹ
שָׁם, וַיִּקְרָא בְשֵׁם יְיָ. וַיַּעֲבֹר יְיָ עַל פָּנָיו וַיִּקְרָא: יְיָ יְיָ אֵל
רַחוּם וְחַנּוּן, אֶרֶךְ אַפַּיִם וְרַב חֶסֶד וֶאֱמֶת. נֹצֵר חֶסֶד
לָאֲלָפִים, נֹשֵׂא עָוֹן וָפֶשַׁע וְחַטָּאָה, וְנַקֵּה:[1] בַּעֲבוּר כְּבוֹד
שִׁמְךָ הִמָּצֵא לָנוּ מוֹחֵל וְסוֹלֵחַ, סְלַח לָנוּ לְמַעַן שְׁמֶךָ:

יום שְׁמָמוֹת הֵיכָלְךָ תַּבִּיט, הַיּוֹם תַּעֲשֶׂה לְמַעַן שְׁמֶךָ,
כְּנָם אִישׁ חֲמוּדוֹת, כַּכָּתוּב בְּדִבְרֵי קָדְשֶׁךָ: הַטֵּה
אֱלֹהַי אָזְנְךָ וּשֲׁמָע, פְּקַח עֵינֶיךָ וּרְאֵה שֹׁמְמוֹתֵינוּ, וְהָעִיר
אֲשֶׁר נִקְרָא שִׁמְךָ עָלֶיהָ, כִּי לֹא עַל צִדְקֹתֵינוּ אֲנַחְנוּ
מַפִּילִים תַּחֲנוּנֵינוּ לְפָנֶיךָ, כִּי עַל רַחֲמֶיךָ הָרַבִּים. אֲדֹנָי
שְׁמָעָה, אֲדֹנָי סְלָחָה, אֲדֹנָי הַקְשִׁיבָה, וַעֲשֵׂה אַל תְּאַחַר,
לְמַעַנְךָ אֱלֹהַי, כִּי שִׁמְךָ נִקְרָא עַל עִירְךָ וְעַל עַמֶּךָ:[2]
בַּעֲבוּר כְּבוֹד שִׁמְךָ הִמָּצֵא לָנוּ שׁוֹמֵעַ תְּפִלָּה, שְׁמַע בְּקוֹל
תְּפִלָּתֵנוּ לְמַעַן שְׁמֶךָ:

מִי אֵל כָּמוֹךָ: אָדוֹן אַבִּיר, בְּמַעֲשָׂיו כַּבִּיר, מִי אֵל כָּמוֹךָ:
גּוֹלֶה עֲמֻקוֹת, דּוֹבֵר צְדָקוֹת, מִי אֵל כָּמוֹךָ: הַצוּר
תָּמִים, וּמָלֵא רַחֲמִים, מִי אֵל כָּמוֹךָ: כּוֹבֵשׁ כָּל כְּעָסִים,
לְהַצְדִּיק עֲמוּסִים,[3] מִי אֵל כָּמוֹךָ:

כַּכָּתוּב עַל יַד נְבִיאֶךָ: מִי אֵל כָּמוֹךָ, נֹשֵׂא עָוֹן וְעֹבֵר
עַל פֶּשַׁע לִשְׁאֵרִית נַחֲלָתוֹ, לֹא הֶחֱזִיק לָעַד
אַפּוֹ, כִּי חָפֵץ חֶסֶד הוּא: יָשׁוּב יְרַחֲמֵנוּ, יִכְבֹּשׁ עֲוֹנֹתֵינוּ,
וְתַשְׁלִיךְ בִּמְצֻלוֹת יָם כָּל חַטֹּאתָם:[4] וְכָל חַטֹּאת עַמְּךָ

---

1. Exodus 34:5-7.   **2.** Daniel 9:18-19.   **3.** V. Isaiah 46:3.   **4.** Micah 7:18-19.

יוֹם קוֹרְאֶי A day on which those who invoke Your Name will be saved—on this day have mercy on us as then when [Moses] invoked the Name, as it is written in Your Torah: And the Lord descended in the cloud and stood with him there, and he invoked the Name of the Lord. And the Lord passed before him and proclaimed: Lord, Lord, benevolent God, compassionate and gracious, slow to anger and abounding in kindness and truth; He preserves kindness for two thousand generations, forgiving iniquity, transgression and sin, and He cleanses.[1] For the sake of the glory of Your Name, be accessible to us, You who forgives and pardons; pardon us, we beseech You, for the sake of Your Name.

יוֹם שְׁמָמוֹת A day on which You will look upon the ruins of Your Temple—on this day act for the sake of Your Name, as [Daniel] the amiable one declared, as it is written in Your holy Scriptures: Give ear, my God and hear; open Your eyes and behold our desolate places and the city upon which Your Name is proclaimed, for it is not on account of our own righteousness that we offer our supplications before You, but because of Your abounding mercies. My Lord, hear; my Lord, forgive; my Lord, hearken and take action, do not delay, for Your own sake, my God, for Your Name is proclaimed over Your city and Your people.[2] For the sake of the glory of Your Name, be accessible to us, You who heeds prayer; hear the sound of our prayer for the sake of Your Name.

מִי Who is like You, O God! Powerful Lord, whose deeds are mighty; who is like You, O God! You who reveals hidden things, who speaks kindly; who is like You, O God! The perfect Creator, who is filled with mercy; who is like You, O God! You who suppresses all wrath to find righteous those borne[3] by You; who is like You, O God!

כַּכָּתוּב As it is written by Your prophet: Who is a God like You, who pardons iniquity and forgives transgression for the remnant of His heritage! He does not maintain His wrath forever, for He desires [to do] kindness. He will again show us mercy, He will suppress our iniquities; and You will cast all their sins into the depths of the sea.[4] And You will cast all the sins of

בֵּית יִשְׂרָאֵל תַּשְׁלִיךְ בְּמָקוֹם אֲשֶׁר לֹא יִזָּכְרוּ וְלֹא יִפָּקְדוּ
וְלֹא יַעֲלוּ עַל לֵב לְעוֹלָם: וְנֶאֱמַר: תִּתֵּן אֱמֶת לְיַעֲקֹב,
חֶסֶד לְאַבְרָהָם, אֲשֶׁר נִשְׁבַּעְתָּ לַאֲבוֹתֵינוּ מִימֵי קֶדֶם:[1]

Chazzan:
On Shabbat, add the words in shaded parentheses.

אֱלֹהֵינוּ וֵאלֹהֵי אֲבוֹתֵינוּ, מְחַל לַעֲוֹנוֹתֵינוּ בְּיוֹם (הַשַּׁבָּת
הַזֶּה וּבְיוֹם) הַכִּפּוּרִים הַזֶּה, בְּיוֹם סְלִיחַת הֶעָוֹן
הַזֶּה, בְּיוֹם מִקְרָא קֹדֶשׁ הַזֶּה, מְחֵה וְהַעֲבֵר פְּשָׁעֵינוּ
וְחַטֹּאתֵינוּ מִנֶּגֶד עֵינֶיךָ, כָּאָמוּר: אָנֹכִי אָנֹכִי הוּא מֹחֶה
פְשָׁעֶיךָ לְמַעֲנִי, וְחַטֹּאתֶיךָ לֹא אֶזְכֹּר.[2] וְנֶאֱמַר: מָחִיתִי
כָעָב פְּשָׁעֶיךָ וְכֶעָנָן חַטֹּאתֶיךָ, שׁוּבָה אֵלַי כִּי גְאַלְתִּיךָ.[3]
וְנֶאֱמַר: כִּי בַיּוֹם הַזֶּה יְכַפֵּר עֲלֵיכֶם לְטַהֵר אֶתְכֶם, מִכֹּל
חַטֹּאתֵיכֶם לִפְנֵי יְיָ תִּטְהָרוּ.[4] (אֱלֹהֵינוּ וֵאלֹהֵי אֲבוֹתֵינוּ, רְצֵה
נָא בִמְנוּחָתֵנוּ) קַדְּשֵׁנוּ בְּמִצְוֹתֶיךָ וְתֵן חֶלְקֵנוּ בְּתוֹרָתֶךָ.
שַׂבְּעֵנוּ מִטּוּבֶךָ וְשַׂמַּח נַפְשֵׁנוּ בִּישׁוּעָתֶךָ, (וְהַנְחִילֵנוּ יְיָ
אֱלֹהֵינוּ בְּאַהֲבָה וּבְרָצוֹן שַׁבְּתוֹת קָדְשֶׁךָ, וְיָנוּחוּ בָם כָּל יִשְׂרָאֵל
מְקַדְּשֵׁי שְׁמֶךָ,) וְטַהֵר לִבֵּנוּ לְעָבְדְּךָ בֶּאֱמֶת. כִּי אַתָּה סָלְחָן
לְיִשְׂרָאֵל וּמָחֲלָן לְשִׁבְטֵי יְשֻׁרוּן[5] בְּכָל דּוֹר וָדוֹר,
וּמִבַּלְעָדֶיךָ אֵין לָנוּ מֶלֶךְ מוֹחֵל וְסוֹלֵחַ. בָּרוּךְ אַתָּה יְיָ,
מֶלֶךְ מוֹחֵל וְסוֹלֵחַ לַעֲוֹנוֹתֵינוּ וְלַעֲוֹנוֹת עַמּוֹ בֵּית יִשְׂרָאֵל,
וּמַעֲבִיר אַשְׁמוֹתֵינוּ בְּכָל שָׁנָה וְשָׁנָה, מֶלֶךְ עַל כָּל הָאָרֶץ,
מְקַדֵּשׁ (הַשַּׁבָּת וְ) יִשְׂרָאֵל וְיוֹם הַכִּפּוּרִים: (Cong.)— אָמֵן)

---

1. Micah 7:20.   **2.** Isaiah 43:25.   **3.** Ibid. 44:22.   **4.** Leviticus 16:30.   **5.** V. Isaiah 44:2;
Deuteronomy 33:5, 26; Ramban, Deuteronomy 7:12.

Your people, the House of Israel, into a place where they shall never be remembered nor recalled nor brought to mind. And it is said: You will grant truth to Jacob, kindness to Abraham, as You have sworn to our fathers from the days of yore.[1]

Chazzan:
On Shabbat, add the words in shaded parentheses.

אֱלֹהֵינוּ Our God and God of our fathers, forgive our wrongdoings on this (Shabbat day and on this) Day of Atonements, on this day of pardoning of sin, on this day of holy assembly; wipe away and remove our transgressions and sins from before Your eyes, as it is stated: I, I [alone,] am He who wipes away your transgressions, for My sake; your sins I will not recall.[2] And it is stated: I have wiped away your transgressions like a thick cloud, your sins like a cloud; return to Me, for I have redeemed you.[3] And it is stated: For on this day atonement shall be made for you, to purify you; you shall be cleansed of all your sins before the Lord.[4] (Our God and God of our fathers, please find favor in our rest.) Make us holy with Your commandments and grant us our portion in Your Torah; satiate us with Your goodness and gladden our soul with Your salvation. (Lord our God, grant as our heritage, in love and goodwill, Your holy Shabbat days, and may all Israel who sanctify Your Name rest on them.) Make our heart pure to serve You in truth, for You are the Pardoner of Israel and the Forgiver of the tribes of Yeshurun[5] in every generation, and aside from You we have no King who forgives and pardons. Blessed are You, Lord, King who forgives and pardons our sins and the sins of His people, the House of Israel, and removes our trespasses each and every year; King over the whole earth, who sanctifies (the Shabbat and) Israel and the Day of Atonements. (Cong: Amen)

רְצֵה יְיָ אֱלֹהֵינוּ בְּעַמְּךָ יִשְׂרָאֵל וְלִתְפִלָּתָם שְׁעֵה, וְהָשֵׁב הָעֲבוֹדָה לִדְבִיר בֵּיתֶךָ, וְאִשֵּׁי יִשְׂרָאֵל וּתְפִלָּתָם בְּאַהֲבָה תְקַבֵּל בְּרָצוֹן, וּתְהִי לְרָצוֹן תָּמִיד עֲבוֹדַת יִשְׂרָאֵל עַמֶּךָ:

וְתֶחֱזֶינָה עֵינֵינוּ בְּשׁוּבְךָ לְצִיּוֹן בְּרַחֲמִים. בָּרוּךְ אַתָּה יְיָ, הַמַּחֲזִיר שְׁכִינָתוֹ לְצִיּוֹן: (אָמֵן — Cong.)

Bow at מודים; straighten up at יְיָ.

מוֹדִים אֲנַחְנוּ לָךְ, שָׁאַתָּה הוּא יְיָ אֱלֹהֵינוּ וֵאלֹהֵי אֲבוֹתֵינוּ לְעוֹלָם וָעֶד, צוּר חַיֵּינוּ, מָגֵן יִשְׁעֵנוּ, אַתָּה הוּא לְדוֹר וָדוֹר, נוֹדֶה לְּךָ וּנְסַפֵּר תְּהִלָּתֶךָ, עַל חַיֵּינוּ הַמְּסוּרִים בְּיָדֶךָ, וְעַל נִשְׁמוֹתֵינוּ הַפְּקוּדוֹת לָךְ, וְעַל נִסֶּיךָ שֶׁבְּכָל יוֹם עִמָּנוּ, וְעַל נִפְלְאוֹתֶיךָ וְטוֹבוֹתֶיךָ שֶׁבְּכָל עֵת, עֶרֶב וָבֹקֶר וְצָהֳרָיִם, הַטּוֹב, כִּי לֹא כָלוּ רַחֲמֶיךָ, וְהַמְרַחֵם, כִּי לֹא תַמּוּ חֲסָדֶיךָ, כִּי מֵעוֹלָם קִוִּינוּ לָךְ:

MODIM D'RABBANAN

While the chazzan recites מודים, the congregation recites the following, while bowing:

מוֹדִים אֲנַחְנוּ לָךְ, שָׁאַתָּה הוּא יְיָ אֱלֹהֵינוּ וֵאלֹהֵי אֲבוֹתֵינוּ, אֱלֹהֵי כָל בָּשָׂר, יוֹצְרֵנוּ, יוֹצֵר בְּרֵאשִׁית, בְּרָכוֹת וְהוֹדָאוֹת לְשִׁמְךָ הַגָּדוֹל וְהַקָּדוֹשׁ, עַל שֶׁהֶחֱיִיתָנוּ וְקִיַּמְתָּנוּ, כֵּן תְּחַיֵּינוּ וּתְקַיְּמֵנוּ, וְתֶאֱסוֹף גָּלֻיּוֹתֵינוּ לְחַצְרוֹת קָדְשֶׁךָ, וְנָשׁוּב אֵלֶיךָ לִשְׁמוֹר חֻקֶּיךָ, וְלַעֲשׂוֹת רְצוֹנֶךָ, וּלְעָבְדְּךָ בְּלֵבָב שָׁלֵם, עַל שֶׁאָנוּ מוֹדִים לָךְ, בָּרוּךְ אֵל הַהוֹדָאוֹת:

וְעַל כֻּלָּם יִתְבָּרַךְ וְיִתְרוֹמָם וְיִתְנַשֵּׂא שִׁמְךָ מַלְכֵּנוּ תָּמִיד לְעוֹלָם וָעֶד:

רצה Look with favor, Lord our God, on Your people Israel, and pay heed to their prayer; restore the service to Your Sanctuary, and accept with love and favor Israel's fire-offerings and prayer; and may the service of Your people Israel always find favor.

ותחזינה May our eyes behold Your return to Zion in mercy. Blessed are You, Lord, who restores His Divine Presence to Zion. (Cong: Amen)

Bow at We thankfully acknowledge; straighten up at Lord.

מודים We thankfully acknowledge that You are the Lord our God and God of our fathers forever. You are the strength of our life, the shield of our salvation in every generation. We will give thanks to You and recount Your praise, evening, morning and noon, for our lives which are committed into Your hand, for our souls which are entrusted to You, for Your miracles which are with us daily, and for Your continual wonders and beneficences. You are the Beneficent One, for Your mercies never cease; and the Merciful One, for Your kindnesses never end; for we always place our hope in You.

MODIM D'RABBANAN

While the chazzan recites *Modim*, the congregation recites the following, while bowing:
Transliteration, page 438.

מודים We thankfully acknowledge that You are the Lord our God and God of our fathers, the God of all flesh, our Creator and the Creator of all existence. We offer blessings and thanks to Your great and holy Name, for You have given us life and sustained us; so may You continue to grant us life and sustain us—gather our dispersed to the courtyards of Your Sanctuary, and we shall return to You to keep Your Laws, to do Your will, and to serve You with a perfect heart—for we thankfully acknowledge You. Blessed is God, who is worthy of thanks.

ועל And for all these, may Your Name, our King, be continually blessed, exalted, and extolled forever and all time.

—Cong. then chazzan

אָבִינוּ מַלְכֵּנוּ, זְכוֹר רַחֲמֶיךָ וּכְבוֹשׁ כַּעַסְךָ,
וְכַלֵּה דֶּבֶר, וְחֶרֶב, וְרָעָב, וּשְׁבִי, וּמַשְׁחִית,
וְעָוֹן, וּמַגֵּפָה, וּפֶגַע רָע, וְכָל מַחֲלָה,
וְכָל תַּקָּלָה, וְכָל קְטָטָה, וְכָל מִינֵי פֻרְעָנִיּוֹת,
וְכָל גְּזֵרָה רָעָה, וְשִׂנְאַת חִנָּם, מֵעָלֵינוּ וּמֵעַל
כָּל בְּנֵי בְרִיתֶךָ:

—Cong. then chazzan

וּכְתוֹב לְחַיִּים טוֹבִים כָּל בְּנֵי בְרִיתֶךָ:

Chazzan:

וְכָל הַחַיִּים יוֹדֽוּךָ סֶּלָה, וִיהַלְלוּ שִׁמְךָ הַגָּדוֹל לְעוֹלָם כִּי
טוֹב, הָאֵל יְשׁוּעָתֵנוּ וְעֶזְרָתֵנוּ סֶלָה, הָאֵל הַטּוֹב.

Bend knees at בָּרוּךְ; bow at אַתָּה; straighten up at יְיָ.

בָּרוּךְ אַתָּה יְיָ, הַטּוֹב שִׁמְךָ וּלְךָ נָאֶה לְהוֹדוֹת:
(אָמֵן —Cong.)

The congregation responds אָמֵן as indicated.

אֱלֹהֵינוּ וֵאלֹהֵי אֲבוֹתֵינוּ, בָּרְכֵנוּ בַבְּרָכָה הַמְשֻׁלֶּשֶׁת
בַּתּוֹרָה הַכְּתוּבָה עַל יְדֵי מֹשֶׁה עַבְדֶּךָ,
הָאֲמוּרָה מִפִּי אַהֲרֹן וּבָנָיו, כֹּהֲנִים עַם קְדוֹשֶׁךָ, כָּאָמוּר:
יְבָרֶכְךָ יְיָ וְיִשְׁמְרֶךָ: (אָמֵן) יָאֵר יְיָ פָּנָיו אֵלֶיךָ, וִיחֻנֶּךָּ: (אָמֵן)
יִשָּׂא יְיָ פָּנָיו אֵלֶיךָ, וְיָשֵׂם לְךָ שָׁלוֹם:[1] (אָמֵן)

שִׂים שָׁלוֹם, טוֹבָה וּבְרָכָה, חַיִּים חֵן וָחֶסֶד וְרַחֲמִים,
עָלֵינוּ וְעַל כָּל יִשְׂרָאֵל עַמֶּךָ. בָּרְכֵנוּ אָבִינוּ כֻּלָּנוּ
כְּאֶחָד בְּאוֹר פָּנֶיךָ, כִּי בְאוֹר פָּנֶיךָ נָתַתָּ לָנוּ יְיָ אֱלֹהֵינוּ
תּוֹרַת חַיִּים וְאַהֲבַת חֶסֶד, וּצְדָקָה וּבְרָכָה וְרַחֲמִים וְחַיִּים

---

1. Numbers 6:24-26.

וכתוב Inscribe all the children of Your Covenant for a good life.

Cong. then chazzan: אבינו *Övinu malkaynu, z'chor rachamechö u-ch'vosh ka-as'chö, v'chalay dever, v'cherev, v'rö-öv, u-sh'vi, u-mash-chis, v'övon, u-magayfö, u-fega rö, v'chöl machalö, v'chöl takölö, v'chöl k'tötö, v'chöl minay fur-öniyos, v'chöl g'zayrö rö-ö, v'sin-as chinöm, may-ölaynu u-may-al köl b'nay v'risechö.*

Cong. then chazzan: וכתוב *U-ch'sov l'cha-yim tovim köl b'nay v'risechö.*

Chazzan:

וכל And all living things shall forever thank You, and praise Your great Name eternally, for You are good. God, You are our everlasting salvation and help, O benevolent God.

Bend knees at *Blessed*; bow at *You*; straighten up at *Lord*.

Blessed are You, Lord, Beneficent is Your Name, and to You it is fitting to offer thanks. (Cong: Amen)

Congregation responds Amen as indicated.

אלהינו Our God and God of our fathers, bless us with the threefold blessing written in the Torah by Moses Your servant, and pronounced by Aaron and his sons the Kohanim, Your consecrated people, as it is said: The Lord bless you and guard you. (Amen) The Lord make His countenance shine upon you and be gracious to you. (Amen) The Lord turn His countenance toward you and grant you peace.[1] (Amen)

שים Bestow peace, goodness, and blessing, life, graciousness, kindness, and mercy, upon us and upon all Your people Israel. Bless us, our Father, all of us as one, with the light of Your countenance, for by the light of Your countenance You gave us, Lord our God, the Torah of life and loving-kindness, righteousness, blessing, mercy, life and

---

אבינו Our Father, our King, remember Your compassion and suppress Your wrath, and eradicate pestilence, sword, famine, captivity, destruction, iniquity, plague and evil occurrence; every disease, every mishap, every strife, every kind of punishment, every evil decree and groundless hatred, from us and from every member of Your Covenant.

וְשָׁלוֹם, וְטוֹב בְּעֵינֶיךָ לְבָרֵךְ אֶת עַמְּךָ יִשְׂרָאֵל בְּכָל עֵת וּבְכָל שָׁעָה בִּשְׁלוֹמֶךָ.

‏—Cong. then chazzan

וּבְסֵפֶר חַיִּים בְּרָכָה וְשָׁלוֹם וּפַרְנָסָה טוֹבָה, יְשׁוּעָה וְנֶחָמָה וּגְזֵרוֹת טוֹבוֹת, נִזָּכֵר וְנִכָּתֵב לְפָנֶיךָ, אֲנַחְנוּ וְכָל עַמְּךָ בֵּית יִשְׂרָאֵל, לְחַיִּים טוֹבִים וּלְשָׁלוֹם.

Chazzan:

בָּרוּךְ אַתָּה יְיָ, הַמְבָרֵךְ אֶת עַמּוֹ יִשְׂרָאֵל בַּשָּׁלוֹם:

(אָמֵן ‏—Cong.)

The chazzan recites the following verse silently:

יִהְיוּ לְרָצוֹן אִמְרֵי פִי וְהֶגְיוֹן לִבִּי לְפָנֶיךָ, יְיָ צוּרִי וְגוֹאֲלִי:[1]

֎֍֎֍

AVINU MALKEINU

When Yom Kippur occurs on Shabbat אָבִינוּ מַלְכֵּנוּ is not said.

The following is said standing.

THE ARK IS OPENED.

אָבִינוּ מַלְכֵּנוּ חָטָאנוּ לְפָנֶיךָ:

אָבִינוּ מַלְכֵּנוּ אֵין לָנוּ מֶלֶךְ אֶלָּא אָתָּה:

אָבִינוּ מַלְכֵּנוּ עֲשֵׂה עִמָּנוּ לְמַעַן שְׁמֶךָ:

אָבִינוּ מַלְכֵּנוּ חַדֵּשׁ עָלֵינוּ שָׁנָה טוֹבָה:

אָבִינוּ מַלְכֵּנוּ בַּטֵּל מֵעָלֵינוּ כָּל גְּזֵרוֹת קָשׁוֹת:

אָבִינוּ מַלְכֵּנוּ בַּטֵּל מַחְשְׁבוֹת שׂוֹנְאֵינוּ:

אָבִינוּ מַלְכֵּנוּ הָפֵר עֲצַת אוֹיְבֵינוּ:

אָבִינוּ מַלְכֵּנוּ כַּלֵּה כָּל צַר וּמַסְטִין מֵעָלֵינוּ:

אָבִינוּ מַלְכֵּנוּ סְתוֹם פִּיּוֹת מַסְטִינֵנוּ וּמְקַטְרִיגֵנוּ:

---

1. Psalms 19:15.

peace. May it be favorable in Your eyes to bless Your people Israel, at all times and at every moment, with Your peace.

Cong. then chazzan: **וּבְסֵפֶר** *U-v'sayfer cha-yim b'röchö v'shölom ufar'nösö tovö, y'shu-ö v'nechömö u-g'zayros tovos, nizöchayr v'nikösayv l'fönechö, anach-nu v'chöl am'chö bays yisrö-ayl, l'cha-yim tovim u-l'shölom.*

Chazzan:
Blessed are You, Lord, who blesses His people Israel with peace. (Cong: Amen)

The chazzan recites the following verse silently:
יִהְיוּ May the words of my mouth and the meditation of my heart be acceptable before You, Lord, my Strength and my Redeemer.[1]

ℰ𝒼𝒶𝒹𝓈𝓈

AVINU MALKEINU

When Yom Kippur occurs on Shabbat *Avinu Malkeinu* is not said. The following is said standing.

THE ARK IS OPENED.

אָבִינוּ Our Father, our King, we have sinned before You.

Our Father, our King, we have no King but You.

Our Father, our King, act [benevolently] with us for the sake of Your Name.

Our Father, our King, renew for us a good year.

Our Father, our King, remove from us all harsh decrees.

Our Father, our King, annul the intentions of our enemies.

Our Father, our King, foil the plans of our foes.

Our Father, our King, wipe out every oppressor and adversary from against us.

Our Father, our King, close the mouths of our adversaries and accusers.

וּבְסֵפֶר And in the Book of life, blessing, peace and prosperity, deliverance, consolation and favorable decrees may we and all Your people the House of Israel be remembered and inscribed before You for a happy life and for peace.

אָבִינוּ מַלְכֵּנוּ כַּלֵּה דֶּבֶר וְחֶרֶב וְרָעָב וּשְׁבִי וּמַשְׁחִית מִבְּנֵי בְרִיתֶךְ:

אָבִינוּ מַלְכֵּנוּ מְנַע מַגֵּפָה מִנַּחֲלָתֶךְ:

אָבִינוּ מַלְכֵּנוּ סְלַח וּמְחוֹל לְכָל עֲוֹנוֹתֵינוּ:

אָבִינוּ מַלְכֵּנוּ מְחֵה וְהַעֲבֵר פְּשָׁעֵינוּ מִנֶּגֶד עֵינֶיךְ:

אָבִינוּ מַלְכֵּנוּ מְחוֹק בְּרַחֲמֶיךְ הָרַבִּים כָּל שִׁטְרֵי חוֹבוֹתֵינוּ:

אָבִינוּ מַלְכֵּנוּ הַחֲזִירֵנוּ בִּתְשׁוּבָה שְׁלֵמָה לְפָנֶיךְ:

אָבִינוּ מַלְכֵּנוּ שְׁלַח רְפוּאָה שְׁלֵמָה לְחוֹלֵי עַמֶּךְ:

אָבִינוּ מַלְכֵּנוּ קְרַע רוֹעַ גְּזַר דִּינֵנוּ:

אָבִינוּ מַלְכֵּנוּ זָכְרֵנוּ בְּזִכָּרוֹן טוֹב לְפָנֶיךְ:

אָבִינוּ מַלְכֵּנוּ כָּתְבֵנוּ בְּסֵפֶר חַיִּים טוֹבִים:

אָבִינוּ מַלְכֵּנוּ כָּתְבֵנוּ בְּסֵפֶר גְּאֻלָּה וִישׁוּעָה:

אָבִינוּ מַלְכֵּנוּ כָּתְבֵנוּ בְּסֵפֶר פַּרְנָסָה וְכַלְכָּלָה:

אָבִינוּ מַלְכֵּנוּ כָּתְבֵנוּ בְּסֵפֶר זְכֻיּוֹת:

אָבִינוּ מַלְכֵּנוּ כָּתְבֵנוּ בְּסֵפֶר סְלִיחָה וּמְחִילָה:

אָבִינוּ מַלְכֵּנוּ הַצְמַח לָנוּ יְשׁוּעָה בְּקָרוֹב:

אָבִינוּ מַלְכֵּנוּ הָרֵם קֶרֶן יִשְׂרָאֵל עַמֶּךְ:

אָבִינוּ מַלְכֵּנוּ הָרֵם קֶרֶן מְשִׁיחֶךְ:

אָבִינוּ מַלְכֵּנוּ מַלֵּא יָדֵינוּ מִבִּרְכוֹתֶיךְ:

אָבִינוּ מַלְכֵּנוּ מַלֵּא אֲסָמֵינוּ שָׂבָע:

אָבִינוּ מַלְכֵּנוּ שְׁמַע קוֹלֵנוּ חוּס וְרַחֵם עָלֵינוּ:

אָבִינוּ מַלְכֵּנוּ קַבֵּל בְּרַחֲמִים וּבְרָצוֹן אֶת תְּפִלָּתֵנוּ:

Our Father, our King, remove pestilence, sword, famine, captivity, and destruction from the members of Your covenant.

Our Father, our King, withhold the plague from Your inheritance.

Our Father, our King, pardon and forgive all our iniquities.

Our Father, our King, blot out and remove our transgressions from before Your eyes.

Our Father, our King, erase in Your abounding mercies all the records of our debts [sins].

Our Father, our King, bring us back to You in wholehearted repentance.

Our Father, our King, send a complete healing to the sick of Your people.

Our Father, our King, rend the evil [aspect] of the verdict decreed against us.

Our Father, our King, remember us with a favorable remembrance before You.

Our Father, our King, inscribe us in the book of good life.

Our Father, our King, inscribe us in the book of redemption and deliverance.

Our Father, our King, inscribe us in the book of livelihood and sustenance.

Our Father, our King, inscribe us in the book of merits.

Our Father, our King, inscribe us in the book of pardon and forgiveness.

Our Father, our King, cause deliverance to flourish for us soon.

Our Father, our King, exalt the glory of Israel Your people.

Our Father, our King, exalt the glory of Your anointed one.

Our Father, our King, fill our hands with Your blessings.

Our Father, our King, fill our storehouses with plenty.

Our Father, our King, hear our voice, have pity and compassion upon us.

Our Father, our King, accept our prayer with mercy and with favor.

אָבִינוּ מַלְכֵּנוּ פְּתַח שַׁעֲרֵי שָׁמַיִם לִתְפִלָּתֵנוּ:

אָבִינוּ מַלְכֵּנוּ זְכוֹר כִּי עָפָר אֲנָחְנוּ:

אָבִינוּ מַלְכֵּנוּ נָא אַל תְּשִׁיבֵנוּ רֵיקָם מִלְּפָנֶיךָ:

אָבִינוּ מַלְכֵּנוּ תְּהֵא הַשָּׁעָה הַזֹּאת שְׁעַת רַחֲמִים וְעֵת רָצוֹן מִלְּפָנֶיךָ:

אָבִינוּ מַלְכֵּנוּ חֲמוֹל עָלֵינוּ וְעַל עוֹלָלֵינוּ וְטַפֵּנוּ:

אָבִינוּ מַלְכֵּנוּ עֲשֵׂה לְמַעַן הֲרוּגִים עַל שֵׁם קָדְשֶׁךָ:

אָבִינוּ מַלְכֵּנוּ עֲשֵׂה לְמַעַן טְבוּחִים עַל יִחוּדֶךָ:

אָבִינוּ מַלְכֵּנוּ עֲשֵׂה לְמַעַן בָּאֵי בָאֵשׁ וּבַמַּיִם עַל קִדּוּשׁ שְׁמֶךָ:

אָבִינוּ מַלְכֵּנוּ נְקוֹם נִקְמַת דַּם עֲבָדֶיךָ הַשָּׁפוּךְ:

אָבִינוּ מַלְכֵּנוּ עֲשֵׂה לְמַעַנְךָ אִם לֹא לְמַעֲנֵנוּ:

אָבִינוּ מַלְכֵּנוּ עֲשֵׂה לְמַעַנְךָ וְהוֹשִׁיעֵנוּ:

אָבִינוּ מַלְכֵּנוּ עֲשֵׂה לְמַעַן רַחֲמֶיךָ הָרַבִּים:

אָבִינוּ מַלְכֵּנוּ עֲשֵׂה לְמַעַן שִׁמְךָ הַגָּדוֹל הַגִּבּוֹר וְהַנּוֹרָא שֶׁנִּקְרָא עָלֵינוּ:

אָבִינוּ מַלְכֵּנוּ חָנֵּנוּ וַעֲנֵנוּ כִּי אֵין בָּנוּ מַעֲשִׂים עֲשֵׂה עִמָּנוּ צְדָקָה וָחֶסֶד וְהוֹשִׁיעֵנוּ:

THE ARK IS CLOSED.

Chazzan recites Complete Kaddish. Congregation responds אָמֵן as indicated.

יִתְגַּדַּל וְיִתְקַדַּשׁ שְׁמֵהּ רַבָּא. (Cong.—אָמֵן)   בְּעָלְמָא דִי בְרָא כִרְעוּתֵהּ וְיַמְלִיךְ מַלְכוּתֵהּ, וְיַצְמַח פּוּרְקָנֵהּ וִיקָרֵב מְשִׁיחֵהּ. (Cong.—אָמֵן)   בְּחַיֵּיכוֹן וּבְיוֹמֵיכוֹן וּבְחַיֵּי דְכָל בֵּית יִשְׂרָאֵל, בַּעֲגָלָא וּבִזְמַן קָרִיב וְאִמְרוּ אָמֵן:

Our Father, our King, open the gates of heaven to our prayer.

Our Father, our King, let it be remembered that we are but dust.

Our Father, our King, we beseech You, do not turn us away from You empty-handed.

Our Father, our King, may this hour be an hour of mercy and a time of favor before You.

Our Father, our King, have compassion upon us, and upon our infants and children.

Our Father, our King, do it for the sake of those who were slain for Your holy Name.

Our Father, our King, do it for the sake of those who were slaughtered for Your Oneness.

Our Father, our King, do it for the sake of those who went through fire and water for the sanctification of Your Name.

Our Father, our King, avenge the spilled blood of Your servants.

Our Father, our King, do it for Your sake, if not for ours.

Our Father, our King, do it for Your sake, and deliver us.

Our Father, our King, do it for the sake of Your abounding mercies.

Our Father, our King, do it for the sake of Your great, mighty and awesome Name which is proclaimed over us.

Our Father, our King, be gracious to us and answer us, for we have no meritorious deeds; deal charitably and kindly with us and deliver us.

THE ARK IS CLOSED.

Chazzan recites Complete Kaddish. Congregation responds Amen as indicated.

יתגדל Exalted and hallowed be His great Name (Cong: Amen) throughout the world which He has created according to His will. May He establish His kingship, bring forth His redemption and hasten the coming of His Mashiach (Cong: Amen) in your lifetime and in your days and in the lifetime of the entire House of Israel, speedily and soon, and say, Amen.

(‎.‎יִתְבָּרֵךְ ,‎עָלְמַיָּא וּלְעָלְמֵי לְעָלַם מְבָרַךְ רַבָּא שְׁמֵהּ יְהֵא .‎אָמֵן —.Cong)

יְהֵא שְׁמֵהּ רַבָּא מְבָרַךְ לְעָלַם וּלְעָלְמֵי עָלְמַיָּא, יִתְבָּרֵךְ,
וְיִשְׁתַּבַּח, וְיִתְפָּאַר, וְיִתְרוֹמַם, וְיִתְנַשֵּׂא, וְיִתְהַדָּר וְיִתְעַלֶּה,
וְיִתְהַלָּל, שְׁמֵהּ דְּקוּדְשָׁא בְּרִיךְ הוּא. (‎אָמֵן —.Cong) לְעֵלָּא
מִן כָּל בִּרְכָתָא וְשִׁירָתָא, תֻּשְׁבְּחָתָא וְנֶחֱמָתָא, דַּאֲמִירָן
בְּעָלְמָא, וְאִמְרוּ אָמֵן: (‎אָמֵן —.Cong)

תִּתְקַבֵּל צְלוֹתְהוֹן וּבָעוּתְהוֹן דְּכָל בֵּית יִשְׂרָאֵל, קֳדָם
אֲבוּהוֹן דִּי בִשְׁמַיָּא, וְאִמְרוּ אָמֵן: (‎אָמֵן —.Cong) יְהֵא
שְׁלָמָא רַבָּא מִן שְׁמַיָּא וְחַיִּים טוֹבִים עָלֵינוּ וְעַל כָּל
יִשְׂרָאֵל, וְאִמְרוּ אָמֵן: (‎אָמֵן —.Cong)

Take three steps back, then bow right saying עֹשֶׂה הַשָּׁלוֹם בִּמְרוֹמָיו, bow forward saying וְעַל כָּל, bow left saying יַעֲשֶׂה שָׁלוֹם עָלֵינוּ, and bow forward saying הוּא, יִשְׂרָאֵל, וְאִמְרוּ אָמֵן.

עֹשֶׂה הַשָּׁלוֹם בִּמְרוֹמָיו, הוּא יַעֲשֶׂה שָׁלוֹם עָלֵינוּ וְעַל
כָּל יִשְׂרָאֵל, וְאִמְרוּ אָמֵן: (‎אָמֵן —.Cong)

לְדָוִד, יְיָ אוֹרִי וְיִשְׁעִי מִמִּי אִירָא, יְיָ מָעוֹז חַיַּי מִמִּי
אֶפְחָד: בִּקְרֹב עָלַי מְרֵעִים לֶאֱכֹל אֶת בְּשָׂרִי, צָרַי
וְאֹיְבַי לִי, הֵמָּה כָּשְׁלוּ וְנָפָלוּ: אִם תַּחֲנֶה עָלַי מַחֲנֶה לֹא
יִירָא לִבִּי, אִם תָּקוּם עָלַי מִלְחָמָה, בְּזֹאת אֲנִי בוֹטֵחַ:
אַחַת שָׁאַלְתִּי מֵאֵת יְיָ, אוֹתָהּ אֲבַקֵּשׁ, שִׁבְתִּי בְּבֵית יְיָ כָּל
יְמֵי חַיַּי, לַחֲזוֹת בְּנֹעַם יְיָ וּלְבַקֵּר בְּהֵיכָלוֹ: כִּי יִצְפְּנֵנִי בְּסֻכּוֹ
בְּיוֹם רָעָה, יַסְתִּירֵנִי בְּסֵתֶר אָהֳלוֹ, בְּצוּר יְרוֹמְמֵנִי: וְעַתָּה
יָרוּם רֹאשִׁי עַל אֹיְבַי סְבִיבוֹתַי, וְאֶזְבְּחָה בְאָהֳלוֹ זִבְחֵי
תְרוּעָה, אָשִׁירָה וַאֲזַמְּרָה לַיְיָ: שְׁמַע יְיָ קוֹלִי אֶקְרָא, וְחָנֵּנִי
וַעֲנֵנִי: לְךָ אָמַר לִבִּי בַּקְּשׁוּ פָנָי, אֶת פָּנֶיךָ יְיָ אֲבַקֵּשׁ: אַל

1. I.e., that "the Lord is my light and my salvation," etc.

(Cong: Amen. May His great Name be blessed forever and to all eternity. Blessed.)

May His great Name be blessed forever and to all eternity. Blessed and praised, glorified, exalted and extolled, honored, adored and lauded be the Name of the Holy One, blessed be He, (Cong: Amen) beyond all the blessings, hymns, praises and consolations that are uttered in the world; and say, Amen. (Cong: Amen)

May the prayers and supplications of the entire House of Israel be accepted before their Father in heaven; and say, Amen. (Cong: Amen) May there be abundant peace from heaven, and a good life for us and for all Israel; and say, Amen. (Cong: Amen)

Take three steps back, then bow right saying *He who makes the peace in His Heavens*, bow forward saying *may He*, bow left saying *make peace for us*, and bow forward saying *and for all Israel; and say, Amen.*

He who makes the peace in His heavens, may He make peace for us and for all Israel; and say, Amen. (Cong: Amen)

לדוד By David. The Lord is my light and my salvation—whom shall I fear? The Lord is the strength of my life—whom shall I dread? When evildoers approached me to devour my flesh, my oppressors and my foes, they stumbled and fell. If an army were to beleaguer me, my heart would not fear; if war were to arise against me, in this[1] I trust. One thing I have asked of the Lord, this I seek: that I may dwell in the House of the Lord all the days of my life, to behold the pleasantness of the Lord and to visit in His Sanctuary. For He will hide me in His tabernacle on a day of adversity; He will conceal me in the hidden places of His tent; He will lift me upon a rock. And then my head will be raised above my enemies around me, and I will offer in His tabernacle sacrifices of jubilation; I will sing and chant to the Lord. Lord, hear my voice as I call; be gracious to me and answer me. In Your behalf my heart says, "Seek My countenance"; Your countenance, Lord, I seek. Do not conceal Your countenance

תַּסְתֵּר פָּנֶיךָ מִמֶּנִּי, אַל תַּט בְּאַף עַבְדֶּךָ, עֶזְרָתִי הָיִיתָ, אַל
תִּטְּשֵׁנִי וְאַל תַּעַזְבֵנִי אֱלֹהֵי יִשְׁעִי: כִּי אָבִי וְאִמִּי עֲזָבוּנִי, וַיְיָ
יַאַסְפֵנִי: הוֹרֵנִי יְיָ דַּרְכֶּךָ, וּנְחֵנִי בְּאֹרַח מִישׁוֹר, לְמַעַן שֹׁרְרָי:
אַל תִּתְּנֵנִי בְּנֶפֶשׁ צָרָי, כִּי קָמוּ בִי עֵדֵי שֶׁקֶר וִיפֵחַ חָמָס:
לוּלֵא הֶאֱמַנְתִּי לִרְאוֹת בְּטוּב יְיָ בְּאֶרֶץ חַיִּים: קַוֵּה אֶל יְיָ,
חֲזַק וְיַאֲמֵץ לִבֶּךָ, וְקַוֵּה אֶל יְיָ:¹

MOURNER'S KADDISH

Mourners recite the following Kaddish.
Congregation responds אָמֵן as indicated.

יִתְגַּדַּל וְיִתְקַדַּשׁ שְׁמֵהּ רַבָּא. (.Cong—) אָמֵן)   בְּעָלְמָא דִּי בְרָא
כִרְעוּתֵהּ וְיַמְלִיךְ מַלְכוּתֵהּ, וְיַצְמַח פּוּרְקָנֵהּ וִיקָרֵב
מְשִׁיחֵהּ. (.Cong—) אָמֵן)   בְּחַיֵּיכוֹן וּבְיוֹמֵיכוֹן וּבְחַיֵּי דְכָל בֵּית
יִשְׂרָאֵל, בַּעֲגָלָא וּבִזְמַן קָרִיב וְאִמְרוּ אָמֵן:

(.Cong—) אָמֵן. יְהֵא שְׁמֵהּ רַבָּא מְבָרַךְ לְעָלַם וּלְעָלְמֵי עָלְמַיָּא, יִתְבָּרַךְ.)

יְהֵא שְׁמֵהּ רַבָּא מְבָרַךְ לְעָלַם וּלְעָלְמֵי עָלְמַיָּא, יִתְבָּרַךְ,
וְיִשְׁתַּבַּח, וְיִתְפָּאַר, וְיִתְרוֹמַם, וְיִתְנַשֵּׂא, וְיִתְהַדָּר, וְיִתְעַלֶּה,
וְיִתְהַלָּל, שְׁמֵהּ דְּקוּדְשָׁא בְּרִיךְ הוּא. (.Cong—) אָמֵן)   לְעֵלָּא מִן כָּל
בִּרְכָתָא וְשִׁירָתָא, תֻּשְׁבְּחָתָא וְנֶחֱמָתָא, דַּאֲמִירָן בְּעָלְמָא,
וְאִמְרוּ אָמֵן: (.Cong—) אָמֵן)   יְהֵא שְׁלָמָא רַבָּא מִן שְׁמַיָּא וְחַיִּים
טוֹבִים עָלֵינוּ וְעַל כָּל יִשְׂרָאֵל, וְאִמְרוּ אָמֵן: (.Cong—) אָמֵן)

Take three steps back, then bow right saying עֹשֶׂה הַשָּׁלוֹם בִּמְרוֹמָיו, bow forward saying הוּא,
bow left saying יַעֲשֶׂה שָׁלוֹם עָלֵינוּ, and bow forward saying וְעַל כָּל יִשְׂרָאֵל, וְאִמְרוּ אָמֵן.

עֹשֶׂה הַשָּׁלוֹם בִּמְרוֹמָיו, הוּא יַעֲשֶׂה שָׁלוֹם עָלֵינוּ וְעַל כָּל
יִשְׂרָאֵל, וְאִמְרוּ אָמֵן: (.Cong—) אָמֵן)

---

1. Psalm 27.

from me, do not cast aside Your servant in wrath; You have been my help; do not abandon me nor forsake me, God of my deliverance. Though my father and mother have forsaken me, the Lord has taken me in. Lord, teach me Your way and lead me in the path of righteousness because of my watchful enemies. Do not give me over to the will of my oppressors, for there have risen against me false witnesses and they speak evil. [They would have crushed me] had I not believed that I would see the goodness of the Lord in the land of the living. Hope in the Lord, be strong and let your heart be valiant, and hope in the Lord.[1]

MOURNER'S KADDISH

Mourners recite the following Kaddish (translation on page 480).
Congregation responds Amen as indicated.

יִתְגַּדַּל *Yis-gadal v'yis-kadash sh'mayh rabö.* (Cong: *Ömayn*)

B'öl'mö di v'rö chir'u-sayh v'yamlich mal'chusayh, v'yatzmach pur-könayh vikörayv m'shi-chayh. (Cong: *Ömayn*)

B'cha-yay-chon u-v'yomaychon u-v'cha-yay d'chöl bays yisrö-ayl, ba-agölö u-viz'man köriv v'im'ru ömayn.

(Cong: *Ömayn. Y'hay sh'mayh rabö m'vörach l'ölam u-l'öl'may öl'ma-yö, yisböraych.*)

Y'hay sh'mayh rabö m'vörach l'ölam u-l'öl'may öl'ma-yö. Yisböraych, v'yishtabach, v'yispö-ayr, v'yisromöm, v'yis-nasay, v'yis-hadör, v'yis-aleh, v'yis-halöl, sh'mayh d'kudshö b'rich hu. (Cong: *Ömayn*)

L'aylö min köl bir-chösö v'shirösö, tush-b'chösö v'neche-mösö, da-amirön b'öl'mö, v'im'ru ömayn. (Cong: *Ömayn*)

Y'hay sh'lömö rabö min sh'ma-yö, v'cha-yim tovim ölaynu v'al köl yisrö-ayl v'im'ru ömayn. (Cong: *Ömayn*)

Take three steps back, then bow right saying *Oseh ha-shölom bim'romöv,* bow forward saying *hu,* bow left saying *ya-aseh shölom ölaynu,* and bow forward saying *v'al köl yisrö-ayl, v'im'ru ömayn.*

Oseh ha-shölom bim'romöv, hu ya-a-seh shölom ölaynu v'al köl yisrö-ayl, v'im'ru ömayn. (Cong: *Ömayn*)

෮ඁ෯ඁ෯ඁ෨

THE NEILAH PRAYER

THE ARK IS OPENED.

The Ark remains open until after the sounding of the *shofar*, page 379.
While it is preferable to stand when the Ark is open, one who finds this to be difficult may sit, except where indicated.

אַשְׁרֵי יוֹשְׁבֵי בֵיתֶךָ, עוֹד יְהַלְלוּךָ סֶּלָה:¹ אַשְׁרֵי הָעָם
שֶׁכָּכָה לּוֹ, אַשְׁרֵי הָעָם שֶׁיְיָ אֱלֹהָיו:² תְּהִלָּה לְדָוִד,
אֲרוֹמִמְךָ אֱלוֹהַי הַמֶּלֶךְ, וַאֲבָרְכָה שִׁמְךָ לְעוֹלָם וָעֶד: בְּכָל
יוֹם אֲבָרְכֶךָּ, וַאֲהַלְלָה שִׁמְךָ לְעוֹלָם וָעֶד: גָּדוֹל יְיָ וּמְהֻלָּל
מְאֹד, וְלִגְדֻלָּתוֹ אֵין חֵקֶר: דּוֹר לְדוֹר יְשַׁבַּח מַעֲשֶׂיךָ,
וּגְבוּרֹתֶיךָ יַגִּידוּ: הֲדַר כְּבוֹד הוֹדֶךָ, וְדִבְרֵי נִפְלְאֹתֶיךָ
אָשִׂיחָה: וֶעֱזוּז נוֹרְאֹתֶיךָ יֹאמֵרוּ, וּגְדֻלָּתְךָ אֲסַפְּרֶנָּה: זֵכֶר
רַב טוּבְךָ יַבִּיעוּ, וְצִדְקָתְךָ יְרַנֵּנוּ: חַנּוּן וְרַחוּם יְיָ, אֶרֶךְ אַפַּיִם
וּגְדָל חָסֶד: טוֹב יְיָ לַכֹּל, וְרַחֲמָיו עַל כָּל מַעֲשָׂיו: יוֹדוּךָ יְיָ
כָּל מַעֲשֶׂיךָ, וַחֲסִידֶיךָ יְבָרְכוּכָה: כְּבוֹד מַלְכוּתְךָ יֹאמֵרוּ,
וּגְבוּרָתְךָ יְדַבֵּרוּ: לְהוֹדִיעַ לִבְנֵי הָאָדָם גְּבוּרֹתָיו, וּכְבוֹד
הֲדַר מַלְכוּתוֹ: מַלְכוּתְךָ מַלְכוּת כָּל עוֹלָמִים, וּמֶמְשַׁלְתְּךָ
בְּכָל דּוֹר וָדֹר: סוֹמֵךְ יְיָ לְכָל הַנֹּפְלִים, וְזוֹקֵף לְכָל
הַכְּפוּפִים: עֵינֵי כֹל אֵלֶיךָ יְשַׂבֵּרוּ, וְאַתָּה נוֹתֵן לָהֶם אֶת
אָכְלָם בְּעִתּוֹ: פּוֹתֵחַ אֶת יָדֶךָ, וּמַשְׂבִּיעַ לְכָל חַי רָצוֹן:
צַדִּיק יְיָ בְּכָל דְּרָכָיו, וְחָסִיד בְּכָל מַעֲשָׂיו: קָרוֹב יְיָ לְכָל
קֹרְאָיו, לְכֹל אֲשֶׁר יִקְרָאֻהוּ בֶאֱמֶת: רְצוֹן יְרֵאָיו יַעֲשֶׂה, וְאֶת
שַׁוְעָתָם יִשְׁמַע וְיוֹשִׁיעֵם: שׁוֹמֵר יְיָ אֶת כָּל אֹהֲבָיו, וְאֶת
כָּל הָרְשָׁעִים יַשְׁמִיד: תְּהִלַּת יְיָ יְדַבֶּר פִּי, וִיבָרֵךְ כָּל בָּשָׂר

---

1. Psalms 84:5.   **2.** Ibid. 144:15.

ஒ௸௸

THE NEILAH PRAYER

THE ARK IS OPENED.

The Ark remains open until after the sounding of the *shofar*, page 379.
While it is preferable to stand when the Ark is open, one who finds this to be difficult may sit, except where indicated.
Transliteration, page 437.

אשרי Happy are those who dwell in Your House; they will yet praise You forever.[1] Happy is the people whose lot is thus; happy is the people whose God is the Lord.[2] A psalm of praise by David: I will exalt You, my God the King, and bless Your Name forever. Every day I will bless You, and extol Your Name forever. The Lord is great and exceedingly exalted, and there is no limit to His greatness. One generation to another will laud Your works, and tell of Your mighty acts. I will speak of the splendor of Your glorious majesty and of Your wondrous deeds. They will proclaim the might of Your awesome acts, and I will recount Your greatness. They will express the remembrance of Your abounding goodness, and sing of Your righteousness. The Lord is gracious and compassionate, slow to anger and of great kindness. The Lord is good to all, and His mercies extend over all His works. Lord, all Your works will give thanks to You, and Your pious ones will bless You. They will declare the glory of Your kingdom, and tell of Your strength. To make known to men His mighty acts, and the glorious majesty of His kingdom. Your kingship is a kingship over all worlds, and Your dominion is throughout all generations. The Lord supports all who fall, and makes erect all who are bent. The eyes of all look expectantly to You, and You give them their food at the proper time. You open Your hand and satisfy the desire of every living thing. The Lord is righteous in all His ways, and benevolent in all His deeds. The Lord is close to all who call upon Him, to all who call upon Him in truth. He fulfills the desire of those who fear Him, hears their cry, and delivers them. The Lord watches over all who love Him, and will destroy all the wicked. My mouth will utter the praise

שֵׁם קָדְשׁוֹ לְעוֹלָם וָעֶד:[1] וַאֲנַחְנוּ נְבָרֵךְ יָהּ, מֵעַתָּה וְעַד עוֹלָם, הַלְלוּיָהּ:[2]

וּבָא לְצִיּוֹן גּוֹאֵל וּלְשָׁבֵי פֶשַׁע בְּיַעֲקֹב, נְאֻם יְיָ. וַאֲנִי זֹאת בְּרִיתִי אֹתָם, אָמַר יְיָ: רוּחִי אֲשֶׁר עָלֶיךָ, וּדְבָרַי אֲשֶׁר שַׂמְתִּי בְּפִיךָ, לֹא יָמוּשׁוּ מִפִּיךָ וּמִפִּי זַרְעֲךָ וּמִפִּי זֶרַע זַרְעֲךָ, אָמַר יְיָ, מֵעַתָּה וְעַד עוֹלָם.[3] וְאַתָּה קָדוֹשׁ, יוֹשֵׁב תְּהִלּוֹת יִשְׂרָאֵל.[4] וְקָרָא זֶה אֶל זֶה וְאָמַר: קָדוֹשׁ קָדוֹשׁ קָדוֹשׁ יְיָ צְבָאוֹת, מְלֹא כָל הָאָרֶץ כְּבוֹדוֹ.[5] וּמְקַבְּלִין דֵּין מִן דֵּין וְאָמְרִין: קַדִּישׁ בִּשְׁמֵי מְרוֹמָא עִלָּאָה בֵּית שְׁכִינְתֵּהּ, קַדִּישׁ עַל אַרְעָא עוֹבַד גְּבוּרְתֵּהּ, קַדִּישׁ לְעָלַם וּלְעָלְמֵי עָלְמַיָּא, יְיָ צְבָאוֹת, מַלְיָא כָל אַרְעָא זִיו יְקָרֵהּ.[6] וַתִּשָּׂאֵנִי רוּחַ, וָאֶשְׁמַע אַחֲרַי קוֹל רַעַשׁ גָּדוֹל, בָּרוּךְ כְּבוֹד יְיָ מִמְּקוֹמוֹ.[7] וּנְטָלַתְנִי רוּחָא וּשְׁמָעִית בַּתְרַי קַל זִיעַ סַגִּיא דִמְשַׁבְּחִין וְאָמְרִין: בְּרִיךְ יְקָרָא דַיְיָ מֵאֲתַר בֵּית שְׁכִינְתֵּהּ.[6] יְיָ יִמְלֹךְ לְעֹלָם וָעֶד.[8] יְיָ מַלְכוּתֵהּ קָאֵם לְעָלַם וּלְעָלְמֵי עָלְמַיָּא.[9] יְיָ אֱלֹהֵי אַבְרָהָם יִצְחָק וְיִשְׂרָאֵל אֲבוֹתֵינוּ, שָׁמְרָה זֹּאת לְעוֹלָם, לְיֵצֶר מַחְשְׁבוֹת לְבַב עַמֶּךָ, וְהָכֵן לְבָבָם אֵלֶיךָ.[10] וְהוּא רַחוּם, יְכַפֵּר עָוֹן וְלֹא יַשְׁחִית, וְהִרְבָּה לְהָשִׁיב אַפּוֹ, וְלֹא יָעִיר כָּל חֲמָתוֹ.[11] כִּי אַתָּה אֲדֹנָי טוֹב וְסַלָּח, וְרַב חֶסֶד לְכָל קֹרְאֶיךָ.[12] צִדְקָתְךָ צֶדֶק לְעוֹלָם, וְתוֹרָתְךָ אֱמֶת.[13] תִּתֵּן אֱמֶת לְיַעֲקֹב, חֶסֶד לְאַבְרָהָם, אֲשֶׁר נִשְׁבַּעְתָּ לַאֲבֹתֵינוּ מִימֵי קֶדֶם.[14] בָּרוּךְ אֲדֹנָי, יוֹם יוֹם יַעֲמָס לָנוּ, הָאֵל יְשׁוּעָתֵנוּ סֶלָה.[15] יְיָ צְבָאוֹת עִמָּנוּ, מִשְׂגָּב לָנוּ

---

1. Psalm 145.   **2.** Ibid. 115:18.   **3.** Isaiah 59:20-21.   **4.** Psalms 22:4.   **5.** Isaiah 6:3.   **6.** This sentence is the paraphrase of the preceding Scriptural verse in Targum Yonatan.   **7.** Ezekiel 3:12. **8.** Exodus 15:18.   **9.** This sentence is the paraphrase of the preceding Biblical verse in Targum Onkelos.   **10.** I Chronicles 29:18.   **11.** Psalms 78:38.   **12.** Ibid. 86:5.   **13.** Ibid. 119:142. **14.** Micah 7:20.   **15.** Psalms 68:20.

of the Lord, and let all flesh bless His holy Name forever.[1] And we will bless the Lord from now to eternity. Praise the Lord.[2]

ובא A redeemer shall come to Zion and to those in Jacob who repent of [their] transgression, says the Lord. And as for Me, this is My covenant with them, says the Lord: My spirit which is upon you and My words which I have put in your mouth shall not depart from your mouth, nor from the mouth of your children, nor from the mouth of your children's children, declares the Lord, from now to eternity.[3] You, holy One, are enthroned upon the praises of Israel.[4] [The angels] call to one another and say, "Holy, holy, holy is the Lord of hosts; the whole earth is full of His glory."[5] They receive [sanction] one from the other, and say, "Holy in the loftiest, most sublime heavens, the abode of His Divine Presence; holy upon earth, the work of His might; holy forever and to all eternity—is the Lord of hosts; the whole earth is filled with the radiance of His glory."[6] A wind lifted me, and I heard behind me a great, roaring sound, "Blessed be the glory of the Lord from its place."[7] A wind lifted me, and I heard behind me a mighty, thunderous sound of those who utter praises and say, "Blessed be the glory of the Lord from the place, the abode of His Divine Presence."[6] The Lord will reign forever and ever.[8] The sovereignty of the Lord is established forever and to all eternity.[9] Lord, God of Abraham, Isaac and Israel our fathers, keep this forever as the desire, the intention, of the hearts of Your people, and turn their hearts to You.[10] And He, being compassionate, pardons iniquity, and does not destroy; time and again He turns away His anger, and does not arouse all His wrath.[11] For You, my Lord, are good and forgiving, and exceedingly kind to all who call upon You.[12] Your righteousness is everlasting righteousness; Your Torah is truth.[13] Show faithfulness to Jacob, kindness to Abraham, as You have sworn to our fathers from the days of yore.[14] Blessed is my Lord, who each day loads us [with beneficence], the God who is our deliverance forever.[15] The Lord of hosts is with us; the God of Jacob is our eternal

אֱלֹהֵי יַעֲקֹב סֶלָה.' יְיָ צְבָאוֹת, אַשְׁרֵי אָדָם בֹּטֵחַ בָּךְ.² יְיָ
הוֹשִׁיעָה, הַמֶּלֶךְ יַעֲנֵנוּ בְיוֹם קָרְאֵנוּ.³ בָּרוּךְ הוּא אֱלֹהֵינוּ
שֶׁבְּרָאָנוּ לִכְבוֹדוֹ, וְהִבְדִּילָנוּ מִן הַתּוֹעִים, וְנָתַן לָנוּ תּוֹרַת
אֱמֶת, וְחַיֵּי עוֹלָם נָטַע בְּתוֹכֵנוּ, הוּא יִפְתַּח לִבֵּנוּ בְּתוֹרָתוֹ,
וְיָשֵׂם בְּלִבֵּנוּ אַהֲבָתוֹ וְיִרְאָתוֹ, וְלַעֲשׂוֹת רְצוֹנוֹ וּלְעָבְדוֹ בְּלֵבָב
שָׁלֵם, לְמַעַן לֹא נִיגַע לָרִיק, וְלֹא נֵלֵד לַבֶּהָלָה.⁴ וּבְכֵן יְהִי
רָצוֹן מִלְּפָנֶיךָ יְיָ אֱלֹהֵינוּ וֵאלֹהֵי אֲבוֹתֵינוּ, שֶׁנִּשְׁמוֹר חֻקֶּיךָ
בָּעוֹלָם הַזֶּה, וְנִזְכֶּה וְנִחְיֶה וְנִרְאֶה, וְנִירַשׁ טוֹבָה וּבְרָכָה,
לִשְׁנֵי יְמוֹת הַמָּשִׁיחַ וּלְחַיֵּי הָעוֹלָם הַבָּא. לְמַעַן יְזַמֶּרְךָ כָבוֹד
וְלֹא יִדֹּם, יְיָ אֱלֹהַי לְעוֹלָם אוֹדֶךָּ.⁵ בָּרוּךְ הַגֶּבֶר אֲשֶׁר יִבְטַח
בַּיְיָ, וְהָיָה יְיָ מִבְטַחוֹ.⁶ בִּטְחוּ בַיְיָ עֲדֵי עַד, כִּי בְּיָהּ יְיָ צוּר
עוֹלָמִים.⁷ וְיִבְטְחוּ בְךָ יוֹדְעֵי שְׁמֶךָ, כִּי לֹא עָזַבְתָּ דֹרְשֶׁיךָ יְיָ.⁸
יְיָ חָפֵץ לְמַעַן צִדְקוֹ, יַגְדִּיל תּוֹרָה וְיַאְדִּיר:⁹

Chazzan recites Half Kaddish. Congregation responds אָמֵן as indicated.

יִתְגַּדַּל וְיִתְקַדַּשׁ שְׁמֵהּ רַבָּא. (.Cong—אָמֵן)   בְּעָלְמָא דִי
בְרָא כִרְעוּתֵהּ וְיַמְלִיךְ מַלְכוּתֵהּ, וְיַצְמַח פּוּרְקָנֵהּ
וִיקָרֵב מְשִׁיחֵהּ. (.Cong—אָמֵן)   בְּחַיֵּיכוֹן וּבְיוֹמֵיכוֹן וּבְחַיֵּי דְכָל
בֵּית יִשְׂרָאֵל, בַּעֲגָלָא וּבִזְמַן קָרִיב וְאִמְרוּ אָמֵן:

(.Cong—אָמֵן. יְהֵא שְׁמֵהּ רַבָּא מְבָרַךְ לְעָלַם וּלְעָלְמֵי עָלְמַיָּא, יִתְבָּרַךְ.)

יְהֵא שְׁמֵהּ רַבָּא מְבָרַךְ לְעָלַם וּלְעָלְמֵי עָלְמַיָּא, יִתְבָּרַךְ,
וְיִשְׁתַּבַּח, וְיִתְפָּאַר, וְיִתְרוֹמַם, וְיִתְנַשֵּׂא, וְיִתְהַדָּר, וְיִתְעַלֶּה,
וְיִתְהַלָּל, שְׁמֵהּ דְּקוּדְשָׁא בְּרִיךְ הוּא. (.Cong—אָמֵן)   לְעֵלָּא
וּלְעֵלָּא מִכָּל בִּרְכָתָא וְשִׁירָתָא, תֻּשְׁבְּחָתָא וְנֶחֱמָתָא,
דַּאֲמִירָן בְּעָלְמָא, וְאִמְרוּ אָמֵן: (.Cong—אָמֵן)

---

1. Psalms 46:8.   **2.** Ibid. 84:13.   **3.** Ibid. 20:10.   **4.** Cf. Isaiah 65:23.   **5.** Psalms 30:13.
6. Jeremiah 17:7.   **7.** Isaiah 26:4.   **8.** Psalms 9:11.   **9.** Isaiah 42:21.

stronghold.[1] Lord of hosts, happy is the man who trusts in You.[2] Lord, deliver us; may the King answer us on the day we call.[3] Blessed is He, our God, who has created us for His glory, has set us apart from those who go astray, has given us the Torah of truth, and has implanted within us eternal life. May He open our heart to His Torah, instill in our heart love and awe of Him, and [inspire us] to do His will and serve Him with a perfect heart, so that we shall not labor in vain, nor produce [that which will cause] dismay.[4] And so, may it be Your will, Lord our God and God of our fathers, that we observe Your statutes in this world, and merit to live, to behold and to inherit the goodness and blessing of the Messianic era and the life of the World to Come. Therefore my soul shall sing to You, and not be silent; Lord my God, I will praise You forever.[5] Blessed is the man who trusts in the Lord, and the Lord will be his security.[6] Trust in the Lord forever and ever, for in God the Lord is the strength of the worlds.[7] Those who know Your Name put their trust in You, for You, Lord, have not abandoned those who seek You.[8] The Lord desired, for the sake of his [Israel's] righteousness, to make the Torah great and glorious.[9]

Chazzan recites Half Kaddish. Congregation responds Amen as indicated.

יתגדל Exalted and hallowed be His great Name (Cong: Amen) throughout the world which He has created according to His will. May He establish His kingship, bring forth His redemption and hasten the coming of His Mashiach (Cong: Amen) in your lifetime and in your days and in the lifetime of the entire House of Israel, speedily and soon, and say, Amen.

(Cong: Amen. May His great Name be blessed forever and to all eternity. Blessed.)

May His great Name be blessed forever and to all eternity. Blessed and praised, glorified, exalted and extolled, honored, adored and lauded be the Name of the Holy One, blessed be He, (Cong: Amen) above and beyond all the blessings, hymns, praises and consolations that are uttered in the world; and say, Amen. (Cong: Amen)

༺ঃ৩৽৽ঃ৩৵

NEILAH AMIDAH

While praying, concentrate on the meaning of the words. Remember that you stand before the Divine Presence. Remove any distracting thoughts, allowing the mind to remain focused on prayer. Before beginning the Amidah, take three steps back, then three steps forward. Recite the Amidah quietly—but audibly—while standing with feet together. Throughout the Amidah, ending on page 357, interruptions of any form are forbidden.

אֲדֹנָי, שְׂפָתַי תִּפְתָּח וּפִי יַגִּיד תְּהִלָּתֶךָ:¹

Bend knees at בָּרוּךְ; bow at אַתָּה; straighten up at יְיָ.

בָּרוּךְ אַתָּה יְיָ, אֱלֹהֵינוּ וֵאלֹהֵי אֲבוֹתֵינוּ, אֱלֹהֵי אַבְרָהָם,
אֱלֹהֵי יִצְחָק, וֵאלֹהֵי יַעֲקֹב, הָאֵל הַגָּדוֹל הַגִּבּוֹר
וְהַנּוֹרָא, אֵל עֶלְיוֹן, גּוֹמֵל חֲסָדִים טוֹבִים, קוֹנֵה הַכֹּל,
וְזוֹכֵר חַסְדֵי אָבוֹת, וּמֵבִיא גוֹאֵל לִבְנֵי בְנֵיהֶם, לְמַעַן
שְׁמוֹ בְּאַהֲבָה:

זָכְרֵנוּ לְחַיִּים, מֶלֶךְ חָפֵץ בַּחַיִּים, וְחָתְמֵנוּ בְּסֵפֶר הַחַיִּים,
לְמַעַנְךָ אֱלֹהִים חַיִּים:

Bend knees at בָּרוּךְ; bow at אַתָּה; straighten up at יְיָ.

מֶלֶךְ עוֹזֵר וּמוֹשִׁיעַ וּמָגֵן. בָּרוּךְ אַתָּה יְיָ, מָגֵן אַבְרָהָם:

אַתָּה גִּבּוֹר לְעוֹלָם אֲדֹנָי, מְחַיֶּה מֵתִים אַתָּה, רַב
לְהוֹשִׁיעַ. מוֹרִיד הַטָּל:

מְכַלְכֵּל חַיִּים בְּחֶסֶד, מְחַיֶּה מֵתִים בְּרַחֲמִים רַבִּים, סוֹמֵךְ
נוֹפְלִים, וְרוֹפֵא חוֹלִים, וּמַתִּיר אֲסוּרִים, וּמְקַיֵּם אֱמוּנָתוֹ
לִישֵׁנֵי עָפָר. מִי כָמוֹךָ בַּעַל גְּבוּרוֹת, וּמִי דּוֹמֶה לָּךְ, מֶלֶךְ
מֵמִית וּמְחַיֶּה וּמַצְמִיחַ יְשׁוּעָה:

מִי כָמוֹךָ אָב הָרַחֲמִים, זוֹכֵר יְצוּרָיו לְחַיִּים בְּרַחֲמִים:

וְנֶאֱמָן אַתָּה לְהַחֲיוֹת מֵתִים. בָּרוּךְ אַתָּה יְיָ, מְחַיֶּה
הַמֵּתִים:

---

1. Psalms 51:17.

ﻩﻭﻩﺤﺤﻩﻭﻩ

NEILAH AMIDAH

While praying, concentrate on the meaning of the words. Remember that you stand before the Divine Presence. Remove any distracting thoughts, allowing the mind to remain focused on prayer. Before beginning the Amidah, take three steps back, then three steps forward. Recite the Amidah quietly—but audibly—while standing with feet together. Throughout the Amidah, ending on page 357, interruptions of any form are forbidden.

אֲדֹנָי My Lord, open my lips, and my mouth shall declare Your praise.[1]

Bend knees at Blessed; bow at You; straighten up at Lord.

בָּרוּךְ Blessed are You, Lord our God and God of our fathers, God of Abraham, God of Isaac and God of Jacob, the great, mighty and awesome God, exalted God, who bestows bountiful kindness, who creates all things, who remembers the piety of the Patriarchs, and who, in love, brings a redeemer to their children's children, for the sake of His Name.

זָכְרֵנוּ Remember us for life, King who desires life; seal us in the Book of Life, for Your sake, O living God.

Bend knees at Blessed; bow at You; straighten up at Lord.

מֶלֶךְ O King, [You are] a helper, a savior and a shield. Blessed are You, Lord, Shield of Abraham.

אַתָּה You are mighty forever, my Lord; You resurrect the dead; You are powerful to save. You cause the dew to descend.

מְכַלְכֵּל He sustains the living with lovingkindness, resurrects the dead with great mercy, supports the falling, heals the sick, releases the bound, and fulfills His trust to those who sleep in the dust. Who is like You, mighty One! And who can be compared to You, King, who brings death and restores life, and causes deliverance to spring forth!

מִי Who is like You, All-Merciful Father, who in compassion remembers His creatures for life.

וְנֶאֱמָן You are trustworthy to revive the dead. Blessed are You, Lord, who revives the dead.

אַתָּה קָדוֹשׁ וְשִׁמְךָ קָדוֹשׁ, וּקְדוֹשִׁים בְּכָל יוֹם יְהַלְלוּךָ סֶּלָה.

לְדוֹר וָדוֹר הַמְלִיכוּ לָאֵל, כִּי הוּא לְבַדּוֹ מָרוֹם וְקָדוֹשׁ:

וּבְכֵן יִתְקַדֵּשׁ שִׁמְךָ יְיָ אֱלֹהֵינוּ עַל יִשְׂרָאֵל עַמֶּךָ, וְעַל יְרוּשָׁלַיִם עִירֶךָ, וְעַל צִיּוֹן מִשְׁכַּן כְּבוֹדֶךָ, וְעַל מַלְכוּת בֵּית דָּוִד מְשִׁיחֶךָ, וְעַל מְכוֹנְךָ וְהֵיכָלֶךָ:

וּבְכֵן תֵּן פַּחְדְּךָ יְיָ אֱלֹהֵינוּ עַל כָּל מַעֲשֶׂיךָ, וְאֵימָתְךָ עַל כָּל מַה שֶּׁבָּרָאתָ, וְיִירָאוּךָ כָּל הַמַּעֲשִׂים, וְיִשְׁתַּחֲווּ לְפָנֶיךָ כָּל הַבְּרוּאִים, וְיֵעָשׂוּ כֻלָּם אֲגֻדָּה אֶחָת לַעֲשׂוֹת רְצוֹנְךָ בְּלֵבָב שָׁלֵם. שֶׁיָּדַעְנוּ יְיָ אֱלֹהֵינוּ שֶׁהַשָּׁלְטָן לְפָנֶיךָ, עֹז בְּיָדְךָ וּגְבוּרָה בִּימִינֶךָ, וְשִׁמְךָ נוֹרָא עַל כָּל מַה שֶּׁבָּרָאתָ:

וּבְכֵן תֵּן כָּבוֹד יְיָ לְעַמֶּךָ, תְּהִלָּה לִירֵאֶיךָ, וְתִקְוָה טוֹבָה לְדוֹרְשֶׁיךָ, וּפִתְחוֹן פֶּה לַמְיַחֲלִים לָךְ, שִׂמְחָה לְאַרְצֶךָ, וְשָׂשׂוֹן לְעִירֶךָ, וּצְמִיחַת קֶרֶן לְדָוִד עַבְדֶּךָ, וַעֲרִיכַת נֵר לְבֶן יִשַׁי מְשִׁיחֶךָ, בִּמְהֵרָה בְיָמֵינוּ:

וּבְכֵן צַדִּיקִים יִרְאוּ וְיִשְׂמָחוּ, וִישָׁרִים יַעֲלֹזוּ, וַחֲסִידִים בְּרִנָּה יָגִילוּ, וְעוֹלָתָה תִּקְפָּץ פִּיהָ, וְהָרִשְׁעָה כֻלָּה בֶּעָשָׁן תִּכְלֶה, כִּי תַעֲבִיר מֶמְשֶׁלֶת זָדוֹן מִן הָאָרֶץ:

וְתִמְלוֹךְ אַתָּה הוּא יְיָ אֱלֹהֵינוּ לְבַדֶּךָ עַל כָּל מַעֲשֶׂיךָ, בְּהַר צִיּוֹן מִשְׁכַּן כְּבוֹדֶךָ, וּבִירוּשָׁלַיִם עִיר קָדְשֶׁךָ, כַּכָּתוּב בְּדִבְרֵי קָדְשֶׁךָ: יִמְלֹךְ יְיָ לְעוֹלָם, אֱלֹהַיִךְ צִיּוֹן לְדֹר וָדֹר, הַלְלוּיָהּ:[1]

---

1. Psalms 146:10.

אתה You are holy and Your Name is holy, and holy beings praise You daily for all eternity.

לדור Through all generations proclaim the kingship of God, for He alone is exalted and holy.

ובכן And thus shall Your Name, Lord our God, be sanctified upon Israel Your people, upon Jerusalem Your city, upon Zion the abode of Your glory, upon the kingship of the house of David Your anointed, and upon Your dwelling-place and Your sanctuary.

ובכן And so, Lord our God, instill fear of You upon all that You have made, and dread of You upon all that You have created; and [then] all works will be in awe of You, all the created beings will prostrate themselves before You, and they all will form a single band to carry out Your will with a perfect heart. For we know, Lord our God, that rulership is Yours, strength is in Your [left] hand, might is in Your right hand, and Your Name is awesome over all that You have created.

ובכן And so, Lord, grant honor to Your people, glory to those who fear You, good hope to those who seek You, confident speech to those who yearn for You, joy to Your land, gladness to Your city, a flourishing of strength to David Your servant, and a setting up of light to the son of Yishai Your anointed, speedily in our days.

ובכן And then the righteous will see and be glad, the upright will rejoice, and the pious will exult in song; injustice will shut its mouth and all wickedness will go up in smoke, when You will remove the rule of evil from the earth.

ותמלוך Lord our God, You are He who alone will reign over all Your works, in Mount Zion the abode of Your glory, in Jerusalem Your holy city, as it is written in Your holy Scriptures: The Lord shall reign forever; your God, O Zion, throughout all generations; praise the Lord.[1]

קָדוֹשׁ אַתָּה וְנוֹרָא שְׁמֶךָ, וְאֵין אֱלוֹהַּ מִבַּלְעָדֶיךָ, כַּכָּתוּב:
וַיִּגְבַּהּ יְיָ צְבָאוֹת בַּמִּשְׁפָּט, וְהָאֵל הַקָּדוֹשׁ נִקְדַּשׁ
בִּצְדָקָה.' בָּרוּךְ אַתָּה יְיָ, הַמֶּלֶךְ הַקָּדוֹשׁ:

אַתָּה בְחַרְתָּנוּ מִכָּל הָעַמִּים, אָהַבְתָּ אוֹתָנוּ וְרָצִיתָ בָּנוּ,
וְרוֹמַמְתָּנוּ מִכָּל הַלְּשׁוֹנוֹת, וְקִדַּשְׁתָּנוּ בְּמִצְוֹתֶיךָ,
וְקֵרַבְתָּנוּ מַלְכֵּנוּ לַעֲבֹדָתֶךָ, וְשִׁמְךָ הַגָּדוֹל וְהַקָּדוֹשׁ עָלֵינוּ
קָרָאתָ:

On Shabbat, add the words in shaded parentheses.

וַתִּתֶּן לָנוּ יְיָ אֱלֹהֵינוּ בְּאַהֲבָה אֶת יוֹם (הַשַּׁבָּת הַזֶּה וְאֶת
יוֹם) הַכִּפּוּרִים הַזֶּה, אֶת יוֹם סְלִיחַת הֶעָוֹן הַזֶּה,
אֶת יוֹם מִקְרָא קֹדֶשׁ הַזֶּה, (לִקְדֻשָּׁה וְלִמְנוּחָה) לִמְחִילָה
וְלִסְלִיחָה וּלְכַפָּרָה, וְלִמְחָל בּוֹ אֶת כָּל עֲוֹנוֹתֵינוּ, (בְּאַהֲבָה)
מִקְרָא קֹדֶשׁ, זֵכֶר לִיצִיאַת מִצְרָיִם:

On Shabbat, add the words in shaded parentheses.

אֱלֹהֵינוּ וֵאלֹהֵי אֲבוֹתֵינוּ, יַעֲלֶה וְיָבֹא וְיַגִּיעַ וְיֵרָאֶה וְיֵרָצֶה
וְיִשָּׁמַע וְיִפָּקֵד וְיִזָּכֵר זִכְרוֹנֵנוּ וּפִקְדוֹנֵנוּ וְזִכְרוֹן
אֲבוֹתֵינוּ, וְזִכְרוֹן מָשִׁיחַ בֶּן דָּוִד עַבְדֶּךָ, וְזִכְרוֹן יְרוּשָׁלַיִם עִיר
קָדְשֶׁךָ, וְזִכְרוֹן כָּל עַמְּךָ בֵּית יִשְׂרָאֵל לְפָנֶיךָ, לִפְלֵיטָה
לְטוֹבָה לְחֵן וּלְחֶסֶד וּלְרַחֲמִים וּלְחַיִּים טוֹבִים וּלְשָׁלוֹם,
בְּיוֹם (הַשַּׁבָּת הַזֶּה וּבְיוֹם) הַכִּפּוּרִים הַזֶּה, בְּיוֹם סְלִיחַת
הֶעָוֹן הַזֶּה, בְּיוֹם מִקְרָא קֹדֶשׁ הַזֶּה. זָכְרֵנוּ יְיָ אֱלֹהֵינוּ בּוֹ
לְטוֹבָה, וּפָקְדֵנוּ בוֹ לִבְרָכָה, וְהוֹשִׁיעֵנוּ בוֹ לְחַיִּים טוֹבִים.
וּבִדְבַר יְשׁוּעָה וְרַחֲמִים חוּס וְחָנֵּנוּ, וְרַחֵם עָלֵינוּ וְהוֹשִׁיעֵנוּ,
כִּי אֵלֶיךָ עֵינֵינוּ, כִּי אֵל מֶלֶךְ חַנּוּן וְרַחוּם אָתָּה:

---

1. Isaiah 5:16.

קדוש Holy are You, awesome is Your Name, and aside from You there is no God, as it is written: The Lord of hosts is exalted in justice and the holy God is sanctified in righteousness.[1] Blessed are You, Lord, the holy King.

אתה You have chosen us from among all the nations; You have loved us and found favor with us. You have raised us above all tongues and made us holy through Your commandments. You, our King, have drawn us near to Your service and proclaimed Your great and holy Name upon us.

On Shabbat, add the words in shaded parentheses.

ותתן And You, Lord our God, have given us in love (this Shabbat day and) this Day of Atonements, this day of pardoning of sin, this day of holy assembly (for sanctity and tranquility) for forgiveness, pardon, and atonement, to forgive thereon all our wrongdoings, (in love,) a holy assembly, commemorating the Exodus from Egypt.

On Shabbat, add the words in shaded parentheses.

אלהינו Our God and God of our fathers, may there ascend, come, and reach, be seen, accepted, and heard, recalled and remembered before You our remembrance and recollection, the remembrance of our fathers, the remembrance of Mashiach the son of David Your servant, the remembrance of Jerusalem Your holy city, and the remembrance of all Your people the House of Israel, for deliverance, well-being, grace, kindness, mercy, good life and peace, on this (Shabbat day and this) Day of Atonements, on this day of pardoning of sin, on this day of holy assembly. Remember us on this [day], Lord our God, for good; be mindful of us on this [day] for blessing; help us on this [day] for good life. With the promise of deliverance and compassion, spare us and be gracious to us; have mercy upon us and deliver us; for our eyes are directed to You, for You, God, are a gracious and merciful King.

On Shabbat, add the words in shaded parentheses.

אֱלֹהֵינוּ וֵאלֹהֵי אֲבוֹתֵינוּ, מְחַל לַעֲוֹנוֹתֵינוּ בְּיוֹם (הַשַּׁבָּת

הַזֶּה וּבְיוֹם) הַכִּפּוּרִים הַזֶּה, בְּיוֹם סְלִיחַת הֶעָוֹן

הַזֶּה, בְּיוֹם מִקְרָא קֹדֶשׁ הַזֶּה, מְחֵה וְהַעֲבֵר פְּשָׁעֵינוּ

וְחַטֹּאתֵינוּ מִנֶּגֶד עֵינֶיךָ, כָּאָמוּר: אָנֹכִי אָנֹכִי הוּא מֹחֶה

פְשָׁעֶיךָ לְמַעֲנִי, וְחַטֹּאתֶיךָ לֹא אֶזְכֹּר.¹ וְנֶאֱמַר: מָחִיתִי

כָעָב פְּשָׁעֶיךָ וְכֶעָנָן חַטֹּאתֶיךָ, שׁוּבָה אֵלַי כִּי גְאַלְתִּיךָ.²

וְנֶאֱמַר: כִּי בַיּוֹם הַזֶּה יְכַפֵּר עֲלֵיכֶם לְטַהֵר אֶתְכֶם, מִכֹּל

חַטֹּאתֵיכֶם לִפְנֵי יְיָ תִּטְהָרוּ.³ (אֱלֹהֵינוּ וֵאלֹהֵי אֲבוֹתֵינוּ, רְצֵה

נָא בִמְנוּחָתֵנוּ) קַדְּשֵׁנוּ בְּמִצְוֹתֶיךָ וְתֵן חֶלְקֵנוּ בְּתוֹרָתֶךָ.

שַׂבְּעֵנוּ מִטּוּבֶךָ וְשַׂמַּח נַפְשֵׁנוּ בִּישׁוּעָתֶךָ, (וְהַנְחִילֵנוּ יְיָ

אֱלֹהֵינוּ בְּאַהֲבָה וּבְרָצוֹן שַׁבְּתוֹת קָדְשֶׁךָ, וְיָנוּחוּ בָם כָּל יִשְׂרָאֵל

מְקַדְּשֵׁי שְׁמֶךָ,) וְטַהֵר לִבֵּנוּ לְעָבְדְּךָ בֶּאֱמֶת. כִּי אַתָּה סָלְחָן

לְיִשְׂרָאֵל וּמָחֳלָן לְשִׁבְטֵי יְשֻׁרוּן בְּכָל דּוֹר וָדוֹר,

וּמִבַּלְעָדֶיךָ אֵין לָנוּ מֶלֶךְ מוֹחֵל וְסוֹלֵחַ. בָּרוּךְ אַתָּה יְיָ,

מֶלֶךְ מוֹחֵל וְסוֹלֵחַ לַעֲוֹנוֹתֵינוּ וְלַעֲוֹנוֹת עַמּוֹ בֵּית יִשְׂרָאֵל,

וּמַעֲבִיר אַשְׁמוֹתֵינוּ בְּכָל שָׁנָה וְשָׁנָה, מֶלֶךְ עַל כָּל הָאָרֶץ,

מְקַדֵּשׁ (הַשַּׁבָּת וְ) יִשְׂרָאֵל וְיוֹם הַכִּפּוּרִים:

רְצֵה יְיָ אֱלֹהֵינוּ בְּעַמְּךָ יִשְׂרָאֵל וְלִתְפִלָּתָם שְׁעֵה, וְהָשֵׁב

הָעֲבוֹדָה לִדְבִיר בֵּיתֶךָ, וְאִשֵּׁי יִשְׂרָאֵל וּתְפִלָּתָם

בְּאַהֲבָה תְקַבֵּל בְּרָצוֹן, וּתְהִי לְרָצוֹן תָּמִיד עֲבוֹדַת

יִשְׂרָאֵל עַמֶּךָ:

---

1. Isaiah 43:25.   2. Ibid. 44:22.   3. Leviticus 16:30.   4. V. Isaiah 44:2; Deuteronomy 33:5, 26; Ramban, Deuteronomy 7:12.

On Shabbat, add the words in shaded parentheses.

אלהינו Our God and God of our fathers, forgive our wrongdoings on this (Shabbat day and on this) Day of Atonements, on this day of pardoning of sin, on this day of holy assembly; wipe away and remove our transgressions and sins from before Your eyes, as it is stated: I, I [alone,] am He who wipes away your transgressions, for My sake; your sins I will not recall.¹ And it is stated: I have wiped away your transgressions like a thick cloud, your sins like a cloud; return to Me, for I have redeemed you.² And it is stated: For on this day atonement shall be made for you, to purify you; you shall be cleansed of all your sins before the Lord.³ (Our God and God of our fathers, please find favor in our rest.) Make us holy with Your commandments and grant us our portion in Your Torah; satiate us with Your goodness and gladden our soul with Your salvation. (Lord our God, grant as our heritage, in love and goodwill, Your holy Shabbat days, and may all Israel who sanctify Your Name rest on them.) Make our heart pure to serve You in truth, for You are the Pardoner of Israel and the Forgiver of the tribes of Yeshurun⁴ in every generation, and aside from You we have no King who forgives and pardons. Blessed are You, Lord, King who forgives and pardons our sins and the sins of His people, the House of Israel, and removes our trespasses each and every year; King over the whole earth, who sanctifies (the Shabbat and) Israel and the Day of Atonements.

רצה Look with favor, Lord our God, on Your people Israel, and pay heed to their prayer; restore the service to Your Sanctuary, and accept with love and favor Israel's fire-offerings and prayer; and may the service of Your people Israel always find favor.

וְתֶחֱזֶינָה עֵינֵינוּ בְּשׁוּבְךָ לְצִיּוֹן בְּרַחֲמִים. בָּרוּךְ אַתָּה יְיָ, הַמַּחֲזִיר שְׁכִינָתוֹ לְצִיּוֹן:

Bow at מוֹדִים; straighten up at יְיָ.

מוֹדִים אֲנַחְנוּ לָךְ, שָׁאַתָּה הוּא יְיָ אֱלֹהֵינוּ וֵאלֹהֵי אֲבוֹתֵינוּ לְעוֹלָם וָעֶד, צוּר חַיֵּינוּ, מָגֵן יִשְׁעֵנוּ, אַתָּה הוּא לְדוֹר וָדוֹר, נוֹדֶה לְּךָ וּנְסַפֵּר תְּהִלָּתֶךָ, עַל חַיֵּינוּ הַמְּסוּרִים בְּיָדֶךָ, וְעַל נִשְׁמוֹתֵינוּ הַפְּקוּדוֹת לָךְ, וְעַל נִסֶּיךָ שֶׁבְּכָל יוֹם עִמָּנוּ, וְעַל נִפְלְאוֹתֶיךָ וְטוֹבוֹתֶיךָ שֶׁבְּכָל עֵת, עֶרֶב וָבֹקֶר וְצָהֳרָיִם, הַטּוֹב, כִּי לֹא כָלוּ רַחֲמֶיךָ, וְהַמְרַחֵם, כִּי לֹא תַמּוּ חֲסָדֶיךָ, כִּי מֵעוֹלָם קִוִּינוּ לָךְ:

וְעַל כֻּלָּם יִתְבָּרַךְ וְיִתְרוֹמַם וְיִתְנַשֵּׂא שִׁמְךָ מַלְכֵּנוּ תָּמִיד לְעוֹלָם וָעֶד:

וַחֲתוֹם לְחַיִּים טוֹבִים כָּל בְּנֵי בְרִיתֶךָ:

וְכֹל הַחַיִּים יוֹדוּךָ סֶּלָה, וִיהַלְלוּ שִׁמְךָ הַגָּדוֹל לְעוֹלָם כִּי טוֹב, הָאֵל יְשׁוּעָתֵנוּ וְעֶזְרָתֵנוּ סֶלָה, הָאֵל הַטּוֹב.

Bend knees at בָּרוּךְ; bow at אַתָּה; straighten up at יְיָ.

בָּרוּךְ אַתָּה יְיָ, הַטּוֹב שִׁמְךָ וּלְךָ נָאֶה לְהוֹדוֹת:

שִׂים שָׁלוֹם, טוֹבָה וּבְרָכָה, חַיִּים חֵן וָחֶסֶד וְרַחֲמִים, עָלֵינוּ וְעַל כָּל יִשְׂרָאֵל עַמֶּךָ. בָּרְכֵנוּ אָבִינוּ כֻּלָּנוּ כְּאֶחָד בְּאוֹר פָּנֶיךָ, כִּי בְאוֹר פָּנֶיךָ נָתַתָּ לָנוּ יְיָ אֱלֹהֵינוּ תּוֹרַת חַיִּים וְאַהֲבַת חֶסֶד, וּצְדָקָה וּבְרָכָה וְרַחֲמִים וְחַיִּים וְשָׁלוֹם, וְטוֹב בְּעֵינֶיךָ לְבָרֵךְ אֶת עַמְּךָ יִשְׂרָאֵל בְּכָל עֵת וּבְכָל שָׁעָה בִּשְׁלוֹמֶךָ.

ותחזינה May our eyes behold Your return to Zion in mercy. Blessed are You, Lord, who restores His Divine Presence to Zion.

Bow at We thankfully acknowledge; straighten up at Lord.

מודים We thankfully acknowledge that You are the Lord our God and God of our fathers forever. You are the strength of our life, the shield of our salvation in every generation. We will give thanks to You and recount Your praise, evening, morning and noon, for our lives which are committed into Your hand, for our souls which are entrusted to You, for Your miracles which are with us daily, and for Your continual wonders and beneficences. You are the Beneficent One, for Your mercies never cease; and the Merciful One, for Your kindnesses never end; for we always place our hope in You.

ועל And for all these, may Your Name, our King, be continually blessed, exalted, and extolled forever and all time.

וחתום Seal all the children of Your Covenant for a good life.

וכל And all living things shall forever thank You, and praise Your great Name eternally, for You are good. God, You are our everlasting salvation and help, O benevolent God.

Bend knees at Blessed; bow at You; straighten up at Lord.

Blessed are You, Lord, Beneficent is Your Name, and to You it is fitting to offer thanks.

שים Bestow peace, goodness, and blessing, life, graciousness, kindness, and mercy, upon us and upon all Your people Israel. Bless us, our Father, all of us as one, with the light of Your countenance, for by the light of Your countenance You gave us, Lord our God, the Torah of life and loving-kindness, righteousness, blessing, mercy, life and peace. May it be favorable in Your eyes to bless Your people Israel, at all times and at every moment, with Your peace.

וּבְסֵפֶר חַיִּים בְּרָכָה וְשָׁלוֹם וּפַרְנָסָה טוֹבָה, יְשׁוּעָה
וְנֶחָמָה וּגְזֵרוֹת טוֹבוֹת, נִזָּכֵר וְנִכָּתֵם לְפָנֶיךָ,
אֲנַחְנוּ וְכָל עַמְּךָ בֵּית יִשְׂרָאֵל, לְחַיִּים טוֹבִים וּלְשָׁלוֹם.
בָּרוּךְ אַתָּה יְיָ, הַמְבָרֵךְ אֶת עַמּוֹ יִשְׂרָאֵל בַּשָּׁלוֹם:

יִהְיוּ לְרָצוֹן אִמְרֵי פִי וְהֶגְיוֹן לִבִּי לְפָנֶיךָ, יְיָ צוּרִי וְגוֹאֲלִי:[1]

אֱלֹהֵינוּ וֵאלֹהֵי אֲבוֹתֵינוּ, תָּבוֹא לְפָנֶיךָ תְּפִלָּתֵנוּ, וְאַל
תִּתְעַלַּם מִתְּחִנָּתֵנוּ, שֶׁאֵין אָנוּ עַזֵּי פָנִים וּקְשֵׁי
עֹרֶף, לוֹמַר לְפָנֶיךָ יְיָ אֱלֹהֵינוּ וֵאלֹהֵי אֲבוֹתֵינוּ, צַדִּיקִים
אֲנַחְנוּ וְלֹא חָטָאנוּ, אֲבָל אֲנַחְנוּ וַאֲבוֹתֵינוּ חָטָאנוּ:

While mentioning a transgression, gently strike the left side of your chest (over the heart) with a closed fist.

אָשַׁמְנוּ. בָּגַדְנוּ. גָּזַלְנוּ. דִּבַּרְנוּ דְפִי: הֶעֱוִינוּ. וְהִרְשַׁעְנוּ.
זַדְנוּ. חָמַסְנוּ. טָפַלְנוּ שֶׁקֶר: יָעַצְנוּ רָע. כִּזַּבְנוּ.
לַצְנוּ. מָרַדְנוּ. נִאַצְנוּ. סָרַרְנוּ. עָוִינוּ. פָּשַׁעְנוּ. צָרַרְנוּ. קִשִּׁינוּ
עֹרֶף: רָשַׁעְנוּ. שִׁחַתְנוּ. תִּעַבְנוּ. תָּעִינוּ. תִּעְתָּעְנוּ:

סַרְנוּ מִמִּצְוֹתֶיךָ וּמִמִּשְׁפָּטֶיךָ הַטּוֹבִים וְלֹא שָׁוָה לָנוּ:
וְאַתָּה צַדִּיק עַל כָּל הַבָּא עָלֵינוּ, כִּי אֱמֶת עָשִׂיתָ
וַאֲנַחְנוּ הִרְשָׁעְנוּ:[2]

מַה נֹּאמַר לְפָנֶיךָ יוֹשֵׁב מָרוֹם, וּמַה נְּסַפֵּר לְפָנֶיךָ שׁוֹכֵן
שְׁחָקִים, הֲלֹא כָּל הַנִּסְתָּרוֹת וְהַנִּגְלוֹת אַתָּה יוֹדֵעַ:

אַתָּה נוֹתֵן יָד לַפּוֹשְׁעִים, וִימִינְךָ פְּשׁוּטָה לְקַבֵּל שָׁבִים.
וַתְּלַמְּדֵנוּ יְיָ אֱלֹהֵינוּ לְהִתְוַדּוֹת לְפָנֶיךָ עַל כָּל
עֲוֹנוֹתֵינוּ, לְמַעַן נֶחְדַּל מֵעֹשֶׁק יָדֵינוּ, וּתְקַבְּלֵנוּ בִּתְשׁוּבָה
שְׁלֵמָה לְפָנֶיךָ כְּאִשִּׁים וּכְנִיחוֹחִים, לְמַעַן דְּבָרֶיךָ אֲשֶׁר

---

1. Psalms 19:15.   **2.** Nehemiah 9:33.

ובספר And in the book of life, blessing, peace, and prosperity, deliverance, consolation, and favorable decrees, may we and all Your people the House of Israel be remembered and sealed before You for a happy life and for peace. Blessed are You, Lord, who blesses His people Israel with peace.

יהיו May the words of my mouth and the meditation of my heart be acceptable before You, Lord, my Strength and my Redeemer.[1]

אלהינו Our God and God of our fathers, may our prayers come before You, and do not turn away from our supplication, for we are not so impudent and obdurate as to declare before You, Lord our God and God of our fathers, that we are righteous and have not sinned. Indeed, we and our fathers have sinned.

While mentioning a transgression, gently strike the left side of your chest (over the heart) with a closed fist.

אשמנו We have transgressed, we have acted perfidiously, we have robbed, we have slandered. We have acted perversely and wickedly, we have willfully sinned, we have done violence, we have imputed falsely. We have given evil counsel, we have lied, we have scoffed, we have rebelled, we have provoked, we have been disobedient, we have committed iniquity, we have wantonly transgressed, we have oppressed, we have been obstinate. We have committed evil, we have acted perniciously, we have acted abominably, we have gone astray, we have led others astray.

סרנו We have strayed from Your good precepts and ordinances, and it has not profited us. Indeed, You are just in all that has come upon us, for You have acted truthfully, and it is we who have acted wickedly.[2]

מה What shall we say to You who dwells on high; what shall we relate to You who abides in the heavens? You surely know all the hidden and the revealed things.

אתה You extend a hand to transgressors, and Your right hand is stretched forth to receive the penitents. You have taught us, Lord our God, to confess before You all our sins, so that we will restrain our hands from doing wrong, and You will receive us in perfect repentance before You, as burnt-offerings and as offerings of pleasing odor, in accordance with Your word which

אָמַרְתָּ. אֵין קֵץ לְאִשֵּׁי חוֹבוֹתֵינוּ, וְאֵין מִסְפָּר לְנִיחוֹחֵי
אַשְׁמוֹתֵינוּ, וְאַתָּה יוֹדֵעַ שֶׁאַחֲרִיתֵנוּ רִמָּה וְתוֹלֵעָה, לְפִיכָךְ
הִרְבֵּיתָ סְלִיחָתֵנוּ. מָה אָנוּ, מֶה חַיֵּינוּ, מֶה חַסְדֵּנוּ, מַה
צִּדְקֵנוּ, מַה כֹּחֵנוּ, מַה גְּבוּרָתֵנוּ. מַה נֹּאמַר לְפָנֶיךָ, יְיָ
אֱלֹהֵינוּ וֵאלֹהֵי אֲבוֹתֵינוּ, הֲלֹא כָּל הַגִּבּוֹרִים כְּאַיִן לְפָנֶיךָ,
וְאַנְשֵׁי הַשֵּׁם כְּלֹא הָיוּ, וַחֲכָמִים כִּבְלִי מַדָּע, וּנְבוֹנִים כִּבְלִי
הַשְׂכֵּל, כִּי רֹב מַעֲשֵׂיהֶם תֹּהוּ, וִימֵי חַיֵּיהֶם הֶבֶל לְפָנֶיךָ,
וּמוֹתַר הָאָדָם מִן הַבְּהֵמָה אָיִן, כִּי הַכֹּל הָבֶל:[1]

אַתָּה הִבְדַּלְתָּ אֱנוֹשׁ מֵרֹאשׁ, וַתַּכִּירֵהוּ לַעֲמוֹד לְפָנֶיךָ, כִּי
מִי יֹאמַר לְךָ מַה תִּפְעָל, וְאִם יִצְדַּק מַה יִּתֶּן לָךְ.
וַתִּתֶּן לָנוּ יְיָ אֱלֹהֵינוּ בְּאַהֲבָה אֶת יוֹם הַכִּפֻּרִים הַזֶּה, אֶת
יוֹם סְלִיחַת הֶעָוֹן הַזֶּה, אֶת יוֹם מִקְרָא קֹדֶשׁ הַזֶּה, קֵץ
וּמְחִילָה וּסְלִיחָה עַל כָּל עֲוֹנוֹתֵינוּ, לְמַעַן נֶחְדַּל מֵעֹשֶׁק
יָדֵינוּ, וְנָשׁוּב אֵלֶיךָ לַעֲשׂוֹת חֻקֵּי רְצוֹנְךָ בְּלֵבָב שָׁלֵם. וְאַתָּה
בְּרַחֲמֶיךָ הָרַבִּים רַחֵם עָלֵינוּ, כִּי לֹא תַחְפּוֹץ בְּהַשְׁחָתַת
עוֹלָם, שֶׁנֶּאֱמַר: דִּרְשׁוּ יְיָ בְּהִמָּצְאוֹ, קְרָאֻהוּ בִּהְיוֹתוֹ קָרוֹב.[2]
וְנֶאֱמַר: יַעֲזֹב רָשָׁע דַּרְכּוֹ וְאִישׁ אָוֶן מַחְשְׁבוֹתָיו, וְיָשֹׁב אֶל
יְיָ וִירַחֲמֵהוּ, וְאֶל אֱלֹהֵינוּ כִּי יַרְבֶּה לִסְלוֹחַ.[3] וְאַתָּה אֱלוֹהַּ
סְלִיחוֹת, חַנּוּן וְרַחוּם, אֶרֶךְ אַפַּיִם וְרַב חֶסֶד וֶאֱמֶת,
וּמַרְבֶּה לְהֵיטִיב, וְרוֹצֶה אַתָּה בִּתְשׁוּבַת רְשָׁעִים, וְאֵין
אַתָּה חָפֵץ בְּמִיתָתָם, שֶׁנֶּאֱמַר: אֱמֹר אֲלֵיהֶם, חַי אָנִי נְאֻם
אֲדֹנָי אֱלֹהִים, אִם אֶחְפֹּץ בְּמוֹת הָרָשָׁע, כִּי אִם בְּשׁוּב
רָשָׁע מִדַּרְכּוֹ וְחָיָה, שׁוּבוּ שׁוּבוּ מִדַּרְכֵיכֶם הָרָעִים, וְלָמָּה
תָמוּתוּ בֵּית יִשְׂרָאֵל.[4] וְנֶאֱמַר: הֶחָפֹץ אֶחְפֹּץ מוֹת רָשָׁע,

1. Ecclesiastes 3:19.   **2.** Isaiah 55:6.   **3.** Ibid. 55:7.   **4.** Ezekiel 33:11.

You have given. There would be no end to the burnt-offerings required [for our sins], and no limit to the offerings of pleasing odor for our offences; but since You know that our end is worm and maggot, therefore You have granted us abundant pardon. What are we? What is our life? What is our kindness? What is our righteousness? What is our strength? What is our might? What can we say to You, Lord our God and God of our fathers? Are not all the mighty men as nothing before You, the men of renown as though they had never been, the wise as if without knowledge, and the men of understanding as if devoid of intelligence? For most of their deeds are naught, and the days of their lives are vanity before You. The pre-eminence of man over beast is naught, for all is vanity.[1]

אתה [Nevertheless,] from the beginning You have set man apart and favored him to stand before You; for who could tell You what You should do, and [even] if he be righteous, what does he benefit You? You, Lord our God, have given us in love this Day of Atonements, this day of pardoning of sin, this day of holy assembly—an end, a forgiveness and a pardon of all our sins, that we shall restrain our hands from doing wrong, and return to You to fulfill the statutes of Your will with a perfect heart. And You, in Your abounding compassion, have mercy on us, for You do not desire the destruction of the world, as it is stated: Seek the Lord while He may be found, call to Him while He is near.[2] And it is stated: Let the wicked abandon his way, and the man of iniquity his thoughts; let him return to the Lord, and He will have compassion upon him, and to our God, for He will abundantly pardon.[3] And You, God of pardons, are gracious and compassionate, slow to anger, abounding in kindness and truth, and conferring much good. You wish the repentance of the wicked and do not desire their death, as it is stated: Say to them, as [truly as] I live, declares the Lord God, do I desire the death of the wicked? But [I desire] that the wicked return from his path and live. Return, return from your evil ways; why should you die, O House of Israel?[4] And it is stated: Have I any desire at all that the wicked should die? declares

נְאֻם אֲדֹנָי אֱלֹהִים, הֲלוֹא בְּשׁוּבוֹ מִדְּרָכָיו וְחָיָה.‏[1] וְנֶאֱמַר: כִּי לֹא אֶחְפֹּץ בְּמוֹת הַמֵּת, נְאֻם אֲדֹנָי אֱלֹהִים, וְהָשִׁיבוּ וִחְיוּ.‏[2] כִּי אַתָּה סָלְחָן לְיִשְׂרָאֵל וּמָחֳלָן לְשִׁבְטֵי יְשֻׁרוּן[3] בְּכָל דּוֹר וָדוֹר, וּמִבַּלְעָדֶיךָ אֵין לָנוּ מֶלֶךְ מוֹחֵל וְסוֹלֵחַ:

אֱלֹהַי, עַד שֶׁלֹּא נוֹצַרְתִּי אֵינִי כְדַאי, וְעַכְשָׁו שֶׁנּוֹצַרְתִּי, כְּאִלּוּ לֹא נוֹצַרְתִּי. עָפָר אֲנִי בְּחַיַּי, קַל וָחֹמֶר בְּמִיתָתִי, הֲרֵי אֲנִי לְפָנֶיךָ כִּכְלִי מָלֵא בוּשָׁה וּכְלִמָּה. יְהִי רָצוֹן מִלְּפָנֶיךָ, יְיָ אֱלֹהַי וֵאלֹהֵי אֲבוֹתַי, שֶׁלֹּא אֶחֱטָא עוֹד, וּמַה שֶּׁחָטָאתִי לְפָנֶיךָ, מְחוֹק בְּרַחֲמֶיךָ הָרַבִּים, אֲבָל לֹא עַל יְדֵי יִסּוּרִים וָחֳלָיִם רָעִים:

אֱלֹהַי, נְצֹר לְשׁוֹנִי מֵרָע, וּשְׂפָתַי מִדַּבֵּר מִרְמָה,[4] וְלִמְקַלְלַי נַפְשִׁי תִדֹּם, וְנַפְשִׁי כֶּעָפָר לַכֹּל תִּהְיֶה. פְּתַח לִבִּי בְּתוֹרָתֶךָ, וּבְמִצְוֹתֶיךָ תִּרְדּוֹף נַפְשִׁי, וְכָל הַחוֹשְׁבִים עָלַי רָעָה, מְהֵרָה הָפֵר עֲצָתָם וְקַלְקֵל מַחֲשַׁבְתָּם. יִהְיוּ כְּמֹץ לִפְנֵי רוּחַ וּמַלְאַךְ יְיָ דֹּחֶה.[5] לְמַעַן יֵחָלְצוּן יְדִידֶיךָ, הוֹשִׁיעָה יְמִינְךָ וַעֲנֵנִי.[6] עֲשֵׂה לְמַעַן שְׁמֶךָ, עֲשֵׂה לְמַעַן יְמִינֶךָ, עֲשֵׂה לְמַעַן תּוֹרָתֶךָ, עֲשֵׂה לְמַעַן קְדֻשָּׁתֶךָ.[7] יִהְיוּ לְרָצוֹן אִמְרֵי פִי וְהֶגְיוֹן לִבִּי לְפָנֶיךָ, יְיָ צוּרִי וְגוֹאֲלִי:[8]

Take three steps back, then bow left saying הוא, bow forward saying עֹשֶׂה הַשָּׁלוֹם בִּמְרוֹמָיו, bow right saying יַעֲשֶׂה שָׁלוֹם עָלֵינוּ, and bow forward saying וְעַל כָּל יִשְׂרָאֵל, וְאִמְרוּ אָמֵן.

עֹשֶׂה הַשָּׁלוֹם בִּמְרוֹמָיו, הוּא יַעֲשֶׂה שָׁלוֹם עָלֵינוּ וְעַל כָּל יִשְׂרָאֵל, וְאִמְרוּ אָמֵן:

יְהִי רָצוֹן מִלְּפָנֶיךָ, יְיָ אֱלֹהֵינוּ וֵאלֹהֵי אֲבוֹתֵינוּ, שֶׁיִּבָּנֶה בֵּית הַמִּקְדָּשׁ בִּמְהֵרָה בְיָמֵינוּ, וְתֵן חֶלְקֵנוּ בְּתוֹרָתֶךָ:[9]

---

1. Ibid. 18:23. **2.** Ibid. 18:32. **3.** V. Isaiah 44:2; Deuteronomy 33:5, 26; Ramban, Deuteronomy 7:12. **4.** Cf. Psalms 34:14. **5.** Ibid. 35:5. **6.** Ibid. 60:7, 108:7. **7.** It is customary to recite a verse in which the first and last letters correspond to the first and last letters of one's own Hebrew name. For a list of verses, see page 422. **8.** Psalms 19:15. **9.** Avot 5:20.

the Lord God; it is rather that he should return from his path and live.[1] And it is stated: For I do not desire the death of the one deserving death, declares the Lord God, therefore return and live.[2] For You are the Pardoner of Israel and the Forgiver of the tribes of Yeshurun[3] in every generation, and aside from You we have no King who forgives and pardons.

אלהי My God, before I was created I was not worthy [to be created], and now that I have been created it is as if I had not been created. I am dust in my life, how much more so in my death. Indeed, before You I am like a vessel filled with shame and disgrace. May it be Your will, Lord my God and God of my fathers, that I shall sin no more, and the sins which I have committed before You, erase them in Your abounding mercies, but not through suffering or severe illness.

אלהי My God, guard my tongue from evil, and my lips from speaking deceitfully.[4] Let my soul be silent to those who curse me; let my soul be as dust to all. Open my heart to Your Torah, and let my soul eagerly pursue Your commandments. As for all those who plot evil against me, hasten to annul their counsel and frustrate their design. Let them be as chaff before the wind; let the angel of the Lord thrust them away.[5] That Your beloved ones may be delivered, help with Your right hand and answer me.[6] Do it for the sake of Your Name; do it for the sake of Your right hand; do it for the sake of Your Torah; do it for the sake of Your holiness.[7] May the words of my mouth and the meditation of my heart be acceptable before You, Lord, my Strength and my Redeemer.[8]

Take three steps back, then bow left saying *He who makes the peace in His Heavens*, bow forward saying *may He*, bow right saying *make peace for us*, and bow forward saying *and for all Israel; and say, Amen.*

עשה He who makes the peace in His heavens, may He make peace for us and for all Israel; and say, Amen.

יהי May it be Your will, Lord our God and God of our fathers, that the Bet Hamikdash be speedily rebuilt in our days, and grant us our portion in Your Torah.[9]

❧❧❧

CHAZZAN'S REPETITION OF THE NEILAH AMIDAH

> ### THE REPETITION OF THE AMIDAH
> The congregation must listen attentively to the chazzan and respond אָמֵן at the conclusion of each blessing. If there are not at least nine men who respond אָמֵן after the blessings, it is tantamount to a blessing in vain. It is proper to respond with בָּרוּךְ הוּא וּבָרוּךְ שְׁמוֹ each time the chazzan says בָּרוּךְ אַתָּה יְיָ.

אֲדֹנָי, שְׂפָתַי תִּפְתָּח וּפִי יַגִּיד תְּהִלָּתֶךָ:[1]

Bend knees at בָּרוּךְ; bow at אַתָּה; straighten up at יְיָ.

בָּרוּךְ אַתָּה יְיָ, אֱלֹהֵינוּ וֵאלֹהֵי אֲבוֹתֵינוּ, אֱלֹהֵי אַבְרָהָם,
אֱלֹהֵי יִצְחָק, וֵאלֹהֵי יַעֲקֹב, הָאֵל הַגָּדוֹל הַגִּבּוֹר
וְהַנּוֹרָא, אֵל עֶלְיוֹן, גּוֹמֵל חֲסָדִים טוֹבִים, קוֹנֵה הַכֹּל,
וְזוֹכֵר חַסְדֵי אָבוֹת, וּמֵבִיא גוֹאֵל לִבְנֵי בְנֵיהֶם, לְמַעַן
שְׁמוֹ בְּאַהֲבָה:

מְסוֹד חֲכָמִים וּנְבוֹנִים, וּמִלֶּמֶד דַּעַת מְבִינִים, אֶפְתְּחָה
פִי בִּתְפִלָּה וּבְתַחֲנוּנִים, לְחַלּוֹת וּלְחַנֵּן פְּנֵי מֶלֶךְ
מוֹחֵל וְסוֹלֵחַ לַעֲוֹנִים:

Chazzan and congregation recite the following;
chazzan concludes the paragraph aloud, as indicated:

אָב יְדָעֲךָ מִנֹּעַר, בְּחִנְתוֹ בְּעֶשֶׂר בַּל עֲבוֹר בְּרֹאשׁ תָּעַר:
Chazzan—גָּשׁ לַחֲלוֹתְךָ כְּנַעַר וְלֹא כְבַעַר, דְּגָלָיו לָבוֹא
בְּזֶה הַשָּׁעַר:

Chazzan and congregation recite the following;
chazzan concludes the paragraph aloud, as indicated:

אֱמוּנִים גָּשׁוּ לְנִצָּחֲךָ אָיוֹם, נֶצַח כָּל הַיּוֹם: עֲבוֹר—Chazzan
כִּי פָנָה יוֹם, גּוֹנְנֵנוּ בְּצֶדֶק יוֹשֵׁב כְּחֹם הַיּוֹם:

---

1. Psalms 51:17.

ଓଡ଼ୋ୨ଡ଼ୋ

CHAZZAN'S REPETITION OF THE NEILAH AMIDAH

> THE REPETITION OF THE AMIDAH
>
> The congregation must listen attentively to the chazzan and respond Amen at the conclusion of each blessing. If there are not at least nine men who respond Amen after the blessings, it is tantamount to a blessing in vain. It is proper to respond with "Boruch Hu u'Voruch Shemo" ("Blessed is He and Blessed is His Name") each time the chazzan says *Blessed are You, Lord.*

אדני My Lord, open my lips, and my mouth shall declare Your praise.[1]

Bend knees at Blessed; bow at You; straighten up at Lord.

ברוך Blessed are You, Lord our God and God of our fathers, God of Abraham, God of Isaac and God of Jacob, the great, mighty and awesome God, exalted God, who bestows bountiful kindness, who creates all things, who remembers the piety of the Patriarchs, and who, in love, brings a redeemer to their children's children, for the sake of His Name.

מסוד [With words] based upon the teachings of the wise and the understanding, and upon the knowledge acquired from the discerning, I open my mouth in prayer and in supplication, to beseech and implore the countenance of the King who forgives and pardons iniquity.

Chazzan and congregation recite the following; chazzan concludes the paragraph aloud, as indicated:

אב The Patriarch [Abraham] recognized You from his [early] youth; You tested him with ten trials, but he did not fail by even a hair's breadth. Chazzan: He approached to implore You like a [beloved] child, not like a brute, that his descendants, the tribes of Israel, shall enter this gate [of prayer].

Chazzan and congregation recite the following; chazzan concludes the paragraph aloud, as indicated:

אמונים [Israel, Your] faithful ones have come to extol You, O awesome One, singing Your praise all the day. Chazzan: Now, since the day has declined, shield us through the righteous merit of Abraham who sat waiting in the heat of the day.

Chazzan:

זָכְרֵנוּ לְחַיִּים, מֶלֶךְ חָפֵץ בַּחַיִּים, וְחָתְמֵנוּ בְּסֵפֶר הַחַיִּים, לְמַעַנְךָ אֱלֹהִים חַיִּים:

Bend knees at בָּרוּךְ; bow at אַתָּה; straighten up at יְיָ.

מֶלֶךְ עוֹזֵר וּמוֹשִׁיעַ וּמָגֵן. בָּרוּךְ אַתָּה יְיָ, מָגֵן אַבְרָהָם:

(אָמֵן —Cong.)

אַתָּה גִּבּוֹר לְעוֹלָם אֲדֹנָי, מְחַיֶּה מֵתִים אַתָּה, רַב לְהוֹשִׁיעַ. מוֹרִיד הַטָּל:

מְכַלְכֵּל חַיִּים בְּחֶסֶד, מְחַיֶּה מֵתִים בְּרַחֲמִים רַבִּים, סוֹמֵךְ נוֹפְלִים, וְרוֹפֵא חוֹלִים, וּמַתִּיר אֲסוּרִים, וּמְקַיֵּם אֱמוּנָתוֹ לִישֵׁנֵי עָפָר. מִי כָמוֹךָ בַּעַל גְּבוּרוֹת, וּמִי דוֹמֶה לָךְ, מֶלֶךְ מֵמִית וּמְחַיֶּה וּמַצְמִיחַ יְשׁוּעָה:

Chazzan and congregation recite the following;
chazzan concludes the paragraph aloud, as indicated:

הַנִּקְרָא לְאָב זֶרַע, וְנִפְנֶה לָסוּר מִמּוֹקְשֵׁי רָע: זְעַק—Chazzan וְחִנֵּן וְשִׂיחָה לֹא גָרַע, חֲסַן בְּרָכָה בַּאֲשֶׁר זָרַע:

Chazzan and congregation recite the following;
chazzan concludes the paragraph aloud, as indicated:

יָהּ שִׁמְךָ בָּנוּ יֶעֱרַב, וְיֶשְׁעֲךָ לָנוּ תְקָרֵב: גְּאַלְתָּנוּ לָנוּ—Chazzan תְקָרֵב, הַחַיֵּינוּ בְּטַל כְּשָׂחַ לִפְנוֹת עָרֶב:

Chazzan:

מִי כָמוֹךָ אָב הָרַחֲמִים, זוֹכֵר יְצוּרָיו לְחַיִּים בְּרַחֲמִים: וְנֶאֱמָן אַתָּה לְהַחֲיוֹת מֵתִים. בָּרוּךְ אַתָּה יְיָ, מְחַיֶּה הַמֵּתִים: (אָמֵן —Cong.)

Chazzan and congregation:

יִמְלֹךְ יְיָ לְעוֹלָם, אֱלֹהַיִךְ צִיּוֹן לְדֹר וָדֹר, הַלְלוּיָהּ:[1] וְאַתָּה קָדוֹשׁ יוֹשֵׁב תְּהִלּוֹת יִשְׂרָאֵל,[2] אֵל נָא:

---

1. Psalms 146:10.   **2.** Ibid. 22:4.

זכרנו Remember us for life, King who desires life; seal us in the Book of Life, for Your sake, O living God.

Bend knees at Blessed; bow at You; straighten up at Lord.

מלך O King, [You are] a helper, a savior and a shield. Blessed are You, Lord, Shield of Abraham. (Cong: Amen)

אתה You are mighty forever, my Lord; You resurrect the dead; You are powerful to save. You cause the dew to descend.

מכלכל He sustains the living with lovingkindness, resurrects the dead with great mercy, supports the falling, heals the sick, releases the bound, and fulfills His trust to those who sleep in the dust. Who is like You, mighty One! And who can be compared to You, King, who brings death and restores life, and causes deliverance to spring forth!

Chazzan and congregation recite the following; chazzan concludes the paragraph aloud, as indicated:

הנקרא He [Isaac] who was called the heir of his father, turned away so as to evade the snares of evil men. Chazzan: He cried out, made entreaty, and did not lessen praying; he was made rich with blessing in whatever he had sown.

Chazzan and congregation recite the following; chazzan concludes the paragraph aloud, as indicated:

יה O God, may it be sweet to You that Your Name is linked to us; bring our deliverance near to us. Chazzan: Hasten our redemption for us; revive us with dew as [You revived Isaac] who offered prayer toward evening.

Chazzan:

מי Who is like You, All-Merciful Father, who in compassion remembers His creatures for life. You are trustworthy to revive the dead. Blessed are You, Lord, who revives the dead. (Cong: Amen)

Chazzan and congregation:

ימלך The Lord shall reign forever, your God, O Zion, throughout all generations. Praise the Lord.[1]

ואתה And You, holy One, are enthroned upon the praises of Israel;[2] O benevolent God!

שְׁמַע נָא סְלַח נָא הַיּוֹם, עֲבוּר כִּי פָנָה —Chazzan then cong.
יוֹם, וּנְהַלֶּלְךָ נוֹרָא וְאָיוֹם, קָדוֹשׁ:

Chazzan and congregation:

וּבְכֵן וּלְךָ תַעֲלֶה קְדֻשָּׁה, כִּי אַתָּה אֱלֹהֵינוּ מֶלֶךְ מוֹחֵל וְסוֹלֵחַ:

שַׁעֲרֵי אַרְמוֹן, מְהֵרָה תִפְתַּח לְבוֹאֲרֵי דָת אָמוֹן: —Chazzan then cong.

שַׁעֲרֵי גְנוּזִים, מְהֵרָה תִפְתַּח לְדָתְךָ אֲחוּזִים: —Chazzan then cong.

שַׁעֲרֵי הֵיכָל הַנֶּחֱמָדִים, מְהֵרָה תִפְתַּח לְוֹעֲדִים: —Chazzan then cong.

שַׁעֲרֵי זְבוּל מַחֲנַיִם, מְהֵרָה תִפְתַּח לַחַכְלִילֵי עֵינָיִם: —Chazzan then cong.

שַׁעֲרֵי טָהֳרָה, מְהֵרָה תִפְתַּח לְיָפָה וּבָרָה: —Chazzan then cong.

שַׁעֲרֵי כֶּתֶר הַמְיֻמָּן, מְהֵרָה תִפְתַּח לְעַם לֹא אַלְמָן: —Chazzan then cong.

Chazzan and congregation:

וּבְהֵם תֶּעֱרָץ וְתִתְקַדָּשׁ, כְּסוֹד שִׂיחַ שַׂרְפֵי קֹדֶשׁ הַמַּקְדִּישִׁים שִׁמְךָ בַּקֹּדֶשׁ:

KEDUSHAH

Stand with feet together, and avoid any interruption. Rise on the toes at the words קָדוֹשׁ, קָדוֹשׁ, קָדוֹשׁ; בָּרוּךְ; and יִמְלֹךְ.

כֶּתֶר יִתְּנוּ לְךָ יְיָ אֱלֹהֵינוּ מַלְאָכִים הֲמוֹנֵי —Cong. then chazzan
מַעְלָה, וְעַמְּךָ יִשְׂרָאֵל קְבוּצֵי מַטָּה,
יַחַד כֻּלָּם קְדֻשָּׁה לְךָ יְשַׁלֵּשׁוּ, כַּכָּתוּב עַל יַד
נְבִיאֶךָ, וְקָרָא זֶה אֶל זֶה וְאָמַר:

thrice repeat "holy" unto You, as it is written by Your prophet: And they call one to another and say,

Chazzan then cong: שְׁמַע Hear, we beseech You, pardon, we implore You, this day, for the day has declined; we will extol You, O awesome and fearful One, O holy One.

Chazzan and congregation:

וּבְכֵן And thus may our *kedushah* ascend to You, for You, our God, are a King who forgives and pardons.

Transliteration, page 450.

Chazzan then cong: שַׁעֲרֵי Hasten to open the gates of the [heavenly] palace for those who elucidate the beloved Torah.

Chazzan then cong: Hasten to open the gates to the [supernal] hidden treasures for those who hold fast to Your Torah.

Chazzan then cong: Hasten to open the gates to the precious [celestial] chamber for those who are gathered together [in prayer].

Chazzan then cong: Hasten to open the gates of the abode of the angelic hosts for those whose eyes are reddened [from Torah study].

Chazzan then cong: Hasten to open the gates of purity for the beautiful and pure [people].

Chazzan then cong: Hasten to open the gates of prayer, which forms a faithful crown, for the people that is not widowed.

Chazzan and congregation:

וּבְהֶם And by them You are adored and hallowed, as by the words of the assembly of the holy *Seraphim* who sanctify Your Name in holiness.

KEDUSHAH

Stand with feet together, and avoid any interruption. Rise on the toes at the words *Ködosh, ködosh, ködosh; Böruch*; and *Yimloch*.

Cong. then chazzan: כֶּתֶר *Keser yi-t'nu l'chö adonöy elohaynu mal-öchim ha-monay ma-lö v'am'chö yisrö-ayl k'vutzay matö, yachad kulöm k'dushö l'chö y'sha-layshu, ka-kösuv al yad n'vi-echö v'körö ze el ze v'ömar,*

כֶּתֶר A crown is given to You, Lord our God, by the angels, the supernal multitudes, and by Your people Israel who assemble below. All of them together

—Cong. then chazzan

קָ**דוֹשׁ,** קָדוֹשׁ, קָדוֹשׁ יְיָ צְבָאוֹת, מְלֹא כָל הָאָרֶץ כְּבוֹדוֹ:¹ כְּבוֹדוֹ מָלֵא עוֹלָם, מְשָׁרְתָיו שׁוֹאֲלִים זֶה לָזֶה, אַיֵּה מְקוֹם כְּבוֹדוֹ לְהַעֲרִיצוֹ, לְעֻמָּתָם מְשַׁבְּחִים וְאוֹמְרִים:

—Cong. then chazzan

בָּ**רוּךְ** כְּבוֹד יְיָ מִמְּקוֹמוֹ:² מִמְּקוֹמוֹ הוּא יִפֶן בְּרַחֲמָיו לְעַמּוֹ, הַמְיַחֲדִים שְׁמוֹ עֶרֶב וָבֹקֶר בְּכָל יוֹם תָּמִיד, פַּעֲמַיִם בְּאַהֲבָה שְׁמַע אוֹמְרִים:

—Cong. then chazzan[3]

שְׁ**מַע** יִשְׂרָאֵל, יְיָ אֱלֹהֵינוּ, יְיָ אֶחָד:⁴ הוּא אֱלֹהֵינוּ, הוּא אָבִינוּ, הוּא מַלְכֵּנוּ, הוּא מוֹשִׁיעֵנוּ, הוּא יוֹשִׁיעֵנוּ וְיִגְאָלֵנוּ שֵׁנִית בְּקָרוֹב וְיַשְׁמִיעֵנוּ בְּרַחֲמָיו לְעֵינֵי כָּל חַי לֵאמֹר: הֵן גָּאַלְתִּי אֶתְכֶם אַחֲרִית כְּבְרֵאשִׁית, לִהְיוֹת לָכֶם לֵאלֹהִים—

—Cong. and chazzan

אֲ**נִי** יְיָ אֱלֹהֵיכֶם:

—Chazzan

וּבְדִבְרֵי קָדְשְׁךָ כָּתוּב לֵאמֹר:

—Cong. then chazzan

יִ**מְלֹךְ** יְיָ לְעוֹלָם, אֱלֹהַיִךְ צִיּוֹן לְדֹר וָדֹר, הַלְלוּיָהּ:⁵

Remain standing with feet together until the chazzan concludes the following line.

Chazzan:

אַתָּה קָדוֹשׁ וְשִׁמְךָ קָדוֹשׁ, וּקְדוֹשִׁים בְּכָל יוֹם יְהַלְלוּךָ סֶּלָה.

You may be seated.

לְדוֹר וָדוֹר הַמְלִיכוּ לָאֵל, כִּי הוּא לְבַדּוֹ מָרוֹם וְקָדוֹשׁ:

---

1. Isaiah 6:3.   **2.** Ezekiel 3:12.   **3.** The chazzan says the words שְׁמַע יִשְׂרָאֵל along with the congregation.   **4.** Deuteronomy 6:4.   **5.** Psalms 146:10.

Cong. then chazzan: קָדוֹשׁ *Ködosh, ködosh, ködosh, adonöy tz'vö-os, m'lo chöl hö-öretz k'vodo.*[1] *K'vodo mölay olöm, m'shö-r'söv sho-alim ze löze a-yay m'kom k'vodo l'ha-aritzo, l'umösöm m'sha-b'chim v'om'rim.*

Cong. then chazzan: בָּרוּך *Böruch   k'vod   adonöy   mi-m'komo.*[2] *Mi-m'komo   hu   yifen   b'rachamöv   l'amo ha-m'yachadim sh'mo erev vövoker b'chöl yom tömid, pa-ama-yim b'ahavö sh'ma om'rim.*

Cong. then chazzan:[3] שְׁמַע *Sh'ma yisrö-ayl, adonöy elohaynu, adonöy echöd.*[4] *Hu elohaynu, hu övinu, hu malkaynu, hu moshi-aynu, hu yoshi-aynu v'yig-ölaynu shaynis b'körov, v'yashmi-aynu b'rachamöv l'aynay köl chai lay-mor, hayn gö-alti es'chem a-charis ki-v'rayshis lih-yos löchem lay-lohim.*

Cong. and chazzan: אֲנִי *Ani adonöy elo-haychem.*

Chazzan: And in Your holy Scriptures it is written thus:

Cong. then chazzan: יִמְלֹך *Yimloch adonöy l'olöm eloha-yich tziyon l'dor vö-dor ha-l'luyöh.*[5]

Remain standing with feet together until the chazzan concludes the following line.

Chazzan:

אַתָּה You are holy and Your Name is holy, and holy beings praise You daily for all eternity.
You may be seated.

לְדוֹר Through all generations proclaim the kingship of God, for He alone is exalted and holy.

קָדוֹשׁ "Holy, holy, holy is the Lord of hosts; the whole earth is full of His glory." His glory fills the worlds; His ministering angels ask one another, "Where is the place of His glory to adore Him?" Those facing them offer praise and say, בָּרוּך "Blessed be the glory of the Lord from its place." May He turn from His place in compassion toward His people who affirm the Oneness of His Name, evening and morning, twice each and every day, saying *Shema* (Hear...) in love. שְׁמַע "Hear, O Israel, the Lord is our God, the Lord is One." He is our God; He is our Father; He is our King; He is our Deliverer. He will soon again save and redeem us, and in His mercy will let us hear, in the sight of every living thing, as follows: Behold, I have redeemed you from this final [exile] as from the first, to be your God. אֲנִי I, the Lord, am your God. And in Your holy Scriptures it is written thus: יִמְלֹך The Lord shall reign forever; your God, O Zion, throughout all generations. Praise the Lord.

חֲמוֹל עַל מַעֲשֶׂיךָ, וְתִשְׂמַח בְּמַעֲשֶׂיךָ, וְיֹאמְרוּ לְךָ
חוֹסֶיךָ, בְּצַדֶּקְךָ עֲמוּסֶיךָ,¹ תֻּקְדַּשׁ אָדוֹן עַל כָּל
מַעֲשֶׂיךָ, כִּי מַקְדִּישֶׁיךָ כִּקְדֻשָּׁתְךָ (כְּעֶרְכְּךָ) קִדַּשְׁתָּ. נָאֶה
לְקָדוֹשׁ פְּאֵר מִקְּדוֹשִׁים:

בְּאֵין מֵלִיץ יְשֶׁר מוּל מַגִּיד פֶּשַׁע, תַּגִּיד לְיַעֲקֹב דְּבַר חֹק
וּמִשְׁפָּט, וְצַדְּקֵנוּ בַּמִּשְׁפָּט, הַמֶּלֶךְ הַמִּשְׁפָּט:

עוֹד יִזְכָּר לָנוּ אַהֲבַת אֵיתָן, אֲדוֹנֵינוּ, וּבַבֵּן הַנֶּעֱקַד
יַשְׁבִּית מְדַיְּנֵנוּ, וּבִזְכוּת הַתָּם יוֹצִיא אָיוֹם (הַיּוֹם)
לְצֶדֶק דִּינֵנוּ, כִּי קָדוֹשׁ הַיּוֹם לַאֲדוֹנֵינוּ:²

וּבְכֵן יִתְקַדַּשׁ שִׁמְךָ יְיָ אֱלֹהֵינוּ עַל יִשְׂרָאֵל עַמֶּךָ, וְעַל
יְרוּשָׁלַיִם עִירֶךָ, וְעַל צִיּוֹן מִשְׁכַּן כְּבוֹדֶךָ, וְעַל
מַלְכוּת בֵּית דָּוִד מְשִׁיחֶךָ, וְעַל מְכוֹנְךָ וְהֵיכָלֶךָ:

וּבְכֵן תֵּן פַּחְדְּךָ יְיָ אֱלֹהֵינוּ עַל כָּל מַעֲשֶׂיךָ, וְאֵימָתְךָ עַל
כָּל מַה שֶּׁבָּרָאתָ, וְיִירָאוּךָ כָּל הַמַּעֲשִׂים, וְיִשְׁתַּחֲווּ
לְפָנֶיךָ כָּל הַבְּרוּאִים, וְיֵעָשׂוּ כֻלָּם אֲגֻדָּה אֶחָת לַעֲשׂוֹת
רְצוֹנְךָ בְּלֵבָב שָׁלֵם. שֶׁיָּדַעְנוּ יְיָ אֱלֹהֵינוּ שֶׁהַשָּׁלְטָן לְפָנֶיךָ,
עֹז בְּיָדְךָ וּגְבוּרָה בִּימִינֶךָ, וְשִׁמְךָ נוֹרָא עַל כָּל מַה שֶּׁבָּרָאתָ:

וּבְכֵן תֵּן כָּבוֹד יְיָ לְעַמֶּךָ, תְּהִלָּה לִירֵאֶיךָ, וְתִקְוָה טוֹבָה
לְדוֹרְשֶׁיךָ, וּפִתְחוֹן פֶּה לַמְיַחֲלִים לָךְ, שִׂמְחָה
לְאַרְצֶךָ, וְשָׂשׂוֹן לְעִירֶךָ, וּצְמִיחַת קֶרֶן לְדָוִד עַבְדֶּךָ,
וַעֲרִיכַת נֵר לְבֶן יִשַׁי מְשִׁיחֶךָ, בִּמְהֵרָה בְיָמֵינוּ:

---

1. V. Isaiah 46:3.   **2.** Nehemiah 8:10.

חמול Have mercy upon Your works, and find delight in Your works. When You vindicate [Israel,] the people borne by You,[1] those who put their trust in You shall declare: Be sanctified, Master, over all Your works! For You have sanctified those who hallow You with Your holiness (akin to You). It is fitting to the Holy One [to receive] praise from the holy ones.

באין When there is no defender to intercede in our behalf against the Accuser who reports our transgression, You speak for Jacob [and invoke the merit of the observance of] the statutes and ordinances, and vindicate us in judgment, O King of Judgment.

עוד May our Master yet remember in our favor the love of the steadfast Patriarch [Abraham]; for the sake of the son [Isaac] who was bound on the altar, may He silence our Accuser; and in the merit of the perfect one [Jacob], may the Awesome One (He today) bring forth our verdict, finding us righteous, for this day is holy to our Master.[2]

ובכן And thus shall Your Name, Lord our God, be sanctified upon Israel Your people, upon Jerusalem Your city, upon Zion the abode of Your glory, upon the kingship of the house of David Your anointed, and upon Your dwelling-place and Your sanctuary.

ובכן And so, Lord our God, instill fear of You upon all that You have made, and dread of You upon all that You have created; and [then] all works will be in awe of You, all the created beings will prostrate themselves before You, and they all will form a single band to carry out Your will with a perfect heart. For we know, Lord our God, that rulership is Yours, strength is in Your [left] hand, might is in Your right hand, and Your Name is awesome over all that You have created.

ובכן And so, Lord, grant honor to Your people, glory to those who fear You, good hope to those who seek You, confident speech to those who yearn for You, joy to Your land, gladness to Your city, a flourishing of strength to David Your servant, and a setting up of light to the son of Yishai Your anointed, speedily in our days.

וּבְבֵן צַדִּיקִים יִרְאוּ וְיִשְׂמָחוּ, וִישָׁרִים יַעֲלֹזוּ, וַחֲסִידִים
בְּרִנָּה יָגִילוּ, וְעוֹלָתָה תִּקְפָּץ פִּיהָ, וְהָרִשְׁעָה כֻלָּהּ
בְּעָשָׁן תִּכְלֶה, כִּי תַעֲבִיר מֶמְשֶׁלֶת זָדוֹן מִן הָאָרֶץ:

וְתִמְלוֹךְ אַתָּה הוּא יְיָ אֱלֹהֵינוּ לְבַדֶּךָ עַל כָּל מַעֲשֶׂיךָ,
בְּהַר צִיּוֹן מִשְׁכַּן כְּבוֹדֶךָ, וּבִירוּשָׁלַיִם עִיר
קָדְשֶׁךָ, כַּכָּתוּב בְּדִבְרֵי קָדְשֶׁךָ: יִמְלֹךְ יְיָ לְעוֹלָם, אֱלֹהַיִךְ
צִיּוֹן לְדֹר וָדֹר, הַלְלוּיָהּ:[1]

קָדוֹשׁ אַתָּה וְנוֹרָא שְׁמֶךָ, וְאֵין אֱלוֹהַּ מִבַּלְעָדֶיךָ, כַּכָּתוּב:
וַיִּגְבַּהּ יְיָ צְבָאוֹת בַּמִּשְׁפָּט, וְהָאֵל הַקָּדוֹשׁ נִקְדָּשׁ
בִּצְדָקָה.[2] בָּרוּךְ אַתָּה יְיָ, הַמֶּלֶךְ הַקָּדוֹשׁ: (Cong.—אָמֵן)

אַתָּה בְחַרְתָּנוּ מִכָּל הָעַמִּים, אָהַבְתָּ אוֹתָנוּ וְרָצִיתָ בָּנוּ,
וְרוֹמַמְתָּנוּ מִכָּל הַלְּשׁוֹנוֹת, וְקִדַּשְׁתָּנוּ בְּמִצְוֹתֶיךָ,
וְקֵרַבְתָּנוּ מַלְכֵּנוּ לַעֲבוֹדָתֶךָ, וְשִׁמְךָ הַגָּדוֹל וְהַקָּדוֹשׁ עָלֵינוּ
קָרָאתָ:

On Shabbat, add the words in shaded parentheses.

וַתִּתֶּן לָנוּ יְיָ אֱלֹהֵינוּ בְּאַהֲבָה אֶת יוֹם (הַשַּׁבָּת הַזֶּה וְאֶת
יוֹם) הַכִּפּוּרִים הַזֶּה, אֶת יוֹם סְלִיחַת הֶעָוֹן הַזֶּה,
אֶת יוֹם מִקְרָא קֹדֶשׁ הַזֶּה, (לִקְדֻשָׁה וְלִמְנוּחָה) לִמְחִילָה
וְלִסְלִיחָה וּלְכַפָּרָה, וְלִמְחָל בּוֹ אֶת כָּל עֲוֹנוֹתֵינוּ, (בְּאַהֲבָה)
מִקְרָא קֹדֶשׁ, זֵכֶר לִיצִיאַת מִצְרָיִם:

On Shabbat, add the words in shaded parentheses.
Congregation responds אָמֵן as indicated.

אֱלֹהֵינוּ וֵאלֹהֵי אֲבוֹתֵינוּ, יַעֲלֶה וְיָבוֹא וְיַגִּיעַ וְיֵרָאֶה וְיֵרָצֶה
וְיִשָּׁמַע וְיִפָּקֵד וְיִזָּכֵר זִכְרוֹנֵנוּ וּפִקְדוֹנֵנוּ וְזִכְרוֹן
אֲבוֹתֵינוּ, וְזִכְרוֹן מָשִׁיחַ בֶּן דָּוִד עַבְדֶּךָ, וְזִכְרוֹן יְרוּשָׁלַיִם עִיר

---

1. Psalms 146:10.   **2.** Isaiah 5:16.

ובכן And then the righteous will see and be glad, the upright will rejoice, and the pious will exult in song; injustice will shut its mouth and all wickedness will go up in smoke, when You will remove the rule of evil from the earth.

ותמלוך Lord our God, You are He who alone will reign over all Your works, in Mount Zion the abode of Your glory, in Jerusalem Your holy city, as it is written in Your holy Scriptures: The Lord shall reign forever, your God, O Zion, throughout all generations; praise the Lord.[1]

קדוש Holy are You, awesome is Your Name, and aside from You there is no God, as it is written: The Lord of hosts is exalted in justice and the holy God is sanctified in righteousness.[2] Blessed are You, Lord, the holy King. (Cong: Amen)

אתה You have chosen us from among all the nations; You have loved us and found favor with us. You have raised us above all tongues and made us holy through Your commandments. You, our King, have drawn us near to Your service and proclaimed Your great and holy Name upon us.

On Shabbat, add the words in shaded parentheses.

ותתן And You, Lord our God, have given us in love (this Shabbat day and) this Day of Atonements, this day of pardoning of sin, this day of holy assembly (for sanctity and tranquility) for forgiveness, pardon, and atonement, to forgive thereon all our wrongdoings, (in love,) a holy assembly, commemorating the Exodus from Egypt.

On Shabbat, add the words in shaded parentheses.
Congregation responds Amen as indicated.

אלהינו Our God and God of our fathers, may there ascend, come, and reach, be seen, accepted, and heard, recalled and remembered before You our remembrance and recollection, the remembrance of our fathers, the remembrance of Mashiach the son of David Your servant, the remembrance of Jerusalem Your holy city, and the remembrance of all

קָדְשֶׁךָ, וְזִכְרוֹן כָּל עַמְּךָ בֵּית יִשְׂרָאֵל לְפָנֶיךָ, לִפְלֵיטָה לְטוֹבָה לְחֵן וּלְחֶסֶד וּלְרַחֲמִים וּלְחַיִּים טוֹבִים וּלְשָׁלוֹם, בְּיוֹם (הַשַּׁבָּת הַזֶּה וּבְיוֹם) הַכִּפּוּרִים הַזֶּה, בְּיוֹם סְלִיחַת הֶעָוֺן הַזֶּה, בְּיוֹם מִקְרָא קֹדֶשׁ הַזֶּה. זָכְרֵנוּ יְיָ אֱלֹהֵינוּ בּוֹ לְטוֹבָה (אָמֵן), וּפָקְדֵנוּ בוֹ לִבְרָכָה (אָמֵן), וְהוֹשִׁיעֵנוּ בּוֹ לְחַיִּים טוֹבִים (אָמֵן). וּבִדְבַר יְשׁוּעָה וְרַחֲמִים חוּס וְחָנֵּנוּ, וְרַחֵם עָלֵינוּ וְהוֹשִׁיעֵנוּ, כִּי אֵלֶיךָ עֵינֵינוּ, כִּי אֵל מֶלֶךְ חַנּוּן וְרַחוּם אָתָּה:

—Chazzan then cong. פְּתַח לָנוּ שַׁעַר, בְּעֵת נְעִילַת שַׁעַר, כִּי פָנָה יוֹם:

—Chazzan then cong. הַיּוֹם יִפְנֶה, הַשֶּׁמֶשׁ יָבֹא וְיִפְנֶה, נָבוֹאָה שְׁעָרֶיךָ:

—Chazzan then cong. אָנָּא אֵל נָא, שָׂא נָא, סְלַח נָא, מְחַל נָא, חֲמָל נָא, רַחֶם נָא, כַּפֶּר נָא, כְּבוֹשׁ חֵטְא וְעָוֺן:

The following sections until אַתָּה נוֹתֵן, page 372, are recited by the chazzan and congregation.
Chazzan concludes the paragraph aloud, as indicated.

אֵל מֶלֶךְ יוֹשֵׁב עַל כִּסֵּא רַחֲמִים, וּמִתְנַהֵג בַּחֲסִידוּת, מוֹחֵל עֲוֺנוֹת עַמּוֹ, מַעֲבִיר רִאשׁוֹן רִאשׁוֹן, מַרְבֶּה מְחִילָה לַחַטָּאִים וּסְלִיחָה לַפּוֹשְׁעִים, עֹשֶׂה צְדָקוֹת עִם כָּל בָּשָׂר וָרוּחַ, לֹא כְרָעָתָם תִּגְמוֹל, —Chazzan אֵל הוֹרֵיתָ לָנוּ לוֹמַר שְׁלֹשׁ עֶשְׂרֵה, זְכֹר לָנוּ הַיּוֹם בְּרִית שְׁלֹשׁ עֶשְׂרֵה, כְּהוֹדַעְתָּ לֶעָנָו מִקֶּדֶם, כְּמוֹ שֶׁכָּתוּב: וַיֵּרֶד יְיָ בֶּעָנָן וַיִּתְיַצֵּב עִמּוֹ שָׁם, וַיִּקְרָא בְשֵׁם יְיָ:

---

1. Exodus 34:5.

Your people the House of Israel, for deliverance, well-being, grace, kindness, mercy, good life, and peace, on this (Shabbat day and this) Day of Atonements, on this day of pardoning of sin, on this day of holy assembly. Remember us on this [day], Lord our God, for good (Amen); be mindful of us on this [day] for blessing (Amen); help us on this [day] for good life (Amen). With the promise of deliverance and compassion, spare us and be gracious to us; have mercy upon us and deliver us; for our eyes are directed to You, for You, God, are a gracious and merciful King.

Transliteration, page 450.

Chazzan then cong: פְּתַח Open for us the gate [of prayer], at the time of the closing of the gate, for the day has declined.

Chazzan then cong: The day wanes, the sun sets and wanes; O let us enter Your gates.

Chazzan then cong: We beseech You, O God, absolve, pardon, forgive, take pity, have compassion, grant atonement, suppress sin and iniquity.

The following sections until *You extend*, page 372, are recited by the chazzan and congregation.
Chazzan concludes the paragraph aloud, as indicated.

אֵל Almighty King, who sits on the throne of mercy, who acts with benevolence, forgiving the wrongdoings of His people, removing every first sin, many times granting forgiveness to inadvertent sinners and pardon to willful transgressors; He deals charitably with each living being, not requiting them according to their wickedness. Chazzan: Almighty One, You have taught us to recite the Thirteen [Attributes of Mercy]; remember this day in our behalf, the Covenant of the Thirteen [Attributes], as You have made known to [Moses] the humble one in days gone by, as it is written: And the Lord descended in the cloud and stood with him there, and he invoked the Name of the Lord.[1]

וַיַּעֲבֹר יְיָ עַל פָּנָיו וַיִּקְרָא:

יְיָ יְיָ אֵל רַחוּם וְחַנּוּן, אֶרֶךְ אַפַּיִם וְרַב חֶסֶד וֶאֱמֶת:
נֹצֵר חֶסֶד לָאֲלָפִים, נֹשֵׂא עָוֺן וָפֶשַׁע וְחַטָּאָה,
וְנַקֵּה:¹ וְסָלַחְתָּ לַעֲוֺנֵנוּ וּלְחַטָּאתֵנוּ וּנְחַלְתָּנוּ:²

סְלַח לָנוּ אָבִינוּ כִּי חָטָאנוּ, מְחַל לָנוּ מַלְכֵּנוּ כִּי פָשָׁעְנוּ:
כִּי אַתָּה יְיָ טוֹב וְסַלָּח, וְרַב חֶסֶד לְכָל קֹרְאֶיךָ:³

כְּרַחֵם אָב עַל בָּנִים, כֵּן תְּרַחֵם יְיָ עָלֵינוּ: לַיְיָ הַיְשׁוּעָה,
עַל עַמְּךָ בִרְכָתֶךָ סֶּלָה:⁴ יְיָ צְבָאוֹת עִמָּנוּ, מִשְׂגָּב
לָנוּ אֱלֹהֵי יַעֲקֹב סֶלָה:⁵ יְיָ צְבָאוֹת, אַשְׁרֵי אָדָם בֹּטֵחַ בָּךְ:⁶
יְיָ הוֹשִׁיעָה, הַמֶּלֶךְ יַעֲנֵנוּ בְיוֹם קָרְאֵנוּ:⁷ סְלַח נָא לַעֲוֺן
הָעָם הַזֶּה כְּגֹדֶל חַסְדֶּךָ, וְכַאֲשֶׁר נָשָׂאתָה לָעָם הַזֶּה
מִמִּצְרַיִם וְעַד הֵנָּה:⁸ וְשָׁם נֶאֱמַר: וַיֹּאמֶר יְיָ סָלַחְתִּי
כִּדְבָרֶךָ:⁹ הַטֵּה אֱלֹהַי אָזְנְךָ וּשְׁמָע, פְּקַח עֵינֶיךָ וּרְאֵה
שֹׁמְמֹתֵינוּ, וְהָעִיר אֲשֶׁר נִקְרָא שִׁמְךָ עָלֶיהָ, כִּי לֹא עַל
צִדְקֹתֵינוּ אֲנַחְנוּ מַפִּילִים תַּחֲנוּנֵינוּ לְפָנֶיךָ, כִּי עַל רַחֲמֶיךָ
הָרַבִּים: אֲדֹנָי שְׁמָעָה, אֲדֹנָי סְלָחָה, אֲדֹנָי הַקְשִׁיבָה,
וַעֲשֵׂה אַל תְּאַחַר, לְמַעַנְךָ אֱלֹהַי, כִּי שִׁמְךָ נִקְרָא עַל
עִירְךָ וְעַל עַמֶּךָ:¹⁰

וּמִי יַעֲמֹד חֵטְא אִם תִּשְׁמוֹר, וּמִי יָקוּם דִּין אִם תִּגְמוֹר,
הַסְּלִיחָה עִמְּךָ סָלַחְתִּי לֵאמֹר, הָרַחֲמִים גַּם לְךָ
מִדָּתְךָ לִכְמוֹר. דִּכְדּוּךְ דַּלּוּתֵנוּ רְאֵה וְאַל תַּכְלִים, דַּעַת
נְתִיב דְּרָכֶיךָ חֶפְצֵנוּ תַשְׁלִים, גָּדוֹל וְקָטוֹן רוּחַ שֵׂכֶל

---

1. Exodus 34:6-7. **2.** Ibid. 34:9. **3.** Psalms 86:5. **4.** Ibid. 3:9. **5.** Ibid. 46:8. **6.** Ibid. 84:13.
7. Ibid. 20:10. **8.** Numbers 14:19. **9.** Ibid. 14:20. **10.** Daniel 9:18-19.

ויעבר And the Lord passed before him and proclaimed:

יי יי Lord, Lord, benevolent God, compassionate and gracious, slow to anger and abounding in kindness and truth; He preserves kindness for two thousand generations, forgiving iniquity, transgression and sin, and He cleanses.[1] Pardon our wrongdoings and our sins, and take us as Your own possession.[2]

סלח Pardon us, our Father, for we have sinned; forgive us, our King, for we have willfully transgressed. For You, my Lord, are good and forgiving, and exceedingly kind to all who call upon You.[3]

כרחם As a father has compassion on his children, so, Lord, have compassion on us. Deliverance is the Lord's; may Your blessing be upon Your people forever.[4] The Lord of hosts is with us; the God of Jacob is our everlasting stronghold.[5] Lord of hosts, happy is the man who trusts in You.[6] Lord, deliver us; may the King answer us on the day we call.[7] Pardon, I beseech You, the wrongdoing of this people in keeping with the greatness of Your kindness, and as You have forgiven this people from Egypt until now.[8] And there it is stated: And the Lord said: I have pardoned in accordance with your words.[9] Give ear, my God, and hear; open Your eyes and behold our desolate places and the city upon which Your Name is proclaimed, for it is not on account of our own righteousness that we offer our supplications before You, but because of Your abounding mercies. My Lord, hear; my Lord, pardon; my Lord, hearken and take action, do not delay, for Your own sake, my God, for Your Name is proclaimed over Your city and Your people.[10]

ומי If You were to preserve sin, who could exist? If You were to pronounce judgment [according to our deeds], who could survive? Forgiveness is with You, so declare: I have forgiven! It is also Your attribute to arouse compassion [for man]. Behold our lowly, dismal status, and do not put us to shame. Fulfill our desire to know the path of Your way. Endow young and old with the spirit of wisdom. Strengthen

הַחָלִים, גִּבּוֹרֵי כֹחַ רְצוֹנְךָ חַזֵּק וְהָאֵלִים. בְּצִלְּךָ שֶׁבֶת
שָׁבִים קַבֵּל נְדָבָה, בֵּיתְךָ יַפְרִיחוּ וְלֹא יוֹסִיפוּ לְדַאֲבָה,
אוֹבֵד וְנִדָּח תַּשְׁבִּית נוֹגֵשׂ וּמַדְהֵבָה, אָז יַעֲלוּ וְיֵרָאוּ
בְּרוּחַ נְדִיבָה.

שָׁלוֹם פָּרִים שְׂפָתֵינוּ תִּכּוֹן אֱמֶת, לְכַתְּנוּ אַחֲרֶיךָ בְּתוֹם
וְיֹשֶׁר הָאֱמֶת, מֵלִיץ יֹשֶׁר קַבֵּל וּמַלְשְׁנִי צַמֵּת,
הֶחָפֵץ בַּחַיִּים וְלֹא בְמוֹת הַמֵּת. הֲקִימֵנוּ בְאוֹר פָּנֶיךָ
וְחֶשְׁבּוֹן יִתְמַצֶּה, קִיּוּם מֶרֶדֶת שַׁחַת כְּפֶר יִמָּצֵא, טֶרֶם
נִקְרָא עוֹד דִּבּוּר יֵצֵא, נִדְבוֹת פִּינוּ יְיָ רְצֵה:

The following paragraphs are recited responsively. The chazzan recites the first paragraph
followed by the congregation; the subsequent paragraphs are recited by the congregation
followed by the chazzan.

מַרְבִּים צָרְכֵי עַמְּךָ וְדַעְתָּם קָצְרָה, מַחְסוֹרָם
וּמִשְׁאֲלוֹתָם בַּל יוּכְלוּ לְסַפְּרָה, נָא בִּינָה
הֲגִיגֵנוּ טֶרֶם נִקְרָא, הָאֵל הַגָּדוֹל הַגִּבּוֹר
וְהַנּוֹרָא:[1]

סָפוּ וְגַם כָּלוּ יוֹדְעֵי פְגִיעָה, סֵדֶר תְּפִלּוֹת בְּמַעֲנֶה
לְשׁוֹנָם לְהַבִּיעָה, עֲרֵמִים נוֹתַרְנוּ וְרָבְתָה הָרָעָה,
עַל כֵּן לֹא הִשַּׂגְנוּ יְשׁוּעָה:

פָּנִים אֵין לָנוּ פָּנֶיךָ לְחַלּוֹת, פָּשַׁעְנוּ וּמָרַדְנוּ וְהֶעֱוִינוּ
מְסִלּוֹת, צְדָקָה לְךָ לְבַד נְבַקֵּשׁ בְּמַעַרְכֵי תְהִלּוֹת,
הָעוֹמְדִים בְּבֵית יְיָ בַּלֵּילוֹת:[2]

קָדוֹשׁ רְאֵה כִּי פַס מֵלִיץ כְּשׁוּרָה, קַבֵּל נִיבִי כְּמַרְבִּית
תְּשׁוּרָה, רִנָּתִי הַיּוֹם תְּהֵא בְּכִתְרְךָ קְשׁוּרָה, אֵל
נֶאְזָר בִּגְבוּרָה:[3]

---

1. Deuteronomy 10:17.   2. Psalms 134:1.   3. Ibid. 65:7.

and invigorate those who zealously do Your will. Graciously accept the penitents and let them abide in Your shadow; let them flourish in Your House and experience distress no more. Remove the oppressor and persecutor from [Israel,] the forsaken and exiled; then with a willing spirit they shall go up [to Jerusalem] and be seen [in the Bet Hamikdash].

שלום May the prayer of our lips be truly accepted in place of the sacrifice of bullocks; be mindful of our going after You in sincerity and uprightness. Accept our Advocate and destroy our Accuser, O You who desires life, not the demise of the one who deserves death. Establish us in the light of Your countenance, and annul the account of our sins; then we will exist and not go down to the grave, for expiation will be found. Before we call, ere a word is uttered, accept with favor, O Lord, the offerings of our lips.

The following paragraphs are recited responsively. The chazzan recites the first paragraph followed by the congregation; the subsequent paragraphs are recited by the congregation followed by the chazzan.

מרבים The needs of Your people are numerous and their knowledge is scant; they are unable to express their needs and desires; consider, we beseech You, our thoughts, [even] before we call, O great, mighty and awesome God.[1]

ספו Gone and vanished are those who know how to offer prayer, how to eloquently express the form of prayers; we have remained bereft, and adversity has increased; we therefore have not attained deliverance.

פנים We lack the courage to plead before You; we have transgressed, rebelled and perverted [our] ways; only kindness do we ask of You in the presentation of our prayers, we who stand in the house of the Lord at night.[2]

קדוש Holy One, behold, the proper advocate is no more; accept my words of prayer as if I had presented You with a great offering; let my prayers this day be attached to Your diadem, God who is girded with might.[3]

שַׁוְעָתִי שָׁעָה וּתְפִלָּתִי תְהֵא נְעִימָה, שְׁמַע פְּגִיעָתִי
בִּפְגִיעַת תַּמָּה, תְּחוֹקְקֵנוּ לְחַיִּים וְתֵיטִיב לָנוּ
הַחֲתִימָה, תֹּלֶה אֶרֶץ עַל בְּלִימָה:¹

Chazzan and congregation;
chazzan concludes the paragraph aloud, as indicated:

אֵל מֶלֶךְ יוֹשֵׁב עַל כִּסֵּא רַחֲמִים, וּמִתְנַהֵג בַּחֲסִידוּת,
מוֹחֵל עֲוֹנוֹת עַמּוֹ, מַעֲבִיר רִאשׁוֹן רִאשׁוֹן, מַרְבֶּה
מְחִילָה לְחַטָּאִים וּסְלִיחָה לְפוֹשְׁעִים, עֹשֶׂה צְדָקוֹת עִם
כָּל בָּשָׂר וָרוּחַ, לֹא כְרָעָתָם תִּגְמוֹל, Chazzan—אֵל הוֹרֵיתָ
לָנוּ לוֹמַר שְׁלֹשׁ עֶשְׂרֵה, זְכָר לָנוּ הַיּוֹם בְּרִית שְׁלֹשׁ
עֶשְׂרֵה, כְּהוֹדַעְתָּ לֶעָנָו מִקֶּדֶם, כְּמוֹ שֶׁכָּתוּב: וַיֵּרֶד יְיָ
בֶּעָנָן וַיִּתְיַצֵּב עִמּוֹ שָׁם, וַיִּקְרָא בְשֵׁם יְיָ:

וַיַּעֲבֹר יְיָ עַל פָּנָיו וַיִּקְרָא:

יְיָ יְיָ אֵל רַחוּם וְחַנּוּן, אֶרֶךְ אַפַּיִם וְרַב חֶסֶד וֶאֱמֶת:
נֹצֵר חֶסֶד לָאֲלָפִים, נֹשֵׂא עָוֹן וָפֶשַׁע וְחַטָּאָה,
וְנַקֵּה: וְסָלַחְתָּ לַעֲוֹנֵנוּ וּלְחַטָּאתֵנוּ וּנְחַלְתָּנוּ:

סְלַח לָנוּ אָבִינוּ כִּי חָטָאנוּ, מְחַל לָנוּ מַלְכֵּנוּ כִּי פָשָׁעְנוּ:
כִּי אַתָּה יְיָ טוֹב וְסַלָּח, וְרַב חֶסֶד לְכָל קֹרְאֶיךָ:

Congregation then chazzan:

יָדְךָ פְּשׁוֹט וְקַבֵּל תְּשׁוּבָתִי בְּמַעֲמָדִי, סְלַח וּמְחַל רוֹעַ
מַעֲבָדִי, פְּנֵה נָא וַעֲסוֹק בְּטוֹבַת מְשַׁחֲרֶיךָ דּוֹדִי
וּמְעוֹדְדִי, וְאַתָּה יְיָ מָגֵן בַּעֲדִי:²

זְכוֹר בְּרִית אַבְרָהָם וַעֲקֵדַת יִצְחָק, וְהָשֵׁב שְׁבוּת אָהֳלֵי
יַעֲקֹב, וְהוֹשִׁיעֵנוּ לְמַעַן שְׁמֶךָ. גּוֹאֵל חָזָק לְמַעַנְךָ
פְדֵנוּ, רְאֵה כִּי אָזְלַת יָדֵנוּ, שׁוּר כִּי אָבְדוּ חֲסִידֵינוּ,

---
1. Job 26:7. **2.** Psalms 3:4.

שׁוּעָתִי Pay heed to my cry and may my prayer be pleasant; hear my plea as if it were the plea of the perfect one; inscribe us for life and seal us for goodness, O You who suspends the earth in empty space.[1]

Chazzan and congregation;
chazzan concludes the paragraph aloud, as indicated:

אֵל Almighty King, who sits on the throne of mercy, who acts with benevolence, forgiving the wrongdoings of His people, removing every first sin, many times granting forgiveness to inadvertent sinners and pardon to willful transgressors; He deals charitably with each living being, not requiting them according to their wickedness. Chazzan: Almighty One, You have taught us to recite the Thirteen [Attributes of Mercy]; remember this day in our behalf, the Covenant of the Thirteen [Attributes], as You have made known to [Moses] the humble one in days gone by, as it is written: And the Lord descended in the cloud and stood with him there, and he invoked the Name of the Lord.

וַיַּעֲבֹר **And the Lord passed before him and proclaimed:**

יי יי **Lord, Lord, benevolent God, compassionate and gracious, slow to anger and abounding in kindness and truth; He preserves kindness for two thousand generations, forgiving iniquity, transgression and sin, and He cleanses. Pardon our wrongdoings and our sins, and take us as Your own possession.**

סְלַח Pardon us, our Father, for we have sinned; forgive us, our King, for we have willfully transgressed. For You, my Lord, are good and forgiving, and exceedingly kind to all who call upon You.

Congregation then chazzan:

יְדֵי Stretch forth Your hand and accept my penitence as I stand before You; forgive and pardon my evil deeds; turn, O my Beloved and my Strength, and occupy Yourself with the good of those who seek You; You, Lord, who are a shield for me.[2]

זְכוֹר Remember the covenant with Abraham and the binding of Isaac [on the altar]; bring back the captives of the tents of Jacob, and deliver us for the sake of Your Name. Mighty Redeemer, for Your own sake, deliver us; behold that our hand is weakened, see that our pious men have perished and

וּמַפְגִּיעַ אֵין בַּעֲדֵנוּ, וְשׁוּב בְּרַחֲמִים עַל שְׁאֵרִית יִשְׂרָאֵל,
וְהוֹשִׁיעֵנוּ לְמַעַן שְׁמֶךָ. הָעִיר הַקֹּדֶשׁ וְהַמְּחוֹזוֹת, הָיוּ
לְחֶרְפָּה וּלְבִזּוֹת, וְכָל מַחֲמַדֶּיהָ טְבוּעוֹת וּגְנוּזוֹת, וְאֵין
שִׁיּוּר רַק הַתּוֹרָה הַזֹּאת, וְהָשֵׁב שְׁבוּת אָהֳלֵי יַעֲקֹב,
וְהוֹשִׁיעֵנוּ לְמַעַן שְׁמֶךָ:

Chazzan then cong.—אֶנְקַת מְסַלְּדֶיךָ, תַּעַל לִפְנֵי כִסֵּא כְבוֹדֶךָ,
מַלֵּא מִשְׁאֲלוֹת עַם מְיַחֲדֶיךָ, שׁוֹמֵעַ תְּפִלּוֹת
בָּאֵי עָדֶיךָ:

Chazzan then cong.—יִשְׂרָאֵל נוֹשַׁע בַּיָי תְּשׁוּעַת עוֹלָמִים, גַּם
הַיּוֹם יִוָּשְׁעוּ מִפִּיךָ שׁוֹכֵן מְרוֹמִים, כִּי אַתָּה
רַב סְלִיחוֹת וּבַעַל הָרַחֲמִים:

Chazzan then cong.—יַחְבִּיאֵנוּ צֵל יָדוֹ תַּחַת כַּנְפֵי הַשְּׁכִינָה, חֹן
יָחֹן כִּי יִבְחֹן לֵב עָקֹב לְהָכִינָה, קוּמָה נָא
אֱלֹהֵינוּ עֻזָּה עֻזִּי נָא, יְיָ לְשׁוַּעְתֵנוּ הַאֲזִינָה:

Chazzan then cong.—יַשְׁמִיעֵנוּ סָלַחְתִּי יֹשֵׁב בְּסֵתֶר עֶלְיוֹן, בִּימִין
יֵשַׁע לְהוֹשַׁע עַם עָנִי וְאֶבְיוֹן, בְּשַׁוְּעֵנוּ
אֵלֶיךָ נוֹרָאוֹת בְּצֶדֶק תַּעֲנֵנוּ, יְיָ הֱיֵה עֹזֵר
לָנוּ:

The following paragraphs are recited responsively. The chazzan recites the first paragraph
followed by the congregation; the subsequent paragraphs are recited by the congregation
followed by the chazzan. The refrain יְיָ יְיָ, is recited by the chazzan and congregation in
unison.

יְיָ יְיָ אֵל רַחוּם וְחַנּוּן, אֶרֶךְ אַפַּיִם וְרַב חֶסֶד וֶאֱמֶת: נֹצֵר
חֶסֶד לָאֲלָפִים, נֹשֵׂא עָוֹן וָפֶשַׁע וְחַטָּאָה, וְנַקֵּה:
וְסָלַחְתָּ לַעֲוֹנֵנוּ וּלְחַטָּאתֵנוּ וּנְחַלְתָּנוּ:

there is none to intercede in our behalf; turn with mercy to the remnant of Israel, and deliver us for the sake of Your Name. The holy city and its environs have become an object of disgrace and plunder, all its treasures are buried and hidden, and nothing remains but this Torah; bring back the captives of the tents of Jacob, and deliver us for the sake of Your Name.

Chazzan then cong: אֱנְקַת May the cry of those who offer praise to You ascend before the Throne of Your Glory; fulfill the requests of the people who affirm Your Oneness, O You who hears the prayers of those who come to You.

Chazzan then cong: יִשְׂרָאֵל Israel will be delivered by the Lord with everlasting deliverance; may they also this day be delivered by Your command, You who dwells in the heavens, for You are most forgiving and the Master of mercies.

Chazzan then cong: יַחְבִּיאֵנוּ May the shade of His hand cover us under the wing of His Divine Presence; may He be gracious when He searches the deceitful heart to put it aright; arise, our God, we beseech You, strengthen us, O our Strength; Lord, hearken to our cry.

Chazzan then cong: יַשְׁמִיעֵנוּ O You, who abides in the most sublime secret place, let us hear: I have forgiven! With the saving power of His right hand cause a poor and needy people to be delivered; when we call out to You, in Your righteousness, answer us with awesome deeds; O Lord, be a help to us.

The following paragraphs are recited responsively. The chazzan recites the first paragraph followed by the congregation; the subsequent paragraphs are recited by the congregation followed by the chazzan. The refrain *Lord, Lord,* is recited by the chazzan and congregation in unison.

יי יי Lord, Lord, benevolent God, compassionate and gracious, slow to anger and abounding in kindness and truth; He preserves kindness for two thousand generations, forgiving iniquity, transgression and sin, and He cleanses. Pardon our wrongdoings and our sins, and take us as Your own possession.

אֶזְכְּרָה אֱלֹהִים וְאֶהֱמָיָה, בִּרְאוֹתִי כָּל עִיר עַל תִּלָּהּ
בְּנוּיָה, וְעִיר הָאֱלֹהִים מֻשְׁפֶּלֶת עַד שְׁאוֹל
תַּחְתִּיָּה, וּבְכָל זֹאת אָנוּ לְיָהּ וְעֵינֵינוּ לְיָהּ:

יְיָ יְיָ אֵל רַחוּם וְחַנּוּן, אֶרֶךְ אַפַּיִם וְרַב חֶסֶד וֶאֱמֶת:
נֹצֵר חֶסֶד לָאֲלָפִים, נֹשֵׂא עָוֹן וָפֶשַׁע וְחַטָּאָה,
וְנַקֵּה: וְסָלַחְתָּ לַעֲוֹנֵנוּ וּלְחַטָּאתֵנוּ וּנְחַלְתָּנוּ:

מִדַּת הָרַחֲמִים עָלֵינוּ הִתְגַּלְגְּלִי, וְלִפְנֵי קוֹנֵךְ תְּחִנָּתֵנוּ
הַפִּילִי, וּבְעַד עַמֵּךְ רַחֲמִים שַׁאֲלִי, כִּי כָל לֵבָב דַּוָּי
וְכָל רֹאשׁ לָחֳלִי:

יְיָ יְיָ אֵל רַחוּם וְחַנּוּן, אֶרֶךְ אַפַּיִם וְרַב חֶסֶד וֶאֱמֶת:
נֹצֵר חֶסֶד לָאֲלָפִים, נֹשֵׂא עָוֹן וָפֶשַׁע וְחַטָּאָה,
וְנַקֵּה: וְסָלַחְתָּ לַעֲוֹנֵנוּ וּלְחַטָּאתֵנוּ וּנְחַלְתָּנוּ:

תְּמַכְתִּי יְתֵדוֹתַי בִּשְׁלֹשׁ עֶשְׂרֵה תֵבוֹת, וּבְשַׁעֲרֵי דְמָעוֹת
כִּי לֹא נִשְׁלָבוֹת, לָכֵן שָׁפַכְתִּי שִׂיחַ פְּנֵי בוֹחֵן
לִבּוֹת, בָּטוּחַ אֲנִי בָּאֵלֶּה וּבִזְכוּת שְׁלֹשֶׁת אָבוֹת:

יְיָ יְיָ אֵל רַחוּם וְחַנּוּן, אֶרֶךְ אַפַּיִם וְרַב חֶסֶד וֶאֱמֶת:
נֹצֵר חֶסֶד לָאֲלָפִים, נֹשֵׂא עָוֹן וָפֶשַׁע וְחַטָּאָה,
וְנַקֵּה: וְסָלַחְתָּ לַעֲוֹנֵנוּ וּלְחַטָּאתֵנוּ וּנְחַלְתָּנוּ:

יְהִי רָצוֹן מִלְּפָנֶיךָ שׁוֹמֵעַ קוֹל בְּכִיּוֹת, שֶׁתָּשִׂים דִּמְעוֹתֵינוּ
בְּנֹאדְךָ לִהְיוֹת, וְתַצִּילֵנוּ מִכָּל גְּזֵרוֹת אַכְזָרִיּוֹת, כִּי לְךָ
לְבַד עֵינֵינוּ תְלוּיוֹת:

יְיָ יְיָ אֵל רַחוּם וְחַנּוּן, אֶרֶךְ אַפַּיִם וְרַב חֶסֶד וֶאֱמֶת:
נֹצֵר חֶסֶד לָאֲלָפִים, נֹשֵׂא עָוֹן וָפֶשַׁע וְחַטָּאָה,
וְנַקֵּה: וְסָלַחְתָּ לַעֲוֹנֵנוּ וּלְחַטָּאתֵנוּ וּנְחַלְתָּנוּ:

אזכרה God, I remember and I moan when I see every city built on its site, while the city of God is cast down to the depth of the abyss; yet despite all this we [worship] God and our eyes are toward God.

י״ י״ **Lord, Lord, benevolent God, compassionate and gracious, slow to anger and abounding in kindness and truth; He preserves kindness for two thousand generations, forgiving iniquity, transgression and sin, and He cleanses. Pardon our wrongdoings and our sins, and take us as Your own possession.**

מדת Attribute of Mercy, turn to us, and present our supplication before your Maker, and plead for compassion on behalf of your people; for every heart is in pain and every head is ailing.

י״ י״ **Lord, Lord, benevolent God, compassionate and gracious, slow to anger and abounding in kindness and truth; He preserves kindness for two thousand generations, forgiving iniquity, transgression and sin, and He cleanses. Pardon our wrongdoings and our sins, and take us as Your own possession.**

תמכתי I firmly rely on the thirteen words [Divine Attributes], and on the gates of tears which are never closed; therefore I have poured out my prayer before the Searcher of hearts; in these I trust, and in the merit of the three Patriarchs.

י״ י״ **Lord, Lord, benevolent God, compassionate and gracious, slow to anger and abounding in kindness and truth; He preserves kindness for two thousand generations, forgiving iniquity, transgression and sin, and He cleanses. Pardon our wrongdoings and our sins, and take us as Your own possession.**

יהי May it be Your will, You who hears the voice of weeping, to store our tears in Your flask, and save us from all cruel decrees, for to You alone are our eyes turned.

י״ י״ **Lord, Lord, benevolent God, compassionate and gracious, slow to anger and abounding in kindness and truth; He preserves kindness for two thousand generations, forgiving iniquity, transgression and sin, and He cleanses. Pardon our wrongdoings and our sins, and take us as Your own possession.**

Chazzan and congregation;
chazzan concludes the paragraph aloud, as indicated:

אֵל מֶלֶךְ יוֹשֵׁב עַל כִּסֵּא רַחֲמִים, וּמִתְנַהֵג בַּחֲסִידוּת,
מוֹחֵל עֲוֹנוֹת עַמּוֹ, מַעֲבִיר רִאשׁוֹן רִאשׁוֹן, מַרְבֶּה
מְחִילָה לַחַטָּאִים וּסְלִיחָה לַפּוֹשְׁעִים, עֹשֶׂה צְדָקוֹת עִם כָּל
בָּשָׂר וָרוּחַ, לֹא כְרָעָתָם תִּגְמוֹל, Chazzan—אֵל הוֹרֵיתָ לָּנוּ
לוֹמַר שְׁלֹשׁ עֶשְׂרֵה, זְכָר לָנוּ הַיּוֹם בְּרִית שְׁלֹשׁ עֶשְׂרֵה,
כְּהוֹדַעְתָּ לֶעָנָו מִקֶּדֶם, כְּמוֹ שֶׁכָּתוּב: וַיֵּרֶד יְיָ בֶּעָנָן וַיִּתְיַצֵּב
עִמּוֹ שָׁם, וַיִּקְרָא בְשֵׁם יְיָ:

וַיַּעֲבֹר יְיָ עַל פָּנָיו וַיִּקְרָא:

יְיָ יְיָ אֵל רַחוּם וְחַנּוּן, אֶרֶךְ אַפַּיִם וְרַב חֶסֶד וֶאֱמֶת:
נֹצֵר חֶסֶד לָאֲלָפִים, נֹשֵׂא עָוֹן וָפֶשַׁע וְחַטָּאָה,
וְנַקֵּה:[1] וְסָלַחְתָּ לַעֲוֹנֵנוּ וּלְחַטָּאתֵנוּ וּנְחַלְתָּנוּ:[2]

סְלַח לָנוּ אָבִינוּ כִּי חָטָאנוּ, מְחַל לָנוּ מַלְכֵּנוּ כִּי פָשָׁעְנוּ:
כִּי אַתָּה יְיָ טוֹב וְסַלָּח, וְרַב חֶסֶד לְכָל קֹרְאֶיךָ:

Chazzan then cong.—רַחֵם נָא קְהַל עֲדַת יְשֻׁרוּן,[3] סְלַח וּמְחַל
עֲוֹנָם, וְהוֹשִׁיעֵנוּ אֱלֹהֵי יִשְׁעֵנוּ:

Chazzan then cong.—שַׁעֲרֵי שָׁמַיִם פְּתַח, וְאוֹצָרְךָ הַטּוֹב לָנוּ |
תִּפְתַּח, תּוֹשִׁיעַ וְרִיב אַל תִּמְתַּח, וְהוֹשִׁיעֵנוּ
אֱלֹהֵי יִשְׁעֵנוּ:

אֱלֹהֵינוּ וֵאלֹהֵי אֲבוֹתֵינוּ, סְלַח לָנוּ, מְחַל לָנוּ,
כַּפֶּר לָנוּ. כִּי אָנוּ עַמֶּךָ וְאַתָּה אֱלֹהֵינוּ,
אָנוּ בָנֶיךָ וְאַתָּה אָבִינוּ, אָנוּ עֲבָדֶיךָ וְאַתָּה אֲדוֹנֵנוּ,
אָנוּ קְהָלֶךָ וְאַתָּה חֶלְקֵנוּ, אָנוּ נַחֲלָתֶךָ וְאַתָּה גוֹרָלֵנוּ,

---

1. Exodus 34:6-7. **2.** Ibid. 34:9. **3.** I.e., Israel. V. Isaiah 44:2; Deuteronomy 33:5, 26; Ramban, Deuteronomy 7:12.

Chazzan and congregation;
chazzan concludes the paragraph aloud, as indicated:

אֵל Almighty King, who sits on the throne of mercy, who acts with benevolence, forgiving the wrongdoings of His people, removing every first sin, many times granting forgiveness to inadvertent sinners and pardon to willful transgressors; He deals charitably with each living being, not requiting them according to their wickedness. Chazzan: Almighty One, You have taught us to recite the Thirteen [Attributes of Mercy]; remember this day in our behalf, the Covenant of the Thirteen [Attributes], as You have made known to [Moses] the humble one in days gone by, as it is written: And the Lord descended in the cloud and stood with him there, and he invoked the Name of the Lord.

וַיַּעֲבֹר And the Lord passed before him and proclaimed:

יְיָ יְיָ Lord, Lord, benevolent God, compassionate and gracious, slow to anger and abounding in kindness and truth; He preserves kindness for two thousand generations, forgiving iniquity, transgression and sin, and He cleanses.[1] Pardon our wrongdoings and our sins, and take us as Your own possession.[2]

סְלַח Pardon us, our Father, for we have sinned; forgive us, our King, for we have willfully transgressed. For You, my Lord, are good and forgiving, and exceedingly kind to all who call upon You.

Transliteration, page 451.

Chazzan then cong: רַחֵם Have mercy, we beseech You, on the congregation and assembly of Yeshurun;[3] forgive and pardon their iniquities, and deliver us, God of our salvation.

Chazzan then cong: שְׁעָרֵי Open the gates of heaven; open Your treasure that is good for us; help and do not judge harshly, but save us, God of our salvation.

אֱלֹהֵינוּ Our God and God of our fathers, pardon us, forgive us, grant us atonement—for we are Your people and You are our God; we are Your children and You are our Father; we are Your servants and You are our Master; we are Your congregation and You are our portion; we are Your inheritance and You

אָנוּ צֹאנֶךְ וְאַתָּה רוֹעֵנוּ, אָנוּ כַרְמֶךָ וְאַתָּה נוֹטְרֵנוּ,
אָנוּ פְעֻלָּתֶךָ וְאַתָּה יוֹצְרֵנוּ, אָנוּ רַעְיָתֶךָ וְאַתָּה דוֹדֵנוּ,
אָנוּ סְגֻלָּתֶךָ וְאַתָּה אֱלֹהֵינוּ, אָנוּ עַמֶּךָ וְאַתָּה מַלְכֵּנוּ,
אָנוּ מַאֲמִירֶיךָ וְאַתָּה מַאֲמִירֵנוּ. אָנוּ עַזֵּי פָנִים וְאַתָּה
רַחוּם וְחַנּוּן, אָנוּ קְשֵׁי עֹרֶף וְאַתָּה אֶרֶךְ אַפַּיִם, אָנוּ
מְלֵאֵי עָוֹן וְאַתָּה מָלֵא רַחֲמִים, אָנוּ יָמֵינוּ כְּצֵל עוֹבֵר
וְאַתָּה הוּא וּשְׁנוֹתֶיךָ לֹא יִתָּמּוּ:

Stand for the following three paragraphs.

אֱלֹהֵינוּ וֵאלֹהֵי אֲבוֹתֵינוּ, תָּבֹא לְפָנֶיךָ תְּפִלָּתֵנוּ, וְאַל
תִּתְעַלַּם מִתְּחִנָּתֵנוּ, שֶׁאֵין אָנוּ עַזֵּי פָנִים וּקְשֵׁי
עֹרֶף, לוֹמַר לְפָנֶיךָ יְיָ אֱלֹהֵינוּ וֵאלֹהֵי אֲבוֹתֵינוּ, צַדִּיקִים
אֲנַחְנוּ וְלֹא חָטָאנוּ, אֲבָל אֲנַחְנוּ וַאֲבוֹתֵינוּ חָטָאנוּ:

While mentioning a transgression, gently strike the left side of your chest (over the heart)
with a closed fist.

אָשַׁמְנוּ. בָּגַדְנוּ. גָּזַלְנוּ. דִּבַּרְנוּ דֹפִי: הֶעֱוִינוּ. וְהִרְשַׁעְנוּ.
זַדְנוּ. חָמַסְנוּ. טָפַלְנוּ שֶׁקֶר: יָעַצְנוּ רָע. כִּזַּבְנוּ.
לַצְנוּ. מָרַדְנוּ. נִאַצְנוּ. סָרַרְנוּ. עָוִינוּ. פָּשַׁעְנוּ. צָרַרְנוּ. קִשִּׁינוּ
עֹרֶף: רָשַׁעְנוּ. שִׁחַתְנוּ. תִּעַבְנוּ. תָּעִינוּ. תִּעְתָּעְנוּ:

סַרְנוּ מִמִּצְוֹתֶיךָ וּמִמִּשְׁפָּטֶיךָ הַטּוֹבִים וְלֹא שָׁוָה לָנוּ:
וְאַתָּה צַדִּיק עַל כָּל הַבָּא עָלֵינוּ, כִּי אֱמֶת עָשִׂיתָ
וַאֲנַחְנוּ הִרְשָׁעְנוּ:[1]

מַה נֹּאמַר לְפָנֶיךָ יוֹשֵׁב מָרוֹם, וּמַה נְּסַפֵּר לְפָנֶיךָ שׁוֹכֵן
שְׁחָקִים, הֲלֹא כָּל הַנִּסְתָּרוֹת וְהַנִּגְלוֹת אַתָּה יוֹדֵעַ:

---

1. Nehemiah 9:33.

are our lot; we are Your flock and You are our Shepherd; we are Your vineyard and You are our Watchman; we are Your handiwork and You are our Creator; we are Your beloved ones and You are our Beloved; we are Your treasure and You are our God; we are Your people and You are our King; we are Your chosen people and You are our acknowledged God; we are impudent but You are merciful and gracious; we are obdurate but You are slow to anger; we are full of iniquity but You are full of compassion; our days are like a passing shadow but You are eternal, Your years are without end.

Stand for the following three paragraphs.

אלהינו Our God and God of our fathers, may our prayers come before You, and do not turn away from our supplication, for we are not so impudent and obdurate as to declare before You, Lord our God and God of our fathers, that we are righteous and have not sinned. Indeed, we and our fathers have sinned.

While mentioning a transgression, gently strike the left side of your chest (over the heart) with a closed fist.

אשמנו We have transgressed, we have acted perfidiously, we have robbed, we have slandered. We have acted perversely and wickedly, we have willfully sinned, we have done violence, we have imputed falsely. We have given evil counsel, we have lied, we have scoffed, we have rebelled, we have provoked, we have been disobedient, we have committed iniquity, we have wantonly transgressed, we have oppressed, we have been obstinate. We have committed evil, we have acted perniciously, we have acted abominably, we have gone astray, we have led others astray.

סרנו We have strayed from Your good precepts and ordinances, and it has not profited us. Indeed, You are just in all that has come upon us, for You have acted truthfully, and it is we who have acted wickedly.[1]

מה What shall we say to You who dwells on high; what shall we relate to You who abides in the heavens? You surely know all the hidden and the revealed things.

Chazzan:

אַתָּה נוֹתֵן יָד לַפּוֹשְׁעִים, וִימִינְךָ פְּשׁוּטָה לְקַבֵּל שָׁבִים. וַתְּלַמְּדֵנוּ יְיָ אֱלֹהֵינוּ לְהִתְוַדּוֹת לְפָנֶיךָ עַל כָּל עֲוֹנוֹתֵינוּ, לְמַעַן נֶחְדַּל מֵעְשֶׁק יָדֵינוּ, וּתְקַבְּלֵנוּ בִּתְשׁוּבָה שְׁלֵמָה לְפָנֶיךָ כָּאִשִּׁים וּכְנִיחוֹחִים, לְמַעַן דְּבָרֶיךָ אֲשֶׁר אָמַרְתָּ. אֵין קֵץ לְאִשֵּׁי חוֹבוֹתֵינוּ, וְאֵין מִסְפָּר לְנִיחוֹחֵי אַשְׁמוֹתֵינוּ, וְאַתָּה יוֹדֵעַ שֶׁאַחֲרִיתֵנוּ רִמָּה וְתוֹלֵעָה, לְפִיכָךְ הִרְבֵּיתָ סְלִיחָתֵנוּ. מָה אָנוּ, מֶה חַיֵּינוּ, מֶה חַסְדֵּנוּ, מַה צִּדְקֵנוּ, מַה כֹּחֵנוּ, מַה גְּבוּרָתֵנוּ. מַה נֹּאמַר לְפָנֶיךָ, יְיָ אֱלֹהֵינוּ וֵאלֹהֵי אֲבוֹתֵינוּ, הֲלֹא כָּל הַגִּבּוֹרִים כְּאַיִן לְפָנֶיךָ, וְאַנְשֵׁי הַשֵּׁם כְּלֹא הָיוּ, וַחֲכָמִים כִּבְלִי מַדָּע, וּנְבוֹנִים כִּבְלִי הַשְׂכֵּל, כִּי רֹב מַעֲשֵׂיהֶם תֹּהוּ, וִימֵי חַיֵּיהֶם הֶבֶל לְפָנֶיךָ, וּמוֹתַר הָאָדָם מִן הַבְּהֵמָה אָיִן, כִּי הַכֹּל הָבֶל:[1]

On Shabbat, add the words in shaded parentheses.

אַתָּה הִבְדַּלְתָּ אֱנוֹשׁ מֵרֹאשׁ, וַתַּכִּירֵהוּ לַעֲמוֹד לְפָנֶיךָ, כִּי מִי יֹאמַר לְךָ מַה תִּפְעָל, וְאִם יִצְדַּק מַה יִּתֶּן לָךְ. וַתִּתֶּן לָנוּ יְיָ אֱלֹהֵינוּ בְּאַהֲבָה אֶת יוֹם (הַשַּׁבָּת הַזֶּה וְאֶת יוֹם) הַכִּפֻּרִים הַזֶּה, אֶת יוֹם סְלִיחַת הֶעָוֹן הַזֶּה, אֶת יוֹם מִקְרָא קֹדֶשׁ הַזֶּה, קֵץ וּמְחִילָה וּסְלִיחָה עַל כָּל עֲוֹנוֹתֵינוּ, לְמַעַן נֶחְדַּל מֵעְשֶׁק יָדֵינוּ, וְנָשׁוּב אֵלֶיךָ לַעֲשׂוֹת חֻקֵּי רְצוֹנְךָ בְּלֵבָב שָׁלֵם. וְאַתָּה בְּרַחֲמֶיךָ הָרַבִּים רַחֵם עָלֵינוּ, כִּי לֹא תַחְפּוֹץ בְּהַשְׁחָתַת עוֹלָם, שֶׁנֶּאֱמַר: דִּרְשׁוּ יְיָ בְּהִמָּצְאוֹ, קְרָאֻהוּ בִּהְיוֹתוֹ קָרוֹב.[2] וְנֶאֱמַר: יַעֲזֹב רָשָׁע דַּרְכּוֹ וְאִישׁ אָוֶן מַחְשְׁבוֹתָיו, וְיָשֹׁב אֶל יְיָ וִירַחֲמֵהוּ, וְאֶל אֱלֹהֵינוּ כִּי יַרְבֶּה לִסְלוֹחַ.[3] וְאַתָּה אֱלוֹהַּ סְלִיחוֹת, חַנּוּן וְרַחוּם, אֶרֶךְ אַפַּיִם

---

1. Ecclesiastes 3:19.   **2.** Isaiah 55:6.   **3.** Ibid. 55:7.

Chazzan:

אתה You extend a hand to transgressors, and Your right hand is stretched forth to receive the penitents. You have taught us, Lord our God, to confess before You all our sins, so that we will restrain our hands from doing wrong, and You will receive us in perfect repentance before You, as burnt-offerings and as offerings of pleasing odor, in accordance with Your word which You have given. There would be no end to the burnt-offerings required [for our sins], and no limit to the offerings of pleasing odor for our offences, but since You know that our end is worm and maggot, therefore You have granted us abundant pardon. What are we? What is our life? What is our kindness? What is our righteousness? What is our strength? What is our might? What can we say to You, Lord our God and God of our fathers? Are not all the mighty men as nothing before You, the men of renown as though they had never been, the wise as if without knowledge, and the men of understanding as if devoid of intelligence? For most of their deeds are naught, and the days of their lives are vanity before You. The pre-eminence of man over beast is naught, for all is vanity.[1]

On Shabbat, add the words in shaded parentheses.

אתה [Nevertheless,] from the beginning You have set man apart and favored him to stand before You; for who could tell You what You should do, and [even] if he be righteous, what does he benefit You? You, Lord our God, have given us in love this (Shabbat day and this) Day of Atonements, this day of pardoning of sin, this day of holy assembly—an end, a forgiveness and a pardon of all our sins, that we shall restrain our hands from doing wrong, and return to You to fulfill the statutes of Your will with a perfect heart. And You, in Your abounding compassion, have mercy on us, for You do not desire the destruction of the world, as it is stated: Seek the Lord while He may be found, call to Him while He is near.[2] And it is stated: Let the wicked abandon his way, and the man of iniquity his thoughts; let him return to the Lord, and He will have compassion upon him, and to our God, for He will abundantly pardon.[3] And You, God of pardons, are gracious and compassionate, slow to anger, abounding in kindness and

וְרַב חֶסֶד וֶאֱמֶת, וּמַרְבֶּה לְהֵיטִיב, וְרוֹצֶה אַתָּה בִּתְשׁוּבַת
רְשָׁעִים, וְאֵין אַתָּה חָפֵץ בְּמִיתָתָם, שֶׁנֶּאֱמַר: אֱמֹר אֲלֵיהֶם,
חַי אָנִי נְאֻם אֲדֹנָי אֱלֹהִים, אִם אֶחְפֹּץ בְּמוֹת הָרָשָׁע, כִּי
אִם בְּשׁוּב רָשָׁע מִדַּרְכּוֹ וְחָיָה, שׁוּבוּ שׁוּבוּ מִדַּרְכֵיכֶם
הָרָעִים, וְלָמָּה תָמוּתוּ בֵּית יִשְׂרָאֵל.[1] וְנֶאֱמַר: הֶחָפֹץ אֶחְפֹּץ
מוֹת רָשָׁע, נְאֻם אֲדֹנָי אֱלֹהִים, הֲלוֹא בְּשׁוּבוֹ מִדְּרָכָיו
וְחָיָה.[2] וְנֶאֱמַר: כִּי לֹא אֶחְפֹּץ בְּמוֹת הַמֵּת, נְאֻם אֲדֹנָי
אֱלֹהִים, וְהָשִׁיבוּ וִחְיוּ.[3] כִּי אַתָּה סָלְחָן לְיִשְׂרָאֵל וּמָחֳלָן
לְשִׁבְטֵי יְשֻׁרוּן[4] בְּכָל דּוֹר וָדוֹר, וּמִבַּלְעָדֶיךָ אֵין לָנוּ מֶלֶךְ
מוֹחֵל וְסוֹלֵחַ:

On Shabbat, add the words in shaded parentheses.

אֱלֹהֵינוּ וֵאלֹהֵי אֲבוֹתֵינוּ, מְחַל לַעֲוֹנוֹתֵינוּ בְּיוֹם (הַשַּׁבָּת
הַזֶּה וּבְיוֹם) הַכִּפּוּרִים הַזֶּה, בְּיוֹם סְלִיחַת הֶעָוֹן
הַזֶּה, בְּיוֹם מִקְרָא קֹדֶשׁ הַזֶּה, מְחֵה וְהַעֲבֵר פְּשָׁעֵינוּ
וְחַטֹּאתֵינוּ מִנֶּגֶד עֵינֶיךָ, כָּאָמוּר: אָנֹכִי אָנֹכִי הוּא מֹחֶה
פְשָׁעֶיךָ לְמַעֲנִי, וְחַטֹּאתֶיךָ לֹא אֶזְכֹּר.[5] וְנֶאֱמַר: מָחִיתִי כָעָב
פְּשָׁעֶיךָ וְכֶעָנָן חַטֹּאתֶיךָ, שׁוּבָה אֵלַי כִּי גְאַלְתִּיךָ.[6] וְנֶאֱמַר:
כִּי בַיּוֹם הַזֶּה יְכַפֵּר עֲלֵיכֶם לְטַהֵר אֶתְכֶם, מִכֹּל חַטֹּאתֵיכֶם
לִפְנֵי יְיָ תִּטְהָרוּ.[7] (אֱלֹהֵינוּ וֵאלֹהֵי אֲבוֹתֵינוּ, רְצֵה נָא
בִּמְנוּחָתֵנוּ,) קַדְּשֵׁנוּ בְּמִצְוֹתֶיךָ וְתֵן חֶלְקֵנוּ בְּתוֹרָתֶךָ, שַׂבְּעֵנוּ
מִטּוּבֶךָ וְשַׂמֵּחַ נַפְשֵׁנוּ בִּישׁוּעָתֶךָ, (וְהַנְחִילֵנוּ יְיָ אֱלֹהֵינוּ
בְּאַהֲבָה וּבְרָצוֹן שַׁבְּתוֹת קָדְשֶׁךָ, וְיָנוּחוּ בָם כָּל יִשְׂרָאֵל מְקַדְּשֵׁי
שְׁמֶךָ,) וְטַהֵר לִבֵּנוּ לְעָבְדְּךָ בֶּאֱמֶת. כִּי אַתָּה סָלְחָן לְיִשְׂרָאֵל
וּמָחֳלָן לְשִׁבְטֵי יְשֻׁרוּן[8] בְּכָל דּוֹר וָדוֹר, וּמִבַּלְעָדֶיךָ אֵין לָנוּ

1. Ezekiel 33:11.   **2.** Ibid. 18:23.   **3.** Ibid. 18:32.   **4.** V. Isaiah 44:2; Deuteronomy 33:5, 26;
Ramban, Deuteronomy 7:12.   **5.** Isaiah 43:25.   **6.** Ibid. 44:22.   **7.** Leviticus 16:30.   **8.** V. Isaiah
44:2; Deuteronomy 33:5, 26; Ramban, Deuteronomy 7:12.

truth, and conferring much good. You wish the repentance of the wicked and do not desire their death, as it is stated: Say to them, as [truly as] I live, declares the Lord God, do I desire the death of the wicked? But [I desire] that the wicked return from his path and live. Return, return from your evil ways; why should you die, O House of Israel?[1] And it is stated: Have I any desire at all that the wicked should die? declares the Lord God; it is rather that he should return from his path and live.[2] And it is stated: For I do not desire the death of the one deserving death, declares the Lord God; therefore return and live.[3] For You are the Pardoner of Israel and the Forgiver of the tribes of Yeshurun[4] in every generation, and aside from You we have no King who forgives and pardons.

On Shabbat, add the words in shaded parentheses.

אלהינו Our God and God of our fathers, forgive our wrongdoings on this (Shabbat day and on this) Day of Atonements, on this day of pardoning of sin, on this day of holy assembly; wipe away and remove our transgressions and sins from before Your eyes, as it is stated: I, I [alone,] am He who wipes away your transgressions, for My sake; your sins I will not recall.[5] And it is stated: I have wiped away your transgressions like a thick cloud, your sins like a cloud; return to Me, for I have redeemed you.[6] And it is stated: For on this day atonement shall be made for you, to purify you; you shall be cleansed of all your sins before the Lord.[7] (Our God and God of our fathers, please find favor in our rest.) Make us holy with Your commandments and grant us our portion in Your Torah; satiate us with Your goodness and gladden our soul with Your salvation. (Lord our God, grant as our heritage, in love and goodwill, Your holy Shabbat days, and may all Israel who sanctify Your Name rest on them.) Make our heart pure to serve You in truth, for You are the Pardoner of Israel and the Forgiver of the tribes of Yeshurun[8] in every generation, and aside from You we have no King who forgives and

מֶלֶךְ מוֹחֵל וְסוֹלֵחַ. בָּרוּךְ אַתָּה יְיָ, מֶלֶךְ מוֹחֵל וְסוֹלֵחַ
לַעֲוֹנוֹתֵינוּ וְלַעֲוֹנוֹת עַמּוֹ בֵּית יִשְׂרָאֵל, וּמַעֲבִיר אַשְׁמוֹתֵינוּ
בְּכָל שָׁנָה וְשָׁנָה, מֶלֶךְ עַל כָּל הָאָרֶץ, מְקַדֵּשׁ (הַשַּׁבָּת
וְ) יִשְׂרָאֵל וְיוֹם הַכִּפּוּרִים: (אָמֵן—.Cong)

רְצֵה יְיָ אֱלֹהֵינוּ בְּעַמְּךָ יִשְׂרָאֵל וְלִתְפִלָּתָם שְׁעֵה, וְהָשֵׁב
הָעֲבוֹדָה לִדְבִיר בֵּיתֶךָ, וְאִשֵּׁי יִשְׂרָאֵל וּתְפִלָּתָם
בְּאַהֲבָה תְקַבֵּל בְּרָצוֹן, וּתְהִי לְרָצוֹן תָּמִיד עֲבוֹדַת יִשְׂרָאֵל
עַמֶּךָ:

וְתֶחֱזֶינָה עֵינֵינוּ בְּשׁוּבְךָ לְצִיּוֹן בְּרַחֲמִים. בָּרוּךְ אַתָּה יְיָ,
הַמַּחֲזִיר שְׁכִינָתוֹ לְצִיּוֹן: (אָמֵן—.Cong)

Bow at מוֹדִים; straighten up at יְיָ.

מוֹדִים אֲנַחְנוּ לָךְ, שָׁאַתָּה
הוּא יְיָ אֱלֹהֵינוּ
וֵאלֹהֵי אֲבוֹתֵינוּ לְעוֹלָם וָעֶד,
צוּר חַיֵּינוּ, מָגֵן יִשְׁעֵנוּ, אַתָּה
הוּא לְדוֹר וָדוֹר, נוֹדֶה לְּךָ
וּנְסַפֵּר תְּהִלָּתֶךָ, עַל חַיֵּינוּ
הַמְּסוּרִים בְּיָדֶךָ, וְעַל
נִשְׁמוֹתֵינוּ הַפְּקוּדוֹת לָךְ, וְעַל
נִסֶּיךָ שֶׁבְּכָל יוֹם עִמָּנוּ, וְעַל
נִפְלְאוֹתֶיךָ וְטוֹבוֹתֶיךָ שֶׁבְּכָל
עֵת, עֶרֶב וָבֹקֶר וְצָהֳרַיִם,
הַטּוֹב, כִּי לֹא כָלוּ רַחֲמֶיךָ,
וְהַמְרַחֵם, כִּי לֹא תַמּוּ
חֲסָדֶיךָ, כִּי מֵעוֹלָם קִוִּינוּ לָךְ:

MODIM D'RABBANAN

While the chazzan recites מוֹדִים, the
congregation recites the following, while
bowing:

מוֹדִים אֲנַחְנוּ לָךְ, שָׁאַתָּה
הוּא יְיָ אֱלֹהֵינוּ
וֵאלֹהֵי אֲבוֹתֵינוּ, אֱלֹהֵי כָל
בָּשָׂר, יוֹצְרֵנוּ, יוֹצֵר בְּרֵאשִׁית,
בְּרָכוֹת וְהוֹדָאוֹת לְשִׁמְךָ
הַגָּדוֹל וְהַקָּדוֹשׁ, עַל
שֶׁהֶחֱיִיתָנוּ וְקִיַּמְתָּנוּ, כֵּן תְּחַיֵּנוּ
וּתְקַיְּמֵנוּ, וְתֶאֱסוֹף גָּלֻיּוֹתֵינוּ
לְחַצְרוֹת קָדְשֶׁךָ, וְנָשׁוּב אֵלֶיךָ
לִשְׁמוֹר חֻקֶּיךָ, וְלַעֲשׂוֹת
רְצוֹנֶךָ, וּלְעָבְדְּךָ בְּלֵבָב שָׁלֵם,
עַל שֶׁאָנוּ מוֹדִים לָךְ, בָּרוּךְ
אֵל הַהוֹדָאוֹת:

pardons. Blessed are You, Lord, King who forgives and pardons our sins and the sins of His people, the House of Israel, and removes our trespasses each and every year; King over the whole earth, who sanctifies (the Shabbat and) Israel and the Day of Atonements. (Cong: Amen)

רצה Look with favor, Lord our God, on Your people Israel, and pay heed to their prayer; restore the service to Your Sanctuary, and accept with love and favor Israel's fire-offerings and prayer; and may the service of Your people Israel always find favor.

ותחזינה May our eyes behold Your return to Zion in mercy. Blessed are You, Lord, who restores His Divine Presence to Zion. (Cong: Amen)

Bow at We thankfully acknowledge; straighten up at Lord.

מודים We thankfully acknowledge that You are the Lord our God and God of our fathers forever. You are the strength of our life, the shield of our salvation in every generation. We will give thanks to You and recount Your praise, evening, morning and noon, for our lives which are committed into Your hand, for our souls which are entrusted to You, for Your miracles which are with us daily, and for Your continual wonders and beneficences. You are the Beneficent One, for Your mercies never cease; and the Merciful One, for Your kindnesses never end; for we always place our hope in You.

MODIM D'RABBANAN

While the chazzan recites *Modim*, the congregation recites the following, while bowing:
Transliteration, page 438.

מודים We thankfully acknowledge that You are the Lord our God and God of our fathers, the God of all flesh, our Creator and the Creator of all existence. We offer blessings and thanks to Your great and holy Name, for You have given us life and sustained us; so may You continue to grant us life and sustain us—gather our dispersed to the courtyards of Your Sanctuary, and we shall return to You to keep Your Laws, to do Your will, and to serve You with a perfect heart—for we thankfully acknowledge You. Blessed is God, who is worthy of thanks.

וְעַל כֻּלָּם יִתְבָּרֵךְ וְיִתְרוֹמֵם וְיִתְנַשֵּׂא שִׁמְךָ מַלְכֵּנוּ תָּמִיד לְעוֹלָם וָעֶד:

Cong. then chazzan—אָבִינוּ מַלְכֵּנוּ, זְכוֹר רַחֲמֶיךָ וּכְבוֹשׁ כַּעַסְךָ,

וְכַלֵּה דֶּבֶר, וְחֶרֶב, וְרָעָב, וּשְׁבִי, וּמַשְׁחִית,

וְעָוֹן, וּמַגֵּפָה, וּפֶגַע רָע, וְכָל מַחֲלָה,

וְכָל תַּקָּלָה, וְכָל קְטָטָה, וְכָל מִינֵי פֻרְעָנִיּוֹת,

וְכָל גְּזֵרָה רָעָה, וְשִׂנְאַת חִנָּם, מֵעָלֵינוּ וּמֵעַל כָּל בְּנֵי בְרִיתֶךָ:

Cong. then chazzan—וַחֲתוֹם לְחַיִּים טוֹבִים כָּל בְּנֵי בְרִיתֶךָ:

Chazzan:

וְכֹל הַחַיִּים יוֹדְוּךָ סֶּלָה, וִיהַלְלוּ שִׁמְךָ הַגָּדוֹל לְעוֹלָם כִּי טוֹב, הָאֵל יְשׁוּעָתֵנוּ וְעֶזְרָתֵנוּ סֶלָה, הָאֵל הַטּוֹב.

Bend knees at בָּרוּךְ; bow at אַתָּה; straighten up at יְיָ.

בָּרוּךְ אַתָּה יְיָ, הַטּוֹב שִׁמְךָ וּלְךָ נָאֶה לְהוֹדוֹת:

(אָמֵן —Cong.)

The congregation responds אָמֵן as indicated.

אֱלֹהֵינוּ וֵאלֹהֵי אֲבוֹתֵינוּ, בָּרְכֵנוּ בַבְּרָכָה הַמְשֻׁלֶּשֶׁת בַּתּוֹרָה הַכְּתוּבָה עַל יְדֵי מֹשֶׁה עַבְדֶּךָ, הָאֲמוּרָה מִפִּי אַהֲרֹן וּבָנָיו, כֹּהֲנִים עַם קְדוֹשֶׁךָ, כָּאָמוּר:

יְבָרֶכְךָ יְיָ וְיִשְׁמְרֶךָ: (אָמֵן) יָאֵר יְיָ פָּנָיו אֵלֶיךָ, וִיחֻנֶּךָּ: (אָמֵן)

יִשָּׂא יְיָ פָּנָיו אֵלֶיךָ, וְיָשֵׂם לְךָ שָׁלוֹם:[1] (אָמֵן)

שִׂים שָׁלוֹם, טוֹבָה וּבְרָכָה, חַיִּים חֵן וָחֶסֶד וְרַחֲמִים, עָלֵינוּ וְעַל כָּל יִשְׂרָאֵל עַמֶּךָ. בָּרְכֵנוּ אָבִינוּ כֻּלָּנוּ כְּאֶחָד בְּאוֹר פָּנֶיךָ, כִּי בְאוֹר פָּנֶיךָ נָתַתָּ לָנוּ יְיָ אֱלֹהֵינוּ

---

1. Numbers 6:24-26.

ועל And for all these, may Your Name, our King, be continually blessed, exalted, and extolled forever and all time.

Cong. then chazzan: אבינו *Övinu malkaynu, z'chor rachamechö u-ch'vosh ka-as'chö, v'chalay dever, v'cherev, v'rö-öv, u-sh'vi, u-mash-chis, v'övon, u-magayfö, u-fega rö, v'chöl machalö, v'chöl takölö, v'chöl k'tötö, v'chöl minay fur-öniyos, v'chöl g'zayrö rö-ö, v'sin-as chinöm, may-ölaynu u-may-al köl b'nay v'risechö.*

Cong. then chazzan: וחתום ***Va-chasom l'cha-yim tovim köl b'nay v'risechö.***

Chazzan:

וכל And all living things shall forever thank You, and praise Your great Name eternally, for You are good. God, You are our everlasting salvation and help, O benevolent God.

Bend knees at Blessed; bow at You; straighten up at Lord.

Blessed are You, Lord, Beneficent is Your Name, and to You it is fitting to offer thanks. (Cong: Amen)

Congregation responds Amen as indicated.

אלהינו Our God and God of our fathers, bless us with the threefold blessing written in the Torah by Moses Your servant, and pronounced by Aaron and his sons the Kohanim, Your consecrated people, as it is said: The Lord bless you and guard you. (Amen) The Lord make His countenance shine upon you and be gracious to you. (Amen) The Lord turn His countenance toward you and grant you peace.[1] (Amen)

שים Bestow peace, goodness, and blessing, life, graciousness, kindness, and mercy, upon us and upon all Your people Israel. Bless us, our Father, all of us as one, with the light of Your countenance, for by the light of Your countenance You

---

אבינו Our Father, our King, remember Your compassion and suppress Your wrath, and eradicate pestilence, sword, famine, captivity, destruction, iniquity, plague and evil occurrence; every disease, every mishap, every strife, every kind of punishment, every evil decree and groundless hatred, from us and from every member of Your Covenant.

וחתום Seal all the children of Your Covenant for a good life.

תּוֹרַת חַיִּים וְאַהֲבַת חֶסֶד, וּצְדָקָה וּבְרָכָה וְרַחֲמִים

וְחַיִּים וְשָׁלוֹם, וְטוֹב בְּעֵינֶיךָ לְבָרֵךְ אֶת עַמְּךָ יִשְׂרָאֵל

בְּכָל עֵת וּבְכָל שָׁעָה בִּשְׁלוֹמֶךָ.

וּבְסֵפֶר חַיִּים בְּרָכָה וְשָׁלוֹם וּפַרְנָסָה טוֹבָה,   —Cong. then chazzan

יְשׁוּעָה וְנֶחָמָה וּגְזֵרוֹת טוֹבוֹת,

נִזָּכֵר וְנִכָּתֵב לְפָנֶיךָ, אֲנַחְנוּ וְכָל עַמְּךָ בֵּית

יִשְׂרָאֵל, לְחַיִּים טוֹבִים וּלְשָׁלוֹם.

Chazzan:

בָּרוּךְ אַתָּה יְיָ, הַמְבָרֵךְ אֶת עַמּוֹ יִשְׂרָאֵל בַּשָּׁלוֹם:

(אָמֵן —Cong.)

The chazzan recites the following verse silently:

יִהְיוּ לְרָצוֹן אִמְרֵי פִי וְהֶגְיוֹן לִבִּי לְפָנֶיךָ, יְיָ צוּרִי וְגוֹאֲלִי:[1]

❦❧

AVINU MALKEINU

Even when Yom Kippur occurs on Shabbat, אָבִינוּ מַלְכֵּנוּ is said at this point.
The following is said standing.

אָבִינוּ מַלְכֵּנוּ חָטָאנוּ לְפָנֶיךָ:

אָבִינוּ מַלְכֵּנוּ אֵין לָנוּ מֶלֶךְ אֶלָּא אָתָּה:

אָבִינוּ מַלְכֵּנוּ עֲשֵׂה עִמָּנוּ לְמַעַן שְׁמֶךָ:

אָבִינוּ מַלְכֵּנוּ חַדֵּשׁ עָלֵינוּ שָׁנָה טוֹבָה:

אָבִינוּ מַלְכֵּנוּ בַּטֵּל מֵעָלֵינוּ כָּל גְּזֵרוֹת קָשׁוֹת:

אָבִינוּ מַלְכֵּנוּ בַּטֵּל מַחְשְׁבוֹת שׂוֹנְאֵינוּ:

אָבִינוּ מַלְכֵּנוּ הָפֵר עֲצַת אוֹיְבֵינוּ:

אָבִינוּ מַלְכֵּנוּ כַּלֵּה כָּל צַר וּמַסְטִין מֵעָלֵינוּ:

אָבִינוּ מַלְכֵּנוּ סְתוֹם פִּיּוֹת מַסְטִינֵינוּ וּמְקַטְרִיגֵנוּ:

---

1. Psalms 19:15.

gave us, Lord our God, the Torah of life and loving-kindness, righteousness, blessing, mercy, life, and peace. May it be favorable in Your eyes to bless Your people Israel, at all times and at every moment, with Your peace.

Cong. then chazzan: **ובספר** *U-v'sayfer cha-yim b'röchö v'shölom ufar'nösö tovö, y'shu-ö v'nechömö u-g'zayros tovos, nizöchayr v'naychösaym l'fönechö, anach-nu v'chöl am'chö bays yisrö-ayl, l'cha-yim tovim u-l'shölom.*

Chazzan:

ברוך Blessed are You, Lord, who blesses His people Israel with peace. (Cong: Amen)

The chazzan recites the following verse silently:

יהיו May the words of my mouth and the meditation of my heart be acceptable before You, Lord, my Strength and my Redeemer.[1]

ஒ⊙~⊙ஓ

AVINU MALKEINU

Even when Yom Kippur occurs on Shabbat, *Avinu Malkeinu* is said at this point. The following is said standing.

אבינו Our Father, our King, we have sinned before You.

Our Father, our King, we have no King but You.

Our Father, our King, act [benevolently] with us for the sake of Your Name.

Our Father, our King, renew for us a good year.

Our Father, our King, remove from us all harsh decrees.

Our Father, our King, annul the intentions of our enemies.

Our Father, our King, foil the plans of our foes.

Our Father, our King, wipe out every oppressor and adversary from against us.

Our Father, our King, close the mouths of our adversaries and accusers.

ובספר And in the Book of life, blessing, peace and prosperity, deliverance, consolation and favorable decrees may we and all Your people the House of Israel be remembered and sealed before You for a happy life and for peace.

אָבִינוּ מַלְכֵּנוּ כַּלֵּה דֶּבֶר וְחֶרֶב וְרָעָב וּשְׁבִי וּמַשְׁחִית מִבְּנֵי בְרִיתֶךָ:

אָבִינוּ מַלְכֵּנוּ מְנַע מַגֵּפָה מִנַּחֲלָתֶךָ:

אָבִינוּ מַלְכֵּנוּ סְלַח וּמְחוֹל לְכָל עֲוֹנוֹתֵינוּ:

אָבִינוּ מַלְכֵּנוּ מְחֵה וְהַעֲבֵר פְּשָׁעֵינוּ מִנֶּגֶד עֵינֶיךָ:

אָבִינוּ מַלְכֵּנוּ מְחוֹק בְּרַחֲמֶיךָ הָרַבִּים כָּל שִׁטְרֵי חוֹבוֹתֵינוּ:

אָבִינוּ מַלְכֵּנוּ הַחֲזִירֵנוּ בִּתְשׁוּבָה שְׁלֵמָה לְפָנֶיךָ:

אָבִינוּ מַלְכֵּנוּ שְׁלַח רְפוּאָה שְׁלֵמָה לְחוֹלֵי עַמֶּךָ:

אָבִינוּ מַלְכֵּנוּ קְרַע רוֹעַ גְּזַר דִּינֵנוּ:

אָבִינוּ מַלְכֵּנוּ זָכְרֵנוּ בְּזִכָּרוֹן טוֹב לְפָנֶיךָ:

אָבִינוּ מַלְכֵּנוּ חָתְמֵנוּ בְּסֵפֶר חַיִּים טוֹבִים:

אָבִינוּ מַלְכֵּנוּ חָתְמֵנוּ בְּסֵפֶר גְּאֻלָּה וִישׁוּעָה:

אָבִינוּ מַלְכֵּנוּ חָתְמֵנוּ בְּסֵפֶר פַּרְנָסָה וְכַלְכָּלָה:

אָבִינוּ מַלְכֵּנוּ חָתְמֵנוּ בְּסֵפֶר זְכֻיּוֹת:

אָבִינוּ מַלְכֵּנוּ חָתְמֵנוּ בְּסֵפֶר סְלִיחָה וּמְחִילָה:

אָבִינוּ מַלְכֵּנוּ הַצְמַח לָנוּ יְשׁוּעָה בְּקָרוֹב:

אָבִינוּ מַלְכֵּנוּ הָרֵם קֶרֶן יִשְׂרָאֵל עַמֶּךָ:

אָבִינוּ מַלְכֵּנוּ הָרֵם קֶרֶן מְשִׁיחֶךָ:

אָבִינוּ מַלְכֵּנוּ מַלֵּא יָדֵינוּ מִבִּרְכוֹתֶיךָ:

אָבִינוּ מַלְכֵּנוּ מַלֵּא אֲסָמֵינוּ שָׂבָע:

Our Father, our King, remove pestilence, sword, famine, captivity, and destruction from the members of Your covenant.

Our Father, our King, withhold the plague from Your inheritance.

Our Father, our King, pardon and forgive all our iniquities.

Our Father, our King, blot out and remove our transgressions from before Your eyes.

Our Father, our King, erase in Your abounding mercies all the records of our debts [sins].

Our Father, our King, bring us back to You in wholehearted repentance.

Our Father, our King, send a complete healing to the sick of Your people.

Our Father, our King, rend the evil [aspect] of the verdict decreed against us.

Our Father, our King, remember us with a favorable remembrance before You.

Our Father, our King, seal us in the book of good life.

Our Father, our King, seal us in the book of redemption and deliverance.

Our Father, our King, seal us in the book of livelihood and sustenance.

Our Father, our King, seal us in the book of merits.

Our Father, our King, seal us in the book of pardon and forgiveness.

Our Father, our King, cause deliverance to flourish for us soon.

Our Father, our King, exalt the glory of Israel Your people.

Our Father, our King, exalt the glory of Your anointed one.

Our Father, our King, fill our hands with Your blessings.

Our Father, our King, fill our storehouses with plenty.

אָבִינוּ מַלְכֵּנוּ שְׁמַע קוֹלֵנוּ חוּס וְרַחֵם עָלֵינוּ:

אָבִינוּ מַלְכֵּנוּ קַבֵּל בְּרַחֲמִים וּבְרָצוֹן אֶת תְּפִלָּתֵנוּ:

אָבִינוּ מַלְכֵּנוּ פְּתַח שַׁעֲרֵי שָׁמַיִם לִתְפִלָּתֵנוּ:

אָבִינוּ מַלְכֵּנוּ זְכוֹר כִּי עָפָר אֲנָחְנוּ:

אָבִינוּ מַלְכֵּנוּ נָא אַל תְּשִׁיבֵנוּ רֵיקָם מִלְּפָנֶיךָ:

אָבִינוּ מַלְכֵּנוּ תְּהֵא הַשָּׁעָה הַזֹּאת שְׁעַת רַחֲמִים וְעֵת
רָצוֹן מִלְּפָנֶיךָ:

אָבִינוּ מַלְכֵּנוּ חֲמוֹל עָלֵינוּ וְעַל עוֹלָלֵינוּ וְטַפֵּינוּ:

אָבִינוּ מַלְכֵּנוּ עֲשֵׂה לְמַעַן הֲרוּגִים עַל שֵׁם קָדְשֶׁךָ:

אָבִינוּ מַלְכֵּנוּ עֲשֵׂה לְמַעַן טְבוּחִים עַל יִחוּדֶךָ:

אָבִינוּ מַלְכֵּנוּ עֲשֵׂה לְמַעַן בָּאֵי בָאֵשׁ וּבַמַּיִם עַל קִדּוּשׁ
שְׁמֶךָ:

אָבִינוּ מַלְכֵּנוּ נְקוֹם נִקְמַת דַּם עֲבָדֶיךָ הַשָּׁפוּךְ:

אָבִינוּ מַלְכֵּנוּ עֲשֵׂה לְמַעַנְךָ אִם לֹא לְמַעֲנֵנוּ:

אָבִינוּ מַלְכֵּנוּ עֲשֵׂה לְמַעַנְךָ וְהוֹשִׁיעֵנוּ:

אָבִינוּ מַלְכֵּנוּ עֲשֵׂה לְמַעַן רַחֲמֶיךָ הָרַבִּים:

אָבִינוּ מַלְכֵּנוּ עֲשֵׂה לְמַעַן שִׁמְךָ הַגָּדוֹל הַגִּבּוֹר וְהַנּוֹרָא
שֶׁנִּקְרָא עָלֵינוּ:

אָבִינוּ מַלְכֵּנוּ חָנֵּנוּ וַעֲנֵנוּ כִּי אֵין בָּנוּ מַעֲשִׂים עֲשֵׂה עִמָּנוּ
צְדָקָה וָחֶסֶד וְהוֹשִׁיעֵנוּ:

Our Father, our King, hear our voice, have pity and compassion upon us.

Our Father, our King, accept our prayer with mercy and with favor.

Our Father, our King, open the gates of heaven to our prayer.

Our Father, our King, let it be remembered that we are but dust.

Our Father, our King, we beseech You, do not turn us away from You empty-handed.

Our Father, our King, may this hour be an hour of mercy and a time of favor before You.

Our Father, our King, have compassion upon us, and upon our infants and children.

Our Father, our King, do it for the sake of those who were slain for Your holy Name.

Our Father, our King, do it for the sake of those who were slaughtered for Your Oneness.

Our Father, our King, do it for the sake of those who went through fire and water for the sanctification of Your Name.

Our Father, our King, avenge the spilled blood of Your servants.

Our Father, our King, do it for Your sake, if not for ours.

Our Father, our King, do it for Your sake, and deliver us.

Our Father, our King, do it for the sake of Your abounding mercies.

Our Father, our King, do it for the sake of Your great, mighty and awesome Name which is proclaimed over us.

Our Father, our King, be gracious to us and answer us, for we have no meritorious deeds; deal charitably and kindly with us and deliver us.

It is written in *Shaloh* that when, in the Neilah prayer, שְׁמַע יִשְׂרָאֵל is recited aloud and with heartfelt *kavanah*, every Jew should have the intention of giving up his soul for the sanctification of G-d's Name, may He be blessed. This intention will then be considered for him as if he had indeed done so and as if he had actually withstood the test to sanctify the Divine Name.

Chazzan then congregation:

שְׁמַע יִשְׂרָאֵל, יְיָ אֱלֹהֵינוּ, יְיָ | אֶחָד: —Recite once [1]

Chazzan then congregation:

בָּרוּךְ שֵׁם כְּבוֹד מַלְכוּתוֹ לְעוֹלָם וָעֶד: —Recite three times [2]

Chazzan then congregation:

יְיָ הוּא הָאֱלֹהִים: —Recite seven times [3]

Chazzan recites Complete Kaddish. Congregation responds אָמֵן as indicated.

יִתְגַּדַּל וְיִתְקַדַּשׁ שְׁמֵהּ רַבָּא. (אָמֵן —Cong.) בְּעָלְמָא דִי בְרָא כִרְעוּתֵהּ וְיַמְלִיךְ מַלְכוּתֵהּ, וְיַצְמַח פּוּרְקָנֵהּ וִיקָרֵב מְשִׁיחֵהּ. (אָמֵן —Cong.) בְּחַיֵּיכוֹן וּבְיוֹמֵיכוֹן וּבְחַיֵּי דְכָל בֵּית יִשְׂרָאֵל, בַּעֲגָלָא וּבִזְמַן קָרִיב וְאִמְרוּ אָמֵן:

(Cong.— אָמֵן. יְהֵא שְׁמֵהּ רַבָּא מְבָרַךְ לְעָלַם וּלְעָלְמֵי עָלְמַיָּא, יִתְבָּרַךְ.)

יְהֵא שְׁמֵהּ רַבָּא מְבָרַךְ לְעָלַם וּלְעָלְמֵי עָלְמַיָּא, יִתְבָּרַךְ, וְיִשְׁתַּבַּח, וְיִתְפָּאַר, וְיִתְרוֹמַם, וְיִתְנַשֵּׂא, וְיִתְהַדָּר וְיִתְעַלֶּה, וְיִתְהַלָּל, שְׁמֵהּ דְּקוּדְשָׁא בְּרִיךְ הוּא. (אָמֵן —Cong.) לְעֵלָּא וּלְעֵלָּא מִכָּל בִּרְכָתָא וְשִׁירָתָא, תֻּשְׁבְּחָתָא וְנֶחֱמָתָא, דַּאֲמִירָן בְּעָלְמָא, וְאִמְרוּ אָמֵן: (אָמֵן —Cong.)

[4] The *shofar* is sounded once and all exclaim:

לְשָׁנָה הַבָּאָה בִּירוּשָׁלָיִם:

THE ARK IS CLOSED.

Chazzan:

תִּתְקַבֵּל צְלוֹתְהוֹן וּבָעוּתְהוֹן דְּכָל בֵּית יִשְׂרָאֵל, קֳדָם אֲבוּהוֹן דִּי בִשְׁמַיָּא, וְאִמְרוּ אָמֵן: (אָמֵן —Cong.)

---

1. Deuteronomy 6:4.   2. Pesachim 56a; Deuteronomy Rabbah 2:31, 35, 36.   3. I Kings 18:39.
4. It is customary to sing a march at this point, before sounding the *shofar*.

> It is written in the *Shaloh* that when, in the Neilah prayer, *Shema Yisrael* is recited aloud and with heartfelt *kavanah*, every Jew should have the intention of giving up his soul for the sanctification of G-d's Name, may He be blessed. This intention will then be considered for him as if he had indeed done so and as if he had actually withstood the test to sanctify the Divine Name.

Chazzan then congregation:

Recite once: שמע *Sh'ma yisrö-ayl adonöy elohaynu adonöy echöd.*[1]

Chazzan then congregation:

Recite three times: ברוך *Böruch shaym k'vod mal'chuso l'olöm vö-ed.*[2]

Chazzan then congregation:

Recite seven times: יי *Adonöy hu hö-elohim.*[3]

Chazzan recites Complete Kaddish. Congregation responds Amen as indicated.

יתגדל Exalted and hallowed be His great Name (Cong: Amen) throughout the world which He has created according to His will. May He establish His kingship, bring forth His redemption and hasten the coming of His Mashiach (Cong: Amen) in your lifetime and in your days and in the lifetime of the entire House of Israel, speedily and soon, and say, Amen.

(Cong: Amen. May His great Name be blessed forever and to all eternity. Blessed.)

May His great Name be blessed forever and to all eternity. Blessed and praised, glorified, exalted and extolled, honored, adored and lauded be the Name of the Holy One, blessed be He, (Cong: Amen) above and beyond all the blessings, hymns, praises and consolations that are uttered in the world; and say, Amen. (Cong: Amen)

[4]The shofar is sounded once and all exclaim:

לשנה L'shönö habö-ö birushölö-yim.

THE ARK IS CLOSED.

Chazzan:

May the prayers and supplications of the entire House of Israel be accepted before their Father in heaven; and say, Amen. (Cong: Amen)

שמע Hear, O Israel, the Lord is our God, the Lord is One. ברוך Blessed be the name of the glory of His kingdom for ever and ever. יי God is the Lord. לשנה Next year in Jerusalem.

יְהֵא שְׁלָמָא רַבָּא מִן שְׁמַיָּא וְחַיִּים טוֹבִים עָלֵינוּ וְעַל כָּל
יִשְׂרָאֵל, וְאִמְרוּ אָמֵן: (.Cong — אָמֵן)

Take three steps back, then bow right saying עֹשֶׂה הַשָּׁלוֹם בִּמְרוֹמָיו, bow forward saying וְעַל כָּל, bow left saying יַעֲשֶׂה שָׁלוֹם עָלֵינוּ, and bow forward saying הוּא, bow forward saying וְאִמְרוּ אָמֵן יִשְׂרָאֵל.

עֹשֶׂה הַשָּׁלוֹם בִּמְרוֹמָיו, הוּא יַעֲשֶׂה שָׁלוֹם עָלֵינוּ וְעַל
כָּל יִשְׂרָאֵל, וְאִמְרוּ אָמֵן: (.Cong — אָמֵן)

קַוֵּה אֶל יְיָ, חֲזַק וְיַאֲמֵץ לִבֶּךָ, וְקַוֵּה אֶל יְיָ:' אֵין קָדוֹשׁ
כַּיְיָ, כִּי אֵין בִּלְתֶּךָ, וְאֵין צוּר כֵּאלֹהֵינוּ:² כִּי מִי
אֱלוֹהַּ מִבַּלְעֲדֵי יְיָ, וּמִי צוּר זוּלָתִי אֱלֹהֵינוּ:³

אֵין כֵּאלֹהֵינוּ, אֵין כַּאדוֹנֵינוּ, אֵין כְּמַלְכֵּנוּ, אֵין
כְּמוֹשִׁיעֵנוּ: מִי כֵאלֹהֵינוּ, מִי כַאדוֹנֵינוּ, מִי
כְמַלְכֵּנוּ, מִי כְמוֹשִׁיעֵנוּ: נוֹדֶה לֵאלֹהֵינוּ, נוֹדֶה
לַאדוֹנֵינוּ, נוֹדֶה לְמַלְכֵּנוּ, נוֹדֶה לְמוֹשִׁיעֵנוּ: בָּרוּךְ
אֱלֹהֵינוּ, בָּרוּךְ אֲדוֹנֵינוּ, בָּרוּךְ מַלְכֵּנוּ, בָּרוּךְ מוֹשִׁיעֵנוּ:
אַתָּה הוּא אֱלֹהֵינוּ, אַתָּה הוּא אֲדוֹנֵינוּ, אַתָּה הוּא
מַלְכֵּנוּ, אַתָּה הוּא מוֹשִׁיעֵנוּ, אַתָּה תוֹשִׁיעֵנוּ: אַתָּה
תָקוּם תְּרַחֵם צִיּוֹן, כִּי עֵת לְחֶנְנָהּ כִּי בָא מוֹעֵד:⁴ אַתָּה
הוּא יְיָ אֱלֹהֵינוּ וֵאלֹהֵי אֲבוֹתֵינוּ, שֶׁהִקְטִירוּ אֲבוֹתֵינוּ
לְפָנֶיךָ אֶת קְטֹרֶת הַסַּמִּים:

פִּטּוּם הַקְּטֹרֶת, הַצֳּרִי, וְהַצִּפֹּרֶן, הַחֶלְבְּנָה, וְהַלְּבוֹנָה
מִשְׁקַל שִׁבְעִים שִׁבְעִים מָנֶה, מוֹר, וּקְצִיעָה,
שִׁבֹּלֶת נֵרְדְּ, וְכַרְכֹּם מִשְׁקַל שִׁשָּׁה עָשָׂר שִׁשָּׁה עָשָׂר
מָנֶה, הַקֹּשְׁטְ שְׁנֵים עָשָׂר, קִלּוּפָה שְׁלֹשָׁה, קִנָּמוֹן תִּשְׁעָה.

---

1. Psalms 27:14. **2.** I Samuel 2:2. **3.** Psalms 18:32. **4.** Ibid. 102:14.

May there be abundant peace from heaven, and a good life for us and for all Israel; and say, Amen. (Cong: Amen)

Take three steps back, then bow right saying He who makes the peace in His Heavens, *bow forward saying* may He, *bow left saying* make peace for us, *and bow forward saying* and for all Israel; and say, Amen.

He who makes the peace in His heavens, may He make peace for us and for all Israel; and say, Amen. (Cong: Amen)

קַוֵּה Hope in the Lord, be strong and let your heart be valiant, and hope in the Lord.[1] None is holy as the Lord, for there is none aside from You, and there is none mighty as our God.[2] For who is God except the Lord, and who is mighty other than our God?[3]

Transliteration, page 451.

אֵין There is none like our God; there is none like our Lord; there is none like our King; there is none like our Deliverer. Who is like our God? Who is like our Lord? Who is like our King? Who is like our Deliverer? Let us acknowledge our God; let us acknowledge our Lord; let us acknowledge our King; let us acknowledge our Deliverer. Blessed is our God; blessed is our Lord; blessed is our King; blessed is our Deliverer. You are our God; You are our Lord; You are our King; You are our Deliverer; You will save us. You will arise and have mercy on Zion, for it is time to be gracious to her; the appointed time has come.[4] You are the Lord our God and God of our fathers before whom our ancestors burned the offering of incense.

פִּטּוּם The incense consisted of balm, onycha, galbanum, and frankincense, each one weighing seventy *maneh*; myrrh, cassia, spikenard, and saffron, each weighing sixteen *maneh*; costus, twelve [*maneh*]; aromatic bark, three [*maneh*]; cinnamon, nine [*maneh*]. [Also used in

בְּרִית כַּרְשִׁינָה תִּשְׁעָה קַבִּין, יֵין קַפְרִיסִין סְאִין תְּלָתָא
וְקַבִּין תְּלָתָא, וְאִם אֵין לוֹ יֵין קַפְרִיסִין מֵבִיא חֲמַר
חִוַּרְיָן עַתִּיק. מֶלַח סְדוֹמִית רוֹבַע, מַעֲלֶה עָשָׁן כָּל
שֶׁהוּא. רַבִּי נָתָן הַבַּבְלִי אוֹמֵר: אַף כִּפַּת הַיַּרְדֵּן כָּל
שֶׁהִיא, וְאִם נָתַן בָּהּ דְּבַשׁ פְּסָלָהּ, וְאִם חִסַּר אֶחָד
מִכָּל סַמְמָנֶיהָ חַיָּב מִיתָה: רַבָּן שִׁמְעוֹן בֶּן גַּמְלִיאֵל
אוֹמֵר: הַצֳּרִי אֵינוֹ אֶלָּא שְׂרָף הַנּוֹטֵף מֵעֲצֵי הַקְּטָף,
בְּרִית כַּרְשִׁינָה שֶׁשָּׁפִין בָּהּ אֶת הַצִּפֹּרֶן, כְּדֵי שֶׁתְּהֵא
נָאָה; יֵין קַפְרִיסִין שֶׁשּׁוֹרִין בּוֹ אֶת הַצִּפֹּרֶן, כְּדֵי
שֶׁתְּהֵא עַזָּה. וַהֲלֹא מֵי רַגְלַיִם יָפִין לָהּ, אֶלָּא שֶׁאֵין
מַכְנִיסִין מֵי רַגְלַיִם בַּמִּקְדָּשׁ מִפְּנֵי הַכָּבוֹד:[1]

תָּנָא דְּבֵי אֵלִיָּהוּ, כָּל הַשּׁוֹנֶה הֲלָכוֹת בְּכָל יוֹם מֻבְטַח
לוֹ שֶׁהוּא בֶּן עוֹלָם הַבָּא, שֶׁנֶּאֱמַר: הֲלִיכוֹת
עוֹלָם לוֹ,[2] אַל תִּקְרֵי הֲלִיכוֹת אֶלָּא הֲלָכוֹת:[3]

אָמַר רַבִּי אֶלְעָזָר אָמַר רַבִּי חֲנִינָא:[4] תַּלְמִידֵי חֲכָמִים
מַרְבִּים שָׁלוֹם בָּעוֹלָם, שֶׁנֶּאֱמַר: וְכָל בָּנַיִךְ
לִמּוּדֵי יְיָ, וְרַב שְׁלוֹם בָּנָיִךְ:[5] אַל תִּקְרֵי בָּנָיִךְ, אֶלָּא
בּוֹנָיִךְ: שָׁלוֹם רָב לְאֹהֲבֵי תוֹרָתֶךָ, וְאֵין לָמוֹ מִכְשׁוֹל:[6]
יְהִי שָׁלוֹם בְּחֵילֵךְ, שַׁלְוָה בְּאַרְמְנוֹתָיִךְ: לְמַעַן אַחַי
וְרֵעָי, אֲדַבְּרָה נָּא שָׁלוֹם בָּךְ: לְמַעַן בֵּית יְיָ אֱלֹהֵינוּ,
אֲבַקְשָׁה טוֹב לָךְ:[7] יְיָ עֹז לְעַמּוֹ יִתֵּן, יְיָ יְבָרֵךְ אֶת
עַמּוֹ בַשָּׁלוֹם:[8]

1. V. Keritot 6a; Yerushalmi, Yoma 4:5. 2. Habakkuk 3:6. 3. Tanna D'vei Eliyahu Zuta, ch. 2; Megillah 28b; Niddah 73a. 4. Berachot 64a; Yevamot 122b; Nazir 66b; Keritot 28b; Tamid 32b. 5. Isaiah 54:13. 6. Psalms 119:165. 7. Ibid. 122:7-9. 8. Ibid. 29:11.

the preparation of the incense were:] lye of Carshinah, nine *kabin*; Cyprus wine, three *se'in* and three *kabin*—if Cyprus wine was not available, strong white wine might be used instead; salt of Sodom, a fourth of a *kab*; and a minute quantity of a smoke-raising herb. Rabbi Nathan the Babylonian says: A minute quantity of Jordan amber was also added. If, however, honey were added, the incense became unfit; while if one left out any one of the ingredients, he was liable to the death penalty. Rabban Shimon ben Gamliel says: The balm is no other than a resin which exudes from the balsam trees. The lye of Carshinah was used for rubbing on the onycha to refine its appearance. The Cyprus wine was used in which to steep the onycha to make its odor more pungent. Though the water of Raglayim might have served that purpose well, it would be disrespectful to bring it into the Bet Hamikdash.[1]

תנא It was taught by Elijah: Whoever studies Torah laws every day is assured of life in the World to Come, for it is said: *Halichot* (the ways of) the world are his.[2] Do not read *halichot* but *halachot* (Torah laws).[3]

אמר Rabbi Elazar said in the name of Rabbi Chanina:[4] Torah scholars increase peace in the world, for it is said: And all your children shall be learners of the [Torah of the] Lord, and great will be the peace of *banayich* (your children).[5] Do not read *banayich*, but *bonayich* (your builders). Those who love Your Torah have abundant peace, and there is no stumbling for them.[6] May there be peace within your walls, serenity within your mansions. For the sake of my brethren and friends, I ask that there be peace within you. For the sake of the House of the Lord our God, I seek your well-being.[7] The Lord will give strength to His people; the Lord will bless His people with peace.[8]

KADDISH D'RABBANAN

Mourners recite the following Kaddish. Congregation responds אָמֵן as indicated.

יִתְגַּדַּל וְיִתְקַדַּשׁ שְׁמֵהּ רַבָּא. (אָמֵן —.Cong) בְּעָלְמָא דִּי בְרָא
כִרְעוּתֵהּ וְיַמְלִיךְ מַלְכוּתֵהּ, וְיַצְמַח פּוּרְקָנֵהּ וִיקָרֵב
מְשִׁיחֵהּ. (אָמֵן —.Cong) בְּחַיֵּיכוֹן וּבְיוֹמֵיכוֹן וּבְחַיֵּי דְכָל בֵּית
יִשְׂרָאֵל, בַּעֲגָלָא וּבִזְמַן קָרִיב וְאִמְרוּ אָמֵן:

(אָמֵן. יְהֵא שְׁמֵהּ רַבָּא מְבָרַךְ לְעָלַם וּלְעָלְמֵי עָלְמַיָּא, יִתְבָּרַךְ. —.Cong)

יְהֵא שְׁמֵהּ רַבָּא מְבָרַךְ לְעָלַם וּלְעָלְמֵי עָלְמַיָּא, יִתְבָּרַךְ,
וְיִשְׁתַּבַּח, וְיִתְפָּאַר, וְיִתְרוֹמַם, וְיִתְנַשֵּׂא, וְיִתְהַדָּר, וְיִתְעַלֶּה,
וְיִתְהַלָּל, שְׁמֵהּ דְּקוּדְשָׁא בְּרִיךְ הוּא. (אָמֵן —.Cong) לְעֵלָּא מִן כָּל
בִּרְכָתָא וְשִׁירָתָא, תֻּשְׁבְּחָתָא וְנֶחֱמָתָא, דַּאֲמִירָן בְּעָלְמָא,
וְאִמְרוּ אָמֵן: (אָמֵן —.Cong) עַל יִשְׂרָאֵל וְעַל רַבָּנָן, וְעַל
תַּלְמִידֵיהוֹן וְעַל כָּל תַּלְמִידֵי תַלְמִידֵיהוֹן, וְעַל כָּל מָאן דְּעָסְקִין
בְּאוֹרַיְתָא, דִּי בְאַתְרָא הָדֵין וְדִי בְכָל אֲתַר וַאֲתַר, יְהֵא לְהוֹן
וּלְכוֹן שְׁלָמָא רַבָּא חִנָּא וְחִסְדָּא וְרַחֲמִין וְחַיִּין אֲרִיכִין וּמְזוֹנָא
רְוִיחָא וּפוּרְקָנָא מִן קֳדָם אֲבוּהוֹן דִּבִשְׁמַיָּא וְאִמְרוּ אָמֵן:
(אָמֵן —.Cong) יְהֵא שְׁלָמָא רַבָּא מִן שְׁמַיָּא וְחַיִּים טוֹבִים עָלֵינוּ
וְעַל כָּל יִשְׂרָאֵל, וְאִמְרוּ אָמֵן: (אָמֵן —.Cong)

Take three steps back, then bow right saying עֹשֶׂה הַשָּׁלוֹם בִּמְרוֹמָיו, bow forward saying הוּא,
bow left saying וְעַל כָּל יִשְׂרָאֵל, וְאִמְרוּ אָמֵן, and bow forward saying יַעֲשֶׂה שָׁלוֹם עָלֵינוּ.

עֹשֶׂה הַשָּׁלוֹם בִּמְרוֹמָיו, הוּא יַעֲשֶׂה שָׁלוֹם עָלֵינוּ וְעַל כָּל
יִשְׂרָאֵל, וְאִמְרוּ אָמֵן: (אָמֵן —.Cong)

Stand while reciting עֲלֵינוּ.

עָלֵינוּ לְשַׁבֵּחַ לַאֲדוֹן הַכֹּל, לָתֵת גְּדֻלָּה לְיוֹצֵר בְּרֵאשִׁית,
שֶׁלֹּא עָשָׂנוּ כְּגוֹיֵי הָאֲרָצוֹת, וְלֹא שָׂמָנוּ
כְּמִשְׁפְּחוֹת הָאֲדָמָה, שֶׁלֹּא שָׂם חֶלְקֵנוּ כָּהֶם, וְגֹרָלֵנוּ
כְּכָל הֲמוֹנָם, שֶׁהֵם מִשְׁתַּחֲוִים לְהֶבֶל וָרִיק. וַאֲנַחְנוּ

KADDISH D'RABBANAN
Mourners recite the following Kaddish. Congregation responds Amen as indicated.
Translation, page 473.

יִתְגַּדַּל *Yis-gadal v'yis-kadash sh'mayh rabö.* (Cong: *Ömayn*)
B'öl'mö   di   v'rö   chir'u-sayh   v'yamlich   mal'chusayh,
v'yatzmach pur-könayh viköräyv m'shi-chayh. (Cong: *Ömayn*)
B'cha-yay-chon   u-v'yomaychon   u-v'cha-yay   d'chöl   bays
yisrö-ayl, ba-agölö u-viz'man köriv v'im'ru ömayn.

(Cong: *Ömayn. Y'hay sh'mayh rabö m'vörach l'ölam u-l'öl'may
öl'ma-yö, yisböraych.*)

*Y'hay sh'mayh rabö m'vörach l'ölam u-l'öl'may öl'ma-yö.
Yisböraych,   v'yishtabach,   v'yispö-ayr,   v'yisromöm,
v'yis-nasay,   v'yis-hadör,   v'yis-aleh,   v'yis-halöl,   sh'mayh
d'kudshö b'rich hu.* (Cong: *Ömayn*)

*L'aylö   min   köl   bir-chösö   v'shirösö,   tush-b'chösö
v'neche-mösö,   da-amirön   b'öl'mö,   v'im'ru   ömayn.* (Cong:
Ömayn)

*Al   yisrö-ayl   v'al   rabönön,   v'al   tal-midayhon,   v'al   köl
tal-miday sal-midayhon, v'al köl mön d'ös'kin b'ora-y'sö, di
v'asrö hödayn, v'di v'chöl asar v'asar. Y'hay l'hon u-l'chon
shlömö rabö, chinö v'chisdö v'rachamin v'cha-yin arichin,
u-m'zonö r'vichö u-furkönö min ködöm avu-hon d'vish'ma-yö
v'im'ru ömayn.* (Cong: *Ömayn*)

*Y'hay sh'lömö rabö min sh'ma-yö, v'cha-yim tovim ölaynu
v'al köl yisrö-ayl v'im'ru ömayn.* (Cong: *Ömayn*)

Take three steps back, then bow right saying *Oseh ha-shölom bim'romöv,* bow forward
saying *hu,* bow left saying *ya-aseh shölom ölaynu,* and bow forward saying *v'al köl
yisrö-ayl, v'im'ru ömayn.*

*Oseh ha-shölom bim'romöv, hu ya-a-aseh shölom ölaynu v'al
köl yisrö-ayl, v'im'ru ömayn.* (Cong: *Ömayn*)

Stand while reciting *Aleinu.*
Transliteration, page 438.

עָלֵינוּ It is incumbent upon us to praise the Master of all
things, to exalt the Creator of all existence, that He has not
made us like the nations of the world, nor caused us to be
like the families of the earth; that He has not assigned us
a portion like theirs, nor a lot like that of all their
multitudes, for they bow to vanity and nothingness. But we

כּוֹרְעִים וּמִשְׁתַּחֲוִים וּמוֹדִים לִפְנֵי מֶלֶךְ מַלְכֵי הַמְּלָכִים, הַקָּדוֹשׁ בָּרוּךְ הוּא. שֶׁהוּא נוֹטֶה שָׁמַיִם וְיוֹסֵד אָרֶץ, וּמוֹשַׁב יְקָרוֹ בַּשָּׁמַיִם מִמַּעַל, וּשְׁכִינַת עֻזּוֹ בְּגָבְהֵי מְרוֹמִים. הוּא אֱלֹהֵינוּ אֵין עוֹד, אֱמֶת מַלְכֵּנוּ, אֶפֶס זוּלָתוֹ, כַּכָּתוּב בְּתוֹרָתוֹ:[1] וְיָדַעְתָּ הַיּוֹם וַהֲשֵׁבֹתָ אֶל לְבָבֶךָ, כִּי יְיָ הוּא הָאֱלֹהִים, בַּשָּׁמַיִם מִמַּעַל וְעַל הָאָרֶץ מִתָּחַת, אֵין עוֹד:[2]

וְעַל כֵּן נְקַוֶּה לְּךָ יְיָ אֱלֹהֵינוּ, לִרְאוֹת מְהֵרָה בְּתִפְאֶרֶת עֻזֶּךָ, לְהַעֲבִיר גִּלּוּלִים מִן הָאָרֶץ, וְהָאֱלִילִים כָּרוֹת יִכָּרֵתוּן, לְתַקֵּן עוֹלָם בְּמַלְכוּת שַׁדַּי, וְכָל בְּנֵי בָשָׂר יִקְרְאוּ בִשְׁמֶךָ, לְהַפְנוֹת אֵלֶיךָ כָּל רִשְׁעֵי אָרֶץ. יַכִּירוּ וְיֵדְעוּ כָּל יוֹשְׁבֵי תֵבֵל, כִּי לְךָ תִּכְרַע כָּל בֶּרֶךְ, תִּשָּׁבַע כָּל לָשׁוֹן. לְפָנֶיךָ יְיָ אֱלֹהֵינוּ יִכְרְעוּ וְיִפֹּלוּ, וְלִכְבוֹד שִׁמְךָ יְקָר יִתֵּנוּ. וִיקַבְּלוּ כֻלָּם אֶת עוֹל מַלְכוּתֶךָ, וְתִמְלוֹךְ עֲלֵיהֶם מְהֵרָה לְעוֹלָם וָעֶד. כִּי הַמַּלְכוּת שֶׁלְּךָ הִיא, וּלְעוֹלְמֵי עַד תִּמְלוֹךְ בְּכָבוֹד, כַּכָּתוּב בְּתוֹרָתֶךָ: יְיָ יִמְלֹךְ לְעֹלָם וָעֶד:[3] וְנֶאֱמַר: וְהָיָה יְיָ לְמֶלֶךְ עַל כָּל הָאָרֶץ, בַּיּוֹם הַהוּא יִהְיֶה יְיָ אֶחָד וּשְׁמוֹ אֶחָד:[4]

MOURNER'S KADDISH

Mourners recite the following Kaddish. Congregation responds אָמֵן as indicated.

יִתְגַּדַּל וְיִתְקַדַּשׁ שְׁמֵהּ רַבָּא. (.Cong—) אָמֵן)   בְּעָלְמָא דִי בְרָא כִרְעוּתֵהּ וְיַמְלִיךְ מַלְכוּתֵהּ, וְיַצְמַח פּוּרְקָנֵהּ וִיקָרֵב מְשִׁיחֵהּ. (.Cong—) אָמֵן)   בְּחַיֵּיכוֹן וּבְיוֹמֵיכוֹן וּבְחַיֵּי דְכָל בֵּית יִשְׂרָאֵל, בַּעֲגָלָא וּבִזְמַן קָרִיב וְאִמְרוּ אָמֵן:

(.Cong—) אָמֵן. יְהֵא שְׁמֵהּ רַבָּא מְבָרַךְ לְעָלַם וּלְעָלְמֵי עָלְמַיָּא, יִתְבָּרַךְ.)

---

1. Deuteronomy 4:39.   **2.** For further elucidation, see Tanya, part II, ch. 6.   **3.** Exodus 15:18.
4. Zechariah 14:9.

bend the knee, bow down, and offer praise before the supreme King of kings, the Holy One, blessed be He, who stretches forth the heavens and establishes the earth, the seat of whose glory is in the heavens above, and the abode of whose majesty is in the loftiest heights. He is our God; there is none else. Truly, He is our King; there is nothing besides Him, as it is written in His Torah:[1] Know this day and take unto your heart that the Lord is God; in the heavens above and upon the earth below there is nothing else.[2]

וְעַל And therefore we hope to You, Lord our God, that we may speedily behold the splendor of Your might, to banish idolatry from the earth—and false gods will be utterly destroyed; to perfect the world under the sovereignty of the Almighty. All mankind shall invoke Your Name, to turn to You all the wicked of the earth. Then all the inhabitants of the world will recognize and know that every knee should bend to You, every tongue should swear [by Your Name]. Before You, Lord our God, they will bow and prostrate themselves, and give honor to the glory of Your Name; and they will all take upon themselves the yoke of Your kingdom. May You soon reign over them forever and ever, for kingship is Yours, and to all eternity You will reign in glory, as it is written in Your Torah: The Lord will reign forever and ever.[3] And it is said: The Lord will be King over the entire earth; on that day the Lord will be One and His Name One.[4]

MOURNER'S KADDISH

Mourners recite the following Kaddish (translation on page 480).
Congregation responds Amen as indicated.

יִתְגַּדַּל *Yis-gadal v'yis-kadash sh'mayh rabö.* (Cong: *Ömayn*)

B'öl'mö di v'rö chir'u-sayh v'yamlich mal'chusayh, v'yatzmach pur-könayh vikörayv m'shi-chayh. (Cong: *Ömayn*)

B'cha-yay-chon u-v'yomaychon u-v'cha-yay d'chöl bays yisrö-ayl, ba-agölö u-viz'man köriv v'im'ru ömayn.

(Cong: *Ömayn. Y'hay sh'mayh rabö m'vörach l'ölam u-l'öl'may öl'ma-yö, yisböraych.*)

יְהֵא שְׁמֵהּ רַבָּא מְבָרַךְ לְעָלַם וּלְעָלְמֵי עָלְמַיָּא, יִתְבָּרַךְ,
וְיִשְׁתַּבַּח, וְיִתְפָּאַר, וְיִתְרוֹמֵם, וְיִתְנַשֵּׂא, וְיִתְהַדָּר, וְיִתְעַלֶּה,
וְיִתְהַלָּל, שְׁמֵהּ דְּקוּדְשָׁא בְּרִיךְ הוּא. (Cong.—אָמֵן) לְעֵלָּא מִן כָּל
בִּרְכָתָא וְשִׁירָתָא, תֻּשְׁבְּחָתָא וְנֶחֱמָתָא, דַּאֲמִירָן בְּעָלְמָא,
וְאִמְרוּ אָמֵן: (Cong.—אָמֵן) יְהֵא שְׁלָמָא רַבָּא מִן שְׁמַיָּא וְחַיִּים
טוֹבִים עָלֵינוּ וְעַל כָּל יִשְׂרָאֵל, וְאִמְרוּ אָמֵן: (Cong.—אָמֵן)

Take three steps back, then bow right saying עֹשֶׂה הַשָּׁלוֹם בִּמְרוֹמָיו, bow forward saying הוּא,
bow left saying וְעַל כָּל יִשְׂרָאֵל, וְאִמְרוּ אָמֵן, and bow forward saying יַעֲשֶׂה שָׁלוֹם עָלֵינוּ.

עֹשֶׂה הַשָּׁלוֹם בִּמְרוֹמָיו, הוּא יַעֲשֶׂה שָׁלוֹם עָלֵינוּ וְעַל כָּל
יִשְׂרָאֵל, וְאִמְרוּ אָמֵן: (Cong.—אָמֵן)

אַל תִּירָא מִפַּחַד פִּתְאֹם, וּמִשֹּׁאַת רְשָׁעִים כִּי תָבֹא:[1] עֻצוּ
עֵצָה וְתֻפָר, דַּבְּרוּ דָבָר וְלֹא יָקוּם, כִּי עִמָּנוּ אֵל:[2] וְעַד
זִקְנָה אֲנִי הוּא, וְעַד שֵׂיבָה אֲנִי אֶסְבֹּל; אֲנִי עָשִׂיתִי וַאֲנִי
אֶשָּׂא וַאֲנִי אֶסְבֹּל וַאֲמַלֵּט:[3]

אַךְ צַדִּיקִים יוֹדוּ לִשְׁמֶךָ, יֵשְׁבוּ יְשָׁרִים אֶת פָּנֶיךָ:[4]

ೞಲ಼ೞ

TEHILLIM

Rabbi Yosef Yitzchak Schneersohn of Lubavitch instituted the custom of reciting thirty-six
chapters of Tehillim on Yom Kippur: nine before כָּל נִדְרֵי, nine before retiring at night, nine
after Musaf, and nine after Neilah. This custom was passed down from Rebbe to
Rebbe—originating with the Baal Shem Tov, who received it from his famed mentor
Achiyah Hashiloni.

קמב מַשְׂכִּיל לְדָוִד, בִּהְיוֹתוֹ בַמְּעָרָה תְפִלָּה: קוֹלִי אֶל
יְיָ אֶזְעָק, קוֹלִי אֶל יְיָ אֶתְחַנָּן: אֶשְׁפֹּךְ לְפָנָיו
שִׂיחִי, צָרָתִי לְפָנָיו אַגִּיד: בְּהִתְעַטֵּף עָלַי רוּחִי, וְאַתָּה
יָדַעְתָּ נְתִיבָתִי, בְּאֹרַח זוּ אֲהַלֵּךְ, טָמְנוּ פַח לִי: הַבֵּיט יָמִין

---

1. Proverbs 3:25.   2. Isaiah 8:10.   3. Ibid. 46:4.   4. Psalms 140:14.

Y'hay sh'mayh rabö m'vörach l'ölam u-l'öl'may öl'ma-yö.
Yisböraych,   v'yishtabach,   v'yispö-ayr,   v'yisromöm,
v'yis-nasay,   v'yis-hadör,   v'yis-aleh,   v'yis-halöl,   sh'mayh
d'kudshö b'rich hu. (Cong: *Ömayn*)

L'aylö   min   köl   bir-chösö   v'shirösö,   tush-b'chösö
v'neche-mösö, da-amirön b'öl'mö, v'im'ru ömayn. (Cong: *Ömayn*)

Y'hay sh'lömö rabö min sh'ma-yö, v'cha-yim tovim ölaynu
v'al köl yisrö-ayl v'im'ru ömayn. (Cong: *Ömayn*)

Take three steps back, then bow right saying *Oseh ha-shölom bim'romöv,* bow forward
saying *hu,* bow left saying *ya-aseh shölom ölaynu,* and bow forward saying *v'al köl
yisrö-ayl, v'im'ru ömayn.*

*Oseh ha-shölom bim'romöv, hu ya-a-seh shölom ölaynu v'al
köl yisrö-ayl, v'im'ru ömayn.* (Cong: *Ömayn*)

אַל Do not fear sudden terror, nor the destruction of the
wicked when it comes.[1] Contrive a scheme, but it will be
foiled; conspire a plot, but it will not materialize, for God is
with us.[2] To your old age I am [with you]; to your hoary
years I will sustain you; I have made you, and I will carry
you; I will sustain you and deliver you.[3]

אַךְ Indeed, the righteous will extol Your Name; the upright
will dwell in Your presence.[4]

❧❧❧❧❧

TEHILLIM

Rabbi Yosef Yitzchak Schneersohn of Lubavitch instituted the custom of reciting thirty-six
chapters of Tehillim on Yom Kippur: nine before *Kol Nidrei,* nine before retiring at night,
nine after Musaf, and nine after Neilah. This custom was passed down from Rebbe to
Rebbe—originating with the Baal Shem Tov, who received it from his famed mentor
Achiyah Hashiloni.

142. מַשְׂכִּיל A *maskil* by David, when he was in the cave, a prayer.
With my voice I will cry out to the Lord; with my voice I will call
to the Lord in supplication. I will pour out my plea before Him;
I will declare my distress in His presence. When my spirit is faint
within me, You know my path. In the way in which I walk, they
have hidden a snare for me. Look to my right and see, there is

וְרָאֵה וְאֵין לִי מַכִּיר, אָבַד מָנוֹס מִמֶּנִּי, אֵין דּוֹרֵשׁ לְנַפְשִׁי: זָעַקְתִּי אֵלֶיךָ יְיָ, אָמַרְתִּי אַתָּה מַחְסִי, חֶלְקִי בְּאֶרֶץ הַחַיִּים: הַקְשִׁיבָה אֶל רִנָּתִי כִּי דַלּוֹתִי מְאֹד, הַצִּילֵנִי מֵרֹדְפַי כִּי אָמְצוּ מִמֶּנִּי: הוֹצִיאָה מִמַּסְגֵּר נַפְשִׁי לְהוֹדוֹת אֶת שְׁמֶךָ, בִּי יַכְתִּרוּ צַדִּיקִים, כִּי תִגְמֹל עָלָי:

קמג מִזְמוֹר לְדָוִד, יְיָ שְׁמַע תְּפִלָּתִי, הַאֲזִינָה אֶל תַּחֲנוּנַי, בֶּאֱמֻנָתְךָ עֲנֵנִי בְּצִדְקָתֶךָ: וְאַל תָּבוֹא בְמִשְׁפָּט אֶת עַבְדֶּךָ, כִּי לֹא יִצְדַּק לְפָנֶיךָ כָל חָי: כִּי רָדַף אוֹיֵב נַפְשִׁי, דִּכָּא לָאָרֶץ חַיָּתִי, הוֹשִׁיבַנִי בְמַחֲשַׁכִּים כְּמֵתֵי עוֹלָם: וַתִּתְעַטֵּף עָלַי רוּחִי, בְּתוֹכִי יִשְׁתּוֹמֵם לִבִּי: זָכַרְתִּי יָמִים מִקֶּדֶם, הָגִיתִי בְכָל פָּעֳלֶךָ, בְּמַעֲשֵׂה יָדֶיךָ אֲשׂוֹחֵחַ: פֵּרַשְׂתִּי יָדַי אֵלֶיךָ, נַפְשִׁי כְּאֶרֶץ עֲיֵפָה לְךָ סֶלָה: מַהֵר עֲנֵנִי יְיָ כָּלְתָה רוּחִי, אַל תַּסְתֵּר פָּנֶיךָ מִמֶּנִּי, וְנִמְשַׁלְתִּי עִם יֹרְדֵי בוֹר: הַשְׁמִיעֵנִי בַבֹּקֶר חַסְדֶּךָ כִּי בְךָ בָטָחְתִּי, הוֹדִיעֵנִי דֶּרֶךְ זוּ אֵלֵךְ, כִּי אֵלֶיךָ נָשָׂאתִי נַפְשִׁי: הַצִּילֵנִי מֵאֹיְבַי | יְיָ, אֵלֶיךָ כִסִּתִי: לַמְּדֵנִי לַעֲשׂוֹת רְצוֹנֶךָ כִּי אַתָּה אֱלוֹהָי, רוּחֲךָ טוֹבָה, תַּנְחֵנִי בְּאֶרֶץ מִישׁוֹר: לְמַעַן שִׁמְךָ יְיָ תְּחַיֵּנִי, בְּצִדְקָתְךָ תּוֹצִיא מִצָּרָה נַפְשִׁי: וּבְחַסְדְּךָ תַּצְמִית אֹיְבָי, וְהַאֲבַדְתָּ כָּל צֹרֲרֵי נַפְשִׁי, כִּי אֲנִי עַבְדֶּךָ:

קמד לְדָוִד, בָּרוּךְ יְיָ צוּרִי, הַמְלַמֵּד יָדַי לַקְרָב, אֶצְבְּעוֹתַי לַמִּלְחָמָה: חַסְדִּי וּמְצוּדָתִי מִשְׂגַּבִּי וּמְפַלְטִי לִי, מָגִנִּי וּבוֹ חָסִיתִי, הָרוֹדֵד עַמִּי תַחְתָּי: יְיָ, מָה אָדָם וַתֵּדָעֵהוּ, בֶּן אֱנוֹשׁ וַתְּחַשְּׁבֵהוּ: אָדָם לַהֶבֶל דָּמָה, יָמָיו כְּצֵל עוֹבֵר: יְיָ הַט שָׁמֶיךָ וְתֵרֵד, גַּע בֶּהָרִים וְיֶעֱשָׁנוּ:

none that will know me; every escape is lost to me. No man cares for my soul. I cried out to You, O Lord; I said, "You are my refuge, my portion in the land of the living." Listen to my song of prayer, for I have been brought very low. Deliver me from my pursuers, for they are too mighty for me. Release my soul from confinement, so that it may acknowledge Your Name. Because of me, the righteous will crown [You] when You will deal graciously with me.

143. מזמור A psalm by David. O Lord, hear my prayer, lend Your ear to my supplications. With Your faithfulness answer me, and with Your righteousness. Do not enter into judgment with Your servant, for no living being would be vindicated before You. For the enemy has pursued my soul; he has crushed my life to the ground; he has set me down in dark places, like those who are eternally dead. Then my spirit became faint within me; my heart was dismayed within me. I remembered the days of old; I meditated on all Your deeds; I spoke of Your handiwork. I spread out my hands to You; like a languishing land my soul yearns after You, *Selah*. Answer me soon, O Lord, my spirit is spent; hide not Your face from me, lest I become like those who descend into the pit. Let me hear Your kindness in the morning, for have I trusted in You. Let me know the way in which I should walk, for to You I have lifted my soul. Deliver me from my enemies, O Lord. I have concealed [my troubles from all, save] You. Teach me to do Your will, for You are my God. Let Your good spirit lead me in an even path. For the sake of Your Name, O Lord, give me life; in Your righteousness, take my soul out of distress. And in Your kindness, cut off my enemies and obliterate all those who oppress my soul, for I am Your servant.

144. לדוד By David. Blessed be the Lord, my Rock, Who trains my hands for battle and my fingers for war. My source of kindness and my fortress, my high tower and my rescuer, my shield, in Whom I take refuge; it is He Who makes my people submit to me. O Lord, what is man that You have recognized him; the son of a mortal, that You are mindful of him? Man is like a breath; his days are like a passing shadow. O Lord, incline Your heavens and descend; touch the mountains and they will become vapor.

בְּרוֹק בָּרָק וּתְפִיצֵם, שְׁלַח חִצֶּיךָ וּתְהֻמֵּם: שְׁלַח יָדֶיךָ
מִמָּרוֹם, פְּצֵנִי וְהַצִּילֵנִי מִמַּיִם רַבִּים, מִיַּד בְּנֵי נֵכָר: אֲשֶׁר
פִּיהֶם דִּבֶּר שָׁוְא, וִימִינָם יְמִין שָׁקֶר: אֱלֹהִים, שִׁיר חָדָשׁ
אָשִׁירָה לָּךְ, בְּנֵבֶל עָשׂוֹר אֲזַמְּרָה לָּךְ: הַנּוֹתֵן תְּשׁוּעָה
לַמְּלָכִים, הַפּוֹצֶה אֶת דָּוִד עַבְדּוֹ מֵחֶרֶב רָעָה: פְּצֵנִי
וְהַצִּילֵנִי מִיַּד בְּנֵי נֵכָר, אֲשֶׁר פִּיהֶם דִּבֶּר שָׁוְא, וִימִינָם יְמִין
שָׁקֶר: אֲשֶׁר בָּנֵינוּ כִּנְטִעִים מְגֻדָּלִים בִּנְעוּרֵיהֶם, בְּנוֹתֵינוּ
כְזָוִיֹּת, מְחֻטָּבוֹת תַּבְנִית הֵיכָל: מְזָוֵינוּ מְלֵאִים מְפִיקִים מִזַּן
אֶל זַן, צֹאנֵנוּ מַאֲלִיפוֹת מְרֻבָּבוֹת בְּחוּצוֹתֵינוּ: אַלּוּפֵינוּ
מְסֻבָּלִים, אֵין פֶּרֶץ וְאֵין יוֹצֵאת, וְאֵין צְוָחָה בִּרְחֹבֹתֵינוּ:
אַשְׁרֵי הָעָם שֶׁכָּכָה לּוֹ, אַשְׁרֵי הָעָם שֶׁיְיָ אֱלֹהָיו:

קמה   תְּהִלָּה לְדָוִד, אֲרוֹמִמְךָ אֱלוֹהַי הַמֶּלֶךְ, וַאֲבָרְכָה
שִׁמְךָ לְעוֹלָם וָעֶד: בְּכָל יוֹם אֲבָרְכֶךָּ, וַאֲהַלְלָה
שִׁמְךָ לְעוֹלָם וָעֶד: גָּדוֹל יְיָ וּמְהֻלָּל מְאֹד, וְלִגְדֻלָּתוֹ אֵין
חֵקֶר: דּוֹר לְדוֹר יְשַׁבַּח מַעֲשֶׂיךָ, וּגְבוּרֹתֶיךָ יַגִּידוּ: הֲדַר
כְּבוֹד הוֹדֶךָ, וְדִבְרֵי נִפְלְאֹתֶיךָ אָשִׂיחָה: וֶעֱזוּז נוֹרְאֹתֶיךָ
יֹאמֵרוּ, וּגְדֻלָּתְךָ אֲסַפְּרֶנָּה: זֵכֶר רַב טוּבְךָ יַבִּיעוּ, וְצִדְקָתְךָ
יְרַנֵּנוּ: חַנּוּן וְרַחוּם יְיָ, אֶרֶךְ אַפַּיִם וּגְדָל חָסֶד: טוֹב יְיָ לַכֹּל,
וְרַחֲמָיו עַל כָּל מַעֲשָׂיו: יוֹדוּךָ יְיָ כָּל מַעֲשֶׂיךָ, וַחֲסִידֶיךָ
יְבָרְכוּכָה: כְּבוֹד מַלְכוּתְךָ יֹאמֵרוּ, וּגְבוּרָתְךָ יְדַבֵּרוּ: לְהוֹדִיעַ
לִבְנֵי הָאָדָם גְּבוּרֹתָיו, וּכְבוֹד הֲדַר מַלְכוּתוֹ: מַלְכוּתְךָ
מַלְכוּת כָּל עוֹלָמִים, וּמֶמְשַׁלְתְּךָ בְּכָל דּוֹר וָדֹר: סוֹמֵךְ יְיָ
לְכָל הַנֹּפְלִים, וְזוֹקֵף לְכָל הַכְּפוּפִים: עֵינֵי כֹל אֵלֶיךָ יְשַׂבֵּרוּ,
וְאַתָּה נוֹתֵן לָהֶם אֶת אָכְלָם בְּעִתּוֹ: פּוֹתֵחַ אֶת יָדֶךָ,
וּמַשְׂבִּיעַ לְכָל חַי רָצוֹן: צַדִּיק יְיָ בְּכָל דְּרָכָיו, וְחָסִיד בְּכָל

Flash one bolt of lightning and You will scatter them; send out Your arrows and You will confound them. Stretch forth Your hands from on high, rescue me and deliver me out of many waters, from the hand of strangers, whose mouth speaks deceit and whose right hand is a right hand of falsehood. God, I will sing a new song to You, I will play to You upon a harp of ten strings. He who gives victory to kings, He will rescue David, His servant, from the evil sword. Rescue me and deliver me from the hand of strangers, whose mouth speaks deceit and whose right hand is a right hand of falsehood. For our sons are like plants, brought up to manliness in their youth; our daughters are like cornerstones, fashioned after the fashion of a palace. Our storehouses are full, overflowing with all manner of food; our sheep increase by the thousands, growing by the tens of thousands in our open fields. Our leaders bear the heaviest burden; there is none who break through, nor is there bad report, nor outcry in our streets. Happy is the nation for whom this is so. Happy is that nation whose God is the Lord.

145. תהלה A psalm of praise by David: I will exalt You, my God the King, and bless Your Name forever. Every day I will bless You, and extol Your Name forever. The Lord is great and exceedingly exalted; there is no limit to His greatness. One generation to another will laud Your works, and tell of Your mighty acts. I will speak of the splendor of Your glorious majesty and of Your wondrous deeds. They will proclaim the might of Your awesome acts, and I will recount Your greatness. They will express the remembrance of Your abounding goodness, and sing of Your righteousness. The Lord is gracious and compassionate, slow to anger and of great kindness. The Lord is good to all, and His mercies extend over all His works. Lord, all Your works will give thanks to You, and Your pious ones will bless You. They will declare the glory of Your kingdom, and tell of Your strength, to make known to men His mighty acts, and the glorious majesty of His kingdom. Your kingship is a kingship over all worlds, and Your dominion is throughout all generations. The Lord supports all who fall, and straightens all who are bent. The eyes of all look expectantly to You, and You give them their food at the proper time. You open Your hand and satisfy the desire of every living thing. The Lord is righteous in all His ways, and benevolent in all

מַעֲשָׂיו: קָרוֹב יְיָ לְכָל קֹרְאָיו, לְכֹל אֲשֶׁר יִקְרָאֻהוּ בֶאֱמֶת:
רְצוֹן יְרֵאָיו יַעֲשֶׂה, וְאֶת שַׁוְעָתָם יִשְׁמַע וְיוֹשִׁיעֵם: שׁוֹמֵר יְיָ
אֶת כָּל אֹהֲבָיו, וְאֵת כָּל הָרְשָׁעִים יַשְׁמִיד: תְּהִלַּת יְיָ יְדַבֶּר
פִּי, וִיבָרֵךְ כָּל בָּשָׂר שֵׁם קָדְשׁוֹ לְעוֹלָם וָעֶד:

קמו הַלְלוּיָהּ, הַלְלִי נַפְשִׁי אֶת יְיָ: אֲהַלְלָה יְיָ בְּחַיָּי,
אֲזַמְּרָה לֵאלֹהַי בְּעוֹדִי: אַל תִּבְטְחוּ בִנְדִיבִים, בְּבֶן
אָדָם שֶׁאֵין לוֹ תְשׁוּעָה: תֵּצֵא רוּחוֹ יָשֻׁב לְאַדְמָתוֹ, בַּיּוֹם
הַהוּא אָבְדוּ עֶשְׁתֹּנֹתָיו: אַשְׁרֵי שֶׁאֵל יַעֲקֹב בְּעֶזְרוֹ, שִׂבְרוֹ
עַל יְיָ אֱלֹהָיו: עֹשֶׂה שָׁמַיִם וָאָרֶץ, אֶת הַיָּם וְאֶת כָּל אֲשֶׁר
בָּם, הַשֹּׁמֵר אֱמֶת לְעוֹלָם: עֹשֶׂה מִשְׁפָּט לַעֲשׁוּקִים, נֹתֵן
לֶחֶם לָרְעֵבִים, יְיָ מַתִּיר אֲסוּרִים: יְיָ פֹּקֵחַ עִוְרִים, יְיָ זֹקֵף
כְּפוּפִים, יְיָ אֹהֵב צַדִּיקִים: יְיָ שֹׁמֵר אֶת גֵּרִים, יָתוֹם
וְאַלְמָנָה יְעוֹדֵד, וְדֶרֶךְ רְשָׁעִים יְעַוֵּת: יִמְלֹךְ יְיָ לְעוֹלָם,
אֱלֹהַיִךְ צִיּוֹן לְדֹר וָדֹר, הַלְלוּיָהּ:

קמז הַלְלוּיָהּ, כִּי טוֹב זַמְּרָה אֱלֹהֵינוּ, כִּי נָעִים נָאוָה
תְהִלָּה: בּוֹנֵה יְרוּשָׁלַיִם יְיָ, נִדְחֵי יִשְׂרָאֵל יְכַנֵּס:
הָרֹפֵא לִשְׁבוּרֵי לֵב, וּמְחַבֵּשׁ לְעַצְּבוֹתָם: מוֹנֶה מִסְפָּר
לַכּוֹכָבִים, לְכֻלָּם שֵׁמוֹת יִקְרָא: גָּדוֹל אֲדוֹנֵינוּ וְרַב כֹּחַ,
לִתְבוּנָתוֹ אֵין מִסְפָּר: מְעוֹדֵד עֲנָוִים יְיָ, מַשְׁפִּיל רְשָׁעִים עֲדֵי
אָרֶץ: עֱנוּ לַייָ בְּתוֹדָה, זַמְּרוּ לֵאלֹהֵינוּ בְכִנּוֹר: הַמְכַסֶּה
שָׁמַיִם בְּעָבִים, הַמֵּכִין לָאָרֶץ מָטָר, הַמַּצְמִיחַ הָרִים חָצִיר:
נוֹתֵן לִבְהֵמָה לַחְמָהּ, לִבְנֵי עֹרֵב אֲשֶׁר יִקְרָאוּ: לֹא בִגְבוּרַת
הַסּוּס יֶחְפָּץ, לֹא בְשׁוֹקֵי הָאִישׁ יִרְצֶה: רוֹצֶה יְיָ אֶת יְרֵאָיו,
אֶת הַמְיַחֲלִים לְחַסְדּוֹ: שַׁבְּחִי יְרוּשָׁלַיִם אֶת יְיָ, הַלְלִי
אֱלֹהַיִךְ צִיּוֹן: כִּי חִזַּק בְּרִיחֵי שְׁעָרָיִךְ, בֵּרַךְ בָּנַיִךְ בְּקִרְבֵּךְ:

His deeds. The Lord is close to all who call upon Him, to all who call upon Him in truth. He fulfills the desire of those who fear Him, hears their cry and delivers them. The Lord watches over all who love Him, and will destroy all the wicked. My mouth will utter the praise of the Lord, and let all flesh bless His holy Name forever.

146. הללויה Praise the Lord! Praise the Lord, O my soul. I will sing to the Lord with my soul; I will chant praises to my God while I yet exist. Do not place your trust in nobles, nor in mortal man who has not the ability to bring deliverance. When his spirit departs, he returns to his earth; on that very day, his plans come to naught. Fortunate is he whose help is the God of Jacob, whose hope rests upon the Lord his God. He makes the heavens, the earth, the sea, and all that is in them; He keeps His promise faithfully forever. He renders justice to the oppressed; He gives food to the hungry; the Lord releases those who are bound. The Lord opens the eyes of the blind; the Lord straightens those who are bowed; the Lord loves the righteous. The Lord watches over the strangers; He gives strength to orphan and widow; He thwarts the way of the wicked. The Lord shall reign forever, your God, O Zion, throughout all generations. Praise the Lord!

147. הללויה Praise the Lord! Sing to our God for He is good; praise befits Him for He is pleasant. The Lord is the rebuilder of Jerusalem; He will gather the banished of Israel. He heals the broken-hearted, and bandages their wounds. He counts the number of the stars; He gives a name to each of them. Great is our Master and abounding in might; His understanding is beyond reckoning. The Lord strengthens the humble; He casts the wicked to the ground. Lift your voices to the Lord in gratitude; sing to our God with the harp. He covers the heaven with clouds; He prepares rain for the earth, and makes grass grow upon the mountains. He gives the animal its food, to the young ravens which cry to Him. He does not desire [those who place their trust in] the strength of the horse, nor does He want those who rely upon the thighs [swiftness] of man. He desires those who fear Him, those who long for His kindness. Praise the Lord, O Jerusalem; Zion, extol your God. For He has strengthened the bolts of your gates; He has blessed your children in your midst.

הַשָּׂם גְּבוּלֵךְ שָׁלוֹם, חֵלֶב חִטִּים יַשְׂבִּיעֵךְ: הַשֹּׁלֵחַ אִמְרָתוֹ
אָרֶץ, עַד מְהֵרָה יָרוּץ דְּבָרוֹ: הַנֹּתֵן שֶׁלֶג כַּצָּמֶר, כְּפוֹר
כָּאֵפֶר יְפַזֵּר: מַשְׁלִיךְ קַרְחוֹ כְפִתִּים, לִפְנֵי קָרָתוֹ מִי יַעֲמֹד:
יִשְׁלַח דְּבָרוֹ וְיַמְסֵם, יַשֵּׁב רוּחוֹ יִזְּלוּ מָיִם: מַגִּיד דְּבָרָיו
לְיַעֲקֹב, חֻקָּיו וּמִשְׁפָּטָיו לְיִשְׂרָאֵל: לֹא עָשָׂה כֵן לְכָל גּוֹי,
וּמִשְׁפָּטִים בַּל יְדָעוּם, הַלְלוּיָהּ:

קמח הַלְלוּיָהּ, הַלְלוּ אֶת יְיָ מִן הַשָּׁמַיִם, הַלְלוּהוּ
בַּמְּרוֹמִים: הַלְלוּהוּ כָל מַלְאָכָיו, הַלְלוּהוּ כָּל
צְבָאָיו: הַלְלוּהוּ שֶׁמֶשׁ וְיָרֵחַ, הַלְלוּהוּ כָּל כּוֹכְבֵי אוֹר:
הַלְלוּהוּ שְׁמֵי הַשָּׁמָיִם, וְהַמַּיִם אֲשֶׁר מֵעַל הַשָּׁמָיִם: יְהַלְלוּ
אֶת שֵׁם יְיָ, כִּי הוּא צִוָּה וְנִבְרָאוּ: וַיַּעֲמִידֵם לָעַד לְעוֹלָם,
חָק נָתַן וְלֹא יַעֲבוֹר: הַלְלוּ אֶת יְיָ מִן הָאָרֶץ, תַּנִּינִים וְכָל
תְּהֹמוֹת: אֵשׁ וּבָרָד שֶׁלֶג וְקִיטוֹר, רוּחַ סְעָרָה עֹשָׂה דְבָרוֹ:
הֶהָרִים וְכָל גְּבָעוֹת, עֵץ פְּרִי וְכָל אֲרָזִים: הַחַיָּה וְכָל
בְּהֵמָה, רֶמֶשׂ וְצִפּוֹר כָּנָף: מַלְכֵי אֶרֶץ וְכָל לְאֻמִּים, שָׂרִים
וְכָל שֹׁפְטֵי אָרֶץ: בַּחוּרִים וְגַם בְּתוּלוֹת, זְקֵנִים עִם נְעָרִים:
יְהַלְלוּ אֶת שֵׁם יְיָ, כִּי נִשְׂגָּב שְׁמוֹ לְבַדּוֹ, הוֹדוֹ עַל אֶרֶץ
וְשָׁמָיִם: וַיָּרֶם קֶרֶן לְעַמּוֹ, תְּהִלָּה לְכָל חֲסִידָיו, לִבְנֵי יִשְׂרָאֵל
עַם קְרֹבוֹ, הַלְלוּיָהּ:

קמט הַלְלוּיָהּ, שִׁירוּ לַיְיָ שִׁיר חָדָשׁ, תְּהִלָּתוֹ בִּקְהַל
חֲסִידִים: יִשְׂמַח יִשְׂרָאֵל בְּעֹשָׂיו, בְּנֵי צִיּוֹן יָגִילוּ
בְמַלְכָּם: יְהַלְלוּ שְׁמוֹ בְמָחוֹל, בְּתֹף וְכִנּוֹר יְזַמְּרוּ לוֹ: כִּי
רוֹצֶה יְיָ בְּעַמּוֹ, יְפָאֵר עֲנָוִים בִּישׁוּעָה: יַעְלְזוּ חֲסִידִים
בְּכָבוֹד, יְרַנְּנוּ עַל מִשְׁכְּבוֹתָם: רוֹמְמוֹת אֵל בִּגְרוֹנָם, וְחֶרֶב
פִּיפִיּוֹת בְּיָדָם: לַעֲשׂוֹת נְקָמָה בַגּוֹיִם, תּוֹכֵחֹת בַּלְאֻמִּים:

He has made peace within your borders; He satiates you with the finest of wheat. He issues His command to the earth; swiftly does His word run. He dispenses snow like fleece; He scatters frost like ashes. He hurls His ice like morsels; who can withstand His cold? He sends forth His word and melts them; He causes His wind to blow, and the waters flow. He tells His words [Torah] to Jacob, His statutes and ordinances to Israel. He has not done so for other nations, and they do not know [His] ordinances. Praise the Lord!

148. הללויה Praise the Lord! Praise the Lord from the heavens; praise Him in the celestial heights. Praise Him, all His angels; praise Him, all His hosts. Praise Him, sun and moon; praise Him, all the shining stars. Praise Him, heaven of heavens, and the waters that are above the heavens. Let them praise the Name of the Lord, for He commanded and they were created. He has established them forever, for all time; He issued a decree, and it shall not be transgressed. Praise the Lord from the earth, sea-monsters and all [that dwell in] the depths; fire and hail, snow and vapor, stormy wind carrying out His command; the mountains and all hills, fruit-bearing trees and all cedars; the beasts and all cattle, creeping things and winged fowl; kings of the earth and all nations, rulers and all judges of the land; young men as well as maidens, elders with young lads. Let them praise the Name of the Lord, for His Name is sublime, to Himself; its radiance [alone] is upon earth and heaven. He shall raise the glory of His people, [increase] the praise of all His pious ones, the Children of Israel, the people close to Him. Praise the Lord!

149. הללויה Praise the Lord! Sing to the Lord a new song, [recount] His praise in the assembly of the pious. Israel will rejoice in its Maker; the children of Zion will delight in their King. They will praise His Name with dancing; they will sing to Him with the drum and harp. For the Lord desires His people; He will adorn the humble with salvation. The pious will exult in glory; they will sing upon their beds. The exaltation of God is in their throat, and a double-edged sword in their hand, to bring retribution upon the nations, punishment upon the

לֶאְסֹר מַלְכֵיהֶם בְּזִקִּים, וְנִכְבְּדֵיהֶם בְּכַבְלֵי בַרְזֶל: לַעֲשׂוֹת בָּהֶם מִשְׁפָּט כָּתוּב, הָדָר הוּא לְכָל חֲסִידָיו, הַלְלוּיָהּ:

קנ הַלְלוּיָהּ, הַלְלוּ אֵל בְּקָדְשׁוֹ, הַלְלוּהוּ בִּרְקִיעַ עֻזּוֹ: הַלְלוּהוּ בִגְבוּרֹתָיו, הַלְלוּהוּ כְּרֹב גֻּדְלוֹ: הַלְלוּהוּ בְּתֵקַע שׁוֹפָר, הַלְלוּהוּ בְּנֵבֶל וְכִנּוֹר: הַלְלוּהוּ בְּתֹף וּמָחוֹל, הַלְלוּהוּ בְּמִנִּים וְעֻגָב: הַלְלוּהוּ בְצִלְצְלֵי שָׁמַע, הַלְלוּהוּ בְּצִלְצְלֵי תְרוּעָה: כֹּל הַנְּשָׁמָה תְּהַלֵּל יָהּ הַלְלוּיָהּ:

MOURNER'S KADDISH

Mourners recite the following Kaddish.
Congregation responds אָמֵן as indicated.

יִתְגַּדַּל וְיִתְקַדַּשׁ שְׁמֵהּ רַבָּא. (.Cong—) אָמֵן) בְּעָלְמָא דִּי בְרָא כִרְעוּתֵהּ וְיַמְלִיךְ מַלְכוּתֵהּ, וְיַצְמַח פֻּרְקָנֵהּ וִיקָרֵב מְשִׁיחֵהּ. (.Cong—) אָמֵן) בְּחַיֵּיכוֹן וּבְיוֹמֵיכוֹן וּבְחַיֵּי דְכָל בֵּית יִשְׂרָאֵל, בַּעֲגָלָא וּבִזְמַן קָרִיב וְאִמְרוּ אָמֵן:

(.Cong—) אָמֵן. יְהֵא שְׁמֵהּ רַבָּא מְבָרַךְ לְעָלַם וּלְעָלְמֵי עָלְמַיָּא, יִתְבָּרַךְ.)

יְהֵא שְׁמֵהּ רַבָּא מְבָרַךְ לְעָלַם וּלְעָלְמֵי עָלְמַיָּא, יִתְבָּרַךְ, וְיִשְׁתַּבַּח, וְיִתְפָּאַר, וְיִתְרוֹמַם, וְיִתְנַשֵּׂא, וְיִתְהַדָּר, וְיִתְעַלֶּה, וְיִתְהַלָּל, שְׁמֵהּ דְּקוּדְשָׁא בְּרִיךְ הוּא. (.Cong—) אָמֵן)

לְעֵלָּא מִן כָּל בִּרְכָתָא וְשִׁירָתָא, תֻּשְׁבְּחָתָא וְנֶחֱמָתָא, דַּאֲמִירָן בְּעָלְמָא, וְאִמְרוּ אָמֵן. (.Cong—) אָמֵן) יְהֵא שְׁלָמָא רַבָּא מִן שְׁמַיָּא וְחַיִּים טוֹבִים עָלֵינוּ וְעַל כָּל יִשְׂרָאֵל, וְאִמְרוּ אָמֵן. (.Cong—) אָמֵן)

Take three steps back, then bow right saying עֹשֶׂה הַשָּׁלוֹם בִּמְרוֹמָיו, bow forward saying הוּא,
bow left saying יַעֲשֶׂה שָׁלוֹם עָלֵינוּ, and bow forward saying וְעַל כָּל יִשְׂרָאֵל, וְאִמְרוּ אָמֵן.

עֹשֶׂה הַשָּׁלוֹם בִּמְרוֹמָיו, הוּא יַעֲשֶׂה שָׁלוֹם עָלֵינוּ וְעַל כָּל יִשְׂרָאֵל, וְאִמְרוּ אָמֵן: (.Cong—) אָמֵן)

Mourners recite Kaddish D'Rabbanan after Mishnayot, page 413.

peoples; to bind their kings with chains, and their nobles with iron fetters; to execute upon them the prescribed judgment; it shall be a glory for all His pious ones. Praise the Lord!

150. הללויה Praise the Lord! Praise God in His holiness; praise Him in the firmament of His strength. Praise Him for His mighty acts; praise Him according to His abundant greatness. Praise Him with the call of the *shofar*; praise Him with harp and lyre. Praise Him with timbrel and dance; praise Him with stringed instruments and flute. Praise Him with resounding cymbals; praise Him with clanging cymbals. Let every soul praise the Lord. Praise the Lord!

MOURNER'S KADDISH

Mourners recite the following Kaddish (translation on page 480).
Congregation responds Amen as indicated.

יתגדל *Yis-gadal v'yis-kadash sh'mayh rabö.* (Cong: *Ömayn*)

B'öl'mö di v'rö chir'u-sayh v'yamlich mal'chusayh, v'yatzmach pur-könayh vikörayv m'shi-chayh. (Cong: *Ömayn*)

B'cha-yay-chon u-v'yomaychon u-v'cha-yay d'chöl bays yisrö-ayl, ba-agölö u-viz'man köriv v'im'ru ömayn.

(Cong: *Ömayn. Y'hay sh'mayh rabö m'vörach l'ölam u-l'öl'may öl'ma-yö, yisböraych.*)

Y'hay sh'mayh rabö m'vörach l'ölam u-l'öl'may öl'ma-yö. Yisböraych, v'yishtabach, v'yispö-ayr, v'yisromöm, v'yis-nasay, v'yis-hadör, v'yis-aleh, v'yis-halöl, sh'mayh d'kudshö b'rich hu. (Cong: *Ömayn*)

L'aylö min köl bir-chösö v'shirösö, tush-b'chösö v'neche-mösö, da-amirön b'öl'mö, v'im'ru ömayn. (Cong: *Ömayn*)

Y'hay sh'lömö rabö min sh'ma-yö, v'cha-yim tovim ölaynu v'al köl yisrö-ayl v'im'ru ömayn. (Cong: *Ömayn*)

Take three steps back, then bow right saying *Oseh ha-shölom bim'romöv*, bow forward saying *hu*, bow left saying *ya-aseh shölom ölaynu*, and bow forward saying *v'al köl yisrö-ayl, v'im'ru ömayn.*

Oseh ha-shölom bim'romöv, hu ya-a-seh shölom ölaynu v'al köl yisrö-ayl, v'im'ru ömayn. (Cong: *Ömayn*)

Mourners recite Kaddish D'Rabbanan after Mishnayot, page 413.

෯෧෯෯෯

CONCLUSION OF YOM KIPPUR

Stand until after בָּרְכוּ.

וְהוּא רַחוּם יְכַפֵּר עָוֹן וְלֹא יַשְׁחִית, וְהִרְבָּה לְהָשִׁיב אַפּוֹ, וְלֹא
יָעִיר כָּל חֲמָתוֹ:¹ יְיָ הוֹשִׁיעָה, הַמֶּלֶךְ יַעֲנֵנוּ בְיוֹם קָרְאֵנוּ:²

שִׁיר הַמַּעֲלוֹת, הִנֵּה בָּרְכוּ אֶת יְיָ כָּל עַבְדֵי יְיָ, הָעֹמְדִים בְּבֵית
יְיָ בַּלֵּילוֹת: שְׂאוּ יְדֵכֶם קֹדֶשׁ, וּבָרְכוּ אֶת יְיָ: יְבָרֶכְךָ יְיָ
מִצִּיּוֹן, עֹשֵׂה שָׁמַיִם וָאָרֶץ:³ יוֹמָם יְצַוֶּה יְיָ חַסְדּוֹ, וּבַלַּיְלָה שִׁירֹה
עִמִּי תְּפִלָּה לְאֵל חַיָּי:⁴ וּתְשׁוּעַת צַדִּיקִים מֵיְיָ, מָעוּזָּם בְּעֵת צָרָה:
וַיַּעְזְרֵם יְיָ וַיְפַלְּטֵם, יְפַלְּטֵם מֵרְשָׁעִים וְיוֹשִׁיעֵם כִּי חָסוּ בוֹ:⁵

— Say three times — יְיָ צְבָאוֹת עִמָּנוּ, מִשְׂגָּב לָנוּ אֱלֹהֵי יַעֲקֹב סֶלָה:⁶

— Say three times — יְיָ צְבָאוֹת, אַשְׁרֵי אָדָם בֹּטֵחַ בָּךְ:⁷

— Say three times — יְיָ הוֹשִׁיעָה, הַמֶּלֶךְ יַעֲנֵנוּ בְיוֹם קָרְאֵנוּ:²

Chazzan recites Half Kaddish. Congregation responds אָמֵן as indicated.

יִתְגַּדַּל וְיִתְקַדַּשׁ שְׁמֵהּ רַבָּא. (Cong. —אָמֵן) בְּעָלְמָא דִּי
בְרָא כִרְעוּתֵהּ וְיַמְלִיךְ מַלְכוּתֵהּ, וְיַצְמַח פּוּרְקָנֵהּ
וִיקָרֵב מְשִׁיחֵהּ. (Cong. —אָמֵן) בְּחַיֵּיכוֹן וּבְיוֹמֵיכוֹן וּבְחַיֵּי דְכָל
בֵּית יִשְׂרָאֵל, בַּעֲגָלָא וּבִזְמַן קָרִיב וְאִמְרוּ אָמֵן:

(Cong. —אָמֵן. יְהֵא שְׁמֵהּ רַבָּא מְבָרַךְ לְעָלַם וּלְעָלְמֵי עָלְמַיָּא, יִתְבָּרַךְ.)

יְהֵא שְׁמֵהּ רַבָּא מְבָרַךְ לְעָלַם וּלְעָלְמֵי עָלְמַיָּא, יִתְבָּרַךְ,
וְיִשְׁתַּבַּח, וְיִתְפָּאַר, וְיִתְרוֹמַם, וְיִתְנַשֵּׂא, וְיִתְהַדָּר, וְיִתְעַלֶּה,
וְיִתְהַלָּל, שְׁמֵהּ דְּקוּדְשָׁא בְּרִיךְ הוּא. (Cong. —אָמֵן) לְעֵלָּא
מִן כָּל בִּרְכָתָא וְשִׁירָתָא, תֻּשְׁבְּחָתָא וְנֶחֱמָתָא, דַּאֲמִירָן
בְּעָלְמָא, וְאִמְרוּ אָמֵן: (Cong.— אָמֵן)

---

1. Psalms 78:38. **2.** Ibid. 20:10. **3.** Ibid. 134. **4.** Ibid. 42:9. **5.** Ibid. 37:39-40. **6.** Ibid. 46:8.
7. Ibid. 84:13.

༄༅

CONCLUSION OF YOM KIPPUR

Stand until after *Borchu*

והוא And he, being compassionate, pardons iniquity, and does not destroy; time and again He turns away His anger, and does not arouse all His wrath.[1] Lord, deliver us; may the King answer us on the day we call.[2]

שיר A song of ascents. Behold, bless the Lord, all servants of the Lord who stand in the house of the Lord at night. Raise your hands in holiness and bless the Lord. May the Lord, Maker of heaven and earth, bless you from Zion.[3] By day the Lord ordains His kindness, and at night His song is with me, a prayer to the God of my life.[4] The deliverance of the righteous is from the Lord; He is their strength in time of distress. The Lord helps them and delivers them; He delivers them from the wicked and saves them, because they have put their trust in Him.[5]

Say three times:
י The Lord of hosts is with us; the God of Jacob is our stronghold forever.[6]

Say three times:
י Lord of hosts, happy is the man who trusts in You.[7]

Say three times:
י Lord, deliver us; may the King answer us on the day we call.[2]

Chazzan recites Half Kaddish. Congregation responds Amen as indicated.

יתגדל Exalted and hallowed be His great Name (Cong: Amen) throughout the world which He has created according to His will. May He establish His kingship, bring forth His redemption and hasten the coming of His Mashiach (Cong: Amen) in your lifetime and in your days and in the lifetime of the entire House of Israel, speedily and soon, and say, Amen.

(Cong: Amen. May His great Name be blessed forever and to all eternity. Blessed.)

May His great Name be blessed forever and to all eternity. Blessed and praised, glorified, exalted and extolled, honored, adored and lauded be the Name of the Holy One, blessed be He, (Cong: Amen) beyond all the blessings, hymns, praises and consolations that are uttered in the world; and say, Amen. (Cong: Amen)

Uttering any words—other than prayer—is prohibited from this point until after the Amidah on page 400.

Congregation and chazzan bow as chazzan says:

בָּרְכוּ אֶת יְיָ הַמְבֹרָךְ:

Congregation and chazzan. Bow at בָּרוּךְ, straighten up at יְיָ:

בָּרוּךְ יְיָ הַמְבֹרָךְ לְעוֹלָם וָעֶד:

Do not respond אָמֵן.

You may be seated.

בָּרוּךְ אַתָּה יְיָ אֱלֹהֵינוּ מֶלֶךְ הָעוֹלָם, אֲשֶׁר בִּדְבָרוֹ
מַעֲרִיב עֲרָבִים, בְּחָכְמָה פּוֹתֵחַ שְׁעָרִים,
וּבִתְבוּנָה מְשַׁנֶּה עִתִּים, וּמַחֲלִיף אֶת הַזְּמַנִּים, וּמְסַדֵּר
אֶת הַכּוֹכָבִים, בְּמִשְׁמְרוֹתֵיהֶם בָּרָקִיעַ, כִּרְצוֹנוֹ. בּוֹרֵא יוֹם
וָלַיְלָה, גּוֹלֵל אוֹר מִפְּנֵי חֹשֶׁךְ, וְחֹשֶׁךְ מִפְּנֵי אוֹר, וּמַעֲבִיר
יוֹם וּמֵבִיא לָיְלָה, וּמַבְדִּיל בֵּין יוֹם וּבֵין לָיְלָה, יְיָ צְבָאוֹת
שְׁמוֹ. בָּרוּךְ אַתָּה יְיָ, הַמַּעֲרִיב עֲרָבִים: (.Cong—אָמֵן)

אַהֲבַת עוֹלָם בֵּית יִשְׂרָאֵל עַמְּךָ אָהָבְתָּ, תּוֹרָה
וּמִצְוֹת, חֻקִּים וּמִשְׁפָּטִים אוֹתָנוּ לִמַּדְתָּ. עַל
כֵּן יְיָ אֱלֹהֵינוּ, בְּשָׁכְבֵּנוּ וּבְקוּמֵנוּ נָשִׂיחַ בְּחֻקֶּיךָ, וְנִשְׂמַח
בְּדִבְרֵי תוֹרָתֶךָ וּבְמִצְוֹתֶיךָ לְעוֹלָם וָעֶד. כִּי הֵם חַיֵּינוּ
וְאֹרֶךְ יָמֵינוּ, וּבָהֶם נֶהְגֶּה יוֹמָם וָלַיְלָה, וְאַהֲבָתְךָ לֹא
תָסוּר¹ מִמֶּנּוּ לְעוֹלָמִים. בָּרוּךְ אַתָּה יְיָ, אוֹהֵב עַמּוֹ
יִשְׂרָאֵל:

The chazzan concludes this blessing silently.

---

1. Another version: אַל תָּסִיר (May You never remove Your love from us).

Uttering any words—other than prayer—is prohibited from this point until after the Amidah on page 400.

Congregation and chazzan bow as chazzan says:

ברכו *Bö-r'chu es adonöy ha-m'voröch.*

Congregation and chazzan. Bow at *Böruch*, straighten up at *adonöy*:

ברוך *Böruch adonöy ha-m'voröch l'olöm vö-ed.*

Do not respond Amen.

You may be seated.

ברוך Blessed are You, Lord our God, King of the universe, who by His word causes the evenings to become dark. With wisdom He opens the [heavenly] gates; with understanding He changes the periods [of the day], varies the times, and arranges the stars in their positions in the sky according to His will. He creates day and night; He rolls away light before darkness and darkness before light; He causes the day to pass and brings on the night, and separates between day and night; the Lord of hosts is His Name. Blessed are You, Lord, who causes the evenings to become dark. (Cong: Amen)

אהבת With everlasting love have You loved the House of Israel Your people. You have taught us Torah and *mitzvot,* decrees and Laws. Therefore, Lord our God, when we lie down and when we rise, we will speak of Your statutes and rejoice in the words of Your Torah and in Your *mitzvot* forever. For they are our life and the length of our days, and we will meditate on them day and night. May Your love never depart from us.[1] Blessed are You, Lord, who loves His people Israel.

The chazzan concludes this blessing silently.

ברכו Bless the Lord who is blessed.   ברוך Blessed be the Lord who is blessed for all eternity.

THE SHEMA

The Shema should be recited with intense concentration, especially the first two verses in which we accept the sovereignty of God. Recite the first verse aloud, with your right hand covering your eyes.

Do not slur over the ח, but draw it out slightly for the length of time that it takes to affirm God's sovereignty in the seven heavens and on earth—equal to eight, the numerical value of ח. The ד (whose numerical value is four) should be drawn out for the length of time that it takes to reflect that God is alone in His world and that he rules in all four corners of the universe. While reciting the Shema, pause at the commas to convey the following meaning: Hear O Israel (pause), the Lord who is our God (pause) is the one God. See additional laws, page 430.

שְׁמַע יִשְׂרָאֵל, יְיָ אֱלֹהֵינוּ, יְיָ | אֶחָד: ¹

Recite the following verse in an undertone:

בָּרוּךְ שֵׁם כְּבוֹד מַלְכוּתוֹ לְעוֹלָם וָעֶד: ²

וְאָהַבְתָּ אֵת יְיָ אֱלֹהֶיךָ, בְּכָל | לְבָבְךָ, וּבְכָל נַפְשְׁךָ, וּבְכָל מְאֹדֶךָ: וְהָיוּ הַדְּבָרִים הָאֵלֶּה אֲשֶׁר אָנֹכִי מְצַוְּךָ הַיּוֹם, עַל | לְבָבֶךָ: וְשִׁנַּנְתָּם לְבָנֶיךָ וְדִבַּרְתָּ בָּם, בְּשִׁבְתְּךָ בְּבֵיתֶךָ, וּבְלֶכְתְּךָ בַדֶּרֶךְ, וּבְשָׁכְבְּךָ, וּבְקוּמֶךָ: וּקְשַׁרְתָּם לְאוֹת עַל יָדֶךָ, וְהָיוּ לְטֹטָפֹת בֵּין עֵינֶיךָ: וּכְתַבְתָּם עַל מְזֻזוֹת בֵּיתֶךָ, וּבִשְׁעָרֶיךָ: ³

וְהָיָה אִם שָׁמֹעַ תִּשְׁמְעוּ אֶל מִצְוֹתַי אֲשֶׁר אָנֹכִי מְצַוֶּה אֶתְכֶם הַיּוֹם, לְאַהֲבָה אֶת יְיָ אֱלֹהֵיכֶם וּלְעָבְדוֹ, בְּכָל | לְבַבְכֶם וּבְכָל נַפְשְׁכֶם: וְנָתַתִּי מְטַר אַרְצְכֶם בְּעִתּוֹ יוֹרֶה וּמַלְקוֹשׁ, וְאָסַפְתָּ דְגָנֶךָ וְתִירֹשְׁךָ וְיִצְהָרֶךָ: וְנָתַתִּי עֵשֶׂב | בְּשָׂדְךָ לִבְהֶמְתֶּךָ, וְאָכַלְתָּ וְשָׂבָעְתָּ: הִשָּׁמְרוּ לָכֶם פֶּן יִפְתֶּה לְבַבְכֶם, וְסַרְתֶּם וַעֲבַדְתֶּם אֱלֹהִים אֲחֵרִים וְהִשְׁתַּחֲוִיתֶם לָהֶם: וְחָרָה | אַף יְיָ בָּכֶם וְעָצַר אֶת הַשָּׁמַיִם וְלֹא יִהְיֶה מָטָר וְהָאֲדָמָה לֹא תִתֵּן

---

1. Deuteronomy 6:4.   **2.** Pesachim 56a; Deuteronomy Rabbah 2:31, 35, 36.   **3.** Deuteronomy 6:5-9.

THE SHEMA

The Shema should be recited with intense concentration, especially the first two verses in which we accept the sovereignty of God. Recite the first verse aloud, with your right hand covering your eyes.

Do not slur over the ח, but draw it out slightly for the length of time that it takes to affirm God's sovereignty in the seven heavens and on earth—equal to eight, the numerical value of ח. The ד (whose numerical value is four) should be drawn out for the length of time that it takes to reflect that God is alone in His world and that he rules in all four corners of the universe. While reciting the Shema, pause at the commas to convey the following meaning: Hear O Israel (pause), the Lord who is our God (pause) is the one God. See additional laws, page 430.

Transliteration, page 441.

שְׁמַע Hear, O Israel, the Lord is our God, the Lord is One.[1]

Recite the following verse in an undertone:

בָּרוּךְ Blessed be the name of the glory of His kingdom for ever and ever.[2]

וְאָהַבְתָּ You shall love the Lord your God with all your heart, with all your soul, and with all your might. And these words which I command you today, shall be upon your heart. You shall teach them thoroughly to your children, and you shall speak of them when you sit in your house and when you walk on the road, when you lie down and when you rise. You shall bind them as a sign upon your hand, and they shall be for a reminder between your eyes. And you shall write them upon the doorposts of your house and upon your gates.[3]

וְהָיָה And it will be, if you will diligently obey My commandments which I enjoin upon you this day, to love the Lord your God and to serve Him with all your heart and with all your soul: I will give rain for your land at the proper time, the early rain and the late rain, and you will gather in your grain, your wine and your oil. And I will give grass in your fields for your cattle, and you will eat and be sated. Take care lest your heart be lured away, and you turn astray and worship alien gods and bow down to them. For then the Lord's wrath will flare up against you, and He will close the heavens so that there will be no rain and the earth will not yield

אֶת יְבוּלָהּ, וַאֲבַדְתֶּם | מְהֵרָה מֵעַל הָאָרֶץ הַטֹּבָה אֲשֶׁר
יְיָ נֹתֵן לָכֶם: וְשַׂמְתֶּם | אֶת דְּבָרַי אֵלֶּה עַל | לְבַבְכֶם
וְעַל נַפְשְׁכֶם, וּקְשַׁרְתֶּם | אֹתָם לְאוֹת עַל יֶדְכֶם וְהָיוּ
לְטוֹטָפֹת בֵּין עֵינֵיכֶם: וְלִמַּדְתֶּם | אֹתָם | אֶת בְּנֵיכֶם
לְדַבֵּר בָּם, בְּשִׁבְתְּךָ בְּבֵיתֶךָ וּבְלֶכְתְּךָ בַדֶּרֶךְ וּבְשָׁכְבְּךָ
וּבְקוּמֶךָ: וּכְתַבְתָּם עַל מְזוּזוֹת בֵּיתֶךָ וּבִשְׁעָרֶיךָ: לְמַעַן
יִרְבּוּ יְמֵיכֶם וִימֵי בְנֵיכֶם עַל הָאֲדָמָה אֲשֶׁר נִשְׁבַּע יְיָ
לַאֲבֹתֵיכֶם לָתֵת לָהֶם, כִּימֵי הַשָּׁמַיִם עַל הָאָרֶץ:[1]

וַיֹּאמֶר יְיָ אֶל מֹשֶׁה לֵּאמֹר: דַּבֵּר אֶל בְּנֵי יִשְׂרָאֵל
וְאָמַרְתָּ אֲלֵהֶם וְעָשׂוּ לָהֶם צִיצִת עַל כַּנְפֵי
בִגְדֵיהֶם לְדֹרֹתָם, וְנָתְנוּ עַל צִיצִת הַכָּנָף | פְּתִיל תְּכֵלֶת:
וְהָיָה לָכֶם לְצִיצִת, וּרְאִיתֶם | אֹתוֹ, וּזְכַרְתֶּם | אֶת כָּל
מִצְוֹת יְיָ, וַעֲשִׂיתֶם | אֹתָם, וְלֹא תָתוּרוּ אַחֲרֵי לְבַבְכֶם
וְאַחֲרֵי עֵינֵיכֶם אֲשֶׁר אַתֶּם זֹנִים אַחֲרֵיהֶם: לְמַעַן תִּזְכְּרוּ
וַעֲשִׂיתֶם | אֶת כָּל מִצְוֹתָי, וִהְיִיתֶם קְדֹשִׁים לֵאלֹהֵיכֶם:
אֲנִי יְיָ אֱלֹהֵיכֶם אֲשֶׁר הוֹצֵאתִי אֶתְכֶם | מֵאֶרֶץ מִצְרַיִם
לִהְיוֹת לָכֶם לֵאלֹהִים, אֲנִי יְיָ אֱלֹהֵיכֶם[2]

Although the word אֱמֶת belongs to the next paragraph, do not pause between אֱלֹהֵיכֶם and
אֱמֶת. When praying without a *minyan*, repeat אֲנִי יְיָ אֱלֹהֵיכֶם and conclude אֱמֶת.

Chazzan concludes silently: אֲנִי יְיָ אֱלֹהֵיכֶם אֱמֶת, and repeats aloud אֱמֶת יְיָ אֱלֹהֵיכֶם.

אֱמֶת וֶאֱמוּנָה כָּל זֹאת,[3] וְקַיָּם עָלֵינוּ, כִּי הוּא יְיָ אֱלֹהֵינוּ
וְאֵין זוּלָתוֹ, וַאֲנַחְנוּ יִשְׂרָאֵל עַמּוֹ, הַפּוֹדֵנוּ מִיַּד
מְלָכִים, מַלְכֵּנוּ הַגּוֹאֲלֵנוּ מִכַּף כָּל הֶעָרִיצִים. הָאֵל הַנִּפְרָע
לָנוּ מִצָּרֵינוּ, וְהַמְשַׁלֵּם גְּמוּל לְכָל אֹיְבֵי נַפְשֵׁנוּ, הָעֹשֶׂה

---

1. Deuteronomy 11:13-21.　2. Numbers 15:37-41.　3. That which we have affirmed in the
Shema.

its produce, and you will swiftly perish from the good land which the Lord gives you. Therefore, place these words of Mine upon your heart and upon your soul, and bind them for a sign on your hand, and they shall be for a reminder between your eyes. You shall teach them to your children, to speak of them when you sit in your house and when you walk on the road, when you lie down and when you rise. And you shall inscribe them on the doorposts of your house and on your gates—so that your days and the days of your children may be prolonged on the land which the Lord swore to your fathers to give to them for as long as the heavens are above the earth.[1]

ויאמר The Lord spoke to Moses, saying: Speak to the children of Israel and tell them to make for themselves fringes on the corners of their garments throughout their generations, and to attach a thread of blue on the fringe of each corner. They shall be to you as *tzitzit*, and you shall look upon them and remember all the commandments of the Lord and fulfill them, and you will not follow after your heart and after your eyes by which you go astray—so that you may remember and fulfill all My commandments, and be holy to your God. I am the Lord your God who brought you out of the land of Egypt to be your God; I, the Lord, am your God.[2]

Although the word *Truth* belongs to the next paragraph, do not pause between *your God* and *Truth.*

אמת Truth and belief is all this;[3] it is established with us that He is the Lord our God, there is no other, and that we Israel are His people. It is He who redeems us from the hand of kings; our King, who delivers us from the grip of all the tyrants; the benevolent God, who avenges us against our

גְּדֻלּוֹת עַד אֵין חֵקֶר, וְנִפְלָאוֹת עַד אֵין מִסְפָּר.¹ הַשָּׂם
נַפְשֵׁנוּ בַּחַיִּים, וְלֹא נָתַן לַמּוֹט רַגְלֵנוּ.² הַמַּדְרִיכֵנוּ עַל
בָּמוֹת אוֹיְבֵנוּ, וַיָּרֶם קַרְנֵנוּ עַל כָּל שׂנְאֵינוּ. הָאֵל הָעֹשֶׂה
לָּנוּ נְקָמָה בְּפַרְעֹה, וְאוֹתוֹת וּמוֹפְתִים בְּאַדְמַת בְּנֵי חָם.
הַמַּכֶּה בְעֶבְרָתוֹ כָּל בְּכוֹרֵי מִצְרָיִם, וַיּוֹצֵא אֶת עַמּוֹ
יִשְׂרָאֵל מִתּוֹכָם לְחֵרוּת עוֹלָם. הַמַּעֲבִיר בָּנָיו בֵּין גִּזְרֵי יַם
סוּף, וְאֶת רוֹדְפֵיהֶם וְאֶת שׂוֹנְאֵיהֶם בִּתְהוֹמוֹת טִבַּע,
וְרָאוּ בָנָיו גְּבוּרָתוֹ, שִׁבְּחוּ וְהוֹדוּ לִשְׁמוֹ. וּמַלְכוּתוֹ בְרָצוֹן
קִבְּלוּ עֲלֵיהֶם, מֹשֶׁה וּבְנֵי יִשְׂרָאֵל לְךָ עָנוּ שִׁירָה בְּשִׂמְחָה
רַבָּה, וְאָמְרוּ כֻלָּם:

מִי כָמֹכָה בָּאֵלִם יְיָ, מִי כָּמֹכָה נֶאְדָּר בַּקֹּדֶשׁ, נוֹרָא
תְהִלֹּת עֹשֵׂה פֶלֶא:³ מַלְכוּתְךָ רָאוּ בָנֶיךָ, בּוֹקֵעַ יָם
לִפְנֵי מֹשֶׁה, זֶה אֵלִי⁴ עָנוּ וְאָמְרוּ:

יְיָ יִמְלֹךְ לְעֹלָם וָעֶד.⁵ וְנֶאֱמַר: כִּי פָדָה יְיָ אֶת יַעֲקֹב,
וּגְאָלוֹ מִיַּד חָזָק מִמֶּנּוּ.⁶ בָּרוּךְ אַתָּה יְיָ, גָּאַל יִשְׂרָאֵל:
(Cong.— אָמֵן)

הַשְׁכִּיבֵנוּ אָבִינוּ לְשָׁלוֹם, וְהַעֲמִידֵנוּ מַלְכֵּנוּ לְחַיִּים
טוֹבִים וּלְשָׁלוֹם, וְתַקְּנֵנוּ בְּעֵצָה טוֹבָה
מִלְּפָנֶיךָ, וְהוֹשִׁיעֵנוּ מְהֵרָה לְמַעַן שְׁמֶךָ, וּפְרוֹשׂ עָלֵינוּ סֻכַּת
שְׁלוֹמֶךָ. וְהָגֵן בַּעֲדֵנוּ, וְהָסֵר מֵעָלֵינוּ אוֹיֵב דֶּבֶר וְחֶרֶב
וְרָעָב וְיָגוֹן. וְהָסֵר שָׂטָן מִלְּפָנֵינוּ וּמֵאַחֲרֵינוּ, וּבְצֵל כְּנָפֶיךָ
תַּסְתִּירֵנוּ, וּשְׁמוֹר צֵאתֵנוּ וּבוֹאֵנוּ לְחַיִּים טוֹבִים וּלְשָׁלוֹם
מֵעַתָּה וְעַד עוֹלָם. כִּי אֵל שׁוֹמְרֵנוּ וּמַצִּילֵנוּ אָתָּה. בָּרוּךְ
אַתָּה יְיָ, שׁוֹמֵר אֶת עַמּוֹ יִשְׂרָאֵל לָעַד: (Cong.— אָמֵן)

---

1. Job 9:10. 2. Psalms 66:9. 3. Exodus 15:11. 4. Ibid. 15:2. 5. Ibid. 15:18. 6. Jeremiah 31:10.

persecutors, and brings retribution on all our mortal ene-
mies. He does great things beyond limit, and wonders
beyond number.[1] He has kept us alive, and did not allow our
feet to falter.[2] He led us upon the high places of our foes,
and increased our strength over all our adversaries. He is the
benevolent God who, in our behalf, brought retribution
upon Pharaoh, and signs and miracles in the land of the
Hamites; who, in His wrath, struck all the firstborn of
Egypt, and brought out His people Israel from their midst
to everlasting freedom; who led His children through the
divided parts of the Sea of Reeds, and drowned their
pursuers and their enemies in the depths. As His children
beheld His might, they extolled and offered praise to His
Name, and willingly accepted His sovereignty; Moses and the
children of Israel with great joy raised their voices in song
to You, and they all proclaimed:

מי Who is like You among the supernal beings, O Lord!
Who is like You, resplendent in holiness, awesome in praise,
performing wonders![3] Your children beheld Your sovereignty
as You split the sea before Moses. "This is my God!"[4] they
exclaimed, and declared,

"The Lord shall reign forever and ever."[5] And it is said: For
the Lord has redeemed Jacob, and delivered him from a
power mightier than he.[6] Blessed are You, Lord, who has
delivered Israel. (Cong: Amen)

השכיבנו Our Father, let us lie down in peace; our King,
raise us up to a good life and peace. Improve us with Your
good counsel, help us speedily for the sake of Your Name,
and spread over us the shelter of Your peace. Protect us and
remove from us the enemy, pestilence, sword, famine and
sorrow. Remove the adversary from before us and from
behind us, shelter us in the shadow of Your wings, and guard
our going out and our coming in for a good life and peace
from now and for all time; for You, God, are our guardian
and our deliverer. Blessed are You, Lord, who guards His
people Israel forever. (Cong: Amen)

Chazzan recites Half Kaddish.
Congregation responds אָמֵן as indicated.

יִתְגַּדַּל וְיִתְקַדַּשׁ שְׁמֵהּ רַבָּא. (אָמֵן —Cong.) בְּעָלְמָא דִּי

בְרָא כִרְעוּתֵהּ וְיַמְלִיךְ מַלְכוּתֵהּ, וְיַצְמַח פּוּרְקָנֵהּ

וִיקָרֵב מְשִׁיחֵהּ. (אָמֵן —Cong.) בְּחַיֵּיכוֹן וּבְיוֹמֵיכוֹן וּבְחַיֵּי דְכָל

בֵּית יִשְׂרָאֵל, בַּעֲגָלָא וּבִזְמַן קָרִיב וְאִמְרוּ אָמֵן:

(אָמֵן. יְהֵא שְׁמֵהּ רַבָּא מְבָרַךְ לְעָלַם וּלְעָלְמֵי עָלְמַיָּא, יִתְבָּרַךְ. —Cong.)

יְהֵא שְׁמֵהּ רַבָּא מְבָרַךְ לְעָלַם וּלְעָלְמֵי עָלְמַיָּא, יִתְבָּרַךְ,

וְיִשְׁתַּבַּח, וְיִתְפָּאַר, וְיִתְרוֹמָם, וְיִתְנַשֵּׂא, וְיִתְהַדָּר, וְיִתְעַלֶּה,

וְיִתְהַלָּל, שְׁמֵהּ דְּקוּדְשָׁא בְּרִיךְ הוּא. (אָמֵן —Cong.) לְעֵלָּא

מִן כָּל בִּרְכָתָא וְשִׁירָתָא, תֻּשְׁבְּחָתָא וְנֶחֱמָתָא, דַּאֲמִירָן

בְּעָלְמָא, וְאִמְרוּ אָמֵן: (אָמֵן —Cong.)

ৎৡ৵৶৷ৡৢ

THE AMIDAH

While praying, concentrate on the meaning of the words. Remember that you stand before
the Divine Presence. Remove any distracting thoughts, allowing the mind to remain focused
on prayer. Before beginning the Amidah, take three steps back, then three steps forward.
Recite the Amidah quietly—but audibly—while standing with feet together. Throughout the
Amidah, ending on page 400, interruptions of any form are forbidden.

אֲדֹנָי, שְׂפָתַי תִּפְתָּח וּפִי יַגִּיד תְּהִלָּתֶךָ:[1]

Bend knees at בָּרוּךְ; bow at אַתָּה; straighten up at יְיָ.

בָּרוּךְ אַתָּה יְיָ אֱלֹהֵינוּ וֵאלֹהֵי אֲבוֹתֵינוּ, אֱלֹהֵי אַבְרָהָם,

אֱלֹהֵי יִצְחָק, וֵאלֹהֵי יַעֲקֹב, הָאֵל הַגָּדוֹל הַגִּבּוֹר

וְהַנּוֹרָא, אֵל עֶלְיוֹן, גּוֹמֵל חֲסָדִים טוֹבִים, קוֹנֵה הַכֹּל,

וְזוֹכֵר חַסְדֵי אָבוֹת, וּמֵבִיא גוֹאֵל לִבְנֵי בְנֵיהֶם, לְמַעַן

שְׁמוֹ בְּאַהֲבָה:

Bend knees at בָּרוּךְ; bow at אַתָּה; straighten up at יְיָ.

מֶלֶךְ עוֹזֵר וּמוֹשִׁיעַ וּמָגֵן. בָּרוּךְ אַתָּה יְיָ, מָגֵן אַבְרָהָם:

---

1. Psalms 51:17.

יִתְגַּדַּל Exalted and hallowed be His great Name (Cong: Amen) throughout the world which He has created according to His will. May He establish His kingship, bring forth His redemption and hasten the coming of His Mashiach (Cong: Amen) in your lifetime and in your days and in the lifetime of the entire House of Israel, speedily and soon, and say, Amen.

(Cong: Amen. May His great Name be blessed forever and to all eternity. Blessed.)

May His great Name be blessed forever and to all eternity. Blessed and praised, glorified, exalted and extolled, honored, adored and lauded be the Name of the Holy One, blessed be He, (Cong: Amen) beyond all the blessings, hymns, praises and consolations that are uttered in the world; and say, Amen. (Cong: Amen)

THE AMIDAH

While praying, concentrate on the meaning of the words. Remember that you stand before the Divine Presence. Remove any distracting thoughts, allowing the mind to remain focused on prayer. Before beginning the Amidah, take three steps back, then three steps forward. Recite the Amidah quietly—but audibly—while standing with feet together. Throughout the Amidah, ending on page 400, interruptions of any form are forbidden.

אֲדֹנָי My Lord, open my lips, and my mouth shall declare Your praise.[1]

Bend knees at Blessed; bow at You; straighten up at Lord.

בָּרוּךְ Blessed are You, Lord our God and God of our fathers, God of Abraham, God of Isaac and God of Jacob, the great, mighty and awesome God, exalted God, who bestows bountiful kindness, who creates all things, who remembers the piety of the Patriarchs, and who, in love, brings a redeemer to their children's children, for the sake of His Name.

Bend knees at Blessed; bow at You; straighten up at Lord.

O King, [You are] a helper, a savior and a shield. Blessed are You, Lord, Shield of Abraham.

אַתָּה גִּבּוֹר לְעוֹלָם אֲדֹנָי, מְחַיֵּה מֵתִים אַתָּה, רַב לְהוֹשִׁיעַ. מוֹרִיד הַטָּל:

מְכַלְכֵּל חַיִּים בְּחֶסֶד, מְחַיֵּה מֵתִים בְּרַחֲמִים רַבִּים, סוֹמֵךְ נוֹפְלִים, וְרוֹפֵא חוֹלִים, וּמַתִּיר אֲסוּרִים, וּמְקַיֵּם אֱמוּנָתוֹ לִישֵׁנֵי עָפָר. מִי כָמוֹךָ בַּעַל גְּבוּרוֹת, וּמִי דוֹמֶה לָּךְ, מֶלֶךְ מֵמִית וּמְחַיֶּה וּמַצְמִיחַ יְשׁוּעָה: וְנֶאֱמָן אַתָּה לְהַחֲיוֹת מֵתִים. בָּרוּךְ אַתָּה יְיָ, מְחַיֵּה הַמֵּתִים:

אַתָּה קָדוֹשׁ וְשִׁמְךָ קָדוֹשׁ, וּקְדוֹשִׁים בְּכָל יוֹם יְהַלְלוּךָ סֶּלָה. בָּרוּךְ אַתָּה יְיָ, הָאֵל הַקָּדוֹשׁ:

אַתָּה חוֹנֵן לְאָדָם דַּעַת, וּמְלַמֵּד לֶאֱנוֹשׁ בִּינָה. אַתָּה חוֹנַנְתָּנוּ לְמַדַּע תּוֹרָתֶךָ, וַתְּלַמְּדֵנוּ לַעֲשׂוֹת חֻקֵּי רְצוֹנֶךָ, וַתַּבְדֵּל יְיָ אֱלֹהֵינוּ בֵּין קֹדֶשׁ לְחוֹל, בֵּין אוֹר לְחֹשֶׁךְ, בֵּין יִשְׂרָאֵל לָעַמִּים, בֵּין יוֹם הַשְּׁבִיעִי לְשֵׁשֶׁת יְמֵי הַמַּעֲשֶׂה. אָבִינוּ מַלְכֵּנוּ, הָחֵל עָלֵינוּ הַיָּמִים הַבָּאִים לִקְרָאתֵנוּ לְשָׁלוֹם, חֲשׂוּכִים מִכָּל חֵטְא, וּמְנֻקִּים מִכָּל עָוֹן וּמְדֻבָּקִים בְּיִרְאָתֶךָ. וְחָנֵּנוּ מֵאִתְּךָ חָכְמָה בִּינָה וָדָעַת. בָּרוּךְ אַתָּה יְיָ, חוֹנֵן הַדָּעַת:

הֲשִׁיבֵנוּ אָבִינוּ לְתוֹרָתֶךָ, וְקָרְבֵנוּ מַלְכֵּנוּ לַעֲבוֹדָתֶךָ, וְהַחֲזִירֵנוּ בִּתְשׁוּבָה שְׁלֵמָה לְפָנֶיךָ. בָּרוּךְ אַתָּה יְיָ, הָרוֹצֶה בִּתְשׁוּבָה:

סְלַח לָנוּ אָבִינוּ, כִּי חָטָאנוּ, מְחוֹל לָנוּ מַלְכֵּנוּ, כִּי פָשָׁעְנוּ, כִּי אֵל טוֹב וְסַלָּח אָתָּה. בָּרוּךְ אַתָּה יְיָ, חַנּוּן, הַמַּרְבֶּה לִסְלוֹחַ:

אתה You are mighty forever, my Lord; You resurrect the dead; You are powerful to save. You cause the dew to descend.

מכלכל He sustains the living with lovingkindness, resurrects the dead with great mercy, supports the falling, heals the sick, releases the bound, and fulfills His trust to those who sleep in the dust. Who is like You, mighty One! And who can be compared to You, King, who brings death and restores life, and causes deliverance to spring forth! You are trustworthy to revive the dead. Blessed are You, Lord, who revives the dead.

אתה You are holy and Your Name is holy, and holy beings praise You daily for all eternity. Blessed are You, Lord, the holy God.

אתה You graciously bestow knowledge upon man, and teach mortals understanding. You have graciously endowed us with the ability to know Your Torah, and taught us to perform the statutes of Your will. Lord our God, You have made a distinction between sacred and profane, between light and darkness, between Israel and the nations, between the Seventh Day and the six workdays. Our Father, our King, bring upon us the approaching days in peace, devoid of all sin, cleansed of all wrongdoing, and devoted to the fear of You. And graciously bestow upon us from You, wisdom, understanding and knowledge. Blessed are You, Lord, who graciously bestows knowledge.

השיבנו Cause us to return, our Father, to Your Torah; draw us near, our King, to Your service; and bring us back to You in wholehearted repentance. Blessed are You, Lord, who desires penitence.

סלח Pardon us, our Father, for we have sinned; forgive us, our King, for we have transgressed; for You are a good and forgiving God. Blessed are You, Lord, gracious One who pardons abundantly.

רְאֵה נָא בְעָנְיֵנוּ וְרִיבָה רִיבֵנוּ, וּגְאָלֵנוּ מְהֵרָה לְמַעַן שְׁמֶךָ, כִּי אֵל גּוֹאֵל חָזָק אָתָּה. בָּרוּךְ אַתָּה יְיָ, גּוֹאֵל יִשְׂרָאֵל:

רְפָאֵנוּ יְיָ וְנֵרָפֵא, הוֹשִׁיעֵנוּ וְנִוָּשֵׁעָה, כִּי תְהִלָּתֵנוּ אָתָּה,[1] וְהַעֲלֵה אֲרוּכָה וּרְפוּאָה שְׁלֵמָה לְכָל מַכּוֹתֵינוּ, כִּי אֵל מֶלֶךְ רוֹפֵא נֶאֱמָן וְרַחֲמָן אָתָּה. בָּרוּךְ אַתָּה יְיָ, רוֹפֵא חוֹלֵי עַמּוֹ יִשְׂרָאֵל:

בָּרֵךְ עָלֵינוּ יְיָ אֱלֹהֵינוּ אֶת הַשָּׁנָה הַזֹּאת, וְאֶת כָּל מִינֵי תְבוּאָתָהּ[2] לְטוֹבָה, וְתֵן בְּרָכָה עַל פְּנֵי הָאֲדָמָה, וְשַׂבְּעֵנוּ מִטּוּבֶךָ, וּבָרֵךְ שְׁנָתֵנוּ כַּשָּׁנִים הַטּוֹבוֹת לִבְרָכָה, כִּי אֵל טוֹב וּמֵטִיב אַתָּה וּמְבָרֵךְ הַשָּׁנִים. בָּרוּךְ אַתָּה יְיָ, מְבָרֵךְ הַשָּׁנִים:

תְּקַע בְּשׁוֹפָר גָּדוֹל לְחֵרוּתֵנוּ, וְשָׂא נֵס לְקַבֵּץ גָּלֻיּוֹתֵינוּ, וְקַבְּצֵנוּ יַחַד מֵאַרְבַּע כַּנְפוֹת הָאָרֶץ לְאַרְצֵנוּ. בָּרוּךְ אַתָּה יְיָ, מְקַבֵּץ נִדְחֵי עַמּוֹ יִשְׂרָאֵל:

הָשִׁיבָה שׁוֹפְטֵינוּ כְּבָרִאשׁוֹנָה, וְיוֹעֲצֵינוּ כְּבַתְּחִלָּה,[3] וְהָסֵר מִמֶּנּוּ יָגוֹן וַאֲנָחָה, וּמְלוֹךְ עָלֵינוּ אַתָּה יְיָ לְבַדְּךָ בְּחֶסֶד וּבְרַחֲמִים, בְּצֶדֶק וּבְמִשְׁפָּט. בָּרוּךְ אַתָּה יְיָ, מֶלֶךְ אוֹהֵב צְדָקָה וּמִשְׁפָּט:

וְלַמַּלְשִׁינִים אַל תְּהִי תִקְוָה, וְכָל הַמִּינִים וְכָל הַזֵּדִים כְּרֶגַע יֹאבֵדוּ, וְכָל אֹיְבֵי עַמְּךָ מְהֵרָה יִכָּרֵתוּ, וּמַלְכוּת הָרִשְׁעָה מְהֵרָה תְעַקֵּר וּתְשַׁבֵּר וּתְמַגֵּר, וְתַכְנִיעַ בִּמְהֵרָה בְיָמֵינוּ. בָּרוּךְ אַתָּה יְיָ, שֹׁבֵר אֹיְבִים וּמַכְנִיעַ זֵדִים:

---

1. Cf. Jeremiah 17:14.   **2.** One should have in mind wheat for *matzah*, the *etrog*, and wine for Kiddush.   **3.** Cf. Isaiah 1:26.

ראה Behold our affliction and wage our battle; redeem us speedily for the sake of Your Name, for You, God, are the mighty redeemer. Blessed are You, Lord, Redeemer of Israel.

רפאנו Heal us, O Lord, and we will be healed; help us and we will be saved, for You are our praise.[1] Grant complete cure and healing to all our wounds, for You, Almighty King, are a faithful and merciful healer. Blessed are You, Lord, who heals the sick of His people Israel.

ברך Bless for us, Lord our God, this year and all the varieties of its produce[2] for good; and bestow blessing upon the face of the earth. Satisfy us from Your bounty and bless our year like other good years, for blessing; for You are a generous God who bestows goodness and blesses the years. Blessed are You, Lord, who blesses the years.

תקע Sound the great shofar for our freedom, raise a banner to gather our exiles, and bring us together from the four corners of the earth into our land. Blessed are You, Lord, who gathers the dispersed of His people Israel.

השיבה Restore our judges as in former times, and our counselors as of yore;[3] remove from us sorrow and sighing; and reign over us, You alone, O Lord, with kindness and compassion, with righteousness and justice. Blessed are You, Lord, King who loves righteousness and justice.

ולמלשינים Let there be no hope for informers, and may all the heretics and all the wicked instantly perish; may all the enemies of Your people be speedily extirpated; and may You swiftly uproot, break, crush, and subdue the reign of wickedness speedily in our days. Blessed are You, Lord, who crushes enemies and subdues the wicked.

עַל הַצַּדִּיקִים וְעַל הַחֲסִידִים, וְעַל זִקְנֵי עַמְּךָ בֵּית יִשְׂרָאֵל, וְעַל פְּלֵיטַת בֵּית סוֹפְרֵיהֶם, וְעַל גֵּרֵי הַצֶּדֶק עָלֵינוּ, יֶהֱמוּ נָא רַחֲמֶיךָ יְיָ אֱלֹהֵינוּ, וְתֵן שָׂכָר טוֹב לְכָל הַבּוֹטְחִים בְּשִׁמְךָ בֶּאֱמֶת, וְשִׂים חֶלְקֵנוּ עִמָּהֶם, וּלְעוֹלָם לֹא נֵבוֹשׁ כִּי בְךָ בָּטָחְנוּ. בָּרוּךְ אַתָּה יְיָ, מִשְׁעָן וּמִבְטָח לַצַּדִּיקִים:

וְלִירוּשָׁלַיִם עִירְךָ בְּרַחֲמִים תָּשׁוּב, וְתִשְׁכּוֹן בְּתוֹכָהּ כַּאֲשֶׁר דִּבַּרְתָּ, וְכִסֵּא דָוִד עַבְדְּךָ מְהֵרָה בְּתוֹכָהּ תָּכִין, וּבְנֵה אוֹתָהּ בְּקָרוֹב בְּיָמֵינוּ בִּנְיַן עוֹלָם. בָּרוּךְ אַתָּה יְיָ, בּוֹנֵה יְרוּשָׁלָיִם:

אֶת צֶמַח דָּוִד עַבְדְּךָ מְהֵרָה תַצְמִיחַ, וְקַרְנוֹ תָּרוּם בִּישׁוּעָתֶךָ, כִּי לִישׁוּעָתְךָ קִוִּינוּ כָּל הַיּוֹם. בָּרוּךְ אַתָּה יְיָ, מַצְמִיחַ קֶרֶן יְשׁוּעָה:

שְׁמַע קוֹלֵנוּ יְיָ אֱלֹהֵינוּ, אָב הָרַחֲמָן רַחֵם עָלֵינוּ, וְקַבֵּל בְּרַחֲמִים וּבְרָצוֹן אֶת תְּפִלָּתֵנוּ, כִּי אֵל שׁוֹמֵעַ תְּפִלּוֹת וְתַחֲנוּנִים אָתָּה, וּמִלְּפָנֶיךָ מַלְכֵּנוּ רֵיקָם אַל תְּשִׁיבֵנוּ, כִּי אַתָּה שׁוֹמֵעַ תְּפִלַּת כָּל פֶּה. בָּרוּךְ אַתָּה יְיָ, שׁוֹמֵעַ תְּפִלָּה:

רְצֵה יְיָ אֱלֹהֵינוּ בְּעַמְּךָ יִשְׂרָאֵל וְלִתְפִלָּתָם שְׁעֵה, וְהָשֵׁב הָעֲבוֹדָה לִדְבִיר בֵּיתֶךָ, וְאִשֵּׁי יִשְׂרָאֵל וּתְפִלָּתָם בְּאַהֲבָה תְקַבֵּל בְּרָצוֹן, וּתְהִי לְרָצוֹן תָּמִיד עֲבוֹדַת יִשְׂרָאֵל עַמֶּךָ:

וְתֶחֱזֶינָה עֵינֵינוּ בְּשׁוּבְךָ לְצִיּוֹן בְּרַחֲמִים. בָּרוּךְ אַתָּה יְיָ, הַמַּחֲזִיר שְׁכִינָתוֹ לְצִיּוֹן:

על May Your mercies be aroused, Lord our God, upon the righteous, upon the pious, upon the elders of Your people the House of Israel, upon the remnant of their sages, upon the righteous proselytes, and upon us. Grant ample reward to all who truly trust in Your Name, and place our lot among them; may we never be disgraced, for we have put our trust in You. Blessed are You, Lord, the support and security of the righteous.

ולירושלים Return in mercy to Jerusalem Your city, and dwell therein as You have promised; speedily establish therein the throne of David Your servant; and rebuild it, soon in our days, as an everlasting edifice. Blessed are You, Lord, who rebuilds Jerusalem.

את Speedily cause the scion of David Your servant to flourish, and increase his power by Your salvation, for we hope for Your salvation all day. Blessed are You, Lord, who causes the power of salvation to flourish.

שמע Hear our voice, Lord our God; merciful Father, have compassion upon us and accept our prayers in mercy and favor, for You are God who hears prayers and supplications; do not turn us away empty-handed from You, our King, for You hear the prayer of everyone. Blessed are You, Lord, who hears prayer.

רצה Look with favor, Lord our God, on Your people Israel, and pay heed to their prayer; restore the service to Your Sanctuary, and accept with love and favor Israel's fire-offerings and prayer; and may the service of Your people Israel always find favor.

ותחזינה May our eyes behold Your return to Zion in mercy. Blessed are You, Lord, who restores His Divine Presence to Zion.

Bow at מוֹדִים; straighten up at יְיָ.

מוֹדִים אֲנַחְנוּ לָךְ, שָׁאַתָּה הוּא יְיָ אֱלֹהֵינוּ וֵאלֹהֵי
אֲבוֹתֵינוּ לְעוֹלָם וָעֶד, צוּר חַיֵּינוּ, מָגֵן יִשְׁעֵנוּ,
אַתָּה הוּא לְדוֹר וָדוֹר, נוֹדֶה לְּךָ וּנְסַפֵּר תְּהִלָּתֶךָ, עַל חַיֵּינוּ
הַמְּסוּרִים בְּיָדֶךָ, וְעַל נִשְׁמוֹתֵינוּ הַפְּקוּדוֹת לָךְ, וְעַל נִסֶּיךָ
שֶׁבְּכָל יוֹם עִמָּנוּ, וְעַל נִפְלְאוֹתֶיךָ וְטוֹבוֹתֶיךָ שֶׁבְּכָל עֵת,
עֶרֶב וָבֹקֶר וְצָהֳרָיִם, הַטּוֹב, כִּי לֹא כָלוּ רַחֲמֶיךָ, הַמְרַחֵם,
כִּי לֹא תַמּוּ חֲסָדֶיךָ, כִּי מֵעוֹלָם קִוִּינוּ לָךְ:

וְעַל כֻּלָּם יִתְבָּרֵךְ וְיִתְרוֹמַם וְיִתְנַשֵּׂא שִׁמְךָ מַלְכֵּנוּ תָּמִיד
לְעוֹלָם וָעֶד. וְכָל הַחַיִּים יוֹדוּךָ סֶּלָה, וִיהַלְלוּ שִׁמְךָ
הַגָּדוֹל לְעוֹלָם כִּי טוֹב, הָאֵל יְשׁוּעָתֵנוּ וְעֶזְרָתֵנוּ סֶלָה,
הָאֵל הַטּוֹב.

Bend knees at בָּרוּךְ; bow at אַתָּה; straighten up at יְיָ.

בָּרוּךְ אַתָּה יְיָ, הַטּוֹב שִׁמְךָ וּלְךָ נָאֶה לְהוֹדוֹת:

שִׂים שָׁלוֹם, טוֹבָה וּבְרָכָה, חַיִּים חֵן וָחֶסֶד וְרַחֲמִים, עָלֵינוּ
וְעַל כָּל יִשְׂרָאֵל עַמֶּךָ. בָּרְכֵנוּ אָבִינוּ כֻּלָּנוּ כְּאֶחָד
בְּאוֹר פָּנֶיךָ, כִּי בְאוֹר פָּנֶיךָ נָתַתָּ לָּנוּ יְיָ אֱלֹהֵינוּ תּוֹרַת חַיִּים
וְאַהֲבַת חֶסֶד, וּצְדָקָה וּבְרָכָה וְרַחֲמִים וְחַיִּים וְשָׁלוֹם, וְטוֹב
בְּעֵינֶיךָ לְבָרֵךְ אֶת עַמְּךָ יִשְׂרָאֵל בְּכָל עֵת וּבְכָל שָׁעָה
בִּשְׁלוֹמֶךָ. בָּרוּךְ אַתָּה יְיָ, הַמְבָרֵךְ אֶת עַמּוֹ יִשְׂרָאֵל בַּשָּׁלוֹם:

יִהְיוּ לְרָצוֹן אִמְרֵי פִי וְהֶגְיוֹן לִבִּי לְפָנֶיךָ, יְיָ צוּרִי וְגוֹאֲלִי:[1]

אֱלֹהַי, נְצוֹר לְשׁוֹנִי מֵרָע, וּשְׂפָתַי מִדַּבֵּר מִרְמָה,[2] וְלִמְקַלְלַי
נַפְשִׁי תִדּוֹם, וְנַפְשִׁי כֶּעָפָר לַכֹּל תִּהְיֶה. פְּתַח לִבִּי
בְּתוֹרָתֶךָ, וּבְמִצְוֹתֶיךָ תִּרְדּוֹף נַפְשִׁי, וְכָל הַחוֹשְׁבִים עָלַי
רָעָה, מְהֵרָה הָפֵר עֲצָתָם וְקַלְקֵל מַחֲשַׁבְתָּם. יִהְיוּ כְּמֹץ

---

1. Psalms 19:15.   **2.** Cf. Ibid. 34:14.

Bow at We thankfully acknowledge; straighten up at Lord.

מוֹדִים We thankfully acknowledge that You are the Lord our God and God of our fathers forever. You are the strength of our life, the shield of our salvation in every generation. We will give thanks to You and recount Your praise, evening, morning and noon, for our lives which are committed into Your hand, for our souls which are entrusted to You, for Your miracles which are with us daily, and for Your continual wonders and beneficences. You are the Beneficent One, for Your mercies never cease; the Merciful One, for Your kindnesses never end; for we always place our hope in You.

וְעַל And for all these, may Your Name, our King, be continually blessed, exalted, and extolled forever and all time. And all living things shall forever thank You, and praise Your great Name eternally, for You are good. God, You are our everlasting salvation and help, O benevolent God.

Bend knees at Blessed; bow at You; straighten up at Lord.

Blessed are You, Lord, Beneficent is Your Name, and to You it is fitting to offer thanks.

שִׂים Bestow peace, goodness, and blessing, life, graciousness, kindness, and mercy, upon us and upon all Your people Israel. Bless us, our Father, all of us as one, with the light of Your countenance, for by the light of Your countenance You gave us, Lord our God, the Torah of life and loving-kindness, righteousness, blessing, mercy, life and peace. May it be favorable in Your eyes to bless Your people Israel, at all times and at every moment, with Your peace. Blessed are You, Lord, who blesses His people Israel with peace.

יִהְיוּ May the words of my mouth and the meditation of my heart be acceptable before You, Lord, my Strength and my Redeemer.[1]

אֱלֹהַי My God, guard my tongue from evil, and my lips from speaking deceitfully.[2] Let my soul be silent to those who curse me; let my soul be as dust to all. Open my heart to Your Torah, and let my soul eagerly pursue Your commandments. As for all those who plot evil against me, hasten to annul their counsel and frustrate their design. Let them be

לִפְנֵי רוּחַ וּמַלְאַךְ יְיָ דֹּחֶה.¹ לְמַעַן יֵחָלְצוּן יְדִידֶיךָ, הוֹשִׁיעָה

יְמִינְךָ וַעֲנֵנִי.² עֲשֵׂה לְמַעַן שְׁמֶךָ, עֲשֵׂה לְמַעַן יְמִינֶךָ, עֲשֵׂה

לְמַעַן תּוֹרָתֶךָ, עֲשֵׂה לְמַעַן קְדֻשָּׁתֶךָ.³ יִהְיוּ לְרָצוֹן אִמְרֵי פִי

וְהֶגְיוֹן לִבִּי לְפָנֶיךָ, יְיָ צוּרִי וְגוֹאֲלִי:⁴

Take three steps back, then bow left saying עֹשֶׂה שָׁלוֹם בִּמְרוֹמָיו, bow forward saying הוּא,
bow right saying יַעֲשֶׂה שָׁלוֹם עָלֵינוּ, and bow forward saying וְעַל כָּל יִשְׂרָאֵל, וְאִמְרוּ אָמֵן.

עֹשֶׂה שָׁלוֹם בִּמְרוֹמָיו, הוּא יַעֲשֶׂה שָׁלוֹם עָלֵינוּ וְעַל כָּל

יִשְׂרָאֵל, וְאִמְרוּ אָמֵן:

יְהִי רָצוֹן מִלְּפָנֶיךָ, יְיָ אֱלֹהֵינוּ וֵאלֹהֵי אֲבוֹתֵינוּ, שֶׁיִּבָּנֶה בֵּית

הַמִּקְדָּשׁ בִּמְהֵרָה בְיָמֵינוּ, וְתֵן חֶלְקֵנוּ בְּתוֹרָתֶךָ:⁵

The Amidah ends here.

Chazzan recites Complete Kaddish. Congregation responds אָמֵן as indicated.

יִתְגַּדַּל וְיִתְקַדַּשׁ שְׁמֵהּ רַבָּא. (.Cong—אָמֵן)   בְּעָלְמָא דִּי

בְרָא כִרְעוּתֵהּ וְיַמְלִיךְ מַלְכוּתֵהּ, וְיַצְמַח פּוּרְקָנֵהּ

וִיקָרֵב מְשִׁיחֵהּ. (.Cong—אָמֵן)   בְּחַיֵּיכוֹן וּבְיוֹמֵיכוֹן וּבְחַיֵּי דְכָל

בֵּית יִשְׂרָאֵל, בַּעֲגָלָא וּבִזְמַן קָרִיב וְאִמְרוּ אָמֵן:

(.Cong—אָמֵן. יְהֵא שְׁמֵהּ רַבָּא מְבָרַךְ לְעָלַם וּלְעָלְמֵי עָלְמַיָּא, יִתְבָּרַךְ.)

יְהֵא שְׁמֵהּ רַבָּא מְבָרַךְ לְעָלַם וּלְעָלְמֵי עָלְמַיָּא, יִתְבָּרַךְ,

וְיִשְׁתַּבַּח, וְיִתְפָּאַר, וְיִתְרוֹמַם, וְיִתְנַשֵּׂא, וְיִתְהַדָּר וְיִתְעַלֶּה,

וְיִתְהַלָּל, שְׁמֵהּ דְּקוּדְשָׁא בְּרִיךְ הוּא. (.Cong—אָמֵן)   לְעֵלָּא

מִן כָּל בִּרְכָתָא וְשִׁירָתָא, תֻּשְׁבְּחָתָא וְנֶחֱמָתָא, דַּאֲמִירָן

בְּעָלְמָא, וְאִמְרוּ אָמֵן: (.Cong—אָמֵן)   תִּתְקַבֵּל צְלוֹתְהוֹן

וּבָעוּתְהוֹן דְּכָל בֵּית יִשְׂרָאֵל, קֳדָם אֲבוּהוֹן דִּי בִשְׁמַיָּא,

וְאִמְרוּ אָמֵן: (.Cong—אָמֵן)   יְהֵא שְׁלָמָא רַבָּא מִן שְׁמַיָּא

וְחַיִּים טוֹבִים עָלֵינוּ וְעַל כָּל יִשְׂרָאֵל, וְאִמְרוּ אָמֵן:

(.Cong—אָמֵן)

---

1. Psalms 35:5.   **2.** Ibid. 60:7, 108:7.   **3.** It is customary to recite a verse in which the first and last letter correspond to the first and last letters of one's own Hebrew name. For a list of verses, see page 422.   **4.** Psalms 19:15.   **5.** Avot 5:20.

as chaff before the wind; let the angel of the Lord thrust them away.¹ That Your beloved ones may be delivered, help with Your right hand and answer me.² Do it for the sake of Your Name; do it for the sake of Your right hand; do it for the sake of Your Torah; do it for the sake of Your holiness.³ May the words of my mouth and the meditation of my heart be acceptable before You, Lord, my Strength and my Redeemer.⁴

Take three steps back, then bow left saying *He who makes peace in His Heavens,* bow forward saying *may He,* bow right saying *make peace for us,* and bow forward saying *and for all Israel; and say, Amen.*

עֹשֶׂה He who makes peace in His heavens, may He make peace for us and for all Israel; and say, Amen.

יְהִי May it be Your will, Lord our God and God of our fathers, that the Bet Hamikdash be speedily rebuilt in our days, and grant us our portion in Your Torah.⁵

The Amidah ends here.

Chazzan recites Complete Kaddish. Congregation responds Amen as indicated.

יִתְגַּדַּל Exalted and hallowed be His great Name (Cong: Amen) throughout the world which He has created according to His will. May He establish His kingship, bring forth His redemption and hasten the coming of His Mashiach (Cong: Amen) in your lifetime and in your days and in the lifetime of the entire House of Israel, speedily and soon, and say, Amen.

(Cong: Amen. May His great Name be blessed forever and to all eternity. Blessed.)

May His great Name be blessed forever and to all eternity. Blessed and praised, glorified, exalted and extolled, honored, adored and lauded be the Name of the Holy One, blessed be He, (Cong: Amen) beyond all the blessings, hymns, praises and consolations that are uttered in the world; and say, Amen. (Cong: Amen)

May the prayers and supplications of the entire House of Israel be accepted before their Father in heaven; and say, Amen. (Cong: Amen) May there be abundant peace from heaven, and a good life for us and for all Israel; and say, Amen. (Cong: Amen)

Take three steps back, then bow right saying עֹשֶׂה שָׁלוֹם בִּמְרוֹמָיו, bow forward saying הוּא, bow left saying יַעֲשֶׂה שָׁלוֹם עָלֵינוּ, and bow forward saying וְעַל כָּל יִשְׂרָאֵל, וְאִמְרוּ אָמֵן.

עֹשֶׂה שָׁלוֹם בִּמְרוֹמָיו, הוּא יַעֲשֶׂה שָׁלוֹם עָלֵינוּ וְעַל כָּל

יִשְׂרָאֵל, וְאִמְרוּ אָמֵן: (.Cong —אָמֵן)

Stand while reciting עָלֵינוּ.

עָלֵינוּ לְשַׁבֵּחַ לַאֲדוֹן הַכֹּל, לָתֵת גְּדֻלָּה לְיוֹצֵר בְּרֵאשִׁית,

שֶׁלֹּא עָשָׂנוּ כְּגוֹיֵי הָאֲרָצוֹת, וְלֹא שָׂמָנוּ כְּמִשְׁפְּחוֹת

הָאֲדָמָה, שֶׁלֹּא שָׂם חֶלְקֵנוּ כָּהֶם, וְגוֹרָלֵנוּ כְּכָל הֲמוֹנָם,

שֶׁהֵם מִשְׁתַּחֲוִים לְהֶבֶל וָלָרִיק. וַאֲנַחְנוּ כּוֹרְעִים וּמִשְׁתַּחֲוִים

וּמוֹדִים לִפְנֵי מֶלֶךְ מַלְכֵי הַמְּלָכִים, הַקָּדוֹשׁ בָּרוּךְ הוּא.

שֶׁהוּא נוֹטֶה שָׁמַיִם וְיוֹסֵד אָרֶץ, וּמוֹשַׁב יְקָרוֹ בַּשָּׁמַיִם

מִמַּעַל, וּשְׁכִינַת עֻזּוֹ בְּגָבְהֵי מְרוֹמִים. הוּא אֱלֹהֵינוּ אֵין עוֹד,

אֱמֶת מַלְכֵּנוּ, אֶפֶס זוּלָתוֹ, כַּכָּתוּב בְּתוֹרָתוֹ:[1] וְיָדַעְתָּ הַיּוֹם

וַהֲשֵׁבֹתָ אֶל לְבָבֶךָ, כִּי יְיָ הוּא הָאֱלֹהִים, בַּשָּׁמַיִם מִמַּעַל

וְעַל הָאָרֶץ מִתָּחַת, אֵין עוֹד:[2]

וְעַל כֵּן נְקַוֶּה לְּךָ יְיָ אֱלֹהֵינוּ, לִרְאוֹת מְהֵרָה בְּתִפְאֶרֶת

עֻזֶּךָ, לְהַעֲבִיר גִּלּוּלִים מִן הָאָרֶץ, וְהָאֱלִילִים כָּרוֹת

יִכָּרֵתוּן, לְתַקֵּן עוֹלָם בְּמַלְכוּת שַׁדַּי, וְכָל בְּנֵי בָשָׂר יִקְרְאוּ

בִשְׁמֶךָ, לְהַפְנוֹת אֵלֶיךָ כָּל רִשְׁעֵי אָרֶץ. יַכִּירוּ וְיֵדְעוּ כָּל

יוֹשְׁבֵי תֵבֵל, כִּי לְךָ תִּכְרַע כָּל בֶּרֶךְ, תִּשָּׁבַע כָּל לָשׁוֹן.

לְפָנֶיךָ יְיָ אֱלֹהֵינוּ יִכְרְעוּ וְיִפֹּלוּ, וְלִכְבוֹד שִׁמְךָ יְקָר יִתֵּנוּ.

וִיקַבְּלוּ כֻלָּם אֶת עוֹל מַלְכוּתֶךָ, וְתִמְלוֹךְ עֲלֵיהֶם

מְהֵרָה לְעוֹלָם וָעֶד. כִּי הַמַּלְכוּת שֶׁלְּךָ הִיא, וּלְעוֹלְמֵי עַד

תִּמְלוֹךְ בְּכָבוֹד, כַּכָּתוּב בְּתוֹרָתֶךָ: יְיָ יִמְלֹךְ לְעֹלָם וָעֶד:[3]

---

1. Deuteronomy 4:39.   2. For further elucidation, see Tanya, part II, ch. 6.   3. Exodus 15:18.

Take three steps back, then bow right saying *He who makes peace in His Heavens*, bow forward saying *may He*, bow left saying *make peace for us*, and bow forward saying *and for all Israel; and say, Amen.*

He who makes peace in His heavens, may He make peace for us and for all Israel; and say, Amen. (Cong: Amen)

Stand while reciting *Aleinu.*

Transliteration, page 438.

עָלֵינוּ It is incumbent upon us to praise the Master of all things, to exalt the Creator of all existence, that He has not made us like the nations of the world, nor caused us to be like the families of the earth; that He has not assigned us a portion like theirs, nor a lot like that of all their multitudes, for they bow to vanity and nothingness. But we bend the knee, bow down, and offer praise before the supreme King of kings, the Holy One, blessed be He, who stretches forth the heavens and establishes the earth, the seat of whose glory is in the heavens above and the abode of whose majesty is in the loftiest heights. He is our God; there is none else. Truly, He is our King; there is nothing besides Him, as it is written in His Torah:[1] Know this day and take unto your heart that the Lord is God; in the heavens above and upon the earth below there is nothing else.[2]

וְעַל And therefore we hope to You, Lord our God, that we may speedily behold the splendor of Your might, to banish idolatry from the earth—and false gods will be utterly destroyed; to perfect the world under the sovereignty of the Almighty. All mankind shall invoke Your Name, to turn to You all the wicked of the earth. Then all the inhabitants of the world will recognize and know that every knee should bend to You, every tongue should swear [by Your Name]. Before You, Lord our God, they will bow and prostrate themselves, and give honor to the glory of Your Name; and they will all take upon themselves the yoke of Your kingdom. May You soon reign over them forever and ever, for Kingship is Yours, and to all eternity You will reign in glory, as it is written in Your Torah: The Lord will reign forever and ever.[3]

וְנֶאֱמַר: וְהָיָה יְיָ לְמֶלֶךְ עַל כָּל הָאָרֶץ, בַּיּוֹם הַהוּא יִהְיֶה
יְיָ אֶחָד וּשְׁמוֹ אֶחָד:[1]

MOURNER'S KADDISH

Mourners recite the following Kaddish.
Congregation responds אָמֵן as indicated.

יִתְגַּדַּל וְיִתְקַדַּשׁ שְׁמֵהּ רַבָּא. (אָמֵן — .Cong) בְּעָלְמָא דִּי בְרָא
כִרְעוּתֵהּ וְיַמְלִיךְ מַלְכוּתֵהּ, וְיַצְמַח פּוּרְקָנֵהּ וִיקָרֵב
מְשִׁיחֵהּ. (אָמֵן — .Cong) בְּחַיֵּיכוֹן וּבְיוֹמֵיכוֹן וּבְחַיֵּי דְכָל בֵּית
יִשְׂרָאֵל, בַּעֲגָלָא וּבִזְמַן קָרִיב וְאִמְרוּ אָמֵן:

(.Cong — אָמֵן. יְהֵא שְׁמֵהּ רַבָּא מְבָרַךְ לְעָלַם וּלְעָלְמֵי עָלְמַיָּא, יִתְבָּרַךְ.)

יְהֵא שְׁמֵהּ רַבָּא מְבָרַךְ לְעָלַם וּלְעָלְמֵי עָלְמַיָּא, יִתְבָּרַךְ,
וְיִשְׁתַּבַּח, וְיִתְפָּאַר, וְיִתְרוֹמַם, וְיִתְנַשֵּׂא, וְיִתְהַדָּר, וְיִתְעַלֶּה,
וְיִתְהַלָּל, שְׁמֵהּ דְּקוּדְשָׁא בְּרִיךְ הוּא. (אָמֵן — .Cong) לְעֵלָּא מִן כָּל
בִּרְכָתָא וְשִׁירָתָא, תֻּשְׁבְּחָתָא וְנֶחֱמָתָא, דַּאֲמִירָן בְּעָלְמָא,
וְאִמְרוּ אָמֵן: (אָמֵן — .Cong) יְהֵא שְׁלָמָא רַבָּא מִן שְׁמַיָּא וְחַיִּים
טוֹבִים עָלֵינוּ וְעַל כָּל יִשְׂרָאֵל, וְאִמְרוּ אָמֵן: (אָמֵן — .Cong)

Take three steps back, then bow right saying עֹשֶׂה שָׁלוֹם בִּמְרוֹמָיו, bow forward saying הוּא,
bow left saying וְעַל כָּל יִשְׂרָאֵל, וְאִמְרוּ אָמֵן and bow forward saying יַעֲשֶׂה שָׁלוֹם עָלֵינוּ.

עֹשֶׂה שָׁלוֹם בִּמְרוֹמָיו, הוּא יַעֲשֶׂה שָׁלוֹם עָלֵינוּ וְעַל כָּל יִשְׂרָאֵל,
וְאִמְרוּ אָמֵן: (אָמֵן — .Cong)

אַל תִּירָא מִפַּחַד פִּתְאֹם, וּמִשֹּׁאַת רְשָׁעִים כִּי תָבֹא:[2] עֻצוּ עֵצָה
וְתֻפָר, דַּבְּרוּ דָבָר וְלֹא יָקוּם, כִּי עִמָּנוּ אֵל:[3] וְעַד זִקְנָה אֲנִי
הוּא, וְעַד שֵׂיבָה אֲנִי אֶסְבֹּל; אֲנִי עָשִׂיתִי וַאֲנִי אֶשָּׂא וַאֲנִי אֶסְבֹּל
וַאֲמַלֵּט:[4]

אַךְ צַדִּיקִים יוֹדוּ לִשְׁמֶךָ, יֵשְׁבוּ יְשָׁרִים אֶת פָּנֶיךָ:[5]

Mourners recite Kaddish D'Rabbanan after Mishnayot, see page 413.

At this point, wash the hands—until the wrists—as they are washed upon arising in the
morning. A blessing is not recited.

---

1. Zechariah 14:9.   **2.** Proverbs 3:25.   **3.** Isaiah 8:10.   **4.** Ibid. 46:4.   **5.** Psalms 140:14.

And it is said: The Lord shall be King over the entire earth; on that day the Lord shall be One and His Name One.[1]

MOURNER'S KADDISH
Mourners recite the following Kaddish (translation on page 480).
Congregation responds Amen as indicated.

יִתְגַּדַּל *Yis-gadal v'yis-kadash sh'mayh rabö.* (Cong: *Ömayn*)

B'öl'mö di v'rö chir'u-sayh v'yamlich mal'chusayh, v'yatzmach pur-könayh vikörayv m'shi-chayh. (Cong: *Ömayn*)

B'cha-yay-chon u-v'yomaychon u-v'cha-yay d'chöl bays yisrö-ayl, ba-agölö u-viz'man köriv v'im'ru ömayn.

(Cong: *Ömayn. Y'hay sh'mayh rabö m'vörach l'ölam u-l'öl'may öl'ma-yö, yisböraych.*)

Y'hay sh'mayh rabö m'vörach l'ölam u-l'öl'may öl'ma-yö. Yisböraych, v'yishtabach, v'yispö-ayr, v'yisromöm, v'yis-nasay, v'yis-hadör, v'yis-aleh, v'yis-halöl, sh'mayh d'kudshö b'rich hu. (Cong: *Ömayn*)

L'aylö min köl bir-chösö v'shirösö, tush-b'chösö v'neche-mösö, da-amirön b'öl'mö, v'im'ru ömayn. (Cong: *Ömayn*)

Y'hay sh'lömö rabö min sh'ma-yö, v'cha-yim tovim ölaynu v'al köl yisrö-ayl v'im'ru ömayn. (Cong: *Ömayn*)

Take three steps back, then bow right saying *Oseh shölom bim'romöv*, bow forward saying *hu*, bow left saying *ya-aseh shölom ölaynu*, and bow forward saying *v'al köl yisrö-ayl, v'im'ru ömayn.*

Oseh shölom bim'romöv, hu ya-a-seh shölom ölaynu v'al köl yisrö-ayl, v'im'ru ömayn. (Cong: *Ömayn*)

אַל Do not fear sudden terror, nor the destruction of the wicked when it comes.[2] Contrive a scheme, but it will be foiled; conspire a plot, but it will not materialize, for God is with us.[3] To your old age I am [with you]; to your hoary years I will sustain you; I have made you, and I will carry you; I will sustain you and deliver you.[4]

אַךְ Indeed, the righteous will extol Your Name; the upright will dwell in Your presence.[5]

Mourners recite Kaddish D'Rabbanan after Mishnayot, see page 413.

At this point, wash the hands—until the wrists—as they are washed upon arising in the morning. A blessing is not recited.

HAVDALAH

When Yom Kippur occurs on a weekday, a blessing is not made on the fragrant spices.

The Havdalah candle must be lit from a flame that has burned throughout Yom Kippur. If this is not possible, a blessing is not made on the candle at all.

Stand while reciting the Havdalah. Take the cup of wine in the right hand, pass it to the left hand, and lower it onto the palm of the right hand. (See illustration, page 453.) The cup should be held three *tefachim* (approx. 9 in.) above the table throughout the Havdalah.

Those listening to the Havdalah should respond אָמֵן as indicated.

הִנֵּה אֵל יְשׁוּעָתִי, אֶבְטַח וְלֹא אֶפְחָד, כִּי עָזִּי וְזִמְרָת יָהּ יְיָ,
וַיְהִי לִי לִישׁוּעָה. וּשְׁאַבְתֶּם מַיִם בְּשָׂשׂוֹן מִמַּעַיְנֵי
הַיְשׁוּעָה.¹ לַיְיָ הַיְשׁוּעָה, עַל עַמְּךָ בִרְכָתֶךָ סֶּלָה.² יְיָ צְבָאוֹת
עִמָּנוּ, מִשְׂגָּב לָנוּ אֱלֹהֵי יַעֲקֹב סֶלָה.³ יְיָ צְבָאוֹת, אַשְׁרֵי אָדָם
בֹּטֵחַ בָּךְ.⁴ יְיָ הוֹשִׁיעָה, הַמֶּלֶךְ יַעֲנֵנוּ בְיוֹם קָרְאֵנוּ:⁵

All those listening to Havdalah say לָנוּ ... לַיְהוּדִים, followed by the leader.

לַיְהוּדִים הָיְתָה אוֹרָה וְשִׂמְחָה, וְשָׂשׂוֹן וִיקָר.⁶ כֵּן תִּהְיֶה לָּנוּ:
כּוֹס יְשׁוּעוֹת אֶשָּׂא, וּבְשֵׁם יְיָ אֶקְרָא:⁷

סַבְרִי מָרָנָן:

בָּרוּךְ אַתָּה יְיָ, אֱלֹהֵינוּ מֶלֶךְ הָעוֹלָם, בּוֹרֵא פְּרִי הַגָּפֶן: (אָמֵן)

On Saturday night, add:

The following blessing is recited before smelling the fragrant spices. Hold the spices in your right hand while reciting the blessing.

בָּרוּךְ אַתָּה יְיָ, אֱלֹהֵינוּ מֶלֶךְ הָעוֹלָם, בּוֹרֵא מִינֵי בְשָׂמִים: (אָמֵן)

After the following blessing, fold the fingers over the thumb—the thumb is not to be seen—and look at the fingernails by the light of the flame; turn the hand over, extending the fingers—with the thumb folded beneath them—and look at the fingernails by the light of the flame.

בָּרוּךְ אַתָּה יְיָ, אֱלֹהֵינוּ מֶלֶךְ הָעוֹלָם, בּוֹרֵא מְאוֹרֵי הָאֵשׁ: (אָמֵן)

The cup is replaced in the palm of the right hand, and the leader continues:

בָּרוּךְ אַתָּה יְיָ, אֱלֹהֵינוּ מֶלֶךְ הָעוֹלָם, הַמַּבְדִּיל בֵּין קֹדֶשׁ לְחוֹל,
בֵּין אוֹר לְחֹשֶׁךְ, בֵּין יִשְׂרָאֵל לָעַמִּים, בֵּין יוֹם הַשְּׁבִיעִי
לְשֵׁשֶׁת יְמֵי הַמַּעֲשֶׂה. בָּרוּךְ אַתָּה יְיָ, הַמַּבְדִּיל בֵּין קֹדֶשׁ לְחוֹל:
(אָמֵן)

Drink at least 3.5 oz., then extinguish the flame with the remaining wine. The concluding blessing after wine is on the next page.

---

1. Isaiah 12:2-3. **2.** Psalms 3:9. **3.** Ibid. 46:8. **4.** Ibid. 84:13. **5.** Ibid. 20:10. **6.** Esther 8:16. **7.** Psalms 116:13.

HAVDALAH

When Yom Kippur occurs on a weekday, a blessing is not made on the fragrant spices.

The Havdalah candle must be lit from a flame that has burned throughout Yom Kippur. If this is not possible, a blessing is not made on the candle at all.

Stand while reciting the Havdalah. Take the cup of wine in the right hand, pass it to the left hand, and lower it onto the palm of the right hand. (See illustration, page 453.) The cup should be held three *tefachim* (approx. 9 in.) above the table throughout the Havdalah.

Those listening to the Havdalah should respond Amen as indicated.

Transliteration, page 451.

הנה Indeed, God is my deliverance; I am confident and shall not fear, for God the Lord is my strength and song, and He has been a help to me. You shall draw water with joy from the wellsprings of deliverance.[1] Deliverance is the Lord's; may Your blessing be upon Your people forever.[2] The Lord of hosts is with us, the God of Jacob is our everlasting stronghold.[3] Lord of hosts, happy is the man who trusts in You.[4] Lord deliver us; may the King answer us on the day we call.[5]

All those listening to Havdalah say *For the ... with us,* followed by the leader.

ליהודים For the Jews there was light and joy, gladness and honor[6]—so let it be with us.

כוס I will raise the cup of deliverance and invoke the Name of the Lord.[7]

סברי Attention, Gentlemen!

ברוך Blessed are You, Lord our God, King of the universe, who creates the fruit of the vine. (Amen)

On Saturday night, add:

The following blessing is recited before smelling the fragrant spices. Hold the spices in your right hand while reciting the blessing.

ברוך Blessed are You, Lord our God, King of the universe, who creates various kinds of spices. (Amen)

After the following blessing, fold the fingers over the thumb—the thumb is not to be seen—and look at the fingernails by the light of the flame; turn the hand over, extending the fingers—with the thumb folded beneath them—and look at the fingernails by the light of the flame.

ברוך Blessed are You, Lord our God, King of the universe, who creates the lights of fire. (Amen)

The cup is replaced in the palm of the right hand, and the leader continues:

ברוך Blessed are You, Lord our God, King of the universe, who makes a distinction between sacred and profane, between light and darkness, between Israel and the nations, between the Seventh Day and the six workdays. Blessed are You Lord, who makes a distinction between sacred and profane. (Amen)

Drink at least 3.5 oz., then extinguish the flame with the remaining wine. The concluding blessing after wine is on the next page.

THE CONCLUDING BLESSING AFTER WINE

בָּרוּךְ אַתָּה יְיָ, אֱלֹהֵינוּ מֶלֶךְ הָעוֹלָם, עַל הַגֶּפֶן וְעַל פְּרִי הַגֶּפֶן
וְעַל תְּנוּבַת הַשָּׂדֶה וְעַל אֶרֶץ חֶמְדָּה טוֹבָה וּרְחָבָה
שֶׁרָצִיתָ וְהִנְחַלְתָּ לַאֲבוֹתֵינוּ לֶאֱכוֹל מִפִּרְיָהּ וְלִשְׂבּוֹעַ מִטּוּבָהּ.
רַחֵם נָא יְיָ אֱלֹהֵינוּ עַל יִשְׂרָאֵל עַמֶּךָ וְעַל יְרוּשָׁלַיִם עִירֶךָ וְעַל
צִיּוֹן מִשְׁכַּן כְּבוֹדֶךָ וְעַל מִזְבְּחֶךָ וְעַל הֵיכָלֶךָ, וּבְנֵה יְרוּשָׁלַיִם עִיר
הַקֹּדֶשׁ בִּמְהֵרָה בְיָמֵינוּ, וְהַעֲלֵנוּ לְתוֹכָהּ וְשַׂמְּחֵנוּ בָהּ וּנְבָרֶכְךָ
בִּקְדֻשָּׁה וּבְטָהֳרָה. כִּי אַתָּה יְיָ טוֹב וּמֵטִיב לַכֹּל וְנוֹדֶה לְּךָ עַל
הָאָרֶץ וְעַל פְּרִי הַגֶּפֶן. בָּרוּךְ אַתָּה יְיָ, עַל הָאָרֶץ וְעַל פְּרִי הַגֶּפֶן:

❧ ⬥ ❧

FOR THE CONCLUSION OF SHABBAT

On Shabbat night, add the following. It is customary to say it with another person from one Siddur.

וְיִתֶּן לְךָ הָאֱלֹהִים מִטַּל הַשָּׁמַיִם וּמִשְׁמַנֵּי הָאָרֶץ, וְרֹב
דָּגָן וְתִירֹשׁ: יַעַבְדוּךָ עַמִּים וְיִשְׁתַּחֲוּוּ לְךָ לְאֻמִּים,
הֱוֵה גְבִיר לְאַחֶיךָ וְיִשְׁתַּחֲווּ לְךָ בְּנֵי אִמֶּךָ, אֹרְרֶיךָ אָרוּר,
וּמְבָרְכֶיךָ בָּרוּךְ:¹ וְאֵל שַׁדַּי יְבָרֵךְ אֹתְךָ וְיַפְרְךָ וְיַרְבֶּךָ,
וְהָיִיתָ לִקְהַל עַמִּים: וְיִתֶּן לְךָ אֶת בִּרְכַּת אַבְרָהָם לְךָ
וּלְזַרְעֲךָ אִתָּךְ, לְרִשְׁתְּךָ אֶת אֶרֶץ מְגֻרֶיךָ אֲשֶׁר נָתַן
אֱלֹהִים לְאַבְרָהָם:² מֵאֵל אָבִיךָ וְיַעְזְרֶךָ וְאֵת שַׁדַּי
וִיבָרְכֶךָּ, בִּרְכֹת שָׁמַיִם מֵעָל, בִּרְכֹת תְּהוֹם רֹבֶצֶת תָּחַת,
בִּרְכֹת שָׁדַיִם וָרָחַם: בִּרְכֹת אָבִיךָ גָּבְרוּ עַל בִּרְכֹת הוֹרַי,
עַד תַּאֲוַת גִּבְעֹת עוֹלָם, תִּהְיֶיןָ לְרֹאשׁ יוֹסֵף וּלְקָדְקֹד
נְזִיר אֶחָיו:³ וַאֲהֵבְךָ וּבֵרַכְךָ וְהִרְבֶּךָ, וּבֵרַךְ פְּרִי בִטְנְךָ
וּפְרִי אַדְמָתֶךָ דְּגָנְךָ וְתִירֹשְׁךָ וְיִצְהָרֶךָ, שְׁגַר אֲלָפֶיךָ
וְעַשְׁתְּרֹת צֹאנֶךָ, עַל הָאֲדָמָה אֲשֶׁר נִשְׁבַּע לַאֲבֹתֶיךָ

---

1. Genesis 27:28-29. **2.** Ibid. 28:3-4. **3.** Ibid. 49:25-26.

THE CONCLUDING BLESSING AFTER WINE

ברוך Blessed are You, Lord our God, King of the universe, for the vine and for the fruit of the vine, for the produce of the field, and for the precious, good, and spacious land which You have graciously given as a heritage to our ancestors, to eat of its fruit and to be satiated with its goodness. Have mercy, Lord our God, on Israel Your people, on Jerusalem Your city, on Zion the abode of Your glory, on Your altar, and on Your Temple. Rebuild Jerusalem, the holy city, speedily in our days, and bring us up to it and make us rejoice in it, and we will bless You in holiness and purity. For You, Lord, are good and do good to all, and we offer thanks to You for the land and for the fruit of the vine. Blessed are You, Lord, for the land and for the fruit of the vine.

ঞ৬৵৵৵ঙ৩

FOR THE CONCLUSION OF SHABBAT

On Shabbat night, add the following. It is customary to say it with another person from one Siddur.

ויתן May God give you of the dew of heaven, of the fat of the earth, and an abundance of grain and wine. Peoples shall serve you and nations bow down to you; be master over your brothers, and your mother's sons shall bow down to you. Those who curse you shall be cursed, and those who bless you, blessed.[1] And may God, the Omnipotent, bless you and make you fruitful and numerous, so that you may become an assembly of peoples. May He bestow upon you the blessing of Abraham, upon you and upon your progeny with you, that you may inherit the land where you dwell, which God had given to Abraham.[2] It is from the God of your father who will help you, from the Omnipotent One who will bless you with blessings of heaven above, with blessings of the deep that couches below, with blessings of breast and womb. The blessings [bestowed by God] upon your father have surpassed the blessings [bestowed upon] my parents to the utmost bounds of the eternal hills—may they be upon the head of Joseph, upon the head of him who was separated from his brothers.[3] He will love you and bless you and multiply you; He will bless the fruit of your womb and the fruit of your land, your grain, your wine and your oil, the offspring of your cattle and the flocks of your sheep, on the land which He swore to

לָתֶת לָךְ: בָּרוּךְ תִּהְיֶה מִכָּל הָעַמִּים, לֹא יִהְיֶה בְךָ עָקָר
וַעֲקָרָה וּבִבְהֶמְתֶּךָ: וְהֵסִיר יְיָ מִמְּךָ כָּל חֹלִי, וְכָל מַדְוֵי
מִצְרַיִם הָרָעִים אֲשֶׁר יָדַעְתָּ, לֹא יְשִׂימָם בָּךְ, וּנְתָנָם בְּכָל
שֹׂנְאֶיךָ:[1]

הַמַּלְאָךְ הַגֹּאֵל אֹתִי מִכָּל רָע, יְבָרֵךְ אֶת הַנְּעָרִים,
וְיִקָּרֵא בָהֶם שְׁמִי וְשֵׁם אֲבֹתַי אַבְרָהָם
וְיִצְחָק, וְיִדְגּוּ לָרֹב בְּקֶרֶב הָאָרֶץ:[2] יְיָ אֱלֹהֵיכֶם הִרְבָּה
אֶתְכֶם, וְהִנְּכֶם הַיּוֹם כְּכוֹכְבֵי הַשָּׁמַיִם לָרֹב: יְיָ אֱלֹהֵי
אֲבוֹתֵיכֶם יֹסֵף עֲלֵיכֶם כָּכֶם אֶלֶף פְּעָמִים, וִיבָרֵךְ אֶתְכֶם
כַּאֲשֶׁר דִּבֶּר לָכֶם:[3]

בָּרוּךְ אַתָּה בָּעִיר, וּבָרוּךְ אַתָּה בַּשָּׂדֶה: בָּרוּךְ
טַנְאֲךָ וּמִשְׁאַרְתֶּךָ: בָּרוּךְ פְּרִי בִטְנְךָ וּפְרִי
אַדְמָתְךָ וּפְרִי בְהֶמְתֶּךָ, שְׁגַר אֲלָפֶיךָ וְעַשְׁתְּרוֹת צֹאנֶךָ:
בָּרוּךְ אַתָּה בְּבֹאֶךָ, וּבָרוּךְ אַתָּה בְּצֵאתֶךָ: יְצַו יְיָ אִתְּךָ
אֶת הַבְּרָכָה בַּאֲסָמֶיךָ וּבְכֹל מִשְׁלַח יָדֶךָ, וּבֵרַכְךָ בָּאָרֶץ
אֲשֶׁר יְיָ אֱלֹהֶיךָ נֹתֵן לָךְ: יִפְתַּח יְיָ לְךָ אֶת אוֹצָרוֹ הַטּוֹב
אֶת הַשָּׁמַיִם, לָתֵת מְטַר אַרְצְךָ בְּעִתּוֹ וּלְבָרֵךְ אֵת כָּל
מַעֲשֵׂה יָדֶךָ, וְהִלְוִיתָ גּוֹיִם רַבִּים, וְאַתָּה לֹא תִלְוֶה:[4] כִּי
יְיָ אֱלֹהֶיךָ בֵּרַכְךָ, כַּאֲשֶׁר דִּבֶּר לָךְ, וְהַעֲבַטְתָּ גּוֹיִם רַבִּים,
וְאַתָּה לֹא תַעֲבֹט, וּמָשַׁלְתָּ בְּגוֹיִם רַבִּים, וּבְךָ לֹא
יִמְשֹׁלוּ:[5] אַשְׁרֶיךָ יִשְׂרָאֵל מִי כָמוֹךָ, עַם נוֹשַׁע בַּיְיָ, מָגֵן
עֶזְרֶךָ, וַאֲשֶׁר חֶרֶב גַּאֲוָתֶךָ, וְיִכָּחֲשׁוּ אֹיְבֶיךָ לָךְ, וְאַתָּה
עַל בָּמוֹתֵימוֹ תִדְרֹךְ:[6]

---

1. Deuteronomy 7:13-15. **2.** Genesis 48:16. **3.** Deuteronomy 1:10-11. **4.** Ibid. 28:3, 5, 4, 6, 8, 12. **5.** Ibid. 15:6. **6.** Ibid.33:29.

your ancestors to give to you. You shall be blessed more than all the nations; there shall be no barren male or female among you or among your cattle. The Lord will remove from you all illness; none of the severe maladies of Egypt which you knew will He bring upon you, rather He will inflict them upon all your enemies.[1]

הַמַּלְאָךְ May the angel who has delivered me from all evil bless the lads, and may my name and the name of my fathers Abraham and Isaac be called upon them, and may they increase abundantly like fish in the midst of the earth.[2] The Lord your God has multiplied you, and you are today as numerous as the stars in the sky. May the Lord, God of your fathers, make you a thousand times more numerous than you are, and bless you as He promised you.[3]

בָּרוּךְ Blessed shall you be in the city, and blessed shall you be in the field. Blessed shall be your basket and your kneading-bowl. Blessed shall be the fruit of your womb and the fruit of your land, the fruit of your livestock, the increase of your cattle and the offspring of your sheep. Blessed shall you be in your coming, and blessed shall you be in your going. The Lord will command the blessing to be with you in your storehouses and in all things to which you put your hand, and He will bless you in the land which the Lord your God gives to you. The Lord will open for you His good treasure, the heavens, to give rain for your land at its proper time, and to bless all the works of your hands; you will lend to many nations but you will not borrow.[4] For the Lord your God has blessed you as He has promised you; you will make loans to many nations but you will not require loans; you will dominate many nations, but they will not rule over you.[5] Fortunate are you, Israel! Who is like you, a people delivered by the Lord, your helping shield and the sword of your glory; your enemies will deny their identity before you, and you shall tread upon their high places.[6]

יִשְׂרָאֵל נוֹשַׁע בַּיְיָ תְּשׁוּעַת עוֹלָמִים, לֹא תֵבֹשׁוּ וְלֹא
תִכָּלְמוּ עַד עוֹלְמֵי עַד: וַאֲכַלְתֶּם אָכוֹל
וְשָׂבוֹעַ, וְהִלַּלְתֶּם אֶת שֵׁם יְיָ אֱלֹהֵיכֶם אֲשֶׁר עָשָׂה
עִמָּכֶם לְהַפְלִיא, וְלֹא יֵבֹשׁוּ עַמִּי לְעוֹלָם: וִידַעְתֶּם כִּי
בְקֶרֶב יִשְׂרָאֵל אָנִי, וַאֲנִי יְיָ אֱלֹהֵיכֶם וְאֵין עוֹד, וְלֹא
יֵבֹשׁוּ עַמִּי לְעוֹלָם: כִּי בְשִׂמְחָה תֵצֵאוּ וּבְשָׁלוֹם תּוּבָלוּן,
הֶהָרִים וְהַגְּבָעוֹת יִפְצְחוּ לִפְנֵיכֶם רִנָּה, וְכָל עֲצֵי הַשָּׂדֶה
יִמְחֲאוּ כָף: הִנֵּה אֵל יְשׁוּעָתִי, אֶבְטַח וְלֹא אֶפְחָד, כִּי
עָזִּי וְזִמְרָת יָהּ יְיָ, וַיְהִי לִי לִישׁוּעָה: וּשְׁאַבְתֶּם מַיִם
בְּשָׂשׂוֹן מִמַּעַיְנֵי הַיְשׁוּעָה: וַאֲמַרְתֶּם בַּיּוֹם הַהוּא: הוֹדוּ
לַיְיָ קִרְאוּ בִשְׁמוֹ, הוֹדִיעוּ בָעַמִּים עֲלִילוֹתָיו, הַזְכִּירוּ, כִּי
נִשְׂגָּב שְׁמוֹ: זַמְּרוּ יְיָ כִּי גֵאוּת עָשָׂה, מוּדַעַת זֹאת בְּכָל
הָאָרֶץ: צַהֲלִי וָרֹנִּי יוֹשֶׁבֶת צִיּוֹן, כִּי גָדוֹל בְּקִרְבֵּךְ קְדוֹשׁ
יִשְׂרָאֵל: וְאָמַר בַּיּוֹם הַהוּא: הִנֵּה אֱלֹהֵינוּ זֶה, קִוִּינוּ לוֹ
וְיוֹשִׁיעֵנוּ, זֶה יְיָ קִוִּינוּ לוֹ, נָגִילָה וְנִשְׂמְחָה בִּישׁוּעָתוֹ:

בּוֹרֵא נִיב שְׂפָתָיִם, שָׁלוֹם שָׁלוֹם לָרָחוֹק וְלַקָּרוֹב, אָמַר
יְיָ, וּרְפָאתִיו: וְרוּחַ לָבְשָׁה אֶת עֲמָשַׂי רֹאשׁ
הַשָּׁלִישִׁים, לְךָ דָוִיד וְעִמְּךָ בֶן יִשַׁי, שָׁלוֹם שָׁלוֹם לְךָ
וְשָׁלוֹם לְעוֹזְרֶךָ, כִּי עֲזָרְךָ אֱלֹהֶיךָ, וַיְקַבְּלֵם דָּוִיד וַיִּתְּנֵם
בְּרָאשֵׁי הַגְּדוּד: וַאֲמַרְתֶּם: כֹּה לֶחָי, וְאַתָּה שָׁלוֹם,
וּבֵיתְךָ שָׁלוֹם, וְכֹל אֲשֶׁר לְךָ שָׁלוֹם. יְיָ עֹז לְעַמּוֹ יִתֵּן,
יְיָ יְבָרֵךְ אֶת עַמּוֹ בַשָּׁלוֹם:

---

1. Isaiah 45:17. **2.** Joel 2:26-27. **3.** Isaiah 55:12. **4.** Ibid. 12:2-6. **5.** Ibid. 25:9. **6.** Ibid. 57:19. **7.** I Chronicles 12:19. **8.** I Samuel 25:6. **9.** Psalms 29:11.

ישראל Israel will be delivered by the Lord with an everlasting deliverance; you will not be disgraced nor humiliated forever and ever.[1] You will eat and be satiated and praise the Name of the Lord your God who has dealt with you wondrously; and My people will never be put to shame. And you will know that I am within [the people of] Israel, that I am the Lord your God, and there is none else; and My people will never be put to shame.[2] For you will go out with joy, and be led forth in peace; the mountains and the hills will burst into song before you, and all the trees of the field will clap hands.[3] Indeed, God is my deliverance; I am confident and shall not fear, for God the Lord is my strength and song, and He has been a help to me. You shall draw water with joy from the wellsprings of deliverance. And you will say on that day, "Offer thanks to the Lord, proclaim His Name, make His deeds known among the nations; cause it to be remembered that His Name is exalted. Sing to the Lord for He has done great things; this is known throughout the earth. Raise your voice joyously and sing, you dweller in Zion, for the Holy One of Israel is great in your midst."[4] On that day [Israel] will say, "Indeed, this is our God in whom we have hoped that He should deliver us; this is the Lord in whom we have hoped; let us be glad and rejoice in His deliverance."[5]

בורא The Lord, Creator of the speech of the lips, says, "Peace, peace to him who is far and to him who is near, and I will heal him."[6] A feeling enfolded Amasai, the chief of the captains [and he said], "We are yours, David, on your side, son of Yishai; peace, peace be to you and peace to your helpers, for your God helps you." David received them and placed them at the head of the brigade.[7] And you shall say, "May it be so throughout life! May you be at peace, and your household at peace, and all that is yours at peace."[8] The Lord will give strength to His people; the Lord will bless His people with peace.[9]

❧❦❧

SANCTIFICATION OF THE MOON

The Sanctification of the Moon is recited under the open sky, facing east.

הַלְלוּיָה, הַלְלוּ אֶת יְיָ מִן הַשָּׁמַיִם, הַלְלוּהוּ
בַּמְּרוֹמִים: הַלְלוּהוּ כָל מַלְאָכָיו,
הַלְלוּהוּ כָל צְבָאָיו: הַלְלוּהוּ שֶׁמֶשׁ וְיָרֵחַ, הַלְלוּהוּ
כָּל כּוֹכְבֵי אוֹר: הַלְלוּהוּ שְׁמֵי הַשָּׁמָיִם, וְהַמַּיִם אֲשֶׁר
מֵעַל הַשָּׁמָיִם: יְהַלְלוּ אֶת שֵׁם יְיָ, כִּי הוּא צִוָּה
וְנִבְרָאוּ: וַיַּעֲמִידֵם לָעַד לְעוֹלָם, חָק נָתַן וְלֹא
יַעֲבוֹר:[1]

Place your feet together and glance once at the moon before reciting the following blessing.
Once the blessing is begun, do not look at the moon at all.

בָּרוּךְ אַתָּה יְיָ, אֱלֹהֵינוּ מֶלֶךְ הָעוֹלָם,
אֲשֶׁר בְּמַאֲמָרוֹ בָּרָא שְׁחָקִים,
וּבְרוּחַ פִּיו כָּל צְבָאָם, חֹק וּזְמַן נָתַן לָהֶם
שֶׁלֹּא יְשַׁנּוּ אֶת תַּפְקִידָם, שָׂשִׂים וּשְׂמֵחִים
לַעֲשׂוֹת רְצוֹן קוֹנָם, פּוֹעֵל אֱמֶת, שֶׁפְּעֻלָּתוֹ
אֱמֶת, וְלַלְּבָנָה אָמַר שֶׁתִּתְחַדֵּשׁ, עֲטֶרֶת
תִּפְאֶרֶת לַעֲמוּסֵי בָטֶן,[2] שֶׁהֵם עֲתִידִים
לְהִתְחַדֵּשׁ כְּמוֹתָהּ, וּלְפָאֵר לְיוֹצְרָם עַל שֵׁם
כְּבוֹד מַלְכוּתוֹ. בָּרוּךְ אַתָּה יְיָ, מְחַדֵּשׁ
חֳדָשִׁים:[3]

---

1. Psalms 148:1-6. 2. I.e., Israel. V. Isaiah 46:3. 3. Sanhedrin 42a.

❧❧❧

SANCTIFICATION OF THE MOON

The Sanctification of the Moon is recited under the open sky, facing east.

הַלְלוּיָהּ Praise the Lord. Praise the Lord from the heavens; praise Him in the celestial heights. Praise Him, all His angels; praise Him, all His hosts. Praise Him, sun and moon; praise Him, all the shining stars. Praise Him, heaven of heavens, and the waters that are above the heavens. Let them praise the Name of the Lord, for He commanded and they were created. He has established them forever, for all time; He issued a decree, and it shall not be transgressed.[1]

Place your feet together and glance once at the moon before reciting the following blessing. Once the blessing is begun, do not look at the moon at all.

בָּרוּךְ Blessed are You, Lord our God, King of the universe, who with His utterance created the heavens, and with the breath of His mouth all their host. He gave them a set law and time, so that they should not alter their task. They are glad and rejoice to carry out the will of their Creator, the Doer of truth whose work is truth. And He directed the moon to renew itself as a crown of glory to those who are borne [by Him] from birth,[2] who likewise are destined to be renewed and to glorify their Creator for the name of the glory of His kingdom. Blessed are You, Lord, who renews the months.[3]

The following paragraph is said three times. Before each recitation, rise three times on your toes.

בָּרוּךְ עוֹשֵׂךְ, בָּרוּךְ יוֹצְרֶךְ, בָּרוּךְ בּוֹרְאֵךְ, בָּרוּךְ
קוֹנֵךְ. כְּשֵׁם שֶׁאֲנִי רוֹקֵד כְּנֶגְדֵּךְ וְאֵינִי
יָכוֹל לִנְגּוֹעַ בָּךְ, כָּךְ לֹא יוּכְלוּ כָּל אוֹיְבַי לִנְגּוֹעַ
בִּי לְרָעָה. תִּפֹּל עֲלֵיהֶם אֵימָתָה וָפַחַד בִּגְדֹל
זְרוֹעֲךָ יִדְּמוּ כָּאָבֶן.¹ כָּאֶבֶן יִדְּמוּ זְרוֹעֲךָ בִּגְדֹל
וָפַחַד אֵימָתָה עֲלֵיהֶם תִּפֹּל:

—Say three times דָּוִד מֶלֶךְ יִשְׂרָאֵל חַי וְקַיָם:

The following greeting is exchanged three times:

—The other responds עֲלֵיכֶם שָׁלוֹם: שָׁלוֹם עֲלֵיכֶם:

—Say three times סִמָּן טוֹב וּמַזָּל טוֹב יְהֵא לָנוּ וּלְכָל
יִשְׂרָאֵל, אָמֵן:

קוֹל דּוֹדִי הִנֵּה זֶה בָּא, מְדַלֵּג עַל הֶהָרִים
מְקַפֵּץ עַל הַגְּבָעוֹת: דּוֹמֶה דוֹדִי לִצְבִי אוֹ
לְעֹפֶר הָאַיָּלִים, הִנֵּה זֶה עוֹמֵד אַחַר כָּתְלֵנוּ,
מַשְׁגִּיחַ מִן הַחַלֹּנוֹת, מֵצִיץ מִן הַחֲרַכִּים:²
שִׁיר לַמַּעֲלוֹת, אֶשָּׂא עֵינַי אֶל הֶהָרִים, מֵאַיִן
יָבֹא עֶזְרִי: עֶזְרִי מֵעִם יְיָ, עֹשֵׂה שָׁמַיִם
וָאָרֶץ: אַל יִתֵּן לַמּוֹט רַגְלֶךָ, אַל יָנוּם שֹׁמְרֶךָ:

---

1. Exodus 15:16. 2. Song of Songs 2:8-9.

The following paragraph is said three times. Before each recitation, rise three times on your toes.

ברוך Blessed is your Maker; blessed is He who formed you; blessed is your Creator; blessed is your Master. Just as I leap toward you but cannot touch you, so may all my enemies be unable to touch me harmfully. May there fall upon them terror and dread; by the great [strength] of Your arm let them be still as a stone.[1] As a stone let them be still by Your arm's great [strength]; may dread and terror upon them fall.

Say three times:

דוד David, King of Israel, is living and enduring.

The following greeting is exchanged three times:

שלום Peace unto you. The other responds: Unto you peace.

Say the following line three times:

סמן May there be a good omen and good *mazal* for us and for all Israel. Amen.

קול The voice of my Beloved! Here He comes, leaping over the mountains, skipping over the hills. My Beloved is like a hart or a young deer; here He stands behind our wall, watching through the windows, peering through the crevices.[2]

שיר A song of ascents. I lift my eyes to the mountains—from where will my help come? My help will come from the Lord, Maker of heaven and earth. He will not let your foot falter; your guardian does not slumber. Indeed, the Guardian

הִנֵּה לֹא יָנוּם וְלֹא יִישָׁן, שׁוֹמֵר יִשְׂרָאֵל: יְיָ שׁמְרֶךָ, יְיָ צִלְּךָ עַל יַד יְמִינֶךָ: יוֹמָם הַשֶּׁמֶשׁ לֹא יַכֶּכָּה, וְיָרֵחַ בַּלָּיְלָה: יְיָ יִשְׁמָרְךָ מִכָּל רָע, יִשְׁמֹר אֶת נַפְשֶׁךָ: יְיָ יִשְׁמָר צֵאתְךָ וּבוֹאֶךָ, מֵעַתָּה וְעַד עוֹלָם:[1]

הַלְלוּיָהּ, הַלְלוּ אֵל בְּקָדְשׁוֹ, הַלְלוּהוּ בִּרְקִיעַ עֻזּוֹ: הַלְלוּהוּ בִגְבוּרֹתָיו, הַלְלוּהוּ כְּרֹב גֻּדְלוֹ: הַלְלוּהוּ בְּתֵקַע שׁוֹפָר, הַלְלוּהוּ בְּנֵבֶל וְכִנּוֹר: הַלְלוּהוּ בְּתֹף וּמָחוֹל, הַלְלוּהוּ בְּמִנִּים וְעֻגָב: הַלְלוּהוּ בְצִלְצְלֵי שָׁמַע, הַלְלוּהוּ בְּצִלְצְלֵי תְרוּעָה: כֹּל הַנְּשָׁמָה תְּהַלֵּל יָהּ הַלְלוּיָהּ:[2]

תָּנָא דְּבֵי רַבִּי יִשְׁמָעֵאל, אִלְמָלֵי לֹא זָכוּ יִשְׂרָאֵל אֶלָּא לְהַקְבִּיל פְּנֵי אֲבִיהֶם שֶׁבַּשָׁמַיִם פַּעַם אַחַת בַּחֹדֶשׁ[4] דַּיָּם. אָמַר אַבַּיֵּי: הִלְכָּךְ נֵימְרִינְהוּ מְעֻמָּד.[5] מִי זֹאת עוֹלָה מִן הַמִּדְבָּר מִתְרַפֶּקֶת עַל דּוֹדָהּ.[6] וִיהִי רָצוֹן מִלְּפָנֶיךָ, יְיָ אֱלֹהַי וֵאלֹהֵי אֲבוֹתַי, לְמַלֹּאת פְּגִימַת הַלְּבָנָה, וְלֹא יִהְיֶה בָּהּ שׁוּם מְעוּט,

---

1. Psalm 121. **2.** Ibid. 150. **3.** I.e., *mitzvah*. **4.** V. Sanhedrin 42a: Whoever recites the blessing over the New Moon in its proper time welcomes, as it were, the *Shechinah*. **5.** Sanhedrin 42a. **6.** Song of Songs 8:5.

of Israel neither slumbers nor sleeps. The Lord is your guardian; the Lord is your protective shade at your right hand. The sun will not harm you by day, nor the moon by night. The Lord will guard you from all evil; He will guard your soul. The Lord will guard your going and coming from now and for all time.¹

הללויה Praise the Lord. Praise God in His holiness; praise Him in the firmament of His strength. Praise Him for His mighty acts; praise Him according to His abundant greatness. Praise Him with the call of the *shofar*, praise Him with harp and lyre. Praise Him with timbrel and dance; praise Him with stringed instruments and flute. Praise Him with resounding cymbals; praise Him with clanging cymbals. Let every being that has a soul praise the Lord. Praise the Lord.²

תנא It was taught in the academy of Rabbi Yishmael: Even if Israel merited no other privilege³ than to greet their Father in heaven once a month,⁴ it would be sufficient for them. Abbaye said, "Therefore we must recite it standing."⁵ Who is this coming up from the wilderness, cleaving to her Beloved?⁶ May it be Your will, Lord my God and God of my fathers, to fill the defect of the moon, so that there be no diminution in it, and may the

וִיהְיֶה אוֹר הַלְּבָנָה כְּאוֹר הַחַמָּה כְּאוֹר שִׁבְעַת
יְמֵי בְרֵאשִׁית, כְּמוֹ שֶׁהָיְתָה קוֹדֶם מְעוּטָהּ,
שֶׁנֶּאֱמַר: וַיַּעַשׂ אֱלֹהִים אֶת שְׁנֵי הַמְּאֹרֹת
הַגְּדֹלִים.' וְיִתְקַיֵּם בָּנוּ מִקְרָא שֶׁכָּתוּב: וּבִקְשׁוּ
אֶת יְיָ אֱלֹהֵיהֶם וְאֵת דָּוִיד מַלְכָּם,' אָמֵן:
לַמְנַצֵּחַ בִּנְגִינֹת מִזְמוֹר שִׁיר: אֱלֹהִים יְחָנֵּנוּ
וִיבָרְכֵנוּ, יָאֵר פָּנָיו אִתָּנוּ סֶלָה:
לָדַעַת בָּאָרֶץ דַּרְכֶּךָ, בְּכָל גּוֹיִם יְשׁוּעָתֶךָ:
יוֹדוּךָ עַמִּים אֱלֹהִים, יוֹדוּךָ עַמִּים כֻּלָּם:
יִשְׂמְחוּ וִירַנְּנוּ לְאֻמִּים, כִּי תִשְׁפֹּט עַמִּים
מִישֹׁר, וּלְאֻמִּים בָּאָרֶץ תַּנְחֵם סֶלָה: יוֹדוּךָ
עַמִּים אֱלֹהִים, יוֹדוּךָ עַמִּים כֻּלָּם: אֶרֶץ נָתְנָה
יְבוּלָהּ, יְבָרְכֵנוּ אֱלֹהִים אֱלֹהֵינוּ: יְבָרְכֵנוּ
אֱלֹהִים, וְיִירְאוּ אוֹתוֹ כָּל אַפְסֵי אָרֶץ:'
עָלֵינוּ לְשַׁבֵּחַ לַאֲדוֹן הַכֹּל, לָתֵת גְּדֻלָּה לְיוֹצֵר
בְּרֵאשִׁית, שֶׁלֹּא עָשָׂנוּ כְּגוֹיֵי הָאֲרָצוֹת,
וְלֹא שָׂמָנוּ כְּמִשְׁפְּחוֹת הָאֲדָמָה, שֶׁלֹּא שָׂם
חֶלְקֵנוּ כָּהֶם, וְגוֹרָלֵנוּ כְּכָל הֲמוֹנָם, שֶׁהֵם
מִשְׁתַּחֲוִים לְהֶבֶל וָלָרִיק. וַאֲנַחְנוּ כּוֹרְעִים
וּמִשְׁתַּחֲוִים וּמוֹדִים, לִפְנֵי מֶלֶךְ מַלְכֵי הַמְּלָכִים,

---

1. Genesis 1:16. **2.** Hosea 3:5. **3.** Psalm 67.

light of the moon be as the light of the sun, as the light of the Seven Days of Creation, as it was before it was diminished, as it is said: And God made the two great luminaries.[1] May there be fulfilled in us the Scriptural verse which states: They will seek the Lord their God and David their king.[2] Amen.

למנצח For the Choirmaster; a song with instrumental music; a Psalm. May God be gracious to us and bless us, may He make His countenance shine upon us forever, that Your way be known on earth, Your salvation among all nations. The nations will extol You, O God; all the nations will extol You. The nations will rejoice and sing for joy, for You will judge the peoples justly and guide the nations on earth forever. The peoples will extol You, O God; all the peoples will extol You, for the earth will have yielded its produce, and God, our God, will bless us. God will bless us; and all, from the farthest corners of the earth, shall fear Him.[3]

Transliteration, page 438.

עלינו It is incumbent upon us to praise the Master of all things, to exalt the Creator of all existence, that He has not made us like the nations of the world, nor caused us to be like the families of the earth; that He has not assigned us a portion like theirs, nor a lot like that of all their multitudes, for they bow to vanity and nothingness. But we bend the knee, bow down, and offer praise before the supreme King of kings, the Holy One,

הַקָּדוֹשׁ בָּרוּךְ הוּא. שֶׁהוּא נוֹטֶה שָׁמַיִם וְיוֹסֵד
אֶרֶץ, וּמוֹשַׁב יְקָרוֹ בַּשָּׁמַיִם מִמַּעַל, וּשְׁכִינַת עֻזּוֹ
בְּגָבְהֵי מְרוֹמִים. הוּא אֱלֹהֵינוּ אֵין עוֹד, אֱמֶת
מַלְכֵּנוּ, אֶפֶס זוּלָתוֹ, כַּכָּתוּב בְּתוֹרָתוֹ:¹ וְיָדַעְתָּ
הַיּוֹם וַהֲשֵׁבֹתָ אֶל לְבָבֶךָ, כִּי יְיָ הוּא הָאֱלֹהִים,
בַּשָּׁמַיִם מִמַּעַל וְעַל הָאָרֶץ מִתָּחַת, אֵין עוֹד:²
וְעַל כֵּן נְקַוֶּה לְךָ יְיָ אֱלֹהֵינוּ, לִרְאוֹת מְהֵרָה
בְּתִפְאֶרֶת עֻזֶּךָ, לְהַעֲבִיר גִּלּוּלִים מִן
הָאָרֶץ, וְהָאֱלִילִים כָּרוֹת יִכָּרֵתוּן, לְתַקֵּן עוֹלָם
בְּמַלְכוּת שַׁדַּי, וְכָל בְּנֵי בָשָׂר יִקְרְאוּ בִשְׁמֶךָ,
לְהַפְנוֹת אֵלֶיךָ כָּל רִשְׁעֵי אָרֶץ. יַכִּירוּ וְיֵדְעוּ כָּל
יוֹשְׁבֵי תֵבֵל, כִּי לְךָ תִּכְרַע כָּל בֶּרֶךְ, תִּשָּׁבַע כָּל
לָשׁוֹן. לְפָנֶיךָ יְיָ אֱלֹהֵינוּ יִכְרְעוּ וְיִפֹּלוּ, וְלִכְבוֹד
שִׁמְךָ יְקָר יִתֵּנוּ. וִיקַבְּלוּ כֻלָּם עֲלֵיהֶם אֶת עוֹל
מַלְכוּתֶךָ, וְתִמְלוֹךְ עֲלֵיהֶם מְהֵרָה לְעוֹלָם וָעֶד.
כִּי הַמַּלְכוּת שֶׁלְּךָ הִיא, וּלְעוֹלְמֵי עַד תִּמְלוֹךְ
בְּכָבוֹד, כַּכָּתוּב בְּתוֹרָתֶךָ: יְיָ יִמְלֹךְ לְעֹלָם וָעֶד:³
וְנֶאֱמַר: וְהָיָה יְיָ לְמֶלֶךְ עַל כָּל הָאָרֶץ, בַּיּוֹם
הַהוּא יִהְיֶה יְיָ אֶחָד וּשְׁמוֹ אֶחָד:⁴

Mourners recite Mourner's Kaddish on the next page.

---

1. Deuteronomy 4:39.   2. For further elucidation, see Tanya, part II, ch. 6.   3. Exodus 15:18.
4. Zechariah 14:9.

blessed be He, who stretches forth the heavens and establishes the earth, the seat of whose glory is in the heavens above, and the abode of whose majesty is in the loftiest heights. He is our God; there is none else. Truly, He is our King; there is nothing besides Him, as it is written in His Torah:[1] Know this day and take unto your heart that the Lord is God; in the heavens above and upon the earth below there is nothing else.[2]

וְעַל And therefore we hope to You, Lord our God, that we may speedily behold the splendor of Your might, to banish idolatry from the earth—and false gods will be utterly destroyed; to perfect the world under the sovereignty of the Almighty. All mankind shall invoke Your Name, to turn to You all the wicked of the earth. Then all the inhabitants of the world will recognize and know that every knee should bend to You, every tongue should swear [by Your Name]. Before You, Lord our God, they will bow and prostrate themselves, and give honor to the glory of Your Name; and they will all take upon themselves the yoke of Your kingdom. May You soon reign over them forever and ever, for kingship is Yours, and to all eternity You will reign in glory, as it is written in Your Torah: The Lord will reign forever and ever.[3] And it is said: The Lord will be King over the entire earth; on that day the Lord will be One and His Name One.[4]

Mourners recite Mourner's Kaddish on the next page.

MOURNER'S KADDISH

Mourners recite the following Kaddish.
Congregation responds אָמֵן as indicated.

יִתְגַּדַּל וְיִתְקַדַּשׁ שְׁמֵהּ רַבָּא. (אָמֵן —Cong.) בְּעָלְמָא דִי בְרָא כִרְעוּתֵהּ וְיַמְלִיךְ מַלְכוּתֵהּ, וְיַצְמַח פּוּרְקָנֵהּ וִיקָרֵב מְשִׁיחֵהּ. (אָמֵן —Cong.) בְּחַיֵּיכוֹן וּבְיוֹמֵיכוֹן וּבְחַיֵּי דְכָל בֵּית יִשְׂרָאֵל, בַּעֲגָלָא וּבִזְמַן קָרִיב וְאִמְרוּ אָמֵן:

(Cong.— אָמֵן. יְהֵא שְׁמֵהּ רַבָּא מְבָרַךְ לְעָלַם וּלְעָלְמֵי עָלְמַיָּא, יִתְבָּרַךְ.)

יְהֵא שְׁמֵהּ רַבָּא מְבָרַךְ לְעָלַם וּלְעָלְמֵי עָלְמַיָּא, יִתְבָּרַךְ, וְיִשְׁתַּבַּח, וְיִתְפָּאַר, וְיִתְרוֹמַם, וְיִתְנַשֵּׂא, וְיִתְהַדָּר, וְיִתְעַלֶּה, וְיִתְהַלָּל, שְׁמֵהּ דְּקוּדְשָׁא בְּרִיךְ הוּא. (אָמֵן —Cong.)

לְעֵלָּא מִן כָּל בִּרְכָתָא וְשִׁירָתָא, תֻּשְׁבְּחָתָא וְנֶחֱמָתָא, דַּאֲמִירָן בְּעָלְמָא, וְאִמְרוּ אָמֵן: (אָמֵן —Cong.)

יְהֵא שְׁלָמָא רַבָּא מִן שְׁמַיָּא וְחַיִּים טוֹבִים עָלֵינוּ וְעַל כָּל יִשְׂרָאֵל, וְאִמְרוּ אָמֵן: (אָמֵן —Cong.)

Take three steps back, then bow right saying עֹשֶׂה שָׁלוֹם בִּמְרוֹמָיו, bow forward saying הוּא,
bow left saying יַעֲשֶׂה שָׁלוֹם עָלֵינוּ, and bow forward saying וְעַל כָּל יִשְׂרָאֵל, וְאִמְרוּ אָמֵן.

עֹשֶׂה שָׁלוֹם בִּמְרוֹמָיו, הוּא יַעֲשֶׂה שָׁלוֹם עָלֵינוּ וְעַל כָּל יִשְׂרָאֵל, וְאִמְרוּ אָמֵן: (אָמֵן —Cong.)

Shake the corners of the *tallit katan*.

MOURNER'S KADDISH
Mourners recite the following Kaddish (translation on page 480).
Congregation responds Amen as indicated.

יתגדל *Yis-gadal v'yis-kadash sh'mayh rabö.*

(Cong: *Ömayn*)

B'öl'mö di v'rö chir'u-sayh v'yamlich mal'chusayh, v'yatzmach pur-könayh viköräyv m'shi-chayh.

(Cong: *Ömayn*)

B'cha-yay-chon u-v'yomaychon u-v'cha-yay d'chöl bays yisrö-ayl, ba-agölö u-viz'man köriv v'im'ru ömayn.

(Cong: *Ömayn. Y'hay sh'mayh rabö m'vörach l'ölam u-l'öl'may öl'ma-yö, yisböraych.*)

Y'hay sh'mayh rabö m'vörach l'ölam u-l'öl'may öl'ma-yö. Yisböraych, v'yishtabach, v'yispö-ayr, v'yisromöm, v'yis-nasay, v'yis-hadör, v'yis-aleh, v'yis-halöl, sh'may d'kudshö b'rich hu. (Cong: *Ömayn*)

L'aylö min köl bir-chösö v'shirösö, tush-b'chösö v'neche-mösö, da-amirön b'öl'mö, v'im'ru ömayn.

(Cong: *Ömayn*)

Y'hay sh'lömö rabö min sh'ma-yö, v'cha-yim tovim ölaynu v'al köl yisrö-ayl v'im'ru ömayn. (Cong: *Ömayn*)

Take three steps back, then bow right saying *Oseh shölom bim'romöv,* bow forward saying *hu,* bow left saying *ya-aseh shölom ölaynu,* and bow forward saying *v'al köl yisrö-ayl, v'im'ru ömayn.*

Oseh shölom bim'romöv, hu ya-a-se shölom ölaynu v'al köl yisrö-ayl, v'im'ru ömayn. (Cong: *Ömayn*)

Shake the corners of the *tallit katan.*

LEARNING FOR A MOURNER AND ON A YAHRZEIT

Throughout the twelve months following the passing of one's father or mother and on the anniversary of their passing, known as *yahrzeit*, it is appropriate to learn Mishnayot of the order Taharot, especially the twenty-fourth chapter of the tractate Kelim, which contains seventeen Mishnayot, each one concluding with the phrase "altogether clean," and the entire chapter concluding "whether on the inside or on the outside it is clean." • One who has the time should learn also those chapters whose initial letters make up the name of the deceased.

כלים פרק כד

א שְׁלֹשָׁה תְרִיסִין הֵם: תְּרִים הַכָּפוּף, טָמֵא מִדְרָס;[1] וְשֶׁמְּשַׂחֲקִין בּוֹ בַּקַּנְפוֹן, טָמֵא טְמֵא מֵת;[2] וְדִיצַת הָעַרְבִיִּין, טְהוֹרָה מִכְּלוּם:[3] ב שָׁלֹשׁ עֲגָלוֹת הֵם: הָעֲשׂוּיָה כְּקַתֶּדְרָא, טְמֵאָה מִדְרָס; כְּמִטָּה, טְמֵאָה טְמֵא מֵת; וְשֶׁל אֲבָנִים, טְהוֹרָה מִכְּלוּם: ג שָׁלֹשׁ עֲרֵבוֹת הֵן: עֲרֵבָה מִשְּׁנֵי לֻגִּין עַד תִּשְׁעָה קַבִּין שֶׁנִּסְדְּקָה, טְמֵאָה מִדְרָס; שְׁלֵמָה, טְמֵאָה טְמֵא מֵת; וְהַבָּאָה בַמִּדָּה,[4] טְהוֹרָה מִכְּלוּם: ד שָׁלֹשׁ תֵּבוֹת הֵן: תֵּבָה שֶׁפִּתְחָהּ מִצִּדָּהּ, טְמֵאָה מִדְרָס; מִלְמַעְלָן, טְמֵאָה טְמֵא מֵת; וְהַבָּאָה בַמִּדָּה, טְהוֹרָה מִכְּלוּם: ה שְׁלֹשָׁה תַרְבּוּסִין הֵן: שֶׁל סַפָּרִין, טָמֵא מִדְרָס; שֶׁאוֹכְלִין עָלָיו, טָמֵא טְמֵא מֵת; וְשֶׁל זֵיתִים, טָהוֹר מִכְּלוּם: ו שָׁלֹשׁ בְּסִיסִיּוֹת הֵן: שֶׁלִּפְנֵי הַמִּטָּה וְשֶׁלִּפְנֵי סוֹפְרִים, טְמֵאָה מִדְרָס; וְשֶׁל דְּלְפְקִי, טְמֵאָה טְמֵא מֵת; וְשֶׁל מִגְדָּל, טְהוֹרָה מִכְּלוּם: ז שָׁלֹשׁ פִּנְקְסִיּוֹת הֵן: הָאֶפִּיפוֹרִין, טְמֵאָה מִדְרָס; וְשֶׁיֵּשׁ בָּהּ בֵּית קִבּוּל שַׁעֲוָה, טְמֵאָה טְמֵא מֵת; וַחֲלָקָה,

---

1. Ritual uncleanness transmitted to an object suitable for use as, and used as a seat, couch, etc., when it is used for such a purpose by one of those mentioned in Leviticus 12:2, 15:2, 15:25, by sitting, lying, treading upon, etc.   **2.** But is not subject to *midras* uncleanness, since it is not used for lying, sitting, etc.   **3.** It is not considered a *kli tashmish* (an article of service)—in this case, because of its small size—and hence is not subject to uncleanness. The above three principles are the underlying reasons for the laws throughout this chapter.   **4.** I.e., it holds more than forty *se'ah* of liquid volume, or sixty *se'ah* of dry volume.

 භෞරාර

LEARNING FOR A MOURNER AND ON A YAHRZEIT

Throughout the twelve months following the passing of one's father or mother and on the anniversary of their passing, known as *yahrzeit*, it is appropriate to learn Mishnayot of the order Taharot, especially the twenty-fourth chapter of the tractate Kelim, which contains seventeen Mishnayot, each one concluding with the phrase "altogether clean," and the entire chapter concluding "whether on the inside or on the outside it is clean." • One who has the time should learn also those chapters whose initial letters make up the name of the deceased.

KELIM CHAPTER 24

1. There are three kinds of shields [which differ with respect to the laws of ritual cleanness and uncleanness]: The bent shield [which surrounds the warrior on three sides, and which during a war is used by him to lie upon] is subject to *midras* uncleanness;[1] a shield used by swordsmen in their sword-play is subject to uncleanness by a corpse;[2] and the small shield used by the Arabs [in festivities and in sports, is not subject to any uncleanness, but] remains altogether clean.[3]

2. There are three kinds of wagons [which differ with respect to the laws of ritual cleanness and uncleanness]: One that is shaped like a chair with three sides is subject to *midras* uncleanness; one shaped like a bed is subject to uncleanness by a corpse; and one [made for carrying] stones remains altogether clean.

3. There are three kinds of kneading-troughs [which differ with respect to the laws of ritual cleanness and uncleanness]: A kneading-trough with a capacity of two *log* to nine *kab* which was cracked [hence unusable as a kneading-trough] is subject to *midras* uncleanness; if it was whole it is subject to uncleanness by a corpse; and one that holds a large quantity[4] remains altogether clean.

4. There are three kinds of boxes [which differ with respect to the laws of ritual cleanness and uncleanness]: A box whose opening is at its side is subject to *midras* uncleanness; one that has its opening at the top is subject to uncleanness by a corpse; and one that holds a large quantity[4] remains altogether clean.

5. There are three kinds of leather chests [which differ with respect to the laws of ritual cleanness and uncleanness]: That of barbers is subject to *midras* uncleanness; that at which people eat is subject to uncleanness by a corpse; and that for [pressing] olives remains altogether clean.

6. There are three kinds of stands [which differ with respect to the laws of ritual cleanness and uncleanness]: That which lies before a bed or before scribes is subject to *midras* uncleanness; that of a service table is subject to uncleanness by a corpse; and that of a cupboard remains altogether clean.

7. There are three kinds of writing tablets [which differ with respect to the laws of ritual cleanness and uncleanness]: One that is spread over with sand is subject to *midras* uncleanness; one that has a receptacle for wax is subject to uncleanness by a corpse; and one that is smooth remains altogether clean.

טְהוֹרָה מִכְּלוּם: ח שָׁלֹשׁ מִטּוֹת הֵן: הָעֲשׂוּיָה לִשְׁכִיבָה, טְמֵאָה מִדְרָס; שֶׁל זַגָּגִין, טְמֵאָה טְמֵא מֵת; וְשֶׁל סָרָגִין, טְהוֹרָה מִכְּלוּם: ט שָׁלֹשׁ מַשְׁפֵּלוֹת הֵן: שֶׁל זֶבֶל, טְמֵאָה מִדְרָס; שֶׁל תֶּבֶן, טְמֵאָה טְמֵא מֵת; וְהַפְּחָלָץ שֶׁל גְּמַלִּים, טָהוֹר מִכְּלוּם: י שָׁלֹשׁ מַפָּצִים הֵן: הָעֲשׂוּיָה לִישִׁיבָה, טְמֵאָה מִדְרָס; שֶׁל צַבָּעִין, טְמֵא טְמֵא מֵת; וְשֶׁל גִּתּוֹת, טָהוֹר מִכְּלוּם: יא שָׁלֹשׁ חֲמָתוֹת וְשָׁלֹשׁ תֻּרְמִלִין הֵן: הַמְּקַבְּלִים כַּשְּׁעוּר, טְמֵאִין מִדְרָס; וְשֶׁאֵינָן מְקַבְּלִים כַּשְּׁעוּר, טְמֵאִין טְמֵא מֵת; וְשֶׁל עוֹר הַדָּג, טָהוֹר מִכְּלוּם: יב שְׁלֹשָׁה עוֹרוֹת הֵן: הֶעָשׂוּי לְשָׁטִיחַ, טָמֵא מִדְרָס; לְתַכְרִיךְ הַכֵּלִים, טָמֵא טְמֵא מֵת; וְשֶׁל רְצוּעוֹת וְשֶׁל סַנְדָּלִים, טְהוֹרָה מִכְּלוּם: יג שְׁלֹשָׁה סְדִינִין הֵן: הֶעָשׂוּי לִשְׁכִיבָה, טָמֵא מִדְרָס; לְוִילוֹן, טָמֵא טְמֵא מֵת; וְשֶׁל צוּרוֹת, טָהוֹר מִכְּלוּם: יד שָׁלֹשׁ מִטְפָּחוֹת הֵן: שֶׁל יָדַיִם, טְמֵאָה מִדְרָס; שֶׁל סְפָרִין, טְמֵאָה טְמֵא מֵת; וְשֶׁל תַּכְרִיךְ [1](וְשֶׁל) נִבְלֵי בְנֵי לֵוִי, טְהוֹרָה מִכְּלוּם: טו שְׁלֹשָׁה פַרְקְלִינִין הֵן: שֶׁל צַיָּדֵי חַיָּה וָעוֹף, טָמֵא מִדְרָס; שֶׁל חֲגָבִים, טָמֵא טְמֵא מֵת; וְשֶׁל קַיָּצִין, טָהוֹר מִכְּלוּם: טז שָׁלֹשׁ סְבָכוֹת הֵן: שֶׁל יַלְדָּה, טְמֵאָה טְמֵאַת מִדְרָס; שֶׁל זְקֵנָה, טְמֵאָה טְמֵא מֵת; וְשֶׁל יוֹצְאָה לַחוּץ, טְהוֹרָה מִכְּלוּם: יז שָׁלֹשׁ קֻפּוֹת הֵן: מְהוּהָה שֶׁטְּלָיָהּ עַל הַבְּרִיָּה, הוֹלְכִין אַחַר הַבְּרִיָּה; קְטַנָּה עַל הַגְּדוֹלָה, הוֹלְכִין

---

1. According to some texts [v. Bartenura] the Mishnah reads only: and covers for the musical instruments of the Levites.

8. There are three kinds of beds [which differ with respect to the laws of ritual cleanness and uncleanness]: That which is used for lying upon is subject to *midras* uncleanness; that which is used by glassmakers [to put their wares on] is subject to uncleanness by a corpse; and that which is used by net weavers remains altogether clean.

9. There are three kinds of baskets [which differ with respect to the laws of ritual cleanness and uncleanness]: That which is used for manure [to be carried to the field] is subject to *midras* uncleanness; that which is used for straw is subject to uncleanness by a corpse; and that of rope mesh used on camels remains altogether clean.

10. There are three kinds of mats [which differ with respect to the laws of ritual cleanness and uncleanness]: That which is used for sitting is subject to *midras* uncleanness; that which is used by dyers [to spread garments on them] is subject to uncleanness by a corpse; and that which is used in winepresses [to cover the grapes] remains altogether clean.

11. There are three kinds of skin flasks and three kinds of shepherds' skin bags [which differ with respect to the laws of ritual cleanness and uncleanness]: Those holding the standard quantity [seven *kab* for the flask and five for the bag] are subject to *midras* uncleanness; those holding less than the standard quantity are subject to uncleanness by a corpse; and those made of fish-skin remain altogether clean.

12. There are three kinds of hides [which differ with respect to the laws of ritual cleanness and uncleanness]: That which is used as a rug [to sit on] is subject to *midras* uncleanness; that which is used as a wrapper for utensils is subject to uncleanness by a corpse; and that which is prepared for making straps and sandals remains altogether clean.

13. There are three kinds of sheets [which differ with respect to the laws of ritual cleanness and uncleanness]: That which is made for lying upon is subject to *midras* uncleanness; that which is used as a door-curtain is subject to uncleanness by a corpse; and that which has designs [used as a pattern] remains altogether clean.

14. There are three kinds of cloths [which differ with respect to the laws of cleanness and uncleanness]: Towels for the hands are subject to *midras* uncleanness; coverings for books are subject to uncleanness by a corpse; and shrouds[1] and covers for the musical instruments of the Levi'im remain altogether clean.

15. There are three kinds of leather gloves [which differ with respect to the laws of ritual cleanness and uncleanness]: Those used by hunters of animals and birds are subject to *midras* uncleanness; those used by catchers of locusts are subject to uncleanness by a corpse; and those used by driers of summer fruit remain altogether clean.

16. There are three kinds of hairnets [which differ with respect to the laws of ritual cleanness and uncleanness]: That of a girl is subject to *midras* uncleanness; that of an old woman is subject to uncleanness by a corpse; and that of a woman when she goes outside remains altogether clean.

17. There are three kinds of receptacles [which differ with respect to the laws of ritual cleanness and uncleanness]: If a worn-out receptacle was placed over a sound one as a patch [to make it stronger, the cleanness or uncleanness of the

אַחַר הַגְּדוֹלָה; הָיוּ שָׁווֹת, הוֹלְכִין אַחַר הַפְּנִימִית. רַבִּי
שִׁמְעוֹן אוֹמֵר: כַּף מֹאזְנַיִם שֶׁתְּלָיָה עַל שׁוּלֵי הַמֵּחַם,
מִבִּפְנִים טָמֵא, מִבַּחוּץ טָהוֹר; תְּלָיָה עַל צִדָּהּ, בֵּין מִבִּפְנִים
בֵּין מִבַּחוּץ, טָהוֹר:

מקואות פרק ז

א יֵשׁ מַעֲלִין אֶת הַמִּקְוֶה וְלֹא פוֹסְלִין, פּוֹסְלִין וְלֹא מַעֲלִין,
לֹא מַעֲלִין וְלֹא פּוֹסְלִין. אֵלּוּ מַעֲלִין וְלֹא פּוֹסְלִין:
הַשֶּׁלֶג, וְהַבָּרָד, וְהַכְּפוֹר, וְהַגְּלִיד, וְהַמֶּלַח, וְהַטִּיט הַנָּרוֹק.
אָמַר רַבִּי עֲקִיבָא, הָיָה רַבִּי יִשְׁמָעֵאל דָּן כְּנֶגְדִּי לוֹמַר: הַשֶּׁלֶג
אֵינוֹ מַעֲלֶה אֶת הַמִּקְוֶה, וְהֵעִידוּ אַנְשֵׁי מֵידְבָא מִשְּׁמוֹ,
שֶׁאָמַר לָהֶם: צְאוּ וְהָבִיאוּ שֶׁלֶג וַעֲשׂוּ מִקְוֶה בַּתְּחִלָּה. רַבִּי
יוֹחָנָן בֶּן נוּרִי אוֹמֵר: אֶבֶן הַבָּרָד כַּמָּיִם. כֵּיצַד מַעֲלִין וְלֹא
פוֹסְלִין, מִקְוֶה שֶׁיֵּשׁ בּוֹ אַרְבָּעִים סְאָה חָסֵר אַחַת, נָפַל מֵהֶם
סְאָה לְתוֹכוֹ וְהֶעֱלָהוּ, נִמְצְאוּ מַעֲלִין וְלֹא פּוֹסְלִין: ב אֵלּוּ
פוֹסְלִין וְלֹא מַעֲלִין: הַמַּיִם בֵּין טְמֵאִים בֵּין טְהוֹרִים, וּמֵי
כְבָשִׁים וּמֵי שְׁלָקוֹת, וְהַתֶּמֶד עַד שֶׁלֹּא הֶחֱמִיץ. כֵּיצַד פּוֹסְלִין
וְלֹא מַעֲלִין, מִקְוֶה שֶׁיֵּשׁ בּוֹ אַרְבָּעִים סְאָה חָסֵר קוֹרְטוֹב
וְנָפַל מֵהֶם קוֹרְטוֹב לְתוֹכוֹ, לֹא הֶעֱלָהוּ, וּפוֹסְלוֹ בִּשְׁלֹשָׁה
לֻגִּין. אֲבָל שְׁאָר הַמַּשְׁקִין,[1] וּמֵי פֵרוֹת, וְהַצִּיר, וְהַמֻּרְיָס,
וְהַתֶּמֶד מִשֶּׁהֶחֱמִיץ, פְּעָמִים מַעֲלִין וּפְעָמִים שֶׁאֵינָן מַעֲלִין.
כֵּיצַד, מִקְוֶה שֶׁיֵּשׁ בּוֹ אַרְבָּעִים סְאָה חָסֵר אַחַת, נָפַל לְתוֹכוֹ
סְאָה מֵהֶם, לֹא הֶעֱלָהוּ; הָיוּ בוֹ אַרְבָּעִים סְאָה, נָתַן סְאָה
וְנָטַל סְאָה, הֲרֵי זֶה כָשֵׁר: ג הֵדִיחַ בּוֹ סַלֵּי זֵיתִים וְסַלֵּי
עֲנָבִים, וְשִׁנּוּ אֶת מַרְאָיו, כָּשֵׁר. רַבִּי יוֹסֵי אוֹמֵר: מֵי הַצֶּבַע
פוֹסְלִין אוֹתוֹ בִּשְׁלֹשָׁה לֻגִּין, וְאֵינָן פּוֹסְלִין אוֹתוֹ בְּשִׁנּוּי

---

1. Such as wine, oil, milk, etc.—v. Machshirin 6:4.

combined receptacle] is determined by the sound one; if a small receptacle was placed over a large one [and both are either sound or worn out, the cleanness or uncleanness of the combined receptacle] is determined by the large one; if both were equal [in size and both are either sound or worn out, the cleanness or uncleanness] is determined by the inner one. Rabbi Shimon said: If an [unclean] pan of a balance was patched on to the bottom of a [clean] boiler on the inside, it becomes unclean, but if on the outside, it is clean; if it was patched on to its side, whether on the inside or on the outside, it is clean.

MIKVAOT CHAPTER 7

1. There are things which [when added to or fall into a *mikveh* of less than the prescribed measure of forty *se'ah*] serve to raise the *mikveh* [to its prescribed measure] and do not render it unfit [for ritual immersion]; some make it unfit and do not serve to raise it; and some neither raise it nor make it unfit. The following raise it [to the prescribed measure] and do not make it unfit: snow, hail, frost, ice, salt, and soft mud. Rabbi Akiva said: Rabbi Yishmael took issue with me, saying that snow does not serve to raise the *mikveh* [to its prescribed measure]. But the men of Medeva testified in his name that he told them: Go and bring snow and make with it [even] a completely new *mikveh*. Rabbi Yochanan ben Nuri said: Hailstones are like [drawn] water [which disqualifies the *mikveh*]. How do the [aforementioned] serve to raise [the *mikveh* to its required measure] and not render it unfit? If into a *mikveh* of forty *se'ah* less one fell a *se'ah* of any of these and increased it [to forty]—it is thereby raised [to its prescribed measure] and not rendered unfit.

2. These render a *mikveh* unfit and do not serve to raise it [to the prescribed measure]: Drawn water, whether [ritually] clean or unclean; water that has been used for pickling or cooking; and wine made from grape-skin, pip or lees before it ferments. How do they render it unfit and do not serve to raise it? If into a *mikveh* of forty *se'ah* less one *kortov* fell a *kortov* of any of them, it does not serve to raise [the *mikveh* to forty *se'ah*]; but it is rendered unfit by three *logs* of any of them. Other liquids,[1] however, and fruit juices, fish brine, liquid of pickled fish, and wine made from grape-skin, pip or lees that has fermented, at times serve to raise it [to the prescribed measure] and at times do not serve to raise it. How? If into a *mikveh* of forty *se'ah* less one fell a *se'ah* of any of them, it has not raised [the *mikveh* to its prescribed measure]; but if it contained forty *se'ah*, and a *se'ah* of any of them was put in and then one *se'ah* removed, the *mikveh* remains kosher.

3. If one rinsed in a *mikveh* baskets of olives or baskets of grapes and they changed its color, it remains kosher. Rabbi Yose said: Dye-water renders it unfit by a quantity of three *logs*, but not merely by the change of color. If

מַרְאֶה. נָפַל לְתוֹכוֹ יַיִן וּמָחַל, וְשִׁנּוּ אֶת מַרְאָיו, פָּסוּל. כֵּיצַד
יַעֲשֶׂה, יַמְתִּין לוֹ עַד שֶׁיֵּרְדוּ גְשָׁמִים וְיַחְזְרוּ מַרְאֵיהֶן לְמַרְאֵה
הַמַּיִם; הָיוּ בוֹ אַרְבָּעִים סְאָה, מִמַּלֵּא בַּכָּתֵף, וְנוֹתֵן לְתוֹכוֹ
עַד שֶׁיַּחְזְרוּ מַרְאֵיהֶן לְמַרְאֵה הַמַּיִם: ד **נָפַל** לְתוֹכוֹ יַיִן אוֹ
מָחַל, וְשִׁנּוּ מִקְצָת מַרְאָיו, אִם אֵין בּוֹ מַרְאֵה מַיִם אַרְבָּעִים
סְאָה, הֲרֵי זֶה לֹא יִטְבֹּל בּוֹ: ה **שְׁלֹשָׁה** לֻגִּין מַיִם, וְנָפַל
לְתוֹכָן קוֹרְטוֹב יַיִן, וַהֲרֵי מַרְאֵיהֶן כְּמַרְאֵה הַיַּיִן, וְנָפְלוּ
לַמִּקְוֶה, לֹא פְסָלוּהוּ. שְׁלֹשָׁה לֻגִּין מַיִם חָסֵר קוֹרְטוֹב, וְנָפַל
לְתוֹכָן קוֹרְטוֹב חָלָב, וַהֲרֵי מַרְאֵיהֶן כְּמַרְאֵה הַמַּיִם, וְנָפְלוּ
לַמִּקְוֶה, לֹא פְסָלוּהוּ. רַבִּי יוֹחָנָן בֶּן נוּרִי אוֹמֵר: הַכֹּל הוֹלֵךְ
אַחַר הַמַּרְאֶה: ו **מִקְוֶה** שֶׁיֵּשׁ בּוֹ אַרְבָּעִים סְאָה מְכֻוָּנוֹת,
יָרְדוּ שְׁנַיִם וְטָבְלוּ זֶה אַחַר זֶה, הָרִאשׁוֹן טָהוֹר, וְהַשֵּׁנִי טָמֵא.
רַבִּי יְהוּדָה אוֹמֵר: אִם הָיוּ רַגְלָיו שֶׁל רִאשׁוֹן נוֹגְעוֹת בַּמַּיִם,
אַף הַשֵּׁנִי טָהוֹר. הִטְבִּיל בּוֹ אֶת הַסָּגוֹם וְהֶעֱלָהוּ, מִקְצָתוֹ
נוֹגֵעַ בַּמַּיִם, טָהוֹר. הַכַּר וְהַכֶּסֶת שֶׁל עוֹר, כֵּיוָן שֶׁהִגְבִּיהַּ
שְׂפָתוֹתֵיהֶם מִן הַמַּיִם, הַמַּיִם שֶׁבְּתוֹכָן שְׁאוּבִין. כֵּיצַד יַעֲשֶׂה,
מַטְבִּילָן וּמַעֲלֶה אוֹתָם דֶּרֶךְ שׁוּלֵיהֶם:

ז **הִטְבִּיל** בּוֹ אֶת הַמִּטָּה, אַף עַל פִּי שֶׁרַגְלֶיהָ שׁוֹקְעוֹת
בַּטִּיט הֶעָבֶה, טְהוֹרָה, מִפְּנֵי שֶׁהַמַּיִם מְקַדְּמִין.
מִקְוֶה שֶׁמֵּימָיו מְרֻדָּדִין, כּוֹבֵשׁ אֲפִילוּ חֲבִילֵי עֵצִים, אֲפִילוּ
חֲבִילֵי קָנִים, כְּדֵי שֶׁיִּתְפְּחוּ הַמַּיִם, וְיוֹרֵד וְטוֹבֵל. מַחַט שֶׁהִיא
נְתוּנָה עַל מַעֲלַת הַמְּעָרָה, הָיָה מוֹלִיךְ וּמֵבִיא בַּמַּיִם, כֵּיוָן
שֶׁעָבַר עָלֶיהָ הַגַּל, טְהוֹרָה:

רַבִּי חֲנַנְיָא בֶּן עֲקַשְׁיָא אוֹמֵר: רָצָה הַקָּדוֹשׁ בָּרוּךְ הוּא
לְזַכּוֹת אֶת יִשְׂרָאֵל, לְפִיכָךְ הִרְבָּה לָהֶם תּוֹרָה וּמִצְוֹת,
שֶׁנֶּאֱמַר: יְיָ חָפֵץ לְמַעַן צִדְקוֹ, יַגְדִּיל תּוֹרָה וְיַאְדִּיר:

wine or olive sap fell into it and changed its color, it makes it unfit. What should one do [to render it kosher again if it contains less than forty *se'ah*]? He should wait until it rains and its color returns to the color of water. If, however, it already contained forty *se'ah*, he may fill [buckets of water], carry them on his shoulder, and pour them into the *mikveh* until its color returns to the color of water.

4. If wine or olive sap fell into a *mikveh* and discolored a part of the water, if it does not contain forty *se'ah* which has the color of water, one may not immerse himself in it.

5. If a *kortov* of wine fell into three *logs* of [drawn] water and its color became like the color of wine, and it then fell into a *mikveh* [of less than forty *se'ah*], it does not render the *mikveh* unfit. If a *kortov* of milk fell into three *logs* less a *kortov* of [drawn] water, and its color remained like the color of water, and then it fell into a *mikveh* [of less than forty *se'ah*], it does not render the *mikveh* unfit. Rabbi Yochanan ben Nuri said: Everything depends upon the color.

6. If two people went down and immersed themselves, one after the other, in a *mikveh* which contains exactly forty *se'ah*, the first becomes [ritually] clean but the second remains [ritually] unclean. Rabbi Yehudah said: If the feet of the first were still touching the water [while the second immersed himself], even the second becomes clean. If one immersed a thick mantle in a *mikveh* [of exactly forty *se'ah*], and took it out leaving part of it still touching the water, [if another person immersed himself,] he becomes ritually clean. If a leather pillow or cushion [was immersed in a *mikveh* of exactly forty *se'ah*], when it is taken out of the water by its open end the water within it becomes drawn water [and if three *logs* of it flow back into the *mikveh* they will render it—having now less than forty *se'ah*—unfit]. How is one to remove them [without making the *mikveh* unfit]? He should immerse them and take them out by their closed ends.

7. If one immersed a bed [that is too tall to be immersed all at one time in a *mikveh* of forty *se'ah*] even if its legs sank into the thick mud, it nevertheless becomes ritually clean because the water touched them before [they sank into the mud]. A *mikveh* whose water is too shallow [for proper immersion], one may press down even bundles of sticks, even bundles of reeds, so that the level of the water is raised and then he may go down and immerse himself. A needle which is placed on the step [leading down to a *mikveh*] in a cave, and the water is moved back and forth—as soon as a wave has passed over it, it becomes ritually clean.

רבי Rabbi Chananyah ben Akashya said: The Holy One, blessed be He, wished to make the people of Israel meritorious, therefore He gave them Torah and *mitzvot* in abundant measure, as it is written: The Lord desired, for the sake of his [Israel's] righteousness, to make the Torah great and glorious.[1]

_____

1. Isaiah 42:21.

KADDISH D'RABBANAN

Mourners recite the following Kaddish. Congregation responds אָמֵן as indicated.

יִתְגַּדַּל וְיִתְקַדַּשׁ שְׁמֵהּ רַבָּא. (Cong.—אָמֵן) בְּעָלְמָא דִּי בְרָא
כִרְעוּתֵהּ וְיַמְלִיךְ מַלְכוּתֵהּ, וְיַצְמַח פּוּרְקָנֵהּ וִיקָרֵב
מְשִׁיחֵהּ. (Cong.—אָמֵן) בְּחַיֵּיכוֹן וּבְיוֹמֵיכוֹן וּבְחַיֵּי דְכָל בֵּית
יִשְׂרָאֵל, בַּעֲגָלָא וּבִזְמַן קָרִיב וְאִמְרוּ אָמֵן:

(Cong.—אָמֵן. יְהֵא שְׁמֵהּ רַבָּא מְבָרַךְ לְעָלַם וּלְעָלְמֵי עָלְמַיָּא, יִתְבָּרַךְ.)

יְהֵא שְׁמֵהּ רַבָּא מְבָרַךְ לְעָלַם וּלְעָלְמֵי עָלְמַיָּא, יִתְבָּרַךְ,
וְיִשְׁתַּבַּח, וְיִתְפָּאַר, וְיִתְרוֹמַם, וְיִתְנַשֵּׂא, וְיִתְהַדָּר, וְיִתְעַלֶּה,
וְיִתְהַלָּל, שְׁמֵהּ דְּקוּדְשָׁא בְּרִיךְ הוּא. (Cong.—אָמֵן) לְעֵלָּא מִן כָּל
בִּרְכָתָא וְשִׁירָתָא, תֻּשְׁבְּחָתָא וְנֶחֱמָתָא, דַּאֲמִירָן בְּעָלְמָא,
וְאִמְרוּ אָמֵן: (Cong.—אָמֵן) עַל יִשְׂרָאֵל וְעַל רַבָּנָן, וְעַל
תַּלְמִידֵיהוֹן וְעַל כָּל תַּלְמִידֵי תַלְמִידֵיהוֹן, וְעַל כָּל מָאן דְּעָסְקִין
בְּאוֹרַיְתָא, דִּי בְאַתְרָא הָדֵין וְדִי בְכָל אֲתַר וַאֲתַר, יְהֵא לְהוֹן
וּלְכוֹן שְׁלָמָא רַבָּא חִנָּא וְחִסְדָּא וְרַחֲמִין וְחַיִּין אֲרִיכִין וּמְזוֹנָא
רְוִיחָא וּפוּרְקָנָא מִן קֳדָם אֲבוּהוֹן דְּבִשְׁמַיָּא וְאִמְרוּ אָמֵן:
(Cong.—אָמֵן) יְהֵא שְׁלָמָא רַבָּא מִן שְׁמַיָּא וְחַיִּים טוֹבִים עָלֵינוּ
וְעַל כָּל יִשְׂרָאֵל, וְאִמְרוּ אָמֵן: (Cong.—אָמֵן)

Take three steps back, then bow right saying עֹשֶׂה הַשָּׁלוֹם בִּמְרוֹמָיו, bow forward saying הוּא,
bow left saying וְעַל כָּל יִשְׂרָאֵל, and bow forward saying יַעֲשֶׂה שָׁלוֹם עָלֵינוּ אָמֵן וְאִמְרוּ.

After Yom Kippur substitute שָׁלוֹם for הַשָּׁלוֹם.

עֹשֶׂה הַשָּׁלוֹם בִּמְרוֹמָיו, הוּא יַעֲשֶׂה שָׁלוֹם עָלֵינוּ וְעַל כָּל
יִשְׂרָאֵל, וְאִמְרוּ אָמֵן: (Cong.—אָמֵן)

in the world; and say, Amen. (Cong: Amen.) Upon Israel, and upon our Sages,
and upon their disciples, and upon all the disciples of their disciples, and upon
all those who occupy themselves with the Torah, here or in any other place, upon
them and upon you, may there be abundant peace, grace, kindness, compassion,
long life, ample sustenance and deliverance, from their Father in heaven; and say,
Amen. (Cong: Amen.) May there be abundant peace from heaven, and a good
life for us and for all Israel; and say, Amen. (Cong: Amen.) He who makes peace
(the peace) in His heavens, may He make peace for us and for all Israel; and say,
Amen. (Cong: Amen.)

KADDISH D'RABBANAN

Mourners recite the following Kaddish. Congregation responds Amen as indicated.

יתגדל *Yis-gadal v'yis-kadash sh'mayh rabö.* (Cong: *Ömayn*)

B'öl'mö di v'rö chir'u-sayh v'yamlich mal'chusayh, v'yatzmach pur-könayh vikörayv m'shi chayh. (Cong. *Ömayn*)

B'cha-yay-chon u-v'yomaychon u-v'cha-yay d'chöl bays yisrö-ayl, ba-agölö u-viz'man köriv v'im'ru ömayn.

(Cong: *Ömayn. Y'hay sh'mayh rabö m'vörach l'ölam u-l'öl'may öl'ma-yö, yisböraych.*)

Y'hay sh'mayh rabö m'vörach l'ölam u-l'öl'may öl'ma-yö. Yisböraych, v'yishtabach, v'yispö-ayr, v'yisromöm, v'yis-nasay, v'yis-hadör, v'yis-aleh, v'yis-halöl, sh'mayh d'kudshö b'rich hu. (Cong: *Ömayn*)

L'aylö min köl bir-chösö v'shirösö, tush-b'chösö v'neche-mösö, da-amirön b'öl'mö, v'im'ru ömayn. (Cong: *Ömayn*)

Al yisrö-ayl v'al rabönön, v'al tal-midayhon, v'al köl tal-miday sal-midayhon, v'al köl mön d'ös'kin b'ora-y'sö, di v'asrö hödayn, v'di v'chöl asar v'asar. Y'hay l'hon u-l'chon shlömö rabö, chinö v'chisdö v'rachamin v'cha-yin arichin, u-m'zonö r'vichö u-furkönö min ködöm avu-hon d'vish'ma-yö v'im'ru ömayn. (Cong: *Ömayn*)

Y'hay sh'lömö rabö min sh'ma-yö, v'cha-yim tovim ölaynu v'al köl yisrö-ayl v'im'ru ömayn. (Cong: *Ömayn*)

Take three steps back, then bow right saying *Oseh ha-shölom* bim'romöv, bow forward saying *hu*, bow left saying *ya-aseh shölom ölaynu*, and bow forward saying *v'al köl yisrö-ayl, v'im'ru ömayn.*

After Yom Kippur substitute *shölom* for *ha-shölom*.

Oseh ha-shölom bim'romöv, hu ya-a-seh shölom ölaynu v'al köl yisrö-ayl, v'im'ru ömayn. (Cong: *Ömayn*)

יתגדל Exalted and hallowed be His great Name (Cong: Amen.) throughout the world which He has created according to His will. May He establish His kingship, bring forth His redemption and hasten the coming of His Mashiach (Cong: Amen.) in your lifetime and in your days and in the lifetime of the entire House of Israel, speedily and soon, and say, Amen. (Cong: Amen. May His great Name be blessed forever and to all eternity. Blessed.) May His great Name be blessed forever and to all eternity. Blessed and praised, glorified, exalted and extolled, honored, adored and lauded be the Name of the Holy One, blessed be He, (Cong: Amen.) beyond all the blessings, hymns, praises and consolations that are uttered

קטעים מפסקי אדמו"ר הזקן בסדורו
(החלקים שנדפסו במחזור השלם ליום הכפורים)

סדר כפרות

בערב יום הכיפורים מנהג לשחוט תרנגול לבן הנקרא גבר ושוחטים אותו באשמורת הבוקר אחר סליחות כי אז חוט של חסד גובר בעולם ואנו שוחטין אותו להכניע הגבורות ומוציאין ממנו דמו כדי להמתיקו ונקרא כפרה כמו שעיר המשתלח.

ויהיו הכפרות כפי חשבון בני אדם שבבית זכר לזכר נקבה לנקבה ולמעוברת שוחט ג' אחת בשבילה זכר ונקבה בשביל ספק הולד.

ויאמר ג' פעמים בני אדם.

בערב יום הכפורים יש להרבות באכילה ושתיה כמו שיעור ב' ימים ערב יום כיפורים ויום הכיפורים.

מלקות ילקו קודם טבילה ומנחה.

כל נדרי

בענין הספרים שמוציאין ליל יום הכפורים ואומרים עליהם כל נדרי היא מצוה גדולה לקנות ספר ראשון ויאמר פסוק: אור זרוע לצדיק ולישרי לב שמחה.

קבלת שבת

בשבת קודם ברכו אומרים זה המאמר והוא מזוהר פרשת תרומה כגוונא כו'. ביחיד יאמר ג"כ סיום המאמר אחר בנהירו דאנפין ולומר כו'.

תפלת ערבית

מנהג העולם לומר קודם חצי קדיש בחול ברוך ה' לעולם אמן ואמן ובשבת ושמרו (וביום טוב וראש השנה ויום הכפורים פסוקים אחרים מעין קדושת היום), ויש להם על מה שיסמוכו, אבל הנוהגין שלא לומר בחול ברוך ה' לעולם אמן ואמן מפני חשש הפסק, גם בשבת (ויום טוב וראש השנה ויום הכפורים) אין להפסיק בפסוקים. [כשחל יוהכ"פ בשבת] ואומר הש"ץ ברכה מעין ז'.

ליל יום כפור

וטוב שלא לישן בליל יום הכפורים אלא לעסוק בתורה.

אחר ערבית יש לומר ד' מזמורים הראשונים שבתהלים כי יש בהם ש"י תיבות כמנין קרי. ור"ת וס"ת מהמזמורים מנין קל"א כמנין סמא"ל כדי להנצל מקרי. וגם יכוין בשם יהו"ה בנקוד בְּרִית.

ברכות השחר

כל הברכות הללו מברך אפילו לא נתחייב בהן, כגון שניעור כל הלילה ולא פשט בגדיו ולא לבש אחרים, אלא שאם ניעור כל הלילה ולא נתחייב בהן, אינו מברך אלא

לאחר שיעלה עמוד השחר, אבל אם ישן בלילה ונתחייב בהן יכול לברך מיד שנתחייב
בהן, ובלבד שיהי' מחצות לילה ואילך. ואם ניעור כל הלילה ושמע קול תרנגול מחצות
ואילך, יכול לברך 'הנותן לשכוי בינה'. אבל על שמיעה שקודם חצות לא יברך, אלא
ימתין עד לאחר שיעלה עמוד השחר.

ברכת התורה צריך ליזהר בה מאד, ואסור לו גו' ולהוציא דברי תורה מפיו עד שיברך.
ומי שישן בלילה מברך בקומו מחצות הלילה ואילך, ואם ניעור כל הלילה מברך
כשיאור היום כמו כל ברכת השחר.

הלכות ציצית

[עטיפת הטלית]

בהתעטפו יכוין שצונו הקב"ה להתעטף בו כדי שנזכור כל מצותיו לעשותם, שנאמר
"וראיתם אותו וזכרתם" וגו'. העטיפה צריכה להיות מעומד וגם הברכה צריך להיות
מעומד לכתחלה. וקודם שיתחיל להתעטף יברך: (ברוך ... להתעטף וכו')
ויכסה ראשו ויתעטף כעטיפת הישמעאלים דהיינו שיכרוך הטלית עם הב' כנפות של
צד ימין סביב צוארו ויחזירנו לאחוריו דרך צד שמאל, וב' כנפות האחרים של צד
שמאל יהיו דרך הפנים, ונמצאו כל הד' ציצית מצד שמאל, שתים לפניו ושתים
לאחריו. וצריך שיהא מעוטף מלפניו ומלאחריו עד החזה (ואין צריך לכסות ראשו עד
פיו), ויעמוד כך לפחות כדי הילוך ארבע אמות אחר הברכה, ואחר כך יפשילנו כמנהג
המקום. ומכל מקום מצוה להיות עטוף בטלית גדול כל זמן התפלה, שיכסה בו ראשו
וגופו מלפניו ומלאחריו סביב הזרועות, שיהא מונח צד ימין על שמאל. וטוב יותר
להשליך כנף הא' של ימין על כתף שמאל לאחוריו ונמצא כולו מעוטף בו עטיפה
גמורה כעטיפת הישמעאלים קצת.

ובשעת עטיפת הטלית יאמר זה: (מה יקר וכו')

שחרית

נכון לומר קודם התפלה: הריני מקבל עלי מצות־עשה של "ואהבת לרעך כמוך".
נכון מאד לומר בכל יום פרשת תרומת הדשן וסידור המערכה, ויכול לאומרה אפילו
קודם אור היום בחורף, ובקיץ יאמרנה קודם פרשת התמיד.

[סדר הוצאת ספר תורה]

ש"ץ וקהל: (שמע, אחד א-להינו) ואומר הש"ץ: (גדלו) והקהל עונין: (לך ה', על
הכל, אב הרחמים)

יחיד המתפלל אינו צריך לומר יקום פורקן זה ולא מי שברך.

מוסף ליום הכפורים

קבלה בשם הרוקח כשהחזן אומר הוא אלהינו אין עוד יאמרו הקהל פסוקים אלו:
אתה הראת גו'.

בכאן [במוסף, אחרי לה' חטאת] אין צריך לכרוע.

ברכת כהנים

נהגו בכל מדינות אלו שאין נושאים כפים אלא ביום טוב שאז שרויים בשמחת יום טוב ונושאים כפים במוסף אפילו חל בשבת וכן יום הכפורים. לכתחלה יעקור כל כהן ממקומו כשמתחיל השליח-ציבור רצה. אם אינו עוקר רגליו קודם שסיים השליח-ציבור ברכת עבודה שוב אינו עולה. אחר שענו מודים עם השליח-ציבור יאמרו תפלה זו (יהי רצון מלפניך וכו'). ויאריכו בה שיגמור הש"ץ הברכה כדי שיענו הציבור אמן על שתיהם.

יאמר הַמַּקְרֵא או"א ברכנו וכו' עד שמגיע לתיבת כהנים וכשמגיע לכהנים קורא בקול רם "כֹּהֲנִים", והוא קריאה לכהנים. ואחר כך מסיים ואומר "עַם קְדוֹשֶׁךָ כָּאָמוּר", והכהנים מחזירים פניהם כלפי העם ומברכין: ברוך אתה ה' כו' באהבה: אמן, וּמַקְרֵא להם כל מלה ומלה.

אין רשאין להתחיל יברכך עד שיכלה אמן מפי כל הצבור, ואין הכהנים רשאין להתחיל בתיבה עד שתכלה מפי המקרא, ואין הצבור עונים אמן עד שתכלה הברכה מפי הכהנים.

עם שאחורי הכהנים אינם בכלל ברכה, אבל מלפניהם ומצדיהם אפילו מחיצה של ברזל אינה מפסקת בין ישראל לאביהם שבשמים, רק שיחזירו פניהם נגד פני הכהנים ולא יחזירו פניהם אנה ואנה, שנשיאת כפים אינה אלא פנים כנגד פנים, וצריך לשמוע ולכוין לברכתם. ואין לומר הפסוקים, רק ה'רבונו של עולם' בשעה שמנגנים. בשעה שהכהנים מנגנים תיבת יברך וישם לך שלום יאמר זה: (רבונו של עולם כו'). מוספין קודמין לבזיכין, לזאת נכון לומר פ' בזיכין ולחם הפנים אחר תפלת מוסף.

סדר הבדלה

בשעת ברכת בורא מיני בשמים צריך לאחוז הכוס בשמאלו והבשמים בימינו ובשעת ברכת בורא מאורי האש צריך לאחוז הכוס בימינו. ואח"כ יביט בצפרנים, ויחזור ויאחז הכוס בימינו בברכת הבדלה.

בברכת בורא מאורי האש יביט בד' צפרניו והמה יהיו כפוים על האגודל ולא יראה האגודל.

אחר הבדלה אומרים ויתן לך.

סדר קידוש לבנה

על פי הקבלה אין לקדש הלבנה עד אחר ז' ימים למולד. ויש לקדש הלבנה בבגדים חשובים ונאים. וקודם הברכה יאמר: הללוי' הללו את ה' וגו', יאשר רגליו ויביט בלבנה פעם א' קודם הברכה וכשיתחיל לברך לא יראה בה כלל. ידלג שלשה דלוגים ויאמר: ברוך עושך כו'. ככה יעשה ג' פעמים. ידלג שלשה דילוגים ואומר ברוך עושך עד כאן [עליהם תפול].

ואומר לחבירו: שלום עליכם. וחבירו משיב: עליכם שלום. ג' פעמים. [אחרי עלינו וקדיש יתום]: וינער שולי טלית קטן.

APPENDIX

❧

VERSES FOR PEOPLE'S NAMES

It is customary to recite a verse symbolizing one's name before the second יְהִיוּ לְרָצוֹן at the conclusion of the Amidah. The verse should begin and end with the first and last letters of the name. Following is a selection of first and last letters of names, with appropriate verses:

א...א: אָנָּא יְיָ הוֹשִׁיעָה נָּא אָנָּא יְיָ הַצְלִיחָה נָּא.[1]

א...ד: אַזְכִּירָה שִׁמְךָ בְּכָל דֹּר וָדֹר עַל כֵּן עַמִּים יְהוֹדֻךָ לְעוֹלָם וָעֶד.[2]

א...ה: אַשְׁרֵי מַשְׂכִּיל אֶל דָּל בְּיוֹם רָעָה יְמַלְּטֵהוּ יְיָ.[3]

א...ו: אַשְׁרֵי שֶׁאֵל יַעֲקֹב בְּעֶזְרוֹ שִׂבְרוֹ עַל יְיָ אֱלֹהָיו.[4]

א...י: אָמְרֵי הַאֲזִינָה יְיָ בִּינָה הֲגִיגִי.[5]

א...ך: אָמַרְתְּ לַיְיָ אֲדֹנָי אָתָּה טוֹבָתִי בַּל עָלֶיךָ.[6]

א...ל: אֶרֶץ רָעָשָׁה אַף שָׁמַיִם נָטְפוּ מִפְּנֵי אֱלֹהִים זֶה סִינַי מִפְּנֵי אֱלֹהִים אֱלֹהֵי יִשְׂרָאֵל.[7]

א...ם: אַתָּה הוּא יְיָ הָאֱלֹהִים אֲשֶׁר בָּחַרְתָּ בְּאַבְרָם וְהוֹצֵאתוֹ מֵאוּר כַּשְׂדִּים וְשַׂמְתָּ שְּׁמוֹ אַבְרָהָם.[8]

א...ן: אֵלֶיךָ יְיָ אֶקְרָא וְאֶל יְיָ אֶתְחַנָּן.[9]

א...ע: אָמַר בְּלִבּוֹ בַּל אֶמּוֹט לְדֹר וָדֹר אֲשֶׁר לֹא בְרָע.[10]

א...ק: אֲשֶׁר כָּרַת אֶת אַבְרָהָם וּשְׁבוּעָתוֹ לְיִשְׂחָק.[11]

א...ר: אֵלֶּה בָרֶכֶב וְאֵלֶּה בַסּוּסִים וַאֲנַחְנוּ בְּשֵׁם יְיָ אֱלֹהֵינוּ נַזְכִּיר.[12]

ב...א: בֵּית אַהֲרֹן בִּטְחוּ בַיְיָ עֶזְרָם וּמָגִנָּם הוּא.[13]

ב...ה: בַּעֲבוּר יִשְׁמְרוּ חֻקָּיו וְתוֹרֹתָיו יִנְצֹרוּ הַלְלוּיָהּ.[14]

ב...ז: בְּיוֹם קָרָאתִי וַתַּעֲנֵנִי תַּרְהִבֵנִי בְנַפְשִׁי עֹז.[15]

ב...ך: בָּרוּךְ אַתָּה יְיָ לַמְּדֵנִי חֻקֶּיךָ.[16]

ב...ל: בְּמַקְהֵלוֹת בָּרְכוּ אֱלֹהִים אֲדֹנָי מִמְּקוֹר יִשְׂרָאֵל.[17]

ב...ן: בָּרוּךְ יְיָ אֱלֹהֵי יִשְׂרָאֵל מֵהָעוֹלָם וְעַד הָעוֹלָם אָמֵן וְאָמֵן.[18]

ב...ע: בְּחֶסֶד וֶאֱמֶת יְכֻפַּר עָוֹן וּבְיִרְאַת יְיָ סוּר מֵרָע.[19]

ב...ר: בְּנוֹת מְלָכִים בִּיקְרוֹתֶיךָ נִצְּבָה שֵׁגַל לִימִינְךָ בְּכֶתֶם אוֹפִיר.[20]

ג...ד: גַּאֲוַת אָדָם תַּשְׁפִּילֶנּוּ וּשְׁפַל רוּחַ יִתְמֹךְ כָּבוֹד.[21]

ג...ה: גּוֹל עַל יְיָ דַּרְכֶּךָ וּבְטַח עָלָיו וְהוּא יַעֲשֶׂה.[22]

ג...ל: גַּם אֲנִי אוֹדְךָ בִכְלִי נֶבֶל אֲמִתְּךָ אֱלֹהָי אֲזַמְּרָה לְךָ בְכִנּוֹר קְדוֹשׁ יִשְׂרָאֵל.[23]

ג...ם: גְּדֹלִים מַעֲשֵׂי יְיָ דְּרוּשִׁים לְכָל חֶפְצֵיהֶם.[24]

ג...ן: גַּם בְּנֵי אָדָם גַּם בְּנֵי אִישׁ יַחַד עָשִׁיר וְאֶבְיוֹן.[25]

ד...ב: דִּרְשׁוּ יְיָ בְּהִמָּצְאוֹ קְרָאֻהוּ בִּהְיוֹתוֹ קָרוֹב.[26]

ד...ד: דִּרְשׁוּ יְיָ וְעֻזּוֹ בַּקְּשׁוּ פָנָיו תָּמִיד.[27]

ד...ה: דְּאָגָה בְלֶב אִישׁ יַשְׁחֶנָּה וְדָבָר טוֹב יְשַׂמְּחֶנָּה.[28]

ד...ל: דָּן יָדִין עַמּוֹ כְּאַחַד שִׁבְטֵי יִשְׂרָאֵל.[29]

ד...ם: דְּרָכֶיהָ דַרְכֵי נֹעַם וְכָל נְתִיבֹתֶיהָ שָׁלוֹם.[30]

ד...ן: דַּבֵּר אֶל בְּנֵי יִשְׂרָאֵל וְאָמַרְתָּ אֲלֵהֶם כִּי אַתֶּם עֹבְרִים אֶת הַיַּרְדֵּן אֶל אֶרֶץ כְּנָעַן.[31]

---

1. Psalms 118:25. **2.** Ibid. 45:18. **3.** Ibid. 41:2. **4.** Ibid. 146:5. **5.** Ibid. 5:2. **6.** Ibid. 16:2. **7.** Ibid. 68:9. **8.** Nehemiah 9:7. **9.** Psalms 30:9. **10.** Ibid. 10:6. **11.** Ibid. 105:9. **12.** Ibid. 20:8. **13.** Ibid. 115:10. **14.** Ibid. 105:45. **15.** Ibid. 138:3. **16.** Ibid. 119:12. **17.** Ibid. 68:27. **18.** Ibid. 41:14. **19.** Proverbs 16:6. **20.** Psalms 45:10. **21.** Proverbs 29:23. **22.** Psalms 37:5. **23.** Ibid. 71:22. **24.** Ibid. 111:2. **25.** Ibid. 49:3. **26.** Isaiah 55:6. **27.** Psalms 105:4. **28.** Proverbs 12:25. **29.** Genesis 49:16. **30.** Proverbs 3:17. **31.** Numbers 33:51.

ד...ר: דָּן וְנַפְתָּלִי גָּד וְאָשֵׁר.32

ה...א: הַצּוּר תָּמִים פָּעֳלוֹ כִּי כָל דְּרָכָיו מִשְׁפָּט אֵל אֱמוּנָה וְאֵין עָוֶל צַדִּיק וְיָשָׁר הוּא.33

ה...ה: הָפַכְתָּ מִסְפְּדִי לְמָחוֹל לִי פִּתַּחְתָּ שַׂקִּי וַתְּאַזְּרֵנִי שִׂמְחָה.34

ה...ך: הָקֵם לְעַבְדְּךָ אִמְרָתֶךָ אֲשֶׁר לְיִרְאָתֶךָ.35

ה...ל: הַקְשִׁיבָה לְקוֹל שַׁוְעִי מַלְכִּי וֵאלֹהָי כִּי אֵלֶיךָ אֶתְפַּלָּל.36

ה...ש: הָבוּ לַיָי כְּבוֹד שְׁמוֹ הִשְׁתַּחֲווּ לַיָי בְּהַדְרַת קֹדֶשׁ.37

ו...ל: וְאַתָּה קָדוֹשׁ יוֹשֵׁב תְּהִלּוֹת יִשְׂרָאֵל.38

ו...פ: וְכַתּוֹתִי מִפָּנָיו צָרָיו וּמְשַׂנְאָיו אֶגּוֹף.39

ז...ב: זֵכֶר צַדִּיק לִבְרָכָה וְשֵׁם רְשָׁעִים יִרְקָב.40

ז...ד: זֹאת אֲשֶׁר לַלְוִיִּם מִבֶּן חָמֵשׁ וְעֶשְׂרִים שָׁנָה וָמַעְלָה יָבוֹא לִצְבֹא צָבָא בַּעֲבֹדַת אֹהֶל מוֹעֵד.41

ז...ה: זֹאת מְנוּחָתִי עֲדֵי עַד פֹּה אֵשֵׁב כִּי אִוִּתִיהָ.42

ז...ח: זָכַרְתִּי יָמִים מִקֶּדֶם הָגִיתִי בְכָל פָּעֳלֶךָ בְּמַעֲשֵׂה יָדֶיךָ אֲשׂוֹחֵחַ.43

ז...ל: זֹאת חֻקַּת הַתּוֹרָה אֲשֶׁר צִוָּה יָי לֵאמֹר דַּבֵּר אֶל בְּנֵי יִשְׂרָאֵל וְיִקְחוּ אֵלֶיךָ פָרָה אֲדֻמָּה תְּמִימָה אֲשֶׁר אֵין בָּהּ מוּם אֲשֶׁר לֹא עָלָה עָלֶיהָ עֹל.44

ז...ן: זְבוּלֻן לְחוֹף יַמִּים יִשְׁכֹּן וְהוּא לְחוֹף אֳנִיֹּת וְיַרְכָתוֹ עַל צִידֹן.45

ח...א: חִדְלוּ לָכֶם מִן הָאָדָם אֲשֶׁר נְשָׁמָה בְּאַפּוֹ כִּי בַמֶּה נֶחְשָׁב הוּא.46

ח...ה: חַרְבָּם תָּבוֹא בְלִבָּם וְקַשְּׁתוֹתָם תִּשָּׁבַרְנָה.47

ח...ך: חֲצוֹת לַיְלָה אָקוּם לְהוֹדוֹת לָךְ עַל מִשְׁפְּטֵי צִדְקֶךָ.48

ח...ל: חָדְלוּ פְרָזוֹן בְּיִשְׂרָאֵל חָדֵלּוּ עַד שַׁקַּמְתִּי דְּבוֹרָה שַׁקַּמְתִּי אֵם בְּיִשְׂרָאֵל.49

ח...ם: הִנֵּה מַלְאַךְ יָי סָבִיב לִירֵאָיו וַיְחַלְּצֵם.50

ט...א: טוֹב יָנְחִיל בְּנֵי בָנִים וְצָפוּן לַצַּדִּיק חֵיל חוֹטֵא.51

ט...ה: טָמְנוּ גֵאִים פַּח לִי וַחֲבָלִים פָּרְשׂוּ רֶשֶׁת לְיַד מַעְגָּל מֹקְשִׁים שָׁתוּ לִי סֶלָה.52

י...א: יִתֶּן לְךָ כִלְבָבֶךָ וְכָל עֲצָתְךָ יְמַלֵּא.53

י...ב: יַעַנְךָ יָי בְּיוֹם צָרָה יְשַׂגֶּבְךָ שֵׁם אֱלֹהֵי יַעֲקֹב.54

י...ד: יֹאכְלוּ עֲנָוִים וְיִשְׂבָּעוּ יְהַלְלוּ יָי דֹּרְשָׁיו יְחִי לְבַבְכֶם לָעַד.55

י...ה: יָי הַצִּילָה נַפְשִׁי מִשְּׂפַת שֶׁקֶר מִלָּשׁוֹן רְמִיָּה.56

י...ו: יִרְאֵה יָי טְהוֹרָה עוֹמֶדֶת לָעַד מִשְׁפְּטֵי יָי אֱמֶת צָדְקוּ יַחְדָּו.57

י...ט: יָדִין עַמְּךָ בְצֶדֶק וַעֲנִיֶּיךָ בְמִשְׁפָּט.58

י...י: יָי לִי בְּעֹזְרָי וַאֲנִי אֶרְאֶה בְשֹׂנְאָי.59

י...ל: יְמִין יָי רוֹמֵמָה יְמִין יָי עֹשָׂה חָיִל.60

י...ם: יַעְלְזוּ חֲסִידִים בְּכָבוֹד יְרַנְּנוּ עַל מִשְׁכְּבוֹתָם.61

י...ן: יָשֵׂם נְהָרוֹת לְמִדְבָּר וּמֹצָאֵי מַיִם לְצִמָּאוֹן.62

י...ע: יָחֹס עַל דַּל וְאֶבְיוֹן וְנַפְשׁוֹת אֶבְיוֹנִים יוֹשִׁיעַ.63

י...פ: יָי יִגְמֹר בַּעֲדִי יָי חַסְדְּךָ לְעוֹלָם מַעֲשֵׂי יָדֶיךָ אַל תֶּרֶף.64

י...ץ: יְבָרְכֵנוּ אֱלֹהִים וְיִירְאוּ אוֹתוֹ כָּל אַפְסֵי אָרֶץ.65

---

32. Exodus 1:4.　**33.** Deuteronomy 32:4.　**34.** Psalms 30:12.　**35.** Ibid. 119:38.　**36.** Ibid. 5:3.
37. Ibid. 99:2.　**38.** Ibid. 22:4.　**39.** Ibid. 89:24.　**40.** Proverbs 10:7.　**41.** Numbers 8:24.
42. Psalms 132:14.　**43.** Ibid. 143:5.　**44.** Numbers 19:2.　**45.** Genesis 49:13.　**46.** Isaiah 2:22.
47. Psalms 37:15.　**48.** Ibid. 119:62.　**49.** Judges 5:7.　**50.** Psalms 34:8.　**51.** Proverbs 13:22.
52. Psalms 140:6.　**53.** Ibid. 20:5.　**54.** Ibid. 20:2.　**55.** Ibid. 22:27.　**56.** Ibid. 120:2.　**57.** Ibid.
19:10.　**58.** Ibid. 72:2.　**59.** Ibid. 118:7.　**60.** Ibid. 118:16.　**61.** Ibid. 149:5.　**62.** Ibid. 107:33.
63. Ibid. 72:13.　**64.** Ibid. 138:8.　**65.** Ibid. 67:8.

י...ק: יוֹצִיאֵם מֵחֹשֶׁךְ וְצַלְמָוֶת וּמוֹסְרוֹתֵיהֶם יְנַתֵּק.[1]

י...ר: יֹאמְרוּ גְּאוּלֵי יְיָ אֲשֶׁר גְּאָלָם מִיַּד צָר.[2]

כ...ב: כִּי לֹא יִטֹּשׁ יְיָ עַמּוֹ וְנַחֲלָתוֹ לֹא יַעֲזֹב.[3]

כ...ל: כִּי מֶלֶךְ כָּל הָאָרֶץ אֱלֹהִים זַמְּרוּ מַשְׂכִּיל.[4]

ל...א: לְדָוִד אֵלֶיךָ יְיָ נַפְשִׁי אֶשָּׂא.[5]

ל...ב: לֶךְ נָא אֶל הַצֹּאן וְקַח לִי מִשָּׁם שְׁנֵי גְּדָיֵי עִזִּים טֹבִים וְאֶעֱשֶׂה אֹתָם מַטְעַמִּים לְאָבִיךָ כַּאֲשֶׁר אָהֵב.[6]

ל...ה: לַייָ הַיְשׁוּעָה עַל עַמְּךָ בִרְכָתֶךָ סֶּלָה.[7]

ל...י: לוּלֵי תוֹרָתְךָ שַׁעֲשֻׁעָי אָז אָבַדְתִּי בְעָנְיִי.[8]

ל...ן: לְעֻמַּת הַמִּסְגֶּרֶת תִּהְיֶיןָ הַטַּבָּעֹת לְבָתִּים לְבַדִּים לָשֵׂאת אֶת הַשֻּׁלְחָן.[9]

ל...ת: לַמְנַצֵּחַ עַל שֹׁשַׁנִּים לִבְנֵי קֹרַח מַשְׂכִּיל שִׁיר יְדִידֹת.[10]

מ...א: מוֹנֶה מִסְפָּר לַכּוֹכָבִים לְכֻלָּם שֵׁמוֹת יִקְרָא.[11]

מ...ד: מִזְמוֹר שִׁיר חֲנֻכַּת הַבַּיִת לְדָוִד.[12]

מ...ה: מַחֲשָׁבוֹת בְּעֵצָה תִכּוֹן וּבְתַחְבֻּלוֹת עֲשֵׂה מִלְחָמָה.[13]

מ...ו: מַה דּוֹדֵךְ מִדּוֹד הַיָּפָה בַּנָּשִׁים מַה דּוֹדֵךְ מִדּוֹד שֶׁכָּכָה הִשְׁבַּעְתָּנוּ.[14]

מ...ח: מִן הָאָרֶץ הַהִוא יָצָא אַשּׁוּר וַיִּבֶן אֶת נִינְוֵה וְאֶת רְחֹבֹת עִיר וְאֶת כָּלַח.[15]

מ...י: מָה אָהַבְתִּי תוֹרָתֶךָ כָּל הַיּוֹם הִיא שִׂיחָתִי.[16]

מ...ל: מַה טֹּבוּ אֹהָלֶיךָ יַעֲקֹב מִשְׁכְּנֹתֶיךָ יִשְׂרָאֵל.[17]

מ...ם: מְאוֹר עֵינַיִם יְשַׂמַּח לֵב שְׁמוּעָה טוֹבָה תְּדַשֶּׁן עָצֶם.[18]

מ...ס: מְקוֹר חַיִּים פִּי צַדִּיק וּפִי רְשָׁעִים יְכַסֶּה חָמָס.[19]

מ...ר: מִי זֶה הָאִישׁ יְרֵא יְיָ יוֹרֶנּוּ בְּדֶרֶךְ יִבְחָר.[20]

נ...א: נַפְשֵׁנוּ חִכְּתָה לַייָ עֶזְרֵנוּ וּמָגִנֵּנוּ הוּא.[21]

נ...ה: נְקִי כַפַּיִם וּבַר לֵבָב אֲשֶׁר לֹא נָשָׂא לַשָּׁוְא נַפְשִׁי וְלֹא נִשְׁבַּע לְמִרְמָה.[22]

נ...ח: נֶגְבָּה לְאֶפְרַיִם וְצָפוֹנָה לִמְנַשֶּׁה וַיְהִי הַיָּם גְּבוּלוֹ וּבְאָשֵׁר יִפְגְּעוּן מִצָּפוֹן וּבְיִשָּׂשכָר מִמִּזְרָח.[23]

נ...י: נָכוֹן לִבִּי אֱלֹהִים אָשִׁירָה וַאֲזַמְּרָה אַף כְּבוֹדִי.[24]

נ...ל: נֶחְשַׁבְתִּי עִם יוֹרְדֵי בוֹר הָיִיתִי כְּגֶבֶר אֵין אֱיָל.[25]

נ...ם: נַעַר הָיִיתִי גַּם זָקַנְתִּי וְלֹא רָאִיתִי צַדִּיק נֶעֱזָב וְזַרְעוֹ מְבַקֶּשׁ לָחֶם.[26]

נ...ן: נָהָר פְּלָגָיו יְשַׂמְּחוּ עִיר אֱלֹהִים קְדֹשׁ מִשְׁכְּנֵי עֶלְיוֹן.[27]

ס...ה: סֹבּוּ צִיּוֹן וְהַקִּיפוּהָ סִפְרוּ מִגְדָּלֶיהָ.[28]

ס...י: סֵעֲפִים שָׂנֵאתִי וְתוֹרָתְךָ אָהָבְתִּי.[29]

ס...ר: סְמוּכִים לָעַד לְעוֹלָם עֲשׂוּיִם בֶּאֱמֶת וְיָשָׁר.[30]

ע...א: עַתָּה אָקוּם יֹאמַר יְיָ עַתָּה אֵרוֹמָם עַתָּה אֶנָּשֵׂא.[31]

ע...ב: עַד אֶמְצָא מָקוֹם לַייָ מִשְׁכָּנוֹת לַאֲבִיר יַעֲקֹב.[32]

ע...ה: עָזִּי וְזִמְרָת יָהּ וַיְהִי לִי לִישׁוּעָה.[33]

ע...ל: עַל דַּעְתְּךָ כִּי לֹא אֶרְשָׁע וְאֵין מִיָּדְךָ מַצִּיל.[34]

ע...ם: עִם חָסִיד תִּתְחַסָּד עִם גְּבַר תָּמִים תִּתַּמָּם.[35]

ע...ס: וַיַּעַן עָמוֹס וַיֹּאמֶר אֶל אֲמַצְיָה לֹא נָבִיא אָנֹכִי וְלֹא בֶן נָבִיא אָנֹכִי כִּי בוֹקֵר אָנֹכִי וּבוֹלֵס שִׁקְמִים.[36]

---

1. Psalms 107:14. **2.** Ibid. 107:2. **3.** Ibid. 94:14. **4.** Ibid. 47:8. **5.** Ibid. 25:1. **6.** Genesis 27:9. **7.** Psalms 3:9. **8.** Ibid. 119:92. **9.** Exodus 25:27. **10.** Psalms 45:1. **11.** Ibid. 147:4. **12.** Ibid. 30:1. **13.** Proverbs 20:18. **14.** Song of Songs 5:9. **15.** Genesis 10:11. **16.** Psalms 119:97. **17.** Numbers 24:5. **18.** Proverbs 15:30. **19.** Ibid. 10:11. **20.** Psalms 25:12. **21.** Ibid. 33:20. **22.** Ibid. 24:4. **23.** Joshua 17:10. **24.** Psalms 108:2. **25.** Ibid. 88:5. **26.** Ibid. 37:25. **27.** Ibid. 46:5. **28.** Ibid. 48:13. **29.** Ibid. 119:113. **30.** Ibid. 111:8. **31.** Isaiah 33:10. **32.** Psalms 132:5. **33.** Ibid. 118:14. **34.** Job 10:7. **35.** Psalms 18:26. **36.** Amos 7:14. See Igros Kodesh by the Lubavitcher Rebbe, Vol. 29, p. 141.

ע...ר: עֹשֶׂה גְדֹלוֹת וְאֵין חֵקֶר נִפְלָאוֹת עַד
אֵין מִסְפָּר.[37]

פ...א: פָּתוֹחַ אַתָּה פָּתִים וְיָצַקְתָּ עָלֶיהָ שָׁמֶן
מִנְחָה הִיא.[38]

פ...ה: פִּתְחוּ לִי שַׁעֲרֵי צֶדֶק אָבֹא בָם אוֹדֶה
יָהּ.[39]

פ...ל: פֶּן יִטְרֹף כְּאַרְיֵה נַפְשִׁי פֹּרֵק וְאֵין
מַצִּיל.[40]

פ...ם: פֶּלֶס וּמֹאזְנֵי מִשְׁפָּט לַיְיָ מַעֲשֵׂהוּ כָּל
אַבְנֵי כִיס.[41]

פ...ן: פִּנִּיתָ לְפָנֶיהָ וַתַּשְׁרֵשׁ שָׁרָשֶׁיהָ וַתְּמַלֵּא
אָרֶץ.[42]

צ...ה: צִיּוֹן בְּמִשְׁפָּט תִּפָּדֶה וְשָׁבֶיהָ בִּצְדָקָה.[43]

צ...ח: צִיּוֹן יִשְׁאָלוּ דֶּרֶךְ הֵנָּה פְנֵיהֶם בֹּאוּ
וְנִלְווּ אֶל יְיָ בְּרִית עוֹלָם לֹא תִשָּׁכֵחַ.[44]

צ...י: צַר וּמָצוֹק מְצָאוּנִי מִצְוֹתֶיךָ שַׁעֲשֻׁעָי.[45]

צ...ל: צַהֲלִי וָרֹנִּי יוֹשֶׁבֶת צִיּוֹן כִּי גָדוֹל בְּקִרְבֵּךְ
קְדוֹשׁ יִשְׂרָאֵל.[46]

צ...ן: צַו אֶת הַכֹּהֲנִים נֹשְׂאֵי אֲרוֹן הָעֵדוּת
וְיַעֲלוּ מִן הַיַּרְדֵּן.[47]

צ...ק: צַוָּארֵךְ כְּמִגְדַּל הַשֵּׁן עֵינַיִךְ בְּרֵכוֹת
בְּחֶשְׁבּוֹן עַל שַׁעַר בַּת רַבִּים אַפֵּךְ
כְּמִגְדַּל הַלְּבָנוֹן צוֹפֶה פְּנֵי דַמָּשֶׂק.[48]

ק...א: קָרַבְתָּ בְּיוֹם אֶקְרָאֶךָּ אָמַרְתָּ אַל
תִּירָא.[49]

ק...ל: קוֹל רִנָּה וִישׁוּעָה בְּאָהֳלֵי צַדִּיקִים יְמִין
יְיָ עֹשָׂה חָיִל.[50]

ק...ן: קוֹלִי אֶל יְיָ אֶזְעָק קוֹלִי אֶל יְיָ
אֶתְחַנָּן.[51]

ק...ת: קָרוֹב אַתָּה יְיָ וְכָל מִצְוֹתֶיךָ אֱמֶת.[52]

ר...ה: רַבּוֹת רָעוֹת צַדִּיק וּמִכֻּלָּם יַצִּילֶנּוּ יְיָ.[53]

ר...ל: רְאוּ עַתָּה כִּי אֲנִי אֲנִי הוּא וְאֵין

אֱלֹהִים עִמָּדִי אֲנִי אָמִית וַאֲחַיֶּה
מָחַצְתִּי וַאֲנִי אֶרְפָּא וְאֵין מִיָּדִי מַצִּיל.[54]

ר...ם: רְאוּ עֲנָוִים יִשְׂמָחוּ דֹּרְשֵׁי אֱלֹהִים וִיחִי
לְבַבְכֶם.[55]

ר...ן: רְאֵה זֶה מָצָאתִי אָמְרָה קֹהֶלֶת אַחַת
לְאַחַת לִמְצֹא חֶשְׁבּוֹן.[56]

ר...ת: רָאוּךָ מַּיִם אֱלֹהִים רָאוּךָ מַּיִם יָחִילוּ
אַף יִרְגְּזוּ תְהֹמוֹת.[57]

ש...א: שָׂמַח נֶפֶשׁ עַבְדֶּךָ כִּי אֵלֶיךָ אֲדֹנָי נַפְשִׁי
אֶשָּׂא.[58]

ש...ה: שִׁיר הַשִּׁירִים אֲשֶׁר לִשְׁלֹמֹה.[59]

ש...ו: שֹׁמֵעַ תְּפִלָּה עָדֶיךָ כָּל בָּשָׂר יָבֹאוּ.[60]

ש...ח: שָׁמַע יְיָ תְּחִנָּתִי יְיָ תְּפִלָּתִי יִקָּח.[61]

ש...י: שָׂנֵאתִי הַשֹּׁמְרִים הַבְלֵי שָׁוְא וַאֲנִי אֶל
יְיָ בָּטָחְתִּי.[62]

ש...ל: שָׁלוֹם רָב לְאֹהֲבֵי תוֹרָתֶךָ וְאֵין לָמוֹ
מִכְשׁוֹל.[63]

ש...ם: שְׁמָר תָּם וּרְאֵה יָשָׁר כִּי אַחֲרִית לְאִישׁ
שָׁלוֹם.[64]

ש...ן: שִׁיתוּ לִבְּכֶם לְחֵילָה פַּסְּגוּ אַרְמְנוֹתֶיהָ
לְמַעַן תְּסַפְּרוּ לְדוֹר אַחֲרוֹן.[65]

ש...ר: שְׂפַת אֱמֶת תִּכּוֹן לָעַד וְעַד אַרְגִּיעָה
לְשׁוֹן שָׁקֶר.[66]

ש...ת: שִׁיר הַמַּעֲלוֹת הִנֵּה בָּרְכוּ אֶת יְיָ כָּל
עַבְדֵי יְיָ הָעֹמְדִים בְּבֵית יְיָ בַּלֵּילוֹת.[67]

ת...ה: תַּעֲרֹךְ לְפָנַי שֻׁלְחָן נֶגֶד צֹרְרָי דִּשַּׁנְתָּ
בַשֶּׁמֶן רֹאשִׁי כּוֹסִי רְוָיָה.[68]

ת...י: תּוֹצִיאֵנִי מֵרֶשֶׁת זוּ טָמְנוּ לִי כִּי אַתָּה
מָעוּזִי.[69]

ת...ם: תְּנוּ עֹז לֵאלֹהִים עַל יִשְׂרָאֵל גַּאֲוָתוֹ
וְעֻזּוֹ בַּשְּׁחָקִים.[70]

ת...ר: תְּפִלָּה לְמֹשֶׁה אִישׁ הָאֱלֹהִים אֲדֹנָי
מָעוֹן אַתָּה הָיִיתָ לָּנוּ בְּדֹר וָדֹר.[71]

---

37. Job 5:9.   **38.** Leviticus 2:6.   **39.** Psalms 118:19.   **40.** Psalms 7:3.   **41.** Proverbs 16:11.
42. Psalms 80:10.   **43.** Isaiah 1:27.   **44.** Jeremiah 50:5.   **45.** Psalms 119:143.   **46.** Isaiah 12:6.
47. Joshua 4:16.   **48.** Song of Songs 7:5.   **49.** Lamentations 3:57.   **50.** Psalms 118:15.
51. Ibid. 140:2.   **52.** Ibid. 119:151.   **53.** Ibid. 34:20.   **54.** Deuteronomy 32:39.   **55.** Psalms
69:33.   **56.** Ecclesiastes 7:27.   **57.** Psalms 77:17.   **58.** Ibid. 86:4.   **59.** Song of Songs 1:1.
60. Psalms 65:3.   **61.** Ibid. 6:10.   **62.** Ibid. 31:7.   **63.** Ibid. 119:165.   **64.** Ibid. 37:37.
65. Ibid. 48:14.   **66.** Proverbs 12:19.   **67.** Psalms 134:1.   **68.** Ibid. 23:5.   **69.** Ibid. 31:5.
70. Ibid. 68:35.   **71.** Ibid. 90:1.

⚜️

SELECTED LAWS AND CUSTOMS

EREV YOM KIPPUR

KAPPAROT

1. Before dawn on Erev Yom Kippur, a time of Divine grace, it is customary for individuals to perform a "kapparah," or expiation with a live chicken. The protocol for performing this ritual is described on page 2.

2. Many have the custom to donate the chicken or its value to charity.

3. If performing kapparot on Erev Yom Kippur proves to be impractical or impossible, the ritual may be performed at any time during the days between Rosh Hashanah and Yom Kippur.

4. When performing kapparot with chickens, one chicken should ideally be purchased or obtained for each member of the family, a rooster for a male and a hen for a female, regardless of age. Ideally, a pregnant woman should use three chickens: a hen for herself, and a rooster and a hen for her fetus whose gender is unknown.

5. If individual chickens cannot be obtained or are too costly, multiple males can share one rooster and multiple females can share one hen. Similarly, a pregnant woman can use two chickens: a hen for herself and her fetus (if the fetus is female) and a rooster in case the fetus is male.

6. After the kapparot prayer is recited and the ritual performed, the chicken is given to a certified ritual slaughterer (*shochet*). When the chicken is slaughtered by the *shochet*, it is a mitzvah to cover some of its blood with earth, sawdust or the like, and to recite the following blessing: בָּרוּךְ אַתָּה יְיָ אֱלֹהֵינוּ מֶלֶךְ הָעוֹלָם, אֲשֶׁר קִדְּשָׁנוּ בְּמִצְוֹתָיו וְצִוָּנוּ עַל כִּסּוּי דָּם בֶּעָפָר.

7. If live chickens (or a *shochet*) are not readily available, kapparot may also be performed by holding money, representing the value of a rooster or more, in hand during the prayer and accompanying movement. The text of the final sentence of the prayer (see page 2) is then altered to read: אֵלּוּ הַמָּעוֹת תֵּלְכְנָה לִצְדָקָה (*these monies shall go to charity*), instead of זֶה הַתַּרְנְגוֹל יֵלֵךְ לְמִיתָה (*this rooster shall go to its death*), and the money is accordingly given to charity.

FORGIVENESS; LEKACH

1. On Erev Yom Kippur one should seek pardon and forgiveness from friends and family members for the wrongs and grievances of the past year, whether real or perceived. Those from whom pardon and forgiveness are sought should respond willingly and affirmatively, thus inducing God, as it were, to pardon and forgive each of us in turn.

2. It is customary to "beg" a friend or family member for *lekach*, sweet honey cake, on Erev Yom Kippur and to eat it during the course of the day. In many communities, the rabbi or *gabbai* distributes *lekach* after Shacharit. One prays that this act of "begging" should serve to preclude the need to beg from another mortal throughout the year.

MORNING SERVICE

1. During the morning service, the prayers of מִזְמוֹר לְתוֹדָה (page 30 in the Siddur), Tachnun (penitential prayers such as on page 54 in the Siddur) and אָבִינוּ מַלְכֵּנוּ are not recited.

MEALS ON EREV YOM KIPPUR

1. It is a mitzvah to eat and drink abundantly on Erev Yom Kippur, equal to the amount one would eat over two days. Indeed one who eats on Erev Yom Kippur is

considered to have fasted on both days. It is thus forbidden to fast on Erev Yom Kippur, even under circumstances where fasting is permitted on certain festive days, such as on account of a disturbing dream.

2. It is customary to eat two meals on Erev Yom Kippur. The first is eaten early in the afternoon, while the second, called *seudah hamafsekes*, "the meal that divides," is eaten after Minchah and is completed just before sunset.

3. One should eat foods that are easy to digest and that are festive in character, such as *challah*, fish, and fowl. Meat, garlic or eggs should not be eaten. As on Rosh Hashanah, the *challah* is dipped in honey following the הַמּוֹצִיא blessing.

4. Dairy dishes and butter may be eaten in the early afternoon meal, but should not be included in the pre-fast meal.

5. It is customary to eat *kreplach* (ground chicken wrapped in dough) on Erev Yom Kippur.

MALKUT ("LASHES")

1. A further pre-Yom Kippur act of contrition is to receive 39 taps on the back with a leather belt or strap. This is done prior to immersing in the *mikveh* before Minchah (as discussed below). These "lashes," or *malkut*, are only *symbolic* of those administered to convicted transgressors during the Temple period, and therefore need not and should not be any harsher than a tap.

2. The recipient of the *malkut* kneels on all fours facing north. The "lasher" taps the recipient lightly on the back with the leather belt or strap, tracing the three points of an upside-down triangle in a counterclockwise motion: one tap near the right shoulder, a second near the left shoulder and a third in the center of the lower back. This is repeated thirteen times for a total of 39 "lashes." At each tap on the back, both the one administering and the one receiving the *malkut* recite one word from the thirteen-worded verse וְהוּא רַחוּם יְכַפֵּר עָוֹן וְלֹא יַשְׁחִית, וְהִרְבָּה לְהָשִׁיב אַפּוֹ, וְלֹא יָעִיר כָּל חֲמָתוֹ (Psalms 78:38) such that the verse is repeated three full times during the course of the 39 taps.

3. Traditionally, only males receive *malkut*.

IMMERSION IN A MIKVEH

1. It is customary to immerse in the *mikveh* at least once on the day preceding Yom Kippur and, most importantly, immediately before the afternoon service. This is so that the confession, recited at the end of the afternoon service, is recited in a state of purity and penitence.

2. Those who are sick, infirm or otherwise unable to immerse in a kosher *mikveh*, may purify themselves by pouring nine *kabbim* (approximately 12.5 liters) of water over their bodies. One may fulfill this requirement by taking a shower for approximately three minutes. A person in the seven days of *shivah* mourning may immerse in the *mikveh* on Erev Yom Kippur, beginning two hours before nightfall.

MINCHAH

1. It is customary to have charity boxes on prominent display in the synagogue prior to the Minchah service on Erev Yom Kippur and for congregants to give generously. The Baal Shem Tov taught that the clanging of the coins in the charity boxes acts to disperse any remaining adverse forces in advance of Yom Kippur.

2. During the Minchah Amidah, after the first יִהְיוּ לְרָצוֹן, the confessional prayer עַל חֵטְא and its accompanying prayers are added. These are recited in the same manner as on Yom Kippur itself.

3. If the chazzan began his repetition of the Amidah while some are still reciting these supplementary confessional prayers, they may respond (in part) to Kedushah, מוֹדִים, and some parts of Kaddish and, as a general matter, are bound only by the laws that apply when reciting the concluding paragraph of אֱלֹהַי נְצֹר (see page 432).

4. If the additional confessional prayers are mistakenly omitted during the Amidah, they should be recited following the Amidah.

5. Following the Minchah Amidah, Tachnun and *Avinu Malkeinu* are not recited.

BLESSING THE CHILDREN

1. It is customary for parents to bless their children prior to going to the synagogue for the Yom Kippur eve service. After reciting the text of the traditional priestly blessing (אֲבָרֲכֶם...וַיְדַבֵּר [see pages 99-100]), many parents add a personal blessing e.g., that their children be sealed for a good year and that they come to appreciate the awesomeness of their Creator.

CANDLE LIGHTING

1. It is a mitzvah to light candles in honor of Yom Kippur. Other than the text of the accompanying blessing, the procedure of candle lighting is the same as that for Shabbat.

2. It is customary to give *tzedakah* (charity) before lighting the Yom Kippur candles.

3. It has long been the custom for the woman in a home to kindle the festival candles and to recite the accompanying blessings. Where there are no women present, however, a man lights the candles.

4. Girls should begin lighting Shabbat and holiday candles from the age of three, or even earlier if appropriate. Single girls and women traditionally light only one candle while married women light two. Many married women add an additional candle for each child. Divorced or widowed women continue to light as they were accustomed when married.

5. The candle-lighting blessing should be recited immediately after lighting the candles or, if forgotten, so long as the candles are still burning. (If there is doubt as to whether a blessing was said, it should not be repeated.)

6. In addition to the blessing specific to the Yom Kippur candle-lighting (נֵר לְהַדְלִיק שֶׁל יוֹם הַכִּפֻּרִים), the שֶׁהֶחֱיָנוּ blessing is also recited. If a man is lighting the candles, he should not recite the שֶׁהֶחֱיָנוּ blessing during candle-lighting since he will recite it immediately following *Kol Nidrei*. In any event, anyone who recites the שֶׁהֶחֱיָנוּ blessing during candle-lighting should not repeat it during prayer later that evening.

7. If, when reciting the blessing for the Yom Kippur candle-lighting, an incorrect ending (i.e., from לְהַדְלִיק until the end of the blessing) is inadvertently said in place of that for Yom Kippur, the correct ending may be recited immediately and the blessing need not be repeated. If the error was realized even several seconds later, however, the correct blessing must be recited from the beginning.

8. When Yom Kippur coincides with Shabbat, the blessing need not be repeated if only Shabbat was mentioned in the blessing.

YOM KIPPUR CANDLES

1. *Neshamah licht*: It is customary to kindle a 24-hour candle, called a *neshamah licht* ("a soul candle"), at home immediately prior to Yom Kippur. This is in memoriam of a parent or parents who have passed away. One candle per household is sufficient.

2. *Lebedikeh Licht*: It is also customary to light a 24-hour candle in the synagogue before Yom Kippur. These candles, each called a *lebedikeh licht*, ("candle of the living") are customarily kindled by each married man in the congregation upon arrival at the synagogue immediately prior to the onset of the holy day.

FIVE PROHIBITIONS ON YOM KIPPUR

1. As a general rule, all forms of activity that are prohibited on Shabbat are prohibited on Yom Kippur. In addition, there are five prohibitions unique to Yom Kippur:

EATING AND DRINKING

a) All adults (females from the age of 12 and males from the age of 13) are forbidden to eat or drink anything at all, regardless of the amount, during the full length of Yom Kippur. It is even forbidden to taste or chew something without swallowing it, or to taste something which is not edible (to wet the palate).

b) With certain exceptions, this prohibition applies to all Jewish adults, including those who are otherwise ill or weak, pregnant, nursing or who have delivered three or more days prior to Yom Kippur. One for whom fasting is dangerous must, in advance of Yom Kippur, consult with a rabbinical authority for advice on what amount he or she will be permitted to eat on Yom Kippur.

c) Children under the age of nine should be neither encouraged nor permitted to fast on Yom Kippur. Healthy children from the age of nine, and weaker children from the age of ten may be encouraged to fast for parts of the day (e.g., a child accustomed to eat at 8:00 should eat at 9:00, etc.).

WASHING THE BODY

a) It is forbidden to wash any part of the body in warm or cold water for pleasure. Parts of the body that have become dirty may be washed in cold water but only to the extent necessary.

b) Those who are ill, even moderately so, may wash and be washed as usual.

c) Parents may not bathe their children on Yom Kippur.

OILS, CREAMS

a) It is forbidden to anoint or smear any part of the body with oil, cream or similar substances, even if the purpose is to remove perspiration or any foul-smelling odor.

b) Those who are ill, even moderately so, may apply and be applied with oils and creams as usual.

c) Parents may not apply creams and oils to their children on Yom Kippur.

LEATHER SHOES

a) It is forbidden to wear leather shoes, shoes with leather lining or soles throughout Yom Kippur.

b) Those with foot injuries or women who have given birth within thirty days prior to Yom Kippur may wear leather shoes.

c) Parents may not dress their children in leather shoes on Yom Kippur.

MARITAL RELATIONS

a) Marital relations are prohibited on Yom Kippur. The precautions observed during the *niddah* period, known as *harchakot*, are observed by all couples on Yom Kippur.

WHITE CLOTHES

1. It is customary for married men to wear a *kittel*, a simple white garment, to be like the angels.

2. A bridegroom who wore a *kittel* at his wedding does not wear one on the first Yom Kippur thereafter.

TALLIT

1. The *tallit* is worn for all of the prayers, even Maariv.

2. On the eve of Yom Kippur, the *tallit* is put on before sunset so that one may recite the blessing over it. One who puts on the *tallit* after sunset should not recite the blessing.

CONCENTRATION

1. During prayer, one should stand before God in awe and humility. This is achieved by contemplating the exaltedness of God and the limited nature of man, removing human desires and pleasures from the heart, and visualizing the Divine Presence. To attain this state, one should study mystical Jewish texts such as Chasidus before the morning prayers.

2. One who is incapable of meditating on the Kabbalistic meanings of the prayers (due to lack of knowledge, or inability to remember the specific meditations during prayer) should keep one general meditation in mind: that his prayers be heard by God as if they were said with all the meditations described in Kabbalah.

3. Casual conversation should be avoided from the time the chazzan begins the prayer service until the conclusion of the final Kaddish. This applies to the morning, afternoon, and evening services.

KADDISH

1. One who recites Kaddish should do so while standing with feet together.

2. When reciting the Kaddish, the chazzan lowers his head at the following words: שְׁמֵהּ רַבָּא, וְיִקְרַב מְשִׁיחֵהּ, and וְאִמְרוּ אָמֵן. After the latter words, the chazzan lifts his head and lowers it again, reciting ... יְתְבָּרַךְ. יְהֵא שְׁמֵהּ רַבָּא. He then lifts his head and lowers it again slightly, continuing וְיִתְהַלָּל ... וְיִתְפָּאֵר, וְיִשְׁתַּבַּח, where he lifts and lowers it again, reciting שְׁמֵהּ דְּקוּדְשָׁא בְּרִיךְ הוּא. The head is lowered and lifted each time וְאִמְרוּ אָמֵן is said.

Before reciting עֹשֶׂה הַשָּׁלוֹם, the chazzan takes three steps backward, then bends his head to the right while saying עֹשֶׂה הַשָּׁלוֹם בִּמְרוֹמָיו. Head erect, he bows forward and says the word הוּא. He bends his head to the left while saying יַעֲשֶׂה שָׁלוֹם עָלֵינוּ, and at וְעַל כָּל יִשְׂרָאֵל וְאִמְרוּ אָמֵן bows forward again. (These instructions apply to the recitation of Kaddish only.)

KOL NIDREI

1. At sunset, one should recite the confessional prayers אֱלֹהֵינוּ...אָשַׁמְנוּ and עַל חֵטְא, pages 16-21.

2. Beginning on the first day of the month of Elul, three chapters of Psalms are recited daily until Yom Kippur. On Yom Kippur, the remaining 36 psalms are recited in intervals of nine. Before *Kol Nidrei*, Psalms 115-123 are recited.

3. Three Torah scrolls are taken from the ark and are held near the chazzan during the recital of *Kol Nidrei*. Those holding the Scrolls represent a *Beit Din* (Jewish court), who annul all vows as detailed in the *Kol Nidrei*.

4. It is a great *mitzvah* to purchase the honor of holding the first scroll.

SHEHECHEYANU

1. After *Kol Nidrei*, the chazzan recites the blessing שֶׁהֶחֱיָנוּ (page 36). He should prolong his recital to enable the congregation to conclude the blessing before him, so that they may answer Amen to his blessing.

2. One who has already recited the שֶׁהֶחֱיָנוּ blessing during candle lighting should not recite the blessing again at this point. Reciting the blessing twice would constitute a blessing in vain, which should be avoided.

THE SHEMA

1. One should be careful to recite all three sections of the Shema while concentrating on the meaning of the words, in awe and reverence.

2. One should pause twice while reciting the verse שְׁמַע, to convey the following meaning: Hear O Israel (pause) the Lord who is our God (pause) is the one God.

3. One who draws out [i.e., in meditation, not in articulation, see below] the ד of אֶחָד, will merit the blessing of longevity.

4. One should prolong the pronunciation of the ד (the numerical value of which is four) long enough to acknowledge God's kingdom over all four directions.

5. One should not slur over the ח, but should draw it out slightly for the length of time that it takes to affirm God's sovereignty in the seven heavens and on earth— equal to eight, the numerical value of ח.

6. One should pronounce the ד clearly so that it should not sound like a ר, or a hard letter (with a dagesh), or be protracted so long that it sounds as if the ד has a sheva (echad-e).

7. One should enunciate the letter י of יִשְׂרָאֵל (שְׁמַע) distinctly, so that it will not sound like אִשְׂרָאֵל. Likewise, the י of וְהָיָה, so that it should not sound like וְהָאוּ.

8. One should pause slightly between שְׁמַע and בָּרוּךְ שֵׁם as well as between בָּרוּךְ שֵׁם and וְאָהַבְתָּ.

9. If בָּרוּךְ שֵׁם was omitted, the שְׁמַע must be repeated.

10. One should pause between הַיּוֹם and עַל לְבָבֶךָ and between הַיּוֹם and לְאַהֲבָה—so as not to imply that only "today" should it be upon your heart but not tomorrow.

11. One should pause between two successive words in which the first ends and the second begins with the same letter, so as not to "swallow" one of the letters, e.g., עַל לְבָבֶךָ. The same is true where the first word ends with a מ and the second begins with an א, e.g., וּרְאִיתֶם | אֹתוֹ—so as not to make it sound like מוֹתוֹ. (The vertical line "|" between words in the Hebrew text indicates a pause.)

12. The Shema must be recited audibly. Nevertheless, even one who has only formed the words with his lips inaudibly has fulfilled the mitzvah. A sick or infirm individual who cannot even move his lips should visualize the words in his mind.

13. A person must pay attention to the meaning of the words while reciting the verses שְׁמַע יִשְׂרָאֵל and בָּרוּךְ שֵׁם; otherwise, he must repeat the verses. If he is within earshot of others, he should repeat the verses in an undertone, so as not to appear as if he believes in two deities.

14. If he became aware of his lack of intent only after concluding the entire section, he must repeat it, starting from the beginning of the section.

15. From וְאָהַבְתָּ onward, one's obligation is fulfilled—post facto—by the mere recital of the words.

16. The Shema contains 245 words, three less than the amount of limbs in the body and the amount of Positive Commandments in the Torah. The chazzan therefore repeats the last three words of the Shema (יְיָ אֱלֹהֵיכֶם אֱמֶת) to bring the number to 248. The congregants, even those who have not yet finished reading the Shema, are considered to have read the extra words by merely hearing the chazzan read them.

17. In the blessing after the Shema (of Shacharit), the chazzan should raise his voice at וּמַלְכוּתוֹ...קַיֶּמֶת.

UPON ARISING

1. Immediately upon arising, a person should consider in whose presence he lies. This will enable him to overcome his laziness and rise quickly. He should be mindful that the Supreme King of kings, whose "glory fills the whole earth" (Isaiah 6:3), is hovering over him.

2. A person acts much differently while alone at home than he does while standing before a king. Likewise, his manner and conversation within the circle of his own

family are not the same as when he is in the presence of royalty. It is therefore an important principle of the Torah, as well as one of the great virtues of the *tzaddikim*, to set God before oneself at all times. A person who considers that the Supreme King of kings is standing over him and observing his actions will act nobly and virtuously. He is imbued with a feeling of reverence and humility, and always has a sense of awe and bashfulness before God.

3. A person should become accustomed to recite מוֹדֶה אֲנִי (*I offer thanks...*, page 96) Immediately upon awakening, even before washing the hands. One is thereby made aware of God who stands over him and will rise quickly.

MORNING BLESSINGS

1. When washing the hands on the morning of Yom Kippur, wash only the fingers, not the entire hand. (This also applies when washing after relieving oneself.) If a person's eyes are dirty, he may wash them to remove the dirt.

2. The blessing שֶׁעָשָׂה לִי כָּל צָרְכִּי is not recited in the morning, nor is it recited after the conclusion of Yom Kippur.

THE AMIDAH

ELOKAI NETZOR
1. One must not make any interruptions between the final blessing of the Amidah and the verse יִהְיוּ לְרָצוֹן, even to respond to Kaddish or Kedushah.

2. Between יִהְיוּ לְרָצוֹן and אֱלֹהַי נְצֹר, one is permitted to respond to holy things—but to nothing else—before stepping back three steps. Even moving from one's place is prohibited prior to stepping back.

REPETITION OF THE AMIDAH

1. While the chazzan repeats the Amidah, the entire congregation should be silent, listen attentively to the blessings which the chazzan recites, and respond אָמֵן. If there are not at least nine men paying attention to the chazzan, his reading is akin to a blessing in vain.

2. It is improper to study during the chazzan's repetition of the Amidah or recite supplications, even if one is careful to listen to the conclusions of the blessings and respond אָמֵן. Those who do so should be reprimanded. Every individual should act as though he is the tenth man, and should therefore listen attentively to every blessing from beginning to end.

3. One should not converse while the chazzan repeats the Amidah, and whoever does so—even if there are nine others present—commits a severe transgression. For whoever converses while the congregation is reciting God's praises, suggests that he has no part in the God of Israel.

4. While the congregation recites Modim D'Rabbanan, the chazzan recites מוֹדִים in a regular tone, and does not lower his voice.

5. After מוֹדִים, the chazzan recites the Priestly Blessing, during which he bows his head as follows: (This does not apply to Musaf.)

Bow right: יְבָרֶכְךָ. Head erect, face right: יְיָ. Bow forward: וְיִשְׁמְרֶךָ.

Bow left: יָאֵר. Head erect, face left: יְיָ. Bow left: פָּנָיו אֵלֶיךָ. Bow forward: וִיחֻנֶּךָּ.

Bow forward: יִשָּׂא. Head erect, face forward: יְיָ. Bow forward: פָּנָיו אֵלֶיךָ.
Bow right: וְיָשֵׂם. Bow left: לְךָ. Bow forward: שָׁלוֹם.

READING OF THE TORAH

1. One of the congregants is given the honor of opening the Ark and taking out two Torah Scrolls. The first scroll is given to the chazzan and the second is held by the one who opened the Ark, who then closes the Ark and follows the chazzan to the *bimah*.

2. The Zohar states that when the congregation takes out the Torah, the Heavenly Gates of Mercy are opened, and God's love is awakened. It is therefore a very special time during which our prayers are particularly effective.

3. The congregants should listen to the Torah reading while following along in the Machzor.

PERSONS TO BE CALLED UP FOR THE TORAH READING

1. A Kohen is called to the Torah for the first *aliyah*, and a Levi for the second.

2. If no Kohen is present, a Levi or Yisrael may be called for the first *aliyah*. However, the following text is substituted:

וּתְנוּ כָבוֹד לַתּוֹרָה, אֵין כַּאן כֹּהֵן יַעֲמוֹד

(name) בֶּן (father's name)

יִשְׂרָאֵל / לֵוִי בִּמְקוֹם כֹּהֵן בָּרוּךְ שֶׁנָּתַן...

3. If a Yisrael is called for the first or second *aliyah*, a Levi may not be called up after him.

4. If there is no Levi for the second *aliyah*, the Kohen who was called for the first *aliyah* is called again, and recites both blessings again. He is reintroduced by the announcement: "בִּמְקוֹם לֵוִי".

5. If there are Kohanim and Levi'im but no Yisraelim present, Kohanim and Levi'im are called alternatively.

6. If there are not enough Yisraelim present for the *aliyot* but there are Kohanim (and one Levi), the first three *aliyot* are: Kohen, Levi, Yisrael. The following *aliyot* are given to the Yisraelim until there are no more Yisraelim present. For the rest of the *aliyot*, Kohanim are called. For example, when only three Yisraelim are present on Shabbat, the order would be: 1) Kohen, 2) Levi, 3) Yisrael, 4) Yisrael, 5) Yisrael, 6) Kohen, 7) Kohen.

7. If there are not enough Yisraelim, and there are Kohanim—but not enough to complete the amount of *aliyot*—and at least two Levi'im, the order of "Kohen, Levi, Yisrael" is repeated. For example, on Shabbat the result would be: 1) Kohen, 2) Levi, 3) Yisrael, 4) Kohen, 5) Levi, 6) Yisrael, 7) Kohen.

8. If all present are Kohanim, a different Kohen is called for each *aliyah*. The same applies if all are Levi'im. However, if one Yisrael is present, he is called first. The same applies if one Levi is present in a shul of Kohanim or one Kohen is present in a shul of Levi'im (and there are no Yisraelim).

9. In accordance with Chabad custom, no additions should be made to the prescribed number of *aliyot* at each reading.

10. A Kohen or a Levi may be called for the מַפְטִיר.

HAGBAHAH AND GELILAH

1. As the Torah scroll is raised following the reading, one should try to come close to the *bimah* in order to read the words of the Torah.

2. It is not the Chabad custom to point at the Torah scroll while reciting the verses וְזֹאת הַתּוֹרָה, etc.

3. The sash with which the Torah is wrapped should be tied at the top of the bottom third of the Torah scroll.

LAWS CONCERNING THE HAFTARAH

1. The blessings of the Haftarah should not be recited until the Torah scroll is covered with its mantle, so that those who raised and wrapped the Torah may also hear the Haftarah; for all are obligated to listen to it just as all are required to hear the Torah portion.

YIZKOR

1. After the Haftarah, Yizkor is recited. One whose parents are alive should leave the synagogue while Yizkor is recited. Those in their first year of mourning for a parent remain in the synagogue but do not recite Yizkor. Pledges for *tzedakah* are made prior to Yizkor.

CIRCUMCISION

1. If there is a circumcision to be performed in the synagogue, it should be performed before the recitation of אַשְׁרֵי of Musaf (page 212).

2. If the circumcision is to be held outside the synagogue, the Torah scrolls are returned to the Ark and the congregation goes out to attend the circumcision. When they return, they recite a chapter of Psalms before the chazzan recites Half Kaddish preceding Musaf (page 214), since Kaddish should only be recited after the recitation of Torah verses.

MUSAF

1. During the repetition of the Musaf Amidah, the chazzan and the congregation kneel on the ground at various times. If the synagogue has a stone floor, worshippers should place a cloth or sheet on the floor when kneeling to distinguish the procedure from that performed in the Temple. This is not necessary on wooden, linoleum or carpeted floors.

THE PRIESTLY BLESSING

1. The Kohanim recite the priestly blessing during the Musaf prayer, even when Yom Kippur occurs on Shabbat.

2. The Kohen washes his hands until the wrists before reciting the blessing. It is preferable that he wash his hands as close to the recital of the blessing as possible, i.e., during the repetition of the Musaf Amidah.

4. Preferably, a Levi should wash the Kohen's hands. If no Levi is present, a firstborn takes his place. If no firstborn is present, the Kohen washes his own hands.

5. The Kohen must remove his shoes before reciting the blessing, taking care not to touch them if he has already washed his hands. Therefore, the Kohanim should untie their shoelaces before washing, so that they need not use their hands when removing them immediately prior to reciting the blessing.

6. The Kohen should go to the front of the synagogue no later than when the chazzan begins רְצֵה (page 282). If he has not begun to do so by the time the chazzan has concluded that blessing, he is not to go up at all.

7. The Kohen should be covered with a *tallit* when the chazzan calls out "Kohanim."

8. If there is only one Kohen present, the chazzan says "Kohanim" in an undertone.

9. When the Kohen hears "Kohanim," he raises his hands under his *tallit* so that they are in front of him, at shoulder height. He then separates his fingers between the middle and ring fingers, and between the index finger and the thumb. He then brings both hands horizontally near each other, to create five spaces in total between the

fingers. The right hand should be slightly higher than the left.

10. The people standing behind the Kohanim are not included in the priestly blessing, but those in front of them or on their side are included, for even an iron curtain cannot separate between Israel and their Father in Heaven. However, they should face the Kohanim (but not look at them) and not look around, as the blessing of the Kohanim must be face-to-face. The people should pay attention to the blessing, and should not recite any Scriptural verses (along with the Kohanim); they should recite only the prayer רִבּוֹנוֹ שֶׁל עוֹלָם in three segments (page 285), while the Kohanim chant the wordless melodies before the concluding three words וְיָשֵׂם לְךָ שָׁלוֹם.

BREAK

1. An interval should be interposed between the Musaf and afternoon services. If possible, it should be at least three quarters of an hour.

NEILAH

1. The Neilah service is begun when the sun reaches the treetops.

2. During the Half Kaddish before the Amidah and the Complete Kaddish after the Amidah, the chazzan says לְעֵלָּא וּלְעֵלָּא מִכָּל.

3. In the additions to the Amidah, we speak of *chatimah* (sealing) rather than *ketivah* (inscribing). For example, when saying זָכְרֵנוּ לְחַיִּים, we say וְחָתְמֵנוּ instead of וְכָתְבֵנוּ.

4. It is Chabad custom to sing a march known as "Napoleon's March" during the Complete Kaddish following the Amidah (page 379), before the chazzan begins the stanza תִּתְקַבֵּל. This triumphant singing is an expression of our certainty that God has answered our prayers and has sealed us in the Book of Life.

5. After the singing, before the second half of Kaddish (תִּתְקַבֵּל), one *shofar* blast is sounded. This should be done after sunset; it is not necessary to wait until the appearance of the stars.

CONCLUSION OF YOM KIPPUR

1. After Neilah, the Maariv prayer is recited. The *kittel* and the *tallit* are worn during Maariv; however, the *tallit* is lowered onto the shoulders and a hat is worn.

2. During the Amidah, if one mistakenly says הַמֶּלֶךְ הַקָּדוֹשׁ instead of הָאֵל הַקָּדוֹשׁ, the error need not be corrected.

3. One who mistakenly includes the additions of זָכְרֵנוּ etc., should conclude the Amidah, and repeat it a second time as a *Tefilat Nedava*, a "voluntary prayer."

ATAH CHONANTANU

1. If during the Maariv Amidah a person forgot to say אַתָּה חוֹנַנְתָּנוּ (a prayer that includes Havdalah, the division between the holy and the mundane) during the blessing אַתָּה חוֹנֵן, he need not repeat the Amidah, since, he must in any case recite Havdalah over wine [or certain other beverages] afterwards. However, he should be careful not to do any work until after having recited Havdalah. One can say בָּרוּךְ הַמַּבְדִּיל בֵּין קֹדֶשׁ לְחוֹל after the Amidah, and then be permitted to do work.

2. Even if he became aware of his omission immediately after uttering the Divine Name at the end of אַתָּה חוֹנֵן, he should not return to the beginning of אַתָּה חוֹנֵן. But if he realized his omission before uttering the Divine Name, he should return to אַתָּה חוֹנַנְתָּנוּ and continue as usual.

3. If he forgot to recite אַתָּה חוֹנַנְתָּנוּ and did something which is forbidden on Yom Kippur or ate before saying Havdalah over the beverage—or before saying בָּרוּךְ הַמַּבְדִּיל etc.—he is required to repeat the Amidah and recite אַתָּה חוֹנַנְתָּנוּ, and then recite Havdalah over the beverage as well.

4. If he forgot to say אַתָּה חוֹנַנְתָּנוּ and has no wine or other appropriate beverage and does not expect to have any the next day either—although he expects to have it thereafter—he must repeat the Amidah and say אַתָּה חוֹנַנְתָּנוּ. But:

a) If he realized his error before concluding the blessing שׁוֹמֵעַ תְּפִלָּה, he should include אַתָּה חוֹנַנְתָּנוּ in שׁוֹמֵעַ תְּפִלָּה.

b) If he became aware of his omission after he had concluded שׁוֹמֵעַ תְּפִלָּה, he should return to אַתָּה חוֹנֵן.

c) If he realized his omission after concluding the Amidah, i.e., after having already said the second יִהְיוּ לְרָצוֹן at the end of אֱלֹהַי נְצֹר, he is required to repeat the Amidah from the beginning. [A, b and c apply only in a case where he has no wine. If he does have wine, he does not insert אַתָּה חוֹנַנְתָּנוּ into שׁוֹמֵעַ תְּפִלָּה, nor does he return to אַתָּה חוֹנַנְתָּנוּ if he remembers before the second יִהְיוּ לְרָצוֹן.]

WASHING THE HANDS

1. One should wash the hands as in the morning in the ritual manner covering the entire hands with water until the wrists. A blessing is not recited.

2. A Kohen who washed his hands before reciting the priestly blessing should nevertheless wash his hands again.

HAVDALAH

1. One should recite Havdalah while wearing the *kittel* and the *tallit*.

2. For the blessing בּוֹרֵא מְאוֹרֵי הָאֵשׁ, only a light that was kindled before Yom Kippur and which burned throughout the holiday should be used.

3. If the only candle available is one that stood burning in the synagogue, another candle should be lit from it and the blessing is recited over both of them. If it is not possible to use both of them, the blessing should be recited over a candle kindled from that light.

4. If a light which has burned throughout Yom Kippur is not available, the blessing בּוֹרֵא מְאוֹרֵי הָאֵשׁ is not recited at all.

SANCTIFICATION OF THE MOON

1. One should perform the sanctification of the moon while wearing the *kittel* and the *tallit*. It is also proper to wash one's face and put on shoes before sanctifying the moon.

AFTER THE FAST

1. The customary salutation on the night after Yom Kippur is *Gut Yom Tov*.

2. If the candle lit for a person went out on Yom Kippur, it should be relit after Yom Kippur and left to burn until all its fuel is consumed.

3. A festive meal should be prepared for after the fast. The bread eaten at the beginning of the meal is dipped in honey.

4. One should begin—or at least speak of—building the *sukkah*.

THE DAY AFTER YOM KIPPUR

1. According to tradition, the day after Yom Kippur is called *Gotsnomen* ("God's Name").

2. One should rise and go to the synagogue earlier than usual.

3. From this day until the end of the month of Tishrei, Tachnun is not recited. Similarly, one should not fast until after the day following Simchat Torah. However, a groom and bride that marry between Yom Kippur and Sukkot should fast on the day of their wedding.

SELECTED TRANSLITERATIONS
TRANSLITERATION KEY

HEBREW	TRANSLITERATION	EXAMPLE	HEBREW	TRANSLITERATION	EXAMPLE
כ or ח	ch	Challah	׳ or וֹ	o	Tone
ָ	ö	Of	.	i	Key
ַ	a	Hurrah	ֻ or וּ	u	Lunar
ֵ	ay	Today	ַי	ai	High
ֶ	e	Leg	וֹי	öy	Boy
׃	ʾ	Avid			

YEDID NEFESH

Y'did nefesh öv höra-chamön, m'shoch av-d'chö el r'tzonechö, yörutz av-d'chö k'mo ayöl, yishta-cha-ve el mul ha-dörechö, ye-erav lo y'dido-sechö, mi-nofes tzuf v'chöl tö-am.

Hödur nö-e ziv hö-olöm, nafshi cholas ahavö-sechö, önö ayl nö r'fö nö löh, b'har-os löh no-am zivechö, öz tis-chazayk v'sis-rapay, v'hö-y'sö löh sim-chas olöm.

Vösik ye-hemu racha-mechö, v'chusö nö al bayn ahu-vechö, ki ze kamöh nich-sof nich-safti lir-os b'sif-eres uzechö, ay-le chö-m'dö libi v'chusö nö v'al tis-alöm.

Higö-le nö u-f'ros chavivi ölai es sukas sh'lomechö, tö-ir eretz mik'vodechö, nögilö v'nis-m'chö böch, ma-hayr öhuv ki vö mo-ayd, v'chönaynu kimay olöm.

ASHREI

Ash-ray yosh'vay vaysechö od y'hal'luchö selö. Ash-ray hö-öm sheköchö lo, ash-ray hö-öm she-adonöy elohöv. T'hilö l'dövid, aromi-m'chö elohai ha-melech, va-avör'chö shim'chö l'olöm vö-ed. B'chöl yom avör'chekö, va-ahal'löh shim'chö l'olöm vö-ed. Gödol adonöy u-m'hulöl m'od, v'lig'dulöso ayn chayker. Dor l'dor y'shabach ma-asechö, u-g'vurosechö yagidu. Hadar k'vod hodechö, v'div'ray nifl'osechö ö-sichö. Ve-ezuz nor'osechö yomayru, u-g'dulös'chö a-sap'renö. Zecher rav tuv'chö yabi-u, v'tzid'kös'chö y'ra-naynu. Chanun v'rachum adonöy, erech apa-yim u-g'döl chösed. Tov adonöy lakol, v'ra-chamöv al köl ma-asöv. Yoduchö adonöy köl ma-a-sechö, va-chasi-dechö y'vör'chuchö. K'vod mal'chus'chö yomayru, u-g'vurö-s'chö y'da-bayru. L'hodi-a liv'nay hö-ödöm g'vurosöv, u-ch'vod hadar mal'chuso. Mal'chus'chö, mal'chus köl olömim, u-memshalt'chö b'chöl dor vödor. Somaych adonöy l'chöl hanof'lim, v'zokayf l'chöl hak'fufim. Aynay chol aylechö y'sa-bayru, v'atöh

nosayn löhem es öchlöm b'ito. Posay-ach es yödechö, u-masbi-a l'chöl chai rötzon. Tzadik adonöy b'chöl d'röchöv, v'chösid b'chöl ma-asöv. Körov adonöy l'chöl kor'öv, l'chol asher yikrö-uhu ve-emes. R'tzon y'ray-öv ya-a-se, v'es shav-ösöm yishma v'yoshi-aym. Shomayr adonöy es köl ohavöv, v'ays köl hör'shö-im yashmid. T'hilas adonöy y'daber pi, vivöraych köl bösör shaym köd'sho l'olöm vö-ed. Va-anachnu n'vöraych yöh, may-atöh v'ad olöm ha-l'luyöh.

MODIM D'RABBANAN

Modim anach-nu löch, shö-atö hu adonöy elo-haynu vay-lohay avosaynu elohay köl bösör, yotz'raynu, yo-tzayr b'rayshis. B'röchos v'hodö-os l'shim'chö hagödol v'haködosh, al she-heche-yisönu v'kiyam-tönu. Kayn t'cha-yaynu us'ka-y'maynu v'se-esof gölu-yosay-nu l'cha-tz'ros ködshechö, v'nöshuv ay-lechö lishmor chukechö, v'la-asos r'tzonechö, ul'övd'chö b'layvöv shölaym, al she-önu modim löch. Böruch ayl ha-hodö-os.

ALEINU

Ölaynu l'shabay-ach la-adon hakol, lösays g'dulöh l'yotzayr b'rayshis, shelo ösönu k'go-yay hö-arötzos, v'lo sömönu k'mish-p'chos hö-adömöh, shelo söm chelkaynu köhem, v'gorölaynu k'chöl ha-monöm sehaym mishtachavim l'hevel v'lörik. Va-anachnu kor'im u-mishtachavim u-modim, lif'nay melech, mal'chay ha-m'löchim, ha-ködosh böruch hu. She-hu noteh shöma-yim v'yosayd öretz, u-moshav y'köro ba-shöma-yim mima-al, u-sh'chinas u-zo b'göv'hay m'romim, hu elohaynu ayn od. Emes malkaynu, efes zulöso, kakösuv b'soröso: V'yöda-tö ha-yom vaha-shayvosö el l'vövechö, ki adonöy hu hö-elohim ba-shöma-yim mima-al, v'al hö-öretz mi-töchas, ayn od.

V'al kayn n'ka-ve l'chö adonöy elohaynu, lir-os m'hayrö b'sif-eres uzechö, l'ha-avir gilulim min hö-öretz v'hö-elilim köros yiköray-sun, l'sakayn olöm b'ma-l'chus shadai, v'chöl b'nay vösör yik-r'u vi-sh'mechö, l'hafnos ay-lechö köl ri-sh'ay öretz. Yakiru v'yay-d'u köl yo-sh'vay sayvayl, ki l'chö tichra köl berech, tishöva köl löshon. L'fönechö adonöy elohaynu yich-r'u v'yipolu, v'li-ch'vod shim'chö y'kör yitaynu, vika-b'lu chulöm alay-hem es ol ma-l'chusechö, v'simloch alayhem m'hayrö l'olöm vö-ed, ki hama-l'chus she-l'chö hi, u-l'ol'may ad timloch b'chövod, ka-kösuv b'sorösechö, adonöy yimloch l'olöm vö-ed. V'ne-emar, v'hö-yö adonöy l'melech al köl hö-öretz, ba-yom hahu yih-yeh adonöy echöd ush'mo echöd.

AL TIRA

Al tirö mipachad pis-om, umisho-as r'shö-im ki sövo.
Utzu ay-tzö v'suför, da-b'ru dövör v'lo yökum, ki imönu ayl. V'ad zik-nö ani hu, v'ad sayvö ani esbol, ani ösisi va-ani esö, va-ani esbol va-amalayt.

Ach tzadikim yodu lish'mechö yay-sh'vu y'shörim es pönechö.

CANDLE LIGHTING

On Friday evening, add the words in shaded parentheses:

Böruch atö adonöy, elohaynu melech hö-olöm, asher ki-d'shönu b'mitzvosöv, v'tzivönu l'hadlik nayr shel (shabös v'shel) yom ha-kipurim.

Continue with:

Böruch atö adonöy, elohaynu melech hö-olöm, she-heche-yönu v'ki-y'mönu v'higi-önu li-z'man ha-ze.

KOL NIDREI

Adonöy mölöch tögayl hö-öretz, yis-m'chu i-yim rabim. Önön va-aröfel s'vivöv, tzedek u-mishpöt m'chon kis-o. Aysh l'fönöv taylaych, u-s'la-hayt söviv tzöröv. Hay-iru v'rököv tayvayl, rö-asö vatöchayl hö-öretz. Hörim ka-donag nömasu milif'nay adonöy, milif'nay adon köl hö-öretz. Higidu hashöma-yim tzidko, v'rö-u chöl hö-amim k'vodo. Yayvoshu köl ov'day fesel hamis-hal'lim bö-elilim, hishtachavu lo köl elohim. Shöm'ö vatismach tziyon, vatögaylnö b'nos y'hudö, l'ma-an mishpötechö adonöy. Ki atö adonöy elyon al köl hö-öretz, m'od na-alaysö al köl elohim. Ohavay adonöy sin'u rö, shomayr nafshos chasidöv, mi-yad r'shö-im yatzilaym.

Or zöru-a latzadik, ul'yishray layv simchö.

Simchu tzadikim badonöy, v'hodu l'zaycher kod'sho.

The following is recited three times by the chazzan while the congregation follows along in an undertone:

Köl nidray, ve-esöray, ush'vu-ay, vacharömay, v'konömay, v'kinusay, v'chinu-yay, d'indarnö, ud'ishtaba-nö ud'acharim'nö, ud'ösarnö al nafshösönö, mi-yom kipurim ze, ad yom kipurim habö ölaynu l'tovö, b'chul'hon icharatnö v'hon, kulhon y'hon shörön, sh'vikin, sh'visin, b'taylin um'vutölin, lö sh'ririn v'lö ka-yömin. Nidrönö lö nidray, ve-esörönö lö esöray, ush'vu-ösönö lö sh'vu-os.

VENISLACH

V'nislach l'chöl adas b'nay yisrö-ayl v'lagayr hagör b'sochöm, ki l'chöl hö-öm bishgögö.

Va-yomer adonöy sölachti kidvörechö.

SHEHECHEYANU

Böruch atö adonöy, elohaynu melech hö-olöm, she-heche-yönu v'ki-y'mönu v'higi-önu li-z'man ha-ze.

MIZMOR LEDAVID

Mizmor l'dövid, hövu la-donöy b'nay aylim, hövu la-donöy kövod vö-oz. Hövu la-donöy k'vod sh'mo, hishta-chavu la-donöy b'ha-d'ras

kodesh. Kol adonöy al ha-mö-yim, ayl ha-kövod hi-r'im, adonöy al ma-yim rabim. Kol adonöy ba-ko-ach, kol adonöy be-hödör. Kol adonöy shovayr arözim, va-y'shabayr adonöy es ar'zay ha-l'vönon. Va-yarkidaym k'mo aygel, l'vönon v'sir-yon k'mo ven r'aymim. Kol adonöy cho-tzayv la-havos aysh. Kol adonöy yöchil midbör, yöchil adonöy midbar ködaysh. Kol adonöy y'cholayl a-yölos va-yechesof y'öros, u-v'hay-chölo, kulo omayr kövod. Adonöy la-mabul yöshöv, va-yayshev adonöy melech l'olöm. Adonöy oz l'amo yitayn, adonöy y'vöraych es amo va-shölom.

LECHA DODI

L'chö dodi li-k'ras kalö, p'nay shabös n'ka-b'lö.
L'chö dodi li-k'ras kalö, p'nay shabös n'ka-b'lö.

Shömor v'zöchor b'dibur echöd, hishmi-önu ayl ha-m'yuchöd, adonöy echöd u-sh'mo echöd, l'shaym u-l'sif-eres v'li-s'hilö.
L'chö dodi li-k'ras kalö, p'nay shabös n'ka-b'lö.

Li-k'ras shabös l'chu v'nay-l'chö, ki hi m'kor ha-b'röchö, may-rosh mikedem n'suchö, sof ma-a-se b'ma-chashövö t'chilö.
L'chö dodi li-k'ras kalö, p'nay shabös n'ka-b'lö.

Mikdash melech ir m'luchö, kumi tz'i mitoch ha-hafaychö, rav löch sheves b'aymek ha-böchö, v'hu yachmol öla-yich chemlö.
L'chö dodi li-k'ras kalö, p'nay shabös n'ka-b'lö.

Hisna-ari may-öför kumi, li-v'shi bi-g'day sif-artaych ami, al yad ben yishai bays ha-lachmi, kör'vö el nafshi g'ölöh.
L'chö dodi li-k'ras kalö, p'nay shabös n'ka-b'lö.

His-o-r'ri his-o-r'ri, ki vö oraych kumi ori, u-ri u-ri shir da-bayri, k'vod adonöy öla-yich niglö.
L'chö dodi li-k'ras kalö, p'nay shabös n'ka-b'lö.

Lo say-voshi v'lo siköl'mi, ma tish-tochachi uma te-hemi, böch ye-chesu ani-yay ami, v'niv-n'sö hö-ir al tilöh.
L'chö dodi li-k'ras kalö, p'nay shabös n'ka-b'lö.

V'höyu lim'shisöh sho-sö-yich, v'röchaku köl m'va-l'ö-yich, yösis öla-yich elohö-yich, ki-m'sos chösön al kalö.
L'chö dodi li-k'ras kalö, p'nay shabös n'ka-b'lö.

Yömin u-s'mol tifro-tzi, v'es adonöy ta-ari-tzi, al yad ish ben par-tzi, v'nis-m'chö v'nögilö.
L'chö dodi li-k'ras kalö, p'nay shabös n'ka-b'lö.

Bo-i v'shölom ateres ba-löh, gam b'rinö u-v'tzöhölö, toch emunay am s'gulö, (bow right:) bo-i chalö, (bow left:) bo-i chalö, (say silently:) bo-i chalö shabös mal-k'sö.
L'chö dodi li-k'ras kalö, p'nay shabös n'ka-b'lö.

THE SHEMA

Sh'ma yisrö-ayl adonöy elohaynu adonöy echöd.
Böruch shaym k'vod mal'chuso l'olöm vö-ed.

V'öhavtö ays adonöy eluhechö, b'chöl l'vöv'chö, u-v'chöl naf-sh'chö, u-v'chöl m'odechö. V'hö-yu ha-d'vörim hö-ay-le asher önochi m'tzav'chö ha-yom, al l'vö-vechö. V'shinan-töm l'vönechö v'dibartö böm, b'shiv-t'chö b'vaysechö, u-v'lech-t'chö vaderech, u-v'shöch-b'chö, u-v'kumechö. U-k'shartöm l'os al yödechö, v'hö-yu l'totöfos bayn aynechö. U-ch'savtöm al m'zuzos bay-sechö, u-vish'örechö.

MAGEN AVOT

Mögayn övos bi-d'vöro m'cha-ye maysim b'ma-amöro ha-melech ha-ködosh she-ayn kömohu, ha-mayni-ach l'amo b'yom shabas ködsho, ki vöm rötzö l'höni-ach löhem, l'fönöv na-avod b'yir-ö vö-fachad v'no-de li-sh'mo b'chöl yom tömid, may-ayn ha-b'röchos, ayl ha-hodö-os adon ha-shölom, m'kadaysh ha-shabös um'vöraych sh'vi-i, u-mayni-ach bi-k'dushö, l'am m'du-sh'nay oneg, zaycher l'ma-asay v'rayshis.

YAALEH

Ya-a-le tachanunaynu may-erev, v'yövo shav-ösaynu miboker, v'yayrö-e rinunaynu ad örev.

Ya-a-le kolaynu may-erev, v'yövo tzidkösaynu miboker, v'yayrö-e fid-yonaynu ad örev.

Ya-a-le inu-yaynu may-erev, v'yövo s'lichösaynu miboker, v'yayrö-e na-akösaynu ad örev.

Ya-a-le m'nusaynu may-erev, v'yövo l'ma-ano miboker, v'yayrö-e chipuraynu ad örev.

Ya-a-le yish-aynu may-erev, v'yövo taharaynu miboker, v'yayrö-e chinunaynu ad örev.

Ya-a-le zichronaynu may-erev, v'yövo vi-udaynu miboker, v'yayrö-e hadrösaynu ad örev.

Ya-a-le döfkaynu may-erev, v'yövo gilaynu miboker, v'yayrö-e vaköshösaynu ad örev.

Ya-a-le enkösaynu may-erev, v'yövo aylechö miboker, v'yayrö-e aylaynu ad örev.

DARKECHA

Dark'chö elohaynu l'ha-arich a-pechö lörö-im v'latovim, v'hi s'hilösechö. L'ma-anchö elohaynu asay v'lo lönu, r'ay amidösaynu dalim v'raykim.

SELACH NA

Elohaynu vay-lo-hay avosaynu,

S'lach nö ashömos ufish-ay l'umechö, la-avon bönechö bal yeche-re za-mechö.

S'lach nö gi-ulöm v'yichyu mim'kor imechö, la-avon d'gölechö sö v'sinöchaym k'nö-ömechö.

S'lach nö hakol modim v'ozvim k'rishumechö, la-avon vöfesha m'chal l'ma-an sh'mechö.

S'lach nö z'donos ush'gögos liv'ru-ay lish'mechö, la-avon chatö-aymo chatay, bin'divas gishmechö.

S'lach nö tefesh tiflus rish-ay amechö, la-avon y'didechö y'vukash v'aynenu, k'nö-ömechö.

S'lach nö kachash kor'im umishtachavim l'umechö, la-avon l'kuchechö kapayr b'tuv ta-mechö.

S'lach nö meri m'yachalechö um'yachadechö b'olömechö, la-avon nidöchim m'chay, uv'nay ulömechö.

S'lach nö siluföm v'go-n'naym b'sukas sh'lomechö, la-avon avödechö alaym uch'vosh b'ilumechö.

S'lach nö pen yay-ön'shu mim'romechö, la-avon tzonechö shakach, v'hi s'hilösechö v'rom'mechö.

S'lach nö k'lonöm vachamol ölaymo mim'romechö, la-avon r'chumechö tisö mil'tzudöm b'chermechö.

S'lach nö shemetz ta-tu-a ti-uv r'chumechö, la-avon t'mimechö ha-avayr k'godel rachamechö.

AMNAM KEIN

Elohaynu vay-lo-hay avosaynu,

Ömnöm kayn, yetzer sochayn bönu; böch l'hatzdayk, rav tzedek, va-anaynu sölachti.

G'ol m'ragayl, v'gam pagayl sipro; dod sho-ayg b'kol yitayn kol d'völo, sölachti.

Has kataygor, v'kach sanaygor m'komo; vihi adonöy l'mish-ön lo, l'ma-an no-amo sölachti.

Z'chus ezrach gam yifrach l'shoshanö; chayt ha-avayr, v'kol hagbayr mim'onö, sölachti.

Tov v'salöch, m'chal u-s'lach ashömim; yöh hakshayv, v'gam höshayv mim'romim, sölachti.

K'ayv tachbosh, u-v'tzul tichbosh avoni; l'chö s'hilö, emor milö l'ma-ani, sölachti.

M'chay fesha v'gam resha b'nay v'ris; n'hog chasdechö, kayn hodechö lish-ayris, sölachti.

S'chos rachashi, v'gam lachashi tirtze; övon nosay, l'ma-anchö asay, v'siftze sölachti.

P'nay l'elbon, m'kom övon l'hösim; tzachan hösayr, v'gam t'vasayr l'vöch chosim, sölachti.

Koli sh'ma, ur'ay dema ayni; riv rivi, sh'ay nivi, vahashivayni sölachti.

Shemetz tahayr k'öv mahayr, k'ne-emar; tim-che fesha l'am nosha, v'somar sölachti.

KI HINEI

Ki hinay kachomer b'yad ha-yotzayr, birtzoso marchiv uvirtzoso m'katzayr, kayn anachnu b'yöd'chö chesed notzayr, la-b'ris ha-bayt v'al tayfen la-yaytzer.

Ki hinay kö-even b'yad ha-m'satays, birtzoso ochayz uvirtzoso m'chatays, kayn anachnu b'yöd'chö m'cha-ye um'mosays, la-b'ris ha-bayt v'al tayfen la-yaytzer.

Ki hinay kagarzen b'yad hechörösh, birtzoso dibayk lö-or uvirtzoso payrash, kayn anachnu b'yöd'chö tomaych öni vörösh, la-b'ris ha-bayt v'al tayfen la-yaytzer.

Ki hinay kahe-ge b'yad hamalöch, birtzoso ochayz uvirtzoso shilach, kayn anachnu b'yöd'chö ayl tov v'salöch, la-b'ris ha-bayt v'al tayfen la-yaytzer.

Ki hinay kaz'chuchis b'yad ham'zagayg, birtzoso chogayg uvirtzoso m'mogayg, kayn anachnu b'yöd'chö ma-avir zödon v'shogayg, la-b'ris ha-bayt v'al tayfen la-yaytzer.

Ki hinay ka-y'ri-ö b'yad hörokaym, birtzoso m'yashayr uvirtzoso m'akaym, kayn anachnu b'yöd'chö ayl kano v'nokaym, la-b'ris ha-bayt v'al tayfen la-yaytzer.

Ki hinay kakesef b'yad hatzorayf, birtzoso m'sagsayg uvirtzoso m'tzörayf, kayn anachnu b'yöd'chö mamtzi l'mözor teref, la-b'ris ha-bayt v'al tayfen la-yaytzer.

SHEMA KOLEINU

Sh'ma kolaynu adonöy elohaynu chus v'rachaym ölaynu v'ka-bayl b'ra-chamim u-v'rötzon es t'fi-lösaynu.

Hashivaynu adonöy aylechö v'nöshuvö chadaysh yömaynu k'kedem.

Al tashli-chaynu mi-l'fönechö v'ru-ach köd-sh'chö al tikach mi-menu.

Al tashli-chaynu l'ays ziknö ki-ch'los ko-chaynu al ta-azvaynu.

KI ANU AMECHA

Elohaynu vaylohay avosaynu, s'lach lönu, m'chol lönu, ka-payr lönu. Ki önu amechö v'atö elohaynu, önu vönechö v'atö övinu, önu avödechö v'atö adonaynu, önu k'hölechö v'atö chelkaynu. önu nachalösechö v'atö gorölaynu, önu tzonechö v'atö ro-aynu, önu karmechö v'atö notraynu,

önu p'ulösechö v'atö yotzraynu. önu ra-yosechö v'atö dodaynu, önu s'gulösechö v'atö elohaynu, önu amechö v'atö malkaynu, önu ma-amirechö v'atö ma-amiraynu. Önu azay fönim v'atö rachum v'chanun, önu k'shay oref v'atö erech apa-yim, önu m'lay-ay övon v'atö mölay rachamim, önu yömaynu k'tzayl ovayr, v'atö hu ush'nosechö lo yitömu.

ASHAMNU

Öshamnu, bögadnu, gözalnu, dibarnu dofi. He-evinu, v'hirsha-nu, zadnu, chömasnu, töfalnu sheker. Yö-atznu rö, kizavnu, latznu, möradnu, ni-atznu, sörarnu, övinu, pösha-nu, tzörarnu, kishinu oref. Rösha-nu, shichasnu, ti-avnu, tö-inu, ti-tö-nu.

V'AL KULAM

V'al kulöm, elo-ah s'lichos, s'lach lönu, m'chol lönu, kapayr lönu.

RACHAMANA

Rachamönö d'önay la-ani-yay a-naynö. Rachamönö d'önay lis-viray libö a-naynö.

AVINU MALKEINU

Övinu malkaynu, ayn lönu melech elö ötö.

Övinu malkaynu, chönaynu va-a-naynu, ki ayn bönu ma-asim, asay imönu tz'dökö vöchesed v'hoshi-aynu.

LEDAVID MIZMOR

L'dövid mizmor ladonöy hö-öretz um'lo-öh, tayvayl v'yosh'vay vöh. Ki hu al yamim y'södöh, v'al n'höros y'chon'nehö. Mi ya-aleh b'har adonöy, u-mi yökum bimkom ködshö. N'ki chappa-yim u-var layvöv asher lo nösö lashöv nafshi v'lo nishba l'mir'mö. Yisö v'röchö may-ays adonöy u-tz'dökö may-elohay yish'o. Ze dor dor'shöv, m'vakshay fönechö ya-akov selö. S'u sh'örim röshaychem v'hinös'u pis'chay olöm v'yövo melech hakövod. Mi ze melech hakövod, adonöy izuz v'gibor adonöy gibor mil'chömö. S'u sh'örim röshaychem u-s'u pis'chay olöm v'yövo melech hakövod. Mi hu ze melech hakövod, adonöy tz'vö-os hu melech hakövod selö.

MODEH ANI

Mo-de ani l'fönechö melech chai v'ka-yöm, she-he-chezartö bi ni-sh'mösi b'chemlö, rabö emunösechö.

HAREINI

Ha-rayni m'kabayl ölai mitz-vas asay shel v'öhavtö l'ray-a-chö kömochö.

ADON OLAM

Adon olöm asher mölach, b'terem köl y'tzur niv-rö. l'ays na-asö v'cheftzo kol, azai melech sh'mo ni-k'rö. V'a-cha-ray ki-ch'los ha-kol l'vado yimloch norö. V'hu hö-yö v'hu ho-ve, v'hu yihye b'sif-örö. V'hu echod v'ayn shayni l'ham ohil lo l'hach'birö. B'li rayshıs b'li sach-lis v'lo hö-oz v'ha-misrö. V'hu ayli v'chai go-ali, v'tzur chevli b'ays tzörö. V'hu nisi u-mö-nos li, m'nös kosi b'yom ekrö. B'yödo afkid ru-chi, b'ays ishan v'ö-irö. V'im ru-chi g'vi-yösi, adonöy li v'lo i-rö.

HA'ADERET VEHAEMUNAH

Hö-aderes v'hö-emunö, l'chai olömim. Ha-binö v'ha-b'röchö, l'chai olömim. Ha-ga-avö v'hag'dulö, l'chai olömim. Ha-day-ö v'hadibur, l'chai olömim. Ha-hod v'he-hödör, l'chai olömim. Ha-va-ad v'ha-vösikus, l'chai olömim. Ha-ziv v'ha-zohar, l'chai olömim. Ha-cha-yil v'ha-chosen, l'chai olömim. Ha-teches v'ha-tohar, l'chai olömim. Ha-yichud v'ha-yir-ö, l'chai olömim. Ha-keser v'ha-kövod, l'chai olömim. Ha-lekach v'ha-libuv, l'chai olömim. Ha-m'luchö v'ha-memshölö, l'chai olömim. Ha-noy v'ha-naytzach, l'chai olömim. Ha-siguy v'hasegev, l'chai olömim. Hö-oz v'hö-anövö, l'chai olömim. Ha-p'dus v'ha-p'ayr, l'chai olömim. Ha-tz'vi v'ha-tzedek, l'chai olömim. Ha-k'ri-ö v'ha-k'dushö, l'chai olömim. Hö-ron v'höro-maymos, l'chai olömim. Ha-shir v'ha-shevach, l'chai olömim. Ha-t'hilö v'ha-tif-eres, l'chai olömim.

YISHTABACH

Uv'chayn yishtabach shim'chö lö-ad malkaynu, hö-ayl ha-melech, ha-gödol v'haködosh, ba-shöma-yim u-vö-öretz. Ki l'chö nö-e adonöy elohaynu vay-lohay avosaynu l'olöm vö-ed. Shir u-sh'vöchö, halayl v'zimrö, oz u-memshölö, netzach, g'dulö u-g'vurö, t'hilö v'sif-eres, k'dushö u-ma-l'chus. B'röchos v'hodö-os, l'shi-m'chö ha-gödol v'ha-ködosh, u-may-olöm ad olöm, atö ayl. Böruch atö adonöy, ayl melech, gödol u-m'hulöl batishböchos, ayl ha-hodö-os, adon ha-niflö-os, boray köl ha-n'shömos, ribon köl ha-ma-asim, ha-bochayr b'shiray zimrö, melech yöchid chay hö-olömim.

KEIL ADON

Ayl ödon al köl ha-ma-asim, böruch u-m'voröch b'fi köl ha-n'shömö, göd-lo v'tuvo mölay olöm, da-as u-s'vunö so-v'vim hodo. Ha-mis-gö-e al cha-yos ha-kodesh, v'neh-dör b'chövod al ha-merkövö, z'chus u-mishor li-f'nay chis-o, chesed v'rachamim mölay ch'vodo. Tovim m'oros shebörö elohaynu, y'tzöröm b'da-as b'vino u-v'haskayl, ko-ach u-g'vurö nösan böhem, lih-yos mo-sh'lim b'kerev tay-vayl. M'lay-im ziv

u-m'fikim nogah, nö-e zivom b'chöl hö-olöm, s'maychim b'tzaysöm v'sösim b'vo-öm, osim b'aymö r'tzon konöm. P'ayr v'chövod nos'nim lish'mo, tzö-hölö v'rinö l'zaycher ma-l'chuso, körö la-shemesh va-yizrach or, rö-ö v'hiskin tzuras ha-l'vönö. Shevach no-s'nim lo köl tz'vö mörom, tif-eres u-g'dulö, s'röfim v'chayos v'ofa-nay ha-kodesh.

ATO HU

The following section is recited across the page line by line. The chazzan recites the first line followed by the congregation. The subsequent lines are recited by the congregation followed by the chazzan.

Atö hu elohaynu.

Bashöma-yim uvö-öretz. Gibor v'na-arötz.

Dögul mayrvövö. Hu söch va-yehi.

V'tzivö v'nivrö-u. Zichro lönetzach.

Chai olömim. T'hor ayna-yim.

Yoshayv sayser. Kisro y'shu-ö.

L'vusho tz'dökö. Ma-atayhu kin-ö.

Ne'pad n'kömö. Sisro yosher.

Atzöso emunö. P'ulöso emes.

Tzadik v'yöshör. Körov l'kor'öv be-emes.

Röm umisnasay. Shochayn sh'chökim.

Tole eretz al b'limö.

LKAYL ORECH DIN

The following section is recited across the page line by line. The chazzan recites the first line followed by the congregation. The subsequent lines are recited by the congregation followed by the chazzan.

L'ayl oraych din.

L'vochayn l'vövos b'yom din, l'go-le amukos ba-din.

L'dovayr may-shörim b'yom din, l'ho-ge day-os ba-din.

L'vösik v'oseh chesed b'yom din, l'zochayr b'riso ba-din.

L'chomayl ma-asöv b'yom din, l'ta-hayr chosöv ba-din.

L'yoday-a mach'shövos b'yom din, l'chovaysh ka-aso ba-din.

L'lovaysh tz'dökos b'yom din, l'mochayl avonos ba-din.

L'norö s'hilos b'yom din, l'solay-ach la-amusöv ba-din.

L'o-neh l'kor'öv b'yom din, l'fo-ayl rachamöv ba-din.

L'tzofeh nis'töros b'yom din, l'koneh avödöv ba-din.

L'rachaym amo b'yom din, l'shomayr o-havöv ba-din.

L'somaych t'mimöv b'yom din.

VAYEHI BINSOA

Va-y'hi bi-n'so-a hö-öron, va-yomer moshe: kumö adonöy v'yöfu-tzu o-y've-chö, v'yönusu m'san'echö mi-pöne-chö. Ki mi-tziyon taytzay sorö, u-d'var adonöy mi-rushölöyim. Böruch she-nösan torö l'amo yisrö-ayl bi-k'dushöso.

HASHEM HASHEM

Adonöy adonöy ayl rachum v'chanun erech apayim v'rav chesed ve-emes. Notzayr chesed lö-alöfim nosay övon vö-fesha v'chatö-ö v'nakay.

BEI ANA RACHITZ

Bayh anö röchitz, v'lish'may kadishö yakirö anö aymar tush-b'chön. Y'hay ra-avö ködömöch d'sif-tach li-bö-i b'oraisö, v'sashlim mish-alin d'libö-i, v'libö d'chöl amöch yisrö-ayl, l'tav u-l'cha-yin v'lishlöm.

SHEMA/ECHAD/LECHA ADNAI

Sh'ma yisrö-ayl adonöy elohaynu adonöy echöd.

Echöd elohaynu, gödol ado-naynu, ködosh v'norö sh'mo.

L'chö Adonöy ha-g'dulö v'ha-g'vurö v'ha-tif-eres v'ha-naytzach v'ha-hod, ki chol bashöma-yim u-vö-öretz. L'chö Adonöy ha-mamlöchö v'ha-misnasay l'chol l'rosh. Ro-m'mu Adonöy elohaynu v'hishtachavu la-hadom rag-löv ködosh hu. Ro-m'mu Adonöy elohaynu v'hish-tachavu l'har ködsho, ki ködosh Adonöy elohaynu.

BLESSING BY THE FATHER OF THE BAR MITZVAH

Böruch she-p'törani may-onesh ha-lö-ze.

VEZOT HATORAH

V'zos ha-torö asher söm moshe lif'nay b'nay yisrö-ayl. Aytz cha-yim hi la-machazikim böh, v'som'chehö m'ushör. D'röchehö dar'chay no-am, v'chöl n'sivo-sehö shölom. Orech yömim bi-minöh bis'molöh osher v'chövod. Adonöy chöfaytz l'ma-an tzidko yagdil torö v'ya-dir.

YIZKOR

One who has no father says:

Yizkor elohim nish'mas abö mori (his name) ben (his mother's name) shehölach l'olömo, ba-avur sheb'li neder etayn tz'dökö ba-ado, bis'char ze t'hay nafsho tzrurö bitz'ror hacha-yim, im nish'mas avröhöm yitzchök v'ya-akov, sörö rivkö röchayl v'lay-ö, v'im sh'ör tzadikim v'tzidköni-yos sheb'gan ayden, v'nomar ömayn.

One who has no mother says:

Yizkor elohim nish'mas imi morösi (her name) bas (her mother's name) shehöl'chö l'olömöh, ba-avur sheb'li neder etayn tz'dökö ba-adöh, bis'char ze t'hay nafshöh tzrurö bitz'ror hacha-yim, im nish'mas avröhöm yitzchök v'ya-akov, sörö rivkö röchayl v'lay-ö, v'im sh'ör tzadikim v'tzidköni-yos sheb'gan ayden, v'nomar ömayn.

YEHALELU

Y'ha-l'lu es shaym Adonöy ki nisgöv sh'mo l'vado.

Hodo al eretz v'shömö-yim. Va-yörem keren l'amo, t'hilö l'chöl chasidöv, li-v'nay yisrö-ayl am k'rovo, hal'luyöh.

UNESANEH TOKEF

U-n'saneh tokef k'dushas ha-yom, ki hu norö v'ö-yom. U-vo sinösay mal'chusechö, v'yikon b'chesed kis-echö, v'sayshayv ölöv be-emes. Emes ki atö hu da-yön u-mochi-ach v'yoday-a vö-ayd, v'cho-sayv v'cho-saym v'so-fayr u-moneh, v'sizkor köl ha-nish-köchos. V'siftach es say-fer hazich-ronos, u-may-aylöv yiköray, v'chosöm yad köl ödöm bo. U-vashoför gödol yitöka, v'kol d'mömö dakö yishöma. U-mal-öchim yay-chöfayzun, v'chil u-r'ödö yochayzun, v'yom'ru hinay yom ha-din, lifkod al tz'vö möröm ba-din, ki lo yiz-ku v'aynechö ba-din. V'chöl bö-ay olöm ya-av-run l'fönechö kiv'nay möron. Chazzan: K'vaköras ro-eh edro, ma-avir tzono tachas shiv-to, kayn ta-avir v'sispor v'sim-neh, v'sifkod nefesh köl chöy, v'sach-toch kitz'vö l'chöl bir-yosechö, v'sichtov es g'zar dinöm.

B'rosh hashönö yikö-sayvun, uv'yom tzom kipur yay-chösaymun, kamö ya-avrun v'chamö yiböray-un. Mi yich-yeh, u-mi yömus. Mi v'kitzo, u-mi lo v'kitzo. Mi vama-yim, u-mi vö-aysh. Mi vacherev, u-mi vacha-yö. Mi vörö-öv, u-mi vatzömö. Mi vöra-ash, u-mi vama-gayfö. Mi vachanikö, u-mi vas'kilö. Mi yönu-ach, u-mi yönu-a. Mi yishö-kayt, u-mi yitö-rayf. Mi yishö-layv, u-mi yis-ya-sör. Mi yay-öni, u-mi yay-öshayr. Mi yishöfayl, u-mi yörum.

Us'shuvö us'filö utz'dökö ma-avirin es ro-a hag'zayrö.

VCHOL MAAMINIM

The following section is recited across the page line by line. The chazzan recites the first line followed by the congregation. The subsequent lines are recited by the congregation followed by the chazzan.

Hö-ochayz b'yad midas mishpöt.

V'chol ma-aminim she-hu ayl emunö, habochayn u-vodayk ginzay nistöros.

V'chol ma-aminim she-hu bochayn k'löyos, hago-ayl mimöves u-fodeh mishachas.

V'chol ma-aminim she-hu go-ayl chözök, hadön y'chidi l'vö-ay olöm.

V'chol ma-aminim she-hu da-yön emes, he-höguy b'eh-yeh asher eh-yeh.

V'chol ma-aminim she-hu höyö hoveh v'yi-h'yeh, havadai sh'mo kayn t'hilöso.

V'chol ma-aminim she-hu v'ayn bilto, hazochayr l'mazkiröv tovos zichronos.

V'chol ma-aminim she-hu zochayr hab'ris, hachosaych cha-yim l'chöl chai.

V'chol ma-aminim she-hu chai v'ka-yöm, hatov, umaytiv lörö-im v'latovim.

V'chol ma-aminim she-hu tov lakol, hayoday-a ye-tzer köl y'tzurim.

V'chol ma-aminim she-hu yo-tz'röm baböten, hakol yöchol v'cho-l'löm yachad.

V'chol ma-aminim she-hu kol yöchol, halön b'sayser b'tzayl shadai.

V'chol ma-aminim she-hu l'vado hu, hamam-lich m'löchim v'lo ham'luchö.

V'chol ma-aminim she-hu melech olöm, hanohayg b'chasdo köl dor.

V'chol ma-aminim she-hu no-tzayr chesed, hasovayl, uma-lim a-yin miso-r'rim.

V'chol ma-aminim she-hu solay-ach selö, hö-el-yon, v'ayno el y'ray-öv.

V'chol ma-aminim she-hu o-ne löchash, haposay-ach sha-ar l'dof'kay bis'shuvö.

V'chol ma-aminim she-hu p'suchö yödo, hatzo-fe löröshö v'chöfaytz b'hi-tzöd'ko.

V'chol ma-aminim she-hu tzadik v'yöshör, hak'tzar b'za-am uma-arich af.

V'chol ma-aminim she-hu kö-she lich-os, hörachum, umakdim rachamim l'rogez.

V'chol ma-aminim she-hu rach lir-tzos, hashö-ve, umash-ve köton v'gödol.

V'chol ma-aminim she-hu shofayt tzedek, hatöm, umitamöm im t'mimim.

V'chol ma-aminim she-hu tömim pö-ölo.

K'OHEL HANIMTACH

K'ohel hanimtach b'döray malö, mar-ay chohayn.

Kiv'rökim ha-yotz'im miziv hacha-yos, mar-ay chohayn.

K'godel g'dilim b'arba k'tzövos, mar-ay chohayn.

Kidmus hakeshes b'soch he-önön, mar-ay chohayn.

K'hod asher hilbish tzur litzurim, mar-ay chohayn.

K'vered hanösun b'soch ginas chemed, mar-ay chohayn.

K'zayr hanösun al maytzach melech, mar-ay chohayn.

K'chesed hanitön al p'nay chösön, mar-ay chohayn.

K'tohar hanösun bitznif töhor, mar-ay chohayn.

K'yoshayv b'sayser l'chalos p'nay melech, mar-ay chohayn.

K'chochöv hanogah big'vul mizröch, mar-ay chohayn.

THE PRIESTLY BLESSING

Böruch atö adonöy, elohaynu melech hö-olöm, asher ki-d'shönu bik'dushöso shel a-haron, v'tzivönu l'vöraych es amo yisrö-ayl b'ahavö.

Y'vörech'chö, Adonöy, v'yish-m'rechö. (Cong. ömayn) Yö-ayr, Adonöy, pönöv, ay-lechö, vi-chunekö. (Cong. ömayn) Yisö, Adonöy, pönöv, ay-lechö, v'yösaym, l'chö, shölom. (Cong. ömayn).

HAYOM TEAMTZEINU

The following phrases are recited responsively. The congregation says the first phrase, followed by the chazzan. After the chazzan recites each phrase, the congregation responds Amen as indicated, and then recites the subsequent phrase.

Ha-yom t'am'tzaynu. (ömayn.)

Ha-yom t'vö-r'chaynu. (ömayn.)

Ha-yom t'gad'laynu. (ömayn.)

Ha-yom tid-r'shaynu l'tovö. (ömayn.)

Ha-yom tishma shav-ösaynu. (ömayn.)

Ha-yom t'kabayl b'rachamim u-v'rö-tzon es t'filösaynu. (ömayn.)

Ha-yom tis-m'chaynu bi-min tzidkechö. (ömayn.)

SHAAREI ARMON

Sha-aray armon, m'hayrö siftach l'vo-aray das ömon.

Sha-aray g'nuzim, m'hayrö siftach l'dös'chö achuzim.

Sha-aray haychöl hanechemödim, m'hayrö siftach liv-udim.

Sha-aray z'vul machanö-yim, m'hayrö siftach l'chachlilay aynö-yim.

Sha-aray töhörö, m'hayrö siftach l'yöfö uvörö.

Sha-aray keser ham'yumön, m'hayrö siftach l'am lo almön. Uvöhem tu-arötz v'suk'dösh, k'sod si-ach sarfay kodesh, hamakdishim shim'chö bakodesh.

PESACH LANU SHAAR

P'sach lönu sha-ar, b'ays n'ilas sha-ar, ki fönö yom.

Ha-yom yif-ne, hashemesh yövo v'yif-ne, növo-ö sh'örechö.

Önö ayl nö, sö nö, s'lach nö, m'chal nö, chamöl nö, rachem nö, kaper nö, k'vosh chayt v'övon.

RACHEM NA

Rachem nö k'hal adas y'shurun, s'lach um'chal avonöm, v'hoshi-aynu elohay yish-aynu.

Sha-aray shöma-yim p'sach, v'otzör'chö hatov lönu—siftach, toshi-a v'riv al timtach, v'hoshi-aynu alohay yish-aynu.

EIN KELOKEINU

Ayn kaylo-haynu, ayn kado-naynu, ayn k'malkaynu, ayn k'moshi-aynu. Mi chaylo-haynu, mi chado-naynu, mi ch'malkaynu, mi ch'moshi-aynu. No-de laylo-haynu, no-de lado-naynu, no-de l'malkaynu, no-de l'moshi-aynu. Böruch elo-haynu, böruch adonaynu, böruch malkaynu, böruch moshi-aynu. Atö hu elohaynu, atö hu ado-naynu, atö hu malkaynu, atö hu moshi-aynu, atö soshi-aynu. Atö sökum t'rachaym tzi-yon ki ays l'che-n'nöh ki vö mo-ayd. Atö hu adonöy elohaynu vay-lohay avo-saynu, she-hiktiru avosaynu l'fönechö es k'tores ha-samim.

HAVDALAH

Hinay ayl y'shu-ösi ev-tach v'lo ef-chöd, ki özi v'zimrös yöh adonöy, va-y'hi li lishu-ö.

Ush'avtem ma-yim b'söson mima-a-y'nay ha-y'shu-ö.

La-donöy ha-y'shu-ö, al am'chö vi-r'chösechö selöh. Adonöy tz'vö-os i-mönu misgöv lönu elohay ya-akov selö. Adonöy tz'vö-os ashray ödöm botay-ach böch.

Adonöy hoshi-ö, ha-melech ya-anaynu v'yom kör'aynu.

La-y'hudim hö-y'sö o-rö v'simchö, v'söson vikör. Kayn tih-ye lönu. Kos y'shu-os esö uv'shaym adonöy ekrö.

Savri mörönön: Böruch atö adonöy elohaynu melech hö-olöm, boray p'ri ha-göfen.

On Saturday night, add:

Böruch atö adonöy elohaynu melech hö-olöm, boray minay v'sömim.

Böruch atö adonöy elohaynu melech hö-olöm, boray m'oray hö-aysh.

Böruch atö adonöy elohaynu melech hö-olöm, hamavdil bayn kodesh l'chol, bayn or l'choshech, bayn yisrö-ayl lö-amim, bayn yom ha-sh'vi-i l'shayshes y'may hama-a-se. Böruch atö adonöy, hamavdil bayn kodesh l'chol.

ORDER OF PUTTING ON THE TALLIT

1. Stand with the folded *tallit* over the right shoulder, examine the *tzitzit*...

2. Then, unfold the *tallit* and open it wide, kiss its upper edge, and swing it around from the position in which it is held in front of you until it is hanging behind you. At this point begin the blessing.

3. Gather the two right corners of the *tallit*, raise them up...

4. ...and place them over the left shoulder; gather the two left corners and bring them to the front. Thus, all four *tzitzit* are on the left side, two in front and two behind.

HOLDING THE CUP OF BLESSING

Lower the cup onto the
palm of the right hand.

HOLDING THE TZITZIT FOR THE SHEMA

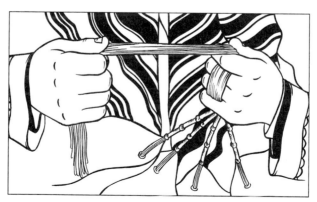

Hold all four *tzitzit* in the left hand, extending outward between the little and ring fingers, back
in between the middle and index fingers, and out again between the thumb and index finger.
(Before וַיֹּאמֶר (*The Lord spoke*) on page 142 the *tzitzit* are to be held also in the right hand.)

שער הכולל

מהרה"ג וכו' מוה"ר אברהם דוד לאוואוט נ"ע

(השייכים ליום הכפורים)

פרק מד

יום הכפורים

(א) בעיו"כ מנהג לשחוט כו' אז חוט
של חסד כו'. מה שמבאר
טעם המנהג הוא משום שבטור כתב אין
טעם למנהג זה והרמב"ן אוסרו משום
ניחוש ודרכי האמורי (עיין ב"י וב"ח)
ואדמו"ר קיים המנהג שכן הוא דעת רב
האי גאון והאריז"ל לכן הוצרך לבאר טעם
המקובל. ומהר"ל מפראג בספר נתיבות
עולם נתיב הבטחון כתב שיש ראיה גמורה
מן הגמרא (ברכות דף ס"ג ע"ב) ליקח
בעיו"כ תרנגול לכפרה על נפשו עיי"ש.

תרנגול לבן כו' אבל שחור הוא תוקף
הדינים המחשיך פני הבריות
(זוהר ויחי רי"ח ע"ב).

(ב) ויאמר ג"פ בני אדם. כלשון הזה
לא נמצא בשום מקום גם
שינה ממ"ש בשו"ע שלו "ועושין כן ג"פ"
הרי שכונת אדמו"ר בסדור שיאמר ג"פ
בני אדם עד מצאתי כופר אבל לעשות
היינו לסבב סביב ראשו באמירת זה
חליפתי כו' די בפעם אחד. ובסדורים יש
בזה נוסחאות שונות וכן בלשונות
הפוסקים. ולבאר זה הנה בפע"ח ובמשנת
חסידים לא נזכר כלל מענין אמירת
הפסוקים ואמירת זה חליפתי כו' ובטור
מתחיל בלשון הפסוק תהלים יושבי חושך
וגו' ואינו מוסיף התיבות בני אדם
ובאבודרהם ומהרי"ל ולבוש נתוספו השתי
תיבות בני אדם אבל פסוקי איוב אם יש

עליו מלאך מליץ וגו' מצאתי כופר לא
נמצא בהם רק במהרי"ל כתוב בזה"ל
ורובא דעלמא מוסיפין גם לאמר פסוקי
איוב אם יש עליו וגו' מצאתי כופר ועושה
כסדר הזה ג"פ עכ"ל המהרי"ל. והנה ענין
הכפרות כמו שבאר אדמו"ר ע"ד המבואר
בפע"ח ומשנת חסידים וסדור האריז"ל
שוחטין את התרנגול שנקרא גבר תמורה
מיתת בני אדם שנקרא גבר דוגמת שעיר
המשתלח (ובדרך כלל נקרא כפרה כמו
ארבעה חלוקי כפרה דדריש רבי ישמעאל
(יומא דף פ"ו ע"א) ובאגרת התשובה
מאדמו"ר מבאר שלשה חלוקי כפרה).
וענין חלוף ותמורת גבר בגבר נראה
שמוסמך על פסוקי איוב שמסיים מצאתי
כופר וגו' הן כל אלה יפעל אל פעמים
שלש עם גבר. ודוגמת שעיר המשתלח
והכופר הוא ששוחטין את התרנגול
שנקרא גבר תמורת בן אדם שנקרא גבר
והבני אדם ילכו לחיים טובים ולשלום.
וזהו שקודם הפסוקים מוסיפין התיבות בני
אדם. ולכן אומרים פסוקי חבוש וחולה
ופסוקי איוב מצאתי כופר שלשה פעמים
כי על שלשה פעמים מועיל כופר. אבל מה
יתן ומה יוסיף אם על זה התרנגול עצמו
יאמר עוד שני פעמים זה חליפתי. וגם
בשעיר המשתלח היה אומר פעם אחד כך
ימחו כו' (ובכל מקום שכופלין ואומרים
ג"פ הוא בדברים השייכים להעלאות או
המשכות) ובסדור ר' יעקב קאפיל כתוב
ויסבב על ראשו ג"פ ואומר זה חליפתי
ולא נזכר שיאמר ג"פ.

ומה שמפסוקי תהלים מן ארבעה
שצריכין להודות לא הובא רק
פסוקי חבוש וחולה ולא פסוקי ים ומדבר
מובן הטעם מפני שגם באיוב קודם מצאתי
כופר לא חשיב ג"כ רק פסוקי חבוש
וחולה. וישם בסד רגלי ישמור כל
אורחותי וגו'. והוכח במכאוב על משכבו
וגו' (עיין לעיל לענין ברכת הגומל פרק
כ"ג כ"ד אות ב').

גם נראה שבשארי דברים שנהגו
בכפרות לסבב סביב ראשו ולסמוך
שתי ידיו ותיכף לסמיכה שחיטה מאחר
שלא נזכרו בפע"ח ובמשנת חסידים וסדור
האריז"ל וגם אדמו"ר השמיטם מן הסדור
מסתמא לא שמיע ליה כלומר לא סבירא
ליה.

העולה מזה שאדמו"ר לא הביא
בסדורו רק מה שיש לו סמך מן
הפוסקים ומקובל מרב האי גאון וקבלת
האריז"ל היינו שלשה פעמים עם גבר
שנקרא בני אדם ופסוקי חבוש וחולה
ופסוקי מלאך מליץ (היינו מעשים טובים
כדדריש בגמרא ובזוהר נשא קכ"ו ע"א
וע"ב) מצאתי כופר היינו כפרה כקרבן או
כעניין הקרבנות (עיין רמב"ן על התורה
ע"פ אם כופר יושת עליו) וכן חלוף
ותמורה גבר בגבר וחליפתי תמורתי
כפרתי ע"ש החותך חיים לכל חי והשמיט
מסדורו חליפתינו חליפתכן חליפתכן כו'
כי אין להעמיס זה בלשונות הפוסקים
והמקובלים וגם בסדור האריז"ל לא נמצא
זה שהעיקר שחשבון הכפרות יהיו לפי
חשבון בני אדם שבבית וצריך לחשוב
בחשבון גם עוברין שבמעי אמן (לכן כתב
הלשון לפי חשבון היינו עוברין שבמעי
אמן ולא לפי מספר).

ועיקר מצות הכפרות היא ברכת
השחיטה והשחיטה ובפרט עם

כוונות המיוחדות לזה והרב ר' יעקב
קאפיל כתב בסדורו בזה"ל ואחר שנשחט
נשאר בקדושה ואין צריך ליתנו לעניים
(גם בשו"ע כתב שיותר טוב ליתן ממון
לעניים) אלא מצוה נעשה בשחיטה עכ"ל.
ולפי"ז אם נתנבלה בשחיטה צריך לשחוט
אחרת אבל אם לא היתה מסוכנת
והשחיטה והברכה היו כדינא אע"פ
שנטרפה א"צ לשחוט אחרת כיון שכל מה
ששייך לכפרות נעשה כדין תורה.

(ג) **יש** להרבות באכילה ושתיה כשיעור
שני ימים (ר"ה דף ט' ע"א יומא
פ"א ע"א ופרש"י שם ברכות ח' ע"ב פסחים
ס"ח ע"ב) וזה הלשון כשיעור שני ימים
נמצא בפע"ח ומשנת חסידים וסדור
האריז"ל ומן המעשה שבמדרש בראשית
רבה פי"א (הובא בתוס' כתובות דף ה' ע"א
טור סימן תר"ד) אית חד חד יומא
דאנן עבדין כל יומי שתא הוא מכפר
עלינו וכד הוא אתי אנן צריכין ליקורא
יתיה מוכח שבעיי"כ אכל סעודה יו"כ.

(ד) **מלקות** ילקו קודם טבילה ומנחה.
בשו"ע סימן תרי"ד סעיף
י"ג הביא שתי דיעות אם לטבול קודם
מנחה או אחר מנחה ובפע"ח כתב קודם
שיתפלל מנחה מלקות. ולטבול אחר
מלקות לקיים באנו באש ובמים. והנה בכל
השנה לבד ע"ש ועיו"ט היו לוקין את
החוטאים בין מנחה למעריב (עיין לעיל
והוא רחום דערבית) אבל עיו"כ הוא
עיו"ט לכן ילקו קודם טבילה ומנחה.

(ה) **בענין** הספרים שמוציאין כו' פע"ח
סדור האריז"ל וכתוב בפע"ח
שמוציאין שלשה ספרים.

(ו) **זה** מקרוב התחילו להדפיס בסדורים
מאמר הזוהר קם ר"ש (הוא
בתקוני זוהר ליום ל"ז תקון ה') אבל
בסדורים שנדפסו בחיי אדמו"ר ליתא גם

לא היו נוהגין לאמרו קודם כל נדרי כי זמן תורה לחוד וזמן תפלה לחוד ויותר טוב להתחיל כל נדרי מבעוד יום.

(ז) **מחול** לעונותינו (רש"י יומא דף ס"ח ע"ב).

(ח) **ודוי** יוהכ"פ (יומא דף פ"ז ע"ב) ברמב"ם בסדר התפלה ובאיזה סדורים ישנים לא נמצא בנוסח על חטא רק א"ב אחד. ובסדור האריז"ל נמצא א"ב כפול וכן סדרו אדמו"ר בא"ב כפול ואין בו שנוי מסדור האריז"ל רק באות ח' אשר שם ע"ח שחטאנו לפניך בחלול השם ואח"כ ע"ח שח"ל בחוזק יד וכאן הקדים את הודוי דחוזק יד קודם לחלול השם וי"ל שטעמו דחוזק יד היא עברה שבין אדם לחבירו וחלול השם היא עברה שבין אדם למקום וכן מצינו בשו"ע סימן תר"ו לענין פיוס להקדים פיוס שבין אדם לחבירו ולכן הקדימו הונאת ריע להרהור הלב.

(ט) **אבל** אנחנו ואבותינו חטאנו. אשמנו נקרא ודוי זוטא ועל חטא נקרא ודוי רבה (ספר המנהיג הלכות יו"כ סימן נ"ז).

(י) **מחילה** לחטאים וכפרה לעונות וסליחה לפשעים כן הוא נוסח הרמב"ם בסדר התפלה וכן הוא באבודרהם עיי"ש הטעם.

(יא) **אתה** יודע רזי עולם. תקן רב (סוף מס' יומא).

(יב) **ומבלעדיך** אין לנו מלך מוחל וסולח כצ"ל ובקצת סדורים מסיימין תיבות אלא אתה. ואין זה מנוסח אדמו"ר.

(יג) **אחר** ערבית יש לומר ד' מזמורים כו' פע"ח שער יו"כ שכן נהג

האריז"ל וכן הוא באבודרהם. כתוב בפע"ח לאמר בליל יו"כ ד' מזמורים הראשונים מספר תהלים מפני שיש בהם תיבות כמנין כו' וראשי תיבות וסופי תיבות מן ד' מזמורים הללו עולה כמנין כו' וכעין זה כתב ג"כ אדמו"ר בסדור. ולכאורה הוא נגד הגמרא (ברכות דף ט' ע"ב) שתקנו פסוק יהיו לרצון אחר שמנה עשרה מפני שאמרו דוד אחר י"ח פרשיות ופריך הני י"ח י"ט הויין ומשני אשרי האיש ולמה רגשו חדא פרשתא היא (ועיין בתוס' מגלה דף י"ז ע"ב) וא"כ אם נחשוב אשרי האיש ולמה רגשו לחדא פרשתא לא יעלה החשבון שבפע"ח ובסדור. וצריך לומר כמ"ש המהרש"א (שם ברכות דף ט' ע"ב) שאחר שתקנו ברכת המינים י"ט ולומר יהיו לרצון אחר י"ט ברכות התפלה חלקו למה רגשו מן אשרי האיש לפרשה בפ"ע כנגד ברכת המינים עכ"ל. ולפי"ז הכל ניחא כי הם אמרו והם אמרו ברוח הקודש כמ"ש בגמרא.

ד' מזמורים הראשונים שבתהלים כי יש בהם שי"ת תיבות כו' ור"ת וס"ת מהמזמורים מנין קל"א כו' (בפע"ח ובמשנת חסידים כתוב עם הד' כוללים והכולל כולם ובמשנת חסידים נשמט כאן בדפוס ענין הש"י תיבות ואין זה אלא השמטת הדפוס) וגם יכוין בשם הוי"ה בנקוד בברית. ולכאורה הלשון של אדמו"ר אינו מובן: (א) הלא אין בהם רק שי"ו תיבות. (ב) בר"ת וס"ת מהד' מזמורים א' ד' ל' ו' מ' ה' ל' י' מנינים עולים רק קכ"ו. (ג) מה הכריחו לבאר בהסדור כונות והנקוד בהשמות אשר גם באשרי ובשמנה עשרה שנמצאים בסדור האריז"ל ומשנת חסידים כו' השמיטם אדמו"ר מהסדור שלו מטעם המבואר לעיל. ועוד דהלל"ל בקצור כמו שכתוב בסדור ר' יעקב קאפיל בליל

יו"כ יכוין השמות בנקוד חירק ושב"א
(וכתב זה לענין אחד ולא לענין הד'
מזמורים עיי"ש) אמנם בשער הכוונות
כתוב בזה"ל. בליל יו"כ אחר גמר כל
תפלת ערבית נוהגין לקרות ד' מזמורים
כו' ש"י תיבות כו' גם ר"ת וס"ת כו'
בגימטריא קל"א_ ומי שקורא אותם ויכוין
בהם ינצל מקרי. והר"ש ויטאל בנו של
הרח"ו הקשה שם בשער הכוונות שאינו
עולה רק קכ"ו ותירץ שיתכן שהוא מונה
בחשבון הה"א של האיש והם קל"א
כנלע"ד (וזהו דוחק גדול) או אם נמנה ד'
מזמורים והכולל כולם כו' כנלע"ד עכ"ל
(גם זה דוחק) אבל הנה בפע"ח מסיים
בזה"ל ונוהגים לומר ד' מזמורים הנ"ל כדי
להנצל מקרי על ידי התיבות שלהם. בכוונה
הר"ת והס"ת שלהם כנ"ל עכ"ל. הרי
שהזכיר כונה (כמו בלשון האריז"ל) רק
שיעלה המספר קל"א ונראה שזהו כונת
אדמו"ר הד' מזמורים (היינו ד' כוללים) גם
ש"ו תיבות שיש בהם הרי ש"י כמנין קרי.
והכוונה מנקוד כל השמות מהמזמורים
המנוקדים בנקוד בברית א"כ החמשה
אותיות של בברית והקכ"ו של ר"ת וס"ת
מנינם קל"א. וזהו שכתב אדמו"ר וגם
יכוין כו' בנקוד בברית דהיינו להשלים
מנין קל"א וזה ברור.

(יד) **הזכרת** נשמות. המנהג להזכיר
נשמות ביו"ט שני וביו"כ
הובא במעבר יבק שפתי רננות פכ"ג
עיי"ש טעם הדבר ושיותר טוב לנדר נרות
ושמן למאור. במדינות אלו נהגו להזכיר
נשמות ברגלים ביום שקורין כל הבכור
שמסמיכין איש כמתנת ידו כו' כמ"ש
במהרי"ל. הזכרות נשמות ביו"כ נמצא
במהרי"ל וברמ"א סימן תרכ"א ויו"ד סוף
סימן רמ"ט כי"ק. הג"ה כי"ק
(התיבות בעבור שנדרתי צדקה נמחקו

ונכתב בצדה בעבור שבלי נדר אתן צדקה)
ועיין לעיל לענין אב הרחמים.

(טו) **עבודת** יו"כ (יומא דף ל"ו ע"ב
סדור רב עמרם ב"י סימן
תרכ"א פע"ח סדור האריז"ל).

(טז) **אתה** כוננת תיקן יוסי בן יוסי כ"ג
והב"י סימן תרכ"א הגיה קצת
את הנוסח עפ"י הגמרא והפוסקים שלמדו
דבריהם מן הגמרא ואדמו"ר הוסיף קצת
הגהות באיזה מקומות.

(יז) **כאן** א"צ לכרוע. הרמ"א בסימן
תרכ"א וכן אדמו"ר בשו"ע
כתבו נהגו ליפול על פניהם בשעה
שאומרים והכהנים והעם כו'_ והנה
בהנוסח אמיץ כח שבמחזורים וכן בנוסח
אתה כוננת שבסדור רב עמרם גאון
ובסדור האריז"ל לא נמצא הפיוט
והכהנים והעם רק שלשה פעמים
שאומרים הפסוק כי ביום הזה יכפר וגו'
לפני ה' תטהרו וכן משמע בזוהר פ' צו דף
ל"ג ע"א אחרי דף ס"ז ע"א אבל אצל
הגרלה שאומר לה' חטאת לא נמצא כלל
הפיוט והכהנים כמ"ש הב"י שבנוסח אתה
כוננת לא נמצא בהגרלה הפיוט והכהנים
כו' רק שהב"י הוסיף עפ"י האבודרהם וכן
הוא בפע"ח ד' פעמים והכהנים (רק
שבפע"ח טעות הדפוס דמוכח שסיים אצל
הגרלה גם את הפיוט ואף הוא הי' מתכוין
כו' ואומר תטהרו וזה בודאי אינו כי
בהגרלה לא נמצא כלל הפסוק כי ביום
הזה וגו' רק לה' חטאת וגם זה אינו לשון
הפסוק כי בפסוק כתיב הגורל לה' ועשהו
חטאת). לכן אדמו"ר בשו"ע לא הי' צריך
לבאר דברי הרמ"א שלא נהגו ליפול על
פניהם רק שלשה פעמים. אבל בסדור

[בצד העמוד אצל אות יז] יגדיל תורה יב.

שהוסיף את הפיוט והכהנים גם אצל
הגרלה הוצרך לפרש בכאן א"צ לכרוע.
והנה בטור בשם אבי העזרי ובלבוש כתבו
וכשיגיע החזן לתיבות לפני ה' תטהרו
הוא שותק והקהל אומרים והכהנים והעם
כו' וכורעים לפני ה' כמו שהיו עושין
בבהמ"ק כו' ואנחנו עושים דוגמתו וזהו
שיסד הפיוט ואף הוא הי' מתכוין כו' כנגד
המברכים (היינו הקהל שאומרים ברוך שם
כבוד מלכותו לעולם ועד) כלומר שהי'
הכה"ג מאריך בשם הוי' בנעימות קול עד
שהיו הצבור כורעים כו' ואז מסיים ואומר
תטהרו עכ"ל הלבוש. וכן בזוהר אחרי דף
ס"ז ע"א כדין כולהו נפלין על אנפייהו כו'
והוא אתיב לגבייהו ואומר תטהרו. תטהרו
לא אמרין שאר כהני ועמא בר כהנא רבא
כו' שנפילת אפים של הקהל לא שייך רק
בשעה שהכה"ג אומר תטהרו בודוים של
הקהל.

(יח) **כאוהל** הנמתח תמצא במחזור.
לכאורה אינו מובן מה
נשתנה הפיוט הזה מכל הפיוטים הלא
אפילו הפיוטים אוחילה לאל וכל מאמינים
שנמצאים בפע"ח ובסדור האריז"ל עם
כוונות עפ"י הסוד אעפ"כ לא העתיקם
להסדור שלו וגם לא ציין תמצא במחזור.
וי"ל הטעם כי סדר העבודה בנוסח אתה
כוננת לא היו נמצאים בסדורים רק נוסח
אמיץ כח שבמחזורים ואדמו"ר הנהיג
בסדור לאמר נוסח אתה כוננת כמו בסדור
רב עמרם וכפי שהגיה הב"י ובסדור
האריז"ל ושם בסדור רב עמרם וסדור
האריז"ל לא נמצאו הפיוטים שאחר
העבודה כמו במחזורים שלנו רק חרוזים
אחרים כמנהג הספרדים כאחלמה קבוע
בעטרת כו' ואח"כ נמשכים שם חרוזים
ופיוטים אחרים לכן הוכרח אדמו"ר
להודיע אשר רק סדר העבודה יאמרו

בסדר אתה כוננת אבל הפיוטים שאח"כ
כאוהל הנמתח יאמרו מן המחזורים כמנהג
האשכנזים גם במשנת חסידים (מסכת יום
ר"ה) כתוב שהפיוטים של האשכנזים
נכונים מאוד.

(יט) **מנחה** וידבר וקטורת ואח"כ
מתפללין כו'. תפלת נעילה
אומרים אשרי ובא לציון ואח"כ מתפללין.
הנה בטור ושו"ע סימן תרכ"ב וסימן
תרכ"ג כתבו במנחה אומרים אשרי ובל"צ
ולנעילה אומרים אשרי לבד והרמ"א כתב
בשם הכל בו שבמדינות אלו נהגו לומר
לנעילה אשרי ובא לציון ואדמו"ר בסימן
תרכ"ב הביא שתי הדעות ולא הכריע
ובסימן תרכ"ג המציא לשון חדש
במקומות שאומרים אשרי ובא לציון קודם
תפלת מנחה צריכים לחזור ולומר אשרי
קודם תפלת נעילה כו' ובסדור פסק
בפשיטות שלמנחה יאמרו רק וידבר וסדר
הקטורת ולנעילה אשרי ובל"צ. ולהבין זה
הנה בזוהר פנחס דף רכ"ו ע"א מבואר
הטעם שאין לומר ביום אחד ד' פעמים
אשרי לשם חובה (וכן הוא באבודרהם
במנחת שבת) רק בדרך שירות ותשבחות
מותר לומר כמה פעמים. וזהו שבסימן
תרכ"ג דקדק בלשונו שבמקומות
שאומרים אשרי ובל"צ קודם מנחה
צריכים לחזור ולומר אשרי קודם נעילה
וזה אינו נכון לדעת הזוהר (וי"ל שלכונה
הזאת הזכיר כאן את דברי המג"א סימן
ק"ח ס"ק ה' כי שם הביא דברי הזוהר הללו
בקצרה) ומה שאין אומרים שאר מזמור
לומר אחריו קדיש כי דוקא אשרי מצינו
גם בשארי תפלות שאומרים החצי קדיש
שקודם תפלה ולא מזמור אחר כמ"ש
התוספות (ברכות דף ל"א ע"א ד"ה רבנן)
ובדרך כלל מה שאומרים קדיש אחר למוד
אגדה או פסוקים היינו כשאומר הקדיש

בגלל הלמוד ולא כשלומד בשביל הקדיש. וגם זהו קדיש דרבנן או קדיש יתום ולא חצי קדיש.

(כ) **נעילה** יש מפרשים זמן נעילת שערים בבהמ"ק ויש מפרשים נעילת שער השמים (מטה משה) רב אמר צלותא יתירתא היינו שבעת נעילת שערים מתפללים עוד תפלה בשבע ברכות ושמואל אמר מה אנו מה חיינו (עיין ב"י סימן תרכ"ג יומא דף פ"ז ע"ב ירושלמי ברכות פ"ד הל"א תענית פ"ד הל"א).

(כא) **ותתן** לנו. הג"ה כי"ק [הש"ץ שאומר הודוי בתוך התפלה

צריך להזכיר של שבת באתה הבדלת כדרך שמזכיר של יו"כ שו"ע סימן תרכ"ג סעיף ו'].

(כב) **אור** ששבת (פסחים פרק מקום שנהגו דף נ"ד ע"א ספר המנהיג מטה משה) בסדור הראשון שקלאוו נמצא כאן טעם על אור ששבת בדרך הקבלה לפי שהיא גופא כו' וזהו העתקה מן המשנת חסידים אבל בסדור שנדפס אח"כ בקאפאסט השמיטו זה מסתמא בצווי אדמו"ר כי אינו שייך לזה הסדור לבאר טעמים עפ"י קבלה בדבר שאינו נוגע למעשה ולהלכה.

דרך החיים

להגאון המפורסם מוהר"ר יעקב מליסא בעל חוות דעת

ונתיב החיים

מלוקט משו"ע אדמו"ר הזקן ע"י מוהרא"ד לאוואט נ"ע

(השייכים ליום הכפורים)

קנה מנהג כפרות בערב יום כפור

(א) **מה** שנוהגין לעשות כפרות בערב יוה"כ הוא מנהג ותיקין וכ"כ האר"י ושל"ה ז"ל ע"ד הקבלה ונוהגין ליקח תרנגול זכר לזכר ולנקבה לוקחין תרנגולת ואשה מעוברת לוקחין תרנגול ותרנגולת משום שמא תלד זכר ואם נקבה תלד די לה ולבתה בתרנגולת ששנים ראשים ליקח כפרה אחת (à) (מ"א שם).

(א) ויש נוהגין ליקח כפרה לכל אחד ואחד בפ"ע לפיכך לוקחין למעוברת ב' נקבות וזכר אחד.

(ב) **ובוחרים** בתרנגולים לבנים אבל אין לחזר לבנים דוקא משום דרכי האמורי רק אם נזדמן לו לבן יקח. ומכל המיני בע"ח יכול ליקח לכפרה אפילו דגים אבל אסור ליקח בע"ח הראויין להקרבה כמו תורים או בני יונה שנראה כמקדיש קדשים בחוץ (מ"א שם).

(ג) **ושוחטין** אותם באשמורת כי אז רחמים גוברים [של"ה בשם האר"י ז"ל] וטוב לפדותן בממון ונותנים המעות לעניים ויש להסמיך שחיטת הכפרות מיד לאחר שהחזירו עליו. וזורקין בני המעיים על הגגות או בחצר במקום שהעופות יכולין לקחת משם (שם).

קנו דיני ערב יום הכפורים

(א) **מצוה** לאכול ולשתות בעיוה"כ ולהרבות (à) בסעודה ויכול למעט מלימודו כדי לאכול ולשתות ומ"מ לא יאכל (á) אלא דברים קלים כגון דגים או עופות כדי שלא יהא שבע ומתגאה (â) (שם ט"ז סי' תר"ד ומ"א).

(ב) **אסור** להתענות בו אפילו תענית חלום ואפילו עד סעודה המפסקת (ã) אסור לו להתענות (א"ר בשם

(א) ולהרבות בסעודה כשיעור שני ימים עיוה"כ ויו"כ (סידור האריז"ל וסידור אדמו"ר).

(ב) אפילו בשחרית.

(ג) ואין אוכלים אפילו בסעודת שחרית דברים המרבים זרע כגון שומים וביצים ומאכלי חלב וחמאה אע"פ שהן מרבים זרע מ"מ נוהגין לאכלם בשחרית כיון שהם מאכלים קלים להתעכל (תר"ח סעיף חי' י').

(ד) ואדמו"ר סי' תר"ד סעיף א' כתב ומ"מ מי שירצה להתענות על חלומו עד סעודה המפסקת אין למחות בידו לפי שלא נאמר בו

שֶׁלֹ"ה דְּלֹא כמ"א) כֵּיוָן דַּאֲכִילָה בְּעַצְמָהּ עוֹנֶג אֶלָּא שֶׁמִּצְוָה לֶאֱכוֹל בּוֹ וְאִם אָכַל פ"א
נֶחְשֶׁבֶת כְּעִנּוּי וְאִם טָעָה וְהִתְעַנָּה אִם לֹא בַּיּוֹם יָצָא י"ח.

הִתְעַנָּה רַק עַד סְעוּדָה הַמַּפְסֶקֶת אֵין צָרִיךְ לְמֵיתַב תַּעֲנִית לְתַעֲנִיתוֹ (מ"א שָׁם).

(ג) **אֵין** נוֹפְלִים עַל פְּנֵיהֶם בְּעֵיוֹה"כ גַּם א"א לַמְנַצֵּחַ יַעַנְךָ וּמִזְמוֹר לְתוֹדָה גַּם א"א בּוֹ
אָבִינוּ מַלְכֵּנוּ אִם לֹא שֶׁחָל יוֹה"כ בְּשַׁבָּת אָז אוֹמְרִים א"מ עֵיוֹה"כ שַׁחֲרִית אֲבָל
בְּמִנְחָה א"א אֲפִלּוּ כְּשֶׁחָל יוֹה"כ בְּשַׁבָּת (מ"א שָׁם).

(ד) **אֲבָל** בָּעֶרֶב שֶׁלִּפְנֵי עֵיוֹה"כ עֵיוֹה"כ נוֹפְלִין עַל פְּנֵיהֶם בְּמִנְחָה וְכֵן אִם חָל עֵיוֹה"כ בְּיוֹם א'
אוֹמְרִים צוּ"צ בְּשַׁבָּת בְּמִנְחָה (שָׁם) וְהַנּוֹהֲגִים שֶׁלֹּא לֶאֱכוֹל בָּשָׂר כִּי בְיָמִים
שֶׁאֵ"א אָז תַּחֲנוּן זֶה בִּמְקוֹמוֹת שֶׁאֵין מַרְבִּין בִּסְלִיחוֹת בְּשַׁחֲרִית נִמְצָא שֶׁמַּחֲזִיקִין גַּם הַלַּיְלָה קְצַת
לְיו"ט מֻתָּרִים לֶאֱכוֹל בָּשָׂר בַּלַּיְלָה אַחַר צ"ה אֲבָל לִפְנֵי צ"ה אַף שֶׁהִתְפַּלֵּל עַרְבִית אָסוּר
לֶאֱכוֹל בָּשָׂר אֲבָל בִּמְקוֹמוֹת שֶׁמַּרְבִּין בִּסְלִיחוֹת בְּשַׁחֲרִית אֲסוּרִים לֶאֱכוֹל בָּשָׂר אֲפִלּוּ אַחַר
צ"ה. אֲבָל מִי שֶׁנָּדַר בְּפֵרוּשׁ שֶׁלֹּא לֶאֱכוֹל בָּשָׂר כ"א בֵּי"ט אָסוּר לֶאֱכוֹל בָּשָׂר בַּלַּיְלָה אֲפִלּוּ
בִּמְקוֹמוֹת שֶׁאֵין מַרְבִּין בִּסְלִיחוֹת שַׁחֲרִית אֲבָל בָּעֶרֶב יוֹה"כ מֻתָּרִין (מ"א שָׁם).

קנז שִׁפַּיֵּס אָדָם אֶת חֲבֵרוֹ בְּעֶרֶב יוֹם הַכִּפּוּרִים

(א) **עֲבֵרוֹת** שֶׁבֵּין אָדָם לַחֲבֵרוֹ אֵין יוֹה"כ מְכַפֵּר עַד שֶׁיְּרַצֶּה אֶת חֲבֵרוֹ וַאֲפִלּוּ לֹא
הִקְנִיטוֹ אֶלָּא בִּדְבָרִים צָרִיךְ לְפַיְּסוֹ (à) וְאִם
אֵינוֹ מִתְפַּיֵּס בָּרִאשׁוֹנָה יַחֲזוֹר פַּעַם שְׁנִית
וּשְׁלִישִׁית (á) וּבְכָל פַּעַם יִקַּח עִמּוֹ שְׁלֹשָׁה
אֲנָשִׁים וְאִם אֵינוֹ מִתְפַּיֵּס בְּג' פְּעָמִים אֵינוֹ

(א) וּבְשַׁעַת בַּקָּשַׁת מְחִילָה צָרִיךְ לִפְרוֹט הַחֵטְא שֶׁחָטָא לַחֲבֵרוֹ וְאִם חֲבֵרוֹ מִתְבַּיֵּישׁ בָּזֶה לֹא יִפְרוֹט הַחֵטְא (תר"ו סָעִיף א').

(ב) בְּכָל פַּעַם בְּמִין רִצּוּי אַחֵר.

זָקוּק לוֹ מִיהוּ אִם רוֹצֶה לְפַיְּסוֹ יוֹתֵר רַשַּׁאי אִם אֵין שָׁם בִּזָּיוֹן תּוֹרָה מִיהוּ יֹאמַר אח"כ בִּפְנֵי
י' שֶׁבִּיקֵּשׁ מִמֶּנּוּ מְחִילָה וְלֹא רָצָה לִמְחוֹל לוֹ (סִי' תר"ו) וְאִם הוּא רַבּוֹ צָרִיךְ לֵילֵךְ כַּמָּה
פְּעָמִים עַד שֶׁיְּפַיֵּיס (שָׁם).

(ב) **הַמּוֹחֵל** לֹא יְהֵא אַכְזָרִי מִלִּמְחוֹל אִם לֹא שֶׁמְּכַוֵּין לְטוֹבַת הַמְבַקֵּשׁ מְחִילָה [וְכָעֵין
מַעֲשֶׂה דְרַב וְדר"ח] (â) וְאִם הוֹצִיא עָלָיו שֵׁם
רַע אֵינוֹ צָרִיךְ לִמְחוֹל לוֹ וּמִכָּל מָקוֹם מִדַּת
עֲנָוָה לִמְחוֹל לוֹ (מ"א שָׁם).

(ג) אוֹ שֶׁחוֹשֵׁשׁ שֶׁלֹּא יָבוֹא לְעַצְמוֹ אֵיזוֹ רָעָה עַ"י שֶׁיִּמְחוֹל לוֹ דְּאָז א"צ לִמְחוֹל לוֹ דְּחַיָּיו קוֹדְמִין לְחַיֵּי חֲבֵרוֹ.

(ג) **אִם** מֵת אֲשֶׁר חָטָא לוֹ מֵבִיא עֲשָׂרָה בְּנֵי אָדָם וּמַעֲמִידָם עַל קִבְרוֹ וְאוֹמֵר חָטָאתִי לֵאלֹהֵי
יִשְׂרָאֵל וְלִפְלוֹנִי זֶה (ā) שֶׁחָטָאתִי לוֹ וְהֵם
יָשִׁיבוּ מָחוּל לְךָ מָחוּל לְךָ מָחוּל לְךָ וְצָרִיךְ

(ד) בְּשׁוּ"ע אַדְמוֹ"ר אִיתָא שֶׁפָּשַׁעְתִּי כְּנֶגְדּוֹ.

לֵילֵךְ שָׁם יָחֵף וְאִם הוּא חוּץ לְג' פַּרְסָאוֹת יָכוֹל לִשְׁלוֹחַ שָׁלוּחַ עַל קִבְרוֹ וּלְפַיְּסוֹ עִם עֲשָׂרָה
בְּנֵי אָדָם וְיֹאמַר הִנְנִי הַשָּׁלִיחַ שֶׁל פְּלוֹנִי מוֹדֶה בָּרַבִּים שֶׁפְּלוֹנִי שְׁלָחַנִי לְבַקֵּשׁ מְחִילָה וְכָל
בַּקָּשַׁת מְחִילָה יִהְיֶה בְּעֵיוֹה"כ (שָׁם).

(ד) **תַּקָּנוֹת** קַדְמוֹנֵינוּ וְחֵרֶם שֶׁלֹּא לְהוֹצִיא שֵׁם רַע עַל הַמֵּתִים וְאִם חֵרְפוּ אַחַר מִיתָה א"צ
לֵילֵךְ עַל קִבְרוֹ רַק יְבַקֵּשׁ מְחִילָה בִּמְקוֹם שֶׁחֵרְפוּ (מ"א).

(ה) **נוהגין** לטבול בעיוה״כ משום (ă) | (ה) אבל יי״א שטעם טבילה זו היא משום
די שלש חלש ולאדם קרי | תשובה כגר המתגייר ולפי זה יש לטבול ג׳
בהטלת ט׳ קבין מים שאובין ואפילו מג׳ | פעמים ואפילו נערים ובתולות שהם בני מצוה
כלים ולא מד׳ וכששופכין מב׳ או מג׳ | נוהגין לטבול אע״פ שאין קרי שייך בהן ואפילו
כלים אז צריך שלא יפסיק הראשון עד | מי שטבל בער״ה ולא ראה קרי אח״כ צריך
שיתחיל הב׳ ואם היה מקצת גופו במקוה | לחזור ולטבול בעיוה״כ משום תשובה (אדמו״ר
סי׳ תר״ו סעיף יי״ב).

ושפך עליו ט׳ קבין יצא אבל אם עמד בגיגית שיש בה מים שמכסים אפילו מקצת רגליו
ושפכו עליו ט׳ קבין לא יצא (שם במ״א).

(ו) **אשה** שששמשה תוך ג׳ ימים צריכה לכבד ביתה בחמין שלא תפלוט ש״ז ביוה״כ אבל
אם היא סמוך לווסתה או | (ו) לפיכך אינה צריכה כלל לטבול בערב
לטבילתה לא תעשה כן כי אז רגילות | יו״כ.

להתעבר ויש לחוש שמא תשחית (ă) זרע הריון (שם במ״א).

(ז) **אבל** תוך שבעה בעיוה״כ מותר | (ז) ואדמו״ר כתב אלא שיש לו לאחר
לרחוץ (æ) אפילו שעה או ב׳ | הרחצה והטבילה כל מה שאפשר שיהיה סמוך
קודם הלילה שיווה״כ מבטל גזירת שבעה | לחשיכה.

ואפילו הרחצה בחמין ופשוט דשאר דיני אבילות כגון ישיבת הקרקע נוהגים עד הלילה
דלא הוי לענין זה כי״ט דרק אכילה מצוה בעיוה״כ (מ״א שם).

קנח סדר הוידוי במנחה בערב יום הכפורים

(א) **צריך** להתודות במנחה בעיוה״כ קודם סעודה המפסקת ויחיד אומרה אחר שסיים
תפלת י״ח וקודם הוידוי יאמר יהיו לרצון והש״ץ שמחזיר התפלה בקול רם
במנחה אינו חוזר הוידוי ואין אומרים אבינו מלכנו ולא שום תחנה (סי׳ תר״ז).

(ב) **כשמתודה** בלחש נכון לפרט לפרט החטא הידוע לו שעשה אבל בקו״ר אסור לפרט
החטא שאינו מפורסם וצריך לעמוד בשעת וידוי וצריך לשחות כמו
במודים [עד אחר ועל חטאים שאנו חייבים עליהם ארבע מיתות בית דין] ולא יסמוך
לשום דבר דסמיכה חשוב כישיבה (שם במ״א).

(ג) **בעל** חטא צריך לומר (à) בסתר ובגלוי. בשגגה ובזדון. כפרה לחטאים מחילה
לעונות סליחה לפשעים. | (א) במג״א מסיק לומר בגלוי ובסתר לפי
וכשמתודה יכה באגרוף על החזה (שם | סדר האי״ב.
במ״א). אין לדבר בשעת הוידוי (שם).

(ד) **על** חטא שחטאנו לפניך ביצה״ר פי׳ היינו מה שגירה יצה״ר בנפשו כמאמר חז״ל
רב לייט אמאן דמגרי יצה״ר בנפשו.

(ה) **אחר** (ă) מנחה לוקין ל״ט מלקות | (ב) ואדמו״ר כתב בסדור מלקות ילקו קודם
ברצועה של עגל כל דהו | טבילה ומנחה.

שהוא רק לזכרון בעלמא והנלקה יהיו פניו לצפון ואחריו לדרום והמלקה יאמר ג״פ
והוא רחום שהוא ט״ל תיבות כנגד ט״ל מלקות והנלקה יאמר וידוי (שם).

קנט סדר סעודה המפסקת

(א) **צריך** לאכול סעודה המפסקת קודם בין השמשות ושיעור בין השמשות הוא כמו רביעית שעה קודם צאת הכוכבים וצריך להוסיף מעט (סי' תר"ח).

(א) ואדמו"ר סי' תר"ח סעיף ז' כתב אם הפסיק מאכילתו בעוד היום גדול אע"פ שהסכים דעתו שלא לאכול עוד היום אעפ"כ מותר לו לחזור ולאכול כיון שלא הוציא כן בשפתיו דדברים שבלב אינן דברים ואם הוציא כן בשפתיו אסור לו לאכול מדין נדר ולא מחמת איסור יוה"כ כיון שאמר בפירוש שלא יאכל עוד היום אבל אם קבל עליו תענית של יוה"כ בסתם ולא אמר בפירוש שלא יאכל עוד אם הוא עדיין קודם פלג המנחה אין קבלתו כלום ומותר לחזור ולאכול ואם הוא אחר פלג המנחה אזי מועלת קבלתו וחל עליו כל חומר של יוה"כ ואסור במלאכה וברחיצה וסיכה חוץ מנעילת הסנדל כמ"ש בסי' תקנ"ג וטוב להחמיר ולהתנות בסעודה המפסקת שיהא רשאי לאכול ולשתות עוד אחר הסעודה.

(ב) **אם** הפסיק מאכילתו בעוד היום גדול (à) אין להקל לאכול אחר כך אם לא השתהנה בפירוש שאינו מקבל תענית וקבלה בלב קודם פלג המנחה אין בכך כלום אם לא שקיבל בפירוש (שם במגן אברהם בשם מהרי"ל).

(ג) **בסעודה** המפסקת לא יאכל דברים המחממים כגון מיני בשמים וחלב [וחמאה] אסור אף בשחרית שמרבה זרע וראוי לאכול בסעודה המפסקת מאכלים קלים להתעכל ולא יאכל שומשמין ולא אכילה גסה ואם אכל הרבה לא ישים אצבעו תוך פיו ביוה"כ כדי להקיא (שם במ"א).

קס דיני הטמנת חמין בערב יום הכפורים

(א) **אין** להטמין מעיוה"כ על מוצאי יוה"כ כמו שמטמינים מע"ש לשבת והטעם משום הכנה או משום דמיחזי כרעבתנותא (סי' תר"ט) וזה לא שייך רק כשמטמין מאכלים לצורך אכילה של מוצאי יו"כ אבל אם מטמין בתנור דברים שאינן לצורך אכילה של מוצאי יוה"כ כגון במדינתנו שעושין הפאווידל"ע ועושין הרבה בפעם אחת שצריך על זמן רב ושורק פי התנור בטיט מותר להטמין בערב יוה"כ בתנור שיתבשל שם ביוה"כ ואפילו אחר חצות מותר מידי דהוי אמלאכות שמותר לעשותן בע"ש מבע"י ונעשין מאליהן בשבת במקום שאין חשש שמא יחתה ואפילו אם רוצה לאכול מהפאווידל"ע במוצאי יוה"כ מותר לאכול ממנה.

קסא דיני הדלקת נרות ביום הכפורים

(א) **נוהגין** להרבות נרות ביוה"כ בבתי כנסיות ובבתי מדרשות וגם בביתו מדליק ומברכין להדליק נר של יוה"כ ואם חל בשבת אומר בברכה של שבת ושל יוה"כ וצריך להדליק גם בחדר שישן שם כדי שלא יבוא לשמש עם אשתו (סי' תר"י במ"א).

(ב) **נוהגין** שכל איש עושין לו נר ועוד נר לאביו ולאמו שמתו ונוהגין לעשות לנר בהכ"נ פתילות עבות כדי להרבות אורן ואם כבו נרות אלו ביוה"כ אסור

לומר לעו"ג (à) להדליקם או לקבל שעוה הנוטף ממנו רק לוקחין עו"ג לשמור הנרות שלא יבא ח"ו לידי דליקה (שם).

(ג) **אם** כבו הנרות נוהגין שמדליקין אותם במוצאי יוה"כ ואל יכבנו

עוד אלא יניחנו לדלוק עד גמירא וגם יקבל עליו שכל ימיו לא יכבה נרו במוצאי יוה"כ לא הוא ולא אחר (á) ויש להציע השולחנות ביוה"כ כמו בשבת.

(א) ולא עוד אלא שאם בא להדליק מעצמו צריך למחות בידו כמ"ש בסי' רע"ו סעיף ו').

(ב) לקדוש ה' מכובד זה יו"כ שאין בו אכילה ושתיה אמרה תורה כבדהו בכסות נקיה ובנרות לפיכך נוהגין להציע בגדים נאים בבהכ"נ (אדמו"ר תרי"ח סי"ח).

קסב איסור רחיצה ביום הכפורים

(א) **אסור** לרחוץ ביוה"כ ואפילו להושיט אצבעו במים אסור ואם היו היו רגליו או שאר גופו מלוכלכים בטיט או בצואה או שנטף דם מחוטמו מותר לרחצם וצריך ליזהר שלא ירחץ רק מקום המלוכלך בלבד ולא יותר (סי' תרי"ג מ"א שם) אבל אם היו ידיו מלוכלכות בצואה או שנגע בגופו במקומות המכוסים אפילו לא נגע רק באצבע אחת צריך לרחוץ כל ידיו עד קשרי אצבעותיו ואם נגע בידו בטיט או ברפש אין רשאי לרחוץ רק מקום המלוכלך בלבד (ועי' פ"מ סי' ק"ה במ"ז).

(ב) **בשחרית** נוטל ידיו עד סוף קשרי אצבעותיו ומברך ענט"י ולא יכוין להנאת רחיצה רק להעביר הר"ר מעל הידים (שם).

(ג) **אם** הטיל מים ושפשף הניצוצות או עשה צרכיו (á) מותר ליטול ידיו עד סוף קשרי אצבעותיו (á) וכן כהן שעולה

לדוכן נוטל ידיו אף שהן טהורות (שם) אסור לרחוץ פיו ביוה"כ (שם).

(א) וקינח בידו.

(ב) בד"א בליל יוה"כ אחר התפלה אבל קודם התפלה או ביום שמתפללים כל היום אם הטיל מים אע"פ שלא שפשף בידיו או שעשה צרכיו אף על פי שלא קינח בידו מותר ליטול ידיו עד סוף קשרי אצבעותיו שמצוה להתפלל בידים טהורות ברחיצה.

(ד) **אם** ראה קרי ביוה"כ אסור לו לטבול אפילו רגיל לטבול בשאר ימות השנה אסור רק רוחץ מקומות המלוכלכים לבד ומתפלל (שם).

(ה) **אשה** אסורה לטבול בליל יוה"כ אפילו הגיע זמן טבילתה בו ביום אבל ללבוש לבנים מותרת ביוה"כ ורוחצת בין ירכותיה כדרכה ואם רוצה לטבול במוצאי יוה"כ תעשה החפיפה ערב יוה"כ (שם).

קסג דין סיכה ונעילת הסנדל ותשמיש המטה ביום הכפורים

(א) **אסור** לסוך אפילו מקצת גופו ביוה"כ ואפילו אינו אלא להעביר הזוהמא אסור אבל אם הוא חולה אפילו אין בו סכנה או שיש לו חטטין בראשו מותר (סי' תרי"ד) והיינו דוקא במקום שנוהגין לסוך בחול אפילו איש בריא אבל במקום שאין נוהגין לסוך בחול איש בריא אסור לסוך ע"ג חטטין בין בי"ט בין בשבת משום דמוכח דהוא משום רפואה (ועי' בט"ז בסי' שכ"ז ס"ק ב').

(ב) **אסור** לנעול מנעל או סנדל של עור וחולצים המנעלים מבע"י (היינו שגם בזה
צריך לעשות תוספת כמו באכילה). אפילו מנעל של עץ ומחופה עור אסור
לנעול אבל של גמי או של קש ושאר מינים מותר אפילו לצאת בהם לר"ה (שם).

(ג) **מותר** לעמוד ע"ג כרים וכסתות אפילו של עור אם צריך לו מחמת כאב רגל או
צינה והמחמיר גם בזה תע"ב אבל
בשעת תפלת ש"ע אסור לעמוד על
גביהם משום דאסור לעמוד ע"ג מקום
גבוה בשעה שמתפלל ועוד שנראה
כמתגאה אם עומד ע"ג כרים (à) (שם ובמ"א).

(א) אבל מותר לעמוד על שאר דברים חוץ מן
כרים וכסתות אם אינם גבוהים ג"ט מן הארץ
אפילו בשעת תפלת י"ח כמ"ש בסי' צ' (סי'
תרי"ד סעיף ד').

(ד) **היולדת** כל שלשים יום מותרת לנעול סנדל וכן חולה אף שאין בהם סכנה וכן
מי שיש לו מכה ברגליו מותרים לנעול סנדל (שם).

(ה) **כל** אדם מותר לנעול סנדל במקום שמצויין שם נחשים ועקרבים הנושכים (שם).

(ו) **ואם** ירדו גשמים ורוצה לילך מביתו לבהכ"נ או להיפוך והוא איסטניס מותר
לנעול מנעליו ויניחם בבהכ"נ במקום מוצנע ולא יגע בהם כ"א ע"י בגד אבל
אם נוגע במנעליו שלא ע"י בגד צריך ליטול ידיו אבל מי שאינו איסטניס לא ינעול
מנעליו אם צריך לו לילך אפילו אם ירדו גשמים ובפרט שהולכים באנפלאות אין
להם צער כ"כ בלא מנעלים ואם רוצה לילך לביהכ"נ ויודע שילכלך שם רגליו במקום
מטונף מותר לנעול מנעליו אבל תיכף כשיוצא משם צריך להסיר אותם וכן איסטניס

(ב) ואלו בחשיכה יתהלכו ופושעים נקראו
(תרי"ד ס"ח).

תיכף כשיבוא למקום שאין לו צער
צריך להסיר אותם דלא כאותן שנוהגין
שהולכין בסנדלין אפילו בביהכ"נ עד שיושבין על מקומם ואיסור גדול הוא (á) ואפילו
במקום שמותר לנעול צריך להחליף המנעלים של ימין לשל שמאל (שם ובמ"א).

(ז) **אם** צריך לילך לבין העו"ג אעפ"כ אסור לנעול סנדל אף דאיכא למיחש שילעיגו
עליו כיון די"א שהוא דאורייתא (שם מ"א).

(ג) ואסור בכל הפרטים המבוארים ביו"ד
סימן קצ"ה (תרט"ו סעיף א').

(ח) **יוה"כ** אסור בתשמיש המטה
ואסור ליגע באשתו אפילו
ביום כאלו היא נדה וגם לא ירבה דברים עמה (à) (סי' תרט"ו).

קסד הקטנים מתי יתחילו להתענות

(א) **הקטנים** פחות מבן ט' אין מענין אותם אפילו לשעות כדי שלא יבואו לידי סכנה
אפילו אם רוצים להחמיר על עצמן מוחין בידם (à) קטן הבריא וכן קטנה
הבריאה בני ט' שנים או עשר שנים (á) מחנכין אותם לשעות. כיצד היה רגיל לאכול בשני

(א) ומותר לגדול להאכיל את הקטן
ולהשקותו אבל אסור לגדול לנעול את הסנדל
לקטן לפי שאין זה עינוי לקטן וכן אין נוהגין
לרחוץ ולסוך את הקטן (תרט"ז סעיף ב' ג').

(ב) אפילו אינם בריאים.

שעות מאכילין אותו לג' בשלש
שעות מאכילין אותו לד' ולפי כחם מוסיפים
לענות אותם וכן בני י"א שנה אין
מחנכין אותם אלא לשעות ולפי שבזמן
הזה חשובין כחולין (סי' תרט"ז).

(ב) **קטנה** בת י"ב שנה ויום אחד וקטן בן י"ג שנה ויום אחד אם הביאו שתי שערות מתענין ומשלימין מדאורייתא ואם לא הביאו שתי שערות מתענין ומשלימין מדברי סופרים ואפילו אם נעשו בני י"ב וי"ג ביוה"כ עצמם צריכין להתענות ולהשלים (שם).

(ג) **חולה** שאכל ביוה"כ אם מתיישב דעתו אח"כ ויכול לברך צריך להזכיר יעלה ויבא בבהמ"ז ואם הוא שבת צ"ל

(ג) לא על היין ולא על הפת ואי"צ לבצוע על
ב' ככרות משום שלא תיקנו חכמים דברים אלו
ביוה"כ.

ג"כ רצה ואם שכח להזכיר עד שסיים ברכת בונה ירושלים אי"צ להזכיר אבל קידוש אי"צ (â) (סי' תרי"ח).

קסה   סדר ליל יום הכפורים

(א) **קודם** כל נדרי הולכים שנים מחשובי העיר שמתפללים שם בביהכ"נ ועומדים שם אצל הש"ץ עד אחר ברכו ואומר הרב או הגדול שעומד אצל הש"ץ בישיבה של מעלה כו' (סי' תרי"ט).

(ב) **ומתעטפים** בטליתים מבע"י ומברכין עליו ואם לא נתעטף מבע"י אלא בלילה אין מברכין עליו (סי' י"ח).

(ג) **ונוהגין** שאומר כל נדרי ג"פ מבעו"י וממשיך בניגונים עד הלילה ובכל פעם מגביה קולו יותר מבראשונה (שם).

(ד) **ואומר** הש"ץ קודם מעריב (à)
שהחיינו בלא כוס אם חל
בשבת אומרים קודם ברכו מזמור שיר
ליום השבת ואומרים בליל יום כפור
ומחרתו בשכמל"ו בקו"ר (שם).

(א) ואדמו"ר סי' תרי"ט סעיף ז' כתב שיברך
כאו"א לעצמו בלחש ויזהר לסיים קודם
שיסיים הש"ץ כדי שיוכל לענות אמן אחר ברכת
הש"ץ.

(ה) **אם** חל יוה"כ בשבת א"א א"מ ואחר ש"ע אומרים ויכולו וברכה מעין שבע וחותם מקדש השבת (á) (שם) וא"א ביוה"כ או"א רצה במנוחתנו (â) אפילו חל בשבת

רק מתחילין קדשנו במצותיך כמו ביוה"כ
שחל בחול ואם חל בשבת אומרים
והנחילנו ה' אלהינו [באהבה וברצון] ואם
חל בחול א"א באהבה רק מקרא קודש זכר ליציאת מצרים (שם).

(ב) ואינו מזכיר יוה"כ בברכה זו.
(ג) עי' לעיל סי' ס"ז הגהה ג' שאומרים רצה
נא במנוחתנו כשחל בשבת.

(ו) **אל** ישנה אדם ממנהג העיר אפילו בנגונים או בפיוטים שאומרים (שם).

(ז) **יש** שעומדים על רגליהם כל היום וכן בלילה בשעת תפלת ערבית אבל כל הלילה אין לעמוד מפני שלא יוכל להתפלל אחר כך בכוונה ביום ואם נחלשו יכולים לסמוך עצמם לשום דבר ומי שעושה כן פעם אחד ודעתו לעשות כן תמיד ואח"כ אין רוצה לעשות כן צריך התרה וטעם העמידה ביוה"כ שהוא דוגמת המלאכים ולכן לנשים אין תועלת בעמידה (שם במ"א וא"ר).

(ח) **יש** נוהגין ללון בבהכ"נ ואומרים שירות ותשבחות בלילה וטוב ונכון לישן רחוק
מן הארון ומי שאינו רוצה לומר שירות
ותשבחות לא יישן שם ומי שיודע
בעצמו שאם יהיה ניעור בלילה לא יוכל

(ד) וגם טוב ליזהר שלא יעטוף א"ע בכרים
וכסתות שלא יבוא לידי חמום ועכ"פ יזהר שלא
לכסות רגליו.

להתפלל ביום בכוונה טוב שילך לביתו לישן ויאמר **קודם שיישן** וכו' מזמורים ראשונים
של תהלים שהם שומרים לקרי (ā) וכן החזנים שמתפללים ביום לא יהיו נעורים בלילה
שלא יאבדו קולם (שם).

קסו דיני יום הכפורים שחרית

(א) **טוב** לקצר בפיוטים בשחרית יוה"כ כדי למהר בענין שיתפללו מוסף קודם שבע
שעות על היום ואם התפללו שחרית ורואים שהוא סוף שש שעות לא יאמרו
א"מ כדי להתפלל מוסף קודם שבע (סי' תר"ך).

(ב) **סדר** קריאת התורה נתבאר לעיל בהל' קה"ת. בזוהר כתוב כל מי שמצטער על מיתת
בני אהרן ומוריד דמעות עליהם מוחלים לו עונותיו ובניו אינן מתים בחייו
וכן כתב האר"י ז"ל (סי' תרכ"א מ"א שם).

(ג) **בהפטרה** א"א מלך מוחל וסולח כו' רק ודברך אמת וקים לעד בא"י מלך על כל
הארץ וכו' (מ"א שם).

(ד) **מילה** ביוה"כ מלין אחר קה"ת ואחר המילה אומרים אשרי (ā) (וכ"כ א"ר) ומברכין
על הכוס ונוהגין ליתן הכוס לתינוק
הנימול אבל לתינוק אחר אין ליתן
משום דבכוס של מצוה חיישינן דילמא
אתי למיסרך וצריך ליתן לתינוק הנימול
לשתות מן הכוס חוץ ממה שנותנין לו

(א) ואם מלין את התינוק בביתו ולא בביהכ"נ
אין מלין עד חזרת הס"ת להיכל משום שהוא
בזיון לס"ת להניחו לצאת לחוץ. ואחר המילה
חוזרין לביהכ"נ ואומרים קדיש שלפני תפלת
מוסף [אדמו"ר תרכ"א סעיף ג').

כשאומר בדמיך חיי (שם במ"א וט"ז).

(ה) **נוהגים** להזכיר נשמות ביוה"כ וצריך לידור לצדקה ביוה"כ בעד המתים כי גם
המתים יש להם כפרה ביוה"כ (שם) א"א אין כאלהינו ביוה"כ (סי' תרכ"ב).

קסז דיני תפלת מנחה ביום הכפורים

(א) **אין** אומרים במנחה של יוה"כ אשרי ובא לציון וא"א ואני תפלתי כו' אפילו אם חל
בשבת (סי' תרכ"ב).

(ב) **וקוראין** בתורה ונתבאר לעיל בהל' קריאת התורה ומפטירין בנביא ונתבאר לעיל
בדיני הפטרה וחותמין מגן דוד ואין אומרים על התורה ועל העבודה (שם).

(ג) **אם** חל בחול אומרים א"מ ואם אין שהות ביום ידלג א"מ כדי להתפלל נעילה
בזמנה (שם) ואין נושאין כפיהם במנחה
של יוה"כ (ā) (שם). במנחה של יום כפור
מתפללים שבע כמו בשחרית (ā).

(א) ואעפי"כ אומר הש"ץ ברכת כהנים.
(ב) וא"א צו"ץ אפילו אם חל בשבת.

קסח דיני תפלת נעילה

(א) **קודם** תפלת נעילה אומרים אשרי ובא לציון (סי' תרכ"ג).

(ב) **זמן** תפלת נעילה כשהשחמה בראש האילנות כדי שישלים אותה עם צאת הכוכבים והנוהגים להמשיך אותה עד הלילה אין למחות בידם רק שיאמרו עכ"פ החרוז היום יפנה בעוד השמש נראה דאל"כ דובר שקרים לפני השם ב"ה (שם).

(ג) **בכל** מקום שאומרים בתפלות יוה"כ כתבנו אומרים בנעילה חתמנו (שם).

(ד) **אם** חל בשבת מזכיר בה של שבת אבל שאחר התפלה אין מזכירין של שבת והנ"מ ביחיד אבל ש"ץ שאומר אותה תוך תפלתו מזכיר בה של שבת ואם לא הזכיר אין מחזירין אותו כיון שהזכיר בתפלה אבל אם לא הזכיר של שבת כלל בין יחיד בין ש"ץ מחזירין אותו (שם).

(ה) **אין** נושאין כפים בנעילה אבל או"א ברכנו בברכה כו' אומרים ואומרים א"מ אפילו אם חל בשבת ואפילו סיימו תפלת נעילה בעוד קצת יום אעפ"כ אומרים א"מ ובמקום כתבנו אומרים חתמנו (שם מ"א).

(ו) **בסוף** הסליחות אומרים (à) ז' פעמים ה' הוא האלהים ופעם אחת שמע ישראל וג"פ בשכמל"ו ותוקעין תקיעה

אחת ואף שלא יצאו כוכבים עדיין רק שהוא ביה"ש מותר לתקוע (שם).

(à) שמע ישראל פעם אחת וג' פעמים בשכמל"ו ואח"כ אומרים ז"פ ה' הוא האלהים.

קסט סדר מוצאי יום הכפורים

(א) **מתפללים** תפלת ערבית ואומרים הבדלה בחונן הדעת וצריך להוסיף מחול על הקודש גם ביציאתו שימתינו מעט אחר צ"ה (סי' תרכ"ד) ואם חל בשבת אומרים ויתן לך וא"א ויהי נועם ואתה קדוש (שם) לפי שחג הסוכות חל באמצע השבוע.

(ב) **יש** נוהגין שאין מבדילין בבהכ"נ על הכוס אפילו כשחל יוה"כ בשבת [לבוש].

(ג) **בביתו** מבדילין על הכוס וכן על הבשמים אם חל בשבת ואותן שנהגו שלא לברך על הבשמים אפילו כשחל בשבת (à) אין למחות בהם משום דיש פוסקים

דס"ל דאין מברכין על הבשמים במוצאי יוה"כ אפילו חל בשבת וא"כ הוי הפסק בין ברכה לשתיית הכוס ואותן הנוהגים

(à) ואדמו"ר פסק שאם חל בשבת יברך על הבשמים.

שלא לברך יכולים לברך על הבשמים אחר שתיית הכוס (שם ועי' ט"ז).

(ד) **מברכין** על האור במוצאי יוה"כ אף כשאינו חל בשבת ואין מברכין אלא על האור ששבת מבע"י ואין מברכין על הנר שהוציא עתה מאבנים אף שבמ"ש מברכין אבל ביוה"כ אף כשחל בשבת אין מברכין עליו ואם הודלק נר ביו"כ לחולה שיש בו סכנה אפילו ע"י ישראל הוי נר ששבת ויכולים לברך עליו (שם).

(ה) **ישראל** שהדליק מעו״ג במוצאי יוה״כ וכן באור היוצא מן העצים ומן אבנים מן העמוד ראשון ואילך בשעת הדחק מברכין עליו (א״ר).

(ו) **אין** מבדילים על נר ביהכ״נ ששבת מבע״י (á) אלא בשעת הדחק שאין לו נר אחר אבל אם יש לו נר אחר מדליק נר אחר מנר בהכ״נ ויברך על שתיהן ביחד אבל גם בזה יש קצת לגמגם כיון דעל נר ביהכ״נ לבדו אין לברך כיון דנעשה רק לכבוד מה מהני שמדליק נר אחר ממנו

(ב) לפי שלא הודלקו רק לכבוד היום ולכבוד בהכ״נ ולא בשביל להאיר ואם עבר ובירך על של בהכ״נ בלבד א״צ לחזור ולברך על נר אחר כיון שעשויין גם להאיר שהתפללו לאורן.

מידי דהוי שאין מברכין על הנר שהדליק מן האש שהוציאא מן עצים ואבנים במוצאי יו״כ אלא בשעת הדחק כמש״ל (רמ״א) כיון דעל העיקר אינו מברך לכן היותר טוב שיניח בביתו נר דלוק מערב יוה״כ שידלוק עד מוצאי יוה״כ ומברך עליו ויוצא אל הדעות.

(ז) **בין** יוה״כ לסוכות אין מתענין יא״צ אבל תענית חתן ביום חופתו מתענין (סי׳ תקע״ג וסי׳ תרכ״ד).

(ח) **א״א** תחנון וצ״צ ולא פרקים ושיר המעלות בין יוה״כ לסוכות (מ״א וא״ר שם). המדקדקים מתחילים תיכף במוצאי יוה״כ לעשות סוכה כדי לצאת ממצוה אל מצוה (שם).

לקוטי מנהגים

מכ"ק אדמו"ר מנחם מענדל זצוקללה"ה נבג"מ זי"ע
שניאורסאהן מליובאוויטש

מנהגי יום הכפורים שיש בהם חידוש

כפרות: אמירת „בני אדם – ולשלום" שלש פעמים, ובכל פעם מסבב ג"פ. סך הכל מסבב ט' פעמים.

בערב יוהכ"פ מבקשים לעקאח (מיני מזונות) וגם אוכלים ממנו.

למלקות בערב יוהכ"פ – ל"ט מלקות – המלקה והלוקה אומרים והוא רחום ג"פ.

נוהגין לאכול „קרעפכין" בעריוהכ"פ[1].

לאחר סעודה המפסקת, ברכת הבנים, הבנות וכו'.

חתן בשנת הנישואין שלו, שלבש הקיטעל לחופה, אין לובשו ביוהכ"פ.

ליל יוהכ"פ, מתחילים הוי' מלך תגל גו'. פסוק אור זרוע – פעם אחת ובקול רם. על דעת המקום כו' – ג"פ ובקול נמוך.

כשחל יוהכ"פ בשבת, מתחילים מזמור לדוד כמו בכל שבת ויום טוב.

אמירת תהלים – מיום שני דר"ח אלול עד יוהכ"פ אומרים בכל יום ויום במשך היום שלשה קאפ' תהלים, על הסדר: ביום א' אלול – קאפ' א, ב, ג. ב' אלול – ד, ה, ו' וכו', וביוהכ"פ – שלשים וששה קאפ': קודם כל נדרי – קטו עד קכג. קודם השינה – קכד עד קלב. אחר מוסף – קלג עד קמא. אחר נעילה – קמב עד קנ.

קריאת שמע שעל המטה ביוהכ"פ – כמו בשבת ויו"ט.

נטילת ידים שחרית – רק עד סוף קשרי אצבעותיו[2].

---

1) מצאתי בדא"ח טעם מנהג זה, וכנראה הוא לרבנו הזקן.

– נדפס בסידור מאה שערים בסופו (ליקוטים מד, ב. ונשמטה שם תיבת „חסדים"). – וז"ל: ענין המנהג שאוכלין עיוכ"פ קרעפכין שענינים שמכסים הבשר בעיסה מקמח חטים י"ל מדרוש* שתי הלחם ע"ג שתי הכבשים כי כבשים שרשן מדות כו' משא"כ לחם דעת וגם לחם תורה כו' וביוהכ"פ מאיר פנימי' עומקא דליבא חסדים מכוסים ביסוד אימא** לכן הבשר מכוסה בלחם גם באכילה עיוהכ"פ. ועוד דשתי הלחם ע"ג שתי הכבשים בשבועות מ"ת וכמ"כ ביוהכ"פ לוחות אחרונות לכן בעריוהכ"פ אוכלים כה"ג ודו"ל. עכ"ל.

והנה טעם זה שייך גם בפורים, ע"פ המבואר בכ"מ ענין דיום הכפורים הוא כ-פורים, אבל, לכאורה, לא בהושענא רבא.

ועיי"ג"כ בס' גאולת ישראל, בס' זרע קודש ובס' טעמי המנהגים טעמים למנהג הנ"ל באו"א.

2) ראה מכתב כ"ק אדמו"ר זי"ע – נדפס בהערות וציונים לסידור עם דא"ח (מח [שנח], א).

---

*) ראה לקו"ת ס"פ אמור.

**) ראה לקו"ת ס"פ במדבר. פ' מסעי ד"ה לבאר ענין המסעות פ"ב. ובכ"מ.

א״מ זכור רחמיך – בכל תפלות היום דיוהכ״פ, ולא רק במוסף.

אבלים בתוך שנת האבלות אין יוצאים מביהכ״נ בשעה שהקהל אומרים „יזכור", אבל אין הם אומרים „יזכור". (וכן בכל פעם שאומרים יזכור, כמובן).

שיעור תהלים – אחר תפלת מוסף.

בין מוסף למנחה – מפסיקין. אם באפשרי לכל הפחות שלשה רבעי שעה.

מנחה. בהפטרה מסיימין בפסוקי מי א־ל כמוך גו׳ מימי קדם. לדוד ה׳ אורי.

נעילה. פתיחת הארון לאשרי, ונשאר פתוח עד אחרי כל התפלה. בקדיש „לעילא ולעילא מכל ברכתא".

אומרים היום יפנה, גם אם כבר העריב היום.

אין נשיאות כפים אפילו עוד היום גדול.

לפני תתקבל דקדיש האחרון דנעילה – מנגנים כל המתפללים „מארש". אח״כ התקיעה.

אומרים אין כאלקינו, עלינו.

תפלת מעריב והבדלה, בקיטעל וטלית, אבל בכובע (ולא ביארמולקע) והטלית על הכתפים[3].

קודם הבדלה נוטלין את הידים ג״פ בסירוגין כמו נט״י שחרית, אבל בלא ברכה.

אחר הבדלה, קידוש לבנה – בחגירת אבנט ובסידור.

אין מברכים שעשה לי כל צרכי, עד למחר.

במוצאי יוהכ״פ אומרים „גוט יום טוב".

במוצאי יוהכ״פ מתעסקים או עכ״פ מדברים ע״ד עשיית הסוכה.

מחרת יוהכ״פ נקרא בשם השם[4].

---

3) מובן עפמש״כ בשער הכוונות ש״ו תפלת מנחה ד״א: אם הי׳ רואה (האריז״ל) שכבר שקעה החמה הי׳ מוריד הטלית בין כתפיו משום דלילה לאו זמן ציצית הוא וכשהוא בין כתפיו אין חשש אם הוא לילה. וראה נ״כ שו״ע או״ח סי״ח.

4) ידוע אשר מחרת יוהכ״פ נקרא בשם „ג־טס נאמען". – בביכעל כתבים מצאתי ביאור ע״ז בשם הבעש״ט – נדפס ג״כ בס׳ גנזי נסתרות (ירות״ו, תרפ״ד) ח״א ס״ק קט. וז״ל: מהבעש״ט: מה שקורין למחרת יוהכ״פ גאטש נאמען. הנה שם הוי׳ ושם קוב״ה אינו אלא מה ששייך לעולם אפי׳ לעולם הנאצלים, אך לעצמותו אינו שייך לקרותו בשום שם שבעולמו, והנה אם פוגם הוא בשם הוי׳ דוקא וכידוע[2]. ובימי סליחת העון יש עליות לפני הוי׳[3], וזה למחרת יוהכ״פ אין לו שום שם פרטי לא הוי׳ ולא אדני רק גאטש נאמען, ודה״ל[4].

---

1) ראה בזה באריכה בזהר ח״ר ח״ר, ב. ח״ג רנ, ב.

2) ראה אגרת התשובה ספ״ז. ובכ״מ.

3) ראה לקו״ת עטרת ראש וסידור בדרושי ס״פ אחרי ודרושי יוהכ״פ.

4) בס׳ אשל אברהם – להרה״י וכו׳ מרוטשאטש – או״ח סתרכ״ד, הובא ביאור על השם ג־ט׳ס נאמען באו״א וג״כ בשם הבעש״ט. ויש לתווך. ואכ״מ.

מאמר ענין ראש השנה ויום הכפורים

מכ"ק אדמו"ר הזקן

(הועתק מהנדפס בלקוטי תורה פ' תבוא)

בס"ד

ענין ראש השנה ויום הכפורים*. ויפל ה' אלקים תרדמה על האדם ויבן* ה'
אלקים את הצלע וגו' ואמרו רז"ל מלמד שנתן בינה יתירה כו'. הענין
דבר"ה נעשו מוחין לנוק' שלא ע"י ז"א כ"א מבינה עצמה וזהו ענין הצמצום
בחי' אור גדול כמו הבינה נמשך בבחי' מלכות וכמ"ש ה' מלך גאות לבש* ולכן
החודש מתכסה בו שהוא בחי' ביטול רצון והיינו ביטול מהות הנפש מפני
היראה ולא שייך שם בחי' אהבה אבל בעשרת ימי תשובה נק' מרחוק ה' נראה
לי, שנתגלה בחי' אהבה מחמת ריחוק מקום* שאין האור שם בהתגלות כ"כ
שהרי יו"ט יו"ט הוא התגלות מוחין דאו"א בנוק', אלא שהם ע"י
ז"א משא"כ בר"ה, (ועיין מ"ש בביאור* ע"פ וה"י מדי חדש בחדשו) ולא משום
התגלות האורות המוחין עצמם דהא הא כתיב בכל קראינו אליו ולא למדותיו אלא
משום התגלות אור א"ס ב"ה, ולפי שהארת המוחין הוא יותר מעולה לכן הוא
יו"ט משא"כ הארת המדות שהאור מאיר ע"י ריחוק מקום יותר מהמוחין מחמת
שהארה שבו אינו רק לתיקון המדות להחזירם פנים בפנים. וזהו ענין הנסירה
(עיין בד"ה כי אברהם* לא ידענו ובאדם עצמו ג"כ הנפש החיונית חפצה כו'
אבל בשכל כו' ועיין מענין זה דאב"א ופב"פ ע"פ זכור* את אשר עשה לך עמלק
כו' אחריך כו' ע"ש) וכן למטה בכללות ישראל הוא זמן תשובה קראוהו בהיותו

ענין ר"ה ויוהכ"פ: נדפס בלקו"ת תבוא (מב, א-ב). — כמה מעניני דרוש זה מובנים או גם
נתבארו בפי' — בדרוש שנדפס קודם לו בלקו"ת ד"ה היום הזה.

ויפל גו' ויבן גו': ראה פע"ח שער ר"ה פ"ב ואילך. ש' הכוונות שם. ש' הפסוקים שם. סי'
האריז"ל כוונת הנסירה.

מלך גאות לבש: שנתלבש ונתצמצם בכמה לבושין וצמצומים עד שנקרא בחי' מלך (לקו"ת
שם).

ריחוק מקום: כבן שהוא אצל אביו בביתו (כי על עשי"ת נאמר בהיותו קרוב) אלא שהאב
מסתיר פניו ממנו (לקו"ת שם).

מ"ש בביאור: נדפס בס' אוה"ת להצ"צ.

בד"ה כי אברהם: נדפס בתו"א (צג, ג).

ע"פ זכור: בתו"א ס"פ תצוה.

קרוב וז"ש (במלאכי סי' ג') שובו אלי ואשובה אליכם היינו פב"פ אבל אינה הארת
המוחין ולכן נופל עליו שם יש ודבר בחי' אהבה כו' שיהא יש מי שאוהב כו'.
אך הנה יש ב' בחינות אהבה שהם חסדים מגולים וחסדים מכוסים והמכוסים
הם למעלה ביסוד אימא ששם הם בהתקשרות בעולם התענוג לפי ששם הוא
התגלות עתיק (ועמ"ש מענין חסדים המכוסים והמגולים בביאור ע"פ אלה מסעי ובביאור ע"פ
והיה מספר* בני ישראל). וזהו ענין יוה"כ לפני הוי' תטהרו שהנוקבא מקבלת ה"ג
כו', וכל העליות דרך אימא עד הדיקנא כו' והוא בחי' רעותא דליבא כו' משא"כ
המגולים הוא אחר צאתם בהתגלות כו'. והנה למעלה בחזה יש שם זיווג כו'
לפי ששם ג"כ בחי' יסוד כו', ועמ"ש בד"ה עיני כל* והוא ענין נקודת פנימית
הלב והתקשרותו לדבקה בו ובהשתלשלות למטה ע"י התלבשותו בחיצוניות
חופף עליו בחי' ערלה ערלת לבבכם כו' לכן קודם יוהכ"פ להסיר בחי' ערלה
הנ"ל ע"י נחפשה דרכינו כו' ואז יתגלה פנימיות הלב כו'. וזהו בצלמנו כדמותנו
כי צלם ז"א הוא מבחי' החסדים המכוסים והמגולים הנ"ל ומקורם הוא מאו"א
כו' דצלם כו' בחי'* סתים וגליא כו', וכן מעלה מעלה עד רום המעלות עד אין
קץ כו', ואפילו למעלה מן הפרסא כו' ואפילו בא"ק כו', וכדמותנו היא בחי' לאה
ורחל, לאה היא נפש השכלית מאחוריים דאימא, ורחל היא נפש החיונית מחיה
עולמות כו' שהם הם בחי' דמות ותמונת אותיות* כו' והם מלבישים לז"א*. וזהו
בכל לבבך בחי' הצלם הנ"ל* ובכל נפשך בחי' הנפשות כדמותנו הנ"ל, והוא
ענין תורה שבעל פה בחי' דבור כו' וזהו את ה' האמרת היום וגו', כי בעת בריאת
העולם ואדם אין כו' כד סליק ברעותי' כו' אבל עכשיו ע"י מעשה התחתונים
כו' וכפי ערך העלאת מ"ן במעשינו ובעבודתנו בתורה ותפלה של כל השנה רוח
אייתי רוח ואמשיך רוח מלמעלה מההעלם אל הגילוי בדיבור נעשה אדם
בצלמנו כדמותנו להיות בחי' ר"ה מלך על כל האדם* וזהו שתמליכוני עליכם,
כי הנשמות עלו במחשבה עליונה, וכמו שמוציאים מחשבתם מכח אל הפועל
בדיבור תלמוד תורה ותפלה, כך את ה' האמרת היום וגו', ור"ל שיאמר מאמר
זה נעשה אדם וגו' כי בחי' תורה שבע"פ ובחי' ר"ה הוא ענין א' בחי' דיבור בחי'
נוק' כו'. וה' האמירך וגו' כי העלאת מ"נ זו כתיב (תלים קמ"ז) לא עשה כן כו'

――――――――――
אלה מסעי .. והיה מספר: בלקו"ת במדבר.
עיני כל: בלקו"ת פ' מטות.
דצלם כו' בחי': אולי צ"ל: דצלם הוא בחי'.
ותמונת אותיות: המחשבה – בנפש השכלית, הדבור – בנפש החיונית (לקו"ת שם).
מלבישים לז"א: שהאותיות מלבישות השכל והמדות (ראה לקו"ת שם).
הצלם הנ"ל: עצמיות ומהות ממש (לקו"ת שם).
כל האדם: בדפוס הראשון (זיטומיר, תר"ח): כל האד'. ואולי נתחלף רי"ש בדלי"ת וצ"ל: כל
האר' – כל הארץ.

והנשמות עלו במחשבה מפני כי ה' הוא הנותן להם כח בדיבורם* קבעם בפה*
כו' לתהלה לשם ולתפארת שיעשו מוחין לנוק' בחי' חב"ד* וכו' וד"ל.

כח בדיבורם: כן הוא בדפוס הא' ובלוח התיקון.

קבעם בפה: כ"ב אותיות .. קבעם בפה (ספר יצירה רפ"ב).

לתהלה לשם ולתפארת .. חב"ד: מבואר בלקו"ת סד"ה שקדמו.

מאמר הקל קול יעקב

מכ"ק אדמו"ר הזקן

(הועתק מהנדפס בסדור תורה אור)

בס"ד

הקל קול יעקב* וגו' כתיב ואתה מחיה את כלם, ובטובו מחדש בכל יום תמיד
כו' מחדש ממש מאין יש בכל עת וברגע* כמאמר ברוך עושה בראשית
אומר* ועושה כו' ודברה תורה כלשון בני אדם* כמו שגילוי אור וחיות וכח*
הנשמה משכל האדם הוא מתגלה ומשתלשל בג' מיני מדרגות זו למטה מזו
שהם בחינת מחשבה דבור ומעשה לבושי השכל, כך כביכול אור פני מלך חיים
מחיי החיים א"ס ב"ה מתגלה ומאיר להחיות העולמות בג' מיני לבושין אלו
כמה שכתוב* לבושין תקינת לון דמנייהו פרחין נשמתין כו' רק כי לא
מחשבותי מחשבותיכם וגו' וכתיב ולכבודי* בראתיו יצרתיו אף עשיתיו פירש
כי מהיות הקב"ה רם ונשא ומתנשא רבבות מדרגות עד אין קץ ותכלית למעלה
מעלה אפילו מבחינת השכל וחכמה עילאה ואצ"ל מבחינת מחשבה דו"מ
ובתחלת ששת ימי בראשית כשעלה ברצונו לברוא העולם במחשבה אחת נבראו

הקל קול יעקב: להעיר מהמבואר עה"פ: תו"א ר"פ וישב. לקו"ת שה"ש יג, סע"א. וראה ג"כ
אוה"ת להצ"צ ד"ה זה וד"ה בן פורת יוסף (הג' והב).

מחדש .. ורגע: ראה שער היחוד והאמונה פ"א-ב.

עושה .. אומר: ל' הווה.

ודברה .. אדם: ראה שער היחוה"א פ"י-יא.

אור וחיות וכח: אור מקיף, או"פ, כלי (המשך תער"ב בכ"מ).

כמה שכתוב: הקדמת ת"ז בסופה.

וכתיב ולכבודי: ראה לקו"ת ר"פ אחרי.

כל העולמות בדרך כלל ונפרטו אח"כ בט' מאמרות בששת ימים הרי מחשבה זו
וכל המאמרות הן צמצום גדול ועצום מאד מאד ובפרט לומר יהי רקיע וגו'
דכולא קמיה כלא ומלין דהדיוטא ולאו אורחא דמלכא* כו'. אך הנה צמצום זה
לגילוי והמשכות אור פני מלך חיים מחיי החיים א"ס ב"ה הי' אז בתורת חסד
חנם מרצון העליון ב"ה בלי אתערותא דלתתא כלל, אך אחר שנברא האדם
כתיב ויניחהו בגן עדן לעבדה אלו רמ"ח מ"ע כו' פי' כי גן עדן הוא גילוי אור
פני מלך חיים המאיר ומתגלה בשכל* והשגת הנשמות ולכן נהנין מזיו השכינה
הוא בחינת גילוי השכינה ומתענגים על ה' מקור החיים והתענוגים, אך מי
הוא* הגורם המשכת* האור והחיות לירד בצמצומים עצומים לבא לידי גילוי
והשגה הנה הוא על ידי אתערותא דלתתא עסק התורה והמצות כי כל מצוה
הוא כלי לרצון העליון א"ס ב"ה שלכן נקראות איברין דמלכא ונר מצוה עד"מ
כמו שהנר היא כלי לאור הגשמי. והנה על ידי קיום מצות מעשיות ממשיכין
חיי החיים ואור ה' בגן עדן התחתון בבחינת גילוי ועל ידי קול ודבור בתלמוד
תורה ממשיכין לגן עדן העליון* כי כל קול הוא בחינת המשכה מהההעלם אל
הגילוי דהיינו השכל שבמוח או תשוקה שבלב באים לידי גלוי בדבור שבפה
על ידי הקול היוצא מהבל שבלב וכשאדם התחתון מוציא מפיו דברי תורה שהן
רצונו וחכמתו המיוחדות במאצילן ב"ה בתכלית כמו שכתוב ה' בחכמה וגו'
(וכמ"ש בלק"א בפל"ה בהגה"ה) אזי גם שורש נשמתו למעלה מעלה המושרשת
בי"ס דבי"ע גם כן מדבר וממשיך דבר ה' ממש למטה מטה כביכול וכמו שכתוב
ואשים דברי בפיך ודברי אשר שמתי בפיך. וזה שאמרו רבותינו ז"ל כל הקורא
ושונה הקב"ה קורא ושונה כנגדו וכמו שכתוב את ה' האמרת* היום האמרת
הוא פועל יוצא שאתה עשית אותו אומר ד"ת כביכול כדי להיות לך לאלקים
כו' וכמו שכתוב בזהר* על פסוק ועשיתם אותם אתם כתיב כאלו עשאוני
כביכול וזהו ברוך אומר ועושה בראשית ע"י התורה שנקראת ראשית
ברוך אתה ה' נותן התורה בכל יום לכן מברכין כן בכל יום ויום כי כלם בחכמה
עשית היא תורה שבכתב מלאה הארץ היא תורה שבע"פ קניניך הן הן קנה
חכמה קנה בינה* והן הן טעמי הלכות שבגמרא מאי טעמא דרבי מאיר קסבר

ומלין .. דמלכא: ראה זח"ג קמט, ב. לקו"ת ר"פ אחרי.
בשכל: בתניא: לשכל.
אך מי הוא: ראה תו"א ר"פ תצוה.
המשכת: בתניא: המשכות.
קול ודבור .. העליון: כ"כ גם בלקו"ת שלח לט, ג. וכ"ה בהרח"ו (הובא באוה"ח) לזח"ב רי,
ב. וצ"ע מאגה"ק סכ"ט. וראה ג"כ אוה"ת להצ"צ שמות ד"ה הבאים ישרש ס"ב.
את ה' האמרת: ראה ג"כ לקו"ת ר"פ תבוא.
וכמו שכתוב בזהר: ח"ג קיג, א.
קנה חכמה קנה ביוה: ראה הוספות לתו"א בתחלתן.

כו' שהם נמשכות מחכמה ובינה עילאין וכל המשכה נקרא בשם קנה עד"מ כמו קנה הגשמי המוציא הקול מהלב וגם התפשטות והילוך כח השכלי מהמוח אל הלב הוא דרך גידין דקין מאד המובלעים בקנה כידוע לי"ח. אך כדי שיוכל האדם לעורר דבור העליון כביכול על ידי קולו ודבורו צריך לקשר נפשו האלקית תחלה [בבחי' העלאת מ"נ כי אין טפה יורדת מלמעלה כו'] לה' אחד בק"ש שחרית וערבית (ושאר התפלה הוא ביאור הקריאת שמע* כנודע) ברעותא דלבא שיהיה לבו חפץ באמת לדבקה בו כי רוח* אמשיך רוח ואייתי רוח וכמו שכתוב אם ישים אליו לבו רוחו ונשמתו אליו יאסוף כמו שכתוב בזהר הקדוש* וזה שכתוב ואהבת את ה' אלקיך פירוש שתאהוב ותחפוץ שה' יהיה אלקיך ואתה תהא מרכבה ובטל לו מחשבתך למחשבתו ודבורך לדבורו וכן לבטל ולהפך כל המדות למדותיו יתברך כנודע שאז הוא אלקיך ובקרבך קדוש ולכשתשתחפוץ כן יהיה כך באמת כשיהיו הדברים האלה כו' ודברת בם וגו'. וזהו הקל קול יעקב הקול הראשון ממטה למעלה מה שישראל צועקים ה' אחד בקריאת שמע וחפצים לדבקה בו ברעותא דלבא ולא להיות בפרודא חס ושלום בשום אופן מחמת אהבה הטבעית על כל פנים ועל ידי זה האלקים יעננו בקול מלמעלה למטה וקורא ושונה כנגדו להיות דבר ה' ממש בפיו ולכן קול זה מלא וי"ו כי וי"ו מורה* על המשכה מלמעלה מיו"ד שבראשה היא בחי' חכמה עילאה כו'. אך לפי שמודעת זאת מדת הקדושה היא אחדות והתכללות ונעוץ תחלתן בסופן וסופן בתחלתן ולא בפרודא חס ושלום לכן אי אפשר גם כן לקול התחתון ממטה למעלה לקשר נפשו בה' אחד בקריאת שמע בקשר אמיץ וחזק לדבקה בו באמת לאמיתו בלי המשכת קול העליון מלמעלה למטה על ידי קנה העליון קנה חכמה קנה בינה כו'. וכנודע ג"כ* שלכן נקראו חכמה ובינה עילאה בשם אבא ואמא שהן הן המולידות המדות אהבה ויראה כו' (גם נודע מהאר"י ז"ל שאפי' בעליות עולמות עליונים אי אפשר לתחתון לעלות למעלה בבחינת מ"ן עד שתרד תחלה הארה מלמעלה) אך בהיות* כי תכלית בריאת עולם הזה כדי להיות לו דירה בתחתונים דוקא כמ"ש וימלא כבוד ה' את כל הארץ דייקא בבחינת גלוי אחדותו ויחודו יתברך כמו שכתוב ונגלה כבוד ה' וראו כל בשר יחדיו וגו' כי עין בעין יראו וגו' וכמו שהיה מעין זה במתן תורה שעל כל דבור

───────────

ושאר .. ביאור הק"ש: בלקו"ת בלק ד"ה לא הביט רס"ד שכל התפלה הכנה לשמו"ע. וי"ל. ואכ"מ.

כי רוח: ראה הוספות לתו"א ד"ה אם ישים. אוה"ת להצ"צ לחנוכה (רפו, א).

בזהר הקדוש: ח"ב קסב, ב.

וי"ו מורה: ראה לקו"ת ראה כט, ג.

וכנודע ג"כ: ראה תניא פ"ג.

אך בהיות: ראה בכ"ז תניא פל"ו.

פרחה נשמתן, אבל לימות המשיח ותחיית המתים שיזדכך חומריות עולם הזה
יוכלו לסבול לקבל הארה יותר גדולה לאין קץ בבחינת גלוי לעין כל בשר
והשגתם שכל אחד לפי השגתו מראה באצבע עד"מ ואומר הנה אלקינו זה קוינו
לו* וגו' אך מי הוא הגורם המשכות ירידת אור ה' לתחתונים ממש בבחינת גלוי
בזה* הנה הן הן כל המצות מעשיות בכלל כנ"ל (כמ"ש בפל"ו ול"ז*) ובפרט
מצות הצדקה השקולה כנגד כולן שלכן נקראת בשם מצוה סתם בירושלמי לפי
שענינה* ומהותה היא השפעת חיים חן וחסד למאן דלית ליה מגרמיה ולהחיות
רוח שפלים כו' ובאתערותא דלתתא זו היא אתערותא דלעילא להמשיך הארת
אור פני מלך חיים מחיי החיים א"ס ברוך הוא לעולם הזה השפל והתחתון שבכל
המדרגות בתורת חסד חנם מרצון העליון ברוך הוא כאור שבעת הימים של ימי
בראשית שהאיר בחסד חנם כנ"ל.

ובזה יובן מה שכתוב במשלי* כן צדקה לחיים פירש כן הוא לשון בסיס ומכון
כדפי' רש"י במלכים* ור"ל שהצדיק הוא* מכון לחיים עליונים הנמשכים
מאור פני מלך חיים א"ס ב"ה לעולם הזה הגשמי להחיות רוח שפלים כו' וזהו
שכתוב בצדקה תכונני פירש שתהיה מכון לשבתו יתברך רק שכעת הנה
חומריות עולם הזה הנמשך מקליפת נגה מסתיר ומכסה על אור פני מלך כו'
עד עת קץ אשר שם לחושך ויצא ויצא כברק חצו כלומר כמו שהברק יוצא מתוך
עבים חשוכים שהיה גנוז בתוכם ומבריק ומאיר בכל העולם, כן יצא אור ה'
הזרוע וגנוז בחשכת חומריות עולם הזה על ידי מעשה הצדקה הנקרא בשם
זריעה* זורע צדקות וכמו שכתוב אור זרוע לצדיק. וז"ש הקל קול יעקב יו"ד
עקב הוא בחי' החיות ואור המלובש בעולם הזה השפל המכונה בשם עקב* על
ידי מעשה הצדקה במדת הרחמים שהיא מדתו של יעקב וכמה שכתוב וצדקה
ביעקב אתה עשית. הנה קול הוא בחינת המשכת החיות מאור פני מלך לפנימית
ורוחניות העולם על ידי קול ודבור בתלמוד תורה ויעקב הוא בחינת ההמשכה
בבחינת גלוי לחיצונית עולם הזה וחומריותן על ידי השפעת החסד והרחמים

שכל אחד .. לו: בסוף תענית שזהו בג'ע, אבל עיין זח"א (קטו, א. קלה, א).

גלוי בזה: בתניא: גלוי כזה.

בפל"ו ול"ז: בתניא. ואולי נשמט זה בטעות המעתיק (שהרי לעיל וגם לקמן פורש "לק"א").

לפי שענינה: ראה בכ"ז באגה"ק בכ"מ (כמצויין במפתח ענינים): סי' יז ועוד.

שכתוב במשלי: יא, יט. וראה סידור ד"ה שימני כחותם ספ"א. אמרי בינה ש' התפלין פ' כז.

רש"י במלכים: א ז, כט.

שהצדיק הוא: צ"ל שהצדקה היא. וכ"ה בכת"י ובכמה דפוסים.

הנקרא בשם זריעה: ראה אגה"ק ס"ח.

יעקב .. בשם עקב: ראה תו"א ר"פ ויצא.

ר"א יהיב: ראה אגה"ק ס"ח.

להחיות רוח שפלים כנ"ל כדי להיות לו דירה בתחתונים דייקא כנ"ל. וז"ש
בגמרא (פ"ק דב"ב דף יו"ד) ר"א יהיב* פרוטה לעני והדר מצלי שנאמר אני בצדק
אחזה פניך דייקא* היא בחינת גלוי אלקות בנפש השכלית המשכלת
ומתבוננת בגדולת ה' השורה במוח ומנפש השכלית אל נפש החיונית שבלב על
ידי מעשה הצדקה כי נפש החיונית היא בחינה חיצונית לגבי נפש השכלית וזהו
לשון מצלי שהוא לשון הטיה והמשכת אלקות מלמעלה מההעלם אל הגלוי
בנפש ובעולם וזהו בא"י שיתגלה שם הוי"ה ברוך הוא בעולם ובנפש* השכלית
והחיונית שבלב כאלו הוא לנכח ממש וזהו אתה, ובחינת גלוי בנפש הוא
התהפכות המדות שבלב לה' לבדו וזהו לשון אלקינו* כמו אלקי אברהם שהוא
בחינת מרכבה כו'. וזהו ענין כללות התפלה כולה שהיא ביאור הק"ש להתגלות
שם הוי"ה המורה על יחודא עילאה כי להיותו מהוה הכל מאין ליש תמיד בכל
רגע לזאת כולא קמיה כלא ממש והוא היה הוה ויהיה בלי שום שנוי כו' וזהו
ענין כל ברכות השחר ופסוקי דזמרה וברכות ק"ש ותפלה דרך כלל. ודרך פרט
הוא מבואר במלת ברוך לשון בריכה והמשכה מהעולם עד העולם מעלמא
דאתכסיא לעלמא דאתגליא הנקרא אתה, ורופא חולי עמו ישראל ומברך
השנים עד"מ הוא הכלי שבו מתגלה אלקותו יתברך שמו למטה בגשמיות
כשנותן חיים ובריאות לחולים וברכה על פני האדמה כו' וכמ"ש בזהר* דלית
ברכתא שריא באתר ריקניא וזהו הקל כו' בה"א הידיעה וחסר וי"ו שהוא קלא
פנימאה שבלב כמש"כ בזהר הקדוש* דהיינו התפלה כולה שכל כוונתה היא
בקשת גלוי אלקותו יתברך לומר בקשה זו מעומקא דלבא כמ"ש ממעמקים
קראתיך ה' פירוש קראתיך כאדם הקורא את חברו לבא אליו עד"מ. אך עצה
היעוצה להיות קריאה ובקשה זו מעומקא דלבא להיות ממארי דחושבנא בכל
לילה בתקון חצות או בקריאת שמע שעל המטה לטעום מרירות בנפשו מכל
מעשיו ודבוריו ומחשבותיו אשר לא לה' המה מיום היותו ויוסיף דעת
והתבוננות בגדולת ה' יוסיף מכאוב בנפשו על אשר בהבל בא ובחשך וצלמות
ילך רוב הזמן כו' אך הסבה לזה היא ודאי מחמת בחינת גלות השכינה כביכול
הוא בחינת הסתר אור פני מלך בלבוש שק כמו שכתוב אלביש שמים קדרות
ושק וגו' וכתיב ואנכי הסתר אסתיר פני וגו'. וזהו שאמרו רז"ל במשנה אין
עומדים* להתפלל אלא מתוך כובד ראש פירש ע"ד שארז"ל (פ"ו דסנהדרין משנה

אחזה דייקא: ראה לקו"ת ואתחנן (ד, א). תו"א משפטים (עח, ג).

ובנפש: בתניא: ובנפשו.

וזהו לשון אלקינו: תניא פמ"ו-ז.

וכמ"ש בזהר: ח"ב פז, ב.

בזהר הקדוש: ראה זח"א רי, א. נ, ב.

אין עומדין: ראה לקו"ת בהעלתך לה, א.

ה) שכינה מה לשון אומרת קלני מראשי ופירש"י ראשי כבד עלי, ומתוך כובד
ראש יבא אחר כך לידי שמחה היא שמחת הנפש המשכלת ומתבוננת בגדולת
א"ס ברוך הוא ע"פ עצה היעוצה לק"א פרק לא ופרק ל"ג שם באריכות וכמו
שאמרו רז"ל בברייתא אין עומדים להתפלל אלא מתוך שמחה כי ב' המאמרים
שבמשנה ושבברייתא עולין בקנה אחד הכובד ראש עם השמחה שלאחר כך
כמבואר בל"א שם באריכות. והנה בשומו זאת אל לבו קודם התפלה ודאי
יתפלל ויבקש מעומקא דלבא על בחינת גלוי אלקותו בנפש ועולם וע"י זה יכול
ג"כ לכוף יצרו ללמוד הרבה יותר מרגילותו וכן בכל עת ובכל שעה שאפשר
לו כמארז"ל כל שאפשר לו לעסוק ואינו עוסק עליו נאמר כי דבר ה' בזה הכרת
תכרת הנפש וגו' היינו הסתלקות אלקות חס ושלום כנ"ל וכן בצדקה כי הן הן
המשכת גילוי אלקותו יתברך בפועל ממש בפנימיות ובחיצוניות שהן דבור
ומעשה כנ"ל והתפלה היא רק בקשה שיהיה כן בפועל ממש ואם כן אם אינו
עושה כן בפ"מ הרי זה תפלת שוא חס ושלום וזהו עונשו שמזמינים לו כל
המניעות וסבות הטורדות ומבלבלות אותו ברבות מחשבות של הבל הבלים כי
קרוב ה' לכל קוראיו לכל אשר יקראוהו באמת כתיב. ובזה יובן מה שכתוב
במשלי מסיר אזנו משמוע תורה גם תפלתו תועבה כי דובר שקרים לא יכון וגו'.
וזהו הקל קול יעקב שהיא מדת אמת כמו שכתוב תתן אמת ליעקב וגם מדתו
היא מדת הרחמים* לעורר תחלה רחמים רבים בתקון חצות וכהאי גונא
במרירות נפשו ועל ידי זה בא לבחינת הקל שהוא קלא פנימאה עומקא דלבא
כמו שכתוב בזהר הקדוש.

יעקב .. אמת .. רחמים: ראה אגה"ק ס"ו ובכ"מ.

MOURNER'S KADDISH

Mourners recite the following Kaddish.
Congregation responds אָמֵן as indicated.

יִתְגַּדַּל וְיִתְקַדַּשׁ שְׁמֵהּ רַבָּא. (Cong—) אָמֵן) בְּעָלְמָא דִי
בְרָא כִרְעוּתֵהּ וְיַמְלִיךְ מַלְכוּתֵהּ, וְיַצְמַח
פּוּרְקָנֵהּ וִיקָרֵב מְשִׁיחֵהּ. (Cong—) אָמֵן) בְּחַיֵּיכוֹן וּבְיוֹמֵיכוֹן
וּבְחַיֵּי דְכָל בֵּית יִשְׂרָאֵל, בַּעֲגָלָא וּבִזְמַן קָרִיב וְאִמְרוּ
אָמֵן:

(Cong— אָמֵן. יְהֵא שְׁמֵהּ רַבָּא מְבָרַךְ לְעָלַם וּלְעָלְמֵי עָלְמַיָּא, יִתְבָּרַךְ.)

יְהֵא שְׁמֵהּ רַבָּא מְבָרַךְ לְעָלַם וּלְעָלְמֵי עָלְמַיָּא, יִתְבָּרַךְ,
וְיִשְׁתַּבַּח, וְיִתְפָּאַר, וְיִתְרוֹמַם, וְיִתְנַשֵּׂא, וְיִתְהַדָּר, וְיִתְעַלֶּה,
וְיִתְהַלָּל, שְׁמֵהּ דְּקוּדְשָׁא בְּרִיךְ הוּא. (Cong—) אָמֵן)

לְעֵלָּא מִן כָּל בִּרְכָתָא וְשִׁירָתָא, תֻּשְׁבְּחָתָא וְנֶחֱמָתָא,
דַּאֲמִירָן בְּעָלְמָא, וְאִמְרוּ אָמֵן: (Cong—) אָמֵן)

יְהֵא שְׁלָמָא רַבָּא מִן שְׁמַיָּא וְחַיִּים טוֹבִים עָלֵינוּ וְעַל כָּל
יִשְׂרָאֵל, וְאִמְרוּ אָמֵן: (Cong—) אָמֵן)

Take three steps back, then bow right saying עֹשֶׂה שָׁלוֹם בִּמְרוֹמָיו, bow forward saying הוּא,
bow left saying וְעַל כָּל יִשְׂרָאֵל, and bow forward saying וְאִמְרוּ אָמֵן יַעֲשֶׂה שָׁלוֹם עָלֵינוּ.

From Rosh Hashanah through Yom Kippur, substitute הַשָּׁלוֹם for שָׁלוֹם.

עֹשֶׂה (הַשָּׁלוֹם) שָׁלוֹם בִּמְרוֹמָיו, הוּא יַעֲשֶׂה שָׁלוֹם עָלֵינוּ
וְעַל כָּל יִשְׂרָאֵל, וְאִמְרוּ אָמֵן: (Cong—) אָמֵן)

forever and to all eternity. Blessed and praised, glorified, exalted and extolled, honored, adored and lauded be the Name of the Holy One, blessed be He, (Cong: Amen.) beyond all the blessings, hymns, praises and consolations that are uttered in the world; and say, Amen. (Cong: Amen.) May there be abundant peace from heaven, and a good life for us and for all Israel; and say, Amen. (Cong: Amen.) He who makes peace (the peace) in His heavens, may He make peace for us and for all Israel; and say, Amen. (Cong: Amen.)

MOURNER'S KADDISH
Mourners recite the following Kaddish.
Congregation responds Amen as indicated.

יתגדל *Yis-gadal v'yis-kadush sh'mayh rabö.* (Cong: *Ömayn*)

B'öl'mö di v'rö chir'u-sayh v'yamlich mal'chusayh, v'yatzmach pur-könayh viköravy m'shi-chayh. (Cong: *Ömayn*)

B'cha-yay-chon u-v'yomaychon u-v'cha-yay d'chöl bays yisrö-ayl, ba-agölö u-viz'man köriv v'im'ru ömayn.

(Cong: *Ömayn. Y'hay sh'mayh rabö m'vörach l'ölam u-l'öl'may öl'ma-yö, yisböraych.*)

Y'hay sh'mayh rabö m'vörach l'ölam u-l'öl'may öl'ma-yö. Yisböraych, v'yishtabach, v'yispö-ayr, v'yisromöm, v'yis-nasay, v'yis-hadör, v'yis-aleh, v'yis-halöl, sh'may d'kudshö b'rich hu. (Cong: *Ömayn*)

L'aylö min köl bir-chösö v'shirösö, tush-b'chösö v'neche-mösö, da-amirön b'öl'mö, v'im'ru ömayn. (Cong: *Ömayn*)

Y'hay sh'lömö rabö min sh'ma-yö, v'cha-yim tovim ölaynu v'al köl yisrö-ayl v'im'ru ömayn. (Cong: *Ömayn*)

Take three steps back, then bow right saying *Oseh shölom bim'romöv,* bow forward saying *hu,* bow left saying *ya-aseh shölom ölaynu,* and bow forward saying *v'al köl yisrö-ayl, v'im'ru ömayn.*

From Rosh Hashanah through Yom Kippur, substitute *ha-shölom* for *shölom.*

Oseh (*ha-shölom*) *shölom bim'romöv, hu ya-a-se shölom ölaynu v'al köl yisrö-ayl, v'im'ru ömayn.* (Cong: *Ömayn*)

יתגדל Exalted and hallowed be His great Name (Cong: Amen.) throughout the world which He has created according to His will. May He establish His kingship, bring forth His redemption and hasten the coming of His Mashiach (Cong: Amen.) in your lifetime and in your days and in the lifetime of the entire House of Israel, speedily and soon, and say, Amen. (Cong: Amen. May His great Name be blessed forever and to all eternity. Blessed.) May His great Name be blessed

KADDISH D'RABBANAN

Mourners recite the following Kaddish.
Congregation responds אָמֵן as indicated.

יִתְגַּדֵּל וְיִתְקַדֵּשׁ שְׁמֵהּ רַבָּא. (Cong—אָמֵן) בְּעָלְמָא דִּי בְרָא כִרְעוּתֵהּ וְיַמְלִיךְ מַלְכוּתֵהּ, וְיַצְמַח פּוּרְקָנֵהּ וִיקָרֵב מְשִׁיחֵהּ. (Cong—אָמֵן) בְּחַיֵּיכוֹן וּבְיוֹמֵיכוֹן וּבְחַיֵּי דְכָל בֵּית יִשְׂרָאֵל, בַּעֲגָלָא וּבִזְמַן קָרִיב וְאִמְרוּ אָמֵן:

(Cong—אָמֵן. יְהֵא שְׁמֵהּ רַבָּא מְבָרַךְ לְעָלַם וּלְעָלְמֵי עָלְמַיָּא, יִתְבָּרַךְ.)

יְהֵא שְׁמֵהּ רַבָּא מְבָרַךְ לְעָלַם וּלְעָלְמֵי עָלְמַיָּא, יִתְבָּרַךְ, וְיִשְׁתַּבַּח, וְיִתְפָּאַר, וְיִתְרוֹמַם, וְיִתְנַשֵּׂא, וְיִתְהַדָּר, וְיִתְעַלֶּה, וְיִתְהַלָּל, שְׁמֵהּ דְּקוּדְשָׁא בְּרִיךְ הוּא. (Cong—אָמֵן) לְעֵלָּא מִן כָּל בִּרְכָתָא וְשִׁירָתָא, תֻּשְׁבְּחָתָא וְנֶחֱמָתָא, דַּאֲמִירָן בְּעָלְמָא, וְאִמְרוּ אָמֵן: (Cong—אָמֵן) עַל יִשְׂרָאֵל וְעַל רַבָּנָן, וְעַל תַּלְמִידֵיהוֹן וְעַל כָּל תַּלְמִידֵי תַלְמִידֵיהוֹן, וְעַל כָּל מָאן דְּעָסְקִין בְּאוֹרַיְתָא, דִּי בְאַתְרָא הָדֵין וְדִי בְכָל אֲתַר וַאֲתַר, יְהֵא לְהוֹן וּלְכוֹן שְׁלָמָא רַבָּא חִנָּא וְחִסְדָּא וְרַחֲמִין וְחַיִּין אֲרִיכִין וּמְזוֹנָא רְוִיחָא וּפוּרְקָנָא מִן קֳדָם אֲבוּהוֹן דְּבִשְׁמַיָּא וְאִמְרוּ אָמֵן: (Cong—אָמֵן) יְהֵא שְׁלָמָא רַבָּא מִן שְׁמַיָּא וְחַיִּים טוֹבִים עָלֵינוּ וְעַל כָּל יִשְׂרָאֵל, וְאִמְרוּ אָמֵן:

(Cong—אָמֵן)

Take three steps back, then bow right saying עֹשֶׂה שָׁלוֹם בִּמְרוֹמָיו, bow forward saying הוּא,
bow left saying וְעַל כָּל יִשְׂרָאֵל, וְאִמְרוּ אָמֵן, and bow forward saying יַעֲשֶׂה שָׁלוֹם עָלֵינוּ.

From Rosh Hashanah through Yom Kippur, substitute הַשָּׁלוֹם for שָׁלוֹם.

עֹשֶׂה (הַשָּׁלוֹם) שָׁלוֹם בִּמְרוֹמָיו, הוּא יַעֲשֶׂה שָׁלוֹם עָלֵינוּ וְעַל כָּל יִשְׂרָאֵל, וְאִמְרוּ אָמֵן: (Cong—אָמֵן)

KADDISH D'RABBANAN

Mourners recite the following Kaddish.
Congregation responds Amen as indicated.

יִתְגַּדַּל *Yis-gadal v'yis-kadash sh'mayh rabö.* (Cong: Ömayn)

B'öl'mö di v'rö chir'u-sayh v'yamlich mal'chusayh, v'yatzmach pur-könayh viköravyv m'shi-chayh. (Cong: Ömayn)

B'cha-yay-chon u-v'yomaychon u-v'cha-yay d'chöl bays yisrö-ayl, ba-agölö u-viz'man köriv v'im'ru ömayn.

(Cong: Ömayn. *Y'hay sh'mayh rabö m'vörach l'ölam u-l'öl'may öl'ma-yö, yisböraych.*)

Y'hay sh'mayh rabö m'vörach l'ölam u-l'öl'may öl'ma-yö. Yisböraych, v'yishtabach, v'yispö-ayr, v'yisromöm, v'yis-nasay, v'yis-hadör, v'yis-aleh, v'yis-halöl, sh'may d'kudshö b'rich hu. (Cong: Ömayn)

L'aylö min köl bir-chösö v'shirösö, tush-b'chösö v'neche-mösö, da-amirön b'öl'mö, v'im'ru ömayn. (Cong: Ömayn)

Al yisrö-ayl v'al rabönön, v'al tal-midayhon, v'al köl tal-miday sal-midayhon, v'al köl mön d'ös'kin b'ora-y'sö. Di v'asrö hödayn, v'di v'chöl asar v'asar. Y'hay l'hon u-l'chon shlömö rabö, chinö v'chisdö v'rachamin v'cha-yin arichin, u-m'zonö r'vichö u-furkönö min ködöm avu-hon div'sh'ma-yö v'im'ru ömayn. (Cong: Ömayn)

Y'hay sh'lömö rabö min sh'ma-yö, v'cha-yim tovim ölaynu v'al köl yisrö-ayl v'im'ru ömayn. (Cong: Ömayn)

Take three steps back, then bow right saying *Oseh shölom bim'romöv,* bow forward saying *hu,* bow left saying *ya-aseh shölom ölaynu,* and bow forward saying *v'al köl yisrö-ayl, v'im'ru ömayn.*

| From Rosh Hashanah through Yom Kippur, substitute *ha-shölom* for *shölom.* |

Oseh (ha-shölom) shölom bim'romöv, hu ya-a-se shölom ölaynu v'al köl yisrö-ayl, v'im'ru ömayn. (Cong: Ömayn)

הוצאת ספרים
קרני הוד תורה
ליובאוויטש

ISBN 978-0-8266-0161-2

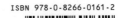

9 780826 601612